東經 114°20′
北緯 22°30′
北緯 22°10′
22°20′
沙頭角
吉澳
鴨洲
印洲塘
赤洲
塔門
石牛洲
大埔
馬鞍山
沙田
西貢
滘西洲
吊鐘洲
將軍澳
牛尾海
果洲群島
東龍洲
蒲台群島
蒲台
港
島
船灣淡水湖
萬宜水庫
大浪灣
圖例
鐵路
隧道
輕便鐵路
公路幹線
隧道
公路支線
已建區
郊野公園/自然護理區
海岸公園/海岸保護區
耕地
・957 高度（以米為單位）
高度間色（垂直間距一百米）
水深間色以米為單位
中國
蒙古
北京
南京
上海
重慶
福州
廣州
澳門
香港
台灣
日本
朝鮮
韓國
印度
不丹
緬甸
老
越南
泰國
柬埔寨
菲律賓
馬來西亞
新加坡
汶萊
印度尼西亞
太平洋
關島
比例尺
公里 0 1000 2000
10 12 14 公里
地政總署測繪處

香港經濟年鑑
HONG KONG ECONOMY YEARBOOK
2005

(總第45期 Series No.45)

經濟導報社
ECONOMIC INFORMATION & AGENCY

香港經濟年鑑2005

出版發行　經濟導報社
香港軒尼詩道342號10字樓
電話：（852）2573 8217
傳真：（852）2573 8469
印　刷　中華商務聯合印刷（廣東）有限公司
版　次　2005年10月第一次印刷
規　格　16開（787 × 1092mm）
國際書號　ISBN 962-531-141-6
定　價　HK$300

Published and Distributed by:
ECONOMIC INFORMATION & AGENCY
10/F.,KUO WAH BLDG
342 HENNESSY ROAD ,WANCHAI
HONG KONG
TEL:(852) 2573 8217 FAX:(852) 2573 8469
E-mail:eiasub@pacific.net.hk
http://www.jdonline.com.hk

編者的話

新一年的《香港經濟年鑑》又出版了。

過去一年，香港經濟全面復蘇，進出口貿易創出佳績，房地產市道重拾升軌，困擾香港多年的負資產問題得到較大紓緩。今年，香港經濟將繼續穩步向前，但在經濟結構調整方面則需要作更多的探索和努力。

期盼已久的香港迪士尼公園終於在今年9月12日開幕了，這個公園不僅帶來夢想與歡樂，也帶來更多現實的效益。藉著這一新項目的推動，旅遊、酒店、零售、飲食等多個行業肯定會有新的發展。

今年《香港經濟年鑑》全書結構沒有大變動，CEPA商機這一篇仍繼續保留，但對相關資訊作了更新。另外，其它篇目的內容也作了不同程度的調整，希望能將過去一年香港經濟的表現更完整、更真實地呈現在讀者眼前。

《香港經濟年鑑》編輯部
二〇〇五年九月二十八日

整體面積：	1,104 平方公里
港島	81 平方公里
九龍	47 平方公里
新界	748 平方公里
離島	228 平方公里
填海所得土地（自 1887 年以來）	67 平方公里

總人口：6,882,600（截止 2004 年年中）	
港島	126 萬
九龍	204 萬
新界	358 萬
水上人家	約 3 千
整體人口密度：	6,380 人（每平方公里）

國籍：95%（華裔人士）			
菲律賓	129,760 人	印度	21,880 人
印尼	105,710 人	澳洲	18,670 人
美國	29,900 人	尼泊爾	17,960 人
泰國	28,550 人	英國	17,780 人
加拿大	26,650 人	馬來西亞	14,280 人

年齡：	38.6 歲（中位數）
15 歲及以下：	15.1%（佔人口總數）
64 歲及以上：	11.9%（佔人口總數）
平均預期壽命：	
男性：	78.6 歲
女性：	84.6 歲

天氣	
每年平均雨量	最高氣溫
2,214.3 毫米	攝氏 36.1 度（1990 年 8 月 19 日）

就業：329 萬（2004 年受僱總人數）		
行業	就業人數	佔總就業人數
批發、零售、進出口貿易、飲食、酒店業	1,042,200	32%
社區、社會、個人服務業	899,700	27%
金融、保險、地產、商用服務業	501,700	15%
運輸、倉庫、通訊業	374,600	11%
建造業	279,200	8%
製造業	168,100	5%
失業率		6.8%
平均工資		10,470 元／月
以上統計至 2004 年		

評級	（截止 2005 年 7 月）
標準普爾	
長期外幣主權評級	AA-
短期外幣主權評級	A-1+
長期本地貨幣主權評級	AA-
穆迪	
短期外幣債務評級	A1
短期本地貨幣信貸評級	Aa3
惠譽	
長期外幣主權評級	AA-
長期本地貨幣主權評級	AA+

對外貿易總額（億港元）	
進口	21,111.23
整體出口	20,191.14
港產品出口	1,259.82
轉口	18,931.32
貿易總額	41,302.37
貿易差額	-920.09

本地生產總值	
本地生產總值 ——以當時市價計算(億元)	12,908.08
本地生產總值 ——以 2000 年市價計算(億元)	15,041.47
本地生產總值內含平減物價指數	85.8
人均本地生產總值 ——以當時市價計算(元)	187,547
人均本地生產總值 ——以 2000 年市價計算(元)	218,543

金融服務	
認可金融機構	208
持牌銀行	133
本地銀行	24
外資銀行	109
各類存款總額(億元)	38,660.56
各類貸款總額(億元)	21,557.04
股票市值(億元)	66,291.77
成交總額(億元)	39,483.18
平均市盈率(倍)	18.7
恒生指數(年底收市)	14230.14
國企指數(年底收市)	4741.32
中企指數(年底收市)	1556.88
政府一般收入賬目(億元)	
收入總額	2,296.37
開支總額	1,984.71
綜合現金盈餘 / 赤字	311.65

外匯儲備 (億美元)	
日本	8,410
中國內地	6,099
台灣	2,417
香港	1,236
韓國	1,991
印度	1,310
俄羅斯	1,207
新加坡	1,128
德國	972
美國	854

投資數據（億港元）（截至 2003 年底）	
外來直接投資	1,063
中國內地	380
荷蘭	247
美國	220
英屬維爾京群島	198
日本	142
向外直接投資	429
中國內地	599
英屬維京群島	248
英國	46

運輸	
空運(進出口)	
飛機升降(班次)	237,308
客運(萬人次)	2,421.34
貨運(萬公噸)	309
海運(抵港和離港)	
萬艘次	7.14
萬淨註冊噸位	61,263.30
貨運(萬公噸)	15,861.70
內河運輸(抵港和離港)	
萬艘次	23.55
萬淨註冊噸位	16,317.70
貨運(萬公噸)	6,226.20
陸運(進出口)	
道路運輸(萬公噸)	4,047.40
鐵路運輸(萬公噸)	27.2
貨櫃吞吐量(萬標準單位)	2,198.40

* 截至 11 月底數字

Panda 到凌雲處總虛心
Modest yet Elegant
PAND
中國·上海

10 TH
CHINA INTERNATIONAL MACHINE TOOL SHOW
第十届中国国际机床展览会
CIMT 2007

时间：2007年4月9日–15日

地点：北京·新中国国际展览中心

Date: 9-15 April, 2007

Venue: NEW CHINA INTERNATIONAL EXHIBITION CENTRE, BEIJING

单位：中国机床工具工业协会

单位：中国机床工具工业协会

中国国际展览中心集团公司

Sponsor:

China Machine Tool & Tool Builders' Association(CMTBA)

Organizers:

China Machine Tool & Tool Builders' Association(CMTBA)

China International Exhibition Center Group Corporation(CIEC)

目 錄

第一篇 專 文

二〇〇五年香港經濟

政府・機構

商 界

外國駐港機構

附錄：

第二篇　概　況

第三篇　行　業

服務•商業

第四篇 CEPA 商機

第五篇 目 錄

14 旅遊、酒店

15 土地、房屋、樓宇、建造

16 能源

17 香港對外直接投資

18 雜項統計

第六篇 工商服務便覽

第一篇

專文

二〇〇五年香港經濟

本篇所收錄的是香港經濟、香港與各國經貿關係過去一年回顧與展望的文章，旨在讓讀者對香港整體經濟狀況有較全面的了解。本篇分三部分：一、政府官員與公共機構首腦的文章；二、商界領袖對相關行業趨勢的分析；三、各國駐港領事館官員就香港與其國家經貿往來關係的介紹。前兩部分內容取材於《經濟導報》2005年1~2期合刊中部分文章，第三部分文章大都為各國駐港領事館專門為本年鑑而撰寫。

政府•機構

香港打造人民幣全球業務中心

香港金融管理局總裁　任志剛

中國經濟正急速發展，香港應可憑藉其國際金融中心地位，扮演一個積極而又吃重的角色，為中港兩地的金融發展作出貢獻。我以下提出內地與香港資金融通的一個基本目標、兩個重要理解、三個策略性方向和四個發展範疇，希望大家參考和提供意見。

一個基本目標

首先資金融通是發展金融中心的基本目標。“金融”這個詞匯是頗為空泛的，把它進一步演繹為“資金融通”便實在得多。有很多熱心人士在討論有關香港金融問題時，都可能會過於著重仿效外地金融中心的特色，將各類產品或運作模式搬來香港，亦過於著重為香港加上外地的標籤，希望香港能成為“中國的曼哈頓”或“亞洲的瑞士”。我們當然要向其他金融中心虛心學習，但我認為香港便是香港，在經濟、地理、政治及文化上都與其他地方不同。要知道曼哈頓在美國境內並沒有一國兩制的安排，而歐洲國家，包括瑞士，亦沒有外匯管制，所以沒有一個標籤是比“中國香港”更合適的。因此我認為，不論是資金融通的中介人、監管者、市場設計師或市場參與者，為香港的金融發展熱心提出意見時，都應緊記“資金融通”這一個基本目標，亦即是強調把儲蓄資金中轉為投資對促進經濟發展和增長的重要性。

兩個重要理解

要研究香港在內地資金融通這個課題上扮演的角色，我們先得釐清兩個重要理解。第一是資金融通在國際層面上以自由、雙向的形式進行是一個對經濟最有利的模式，亦是內地在金融改革領域上的長遠發展路向。但改革需時而風險亦大，在短期內，內地和香港之間的資金融通，與內地和海外一樣，必然是較單向的，易入難出。這是一國兩制下的事實，不存在對香港是否公平的問題，亦不應將香港推動資金雙向融通的建議視為香港向中央伸手。第二個理解是內地金融改革的進程，是一條漸進式開放的道路，不能亦不會一步到位，改革的過程也是保守的。我們若能對這兩個理解有清楚的認識，便能更有把握塑造香港在兩地資金融通的角色。

三個策略性方向

香港個人人民幣業務（包括存款、兌換、匯款和銀行卡）自去年初陸續推出以來，反應良好。考慮到業界的建議，亦為進一步推動內地與香港兩地經貿融合，財政司司長早前提出了發展香港人民幣業務的三個策略性方向，為進一步發展提供了有用的框架。

第一個方向是考慮如何把香港銀行的人民幣資產和負債多元化。目前香港銀行的人民幣資產只有其存放在清算行的人民幣存款，而人民幣負債只有香港居民的個人人民幣存款。在現有穩妥的基礎上，我們應該進一步探討如何使人民幣資產多元化，例如研究能否在內地當局同意下在本港買賣人民幣資產，另外在人民幣負債方面可考慮把存款範圍擴闊至非居民及非個人的層面。

第二個方向是考慮為兩地間的貿易及其他經常賬目交易提供相關的人民幣銀行服務。事實上，內地經常項目交易並不受外匯管制，例如內地遊客基本上可完全自由兌換一定限額以下的港元到香港消費，甚至直接拿人民幣來香港消費。引伸到出入口貿易，由於也屬於經常項目交易，理論上可以把有關的外匯自由與人民幣兌換，也應該可以讓買賣雙方自由選擇是否以人民幣作為結算貨幣。這項發展有助減低內地進出口企業的匯兑風險及兑換成本，從而促進兩地貿易。

第三個方向是考慮在港建立發行人民幣債券的機制。這個方向能否進一步發展，當然要視乎內地開放資本項目的進程。若此建議能夠落實，那麼不論是內地發債體在港發債並由本港居民和銀行購買，或是香港發債體在香港發人民幣債用於內地投資，均有助人民幣回流內地及人民幣資產多元化。

這三個策略性方向包含著多個具體建議，而落實具體建議的先決條件是在香港建立一個安全、高效率和電子化的人民幣即時支付系統，與現有的港元、美元和歐元的即時支付系統的構造是一樣的，並可以連結起來，以減低跨貨幣交易的結算風險。

長遠而言，拓展人民幣業務對香港保持國際金融中心的地位有重大意義。隨著人民幣逐步成為國際貨幣，香港憑藉其已發展人民幣業務的優勢，爭取更多以人民幣為結算單位的金融活動在港進行，使香港不僅是區內重要的國際金融中心，更是內地重要的金融及首選集資中心。

四個發展範疇

發展人民幣業務當然是香港保持國際金融中心的重要一環。我認為其實香港可在四個發展範疇扮演重要角色：

(一) 將海外的儲蓄和資金中轉到內地作投資

內地經濟高速增長及投資前景理想，是吸引外來投資的強大動力。除了外商直接投資大量流入內地，另一有效的途徑便是經過香港這個有深度和達國際水平的金融市場，向內地企業貸款和購買它們所發行的債券或證券。其實過去一直也有內地大型企業來港發債集資（以美元為主），但數目並不多，這可能是受制於內地的外債規定。但企業在外舉債最終是會放寬的，甚至自由化，由貸款人對借款人的還款能力作為發展基礎。在這方面，香港具有明顯的優勢。

(二) 將內地的儲蓄和資金中轉到海外作投資

毫無疑問，在內地儲蓄資金中轉到海外投資上，香港是可以發揮主要角色的。

第一，香港可提供適當的投資對象，視乎投資者的要求，香港應推出有公信力及多元化(包括多貨幣、多風險層次、有足夠流動性)的產品，以迎合不論以基金或個人投資形式出來的內地資金的需要。

第二，香港可為內地儲蓄資金到海外投資提供一個橋樑，或投資管理服務。香港與內地是在同一時區內，亦有歐元和美元的即時支付系統，是風險管理的最佳場地，有一定的競爭力。

(三) 將內地的儲蓄中轉到內地的投資

表面看來，這個範疇是香港以外的事，絕大部份在內地進行，與香港拉不上直接關係。但無可否認，內地金融體系在發揮資金融通功能方面的效率仍相對較低，太過依賴銀行的中介渠道，而債券與股票渠道的融通量又乏善足陳。作為一個改革的動力，內地是很歡迎外資金融機構(當然也包括來自香港的機構)的參與，以能對此有所改善。隨著內地逐步兌現世貿承諾而開放市場，加上CEPA框架的啟動，香港的金融機構在內地應有特別的優勢，在內地資金融通上扮演一個比其他外資金融機構較為重要的角色。

(四) 為內地金融改革提供一個理想的試驗場地

香港在這個範疇可扮演的角色是比較策略性的。內地充分理解改革金融是經濟持續發展的關鍵，亦充分理解開放金融會帶來的風險。所以，金融改革會是一個循序漸進的過程，亦需要在可控制的環境下作實驗，以求了解在市場化下金融是如何運作，風險是如何管理的。香港作為中國境內唯一的國際金融中心，實在處於一個獨特的位置，能夠為內地的金融改革提供一個理想的試驗場地，和引進國際監管水平及先進的市場基礎設施。

總結

隨著內地與香港的經貿融合，提高兩地資金融通的效率至為重要。香港一直作為國際金融中心，在設計金融基礎設施方面已具有一定的經驗和優勢，在新的環境變化中將需要考慮內地逐步開放帶來的機遇，以及將來更多涉及人民幣的國際金融活動。在這個工作上，我們會繼續關注內地的政策變化，也希望銀行業界及各方面人士多些提出需求或意見。金管局會根據內地的開放進程，並會在不影響內地及香港金融穩定的大前提下，繼續爭取加強兩地的金融合作和資金融通。

泛珠三角經濟區的潛力極大

工商及科技局局長　曾俊華

眾所周知，泛珠三角區域包括中國南面九個省份，以及香港和澳門兩個特別行政區（簡稱“9+2”。整個區域幅員約200萬平方公里，約相等於英國、法國、德國、意大利及西班牙五國的面積總和；人口約為4.5億，相當於歐盟25個成員國的人口總數。去年，整個泛珠三角區域的本地生產總值達6,300億美元，與東盟十國合計的國內生產總值相近。

“9+2”框架協議奠合作基礎

泛珠三角區域的經濟實力潛力極大，發展迅速。預計到2010年，這區域的本地生產總值將超

過1萬億美元；再過10年，即2020年，更會倍增至2萬億美元。2004年6月，我們已召開首屆的泛珠三角區域論壇，簽訂合作框架協議，以奠定彼此協作的穩固基礎，推動各地在基建設施、旅遊、貿易和環境保護等的全面合作。

香港與泛珠三角其他省區的經濟關係源遠流長。目前，有多達12萬家香港企業在這些省區經營業務，總投資額為1,500億美元，約佔這些省區的實際直接外來投資額的一半。泛珠三角區域不僅是一個主要的生產基地，更是一個龐大市場，對優質產品和服務需求殷切。這對香港的企業來說，是大展鴻圖的好機會。香港條件優越，以其獨特優勢，可以成為區域內的服務之都，並為泛珠三角企業進軍國際搭建橋樑。

交通網利港物流業暢旺

推動區域協作的關鍵，是加強"9+2"區域的開放，讓更多的人流、貨流和服務在區域內自由流通。在此，我想談談如何善用目前的機遇，在五個範疇加強合作。

首先是基建設施的規劃。泛珠三角區域的經濟發展要起飛，基建設施的規劃，特別交通網絡，必需有更妥善的協調。有效的運輸設施，可讓整個區域的人流和貨流更為暢順。對於作為香港經濟支柱之一的物流業，定會商機無限；而香港更可迅速發展為亞洲首屈一指的物流樞紐，加上《安排》讓我們在分銷、貨物分發及物流服務早著先機，香港應可因泛珠三角區域加速對外開放而繼續受惠。不過，我們也需要進一步加強物流基建，降低成本，拓展供應鏈管理服務，並充分發揮香港的商業管理能力。

港金融服務具優勢

其次是金融服務。香港的金融市場規管完善，效率卓著，已達國際一流水準。香港在區內素稱服務之都，有意擴展業務的內地企業，可以利用香港先進的服務平台；擬通過上市來擴大資金基礎的企業，更可充分利用香港蓬勃的證券市場。對我們來說，內地企業前來上市，可令香港的證券業更多姿彩，並鞏固香港證券市場的國際特色。

第三是商業發展。一直以來，港商把生產工序集中在珠江三角洲進行。泛珠三角擁有豐富的天然及人力資源，香港工商界若要物色新的生產基地，這裡是理想之選。與此同時，泛珠三角區域蓬勃發展，對優質品牌產品和服務的需求日益殷切。港商不應錯過這些有利因素，應把握機會，在內地這個區域確立自己的品牌。

夥伴關係推動區域發展

第四是企業管治。香港的經濟發展較為成熟，我們累積了寶貴的經驗，可與內地夥伴分享，介紹他們採用妥善的企業管治模式，建立公平和開放的市場。泛珠三角區域的工商業如要蓬勃發展，必須重視企業管治。日後，內地按照世貿組織協議的承諾開放市場，這因素更顯重要。我相信，香港有足夠的條件，可就法律、會計、資訊科技及管理顧問等專業及增值服務，與泛珠三角的夥伴互惠互補，從而推動泛珠三角區域的發展，使這個區域經濟更具規模。

最後是旅遊。"9+2"省區應合力開發泛珠三角區域的旅遊業，這裡有極大的合作空間。眾所周知，泛珠三角的九個省份和兩個特別行政區各具特色。"9+2"地區有數之不盡的旅遊景點，具備龐大的發展潛力。我相信，更頻繁的經濟活動能進一步推動居民在區內往來，有助促進旅遊業，並帶動與旅遊相關的行業蓬勃發展。

我殷切期望各工商界能夠參與泛珠三角的發展，共同努力，共創商機。

公私營界別合作
有利港基建發展

環境運輸及工務局局長 廖秀冬

香港特別行政區政府一直致力為市民提供優質基礎建設，以配合社會發展所需，加強本港作為國際貿易、交通及通訊樞紐的吸引力。過去數年在經濟下調、整體環境未如理想的情況下，政府的非經營開支仍然保持以基建工程為主，投資額並且增長至未來五年合共約1,470億元，平均每年約為290億元。

引入市場力量催生效益

與此同時，特區政府為確保投放於基建項目的大量資源運用得當，達致最佳成本效益，更積極考慮廣泛採用突破傳統的模式，例如公私營界別合作，推展大型工務工程。在2004年初發表的施政綱領中，當局已就公私營界別合作模式作出有關承諾，其後公佈的財政預算案亦因應多位當屆立法會議員的建議，提出進一步擴大公營部門與私營機構合作（公私營機構合作）的試點項目範圍，其中包括沙田濾水廠重建計劃。

事實上，私營機構一直在工務工程中擔當夥伴角色，積極參與其中多個環節，例如技術及可行性研究、風險及環境影響評估、工地勘探及考察、工程設計、施工費用預算、落實工序及監察其進度等等，對質素方面的嚴格要求十分熟悉。

公私營機構合作模式正面回應社會對公營部門囿於既定政策及方針而靈活性不足的批評，提供機會讓私營機構參與其他向來由政府負責的環節，引入市場力量催生的效率及創意，並且要求該等機構必需投放資本於設計、建造及運作方面，促使參與者為尋求理想回報而採用著眼於成本效益的企業管理原則，以商場上積累的智慧提升工務工程營運表現。

與傳統採購手法相比，公私營機構合作模式的經濟效益毋容置疑。由於國際上早有成功先例，英國政府已於1997~2000年間率先使用這種模式推行總值達120億英鎊的項目，因而省卻平均17%開支，可見其成效顯著。不過，其他地方的經驗，包括澳洲的阿德雷德濾水廠、美國的亞特蘭大食水及廢水系統，亦有顯示出公私營機構合作模式可能產生的問題。對這些例子，特區政府會引以為鑒，避免重蹈覆轍。

維持基建投資 促進經濟復蘇

特區政府一貫以穩重理財的原則，按照工程需求緩急先後，決定如何分配有限資源。近年由於受廣泛打擊東南亞地區的金融風暴影響及泡沫經濟爆破影響，本地經濟進入結構性轉型期，財政較前更為緊絀；雖然如上文所述，工務工程開支在預算收縮的情形下依然保持增長，但減低個別項目支出將可騰出額外資金，投放於其他根據原定計劃未能同時兼顧的基建範疇，擴大同步發展的領域，開創更多就業機會，促進經濟全面回升。

另一方面，有關部門亦會為推行公私營機構合作模式訂定適當配套措施，提供足夠彈性及空間供私營機構發揮其商業經營概念，例如在工序設計及操作上盡可能吸納嶄新元素，減省不必要或重疊的安排。長遠而言，特區政府將可藉此參考市場激烈競爭下證實行之有效的管理手法，吸納其可取之處，改進沿用已久的處事程序，打破市民對公營部門往往因循守舊、過於保守的評價，追上社會不斷向前發展的需要。至於各地推行的公私營機構合作計劃，均會對員工造成或多或少的影響，但特區政府在推行這些計劃時，必會與員工及工會緊密合作，假若出現人手過剩的情況，當局會利用自然流失及重新調配的方法進行調整，絕不會出現裁員的情況。

政府保留維護公眾利益角色

講求效率及實質回報之餘，政府對使用公私營機構合作模式推展基建項目及營運公共服務非常審慎。在保護市民利益的大前提下，有關部門將會小心衡量這種合作模式可能帶來的經濟成效及潛在風險，仔細研究適合擴展至私營機構參與的工程及服務範圍，探討其成功經驗與本地特有情況是否吻合，並會透過不同規管途徑或合約條文，不但確保其運作合乎政府訂定的標準，服務質素保持穩定，更要求質量要追隨世界標準而不斷提高。

除此以外，政府將會根據上述風險分析平衡各種考慮因素，決定是否交由有關部門繼續負責部份核心業務或保留行使對運作有重大影響的權力。例如當私營機構參與某些範疇後，假若市場上明顯缺乏競爭對手，政府可能因此需要介入控制服務價格，以免變相形成壟斷局面，影響服務使用者的利益。

總括而言，成功的公私營機構合作模式必須令政府、私營機構及市民大眾各方均有所得益。本港市場一向以靈活見稱，私營機構廣泛參與工務工程的合作方式亦在外地經多年實踐，充分體現其效益。政府將慎重評估各方面的影響，以社會整體長遠發展為依歸，作出適當決定。

香港—外商及內企的雙向平台

投資推廣署署長　盧維思

香港是亞洲的國際都會，一個充滿活力及融匯東西文化的城市。香港社會多元化的特色，孕育了具創造力和充滿生機的商業文化，加上優良的投資環境，使香港成為海外及內地投資者擴展業務的理想據點。

地利優勢助建營商中心

香港具備眾多營商優勢，是首屈一指的重要商業城市。許多跨國企業選址香港開設地區總部，以確保在亞洲市場立足。而隨著中國內地經濟發展起飛，香港作為外商及內地企業的橋樑角色亦越來越重要。

香港地理位置優越，是往來中國內地的門檻，距離其他亞洲主要的營商中心，亦只是三至三個半小時的飛機航程之內，讓以香港為基地的企業人員，能高效率管理和拓展區內業務，緊貼市場脈搏。另外，香港的低稅率和簡單稅制、高透明度的普通法司法制度和獨立的司法人員、先進的基礎建

設、自由流通的資訊、企業精神和國際化生活模式等優勢，讓香港在鄰近國家之中更為突出，並保持香港對投資者的吸引力。除了擁有廣泛的國際網絡之外，香港具備多年與內地進行經貿合作的經驗，加上文化和語言背景接近、熟悉內地營商環境和文化，自然成為外商進軍中國市場的重要基地。

金融、法治基建促成集資中心

香港是世界公認的國際金融及商業中心，金融體制成熟完善而效率高，為企業提供了不同形式的集資途徑。近年來，越來越多內地企業到香港上市集資，利用香港出色的服務業，鞏固本身的實力，為開拓海外市場作好準備。香港擁有豐富的海外和內地投資經驗。透過香港，內地企業可以引進海外資金，學習先進的管理和營銷方式，善用香港的世界級專業服務，加強企業管治能力。企業也可以在資訊自由流通的香港，取得最新國際市場資訊，改善和提升企業形象，更可以透過香港配合"走出去"，到國外投資或拓展市場，與世界接軌。

不論對於有意進入中國市場的國際公司，或有意進軍國際市場的中國公司而言，香港都是重要的雙向平台。據聯合國貿易和發展會議發表的《二○○四年世界投資報告》，香港保持亞洲第二大外來直接投資的位置，僅次於中國內地，並躍升為全球第11大外來直接投資的目的地。另外，香港政府統計處進行的2004年海外公司駐香港的地區代表按年統計調查結果顯示，過去12個月，海外公司在香港設立的地區總部和地區辦事處數目增加了400間，總數超過3,600間，創下歷年新高。這些數據正好印證了來自世界各地的跨國公司均看準了香港的優勢，視香港為監督地區業務的理想基地。

香港是內企"走出去"的橋頭堡

香港特別行政區政府與中央人民政府於2004年8月就《內地與香港關於建立更緊密經貿關係的安排》第二階段達成協議，進一步擴大貨物及服務貿易的開放措施。香港與內地的緊密合作，得以進一步深化，亦同時為外國公司提供了龐大的商機，開拓內地市場。

作為一個國際城市，在國家實施"走出去"的戰略中，香港成為內企拓展海外市場的橋頭堡和服務中心，並佔獨特優勢。國家商務部和國務院港澳辦於同年9月聯合頒布了名為《關於內地企業赴香港、澳門特別行政區投資開辦企業核准事項的規定》的投資便利化政策，投資推廣署積極配合有關新政策，為了進一步吸引及協助更多內地企業到港投資及開業，已推出一項專為內地企業而設的"投資香港一站通"服務，以更高效率、更快捷及廣泛地為到港投資的內地企業提供一站式費用全免的服務，讓他們的投資過程更簡便及更具效率。

壯大隊伍引資

綜合以上各點，香港作為商業樞紐的優勢，是亞洲區內獨一無二的。 而香港對有意發展國際市場的內地企業的吸引力，更是不用置疑。為了能更全面性地協助內地企業到香港投資，投資推廣署特別成立了數個小組，重點協助來自內地各地區的企業，確保各企業在香港建立及發展其業務的過程中，可隨時得到所需的全面支援。 同時，我署的專業投資推廣隊伍，為來自世界各地、各行各業的投資者，提供咨詢、跟進和後續服務，行業包括商業和專業服務、金融服務、資訊科技、電子、生物科技、電訊業、媒體/多媒體、旅遊和娛樂、與貿易有關的服務業和運輸等，協助各國投資者落實在香港的投資計劃，或透過在港投資、設點，進軍地區或中國市場。我們將繼續致力促進外來投資到港，以進一步鞏固香港作為亞洲區內理想投資目的地的地位。

建立更緊密廉政聯繫 防兩地腐敗借機融和

廉政專員　黃鴻超

回歸以來，香港與內地的經貿關係日趨密切，兩地居民的接觸亦愈見頻繁。隨著《更緊密經貿關係的安排》的逐步落實及“泛珠三角合作框架協議”的簽訂，兩地的人流、物流及資金流勢將進一步加速互通。

打擊跨境案　協查顯成效

為了建立更緊密的廉政聯繫，廉署與內地機關在對付跨境貪污罪行、防貪教育及人員培訓等領域，不斷加強合作與交流。在打擊罪行方面，早於1988年，廉署已經透過廣東省人民檢察院（省檢）與內地檢察機構設立“個案協查計劃”，互相協助反貪人員在對方境內會見證人及錄取口供。

有關計劃對雙方反腐敗的工作有極大幫助，運作上更愈趨完備與成熟。計劃發展至2000年，由於廣東省以外的個案逐漸增多，最高人民檢察院（高檢）遂擔負起協調省外個案的責任。此外，透過協查計劃，近年廉署更多次成功安排內地證人到本港法院作證，令不少重大的跨境貪污案件得以成功檢控。

2004年年底，廉署又應省檢邀請出席在廣州舉行的“泛珠三角檢察長聯席會議”，與有關地區的檢察機關共同探討進一步拓展區內合作。

互訪助交流　經驗共分享

多年來，兩地各自累積了寶貴的反貪經驗。廉署一直借助定期互訪與考察活動，促進與內地反貪機關的經驗交流。較早時，我剛率領高層代表團到北京及廣州，拜訪當地的檢察部門及其他政府機關，交流兩地反貪工作的最新進展。去年高檢更首次組織了一個全國各省職務犯罪預防單位的高層代表團到廉署訪問。

除了高層互訪外，兩地廉政聯系更逐漸延展至人員培訓領域。廉署人員曾應邀到多個省市，包括北京、上海、杭州及重慶等地，與反貪局及監察系統的官員分享經驗。省檢與廉署又互相派員參加對方舉辦的訓練課程。

此外，近年廉署每年都接待約200個內地訪港的團組。隨著內地經濟開放及國家加入世界貿易組織，不少從事銀行、保險及會計等專業的內地官員均踴躍參與廉署的講座。他們對廉署為專業界別提升誠信操守的工作，十分感興趣。

《誠信管理兩地通》助商人認清法規

在“一國兩制”下，內地與香港的法制迥異。跨境經商人士在抓緊蓬勃商機之餘，必須同時掌握兩地的反貪法規，以避免不慎誤蹈法網。有見及此，廉署在近數年先後與廣東省人民檢察院和上海市人民檢察院合作，編訂兩地營商的法律指南，以加深跨境企業管理人員對兩地法規之認識。

為配合最新的形勢，廉署最近又推出一套

《誠信管理兩地通》資料冊，協助在內地的港商落實防貪管理措施，及推行員工誠信培訓。2004年9月，廉署與多個商會在港合辦“內地與香港‘誠信企管’研討會”，更獲得省檢派出一名高級檢察官作專題演講，向參加者詳細介紹內地的法則。

另一方面，鑒於內地來港開設的企業愈來愈多，經營業務範圍亦十分廣泛，廉署近年亦積極為在港中資機構舉辦防貪講座，協助他們了解本港反貪法例及介紹防貪措施。過去六年，已接觸近20,000名有關機構的員工。

抓緊廉政乃兩地共同目標

面對經濟融合帶來的種種挑戰，抓緊廉政工作乃兩地的共同目標。事實上，近年內地大力推行反腐倡廉工作，除嚴打貪污份子外，更重視從源頭堵截貪污、標本兼治的防貪工作。我深信透過雙方繼續努力，在穩固的合作基礎上，兩地的廉政聯繫將會日益緊密，所產生的協同效應必定有利兩地的長遠持續發展。

三優四通
保香港營商中心地位

貿易發展局主席　吳光正

香港經濟如何定位，眾說紛紜，我們是否需要“新”的發展路向？香港是國際商貿和金融服務平台，以及內地營商的風險管理中心，定位十分清晰。香港服務業佔GDP比重87%，是服務型經濟體系。

香港本地市場太小，必須向海外和內地市場發展，向價值鏈（Value chain）中更高增值的位置爬升。經濟全球化帶來競爭，加上知識型經濟的崛起，香港必須求創新，求發展，重點在於建立“群聚效應”（critical mass）。

三大市場經濟支柱
加強發揮群聚效應

香港擁有三大市場經濟支柱（商貿及商貿服務、金融、旅遊），目前的挑戰是如何重點擴大三大經濟支柱的群聚效應。

（一）商貿及商貿服務：這是香港一向倚重的經濟命脈

1.全球中小企之都

貿發局及投資推廣署的海外推廣力度還不夠，需要加強與全球商界，企業與企業、城市與城市，尤其與中小企業的聯繫，吸引他們利用香港商貿平台，擴大群聚效應，從而吸引更多企業及人才來港。（稍後將進一步闡述）貿發局每年舉辦的“中小企市場推廣日”，是全球中小企業的創意交流平台，集推動、協調和提供便利於一身，有利於香港建立全球中小企之都。

2.內企赴港

我們倡議內地企業赴港，使用香港的商貿平台“走出去”。這既可增加利用香港商貿平台的企業數目，擴大群聚效應，也為內企提供一條出路，滿足融資和開拓海外市場的龐大需求。這應是雙向的發展。

內企赴港一旦成為趨勢，各種商貿服務的需求將增加，寫字樓及住宅的需求也會相應增加，有助創造就業。

3.展覽業

香港是亞洲展覽之都，是最有效的地區商品“交易所”。這交易所除訂單交易之外，每年為香港帶來約74億元附加收益。貿發局每年在港舉辦19項國際展覽會，其中七項亞洲規模最大。掌握國際採購新趨勢，可擴大商貿平台功能。

香港面對鄰近地區的競爭（廣州、深圳，甚至澳門），目前關鍵問題是市區展覽場地不足，難以繼續發展。個別成功展覽是零和遊戲，必須愈做愈大。我們的挑戰是如何能令香港的大型展覽成為世界之最，發揮群聚效應。否則，香港的展覽會將有機會流失。

以亞洲最大的禮品展為例，據最新研究，為期四天的展覽，每次帶來4億元附加收益，直接創造1,000個職位。假如到2009年，因場地不敷應用而令禮品展流失到鄰近地區，造成的直接經濟損失將達5億元，而且會有1,200個長期職位因此而流失。

4. 創意工業

香港擁有創意文化，資訊發達，可為產品設計、品牌開發、市場營銷，甚至包括影視娛樂及消閒產品的開發提供有利環境。香港亞洲時尚中心的形象，更是重要的無形資產。可考慮的促進方法是，利用深圳的科技人才支援高科技產業研究與開發（R&D）。香港既具備條件，政府也多方推動創意工業，但必須集中全力、有計劃地去做。

（二）香港：亞洲的瑞士

1. 資本市場

2003年政府首次發行債券，國際反應良好，應乘勢爭取發行人民幣債券。目前香港為亞洲第三大外匯交易市場，怎樣成為第二大甚至第一？如何提高成交量，營造另一個群聚效應？內地四大銀行，再加上眾多的發電廠，如能在香港上市，將會加大股市實力。

2. 財富管理

香港有百萬財富可支配運用的人超過26萬，內地成功民企超過300萬家，亞洲華人財產豐厚的亦為數不少，都需要理財服務。香港有眾多的銀行、保險公司及專業理財公司，應成為“地區”理財中心，亞洲的瑞士。

3. 亞洲結算中心

香港是亞洲唯一低風險地區，應能成為美元、歐元和人民幣的亞洲即時結算中心。雖然目前已有美元及歐元即時結算系統，但是未在市場上普及使用，應該在這方面更積極拓展。

4.人民幣最大境外流通中心

中國入世承諾逐步開放人民幣及外幣業務，香港可扮演促進開放角色。香港應爭取成為人民幣離岸中心，成為人民幣全面自由兌換的試點。

（三）旅遊業

旅遊業是香港支柱行業之一，2003年賺取750億港元外匯，創造大量就業機會。旅遊發展局的重要推廣策略和活動，各行各業應響應支持，合力營造旅遊者天堂的氣氛和環境。

自由行是好事，但對傳統客源的歐、美、日本，亦要加強宣傳及引進。可考慮與珠三角城市及澳門聯手宣傳，各地旅遊資源優勢互補，吸引新的客源，營造群聚效應。

在現有優勢上繼續發展

（一）三優

1. 地理優勢

香港的出路，是走向世界；是利用國家的“引進來”和“走出去”政策尋找商機；是利用CEPA框架、泛珠三角（9＋2）、長三角、環渤海、東北三省、中國加入WTO等新形勢，把內地發展為內銷市場及經濟腹地。

2. 制度優勢

必須保持並加強現制度優勢。例如：（1）吸引更多外商和內地企業利用香港的國際仲裁中心；（2）加強知識產權保護；（3）加強港商在大陸的投資保障。

3. 稅制優勢

稅制簡單、稅率低，是香港吸引投資的重要營商環境。任何改變，應考慮是否有助加強香港三大經濟支柱的吸引力。澳門和新加坡，近來也在稅務優惠上大做文章，香港必須提高警惕。

政府正考慮撤銷遺產稅，有利留住本地資金，更重要的是吸引內地及亞洲地區資金流入，有利於香港成為地區理財中心，"亞洲的瑞士"。

（二）四通：打通經脈、消除人為障礙

1. 財通

"人民幣"是財通的最大目標，如能成功，馬上形成群聚效應。

2. 貨通

香港要擴大貨通群聚效應，必需盡快興建港珠澳大橋，打通香港與珠三角西岸的聯繫；鞏固香港航空中樞地位，成為像美國"亞特蘭大"(全球最繁忙客運機場)、以及"孟菲斯"國際機場(全球最大貨運機場及最大速遞公司基地)那樣的規模，不應只滿足現時是全球首要國際貨運機場地位。

3. 信息通

資訊自由流通，是香港成為國際金融及貿易中心一個主要因素，無論是硬件和軟件都要繼續保持領先地位。

4. 人才通

人力是香港唯一資源，有人才便可以吸引企業家來投資，創造新的職位，形成群聚效應。 我們應進一步改善香港與內地貿易投資便利化安排，簡化出入境手續，便利商務人員往來；推動人才自由行，加快推進兩地服務專業執業資格互認；擴大"輸入內地人才計劃"，同時不要忽略吸納外國專才來港工作，維持作為國際大都會的面貌，才可以有足夠吸引力令更多各地中小企業利用香港平台，成為全球中小企業之都。

總結

香港的定位清晰，香港為服務型經濟，是國際商貿平台、金融中心。香港的首要工作，是盡一切辦法加強三大經濟支柱的能量，強化三優四通。香港面對鄰近城市競爭，如何提升競爭力，眾說紛紜。但很少人提到香港如失去"群聚效應"及"先行者優勢"，會造成多大的經濟損失。所以不但要有決心付出任何代價去保持這些優勢，而且要將 critical mass 做大做強。這樣，香港經濟的前景是樂觀的。

電訊業競爭
消費者商家獲雙贏

電訊管理局總監　區文浩

一直以來，電訊業都跟香港的經濟發展息息相關，香港能發展成為國際都會和亞太地區的商業樞紐，可靠和高效率的電訊基礎設施是其中一個重要因素。而電訊業能夠成為香港的經濟支柱，實有賴於一個自由開放的市場、完善的規管架構及公平競爭的環境。

開放市場鼓勵競爭的政策

政府的電訊政策一向都是開放市場，通過競爭來鼓勵投資電訊設施，提供質優價廉的電訊服務。流動和增值服務市場一早在上世紀80年代已經開放。本地固定電訊市場於1995年開放，對外電訊服務和設施市場分別在1999年和2000年開放。自2003年起，所有進入市場的規管障礙經已消除。

香港是開放市場最成功的地區之一，在各種服務的市場中，消費者和用戶都有多家營辦商的服務供選擇。在本地固網電訊服務方面，競爭使話音電話費用大幅下降，又使家居寬頻上網普及化，接近60%的家庭已通過寬頻連接互聯網，佔所有上網家庭的91%，家居寬頻普及率在世界排行第二。流動電話方面，競爭使差不多人人都能支付得起流動電話費用，普及率因而已經超過100%，屬全球最高之一。在對外電訊服務方面，用戶可以隨便與海外親友作長時間的通話，而不需顧慮昂貴的賬單，消費者自1999年市場開放至今累積節省了約330億港元的開支。對外電訊設施市場的開放，吸引了多套海底及陸地光纖電纜系統的投資，對外通訊容量比較未開放之前增加了60倍，穩固了香港作為區內通訊樞紐的地位。

使香港整體經濟受益

雖然使用量大幅增加，效率的改善使用戶不需付出更高費用，令電訊服務的收入近年停滯不前，營辦商需要嚴格控制成本，有些營辦商還有時需要將部份工作外判或裁員，個別營辦商會批評激烈的競爭使營商環境惡化。但是我們不要忽略一個高效率的電訊業對整個資訊及通訊科技（ICT）業以至香港整體經濟帶來的利益，不應只單看電訊服務的收入。電訊服務的質素及價格，不僅和消費者利益有關，更直接影響到本港的營商環境。目前，香港正面臨經濟全球化的挑戰，需要面對鄰近地區的競爭。香港的經濟以服務業為主，近年更積極發展高增值產業，因此電訊服務的成本尤其重要。電訊業的競爭，間接提升了香港的整體競爭力。有效率的電訊服務減低在香港的營商成本，本地營商者固然受益，跨國公司亦因而會考慮在香港成立通訊樞紐、地區辦事處或總部，推動香港經濟發展，創造就業機會。

隨著《內地與香港更緊密經貿關係安排》的簽署，香港與內地的經貿合作關係更趨密切，很多香港公司在內地都設有生產廠房或分公司，總部或營銷部門則留在香港，人員經常來往兩地，所以香港與內地的通訊成本，和港人在內地的通訊成本，例如跨境電訊服務、漫遊費用等，對這類跨境的經濟發展十分重要。

沒有證據顯示電訊市場的競爭會影響營辦商的投資意慾，相反地，開放市場使更多營辦商能加入市場投資，競爭的壓力亦促使已在市場的營辦商投資，否則將在市場喪失優勢。新固網商在過去幾年都努力投資在網絡設施上，使它們的網絡已可直接連接超過61%的家庭，這還不包括有線電視網絡，這是世界上各城市中少有的。流動網絡營辦商歷年不斷投資擴容，提升網絡至2.5G或2.75G。在第三代流動網絡的投資方面，香港亦是世界上率先推出服務的地區之一。電訊管理局委託顧問在2003年作出研究，發現在1991~2001年的11年間，本港在電訊業的人均每年投資額與其他七個已發展的經濟體系比較，名列第三。

電訊業未來的發展

展望未來，香港仍會朝著發展知識型經濟的方向前進，行政長官2004年施政報告中所提出的四個經濟支柱產業，包括金融、工商業支援、物流和旅遊等行業，無一不依賴有效率的電訊基礎建設和服務。所以電訊業將繼續在香港經濟發展中扮演一個重要的角色。

有些營辦商認為香港市場太小，希望能在珠三角或泛珠三角發展。能在內地發展，當然會帶給香港營辦商龐大商機，但香港仍然是一個很重要的市場，香港的電訊服務業每年收入達400多億港元，相等於一個北歐國家的水平，本港只是一個城市，人口是中國內地的一百八十分之一，但收入已是中國內地市場的十分之一。香港的人均收入亦在世界發達國家水平，所以營辦商不應忽視香港的市場。

由於人口所限，無可避免，以用戶數目計算的普及率不可能永遠繼續高速增長，而話音服務的發展亦因個人使用量而有限制，營辦商應開發各種創新的服務和應用，尤其是非話音服務，提高服務增值，從服務能力來增加收入。隨著新通訊科技不斷引入，電訊業仍具相當的發展空間，尤其在電訊、媒體、資訊科技匯流的大趨勢下，內容及應用服務的開發潛力很大，對網絡容量和速度的需求將會日益增加，今日的設施將難應付未來需要，下一代的網絡和服務的投資將帶來更廣泛的商機及就業機會。

未來的規管政策將要追隨市場和科技的發展而調節，務求促進消費者長期利益，但過去行之有效的鼓勵競爭的政策毋須改變。市場已有競爭時，規管力度相應降低，以公平競爭法律來保護市場的競爭；但市場未有競爭時，或市場機制未能有效發揮時，仍需保留適度規管。作為規管者，電訊管理局將繼續緊貼市場脈搏，致力鞏固及維持過去電訊業賴以成功的條件，在香港走向知識型經濟的道路上盡一分力。

企業管治：豈止於恪守規定

證券及期貨事務監察委員會主席　沈聯濤

自從安然(Enron)事件發生後，有關企業管治的新規則和新規例不斷湧現，以致部份人會覺得符合企業管治準則只不過是另一種“逐項核查”(box ticking)的程序，用以查核企業是否符合監管機構的規定。很多企業主管都投訴目前符合法規的成本過高，而這些投訴亦未必全無根據。不過，安然事件所揭發的種種問題既已顯露出來，公眾對更佳企業管治的訴求便難以逆轉。

引言

根據負責發出全球企業管治守則的經濟合作及發展組織（OECD）的解釋：“良好的企業管治是支持金融市場達致廉潔穩健和發揮效率的中流砥柱。差劣的企業管治削弱公司的潛質，而在最壞的情況下，更會使公司陷入財政困難，甚至出現詐騙情況。”

良好的企業管治可以增加公司的價值，而差劣的企業管治則會削弱公司的價值。因此良好的企業管治常規是必需的，但有了良好的企業管治常規卻不代表能夠獲得更豐厚利潤和更卓越的業績表現。

企業管治包含兩大元素：內在焦點和外在焦點。精明的企業主管都懂得形式和內涵的分別。企業可以生產出全世界最好的產品，但假如沒有精美的包裝，這些產品斷不能以全面反映本身市場價值的價格售出。

很多香港公司都善於提供價值和獲取良好的業績，但卻未必充分注意到環球投資者目前對世界級公司所要求的企業管治形式。香港超過58%及39%的證券買賣分別主要源自機構投資者及海外投資者，這些投資者對企業管治的形式（即合規情況）和內涵（即公司業績）都非常看重。

因此，企業管治不應只關乎設立合適的董事局架構和文化，以及完善內部監控程序，亦應包括妥善管理公司與其利益相關者的關係，並增加透明度，讓外界得知有關企業是如何透過合規來獲取業績表現，這實在是相當重要的一環。公司在確立良好企業管治的內部元素後，便可以向外界解釋其內部程序在設計上能如何確保公司獲得有效管理，藉此提高利益相關者的信心。

有關企業管治的改革

在香港政府，特別是財經事務及庫務局局長馬時亨先生的領導下，《企業管治行動綱領》自2003年1月起開始推行，有關各方至今已推出多項有關企業管治的舉措，引入規則、規例和作業守則，以訂立香港的企業管治常規應達到的最低標準。

經過長時間及廣泛的諮詢，香港交易所在2004年1月發表多項與企業管治有關的規則修訂，當中涉及：

獨立非執行董事的數目；

關連交易；

審計委員會；

有關一般授權的規則；及

需要股東批准的交易。

香港交易所亦同時就新制訂的《企業管治常規守則》進行諮詢。該守則顧及到企業管治方面的最新發展，並以經修訂的英國《綜合守則》作為基礎。

自我監管與外部監管之間的平衡

規範和促進良好企業管治涉及兩種規管取向。美國方面採取的是訂立法例與明文規定的方法，著重提高透明度，加強董事局架構的獨立性以及行政總裁和財務總監的直接問責性。當地公司如果不遵行有關規例，便須承擔法律後果，當中包括可能會面對集體訴訟的風險。

而香港則採用“須合規，否則便須解釋”這個指導方針，做法跟英國和澳洲一致。我們鼓勵公司採納一套特定原則並遵守指明的常規。假如這些公司經過考慮後認為該等常規不宜採用，他們便須加以披露和解釋。公司可自行決定將哪些合適的價值觀及制度注入其業務模式之中。

事實上，即使集合全世界所有規章和法則，亦無法避免公司的高層管理人員能力不足、蓄意欺詐、作出具誤導性的披露，或在主要事項上刻意隱瞞。我們無法將道德和誠信制訂成法律，亦無法制訂法律禁止管理層能力不足。草擬規則和規例以對付所有企業失當行為和防止所有欺詐活動是不可能的。相反，監管機構必須設法在以下各方面達致適當的平衡：

訂立足夠的規則和規例以重建和提高投資者的信心，及避免出現嚴重的企業及管理失當行為；

允許企業管理層從事他們最擅長的工作 — 管理公司並合法地賺取利潤；在監管成本、經營成本及窒礙創新的代價之間取得平衡。

建議中的香港《企業管治常規守則》便是採用了這個監管取向。該《守則》代表了國際最佳常規，並就董事局的常規訂立標準，但允許每家公司的董事局自行決定和採用對其來說最佳的常規。此舉旨在要求公司的董事局自行評估及分析其董事局的常規。假如某公司的董事局選擇不遵照《守則》的規定，它只須解釋箇中原因。

未能遵守《守則》的條文並不屬於違反《上市規則》。然而，未能解釋不遵守《守則》條文或偏離《守則》規定的原因，則屬於違反《上市規則》的規定。

這是公司的責任去管理本身的企業管治事宜，並解釋為何它認為其管治方式有效。市場（而非監管機構）會決定如何評價某公司在企業管治方面的合規情況。

由此可見，法定與非法定的監管之間存在重要的分野。非法定的監管嘗試把遵守規定的責任交由市場來承擔，透過自律及遵從市場規範，減少因違反公眾利益的活動而對市場造成損害。

大部份的監管者，包括我在內，都同意不能單靠立法而達致良好的企業管治。法定規例只能阻嚇及懲處欺詐及其他危害公眾利益的活動，例如具誤導性的披露及市場操縱行為。

和其他執法機構的合作

雖然證監會與其他執法機構共同規管企業，但我們只具備有限的刑事檢控權力。主要的商業罪行例如詐騙及偽造賬目由商業罪案調查科負責處理，而廉政公署則負責對付貪污舞弊。

我們可運用《證券及期貨條例》所賦予的權力，調查有關企業失當行為的投訴。假如我們發現有任何有關商業罪行或貪污舞弊的證據，我們會將有關個案轉介警方及廉政公署，因為這些事宜都不屬於我們的司法管轄範圍之內。

在若干情況中，我們會自行展開刑事檢控。例如，我們最近成功檢控一家上市公司及其一名董事，指他們作出《證券及期貨條例》第384條所指的虛假及具誤導性的披露。隨著我們繼續發展雙重存檔制度，日後將會有更多有關信息披露的檢控個案。這將會向上市公司發出具阻嚇力的信息，以表明作出適當及時的信息披露是一項重要的法律規定，任何不符合該項規定的情況，都會損害香港市場的信息透明度及整全性。

展望未來，我們會致力為嚴格依循信息披露標準的人士減輕遵守監管規定方面的負擔，並同時確保具備嚴厲的處分制度，以制裁不依循有關規定的人士或公司。在2003/2004年度，證監會展開十宗對上市公司的新調查個案，較2002/2003年度的六宗增加接近一倍。本年度（2004/2005年度）自4~10月，我們已展開另外六宗調查個案。

總括而言，良好的企業管治只是手段而非目標，真正的目標是建立管理完善的公司。假如公司將企業管治措施視作由監管機構強行施加的舉措，那麼遵守監管規定將會變成因循苟且的程序，虛有其表的做法。這種心態不僅無法實現完善的企業管治標準，在最差的情況下，更會使人以為公司已具備各項良好企業管治的機制，從而產生穩健運作的假象，但這些機制實際上卻不能發揮效益。

《企業管治行動綱領》提出的所有監管措施均旨在提供一個基礎環境，讓企業管治標準得以日益完善和發展。除非企業領導人相信和堅決維護良好的企業管治，否則即使具備全球的規章法則亦無法改善企業管治。

國際投資者來港買國企股
鞏固香港金融中心地位

香港交易所集團行政總裁　周文耀

自1993年首家中國企業以H股形式在香港上市、拉開內地企業大規模來港上市的序幕以來，香港的證券市場已經與內地企業建立起非常緊密的關係；香港為內地企業提供其所需的資金服務，而內地企業則成為香港證券市場進一步發展的主要動力。

12年內地企業在港集資8,800億元

多年來，在為內地企業籌集資金及協助內地企業進入國際資本市場等方面，香港已累積了豐富經驗，成為了內地企業籌集可自由兑換資金的首選市場。自1993年至2004年11月底，內地企業透過在港上市及上市後再集資所籌集的金額已超過8,848億元，當中包括首次上市招股集資3,879億元，以及上市後再發股集資4,969億元。截至2004年11月底，本港上市的內地企業的數目達290家，佔香港市場總數的27%；它們的市值則達19,894億元，佔香港整體市值30%。

此外，自1993年至今，香港市場的首十家最大型的上市籌資活動中，全屬內地企業，而它們的集資額每宗均超過100億元。當中，中國銀行(香港)和中國平安保險都只在香港上市，並無到其他海外市場上市。這些個案已證明香港市場的強大融資能力。

海外上市的內地企業回流香港市場

雖然過去亦有不少內地企業曾選擇到香港及另一個海外市場（如紐約、倫敦）雙重上市，但經過一段時間，有關的股份交易大部份回流到香港市場，而香港亦自然成為內地企業海外上市最流通的股份交易市場。2004年首11個月在香港證券市場上市的內地企業的平均每日成交額為68億元，佔股份市場總成交量的49%，正好説明內地企業的股份交投在香港非常活躍。

內地企業為何首選香港？明顯不過，香港是一個有效、容量大的融資市場，能為內地企業籌集可自由兑換的資金。

香港亦是一個全方位的融資市場。不僅大型企業可以在香港上市，中小型企業也可以；不僅國營、國有企業可以上市，民營企業也可以。香港設有主板和創業板兩個不同的上市板塊，適合不同發展程度的企業的上市需要。內地企業在香港上市後，隨著業務發展，企業在有需要時亦可以進行再融資。由於流通量高、國際資金匯聚，香港證券市場的再融資能力非常強，而且可以靈活配合企業的需要。

內地企業透過在港上市除了可以直接籌集到所需的國際資金，同時企業也可以走向國際市場。由於香港奉行國際標準，為了在香港上市及得到國際投資者的理解與接納，企業必須符合和遵守交易所的上市規則和其他有關規定，內地企業為了符合這些要求，必須改革企業體制、轉換經營機制、採納國際標準的財務和會計制度，使企業與國際接軌。

國際投資者逐步成為內地企業的股東

隨著國際投資者逐步成為內地企業的股東，亦意味著在港上市內地企業的發展營運此後須考慮到國際股東的期望和接受他們的監督。無論是股權結構、管理經營、金融投資、行政模式等都得按國際標準行事。從過去的經驗看來，這些市場力量監督對加速內地企業走向國際標準的進程，特別是對大型國有企業的體制改革推動很大。

除了實現國際化、提高素質，加強競爭力等，內地企業在港上市亦有助提升企業在國際市場上的形象。過去有一些例子是內地有一些企業不僅在管理上和技術上都在本行業內處於領先的地位，但卻不為國際或境外的投資者所認識。企業如果成功在香港上市，便需要按照上市規則的要求定時披露企業的財務和經營狀況，這些向市場發放的訊息，一方面能讓國際投資者增加對內地企業的了解，另外也幫助提高內地企業的國際知名度與聲譽，為企業的發展創造了有利的條件，有助企業引進國際策略性投資者，促進業務進軍國際市場。

內地企業擴充了香港證券市場

香港證券市場固然為內地企業提供優質服務，但另一方面，內地企業來港上市亦為香港金融市場帶來巨大裨益。內地企業大大擴充了香港證券市場的闊度，香港已從一個過去以金融及地產為主的證券市場，壯大成為一個涵蓋石油、採煤、煉鋼、機場及其他新生產業的證券市場；又大大擴展了香港證券市場的深度—隨著內地企業吸引大量國際資金，現時香港證券市場的成交量已超過 1992 年時的 5.5 倍（2004 年首 11 個月的每日平均成交金額為157億港元，而在1992年全年的每日平均成交金額為 28 億港元）。

這些裨益固然引起海外其他市場爭取內地企業到當地上市的興趣。在競爭極度激烈的國際資本市場中，香港交易所作為香港證券市場的營運者，必須充份把握作為中國主要的國際資本市場的優勢，並要維持及強化這種優勢。所以，香港證券市場需要在多方面繼續改進，以確保我們日後仍能在內地業務續佔先機。香港交易所近年的策略性計劃，重點便是透過"建設更優質市場"、"強化與內地關係"和"整合"去鞏固香港市場的地位。

加強市場監管及風險管理 引進國際標準規則

在"建設更優質市場" 方面，香港交易所亦知道要面對證券市場全球化的競爭，最有效的策略是透過加強市場監管及風險管理，引進國際標準的規則、做法和設施去建立一個更優質的市場。交易所作為上市公司的前線監管機構，一直致力維持一個公平、公正及有效率的市場，以及增加市場的透明度，讓所有投資者能掌握市場資訊，從而作出有根據的投資決定。為提升市場質素，交易所不時檢討、並在有需要時修訂《上市規則》，務使香港的監管水平與國際市場上現行的最佳做法看齊。在這方面，最新的舉措包括：香港交易所於2004年1月公佈有關首次上市資格準則、上市公司持續責任及提升企業管治的《上市規則》修訂，以及在2004 年 10 月公佈有關保薦人及獨立財務顧問的規則修訂。

在"強化與內地關係" 方面，隨著《內地與香港關於建立更緊密經貿關係的安排》的落實，香港交易所於2003年11月17日正式在北京成立代表處。北京代表處的成立，有助香港交易所向內地準發行人提供更快更佳的諮詢服務，大大地幫助我們在內地的推廣工作，也有助鞏固香港作為內地企業的國際集資中心地位。除北京之外，香港交易所亦已於 2004 年中在廣州及上海派駐代表，進一步加強與內地的聯繫，此舉有助香港交易所掌握珠江三角洲及長江三角洲強勁經濟發展形勢。此外，近年我們已到過包括哈爾濱、廣州、福州、杭州、長春、重慶、北京、上海和天津等內地城市舉辦大型推介會，推廣香港證券市場的服務，吸引更多內地企業來港上市。我們亦計劃繼續到其他內地城市舉辦大型上市推介會。此外，我們亦曾舉辦專為香港上市內地公司及內地準上市申請人而設的培訓課程，旨在改善這些公司對企業管治規則及要求的了解，以及鼓勵這些公司來港上市。我們更持續與中國證監會、內地的交易所以及其他相關官方機構保持良好的溝通及合作關係。

在"整合"策略方面，香港交易所透過成本合理化去檢討及管理各方面的運作及發展項目；一方面繼續致力提升香港交易所的運作效率及成本效益，推動商業文化，強調優質服務；另一方面檢討資源調配，確保資源投放能切合市場的真正需要，更重要是把資源投放到強化內地關係與發展其他市場需要的產品和服務上。例如，香港交易所已於 2004 年 6 月中推出 H 股指數期權，是配合於 2003 年 12 月底推出的 H 股指數期貨的交易，也為 H 股及相關衍生產品的投資者提供更多的對沖及交易工具。

提升香港旅遊領導地位

香港旅遊發展局主席　周梁淑怡

全球旅遊業在2003年經歷沙士的重大挑戰，相信當時誰也想不到，香港的業務會在短短的一年半時間再創高峰，再次突顯我們國際級旅遊勝地的地位。

訪港旅客人數創新高

香港旅遊業的復甦步伐強勁，訪港旅客人次在2004年10月已經打破2002年錄得的1,657萬人次紀錄，在12月5日，全年旅客人次更首次突破2,000萬大關，這實在是一項值得香港旅遊同業，以至全港市民引以為榮的成就。旅發局預計，2004年全年旅客人次會再創歷史新高，達到2,136萬，比2002年的紀錄多接近500萬人次，增幅達29%。

政府、業界和全港市民同心協力，發揮團隊精神，是旅遊業迅速復甦的其中一個重要元素，更是長遠維持香港作為國際級旅遊勝地的重要關鍵。我們不但需要豐富的旅遊設施、產品和活動，維持香港對不同客群的吸引力，更要掌握市場脈搏，針對不同的市場層面訂定合適的策略，創造更多業務發展契機。此外，我們要充分利用香港本身具備的優越條件，讓旅客享受國際級的服務水平和好客熱誠的禮遇，這樣才能令香港這個"亞洲國際都會"繼續成為旅客首選的旅遊勝地。

增強旅遊吸引力

根據統計，目前訪港旅客中約三分之二曾經到港，部份旅客可能對香港已經非常熟悉，所以旅發局與旅遊業界不斷發掘特色的旅遊項目和行程，吸引旅客再次來港，以及延長留港時間。

在2004年初推出的兩項嶄新旅遊項目—每晚舉行的"幻彩詠香江"多媒體燈光音樂匯演，以及位於尖沙咀海旁的"星光大道"，都深受不同年齡和不同市場的旅客歡迎，同時能突顯香港維多利亞港這珍貴的旅遊資源。此外，旅發局在全年不同時段舉辦大型活動，為旅客營造更多訪港的理由，同時提升他們的體驗，以及促進他們在港的消費。"新春國際匯演之夜"這項大型活動就成功吸引更多旅客在這段傳統的旅遊淡季來港，今年的巡遊將會在2月9日農曆大年初一舉行，屆時，香港將會再次成為全球華人慶賀農曆新年的焦點。

特區政府亦大力支持旅遊業發展，多項大型建設項目將於今年至明年初陸續登場，必定進一步增強香港長遠的旅遊競爭力。最令人期待的，當然是將會在今年9月開幕、位於大嶼山竹篙灣的香港迪士尼樂園；位於機場附近的亞洲國際博覽館，則訂於今年12月開幕，提供超過7萬平方米場地，更有一個適合舉行表演的多用途場館，屆時必定成為大型博覽及表演節目的熱點；香港濕地公園第二期工程及東涌至昂坪吊車亦分別在今年底及明年初完成，將會成為香港重要的綠色旅遊項目。

在未來數年，還有多項大型旅遊項目正在積極籌劃階段，例如位於尖沙咀的前水警總部將於2007年完成翻新計劃，而政府亦正積極研究在大嶼山進一步發展優質基建及各類旅遊點，這些項目都會為旅客提供更多元化的旅遊體驗，進一步鞏固香港作為世界級旅遊勝地的長遠吸引力。

爭取更多會議、展覽及獎勵旅遊活動來港舉行

除鼓勵一般消閒旅客訪港外，旅發局特別著重高收益的商務旅客和家庭客群。針對商務旅客，旅

發局鼓勵他們延長留港時間，參與各類消閒活動，以及帶同配偶或家人來港；又大力推廣香港是全球商務旅客洽談業務的理想匯點，擁有世界級會議展覽設施、優良的交通運輸網絡、與內地緊密的文化和政治聯繫等優勢，藉此爭取更多會議、展覽、企業會議及獎勵旅遊活動來港舉行，帶動更多商務旅客來港。

另一方面，旅發局編印《香港親子遊手冊》，推介適合全家參與的特色景點和活動，又派發《小小旅行家護照》，為家庭旅客提供別具吸引力的折扣優惠。隨著香港迪士尼樂園即將在9月開幕，旅發局會加緊在短途市場的推廣工作，特別是內地、台灣及東南亞，宣傳香港是家庭旅遊的理想目的地。

眾所周知，內地已成為香港最大的客源市場，旅發局一方面把握內地外遊市場蓬勃發展以及開放“個人遊”的機遇，吸引內地旅客來港，另一方面與內地各省市合作，向長途及短途市場的旅客推廣香港是他們“一程多站”行程中的核心城市。

香港與泛珠三角區域在2004年初達成的合作協議，其中涵蓋旅遊業的範疇，更進一步推動香港與區內其他旅遊點的合作，令包含香港的“一程多站”行程更加豐富和多元化，有助旅發局吸引更多商務和家庭旅客來港，例如旅發局會鼓勵商務旅客，出席商務活動之前或之後，在周末前往廣東省打高爾夫球渡假；又或帶同家人和親友來港，享受與桂林對比鮮明的香港景色。

提升香港競爭優勢

香港面積雖小，卻擁有優越的條件成為世界級旅遊勝地。在硬件方面，香港已經設有先進的基礎配套設施，包括國際級的機場、港口、交通運輸網絡，以及高效率的通訊系統；在軟件方面，香港是一個充滿朝氣和活力的大都會，經濟蓬勃，國際投資活躍，連續十年獲美國傳統基金評選為“全球最自由的經濟體系”，更重要的是，香港是一個安全的城市，有健全的法制，可靠而穩定的投資和營商環境。

然而，要長遠維持競爭優勢，香港必須不斷提升本身的“價值”，而香港的“價值”正是在於優質服務、傑出人才，以及在亞洲的領導地位。

旅發局在1999年推出“優質旅遊服務”計劃，一方面是要協助旅客識別提供優質服務的商戶，增強他們在香港消費的信心，另一方面是要幫助業界營造一股“優質服務”的風氣，強化他們的管理，以及員工的服務文化。現時全港已經有超過4,100家零售商舖和食肆獲這項計劃認證，中國國家旅遊局亦大力支持這項計劃，透過各省市的旅遊局積極向內地旅客宣傳。

我們相信只有為旅客提供“優質服務”，滿足他們對香港的要求和期望，他們才會感到來港旅遊“物有所值”，而香港大部份商號都能做到“貨真價實”，這亦是香港業界多年來建立的“信譽”和“美德”，需要我們繼續維持，甚至進一步發揚這優良傳統。

此外，“人才”是香港的另一項重要資產。我們有經驗豐富的管理人才、不同界別的專業人士、充滿幹勁的基層員工，而且在語言能力、人才培訓各個層面都已達到世界級的水平。然而，我們仍不能鬆懈，必須繼續以更佳的人才，提升香港在各方面的服務水平。

香港的“價值”亦都在於我們是否能夠充分發揮作為亞洲商貿和旅遊樞紐的地位。香港是華南地區的門戶城市，我們一方面可以與內地的同業分享經驗和優勢，幫助他們面向世界，達致內地與香港雙贏的局面；另一方面，我們要繼續汲取各國的技術和資訊，提升自己的水平和潛能，令國際商旅認同，香港是對華貿易的門檻，也是消閒旅客“必到”的“亞洲國際都會”。

我們對香港旅遊業的長遠發展充滿信心，然而，我們要繼續努力，在服務、人才培訓，和商貿旅遊樞紐地位方面不斷“增值”，我們更需要業界同仁和香港市民一同擔當推廣大使，吸引更多國際商旅來港舉行會議展覽活動、洽談業務，以及邀請海外的親友來港，親身發掘和體驗香港獨特的旅遊樂趣，並以熱誠好客的態度接待每一位訪港旅客。

旅遊業是全民事業，特區政府、旅發局、業界和全港市民團結一致，才能戰勝挑戰，同時為香港建立口碑，維持香港在國際旅遊市場的領導地位。

科技園推動香港成為國際中藥中心

香港科技園行政總裁　譚宗定

回顧過去一年，儘管國際石油價格高企、利率波動，阻礙了全球經濟發展，但憑藉香港特區政府振興經濟措施陸續出台和各界團結努力，香港整體經濟正迅速復甦。

香港與內地之《更緊密經貿關係安排》(CEPA)於2004年1月1日全面實施以來，進展順利，促進了兩地經貿發展和合作交流。

CEPA促進兩地生物科技合作

CEPA第二階段協議訂明，在2005年1月1日起再增加713項零關稅貨品，料將進一步加強港貨在中國市場的競爭力，吸引希望開拓中國市場的企業來港投資及生產，加強中港雙方與其他國家和地區的經貿聯繫，多方面推動經濟，並為香港的製造工業開創新局面。傳統中藥生產就是其中一個好例子，而新增的零關稅貨品亦包括食品、飲品和藥物等。

生物科技是21世紀全球科技新焦點。香港正朝著將傳統中藥植物性藥業及生物科技藥品商業化的方向邁進，結合中西醫藥成就，以西方科學方法、分析將中醫藥重新定位，將傳統中藥產品推廣至全世界。憑藉毗鄰中國的優勢和良好的軟硬配套設施，香港具有發展成為傳統中藥科研及製造中心的潛力。

助中藥推向全世界

中藥健康食品及藥物發展前景理想，越來越多西方國家接受中藥作為西藥以外的另一選擇。香港人口以中國人為主，中藥行業在本地可謂歷史悠久。藉著香港與中國市場的密切關係，香港得以充分善用內地中藥研究和應用所得的豐富資源。近年來，內地與香港兩地的中藥研究項目越來越多，而本港企業對投資發展與中藥有關業務的意慾亦有所增加。

香港致力成為國際中藥中心

香港特區政府於1998年已提出希望將香港發展為研製中藥健康食品及藥物的國際中藥中心。為此，香港特區政府成立了中藥研究院，鞏固中藥的科學及科技基礎，及促進中藥產品商品化；並成立創新及科技基金，鼓勵和資助大學和科研機構對傳統中藥進行研究。過去數年，香港特區政府已透過上述基金為多項與中藥有關的研究和基礎設施項目提供資助，幫助院校/機構添置先進設備，加強藥物研製、臨床前期發展、製造工序開發、中藥特性分析和質量控制等工作。

香港特區政府也為生物科技發展提供了良好的監管機制，對藥物的品質管制非常嚴格。產品必須符合國際的標準，如國際標準組織9000 (ISO 9000) 、完全品質管理、實驗室安全及生產過程守則，以及產品全面監控準則等，確保品質優良。香港的產品品牌享譽全球，是企業建立國際品牌的好地方，加上全面的專業服務、優質的通訊設備和基建，為生物科技及傳統中藥業發展提供了理想的營商環境。

製藥、高科技以及其他創意行業特別注重知識產權的保障。香港在這方面擁有完善的制度，因而吸引多家傳統中藥製造商在港設立研發基地及將高科技生產線從中國內地擴充至香港。

生物科技是香港科技園公司（“香港科技園”）致力發展的四個重點科技領域之一，當中包括傳統中藥業。香港科技園委託了瑞典著名生物科技組織Medicon Valley Academy對香港在生物科技發展方向作出探討，編製了一份小型白皮書，建議香港建立生物科技領域，並指出“由於香港在生物科技領域/行業已投放不少資源，若再進一步推進，將較其他競爭對手更出色，如加強公營與私營機構合作更具成本效益，並大大促進香港生物科技與保健相關行業的發展”。2004年2月，香港科技園主辦了“明日科技先驅—光電子與生物光電子”研討會，邀請了19位國際知名專家發表演說，獲得多個專業團體、學界和工商界人士支持。2005年，香港科技園將繼續積極參與國際交流活動，如將於6月在美國及9月在瑞典舉行之展覽會和研討會。

生物資訊中心配合科研組群

在CEPA的優勢下，香港科技園成功引進多家享譽業界的傳統中藥製造商來港投資，建立了強大的傳統中藥業群體。首家中藥製造商於2003年底進駐香港科技園旗下的大埔工業邨，在港擴充生產規模，以香港為中藥科研中心及中成藥製藥基地。2004年，香港科技園引進更多歷史悠久的傳統中藥製造商在港設立科研中心及符合國際生產標準的生產廠房、實驗室、無菌室及香港首個指紋圖譜中心，將香港的傳統中藥業發展推上另一層次。

此外，位於科學園內的生物資訊中心已於2004年10月開幕，為園內的生物科技和傳統中藥公司提供一站式研究發展服務及設施，包括生物資訊、遺傳學、基因圖譜、蛋白研究、藥物、疫苗，以及功能食品、生物醫學器材、醫學診斷和儀器方面等研發範疇。租戶可借助中心內的設施進行生物科技及中藥研究，把所得的資料規範化、系統化處理，通過中西醫學配對結合，全面解構中藥對不同病者發揮不同療效之謎，為生物科技及中醫藥尋求突破性發展。

香港賽馬會中藥研究院有限公司已落實進駐生物資訊中心，加上毗鄰之生物科技研究院，形成了強大的傳統中藥科研組群，將可全力推進傳統中藥業的科研發展。

電子、電訊及精密工程俱前進

CEPA也促進了香港科技園其他三個重點科技領域的發展，包括電子、精密工程、資訊科技/電訊。在CEPA落實後，香港科技園迅即收到許多進駐科學園或工業邨的查詢，包括國際龍頭企業及本地科技公司，欲利用香港科學園先進的科研基礎建設和服務進行科研及高科技生產，繼而打入中國市場。他們同時冀將高新技術引進香港，培訓本地科技專才，推動本地科技及知識型經濟發展。現時，科學園已成功吸納約70家海外及本地科技企業，分佈四個重點科技領域，形成組群效應，使他們的業務與香港的科技同步迅速成長。

鑒於香港在集成電路設計方面的卓越成就和科學園優良的設施，中國國家科學技術部高技術研究發展中心將香港納入集成電路設計產業重點發展地點之一，於2003年與香港科技園簽訂“7+1”合作協議，促成香港與七個國家指定集成電路設計產業化基地，包括北京、上海、深圳、西安、杭州、無錫和成都之合作。在“7+1”合作計劃下，七個集成電路設計產業化基地將於香港科技園之集成電路設計/開發支援中心帶領下，提升兩地在集成電路設計的國際競爭力，肯定了香港的重要地位。2004年，香港科技園分別與深圳、北京、西安、杭州、無錫和成都簽訂合作協議書，落實信息及人才交流和培訓計劃，務求結合兩地資源，發揮最大的效益。

科技發展開創香港未來

香港科技園更向大眾展示與日常生活息息相關的科研應用成果，科學園的“科技展覽會”便是這些科研成果下產生的重點項目。展覽會展示科學園租戶及培育公司所研發的先進科技，提供互動及多媒體示範。

科技發展是香港開創未來的重要關鍵之一；而香港的未來，很大程度也繫於與泛珠三角的緊密聯繫。CEPA降低了企業進入中國市場的門檻，而香港作為泛珠三角的門戶城市，將因CEPA進一步突顯優勢。

香港科技園四個重點科技領域在港發展已成為顯著趨勢。我們將全力把握香港本身的優勢和CEPA帶來的商機，充份發揮香港在發展高科技工業的優厚潛質，致力支持及提升香港作為亞洲區創新科技樞紐的地位，成為亞洲頂尖科學園之一。

數碼匯流
對監管架構的挑戰

廣播事務管理局主席　馮華健

一元復始，萬象更新。2005年1月1日乃《經濟導報》創刊58周年的慶典，我謹代表廣播事務管理局（廣管局）祝賀導報業務蒸蒸日上，為香港的繁榮及國家的富強作出貢獻。

隨著經濟與科技的發展，香港的廣播業正面臨重大的革新與轉變。面對這些新挑戰，廣管局作為監管機構，在規管形式上必須作出適當調整，以應付新科技所帶來的新趨勢。這將是廣管局未來數年極富挑戰性的工作。

採用投訴主導機制

廣管局是根據《廣播事務管理局條例》成立的獨立法定組織。12位成員當中，除三位是公職人員外，其餘九位則是非官職委員，來自社會不同行業及階層。廣管局的使命，是協助特區政府推行既定的廣播政策，致力使香港成為一個具高度競爭力的廣播中心，並確保業內人士能掌握廣播業全球化帶來的機遇；廣播機構能在公平環境中競爭，提供創新的服務；社會人士能享受多元化的資訊、教育娛樂兼備的優質廣播服務。

香港是亞太地區的廣播樞紐。現時香港共有41個電視服務持牌機構，合共提供近270條電視頻道，包括兩個本地免費電視服務持牌機構（四條頻道）、三個本地收費電視服務持牌機構（176條頻道），及13個非本地收費電視服務持牌機構（99條頻道）。此外，香港亦有23個其他須領牌電視服務持牌機構為香港酒店提供有關服務。至於聲音廣播方面，香港現時有兩個聲音廣播持牌機構及一家公營廣播機構，共提供13條電台頻道。

所有廣播持牌機構均需要遵守有關法例、牌照及廣管局訂定的業務守則內各項規定。此外，傳統模擬制式廣播主要藉大氣電波傳送，有關的電視與聲音廣播服務佔用了社會的寶貴資源，因此需承擔額外的社會責任。故此，政府在有關牌照條款中，規範了有關持牌機構必須播放的節目，例如新聞、時事、紀錄片及文化藝術節目，以及兒童、青少年及長者節目。此外，播放廣告的時間也受有關法例和守則的規範。至於內容的規管，香港是一個言論自由的地方，各廣播服務機構擁有編輯自主。因此，廣管局並不會預先觀看或審查任何節目。持牌機構須負起編輯責任，遵守廣管局訂定的業務守則內各項規定。這些規定是依照各類廣播服務的普及程度、滲透率及其對公眾的影響來釐定的，同時亦會參考社會大眾及業界的意見。廣管局採用一個投訴主導的機制，一切投訴均會按法定程序處理。

數碼廣播成新趨勢

近年，在數碼匯流的潮流下，香港廣播業逐漸採用數碼傳輸技術，藉此提升廣播服務的質素。現時香港的三個本地收費電視服務持牌機構，及九個在香港以衛星傳送的非本地電視服務持牌機構均已進行數碼廣播。而根據政府去年7月公佈的《數碼地面電視推行框架》，兩家本地免費電視服務持牌機構，須在2007年內開展數碼廣播，並預計在2008年在全港達到75%的覆蓋率。數碼聲音廣播服務方面，政府建議這項服務的開展應由市場帶動，現時的電台可繼續模擬廣播；而有意推出數碼聲音服務的人士，可向電訊管理局申請試辦服務。由此觀之，香港廣播業已開始邁進全面數碼廣播的年代。

事實上，世界多個國家，包括英國、美國、澳洲，以至日本、韓國及多個東南亞國家等，均計劃於二十一世紀頭十年內，完成全面數碼廣播。中國內地方面，亦開始地面數碼電視試驗。由此可見，數碼廣播乃全球大趨勢，香港必須在這方面持續發展、創新，才能維持其競爭力及亞太廣播中心的地位。

數碼匯流構成衝擊

數碼技術的出現，打破了廣播與電訊之間的隔離，在不同方面促成了匯流的情況：一、技術的匯流。廣播與電訊均以數碼技術傳送，具備單向及雙向的功能。二、內容的匯流。科技的突破，衍生了新媒體，綜合了電視／電台／電話／傳真／電腦等多功能及服務，透過大氣電波、電話線、互聯網、光纖、微波及衛星等傳送。三、企業的匯流。廣播業與電訊業的結構及經營方式也出現融合，如廣播機構兼營話音及數據、互聯網服務；或寬頻商兼營電話、電視及電台廣播服務。四、規管的匯流。廣播與電訊既已匯流，規管機構應否匯流自然成為下一個焦點。

由於科技發展和媒體匯流，互聯網、電訊及廣播業的界線會愈來愈模糊。以往廣播業和電訊業提供的服務有明顯分別，二者基本上由不同的法例和規管機構規管。面對廣播業與電訊業的匯流，政府於2004年底宣佈會檢討廣播事務管理局和電訊管理局的職責，決定兩者職責是否需要重整。有關的檢討文件將於今年初公佈，向公眾作出諮詢，屆時廣管局會就諮詢文件作出回應。

未來規管機構必是三方互動

在科技與媒體的匯流下，數碼廣播服務會趨向多元化，頻道及節目數量亦會大增，現存的規管模式必須作出調整以應付這些轉變。規管機構資源有限，不能無止境地增加資源去規管所有節目內容。根據外國的經驗，規管的模式已逐漸演變成為業界自我規管或與業界共同規管，這種模式香港可以作為借鑒。例如規管者可以考慮鼓勵業界自行制定守則，甚或直接處理有關節目內容的公眾投訴。至於由業界處理而未能解決的投訴個案，或涉及牌照或競爭的問題，才由規管機構處理。此外，規管機構亦需要加強推廣傳媒教育，讓家長及年青人認識如何善用數碼化下的綜合媒體，及履行個人的應有責任。

新的規管機構應能迅速回應各界別的不同需求。在不斷匯流的環境中，規管機構與公眾和業界的溝通尤為重要。毫無疑問，業界會歡迎較少規管，屆時廣播機構可以有更多的空間去拓展服務。更多創新服務也令市場更多元化、有更多的選擇，消費者可從中受惠。

另一方面，公眾或會對減少規管有所保留。同時，如把現有規管適用範圍直接擴大至新媒體，業界可能會憂慮出現規管潛移延伸的現象。規管機構必須平衡公眾的期望和業界的需求，要做到這點，未來將會是一個互動的三方安排，規管機構會與業界和公眾緊密合作。

數碼匯流不單促成廣播業與電訊業服務平台的匯流，甚至可以結合電影、互聯網，以至出版業等媒體，令服務更多元化。市場結構變得更複雜，行業間的競爭亦變得更加劇烈。面對這些挑戰，廣管局需要深入探討數碼匯流對廣播業帶來的影響，聽取專家、業界及社會人士的意見，參考外國先驅者推行數碼廣播的經驗，以及不斷檢討和調整廣管局的角色及功能，以確保規管機制能反映、平衡及保障市民、廣播機構，以及業界人士的利益，使香港廣播業得以健康發展。

香港引領五大機場
造珠三角大天空

香港機場管理局

珠江三角洲在過去十年的發展一日千里，每年生產總值平均增長高達9%，早已成為活躍的經濟中心，並帶動航空運輸服務的殷切需求。香港國際機場積極配合珠三角與日俱增的航空需要，目標是讓珠三角的旅客及貨物，以更暢順、更便捷的方法，經香港的機場往返世界各地。

CEPA帶來更大發展空間

香港經濟與內地發展緊密相連，隨著國家加入世界貿易組織，內地與香港簽訂《更緊密經貿關係安排》，兩地與其他經濟體系的貿易壁壘將逐步消除，並帶來更大的合作 及發展空間。為了應付區內龐大的貨運需求，香港國際機場將增建四個貨運停機位，而亞洲空運中心及敦豪空運服務也分別擴建設施及拓展速遞貨運服務。香港國際機場更主動深入內地市場，與業務夥伴在深圳福田保稅區設置空運貨物集散物流中心，以提升往來珠三角的貨運效率。

國家自1978年進行改革開放，經濟發展迅速增長，加上內地航空市場逐步開放及"個人遊"的刺激，為區內機場及航空公司帶來了無限商機。富裕的珠三角已成為區內重要的航空市場，事實上，逾半數的"個人遊"旅客都來自廣東省。隨著國民收入逐步提升，全國各地的航空客運量亦會大幅增加。先進的廣州新白雲機場於2004年8月落成啟用，正好反映區內持續上升的航空交通需求。香港國際機場是中國重要的樞紐機場之一，當會與時並進，配合內地航空市場增長的步伐，提供優質的航空服務。

香港機場與珠三角連接海、陸聯繫

香港國際機場一直銳意發展為多式聯運樞紐，以匯集海陸空接駁服務，為香港國際機場與珠三角建立緊密無間的聯繫。現時，機場每天約有200班跨境旅遊車往來珠三角40個城市，並有大約40班快船每天往來廣州蓮花山、中山、東莞虎門、深圳福永、深圳蛇口、澳門等六個珠三角港口。憑藉香港特區政府與內地各口岸及相關部門大力支持，兩地的聯運服務得以順利推行。香港國際機場的最終目標是與區內機場攜手合作，為香港、珠三角以至其他內地省市，提供更快捷完善的客運服務往返全球各地，促進經濟繁榮。

適時新服務助機場增值

香港國際機場注重安全及保安水平、旅程所需時間及航班可靠程度，亦致力提供多元選擇。為鼓勵航空公司開發新航點，香港國際機場在2004年9月再次推出新航點優惠安排，讓開辦新航線的航空公司享有回扣優惠。隨著旅遊模式不斷轉變，廉價航空公司在近年發展亦如雨後春筍，目前已有五家廉價航空公司在香港國際機場營運航線，前往東南亞及澳洲多個城市，讓消費者在票價及航點方面享有更多選擇。香港國際機場一直與各航空公司、停機坪飛機服務商、各政府部門及保安機構保持緊密溝通，務求令各環節的服務暢順無阻，為旅客提供可靠穩定的高水平服務。

新一代的機場須明白旅客的期望及需要，著力締造難忘的旅遊體驗，才能吸引旅客重臨。除了提供快捷可靠的航班及暢通無阻的出入境清關手續之外，機場還要引入更多增值服務，讓旅客舒適地購物、飲食、消閒和處理商務。香港機場購物廊是全球有數商店林立的機場購物勝地，旅客可盡享購物飲食樂趣。客運大樓又展出本地18位傑出藝術家的作品，同時以充滿朝氣的植物點綴休憩環境，讓旅客候機時也可樂在其中。

珠三角五大機場合力造大天空

環顧經濟活動蓬勃的地區如倫敦、紐約、三藩市等國際都會，往往需要多於一個大型國際機場，以配合當地對航空運輸的需要。經濟蓬勃的珠三角目前共有五大機場，各方正透過雙邊或多邊的合作與協調，並駕齊驅推動區內航空業加速發展，合作範疇包括機場運作及商務管理。珠三角發展如日中天，區內機場合作無間，定能帶來多贏的局面，推動區內航空業以至整體經濟大展鴻圖。

“商機無限、合作無間”正是目前珠三角經濟發展的寫照。面對珠三角地區以至整個中國市場對航空運輸的需求，香港國際機場定會繼續提升貨運及客運服務水平，配合地區發展。相信憑藉珠三角地區各機場緊密合作，區內機場定能互補優勢，共拓繁榮新景象。

離岸貿易信保續增長
服務業信保單正加強

出口信用保險局總監　張錦基

過去一年，全球經濟顯著改善，在美國經濟增長帶動下、歐盟及日本等主要市場開始復甦、加上內地經濟持續擴張、各主要市場對本港貨品的需求殷切，令香港出口業表現理想，增長遠較預期為佳。加上《更緊密經貿關係安排》(CEPA) 及泛珠三角區域合作框架協議“9+2”將為港商帶來更多的商機，出口商必須靈活掌握商貿形勢，令年內香港出口業界的整體表現理想。

在持續暢旺的出口貿易帶動下，出口商對信用保險服務的需求增加。在2004/2005年度上半年，信保局的受保業務錄得10.5% 的升幅，高達165億港元，而新的投保申請更顯著增長幅度達20.6%。

港商直接從內地付運貨物日增

隨著內地港口設施不斷改善，加上運輸成本較低，香港出口結構持續轉移，令離岸貿易的比率不斷上升。越來越多港商直接從內地港口付運貨物，或轉向內地尋找貨源，部份更將採購範圍擴展至長江三角洲一帶，進一步尋求更低成本，提高競爭力。信保局作為出口商的貿易夥伴，亦順應時勢，主動配合他們的需要，積極推動離岸貿易承保服務，港商從內地直接付運的貨品，都能得到與本地出口及轉口貨品同樣的保障，大大增加出口商的靈活性。信保局同時為他們評估及管理買家風險，提供合適的保障，使他們安心拓展市場業務。由於出口商對信保局的服務加深了解，投保離岸貿易業務的意欲明顯地急劇攀升，成為推動信保局受保業務的一個主要增長動力。年內受保離岸貿易錄得可觀升幅，增至受保出口總值約40%。

助中小企應對油價變動拓展出口

雖然整體出口表現理想，但中小型企業仍飽受壓力。自2004年中持續飆升的油價，將令塑膠等原材料價格大幅上升，而運費亦不斷增加推高，令中小企難於監控經營成本，部份成本的漲幅更超乎預料，往往使已接下的訂單成為虧損包袱。中小企雖希望與買家重新議價，但由於競爭能力仍較弱，未能獲買家體諒，終令貨價不能抵銷成本而蒙受損失。面對此類難以控制的情況，不少中小型出口商的接單態度都趨向審慎，多選擇接受生產周期較短的訂單或急單，以避免得不償失。有鑒於此，信保局年內採取各種措施，包括提供風險管理諮詢服務和講座及舉辦有關展覽等，積極支持中小企拓展出口業務。

加強承保服務業出口

除了產品出口外，信保局亦一直為服務業所面對的信用風險提供保障。由於服務業普遍較少以放賬形式進行交易業務，對信用風險又認識不深，令服務出口的受保金額低。不過，在信保局積極推廣下，服務業已逐漸加深對信用保險的了解，並加強利用信用保險去保障本身利益。受保貨運代理服務增長可觀，而受保酒店服務在內地“個人遊”計劃及訪港旅客上升的帶動下，更錄得強勁升幅。另外，於2004年6月，信保局簽發了首張“測試及檢定服務保單”，將信用保險業務進一步擴展至其他服務行業。

進一步強化網上服務平台

過去數年，信保局不斷完善其信貸資訊網絡，更利用網上平台蒐集資訊，縮短審批信用限額的程序及加強對買家的風險監察。透過其資訊調查系統，信保局可更有效地評估信貸風險，協助出口商制定適當的放賬政策，逐步優化買家組合。另一方面，保戶亦可利用“信保易”網上平台查閱及申請買家信用限額，隨時掌握買家的信貸狀況，防患於未然。信保局亦於2004年年底時推出“信保易—信用調查系統”，加強與信用調查機構的聯繫，更快取得買家的信用調查報告，從而縮短評估買家風險所需的時間，協助出口商了解買家的放賬風險。

CEPA及“9+2”帶來商機

CEPA及“9+2”的實施落實，為出口商帶來不少新機遇。為協助出口商充分掌握CEPA帶來的商機，信保局透過不同渠道，加強對內地買家的資訊調查，並了解出口商在進軍內地市場時的風險管理需要，並主動提供支援與協助，讓出口商把握先機，開拓內地市場。

隨著CEPA第二階段協議達成，內地將進一步開放其貨物及服務市場，本港18種服務行業進入內地市場的門檻更獲得進一步降低，這不僅擴大香港服務業的發展空間，而且更可提升內地企業的生產力及競爭力，絕對是一個互助互利的安排。為協助香港服務業打入內地市場，信保局正積極與不同服務界別的協會接觸，包括物流、酒店、廣告、管理、建築及會計服務業，了解不同服務行業的個別需求，度身設計保單，從而擴大承保範圍，讓更多出口商受惠。

拓展業務 留意風險

展望未來，有鑒於目前全球經濟基調良好，相信本港出口在未來將會持續暢旺，而且隨著CEPA及“9+2”的落實，將為出口商帶來更多商機及優勢。香港出口商向來以靈活見稱，必定可以抓緊機遇。同時，信保局亦積極研究配合，協助出口商緊貼貿易趨勢，捕捉商機。

總括而言，信保局為出口商提供一套全面的信用風險管理系統，不斷更新買家的風險的資訊。信保局亦會密切監察風險的改變，出口商可以可透過信保局的風險管理服務，優化買家素質，掌握商貿形勢，拓展出口業務。

強積金資產突破千億

強制性公積金計劃管理局主席 李業廣

2004年是本港強積金制度發展的一個里程碑，在制度實施後四年，強積金資產淨值已突破港幣1,000億元。這個成果令我們感到十分鼓舞，可以預見的是強積金資產淨值將繼續日益壯大，為本港在職的勞動人口提供退休保障。截至2004年11月底，有關僱主及僱員的計劃參與率分別為98%及97%，足以證明社會人士對強積金制度的廣泛接受和認同。

強積金能否為現時在職人士將來退休時提供足夠的保障，取決於計劃成員能否作出正確的投資決定，以享有穩定的投資回報。在決定強積金投資時，計劃成員需要有基本的投資知識，更應明白所有投資都涉及風險的道理。

計劃成員須知投資風險

強積金計劃是透過僱主及僱員每月供款的機制，以長線投資的方式累積財富，為僱員退休後的生活提供保障。計劃成員在每月作出強積金供款的同時，亦須負起作為投資者的責任，在選擇投資時認清各項基金所涉及的投資風險。強積金基金投資的回報足以決定他們退休的生活方式，定期檢閱投資組合，多了解投資知識，實在是十分重要的。

由於任何投資均會受到各種外來因素的影響，部份基金投資短期或會有波動，計劃成員應有長遠投資的概念，因為強積金投資期動輒數十年，計劃成員不應因為短期市場波幅而經常轉換投資組合，以免影響個人長遠的投資目標。另外，計劃成員亦應定期查閱自己的強積金供款情況，如遇僱主未有依法供款，應立即向積金局作出投訴，我們會盡力為計劃成員追討應有的權益。

披露守則增基金資料透明度

為了幫助計劃成員作出明智的投資決定，積金局於2004年2月徵詢了業界及公眾意見，並於2004

年7月向核准強積金受託人及服務提供者發出《強積金投資基金披露守則》，以增加基金資料的透明度，協助計劃成員掌握有關強積金基金收費和表現等資料。這類資料有助市民作出更明智的強積金投資決定。

積金局不斷檢討強積金法例及運作，以加強對強積金計劃成員的保障。踏入2005年，積金局會進一步鞏固強積金制度、確保強積金法例得以遵循，並致力提升積金局的能力及問責性。此外，我們亦會加強推廣強積金投資教育，及積極主動與社區發展夥伴關係，共同將強積金的投資知識傳達至社會各階層。

積金局深信，得到各界人士的支持及合作，強積金制度的運作將會更趨完善。我們矢志履行使命，並將繼續致力確保制度的運作順暢，為本港就業人士提供更佳的退休保障。

內地是地產代理業新天地

地產代理監管局行政總裁　陳佩珊

經濟發展的高低起伏，是任何一個社會必須面對的永恆課題。在2003年，香港受到前所未有的“非典”疫潮所衝擊。許多行業都受到影響，地產代理業亦不例外，業務大受打擊，許多從業員的生計亦受到威脅。不過，在這段艱難的時刻，業界亦充分顯示出香港人的頑強鬥志和毅力，許多從業員都克盡本份、緊守崗位，部份更實行各種自救方案，行業最終亦渡過了難關。

非典過後行業重生

疫潮過後，經濟環境開始從谷底回升。相信許多讀者在過去一年都感覺到經濟好轉所帶來的種種好處。對地產代理業而言，經過“非典”考驗之後，現正重拾蓬勃發展的軌道。不少公司已率先增聘人手和調升薪酬，與員工一起分享盈利增長的成果。

內地樓市旺
促使本港從業員轉戰

近年，內地房地產市道興旺，亦為香港的從業員擴闊了發展的空間。隨著兩地經濟進一步融合、內地各個專業加強規範，以及法制的不斷完善，相信進軍內地市場將會成為行業的一大發展方向。

現時，所有在內地從事房地產經紀活動的人士，必須取得房地產經紀人員相應職業資格證書並經註冊生效。內地的職業資格分為兩種，包括房地產經紀人員執業資格和房地產經紀人協理從業資格。凡是擔任關鍵崗位或開設房地產經紀機構，必須取得房地產經紀人員執業資格。資格考試亦分兩類：房地產經紀人協理從業資格考試，及房地產經紀人員執業資格考試。前者大綱由建設部擬定、人事部審定；考試的命題、組織及實施，則由各省、自治區、直轄市自行負責；有關資格只在所在行政區域內有效。後者則實行全國統一大綱、統一命題、統一組織的制度，由人事部和建設部共同組織實施，原則上每年舉行一次。香港特別行政區居民，只要符合相關的學歷、經驗及法律規定，亦可報考全國房地產經紀人執業資格考試，並藉此申請取得執業資格。

積極推動兩地專業技術交流

在過去一年，為了配合和支持內地與香港《更緊密經貿關係安排》，地產代理監管局就內地與香港的專業資格互認的可行性，與中央政府和特區政府進行磋商、研究。我們相信，香港地產代理業的發展，已逐漸受到內地以至國際的注視。香港有一套完整的規管制度，而從業員本身亦經驗豐富，相信都可以作為內地同業的參考。另一方面，認識內地的執業要求和法規，亦對我們的規管工作和日後發展有所啟發。 所以，在新的一年，地產代理監管局將繼續積極推動兩地的專業技術交流。

無疑，兩地經濟的進一步融合，打破了固有的貿易壁壘，可以為業界引進不少的商機。然而，商機背後，其實亦隱藏著競爭。那麼，個別從業員如何才能保持甚至增強本身的競爭優勢呢？這是一個值得反思的課題。不過，能夠經常為自己的知識技能增值，不斷持續進修學習，相信是其中的不二法門。因此，地產代理監管局將會在2005年推出屬於自願參與性質的持續專業發展計劃，為從業員提供一個終身學習的機會。計劃中的課程涵蓋法律、專業操守、市場推廣、管理及員工督導等多個範疇。監管局將聯繫院校、商會及其他相關機構，邀請開辦課程。此外，監管局亦會建立持牌人修業數據庫，以及加強培訓資訊的發放工作。監管局資源中心亦將進一步增加自學教材及相關參考資料，以配合計劃的推行。

歸根結底，地產代理是一門向客戶提供專業資訊和專業服務的行業，只要從業員不斷充實自己，向客戶提供比別人更優質的服務，相信無論在本地或內地，都可以脫穎而出，取得佳績。

商界

香港——世界市場上的東方明珠

香港總商會主席　黎定基

隨著中國於2001年加入WTO，香港是一個成熟的服務型經濟體系，其作為中國內地與世界橋樑的作用不但沒有淡化，反而籍與內地簽訂《更緊密經貿關係的安排》(CEPA）及與南中國地區經濟一體化的過程中得到加強。

進入內地市場 香港成最佳夥伴

經過二十多年的改革開放，內地經濟取得舉世矚目的成就，成為推動全球經濟增長的火車頭之一。但我們不要忘記內地長期實施計劃經濟，政府

運作仍舊缺乏透明度，市場機制還在建立中。各地區之間的巨大經濟發展差異，亦令內地市場更為複雜。因此，對於外資公司尤其是外國中小企業而言，內地仍是一個困難重重的市場。香港公司對內地市場有豐富的經驗，熟知在內地營商的“實際”秘訣，故處於最佳的位置去幫助這些外資公司。香港又作為全球最自由的經濟體系，早已擁有成熟的法制，並熟知國際慣例。香港公司無疑是那些想進入內地市場的外資公司的最佳夥伴。

最新香港海外公司駐港地區代表按年統計結果更證實，香港的中介角色在中國入世之後得到加強。截至2004年6月，香港以外註冊公司駐港的地區總部、地區辦事處共有3,609家，較2003年同期上升12.5%，當中92%均與中國內地有業務往來。

橋樑角色 鞏固本港中介地位

香港的“橋樑”作用不僅體現在外商與內地之間，還體現在內地企業與世界之間。中國內地實施“走出去”的策略，2004年9月商務部、國務院港澳辦制定了《關於內地企業赴香港、澳門特別行政區投資開辦企業核准事項的規定》，簡化了內地企業來港投資的手續，將審批時間縮短至15個工作日。在內地政府的支持下，再加上國內產品以及企業本身都愈來愈具備走向世界的能力，香港更可因式利便，為中國企業提供國際認同的商品推廣技術、設計及營銷等增值服務，發揮香港領先全球的運輸、分銷及物流網絡，鞏固香港的中介地位。

香港也是內地企業的金融橋樑，是內地企業通過投資公司或證券市場融資的自然選擇地。雖然也有少量內地企業在納斯達克及新加坡上市，但表現都未如理想，因為當地畢竟並非中國公司的本地市場。現在香港申請上市的企業多為內地企業，2004年內地企業在港上市集資額達到710億元，佔香港市場新上市集資總額的75%，而且不少內地企業利用香港融資來投資海外。

CEPA第二階段加強港優勢

內地與香港於2003年6月簽訂CEPA之後，又於2004年8月就CEPA第二階段的內容達成共識，香港作為內地的國際橋樑地位得到進一步彰顯。CEPA在貨物貿易、服務貿易及貿易投資便利化三方面帶給香港獨特的優勢。

自2005年1月1日起，共有1,087個香港製造產品可在輸入內地時享受零關税，其中374項產品從2004年1月1日開始享受零關税。根據中國對世貿承諾的最終税率，幾年之後許多產品的關税仍在25%以上，意味著香港將長時間擁有零關税的優勢。

加上第二階段的CEPA，共有26個內地服務行業放寬對香港的市場准入限制，優勢分別在於放寬對外商持有股份比例的限制，或降低對資產及註冊資本的要求，或提早開放，甚至開放世貿中未曾承諾開放的行業。

根據CEPA，香港公司可在內地設立獨資企業，提供管理諮詢、運輸物流，建築工程等專業服務，比中國對世貿的承諾提早1~3年。在銀行及分銷行業方面，CEPA都對香港公司大幅降低門檻，尤其銀行業，對香港銀行資產規模的要求從20億美元減至6億美元，使大部份的香港銀行都符合要求。同時北京及上海等23個城市共1.5億的內地居民可以個人身份來港旅遊（個人遊），令香港的旅遊零售等相關行業充滿活力。此外，香港的電影將不再受配額限制，我們可以期待香港娛樂行業的再度繁榮。

對於像香港這麼開放的國際城市來説，香港公司的定義尤其重要。CEPA關於香港公司的定義十分符合香港的國際特色，將所有為香港經濟作出貢獻的本地和外資公司都被包含在內。

港商內地投資 珠三角仍是首站

香港與珠三角的經濟整合始於廿年前香港製造業北移。那時，香港與珠三角的合作的模式主要是

"前店後廠"。兩地經濟不斷整合，逐漸形成國內經濟的引擎之一——大珠三角經濟圈。

得益於與香港的緊密聯繫，珠三角是內地最富裕的地方。不計香港的700萬人口在內，珠三角有3,300萬人口，9,000平方公里土地，與長江三角洲並列為國內兩大生產基地。香港企業在珠三角僱用了近1,100萬勞動力，廣東71%的外資來自香港。珠三角將繼續是港商投資內地的第一站。

泛珠三角概念起推動經濟一體化

由於大珠三角在南中國的龍頭地位對周邊地區的影響愈來愈大，泛珠三角概念應運而出。泛珠三角由廣東、福建、江西、湖南、海南、四川、廣西、貴州和雲南省，以及香港、澳門所組成，該區的人口約為4.5億，相當於東盟十國的人口總和，各地的經濟特點迥異，具有互補性，而CEPA又為泛珠三角的經濟整合提供了新的平台。如此，廣大的市場與腹地為香港服務業的發展提供了更大地空間。

泛珠三角的經濟合作得到中央政府的大力支持。交通部和鐵道部不僅在全國交通網絡的規劃中特意考慮該地區的內部需要，港澳珠大橋的興建已得到中央政府的肯定。大橋有望在2007~2008年落成，屆時大橋不僅連接香港與珠三角西部，包括澳門，更將香港的腹地擴展到國內的西南部。此外，泛珠三角各地的政府定期通過泛珠三角論壇，討論不僅涉及基建設施、可持續發展、信息交流及環保等合作發展，更著眼於消除區內的貿易壁壘，推動區域經濟的一體化。

保持特有優勢 繼續扮演橋樑角色

香港在世界市場的定位由此清楚可見。香港將繼續扮演中國內地與世界的橋樑，發揮其本身經濟高度自由的特點，既是亞洲的金融中心，又是物流中心。CEPA不斷增添新的內容，為香港服務泛珠三角以至整個中國內地，創造愈來愈大的空間。香港將繼續保持其特殊的優勢，成為屹立於東方的明珠！

借CEPA拓展港產品牌 維持全球供應鏈管控者角色

香港工業總會主席　丁午壽

自1980年代起，港商把握國內改革開放帶來的機遇，以及內地所提供廉價的生產要素，陸續大規模地把生產線遷移往內地，特別是珠三角地區投資設廠。然而，大部份公司仍在香港維持其財務管理、地區總部、銷售及市場推廣和資訊科技管理的業務。這個被稱為"前店後廠"的運作模式發展了二十多年後，港商逐漸扮演起全球供應鏈管控者之角色，由世界各地採購生產原料(也包括國產原料)運往國內生產基地進行製造，然後把貨品以極具競爭力的價格和優良的品質銷往世界各地市場。

製造業轉型　CEPA影響漸見

基於上述原因，香港製造業的經營模式日漸轉

型。製造業佔本地生產總值的比重由1980年的23.6%遞減至2003年的4.1%；同期，製造業聘用的工人減少超過73萬人。然而，隨著《更緊密經貿關係安排》(CEPA) 於2004年1月起實施，港製產品可免關税進口內地，不少廠家重新評估在港經營生產線的可行性。

CEPA的落實增加在港設置生產線的誘因，吸引部份港商把工序回流香港，在港新設或重設生產線；同時亦增加外資利用有關優惠投資香港製造業的興趣。無可否認，投資本身是一個重大的商業決定，有關的探討及定案都需要一定時間，而“由投資到有成果及可以真正享受優惠”需要更長的時間。因此，在CEPA落實的初期，其效果並不明顯。但當有關政策施行了一段時間後，港商對CEPA的運作熟悉加深，CEPA對本港製造業正面的影響將慢慢顯現。

進入內地的港產品逐增

港製產品進口內地，目前約佔港製產品出口總額的三成。在過去十年裡，本港輸往內地的出口在大部份時間都有不同程度的下跌，而近年跌幅更呈擴大之勢。但在2004年首九個月，港產品出口同比下跌1.1%，相比前兩年雙位數字的跌幅，情況已大幅改善。其實，除了首季下跌8.4%外，在第二、三季出口分別上升1.7%及2%。值得留意是本港產品出口到內地有超過六成的貨物是作外發加工用途。撇除外發加工貿易的估值，2004年上半年本港產品出口到內地上升1.7%。這反映隨著港商對CEPA的運作漸趨熟悉，更多港製貨品運往內地市場。

港製造業投資氣氛日濃

多方面的數據都顯示自CEPA實施後更多資源投入本地製造業。香港廠家現正增添人手。從事製造業的人數多年來持續減少，但已從谷底有所回升，由2003年12月的16.8萬人增加至2004年6月的17萬人。投資方面，在2004首三季，機器、設備及電腦軟件開支均持續錄得雙位數升幅。單在生產器材添置方面，繼第一、二季增長18%及12%後，第三季度更強勁增長33%。

2004年以來，工廈物業交投氣氛日趨濃厚。2004年首十一個月土地註冊處已錄得4,091宗工廈買賣註冊登記，較2003年全年大幅上升45.2%，並突破1997年高位3,996宗。差餉物業估價署的資料顯示，工廠大廈第三季的租值及售價同比增長分別為5.4%及23.3%。據有關研究，工廈物業的實質需求日漸湧現，物業買賣則以用家居多。這些數字正好反映更多公司被吸引在港辦廠，從而帶動對廠廈的需求。

香港銀行業提供給製造業的貸款，是支持業界發展重要的一環，亦見顯著回升。用於製造業的貸款已多年表現呆滯。由於業界投放更多資源於本地製造業的發展，對貸款的需求亦有所增加，在2004年首九個月，貸款總額按年強勁增長20.3%。

內地消費暢旺 把握CEPA商機

CEPA是一個內地向香港企業開放市場的安排，而內容勢將不斷深化和擴闊。根據中央及香港政府於2004年8月達成第二階段的協議，內地同意在374個已由2004年1月起享有零關税優惠的產品以外，再給予零關税優惠予713項的香港產品。中央及香港政府將透過建立的聯絡機制，繼續商討於下一階段進一步開放貨物和服務貿易。

預計2005年中國出口將持續表現出色，經濟在未來一段時間將保持暢旺，帶動私人消費迅速增長。此外，香港產品對內地消費者有一定的吸引力。根據香港貿易發展局一項調查顯示，他們普遍認為香港消費品如時裝及手錶等除了款式設計時尚外，質量亦有保證。因此，未來港製產品輸往內地應會有不俗的增長，而投放於本港製造業的投資亦會增加。

新趨勢：打造港產品牌

然而，香港無論在薪金、租金及物業的成本仍然相當高昂，零關稅節省的金錢實不足以彌補在港生產高出的成本。所以在港新增的生產設施必定是具高經濟效益、高附加值、及有龐大市場發展空間的產品。

縱使投放於本地製造業的投資有所提升，但港製產品出口往內地只約佔香港出口總額的2%，而大部份貨物卻是作外發加工用途。由於國內生產成本仍低，港商在內地經營生產線享有一定的比較優勢。因此，他們為維持競爭力，主要生產基地仍然會設在珠三角區，而作為全球供應鏈管理者之角色亦將不會改變。

港商要開拓內地市場，不但需要有價格競爭力，提供貼合市場需要的優質產品，提高內地消費者對自己產品的擁戴更是不可缺少，而這對有意在內地建立品牌的港商顯得尤其重要。過往由於香港內部市場狹小，大多數生產商以原件生產模式生產，香港廠家發展本身的品牌成績平平。就CEPA零關稅優惠湧現的商機，為開拓內地市場，針對內地消費者對香港產品的良好印象，港商必定會加大力度發展香港製造品牌產品。港商都知道，充分利用本港優越設計及專有技術，打造自己的品牌，在香港進行生產是業務發展的新趨勢。

掌握“一國兩制”的優勢 持續發展多元經濟

香港中華總商會會長　霍震寰

在2004年即將過去之際，香港各種經濟數據接連報捷，內地市場亦開始進入WTO的後過渡期，承諾開放更多服務領域。對香港來說，2005年將是充滿機遇的一年，亦是需要我們不懈付出、努力保持良好增長勢頭的一年。故此，無論特區政府或工商界均應好好把握時機，從政策和市場定位等方面，認真思考和積極行動，促進香港產業朝多元化的方向發展，提高國際市場競爭力。

以下我希望從四個方面重點討論行業經濟所面臨的形勢、所應採取的策略以及未來的發展前景。

儘顯服務業優勢 爭取擴大業務領域

2004年12月11日是中國“入世”的三周年，由此刻開始，中國已進入一個關税和市場准入門檻大幅降低的後過渡期，包括銀行、保險、證券、通信、旅遊及信息等六大較為敏感的服務領域正逐步實現承諾市場開放。這意味著不僅外資有關行業的企業分支機構或公司獲准在內地經營業務，還將在這些行業中，衍生更多中外合資的新合作。對香港服務業來説，這正是擴大服務領域，加強競爭力的良機，務必緊緊把握。

香港在金融、貿易、法律、航運及旅遊等服務業方面均具有專業經驗和明顯的優勢，屬全球的第九大服務輸出地，是國際金融及貿易中心。在內地新開放的銀行、保險、證券、通信、旅遊及信息領域中，香港完全有能力直接向內地提供專業服務，不僅有助內地完善各種服務機制，亦有利處於經濟復甦關鍵時刻的香港服務界，擴大業務範圍，求得發展空間。

與此同時，香港專業服務業長期以來積累了豐富的項目管理經驗，既有西方管理的實務，又熟悉內地國情，深得國際投資者的信賴，更多的外國企業將會選擇香港作為跳板，與港商聯手共同進軍內地市場。為此，目前我們最迫切的工作就是繼續研究和擴大CEPA內容，爭取服務業投資內地更大的便利化，包括謀求在資格互認方面能盡早達至共識等，積極爭取擴大專業服務的內容和空間，以更大的優勢博得外來投資者的青睞，共同開闢新業務。

抓緊內地放寬政策
締造國際資產管理中心

繼2004年11月中國人民銀行明確內地移民財產和繼承財產可通過合法途徑對外轉移後，12月2日又公佈內地居民出入境每人每次可攜帶的人民幣限額由原來的6,000元增加至2萬元，這些措施對強化香港的國際金融中心地位有著深遠的影響。

這些措施不僅在短期內有利活躍本港樓市、股市、旅遊和零售市場，長遠來說，將有利香港以基金管理、私人銀行及各種投資儲蓄形式吸引內地財富匯聚，有助推動香港發展成為國際金融服務與資產管理中心，亦有利香港成為人民幣區域化境外交易和結算的平台，為香港早日成為人民幣離岸中心奠定重要的基礎。

相對區內其他城市，香港在資產和資金管理方面具備優勢，包括眾多的基金管理公司和專業人才、無外匯管制、良好的法治和企業管治以及簡單低稅制等。內地合法財富不斷流入香港，唯目前尚缺乏投資渠道，特區政府宜抓住這個時機，與商界緊密溝通，加快本港金融基建，擴大金融平台，一方面爭取內地繼續擴大資產和資金流入香港，另一方面積極為內地投資者提供增值管理和服務，將香港真正建設成為類似瑞士的國際金融服務與資產管理中心，建造符合人民幣區域化趨勢的離岸中心。

儘快完善基建
加強兩地物流合作

因應香港與內地經濟融合不斷深化，尤其是與鄰近珠三角的經貿聯繫日趨密切，香港在貨運及物流方面的作用將進一步突顯。有資料顯示，目前珠三角的出口量佔內地總出口量的40%，但兩地貨運關口為數有限，每日貨櫃車過關耗費大量時間，不僅嚴重影響經營效率，又造成昂貴的成本。故此，加快擴展與珠三角的接駁基建已迫在眉睫，像港珠澳大橋應盡速開動，其他一些正在構思或進行中的跨境通道，宜由特區政府出面與內地有關部門聯繫，盡早落實工程。

此外，根據香港港口及航運局的預測，香港貨運需求未來十五年每年將增長5%，當務之急是從速完善交通運輸等硬件的建設，包括大嶼山十號貨櫃碼頭的部署和興建，連接機場及港口的公路建設等，都必須納入龐大的系統工程之中，以利早日完善設備，滿足不斷上升的需求。

在完善各種硬件設施的同時，要加快與內地物流業的合作，要在區內贏得市場和空間，香港必須大力降低運輸成本和處理費用，否則，硬件再完善也欠缺競爭力，更無力在整體業務量中分得一杯羹，在這一方面，無論政府或商界都需要好好加以探討。

把握CEPA契機 振興本地製造業

過去二十年香港製造業北移，尤其是一些勞動密集型的工業因應成本問題基本上都離開了本地，本港製造業逐漸被淡化，忽視了增值與升級，在一定程度上導致結構性失業和投資資本外流。

說是一種必然的趨勢，但這並不意味著香港就此可以放棄製造業，尤其是一些高增值和高科技行業。根據香港的現況，目前要大力發展高科技有很大困難，但在傳統工業發展的趨勢上，進一步發展高增值製造業卻非常必要，且具可能性，特別是在CEPA的框架下，只要政府和工商界齊齊努力，大膽創新、勇於進取，本港的製造業完全有可能再度回復活力。

CEPA實施至今已一年，在第二階段713項零關稅產品中，不少產品多年來在港已沒有生產或很少生產。但據政府統計數字，2004年第三季度生產器材添置大幅度上升33%，這無疑是一個令人鼓舞的消息。事實説明部份投資者還是目光敏鋭，已開始積極配合CEPA零關税的優惠，大膽投資他們認為有條件發展、並且頗有內地市場的製造業。譬如，在進口上海的香港產品中，藥品佔六成，可見，有些產品在內地大有市場，關鍵就看我們如何策劃和落實。

面對契機，政府和業界宜高度重視CEPA零關税效應，緊握向高增值轉型的難得機遇。就目前來説，政府除了鼓勵本港製造業多想辦法，多出創意外，還需抓緊推廣和宣傳香港，積極吸引內地有條件的企業及海外企業投資本港高增值製造業，從計劃和行動上，都積極創造條件，努力增加製造業在本港整體經濟的比重，並以此紓緩結構性的人口失業問題，提高本港整體競爭力。

在辭舊迎新之際，展望香港的未來，我們依然充滿信心。香港的地理位置、市場地位、資訊網絡以及固有的優勢產業和人才是發展多元經濟的基礎，而“一國兩制”更是香港得天獨厚的優勢，只要我們充分認識，及時把握，從多方面積極探討和行動，在未來的區域和國際市場中，香港將繼續發揮其不可替代的作用。

CEPA 令香港製造業重現新機

香港中華廠商聯合會會長　楊孫西

香港經濟自2003年下半年起逐步拾級而上，去年出現了強勁的增長。根據政府公佈的數字，去年首三季的本地生產總值分別錄得7%、12.1%和7.2%的實質增長，預計全年的增長率達7.5%。

去年經濟全面向好

與前兩年相比較，2004年的經濟增長不但速度加快，而且更具全面性；對外貿易、內部消費和投資三大環節呈現了齊頭並進的可喜局面。2004年首九個月的商品整體進口和出口貨值分別較2003年同期大幅攀升18.8%和16.1%，服務輸出上升了16.8%。

在內部經濟方面，私人消費開支比2003年同期增加了7.3%，扭轉了2002和2003年連續萎縮的情況；而整體投資開支在第一、第二和第三季度分別增加5.5%、12.7%和4.9%，反映企業對本地的營商前景已信心倍增。伴隨著工商百業恢復蓬勃生機，香港的樓市、股市等資產市場交投暢旺，就業市場亦逐步改善，失業率從2004年初的7.3%回落至6.7%。

今年將持盈保泰

本港經濟這種較為均衡增長及全面擴張的發展勢頭，大致上仍會延續到今年。就業情況好轉，加上資產價格回升所產生的財富效應，均有助於維持旺盛的消費市道。美元積弱難興，刺激國際資金流入，令本港的銀行體系流動性充沛，港元利率繼續在低位徘徊，這在一定程度上有利於企業控制營商和投資的成本。

然而，外圍環境仍然充斥著諸多不確定因素，例如油價高企、地緣政治危機、以及美元下滑的潛在金融風險等等。美國經濟備受貿易和財政雙赤字的困擾；由於內部需求漸露疲態，加息周期已經來臨，加上擴張性財稅政策的作用正在減退，預計其今年的增長動力將會轉弱。如果美國內需和貨幣繼續走軟，不可避免會拖累歐元區和日本近期由出口帶動的經濟復甦，令主要的發達國家今年的經濟增長出現同步放緩。

中國內地正透過一系列宏觀調控措施糾正經濟失衡的現象，預計其經濟增長率亦會從2004年的9%回落至今年的7%。中國內地日益成為東亞國家最重要的出口市場之一，內地經濟降溫將為本地區的內部貿易帶來新的變數，亦可能令本港的轉口貿易受到一定的影響。

概括而言，今年的世界經濟或會調整增長的步伐，但審慎樂觀的基調相信並不會改變。受益於弱勢美元的刺激作用以及訪港旅遊業的持續興旺，本港的貨物和服務出口貿易仍可在2004年錄得較快的單位數增長；而未來一年本港經濟的發展動力，將會更加倚重內部需求和投資活動的回升。預計今年本地生產總值的實質增長率可達到4.5%，失業率將進一步回落到5.7%左右的水平；在內部需求的拉動下，加上輸入貨品價格上漲等因素，2005年本港的綜合價格指數將會上升2%左右。

製造業：嶄露生機

隨著本港經濟重拾升軌和結構轉型的深化，本地製造業的發展環境正不斷改善。2004年以來，香港製造業已呈現出明顯的復甦跡象。在2004年首11個月裡，港產品的出口已有十個月錄得正增長；第一、第二季度製造業的生產總值比2003年同期上升了1.8%和1.1%，是近五年來首次錄得正增長；2004年首三季製造業貸款總額同比增長為17.9%、22.3%和20.7%，均遠高於本地貸款的整體增幅；製造業機械設備投資經過數年的下調後，2004年首三季分別錄得10%、12%和33%的強勁升幅。

重新審視本港優勢
製造業可重振雄風

事實上，一些有利於本地製造業重振雄風的誘因正在湧現。首先，隨著內地經濟的起飛，本港與國內沿海地區的成本差距正迅速縮小；特別是2004年以來，內地不少地區出現了水、電和勞動力供應短缺的現象，促使不少港商重新審視香港的相對優勢。

其次，CEPA第二階段的內容已把零關税優惠擴展至絕大多數的港產品，甚至包括184種目前尚未在本港生產的產品，為本地製造業的升級換代提供了歷史性的契機。

第三，製造業亦有望成為近期香港吸引海外投資的一個增長點。2002年流入本地製造業的外資達100億港元，佔當年香港吸引外來直接投資的13.2%，遠高於前兩年的1%。在CEPA的催谷下，不僅本地廠商加快擴大產能，不少海外製造商亦考慮在香港進行策略性投資，藉此進軍龐大的中國內銷市場。

另一方面，內地企業對外直接投資的浪潮方興未艾；憑借得天獨厚的地理位置、優越的營商環境、以及CEPA和"民企自由行"的政策優勢，香港無疑是內地企業實施"走出去"戰略的橋頭堡，亦有望成為他們在境外開展高附加值製造業及其相關活動的重要據點。

重新確認本港工業的地位

面對經濟回升和CEPA的雙重機遇，香港製造業能否振衰起蔽、重興旗鼓，尚有待業界努力和政府的鼎力推動。而當前之務是應重新認識和評價工業對本港經濟發展的重要作用，確立製造業作為本地支柱產業和吸引海外投資增長點的戰略地位；進而可考慮採用傾斜性政策，透過提供財稅方面的優惠、改善工業園區、降低政府和公用部門的各項收費等措施，為本地製造業創造更優越的發展條件。

廢除遺產稅　提升競爭力

香港工商專業聯會主席　黃匡源

香港以成為區內頂尖金融中心為目標，但是在經濟全球化的今天，香港正面對激烈的競爭，其他國家和地區無不在努力地創造更佳的營商環境，務求成為亞洲第一位的資產管理中心。要提升香港的競爭力，廢除遺產稅是其中一個立竿見影的做法。

港唯一資產稅　增投資者顧慮

遺產稅是香港唯一的資產稅，無論是否本地居民，一切在港的財產也需要納稅。這不僅引致本港居民把資產移往外地，亦會使有意在香港投資和保管資產的海外投資者多加考慮。

事實上，內地人士的財富與日俱增、越來越多歐洲投資者選擇在亞洲管理其區內資產、基金經理和投資者需要把資產集中於一地管理、各地投資者欲在亞洲購買資產等，都為香港以至整個地區提供了擴展金融服務業的重要商機。吸引這些商機不但可以對香港的房地產、股票等市場產生推動作用，有關的經濟活動反過來亦會促進投資及金融市場，成為香港經濟增長的一股活力。

遺產稅不合時宜

區內各地致力爭取這些商機的其中一項重要措施，便是廢除遺產稅。澳洲、澳門、新西蘭、馬來西亞及印度等已取消遺產稅，新加坡則大幅修例增加豁免的項目。相較之下，香港便顯得遠遠落後。事實上，政府一直積極吸引各地資金來港，並推行投資移民等政策，而撤銷遺產稅與這些政策有相輔相成之效，可增加香港對投資者的吸引力。

另一方面，遺產稅亦已不合時宜，不能有效地達到其目的。遺產稅於1915年引入香港，原意是要“增加政府收入”，以及“讓全體市民在那些非常富有的人去世後受惠，因為那些人致富的部份原因是資產增值及香港經濟增長，對此全體市民均有貢獻。”

可是，根據政府的統計，過去五年遺產稅平均只佔政府總收入的0.7%，無論以甚麼標準來衡量，都不是豐碩的收入。反之，廢除遺產稅能刺激經濟增長，帶來連鎖收益，如物業稅、印花稅、利得稅等稅收將增加，可能比遺產稅帶給政府庫房更多稅收。

納稅者豈止大財主
小富民也要承擔

還有一個比較鮮為人知的事實：一般人以為遺產稅主要由社會上最富有的階層承擔，事實卻不然。例如2003/2004財政年度，稅務局總共處理了15,345宗遺產稅個案，只有298宗要納稅，當中超過60%稅款低於250萬元，即有關資產總值不足1,700萬元。這說明，現時香港遺產稅的承擔者，多是中小企東主、一些為退休生活作準備，以及為至親謀求保障，終日勤懇工作的市民。或許限於他們對稅務條例的認識不足，或未有對財產早作安排，因而需要繳付遺產稅。事實上，我們只要通過專業服務對資產作出適當安排，遺產稅絕對可以是零。

遺產稅非為稅制把關

還有一個反對廢除遺產稅的論點，指遺產稅是堵塞避稅的最後關卡，因此必須予以保留。這種論調實在不能成立。一個稅項的存在目的竟然是為了收取其他稅項，根本不合邏輯！

總而言之，現在是香港進一步鞏固金融中心領先地位的大好時機，遺產稅不但不能達到其原有目的，更是香港發展的桎梏。故此，應盡快廢除遺產稅，提升競爭力，為香港經濟注入活力！

CEPA為香港銀行業帶來新增長點

中國銀行(香港)有限公司副董事長、總裁　和廣北

自2003年6月底CEPA簽署和7月底內地開放個人自由行以來，市場對香港經濟前景的信心大大增強。2003年下半年，隨著內地個人自由行帶動的零售、酒店、餐飲和旅遊業率先復甦，香港經濟已經出現明顯的復甦態勢。2004年隨著全球經濟同步復甦以及CEPA的進一步落實，香港經濟的復甦更為全面和強勁，首三季度香港實質本地生產總值增長率分別達7%、12.1%和7.2%，政府預計全年經濟增長可以穩達7.5%，是2001年以來實質經濟增長最快的年份。加上通縮自年中開始消失的因素，2004年香港的名義本地生產總值增長率則是1998年以來增長最快的年份。受香港經濟強勁增長所帶動，加上資金大量流入推動香港的股市和樓市出現強勁反彈，香港銀行業的各項業務和盈利也出現較佳的表現。

香港銀行業開展人民幣業務出現多贏局面

2003年11月，中國人民銀行和香港金融管理局簽署《合作備忘錄》，允許香港銀行業經營存款、匯款、兌換和信用卡四項個人人民幣業務，並於2003年年底前任命中銀香港作為香港人民幣業務清算行，從而正式開啟了內地與香港之間人民幣資金透過銀行體系流動的新渠道。中央政府允許香港銀行業經營個人人民幣業務，是CEPA在金融方面的重要充實，有助於促使兩地的資金流動隨著兩地經濟金融的融合程度加深而大幅增

加，並通過制度性的安排，使香港的人民幣業務由非正規的、自發性的業務逐漸納入正規的、規範的銀行市場。這不僅有助於人民銀行加強對境外人民幣流通的監測，促進人民幣的有序回流，防範金融風險，並且有助於香港銀行業開拓新的業務領域及拓寬收入來源。此外，由於人民幣業務為香港市民的儲蓄和投資開拓了新渠道，為香港市民的消費提供了方便，也為香港市場帶來了新活力。

例如：（1）自2004年2月25日香港銀行業正式開辦人民幣存款、匯款和兌換業務以來，目前已有38間銀行提供人民幣存款業務，目前人民幣存款已超過100億元，為香港市民開闢了儲蓄和投資的新渠道。

（2）自2004年1月18日內地銀行發行的人民幣信用卡和銀行卡可在香港簽賬消費和提現以來，內地人士累積在港簽賬消費金額超過20億元，平均每次簽賬金額近3,000元，從而為促進香港零售市道的迅速復甦及香港整體經濟和就業的復甦起了積極的作用。

（3）目前中銀香港及香港多家銀行已經推出人民幣信用卡，持卡人可於內地逾45萬個貼有銀聯標誌的商戶刷卡消費，亦可透過內地銀聯網絡近6萬部自動櫃員機透支/提取人民幣現金，從而為香港居民到內地工作、公幹、旅遊和消費提供了方便及多元化支付方式的選擇。

CEPA拓寬了香港銀行業的經營空間

由於CEPA降低了香港銀行到內地開設分行的資產規模要求，因而促使本港多家中小型銀行已經在內地開設了分行，為北上發展的香港中小企業客戶提供更貼身的服務。而一些大銀行則利用內地放寬外資銀行參股內地銀行，以及內地銀行業加快經營機制改革所帶來的機遇，加快通過入股內地銀行，迅速擴大在內地的經營網絡和客戶規模，以分享內地經濟高速增長的成果。此外，CEPA放寬香港銀行內地分行經營人民幣業務的最低開業年限和盈利性資格審查要求，使香港銀行的內地分行可更快獲得開辦人民幣業務的資格，也有助於香港銀行業更好地分享內地已開放18個城市的人民幣業務商機，從而使香港銀行的內地業務和盈利皆有較佳的增長。

CEPA帶動香港銀行業盈利回升

由於CEPA的落實及貿易增長有助於貿易融資以及製造業、運輸業、批發零售等行業的貸款需求增長；而本地投資信心的恢復和國際資金大量流入帶動股市和樓市交投活躍，價格上升，帶動了建造業、物業發展與投資、證券經紀等行業的信貸需求，2004年首十個月，銀行業在香港使用貸款增長了3.6%，扭轉了過去三年本地貸款持續下跌的態勢。其中貿易融資增長率高達30.1%，大大超過2002和2003年分別增長2.6%和10.2%的幅度；首9個月工商金融貸款也扭轉了過去三年的跌勢，出現3.5%的增長。另外，香港經濟強勁復甦及資產價格大幅回升也促使銀行業的資產素質持續改善，不良貸款比率從2003年6月的3.92%下降至2004年6月的2.28%，一些銀行得以回撥呆壞賬準備，加上物業重估升值及銀行業財富管理業務和收入持續增長，導致2004上半年香港銀行業的稅前盈利同比大幅增長25.7%。

不過，與此同時，我們也應該看到，（1）由於香港經濟轉型尚未完成，尚缺乏高增值的、可持續的、新的經濟增長點，因此香港銀行業的信貸增長仍然緩慢，而有限業務的激烈競爭也導致銀行業的淨息差持續收窄，進而導致銀行業的淨利息收入增長較為緩慢甚至下降。

（2）由於人民幣尚不是完全可自由兌換的貨幣，尚不能在國際間自由流通，因此香港銀行業經營的人民幣業務還要受到較多限制，短期內為銀行業帶來的盈利也較有限。

（3）隨著中國經濟對世界經濟的影響力日益增強，國際游資也經常以中國因素為藉口而大量流出流入香港，並在香港金融市場舞高弄低，從而為銀行的資產負債管理和各項風險管理帶來挑戰。

未來隨著CEPA的內容不斷充實，中國綜合國力不斷增強和逐步推進國際收支資本賬下自由兌換的進程，香港經濟將繼續從中受惠。例如2004年8月，內地與香港已就CEPA第二階段的內容正式達成協定，進一步擴大了貨物及貿易服務的開放領域；實施內地企業來港投資便利化（俗稱內企自由行），將對香港經濟繼續復甦和發展產生深遠影響。又如近期內地推出了一些放寬資金流出的新政策—從2004年12月1日起放寬內地居民移居境外及境外居民在內地繼承的合法財產轉移海外的限制，提高了人民幣資本項目可自由兑換的程度；從2005年1月1日起，將放寬人民幣出入境的限制，中國公民及境外人士攜帶人民幣出入境的限額，將從目前的6,000元增加至2萬元，有助於滿足港澳地區和中國周邊國家對人民幣日益增長的需求，促進人民幣的區域化發展。估計未來相關或類似的新政策將會陸續有來。這將為香港的整體經濟和金融、消費和投資注入新資金，帶來新活力，從而為香港銀行業帶來新商機，有助香港銀行業的盈利繼續穩定增長。

港元利率
影響著新一年的經濟

恒生銀行副董事長兼行政總裁　鄭海泉

香港經濟在2004年全面復甦。由於對外貿易及內部需求均保持強勁，香港的經濟表現持續勝於預期。繼第二季上升12.1%，第三季在去年同期的比較基數較高下，經濟增長仍達7.2%。預期第四季可望錄得6%的按年增長，2004年的實質本地生產總值估計可達8%。展望2005年，由於外部需求在中國內地蓬勃的貿易活動支持下，預計可以保持暢旺，但內部需求方面則需視乎港元利率的走勢。現時美國與香港的息率走勢分道揚鑣，為香港製造了較為寬鬆的貨幣環境，並刺激內部經濟活動及資產價格。因此，港息是否會隨美息上升，對香港明年的經濟有很大的影響。

港、美利率走勢分歧

在香港的貨幣局制度下，香港的利率一般都緊貼美國息率的走勢。在港元與美元掛鉤的21年歷史中，大部份時間亦事實如此。然而，自從2004年10月中投機性的資金開始流入香港，情況明顯出現轉變。由於港元被推高，觸發香港金融管理局入市沽港元買美元。金管局的干預行動令銀行同業拆息再次回落至2004年初的極低水平。

現時，熱錢流入香港是受到兩個因素所誘使。首先，港元跟隨美元下跌而轉弱，令港元資產對非以美元為基礎的投資者別具吸引力。此外，由於香港與內地經濟關係愈見密切，港元被市場視為人民幣的替代，加上中國內地嚴格的外匯管制仍有效阻止投機人民幣的熱錢進出，故當投機人民幣升值的壓力大增時，部份投機者乃買入自由兑換的港元及流通性強的港元資產。港元成為市場博取人民幣升值的套戥貨幣。

市場普遍預期美國在今次加息周期中，息率在2005年會持續上升至一個較為適中的水平。而港元利率會否跟隨美息向上，則視乎資金的流向。預期人民幣升值的市場投機活動是否減退將左右香港的資金流向。

香港2005年的利率走勢仍未明朗。由於美國的雙赤（財政赤字及貿易赤字）再次受到市場關注，所以現時難以預測美元會否或何時會轉強。同樣難以預測的是市場對人民幣升值的投機活動何時會結束。雖然在港元與美元掛鉤的情況下，香港與美國息率走勢互異的情況不屬正常且不應持續，但據此而預測港元息率向上亦非十拿九穩，概因投機人民幣升值的活動已進行了超過一年。

2005年預測

2005年香港經濟仍面對不少變數，但應不足以令香港偏離現時增長的軌道。油價仍將是受關注的環節，但除非油價急升並導致全球經濟放緩，不然，其對香港的影響仍只屬間接及溫和。同樣，美元持續疲弱亦會構成通脹壓力，但對香港經濟不應構成太負面的影響。

由於預期中國內地經濟在2005年仍可保持較快的增長步伐，這對香港轉口貿易的增長有利。至於2005年內部需求的表現，則取決於港息是否會隨美息上升。雖然現時充裕的銀根看似仍會維持一段時間，但港元與美元息率走勢各異，仍屬不正常的現象。因此，我們的基本預測，假設港元息率在2005年最終將跟隨美息上升。息率上升會對樓市產生一定壓力，尤其是當地產市道在過去十二個月已錄得可觀的升幅。在這個假設下，預計2005的內部需求增長會較2004年慢。根據這個基本假設，2005年的實質本地生產總值增長預計可達4%。

但若港元與美元息率持續分歧，寬鬆的銀根會繼續推動內部的經濟活動及推高資產價格。同業市場的資金很可能會令香港的最優惠利率保持在五厘水平，而存款利率則維持在接近零的水平。若零儲蓄利率的情況持續，加上通縮結束，將令投資及消費的步伐加速。負儲蓄利率及增強中的投資需求，會令資產市場的一些投機活動持續，並為日趨熾熱的資產市場添加燃料。若此情況出現，明年的實質本地生產總值可能會超過5%。

結　語

2005年香港經濟變數仍多，港息會否跟隨美息上升這個不明朗因素，將會影響年內資產市場及內部需求的表現。雖然不明朗的因素眾多，但短期的展望依然樂觀。內地蓬勃的貿易活動及經濟前景，將會為香港帶來龐大的商機，這有助香港加強與內地的聯繫，並為香港在中期內提供增長動力。

香港優勢在專業服務

東亞銀行主席兼行政總裁　李國寶

從八十年代開始，廣東省強勁的經濟增長，已令它在內地經濟佔有舉足輕重的地位。然而，鄰近的省份，特別是那些在中國西南部的，發展速度則遠較為慢。近年來，廣東省經濟高速發展，不但擴大了區內省份之間的收入差距，還帶來了重複的基建。

為加強省份之間的協調和提升區域發展的經濟效益，中央政府最近提出了“泛珠三角經濟區”

的概念。目的是透過鼓勵省份之間的分工合作，去營造一個多方得益的局面。香港應利用這個機遇，繼續發揮其作為國際金融和物流中心的優勢，與其他省份充分合作，共拓商機。而更緊密的協作，將有助平衡區內各省的經濟增長速度，有利國家的整體發展。

“泛珠三角經濟區”的背景

中央政府於去年首次提出“泛珠三角經濟區”的概念。這“9+2”的組合，包括九個省份和兩個特別行政區。這是指作為經濟區中心的廣東省，再加上東面的福建，西面的廣西、貴州、四川和雲南，中部的湖南和江西，以及南面的海南、香港和澳門。這個組合，共佔中國35%的人口，及超過40%的國內生產總值。其重要性顯而易見。

在過去20年的經濟改革，中央政府給予各省高度的決策權，以提高地區發展的靈活性。然而，各省份的發展速度並不一致，因而令貧富懸殊的問題日益嚴重。最繁榮的廣東與最貧困的貴州在人均國內生產總值之差，已由1990年的2.8倍擴大至2003年的4.8倍。此外，省份間重複的基建，則是近年高速發展所衍生的另一問題。珠江三角洲範圍內有五個機場，但全都沒有鐵路連接。而把它們連接到經濟區內主要市中心的鐵路配套卻還有，各地區政府的發展計劃亦集中發展相同的行業，凸顯協調失衡的嚴重性。

分工合作帶來龐大效益

從另一角度看，以上的種種問題，其實暗示了分工合作可帶來的龐大經濟效益。而“泛珠三角經濟區”的概念，則是中央政府為加強區域合作和協調，所提出的一個“有形之手”的解決方案。經濟區內的成員其實各有其優勢和長處：廣東是重工業的基地，需要大量的資源。它可從西面和中部的省份輸入廉價勞工，及向西面的省份購買礦物和過剩的能源；澳門擁有內地唯一的合法賭場，極具發展旅遊業的潛質；香港則是一個國際物流業樞紐和優質金融及專業服務的提供者。然而要做到更全面的融合，首先要清除區內在貿易和勞動力流動方面的障礙，及計劃更完善的跨境交通網絡，以縮短省份間的旅運時間。策劃中的港珠澳大橋，將有助這方面的發展。

香港所扮演的角色

綜觀香港在會計、法律、金融、管理、貿易和其他商業服務的專業知識，我們的優勢在於提供高增值服務，及作為泛珠三角與國際社會之間的橋樑。當中國經濟繼續擴張，內地企業對資金的需求將持續上升。香港憑藉在金融業的經驗和金融市場的規模，實為內地企業融資的最佳平台。

為鼓勵這些經濟互動，中央政府扮演了一個非常主動的角色。例如透過《更緊密經貿關係安排》，本地機構可直接於內地投資和提供服務。另一方面，廣受歡迎的《內地企業投資香港便利化》(俗稱“民企自由行”)，大大加強了香港作為內地企業進軍國際市場的跳板。最近，內地企業和有關機構決定在香港國際展貿中心成立一個“中國商品城”，透過引入會計和法律的專業人才，該商品城將提供一站式服務，把內地產品推向國際舞台。

此外，泛珠三角經濟的高速發展，將大幅提高區內對不同專業人士的渴求。香港擁有多間達國際水平的高級學府，加上最近與內地簽訂的《專業資格互認協議》，將有助香港成為區內的培訓中心。

然而，香港在融入泛珠三角的過程中，並非全無挑戰。特別是在物流業方面，高昂的過境貨櫃車營運成本，削弱了本地碼頭的競爭力。香港特區政府應加快與內地地方政府協調。而中國及東盟自由貿易區的積極發展，將提升區內的貨物流量。香港如要分一杯羹，必須加倍努力。

結論

經濟理論說，分工合作的程度取決於市場的大小。事實上，泛珠三角提供了一個極大的合作空間。作為經濟區的成員之一，香港該保持提供高增值服務的優勢，並提高在這方面的競爭力。然而，香港未來的繁榮，將有賴我們和鄰近省份的協調和合作。

香港—亞洲黃金中心

金銀業貿易場理事長　程文傑

這篇文章我想與各位談論兩件事，首先是香港作為亞洲黃金交易中心的一些變化，另外以資深的黃金投資者身份與讀者分享一下我對來年黃金價格的展望。

香港金市的提升

黃金在亞洲一直有很大的需求，當港英政府於1974年1月1日撤銷所有對黃金進出口的限制時，香港的黃金業務立時出現翻天覆地的變化，在很短的時間內，從小規模的本地化經營演進為東南亞地區的黃金集散中心。在新的政策下，香港黃金能自由進出，為金商提供經營上莫大便利。縱觀當時的東南亞，香港是唯一容許黃金自由出入的地方，自然成為亞洲地區黃金集散熱點。賣予香港周邊地區的黃金先運到香港集中等待買家，因為資金成本的關係，貨物能越早賣出越好，所以市場順理成章的出現交易需求，要交易就必須訂價，由於香港金市有一定深度及廣度，香港市場的金價為國際投資者重視，視為黃金在亞洲時區的價格指標。

黃金的集散帶來積累，積累帶來交易需求，交易所產生的價格填補了黃金交易在亞洲時段的空檔，從而發揮連繫全球金市的作用，一個黃金中心就是這樣產生。香港在當時能擔當亞洲黃金集散中心主要得力於香港位處亞洲中心的地理優勢，發達交通網絡和當時亞洲大部份地區均對黃金出入口仍然嚴加限制。

隨著中國經濟轉型，從計劃經濟邁向市場經濟與及東南亞各國受到全球化的影響而陸續放寬對經濟的規管，金融市場相繼開放，黃金市場的業務無可避免被分流至其他國家及地區，香港現貨黃金業務出現頹勢。

香港每年煉金300噸

為保持競爭力，香港金市唯一的出路是作出質量上的改進，這時候亞洲的黃金投資者和珠寶生產商均對高成色的黃金（純度為99.99）開始出現需求。由於香港鄰近中國大陸，是設置精煉中心的理想地點，目前香港每年精煉黃金約300噸，佔每年金礦產量的11.6%（2003年）。中國的黃金年產量190噸左右，消費量估計200～250噸，從香港的黃金精煉量來講，香港的金市已可以服務整個中國的消費需求，其重要性可想而知。

綜合而言，香港金市從以前的單一集散功能演進為現時的集散加精煉，從運作水平來說是向前邁進了一步。

金價展望

金市基本上已擺脫了持續20年的熊市，當金價到達2001年4月每安士253美元的低位後，反覆回升，從走勢看，展望金市在未來兩年仍反覆向上，預測今年金價將直指每安士500美元。在2004年8月份，我曾經向傳媒預測年內金價將見每安士450美元，唯當時聽者藐藐，典型的牛市初期現象。

觀察金價的大趨勢，最直接簡單的辦法是參考紐約期金市場的未平倉合約數量。2001年4月份的平均持倉量是11萬張，現時12月份的持倉量約31萬張，可見市場活躍的程度。

在金銀業貿易場的現貨交收，數量隨著金價上升亦較前增加，由於金價在每安士400美元水平上下波動，維持差不多一年，而最後作出突破，估計是長線投資者在收集，黃金正在流入強勢的投資者手上，從個人經驗來講，這次金價上升有相當堅實的基礎。

目前最有利黃金的因素是龐大的美國負債，最新公佈經常賬赤字（2004年第三季）已達美國國內生產總值的5.6%，從美國的政治環境分析，最有效解決其赤字及貿易赤字的方法是讓美元貶值，而購買力不斷下降的美元意味黃金的價值相應上升。

在未來的兩年時間，個人認為最佳投資非黃金莫屬。

香港：亞洲資產管理中心

香港投資基金公會主席　區景麟

香港是亞洲主要的資產管理中心，全球化跨國投資管理公司大都在香港設有辦事處，為不同種類的投資者提供資產管理服務。據香港證監會2003年基金管理活動調查，截至2003年年底，香港的資產管理業為29,470億港元的資產提供服務。當中，管理資產達22,500億港元，獲提供投資意見的投資組合為2,090億港元，另外4,880億港元則屬私人銀行活動的資產。

在港基金公司管理著22,500億元資產

在22,500億港元的管理資產中，機構性基金、退休金及非證監會認可基金，分別佔管理資產的43%、17%及14%。證監會認可基金、私人客戶基金、強積金及其他基金合共佔餘下的26%。與2002年比，單以持牌機構算(即不包括銀行在內)，退休基金及其他基金錄得最高增長，分別為56%及54%，其後為強積金(49%)、非證監會認可基金(47%)、證監會認可基金（42%）、機構性基金(35%)及私人客戶基金(2%)。

按資金來源劃分，66%的管理資產是來自海外，餘下34%則源自香港。源自海外投資者的管理資產所佔百分率及實際金額均比2002年有所增加。增長主要原因是亞洲金融市場持續復甦，不少投資者憧憬亞洲的經濟增長潛力，故此在一個環球組合中，將更多資金分配到亞太地區。在地域分佈方面，23%的管理資產投資於香港，77%投資於海外市場。整體而言，超過七成的資產投資於亞洲。在投資於香港的5,280億港元資產中，64%投資於股票，27%投資於債券，其餘則投資於現金、存款、貨幣市場工具或其他投資項目。

從資金來源及投資地域分佈可見香港充分發揮了亞洲資產管理中心的角色，憑藉專業人才及豐富投資經驗，香港成功匯集了以亞洲投資者為主的海外資金，並為這些投資者提供全面的資產管理服務，以香港為平台，把他們的資金投資到海外市場。

開拓以中國為首的亞洲市場

儘管備受金融風暴、禽流感、沙士及地緣政治的影響，過去一年，亞洲經歷快速的經濟增長。區內經濟持續復甦，尤其是中國及印度近年更以每年超過7%的速度增長，人民收入的提升，中產階級的增加，為資產管理行業帶來龐大的機遇。香港位處經濟迅速增長的中國及其他亞洲國家的毗鄰，對向這些市場輸出資產管理技術有著良好的優勢。

香港特區作為中國的一部份，有著兩地相近的語言文化及生活習慣，對本地基金業開拓內地市場有重要幫助。隨著內地經濟高速增長，人民生活水平持續提升，國內人均GDP突破1,000美元，人民幣儲蓄存款達11.6萬億元，加上缺乏合適的投資渠道，國內對專業化資產管理服務有巨大的潛在需求。

內地12家中外基金公司管理556.7億元人民幣資產

按內地的法規，外資基金公司須以合資經營的方式進入內地市場。根據中國證券業協會的資料，截至2004年9月，內地共有42家基金管理公司。其中，中外合資基金管理公司達到12家，佔基金管理公司總數29% ，當中包括美國、法國、荷蘭、英國、加拿大、德國、比利時、澳洲等資產管理機構。12家中外合資基金管理公司共管理31隻基金，佔國內基金總數的20.5%，管理資產達556.7億元人民幣，佔整體市場17.5%。根據世貿協議，外資可於今年底增加在合資公司的持股比重至49%，相信外資基金公司將積極增加在國內的投資。

就著這個發展趨勢，基金公會建議配合CEPA加強中港兩地的聯繫，給予已在香港設立經營點的基金公司以優惠條件在內地成立合資基金公司，情況就如其他金融行業所獲得的特惠安排相似。基金公會相信此建議可以吸引更多國際性的基金公司投入本地市場，並進一步強化香港作為國際金融中心的地位。對於內地基金業而言，通過直接與海外的基金公司合作和交流，內地公司亦可以更有效地掌握到符合國際最高水準的行業操作，對加快內地基金業及其他相關行業，例如會計、託管、經紀和律師等行業的發展起到積極的作用。

為內地投資者成立新的基金類別

此外，本地業界也關注把內地積存的資金吸引到海外投資。基金公會曾就此向政府建議，由於目前內地仍實施外匯管制，內地客戶不能投資在本港認可的基金。值得研究的方案是考慮在香港證監會認可的基金中，為內地持有外幣戶口的投資者設立一個專門類別（class），如C類，讓這些內地外匯存款投資在這個指定類別，並限制有關買賣只可透過內地指定銀行或金融機構進行，在不抵觸外匯管制的大前提下，為內地投資者提供多一個投資選擇。

全權及顧問型式的資產管理服務

有別於零售市場，機構投資者的投資額較為龐大。他們目標是為機構的儲備資金找尋合理投資回報或進行一些策略性的投資活動，加上部份機構希望保密有關資料，所以他們一般希望對投資保留較大的控制權或自主性，例如投資期、資產分佈及產品類別等。針對這些情況，機構投資者更多時是需要全權管理或顧問型式的資產管理服務。此外，中國政府原則性批准社保基金及一些合資格的保險公司投資海外市場，再加上下一步的QDII計劃，這都標誌著中國金融市場逐步開放。但目前國內對海外資金運用還處於起步階段，對於國際金融市場及種類繁多的投資工具，國內同業可能還未有全面了解。

香港的資產管理尤其著重公司管治及風險監控

我們相信香港的資產管理業界可以透過豐富的環球投資經驗，為國內各類機構投資者提供便捷的管道涉足海外市場。香港除了集合了世界各地主要的資產管理公司外，很多跨國資產管理公司更在這裡設立亞洲區總部。我們具有大量經驗豐富、訓練有素、通曉兩文三語的資產管理專才，對於開拓內地市場有莫大幫助。香港的資產管理業界稟承國際最佳的執業水準，尤其著重公司管治及風險監控工作。資產管理公司會為客戶訂立明確的投資策略，例如就著客戶的風險回報要求厘訂合適的投資組合、設定風險預算及監控市場環境的變化、選擇市場指標及定期檢討投資組合的表現。

保持競爭優勢

香港是國際化的金融市場，經過多年的發展，香港的資產管理業奠定了穩健的基礎。2004年初，行政長官董建華在施政報告中提出把香港發展為近似瑞士的國際資產管理中心，為本港資產管理業界勾劃出未來發展方向。

配合此方向，財經事務及庫務局向市場徵詢豁免離岸基金利得稅建議，是項措施可釋除海外基金公司在香港設立離岸基金時需要繳交利得稅的疑慮，對增加投資者在香港投資的信心及強化香港基金管理中心的角色有深遠的影響。此外，2004年7月，財經事務及庫務局發出遺產稅檢討諮詢文件。如建議得以落實，將吸引更多海外資金使用本港的資產管理服務，同時亦可吸引更多香港人將財富管理的工作，由海外轉回本港，有助本港發展為更成熟的資產管理中心。

憑藉政府及業界的努力，加上香港既有的優越條件：包括自由經濟體系、簡單及低稅率制度、穩固金融架構、完善監管法制、中外人材匯聚、獨立司法制度及穩定的社會環境，相信本港資產管理業將可持續發展，並繼續為香港、國內、以及海外投資者提供專業可靠的資產管理服務。

CEPA締造保險業商機

香港保險業聯會主席　陳健波

保險業在香港植根百多年，最初只有幾家保險公司，集中提供火險及洋面保險等幾類保險產品。隨著時代變遷，繁衍至現時180多家大小規模的保險公司，市場百花齊放，為不同行業及社會人士提供各式各樣的保險保障。

正因為香港保險市場不斷變化，業界每日也面對不少挑戰與機遇，現在讓我們先談談香港保險業面對的問題。

保險公司數目多、競爭劇

觀乎現時保險公司的數目，以產險公司為例，共有119家，與鄰近地區日本和馬來西亞的二、三十家相比，香港保險市場的競爭實在非常激烈。其實，過劇的競爭只會令保費下跌至不合理水平，有礙發展空間，所以保險公司有需要在傳統產品及銷售模式外尋求其他出路。

僱員補償保險業務的虧損問題

保險業在香港經濟佔有重要的席位，以2003年保險業的毛保費總額相等於香港本地生產總值的8％。根據保險業監理處公佈的2004年首三季的數據，一般保險業務和壽險業務的整體承保業績都錄得盈餘。但是僱員補償業務仍然虧損3,780萬港元。

僱員補償保險過去十年來一直虧損，至今已累積虧蝕50億港元。虧損原因是過去多年僱員保險承保商以割喉式減價爭取客戶，加上一般保險市場接近飽和，導致此類保險承保商經營困難。為改善情況，近期保險公司已調整保費至較合理水平，令勞保業務的虧損情況稍有改善。

另香港保險業聯會積極推動職業安全運動，投放資源鼓勵高危行業，如建造及餐飲業的僱主和僱員提高職業安全意識，從而減低工業意外率，改善僱員補償保險的賠款情況。

建議成立中央勞保制度不可行

自911恐怖襲擊和沙士爆發以來，市民留意到為這些風險投保有困難，以及關注到醫護界等高風險行業需要支付較高保費，加上2003年底特區政府應立法會要求，研究在香港設立中央僱員補償制度。香港保險業聯會作為保險公司的業界代表，立刻對成立中央制度的可行性和可取性進行研究，並提交意見書。結論是建議中的中央制度著實對僱員、僱主、香港政府、香港市民、保險中介人和保險公司各方面都會帶來種種不良後果。與此同時，業界提出其他實際方法，如考慮成立自願性或強制性剩餘風險制度，由所有保險公司共同承擔高風險行業的僱員補償保障，解決這些行業投保困難的問題。

香港保險業除面對的一些問題外，也有發展前景的。

更緊密經貿關係締造商機

香港與內地簽訂《更緊密經貿關係安排》的確為保險業及相關行業帶來鼓舞。多年來國家政策容許外資保險公司以中外合資形式在內地經營業務，不少保險公司因此在國內建立，也累積了一定的經驗。隨著《更緊密經貿關係安排》出台，容許本港保險公司的參與股本提高至最多24.9%，對於本港保險公司衝出香港、拓展新出路，造就了商機。相信越來越多保險公司會在《更緊密經貿關係安排》下，與內地同業組成策略聯盟，開拓新業務。

新政策亦惠及精算師和保險從業員，讓他們考取內地的專業資格，在內地發展。而且不僅增加精算師和保險從業員的發展機會，更吸引高水平的新血加入保險行列，有助保險業進一步發展。

投資相連產品大受歡迎

保險市場的發展往往跟隨社會不斷變化，除了銷售渠道改變外，保險產品的種類亦配合市場需要不斷創新。投資相連產品有別於傳統保險產品，揉合投資與保障於一身，產品設計靈活且選擇多更有可能為投保人士帶來較高的投資回報，因近年息率偏低，大受歡迎。2004年首三季的臨時統計顯示，有效個人人壽及年金（投資相連）保費收入總額比同期增加85%，達175.26億港元，新造業務方面的增長更驕人，投資相連保單的新造保費增加145.4%，達125.36億港元，其發展潛力不容小覷。但因近日本地股票交投轉趨活躍，可能會令部份資金轉投證券市場，對投資相連產品保險的發展有阻力。

財務策劃將成銷售主導

傳統上，保險從業員在保險銷售中扮演重要的角色。但近年，投保人所需要的，不再只是代理人為他們推介合適保險產品，更希望獲得有系統的財務分析和策劃；因此財務策劃人才勢將成為日後的主要銷售渠道，而財務策劃管理對推動從業員提高專業水平和業界的長遠發展都非常有利。

保險業趨向全球一體化

全球一體化也出現在保險業，再保險業於過去十年來一直循這方向發展，而全球的保險市場亦在整合、競爭、合併的推動下，以不同形式和方法趨向一體化，日後市場上的保險公司數目將越見減少。

我們有信心只要業界同心協力，定能使問題迎刃而解，同時把握種種發展機遇，香港保險業必會走上更康莊的發展大道。

港中轉角色勢將淡化
改善成本結構為尚

香港付貨人委員會主席　林宣武

香港的海運和航空貨運業近年不斷面對鄰近地區的挑戰。以深圳港為例，貨櫃吞吐量的每年增長均遠超於香港港口。隨著美國於今年1月起，撤消對中國實施的成衣入口配額限制後，預期未來將有更多貨物經深圳或內地其他港口付運，香港的中轉樞紐角色極有可能不斷被淡化。

廢除配額制 港樞紐地位亮紅燈

根據本會於2004年9月份與香港出口商會、美國商會和香港紡織業聯會完成的調查所得，選擇香港港口作為主要付運貨物的付貨人，會由現時的76%減至2005年的57%，跌幅達到20%；而選擇深圳港的比率會由目前的16%，飆升至2005年的33%。

從這項調查結果所得，67%的受訪者認為，現時仍繼續使用香港付運的付貨人，最主要原因是美國對華實施成衣入口配額措施，亦有額外兩成受訪者表示，這是重要及很重要的原因。即合共87%的受訪者認為，香港之所以仍然是付貨人心目中的優先選擇，就是因為該"配額"措施。換言之，當"配額"制度廢除後，香港的最大優勢便隨即喪失。香港能否繼續保住華南地區樞紐港地位，其實已敲響了警鐘。

新白雲機場　港最大競爭者

空運方面，自從廣州新白雲機場啟用以來，陸續開闢了不少國際航線，而來往美國、歐洲及亞洲其他地區的全貨運航班亦不斷增加。可以說的是，雖然該機場目前以高速發展，但現時仍未對香港國際機場構成重要的威脅，如果廣州機場日後進一步改善服務質素、強化航線網絡，將會是香港最大的競爭者。

那麼香港港口和機場如何繼續維持貨運競爭力，力抗鄰近地區的威脅？答案十分簡單，就是在維持甚至提升現有服務質素之餘，積極減低付貨人的整體成本。從空運方面來看，目前從東莞運送一批貨物，經陸路口岸到達香港國際機場，以三箱貨為例，包括貨運代理商收取的貨倉入閘費、倉儲費和文件費、貨運站的處理費與陸路運輸費用，最低消費已達到2,200港元。這個昂貴的成本，最終只會令付貨人選擇其他渠道出口貨物，貨源一旦流失，要奪回便會十分困難。

事實上，本港付貨人對空運業涉及眾多的收費已深感不滿。例如，位於葵涌的亞洲物流中心及香港國際貨櫃中心，每次運貨出入均收取80~100元不等的入閘費；另外貨運代理的散貨倉每次亦收取登記費120~150元，這些費用可謂巧立名目，徵收的理據十分薄弱。此外，機場空運貨站則向付貨人收取每公斤約1.71~1.72元的貨物處理費，該費用較啟德機場年代貴37%。香港國際機場內的兩個貨運站，近年貨量都屢創新高，而且盈利可觀，相信在這方面絕對有減價空間。

機場私營化顧慮多 花心思改善清關手續

對於香港國際機場即將上市私營化，本會對此深感憂慮。私營化，換言之會以純商業原則運作，為股東謀求最大的利益，這可能導致貨運站、商貿港物流中心等設施調整收費。機場現時的股本回報率有2%，要將該比率提升，除了加價外，可說是沒有其他更有效的途徑。這顯示機場私營化後很大機會出現與現時用家產生直接利益衝突的情況，加上要面對基金經理的壓力，屆時必定處於一個雙難的位置。

要盡量減低付貨人的成本，使他們樂意使用香港國際機場，其中一個方法是透過香港特區政府及內地政府的協助，在清關手續上進行一些改革。現時付貨人的做法，普遍是每一票貨都使用一架獨立貨車，經常未能充分利用貨車的所有容量，造成一定的浪費。造成這現象是由於如有數票貨同時以一架貨車運載，當其中一票貨在過關檢查過程中出現問題，車上全部的貨物都會被扣留，令付貨人都不願冒這個風險。要解決此問題，兩地海關在改革清關手續方面可以花點心思，例如其中一票貨出現問題，可先放行車上其餘貨物，令每架車可容納多票貨物，直接幫助付貨人減輕陸路運輸的成本。

銀行、金融、保險服務 留不住貨源

海運方面，香港貨源流失的危機更甚於空運。在香港，付貨人向船公司所支付的碼頭處理費(THC)一向較鄰近港口為高，隨著內地港口的服務質素不斷提升，成衣配額制度也將取消，已不斷有付貨人反問：“為何仍要選擇香港呢？”很明顯是因為美國仍對華實施成衣入口配額限制，可是到2005年此限制撤除後，情況有機會出現一百八十度的逆轉，令香港港口的吸引力不再，單靠可靠的航運服務作為支持顧客選用香港的理據不再充分。

從本會與前述三個主要組織完成的調查結果顯示，大部份受訪者認為，香港提供的優質銀行、金融及保險服務根本不能留住貨源，因為就算使用深圳港，亦能同樣可繼續使用香港的有關服務。以目前形勢發展來看，珠三角港口的運作、競爭模式最終可能出現的是，香港做到的，深圳港亦能做得到，深圳港除了收費較便宜外，其他配套服務也絕不遜色於香港，那麼香港的優勢又剩餘多少？

深圳貨運量 可於三年內超越香港

如果香港貨櫃碼頭不再降低碼頭處理費和陸路運輸成本，可以肯定的是，深圳港的整體貨櫃吞吐量會在三至五年內超越香港。這並非單單是數字上的分野，更重要的是可能會令兩個港口的形勢、地位出現大逆轉：船公司把班期修改，把最佳的航班班次安排予深圳港，令深圳獨享轉運時間的優勢，屆時深圳將變成船公司在華南地區最後靠掛的一個港口或不再靠掛香港。若這情況真的出現了，深圳港便會正式取代香港的樞紐港位置。

事實證明，香港的貨櫃碼頭營運商，近年已因應營運環境的轉變，將船公司支付的碼頭費大幅下調，但是船公司卻一直未有根據實際情況，把向付貨人徵收的碼頭處理費相應降低，這絕對是一個不公平的做法。再者，該費用的徵收，根本沒有一個具體、明晰及具透明度的機制，付貨人有如“砧板”上的肉，被任意宰割，毫無還價之力。

發展高增值服務 調整價格保貨源

毫無疑問，香港的成本結構高昂，在價錢上與內地根本無法競爭，所以，不可能完全否定香港要專注發展高增值物流服務的目標。香港港口與機場，必須要進一步為顧客提供高增值服務、協助顧客改善整個供應鏈的管理，另一方面亦要因應市場環境，在費用上作出適當的調整，這樣才能保住增長速度已經十分緩慢的貨源。貨運業最著重的是規模經濟效益，一旦連現時擁有的貨源亦流失了，就會如堤霸缺堤一樣一發不可收拾，大江東去時要挽回頹勢便會難上加難了！

經貿發展新趨勢
首以兩地合作為重

香港中華出入口商會會長　黃定光

香港自回歸祖國以後，與內地在社會文化和經濟上不斷融合，兩地居民往返愈見頻繁；香港因遭受亞洲金融風暴影響和各種因素，令經濟疲弱，可幸背靠祖國，在各方面得到支持，特別在經濟上，包括簽訂了CEPA、“9+2”和香港個人旅遊等協議，為香港帶來不少商機，間接紓解香港特區政府的財政壓力。因此，兩地經濟緊密的合作，是未來發展經濟的趨勢。

兩地合作緊密　效益逐現

要香港能繼續發揮既有優勢，強調與內地加緊合作尤為重要，並要充份利用現時所帶來的商機，特別是CEPA可於短、中、長期為香港帶來好處。

在短期效益方面，內地開放個人遊已為香港帶來不少好處，香港市民亦有目共睹，希望特區政府能在適當的時候爭取擴闊來港人數及城市。中期方面，有十億元製造業的貨物已簽署獲准進入內地，不少產品亦已積極投入生產中，相信也會逐步受惠。至於長期方面，服務業將會進一步受惠，因為起初內地對開放服務業設立最高門檻，相信日後會不斷開放。

與此同時，不少外國品牌亦希望藉著CEPA打開中國大陸的龐大市場。最近，在品牌上有舉足輕重的“國際時裝及名牌商品會議”首度由巴黎移師香港，與會的七百人共商進軍中國市場的大計，推動名牌在香港和中國內地的投資；他們可以透過在香港設廠生產或加工的程序，以符合CEPA免税優惠的有關規定進入大陸市場，而香港的製衣工業希望可以借此得到生息的機會。

安排民企來　協助港企去

至於較早前由貿易發展局主辦的“中小企推廣日”，吸引了近三千家國內企業參展，反應非常理想。貿發局總裁林天福表示，來港參展的內地企業，以民企較集中的浙江、廣東、山東及江蘇省為主，他們希望透過參展活動，了解內地企業來香港投資的意願、取向及所涉及的行業等，以掌握更多相關資料。可見港府有需要加強與內地溝通，促使各地方政府採取有效措施，盡快安排落實“民企自由行”細節，進一步簡化手續，以方便內地民企到香港成立分公司或代表處。

具體而言，吸納民企來港投資，不僅是投資推廣署及貿發局的責任，政府駐穗、滬及京的辦事處都要參加，還要協助香港工商界團體，向內地企業提供各類諮詢服務，介紹合作夥伴等。此外，近期香港參與泛珠三角及珠三角合作機制及協議，可以透過這些機制及協議的幫助，加強在這些地區的宣傳推廣。

做好準備迎接蜂擁而來的民企

特區政府應盡快研究中央政策組的建議，除了成立孕育中心，由兩地政府合力挑選內地優秀民企來港設辦事處，並由中心提供輔助服務，協助他們來港發展之外，中央可仿效旅客自由行來港的安排，先以上海、北京、江蘇、浙江、廣東省等地作試點，方便當地具規模的企業來港投資之餘，貿易發展局更可成立一個專門為他們而設的培訓基金，為民企管理及工作人員提供創業前的培訓服務。

外匯管理安排方面，雖然國務院於9月6日發表的民企自由行政策，已就受惠行業、審批時間及審批秩序作出規定，但仍未就外匯管制作具體安排，例如容許來港的投資額，現時是個別處理。特區政府應加強與內地溝通，共同研究及制定一套有利民企來港投資，又保障國家金融穩定及經濟安全的外匯措施。

預計內地民企來港投資經營，首先要置業或租用營業場所及居所，市場已預期將會有大批民營企業來港購買商廈，開設辦事處。其次是要按國際市場的要求來經營，如此對香港服務業的需求，如會計、律師、進出口及物流業服務等，也必然增加。而無論各行各業發展，都少不了要多聘人手，有利香港解決就業問題。

互設辦事處 抓緊“9+2”商機

此外，利用“9+2”的商機，爭取在“9+2”中充當更重要角色，特區政府應主動向九省區政府提出方便港商投資的建議，包括游說他們在香港建立辦事處或投資服務部，為有意投資九省區的港商提供一條龍的開業手續、諮詢服務，並為遇到問題的港商提供協助。

港商可同時爭取在九省區設立辦事處，為已在內地投資的港商提供信息及在有需要時提供支援。香港亦應改變過去被動的作風，主動提出在泛珠區域設立一個統一信訪部門，加強香港與泛珠區域的聯繫，幫助在內地活動的港人解決所遇到的困難。

凝聚周邊力量研究開發邊境

泛珠三角區域包括內地九省市及香港、澳門兩個特區，涉及地域範圍廣泛，香港要充份利用“9+2”，應該從與毗鄰合作著手。特區政府應爭取設立港粵溝通及協商渠道，實現凝聚周邊力量再在區域內向外伸延的發展策略。

過去不少團體曾提出將邊境區發展為經濟及商貿區的建議，包括河套區的開發。故此，隨著CEPA落實及“9+2”合作框架協議的簽訂，應充份利用協議帶來的商機，邊境開發的研究不應再局限於河套區，而是以整個邊境區的長遠發展作考慮，盡快就整個邊境區的未來發展規劃定下方案，作更深層次的研究，以發揮最大的經濟效益。

外國駐港機構

香港對澳洲的貿易保持平穩

澳大利亞駐香港總領事館研究員　莫尚明(Mr. Sam Mok)

商品貿易

2004年澳大利亞對香港的貿易以澳元計算出現輕微下滑，這一年的貿易總額為40億澳元，較2003年減少約半個百分點。其中，對香港的出口為27億澳元，佔出口總額的2.3%。雖然比2003年減少了5%，但其實在兑換成港元後，出口金額比2003年有可觀的升幅，尤其某些重要類別如牛肉、金屬和燃料的出口均錄得強勁的增長。從香港進口的金額為13億澳元，比2003年的11億澳元增加了11%。

在2004年，香港是澳大利亞第12大出口市場，第22大進口來源地和第16大貿易夥伴。

2004年澳大利亞對香港出口的主要商品

商品	價值
甲殼類動物	2.99億澳元
鋁	2.56億澳元
鋅	1.81億澳元
珍珠、玉石	1.61億澳元
藥品	1.46億澳元

2004年香港對澳大利亞出口的主要商品
（包括了本地產品和轉口）

商品	價值
電腦零件	1.02億澳元
集成電路	0.87億澳元
電訊儀器	0.77億澳元
印刷品	0.61億澳元
手飾	0.58億澳元

服務貿易

2004年澳大利亞對香港的服務貿易總值29億澳元；其中，出口佔13億澳元，進口佔16億澳元。

2004年香港是澳大利亞第6大勞務市場和第6大勞務供應商，僅次於美國、英國、新加坡、日本和新西蘭。

澳大利亞對香港輸出的勞務包括教育、旅遊、建築、會計、工程、環保管理、金融服務、航空、海港發展，以及運輸服務等。

香港是澳大利亞教育機構第三大的海外學生來源。在2004年，澳洲學府共取錄了23,000香港學生。

澳大利亞是香港人喜愛的旅遊熱點。2004年共有134,700名香港遊客到澳大利亞旅遊，比2003年的129,300名增加了4%。2004年訪港的澳大利亞遊客人數為393,656名，比2003年的254,254名增加了55%。

投資

截至2003年底，澳大利亞在香港的投資總額為117億澳元。香港是澳大利亞第6大海外投資地點。投資行業包括：保險、法律、會計、航空、建材、樓宇建築、道路修建、通訊和銀行等。

香港對澳大利亞的投資（主要為證券）於2003年底達到327億澳元。香港是澳大利亞的第4大外來投資者，僅次於美國、英國和日本。香港的直接投資項目包括：食品服務、輕工業、生物化學、工程、酒店、通訊、電力、公路及飛機服務等。

展望

澳大利亞與香港的貿易和投資關係是建基於香港作為一個國際金融和商業中心，以及中國經濟轉口港的地位。香港是一個高檔和富裕的市場。她高度依賴進口，並且為中國的壯大扮演一個市場潮流領導者的角色。目前香港政府的施政重點正集中在基本建設（包括市區發展及重建）、環境保護、旅遊業、文化藝術、教育及資訊科技等方面，力圖使香港發展成為一個高科技的國際性大都會。所有這些將會為香港與澳大利亞之間的合作、貿易和投資帶來更多的機會。

香港是奧地利的重要貿易夥伴

奧地利駐香港商務專員公署商務專員　郭勵之(Mr. Martin Glatz)

自香港主權回歸後，奧地利對香港的出口年增長率均達到雙位數字，2003年更突破4.3億歐羅的紀錄。儘管2004年的出口略為下降（降至稍低於4億歐羅），加上奧地利對中國內地直接出口的增加，但香港仍然是奧地利在亞洲僅次於中國和日本之後的第3大出口市場，領先於其他的主要亞洲國家如韓國或印度。

目前，中國（包括香港及澳門特區）已成為奧地利在歐洲以外的第2大市場，地位僅次於美國。2004年奧地利對中國的出口總值達到15.1億歐羅。

奧地利對香港的主要出口產品包括資本性產品，如電機及其他機械，以及測試儀器、紙張、藥品和各種消費品（如通訊產品和玻璃製品等）。一些消費品的品牌如“Swarovshi”和“紅牛”，在香港市場已是家喻戶曉。

2004年香港對奧地利的出口隨著經濟的復甦而穩步增長（增長15.3%）。主要的出口仍然是紡織品及服飾、光學儀器、手錶、玩具及電子產品。香港作為一個國際貿易中心，已成為奧地利在亞洲的最重要資源平台。

在香港的地理背景方面，珠江三角洲和廣東省已顯得越來越重要。現時兩地已成為奧地利的貿易夥伴以及投資和經濟活動的目標。在2004年，奧地利對廣東的出口增加40%，進口增加30%。到目前為止，已有超過25家奧地利企業在珠江三角洲設立了辦事處或工廠。南中國與“泛珠三角”的整合以及“9+2”的框架，大大加強了這個地區的吸引力，並為奧地利商界提供了新的商機。

無可懷疑，香港將繼續扮演進入中國市場的“跳板”角色。憑藉與中國內地貿易的豐富經驗，加上具備世界一流的基礎設施，以及值得信賴的法律體系、低稅制和高生活質素，致使香港成為奧地利投資者在亞太地區的理想立足點。目前已有超過60家奧地利企業在香港設立中國或亞太地區總部，而向奧地利駐港商務專員署諮詢在香港成立辦事處的“新來客”正絡繹不絕。

阿根廷與香港的貿易發展迅速

阿根廷駐香港總領事館總領事　里卡多・弗雷斯戴爾(Mr. Ricardo H. Forrester)

2004年阿根廷與香港的雙邊貿易總額達到3.95億美元，較2003年增長了46%。

阿根廷的經濟復甦始於2002年第2季度，已連續7個季度增長，這是自1997年以來首次。同當時的聯繫匯率相比，2002年所制訂的貨幣匯率更能反映實際情況。

2004年阿根廷對香港的出口總值2.21億美元，較2003年增長23%。

出口的主要商品包括皮革（佔57%）、植物脂肪及油（佔4%）、食用牛雜（佔14%）、牛肉（佔4.4%）、醫藥產品（佔2.8%）、魚類（佔2.4%）、酒和水果等。

2004年香港對阿根廷的出口總值為1.74億美元，主要的商品包括玩具、鞋、成衣、鐘錶、體育用品、電力器具、電腦及通訊設備。

目前，已有9間阿根廷公司對香港有投資興趣，主要在皮革產品製造、貿易、消閑、土木工程及鋼產品方面。

香港在比利時對華貿易中角色重要

比利時駐香港總領事館總領事　奈斯(Mr. Patrick Nijs)

以平均人口計算，比利時是世界的出口冠軍，比利時的人口只約為1,000萬，但卻是世界第11大出口國。比利時是歐洲的重要成員，對歐洲所扮演的角色有如香港對中國那樣重要，雖然兩者面積都細小，但卻擁有極度開放的平台中心和聯繫網絡。

從這個角度來看，比利時成為歐洲第6大對中國出口商是不足為奇的。我們很喜歡說，比利時是歐洲最佳保密者，事實上，只有很少人知道我們的競爭力和重要性。然而，數字卻反映了實際情況。

在2004年，中國是比利時的第17大顧客，而香港特區則名列第20位。

以下您可以看到一些統計數字：

比利時對中國貿易

年份	對中國出口（億歐羅）	增長率（%）	從中國進口（億歐羅）	增長率（%）	貿易逆差（億歐羅）
1999年	8.87	23.47	29.52	26.77	26.05
2000年	13.40	50.92	40.11	35.85	26.71
2001年	16.91	26.20	43.16	7.61	26.25
2002年	20.09	18.84	47.46	9.99	27.37
2003年	22.74	13.15	54.90	15.65	32.16
2004年	23.30	2.46	66.81	21.71	43.51

比利時對中國出口的主要商品

（年份：2004 年）

商品類別	佔進口總額 %
機械、儀器及電動設備	26.77
珠寶、玉石及鑽石	20.05
化學品	17.43
基金屬	11.79
塑膠及橡膠產品	8.41

比利時從中國進口的商品

（年份：2004 年）

商品類別	佔總額(%)
機械、儀器及電動設備	31.31
紡織紗及紡織品	14.67
雜項製品	11.73
珠寶、玉石及鑽石	7.84
鞋帽	5.37
基金屬	5.19
化學品	4.24
皮革	3.71
塑膠及橡膠產品	3.58
礦產品	2.69
光學儀器	2.48

從表中可以看到，香港在比利時對中國貿易中並不十分重要。比利時企業傾向於直接對中國貿易而未利用香港作為平台。因此，香港必須在地處歐洲心臟的比利時多作宣傳其在外國拓展對中國經濟活動中所處的優勢。

您也可以注意到比利時對中國貿易所出現的龐大逆差部分為對香港的貿易順差所補償。這意味香港在調整這個結構性逆差中扮演著一個重要的角色，而這種逆差對比利時的全球貿易平衡是一個長期的威脅，因此必須致力發展香港作為比利時產品進入中國市場的門戶，積極推銷優質的比利時產品包括高級服裝、消費品、資訊科技產品和食品等。

您可以發現，我們不是由於品牌誤導局限於是巧力克和啤酒出口商，我們曾經是和仍然是一個擁有熟練及富創意工程人員的國家，以及非常欣賞在中國興起源自香港的企業精神。

我們經常自豪地說是世界最大的地毯出口商，儘管在中國面前比利時僅屬彈丸之地。

人們如欲探索我們這些沒有封鎖的秘密，歡迎蒞臨比利時駐港總領事館，我們高度專業的商務專員將樂意予以接待。

比利時對香港貿易

年份	對香港出口（億歐羅）	增長率（%）	從香港進口（億歐羅）	增長率（%）	貿易逆差（億歐羅）
1998 年	9.30	-26.45	3.66	-6.42	5.64
1999 年	11.35	22.13	4.17	13.95	7.18
2000 年	16.43	44.73	7.75	85.67	8.68
2001 年	15.24	-7.24	7.76	0.24	7.48
2002 年	22.11	14.51	10.30	32.63	7.15
2003 年	15.72	-10.35	5.01	-51.61	10.71
2004 年	16.43	4.50	6.41	28.08	10.02

加拿大與香港仍需保持緊密聯繫嗎？

加拿大駐港總領事館政治及經濟分析員　黃中潔(Ms. Edwina Wong)

加拿大與香港的關係由十九世紀末的商務及移民關係發展至今日多元化的民間、商務、政治及文化交流關係。自1928年加拿大在香港開設第一個貿易辦事處，迄今香港已成為加拿大在亞洲最大的商務基地。今日香港是加拿大的第14大貿易夥伴，兩地的商品和勞務貿易由傳統的資源性產品發展至高科技產品，政府的採購合約也佔了重要的份量。在2004年，加拿大是香港特區政府第24大物料供應商，合約金額達200萬加元。

儘管貿易情況良好，但有關香港關係的價值仍然引起懷疑。香港是否仍然適合加拿大企業呢？

加拿大企業在香港業績

香港繼續為加拿大企業提供良好的價格和科技上的競爭力，其完善的金融和法律體系，以及現代化的商務服務，使香港成為亞洲最容易做生意的市場。加拿大企業已經、並且將會繼續在多個香港的經濟領域取得成功，包括資訊及通訊科技、運輸、食品和環保科技產品。

資訊及通訊科技　香港需要最新的科技，而且有錢購買。目前大約有100家加拿大企業活躍於這個領域。《加拿大工業》(Industry Canada) 於兩年前所做的一項調查顯示，香港是加拿大的資訊及通訊科技產品的第5大市場。

運輸　加拿大企業特別活躍於智慧運輸和列車訊號方面。香港在未來十年將耗資約50億加元以擴大鐵路及公路網絡和興建港珠澳大橋，這些發展工程將為加拿大這方面的專業公司提供良好的商機。

食品及魚製品　加拿大善於食品加工，並已為香港的食肆供應產品。香港也是加拿大牛肉製品的重要零售市場，去年12月去骨牛肉恢復輸港對我們是一個重大發展。在2002年，加拿大出口香港的牛肉和牛肉製品共有600公噸，價值280萬加元。

環境保護　香港在污水處理、固體廢物管理、空氣及水質監察等方面提供了很大的市場機會。此外，很多香港企業現正積極參與中國範圍廣闊的環保工程，它們經常需要尋求技術夥伴和產品，而加拿大企業在這方面駕輕就熟。

香港：加拿大中小企業的起步點

作為世界最自由的經濟體系，香港的友善營商環境，以及簡單低稅制，使外商很容易在這裡建立公司或尋找到合適的合作夥伴。很多本地公司提供"實質性辦公室"設施，使開辦公司更加容易。加拿大駐港總領事館的賓客大多是中小企業，而在香港的大多數加拿大中小企業都能在中國和本地區的其他國家迅速開展業務。大家都知道，香港企業具備各方面的資源，如融資、在中國內地的營商經驗和關係網絡。香港與中國簽定的一項自由貿易協定——《更緊密經貿關係的安排》與"北美自由貿易協定"(NAFTA) 性質大致相同，使香港產品可豁免關稅進入中國市場，條件比世貿組織所規定的更為優惠。

風險與回報

當然加拿大企業可以直接進入中國市場，謀求更大的回報而不需香港作為橋樑或中介人。這是一個風險與回報問題。與香港夥伴合作可以即時利用在中國已建立的商務網絡和經營經驗，並可以較有把握收賬和較快進入中國市場。然而，這些服務需要成本。決定權是在加拿大企業手中，它可選擇甘冒獨闖中國市場的風險，以節省尋找合作夥伴的成本。

香港的優勢

與香港聯繫是必然的。對很多加拿大企業而言，特別是中小企業，香港仍然是一個很好的市場，同時也是進入中國市場的平台。

丹麥期待拓展港市場

丹麥駐港總領事館總領事　宋力恒(Mr. Soren Kragholm)

丹麥位於歐洲北部的斯堪地那維亞半島，是歐洲最古老的君主政體。丹麥的總面積43,094平方公里，包括日德蘭半島、西蘭島、富蘭島和404個較小的島嶼，其中90個島有人居住。丹麥的人口約有540萬，其中140萬人居住在首都哥本哈根。丹麥傳統上是一個農業國家，但近幾十年，工業產品的出口已逐漸增至佔出口總額的近80%，而農產品的出口只約佔總額的10%。

丹麥經濟規模較小和開放，對外貿的依賴很大，出入口貿易佔了國民生產總值的58%。在丹麥的出口總額中，約65%是對其他歐盟國家的貿易，歐盟以外的貿易夥伴主要是挪威、美國和日本。

香港是丹麥在亞洲的第三大貿易夥伴，僅次於日本和中國。2004年，丹麥對香港的出口增加了13%，總額增至6.9億美元，而從香港的進口則增加了35%，達到3.3億美元。丹麥對香港的出口主要有皮毛、通訊器材和肉類。在過去15年，丹麥從香港和中國進口的商品結構保持不變，主要產品包括服裝和紡織品、辦公室機器零配件、電腦、玩具和遊戲機等。

在香港成立的丹麥附屬公司和與丹麥有關的公司大約有90家。丹麥的航運業舉世知名，在香港的航運公司有馬士基輪船公司。經營其他行業的丹麥公司有經營傢俱設計的Arne Jacobsen Egg-chair、經營珠寶首飾的George Jensen、經營皮鞋的ECCO、音響器材的Bang and Olufsen（B&O）以及風車的Vestas。此外著名的食品和飲品包括嘉仕伯啤酒、Lurpak牛油、Arla乳酪、Danpo雞和Kjeldsen牛油曲奇餅等。

丹麥駐香港總領事館成立了超過50年，其任務是促進丹麥與香港和澳門之間的貿易關係，以及通過香港促進對中國的貿易。此外，促進對丹麥的投資也是我們在香港的一項非常重要工作。我們期待為這個充滿活力的市場帶來更多的丹麥新產品，以及吸引更多的投資者前往丹麥投資。

歐盟與香港的經濟關係發展迅速

歐洲聯盟委員會駐香港與澳門辦事處主任　魯堂安(Mr. Thomas Roe)

歐盟和香港都是對方的重要貿易夥伴。在2004年，香港是歐盟第16大貿易夥伴，而歐盟則是香港第3大貿易夥伴，僅次於中國內地和美國。2004年雙邊貿易總額達到290億歐羅，比2003年有所增長。

歐盟現已成為中國最大的貿易夥伴，而香港一直扮演著關鍵的角色。自1978年中國推行改革開放政策以來，歐盟通過香港對中國的貿易大幅度增加。在1978~2004年間，歐盟經香港對中國的出口增加了3,852倍，增至70億歐羅。另一方面，同期中國經香港對歐盟的出口也增加了946倍，總額增至240億歐羅。大致而言，目前大約有四分之一的歐盟與中國的貿易是通過香港進行的。

經濟關係並非僅局限於貿易，歐盟積極參與於香港的多個經濟建設範疇，特別是金融服務、保險、貿易、運輸、航空和建築等行業。目前有339家歐盟企業在香港設立了地區總部，通過香港管理整個亞洲的業務。此外，另有694家歐盟企業在香港設立了地區辦事處，經營地區業務。特別值得注意的是，歐盟企業在香港的金融業中扮演著重要的角色。在2004年12月31日，香港共有109家外資持牌銀行，其中歐盟銀行佔了34家。保險業方面，在2004年的外資保險公司之中，歐盟保險公司為數也是首屈一指。此外，歐盟企業在香港的證券和商品期貨市場，以及投資服務方面也是非常活躍。

近年歐盟與香港的經濟關係加速發展，越來越多的歐盟企業投資香港。據統計，在2003年香港的外來投資中，歐盟是香港第3大外資來源地，僅次於英屬處女島和中國大陸。儘管香港在歐洲的整體投資發展速度較為緩慢，但對服務業投資已逐步加快。歐盟企業在香港投資的深度和闊度的擴展，使香港無可懷疑地將繼續成為歐盟在亞洲的重要夥伴，以及是連繫中國的核心基地。

自2004年5月1日，歐盟25國已成為世界最大的貿易集團：擁有4.5億人口，全球20%的貿易額，一個完全一體化的市場和統一的貿易政策。對貿易夥伴，包括香港而言，歐盟的擴大將帶來實質的好處。歐盟與香港和大中華之間的貿易來年將會不斷增加。

港經濟復蘇有利法國出口

法國駐港總領事館領事（商務專員） 簡迪威(Mr. Bruno Cabrillac)

在2001年，主要由於“空中巴士型”飛機的銷售，法國對香港的出口曾創下歷史高紀錄。其後，雙邊貿易日走下坡。2002年法國對香港的出口下降了30%（不包括飛機則下降8%），2003年也下降了近20%。在2004年，跌勢終於受到抑制，儘管歐羅大幅度升值，法國對香港的出口只下跌了2%。香港的經濟復蘇（2004年的經濟增長率達8.1%）將在2005年持續，為法國的出口帶來有利的影響，特別是奢侈品。

在2001年，香港是法國全球第12大、亞洲第2大的出口市場。在2004年，香港的排名分別跌至全球第29大和亞洲第4大。在2001年，法國從對香港的貿易中獲得的盈餘曾創下32億歐羅的紀錄，至2004年則減至為15.4億歐羅。然而，盈餘數額仍然是可觀的（全球貿易中佔第6位）。

另一個顯著變化是服務業的重要性日漸增強，儘管這方面缺乏分析的數據。最後同樣重要的是，在香港的法國商業團體是全亞洲規模最大，並且不斷發展。隨著香港經濟再度起飛，雙邊經濟關係更顯重要。

法國產品輸港止跌回穩

上世紀的90年代首5年，法國對香港的出口增長迅速，但其後則出現倒退，1995年至1998年間每年的減幅仍不算高，但1999年則受到亞洲金融風暴的影響而急劇下降，2000年出現復蘇，2001年更創下39億歐羅的紀錄。2002和03年出口再度下降，2004年相對平穩。

2001年的好景，主要是因為“空中巴士型”飛機的銷售在兩年沒有付貨後再度恢復付運。2002年和2003年的出口數字顯示了2001年所創佳績的特殊性。與2000年比較，2002年和2003年的出口分別增加了16%和減少了7%。2004年，法國對香港的出口止跌回穩，而對全球的出口則出現增長。

結果，香港在2004年法國的出口市場排名中跌至全球的第29位（2001年為第12位），亞洲的第4位（2001年為第2位），位列於日本、中國和新加坡之後，但仍超越韓國。

歐羅的強勢是導致法國出口下降的一個重要原因。事實上，如以港元計算，2004年法國對香港的出口增加了6.9%，但若以香港整體進口穩步增長了16.9%的數字比較，成績是差強人意的。法國產品佔香港進口總額的比率已由2001年的1.6%跌至2004年的0.9%。

2003年，法國對香港出口下降主要是由於通過香港的轉口減少（以港元計算減少了12%）。在2004年這種趨勢持續發展，經香港轉口的法國產品再下跌了8%，而同年香港的轉口貿易卻增加了14.1%，其中轉口歐羅地區產口增長了11.2%。另一方面，同年法國對各地市場的直接出口增加了46%，本地消費市場的進口也增長了17.8%。

法國的主要出口商品

除飛機銷售以外，各項產品的出口表現不一。法國對香港的出口主要為消費品（2004年佔出口總額的33.4%），其中主要項目包括服裝和皮革產品、香水、化妝品及藥品。食品和飲料的輸出在90年代持續下降，在2003年的出口降至僅佔出口總額的7%，90年代初期曾一度佔20%，2004年的數字回升至7.7%。

法國對香港的出口高度集中於幾個項目，首5項佔了出口總額的50%。飛機仍然是2004年最大宗的出口，佔總額近18%。奢侈品對本地市場和轉口都是重要的出口項目。法國的科技產品成績略為遜色，主要出口有電子和無線電通訊配件。

港貨輸法保持低水平

2004年法國進口的港產品以歐羅計算減少了1.8%，以港元計算則增加了7.2%。過去幾年香港對法國的出口表現反覆，1995年後開始強勁復蘇，2000年曾創下8億歐羅的紀錄，但隨後跌勢再現。2004年的金額超過6億歐羅。

進口的結構在過去十年大致穩定，消費品的進口數值雖然下降，但仍佔很大的比重。在2004年，這類產品的進口減少了1%。其中，居首位的服裝佔消費品進口總額的31%；次位的電動及電子機械設備佔22%，主要包括錄音、錄影設備，以及資訊科技設備。

根據法國的統計，2004年香港的出口僅佔法國進口總額的0.17%。香港產品佔法國市場的比重在過去十年持續下降，主要是由於大部分的香港生產活動已經轉移到中國大陸，以及中國產品通過香港轉口法國的比重下降。在2004年，香港是法國第54大供應商。

雙邊貿易為法國帶來巨額盈餘

2004年法國從對香港的貿易中所獲得的盈餘為15.4億歐羅（2001年曾創下32億歐羅的紀錄），在法國對外貿易獲盈餘的貿易夥伴名單中名列第6位（2001年名列第4）。

然而，此一結構性盈餘必須與法國對中國大陸和台灣省的貿易出現不斷增長的結構性逆差相連起來。

2004年法國對大中華區的貿易

（單位：億歐羅）

	出口	比03年增減(%)	進口	比03年增減(%)	貿易結餘
中國內地	52.89	15.0	170.96	24.0	-118.07
香港	21.54	-2.0	6.08	-1.8	15.38
台灣	16.36	27.6	23.10	6.8	-6.74
合計	90.70	12.0	200.14	24.0	-109.43

資料來源：法國海關部

法國企業在香港進一步發展

雙邊貿易並不足以完全反映法國與香港之間的經濟及金融關係。由於兩地的經濟均發展成為服務性經濟，雙邊的服務性貿易已顯得日益重要。

法國商務團體的存在是雙邊經濟關係的另一重要標誌。根據法國商務專員署在2004年11月所作的調查，在香港的法國企業共有560家，比一年前增加了24%。其中，超過三分之一是法籍人士擁有或控制的本地註冊公司。當中的一些企業在香港經濟中已有一定的份量。法資公司在香港共僱用了約30,000名僱員，約佔勞動人口的1%。另據香港統計處發表的數字，在2004年6月，法國企業在香港開設的本地及地區辦事處的數目佔外資企業總數的4.4%，在外資企業名表中名列第8位。

法國的金融機構是香港金融中心的重要外資企業之一。3家法國最大銀行：BNP/Paribas、CALYON和Societe Generale在香港正從事全面的銀行業務，包括信貸、貿易融資、投資銀行、經紀，以及資產管理等。3年前，法國最大保險公司AXA決定在香港建立一個亞太地區的人壽保險平台。法國的建築公司（Dragages，Vinci，Bachy-Soletanche等）已參與香港眾多的基建和房建工程，包括隧道、橋樑、鐵路、地下管、摩天大廈等，項目中包括國際機場、國際會議展覽中心、中環行人手扶電梯等。此外值得一提的還有供應運輸及發電廠設備的Alstom，以及供應公用設備的Suez和Veolia。最後當然不用說還有在香港商場中日受歡迎的法國豪華品牌。

希臘是港商投資東南歐的最佳選擇

希臘駐港總領事館總領事 Mr. Panayotis Economou

希臘奉行市場經濟，政府極少干預市場，並遵守一些國際性組織，如世界貿易組織和歐洲聯盟的規例。希臘是歐洲貨幣聯盟（歐羅區）的成員。

希臘自1981年加入歐盟，自1995年起，希臘的經濟平均每年增長達3.6%，超越歐盟的平均水平。

上屆奧林匹克運動會展示了希臘現代化的形象和美好的前景。國際性的商務團體現已對希臘刮目相看，而希臘人亦對自已信心大增。

希臘的基本建設已大為改善，從而將推動經濟迅速發展。

作為東南歐地區的唯一歐盟成員，希臘認為巴爾幹半島應推行法律和民主。同樣地，巴爾幹地區與歐洲體系的合併對希臘而言具有重要的戰略意義。希臘在這個地區的經濟發展動力主要來自私人經濟部門，但政府政策的支援也越來越重要。未來幾年，鄰國的經濟將會日益改善，並將成歐盟中的強大合作夥伴。因此，要在本地區建立一個穩固的基地，希臘是一個很好的選擇。

希臘政府的主要施政目標是為經濟發展創造環境。其目的是協助企業提高生產效率和增強市場競爭能力。為了支援企業和吸引投資，希臘政府採取了新的經濟政策。實施新稅制、簡化新企業註冊程式和一個更穩定的投資環境將必然吸引外來投資。

旅遊業是一項生機勃勃的經濟活動，並且傳統上是希臘賴以彌補貿易逆差的主要支柱。

目前希臘的人口有1,100萬，而每年接待的遊客卻達到1,300萬人次，估計到2010年，遊客的數量將會增至2,000萬人次。

奧林匹克運動會給予我們動力來制訂一個新的旅遊業發展策略，以便充份利用奧運會向世界各地發放希臘新形象的訊息。

希臘已大大改善市區的基本建設，並提升了一些主要城市的藝術美感。希臘現時擁有一個現代化的機場，公路和鐵路網絡日趨完善，港口和通訊設備先進，紀念館管理完善，博物館展出豐富，治安良好，電力供應充沛。

此外，希臘擁有很多現代化的體育設施。奧運會興建了一些新的現代化體育場館。美觀和多功能的田徑場館、游泳池、單車徑、賽馬場、射擊中心、訓練館等等，全部都符合奧運會的標準，完全適合任何國際體育賽事的需求。

受惠於奧運會，希臘有機會向國際大事宣傳和推銷其競爭優勢，歡迎外國遊客的到訪和接待顯赫的貴賓。

希臘是國際上最強大和最重要的航海國家之一。目前，希臘有3%的勞動人口從事航海業，而懸掛希臘國旗的商船在2004年共有905艘。希臘航運業現時控制了全球9.1%的船隻，以及18%的載貨量或15.5%毛噸位。以歐盟角度看，在歐盟擴大前，懸掛希臘國旗的商船以毛噸位計算佔了歐盟船隊的58%，以船隻數量計算佔了總數的38%。由於90%的歐盟外貿貨運經海路，這便顯得十分重要了。

在2004年上半年，希臘船東共訂購了108艘商船，總值40億美元，70%以上的訂單是給予中國的造船廠。在2004年，希臘航運業的外匯收益增長了42.2%，金額達到143億美元，超出了126億美元的商品出口。

值得指出的是，希臘船隊為亞洲及太平洋地區的經濟發展作出了卓越的貢獻。以香港而言，每年進入香港水域的希臘商船超過500艘。

中國和香港是希臘的重要貿易夥伴。去年，希臘對香港的出口激增了98.2%，金額達到3,066萬美元。另一方面，希臘通過香港對中國的貿易也增加了16.5%，金額達到2.63億美元。這些數字反映了香港在進入中國內地市場和溝通希臘與中國關係中所扮演的重要角色。

駐港希臘領事館的任務是促進希臘與香港和澳門的經濟關係，包括貿易、旅遊和投資。為配合希臘航運業與香港航運業的雙邊合作，一個希臘商務航運辦事處已經在香港成立。駐港希臘領事館的一項重要工作是與香港特區政府制訂雙邊關係發展的框架。

荷蘭與香港的貿易關係將繼續發展

荷蘭駐香港總領事館副總領事及經濟部首席　宋雅正(Mr. J. Soer)

香港與荷蘭長期密切的貿易關係將會繼續發展。無可懷疑，香港與荷蘭有很多共同點。荷蘭是進入歐洲的大門，而香港則繼續扮演著進入中國橋樑的角色。使人印象深刻的是，鹿特丹已成為世界最大的貨物運輸港，而香港則擁有世界最繁忙的集裝箱貨櫃碼頭。

在荷蘭企業利用香港作為進入中國和亞太地區的跳板的同時，香港企業也抓緊利用荷蘭作為擴展在歐洲大陸業務的基地。目前，香港企業的投資範圍包括時裝、電子、港口及航運、零售貿易等。

荷蘭是香港的第三大外來投資者，僅次於中國大陸和税務天堂英屬處女島。來自荷蘭的直接投資總額達到329億美元。

在貿易方面，荷蘭是繼德國、英國和意大行之後，香港在歐洲的第四大貿易夥伴。在2004年，荷蘭與香港的雙邊貿易總額達到58億美元。

隨著中港兩地《更緊密經貿關係安排》的實施，為香港在泛珠江三角和中國迅速經濟發展中所扮演的角色帶來更大的商機，我相信荷蘭與香港及中國內地之間的貿易和投資關係將會進一步加強。

香港與印度的經貿關係日趨緊密

印度駐港總領事館總領事 Mr. B. K. Gupta

印度與香港的聯繫可追溯至1840年代，它使香港成為印度在海外最大的印度團體聚居地之一。目前，居住在香港的印度人大約有35,000人，其中約23,000人持印度護照。由於長期在香港定居，印度人已經融入香港的社會，可以看到本地第二、三代印度人可以講流利的廣東話，並已習慣以香港為家。

傳統上，在香港的印度團體多參與貿易活動，發展的市場遠至南美和非洲。近年越來越多其他行業的專業人士來港發展，航運、金融、學術、醫藥、資訊科技，以及企業管理等方面都是他們的專長。

自1840年代以來，香港的印度人一直分享著香港的成就與困難。但直至若干年前，香港對印度的出口所佔的比率才達到10%，這和印度人在香港人口中所佔的比率是不對應的。

香港的印度人成立了很多團體組織，其中以下兩個較為突出：

香港印度人協會（CHIA）：成立於1973年，是香港印度團體的上層組織。

香港印度商會（ICCHK）：成立於1952年12月12日，負責香港、中國內地和印度及世界各地之間的貿易關係。

1951年建立的印度專員公署於香港主權回歸前的1996年10月15日改名為印度駐港總領事館，並兼管於1999年12月19日回歸中國的澳門事務。

貿易

香港是全球十大貿易體系之一，是亞太地區從事亞洲區內貿易的主要進出口商，也是溝通東西方貿易，以及中國內地與世界各地之間的貿易的重要橋樑。2004年，香港的外貿總額達到5,300億美元，比2003年增長16.4%。香港的出口在2002年增長5.4%，2003年增長11.7%，2004年增長16.4%。與此同時，在亞洲地區的原料和工業半製成品貿易迅速發展的情況下，香港的轉口貿易也急速發展。

香港的主要出口市場是中國內地、美國、歐盟和日本，分別佔2004年香港出口總額的44%、11%、11%和9%。在這一年，香港對中國內地、歐盟和日本的出口分別增長18%、15%和18%，對美國的出口增幅則為7%。香港的貿易表

1997~2004年印度與香港的雙邊貿易

（單位：億美元）

年份	印度進口	印度出口	貿易總額	增減(%)	貿易結餘
1997	6.85	21.10	27.95		14.25
1998	6.79	18.76	25.55	-8.6	11.97
1999	10.99	22.16	33.15	29.8	11.17
2000	12.94	26.24	39.18	18.2	13.30
2001	12.02	22.90	34.19	-10.9	10.88
2002	14.41	24.94	39.35	12.7	10.53
2003	19.01	31.73	50.74	28.9	12.73
2004	20.95	37.65	58.61	15.5	16.70

資料來源：香港政府統計處

現受到在廣東的外發加工活動所影響，大部分的香港企業都在廣東擴展生產基地。在2004年首三季度，43%的香港對中國內地的出口是與外發加工有關，這個比率在港產品出口中佔66%，轉口佔42%。

印度是香港第13大貿易夥伴。在2004年，印度與香港之間的雙邊貿易額達到58.6億美元，比上一年增長15.5%。印度對香港的出口額為37.6億美元，增長19%；其中，轉口額佔20.8億美元。印度從香港進口的金額為20.9億美元，增長10%，貿易盈餘增至16.7億美元。

投資

香港是亞洲重要的金融中心，也是亞洲地區一個主要直接投資資金的來源地。

香港在印度投資的官方數字並不能全面反映實際情況，因為香港有某些投資是通過其他國家如毛里求斯進行的，這是由於印度給予這些國家特別的稅收優惠。在香港對印度投資的企業中，較為重要的包括中電亞洲、和記電訊、Pacific Century Cyber Work、匯豐銀行、渣打銀行、怡和集團、萊寶資源、Wittis Group、美麗華酒店等。香港投資者在印度的直接投資項目包括燃料（電力）、服務業（金融和非金融）、酒店及旅遊、無線電通訊（蜂窩型手提／固網電話服務）、製造業（服裝、電子）等。以下為其中幾項較為突出的投資例子：

和記電訊：和記電訊是香港和記黃埔集團的附屬公司。和黃的對外投資遍佈全球41個國家，總資產超過560億美元。和黃於1994年開始在印度經營無線電通訊業務，至2004年5月底客戶數目已超過560萬，服務網絡覆蓋印度全國人口的56%。和記與印度企業Ruias of Essar，Uday Kotak of the Kotak Group，the Hindujas of Fascel，Analjit Singh of Max結為合作夥伴，和記國際電訊擁有這些印度企業約42%的股權。在2004年，和記國際電訊46%的利潤來自印度。

中電國際：它是亞洲最大的私營發電廠之一，投資遍佈台灣、澳州、印度、泰國和馬來西亞。在2001~2002年，中電收購了英資Powergen UK在印度的資產，這項交易是中電與Powergen談判在澳洲和印度總值達5.94億美元資產交易的其中一部份。此外，中電現正洽商在Karnataka進行一項1031MW Mangalore Thermal Power Project發展計劃，中電將全資擁有此項發展工程。

衛視集團：衛視在印度擁有包括STAR Plus、BSTAR News、BSTAR Movies、BSTAR World、BESPN、BSTAR Sport、BNational Geographic、BVijay、BAdventure One、和Channel“V”等頻道。衛視現已與印度的第二大有線網絡Hathway Cables結成合作夥伴，並與多家印度互聯網和服務公司合作。衛視的無線電台城（Radio City）是印度首

近年香港對印度的進出口及轉口貿易

	2003年		2004年		2005年上半年	
	金額（億美元）	增幅（%）	金額（億美元）	增幅（%）	金額（億美元）	增幅（%）
印度對香港的出口						
出口	31.73	27.2	37.65	19.0	23.48	18.5
香港對印度出口						
港產品	0.51	-2.2	0.58	14.0	0.66	144.0
轉口	18.49	33.2	20.37	7.5	13.27	33.2
合計	19.01	31.9	20.95	10.0	13.94	36.2
貿易總額	50.74	28.9	58.61	15.5	37.42	24.5
貿易盈餘（印方）	12.73		16.70		9.54	

資料來源：香港政府統計處

家24小時廣播的FM頻道廣播電台。據衛視估計，它在印度的投資總額達到9.89億美元。

電訊盈科：電盈是亞洲最大的無線電通訊企業之一，它通過三間企業在印度進行投資。Data Access是一間經營互聯網服務的合資企業（電盈佔股權49%，SPA Group佔51%），現擁有15萬名直接客戶，是印度最大的寬頻網絡服務提供者。此外它也是長途電話服務供應商，處理印度打入長途電話數量約20%。Corporate Access通過印度國家資訊中心為印度政府提供大量的衛星寬頻互聯網服務。

怡和洋行：怡和在印度投資已超過150年，目前的投資總額達到1.25億美元。怡和現時在印度開設的公司計有在Mumbai的代表辦事處、怡和策略（擁有Tata Industries Ltd.20%的股權）、怡和汽車、Jardine Lloyd Thompson（在德里和Mumbai經營保險）、怡和印度軟件科技（在Bangalore的全資企業）等。

旅遊

目前印度與香港之間的航空交通由印度航空公司和國泰航空公司經營。駐港總領事館經常組織印度的旅遊業舉辦研討會以促進旅遊業的發展。此外，並大力推動香港與印度舉行第二輪民航會談。如果會談順利，印度的Jet和Sahara航空公司將可開闢來往香港的航線。去年共有244,000印度旅客訪問香港，估計今年的訪港人數將會因為迪士尼樂園和亞洲世界會議展覽中心的開幕而增長。香港居民到印度旅遊的人數也不斷增加，去年領事館簽發的旅遊簽證共23,000個，比上一年增長48%，估計今年將進一步增至30,000個。

意港商貿創十年之冠

意大利駐港商務專員　鮑朗思(Mr. Romano Baruzzi)

香港作為國際金融都市，擁有優越地理位置，完備基建設施，先進資訊網絡，而且素以自由開放和擁有良好的營商環境稱譽全球。至目前為止，在香港經營的意大利公司總數超過100間，當中包括從事貿易、消費品生產、機器製造、航空業、銀行業及運輸業等等，經營類別極多元化。

於2004年，意大利與香港的貿易數字創過去十年之紀錄。意大利持續成為香港第十二大貿易夥伴。這一年，意大利對香港的貿易總額超越60億美元大關，達63億美元之歷史性數字，較2003年增長20%。其中，香港進口意大利產品總額為33億美元，上升19%，主要類別有皮革、時裝、珠寶、紗線及鞋類等。而香港出口往意大利的總額為30億美元，錄得21%增長，主要項目為玩具、電訊器材、旅遊用品、成衣產品及鐘錶等。

意大利製造的商品向來都被認為集質優、用料上乘及富嶄新設計於一身，品味獨特的香港消費者對意大利的出品更是愛不釋手。意大利一直以來都是香港的第二大時裝進口地，於2004年香港共入口2.86億美元意大利時裝。設計新穎時尚的意國珠寶首飾於2004年入口總值達2.77億美元，升幅達12.6%，表現理想。意大利皮鞋發展穩定，於2004年香港入口約1.01億美元。而其優質耐用的皮革，香港入口總值更達5.29億美元，較2003年躍升16.4%之多，排名僅次於中國，成績斐然。另外，從意大利進口的紗線於2004年總值2.59億美元，增長6.1%。這一切均引證了意大利在香港進口產品中的重要地位。

2004年香港入口之主要意大利產品

產品	價值（億美元）	市場佔有率	排名
皮革	5.29	16.4%	2
服裝	2.86	1.7%	2
珠寶	2.77	12.6%	3
紗線	2.59	6.1%	4
鞋履	1.01	2.0%	2

一直以來，意大利公司均致力善用香港的優勢以開拓中國這龐大市場。意大利商務專員公署在未來將秉承以往傳統，透過不同的展覽及宣傳活動，推廣各類意大利商品及促進意港兩地的經濟聯繫，並積極提倡互惠互利的合作機會。

日港經貿進入新的夥伴時代

日本駐香港總領事館領事（經濟主任） 井上學(Mr. Manabu Inoue)

長期以來，日本與香港保持密切的經濟關係，日本是香港的第三大貿易夥伴，香港是日本的第五大貿易夥伴。在香港注冊經營的日本公司有2,100多間，其中大部份為中小企業，均對香港的經濟發展和創造就業扮演非常重要的角色。在2004年，日本和香港繼續保持良好的經濟發展。

隨著香港經濟復蘇的步伐日趨強勁，加上日本經濟逐漸回復，2004年的日港貿易增幅較大。根據香港政府統計處的統計，日港貿易總額是3,637億港元（與前年相比增加了18%），僅次於中國大陸和美國佔第三位。香港對日本的出口是1,075億港元（與前年相比增加了14%），也是僅次於中國大陸和美國佔第三位。香港從日本的進口是2,561億港元（與前年相比增加了20%），僅次於中國大陸佔第二位。根據日本財務省的統計，日港貿易總額是僅次於美國、中國大陸、韓國、台灣地區而居第五位。與此同時，香港亦是日本在亞洲最大的農產品市場。

由於日本國內經濟長期處於低迷狀況，對外直接投資有所減少，但是對亞洲的投資則相對穩定。根據日本財務省的統計，2004年度（2004年4月至2005年3月），日本對香港的直接投資共42項，總額687億日圓（與前年相比增加了53.7%）。此外，根據香港政府統計處的統計

香港對日本的貿易（單位：億日圓）

年份	貿易總額		本地出口		轉口		出口總額		進口		貿易逆差
	金額	比上年增減%	金額	比上年增減%	金額	比上年增減%	金額	比上年增減%	金額	比上年增減%	
2000	2,861	+21	51	-7	821	+22	872	+19	1,990	+22	1,118
2001	2,642	-8	41	-20	836	+2	876	+1	1,766	-11	890
2002	2,663	+1	30	-27	807	-3	837	-5	1,826	+3	989
2003	3,080	+16	28	-4	912	+13	940	+12	2,140	+17	1,200
2004	3,637	+18	28	-1.3	1,047	+15	1,075	+14	2,561	+20	1,486

資料來源：香港政府統計處

數位，直至2003年底為止，日本在香港的累積直接投資總額是1,422億港元，處第六位，佔外國投資總額的4.8%。但根據日本財務省的統計，2004年度香港對日本的直接投資總額是32億日圓（與前年相比減少了50%）。因此希望日港經貿將會有更積極的交流和發展。

2005年5月底香港的認可銀行有133間，其中日資銀行共12間，佔較大比例。另外，旅遊業在港日經濟關係中起重要作用。2003年由於受非典（沙士）影響，日本訪港旅客人數大幅度減少至87萬人，但2004年回升至112萬人（與前年相比增加了30%）。尤其是日本政府對香港人短期訪日採取免簽證措施之後，港人訪日數量遂增至58萬人（與前年相比增加了22%）。

1978年以來，由日本與香港財界的知名人士組成的日港經濟合作委員會每年都舉行例會，而第27屆會議於2004年1月在東京舉行，商談了如何加強日港經貿合作等話題。

中國加入世貿之後已有3年，日資企業面對中國大陸市場更加開放的機會，均認為香港所具有之優勢應進一步發揮作用。中國與香港簽訂的《更緊密經貿關係安排》（CEPA）協議，以及泛珠三角洲經濟合作會議等框架亦受到關注。隨著中國與香港之間經濟合作進展，更多的日本中小企業開始在香港設立辦事處，探討對華投資機會。回歸中國大陸後，香港實行"一國兩制"，基本保持其各方面的優勢，如自由開放的制度、優惠稅制、維持國際金融、運輸、資訊中心的地位。日本經濟趨於復甦，香港經濟前景明朗，加上中國大陸的經濟迅速發展，我們期待日港經貿關係進一步發展，邁向新的夥伴時代。

日本的對外直接投資（單位：億日圓）

年度	對世界投資	對亞洲投資		對香港投資		
	金額	金額	佔總額%	宗數	金額	佔總額%
2000	54,193	6,638	12.2	52	1,039	1.9
2001	40,413	8,307	20.6	38	436	1.1
2002	44,930	6,910	15.4	32	253	0.6
2003	40,795	7,233	17.7	36	447	1.1
2004	38,210	10,091	26.4	42	687	1.8

資料來源：日本財務省

韓港經貿發展新趨勢

韓國駐香港總領事館領事　金星七

韓國與香港的貿易

1）進出口現況

1999~2001年間（2000年除外），韓國對香港的出口大體上出現下降趨勢，2002年以後迅速復蘇，2004年則實質增長了23.7%，達到181.27億美元，創歷史新高。1999年以來，韓國從香港的進口除2001年以外，每年均以40%以上速度遞增，特別是2002年以來，韓國與香港的貿易規模出現了出口與進口同時增長的平衡發展景象，發展趨勢令人欣慰。

2）韓國對香港出口在出口總額中所佔比重

1999年以來，韓國對香港的出口額在韓國的出口總額中所佔比重一直保持6%以上水平。2004年在強勁出口增長的驅動之下，首次超過7%。如今，香港已經繼美國、中國和日本，成為韓國的第4大出口市場。

3）香港從韓國進口在進口總額中所佔比重

根據香港政府統計處的統計，香港從韓國的進口額在香港的進口總額中所佔比重一直保持4.5~4.8%的水平，韓國已經繼中國、日本、台灣地區、美國和新加坡之後成為香港的第6大進口來源地。

韓國對香港的進出口貿易

（單位：億美元，%）

	1999年	2000年	2001年	2002年	2003年	2004年
出口	90.48(-2.3)	107.08(18.8)	94.52(-11.7)	101.46(7.3)	146.54(44.4)	181.27(23.7)
進口	8.83(63.4)	12.61(42.8)	12.28(-2.6)	16.95(38.1)	27.35(61.4)	32.68(19.5)
盈餘	81.65	94.47	82.24	84.51	119.19	148.59

資料：韓國貿易協會，KOTIS

註：( )為比上年增減率

韓國對香港出口在整體出口總額中所佔比重

（單位：億美元，%）

年度	韓國出口總額	對香港出口額	排名
1999	1,436.9(100.0)	90.5(6.3)	4
2001	1,504.4(100.0)	94.8(6.3)	4
2002	1,624.7(100.0)	101.5(6.2)	4
2003	1,938.2(100.0)	146.5(7.6)	4
2004	2,538.4(100.0)	181.3(7.1)	4

資料：韓國貿易協會，KOTIS

註：( )為韓國出口總額所佔的比率

香港從韓國進口在整體進口總額中所佔比重

（單位：億美元，%）

年度	香港進口總額	從韓國進口額	排名
2001	2,010.5(100.0)	90.8(4.5)	6
2002	2,076.2(100.0)	97.4(4.7)	5
2003	2,315.1(100.0)	112.0(4.8)	6
2004	2,706.6(100.0)	128.8(4.8)	6

資料：香港統計處

註：( )為香港進口總額所佔比率

4）韓國對香港出口的主要商品

2001年以後，韓國對香港出口的十大商品在對香港出口總額中所佔比重逐年遞增，出口側重於部分商品的傾向加劇，特別是2004年由於黃金出口大幅增長，韓國對香港出口的十大商品在對香港出口總額中所佔比重首次突破70%。十大出口商品包括：半導體、黃金、電腦、無線通信儀器、石油產品、合成樹脂、船舶海洋構造物、鋼板、音像機

對香港十大出口商品變化

（單位：億美元，%）

	2002年		2003年		2004年	
	貨品	金額佔%	貨品	金額佔%	貨品	金額佔%
1	半導體	19.8(19.5)	半導體	26.7(19.0)	半導體	34.0(18.7)
2	無線通信儀器	14.2(14.0)	電腦	17.5(12.5)	黃金	26.8(14.8)
3	電腦	7.6(7.4)	黃金	16.1(11.5)	電腦	23.1(12.7)
4	石油產品	6.8(6.7)	無線通信儀器	15.8(11.2)	無線通信儀器	12.1(6.7)
5	合成樹脂	5.3(5.3)	貴金屬	6.4(4.5)	石油產品	9.9(5.4)
6	鋼板	2.9(2.9)	合成樹脂	6.1(4.4)	合成樹脂	8.1(4.5)
7	皮革	2.8(2.8)	石油產品	6.1(4.3)	船舶構造物	7.0(3.9)
8	顯像管	2.7(2.6)	鋼板	4.6(3.3)	鋼板	5.5(3.1)
9	其他紡織品	2.6(2.6)	音像機器	3.0(2.2)	音像機器	4.8(2.7)
10	人造纖維織物	2.6(2.5)	皮革	2.9(2.0)	映射機器	3.0(1.6)
合計		(66.3)		(74.9)		(74.0)

資料：韓國貿易協會，KOTIS

註：( )為對香港出口所佔的比率

從香港十大進口商品變化

（單位：百萬美元，%）

	2002年		2003年		2004年	
	貨品	金額佔%	貨品	金額佔%	貨品	金額佔%
1	貴金屬	489(28.8)	貴金屬	1,420(51.9)	貴金屬	1,655(50.6)
2	半導體	480(28.3)	半導體	594(21.7)	半導體	716(21.9)
3	無線通信儀器	107(6.3)	電腦	86(3.1)	電腦	87(2.7)
4	電腦	74(4.4)	無線通信儀器	49(1.8)	電子應用儀器	58(1.8)
5	器具零部件	37(2.2)	器具零部件	46(1.7)	器具零部件	54(1.7)
6	服裝	27(1.6)	電氣儀器	33(1.2)	電池	54(1.7)
7	鐘錶	21(1.2)	服裝	31(1.1)	無線通信儀器	43(1.3)
8	銅製品	20(1.2)	電池	28(1.0)	音像機器	41(1.3)
9	音像機器	20(1.2)	電子應用儀器	25(0.9)	服裝	38(1.2)
10	電池	19(1.1)	音像機器	23(0.8)	Display 機器	35(1.1)
合計		(76.3)		(85.2)		(85.0)

資料：韓國貿易協會，KOTIS

註：( )為從香港進口所佔的比率

器、映射機器等。

5）韓國從香港進口的主要商品

韓國從香港進口的十大商品在從香港的進口總額中所佔比重逐年遞增，其傾向度甚於韓國對香港出口。特別是2004年由於貴金屬進口大幅增長，韓國從香港進口的十大商品在從香港進口總額中所佔比重首次突破85%。十大進口商品包括貴金屬、半導體、電腦、電子應用儀器、器具零部件、電池、無線通訊儀器、音像機器、服裝、Display機器等。

投資動向

1）韓國對香港的直接投資

截止到2004年12月底（1968~2004），韓國對香港的直接投資共有658項、19.66億美元。1997年以前的投資額不大，但自1998年後，投資項目和金額出現增加趨勢。

2）香港對韓國的直接投資

隨著韓國的外國投資政策的變化，香港對韓國的投資自1999年以來大幅度增加，至2004年12月底（1962~2004）共有744項，合共19.01億美元。

韓國對香港直接投資

（單位：項目數，百萬美元）

	2000年以前	2000	2001	2002	2003	2004	合計
項目數	356	56	40	59	65	82	658
金額	1,123	248	99	227	97	172	1,966

資料：韓國進出口銀行

香港對韓國直接投資

（單位：項目數，百萬美元）

	2000年以前	2000	2001	2002	2003	2004	合計
項目數	387	68	72	86	62	69	744
金額	1,234	123	167	234	55	88	1,901

資料：韓國產業資源部

馬港貿易全面發展

馬來西亞駐香港總領事館

2004年香港與馬來西亞兩地之間的貿易總額達到89.49億美元，比2003年增加16.2%。其中，香港對馬來西亞的出口增加15.9%，達到22.90億美元，佔香港出口貿易總額的0.9%；從馬來西亞的進口也增加16.4%，增至66.59億美元，佔香港進口貿易總額的2.5%；馬來西亞從雙邊貿易中取得的貿易盈餘增至43.70億美元。

香港從馬來西亞的進口穩步增長，主要是因為本地消費意慾提升以及中國內地遊客增加。香港從馬來西亞的進口之中，82%轉口到其他國家和地區，包括中國（76.3%）、韓國（4.2%）、美國（3.4%）和台灣地區（3%）。在《更緊密經貿合作安排》下，香港作為中國內地的“窗口”作用大為加強，因而轉口貿易將會繼續發展。

香港對馬來西亞出口的增長（增幅為15.9%），主要是當地經濟已經從1998年爆發的危機中穩步復蘇。

2004年港馬貿易統計

項　目	排名	2004年(億美元)	比2003年增長(%)
出口總額	16	22.90	15.9
港產品出口	12	1.92	26.6
轉口	16	20.98	15.0
進口總額	7	66.59	16.4
轉口	6	54.58	25.5
貿易總額	9	89.49	16.2
貿易結餘		-43.70	

資料來源：香港政府統計處

馬來西亞仍然是香港的第9大貿易夥伴，在進口方面是香港的第7大供應商，在出口方面則是第16大市場。

2004年，馬來西亞對香港輸出的半導體產品總值達到20.53億美元，比2003年急劇增加44.1%，主要是設在中國的製造廠對電子及電動產品元配件需求增加。此外，從馬來西亞輸入的集成電路和電阻也大幅度增加64.8%，金額達到8,620萬美元。

辦公室機器及電腦的進口也增加27.7%，價值3.16億美元，主要是對在馬來西亞生產的日本品牌產品需求增加。

2004年馬來西亞對香港市場出口的石油差不多增加3倍，增幅達到292.4%，金額增至2.89億美元。急劇增長的主要原因是中東和東歐石油供應短缺，以及中國內地石油消耗量增加。

從馬來西亞進口的苯乙烯聚合物增加27.2%，達到1.88億美元，主要是石油漲價影響到石油副產品作為塑膠原料的價格，廠商需要從世界各地，包括馬來西亞，尋求具競爭價格的石油副產品。另一原因是中國的塑膠製品商增加了出口數量，因而刺激了塑膠原料的需求。

從馬來西亞進口的電動機械設備增加8.9%，金額為1.6億美元。增長原因是本地市場和內地旅客對進口家庭電器需求的增加。

從馬來西亞進口的煙草增加96.2%，金額增至0.95億美元，增長原因主要是馬來西亞的煙草價格比其他供應商，如美國為低。

然而，從馬來西亞進口的電腦零件則減少10.9%，減至14.62億美元，原因是來自其他供應商如韓國和印度的產品大增。

2004年進口自馬來西亞的植物油脂同樣錄得負增長，跌幅是5.3%，金額減至1.04億美元，原因是廠商將廠房從香港搬遷到中國內地。由於中國政府大量投資於農業科技以迎合世貿的要求，致使中國產品的價格相比馬來西亞產品具競爭性。

2004年，馬來西亞從香港進口的電腦零件增長46.1%，電子零件增長32.5%，電動機械增長22.4%，鐘錶增長16.3%，旋轉電動設備及零件增長19.9%。另一方面，通訊設備及電腦的進口則分別下降0.5%和12.8%。

2004年馬來西亞對香港出口的10種主要商品

排名	商品	金額(億美元)	比2003年增減(%)
1	半導體、電子閥、電子管等	20.53	+44.1
2	辦公室機器/電腦零配件	14.61	-10.9
3	通訊設備及零件	4.96	+14.3
4	電腦	3.16	+27.7
5	石油及瀝青提煉油	2.89	+292.4
6	苯乙炔聚合物	1.87	+27.2
7	電動機械及設備	1.60	+8.9
8	植物油脂	1.04	-5.3
9	煙草	0.95	+96.2
10	集成電路及電阻	0.86	+64.8

2004年香港對馬來西亞出口的10種主要商品

排名	商品	金額(億美元)	比2003年增減(%)
1	通訊設備及零件	5.20	-0.5
2	辦公室機器/電腦零配件	3.47	+46.1
3	半導體、電子閥、電子管等	2.82	+32.5
4	生產集成電路的電動設備	1.80	+20.7
5	發電機及零件	0.84	+8.1
6	錄音機及錄映機	0.64	+152.0
7	電動機械及設備	0.63	+22.4
8	鐘錶	0.42	+16.3
9	旋轉電動設備及零件	0.38	+19.9
10	電腦	0.37	-12.8

香港可與墨西哥緊密合作

墨西哥駐港總領事館總領事　李澳(Mr. Mario Leal Campos)

墨西哥是全球第13大出口商，雖然擁有全球第5大石油公司，石油出口只佔墨西哥出口總額的12%。

墨西哥與全球46個國家簽定了自由貿易協定，使墨西哥的產品可以以穩定和優惠的待遇進入13億人口的市場。

香港企業在墨西哥的投資佔外來投資總額的0.1%，它們的產品可以利用上述自由貿易協定所帶來的優惠，以及墨西哥在地理上靠近全球最大市場—美國的戰略地位。

兩年前，墨西哥進行了法律改革，准許在豁免外務稅和進出口產品增值稅的地區成立企業，以及對進出口貿易實施全球最簡化的程式，從而給予投資者良好的商機。此外，在太平洋和大西洋地區的聯繫方面，航空、鐵路、公路和海路等方面均有良好的基礎建設，使貨物可以可直達美洲、歐洲和亞洲市場，以及使拉美國家與中國緊連。早前在聖路易斯波托西 (San Luis Potosi) 所建立的兩個特區對開拓外國市場和本地市場均具戰略地位，區內有大量熟練勞工，他們對拓展世界最難打入的市場具有豐富的經驗。成立類似的特區可適用於任何企業，也可以建立於全國任何地方。

墨西哥的文化遺產、沙灘、加勒比海域、森林和山區景色等景點舉世聞名，以外來遊客數量計算，在世界排名第8位，旅遊業的收益每年高達235億美元，為投資者提供了黃金機會。現時香港特區護照持有人到墨西哥旅遊可豁免簽證。

由於香港是進入中國大陸的橋樑，香港企業可以把握這個大好時機，將墨西哥的國際知名產品輸往中國，或是與墨西哥的生產商合資共同開拓中國市場。墨西哥的很多產品，包括飲品、水果、海鮮、肉類、機械等，在一些傳統的國際市場(如美國和歐盟)享負盛名。

基於香港在國際經濟上的重要地位，墨西哥政府在香港設立了領事館和商務專員署，以促進兩地之間的經濟關係。為了這個目的，墨西哥政府特地贊助了一個由香港和內地企業組成的代表團於2005年6月訪問墨西哥，並將會繼續在辦事處、展覽館和論壇等方面，為商界尋找商機提供協助。

為促進香港與新西蘭的關係而努力

新西蘭駐港總領事館總領事　衛奕信(Mr. Frank Wilson)

香港 / 新西蘭的共同發展趨勢

在時間和很多重要方面，新西蘭和香港經歷的時代變遷可說十分相似。在香港經濟發展的同時，新西蘭的經濟也同步發展。時至今日，新西蘭和香港正一起享受現代社會的一些基本權益和制度，包括法治、英語的使用、憲法政府、意見及言論自由、開放的經濟及企業精神。這些相似之處使香港和新西蘭順理成章地成為合作夥伴。

香港與新西蘭兩地政府的關係密切，貿易與投資的廣泛交流使兩地人與人之間的聯繫也十分緊密。2004年有眾多的新西蘭官員和訪客訪問了香港，其中特別指出的是9月間兩艘新西蘭皇家海軍艦隻的到訪，加強了兩地的軍事交往；6月間新西蘭一個電影製片業代表團訪港，也促進了兩地業界的合作。目前兩地之間在經濟、社會和文化上的交流都十分便利暢通，並沒有存在任何障礙。

新西蘭經濟

繼2004年新西蘭的實際國內生產總值增長了4.8%之後，2005年首季度的增長率降至2.5%（與一年前同期比較），是過去4年來最緩慢的增幅，原因是去年新西蘭元升值11%，影響了出口貿易。在這一季度，商品和勞務出口下降2.6%，其中木材的出口減少15%，旅遊開支也告下降。同期的進口增加1%，佔經濟六成的私人消費開支上升1.8%，而上一季度的增幅為1.1%。

新西蘭財政部預測，至2006年3月止的年度經濟增長率為2.5%，2007年3月止的年度經濟增長率也是2.5%，2008年3月止的年度經濟增長率則回升至3.5%。高匯率和利率、外來移民減少、貿易夥伴經濟發展放緩，以及外貿的萎縮，都是導致經濟發展速度減緩的因素。在2004年第4季度，失業人數增加6,000人。2005年首季度的失業率上升至3.9%，這是經濟合作與發展組織成員國之中第2最低的失業率。

在截至2005年6月止的年度內，政府的財政盈餘減少20.6%，減至58.9億新西蘭元，相當於國內總產值的3.9%。

在2005年首季度，對外貿易出現6.05億新西蘭元的赤字，這使到經常賬收支逆差擴大，逆差對國內總產值的比率高出原估計的6.6%。預計至2005年6月止的年度內，經常賬收支逆差達到74.45億新西蘭元。在未來4年，經常賬收支逆差預計將保持高於國內總產值的6%，儘管預料在期末時逆差會開始收窄。

在至2005年4月止的12個月內，新西蘭對香港的出口總額為5.5億新西蘭元，比2004年同期增加3.5%。主要的出口商品包括魚、畜產品和肉類。影響貿易數字的一個因素是新西蘭直接出口往中國大陸的數量隨著中國放寬進口限制而增加。然而，香港仍然是新西蘭的第9大出口市場和外國投資的一個重要來源地。

文化與社會聯繫

緊密的經濟關係促進兩地人民之間的往來，免簽証的安排和直接通航也有利於兩地旅遊業的發展。近年兩地遊客互訪的數字不斷增加，而新西蘭已成為香港人越來越喜愛的旅遊點。現時香港的新西蘭團體正積極參與香港的有關商務、專業、服務、教育和其他方面的活動。另一方面，香港也有類似的機構設在新西蘭。無可懷疑，兩地之間廣泛的個人接觸有利於促進彼此關係的發展。

假期工作計劃

假期工作計劃（Working Holiday Scheme）是一個鼓勵新西蘭和香港的年輕人學習對方文化和生活習慣的計劃。在這項自2001年起推行的計劃下，來自香港的年輕人最長可居留新西蘭一年，期間部分時間可在當地就業。計劃的目的是讓香港的年輕人在某段時間內在新西蘭生活和工作，以增加對新西蘭生活方式的瞭解和認識。目前，新西蘭已經與30多個國家簽定了這種假期工作計劃，每年都有數以千計的年輕人利用計劃到訪新西蘭；其中，香港年輕人（年齡為18~30歲）佔大約200人。我在這裡呼籲，那些條件適合和有興趣者應好好地利用這個機會。無可懷疑，到訪新西蘭的遊客和假期工作計劃參與者都可以獲得寶貴的經驗。

展望

現有的經濟、社會和政府之間的聯繫為香港和新西蘭之間的關係進一步發展提供了穩固的基礎。2005年的前景是樂觀的，因為香港和新西蘭將會受惠於本地區，特別是中國的經濟發展。對新西蘭而言，香港仍然是進入中國大陸的踏腳石和重要的合作夥伴。

個人而言，能夠為促進香港與新西蘭更緊密的關係而努力是一種榮譽和責任。藉此機會謹代表全體新西蘭人向香港市民致以衷心的祝賀。

最後，如果您希望瞭解新西蘭的發展，或是想知道有關新西蘭與香港的聯繫，請瀏覽新西蘭駐香港總領事館的網址：www.nzembass.com/hongkong.。

菲律賓與香港：邁向更緊密的合作

菲律賓駐港總領事館總領事 Mr. Corazon L. Belmonte-Jover

菲律賓與香港特別行政區長期以來保持著活躍的經濟關係，這主要是由於地理上的接近，產品、服務和市場需求的協調，以及過百年以來在政治、貿易和文化等方面全面的緊密合作。

過去5年，菲律賓與香港的貿易關係迅速發展。從1999年至2003年，菲律賓對香港的貿易平均每年增長10.49%，從31.7億美元增至46.9億美元。其中，出口增長率平均每年為11.81%，金額由1999年的19.4億美元增至2003年的30.9億美元。進口方面，同期內的平均增長年率為8.22%，金額由1999年的12.3億美元增至2003年的16億美元。

香港是菲律賓最重要的貿易夥伴之一。在2004年，香港是菲律賓的第6大貿易伙伴。其中，出口佔第4位，進口佔第8位。2004年，菲律賓對香港的出入口貿易分別增加2.43%和6.88%，貿易盈餘為13億美元，主要是由於半導體產品出口強勁，佔出口總額的74.4%。

菲律賓對香港輸出的其他產品主要包括：資料處理機器零配件（1.91億美元）、精煉銅3,336萬美元、儲存器2,606萬美元、手提數控自動資料處理機器2,175萬美元，其他商品還包括生產電子機械和零件所需的附件、手錶零件以及蜂窩狀電話等。

菲律賓致力促進對香港提供的商品和勞務服務還包括以下方面：

- 資訊科技（資料輸入服務、使用程式、系統分析及設計、網頁編制及保養、電子商貿的使用及開發）
- 其他服務(金融、工程、商務)
- 新鮮及加工食品（新鮮生果、加工生果及蔬菜、鮮活／加工／速凍海產、飲料）
- 電子產品

在投資方面，從2003年1月至9月，香港在菲律賓的投資額為300萬美元，比過去10年的同期數字為高。

另一足以證明菲律賓與香港商務關係緊密的是有多家經營金融、運輸、通訊、銀行、商業、顧問和服務等行業的菲律賓企業先後在香港成立了辦事處，包括括了生力有限公司（生產最暢銷的生力啤酒）和通訊業鉅子菲律賓長途電話公司。菲律賓政府正致力於提高菲律賓商界在香港的實力，以適應香港在地區中的戰略地位，特別是作為中國的商務發展平台，以及吸引香港企業再度面向菲律賓。

菲律賓——香港雙邊貿易統計

（單位：億美元）

年份	貿易總額	對香港出口	從香港進口	貿易盈餘
1999年	31.73	19.47	12.26	7.21
2000年	31.27	19.07	12.17	6.90
2001年	28.39	15.80	12.59	3.21
2002年	39.11	23.41	15.70	7.71
2003年	46.94	30.93	16.01	14.92
2004年1-1月	44.57	28.80	15.77	13.03
增長率(%)	0.49	11.81	8.22	

資料來源：菲律賓政府國家統計處(National Statistics Office)

香港與俄羅斯的經濟關係穩步發展

俄羅斯駐香港領事館總領事 Mr. Andrey N. Smorodin

香港與俄羅斯的經濟關係自上世紀90年代初開始穩步發展。在2004年，雙邊貿易創下9.11億美元的歷史紀錄，比2003年增長16.6%。2005年上半年的數據顯示發展的勢頭持續，預計全年的貿易將創出10億美元的新高。

俄羅斯的經濟已連續7年向前發展，人民的實質收入顯著增加，為兩地商人開發龐大的國內市場提供良好的商機，同時也增強了國內企業的實力，將產品推出海外市場。在香港舉辦的交易會和展覽會正吸引越來越多的俄羅斯買家和出口商參加。在去年訪港的19,000名俄羅斯旅客中，大部分都抱著商務目的。最受歡迎的香港展覽包括珠寶、裘皮及皮革、玩具和家庭用品，而在俄羅斯舉辦的消費品展覽會也開始吸引香港廠家的興趣。

香港的一個獨特優勢是具有豐富的貿易協調經驗。除了本地產品成功地打入俄羅斯市場（包括辦公室機器、成衣及服飾、玩具等）外，香港廠商還將產自中國內地廠房，特別是廣東省的產品輸往俄羅斯。個人電腦及電腦零件、辦公室機器及通訊設備、各種消費品等，都是特別受歡迎的產品。

在貿易交流取得成果的同時，我們必須認識到全面的經濟關係發展除重視出入口貿易以外，還應作多方面的發展，例如製造業的合資，特別是高智慧型工業。在這方面，值得重提是前政務司司長曾蔭權在2004年訪問莫斯科時，曾提出一個俄羅斯、香港和中國"三方合作計劃"。在這個計劃下，俄羅斯負責提供技術和知識，中國負責提供廠房用地和勞工，而香港則負責提供資金、管理及銷售經驗。

總而言之，希望香港企業更多參與中俄發展項目，無論生產基地是在中國或是俄羅斯。

俄羅斯的體制改革和投資環境的改善在多方面為香港投資者提供了機會，包括零售、房地產、輕工業、鑽石業務、無線電通訊、在亞洲和俄羅斯市場共同推銷產品、技術合作、銀行和金融業務等。俄羅斯經濟近期的有利變化，已吸引一些香港旗艦企業如屈臣氏"A.S. Watson"在俄羅斯尋找商機，該公司正積極考慮投資於零售業和港口建設工程，後者估計投資額超過3億美元。毋須置疑的是，如果屈臣氏的投資計劃成功，其他香港大、中、小型企業勢將步其後塵。

另一方面，俄羅斯商人正逐步進駐香港，希望利用香港作為東南亞貿易和金融中心的條件，在這裡成立地區辦事處。較為出名的俄羅斯企業包括黑色及有色金屬生產商"MMK"和"Norilsk Nickel"，以及經營往返俄羅斯航線的"FESCO"輪船公司。估計在不久的將來，將有更多的俄羅斯企業到香港成立公司。

南非與香港經貿互利發展

南非駐香港總領事館總領事　馬瑞歐(Mr. Masher Mario)

南非以貴金屬、農產品（如水果）和美酒聞名於世。南非的經濟已逐步由以農業和礦業為主，過渡至以製造業和服務業為主，製造業的產值已佔國內總產值的25%。主要的工業有鋼鐵、大型建築、運輸設備、機械、化工、食品和一些輕工業如服裝和紡織。

南非今年的經濟增長率預計將達到4%，經濟增長的動力主要來自基本建設開支增加和低利率。穆迪投資服務公司已將南非的投資環境評級由BAA2提升至BAA1，顯示對南非經濟抱有信心。經濟前景的樂觀對南非與香港的貿易關係將產生正面的影響。南非目前是香港在非洲大陸最大的貿易夥伴，而這個地位在可見的將來都不會改變，原因是南非是非洲最工業化的國家。

南非對香港的出口以基金屬為主，而香港對南非的出口大部分為電子產品。香港利用南非作為進入非洲南部的門戶，而南非則利用香港進入中國市場。南非的一些重要金融機構如ABSA、Investec、Old Mutual和Standard Bank均在香港設立了分公司，以利用香港作為國際金融中心的優勢。一份南非經濟刊物——South African Business Forum在香港發行，以配合南非在香港的商務發展。此外，值得注意的是，南非商界對《更緊密經貿關係的安排》反應熱烈，希望借此促進經香港對中國輸出產品。

南非的貿易政策

南非是非洲南部的經濟龍頭，這使它成為向世界供應優質產品的理想門檻和策略夥伴。南非地處通往世界各主要市場的要衝，包括非洲、南美洲、亞洲、歐洲和美國東岸，它具備現代化的基礎設施，包括鐵路、道路、航空和其他運輸服務。

在南非出口機會方面，焦點集中於以下八個具有最大發展潛力和市場拓展機會的部門：

- 農產品加工（酒、水果及蔬菜、果汁、肉類、海產及花卉等）
- 汽車及運輸工業
- 化工、製藥及生物化學
- 文化事業
- 資訊、通訊、科技及電子
- 採礦及金屬工業（鋼鐵、生產設備、不銹鋼、珠寶、有色金屬）
- 紡織、服裝、皮革及皮鞋
- 旅遊

南非對某些產品實施出口管制，包括石油化工產品、鋼鐵廢料、鋁材、銅、鎳、鉛、鋅、錫、錳、鎢、銻、鎂、精煉銅等，這些產品必須獲得許可證才可以出口。汽車出口也需獲得許可證。鑽石出口必須在南非鑽石局登記。

南非實施兩種關稅制度——最惠國關稅和一般關稅。最惠國關稅適用於來自世界貿易組織成員，包括香港和中國大陸的大部分進口商品。南非對進口商品徵收的關稅是按出口地的離岸價格計算。對中國大陸和香港的出口產品徵收的最惠國關稅稅率為：服裝0～40%、玩具0～20%、電動設備0~25%、鞋類0~30%、鐘錶免關稅。

除了進口關稅以外，進口產品還要繳付增值稅，稅率分為零稅率和標準稅率（14%）。零稅率適用於一系列基本食品，其他進口商品則一律要繳付標準稅率增值稅。然而，進口產品若由註冊貿易商使用於生產或再銷售則可豁免增值稅。對進口商品徵收增值稅的貨值是按離岸價格加14%計算，再加上任何不可以退稅的關稅部份。

南非同時採取進口許可證制度。進口產品被分為三大類：第一類包括約700種產品不需進口許可證；第二類產品需要符合某種條件才獲發許可證，當中包括大部分的工業原料和廠房及生產設備；第三類產品需要特別的進口許可證，包括整裝機械、

香港對南非的貿易

（單位：億美元）

	2000年	2001年	2002年	2003年	2004年
對南非出口	5.98	4.63	4.01	5.10	7.45
港產品出口	0.19	0.12	0.09	0.10	0.14
轉口	5.79	4.51	3.92	5.00	7.32
從南非進口	4.82	4.34	4.52	5.84	6.58
貿易總額	10.80	8.97	8.53	10.94	14.03
貿易結餘	1.16	0.29	-0.51	-0.74	0.87

不在南非生產的零件、魚類、水果、奶製品、咖啡、巧克力、黃金、石油化工產品等。

南非貿易及工業部對一些產品如電器、電子產品和罐頭食品等制訂了強制性的安全及衛生標準。此外，該部門亦負責制訂反傾銷法例。南非對若干中國內地的產品徵收反傾銷稅，包括毛巾和面巾、門鎖和毛毯。對香港輸入的丙烯酸纖維毛毯所徵收的反傾銷稅已於2004年7月期滿結束，目前對港產品已沒有徵收任何反傾銷稅。

從上表中可以看到香港與南非的貿易關係。在2004年，雙邊貿易總額超過14億美元，比2003年增長了約28.2%。2004年南非在雙邊貿易中出現0.87億美元的逆差。

2004年香港對南非的出口總額為7.45億美元，比2003年的5.1億美元增長了約46%。

香港對南非出口的主要產品

產品名稱	佔出口總額比重(%)
服裝及服飾	13
非電動引擎及發動機	12
通訊設備及零件	9
收音機	7
鞋類	6
玩具、遊戲機及體育用品	6
視像錄影機及放影機	5

投資機會

香港企業，特別是經營服裝、紡織和珠寶的行業，已經在南非投資設廠。南非對外來投資實施開放政策，其投資法例、工業區法例和刺激投資措施

2004年南非對香港的出口總額為6.58億美元，比2003年的5.54億美元增長了12.6%。

南非對香港出口的主要產品

產品名稱	佔出口總額比重(%)
銀和白金	19
甲殼及軟體動物	18
珍珠及寶石	11
非電動引擎及發動機	10
水果及果仁	7
鋼板	7
小汽車	6

為有興趣的外國投資者提供了有利的條件。

南非的九個省均有獨特的條件，為投資者提供商機。各省可發展的項目如下：

GAUTENG省：鋁製品、汽車配件、啤酒和麥芽、碳酸氣飲品、食品加工、合成溶劑、製藥和通訊設備；

EASTERN CAPE省：水產養殖、汽車配件、製藥（普通的和大批量的藥物）、馬海毛織物和衛生器具；

WESTERN CAPE省：會議旅遊、商務旅遊、製片、修船及裝箱、精密工程及造船；

MPUMALANGA省：農林、木材、木製品及傢俱、催化劑、食品加工、園藝、管道、塑膠產品及溶劑；

KWAZULU-NATAL省：鋁製品、汽車配件、化學品、建築及金屬製品、木料及木製品；

NORTHWEST省：石材、肉製品、皮革處理

及加工；

THE FREE STATE省：商務旅遊、石油化工、農業機械、酒店、渡假村、賭場、皮革處理及加工、藥物研究及發展；

NORTHERN CAPE省：水產養殖、胡蘿蔔素、旅遊業、酒店、渡假村；

LIMPOPO省：旅遊業、花岡岩開採及加工、酒店、渡假村、亞熱帶水果及蔬菜加工。

結論

南非將繼續是香港最大的非洲貿易夥伴，上述特別的貿易方式預計不會發生變化。經濟數據顯示，香港和南非的經濟前景樂觀，標誌著兩地的經濟合作將會進一步加強，而這種發展趨勢對彼此都是互利的。

西班牙對港貿易發展迅速

香港西班牙商會秘書長　石易樂(Mr. Antonio Squeros)

儘管西班牙與香港之間缺乏瞭解，然而過去十年的雙邊貿易仍可稱得上是很大的。在2004年，貿易總額達到23.92億美元，比2003年增加了12.4%，比十年前增加了4倍。

傳統上，西班牙向香港出口的產品大多與建築有關，例如磚瓦、雲石、傢具、燈具等，但自1998年香港房地產泡沫爆破後，建材的出口已為時尚產品所取代。

在2004年，西班牙對香港的出口增加了15%，金額達到5.11億美元。主要的出口商品包括皮革製品0.61億美元、魚製品（鯊魚翅）0.6億美元、機械0.58億美元。此外，鋼鐵和針織品也錄得可觀的升幅。

2004年西班牙通過香港進口的產品主要有機械設備、玩具、服裝和手錶。珠寶和機械的進口分別大幅度增長了72.5%和32.7%。

儘管西班牙的產品在香港市場上並沒有如世界其他市場那樣為人所熟悉，然而香港人可能會驚訝地發現地鐵機場快線是由一家西班牙公司承建，而另一家西班牙公司則是青馬大橋和地鐵香港站的主要承建商之一。香港消費者正發現越來越多的優質產品和服務是打著西班牙的品牌，而多種產品的市場對西班牙產品都有很大的發展潛力。與此同時，西班牙企業對發展中國貿易興趣日濃，並多利用香港作為進入中國市場的跳板。

西班牙是世界最大的橄欖油生產國，也是世界第三大美酒製造商和歐洲最重要的水果和蔬菜出口商，食品工業提供了很好的發展商機。其他西班牙

西班牙對香港的貿易

（單位：億美元）

	2002年	2003年	2004年	03年比02年增減(%)	04年比03年增減(%)
出口	4.43	4.44	5.11	0.1	15.1
進口(港產品)	1.11	1.32	0.99	18.8	-25.2
貿易盈餘	3.32	3.12	4.12	-6.1	32.2
通過香港進口總額	13.86	16.84	18.81	21.6	11.7

著名的產品還包括化妝品、珠寶、時裝和皮鞋，Loewe、Mango和Zara都是其中一些著名的西班牙品牌。

從投資角度來看，香港所處珠江三角洲的地理位置，以及其完善的基本建設和友善的營商環境，為那些希望打入中國和南亞市場的企業提供了最佳的選擇。香港的時裝零售、採購、後勤服務、旅遊和專業服務等行業，為投資者提供了商機。

香港西班牙商會所扮的角色是促銷西班牙產品、支持商會會員，以及為有興趣發展香港、中國和西班牙之間的商務的企業提供協助。

香港是瑞典企業的重要基地

瑞典駐港總領事館領事　伊雲頓太太(Mrs. Anna-Lisa Trulsson Evidon)

瑞典與香港的經濟關係涵括多方面，其中最重要的是貿易和投資，研究及科技方面的聯繫也有良好的發展。在香港的瑞典企業大約有130家，其中一些企業更開設了地區總部。目前有越來越多的瑞典中小企業到香港來拓展業務。

香港是瑞典的重要貿易夥伴。2004年瑞典從香港進口總額達到25億港元，對香港的出口總額則達到43億港元。香港對瑞典的出口商品主要為消費品、紡織品和機械，而從瑞典進口的商品主要有電訊設備、電子和汽車。

瑞典在資訊科技和無線電通訊技術方面在國際上處領先的地位，因而吸引了國際上最先進的資訊科技和無線電通訊企業在瑞典設立研究及發展部門。瑞典的生物科技工業是歐洲規模最大的國家之一，擁有企業超過200家。設計工業的發展在瑞典和香港政府的發展計劃中均列為高度優先的項目。2004年5月政務司司長曾蔭權訪問瑞典時所簽署的一份諒解備忘錄中，提出了香港設計中心與瑞典工業設計基金今後將加強合作。

瑞典駐港總領事館、瑞典貿易委員會和香港瑞典商會將會繼續緊密合作，以促進香港和瑞典之間的貿易和商務關係。

瑞士對香港的貿易與投資重現升勢

瑞士駐香港總領事館署理總領事　李程敦(Mr. Jean-Francois Lichtenstern)

根據瑞士聯邦海關公佈，2004年，瑞士輸往香港的貨品總值達40億瑞士法郎，較2003年增加1.8%。主要的產品包括：鐘錶（佔40%，價值16億瑞士法郎）、珠寶及貴金屬（佔32%，價值13億瑞士法郎）、化學品（佔7.4%，價值3.01億瑞士法郎）、非電動機械設備（佔5.7%，價值2.32億瑞士法郎）、電動機械設備（佔4%，價值1.65億瑞士法郎）、紡織品及服裝（佔2%，價值0.8億瑞士法郎）、儀器（佔1.9%，價值0.78億瑞士法郎）。

2004年，香港輸往瑞士的出口總值8.22億瑞士法郎，比2003年增加26.6%。主要的出口貨品包括：珠寶及貴金屬（佔48%，價值3.92億瑞士法郎）、鐘錶（佔22%，價值1.79億瑞士法郎）、非電動機械設備（佔9.4%，價值0.77億瑞士法郎）、電動機械設備（佔8.8%，價值0.72億瑞士法郎）、紡織品及服裝（佔6.9%，價值0.56億瑞士法郎）。

根據香港特區統計處發表的數字，2003年，瑞士對香港的投資在外國直接投資中名列第11位，金額為27億美元，佔總額的0.7%。另一方面，2003年，香港對瑞士的投資在對外國直接投資中名列第17位，金額為7.8億美元，佔總額的0.2%。

目前大約有170家瑞士企業或擁有瑞士資本的企業在香港投資。其中，39家為地區總部，70家是地區辦事處。這些投資分佈於各個不同的行業，包括：銀行、化工及製藥、美容、專業顧問、電子、食品、運輸、商檢、保險、機械工程、紡織及製衣、手錶及珠寶首飾，以及貿易公司等。

英國對香港的貿易與投資新趨勢

2004年香港對英國的貿易持續發展。根據香港特區政府發表的統計，這一年港英貿易總額為946.9億元，比2003年的815.97億元上升16%。在香港的主要對外貿易夥伴中，英國居第8位，佔香港的對外貿易總額的2.3%，低於中國的43.7%，美國的11%，日本的8.8%，台灣地區的4.9%，新加坡的3.7%，韓國的3.5%和德國的2.5%。

據統計，2004年香港對英國輸出的港產品總值81.9億元，比上年增加25.5%，佔港產品出口總額的比重由2003年的6.4%，微升至6.5%。在轉口方面，2004年香港轉口往英國的貨品總值576.63億元，比2003年增加16.2%，佔轉口貿易總額的比重則由3.1%下降至3%。在進口方面，2004年香港從英國進口的貨品總值288.37億元，比2003年增加19.1%，佔進口總額的比重也由1.3%升至1.4%。

在2004年，英國仍為港產品第三大市場，僅次於中國內地和美國。香港出口至英國的港產品主要包括了服裝及服飾、雜項製品、辦公室機器及自動資料處理機、電動機械、器具及用具、雜項食品、專業、科學及監控儀器及設備、鞋履、紡織紗、織物、製成品等。在2004年，最大宗的出口產品服裝及服飾的出口貨值為63.66億元，比上一年增加1.6%。第二位的雜項製品，出口貨值為8.13億元，比上一年增長10.3%。第三位的辦公室機器及自動資料處理機，出口貨值3.2億元，比上一年大幅度增加26.5%。電動機械、器具及用具，以及雜項食品也分別增加76.8%和15.2%，2004年的出口貨值分別增至3.2億元和1.14億元。

香港對英國的轉口貨品以服裝及服飾、雜項製品、電訊及聲音收錄及重播器具及設備、電動機械、器具及用具、攝影器材、光學製品及鐘錶、辦公室機器及自動資料處理機、旅行用品、手袋、鞋類等為主。在2004年，各種主要轉口貨品轉口金額全面增長。最大宗的服裝及服飾的轉口增加18.5%，金額增至139.77億元；第二位的雜項製品，轉口額也達到117.31億元，增加9%；電訊及聲音收錄及重播器具及設備更大幅增加41.2%，金額增至89.89億元；電動機械、器具及用具增加13.9%，金額增至57.48億元；攝影器材、光學製品及鐘錶增加5.8%，金額增至29.19億元。

香港是英國在亞洲僅次於日本的第二大出口市場。2004年香港從英國進口的原料及半製成品總值78.56億元，比上一年增加9.4%；消費品總值71.61億元，增加11.7%；資本貨品較大幅度地增加31.6%，金額增至132.83億元。

在投資方面，據政府統計處發表的統計，流入香港的英國直接投資頭寸金額在2003年是45億元，比2002年的86億元減少47.7%。至2003年底，英國直接投資頭寸總額為481億元，在主要外來投資國家/地區中名列第九位，少於英屬維爾京群島、中國內地、荷蘭、百慕達、美國、日本、新加坡和開曼群島。英國目前仍然是香港的最大外國投資者之一。據統計處發表的海外公司駐香港的地區代表按年統計調查，截至2004年6月1日止，共有3,609間海外公司在香港設立地區總部和地區辦事處。其中，英國公司佔316間，僅次於美國的813間和日本的713間。如果單以地區總部計算，英國公司的數目名列第四位，為數達105間，佔海外公司在港設立地區總部總數的9.6%，僅次於於美國的256間、日本的198間和中國內地的106間。

另一方面，近年香港對英國的投資日增。據政府統計處發表的統計，2003年從香港流入英國的直接投資頭寸金額為46億港元，比2002年的36億元增加27.8%。至2003年底，香港企業投資英國的直接投資頭寸總額為473億元，比2002年的205億元增加了1.31倍，在主要接受投資國家/地區中排名第四位，僅次於英屬維爾京群島的12,703億元、中國內地的9,312億元和百慕達的884億元。

港美貿易復蘇

2004年香港對美國的整體貿易呈現復蘇。根據香港特區政府發表的統計，2004年港美貿易總額為4,536億元，比2003年的4,229億元增加7.3%，但佔香港外貿總額的比重則進一步降至11%，遠低於香港首位貿易夥伴中國的43.8%，比第3位日本的8.8%差距也進一步收窄。

據統計，2004年香港對美國的出口總值為3,416億元，比2003年增加5.4%，佔香港出口總額的比重則由2003年的18.6%下降至16.9%。其中，輸出的港產品總值386.36億元，比上年減少1.3%，佔港產品出口總額的比重則由2003年的32%，降至30.7%；轉口往美國的貨品總值3,030億元，比2003年增加6.3%，但佔轉口貿易總額的比重進一步由17.6%下降至16%。在進口方面，2004年香港從美國進口貨品總值1,120億元，比2003年增加13.4%，但佔進口總額的比重則由5.5%下降至5.3%。

在2004年，美國再度成為港產品最大市場，出口額稍高於第2位的中國內地。香港出口至美國的港產品主要包括了服裝及服飾、雜項製品、電動機械、器具及用具、紡織紗、織物、製成品、攝影器材、光學製品及鐘錶、專業、科學及監控儀器及設備、辦公室機器及自動資料處理機和食品等。2004年，主要港產品的出口幾乎是全面下降。其中，最大宗的出口產品——服裝及服飾的出口貨值為285.92億元，比上一年減少0.3%。第2位的雜項製品，出口貨值減至只有50.61億元，比上一年下降4.2%。辦公室機器及自動資料處理機和紡織紗、織物、製成品的出口也分別減少8.6%和22.7%，金額減至14.82億元和4.1億元。其他如食品的出口也減至2.14億元，專業、科學及監控儀器減至0.79億元。第3位的電動機械、器具及用具的出口則止跌回升，出口貨值為17.77億元，比上一年微升3.5%。

香港對美國的轉口貨品以雜項製品、服裝及服飾、電訊及聲音收錄及重播器具及設備、電動機械、器具及用具、鞋履、辦公室機器及自動資料處理機、攝影器材、光學製品及鐘錶、旅行用品、手袋等為主。在2004年各類產品轉口貿易大多出現增長。其中以金額最大的雜項製品增加3.3%，金額增至706.52億元。第二位的服裝及服飾表現較好，增加11.6%，金額增至424.98億元。第三、四位的電訊及聲音收錄及重播器具及設備，以及電動機械、器具及用具也分別增長20.6%和4.6%，金額分別增至399.98億元和349.43億元；鞋履則減少3.1%，金額降至218.62億元；辦公室機器及自動資料處理機增加1.8%，金額增至187.97億元；攝影器材、光學製品及鐘錶增加6.5%，金額增至146.07億元。

香港從美國進口的大宗商品包括：電動機械、器具及用具、辦公室機器及自動資料處理機、雜項製品、專業、科學及監控儀器、電訊及聲音收錄及重播器具及設備、非金屬礦物製品、塑膠原料、肉類及肉製品、蔬菜及水果等。2004年，各項商品的進口貿易全面增長。其中，進口佔首位的電動機械、器具及用具，進口金額為348.96億元，比上一年大幅增加34.8%；第2位的辦公室機器及自動資料處理機也微升1.4%，金額增至117.92億元；雜項製品和電訊及聲音收錄及重播器具及設備的進口分別增加8.3%和38.4%，金額分別增至65.3億元和59.49億元；非金屬礦物製品則增加33.4%，金額增至54.62億元。

在投資方面，美國是香港的最大外國投資者之一。據政府統計處發表的統計，至2003年底，美國直接投資頭寸總額為1,876億元，比2002年底增加0.5%，在主要外來投資國家／地區中名列第5位，少於英屬維爾京群島的9,352億元、中國內地的7,701億元、荷蘭的2,561億元和百慕達的2,548億元。此外，據統計處發表的海外公司駐香港的地區代表按年統計調查，在2004年6月1日，海外公司在香港設立地區總部共有1,098間，地區辦事處共有2,511間，分別較上年增加132間和270間。其中，美國公司開設的地區總部佔256間，比2003年同期增加14間，佔海外公司在港設立地區總部總數的23.3%，遠超過第二位日本的198間；地區辦事處有557間，增加59間，佔海外公司在港設立地區辦事處總數的22.2%，名列榜首。

另一方面，美國仍然是香港企業在海外投資的主要地點之一，但近年的投資已呈現萎縮。至2003年底，香港在美國的直接投資頭寸總額為204億港元，比2002年底減少37%，在對外投資國家／地區排名中跌至第9位，落後於英屬維爾京群島、中國內地、百慕達、英國、新加坡、馬來西亞、巴拿馬和泰國。

越南與香港的經濟關係密切

越南駐香港總領事館總領事　胡春山(Mr. Ho Xnan Son)

越南與香港建立了長期的經濟合作關係。自50年代以來，越南已經在香港成立了商務機構，但雙邊的經濟關係實際取得迅速的發展是自1993年越南社會主義共和國在香港成立了駐港總領事館。此外，一些越南官方機構，如越南進出口公司（Import-Export Company of Vietnam）、越南金融公司（Vietnam Financial Company）和越南航空公司（Vietnam Airlines）也分別在香港建立了辦事處。

作為國際金融、貨幣、後勤和服務中心，香港為越南的集資、吸引外資、貿易、金融和旅遊等方面都扮演重要角色。另一方面，香港企業也可以在從事上述業務上得益。

越南與香港的雙邊貿易發展迅速，在1994~2004年間，貿易額增加了約3倍，由1994年的4.14億美元增至2004年的14.54億美元。在2005年頭5個月，貿易額已達到6.11億美元。越南對香港的出口主要有農產品和海產品，進口則以工業機械及設備為主。

香港在越南的外國直接投資中名列第5，排名在新加坡、台灣地區、日本和韓國之後。至2005年6月20日，外國直接投資總額超過35億美元。香港在越南的投資主要集中於酒店、地產、資源進口、紡織及成衣、消費品、服務業等。

目前，雙方都認為經濟合作有很大的發展潛力。越南現以一個擁有8,000萬人口的市場、穩定的政局和頗為透明的政策來吸引外國投資者。越南現正推行社會主義市場經濟政策，歡迎所有國家在越南做生意，並為外國投資者提供了一系列的優惠政策。此外，越南是一個沿海及熱帶國家，有數千年的歷史，旅遊業具有很大的發展潛力，很多美麗的地方、沙灘、名勝古蹟如古都順化、古城會安、My Son Holyland、夏龍灣、Phong Nha-Bang Cave等景點，均被聯合國教科文組織列為世界珍貴的文化及自然遺產。

附錄一：

2005 年香港經濟前景

展望未來，全球經濟環境整體仍然樂觀，加上內部經濟復甦的基礎更見穩固，香港經濟在2005年可望再有穩健增長。至今，內部經濟已全面擺脱較早前的不景氣，本年的經濟增長將會由外部和內部需求雙軌帶動，反映經濟終已全面重拾升勢。

外圍方面，2005年的貿易前景仍然不俗。本年的全球經濟料會有趨勢之上的增長，加上區內貿易蓬勃和內地經濟暢旺，港商應有甚多貿易和營商良機。至於競爭力方面，美元普遍疲弱，加上香港的成本壓力仍然溫和，應繼續有助提升對外價格競爭力。除此之外，CEPA第二階段的實施亦會增添香港產品在內地市場的競爭優勢。

不過，世貿《紡織品及成衣協議》撤銷紡織品及成衣配額限制所帶來的影響仍然不明朗。整體而言，雖然紡織品及成衣的港產品出口相信會在本年顯著下跌，但其影響可被來自內地的轉口和離岸貿易的增長所抵銷，因為中國極可能是撤銷配額限制的主要受惠者。因此，整體貨物出口料會在2005年進一步大幅增長，當中轉口仍是主要的增長動力，而相對來説，港產品出口的表現則可能較為遜色。

香港的服務輸出前景更形樂觀。迪士尼主題公園將於2005年9月開幕，這會為香港增添一個主要的旅遊景點。毫無疑問，訪港旅客特別是內地旅客勢必大幅增加。除了轉口貿易持續出現向離岸貿易轉移的結構性轉變外，內地蓬勃的對外貿易亦應令與貿易有關的服務輸出(主要包括離岸貿易)繼續攀升。在蓬勃的貿易引致對物流服務的強大需求下，運輸服務輸出同樣應有良好表現。CEPA進一步開放貿易服務以及區內加強經濟合作，會令商業服務需求上升，故金融、商用及其他服務輸出亦應向好。

本地方面，私人消費開支繼在2004年顯著增加後，可望在2005年進一步上升。由於經濟復甦步伐穩固，加上就業情況穩見改善，消費信心的恢復更為明確。此外，源於去年物業價格強勁反彈及在某程度上因股市暢旺所帶來的正面財富效應，亦會進一步推高本地消費開支增長。

整體投資開支在2004年恢復增長。展望2005年會進一步穩固上升。隨着營商前景好轉及公司盈利有所改善，更多公司可能會增加投資以提高生產能力，以便應付預期的業務增長。銀行流動資金充裕及利率仍處偏低水平，對這方面應有幫助。機器、設備及電腦軟件投資開支料會保持強勁，因為在競爭日益激烈的環境下，重視成本效益的公司會繼續致力提升生產力。另一方面，建造產量疲弱的情況預期會在2005年持續，因2004年附連施工同意書的建築圖則數字顯著減少，會在一段時間內抑制新的建造活動，而公營部門的建造產量，在西鐵工程及東鐵馬鞍山支線工程竣工後，會暫時轉趨淡靜。

整體而言，預期本地生產總值會在本年實質增長4.5%至5.5%。若然如此，香港經濟在2005年將再次錄得趨勢之上的增長率。過去10年的平均增長率為3.5%。這項預測與目前私營機構對2005年香港本地生產總值增長幅度介乎4.0%與6.0%之間(平均為4.7%)的預測大致相符。計及推算的2005年整體人口增長，預測人均本地生產總值繼在2004年上升6.9%後，會在2005年實質增加3.7%至4.7%。

長達68個月的通縮期在2004年年中結束後，消費物價通脹在過去數月一直徘徊在接近零水平。展望2005年將出現1.5%的溫和通脹，成為自1999年以來經歷6年通縮期後首年出現通脹。至於成本方面，住屋租金早前下跌所帶來的影響正在減退，而由於租賃合約一般為期兩年，有關影響應在2005年第二季左右完全消失。屆時，2004年物業租金反彈的影響應開始呈現，把綜合消費物價指數內的住屋費用組成項目推高。寫字樓和舖位的租金正在攀升，而由於消費力已隨着經濟好轉而有所改善，商業租金上調的有關影響亦將更能轉嫁至零售價格水平。此外，工資和勞工收入的下調壓力相信會進一步減退，而較高層職位的勞工收入更預期會在2005年有所上調。對外貿易方面，在2004年全年一直處於高水平的世界商品價格，料在2005年繼續對本地通脹構成一些壓力。美元在2004年年底的持續弱勢，亦會令進口價格在短期內進一步上升。

綜合這些因素後，以綜合消費物價指數按年增幅量度的消費物價通脹，相信會在年內逐步爬升。不過，2005年全年合計，通脹仍會十分溫和，主要是因為綜合消費物價指數在短期內仍會繼續受到早前的租金下跌所抑制，而年內的工資壓力整體上仍屬輕微。

然而，本地生產總值平減物價指數回升的速度，相信會明顯追不上綜合消費物價指數的回升步伐。這是因為接近2004年年底時，美元進一步轉弱導致貿易價格比率下跌，因此指數短期內仍然會被拖低。還有一點值得留意，本地生產總值平減物價指數在2004年第四季仍顯著下跌2.1%，故在短期內回升的機會不大。不過，當貿易價格比率的效應掉頭向上，本地生產總值平減物價指數也會隨之回升，儘管上升速度可能仍較綜合消費物價指數為慢。因此，2005年全年合計，估計本地生產總值平減物價指數仍會有1%的跌幅，惟與2004年下跌2.8%相比，跌幅已明顯收窄。2005年1%的預測跌幅僅反映貿易價格比率的效應需要時間來消退。事實上，其他各項與需求有關的平減物價指數預期都會在2005年進一步上升。

綜合實質本地生產總值的預測增長及本地生產總值平減物價指數的預測變動，名義本地生產總值繼在2004年上升5.1%後，預計會在2005年進一步增加3.5%至4.5%。人均本地生產總值按當時市價計算預計達191,400至193,300港元或24,500至24,800美元。

香港經濟中期展望

展望中期，香港經濟前景光明。一方面是香港在加強本身的實力及尋找新發展機會方面，努力不懈。另一方面，香港繼續受惠於與內地經濟進一步融合和合作，將有助加快香港經濟結構調整，在未來數年推進香港成為以高增值服務為本的知識型經濟體系。

作為亞洲的商業樞紐和金融中心，香港具備不少有利條件，例如一流的港口和航運基建、富創意和企業家精神的商業人才、高度國際化的營商環境和遍及全球的商業網絡，以及健全的法律制度和金融規管架構。然而，我們決不可故步自封。香港必須致力改善金融市場的基礎設施，務求成為一個國際金融中心。物流方面，區內貿易往來頻繁，香港應可從中受惠，而香港作為區內貿易和服務業的樞紐，亦可進一步提升物流方面的競爭力。隨着個人遊計劃不斷擴大以及增添更多主要旅遊景點，旅遊業在未來數年仍然是香港經濟中令人注目的一環。

香港特區政府會一如過往，致力維護法治、締造公平競爭的環境、廉潔不阿、促進資訊自由流通以及維持低稅制。這些體制上的優勢都是香港的主要競爭力所在。此外，為在人才爭奪戰中取勝，政府會繼續在教育方面投放大量資源，以提升本地勞動人口的技術水平。同時，政府會採取更為靈活的人口政策，吸引內地和海外人才，藉此增加香港的整體經濟活力和創造更多職位。這些措施對香港朝高增值方向發展和應付知識型經濟所帶來的挑戰，至為重要。

在中期而言，香港會與泛珠江三角洲區域其他省市合作，加強香港作為內地對外經濟合作的中介平台。除此以外，中央政府制訂的"走出去"發展戰略和措施，相信會吸引內地企業來港開業，為香港帶來不少商機。

總括而言，香港未來發展的關鍵在於經濟能否朝高增值方向發展和保持競爭力，以及香港如何把握內地經濟高速增長所帶來的大量商機。香港特區政府保持競爭力的策略，在於促進高增值行業的發展、提升本地勞動人口的水平，以及促使香港與內地的經貿合作更趨緊密等。由於香港過去兩年採取了多項措施，加上CEPA第二階段的落實、極具彈性的本地勞工市場和充滿活力的商界，香港將會繼續朝高增值服務及知識型經濟發展。這過程對生產力所衍生的提升效應，將有助經濟在2006至09這4年內達至平均4%的趨勢增長率。

資料來源：香港特別行政區政府：《2004年經濟概況及2005年展望》

附錄二：

2004年經濟回顧

整體情況

香港經濟繼在2003年下半年隨着嚴重急性呼吸系統綜合症(簡稱SARS)的負面影響減退而出現迅速反彈後，在2004年全面復甦。這再一次展示本港經濟的靈活性和實力。2004年經濟活動全面增強，其中出口和離岸貿易均見暢旺，訪港旅遊業蓬勃發展，消費開支強勁反彈，而投資亦顯著回升。對外貿易大大受惠於全球貿易擴張，而本地經濟亦隨消費者及投資者重拾信心而復甦。

2004年全年合計，本地生產總值顯著實質增長8.1%，明顯高於2003年3.2%的增長。這是自1987年以來錄得的第二快增長，僅次於2000年異常強勁的升幅。與一年前同期比較，實質本地生產總值繼在2004年第一季增長7.0%後，在第二季再激增12.1%(因去年爆發SARS令比較基準偏低所致)，到第三和第四季仍然持續顯著增長，升幅分別為6.8%和7.1%。經季節性調整與對上季度比較，本地生產總值在四個季度均告上升，分別實質增加2.0%、2.5%、1.6%和0.6%。

經濟政策

香港特區政府信奉自由市場，並以“市場主導、政府促進”為經濟政策的指導原則。政府在過去數年，積極營造有利營商的環境，促進經濟發展，並特別致力提高香港的競爭力，以及減少對經濟的干預。以上措施雖然着眼於較長遠的目標，但亦有助香港經濟在ARS後迅速復甦及在2004年進一步上揚。

與其他鄰近經濟體系相比，香港的主要優勢在於接近內地這個龐大及充滿動力的經濟腹地。過去20年來，兩地的經貿關係日趨緊密。雙邊貿易增長迅速，來往兩地的旅客激增，後者特別受內地逐步放寬居民出外旅遊所推動。香港和內地是彼此最大的對外直接投資來源。在金融業方面，跨境資金流量在過去10年顯著上升。香港是內地國有企業以至近期民營企業的重要集資中心。

為了更充分把握內地經濟迅速增長和進一步開放所帶來的眾多機遇，香港會抓緊內地的增長勢頭，並有效利用本身的國際商業視野，以配合內地的發展需要。因此，香港和內地必須盡量加強彼此之間的聯繫，尤其要促進人才、貨物、資金、資訊和服務方面的交流。

CEPA的簽訂是香港與內地拓闊經濟界面的重要里程碑。在貨物貿易方面，由2004年1月1日起生效的港產品出口至內地享有零關税優惠，令香港產品在內地市場相對內地從其他地方入口的產品更具競爭力。在服務貿易方面，香港的公司在多個行業享有早著先鞭的優勢，這有助香港的服務在內地擴展，以及開拓更多商機。至於貿易和促進投資方面，CEPA亦有助促進和加強兩地之間的貿易、投資和其他業務往來。

CEPA採取循序漸進的做法，即會因應日後的需要而增添更多措施。2004年8月27日簽訂的CEPA第二階段協議訂明由2005年1月1日起實施進一步開放措施。根據CEPA第二階段協議，再有713種產品由2005年1月起獲准免繳關税。此外，在18個已在CEPA第一階段獲提供優惠待遇的服務行業中，有11個行業的開放措施將在CEPA第二階段協議下再獲擴大。同時，新開放措施還會擴展至8個新增的服務領域。CEPA第二階段協議除進一步擴闊香港產品進入內地市場的範疇外，還會讓更多香港公司先拔頭籌，率先進軍內地的服務行業。

為內地居民訪港而設的個人遊計劃的推行及逐步擴大，令原已急增的內地訪港旅客人次進一步上升。在2004年，循個人遊計劃來港的內地旅客接近430萬人次，佔年內整體內地訪港旅客人次超過三分之一。這對訪港旅遊業有重要的推動作用。

香港與世界各地競爭的唯一方法，是善用本身固有的相對優勢。金融業、貿易及物流業、旅遊業、工商業支援及專業服務業都是香港最具競爭優勢的行業。這些行業不單是推動香港經濟增長的重要力量，更為創造職位提供主要動力。在2003年，本地生產總值及總就業人數分別有54.9%和44.3%來自這四個主要行業。

在過去一年，本港推行多項措施，促進這四個主要行業的發展。在香港作為國際金融中心的發展方面，政府採取相關措施以完善規管制度、加強上市公司的企業管治以及提升中介人的專業水平。此外，政府收費隧道及橋樑的證券化計劃亦有助促進債券市場的發展，並且為庫房帶來一筆過的收入。為提升香港作為區內物流中心的地位，政府會逐步開放航空服務，並推行措施減低跨境貨運成本，以便提高港口服務的效率。香港特區政府已為大嶼山的發展擬訂一項概念計劃作公眾諮詢，以加強香港作為區內運輸、物流及旅遊樞紐的功能。

香港的經濟亦受惠於中央政府在2004年推行的若干政策措施。內地政府在2004年年初，容許香港的本地銀行經營人民幣業務，包括存款、兑換、匯款及人民幣卡服務。香港銀行推出的個人人民幣業務，標誌着一個新領域的開展，進一步提升香港作為內地主要金融中心的地位。內地政府亦在8月推出多項措施，利便內地企業在香港和澳門投資，而其他放寬措施雖然並非只適用於香港，但香港經濟亦因這些措施可促進內地資金流入而受惠。舉例來説，內地的保險公司現時獲准投資海外的資本市場，預算香港將會是主要的受益地方。此外，內地的其他措施，例如放寬移民海外的內地居民以及前赴外地升學的學生匯出款項的限制，以及提高內地人士外遊所准攜帶的人民幣現金數額，亦對香港有利。

香港政府的目標是通過鞏固香港在區內的獨特地位和作為內地門檻的角色，使香港成為亞洲的國際都會。近年海外及內地公司在香港設立辦事處的數目不斷增加，在CEPA實施後情況更甚。這反映香港作為區內商業樞紐的重要地位。駐港的地區總部和地區辦事處數目更在2004年創出新高，當中以內地公司在香港設立地區總部的數目的升幅尤為顯著，這是因為很多內地公司都爭相在香港建立業務或與本地公司合作，以把握CEPA帶來的龐大市場潛力。很多海外公司在香港作出投資時，也會把預期在香港設立辦事處可因CEPA而受惠的因素納入考慮之列。

2004年的對外貿易

有形貿易

整體貨物出口

2004年，香港在對外貿易方面再有上佳表現。除全球及地區性的需求殷切外，美元持續疲弱也進一步提高香港的對外競爭力。2004年的整體貨物出口(包括轉口及港產品出口)實質增加15.3%，尤勝2003年的14.0%強勁增幅。全年四個季度的整體貨物出口皆錄得雙位數增長，而截至2004年第四季度，整體出口已經連續十個季度維持雙位數升幅。經季節性調整與對上季度比較，整體貨物出口在2004年四個季度持續增加，完成過去三年不斷擴張的趨勢。

轉口繼續較整體出口有更為出色的表現，繼在2003年錄得16.1%的增長後，再於2004年躍升16.3%。在2004年全年，本港涉及內地的轉口貿易甚為理想，這是由於內地的貿易往來暢旺，同時亦反映出香港擔當內地與世界各地之間的貿易渠道的重要角色。

本港雖然持續受到出口結構向轉口及離岸貿易轉移所影響，但2004年的港產品出口自2000年以來首次溫和增長2.4%。港產品出口反彈，原因是輸往許多東亞市場的出口錄得十分顯著的升幅。當中，輸往內地的港產品出口於年底時的反彈尤其明顯，相信是CEPA的正面影響正逐漸顯現。

按主要市場劃分的整體貨物出口

2004年香港整體出口貨值有大約60%是以東亞市場為目的地。區內貿易在2004年持續暢旺，輸往區內的整體出口進一步錄得顯著雙位數增長。在區內的經濟體系中，輸往內地的整體貨物出口在2004年持續急升，錄得17.8%的實質增長。隨着內地的出口激增，原料和半製成品出口進一步加快至錄得十分顯著的升幅。輸往內地市場的資本貨物出口雖較2003年放緩，但亦有明顯上升。輸往日本的所有主要用途類別出口在年內全面上揚。至於輸往其他東亞市場的出口，亦在2004年普遍錄得顯著增長，這主要因為區內貿易蓬勃，帶動原料和半製成品的出口。

輸往歐洲聯盟的出口在2004年全年保持暢旺，連續第二年錄得雙位數增長。這升勢與歐羅持續處於強勢，以及當地需求穩步改善的情況相符。此外，內地產品進一步滲入歐盟市場亦有助增加香港輸往該地區的出口。輸往德國和英國的出口在2004年進一步錄得強勁升幅，當中原料、半製成品及資本貨物的出口增長最為顯著。反觀輸往美國的出口，在年內持續落後於其他主要市場及美國本身的進口需求。這相信是由於輸往美國的貨物直接從華南付運而不經香港轉口的情況有所增加，以致貨物出口加速向離岸貿易轉移。儘管如此，與2003年的負增長相比，輸往美國的出口在2004年相對仍有改善。

貨物進口

貨物進口的情況同樣蓬勃，2004年全年實質激增14.1%。這與轉口貿易增長有緊密關係，而供本地使用的貨物進口顯著上升亦是相關因素。來自東亞市場的貨物進口表現特別理想，而來自內地(香港貨物進口的最大來源地)的貨物進口於2004年錄得更為強勁的增長。

隨着經濟復甦，供本地使用及生產的貨物進口暢旺。在整體貨物進口中，留用貨物進口在2004年上升8.9%，升幅較2003年5.8%的增長進一步加快。在這四個季度，留用貨物進口的增長在第一季及第二季尤其顯著，這是由於SARS的爆發令比較基準偏低，以致第二季的升幅更見明顯。

按用途類別分析，由於投資氣氛漸趨樂觀，以及經濟復甦更為明顯導致生產能力必須進一步提高以應付增加的需求，留用進口資本貨物在2004年顯著加快增長。在留用進口資本貨物中，供製造用途的工業機器及電訊設備吸納量，是整體增長的主要動力。然而，建築機器的進口整體上仍然疲弱。至於其他用途類別，留用進口原料及半製成品在2004年明顯上升，這與工業生產反彈及整體經濟活動亦見上揚的情況相符。隨着零售業務興旺，留用進口食品及消費品在2004年的增長更為迅速，儘管於年底時略見放緩。此外，相信是由於油價的普遍升勢，石油存量持續增加，留用進口燃料在2004年顯著反彈。

無形貿易

服務輸出

服務輸出現已完全脫離SARS爆發的陰影，在

2004年維持強勁的增長勢頭，全年實質躍升14.9%，遠快於2003年5.7%的升幅。服務輸出全面加快上升，在2004年四個季度均有非常明顯的增長。撇除在2003年第二季爆發SARS令數據扭曲的影響，服務輸出於2004年的增長仍然明顯。

2004年的服務輸出表現強勁，主要是由於與貿易有關的服務(在服務輸出中佔最大比重)進一步躍升。區內貿易蓬勃發展，而更重要的是涉及內地的貿易往來激增，刺激離岸貿易迅速增長。運輸服務輸出(在服務輸出中佔第二大比重)在2004年亦呈現強勁升勢，除大量訪港旅客令客運服務的需求大為增加外，貨運服務亦隨着對外貿易暢旺而激增。

2004年的旅遊服務輸出強勁反彈，年內的訪港旅客人次創下新紀錄，不單內地旅客人次創出新高，大部分其他來源地的旅客人次亦在年底前早已超越SARS爆發前的水平。雖然如此，由於在2003年後期初現的購物熱潮過後，人均消費在2004年有所回落，整體旅客消費的增長遠低於旅客人次的升幅。與此同時，金融、商用及其他服務的輸出在2004年加快上升，錄得不俗的增長。

服務輸入

服務輸入繼因SARS爆發而在2003年下挫4.6%後，在2004年實質顯著回升10.5%。與服務輸出的情況相若，服務輸入的季度情況因2003年爆發SARS而有所扭曲，導致2004年第二季錄得異常顯著的升幅，其餘三季則仍有穩健增長。在服務輸入佔最大比重的旅遊服務輸入，經過在2003年大幅下跌後，在2004年已顯著回升。運輸服務輸入亦因本港居民出外旅遊開支的反彈而受惠，而進口貨運大幅增加更進一步助長升勢。在離岸貿易急升的支持下，與貿易有關的服務輸入，再在年內明顯增長。金融、商用及其他服務輸入亦在經濟活動轉趨活躍中有所增加，在2004年錄得穩健升幅。

有形及無形貿易差額

由於進口吸納量隨着經濟復甦而上升，有形貿易赤字在2004年擴大至725億元(相當於進口貨值的3.5%)。2003年的相應數字為450億元(相當於進口貨值的2.5%)。

不過，由於離岸貿易和運輸服務均表現蓬勃，無形貿易盈餘在2004年亦錄得大幅增加。全年的盈餘由2003年的1,514億元(相當於服務輸入總值的77.2%)，擴大至1,826億元(相當於服務輸入總值的81.1%)。

由於無形貿易盈餘足以抵銷有形貿易赤字有餘，2004年錄得龐大的綜合盈餘達1,100億元。2003年的盈餘則為1,064億元。

貿易政策及有利對外貿易的措施

香港特區政府向來在自由市場的框架裏致力促進工商業發展。在貿易方面，香港不設關税，亦不對國際貿易實施除履行國際責任或為保障衛生、保護環境和取用高科技以外的規管措施。

內地與香港建立更緊密經貿關係的安排

香港特區政府與中央人民政府在2003年6月29日簽署《內地與香港關於建立更緊密經貿關係的安排》(簡稱CEPA)的主要文本，並在2003年9月29日簽訂六份附件。CEPA是內地與香港簽訂的首份自由貿易協議，期望透過擴大貿易、服務和投資的範疇，拓展兩地的商機。此外，CEPA可促進某些特定範疇如高增值產品、品牌，以及高知識產權產品/工序等方面的投資，從而有助提升香港的製造業。CEPA的三個主要部分包括：(1)由2004年1月1日起，向首批374個內地税目所涵蓋及符合原產地規則的香港產品出口提供零關税優惠；(2)放寬進入內地18個服務行業的市場條件以及(3)在通關、中小企業、中醫藥產業和電子商務等七個範疇加強貿易投資便利化合作。此外，CEPA亦包括雙方互認某些專業服務範疇的專業資格的安排。CEPA已於2004年1月1日全面落實。

採取“循序漸進”的做法，即會因應未來的需要而增添各項措施。2004年8月27日簽訂的CEPA第二階段協議訂明自2005年1月1日起實施進一步開放措施。根據CEPA第二階段協議，529種現有生產的貨品及184種擬生產的貨品，將會分別由2005年1月1日起及由有關產品投產後翌年的1月1日起享有零關税待遇。此等貨品包括海產、食物及飲品、化工產品、藥物、塑膠及橡膠類製品、皮革及毛皮製品、紡織及成衣、金屬產品、電機及電子產品等等。此外，在18個已經獲CEPA提供優惠待遇的服務行業中，有11個行業的開放政策將在CEPA第二階段下再獲擴大。除此之外，開放措施還會擴展至另外8個新增的服務領域，即機場服務、信息技術服務、專利代理服務、商標代理服務、職業介紹所服務、文化娛樂服務、人才中介機構服務以及專業技術人員專業資格考試。CEPA第二階段協議除進一步放寬香港產品進入內地市場的範圍外，還會讓更多本港公司享有率先進軍內地服務行業的優勢。

截至12月31日，香港特區政府轄下的工業貿易署已向本港的公司發出668張香港服務提供者證明書，當中大多數公司是提供運輸、物流及分銷服務。此外，工業貿易署亦就在香港生產的貨品發出3008張香港產地來源證，涉及的貨品總值約11億元，當中以紡織品、成衣及藥物居多。香港公司在取得香港服務提供者證明書後，可着手申請在內地建立業務；至於在香港生產而領有香港產地來源證的貨物，則可免關税輸往內地。

加強內地與香港之間的連繫

香港與珠江三角洲(簡稱珠三角)之間的連繫增強，有助進一步促進兩地間的人流和物流。為疏導旅客、車輛和貨物的流通，落馬洲/皇崗由2003年1月27日起實施全日二十四小時客運通關。自簽證申請手續簡化後，內地商人來港已更為容易，而居港外籍人士前往內地亦十分簡便。此外，當局將興建連接香港與內地的新通道。連接深圳蛇口與香港的深港西部通道，可望於2005年年底前完成。為更長遠的發展，當局正積極考慮興建一條橋樑，連接香港、澳門與珠三角西部。

香港特區政府與中央政府在9月8日完成對《內地和香港特別行政區間航空運輸安排》(簡稱《安排》)作出最新一輪檢討，雙方同意大幅增加兩地間客貨運的處理能力；當中載客量將增加30%至每周1600班次，而載貨量則增加100%至每周42班次。此外，新《安排》容許香港航空公司串飛兩個內地航點，並開放航權予內地航空公司，以營辦途經香港至海外目的地的服務。新《安排》可提高香港國際機場的競爭力，加強香港作為國際航空中心的地位。

泛珠三角區域合作

在2004年推廣有關廣東及鄰近八個省份與香港及澳門之間的泛珠三角區域合作，將進一步擴闊香港在經濟合作上的地域範圍。長遠而言，大珠三角區域的競爭力將隨着其生產力和市場潛力的增強而提高。

2004年選定行業的發展

主要經濟行業的淨產值或增值額

香港經濟上揚，主要是服務業復甦所致。整體服務業的淨產值或增值額繼在2004年首兩季分別上升8.6%和12.8%後(2003年爆發SARS以致比較基準極低是導致第二季增長擴大的部分原因)，在第三季較一年前同期再實質明顯增加7.4%。2004年首三季合計，服務業的淨產值或增值額錄得9.5%的顯著升幅，遠勝於2003年的4.3%增長。

在不同服務行業中，運輸、倉庫及通訊業的淨產值在2004年首三季的升幅最為凌厲，較一年前同期飆升17.8%，全球需求殷切令商品貿易往來激增和電訊業(特別是流動電話和國際通話服務)持續擴展是箇中原因。同期間，由於本地消費需求持續復甦、貿易表現出色和訪港旅遊業轉趨蓬勃，批發、零售、進出口貿易、飲食及酒店業的淨產值也錄得14.8%的強勁升幅。金融、保險、地產及商用服務業的淨產值增加8.8%，主要是受惠於銀行業明顯改善的表現。由於各類個人銀行服務和基金管理業務發展迅速，銀行在收費和佣金方面的收入錄得特別強勁的增長。社區、社會及個人服務業的淨產值上升4.3%，當中以康樂及娛樂服務方面的反彈特別顯著，這與消費意欲和勞工市場均有改善的情況吻合。

製造業方面，在貿易環境極之理想的支持下，其淨產值在2004年首三季重現升勢，較一年前同期實質增長2.1%，與2003年下跌9.1%的情況形成對比。為推動各工業更廣泛應用設計和創新意念，從而協助它們加入高增值行列，並最終使香港成為區內的優質設計中心，政府在2004年6月成立設計智優計劃，當中包括實施設計支援計劃和設立創新中心。至於建造業方面，整體建築活動依然呆滯，其淨產值繼在2003年下跌5.0%後，在2004年首三季再跌9.2%。建造業的淨產值在去年首三季持續滑落、是由於若干大型私營樓宇建築項目陸續完成、公共房屋計劃下的建造產量進一步縮減，以及數項優先鐵路計劃的工程陸續竣工或接近完成。

香港經濟結構在過去持續由製造業轉移至服務業。1998至2003年間，製造業的淨產量按價值計算，平均每年縮減8.0%，而整體服務業的淨產量則平均每年增長0.4%。整體服務業在本地生產總值所佔的比率因而由1998年的84.9%增至2003年的88.5%，與本地製造業在同期間所佔比率由6.0%減至4.1%的情況形成對比。在2003年的服務業總產值中，批發、零售及進出口貿易、飲食及酒店業在本地生產總值中仍佔最大比重，達27.3%；其次是金融、保險、地產及商用服務業(佔23.1%)；隨後為社區、社會及個人服務業(佔22.4%)，以及運輸、倉庫及通訊業(佔10.5%)。至於建造業，1998至2003年間，其淨產值按價值計算平均每年下跌8.2%，而在本地生產總值所佔的比率則相應地由5.9%下降至3.9%。

在過去幾年，總就業人數中的行業比重組合亦有所轉變，情況與本地生產總值中行業比率的變動相類似。以整體服務業計算，在總就業人數中所佔的比率由1999年的81.7%顯著上升至2024年首三季平均錄得的85.6%。另一方面，製造業的相應比重在這期間由8.0%下降至5.2%，而建造業的比重亦由9.4%下跌至8.4%。

物業

整體物業市道在2004年年初無論在價格和物業交投量方面皆進一步顯著上升，主要是因為市場氣氛在經濟明顯好轉下持續改善。此外，按揭貸款市場競爭激烈所造成的低息環境，亦為物業市道帶來進一步支持。物業市道在年中因市場對加息周期重現、內地採取經濟緊縮措施及油價上升感到憂慮而略為整固後，在下半年因本地基本經濟因素持續增強及通縮期結束而再度活躍。特別是住宅物業銷售市道據報受6月土地拍賣成績理想，以及於7月初撤銷住宅租約的租住權管制條文等利好因素刺激而轉趨活躍。此外，按揭保險計劃於7月底至年底期間在若干方面有所擴大，亦有助刺激用家需求。

2004年全年合計，住宅物業銷售市道暢旺，其中二手市場的物業交投尤為活躍。一般住宅市場與豪宅市場的樓宇價格在年內均大幅上升，後者的升幅尤其顯著。與對上季度比較，2004年第一季的樓宇價格錄得7年以來的首次雙位數增長，在其後三個季度亦錄得溫和升幅。2004年第四季的整體樓宇價格，較2003年同一季度平均激增29%，達到2000年第四季以來的最高價格水平。至於租賃市場，樓宇租金在2004年四個季度皆穩步上升；第四季的樓宇租金較一年前同期增加11%。不過，與1997年第三季的高峰比較，2004年第四季的樓宇價格及租金仍大幅下滑，平均跌幅分別為51%和42%。

商業樓宇方面，由於營商前景樂觀令投資者的興趣日濃，寫字樓的銷售市道因而在2004年第一季急升，在第二季亦保持暢旺。受到外圍環境的不明朗因素影響，寫字樓的銷售市道在第三季略為整固，但在第四季因本地商業活動持續復甦而迅速回升。截至2004年第四季，寫字樓價格較一年前同期平均激增61%。至於租賃市場，寫字樓租金在2004年的大部分時間皆有所上升，當中以甲級寫字樓租金的升幅最為強勁。由於甲級寫字樓租金已跌至具吸引力水平，以及商業活動進一步增長，故不斷有寫字樓為改善環境而從市區邊緣地段遷往黃金地段的優質樓宇。截至2004年第四季，寫字樓租金較一年前同期平均上升12%。與1994年的高峰比較，2004年第四季的寫字樓價格及租金分別平均下跌55%和57%。

2004年本地消費需求持續復甦及訪港旅遊業表現暢旺，令零售業務得以蓬勃發展，為鋪位的銷售及租賃市道普遍帶來支持，當中以位處旺區及管理較完善的商場店舖的需求特別強勁。2004年第四季與2003年第四季比較，舖位價格及租金分別平均上升40%和9%；但與1997年第三季的高峰比較，則分別平均下跌31%和23%。

工業樓宇方面，用家的需求有所加強主要是由於出口增長強勁，以及投資者的入市意欲據報因CEPA的推行而增加，導致分層工廠大廈單位的價格在2004年四個季度均錄得可觀升幅。截至2004年第四季，分層工廠大廈單位的價格較一年前同期顯著上升31%。與此同時，工業用地的租金在同期亦錄得7%的升幅，儘管步伐明顯較為緩慢。與1994年的高峰比較，2004年第四季的工業用地價格及租金仍分別平均大幅下滑57%和47%。

按土地註冊處所登記物業買賣合約的數目計算，2004年物業交易的成交量和總值分別躍升41%和86%，明顯較2003年兩者均錄得的2%溫和升幅為大。這升勢主要反映2004年內物業市道明顯復甦，但部分也是由於2003年年初的比較基準受SARS影響而明顯偏低。在這總數中，2004年住宅物業的成交量和總值分別銳升41%和80%；非住宅物業的成交量和總值的表現更加出色，分別上升的45%和109%。與此同時，物業轉讓合約在2004年的數目及總值分別上升23%和47%，但在2003年，前者減少8%，而後者則上升5%。至於按揭安排，2004年的數目較2003年上升21%。

新落成樓宇供應方面，2004年的私人住宅樓宇單位建成量下跌1%至26 000個，較2003年15%的跌幅為小。另一方面，以內部樓面面積計算，寫字樓的建成量繼在2003年飆升80%後，在2004年回跌6%。其他商業樓宇的建成量同告下跌，繼在2003年下跌15%後，在2004年再跌23%。2004年的傳統分層工廠大廈建成量僅為800平方米，在2003年更無新廈落成。工貿大廈於2004年並無新廈落成，而2003年的建成量為14 800平方米。由於新吸納量全面報升，私營機構幾乎各類物業的空置率均告下跌；截至2004年年底，住宅樓宇、寫字樓、舖位、傳統分層工廠大廈及工貿大廈的空置率分別為6.2%、12.7%、10.8%、8.7%和11.1%。

根據附連施工同意書的建築圖則所示總樓面可用面積計算，私營機構各類物業發展計劃繼在2003年激增23%後，在2004年銳減34%。在2004年的總數中，私人住宅物業發展計劃以總樓面可用面積及單位數目計算，分別下跌49%和52%。商業樓宇發展計劃下跌19%，而工業樓宇發展計劃則由於2003年的比較基準極低而錄得19倍的淩厲增長。與此同時，“其他”類別樓宇的發展計劃減少8%。

至於政府資助樓宇，房屋委員會於2004年6月通過租者置其屋計劃(簡稱租置計劃)第六期甲的出售計劃，把祥華邨、利東邨、山景邨及寶林邨四個屋邨相繼推出發售。當發售五個公共屋邨的第六期乙出售計劃推出後，當局將停止出售租置計劃單位。置業貸款方面，房屋委員會經全面檢討置業資助貸款計劃後，於2004年7月公布終止該計劃。此舉讓房屋委員會得以集中其有限資源，為有需要的人士提供出租公屋。

樓宇及建造

2004年的樓宇及建造活動普遍仍然疲弱，整體樓宇及建造開支繼在2003年減少7%後，再實質下跌10%，當中公營部門和私營機構的樓宇及建造開支分別減少13%和5%。私營機構的建築活動因較早前物業市道呆滯而減少，而公營部門的建造產量則因公共房屋計劃下的工程量進一步縮減和數個優先鐵路計劃已竣工及啟用而萎縮(西鐵於2003年12月啟用，而九廣鐵路東鐵尖沙咀支線和馬鞍山鐵路的啟用日期則分別為2004年10月及12月)。這遠遠抵銷八號幹線、后海灣幹線和深港西部通道香港段等土木工程項目的建造產量增幅有餘。

土地

自2003年暫停申請售賣土地制度後，政府在2004年1月初宣布恢復以拍賣方式出售土地，並公布可供發展商申請的2004至05年度土地儲備表。在2004年內，政府舉行了三次土地拍賣，售出五幅面積合共5.9公頃的住宅用地。上述拍賣的反應均十分理想，反映發展商對物業市道的前景具有信心；當中，在10月售出兩幅面積合共3.0公頃的住宅用地，其成交價均遠勝市場預期。在2004年，政府以投標方式售出兩批面積合共1.4公頃的加油站用地。

批予私營機構的已發展及可發展土地的契約修訂方面，政府在2004年內總共批核72宗申請；當中，34宗為改作住宅發展用途的申請，13宗為改作商住發展用途的申請，6宗為改作商業發展用途的申請，6宗為改作教育及社區設施的申請，另兩宗為改作工業發展用途的申請。至於餘下11宗，則為改作其他用途的申請。

工業邨方面，2004年元朗工業邨批出三幅面積合共1.39公頃的土地，而大埔工業邨則批出一幅面積1.17公頃的土地。年內，將軍澳工業邨並沒有新批出的土地。鑑於三個工業邨在2004年內均無交回任何土地，截至年底，元朗及大埔工業邨已批出土地的比率分別升至90.2%和94.5%，而將軍澳工業邨已批出土地的比率則保持平穩，為47.9%。至於科學園方面，第1期已在2004年10月竣工。截至2004年年底，共有73家公司獲准遷入。科學園第2期的建造工程，現正在進行中。

旅遊業

訪港旅遊業在2004年的表現十分出色，訪港旅客總人次創下2,180萬的歷史新高，較2003年上升40%。除個人遊計劃進一步擴大以致來自內地的旅客人次持續激增外，所有其他主要來源地的訪港旅客人次亦同樣迅速反彈，扭轉較早前的跌勢，在2004年錄得雙位數升幅。全球經濟相對強勁，以及業界和政府積極進行推廣活動是主要的增長動力。鑑於訪港旅遊業蓬勃，酒店房間平均入住率由2003年第四季的88%上升至2004年同一季度的92%。截至2004年年底，香港共有44,362間酒店及賓館房間，較一年前增加3%。

2004年，內地仍是訪港旅客最主要的來源地，佔訪港旅客總人次的比率進一步增至56%。其他主要來源地計有南亞與東南亞(佔10%)、台灣地區(10%)、日本(5%)及美國(5%)等。

香港居民出外旅遊方面，離港居民總人次繼在2003年下跌6%後，在2004年顯著反彈13%至6,890萬。外訪旅遊業的情況有所扭轉，主要是本地經濟持續復甦所致。

按主要目的地分析，內地仍是離港居民最熱門的目的地，佔外訪旅遊總人次87%的絕大多數比率，當中大多以廣東省為目的地。次熱門的目的地為澳門(佔6%)，隨後為南亞與東南亞(4%)。

與旅遊相關的主要建造項目方面，香港迪士尼樂園的建造工程在2004年進展良好，其目標是在2005年9月開幕。地鐵公司迪士尼線的建造工程亦如期進行，可望於2005年7月竣工。預定在2006年2月建成的東涌吊車系統，工程同樣在2004年加緊進行。這些基礎設施落成後，將可使已經蓬勃發展的訪港旅遊業更加興盛。

物流業

在物流業的主要發展方面，政府視改善跨境設施的通關能力為優先處理事項，並在2004年展開數項跨境基建工程項目，以紓緩各管制口岸的擠塞情況，當中包括落馬洲與沙頭角的兩條新跨境橋，以及羅湖跨境橋的改善工程。這三項在2005年1月完成的工程令車輛及旅客過境更為暢順。深港西部通道的興建工程在2004年亦進行得如火如荼，在2006年下半年啟用後，會成為港深兩地的第四條陸路跨境通道。此外，擬連接香港和珠江三角洲(簡稱珠三角)西岸的陸上運輸通道港珠澳大橋，其前期工作亦在年內全速進行。

自2004年1月開始實施的CEPA，為香港的物流公司開拓前所未有的新機遇，使香港的物流發展更添動力。截至2004年年底，根據CEPA獲批核的香港服務提供者證明書持有人中，物流服務供應商佔46%。

為提升香港提供一站式綜合物流服務的能力，政府在北大嶼山小蠔灣覓得土地發展大嶼山物流園。該址鄰近機場、貨櫃碼頭和港珠澳大橋的香港着陸點，使物流園佔盡地利，得享連接珠三角地區而帶來的機遇。此外，政府計劃在2005年內推出數碼貿易運輸網絡系統，為物流業人士提供安全、中立而開放的平台，以有效率、可靠和廉價的方式交換資訊和數據，藉此加強香港作為首要物流資訊樞紐的地位。

政府於2004年11月完成“香港港口規劃總綱2020”研究；這項顧問研究的目的在於為香港港口直至2020年及以後的發展，制訂有競爭力和可持續的策略和總綱計劃。

航空運輸方面，飛機旅客總人次於2004年激增29%至2 420萬的新高，與2003年因受SARS影響而下挫20%的情況形成對比。在2004年的總數中，抵港飛機旅客人次躍升30%至1 240萬。除內地來港的飛機旅客人次持續激增外，其他來源地的飛機旅客人次合計亦已超越SARS爆發前的水平。同期間，離港飛機旅客人次在2004年回升27%至1 190萬，主要原因是外訪旅遊業已從早前SARS的影響中復甦過來。航機班次(包括客運及貨運)同樣顯著反彈，繼在2003年下跌9%後，在2004年急升26%至237 200班，創出歷史新高。

空運貨物方面，由於貿易蓬勃，2004年抵港及離港空運貨物分別顯著增加12%和20%。綜合計算，空運貨物總量在2004年增加17%至310萬公噸的新高，較2003年7%的增幅為大，使香港國際機場自1998年啟用以來，以國際貨運量計，連續第七年成為全球最繁忙的機場。

遠洋運輸方面，2004年的遠洋貨物總量較2003年增加7%至1.586億公噸，升幅與2003年相同。轉運貨物的增長勢頭尤其強勁，在2004年激增14%；直接付運貨物則增長2%。在遠洋貨物總量中，抵港及離港遠洋貨物在2004年分別增加5%和10%至1.046億公噸和5 400萬公噸；2003年的相應升幅為6%和10%。

香港港口處理的貨櫃運輸方面，2004年的總貨櫃吞吐量上升8%至2 200萬個二十呎標準貨櫃單位，2003年的增幅則為7%。在2004年的總數中，抵港和離港貨櫃吞吐量分別上升9%和6%。不過，反映持續有相對較多貨物趨向轉為直接從內地港口付運而非間接由香港港口外輸，經深圳港口處理的貨櫃吞吐量繼在2003年躍升40%後，在2004年激增28%。然而，在2004年，香港仍是全球最繁忙的貨櫃港口，這是過去13年間第12年取得這項殊榮。

2004年的金融業

匯率

在2004年，儘管美元兌大部分其他貨幣均大幅貶值，港元匯兌及貨幣市場仍大致保持平穩。在2004年首四個月，隨着2003年年底資金流入造成的上調壓力逐步消減，港元匯率微跌至貼近聯繫匯率(一美元兑7.80港元)。其後至第三季，港元大多維持於接近聯繫匯率的水平，但在第四季再度轉強，原因是市場對美元的信心普遍減弱，並廣泛地猜測人民幣即將升值，加上本港經濟錄得較強勁的增長。香港金融管理局(簡稱金管局)在第四季因應銀行需求而放出126億港元，令貨幣發行局制度下的總結餘在年底上升至158億元。與此同時，港元遠期匯率對即期匯率依然大幅折讓。尤其值得注意的是，十二個月遠期匯率對即期匯率在2004年首九個月一直維持窄幅折讓，但其後折讓幅度明顯擴大，至2004年年底收報1 625點子(一點子相等於0.0001港元)，2003年年底的折讓幅度則為595點子。

在聯繫匯率制度下，港元兑其他主要貨幣的匯率緊貼美元的匯率走勢。由於市場憂慮美國居高不下的龐大經常帳和財政赤字，2004年美元兑其他主要貨幣(港元及人民幣除外)轉弱。貿易加權名義港匯指數因而下跌，2004年12月較一年前跌2.6%至96.4。就消費物價變動作出調整後，同期的實質港匯指數錄得4.7%的較大跌幅至82.4。

利率

在2004年首九個月，港元利率大部分時間俱呈現升勢，與美元利率上調的走勢一致。不過，港元利率因市場流動資金增加而於第四季突告偏軟，與持續上升的美元利率明顯背道而馳。具體而言，三個月期本地銀行同業拆息繼在2004年10月初升達1.1%的高位後，在年底回落至0.3%，較相應的歐洲美元存款利率低227個基點。

金管局的貼現窗基本利率在2004年上半年維持不變，但在下半年隨美國聯邦基金目標利率上調而升至3.75%，累積升幅達125個基點。不過，主要銀行的最優惠貸款利率在2004年年底維持在5.0%，與一年前的水平相同，反映流動資金充裕和本地貸款需求僅溫和增長。最優惠貸款利率與三個月定期存款利率的息差同樣大致平穩，年底為4.98個百分點。

在住宅按揭業務方面，銀行間的競爭依然激烈。在新批按揭貸款中，按揭利率較最優惠貸款利率低2.25個百分點以上的比例，由2003年年底的

87.5% 大幅增加至2004年年底的93.2%。

貨幣供應及存款

2004年的貨幣狀況仍然普遍良好。港元M1(經季節性調整)作為量度狹義貨幣供應的指標，在第一季保持強勁增長，但其後在第二和第三季出現放緩的情況，是由於股市成交縮減令活期存款的增長減慢所致。不過，由於第四季有更多資金流入港元，港元M1出現顯著反彈。在2004年年底，港元M1達4,130億元，較一年前同期明顯上升16.3%，儘管仍較2003年36.8%的升幅為小。這部分是由於持有流動貨幣資產只涉及較低的機會成本。

廣義貨幣供應方面，港元M3的增長部分受狹義貨幣的走勢所影響，亦在2004年第二和第三季放緩，但及後在第四季顯著加快。在2004年年底，港元M3達22,200億元，較一年前同期上升4.6%。這與2003年5.9%的增幅頗為接近，並與2004年名義本地生產總值的增幅大致吻合。

認可機構的存款總額繼在2003年增長7.5%後，於2004年再升8.4%。在這總額中，港元存款(經調整以包括外幣掉期存款)作為貨幣供應的重要成分，錄得4.5%的增幅。這完全歸因於活期和儲蓄存款的增幅，足以抵銷定期存款的跌幅有餘。相比之下，外幣存款(經調整以扣除外幣掉期存款)維持較快的增長，升幅達13.0%；當中美元存款較非美元存款的增幅為大，分別為18.0%和2.3%，儘管美元處於弱勢。由於外幣存款的增幅持續較港元存款的增幅為大，港元存款佔存款總額的比率由2003年年底的54.1%進一步跌至2004年年底的52.2%。

貸款及墊款

貸款及墊款總額在2004年回復正增長，這是七年來首次錄得的升幅。按使用地分析，在香港使用的貸款於2004年上升6.3%。這是由於經濟活動持續回升，導致銀行貸款的需求有所增加。同期間，在香港以外地方使用的貸款上升3.0%。

按主要用途分析，多個主要經濟行業的本地貸款在2004年均有增長。截至2004年年底，貿易融資和放予製造業、金融機構、批發及零售業的貸款較一年前同期都錄得明顯增幅。未清償按揭貸款額只微跌0.9%，是由於現有按揭的還款額抵銷了激增的新批按揭貸款所致。

由於港元貸款較港元存款的增長為快，港元貸存比率遂由2003年年底的81.5%上升至2004年年底的82.6%。

銀行業

本港銀行體系資產的質素在2004年顯著改善，經濟活動(尤其是資產市場)普遍復甦是箇中原因。特定分類貸款在貸款總額中所佔的比例由2003年年底的3.94%下跌至2004年9月底的2.67%。按貸款類別分析，住宅按揭貸款拖欠比率由0.86%下降至0.47%，而拖欠超過三個月的信用卡貸款比例亦由0.92%跌至0.55%。整體來說，本地銀行的綜合資本充足比率在2004年9月底平均達15.9%，仍遠高於國際結算銀行所定的8%最低國際標準。

認可機構的信貸風險管理方面，香港銀行公會與存款公司公會共同成立的香港商業信貸資料庫(簡稱資料庫)已在2004年11月開始運作。資料庫收集中小型企業的信貸資料，並把此等資料提供予認可機構。資料庫的成立有助加強認可機構的信貸風險管理，並利便信貸記錄良好的企業獲得銀行融資。

內地金融市場開放令香港進一步受惠。在CEPA之下，一些銀行已在內地設立或申請設立分行。此外，由2004年11月1日起，香港銀行在內地開設的分行在取得批准後，獲允許從事保險代理人業務。至於在香港，由2004年1月18日起，內地的扣帳卡/信用卡可以在本港使用，而銀行亦自4月底開始向香港居民簽發人民幣信用卡，以便在內地使用。由2月25日起，香港的銀行向客戶提供人民幣存款、兌換和匯款服務。截至2004年12月底，共有38家持牌銀行從事這些業務。認可機構的人民幣存款總額達121億元人民幣，當中儲蓄及定期存款分別佔44.7%(54億元人民幣)和55.3%(67億元人民幣)。據金管局一項調查顯示，在2004年12月，人民幣儲蓄存款的平均利率為0.46%，三個月定期存款的平均利率則為0.60%。

在加強存款保障方面，立法會在2004年5月5

日通過《存款保障計劃條例》，而香港存款保障委員會其後在7月1日成立，以推行該項計劃。由於籌備工作需時，預期該計劃將於2006年開始提供存款保障。

保險業

與一年前同期比較，保險業的業務收益總額在2004年第三季進一步上升15.7%。2004年首三季合計的增幅更高達24.2%，而人壽保險業務仍然是增長的主要來源。

CEPA中牽涉保險業的措施在2004年1月1日開始實施。另外，因應國際監管趨勢及保險業的發展，政府現正檢討保險業監理處的組織架構，其中包括對保險業監理處改為獨立於政府架構以外的監管機構進行研究。

債務市場

金管局在2004年共113次發行外匯基金票據及債券，以取代早前發行已到期的票據及債券。與一年前同期比較，未償還外匯基金票據及債券的總市值上升2.0%至2004年年底的1,226億元。外匯基金票據及債券的交投依然活躍，2004年的平均每日成交額雖然低於2003年的208億元，但仍達167億元。在2004年年底，五年期外匯基金債券收益較相應的美國國庫債券低95個基點，而2003年年底則低6個基點。

香港按揭證券有限公司依舊為本地活躍的債券發行機構之一，在2004年共發行總值113億元的債務票據。截至2004年年底，該公司透過債券發行計劃所發行債券的未償還總額為10億元，而透過債務工具發行計劃所發行債券的未償還總額則達274億元。此外，該公司亦發行零售債券，截至2004年年底的未償還總額為72億元。在同年發行的零售債券中，該公司曾於10月首次在香港和亞洲向零售投資者發售價值9億元的按揭證券，而零售部分所收到的申請總額達11億元。

政府在2004年亦活躍於本地債券市場。為籌集資金進行基建和其他投資項目，以及促進本地債券市場的發展，政府在5月首次發行60億元證券化債券，並於7月完成發行總值200億元的環球債券。關於60億元的證券化債券，這是本港首次發行及規模最大的同類型債券，而它是受到政府擁有的隧道和橋樑收益所支持的。至於200億元的環球債券，則包括不同年期的港元和美元債券。這兩種債券均受到機構和零售投資者歡迎。發債所得的淨收益已撥入基本工程儲備基金，以用作基本工程項目的融資。

至於私營機構的港元債券，發行總額則由2003年的1,518億元進一步下跌至2004年的1,392億元。按發行機構的種類分析，認可機構和多邊發展銀行以外的海外發債體(簡稱海外非多邊發展銀行發債體)的發債活動在過去一年呈現放緩。認可機構減少發債，部分是由於銀行體系內存在着充裕的流動資金。至於海外非多邊發展銀行發債體，雖然發債總額亦告減少，但其未償還債券額在私人機構發債總額中所佔的比例卻由2003年年底的51%，上升至2004年年底的54%。自2003年以來，海外非多邊發展銀行發債體已成為私營機構港元債券市場的最大發債體。由於新發行債券的總額繼續高於到期債券的款額，私營機構未償還港元債券的總值因而由2003年年底的3,530億元，進一步上升至2004年年底的3,901億元。截至該年年底，未償還港元債券總額中64%為私營機構債券，與2003年年底的情況無異。至於多邊發展銀行方面，在2004年新發行的港元債券達35億元，而在2003年則為26億元。

私營機構發行的定息債券仍較浮息債券為多，部分是因低息環境所致。私營機構新發行的定息債券在2004年增至1,062億元，而浮息債券則為330億元。新發行的定息債券佔私營機構發行總額的76%，在2003年則佔70%。在2004年年底，私營機構的未償還港元定息債券及浮息票據總值分別為2,626億元和1,275億元。

按公營及私營機構的發行額綜合計算，截至2004年年底，未償還的港元債務票據總值6,079億元，多於2003年年底的5,578億元。港元債務市場總額相當於港元M3貨幣供應的27.4%，若以整個銀行體系的港元單位資產相比較，則佔21%。

股票、期貨及黃金市場

本地股票市場在2004年年初基調堅穩，但其後迅即因市場預期美國加息和憂慮國際油價上漲而回軟。內地實行宏觀經濟調控措施和海外主要股票市場表現疲弱，更令本地市場雪上加霜。恒生指數於5月17日跌至八個月以來的低位10 968點。其後，由於國際油價回落、美國加息幅度溫和，以及本地拍賣土地成績理想，市場氣氛遂見改善。此外，物業價格強勁反彈、本港經濟的短期前景樂觀、資金流入的增加，以及市場憧憬內地經濟軟着陸，亦有助增強投資者的信心。恒生指數在12月29日升至14 266點，是45個月以來的新高，而年內最後一個交易日收報14 230點，較2003年年底的指數上升13.2%。

本港股票市場(包括主板及創業板)在2004年年底的市價總值，較一年前上升20.7%至66,960億元。年內，平均每日成交額錄得53.2%的更大升幅，達160億元。市價總值和成交額俱為本地股票市場歷來最高的紀錄。

在2004年，共有70家公司在香港股票市場新上市，集得股本共972億元。當中49家在主板上市，籌得股本945億元，餘下21家在創業板上市，籌得股本27億元。屬於H股的新股中，分別在主板和創業板上市的有8家和9家，籌得股本400億元和7億元。另外，171家公司以私人配股方式集資457億元，33家公司則以供股形式集資81億元。

香港交易及結算所有限公司衍生產品的交投方面，2004年恒生指數期權合約的平均每日成交量下跌4.4%至8 215張；恒生指數期貨合約的平均每日成交量則上升26.2%至34 824張。在2003年12月推出的H股指數期貨合約，平均每日成交量為7 060張。至於在2004年6月14日推出的H股指數期權合約，2004年下半年的平均每日成交量為566張。

截至2004年年底，股票期權合約共有37種，年內的平均每日成交量為22 720張，較2003年增加32.7%。同期間，股票期貨合約有36種，而平均每日成交量則縮減7.9%至70張。

金市方面，在2004年利率低企和美元疲弱的環境下，黃金作為另類投資工具的需求繼續獲得支持。市場對恐怖主義和中東緊張局勢的憂慮，更增加黃金作為資金避難所的需求。因此，黃金價格雖曾在2004年上半年偶見偏軟，但年內大部分時間均處於升勢。在接近年底時，市場對美國龐大的貿易和財政雙赤字倍感憂慮，影響所及，金價進一步攀升。在2004年12月2日，本地倫敦金收市價升至每金衡盎司455.8美元的16年新高，其後在年底收報每金衡盎司437.5美元，較2003年年底上升4.9%。同樣地，金銀業貿易場的黃金收市價亦在2004年年內上漲5.4%，至年底收報每両4,053元。金銀業貿易場的成交量在2004年為300萬両，2003年則為340萬両。

單位信託及互惠基金

本地單位信託及互惠基金(包括成分基金及傘子基金)的總數，由2003年年底的963個上升至2004年年底的1 013個。2004年互惠基金的總銷售額達203億美元，較一年前增加4.3%，但扣除贖回金額後，淨銷售額下跌18.5%至26億美元。在各類互惠基金中，股本基金所佔比重依然最大，在2004年年底約為基金總值的62.2%，其次是定息債券基金、資產組合基金、貨幣市場基金及其他基金，分別佔26.7%、6.2%、19%和1.0%。

強積金計劃核准成分基金的資產淨值總額，由2003年年底的894億元增至2004年年底的1,202億元。除了由於參加者的供款持續不斷外，這亦反映基金內投資組合的價值有所上升。截至年底，全港共有19個核准受託人。在強積金產品方面，強制性公積金計劃管理局已核准43個集成信託計劃、兩個行業計劃及兩個僱主營辦計劃，合共323個成分基金。約有223 400名僱主、184萬名僱員及293 900名自僱人士已參加強積金計劃，而僱主、有關僱員及自僱人士的參與率分別為97.9%、96.2%和79.6%。

2004年的勞工市場

整體勞工市場情況

由於經濟增長步伐加快而範圍亦擴大，勞工市場情況在2004年全面逐漸改善。經季節性調整的失業率及失業人數在年內分別下降至第四季的6.5%和226 900人。這是自2001年11月至2002年1月以來所錄得的最低水平。2004年全年合計，失業率及失業人數分別平均為6.8%和241 400人，儘管仍屬歷史偏高水平，但已較2003年的7.9%和277 200人為低。跌幅於多個經濟行業普遍出現，當中尤以建造業、旅遊業及與消費相關的行業最為明顯。此外，持續失業時間中位數亦由2003年年底的109天縮短至2004年年底的99天。(2004年11月至2005年1月，經季節性調整的失業率為6.4%，而失業人數則為214 000人。)

在2004年內，就業不足率亦下降至3.1%，儘管跌幅相對未見顯著。就業不足人數亦同時減少至110 800人。2004年全年合計，就業不足率及就業不足人數分別平均為3.3%和116 200人，較2003年的3.5%和123 300人為低。跌幅主要出現於飲食業、酒店業及運輸業。這部分是由於全職工作因商業活動持續上升而有所增加，以致就業結構轉為由兼職及臨時性質的工作向全職工作轉移。(2004年11月至2005年1月的就業不足率及就業不足人數分別為3.1%和111 000人。)

失業的概況

按經濟行業分析，服務行業的失業率於2004年平均介乎3.4%與6.6%之間，明顯低於製造業的7.1%和建造業的16.0%。這與本港經濟進一步向服務行業轉型相符。大部分行業的失業率在2004年內皆處於跌勢，惟跌幅參差不一，反映有關行業不同的勞工供求情況。至於近期失業率跌幅最為顯著的行業，包括飲食業、酒店業、娛樂及康樂服務業、裝修及保養工程業、運輸及地產業。

按職業類別分析，在2004年，經理及行政人員、專業人員和輔助專業人員的失業率明顯較低，介乎1.9%與3.5%之間。文員的失業率亦屬溫和，為4.5%。不過，其他屬於較低階層職位的失業率則高得多，介乎6.1%與13.3%之間。這主要是由於香港經濟持續向知識為本和較高增值的經濟活動轉型，導致市場對較低技術勞工的需求減少。儘管如此，上述職業類別的失業率在過去一年均普遍下跌。2004年第四季與第三季比較，較顯著的跌幅其實於較低職業階層的勞工出現，特別是服務工作及商店銷售人員和工藝及有關人員，另外還有屬於較高職業階層的輔助專業人員。

按教育程度分析，在2004年，初中或以下程度人士的失業率平均介乎10.3%與10.8%之間，遠高於高中或以上程度人士；後者的失業率平均介乎3.0%與6.3%之間。這主要反映經濟結構轉型下的技術錯配現象。不過，去年多個不同教育程度組別的失業率皆見下跌。在2004年第四季，失業率跌幅最為明顯的是預科或以上的較高教育程度人士，以及未受教育/幼稚園程度人士。

按年齡組別分析，較年輕人士與較年長人士的失業率仍存在重大差距。具體來說，在2004年，15至19歲與20至24歲組別人士的平均失業率分別為26.2%和9.2%，相對於25歲或以上組別人士平均介乎4.9%與8.7%之間的失業率。去年各年齡組別的失業率亦同樣廣泛下跌。不過，最近期則以15至24歲組別人士較能受惠於日益改善的失業情況。

就業不足的概況

同樣地，擁有較高技術及教育程度的勞工，亦是就業不足率相對較低的一群。不過，2004年第四季與第三季比較，就業不足率跌幅最明顯卻出現於工藝及有關人員、小學及初中教育程度人士，以及從事地基及上蓋工程、飲食業、倉庫及通訊業，以及雜項個人服務業的人士。

整體勞工供應及總就業人數

總勞動人口維持穩步增長，繼在2003年上升0.3%後，在2004年再增加0.9%。近期的增幅完全歸因於工作年齡人口上升1.1%，這抵銷勞動人口參與率(特別是15至24歲及50至59歲組別男性的參與率)的跌幅有餘。

相比之下，整體勞工需求在2004年的增長較為顯著。這不單從現有人力資源獲得更充分的利用，更可從職位空缺的增加和新增聘人手的情況反映出來。住戶統計調查蒐集所得的數據顯示，總就業人數在2004年上升2.1%，扭轉了2003年0.4%的跌勢。在2004年第一季，總就業人數只溫和增長，但在年內餘下時間增長步伐加快，至年底升達333萬人的歷史高位，較2003年年中的低位顯著增加139 400人或4.4%，增幅大部分集中於從事進出口貿易業、金融業及教育服務業的較高技術人士，以及從事批發/零售業、飲食業和雜項個人服務業的服務工作及商店銷售人員，和運輸業及地產業的非技術人員等較低技術人士。同時，40至59歲較多工作經驗的勞工似乎亦較能從改善的就業環境中受惠。

就業概況

根據私營機構資料計算的總就業人數，在2004年9月較一年前同期顯著增加2.7%。這完全歸因於服務行業錄得3.6%的增長，而增幅主要集中於批發、零售及進出口貿易業、飲食及酒店業、水上運輸、空運及與運輸有關的服務業，以及金融、保險、地產及商用服務業。2004年首9個月合計，私營機構的總就業人數較一年前同期上升2.1%，當中服務行業的升幅為2.9%。

在服務行業以外，本地製造業的就業人數在2004年9月卻仍較一年前同期下跌2.8%，原因是生產工序持續移往內地進行。另外，由於公共房屋計劃下的工程量縮減，加上多項土木工程計劃陸續完工或接近完成，樓宇及建造工程地盤的體力勞動工人數目在同期間減少8.1%。2004年首9個月合計，這兩個非服務業的就業人數較一年前同期分別下跌3.4%和4.9%。

政府由2003年4月1日起實施全面暫停招聘公務員的措施，加上自然流失和員工根據第二輪自願退休計劃離職的影響，公務員人數進一步下降。截至2004年7月底，約5 300名參與第二輪自願退休計劃的公務員中大部分已離職，連同先前在第一輪自願退休計劃離職的人員，自願退休的公務員共達約15 000人。截至該年9月底，公務員總人數較一年前減少3.8%。

在2004年，當局為外籍專業人士來港就業而發出的工作簽證激增21%至19 200份，扭轉過去三年來的跌勢。至於根據輸入內地人才計劃獲准來港的內地專業人士，其數目於2004年鋭升153%至3 900人，令內地成為外來專業人士的最大來源地。為提高香港經濟的競爭力和維持其穩健增長，高質素的勞動力是不可或缺的。目前，技術工人的失業率低於3.5%，遠較逾6%的整體失業率為低。高技術勞工的聘用若能進一步增加，不但對經濟有直接裨益，亦可為低技術勞工提供更多就業機會。

職位空缺情況

私營機構的職位空缺數目自2003年下半年起已止跌回升。在2004年9月，私營機構的職位空缺總數較一年前同期躍升55.3%。年內首9個月合計的升幅亦同樣顯著，達61.6%。

無論是按經濟行業或職業類別分析，去年的職位空缺數目皆全面增長。服務行業、製造業及建造工程地盤體力勞動工人的職位空缺數目，一律錄得龐大升幅，分別上升54.8%、67.0%和69.2%。與此同時，多個職業類別的職位空缺數目也顯著飆升。具體來説，在2004年9月，較低職業階層與較高職業階層的職位空缺數目較一年前同期分別劇增36.8%至109.4%和53.7%至93.8%。

公務員職位空缺同告上升。2004年9月的數目較一年前同期升13.3%，主要歸因於紀律部隊職位空缺的增加。這與6月份的1.9%跌幅形成對比。政府的目標是在2006至07年度或之前削減公務員人數至約16萬，並已由2003年4月1日起實施暫停招聘公務員的措施。儘管如此，如個別職系確實有需要向外招聘人手，這限制是准予豁免的。

勞工處的最新統計數據顯示，職位空缺數目在接近2004年年底時仍續有增長。具體來説，該部門在第四季接獲的職位空缺數目較一年前同期勁升40.4%。2004年全年合計，勞工處接獲的職位空缺數目共303 000個，創下歷來最高紀錄，而升幅則達34.6%。至於勞工處成功安排就業個案的數目方面，2004年第四季及全年合計的相應增長率，亦令人鼓舞，分別為26.9%和30.5%。

收入及工資

作為滯後指標的勞工入息，在2004年按貨幣計算仍然處於跌勢，但跌幅較2003年為小。具體而言，與一年前同期比較，根據就業人士平均薪金計算的私營機構整體勞工收入，在2004年第三季按貨幣計算微跌0.5%；2004年首三季合計則微跌0.7%。按實質計算，第三季的跌幅為1.3%，而首三季合計則幾無變動。

按經濟行業分析，服務行業內的勞工收入變化各異。按貨幣計算，在2004年第三季，批發及零售業、飲食及酒店業、水上運輸業和空運業的勞工收入雖較一年前同期有所增加，但這升幅卻被其他行業如進出口貿易業、陸運業和商用服務業的跌幅抵銷有餘。所有服務行業合計的勞工收入按貨幣計算微跌0.3%，按實質計算則跌1.1%。同期間，製造業勞工收入的跌幅較大：按貨幣計算下跌1.8%，按實質計算則跌2.5%。

與一年前同期比較，在2004年9月，私營機構的整體勞工工資(不包括非經常支付的款項)按貨幣計算微跌1.3%，按實質計算則跌2.5%。2004年首9個月合計的相應跌幅為1.1%和1.0%。

按經濟行業分析，在2004年9月，服務業的工資按貨幣計算較一年前同期下跌0.3%至2.0%，其中只有個人服務業的工資因髮型屋和美容院的工資上調而升3.3%。按實質計算，大多數服務行業的工資俱下跌1.5%至3.1%，惟個人服務業的工資上升2.1%。至於本地製造業和建造業的工資，按貨幣計算分別下跌1.1%和2.6%，按實質計算則分別跌2.3%和3.9%。

《公職人員薪酬調整(2004年/2005年)條例》於2003年12月制定後，公務員薪酬已於2004年1月1日和2005年1月1日按相若的幅度兩度下調。在實施該兩輪薪酬調整後，所有公務員的薪點按現金計算已回復至1997年6月30日的水平。

政府已於2004年11月提出有關薪酬水平調查方法和如何應用調查結果的建議，並進行為期兩個月的廣泛諮詢。諮詢期已於2005年1月結束。政府將會詳細考慮諮詢期內所收集的意見，以決定下一步的路向。政府的目標是在2005年第一季展開實際調查工作，以反映截至2005年4月1日的私營機構薪酬調整情況。

政府近年的就業及培訓措施

政府近年來推出一系列提升青年就業能力的措施。在2004年5月新推出的青年自僱支援計劃，旨在培訓和協助18至24歲學位程度以下而經評估為有志自僱創業的青年。當局共批核36個屬於具業務前景範疇的項目，涉及1 500個培訓名額。截至年底，有關學員共進行1 420宗商業交易，涉及毛利總額達940,000元。至於一些持續進行的措施，計有在1999年為15至19歲離校青年推出的青年職前綜合培訓計劃(簡稱展翅計劃)，以及在2002年為15至24歲學位程度以下青年推出的青少年見習就業計劃(簡稱青見計劃)。截至2004年年底，已有超過57 000名青少年在展翅計劃下接受培訓，及約有28 000名青見計劃學員覓得工作。

此外，政府在2003年推出中年再就業培訓計劃，目的是透過為僱主提供培訓津貼，協助40歲或以上的失業人士就業。截至2004年年底，該計劃已為大約8 600人找到工作。另外，政府在2003年還推出本地家務助理特別津貼獎勵計劃。在這計劃下，願意到居住區域以外地區或在晚間5至9時的時段工作的合資格本地家務助理，可向政府申請每日50元的津貼，而津貼上限為每年7,200元。這計劃既可推廣本地家務助理市場，亦有助增加中年低技術工人的就業機會。截至2004年年底，約3 700份申請已獲批核。

面對經濟結構轉型，為提升較低技術勞工的就業能力，政府在1992年成立僱員再培訓局，主要為年滿30歲初中或以下教育程度的失業人士提供培訓，以協助他們學習新的技能或提升技能，以便更切合不斷轉變的工作要求。該局每年透過各種全日制和兼讀課程提供約11萬個再培訓學額，至今受惠的人數已超過82 4000。再者，在2001年推出的技能提升計劃，也為中學及以下教育程度的在職人士提供技能提升培訓。該計劃自推出以來共開辦5 200個班別，為22個不同行業內共11萬工人提供培訓。

在開設職位方面，政府自2000在公營機構開設一批臨時合約職位，服務範疇包括清潔、衛生、福利、康樂服務及旅遊業。在2005年1月12日發表的2005年施政報告中，政府建議延續約10 000個臨時合約職位。此外，在落實各項市政工程建設、舊區更新和重建措施、綠化市容、覆蓋明渠，以及推動發展環保工業的工作中，提供就業機會是其中一個重要的考慮因素。

在2005年第二季，政府將額外推出兩項就業新措施，即工作試驗計劃和就業展才能計劃。在工作試驗計劃之下，2 000名於尋找工作方面遭遇特殊困難的求職者將會被安排到參與機構接受為期一個月的工作試驗，試驗成績美滿者可望在期滿後獲有關機構提供長期職位，而參加者在完成工作試驗後亦會獲發津貼。至於就業展才能計劃，其目的是鼓勵僱主聘用殘疾人士。這計劃將為1 000名殘疾求職者提供職前培訓和任職安排。

2004年的物價

消費物價

2004年對香港經濟是具有特別意義的一個年份，因為始於1998年11月的通縮期終在年中結束，改為通脹所取代。內部及外圍因素均有助這方面的發展，當中最首要的因素是，經濟復甦進一步鞏固，令本地零售商逐步恢復定價能力。事實上，在消費需求強勁和訪港旅遊業蓬勃的帶動下，大部分本地貨物和服務的價格在2004年年初後回復按年增長。其次，在成本方面，隨着勞工市場情況穩步改善，在2003年仍十分顯著的工資下調壓力，在2004年已略為消減。辦公室和舖位租金在年內進一步上升，儘管租金上調或會在稍後才全面地反映至零售價格水平。第三，在外圍方面，由於美元走弱和世界商品價格上漲(當中以油價最為顯著)，源自進口貨物的價格上漲壓力有所增加。隨着本地零售商逐步恢復定價能力，外圍因素所衍生的成本壓力更迅速地反映至零售價格水平。

反映通縮壓力在年內隨着經濟加速而逐漸消減，2004年上半年綜合消費物價指數的按年跌幅由第一季的1.8%收窄至第二季的0.9%，至六月更收窄至僅0.1%。其後，綜合消費物價指數自7月起反彈回升，第三季和第四季的平均增幅分別為0.8%和0.2%。第三季的按年升幅較大，主要原因是政府在2003年第三季寬減差餉，導致該季的比較基準偏低。大體上，受到2003年私人住屋租金顯著下跌的影響，消費物價迄至2004年年底的升幅仍十分溫和。2004年全年合計，綜合消費物價指數僅微跌0.4%，跌幅明顯小於2003年的2.6%。

各項分類指數在2004年呈現大致相若的走勢，先是上半年的按年跌幅有所收窄，及後在下半年溫和回升。2004年全年合計，甲類消費物價指數幾無變動，乙類消費物價指數和丙類消費物價指數則仍分別微跌0.5%和0.9%。由於差餉、水費及排污費在甲類消費物價指數所佔的比重，較另外兩項分類指數為大，故此政府在2003年實行紓困措施所導致偏低比較基準的消散效應，更顯著地提升2004年後期甲類消費物價指數的按年升幅。

經季節性調整與對上季度比較，綜合消費物價指數在2004年第一季上升0.3%，因為食品價格回升，以及水費和排污費在2003年8月至11月的寬免期結束後重回正常收費水平。經季節性調整的綜合消費物價指數在第二和第三季分別回落0.1%和0.2%，則是由於私人住屋費用下跌的影響超過其他商品和服務價格的升幅，耐用品價格在第三季回軟，亦為相關因素。及至第四季，由於住宅租金在續租時陸續上調租金水平，早前租金下跌的效應逐漸消散，加上食品和燃料的進口價格上漲，令成本壓力增加，經季節性調整的綜合消費物價再度回升0.3%。不過整體上，消費物價指數在第四季的季度升幅仍然輕微，顯示整體價格壓力迄至2004年年底仍然十分溫和。

按綜合消費物價指數的主要組成項目分析，眾多消費品項目的價格在2004廣泛上揚，當中以電力、燃氣及水的費用的11.4%升幅最為顯著，這主要是因為政府在2003年寬免水費及排污費，以及一家電力公司在同年兩度退回部分電費，以致2004年的比較基準明顯偏低。此外，油價上升令煤氣價格在2004年後期飆升，亦是相關因素。衣履價格在2004年顯著上升6.4%，主要反映零售業務興旺，以及進口貨物價格上漲。此外，雜項物品價格亦上升3.6%。基本食品價格上升2.5%，這主要反映內地食品價格上漲。交通費及外出用膳費用則較為穩定，分別微升0.4%和0.2%。不過，私人住屋費用在2004年進一步下跌6.6%，主要是受2003年的私人住屋租金顯著下跌所拖低。耐用品價格在2004年再下跌2.2%，原因是電腦及電訊設備的價格在激烈的商業競爭中持續下降。至於雜項服務費用，儘管在下半年出現反彈(明顯出現在外遊旅行團費用方面)，2004年全年合計仍錄得0.2%的輕微跌幅。

進口貨物價格

在美元疲弱及商品價格上升的情況下，源自外圍的成本壓力不斷增加，以致進口貨物價格在2004年內加速上升，全年增幅達2.9%，與2003年下跌0.4%的情況形成對比。按主要來源地分析，各地的進口貨物價格均告上升，其中以來自日本及台灣的進口貨物價格的升幅尤為明顯，這部分或與日元及新台幣在年內走強相關。來自內地的進口貨物價格在2004年下半年亦明顯上升，主要是由於從內地進口的食品價格顯著上升。

生產要素投入資源成本及本地產品價格

本地成本方面，在企業業務情況改善下，寫字樓、舖位及傳統分層工廠大廈單位的租金全皆顯著上升，在2004年第四季，該等物業租金較一年前同期分別上升12.0%、9.2%和7.3%，而2004年全年的平均升幅則分別為4.6%，7.2%和3.5%。勞工成本的下調壓力亦似略為消減，儘管速度緩慢。按名義計算，勞工工資的跌幅由2003年的1.9%收窄至2004年首三季的1.1%。勞工收入的跌幅則較明顯地收窄，由2003年的1.8%收窄至2004年首三季的0.7%。

隨着通縮期結束，生產商利潤受壓的情況稍告緩和，加上產品成本又因物料成本上漲而增加，本地產品價格在2004年普遍回升。按生產物價指數計算的本地產品價格在2004年首三季反彈至2.5%的按年升幅，這不單扭轉了在2003年下跌0.3%的情況，亦是過去4年來首次錄得升幅。至於選定服務業產品價格，在2004年首三季錄得相當全面的升勢，其中以酒店及旅舍業的產品價格增幅因蓬勃的訪港旅遊業而尤為明顯。然而，電訊業的產品價格則因業界競爭激烈而持續下降。

出口貨物價格

隨着製造產品價格回升，整體出口貨物價格在2004年第一季後出現反彈。就2004年全年而言，整體出口貨物單位價格指數回升1.2%，這不單與2003年的1.4%跌幅形成對比，亦扭轉了自1996年以來的跌勢。按主要市場分析，輸往所有主要市場的整體出口貨物價格在2004年下半年均錄得升幅。

由於整體出口貨物價格的上升速度不及進口貨物價格，香港的貨物貿易價格比率繼在2003下跌1.0%之後，在2004年再降1.7%。

本地生產總值平減物價指數

本地生產總值平減物價指數(是量度經濟體系內整體價格變動的概括指標)在2004年內的按年跌幅逐步收窄，由第一季的4.0%收窄至其後三季的2.7%、2.5%和2.1%。就2004年全年而言，平均跌幅為2.8%，遠低於2003年的5.3%。2004年的情況相對改善，很大程度上是由於消費物價在年內停止下跌，以及在私人住宅樓宇上的投資開支價格亦因物業價格反彈而顯著回升。此外，貨物及服務出口價格在2004年出現反彈，扭轉了過去數年激烈市場競爭下的跌勢，亦是值得留意的發展。不過，由於美元走弱，貨物及服務進口價格的上升幅度較貨物及服務出口價格的為高，導致貿易價格比率整年下跌，因而嚴重拖低整體本地生產總值平減物價指數。由於香港的外貿數額非常龐大，貿易價格比率變動對本港經濟的影響特別明顯。撇除貿易價格比率的影響後，本地內部需求平減物價指數及最後需求總額平減物價指數在2004年第一季後均已止跌回升，全年分別錄得0.1%和0.7%的升幅。這是自1998年以來首次出現的全年升幅，再一次標誌本港的通縮期已隨着經濟活動回升而告終。

資料來源：香港特別行政區政府：《2004年經濟概況及2005年展望》

第二篇

概況

2004年經濟：全面復蘇

2004年香港經濟進入了一個全面復蘇的階段。在2003年下半年，隨著沙士的影響減褪，在"個人遊"及CEPA協議正式簽署落實後，香港經濟迅速強力反彈，並帶動2004年的全面復蘇，這是香港經歷了1997年亞洲金融風暴後重現生機的又一個年份，充分顯示出香港經濟的靈活性和實力。

【實質增長8.1%】　2004年香港經濟活動全面增強，其中出口和離岸貿易均見暢旺，訪港旅遊業蓬勃發展，消費開支強勁反彈，而投資亦顯著回升。對外貿易則受惠於全球貿易的擴張，同時，本地經濟也藉著消費者及投資者重拾信心而復蘇。

與一年前同期比較，第一季增長7%，第二季再激增12.1%，這主要是2003年第二季爆發沙士整個比較基準偏低所致，第三季增幅為6.8%，第四季則為7.1%。經季節性調整與上季度比較，本地生產總值在四個季度均告上升，分別實質增長2%、2.5%、1.6%和0.6%。全年合計，本地生產總值的實質增長為8.1%，明顯高於2003年3.2%的增長，這也是自1987年以來錄得的第二快增長，僅次於2000年異常強勁的升幅。

【各行各業表現全面】　2004年香港經濟增長的一個重要特徵是各行各業復蘇表現全面，並不限於某一行某一業。

對外貿易　去年全年的商品出口都維持可觀增長，這主要是受東亞、歐盟及美國等主要市場的強勁需求以及內地對外貿易暢旺和內部需殷切所帶動。此外，美元疲弱和內地產品在世界市場的競爭力不斷提高亦進一步帶動香港出口上升。整體貨物出口在2004年四個季度均錄得雙位數的增長，使2004年的按年增幅升至15.3%，更勝於2003年14%的強勁增長，也是自1995年以來首次連續兩年錄得的雙位數增長。

無形貿易方面，訪港旅遊業表現蓬勃，訪港旅客人次在2004年下半年迭創新高。2004年全年合計，訪港旅客人次較2003年上升40%。若與2002年比較撇除沙士所造成的扭曲，2004年訪港旅客人次也有32%的明顯增長。由此可見，本港旅遊業已完全擺脱沙士的影響而進入全面復蘇。除個人遊計劃的擴大令訪港內地旅客人次繼續大幅上升外，大部分其他主要來源地的訪港旅客人次亦大幅上揚。由於區內貿易往來頻繁令離岸貿易得以蓬勃發展，服務輸出在2004年保持暢旺，繼在2003年錄得5.7%的增長後，於2004年全年再升14.9%。

內部需求　不僅貿易表現理想，內部經濟在2004年亦進一步增強。消費方面，因經濟前景漸趨樂觀，勞工市場情況改善，以及物業價格回升所產生的財富效應，均大大刺激本地消費意欲，令全年的本地消費開支保持顯著增長。與一年前同期比較，2004年四個季度的私人消費開支分別實質上升5.4%、10.7%、5%和5.7%，全年合計則上升6.7%，這也是自1993年以來所錄得的最快增長。經季節性調整與對上季度比較，私人消費開支於第一季及第二季分別實質增加了1%和2.5%，在第三季回落0.1%後，於第四季再次回升1.9%。

隨著投資者信心恢復，投資需求有所增加。按本地固定資本形成總額計算的整體投資開支，在2004年實質增加4.5%，這是自2000年以來錄得的最快增長；箇中原因是商業活動增加及營商前景漸趨樂觀，帶動機器及設備投資全面上升以配合業務發展需要。特別值得一提的是，用於製造業的工業機器的投資扭轉近年來的普遍跌勢，在年內大幅回升。然而，樓宇及建造產量在年內仍然偏軟，原因是早前新的私營樓宇建築項目在減少、公共房屋計劃下的建屋量縮減，以及優先鐵路計劃相繼竣工所致。

勞工市場　由於經濟復蘇的步伐加快，勞工市場的就業情況也在好轉改善，總就業人數在2004年大幅上升2.1%。截至2004年第四季，總就業人數升上333萬的歷史新高，較2003年的低位增加139,400人。經季節性調整的失業率從2003年第二季的8.6%高位，持續下跌至2004年第四季的6.5%，是近三年來的低位，反映就業情況有所改善。就業不足率亦從2003年第二季的4.3%高位，回落至2004年第四季的3.1%。很多行業的職位空缺激增，其中貿易及旅遊相關行業，如貨運服務業，以及零售業、飲食和酒店業，升幅尤其顯著。工資及勞工收入在2003年仍須承受的龐大下調壓力，在2004年已開始逐漸消減。

物業市場 住宅物業市道在2004年年初進一步顯著復蘇，物業交投活躍，物業價格亦進一步攀升。不少住宅新盤的推售反應熱烈，而二手市場交投暢旺。市場在5~7月期間略作整固，這是由於樓宇價格早前上升後稍見回落，以及市場關注美國即將加息、內地的宏觀調控措施，以及油價飆升等問題。不過，由於經濟上升勢頭延續，及家庭入息有所改善和通縮期結束，購買意欲瞬即恢復，樓宇價格在2004年夏季後再度回升。中小型住宅物業市場的購買意欲旺盛，負擔能力仍處於相當吸引的水平，政府向置業人士推出擴大按揭貸款的措施亦有所支援，豪宅價格升幅更為淩厲，主要是流動資金充裕，以及市場對香港經濟前景的信心普遍樂觀。截止2004年12月，住宅樓宇價格較一年前同期上升27%，但仍較1997年的高峰下跌52%。此外，住宅樓宇的租金在2004年年底亦較一年前同期上升11%。

商業樓宇方面，隨著商業活動轉趨頻繁，寫字樓的銷售和租賃市道活躍，特別是位處黃金地段的寫字樓。由於訪港旅遊業蓬勃及本地消費開支回升令需求增加，大型購物區的舖位市道亦告上揚。受出口增長強勁和投資者據報因《內地與香港關於建立更緊密經貿關係的安排》的推行而信心增強所帶動，工業樓宇的需求亦略見復蘇。

股票市場 由於油價飆升及美國加息周期帶來不明朗因素，本地股票市場在2004年年初跟隨外圍市況走軟。但隨後在經濟前景樂觀、賣地成績理想，以及資金大量流入以致流動資金非常充裕，令本地利率下調至接近零水平等因素下，市場氣氛得以改善。原油價格下調及海外股票市場造好，令本地股票市場在接近年底時進一步上揚。恒生指數在2004年下半年普遍上升，在12月29日升至14266點，這是45個月以來的高位。恒生指數在2004年年底報14230點，較2003年12月底顯著上升13.2%。2004年的平均每日成交額增至160億元新高，較2003年的104億元，以及上一次在1997年錄得的155億元高位為多。

消費物價 歷時68個月的通縮期終於結束。由於零售商的定價已隨著經濟復蘇而告恢復，因美元處於弱勢及世界商品價格堅穩而上漲的進口貨物價格開始反映至零售價格水平。眾多消費品及服務的價格因而在2004年年初重拾升軌。不過，受到早前樓宇租金劇跌令住屋費用保持溫和所抑制，消費物價僅是逐漸回升。與一年前同期比較，綜合消費物價指數的跌幅由第一季的1.8%明顯收窄至第二季的0.9%，然後再分別在第三和第四季微升0.8%和0.2%。一般來說，由於工資和收入整體上仍然偏軟，而過去一年以來物業租金的反彈又仍未全面顯露，消費方面的價格壓力在2004年整個下半年尚算溫和。

至於本地生產總值平減物價指數，隨著消費物價反彈及投資平減物價指數回升，其按年跌幅亦在年內逐步收窄，由第一季的4.0%收窄至隨後三季的2.7%、2.5%和2.1%；投資平減物價指數的上升步伐遠較綜合消費物指數為慢，原因是受到年內美元進一步轉弱以致貿易價格比率進一步下跌所拖累。

【推進與內地的經貿關係】 與其他鄰近經濟體系相比，香港的主要優勢在於接近內地這個龐大及充滿動力的經濟腹地。過去20多年來，兩地的經貿關係日趨緊密。雙邊貿易增長迅速，來往兩地的旅客激增，後者特別受內地逐步放寬居民出外旅遊所推動。香港和內地是彼此最大的對外直接投資來源。在金融業方面，跨境資金流量在過去十年顯著上升。香港已成為內地國有企業以至近期民營企業的重要集資中心。為了更充分把握內地經濟迅速增長和進一步開放所帶來的眾多機遇，香港必須抓緊內地的增長勢頭，並有效利用本身的國際商業視野，以配合內地的發展需要，因此，香港和內地必須儘量加強彼此之間的聯繫，尤其要促進人才、貨物、資金、資訊和服務方面的交流。

根據2003年6月30日所簽定的CEPA協議，在貨物貿易方面，由2004年1月1日起生效的港產品出口至內地享有零關税優惠，令香港產品在內地市場相對內地從其他地方入口的產品更具競爭力。在服務貿易方面，香港的公司在多個行業享有早著先鞭的優勢，這有助香港的服務業在內地擴展，以及開拓更多商機。

2004年8月27日香港與內地又簽訂了CEPA第二階段協議，訂明由2005年1月1日起實施進一步開放的措施，根據協議，由2005年1月1日起，再有713種產品獲准免繳關税。此外，在18個已在CEPA第一階段獲提供優惠待遇的服務行業中，有11個行業的開放措施將在CEPA第二階段協議下再獲擴大。同時，新開放措施還會擴展至8個新增的服務領域。

另一個有利於本港經濟復蘇的措施是，內地居民個人遊計劃繼續擴大，在2004年，循個人遊計劃來港的內地旅客接近430萬人次，佔年內整體內地訪港旅客人次超過三分之一。這對訪港旅遊業有重要的推動作用。

【多項措施促四個主要行業發展】　金融業、貿易及物流業、旅遊業、工商業支援及專業服務業都是香港最具競爭優勢的行業。在過去一年，本港推行了多項措施，促進這四個主要行業的發展。在香港作為國際金融中心發展方面，政府採取相關措施以完善規管制度、加強上市公司的企業管治以及提升仲介人的專業水平。此外，政府收費隧道及橋樑的證券化計劃亦有助促進債券市場的發展，並且為庫房帶來一筆過的收入。為提升香港作為區內物流中心的地位，政府也在逐步開放航空服務，並推行措施減跨境貨運成本，以便提高港口服務的效率。香港特區政府又已為大嶼山的發展擬訂一項概念計劃作公眾諮詢，以加強香港作為區內運輸、物流及旅遊樞紐的功能。

【2005年經濟將穩步增長】　展望2005年，全球經濟環境整體上仍然可以樂觀，加上香港本身的內部經濟復蘇基礎也更見穩固，可以預料，2005年香港經濟將會繼續穩步增長。

不過在2005年，世貿《紡織品及成衣協議》撤銷紡織品及成衣配額限制所帶來的影響仍然不明朗，估計紡織品及成衣的港產品出口會在本年內顯著下跌，但其影響有可能被來自內地的轉口和離岸貿易的增長所抵銷，因為中國內地極可能是撤銷配額限制的主要受惠者。

在服務輸出方面則會有一個較樂觀的前景。因為迪士尼主題公園將於2005年9月開幕，這會為香港增添一個主要的旅遊景點。毫無疑問，訪港旅客特別是內地旅客勢必會大幅增加。除了轉口貿易持續出現向離岸貿易轉移的結構性轉變外，內地蓬勃的對外貿易亦應令與貿易有關的服務輸出（主要包括離岸貿易）繼續攀升。而在CEPA的帶動下，商業服務需求將上升，金融、商用及其他服務輸出亦應向好。

值得一提的是，今年7月份，曾蔭權正式擔任香港特首，也為香港未來的轉變奠定了良好起點。新特首上台後，香港社會上的怨氣已在減少，凝聚力在加強，這都有助減少社會不必要的爭論和摩擦，有助團結和諧地發展經濟。不過，香港經濟轉型調整的任務仍然繁重，無論政府及民間，都必須要繼續對此問題深入探索，找尋新的出路。

財政收入

【概述】 開放型經濟和較少干預的經濟政策決定了香港政府理財哲學及財政體制有如下幾個特點：

（一）理財哲學審慎。鑑於香港經濟體積細小且易受外界影響而難於控制，當局在編制預算案時大都留有餘地，量入為出，盡可能保持盈餘，避免出現赤字。為此，訂有若干預算原則：1.公營部門開支的增長率不能高於本地生產總值增長率；2.公共開支必須反映施政方針的緩急次序；3.必須達致若干平衡，如直接稅與間接稅，經常收入與經常支出等；4.財政儲備起碼要維持其價值。

（二）稅制簡單，稅率較低。香港的稅收在直接稅方面有利得稅、薪俸稅、物業稅和遺產稅，間接稅則只課徵於酒類、煙草、若干碳氫油類、甲醇、以及不含酒精飲品，其他貨物概不徵稅。其他稅項有差餉、博彩稅、娛樂稅、酒店房間稅、印花稅、飛機旅客離境稅、海底隧道及車輛稅。財政收入也還有來自賣地款及其他收費和費用。香港的直接稅稅率之低和間接稅網之窄是世界上少有的。

（三）財政開支主要用於社會服務、公共服務、一般的保安服務支出，經濟服務支出甚少。

香港的財政年度自每年的4月1日開始，至翌年的3月30日為止。在每年3月份的第一個周三，財政司司長便會在立法會會議上提出下一年度的財政預算案，經過一番辯論，三讀通過，便算完成了立法程式。

港府的收支賬目分為一般收支賬目和基金賬目，把該兩項賬目及其他公營機構，如區域市政局等收支包括在內的賬目即是綜合賬目。基金賬目的分類及其主要用途是：基本工程儲備金：主要用於為工務計劃徵用土地提供資金；發展貸款基金：主要用途是資助社會及經濟發展，其中特別是為興建公屋提供貸款；居者有其屋計劃基金：用於興建居屋；地下鐵路基金：用於購買地下鐵路權益；學生貸款基金：用於資助認可專上學院學生。

另外，港府設有核數署，專門查核所使用公帑的部門、機構及團體的賬目，並檢查受政府資助的機構的財政狀況。

【新預算案的基調】 2005~06年的預算案仍然以穩定和經濟發展為基調。政府主要採取的措施是改善營商環境，包括促進公平競爭，深化內地與香港的經濟合作，協助企業開拓內地市場，提升香港在金融、物流和旅遊等各方面的競爭力，以及加強培訓及吸引人才。藉著這些措施以配合和促進企業的自由發展，釋放私營企業的創意能量，提升香港作為一個知識型經濟體系的競爭力。同時，也透過推動經濟發展，讓市民有充足的機會發揮所長，改善自己的生活。

過去的一個財政年度，經過政府與社會的共同努力，在以下幾方面都取得了成果：

首先是落實CEPA第二階段協議，1,108項本地貨物出口，在內地享有零關稅；對港開放的服務貿易領域增至26個。第二，2004年訪港遊客創2,181萬人次的新高，其中426萬名為內地“個人遊”旅客。單是“個人遊”便帶來額外65億元旅遊消費收益及16,500個新增職位。第三，成功在港開辦存款、兌換、匯款及信用卡4項人民幣業務。幾乎所有香港零售銀行都有參與提供有關服務，業務發展良好。第四，成功發行兩種總值達260億元的債券，創區內多項紀錄。本地及國際投資者反應踴躍，有助推動香港債券市場發展。第五，推出了2億元“攜手扶弱基金”，進一步推動政府、商界和社會福利界夥伴關係，共同扶助弱勢社群。

【2004/2005年收支情況】 在2004/2005年度，在綜合賬目上出現120億元盈餘，相當於本地生產總值的0.9%。這是自1999/2000年度以來綜合賬目首次出現盈餘。主因是本年度的開支較預期少，而收入，特別是非經營收入，則較原先估計為高。如地價收入是原先預計的兩倍半多，達313億

元；而薪俸稅、利得稅及印花稅，均較預期高出9~40%不等。

盈餘出現的主因是經濟好轉後，地價收入大幅增加，遠高於預期。但是應指出的是，2004/05年度政府所發行的債券，是需要償還的貸款，除去債券的數額外，綜合賬目預計錄得134億元赤字。

經營賬目方面，2004/05年度的經營開支較2003/04年度低，已降至2,012億元，幾乎達到將政府經營開支在2008/2009年度減至2,000億元的目標。這是50多年來，除了兩次與前市政局的特殊會計安排以外，首次出現經營開支下降。顯示出政府在控制經營開支方面的措施漸見成效。這些措施包括縮減公務員編制、調低公務員薪酬、檢討服務優次、精簡運作架構和程式等。據財政司長預計，2004/05年度的經營赤字為141億元，遠低於原先估計的466億元。而經營賬目將可如期於2008/09年度達致收支平衡；綜合賬目估計更會提早一年，即在2007/08年度達致收支平衡。

【2005/2006年度預算】 雖然政府的財務狀況已有所改善，但財政司長承諾，不會因為單單一年的好轉，便放鬆財政紀律，大灑金錢，大幅減稅。因為自1998/99年度出現經營赤字以來，香港的儲備已累積減少約37%，即1,700億元左右。同時香港經濟仍處於鞏固期，經濟前景仍有一定的變數；加上香港是一個國際城市，經濟易受外圍因素影響，若經濟前景有變，財政預測便須重新訂定。故此政府必須繼續審慎理財，量入為出，力求收支平衡，避免赤字，並使財政預算與本地生產總值的增長率相適應。

根據2004年訂下的經營開支指引，2005/06年度的預算將由2,106億元向下調整至2,080億元，減少26億元。目前公務員的編制已由2004年3月的170,600個職位減至約166,000個，明年3月還會再減至約163,300個。儘管如此，政府在新的開支預算下仍將有154億元的經營赤字。

非經營開支主要涉及基建投資項目。政府會堅持"應用則用"的原則，投入資源，以配合香港長遠發展所需。今年仍會履行去年的承諾，平均每年預留約290億元作為工務工程費用。而2005/06年度政府非經營開支預算為398億元，未來5年，非經營開支平均每年約430億元。

另外，在2005/06年度，政府於刺激經濟、強化優勢方面也做了更多工夫，如額外撥款5億元，以支援旅遊發展局進行全球宣傳與推廣活動，並將推出嶄新的旅遊產品；同時還將擴展"優質旅遊服務"計劃至更多旅遊相關行業，改善顧客服務及加強對消費者的保障。對中小企業也增加支援力度，以協助他們提高競爭力，如額外撥款3億元及轉撥2億元予"中小企業市場推廣基金"和"中小企業發展支援基金"。

預計2005/06年度政府的整體開支總額為2,478億元，其中教育、社會福利、衛生及保安佔整體開支超過六成。至於開支細項方面，教育佔23.5%；福會福利佔14.6%；衛生佔13%；保安佔10.6%。

收入方面，政府沒有打算加稅或開徵任何新稅項。話雖如此，實質上，2005/06這一個新財政年度，將執行於2003/04年度提出的薪俸稅第二階段調整，將薪俸稅率及稅階減至2003/04年度以前的水平，這對打工仔來講，已是一項十分沈重的負擔。因為這幾年的工薪一族薪金有減無加，而稅率與稅階就要回復舊觀，當然社會對此存有怨氣。唐英年雖然口口聲聲說沒有加稅，但稅賦仍在悄悄地增加。所以有政黨及立法會議員提出，應暫緩行薪俸稅第二階段調整，這才是真真正正地為民所急，為民所想。但此議已被唐司長拒絕，因為若停止執行第二階段薪俸稅的調整，將令政府收入每年減少33億元。不過，為了稍減納稅人的負擔，政府作了極有限度的稅務放寬。如將受供養父母或祖父母的享受免稅額的年歲放寬至55~59歲，政府估計此舉會令10萬名納稅人受惠，稅收將每年減少4.5億元；此外，還增加了子女免稅額，由每名子女30,000元增加至40,000元，此舉將令30萬名納稅人受惠，稅收將每年減少6.2億元。同時，政府還建議取消遺產稅，將令政府年減少15億元收入。

政府雖然在現階段沒有增加任何新稅項，但會研究引入"環保稅"，如推行廢車胎產品責任制，膠袋廢置回收實行"污染者自付"的原則等。此外，就應否開徵商品及服務稅以擴闊稅基的問題，將在年內發表諮詢文件，徵詢公眾意見。

總括而言，政府的公共開支佔本地生產總值的比例，在2005/06年度將降至20.2%，預計在2006/07年度可降至20%以下。同時，隨著經營赤字逐年遞減，預計2008/09年度會出現103億元盈餘，達到經營賬目收支平衡的目標。到2009/10年度，盈餘會進一步增加至187億元。綜合賬目方面，估計2005/06年度會錄得105億元赤字，相等於該年估計的本地生產總值的0.8%。2009/10年度的盈餘預計將達256億元，相等於該年估計的本地生產總值的1.5%。

政府儲備預計在2005年3月31日為2,873億元，相等於政府14個月的開支。預計財政儲備於未來5年會維持在2,700~3,400億元的水平，相等於13~17個月的政府開支。

【對新財政預算案的評價】 對於這份財政預算案，社會各界普遍認為穩健、務實，是一份具有政策連續性的預算案，也是一份體現出“穩定社會、發展經濟”主調的預算案。

這份預算案有兩個較為引人注目之處：一是本年度會出現120億元的賬面盈餘；二是2007/08年度恢復收支平衡，比預計提前一年滅赤。這對赤字陰影籠罩下的香港而言不啻是一個值得欣喜的突破。意味著今後香港財政預算的主調再不是滅赤，而是圍繞推動經濟而作相關的稅項及財務安排。

香港年內滅赤取得進展，主要得益於政府控制開支措施已獲成效；更重要的是這一年多來，經濟強勁復甦，帶來收入方面的大幅增長；第三則是拍賣土地方面有較大收益。但這方面始終不能過份依賴，不能再重踏過去的舊路。為建立一個更穩健的稅務政策，政府不得不考慮擴寬稅基，如開徵商品和服務稅，從而令減輕政府對不穩定收入的依賴，這對香港社會經濟長遠的穩定應該是有建設性的。不過在目前經濟剛恢復之際，任何開徵稅項的研究，都應以是否有利於經濟增長為重要取捨標準。

在上述3項滅赤措施中，亦可以看到除繼續控制開支之外，政府最重要的工作仍是全力推動經濟發展，而不是將社會的注意力引向討論如何增加新的稅收。經濟持續增長，稅收、賣地、投資、服務收費等各方面的庫房收入都會水漲船高，令政府的收入高於支出，從而使赤字逐步減少以至消失。這才是最重要的一項啟示。

聯繫匯率

【聯匯實施背景】 1983年，中英兩國政府就香港前途問題展開談判，當時香港市民對前景感到徬徨不安，到10月中旬，港元出現危機，港元兑美元曾一度由5元跌至接近10元，市民也恐慌至爭相到超級市場搶購白米、廁紙等日用品，銀行出現長長的人龍提款或兑換外幣。在這種情況下，港英政府當時的財政司司長彭勵治於當年10月17日宣佈實施港元與美元掛鈎的聯繫匯率，並將港元兑美元固定在一美元兑7.8港元的水平，從而穩定了港人的信心，化解了一場危機。

聯繫匯率實行多年來，總體而言使香港這個規模細小、以出口為主的經濟體系能夠基本上保持穩定。但同樣地，為免聯繫匯率受衝擊，香港社會也同時要承受著股市下挫、樓市大跌、經濟衰退、工資下調的沉重壓力。故此聯匯的存廢問題屢次被提出。而每次都遭政府強烈否認，並一再表明政府有能力與決心捍衛聯匯制度。1998年政府還推出了7項措施鞏固聯匯，俗稱為“任七招”，使聯匯制度更形鞏固。

【新情況、新問題】 近兩年，香港的聯繫匯率又出現了新的問題。多年來市場上一直存在著認為港元偏弱，應該脱鈎升值的壓力，因此炒家慣常的做法是沽港元。但在過去的一兩年，情況出現逆轉，主因是美元偏弱，對世界上的各主要貨幣一直偏軟，與此同時，與香港關係日趨密切的人民幣卻持續強勢，面臨升值壓力，更由於人民幣未能實現完全自由兑換，故港元被視為炒人民幣升值的“工具”或“代用品”。因此，自2003年9月至今年，大批熱錢流入香港買入港元，在2003年10月，香港銀行體系內的結餘一度曾高逾500億元；至今年5月，滯留在本港的熱錢也有近40億元，而本港一向的正常結餘款項約為3~7億元之間。由於熱錢長期滯港，令本港銀行利率無法追隨美元的利率上調，息口長期偏離美元利率走勢，以利率調整經濟趨熱、壓抑通脹的功能也無法實現。

面對這一新情況、新問題，過去的聯匯機制無法解決，因為以往本港實行的是單向兑換保證。在港元偏軟、美元偏強時，金管局可以按7.8的固定匯率沽出美元，以買入持牌銀行的港元結餘，但當港元匯價強於7.8聯繫匯率時，卻沒有正式的兑換保證，讓金管局可據此買入美元。金管局總裁任志剛曾承認，金管局應付港元匯價的“弱勢”與“強勢”時的態度是有明顯分別的，因匯價偏弱是任何一個金融機構都擔心的事情，故不會有酌情權，相反，若強勢時，該局會考慮運用“酌情權”，如“入市的主動性、幾時入市及干預的程度”。況且，在貨幣轉強而非轉弱時，要捍衛固定匯率要容易得多，只要一直有資金流入，理論上金管局就可以無限量地創造港元基礎貨幣。同時亦可以採取抑制措施以減少銀行持有龐大的結算餘額，如對結算賬戶內的大額結餘收取懲罰性費用，但這只是在非常極端或特殊的情況下才作出。

【推出新措施】　但由於上述的港元強勢情況持續時間長達18個月之久，明顯地對香港銀行體系尤其是利率造成影響。因此，在2005年5月18日，金管局一捨沿用多年的單向兑換保證，更首次修改了自1983年10月實施聯繫匯率以來所訂下的7.80港元兑1美元的下限，推出了三項優化貨幣發行局制度的措施，以微調聯匯：1. 推出強方兑換保證，金管局會在7.75水平向持牌銀行買入美元；2. 將現行金管局在7.80水平出售美元予持牌銀行的弱方兑換保證移至7.85水平，讓強弱雙向的兑換保證能對稱地以聯繫匯率7.80為中心點運作，金管局會採取為期5周，每周移動100點子的循序漸進方式推行；3. 在強方及弱方兑換保證水平所設定的範圍內，金管局可選擇推行符合貨幣發行局制度運作原則的市場操作。這三項措施也被稱之為“任三招”。

該三項新措施出台後，港元匯價隨即下滑，港元利率亦即時向上調整，港美息差大幅收窄，而本港銀行結餘也很快穩定在7億元左右的水平。可以説，這些措施在短期內已收到預定的成效。最重要的是，這次金管局出招，使其能將已失去了的貨幣政策手段局部地取回，在一定程度上主動拉闊或收窄港美息差，從而能主動對本港經濟作出適當調控。同時，藉著這次推出的三項優化聯匯措施，亦可向外界表明，無論出現怎樣的情況，香港都會一如既往地堅守聯匯制度。

【社會反應】　如前所述，任三招在短期內已收到一定效果，因此，社會上所給予的評價大都是正面的。不少評論員或經濟學者認為，三項措施是順應當前客觀情勢發展的明智之舉，而把7.8這一聯繫匯率水平當作其兑換保證的中心點，也意味著自1983年10月17日開始正式生效並為1998年推出的7項措施所鞏固的聯繫匯率制，亦即貨幣發行局制度已開始蛻變，即金管局實質上正朝著鞏固和健全中央銀行職能的方向演變，加強了對香港銀行同業市場的干預，進而主導港元存貸利率的狀況。此外，雖然任志剛強調新措施與人民幣升值準備無關，但市場上大都認為這些措施已為港元匯率設置了屏障，以防人民幣匯率一旦波動時港元也能保持穩定。

也有一些意見認為，雙向兑換的成效仍有待觀察，雖然短期遊資離開，但並不意味著這些措施就真能嚇退炒家。首先，這三項措施是在美元轉強人民幣炒風有所降溫的情況下推出的，市場上普遍預期人民幣不可能在短期內升值，因此投機資金很可能會在衡量利弊得失後暫時撤退，根本沒有必要推出這些措施，反而現在讓人感到金管局有點小題大作。其次，人民幣升值的預期雖然有所下降，但人民幣匯率改革也是遲早的事，故人民幣的炒風絕不會完全停止，況且現在港元匯率上下限波幅只有1000點子，根本沒有阻嚇性，反因這特定的上下限波幅會令炒家更易計算成本，有可能招徠更多炒家來港。第三，港元匯率下限經過第一次修訂，自然令人憧憬有第二次修訂，炒賣活動難完全遏止，倘若日後一旦有超過百億元的大規模熱錢流入炒賣，強方兑換保證的承受能力將會受到考驗。

總之，金管局這次推出雙向兑換保證後，也確實不意味著聯匯制度就可安枕無憂，市場變幻莫測，炒家的招數也會花樣翻新、層出不窮。金管局必須時刻保持高度警覺，在完善和加強聯匯制方面繼續作文章。

黃金市場

【概述】 2004年黃金價格漲升，最高見456.75美元，年終收報415.75美元，比上年底上升5.26%，但比不上鉑金5.67%的升幅，更比不上白銀的14.85%上升幅度。有投資者認為，金價的升幅與歐元同步，其實2004年歐元兑美元上升7.68%，持有黃金比不上持有歐元。

2004年金價是連續4年報升，而且是升至16年來的高位，最高見456.75美元。此價位比這次連升4年的起步點，即2001年的254美元低位，累積升幅高達79.5%。即使年底終盤價，依然是屬於16年的高價位水平。

承接2003年末段的升勢，2004年金價以414.95美元高開，並於短時間湧升至430.85美元，其後雖回落至397.95美元低位，但4月初又再漲升至431.55美元。

市場因對美國將加息感到疑慮，加上中國實施宏觀調控使多種漲升後的原材料跌價，金價遂作出調整，2004年5月間挫落到371.65美元的年內低位。然而，在美國聯邦儲備局把低至1厘的聯邦基金利率連番往上調升的同時，金價卻從低位反覆上揚，2004年7、8月間已重返400美元以上。

由2004年9~12月初，金價罕有的持續再急升，令一些資深的金市投資者也感到瞠目結舌。紐約期油猛漲到55.67美元的歷史高位為金價再上攀帶來動力，而美元的匯價在年底兩個月急瀉，更為金市火上加油。金價在2004年12月曾上試455美元的中長線阻力位，年底終盤價儘管回軟，但全年的平均價仍維持在410美元之上，明顯地高於2003年的363美元。

【金價上漲的原因】 金價出現連續四年攀升，可歸納為：1.國際金融體系結構仍在調整。2000年科網股泡沫爆破，導致國際金融體系結構的最上層呈崩潰及蒸發，最底層則呈擴張，這種調整是避免國際金融體系出現整個的倒塌。上述調整，明顯包括黃金、石油等多種原材料。2.經濟泡沫爆破後，為避免通縮和蕭條，美國政府實施“再膨脹”政策，黃金及多種原材料物價乘機漲升。即使在2004年下半年聯邦儲備局連續5次調升利率，但貨幣政策依然寬鬆。

【弱美元有利金價】 從宏觀經濟因素看，亦可歸納為：1.美元匯價。美元匯價對黃金價格是一個重要因素，弱美元有利黃金價格，兩者的相關系數約為負0.60。值得注意的是，歐元匯價與黃金價格的相關系數，在過去4年竟高達難以置信的正0.93！

從任何一張美匯指數圖表都可以發現，自2002年起該指數由約120點高峰持續向下反覆滑跌，儘管在下跌途中有過4次的反彈，但滑跌通道仍在維持。到2004年底，美匯指數已跌至約80點水平，十分接近1995年時的低點。

2.債務再膨脹。2004年內美國的產能利用率不足78%，低於長期平均率的81%，因此美國當局仍採取再膨脹政策，容忍負利率在年內存在。

2004年內美國實質短期利率處於接近負1厘的水平，類似的情況在1993年曾出現，當時金價因此而反覆漲升了5年。

預算案赤字是對膨脹政策的另一種體現。2004年，美國預算案赤字增至4,270億美元，換言之，曾有6,680億美元的財政刺激著美國經濟體系，令過去一年經濟增長4.7%。

預算赤字直接導致整體債務劇增，當前美國國內總負債已上升到接近相當國內生產總值的200%水平，情況幾乎與大蕭條時代相比。

面對龐大的債務，美國政府只有幾種選擇：放棄了承諾、削減服務、加稅，而最簡單是印發更多的美元鈔票。中央銀行是否真的印發更多鈔票呢？不得而知，但在巨大壓力下保持相當寬鬆的貨幣政策是事實。

【需求潛力刺激金價】　市場需求在增加：1.新的中央銀行黃金協議。2004年9月24日起，由15個國家中央銀行簽署的新的中央銀行黃金協議開始生效，協議規限簽署國央行在未來5年內每年只可沽售500噸黃金，並將黃金借貸活動規模限制只可等於1999年時的水平。

由於協議涵蓋了全球較大的中央銀行，加強了市場透明度，對央行售金可賣得較好的價錢和對產金國的經濟均有好處，故當該協議簽署的消息傳出後，金價呈反覆上升，並沒有出現負面的行情。

2.亞洲央行的需求潛能。亞洲各國中央銀行一共持有9,120億美元的外匯儲備，但只持有1,930噸黃金儲備，僅佔總儲備的1.28%。如中國和日本把黃金儲備的比例提高至與歐洲央行的15%比例，中國便要購入6,600噸黃金，日本更要購入11,000噸。西方經濟分析家和投資者一直在注視著中、日兩國現行黃金儲備政策是否會作出任何變動。

3.西方國家金礦生產在遞降。西方國家金礦生產自1999年爬升到年產2,100噸的高峰後，連續4年出現下降，這有利金價向上。

4.金礦解除套戥的活動仍在進行。環球主要金礦自1983年至1999年間共套戥沽售了3,235噸。但從2000年開始，金礦轉為解除套戥，此項活動至今繼續進行。如到2011年金礦把以前套戥的黃金數量全部購入贖回，那末今後7年仍將要以每年300噸的速度完成，換言之今後若干年，金礦沽售依然由原屬供應面變成需求面，有利於金價。

5.黃金投資多元化。繼澳洲、倫敦和南非之後，紐約證券交易所2004年10月正式推出黃金證券交易買賣，黃金證券為黃金零售投資多元化成功闖出一條道路，此類黃金證券投資面世，到2004年10月底為止，已衍生出58噸的黃金新需求。

【2005年金價走勢】　2005年金價反覆，6月底以435.85美元收盤，比2004年底微跌0.4%，同期歐元匯價跌幅達10.8%。

估計調整低位不會低於421美元，而較可能是在424美元左右。金市進入低位整固但不變悲觀，因為油價上升速度加快已超過66美元一桶，油價升浪欲起，金價亦應是升多於跌。

人民幣升值對內地金市有一定的影響，使得內

環球黃金供求數字（單位：噸）

	類別	2002年	2003年	2004年	近兩年變動%
供應	金礦生產	2,591	2,592	2,478	-4.4
	金商套戥	-412	-279	-445	-
	官方銷售	545	617	497	-19.4
	廢金回流	835	944	829	-12.2
	小計	3,560	3,875	3,360	-13.3
需求	首飾需求	2,680	2,522	2,673	6.0
	零售投資	332	300	346	15.1
	工業應用	291	318	348	9.3
	牙醫用途	69	67	68	1.1
	金價(美元/盎斯)	309.68	363.32	409.17	12.6

資料來源：世界黃金協會 金田礦業服務公司

地金價更便宜，有利於本已越來越強勁的銷售再向前發展；亦有利於方興未艾的內地黃金投資項目的發展，較早前因人民幣升值的預期妨礙著內地黃金投資的步伐，今後若人民幣升值到一個合理水平，並且人們意識到人民幣可升可跌的時候，內地黃金投資的潛力將難以估量。與此相對，人民幣升值對內地金礦非常不利，因其產品是以美元計價，而生產成本是以人民幣計價，估計日後內地金產有壓抑，而進口黃金將會增多。

上述兩方面對金市長遠是利大於弊。不過當前還存在不利金市的因素，最明顯是利率趨升。聯邦儲備局主席格林斯潘暗示，美國利率將會循序漸進地調升，而人民幣升值又更使美國長期債券價格急跌，利息進一步回升，金市已受到這方面的抑制。

股票市場

【概述】 2004年香港經濟顯著復甦，令證券及衍生產品市場表現強勁，並刷新多項紀錄。證券市場（包括創業板）全年成交額達39,741億元，突破1997年37,890億元的歷史高位。年底的股市總市值亦錄得66,959億元的新高。市場興旺令香港2004年全年集資額榮登國際證券交易所聯會會員排名榜第三位，市值則名列全球第九位。

2004年年底時，恒生指數攀升至14230點，較上年上升13%，恒生香港中資企業指數（紅籌股指數）上升9%，恒生中國企業指數（H股指數）則下跌6%。新上市公司數目，主板有49家，創業板有21家，透過公開招股合共集資972億元。

香港交易所的衍生產品2004年亦創下佳績，期貨及期權成交合約共有19,629,692張，較2003年創下的最高紀錄增加35%。主要產品恒生指數期貨成交量亦突破歷史高位，達8,601,559張。

【市場發展】 香港證券市場2004年有多項的政策及市場發展。

2004年3月，政府就香港上市事宜監管架構的市場諮詢發表總結（《有關改善規管上市事宜的建議諮詢總結》）。政府認為香港交易所應保留上市審批的角色，但雙重存檔制度應予擴大，重要的上市規定亦應獲賦予法律效力，從而加強日後對發行人及其董事的監管。

香港交易所年內採取多項行動，提高其上市監管職能的透明度。2004年7月，香港交易所刊發主板及創業板上市委員會的首份年度報告，交代委員會由2003年5月16日至2004年4月底的工作。從2004年12月起，香港交易所開始在其網站刊發“拒納信系列”，以“不記名”方式公開上市科發出的所有拒納信，並每季更新有關內容，冀能提升《上市規則》決策及詮釋的透明度。

年內，香港聯合交易所（聯交所）與證券及期貨事務監察委員會（證監會）公佈《有關對保薦人及獨立財務顧問監管的諮詢總結》及對《上市規則》作出相應修訂。有關修訂於2005年1月1日生效。諮詢總結主要涉及監管上市發行人對保薦人及合規顧問的委聘；發行人協助保薦人及合規顧問的角色及職責；保薦人及獨立財務顧問須對聯交所作出的承諾及聲明；保薦人、合規顧問及獨立財務顧問的獨立性規定，以及其角色、職責及預期應有的盡職審查常規。

年初，聯交所就企業管治事宜修訂主板及創業板的《上市規則》，並就首次上市準則及持續上市責任修訂《上市規則》。該等修訂已於2004年3月31日生效。

年內，聯交所亦對《企業管治常規守則及企業管治報告》的市場諮詢作出總結。該守規載有最佳企業管治常規做法的原則和建議，鼓勵發行人遵守。發行人須在財務報告內披露其企業管治常規並列明及解釋任何不符守則條文的情況。有關的修訂於2005年1月1日生效。

【主板市場的表現】　經濟復甦令市場氣氛好轉，香港股票市場步入2004年即展現暢旺之勢。由於市場憂慮美元利率上調、中東地區持續動盪，以及另一次全球石油危機，股市升勢在第二季受到窒礙，恒生指數5月17日跌至2004年全年最低位的10968點。到2004年下半年，全球及本地經濟氣氛好轉，股票市場便重拾升軌。恒生指數12月29日攀升至全年高位14266點。

年內，在主板新上市的公司共有49家，其中包括8家在中國註冊成立的公司（H股），總集資額達945億元。2004年底的主板上市公司共有892家（2003年底有852家），當中72家為H股公司、10家為在外國註冊成立的公司。2004年12月31日，主板公司的總市值為66,292億元（2003年底為54,777億元）。

標準普爾/香港交易所大型股指數及恒生指數年底分別報15740點及14230點，較2003年底分別上升15%及13%。2004年，恒生綜合指數上升13%至1832點；恒生中國企業指數（H股指數）下跌6%至4741.32點；恒生中資企業指數（紅籌股指數）上升9%至1556.88點。所有恒生分類指數2004年均錄得升幅，分別為金融（8%）、公用事業（8%）、地產（23%）及工商（15%）。

香港的股本證券市場2004年大致暢旺。年內平均每日成交金額達159億元，比上年增加54%。

權證市場2004年繼續擴展，令香港成為全球最大權證市場之一。年內，在香港交易所新上市的衍生權證創新紀錄，達1,259隻。截至2004年底，在主板上市的權證共有895隻（包括32隻股本權證及863隻衍生權證），較2003年的575隻增加56%。2004年權證成交額5,274億元，較2003年上升99%。

2004年香港的債務市場因政府發行債券而有進一步的發展。香港政府把擁有的隧道及橋樑收益，透過五隧一橋有限公司發行60億元債券，於2004年5月在聯交所上市。在聯交所上市的債券總數由2003年的152隻增加至2004年的161隻。年內債券的交易金額仍然偏低，為4,154萬元（2003年則為1,810萬元）。

2004年底，在聯交所掛牌的單位信託基金/互惠基金共有10隻（2003年則有8隻）。單位信託基金的成交金額為235億元，較2003年的133億元上升77%，當中幾乎全屬交易所買賣基金的成交。

2004年在香港新上市的股票掛鈎票據ELI共有46隻，約為2003年（16隻）的三倍。到年底時，還在上市的ELI共有9隻（2003年則有7隻）。ELI的全年成交金額為2.4億元，較2003年的4.8億元減少50%。

【藍籌股升多跌少】　一向被市場視為風險低、回報平穩的藍籌股，2004年的表現可令投資者感到滿意，因為投資33隻藍籌股中有25隻錄得升幅。全年股價升幅最大的藍籌股，再由思捷（0330）奪得，其股價在年底升至47元，上升了81.8%。除思捷外，兩隻航運股中遠太平洋（1199）及招商局國際（0144）雙雙走俏，全年分別錄得55.6%和42.9%升幅。至於表現最差的藍籌股駿威汽車（0203）及聯想（0992），股價分別下跌了32.7%和30.1%。

匯豐控股（0005）仍是2004年成交最活躍的藍籌股，全年成交額高達3,796億元。第二、第三位分別為和記黃埔（0013）和中國移動（0941），成交額分別為1,528億元和1,276億元。

銀行股的表現未如理想，股價升幅只有單位數字。表現較佳的匯豐控股（0005）上升8.6%，升至133元。其次是恒生（0011）上升5.9%，中銀香港（2388）和東亞（0023）分別上升1.7%和1.3%。

地產股表現理想。由於地產市道止跌回升，致使股價造好。其中4大地產發展商—新鴻基地產（0016）、長江實業（0001）、恒基兆業（0012）和九龍倉（0004），股價升幅介乎17.8%至26.5%之間。

【國企、紅籌表現失色】　2004年，國企股呈現熊市。恒生中國企業指數在年底收市報4741.32點，比上年下跌5.6%。其中，市值最高的中國石油股份（0857）下跌6.7%，第二位的中國石油化工股份（0386）及第三位的中國電訊（0728）也分別下跌7.9%和10.9%。

紅籌年內表現個別發展，整體升幅落後於大

2004年港股十大跌市

日期	恒生指數	下跌點數	跌幅%
10月23日	11737.18	501.45	4.10
3月31日	8634.45	228.91	2.58
11月6日	12150.09	288.83	2.32
9月10日	10810.31	236.51	2.14
12月16日	12260.33	259.84	2.08
6月23日	9734.29	196.02	1.97
4月9日	8636.85	169.81	1.93
3月27日	8872.32	174.77	1.93
8月6日	9987.54	189.84	1.87
4月8日	8806.55	155.55	1.74

2004年十大上升股票

名次	公司	2003年收市(元)	2004年收市(元)	升幅(%)
1	邁特科技	0.036	0.510	1,316.67
2	堡獅龍國際	0.163	1.940	1,090.18
3	新濠國際	1.970	19.700	900.00
4	嘉華建材	0.640	5.850	814.06
5	豐德麗控股	0.240	2.075	764.58
6	奧瑪仕	0.355	2.825	695.77
7	祥泰行集團	0.207	1.520	634.30
8	大華國際	0.116	0.820	606.90
9	百利大	0.107	0.600	460.75
10	利信達集團	0.300	1.250	316.67

2004年十大下跌股票

名次	公司	2003年收市(元)	2004年收市(元)	跌幅(%)
1	遠東生物制藥	0.950	0.068	92.84
2	利科控股	1.240	0.191	84.60
3	意科控股	0.390	0.069	82.31
4	中國金融產業投資	1.480	0.300	79.73
5	華聯國際	1.410	0.310	78.01
6	廣興國際	1.650	0.375	77.27
7	上華控股	1.680	0.395	76.49
8	福方國際	2.325	0.570	75.48
9	亞洲聯盟	0.460	0.118	74.35
10	匯豐中國基金	3.050	0.860	71.80

市。恒生香港中資企業指數在2004年底收市報1556.88點，上升9%。升幅較大的有香港中旅(0308)的70.1%和粵海投資(0270)的66.7%，而跌幅較大的則有BRILLIANCE CHI (1114)的64.4%和TCL國際(1070)的41.6%。

【創業板呈現弱勢】 2004年創業板不如主板暢旺。除首季外，標準普爾/香港交易所創業板指數普遍趨跌。3月5日升至全年高位1370點後，隨即逐步下挫，2004年底報989點，下跌17%。

創業板上市公司總數由2003年底的185家增至2004年底的204家（其中37家為H股），總市值667億元，較2003年底的702億元下跌5%。

年內創業板新上市公司有21家，當中8家是H股公司，平均每日成交金額為約1億元，比2003年減少66.7%。

【新趨勢】 2005年首個交易日，港股承接2004年年底的升勢開出紅盤，當時市場內外仍然雄心勃勃，惟之後美元一改近年弱勢，兑其他主要貨幣匯價均告回升，引發部分資金外流，港股亦應聲下滑，失守14000點水平。

除了美元走強，人民幣升值與否亦是決定大市資金去向的議題。美國聯邦儲備局主席格林斯潘呼籲人民幣盡快放寬匯率管制，港元買盤應聲湧現，而遠期人民幣不交收合約一年期折讓價，一度在5月初擴大至4,950點子，反映投資者對人民幣升值寄望殷切。不過隨後中國財政部長金人慶公開表示，中國決心改革人民幣匯率機制，但由於“預期人民幣升值的持續狂炒，使得中國難以進行”，頓令人民幣升值預期降溫，資金流入明顯放緩，恒指險守13000點水平。

上半年美國聯邦儲備局連續加息4次，每次均為四分之一厘，雖然本港銀行並非每次都跟隨美國加息，但由於聯繫匯率機制及新訂的優化聯匯制度，令本港銀行同業拆息始終跟隨美息去向。息率趨升對股市構成沽壓。恒指上半年下跌0.2%，半年高位14365點，最低曾見13320點。

展望下半年，DBS唯高達研究部主管兼董事張國源和天達資產管理亞太區業務拓展董事張勇奇均認為，利率是股市後向的關鍵。張勇奇指出，一旦格林斯潘錯估美國經濟狀況，並過度提升美國息率，將成為港股下半年最大的風險因素。他認為，美息應已見頂，眼下利率水平對港美經濟均屬可接受水平，所以除非市場錯估息率走勢，否則大市未見明顯利淡因素。

除了要消化息口帶來負面因素外，有美資行分析員提醒投資者，下半年領匯房地產信託基金或可重新上市，屆時將成為投資者的另一選擇。

展望下半年，摩根士丹利亞洲首席經濟學家伍德指出，未來數個季度，亞洲股市將面對更多的考驗。他認為，通貨膨脹趨勢不足為慮，但油價的高企使人擔心，因為高油價將拖累亞洲經濟的增長步伐，亞洲市場將繼續呈現窄幅波動格局。

花旗集團駐香港的策略研究地區主管羅斯根則認為，由於區內目前存有多個不確定因素，投資前景困擾。

根據彭博資訊的統計，2005年上半年本地市場新股集資的金額再破紀錄達598億元，比2004年同期增加13%；但新股的數目只有21家，按年減少43%，反映相關活動集中於幾家大型國企，招股的時間更集中於6月。與去年一樣，中資股繼續成為新股的主要動力，數目和集資額分別佔總額的約70%和90%。

2004年上半年全球最大集資額之一的新股中國神華（1088），集資額差不多達230億元；第二位的交通銀行，集資額也有146億元。

中國國際金融董事總經理兼資本市場部主管林壽康認為，內地和香港經濟的基本因素仍然不錯，更重要是估計內地股市表現將持續欠佳，促使中資企業南下來港集資。他相信，下半年新股集資活動將更為活躍。

市場期待已久的中國建設銀行估計今年底上市，而早期前宣佈延遲掛牌的民生銀行，也有很大機會在下半年正式招股，估計兩者的集資額逾450億元。此外，來自物流、汽車、半導體、房地產行業的多家中資企業，亦計劃下半年掛牌。

衍生產品市場

【概述】　香港作為一個重要的國際金融中心，衍生工具市場日見壯大。1986年，當時的香港期貨交易所推出了恒生指數期貨合約，但可惜1987年10月的股災，使期指市場進入低迷局面。直到九十年代初，期指市場始重拾生機。1989年，港交所推出備兑認購證，使本地證券衍生工具市場開始有一定的規模。1993年3月期交所推出恒指期權合約，以莊家制為本進行交易，同時亦推出外匯合約及股票期貨合約。1995年，港交所推出了股票期權合約，亦以電子形式及莊家制進行交易。值得留意的是，備兑認股證市場於起跌之間，市場日大，與恒指期貨市場一起成長。

衍生工具不只是遠期合約、期貨合約及期權合約等在本港市場出現，場外衍生工具市場更是千變萬化，產品更多、更具彈性。

2004年在期貨交易所買賣的期貨及期權產品共有22類，分別為恒生指數期貨、小型恒生指數期貨、恒生指數期權、小型恒生指數期權、MSCI中國外資自由投資指數期貨、恒生100期貨、恒生100期權、恒生地產分類指數期貨、恒生地產分類指數期權、紅籌期貨、紅籌期權、股票期貨、股票期權、國際股票期貨、國際股票期權、一個月港元利率期貨、三個月港元利率期貨、三年期外匯基金債券期貨、日轉期匯、道瓊斯工業平均指數期貨、H股指數期貨及H股指數期權。其中，MSCI中國外資自由投資指數期貨由於市場需求偏低，於2004年3月26日停止買賣。

【成交紀錄】　一如證券市場，香港交易所衍生產品市場2004年刷新多項紀錄。期貨及期權全年成交合約總數創下1,962.97萬張的新高，比

2003年的1,454.62萬張增加34.9%；平均每日成交79,472張，比2003年的69,255張增加14.8%；年底未平倉合約929,213張，比2003年的732,718張增加26.8%。

主要產品恒生指數期貨2004年全年的成交量創出860.16萬張的新紀錄，比2003年增長26.5%。小型恒生指數期貨全年成交合約145.77萬張，比2003年減少21.2%；恒生指數期權全年成交合約202.91萬張，比2003年減少4.7%；小型恒生指數期權成交量則為26,882張。這4種恒指產品合共佔香港交易所衍生產品市場的期貨及期權合約交易總數的62%，較2003年的70%為低。此比率下跌主要是由於2003年底及2004年6月中推出的H股指數產品——H股指數期貨及H股指數期權，二者的成交合約有182.15萬張，佔市場總數的9%。

2004年底，在香港買賣的股票期貨總類增至36種，2004年的合約成交量為17,274張，比2003年減少7%。道瓊斯工業平均指數期貨全年成交合約2,673張。

香港交易所非股票衍生產品2004年略較前活躍。三個月港元利率期貨及一個月港元利率期貨的全年合共成交59,040張，比2003年上升23%。三年期的外匯基金債券期貨全年有2,225張合約成交，比2003年增長10.6%。

在香港交易所衍生產品市場買賣的股票期權類別2004年底有37種，比一年前的33種為多。2004年的股票期權合約成交量創下年度新高，達561.18萬張，比上年增加33%，平均每日成交22,720張。2004年的期權金總額達56億元，比2003年增加70%。2004年底的未平倉合約共有684,052張。

【市場發展】 2004年，香港交易所的衍生市場在系統及產品發展方面均有進展。

為加強衍生產品市場的基礎建設，香港交易所2004年4月推出一個共用的結算及交收平台——衍生產品結算及交收系統（DCASS），處理香港交易所所有期貨及期權產品的結算及交收，以取代原先處理股票期權及其他衍生產品的兩個結算系統。

2003年12月成功推出H股指數期貨後，香港交易所在2004年6月14日推出H股指數期權。這隻新產品的相關指數為反映香港主要H股上市公司股價表現的恒生中國企業指數。H股指數期權2004年的成交合約達77,758張，相等於平均每日成交566張。

【窩輪市場世界第一】 香港交易所已超過德國交易所，2004年在全球窩輪(備兑認股證)市場上進佔第一位，成交金額達到5,245億元，相對2003年2,640億元，增加接近100%。回顧1997至2001年，窩輪佔大市成交大約5%至6%，2002年升到7%，2003年再升到大約10%，2004年更上一層樓，升至13.2%。

2004年全年共推出窩輪1,259隻，較2003年的693隻增加82%，即平均每個交易日便有超過5隻上市。其中上半年發行599隻，成交淡靜，這與三、四月較淡的經濟環境，導致投資氣氛薄弱有直接關係。但下半年的發行量便佔全年接近六成比重，每日佔大市總成交的比例12月曾高達26%，原因與市場氣氛轉旺及環球市場表現好轉有關。

2004年香港成為全球最大窩輪市場，原因為：第一、2004年香港股市表現良好，雖然年初時股市曾下滑，但下半年反彈得很快。第二、下半年多了新的發行商，促進市場的良性競爭。第三、自從香港交易所放寬條例，增加發行商的自由度，使窩輪發行變得更快捷容易。在利好市場環境及有適當的商品予投資者的情況下，成績自然理想。第四、發行商進行對沖的成本降低。第五、股票掛鉤票據成為穩健的對沖基礎。

在競爭激烈下，窩輪發行商不惜各出奇謀，有的豁免客戶交易費，也有發行商一有機會便推出引伸波幅更低的窩輪，務求從對手手中搶走客戶，一眾散戶投資者成為最終得益者。

2004年新加入窩輪的發行商包括中銀國際、匯理、花旗、德意志銀行、星展銀行等，他們來勢洶洶，不惜大灑金錢進行廣告宣傳及市場推廣，更重金禮聘資深專業評股人在不同媒體進行推介。

【窩輪的吸引力】 自從證監會2002年頒佈新的規管條例後，所有窩輪皆可以現金結算（Cash settlement），發行商毋須再結存大量正股作備兑之用，減少進行“高追買，低追沽”的高成本對沖。在成本降低的情況下，發行商的獲利空間增加。此外，近年香港多間銀行、金融機構皆發行股票掛鉤票據，為投資者帶來高息回報之餘，更為發行窩輪建立了穩健的基礎。其實，發行商出售股票掛鉤票據，是另類低成本風險管理的途徑之一，購入票據的投資者就如沽出期權予發行商，利息收入可視作期權金。若票據相關股票於到期日的價格低於行使價，票據投資者便須以預定價格接收股票，承受股價有機會繼續下跌風險，若票據發行商亦為窩輪發行商，兩種產品便可相輔相成。換句話說，若發行商擁有一定的票據市場，根本可以在沒有額外對沖成本下發行認股權證，這類“無本生意”當然吸引，難怪近年連銀行亦對這個市場虎視眈眈。

【市場空間仍然充足】 現在窩輪成交量約佔大市成交量一至二成，已達甚高水準。以這個比例來看，估計進一步發展的空間不大。可是，窩輪與一般金融產品特性不同，即使相關股票（Underlying asset）完全一樣，但行使價（Strike price）及到期日（Maturity date）有異，投資者便會視作不同產品。故此，若非兩隻窩輪擁有完全相同的相關股票、行使價及到期日，否則發行商便不是在“直接”競爭，生存空間仍大。

隨著窩輪投資者與日俱增，“換馬”及“轉倉”的需求亦相應增加，發行商除推出不同相關股票的窩輪外，亦會因應投資者需求推出不同行使價及到期日配搭的窩輪，好讓投資者能因應市況作出合適選擇。單以匯豐標準結構窩輪計算，截至2004年11月19日止，市場上正在交易的已多達93隻，很難只依靠一、兩個發行商獨力應付市場需求，因此市場還有充足空間給予發行商擴展，預期未來將有更多輪商加入市場角逐。

債券市場

【市場概要】 港元債券市場2004年持續增長。2004年底未償還債券總額達6,080億元，較2003年增加9%。除多邊發展銀行（多邊發展銀行指亞洲開發銀行、歐洲社會發展基金議會、歐洲鐵路車輛融資公司、歐洲投資銀行、歐洲復興開發銀行、泛美開發銀行、國際復興開發銀行、國際金融公司、非洲開發銀行及北歐投資銀行。來自多邊發展銀行所發行的債券收入可獲豁免利得稅）外，其他發債體——外匯基金、政府、法定機構/政府持有的公司(包括Bauhinia Mortgage-backed Securities Limited、香港按揭證券有限公司、香港機場管理局、香港房屋委員會、香港五隧一橋有限公司、九廣鐵路公司及地鐵有限公司）、認可機構（包括持牌銀行、有限制牌照銀行及接受存款公司）、本港公司及海外非多邊發展銀行發債體，均增加發債額。多邊發展銀行的未償還港元債券在1998年達到690億元的高位後持續回落，2004年底為250億元。

2004年，港元債券的發行總額達3,770億元，較2003年減少70億元。外匯基金的發債額減幅相若，但仍為年內最大的發債體，佔所有新發行債券的55%。外匯基金票據及債券的需求強勁，平均獲超額認購3倍。需求強勁，加上銀行體系流動資金充裕，令外匯基金票據及債券收益率保持在低水平。10年期外匯基金債券收益率下降74基點，至2004年底的3.63%，比同期美國國庫債券的收益率低約58基點。

不計外匯基金票據及債券在內，2004年港元債券發行額保持穩定，為1,710億元。本港公司、政府/法定機構/政府持有的公司的發債額增加，大致上抵銷了認可機構及海外非多邊發展銀行發債體發債額的減少。

為籌集基本工程項目所需資金及提高政府流動資金管理的靈活性，以及促進香港債券市場的發展，政府2004年發行環球債券，這是自1984年以來政府首次發行環球債券，發行總額為200億元，其中本地部份合共102.5億元售予個人及機構投資者，國際部份合共12.5億美元的10年期債券則配售予147位機構投資者。

過去一年整體市場繼續深化，有多種結構產品及證券化債務工具推出。5月，政府全資擁有的“香港五隧一橋有限公司”出售60億元證券化債券，該批債券是由政府擁有的五條隧道及一條橋樑的隧橋費收入支援，發債所得款項用作資助基建項目，另外，按揭證券公司2004年底首次在香港推出零售按揭證券。

【定息債券市場】 2004年新發行定息債券（不包括外匯基票據及債券）繼續大幅增加，繼2003年增加16%後，2004年再增加12%至1,340億元，有關增長主要受到政府發行環球債券及進行資產證券化帶動。海外非多邊發展銀行發債體、認可機構及本港公司等私營部門發債體的定息債券發行量大致保持穩定。由於市場普遍預期2005年香港的利率趨升，因此大部份發債體在2004年均延長了新發行定息債券的平均年期，以鎖定目前的低借貸成本。

【浮息債券市場】 浮息債券發行總額在2003年減少36%後，2004年再減少27%至370億元。由於定息債券較受投資者歡迎，2004年新發行浮息債券（不包括外匯基金票據及債券）的比率由2003年的29%下跌至22%。由於2004年到期的浮息債券比新發行的多，因此年底時未償還浮息債券略為減少至1,440億元。

【促進債券市場發展】 2004年金管局繼續推動香港債券市場的發展。有關措施包括與內地中央國債登記結算有限責任公司建立直接聯網、推出全新的港元回購交易交收平台、向一般投資者發售外匯基金債券，以及加強透過傳媒報導外匯基金債券定價。

【與內地建立聯網】 債務工具中央結算系統（CMU中央結算系統）為香港及其他國際債券提供高效率的結算交收及託管服務。為促進中國內地與香港之間的跨境債券交收，2004年4月CMU中央結算系統與內地中央國債登記結算有限責任公司（中央國債登記結算公司）的政府債券簿記系統建立直接聯網。政府債券簿記系統與CMU中央結算系統的單向聯網，讓內地投資者在穩妥及低成本的環境下投資外地債券。獲授權投資外地債券的中央國債登記結算公司成員，現時可透過中央國債登記結算公司於CMU中央結算系統的賬戶交收及持有香港及海外債券。

【港元回購交易交收平台】 2004年12月CMU中央結算系統提升其系統功能，利用存放於CMU中央結算系統的合資格證券為抵押品，以促進銀行同業的港元回購交易的交收。港元銀行同業支付系統的直接結算成員可設定其本身的回購限額，系統便會自動為它們就一項議定交易挑選有關的回購證券。系統會預先設定可供挑選的一批合資格證券以及適用的扣減率。借款人及貸款人只需議定貸款額、回購價及估值日，便可進行交易。

【向一般投資者發售外匯基金債券】 根據金管局為方便一般投資者買賣外匯基金債券而推出的試驗計劃，部份2年及3年期外匯基金債券透過3間指定零售基金債券分銷商，即東亞銀行、星展

新發行定息債券工具（億元）

發債體	2001年	2002年	2003年	2004年
外匯基金	2,339.60	2,162.28	2,132.55	2,059.86
法定機構	243.16	215.57	160.02	177.99
政府債券	0	0	0	102.50
多邊發展銀行	74.62	52.00	26.41	35.30
海外非多邊發展銀行發債體	568.65	730.65	855.09	765.46
認可機構	578.07	714.06	608.50	536.42
本港公司	56.00	88.54	54.70	90.71
總體	3,860.11	3,963.12	3,837.27	3,768.25

銀行（香港）及永隆銀售予一般投資者。這3間分銷商於二手市場均採用劃一標準向一般投資者銷售債券以提高定價透明度及方便投資者作比較。試驗計劃於2004年8月完結，透過該計劃向一般投資者售出的外匯基金債券總值3.3億元。金管局檢討了試驗計劃，並對計劃作出若干修訂，以改進計劃的銷售方法及其他設計特點。若市況適合，金管局會繼續推出該計劃。

金管局致力向公眾提高外匯基金債券價格及收益率的透明度。在香港資本市場公會的協助下，金管局加強透過傳媒報導外匯基金債券的價格收益率。

【重股輕債市場規模有限】 儘管2004年香港債市發展不俗，但在運作規制方面仍存在困難：

1.與其他國際金融中心和發達市場相比，香港債券市場規模較小。長期以來，香港金融市場“重股輕債”，內部結構發展頗不平衡，債券市場規模極其有限，這與香港作為國際金融中心的地位不相配。首先，香港實行的是聯繫匯率制度，外匯基金票據/債券的發行是以外匯儲備為基礎，只有在外匯儲備增加時，才會增外匯基金票據/債券，一旦外匯儲備的增長出現停滯，外匯基金票據/債券只能到期續發。其次，私營機構（尤其是香港本地企業）發債增長緩慢。香港銀行業比較發達，企業獲取銀行資金支援比較容易，在滿足大額資金需求方面，發行債券手續繁雜的影響，在與銀團貸款的競爭中並不具有明顯的成本優勢。

2.債券市場投資者基礎較偏重機構投資者，零散投資者參與較少。由於香港的債務證券一般不以零散投資者為對象，而大多數香港零散投資者熱衷於股市而輕視債市。

機構投資者包括銀行、保險公司、退休基金以及債券基金等。就目前情況而言，香港的銀行是外匯基金債券最積極的持有人及交易者。這與香港金管局實施外匯基金債券可抵押、回購的政策密不可分。但是，香港的機構投資者不受貨幣種類限制，其他幣種類似政府債券都可能成為外匯基金債券的競爭品種。隨著債券市場交易品種增多，市場規模擴大，在資金充裕條件下提供更多的可選擇的交易品種，將會為機構投資者提供更多優化資產組合，並刺激其需求。

由於投資傳統的限制，大多數的零散投資者仍只是將債券市場作為代替定期存款生息的一種手段，而忽略了其分散投資降低投資風險的重要功能，因此零售業務多集中在中短期債務市場，並且零散投資者大多持至滿期日為止。這樣一手市場龐大的需求很難形成一個活躍的二手市場，這也成為局限香港債券市場零售業務的重要原因。

3.債券供給來源偏重外匯基金與認可機構。在認可機構發行的債務工具中，海外非多邊發展銀行、認可機構、外匯基金形成三分天下。這種以外匯基金債券供給為主體的市場供給結構，有一定局限，限制了債市規模的擴大。外匯基金所發行的債券雖非以籌資為主要目的，但由於政府一向奉行審慎理財的原則，財政狀況良好，持續盈餘額較多，沒有大舉發債彌補赤字的壓力，政府官方信用的政府債券在市場並不存在，外匯基金所發行債券已經被視為準官方債券，並提供一條長達10年的收益率曲線作為香港債市基準。

另一方面，公司債券一直是香港債券發行的薄弱環節。發行成本較高是制約其發展的重要原因。但隨著企業業務擴展對資金的需求，在債市逐步成熟的條件下，本地評級機構發展，可以預見債券市場作為增加資本基礎以及緩和資產負債期限搭配的重要手段，將會被更多的公司更加頻繁地運用，公司債券的發行量也會有相應的增加擴大。從近年來這些公司新發行港元債務證券數量變化上觀察，發行量也有增大，但顯著增加的可能性較小。

因此，香港債市發展仍有很大空間，但還須努力。

就　業

【概述】　香港面積1,104平方公里，2004年年底人口約680萬。香港雖是彈丸之地，但在2004年卻是世界第11大貿易實體，有形貿易總額達41,302億元。1994至2004年間，本地生產總值平均每年約3.5%實質增長。2004年本地生產總值為15,041.47億元，以市價計算的人均本地生產總值則為184,547元。

根據《綜合住戶統計調查》的結果，2004年第四季本港的總勞動人口達356萬人，15歲及以上佔總人口的61.3%，當中55.3%為男性，44.7%為女性。

在356萬勞動人口中，總就業人數由2003年的325.04萬人增加至2004年的332.85萬人，是歷來最高的數字，約增加7.81萬人。

除公務員外的就業人數為230萬，比上年的223.04萬人增加3.1%。大部份從事服務性行業，其中批發、零售、進出口貿易、飲食及酒店業的人數最多，達100.35萬人，比上年同期增加3.0%，佔總就業人數（除公務員外，下同）的43.6%；其次是金融、保險、地產及商用服務44.74萬人，增加5.6%，佔19.5%；第三是社區、社會及個人服務業43.52萬人，增加4.5%，佔18.9%；運輸、倉庫及通訊業18.13萬人排第四位，增加4.0%，佔7.9%。

過去10年，就業人口出現結構性轉變，服務業現有就業人數為製造業的12倍以上。2004年12月，服務業的就業人數共206.74萬人，較上年同期增加4%。相對來説，製造業的就業人數則從上年的16.83萬人減少至16.53萬人，減幅為1.8%，佔總就業人數的7.2%；建築地盤（只包括地盤工人）的就業人數也是連續第三年減少，由上年的6.51萬人減至5.90萬人，減幅為9.4%，佔2.6%。

印刷及出版業是本港最大的製造業，2004年12月的就業人數為3.68萬人；其次是服裝製品業（鞋類除外）、紡織製品業和食品製造業，分別有2.25萬人、2萬人及1.94萬人。

【就業情況】　受惠於經濟活動的持續增長，勞工市場在2004年進一步改善，經季節性調整的失業率及就業不足率由2003年第四季的7.4%及3.3%，分別下降至2004年第四季的6.5%及3.1%。年內，勞工處共接獲29.72萬個私人機構提供的職位空缺，較2003年21.54萬個空缺大幅增加。

過去一年，香港增加了近10萬人就業，反映勞工市場持續改善。失業人數及經季節性調整的失業率均跌至自2001年年底以來的低位。

就業改善受惠最多的是與個人遊有關的服務性行業，如飲食、酒店及商用服務業等，但更可喜是長期以來失業重災區的建築業情況亦有改善，就業不足率明顯下降。從實際數量上看同樣可喜：就業人數創近年新高而失業人數則見新低，反映就業人數上升大於求職人數升幅。

由於經濟復甦勢頭好，故就業情況應可進一步改善，失業率或可下降至約6%水平。回歸後香港就業情況經歷了不少驚濤駭浪，在金融風暴及SARS等連番衝擊下，失業率曾急升至8.7%的高峰，因此，改善就業情況成為政府及民間的熱切議題。在特首第八份施政報告中，對此問題著墨尤多。在“緊貼民情”部分所陳述的大眾關注的11個問題中，首項便是增加就業。這反映當局對此問題仍保持高度重視。

對於香港仍有逾20萬人失業，政府亦盡力提供協助，最主要的是每年平均投放約300億元於公共工程建設，提供4,000多專業技術人員和4萬多建築工人的職位。

【本港就業市場面對嚴峻挑戰】　無論如何，要真正從根本上改善就業情況還須靠市場機制及私人機構。因此維持經濟增長動力至為關鍵。隨著CEPA及個人遊效應的繼續發揮作用，應可説是暫時無憂。但除了宏觀總量的考慮外，更要注意結構性問題，因為失業問題有人力資源嚴重錯配的結構成因：在高學歷及高技術工種方面平均失業率不過3%，基本屬全面就業；而在一些行業如物流、金融等更有人手短缺以致工資上升跡象。因此失業主要是低級職位及工種領域的問題。

本港失業情況逐步改善。2005年6月的失業率維持在5.7%。整體就業人數持續增長，達至337萬的歷史高位，較兩年前增加18多萬人。

整體就業人數持續上升，失業人數減少，反映本港經濟復甦的同時，市場實際創造了不少新的職位，吸納同時增長的勞動人口。換言之，香港並非經歷"無職位復甦"。新增職位最多的行業包括進出口貿易、商用服務、零售、運輸、飲食和其他個人服務業等。

現時，勞動市場面對的挑戰，除了要創造新職位外，最重要的是要處理由於經濟轉型、全球一體化、資訊科技普及和企業精簡架構等造成的結構性失業問題。社會"一高兩低"的勞工階層正面對最大的失業威脅："一高"是指年齡40歲以上的中年人士，而"兩低"則是指教育及技術水平相對較低的一群。

【政府致力促進就業】 面對本港的就業挑戰，特區政府正採取多管齊下的策略，繼續積極改善營商環境，從而促進就業，重點發展四大支柱產業，即旅遊、物流、工商支援服務及金融業，讓市場的力量創造更多職位。與此同時，提升本地勞工的質素，以配合知識型經濟衍生的對勞工需求。

勞工處會繼續加強就業服務，既協助求職人士尋找工作，亦協助僱主聘用合適的人才。今年首7個月，勞工處已協助超過6萬人成功就業。7月份，勞工處每個工作天平均收到1,800個私人機構職位空缺，是歷史新高，較今年上半年每天平均1,600個空缺，上升12.5%，反映勞工市場活躍，氣氛良好。

就業市場的短期展望，將視乎整體經濟增長的勢頭能否持續，以及企業創造職位的力度而定。香港迪士尼樂園透過本身或與其有關的酒店和零售等支援服務行業，已創造約18,000個新的職位。迪士尼樂園9月12日正式開幕後應會進一步刺激訪港旅遊及促進本地消費，帶動酒店、零售和飲食業的需求。但在未來數月，由於季節性的因素，失業情況或會因有新畢業生及離校人士陸續投入勞工市場而有所波動，以致失業數字有回升壓力。但總的來説，由於本港經濟基調依然良好，就業市場的前景仍審慎樂觀。

【未來的定位和挑戰】 宏觀而言，CEPA第一階段實施的首兩年（2004~2005），為香港和內地提供4萬多個職位。隨著香港與內地特別是泛珠三角地區的經濟融合和全球一體化，本港勞動人口，特別是青年人，要面對勞動市場開放帶來的競爭和機遇。今日的就業市場可謂並無疆界，就業並非局限於香港。

根據統計資料，去年曾在內地工作的香港居民共有24萬人，是上世紀90年代初的4倍。他們當中大部分為經理、行政級或專業人員，而近九成通常在廣東省工作。在未來5年，內地多個重要項目，包括2008北京奧運和2010上海世博等，將為本港帶來一定的商機和就業機會，也為中港經濟融合及持續發展提供重要的基礎。

工　資

【概述】　香港工資制度基本有三種形式：一是職務工資制。這種制度把職務分為多個職級，每個職級又分為多個薪級，職級若提升，工資可獲較大幅度增加，反之，職級不變只能獲當年薪酬。大部分政府公務員及大公司多採用此制度。二是以時間為基準，按時、按日或按月來計算，按時計的工資近年廣泛使用，月薪僱員通常是技能熟練者、技術員、經理級人員、文員等。三是計件工資制，以工作量作為計算基礎。

近年以按時計算工資的辦法最為廣泛使用，即使是以前的月薪工種如：簿記、會計、收銀員、店務員也有採用這種工資制，至於服務業如百貨公司、超級市場、飲食業等，更普遍使用。計件工資制則隨著製造業外移而漸少採用。

香港並沒有設立最低工資制度，一般工資水平主要由經濟表現和勞動力供求決定。

香港僱傭法例訂有僱員休息日，即法定假日、有薪年假、分娩假等方面的權益。此外，由2000年12月1日起，根據強制性公積金計劃的法例，設立強積金計劃制度。這個為全港就業人士而設、由私營機構管理的基金計劃，由僱主和僱員定期供款。

【2004年工資續下跌】　據統計，2003年至2004年期間，督導級或以下級別日薪和月薪僱員的平均工資，按貨幣計算下跌了1.3%。扣除消費物價的變動後，平均工資實際下跌了1.7%。

2004年12月，批發、零售進出口貿易、飲食及酒店業僱用的督導人員、技術人員、文員和各類非生產工人平均月薪為11,549元，與2003年12月比較，按貨幣計算下跌了1.7%，按實質計算則下跌了2.2%。

同期內製造業的平均工資，按貨幣計算下跌1.7%，按實質計算下跌2.2%。技工及操作工人的整體平均日薪為327元。

經濟好轉企業屢傳加薪喜訊，打工仔收入自然水漲船高，不過一些低技術僱員就仍然受到低薪之苦，未能受惠於一片加薪潮。根據統計，2004年超過150萬名打工仔每月收入1萬元或以上，但月薪低於5,000元以下的亦有33.7萬人，當中13.2萬人少於3,000元。在這13.2萬人中，有9,000人需要每周工作60小時以上，換言之時薪不多於12.5元，連一份麥當勞套餐都買不起。

有勞工團體發表的調查顯示，在抽樣調查的80間私人機構中，10間最低薪酬的公司時薪由15至22元不等，其中包括美心食品、必勝客、惠康超級市場等，其中麥當勞及上市清潔公司勞氏環保登最低時薪榜首，時薪為15元，是抽樣公司中最低者。以一名在柴灣杏花邨任清潔工人的勞氏環保員工為例，月薪只得2,780元，該員工每月工作26天，每天7小時。平均時薪只得15元。

【訂立最低工資制的爭議】　困擾著打工仔的工資問題，經常引起社會討論，如香港應否設立最低時薪制度。代表勞工階層的工聯會、民建聯、民主黨、職工盟及勞聯等一直要求政府訂立最低工資制，以保障打工仔有尊嚴的合理工資，維持一定的生活水平。而代表工商界的自由黨、泛聯盟和許多功能界別議員一直反對，以維護商家的合理利潤。勞工與資方因本身利益驅使而對最低工資問題立場截然不同不足為奇，政府不應偏袒任何一方。不過，相對獨立的學者們大都反對訂立最低工資，是值得政府慎重考慮的。

【32個公營機構允訂最低工資】　雖然最低工資制還未訂立，但政府要求公營機構為外判工人訂明最低工資。32個有需要聘用外判非技術工人的公營機構，已答應按統計處發表的每月平均工資釐訂最低薪金，涉及1.5萬個非技術職位。不過聘用大量外判清潔工及保安員的地鐵及房屋協會，則不在名單中。

【新動向】　香港失業率明顯下跌，但不少經濟師預計，在租金大幅飆升和經濟結構調整停滯不前的情況下，本港工資上漲空間有限。據統計，香港已經歷三年工資下調，今年才見輕微調升。不過，從工資中位數來看，今年首季是1萬元，與去年同期比較，沒升也沒跌，可見不是整體勞動人口均有人工加，只是部份人“先富起來”而已。

SARS之後，香港市道由自由行帶動變得暢旺，餐飲、零售、旅遊、酒店等行業首先呈現好景，2004年這些行業的從業員增長特快，員工初嘗甜味，不用減薪、凍薪，甚至有些微加薪，老闆願意在年底發花紅。不過，今年卻因為租金上漲，工人並沒有太多機會在進一步復甦中得益。這些行業現時正受到貴租的影響，不少老闆感頭痛。近期，不少餐飲、零售業不敵貴租而結業的消息時有見聞。

據政府統計處2005年6月公佈的統計，包括主要行業類別中以名義工資指數計算，今年3月平均工資率較上年同期上升0.7%。今年3月，約有47%公司的平均工資率較上年同期上升，原因是部份僱員的工資水平上升及僱主裁減薪酬普遍較低的文員級及操作員級僱員，以致薪酬相對較高的員工比例較上年同期上升。另一方面，40%公司的平均工資率較上年同期下跌。其餘13%公司的平均工資率與上年同期相若。

在各行業中，會計是這輪經濟復甦中受惠最多的行業。大量內地企業來港上市，以及監管機構加強公司管治，會計及財務專業人士的薪酬持續增長。特許公認會計師公會（ACCA）香港分會與Michael Page International 7月就這一行業酬薪進行調查，訪問了1,100名僱主及300名僱員，66%表示去年有加薪，當中三分之一加薪1~5%，23%加薪6~10%。

調查結果顯示，該行業員工預期薪酬在2005~2007年將持續上升，加薪幅度為1~5%，超過兩成僱員則認為加薪6~10%，可見行業已走出低谷。調查又發現，由於市場前景改善，帶動該行業人手增長，28%僱主表示他們現正加聘會計及財務人手，而表示將於未來一年加聘人手的約35%。市場估計，單是4大國有銀行因籌備海外上市或進行內部審計，需要本港數以千計的會計專才。求過於供的情況下，會計及財務行業的整體薪酬繼續上升。

【基層勞工薪酬初見反彈】 卓越職業顧問有限公司7月調查的數據顯示，在10大加薪幅度的職位中有7個屬基層，其中船務文員薪酬加幅最高者有五成，秘書平均有三成。該公司董事總經理梁美儀表示，上述僱員人工有大幅調整實際上是因市道轉好，僱主在過去幾年對該等僱員的薪酬壓價太多，在好景時恐怕員工流失而把薪酬合理化所致。

嶺南大學市場及國際商業系副教授呂漢光指出，過去數年經濟不景時，文員、秘書等職位有不少由過去的中五、中七畢業生變為由副學士生甚至是大學生所取代，從這個現實去看，該等職位的薪酬稍升是適當的調整，並非真正的加薪。

【低技術勞工調升工資難】 呂漢光表示，香港經濟復甦勢頭不錯，但工資沒有相應調整，主要是香港約300萬勞動人口當中，三分之一是中三或以下程度。在服務業發達的社會中，從經濟復甦中可享受到好處的不會是這群勞工，全面調升工資是很難出現的情況。現時工資兩極化的情況已出現，這個趨勢還會繼續。

2004年選定行業類別的工資指數（1992年9月=100）

	名義工資				實質工資			
	3月	6月	9月	12月	3月	6月	9月	12月
製造業	141.2	142.5	140.3	140.8	113.3	114.0	112.1	112.2
批發、零售、進出口、飲食及酒店	144.0	144.6	142.4	143.5	115.6	115.6	113.8	114.4
運輸業	146.1	147.1	146.5	145.1	117.3	117.7	117.1	115.6
金融、保險、地產及商用服務	155.6	156.5	154.2	153.9	124.9	125.2	123.3	122.6
個人服務	146.6	151.0	150.9	150.3	117.6	120.8	120.7	119.7
所有行業	145.6	146.5	144.7	145.1	116.9	117.2	115.6	115.7

香港貿易發展局首席經濟師梁海國表示，香港面對經營成本高的問題，一些低技術的職位如果要求調升工資，便會失去這個職位，因為老闆會考慮成本問題，以鄰近地方較低廉的勞動力來取代香港的僱員。經營成本稍為上升，職位外遷情況就會加速。

【工資兩極化】 從各行業僱員每月收入統計來看，出現了工資兩極化的現象。每月工資中位數10,000～15,000元以下的人數，今年首季與去年同期相同，但低於10,000元的人數今年卻比去年多出6.4萬人，高於20,000元或以上者今年比去年增加約3萬人，而月入30,000元以上者今年比去年就增加了2萬多人。呂漢光指出，工資兩極化問題還會繼續。對一些中、高層職位，近年常見的是僱主不加這些員工的底薪，改以發花紅來挽留人才。

今年5~7月份經調整後季節性失業率維持5.7%，高盛證券8月發表研究報告表示，預期在就業率增加下，今年底前本港失業率將跌至5.2%，預期就業增長主要集中在金融及批發和零售業。報告表示，在勞工市場緊張及外在市場環境好轉下，僱主才有信心去調升薪酬。

按行業類別、主要職業組別劃分的2004年12月平均工資

	技工及操作工			督導級、技術員級、文員及其他非生產級工人			所有選定職業		
	每日平均工資(元)			每月平均薪金(元)			每日平均薪金(元)		
	男	女	合計	男	女	合計	男	女	合計
製造業	377	291	327	11,886	11,067	11,483	10,602	8,637	9,537
批發、零售、進出口、飲食及酒店	-	-	-	12,303	10,943	11,549	12,303	10,943	11,549
運輸業	491	*	491	13,466	11,393	12,568	13,051	11,470	12,611
金融、保險、地產及商用服務	413	*	413	9,058	11,319	9,786	9,114	11,319	9808
個人服務	523	-	523	6,578	783	6,071	6,953	5,783	6,006
所有行業	440	298	385	10,931	10,208	10,569	10,962	9,953	10,470

註：*為使個別公司所提供的資料得以保密，數據不予公佈。

消費物價指數

【概述】 消費物價指數是量度住戶普遍購買消費商品及服務的價格水平隨時間變動的情況。消費物價指數的 按年變動是廣泛用作顯示消費者面對通脹的指標。政府和一些私人機構或會根據這變動率來調整服務收費或津貼金額，部份僱主在調整工資時亦會參考這個指數。

在編製消費物價指數時，必須掌握兩種資料。首先是制訂一套加權系統來反映住戶所購買的商品及服務的比重；其次是搜集消費商品及服務價格變動情況的數據。

政府統計處每5年進行一次住戶開支統計調查，調查選取一個有代表性的住戶樣本，並請有關住戶在指定的兩星期內將每日的開支紀錄下來。現時編製消費物價指數所採用的開支權數，是根據1999年10月至2000年9月進行的住戶開支統計調查的結果而計算的。

根據住戶開支統計調查所得，香港現時共編製三項以不同開支範圍為對象的消費物價指數。甲類、乙類和丙類消費物價指數分別適用於較低、中等和較高開支範圍的住戶，與此同時，還根據以上所有住戶的整體消費模式，編製一項綜合消費物價指數。

甲類消費物價指數是根據大約50%香港住戶的開支模式計算，這些住戶在1999至2000年住戶開支統計調查期間的每月平均開支在4,500元至18,499元之間。乙類消費物價指數是根據接著的30%住戶的開支模式計算。這些住戶在該期間每月平均開支在18,500元至32,499元之間。而丙類消費物價指數是根據其餘的10%住戶的開支模式計算，這些住戶在同期每月平均開支在32,500元至65,999元之間。

甲類、乙類、丙類消費物價指數可分別反映消費物價變動對較低、中等及較高開支組別住戶的影響，而綜合消費物價指數則反映消費物價變動對整體住戶的影響。

【2004年消費物價指數變動情況】 2004年的通縮情況已比2003年有所緩和。以1999至2000年為基期的綜合、甲類、乙類及丙類消費物價指數，2004年的全年平均數為92.0、92.6、91.7及91.5，較2003年的平均數分別錄得-0.4%、0%、-0.5%及-0.9%的變動率。

消費價格已連續6年錄得跌幅。2004年消費開支援續疲弱，以致零售商之間競爭仍然激烈。消費物價指數在過去10年的變動情況如下:

按年變動率(%)

年份	綜合消費物價指數	甲類消費物價指數	乙類消費物價指數	丙類消費物價指數
1995	9.1	8.7	9.2	9.6
1996	6.3	6.0	6.4	6.6
1997	5.8	5.7	5.8	6.1
1998	2.8	2.6	2.8	3.2
1999	-4.0	-3.3	-4.7	-3.7
2000	-3.8	-3.0	-3.9	-4.5
2001	-1.6	-1.7	-1.6	-1.5
2002	-3.0	-3.2	-3.1	-2.8
2003	-2.6	-2.1	-2.7	-2.9
2004	-0.4	-0.0*	-0.5	-0.9

* 少於0.05%

跌幅在2004年收窄，主要是由於食品和衣履價格再次上升。此外，雜項服務費用跌幅收窄，以及電力、燃氣及水費升幅擴大也有關。

各項消費物價指數2004年初均錄得按年跌幅，但隨著消費開支逐漸改善，以及受到政府寬減2003年7月至9月季度的差餉所帶來的較低比較基準影響，各項指數在年中錄得按年升幅。除丙類消費物價指數在年底又錄得按年跌幅外，其他消費物價指數均錄得按年上升。

按年變動率(%)

商品 / 服務類別	綜合消費物價指數	甲類消費物價指數	乙類消費物價指數	丙類消費物價指數
食品	1.0	1.4	1.1	0.4
住屋	-5.2	-4.1	-5.6	-6.0
電力、燃氣及水	11.4	13.3	10.8	8.7
煙酒	-0.0*	-0.0*	-0.0*	-0.0*
衣履	6.4	5.4	6.3	7.7
耐用物品	-2.2	-1.7	-2.2	-2.7
雜項物品	3.6	2.0	3.3	5.4
交通	0.4	-0.2	0.5	0.6
雜項服務	-0.2	-0.7	-0.1	-0.3
總指數	-0.4	-0.0*	-0.5	-0.9

* 少於0.05%

按月變動率方面，綜合消費物價指數全年變動介乎-0.7%至+0.6%，而甲類、乙類及丙類消費物價指數的相應變動率分別是-0.6%至+0.4%、-0.8%至+0.6%、-1.0%至+0.7%。

2004年經季節性調整的消費物價指數在最近三個月內的平均每月變動率(%)

月份	綜合消費物價指數	甲類消費物價指數	乙類消費物價指數	丙類消費物價指數
1月	0.2	0.2	0.2	0.2
2月	0.1	0.2	0.1	0.0*
3月	-0.1	-0.0*	-0.0*	-0.1
4月	-0.1	-0.1	-0.1	-0.1
5月	0.0*	0.0*	0.0*	-0.1
6月	0.0*	0.1	0.0*	0.0*
7月	-0.1	-0.0*	-0.1	-0.1
8月	-0.1	-0.1	-0.1	-0.1
9月	-0.0*	-0.0*	-0.0*	-0.1
10月	0.0*	0.0*	0.0*	-0.0*
11月	0.1	0.1	0.1	0.1
12月	0.1	0.1	0.1	0.1

*少於0.05%

【消費物價指數中各商品／服務類別的變動】2004年內，在各類消費物價指數中均錄得按年跌幅的類別包括住屋(在綜合、甲類、乙類及丙類消費物價指數中分別為 –5.2%、 –4.1%、 –5.6%及 –6%)；耐用物品 (–2.2%、 –1.7%、 –2.2%及 –2.7%)；以及雜項服務 (–0.2%、–0.7%、–0.1%及–0.3%)。

在各類消費物價指數中均錄得按年升幅的類別指數有食品 (在綜合、甲類、乙類及丙類消費物價指數中分別為1.0%、1.4%、1.1%及0.4%)；電力、燃氣及水 (11.4%、13.3%、10.8%及8.7%)；衣履 (6.4%、5.4%、6.3%及7.7%) 和雜項物品 (3.6%、2.0%、3.3%及5.4%)。

交通方面，四類消費物價指數中分別錄得0.4%、 –0.2%、0.5%及0.6%的按年變幅。

與2003年比較，2004年的食品指數在四類消費物價指數中，分別上升1%、1.4%、1.1%及0.4%。而在食品指數中扣除外出用膳後，分別上升2.5%、2.6%、2.4%及2.5%。其中升幅較為顯著的食品組別有家禽 (分別是26.2%、26.1%、26.7%及25.4%) 和其他新鮮海產 (分別上升8.1%、8.5%、8.1%及7.3%)。

2004年，住屋指數在四類消費物價指數中，分別下降5.2%、4.1%、5.6%及6.0%。租金 (連差餉及地租) 是住屋指數中最大的組成部份，指數分別下跌了5.8%、4.4%、6.2%及7.0%。

2004年公營房屋租金在綜合、甲類及乙類消費物價指數中均錄得2.5%、2.5%及2.4%的升幅，這是由於政府寬減2003年7月至9月差餉所帶來的較低比較基準影響所致。另一方面，私人房屋租金在四類消費物價指數中，分別下跌6.6%、6.3%、6.6%及7.0%。由於管理費及其他住屋雜費和保養住所工具及材料在各項消費物價指數中所佔的開支比重較小，而這些組別的價格變動亦比較輕微，租金 (連差餉及地租) 的跌幅差不多佔住屋類別指數整體跌幅的全部。

2004年，電力、燃氣及水方面的指數在各類消費物價指數中，分別錄得11.4%、13.3%、10.8%及8.7%的按年升幅。這主要是由於政府寬減2002至2003財政年度及2003年8月至11月的水費及排污費，形成較低比較基準所致。

電力指數受到中華電力在2003年1月至2月及6月至7月期間提供電費回扣帶來的較低比較基準影響，2004年分別錄得6.6%、8.7%、5.8%及3.7%升幅。

與此同時，由於年內油價上升，石油氣價格和煤氣收費在各類消費物價指數中皆錄得升幅，前者在各類指數中均上升2.8%。後者分別上升了8.3%、8.2%、8.3%及8.3%。

2004年，煙酒指數在各類消費物價指數中的變動率均為零。洋酒及香煙價格在各類指數中均錄得跌幅，分別為-0.6%、-0.4%、-0.6%及-0.7%；-0.4%、-0.4%、-0.4%及-0.4%。這些跌幅抵銷了啤酒價格的升幅，啤酒價格在各類消費物價指數中的升幅為2.4%、2.3%、2.4%及2.6%。

在各類消費物價指數中，衣履價格在2004年分別呈6.4%、5.4%、6.3%及7.7%的升幅。這主要是由於女裝外衣、男裝外衣及童裝外衣價格上升 (分別上升10.0%、8.4%、10.3%及10.8%；

7.9%、4.1%、6.0%及15.5%；9.5%、9.8%、11.0%及7.0%）所致。這三個組別共佔衣履指數整體升幅的94.3%、88.4%、91.4%及102.3%。

耐用物品指數2004年繼續下跌，在各類消費物價指數中跌幅分別為2.2%、1.7%、2.2%及2.7%。跌幅較大的組別包括電腦及通訊設備（在各類消費物價指數中分別下跌9.0%、9.4%、9.3%及7.9%）；鐘錶、照相機及光學用品（分別下跌2.9%、1.9%、3.1%及3.2%）。

除此以外，在各類消費物價指數中均錄得跌幅的還有傢具（分別下跌2.0%、0.1%、0.1%及5.0%）；影音器材（分別下跌1.0%、0.9%、1.0%及1.1%）；以及其他耐用物品（分別下跌2.7%、3.1%、2.8%及3.2%）。

2004年雜項物品指數在各類消費物價指數中繼續錄得升幅，分別為3.6%、2.0%、3.3%及5.4%。該項指數上升，主要是由於金價較高導致首飾價格上升所致，升幅在各類指數中分別為11.9%、12.0%、11.9.%及11.8%。

綜合、乙類及丙類消費物價指數中的交通指數，2004年分別上升0.4%、0.5%及0.6%。這主要是由於汽油價格及進出香港交通費上升所致。汽油價格在綜合、乙類及丙類消費物價指數中均上升5.7%；而進出香港交通費則分別上升2.4%、3.6%及0.6%。

相反，甲類消費物價指數中的交通指數2004年下跌了0.2%。這主要是由於部分交通機構提供不同的優惠，例如巴士公司及鐵路公司提供的轉乘優惠，令市民實際付出的費用減少。甲類消費物價指數中的巴士車費、地下鐵路車費和火車車費分別下跌1.9%、0.7%及1.2%。

雜項服務指數在2004年下跌，在各類消費物價指數中分別錄得0.2%、0.7%、0.1%及0.3%的跌幅。跌幅主要是由於電話及其他通訊服務的收費下跌所致，其在各類消費物價指數中的跌幅分別為9.1%、8.7%、10.1%及8.0%。另一方面，教育服務分別上升0.6%、0.4%、0.5%及0.9%；醫療服務收費則錄得1.0%、1.0%、1.7%及0.1%的相應升幅。

【新動向】 隨著香港經濟強勁復甦，對整體經濟和民生有重大影響的通縮已經消失，並出現輕微通脹的跡象。2005年頭7個月，綜合消費物價指數除了1月和5月出現下跌外，其餘5個月均出現不同程度的升幅；但如與一年前同月比較，則除了1月的指數下跌0.5%外，其餘6個月的指數均告上升，升幅分別為0.8%、0.8%、0.5%、0.8%、1.2%和1.3%。

2005年頭7個月的物價脹風中，以食品、衣履、電力、燃氣及水的價格脹幅較大。以7月份的指數同一年前比較，食品價格上升3.8%，衣履上升3.3%，電力、燃氣上升2.9%。其他類別方面，住房上升0.5%，煙酒上升1.3%，雜項物品上升2.4%，交通上升1.9%，雜項服務上升0.7%。但耐用物品的價格跌風未止，7月份的指數比一年前下跌了1.7%。跌幅較大的耐用品有電腦及通訊設備，下跌9.5%，旅行及體育用品下跌2.8%。

市場人士指出，持續5年多的通縮已成過去，通脹已經重臨，預計2005年的消費物價脹幅將為1~2%。

電 訊

【概述】　香港能夠發展成為國際的商業及金融中心，必備條件之一，是香港的電訊市場為全球最先進、最蓬勃的電訊市場之一。估計電訊業佔香港2004年本地生產總值的3.3%。

香港各類電訊服務的市場均已開放，並無外資擁有權的限制。現有的規管制度旨在鼓勵競爭及保障消費者，以及提供公平的電訊市場環境，確保消費者獲得最具效率、最方便快捷和最物有所值的服務。

香港電訊管理局（電訊局）自1993年成立以來，明白到市場力量是決定適當市場結構和確保消費者權益獲得最大保障的最有效工具。故此，電訊局在所有範疇均採用維護競爭的規管方法。此外，所有規管政策及決定均已透過電訊局網站清晰地知會業界及公眾，以保持高透明度。

電訊局的工作分為以下6大類：規管公共電訊服務；促進電訊業的公平競爭；追查非法電訊活動；管理無線電頻譜及協調衛星軌道位置；就電訊事宜向政府提供意見；代表香港參加國際電訊組織及論壇。

2004年底，香港經營電訊業的企業共有430家，僱員19,561人。其中，固定電訊網絡服務商22家，僱員9,677人。電訊業的經濟活動主要集中提供電訊服務。

【本地固定電訊網絡服務】　本地固網服務市場2003年1月1日起全面開放，發出的牌照數目及申請期限再沒有預設限制。此外，在網絡鋪設及投資方面，也沒有特別規定，投資水平將由市場決定。

2005年6月，香港電話有限公司（PCCW-HKT Telephone Limited）、新世界電訊、九倉電訊，和記環球電訊、香港寬頻網絡、名氣通電訊固網、潤迅電話（香港）、TraxComm Limited、中港網絡及香港有線電視等10家公司分別獲發牌照，營辦本地有線固網服務。香港有線電視有限公司的固網服務牌照以前只限於透過其混合光纖同軸電纜網絡提供固網服務，但該牌照已在2005年6月修訂，容許持牌商營運有線固網服務。

政府最初在1995年開放本地固網服務市場，以引入競爭。由於新固網服務營辦商自市場開放後積極鋪設網絡，以及政府宣佈在2008年全面撤銷第二類互連政策，以進一步鼓勵營辦商鋪設網絡，現時超過69%的住宅用戶已經有一家以上利用直達客戶的網絡提供服務的本地固網服務供應商可選擇。

用戶只須繳付定額月費，便可在香港境內無限次使用固網服務。在不少地區，電話線租用服務市場已出現競爭。隨著新科技的出現，市場亦提供網絡規約（IP）電話服務。此外，在所有本地固網商中，香港電話有限公司須承擔全面服務責任，提供優質、有效率及持續的基本服務，包括在合理時間內為居於香港任何一處的消費者提供公共交換話音電話服務。

2004年4月，全港約有167萬條商用電話線和212萬條住宅電話線，即每100人便有56條電話線，使香港成為全球電話線密度最高的地區之一。

電訊管理局局長在本地固網服務牌照中，規定持牌公司必須提供固定電話號碼轉攜安排，使消費者在轉換固網營辦商時無須更改電話號碼。

【寬頻服務】　香港在全球率先推出以寬頻為本的服務。這種服務名為互動電視，其主要功能是自選視像。

香港的互聯網服務極為普及。所有本地固網服務持牌商均能提供寬頻服務。隨著市場競爭日趨激烈，加上使用非對稱數碼用戶路線（ADSL）、光纖到樓（FTTB）、混合光纖同軸（HFC）電纜、本地多點配送系統（LMDS）等多種技術提供寬頻覆蓋，現時，寬頻網絡已覆蓋98%的住宅樓宇和100%的商業樓宇。2005年4月，共有186家互聯網服務供應商獲發牌照，提供撥號或寬頻上網服務。寬頻互聯網用戶的數目2003年9月超越撥號上網用戶，反映寬頻服務在香港已廣為應用。2005年4月，超過154萬用戶使用速度可達每秒10兆比特的寬頻服務，佔全港人口的22%。住宅市場方面，62%的住戶使用寬頻服務。2004年客戶透過公共電話網絡接駁的互聯網使用量為19億分鐘，比2003年減少了46.8%；但客戶透過寬頻網絡接駁的互聯網使用量則高達295萬兆兆比特，比上一年激增超過2.2倍。在國際上，香港的寬頻普及率僅次於韓國。香港的寬頻互聯網服務費用切合用戶的負擔能力。根據2004年的數據，寬頻服務收費只佔香港市民真正可動用收入的2%，這比率在韓國卻高達6.7%。由於市場競爭激烈，香港寬頻服務收費在過去2年續有下調。

【對外電訊服務】 對外服務市場及對外設施市場分別於1999年1月1日及2000年1月1日開放。2005年6月，本港有225家持有對外電訊服務牌照的公司。

國際直撥電話服務的用戶可直撥電話往233個國家和地區，以及中國內地大部分城鎮。截至2005年3月的一年內，本港打出及打入的長途電話通訊量分別為50.68億分鐘和21.51億分鐘。

現時香港的國際電話通話量，約有一半是與中國內地的通話量，反映兩地往來密切。許多香港電訊營運商已在內地參與建立網絡。

香港共連接11個海底電纜系統。沖繩——呂宋——香港系統連接香港至菲律賓、日本和北美洲；新加坡——香港——台灣地區系統連接香港至東盟國家、澳洲及歐洲；香港——日本——韓國系統連接香港、日本、韓國和北美洲；香港——台灣地區光纖電纜連接香港及台灣；亞太電纜（APC）系統連接香港至馬來西亞、新加坡、台灣地區及日本；泰國——越南——香港（TVH）系統連接香港至泰國及越南；亞太電纜網絡（APCN）連接香港至台灣地區、韓國、日本、泰國、菲律賓、馬來西亞、新加坡、印尼及澳洲；環球光纜聯繫(FLAG)連接香港至泰國、上海、韓國、日本及世界其他國家；SEA-ME-WE-3電纜連接香港至東南亞、中東及西歐各國；亞太電纜網絡2（APCN2）連接香港至中國內地、台灣地區、韓國、日本及其他亞洲國家；C2C網絡連接香港至菲律賓、台灣地區及新加坡。7個已營運的陸上系統則為香港與中國內地之間不斷增長的通訊業務提供服務。

隨著電子通訊科技的日益發達，電報的功能已日漸式微。2004年，本港對外專用電報機電訊發出92.9萬分鐘，收到162.9萬分鐘，分別比2003年減少32.6%和37.1%。

【對外電訊設施】 2005年6月，香港有6家利用衛星提供對外固網設施的持牌商，以及19家以電纜提供對外固網設施的持牌商。此外，7家本地固網服務持牌商亦獲發牌照，提供對外電訊設施。

在規管衛星通訊服務方面，香港採取“開放天空政策”。國際環球通訊網絡（香港）有限公司及Reach Cable Network Limited、亞洲衛星有限公司、亞太通信衛星有限公司，以及多個對外固網服務營辦商、固定傳送者、廣播機構透過區內多枚通訊衛星及50多座衛星地面站收發天線，提供衛星電訊及電視廣播服務。

【公共流動電話服務】 公共流動電話服務市場的競爭十分激烈。現時香港共有11個在800~900兆赫和1,700~,900兆赫頻帶操作的數碼網絡。這些流動服務牌照將在2005年至2006年屆滿。電訊局已決定將“首次拒絕接受權”批予全球通服務（GSM）及個人通訊服務（PCS）的現有持牌人，讓其在現有牌照屆滿後，申請新的流動傳送者牌照。1999年3月1日推出的流動電話號碼可攜服務，容許客戶在轉換流動網絡營辦商時保留原有的號碼，使流動網絡營辦商之間的競爭更趨激烈。2005年4月，流動電話服務用戶數目增至830萬名，普及率為120.7%，屬全球數一數二。

除基本話音服務外，短訊服務、流動互聯網服務及數據傳輸服務（例如通用分組無線通訊服務）等增值服務亦相當普遍，這些服務廣受消費者歡迎。2005年4月，2.5G服務客戶數目達140萬，每月增幅維持在2%的水平。

【第三代流動服務】 政府經過廣泛諮詢和通過所需法例後，2001年7月邀請有意的公司參與競投第三代流動服務。發牌採取了鼓勵競爭的方式，先進行預先評審，然後競爭者根據專營權費百分率出價競投頻譜，並須就專營權費百分率支付最低保証金額。2001年10月，政府發出4個牌照予中標的競投商，分別為香港流動電訊有限公司、和記電話有限公司、SmarTone 3G Limited及SUNDAY 3G (Hong Kong) Limited。香港首項第三代流動服務已在2004年1月推出。至2005年6月，所有4家營辦商均有提供第三代流動服務。

根據開放網絡接駁的規管架構，第三代流動服務的持牌商須開放至少30%的網絡容量，予非聯營的流動虛擬網絡營辦商及/或內容和服務供應商使用。這項規定可鼓勵更多營辦商加入市場，維持蓬勃和競爭的營商環境，讓所有營辦商在公平的環境下互相競爭。截至2005年6月，當局共發出7個流動虛擬網絡營辦商牌照。

【業內宏觀趨勢】 據電訊業界人士分析，香港電訊業未來的發展方向有以下幾點：

(1) 寬頻已成為投資重點。這是一種通過有線電視接駁、無線聯繫或傳統電話線提供的高速互動通訊服務。

(2) 流動電話正轉向不僅提供話音，還包括高速數據/影像傳輸服務。第二代半（2.5G）/第三代（3G）流動電話可以接駁互聯網，將加速流動商貿的發展。預料3年內流動商貿將佔電子商貿超過10%。據國際數據公司（International Data Corp.）預測，亞太地區（不包括日本）的電子商貿市場將由2001年估計的5.57億美元增至2005年的124億美元。與3G有關的主要用途包括視像會議、自選媒體（media on demand）、即拍即傳、地圖服務及遊戲。

(3) 短訊（SMS）、增值短訊（EMS）、多媒體短訊（MMS）等無線數據應用將成為流動通訊的主要功能。

(4) 香港的營辦商已透過互聯網協定 (Internet Protocol，即IP) 網絡提供國際直撥電話服務，或將IP技術應用於本地電話服務。相信將不斷有更多IP話音及IP視像服務推出市場，與傳統模式的電話服務競爭。

電力供應

【概述】 香港的電力是由中華電力有限公司和香港電燈有限公司供應，這兩家公司與政府就其財政事宜訂立相互協議（管制計劃協議）形式經營。政府透過協議監管這兩家公司的表現。目前政府與中電及港燈簽訂的協議，分別由1993年10月1日及1994年1月1日起生效，為期15年。第一期中期檢討於1999年初完成，第二期中期檢討已於2003年年底進行。協議規定電力公司須就財務計劃的某些項目，包括預測電費調整幅度，向政府申請批准。此外，協議沒有授予兩家公司任何專利權，亦非專營協議。管制計劃協議並不指定任何一家公司供電的地區，亦不排斥新的供電商進入市場。

中華電力公司和香港電燈公司都是香港上市公司。

香港電力供應是50赫茲交流電，供電電壓是220伏特（單相）及380伏特（三相）。大量用電的用戶可獲得高壓電力供應。

【中華電力】 中華電力有限公司於1901年成立，1903年開始供電，為九龍及新界，包括大嶼山、長洲和其他離島超過220萬個客戶供應電力。

青山電力有限公司由埃克森美孚能源有限公司(前稱埃克森能源有限公司) 佔60%股權，中電則佔40%股權。該公司的龍鼓灘發電廠（1,875兆瓦）、青山發電廠（4,108兆瓦）及竹篙灣發電廠(300兆瓦）為中電提供電力，總發電量為6,283兆瓦。在屯門龍鼓灘發電廠增設的兩台312.5兆瓦發電機組，預計可於2005~2006年間啟用。

相關的輸電及配電系統由中電全資擁有。中電的輸電系統分別以400千伏特、132千伏特輸電，配電則主要採用33千伏特、11千伏特和380伏特。

中電的供電系統亦與廣東省電力集團公司（前稱廣東省電力公司）的供電系統連接，向廣東省輸送電力。中電售予廣東省的電力來自現有的發電量儲備，並受1992年3月與政府簽訂的協議規管。根據協議，中電享有供電優先權及80%售電利潤。

1985年，香港核電投資有限公司（中電控股有限公司的全資附屬公司）與廣東核電投資有限公司（由中國廣東核電集團有限公司全資擁有）成立廣東核電合營有限公司，在廣東省大亞灣興建和經營核電站。大亞灣核電站設有兩座984兆瓦壓水式反應堆，這兩座反應堆先後於1994年2月及5月投產。中電承諾向核電站購買約70%電力，以應付本港較長遠用電的部份需求。

中電透過相關的香港抽水蓄能發展有限公司，購入位於從化的廣州抽水蓄能電站第一期發電量1,200兆瓦一半的使用權。青山電力有限公司的電力系統及大亞灣核電站在非用電高峰時間發電，把低地水塘的水抽到高地的水塘內，到日間便借助水向下流的動力發電，以滿足本港用電高峰期的需求。

2004年，中電有2.2百萬名客戶（約佔香港總人口80%），售電量為317.19億度，本地及系統的用電需求量分別於7月及8月創下6,329兆瓦和7,862兆瓦的歷史新高。中電連續7年凍結電價，供電可靠程度達99.99%，躋身全球前列位置。

2004年，中電全年總營業額為307.84億港元，營運盈利有82.41億元，增幅為10.7%，總盈利為86.14億元，較2003年的76.87億元增加12.1%。2004年總盈利包括鶴園重建項目溢利1.59億元及出售毋須作供電用途的香港青山道305號前變電站用地收益2.14億元。與上年度相比，每股營運盈利上升10.7%至3.42元（2003年為每股3.09元）；每股總盈利則上升12.1%至3.58元（2003年為每股3.19元）。中電全年總股息為每股2.23元，而2003年則每股1.98元。

集團近年的盈利來源隨著在中國內地和亞太區的投資而逐步擴大，但總盈利絕大部份仍來自香港電力業務的收益。2004年，香港電力業務佔在扣除未分配費用前的集團營運盈利的80%。香港一直是集團投資重點，投資在香港的資產佔集團總資產的64%。

根據中電與政府訂定的管制計劃協議規定，中電全年溢利的上限設定為固定資產平均淨值的13.5%，2004年中電的利潤淨額為公司固定資產平均淨值的13.05%。

本地電力需求增長放緩，反映這方面的業務正漸趨成熟，加上2008年後規管架構的前景尚未明朗，因此中電集團已分散投資，發展內地和亞太區的電力項目，是中國內地電力市場上最大外商，在廣東、北京、山東、陝西和貴州擁有發電資產淨權益3,175兆瓦，同時是亞太區內具領導地位的國際私人電力公司，在澳洲、印度、台灣地區及泰國擁有發電資產淨權益3,921兆瓦。

【香港電燈有限公司】 香港電燈有限公司供應電力予香港島及鄰近的鴨脷洲和南丫島。電力由南丫島電廠供應。2003年年底，南丫島發電廠的總發電量（即發電機的額定輸出功率）為3,420兆瓦。港燈輸電系統分別以275千伏特、132千伏特和66千伏特輸電，配電則主要採用22千伏特、11千伏特和380伏特。

香港電燈有限公司於1889年成立，為世界上歷史最長的電力公司之一。政府在2000年5月批准之港燈財務計劃對客戶及公司的長遠發展均至為重要，此計劃覆蓋年期至2004年，港燈未來6年總投資270億元，其中約有20%會用於南丫島發電廠擴建一座新天然氣電機組和興建新的電力站和分站加強供電服務。南丫島發電廠的擴建工程預計首期300兆瓦發電設施於2004年投產。在2003年年底檢討後，政府同意港燈建議，讓該機組延遲至2006年才投產。

香港電燈公司於2004年錄得最高需求量達2,588兆瓦，刷新紀錄，較2003年增長6.1%。全年總售電量較2003年微升1.7%，港燈供電可靠程度自1997年至今保持99.999%水平。

2004年港燈凍結電費及差餉大幅上調，導致公司本港業務盈利低於管制計劃協議的准許利潤水平。港燈截至2004年年底的除稅後綜合溢利淨值為62.8億元，2003年是60.57億元，上升3.7%，其中包括集團海外業務所佔溢利7.59億元，2003年是4.37億元。全年股息每股為1.77元，稍多於2003年的1.71元。

港燈認為2004年本地業務富挑戰，因為燃煤及貨運市場波動，引致營運成本增加，對公司的營運構成嚴重影響。2004年港燈錄得客戶用電最高需求量，在需求增長之前進行必要的電力基建長遠投資尤為重要，亦進一步引證南丫發電廠第九台新機組須如期於2006年投產。該項目繼續取得滿意進展，首台300兆瓦發電機組的打樁工程已於期內完成，上蓋建築亦於2004年3月動工。主廠房及275千伏開關站的工程進展順利，發電機設備亦在建造當中。

由於未來的發電機組將採用天然氣作為燃料，港燈已於2004年4月在北京與天然氣公司簽訂了一份長期供氣合約。該座位於深圳的廣東液化天然接收站正在興建，預計將於2006年年中開始供氣。有關興建全長93公里由深圳至南丫島的海底氣體管道工程合約已於2004年5月批出，而管道鋪設工程將於2005年初展開。此外，供應及安裝天然氣接收站的工程合約已於2004年12月批出。2004年，港燈繼續改善及加強配電及輸電網絡，共47個新配電站落成啟用，令配電站總數增至3,570個。上述發展連同新近鋪設總長度逾180公里的電纜，提升了公司向客戶家居及辦公地點有效供電的能力。

港燈認為海外業務充滿商機，集團於澳洲的業務繼續表現良好，客戶數目之增長、售電量上升，加上非電力業務盈利增加及生產力提升，均使當地業績表現強勁。Powercor及CitiPower配電網絡的供電可靠性表現極佳，取得歷來最好的成績。Powercor在澳洲新的合併稅項法則下獲一次過減免遞延稅項負債，進一步加強其在2004年的財務表現。

在泰國，港燈2004年2月落實容量達1,400兆瓦燃氣電廠項目的財團股權安排。集團持有該項計劃25%權益，為最大的外資股東。融資工作現正進行，整項工程預計如期於2008年投產。

2004年12月，港燈集團與長江基建集團有限公司達成協議，收購英國北部氣體分銷網絡19.9%的股權。該項投資使集團與長江基建之間成功的合作關係進一步拓展至英國。集團在管理及營運受監管的配電網絡上，擁有豐富經驗，應有助在氣體輸送業務上取得成功。集團亦有信心是次收購可作為進一步在歐洲投資的平台。年內，集團全資擁有的港燈協聯工程有限公司，在利比亞、菲律賓及泰國取得三個新的顧問工程合約。港燈在海外的投資業務，相對而言風險較低而可預測性較高，為集團提供持續盈利增長，未來將繼續在可接受的風險下為集團提供穩定收益。

【電力管理的措施】 政府與兩家電力公司的利潤協議將於2008年完結，在2003年年底已做了中期檢討，暫時無意更改有關協議。

政府與兩家電力公司簽訂用電需求管理協議，已於2003年6月屆滿。電力公司所有需求管理計劃亦於2004年年初完成。

中電與港燈的輸電系統，由跨海電纜連接。聯網系統除可提供緊急電力支援外，更可達到節省用戶開支的目標。這是由於兩家電力公司可以互輸能源，減低為應付其他機組出現故障所需的發電量運轉儲備，從而更符合經濟效益。聯網系統於1981年啟用，目前的總輸電量為720兆伏安(即720,000千伏安)。

《電力條例》及其附屬規例是有關電力安全的主要賦權法例。該條例訂立法律架構，涵蓋有關法例適用的範圍，包括電業工程人員及電業承辦商的註冊，以及電力供應、供電電纜，電力線路，電氣產品的安全標準和規格。

機電工程署在2004年著手修訂在2000年開始實施的有關在供電電纜附近工作的實務守則，以提供多項更新指引，以符合《供電電纜（保護）規例》的要求。

1990年起，有關電業工程人員及電業承辦商註冊、電力線路完全，以及供應安全家居電器產品的規例，已分階段實施。截至2004年12月，約有8,700名電業承辦商和61,000名電業工程人員獲正式註冊。另外，約有700名合資格人士獲准進行確定地下電纜位置的工作。

為執行《電力條例》，政府在2004年共進行12,600次實地視察，檢查電氣產品店及電力裝置的安全水準，並對違例者提出檢控共207宗。

附錄：

2004年經濟大事記

1月

1日 《內地與香港關於建立更緊密經貿關係的安排》(CEPA) 正式實施，273種原產香港貨物可零關稅進入內地。香港服務提供者亦可在18個服務行業領域享有進入內地市場的優惠待遇。貨運通關亦實行兩地一檢。

第一期公務員薪酬調整正式實施，連同由2005年1月1日起實施的第二期薪酬調整，首長級薪級表第3點以下或同等薪級的所有公務員薪點，按現金計算將回復到1997年6月30日的水平。

2日 港股在本年首個交易日升逾200點，收市報12 801點，創兩年半新高。

5日 政府公布首份以應計制編制的綜合帳目，赤字較現時沿用的現金制計算少180億元。

7日 行政長官董建華發表任內第七份施政報告，承諾政府會把握機會，促使香港經濟在"SARS"後加速復甦，以及加快推動經濟轉型。董建華表示，除鞏固4大支柱產業外，香港還須促進創意產業、教育和醫療產業及國際資產管理等新興行業的發展。

政府決定重組及合併4個小組，使成為經濟及就業委員會，強化營商優勢和開創就業機會。

9日 政府公布2004-2005年度土地儲備表，包括17幅土地，估計可為庫房帶來近180億元賣地收入。

香港連續10年獲美國傳統基金會和《華爾街日報》評為全球最自由的經濟體系。

11日 中國綠色食品股份的公開發售獲1,604倍超額認購，破本港新股上市以來的紀錄。

12日 政府宣布成立創新及科技督導委員會，統籌創新及科技政策的制訂和推行工作，並確保相關組織進行更有效的協作。

13日 港股成交暢旺，達387億元，是自1998年8月政府入市以來的新高。

14日 萬事達卡國際公布消費者信心指數，本港錄得指數是過去11年有統計以來的第2高分。

15日 香港地鐵與深圳市政府達成協議，投資建設深圳地鐵4號線2期工程。

外匯基金2003年錄得896億元投資收入，投資回報率為10.2%，政府財政儲備獲分帳257億元。

16日 破產管理署數字顯示，2003年12月份申請破產宗數為1,291宗，是26個月來新低。

18日 首階段的個人人民幣業務展開。全港4,000多間商戶及銀行櫃員機，開始接受內地銀行發行的銀聯人民幣扣賬卡及信用卡。

21日 羊年最後一個交易日，港股在地產股帶動下，恆指收報13 750點，創兩年半新高。

27日 第三代電訊服務－和黃(3G)首次在香港推出，市民可體驗嶄新的高速多媒體流動服務。

30日 鑑於亞洲多個國家及內地禽流感蔓延，政府決定即時暫停輸入內地活禽鳥和禽肉。

大學教育資助委員會發表《香港高等教育－共展所長與時俱進》的策略性文件，要求8所院校按其特定的角色發展及互相加強合作；教資會會繼續提升本地高等教育界的國際競爭力，鞏固香港作為亞洲國際都會和區內教育樞紐的地位。

港交所公布設立另類上市準則，供市值逾40億元的大型企業在主板上市。

2月

1日 銀行2003年客戶存款大漲7.5%，平均每名香港人戶口多了3.5萬元。

4日 一個便於使用的全新營商資訊網站"營商網"(business.gov.hk)正式啟用，為投資者提供在香港開設或擴展業務的重要資料。"營商網"是一個"政府對商業"(G2B)網站。

9日 政府以8.6億元將私人參建居屋紅灣半島的業權賣斷予發展商新創建集團及新鴻基地產。

連接東涌和昂平的吊車系統正式動工，預計

2006年初完成。

17日 財政司司長唐英年率領本港6個專業服務領域近百名代表抵京參加CEPA框架下的專業人士資格互認高層會議，會議在資格互認上取得卓越成果。

截至2003年底的香港人口初步估計數字為681萬人，較上一年增加0.4%。

24日 政府邀請九鐵及地鐵在政府制訂的綱領下磋商合併的可行性，並在8月底提具體方案。

25日 第二階段的個人人民幣業務開始推行。本港27間銀行可以為客戶提供人民幣存款、兌換及匯款三項服務。

26日 政府成立"大珠三角商務委員會"，以促進大珠三角地區更緊密的經濟合作。委員會由馮經國任主席。

27日 《福布斯》雜誌統計，香港首富李嘉誠排名全球富人榜第19位，次富新鴻基郭氏兄弟排名全球22位。

29日 新巴及城巴計劃由4月起，重組港島區近50條巴士線，部分路線票價將調低4.6%-33%。

3月

4日 政府公布《2004"數碼21"資訊科技策略》，作為發展本港資訊及通訊科技的藍圖，以鞏固香港作為領先國際數碼城市的地位。

旅遊發展局公布，1月份訪港旅客達174.8萬人次，較2003年同期增加13.1%，其中內地旅客達111.5萬人次，刷新了內地市場的單月最高紀錄。

5日 金管局根據《銀行業條例》向渣打集團旗下的渣打銀行（香港）有限公司授予銀行牌照。

9日 高等法院就中環填海第3期工程訴訟判政府勝訴，工程將盡快於一個月內全面復工。

10日 財政司司長唐英年發表上任8個月後首份財政預算案，政策目標為"以民為本，休養生息"，力求在達到財政收支平衡、維護民生與避免影響經濟復甦勢頭三者之間取得平衡。預算案並無提出新稅項或加費措施。

12日 香港與馬來西亞達成全面開放航權協議，兩地航空客貨運往返將不受任何限制。

13日 統計處公布，2003年貨櫃總吞吐量創下2,044萬個標準箱的新紀錄，較上年上升7%，續踞全球第1位。

15日 金管局與中國人民銀行廣州分行合作，建立香港與廣東省之間港元和美元即時支付結算系統的連繫。此項服務為粵港兩地的銀行提供快捷便利的即時港元及美元跨境電子轉撥。

金管局數字顯示，2003年零售銀行香港辦事處的整體除稅前經營溢利增加5.3%。

22日 內地禽流感疫情結束後，香港恢復輸入內地冰鮮雞，首批2.45萬隻。

25日 政府在憲報刊登九鐵九龍南線的鐵路方案，這條長3.8公里的重要客運鐵路將會連接西鐵及東鐵。

26日 2月份香港整體出口增長創10年新高，達28.2%，是自1994年1月以來的新紀錄。

政府公布上市審批權《諮詢總結》，港交所保住了上市審批權。《諮詢總結》提出有關改善規管上市事宜的措施，以提升市場質素。

29日 永隆銀行深圳分行開幕，成為首家受惠於CEPA到內地開分行的香港銀行。

30日 金管局牽頭成立"香港財資市場發展委員會"，取代原有的香港外匯及貨幣市場事務委員會。該委員會旨在集合香港財資市場的業界組織及專業人士，以促進彼此間的合作及協同效應，從而提高香港財資市場從業員的專業水平及整體競爭力。

4月

1日 美國國務院發表香港回歸後第7份有關香港的報告書。報告書就香港在截至2004年3月止的12個月內的發展給予正面的評價。

美國貿易代表辦事處發表有關外貿壁壘的《2004年國家貿易預算報告書》。報告書指香港具有優勢，可持續受惠於中國加入世貿後的貿易增長。

香港特區護照及英國國民(海外)護照持有人，可免簽證到日本逗留90天。

政府就防止感染禽流感向公眾諮詢，當中包括在港九新界設立大約5-6個地區集中屠宰中心。

6日 全國人大常委會通過釋法草案，為《基本法》中兩項附件，即修改行政長官和立法會產生辦法的程序作出五項重點解釋。

7日 特區政府與科威特政府簽訂民用航空運輸協定。

8日 包括中銀香港、匯豐、渣打、恒生、花旗、東亞及星展等16家香港銀行獲加入中國銀聯。

10日 CEPA效應逐步顯現，僅今年1季度廣東口岸對香港貿易進出口總額達153億美元，增長21%。

13日 在倫敦Skytrax Research進行的大型年度調查中，香港國際機場2004年連續第4年獲選為全球最傑出機場。

15日 金管局連同東亞及太平洋地區中央銀行會議(EMEAP)其他成員央行及貨幣管理當局，宣布亞洲債券基金II的初步結構。基金將會投資於EMEAP成員經濟體系的政府及半政府機構所發行的當地貨幣債券。

16日 城規會否決合和實業位於灣仔船街的Mega Tower酒店發展項目。

3月份個人破產申請宗數達1,296宗，已連續兩個月上升，亦是近4個月來最高。

18日 英國《泰晤士報》公佈本年度全球最富有人士排名榜，香港富商李嘉誠名列亞洲首富，在全球前50名最富有人士中排名第25。

19日 政府發行60億元的"五隧一橋"收入証券化債券。零售債券部分共分3組，分別為3年、5年及7年期。這是香港有史以來規模最寵大的債券發行。29日債券截止認購，供散戶認購的零售部分共錄得77億元認購額，超額認購2.1倍。

21日 內地活雞因禽流感疫情而停止輸港80日後，首批恢復輸港的約6,000隻活雞運抵本港。

22日 港股連續第7天下跌，創2003年新低位，恒生指數收市報12 167點，7天累積跌幅達804點。

24日 國家主席胡錦濤與行政長官董建華在博鰲會面時，強調中央為香港做任何事的出發點都是為了香港人的福祉。

26日 全國人大常委會通過2007年行政長官選舉和2008年立法會選舉不實行普選。

27日 斥資4千萬元，全長440米的尖沙咀星光大道舉行開幕禮，預期每月可吸引50萬遊客參觀。

昂船洲大橋工程展開。大橋全長1,018米，是世界最長的斜拉橋。預計2008年年中完工。該大橋將成為連接新界東部與機場的新東西行主要幹線，並且成為香港的新地標。

28日 國務院總理溫家寶強調，中央政府會貫徹香港《基本法》的目標，讓香港最終實現特區行政長官和立法會議員的普選。

30日 第三階段的個人人民幣業務開展。香港的銀行開始向本港居民發行人民幣扣賬卡及信用卡，以供在內地使用。

房協宣布動用25.8億元，在深水埗區發展4項市區重建項目，項目預計在2010年完成。

5月

1日 "5．1黃金周"首天，陸路5個口岸共有近19萬人次入境，廣東省亦開放全省居民以自由行的身分來港。"5．1黃金周"共有35.5萬人次入境，帶來30億元進賬。

"共建維港委員會"正式成立。該委員會根據持續發展的原則，就維港現有和新海傍的規劃、土地用途和發展，向政府提供意見。

3日 金管局數字顯示，3月底的負資產按揭降至4萬宗，相對2003年底約6.7萬宗，下降逾4成。

4日 香港數碼港的資訊資源中心啟用，為本地的數碼內容和娛樂服務開發商提供各種資訊科技和多媒體資源。

5日 為在香港設立存款保障計劃而制定的《存款保障計劃條例》獲立法會通過，香港存款保障委員會隨後於7月成立，負責該計劃的推行工作。

10日 受美國加息壓力及油價高企等因素影響，亞太股市全線下挫，港股亦出現自去年10月以來最大跌幅，恒指重挫425點，收報11 485點。

14日 規劃署的調查顯示，2003年在內地居住的港人超過6.1萬人，比2001年的4.1萬人增加50%。

受歐美經濟好轉帶動，2004年參加瑞士巴塞爾珠寶鐘表展的港商，接單量較2003年增加20-30%。

17日 工商及科技局局長和國家科學技術部副部長簽訂《內地與香港成立科技合作委員會協議》。該委員會負責組織和統籌香港和內地的技術交流和合作活動。

港股連續第4個交易日創新低，收市急跌至近8個月新低，恒指收報10 967點，大跌309點，單日市值蒸發了1,372億元。

20日 據萬事達卡旅遊人士購物意向調查顯示，未來數年香港仍然是亞洲旅客購物消費的首選地。

21日 特區政府與肯尼亞政府簽訂民用航空運輸協定。

第6次粵港合作聯席會議在港召開，雙方達成12項合作發展項目，主要是開拓投資貿易發展。

24日 香港按揭證券有限公司宣佈，推出200億元零售債券發行計劃，首批發行約8-10億元。

25日 停頓逾20個月的土地拍賣順利進行，馬鞍山及沙田兩幅地皮分別由長實集團及嘉華國際投得，為庫房帶來近30億元收入。

26日 財政司司長唐英年率團前往重慶參與“重慶香港周”，並與重慶市外經貿委員會簽署合作備忘錄，進一步促進雙邊經濟合作。

30日 房屋署表示，未來興建公屋時將趨向採用非標準化設計，按每個地盤“度身訂造”。

31日 民航處批准五間航空公司徵收客運燃油附加費，由39-110元不等。

6月

1日 首屆“泛珠三角區域合作與發展論壇”在香港、澳門及廣東省舉行。論壇由福建、江西、湖南、廣東、廣西、海南、四川、貴州及雲南九省市政府和香港、澳門特區政府合辦，主題為“泛珠三角：合作發展，共創未來”。各方於3日簽訂《泛珠三角區域合作框架協議》。

衛生防護中心正式成立，目的是促使香港成為一個更適合居住的健康城市，並能在傳染病爆發時迅速及有效地作出應變。

2日 房委會通過停止有15年歷史的置業貸款計劃，以及通過出售4個公共屋邨共26,000個單位。

6日 財政司司長唐英年率領本港工商界前往東北三省訪問至12日。他表示，東北三省以重工業為主，配合有巨大服務業優勢的香港，兩者會是很好的組合。

8日 金管局發出《防止清洗黑錢活動指引補充文件》，目的是使香港認可機構的打擊清洗黑錢活動制度，完全符合巴塞爾銀行監管委員會的有關規定及建議。

10日 香港國際旅遊展在會議展覽中心開幕，吸引來自6大洲的500家展商推銷旅遊特色。

11日 財務委員會批准撥款2.5億元推行“設計智優計劃”，以加強政府對設計和創新的支援，並推動各行業更廣泛應用設計和創新意念，以助業界加入高增值行列。

特區政府再提出新醫療融資計劃，建議推行醫療儲蓄計劃。

統計處公佈，今年首季香港港口貨物吞吐量較上年同期增加12%，達5,550萬公噸。

16日 《2004環球財富報告》顯示，香港的富裕人士（即擁有100萬美元財富）數目大幅增加3成至4.5萬名，成為全球增長最快速的地區。

17日 由市長李鴻忠率領的深圳市政府代表團與政務司司長曾蔭權為首的港方官員舉行深港合作會議，雙方簽署了加強兩地合作的備忘錄及8份合作協議，範圍包括法律服務、工業及貿易、投資推廣、經貿交流、旅遊及科技。

香港數碼港與深圳高新技術產業園區簽訂戰略合作協議書，為兩地的資訊科技發展揭開新的一頁。

工商及科技局與江蘇省外經貿合作廳簽署合作備忘錄，加強雙邊經貿合作。

20日 深港雙方共同投資2,300萬元、歷時10個月建設的羅湖鐵路新橋正式投入使用。

21日 政府建議動用195億元，分兩階段推行淨化海港計劃第2期工程，預期2014年完成，屆時可復辦維港渡海泳。

公務員事務局正研究引入公務員1-3年無薪假

期制度，以改善公務員錯配問題及節省開支。

23日 立法會政府帳目委員會就“維港巨星匯”發表報告，嚴厲譴責投資推廣署署長盧維思失職。

24日 上半年港人北上置業總成交量為7,600宗，比2003年同期上升約30%，總成交金額為42億元人民幣。

26日 為期10周的香港購物節揭幕，6,300間商店及食肆會為旅客提供優惠，預期可吸引370萬名旅客，帶來近200億元收入。

27日 行政長官董建華表示，推動經濟的持續增長、保持中央和香港的良好關係、努力改善施政以及營造一個祥和及團結的社會，是政府目前最重要的工作。

28日 內地與香港更緊密經貿關係安排(CEPA)簽署1周年。1年來，兩地批准了1,117份原產地證明書申請，出口總值達4.52億元。

歐洲委員會發表第6份關於香港特區的報告書，強調歐盟與香港之間的良好貿易關係。報告書指出，香港經濟轉型漸見成效，經濟狀況亦由2003年最後一季起開始逐步改善。

31日 政府統計處發表2004－2033年的最新一套人口推算數字，預計居港人口由2003年年中的680萬增至2033年年中的838萬人，平均每年增長率為0.7%。

創新科技署發表《創新及科技發展新策略》諮詢文件，主要建議選定香港具備競爭優勢並能符合產業需要的科技範疇，然後設立研究及發展中心，以推動和協調該等範疇的研究及發展工作。經諮詢後，創新科技署於12月10日宣佈，計劃於2005年在4個科技領域(汽車零部件、物流及供應鏈管理應用技術、納米科技及先進材料、紡織及成衣)設立研發中心。

7月

1日 “個人遊”計劃擴大至江蘇、浙江及福建3省9個城市，使這一計劃所涵蓋的城市總數增至32個。

政府於工商及科技局內設立政府資訊科技總監辦公室，負責領導、統籌、監察及確保“數碼21”資訊科技策略能有效推行。

2日 《結算及交收系統條例》獲立法會通過。該條例旨在建立一套法定架構，使金融管理專員可指定及監察對香港貨幣或金融穩定性或對香港作為國際金融中心有重要性的結算及交易系統。條例於11月4日開始生效。

3日 受泛珠三角區域合作及深圳地鐵通車刺激，上半年港人在深圳置業共4千宗，涉資40億元。

5日 立法會“SARS”調查報告公佈，雖然點名批評衛生福利及食物局局長楊永強、醫院管理局主席梁智鴻等9名政府和醫管局高層人士，但沒有要求失職官員下台，或予以譴責。

6日 政府宣佈在2008年6月30日全面撤消本地固網電訊服務的第2類互連規管措施，以促進在電訊市場高頻寬客戶接連網絡的投資，並讓消費者有更多選擇。

據證監會2003年基金管理活動調查結果顯示，2003年基金管理業務涉及總值達29,470億元，較2002年增加80%。

7日 政府就首次發行債券派發招股書，債券總額為200億元。8日至17日，財政司司長唐英年出訪北京、倫敦及紐約，推廣特區政府的全球發債工作。22日，總認購額達578億港元，超額認購1.89倍。

立法會通過《土地業權條例》，以引進新的土地業權註冊制度取代現行契約註冊制度。

立法會通過《2004年城市規劃(修訂)條例》，以提高規劃制度的透明度、簡化城市規劃程序，以及加強管制鄉郊地區的違規發展。

衛生福利及食物局局長楊永強向行政長官董建華請辭並獲接納，但將留任最多3個月。

8日 實施逾20年的租務管制全面撤銷，業主只要向現有租客給予不少於12個月的通知期，便可在租約期滿後收樓。

醫院管理局主席梁智鴻宣佈，為體現問責精神而請辭，並希望有關“SARS”的紛爭告一段落。

9日 政府公佈在香港推行數碼地面電視廣播的框架，無線及亞洲電視最遲要在2007年開展數碼地面電視廣播，並最遲在2008年把數碼廣播覆蓋至全港75%的地方。

11日 教育統籌局局長李國章和國家教育部部長周濟在北京簽署了《內地與香港關於相互承認高等教育學位證書的備忘錄》。

13日 《財富》雜誌公佈了2004年全球500強企業名單，和記黃埔新上榜居第407位。

14日 為配合重新定位的房屋政策，房委會決定終止"置業資助貸款計劃"，以減少干預市場。房委會將集中資源，為低收入家庭提供出租公屋。

首屆"泛珠三角區域經貿合作洽談會"在廣州舉行，總共就847個投資項目簽訂合同。其中313個項目是與香港的公司簽訂，投資金額人民幣560億元。

標準普爾基金評鑑公佈，上半年強積金回報幾近"零"增長，19類強積金回報為0.04%。

15日 根據美國卡托研究所、加拿大費沙爾學會及全球超過50個公共政策研究組織聯合公佈的《世界經濟自由度：2004年周年報告》，香港再獲選為全球最自由的經濟體系。

20日 4-6月的失業率為6.9%，較上季下降0.1%，創28個月以來新低，總就業人數328萬人，達歷史新高。

香港銀行自2月25日開展個人人民幣業務以來，截至5月底共吸納62.98億元人民幣存款。

政治及經濟風險顧問發表報告，評定亞洲國家及地區競爭力，香港在競爭力一項名列首位。

23日 金管局與中國人民銀行深圳中心支行合作，把現有的深港港元雙向聯合支票結算安排擴大至包括美元支票。

政府公布2003-2004財政年度的財政赤字為401億元，較預算少89億元。

28日 自2003年7月28日開放內地遊客赴香港個人遊1年來，已有內地旅客260萬人次以個人遊身份訪港，並為本港帶來156億元的收益。

29日 香港按揭證券有限公司將按揭保險計劃的按揭成數，由現時的90%提高至95%。

2004年上半年外匯基金錄得96億元的投資收益，投資回報僅0.4%，比2003年同期收益478億元大幅減少八成。

31日 強積金計劃在2000年12月推行以來，本港所有強積金計劃的資產淨值在3年8個月內已經超過1,000億元，總額達1,006.6億元。

8月

3日 金管局調查顯示，2004年第2季負資產住宅按揭貸款宗數減少接近30%，至約28,200宗，涉及金額480億元。

4日 粵港合作聯席會議第7次會議在廣州舉行。雙方在經濟及貿易、CEPA的推行、旅遊、出入境管制站合作、環境保護、物流、科技及教育等方面達成加強合作的協議。雙方亦同意就泛珠三角區域合作、城市規劃和發展以及公務員交流成立3個專責小組，使粵港合作聯席會議下成立的專責小組增至17個。

5日 貿易發展局公佈，2004年首6個月的總出口量較2003年同期增加15%，達9,263億港元。

6日 匯豐控股與內地五大銀行之一的交通銀行簽署合作協議，匯控旗下的匯豐銀行正式以144.61億元人民幣，收購交行19.9%股權。

香港中文大學醫學院宣佈，首個由冷藏卵子及精子解凍後受精，並放回母體孕育的嬰兒，已於4月在港誕生。

9日 特區政府與冰島政府簽訂民用航空運輸協定。

永亨銀行宣佈，該行與浙江第一銀行在法律及營運上完成整合，自即日起兩行統一名稱為"永亨銀行有限公司"。

10日 《經濟學人》信息部公佈全球城市生活指數排名，香港由2003年的第5位跌至第12位。

14日 為整頓來往香港與皇崗直通巴士的違規情況，運輸署宣佈將現有的10多條直巴路線整頓為6條路線，票價由25-50元不等。

17日 本港人口年中有684.19萬人，較2003年同期增加3.88萬，增長率為0.6%。

19日 財政司司長唐英年表示，受惠於經濟復甦和CEPA效應，本港於過去12個月創造了近10萬個新的就業職位，數字可觀。

機管局宣佈推出一項名為"經港飛新體驗"的推廣活動，旅客從珠三角出發，經香港到東南亞至澳洲等航點，優惠套票比市價低約六成。

22日 財政司司長唐英年透露，港府希望能循序漸進地擴大人民幣業務，現正積極考慮發行人民幣債券。

23日 財政司司長唐英年主持"香港經濟高峰會"。此會議為香港經濟定位的重要意見交流平台，探討香港的經濟路向，研究如何鞏固香港現有優勢及提升主要行業的競爭力，及討論香港經濟在持續轉型下的人力資源發展等問題。

本港綜合消費物價指數7月份按年上升0.9%，結束了自1998年11月開始的68個月通縮期。

26日 港穗兩地政府部門及企業，簽署共50份總值超過131億元的合作協議，涉及科技發展、投資及零售等安排。

電訊盈科與港府發展的數碼港項目首次分派25.9億元盈餘，政府分得16.7億元。

上半年香港Visa零售簽賬額創下過去3年的最高紀錄，達630億元，較2003年同期上升27%。

27日 第2季經濟增長達12.1%，是近4年來最高的增長。

商務部副部長安民及財政司司長唐英年在北京簽署了CEPA第2階段協議。由2005年1月1日起，超過1,000個香港原產貨物輸往內地時可享有零關稅優惠。香港服務提供者亦可在合共26個服務行業領域享有進入內地市場的優惠待遇。

28日 特區政府與約旦政府簽訂民用航空運輸協定。

31日 中央政府商務部公佈一項新的投資便利化政策，方便內地企業前來香港和澳門投資。

9月

2日 "第八屆北京香港經濟合作研討洽談會暨奧運經濟市場推介會"在港舉行。這次洽談會，北京為港商帶來130多個項目，總投資額超過1千億元人民幣。

特區政府和北京市政府在港舉行京港高層會晤及京港經貿合作會議第1次會議，雙方同意成立一個3層的合作機制，並確立7個領域作為當前主要合作範疇。

6日 貿易發展局公佈，在會展原址擴建會場，預計工程費用約12億元，2006年初動工，2009年落成。

機管局表示，希望在未來5年內將香港國際機場的航點從目前的140多個增加至175-180個，藉此加強香港機場的競爭力。

8日 特區政府與中央政府完成對《內地和香港特別行政區間航空運輸安排》作出最新一輪檢討，雙方同意大幅增加兩地間客貨運的處理能力；香港來往內地的航空市場，未來將不再限於港龍及國泰。

世界銀行發表2004年度"世界最佳營商地"的調查報告，香港在145個國家中排名第4。

10日 港府計劃由2005-2006學年起，分3年逐步實施中、英、數3科專科專教計劃，預料全港600間小學需額外聘請1,000名教師，每年開支約3億元。

11日 中央落實"民企自由行"措施，放寬內地民營企業來港投資的程序，將來港投資的審批時間由過往的約半年，縮短至15個工作日。

12日 特區舉行第3屆立法會選舉，共有178.4萬市民投票，投票率達55.6%。在60個議席中，民建聯取得12席，取代民主黨成為立法會內第一大黨，自由黨及民主黨分別取得10席和9席。泛民主派在議會內只取得25席。

13日 創新科技署與廣東省科學技術廳聯合推出"粵港科技的合作資助計劃"，以加強香港與廣東省的研究機關及科研企業的合作。

16日 6-8月的失業率為6.8%，較對上一季輕微下跌0.1%，創下30個月以來的新低。

地鐵公司與九廣鐵路公司向政府提交關於兩鐵合併的報告。地鐵行政總裁周松崗表示，合併後透過兩間公司的協同效應，票價將有下調空間。

行政長官董建華表示，政府暫時不會考慮重提《基本法》23條立法，亦沒有立法的時間表，政府目前首要的工作，是全力推動經濟復蘇。

17日 匯豐控股宣佈，旗下的匯豐投資管理將與山西信託投資，在國內開設合營基金管理公司，成為該集團進軍國內資產管理市場的第一步。

21日 投資推廣署與其他機構合辦第4屆福布

斯全球行政總裁會議。350位來自世界各地的頂級商界行政人員及政府首腦出席。

貿易發展局研究報告指出，2003年內地新增超過57萬家民企。香港若能吸引民企藉香港融資及走向國際市場，將可提升香港作為亞洲商業及金融中心的地位。

23日 本港繼續成為亞太區第2大外來直接投資的地區，2003年流入香港的外來直接投資高達136億美元，較2002年的97億大幅增加40%。

政府公佈，2005年4月1日起將環境運輸及工務局環境科及環境保護署合併。

政府決定由10月1日起調低長者和傷殘人士綜援金5.4%。

28日 金管局公佈2004年國際結算銀行每3年一度的外匯與衍生工具市場成交額調查，香港在全球的排名晉升1級，成為全球第6大外匯市場及第7大外匯及場外衍生工具市場。

29日 旅遊發展局表示，8月訪港旅客達206.6萬人次，其中內地旅客達124.8萬人次，兩個數字均創單月最高紀錄。

10月

1日 行政長官董建華在國慶酒會致辭時表示，特區政府會致力推動香港經濟復蘇，切實改善民生及施政，回應市民要求，使更多人受惠於經濟復甦。

政府成立"數碼21"資訊科技策略諮詢委員會，取代先前的資訊基建諮詢委員會，作為政府在資訊科技事宜上的最高層諮詢組織。

3日 銀行保險業務迅速發展，上半年佔整體市場保費已超過3成。

5日 政府委任郭國全為政府經濟顧問，接替退休的鄧廣堯，由10月11日起生效。

6日 投資推廣署表示，2004年1-6月香港的外來直接投資達138億美元，超過2003年全年的136億美元。

7日 金管局宣佈，2004年9月底的官方外匯儲備為1,184億美元，在全球排行第6。

8日 中央政府任命醫院管理局港島西聯網總監周一嶽接任衞生福利及食物局局長。

電訊管理局宣佈，擬發新固網電話牌照予電訊盈科，令其今後可自行釐訂電話月費。

9日 香港認可處獲接納為國際認可論壇質量管理體系多邊互認協議下的質量管理體系。

10日 行政長官董建華表示，當公務員人數減至16萬的水平後，將不再作出削減，亦不會強迫公務員退休，並將停止部門公司化政策。

11日 全新設計的20元、50元及1千元面額新鈔推出市面。

12日 政府拍賣何文田天光道及新蒲崗地皮，共為庫房帶來141.2億元進帳，打破歷年來單日土地收益的紀錄。

14日 據政府公佈的外資駐港公司調查顯示，上半年選擇以香港作為地區總部的外資公司有1,098家，2003年同期為966家，期間流入的外來直接投資達138億美元，較2003年全年136億美元為多。

16日 新任衞生福利及食物局局長周一嶽提出公營醫療服務的定位，以便與私營醫療機構分工。

社聯發表的調查顯示，本港低收入家庭人數達112萬，並預期香港的貧富懸殊將繼續拉闊。

19日 金管局發現個別銀行違反7成按揭貸款指引，故致函銀行界，高調提醒銀行遵守指引。

香港按揭證券有限公司宣佈，根據Bauhinia MBS Limited 30億美元按揭證券化計劃推出新系列的按揭證券。按揭證券的新發行額為20億港元，其中9億元供零售投資者認購，分1、3及4年期。這是亞洲首次發行零售按揭證券。

20日 教統局公佈《改革高中及高等教育學制》諮詢文件，計劃動用67億元，最快在2008年實行高中3年和大學4年新學制，合併會考和高考。新制下學生完成大學教育須比現時多付6.7萬元。

22日 最高人民法院副院長黃松有表示，香港與內地已基本上同意落實執行民事訴訟互認，最快在2005年初執行。

23日 房屋及規劃地政局局長孫明揚重申，港府不會再興建居屋，目前尚餘的1.3萬多個居屋單位，也不會在2006年前處理。

24日 投資41億元的九廣鐵路尖沙咀支線正

式投入服務。

26日 由財政司司長唐英年領導的大嶼山發展專責小組向立法會提交了未來大嶼山發展概念計劃，按照計劃，整個大嶼山將循基建、旅遊、娛樂休閑及自然保護等4大主線發展，增添13個發展項目。

香港銀行公會、存款公司公會、金管局及鄧白氏(香港)有限公司聯合宣佈，由2004年11月1日起在香港設立商業信貸資料庫，以收集中小型企業的信貸資料，以及提供這些資料予認可機構。目的是要加強認可機構的信貸風險管理，以及協助信貸紀錄良好的中小型企業向銀行融資。

27日 內地與香港簽訂CEPA補充協議，為第2階段零關稅產品定下原產地規則。在新協議下，廠商如計劃生產某一種產品，在確認投產後即可享有零關稅優惠。

財政司司長唐英年率領代表團前往天津出席"天津香港周"，雙方同意加強經濟上的伙伴合作關係。

房屋及規劃地政局局長孫明揚表示，除了可即時推出的99公頃土地外，未來5年還有額外295公頃土地可推出市場，即共可供應土地394公頃。

28日 港交所表示，本港的集資總額由2003年在全球排行第5攀升至第2。

30日 政府公佈本財政年度頭6個月財政狀況，財赤錄得近年新低，只有227億元。

31日 世界經濟論壇公佈的2004年度全球城市綜合競爭力排名顯示，香港位居第2。

11月

1日 本財政年度首6個月的外匯基金投資，錄得237億元的回報，較2003年同期下跌近6成，政府庫房則分得60億元。

財政司司長唐英年指出，香港經濟於第2季已全面復蘇，現時是好時機檢討稅務安排，並提出包括開徵商品及服務稅和取消遺產稅等7項建議。

根據CEPA第二階段安排，香港銀行的內地分行在獲得批准後，可從事保險代理業務。

3日 證監會發表為處理分析員的利益衝突問題而制訂的指引及有關的諮詢總結文件，引入措施加強分析員監管，堅持分析員在媒體上發表評論須披露真實姓名、持股及持牌狀況等。

4日 政府訂出自訂車牌號碼計劃，市民要繳付2萬元按金，向運輸署申請一個自訂車牌，並以此作為底價，在拍賣會上競投。估計此計劃每年可為庫房帶來7,000萬元進賬。

5日 位於葵涌及設有6個泊位的9號貨櫃碼頭落成，使葵涌貨櫃碼頭的貨櫃處理量超過1,800萬個20呎標準貨櫃單位。

特區政府推出投資移民計劃1年，入境處批出231份申請，申請者平均投資約734萬元，吸納近17億元資金來港投資金融及房地產。

9日 香港船舶註冊創下總噸位超過2,500萬的新紀錄，位列世界首5名之內。

10日 西九龍文娛藝術區發展計劃完成第1階段的甄選，入圍標書由恒基兆業集團(香港薈萃)、長實加新地(活力星國際公司)，以及信和、九倉加華置(生利發展公司)3個集團提交。

11日 雖然美國宣布加息1/4厘，但基於港元銀行同業市場的流動資金充裕，主要銀行把最優惠利率調低至5%，儲蓄存款利率調低至0.0125%。這是本港有史以來首次出現美國加息、本港減息的相反利息走向。

12日 香港郵政在2003-2004年度錄得6年來首次的運作盈利1,700萬元，擺脱了連續5年的運作虧損。

15日 渣打銀行(香港)宣佈，行政總裁王冬勝離職，由現任副行政總裁蘇利民接任。

16日 國際貨幣基金組織建議港府應趁經濟好轉，開徵商品及服務稅，為彌補財赤幫上一把。

特區政府與海南省政府商務廳簽署合作備忘錄，加強兩地的經貿合作。

18日 8-10月失業率下降至6.7%，是31個月來的新低，本港總就業人數創出330萬人的歷史新高。

渣打銀行將獲准參股籌建中的天津渤海商業銀行，持股約20%。

貿易發展局調查顯示，自內地放寬來港投資限制後，62%內地企業表示計劃在未來1-2年到港開設辦事處、分支機構或委託業務代理。

19日 政府首次按季公佈私人住宅一手市場的供應統計數字，未來3年合共有6.3萬個住宅單位供應市場，每年平均約為2.1萬個。

國家工商行政管理總局發佈《港澳居民在內地申辦個體工商戶登記工作的若干意見》，就具備中國公民身份的香港永久居民，由2005年1月1日起在內地設立個體工商戶的登記程序作出規定。

20日 政務司司長曾蔭權重申，西九龍文娛藝術區計劃不會淪為地產項目，政府會繼續嚴格監察及保持高透明度，並將公眾諮詢期延長至2005年3月底。

21日 正在智利出席亞太經合組織非正式會議的國家主席胡錦濤，與行政長官董建華共晉早餐時指出：求發展、求穩定、求和諧，是香港社會的主流共識，希望香港特區把發展擺在頭位，讓港人得到實在的利益。

22日 高等法院上訴庭裁定，房屋委員會就公屋租金官司的上訴得直，意味房委會無需執行早前通過的減租方案。

財政司司長唐英年和香港國際主題樂園有限公司宣佈，耗資140億元興建的香港迪士尼主題樂園，定於2005年9月12日開幕。

23日 熱錢湧港，刺激港股飆升222點至14 023點，3年半來收市首次重上14 000點水平。

本港積極與其他國家或地區展開司法合作。至2004年9月，已與29個司法管轄區簽定相互法律協助的協定。

24日 房委會宣佈向全球發售領匯房地產投資信託基金(The Link)，分拆180項商場及停車場設施，將發行19.7億個基金單位，籌集最多213億元，派息率達6.85%。12月9日，"領匯"截止申請，最少有51萬份散戶認購，超額129倍，凍結資金2,800億元，創下本港新股凍結資金的紀錄。

審計署報告指出，愉景灣發展商當年獲政府批准發展度假區後，10多度修改發展藍圖，令該區變成純住宅發展，但當中8次修改並未補地價，對庫房造成嚴重損失。

香港總商會調查顯示，2005年有八成公司準備加薪，其中有近兩成表示全面加薪，另有近六成二公司表示會按員工表現加薪。

26日 保險業監理處和中國保險監督管理委員會簽署合作協議，加強兩個監管機構在規管上的合作。

28日 經過一年多研究，港珠澳大橋終傾向採用不連接深圳的"單Y方案"，為免造價過高，影響經濟效益，大橋不打算興建鐵路。

29日 高等法院上訴庭裁定，特區政府在公務員控告政府立法削減薪酬一案中敗訴，政府決定向終審法院提出上訴。

電訊管理局宣佈，決定向現時9個持有環球流動通訊系統(GSM)及個人通訊服務(PCS)牌照持牌人發出新的移動傳送者牌照，有效期為15年，讓它們繼續提供流動通訊服務。

紅灣半島發展商新創建集團和新鴻基地產宣佈會將全部2,470個單位以環保方式拆卸，重新發展為中、上價私人住宅。由於受到社會反對，12月10日，發展商宣佈不拆卸，將重新研究改裝樓宇後出售。

12月

1日 港股以全日最高位14 162點收市，指數創3年9個月以來的新高。

《國際先驅論壇報》在香港舉行"名牌2004－亞洲魅力"會議。這是世界時裝及名牌商品界最享負盛名的會議。超過600名世界知名品牌的行政總裁、高級行政人員及設計師出席會議。

2日 中國人民銀行宣布放寬居民攜帶人民幣出入境的限制，由2005年1月1日起，每人每次攜帶的現金由現時的6,000元調高到20,000元，香港零售業界表示歡迎。

財政司司長唐英年表示，由於本港二手零售市場不活躍，使債市發展未如理想，當局正努力研究開拓第3個資本市場，推動市場成交。

3日 香港地鐵將投資7.35億元人民幣，以公私合營模式合作建設及營運北京地鐵四號線，計劃2008年北京奧運前通車。

政府決定如期在2005年1月進行第2期削減公務員薪酬計劃，即減薪3%。

5日 2004年迄今為止的訪港旅客人次突破

2,000萬，為香港有史以來的年度新高，遠超2002年所創下的1,660萬的紀錄。

6日 匯豐銀行宣佈，現任恒生銀行副董事長兼行政總裁鄭海泉將於2005年5月接替退休的匯豐主席艾爾敦，成為該行成立139年以來首位華人主席。

香港按揭證券有限公司宣布把按揭保險計劃的受保範圍擴大至再融資按揭保險，最高按揭成數為85%，按揭貸款額上限為500萬元。

金管局宣佈，港元已被納入持續聯繫結算及交收系統(簡稱CLS系統)。該系統是處理跨境外匯交易的全球結算及交收系統。港元被納入CLS系統，令涉及港元的外匯交易得以經該系統進行外匯交易同步結算交收，從而消除該等交易中的結算交收風險。

7日 內地居民來港使用本地公營醫療機構服務有上升趨勢。內地孕婦來港產子，已佔醫管局有關數字三成。為減少非本地居民使用公立醫院服務，政府擬提高非符合資格人士的醫療收費。

8日 兩名公屋居民入稟高等法院，就房委會將旗下商場和停車場分拆出售的做法是否違反《房屋條例》申請司法覆核，並申請禁制令阻止"領匯"上市。雖然原訟法庭和上訴法庭均已作出對房委會有利的裁決，但申請司法覆核的一名居民盧少蘭保留向終審法院上訴的權利。基於這項法律上的不明朗因素，房委會19日宣佈"領匯" 不會在20日上市。

10日 香港與英國簽訂第二份資訊及通訊科技合作諒解備忘錄。

15日 由中國城市競爭力研究會主持調查的"2004中國城市競爭力排行榜"、"2004中國城市成長競爭力排行榜"及"2004中國城市誠信政府排行榜"，香港全部位居榜首。

港交所公佈，截至14日為止，包括主板和創業板在內，港股2004年以來的成交額已高達3.789萬億元，突破1997年全年成交金額，即3.788億元紀錄，而市值迫近6.65萬億元。

16日 政府就西九龍文娛藝術區的發展建議展開公眾諮詢，並公開展出3份入圍的建議計劃，以及舉行一連串研討會。

羅湖管制站離境大堂裝設3條自助出入境檢查通道(e-道)，11歲以上持智能身份證的香港永久居民，可以自助方式辦理出入境手續。

金管局聯同EMEAP其他成員央行及貨幣管理當局宣布推出亞洲債券基金Ⅱ。EMEAP全部11個成員都會投資於亞洲債券基金Ⅱ。

港燈及中電分別提出在2005年1月1日加價及撤銷回贈計劃措施，港燈加幅為6.5%。

17日 金融管理局表示，將爭取涵蓋8個亞洲地區基金的泛亞洲債券指數基金(PAIF)，以及香港基金在2005年上半年上市。

特區政府與中央政府就香港服務提供者申請內地的計算機信息系統集成資質認證的過渡安排，達成協議。

20日 國家主席胡錦濤在澳門聽取香港特區行政長官董建華述職。胡錦濤在向香港特區政府主要官員發表講話時，提出了3個希望，包括總結經驗，查找不足，提高施政水平。

21日 耗資100億元，連接烏溪沙至大圍的馬鞍山鐵路正式通車。

調查顯示，港人2004年的投資成績為3年來最理想，約有8成受訪者能在股票、外匯、基金、地產及黃金市場中獲利。

22日 國家主席胡錦濤在廣東考察工作中強調，要落實好內地與香港、澳門建立更緊密經貿關係安排，深入開展粵港澳合作。

28日 行政長官董建華表示，政府一定會成立扶貧委員會，從經濟、教育、再培訓方面幫助貧困人士。

31日 港股在2004年最後一個交易日以升市結束，恒生指數以14 230點收市，全日升66點，全年累計升幅超過一成三。港股市值則創下歷史新高，升至66,900多億元。

第三篇

行業

工業•貿易

工　業

【概述】　半個多世紀之前，香港主要是一個連接中國與亞洲和世界各地的轉口港，除採礦、造船、製糖及手工業外，工業基礎微不足道。50年代初，由於聯合國對中國實行禁運，香港的轉口角色大受打擊。然而，隨著內地移民及資金的湧入，香港得以重新上路，發展成為紡織、服裝、電子及其他輕工消費品的生產中心。50~80年代是香港工業的全盛時期。

自國內實行改革開放政策以來，大批港商往內地投資設廠，或大舉從國內採購貨物出口海外，期間也有港商轉戰其他地區，但不論移師何處，這一階段行動均屬成本推動和生產導向，向外擴展的目的以減省成本和擴充生產力為主。時至今日，內地已成為港商出口貨品的主要產地。此外，隨著港商在內地的業務日益擴展，從前貨源集中在廣東省，現已逐漸伸延至國內其他地區。同時，隨著港商在內地生產規模的擴充和採購活躍，以及國內外港口設施迅速發展，港商採用直接付運、不經香港的離岸貿易方式出口貨品往海外市場正急速增長。

80年代至90年代初，香港工業經歷重大的轉型。目前香港擁有一個龐大的跨境製造基地，其中包括本地的高增值和科技密集工序，以及南中國及其他地方進行的土地和勞工密集工序。

1984年香港工業曾佔本地生產總值的24.3%，但自1987年開始，其領先的地位被服務業取代，1994年的比重降至單位數字，2004年再降至僅佔3.8%，產值降至552億元。

雖然如此，工業仍是香港的重要支柱。2004年底，香港15,748家製造廠共僱用165,268名工人，佔總就業人數的6.8%。其中，4,228家印刷及出版廠是本港工業中最大僱主，共僱用36,831名工人；其次是製衣業，1,285家工廠僱用22,478名工人。其他為：紡織業1,435家，僱用20,005名工人；食品製造業728家，僱用19,434名工人；電子零件製造業126家，僱用9,824名工人。

【本地工業生產止跌回升】　2004年，香港工業生產情況好壞參半。全年平均生產指數同2003年比較上升2.9%。在主要工業部門中，金屬製品增長8.5%，食品、飲品及煙草製品增長5.6%，電器及電子製品、機械設備及光學製品增長11.7%。另一方面，成衣微跌0.5%，紡織品下跌4.3%，化學產品、橡膠製品、塑膠製品下跌1.7%，紙品及印刷下跌2.3%。

【工業品出口】　香港本地產品中約有80%為出口。香港以出口消費品馳名世界，是全球紡織品、成衣、玩具、鐘錶和珠寶的主要出口地之一。2004年港產品出口總值1,260億元，出口貨品以紡織品及成衣、電子產品、珠寶首飾、印刷品、塑膠產品、鐘錶、金屬製品、玩具等為主。其中紡織品及成衣出口687.17億元、電子產品220.69億元、珠寶首飾58.8億元、印刷品33.44億元。港產品出口的主要市場是美國（30.7%）、中國內地（30.1%）、歐盟（17.5%）、台灣地區（3.7%）、新加坡（2.5）及日本（2.2%）。

【CEPA有利工業重整】　2004年8月27日中港就CEPA第二階段內容正式達成協議，進一步擴大貨物及服務貿易的開放領域。其中在貨物零關稅待遇方面更取得重大突破，覆蓋品種從首階段的374項新增713項至總共1,087項，而且新增項目中184項是現時香港未有生產的貨物。至此，CEPA在貨物貿易方面的零關稅優惠已幾乎涵蓋了所有港產品的種類，基本達致全面開放的地步，對香港拓展內地市場、重整本港工業奠定了全面的基礎。

CEPA第二階段新增713項貨物零關稅的優惠待遇在2005年1月1日才開始實施，故2004年內的有關影響其實只涉及首階段的374項貨物，其原稅率從最低的1.5%到最高的35%。從香港工業署的統計看，本港業界利用有關優惠的範圍在不斷擴大，但絕對規模仍然偏低。

【工業漸露生機】 隨著本港經濟重拾升軌和結構轉型的深化，本地工業的發展環境正不斷改善。1993~2003年的10年裡，除1995年和2000年因全球經濟格外強勁而帶動港產品出口上升外，其他時間出口連年下跌，其跌勢且不斷擴大，儘管同期本港整體出口在大部分時間有不同程度增長。2004年，香港工業已呈明顯復甦跡象，港產品出口總值達1,260億元，比2003年增長3.5%；本地生產總值中的製造業產值達552.48億元，增長2.9%；2004年首三季工業貸款總額比2003年同期分別增長17.9%、22.3%和20.7%，均高於本地貸款的整體增幅；工業的機械設備投資經過數年下調後，2004年首三季也分別錄得10%、12%和33%的強勁升幅。

事實上，一些有利於本地工業重振雄風的誘因正在湧現。

首先，隨著內地經濟起飛，本港與國內沿海地區的成本差距正迅速縮小，特別是近年內地不少地區出現了水、電和勞動力供應短缺的現象，促使不少港商重新審視香港的相對優勢。

其次，CEPA第二階段的內容已把零關稅優惠擴展至絕大多數港產品，甚至包括184種目前尚未在香港生產的產品，為本地工業的升級換代提供了歷史性的契機。

第三，工業亦有望成為近年香港吸引海外投資的一個增長點。在CEPA的催谷下，不僅本地廠商加快擴大產能，不少海外製造商亦考慮在香港進行策略性投資，藉此進軍龐大的中國內銷市場。另一方面，內地企業對外直接投資的浪潮方興未艾；憑借得天獨厚的地理位置、良好的營商環境，以及CEPA和“民企自由行”的政策優勢，香港無疑是內地企業實施“走出去”戰略的橋頭堡，亦有望成為他們在境外開展高附加值工業及相關活動的重要據點。

面對經濟回升和CEPA雙重機遇，香港工業能否振衰起敝、重張旗鼓，尚有待業界努力和政府的鼎力推動。而當前急務是應重新認識和評價工業對本港經濟發展的重要作用，確立工業作為本地支柱產業和吸引海外投資增長點的戰略地位；進而可考慮採用傾斜政策，透過提供財稅方面的優惠、改善工業園區、降低政府和公用部門的各項收費等措施，為本地工業創造更優越的發展條件。

香港生產力促進局與浙江一家民營汽車企業簽署了合作備忘錄，擬在年底簽約成立“汽車零部件研發中心”，在香港合作開發中高檔的轎車體系和相關的零部件，而本港廠商將可參與這個計劃。當新款汽車開發完成後，條件成熟將會考慮在香港投產，目標是打開國際市場。此外，更會利用CEPA的有利條件，開拓內地汽車市場的商機。業界人士對此次合作的前景均十分看好。香港中華廠商聯合會會長楊孫西認為，此次合作適時地把握全球產業結構大調整的契機，充分發揮香港的比較優勢，利用香港與內地的CEPA政策，堪為發展香港高增值製造業的楷模。

楊孫西表示，該民企計劃在港投資，明顯是看中了CEPA的優勢。另一方面，香港在國際地位、資本、技術和管理方面具有較大的優勢，也是極為有利的因素。事實上，本港汽車零件製造技術水平相當高，有的還在國際上舉足輕重。由於香港沒有自已的整車裝嵌，以往僅能作為二線汽車零件供應商。業內人士估計，“汽車零部件研發中心”成立後，若能推動在港設立汽車裝嵌廠，既可擁有“香港製造”的新款汽車，又可以把現時汽車零件約200億元的收益，大幅提升至1,000多億元。同時，還可以發揮汽車產業鏈長的優勢，帶動約52個相關行業的發展。顯而易見，這將是一個雙贏的合作項目。

他又指出，以研究開發帶動高增值製造業，可減少投資風險，有利兩地業界合作，共謀發展，不失為良策。而作為對香港經濟長遠發展負有重責的特區政府，則應以此為契機，充分利用實施CEPA的優勢，重新修訂和制定相關產業政策，從引進高級技術人才、廠房和租金等方面，通過適當的優惠政策，扶植在港落戶的高增值製造企業，從而加速第三次經濟轉型。可以想見，倘若諸如造船、航空、紡織機械和石油化工裝備等產業，都能在港建立研發中心，開發新產品，帶動高增值製造業的發展，則香港第三次經濟轉型指日可待。

立法會議員呂明華就新工業化問題，向特首曾蔭權提出4點具體建議。第一、政府要提出具體措施，吸引科技和高增值工業來港設廠。第二、香港工業的競爭對手在境外，政府要善待出口型工業，協助他們增加在國際市場的競爭力。為此，對出口型工業的政策應該有異於對本土型的企業。第三，骨幹工業如半導體、汽車裝配和煉鋁工業等，可以帶動大批上游和下游企業，政府應主動吸引骨幹工業來港設廠，建立新工業群。第四、為實現新工業化，香港需要輸入半技術和技術勞工。否則，空有政策，難以實行，將為人詬病。只有當香港的經濟基建於有力的工業時，發展才會更穩健和持續。

貿 易

【概 述】 香港是一個典型的海島型經濟結構體系，可以說從生活飲食用品至工業生產原料，一應物品均倚賴外地入口，香港擁有的最大資產，便是一個有效率及資訊充足、自由的商業社會體系，加上香港位於亞洲和太平洋地區的交通要衝，因而令香港發展成區域性的貿易中心，進出口貿易便成為維持香港經濟發展的命脈。

由戰後至五十年代初期，香港加工工業正值起步階段，故對外貿易主要以轉口貿易為主，其時進口商品約八成是轉銷其他市場；到五十年代末至七十年代後期，香港的加工工業隨著港口碼頭、倉儲運輸、通訊、銀行、保險等基礎設施的漸次完善，開始踏入經濟起飛階段，對外貿易迅速發展，貿易結構亦產生較大變化。最大的特點是由五十年代的轉口港變為七、八十年代以出口港產品為主。而在八十年代末期至九十年代，在內地實行對外開放與經濟改革下，香港到內地的加工貿易又蓬勃發展起來，香港轉口港的地位又再次凸顯，在1991年的對外貿易額中，佔34.6%的金額均為轉口數值。

1997年7月1日，中國恢復對香港行使主權，香港成為中華人民共和國的特別行政區，這對香港來說也標誌著一個新紀元的開始。主權回歸祖國後，香港仍然實行“一國兩制”、“港人治港”、高度自治，保持原來的社會制度與生活方式不變，而香港的自由貿易政策仍得以延續，在《基本法》中就規定了，香港特別行政區仍是一個獨立的關稅地區，並賦有決定其貿易及經濟事務的自主權。可以說，香港仍是世界上最自由和最具競爭的經濟體系之一。

【發展狀況】 承接2003年香港進出口貿易的升勢，2004年仍呈雙位數字的增長，這是連續第二年出現的好成績。據統計，2004年的貿易總額為41,302.37億元，較2003年的35,482.06億元增加16.4%。其中，整體出口總額為20,191.14億元，較上年增15.9%，港產品出口更出現近年難得的止跌回升，總額為1,259.82億元，增3.5%；轉口額為18,931.32億元，增16.8%；進口額為21,111.23億元，增16.9%。

去年本港進出口貿易所以有如此佳績，除全球及地區性的需求殷切外，美元持續疲弱也進一步提高了香港對外競爭力，加上香港產品在品質及設計方面水平甚高，當各出口市場經濟轉好時，也增加了對港貨的需求。而在整體出口中，轉口表現更為出色，尤其是涉及內地的轉口貿易，這是由於內地的貿易往來暢往，同時亦反映出香港擔當內地與世界各地之間貿易渠道的重要角色。

值得一提的是，在本港出口結構向轉口及離岸貿易轉移的大環境下，2004年港產品出口出現了自2000年以來首次溫和增長3.5%。原因是輸往許多東亞市場的出口錄得十分顯著的升幅。當中，輸往內地的港產品出口於年底時的反彈尤其明顯，估計是CEPA的正面影響正逐漸顯現。

貨物進口的表現亦相當理想，相信這與轉口貿易增長有緊密關係；而供本地使用的貨物進口顯著上升亦是相關因素。據統計資料顯示，在整體貨物進口中，留用貨物的進口在2004年上升8.9%，升幅較2003年的5.8%增長進一步加快。這也從一個側面反映出香港經濟的復甦。以用途類別去分析，隨著投資氣氛漸趨樂觀，留用進口的資本貨物在2004年顯著加快增長。在留用進口資本貨物中，供製造用途的工業機器及電訊設備吸納量，是整體增長的主要動力，不過，建築機器的進口整體上仍然疲弱。而留用進口原料及半製成品在2004年也明顯上升，這與工業生產反彈及整體經濟活動亦見上揚的情況相符。

服務輸出現已完全脱離沙士爆發的陰影，在2004年維持強勁的增長勢頭，全年實質躍升14.9%，遠高於2003年5.7%的升幅。主因是由於與貿易有關的服務（在服務輸出中佔最大比重）進一步躍升。區內貿易蓬勃發展，而更重要的是涉及內地的貿易往來激增，刺激離岸貿易迅速增長。運輸服務輸出（在服務輸出中佔第二大比重）在2004年亦呈現強勁升勢，除大量訪港旅客令客運服務的需求大為增加外，貨運服務亦隨著對外貿易暢旺而激增。而旅遊、金融、商用及其他服務的輸出在2004年也都加快上升，錄得不俗的增長。

由於進口吸納量隨著經濟復甦而上升，有形貿易赤字在2004年擴大至725億元（相當於進口貨值的3.5%）。不過，由於離岸貿易和運輸服務均表現蓬勃，無形貿易盈餘在2004年亦錄得大幅增加。全年的盈餘由2003年的1,514億元（相當於服務輸入總值的77.2%），擴大至1,826億元（相當於服務輸入總值的81.1%）。由於無形貿易盈餘足以抵銷有形貿易赤字有餘，2004年錄得綜合盈餘達1,100億元。

於2003年6月29日香港特區政府與中央人民政府簽署的CEPA協議及其9月29日簽訂的6份附件於2004年1月1日起正式生效。這是中國內地與香港所簽訂的首份自由貿易協議，透過這份協議，可擴大貿易、服務和投資的範疇，拓展兩地的商機；此外，該協議還可促進某些特定範疇如高增值產品、品牌，以及高知識產權產品/工序等方面的投資，從而有助提升香港的製造業。CEPA的3個主要部分包括：(1)由2004年1月1日起，向首批374個內地税目所涵蓋及符合原產地規則的香港產品出口提供零關税優惠；(2)放寬進入內地18個服務行業的市場條件；(3)在通關、中小企業、中醫藥產業和電子商務等7個範疇加強貿易投資便利化合作。此外，CEPA還包括雙方互認某些專業服務範疇的專業資格的安排。

至2004年8月27日，中央政府又與香港特區政府簽署了CEPA第二階段協議，訂明了由2005年1月1日起實施的進一步開放開放措施。根據新協議，529種現有生產的貨品及184種擬生產的貨品，將會分別由2005年1月1日起及由有關產品投產後翌年的1月1日起享有零關税待遇。而在18個已獲CEPA提供優惠待遇的服務行業中，有11個行業的開放政策將在第二階段時再獲擴大，同時，開放措施還會擴展至另外8個新增的服務領域。

在CEPA協議正式實施後，截至2004年12月31日，工業貿易署已就在香港生產的貨品發出3,008張香港產地來源證，涉及的貨品總值約11億元，當中以紡織品、成衣及藥物居多。

【新趨勢】 2005年的香港整體貿易表現仍可審慎樂觀，但估計增長會較2004年為低。利好因素是：(1)區內貿易依然蓬勃及內地經濟保持暢旺，對香港而言意味著有較多的貿易和營商良機；(2)美元今年雖有所上升，但升幅相對溫和，港產品在價格上仍有競爭優勢；(3)CEPA效應正在陸續浮現，可望進一步刺激香港與內地之間的貿易增長。

不過，不利因素也必須加以注視：(1)根據世貿的《紡織品及成衣協議》，成員間的紡織品及成衣產品配額已由2005年1月1日起全面撤銷。雖然長遠而言應為全球經濟的整體發展及生產效率帶來裨益，但短期的影響仍不明朗，估計本年度紡織品及成衣的港產品出口會顯著下跌。(2)國際原油價格攀升，影響所計，塑膠原料及合成纖維布料的價格亦高企，玩具、家居用品、電器用品及成衣等多個行業首當其衝，原油價格上升亦增加了貨運成本。(3)內地經濟近年高速發展，在內地設廠生產的港商面對供電不足及非技術勞工短缺的情況日趨嚴重，造成新的困擾。總之，今年香港的貿易前景仍有阻力，只能在穩中求升。

食品加工

【概述】 香港是一個中西文化匯聚的國際性都市，因而對中西食品的接受能力相當強，使得食品加工業得以向多元的方向發展。從上世紀70年代開始，香港的食品製造業便著意開拓海外市場。

隨著內地的經濟發展，內地市場已成為香港食品加工業最有能力開拓的最大市場。越來越多的香港食品企業已列入中國食品企業百強的行列之中。港資企業在配置資源和組織生產與經營管理方面有相對的競爭優勢。

合興與南順1980年代開始先後在廣州、北京、平湖、紹興等地設廠，1995年更投4億元巨資在番禺建廠，佔領了珠江三角洲25%的食用油市場份額。香港榮華食品公司的代表產品榮華月餅已經進入中國食品協會評比的中國月餅知名品牌之列。香港李錦記集團公司除了生產、銷售各類調味品外，還積極開拓營養保健食品、方便食品、飲料（炭酸飲料除外）、罐頭食品等市場。旺旺集團自1992年投資內地之後，以驚人的速度發展，現在已成為全球最大的米果製造商，專門從事以稻米作原料的小食品生產。

港資食品加工企業進入內地後，近年更成為中國與世界兩個食品市場的橋樑，他們早年進入內地開設的工廠，幾乎已經完全本土化。

據港府統計，2004年12月，全港食品製造廠有755家，比上一年同期的771家稍減，但就業人數卻有增加，由19,259人增至19,434人，還有137個空缺，從業員中男性11,199人，女性8,235人，均比上一年稍增。

【產銷情況】 2001年本港速食麵的出口量大幅下降58.39%，2002年止跌回升，升幅達44.19%，2003年繼續以49.87%的幅度上升，經過兩年大幅上升之後，2004年的升幅卻回軟，只得10%，出口值2004年比2003年亦只有15%的增長；不過，轉口值卻下降，這與速食麵的價格沒有太大變動，及內地同業直接出口而不經香港轉口有關。

2004年糖、糖製品及蜜糖的出口值比上一年稍有增長，增幅僅得4.6%，但轉口值卻比上一年有14.4%的增長。

固態人造牛油出口值從2001年上升13倍變為2002年下降24.58%，2003年和2004年更下降至零，原因未明，但結合其轉口值從2002年下降14.86%急劇扭轉為2003年上升45.83%，又於2004年下降17.5%的變化判斷，估計是這些生產廠已完全搬至內地所致，而內地產品出口價有下跌情況。

動植物油脂及製品的出口值2001年急升37倍，2002年轉為平穩上升44.19%，但2003年又急跌96.93%，2004年繼續向下調整75%；2004年的轉口值比2003年也下降24.4%。從此可見有關產品在世界市場上的競爭力不斷下降。

【新動向】 近一、兩年內地食品製造和加

加工食品進口及轉口統計（單位：億元）

	2004年出口值	2003年出口值	出口值年變化率(%)	2004年轉口值	2003年轉口值	轉口值年變化率(%)
固態人造牛油	0	0	0	9,341.5	11,320.8	-17.5
動植物油脂及製品	106.5	427.0	-75.0	5,663.9	7,487.9	-24.4
速食麵	13,052.5	11,363.3	15.0	5,396.0	6,390.3	-15.6
糖、糖蜜及蜜糖	5,660.0	5,410.0	4.6	83,380.0	72,900.0	14.4
果脯	53.6	56.2	-4.6	800.9	637.7	25.6

工經常出現不合衛生和安全的問題，令人對內地有關產品的信心大減，而香港食品加工業的現代化管理和技術均達到世界認可水平，藉著CEPA，港商應能有新的發展。2005年初CEPA第二階段實施，准許本港生產食物零關税進口內地，港商把部份生產線搬回本港。中秋應節佳品的月餅是其中一例。香港各大餅店看準內地的龐大市場，搶先於內地開設分銷點或在本地增設廠房，務求在內地的月餅市場中分一杯羹。

內地食品加工業迅速發展，令食糖的需求大增，中國將成為食糖進口大國。中國食品工業的發展空間很大，預計年平均增長率為10%至12%左右，各用糖行業的發展將同步向上。有專家預測2005年焙烤食品糖製品的增幅將保持7%至8%。

棕櫚油可廣泛應用於食品加工及化工行業，近年中國內地對其需求激增，去年底南亞受到大海嘯破壞，令棕櫚油供應減少，售價因而大幅飆升，令食品加工成本增加。

近年來，台商赴大陸投資大增，食品加工業的投資日益增多，2005年年中台灣地區產的水果獲零關税進入大陸，將會促進有關食品的加工業發展。

飲料製造

【概況】 香港飲料製造業已有百多年歷史，其產品可分為非酒精類及酒精類飲料。非酒精飲料包括汽水、礦泉水、果汁、牛奶製品和豆製飲料等，而酒精類飲料則包括啤酒及中式酒等。香港的飲料以汽水和啤酒銷量最大。

近幾年，內地的名牌飲料陸續進軍香港市場，酒精類飲品如青島、珠江純生及金威等品牌已成為香港食肆的大眾化飲品。其他非酒精類飲料亦可於本港各大超市、店舖內買得到，例如康師傅的冰紅茶及已經在港上市的蒙牛奶品等。

2004年，全港的飲品製造企業有22家；就業人數3,160人，比年減少了2.8%。當中，從事啤酒釀製的有3家，就業人數為142人；從事軟性飲品及汽水製造的有14家，就業人數2,985人。

【產銷情況】 受油價及原料價格上升的影響，加重了飲料製造業的成本，有本地飲品生產商表示，該公司的成本平均增加了4%，雖然今年曾加價，但基於本港的飲品市場競爭激烈，年內再加價的機會不大。除了本地市場，生產商也會將產品出口到其他地區。2004年，不含糖的無酒精飲料主要出口到澳門，貨值為367.3萬元。而含糖的無酒精飲料也是主要出口到澳門，貨值為6,127.1萬元，還有美國及加拿大等地，出口貨值分別為3,504.7萬元及1,723.5萬元。

香港飲料產品的出口和轉口

	2003年出口值(百萬元)	2004年出口值(百萬元)	出口值變化率(%)	2003年轉口值(百萬元)	2004年轉口值(百萬元)	轉口值變化率(%)
所有飲料	212.00	223.00	5.19	1,636.00	1,870.00	14.30
不含糖的無酒精飲料	2.80	4.06	45.00	6.29	6.19	-1.59
含糖的無酒精飲料	172.20	178.09	3.42	74.36	93.44	25.66
發酵飲料	0.03	0.15	400.00	15.35	18.62	21.30
啤酒	36.96	40.56	9.74	54.11	56.88	5.12

過去，也曾聽聞某某飲品被人落毒的消息，可是多發生於外國地區。今年9月，本港的雀巢牛奶公司曾三度被歹徒恐嚇，聲言已於該公司所生產的飲品內注入毒性強烈的農藥，並向公司勒索20萬元，事件引起港府相關部門的注視。警方後來拘捕了一名涉案的男子，相信只是惡作劇，並沒有於飲品下毒。

【新動向】 隨著CEPA第二階段的實施，享受"零關税"的港產飲料已開始大舉進入內地市場。有業內人士指出，"零關税"的實施不但增加了本港原產品的競爭力，同時對提升本港品牌產品的知名度和協助港產飲品進軍內地市場均產生很大的幫助。

事實上，內地人民的生活質素逐漸提高，對食品的要求也愈來愈高，因此，有業內人士認為，內地食品及飲料市場未來的發展將會以品質為主。加上近來內地的食品屢次被揭發出現品質問題，大大打擊了消費者對內地食品的信心，而本港的食品及飲料向來都受港府的嚴格監管，往往能給予內地消費者一定的信心，成為港產飲料進軍內地的一大優勢。

由於深圳跟香港的距離最近，且市民的飲食習慣亦與香港人相近，且消費力相對內地其他城市較強，因此，進口的港產食品多集中於深圳本地的市場。據深圳海關的負責人透露，單單今年五、六月份，經深圳海關進口的港產飲料已達188.16萬美元，主要為果汁及碳酸飲料等。

其實有不少飲料生產商已開展其進軍內地市場的大計。繼可口可樂與雀巢公司合資組建的全球飲料夥伴(Beverage Partners Worldwide)於內地拓展其茶飲業務後，2003年底，百事與聯合利華成立的百事立頓國際公司(Pepsi Lipton International)亦宣佈進軍內地茶飲市場，百事更投資了3,000萬美元，於廣州興建一條亞洲最大的非碳酸飲料生產線。去年，該公司推出了兩款新的立頓冰紅茶，不過今年9月，百事中國的發言人表示，由於立頓冰紅茶在市場上的表現不盡人意，在一個月前已經停產。

另一家飲料生產商維他奶亦於今年9月的股東大會上宣佈，未來會透過CEPA，陸陸續續將旗下的新產品引進內地，以測試市場的口味，若反應理想，將考慮到內地開設生產線。今年8月，香港鴻道集團與福建省石獅市政府簽約，於祥芝鎮興建王老吉飲料的生產基地，總投資達2,500萬美元，計劃於明年夏季投產。

製衣

【概述】 一直以來，製衣業是香港製造業的命脈，雖然目前香港大部份工廠已外移，但經過多年來不斷向自動化和機械化提升，製衣業不斷改善設計品質，逐漸向高檔市場發展，生產較高增值的新產品。無論在生產總值、僱員人數和出口價值方面，製衣業都高踞香港製造業的首位，在世界市場也維持競爭力。

香港的地域限制並未能影響外向型製衣業的發展。大部份的製衣廠都設立離岸生產線以求降低生產成本，利用投資地的出口配額，以及繞過非關税壁壘，爭取市場。然而，外向型的發展卻無可避免地導致本地生產的日漸式微。

上世紀60年代以來，製衣業成為製造業中最大和最重要的工業，但隨後工廠外移，至2004年底，香港本地的製衣廠減至1,285間，僱員減至22,478人。以港產品出口計算，製衣業仍然是賺取外匯最多的工業，2004年的出口貨值佔港產品出口總值的50.3%，遠超第二位電子產品所佔的17.5%的比率。

目前，香港不僅是世界製衣業生產中心，也是資源中心。香港的成衣貿易商在纖維原料採購、銷售及市場推廣、品質控制、款式設計、國際及地區性條例等方面都有豐富的經驗。

製衣業大致可分為兩類，即裁剪車縫成衣及織片成衣，此外還有製皮、皮衣、手套、襪類，以及衣服配件。以工廠數目及僱員人數計算，這兩大分支行業近年變化不大。

【出口情況】 近年港產成衣出口不斷萎縮，轉口則保持平穩。統計顯示，2004年港產成衣出口633.92億元，比上年減少0.8%；轉口1,321.15億元，比上年增長13.4%。

美國是港產成衣出口的最大市場。2004年成衣出口美國繼續疲弱，比上年減少0.3%，由286.72億元減至285.92億元，佔港產成衣出口總額的45.1%。

2004年輸往歐盟各國的成衣大多有增長。英國是香港成衣在歐盟的最大市場，出口63.66億元，比2003年增長1.6%；對德國出口增長2.5%，增至37.87億元；輸往歐洲第三大市場荷蘭則持續下跌，跌幅為10.9%，跌至11.99億元；對法國和意大利的出口分別增長16.8%和39.3%，分別是10.51億元和8.11億元。

2004年香港對日本出口的成衣止跌回穩，比2003年增長3.8%，增至2.77億元。

近年輸往中國內地的港產成衣趨於下降，但2004年的減幅溫和，僅為1.6%，由146.3億元減至143.97億元，佔港產成衣出口總額的22.7%，是僅次於美國之後的第2大港產成衣市場。

港產成衣對其他主要市場的出口表現不一。輸往加拿大減少8.1%，減至15.23億元；對南美最大市場墨西哥的出口急速逆轉，減少45.8%，跌至5.89億元。另一方面，對台灣地區的出口則止跌回升，增長20.7%，增至18.11億元。

【CEPA有利港產成衣進軍內地】 中國內地與香港簽訂的CEPA協定已於2004年1月1日生效，根據該協定，共有37項港產成衣可免稅進入內地市場。2004年8月達成的CEPA第二階段協定規定，從2005年1月1日起，再有73項港產成衣可免稅進入內地市場，另有16項港產成衣產品經雙方達成協議後亦可獲免稅待遇。至於非港產成衣的進口則需繳納14~25%的關稅。

根據CEPA的規定，香港成衣製造商可以進一步發展在內地市場的分銷服務。從2004年1月開始，符合資格的廠商可以獨資在內地市場從事有關成衣產品的代理、批發、零售和出口業務，並且不受地域限制。在零售貿易方面，港商將獲准在各地的市級城市和廣東的縣級城市開設零售店。此外，香港永久居民也獲准以個人身份在廣東省內開設零售店。

【新動向】 據香港政府統計，2005年上半年港產成衣整體出口總值922.2億元，比2004年同期增長11.3%。其中港產品出口158.4億元，下跌38.7%；轉口763.8億元，增長34%。

內地自2005年1月1日起對部分紡織品加徵出口關稅，徵稅範圍包括外衣、裙、褲、針織和梭織襯衫、睡衣等6大類紡織品（共涉及148個稅號）。出口關稅稅率按每一個計算單位徵收0.2元至0.5元人民幣不等。其後，商務部准許香港在內地外發加工之紡織品免稅，再又取消78項紡織品出口稅。

此外，國家商務部在春節前發出通告，從2005年3月1日起，廠商須在貨物出口時申請出口自動許可證。

美國商務部5月宣佈對3類中國紡織品（包括棉質長褲、棉織襯衫及女裝襯衫，以及棉質及化纖內衣）重新設立配額機制（根據世貿協議，美國若決定恢復配額制度，在今年底前，內地紡織品輸美數量，將以過去14個月出口量之首12個月為基數，即以去年3月至今年2月的出口量再加7.5%計算）。美國政府表示，將致力在90日內與中國達成協議，如果期間未能解決問題，配額措施至少會實施至年底。

目前，美國共對中國19種紡織服裝產品設限或醞釀設限，涉及36個類別。2004年及2005年頭4個月，美國從中國進口上述產品金額合計分別為33.14億美元和25.1億美元，佔同期美國進口總額的22.76%和39.66%。其中，已設限的產品有8種、16個類別，2004年及2005年頭4個月進口額分別為15.44億美元和15.09億美元。

由於美國的舉動早有風聲，故本港廠商所接的第三季歐美新訂單，大部分要求使用"外發加工"（OPA）及"香港製造"作產地來源。雖然成本因而提升，買家只願承擔一半，但訂單可保不失。

中國與歐美的紡織品貿易糾紛形勢緊張，香港紡織製衣業如何對應？有廠商指出，如果在中港兩地都有廠房，應即時調撥回港進行“外發加工”，又或將歐美市場改為日本、澳洲等地，藉此化危為機。美羅針織林宣武的應變方法是：重組國內、本港及泰國的生產線，築起“三腳櫈”陣勢，擴大本港及東南亞產能，吸納中國受影響定單。這疏導風險的策略，結果相當見效。

貿易發展局首席經濟師梁海國表示，全球紡織品及成衣配額於2005年起取消，一般成衣進口商的採貨地點將由原來的30多個，減至約10個。由於美國貿易保護主義抬頭，業界要作出應變措施，不應集中在內地生產加工。他建議，港商可透過外發內地加工，利用中港之間的加工安排，在內地加工而在香港取得產地證明，以港貨出口，而避開中國的貿易夥伴對中國產品實施的進口數量限制。中期而言，港商可考慮在全球各地從事生產和採購。此外，由於美國針對海外的限制主要是低價的紡織品，因此長遠來說，港商必須要進一步利用高價布料，以及複雜的高增值工序，爭取價格不敏感的高價服裝市場，同時加強與海外買家的關係。

工商及科技局局長曾俊華表示，今年全球撤銷紡織品配額後，香港紡織及成衣業須與成本較低的地區競爭，因此香港紡織及成衣產品的生產及出口，尤其輸往以前實施配額的市場——美國、歐盟及加拿大可能會因此而減少。

此外，美國針對內地紡織品的保護措施，以及中歐就中國輸往歐盟的10類紡織品限制達成協議，短期內可能會減慢撤銷配額後本港的紡織及成衣產品出口下跌的速度，也可能降低經本港轉口的內地紡織及成衣產品的增長。

香港生產力促進局主席梁君彥也指出，全球紡織及成衣貿易自由化的發展，雖有助香港業界開拓歐美等主要市場。但是由於內地是本港紡織成衣業的重要生產基地，配額制度取消後，歐盟及美國等主要進口國家已開始關注內地紡織成衣的出口增長，更有可能重新實施限制措施。與此同時，內地亦透過稅務等措施，調節紡織品出口，以減少進口國的憂慮，並藉此推動紡織成衣業朝向高增值發展。

他說，長遠而言，回應世界市場的變化，本港業界必須進一步提升生產效益，進行更具彈性的全球化生產部署，並為國際買家提供涵蓋產品設計到物流管理的多元化增值服務，以加強競爭優勢。

他指出，隨著今年1月CEPA第二階段實施後，超過300種港產紡織品可以零關稅出口至內地市場，為本港成衣製品開拓內地市場締造機遇。業界必須充分利用CEPA的平台，開拓多元化市場，以減少貿易保護主義的風險。

與此同時，生產力促進局正積極開發創新科技，協助業界提升效率，發展高增值產品，並實施綠色生產以降低污染控制成本。例如該局現正為紡織及成衣業發展等離子處理技術，以應用於多功能衣料生產。有關技術開發完成後，將可為業界提供更快速及高效益的處理工序，有助本港紡織和成衣製造商生產高質量及高檔的功能性成衣，把握新興的市場商機。

香港紡織商會會長黃守正認為，自今年全球紡織品配額撤銷後，出口不受配額限制，廠家自然將生產轉到成本較低的內地，所以港產紡織品出口下跌是意料中事，且未來跌勢可能會持續。較為慶幸之事，是中國商務部對香港在內地加工的紡織及成衣豁免徵收紡織品出口稅，可能使部分在內地設廠的港商回流香港生產，同時也會吸引到一些內地紡織企業來港設廠。他說，近日有內地紡織企業向該會查詢在港設廠之手續、勞工及廠租成本等問題。

貿易發展局在“香港時裝節”訪問了445名參展商及716名買家，其中74%對今年市道抱樂觀態度。較多參展商看好西歐、美國及中國內地市場，預期今年分別會有21%、18%及19%增幅。此外，在373個以歐美、加拿大及土耳其為主要銷售市場的買家中，71%表示會因為撤銷配額限制而增加在亞洲區採購貨物，77%表示首選香港及中國內地進行採購。

香港理工大學透過籌款及政府創新科技基金撥款，獲得6億元設立的“香港紡織研究發展中心”，預計9月正式成立。理大副校長楊國榮表示，期望把紡織、設計及研發集於一身，成為世界一流紡織中心。理大與業界密切連繫，該中心現時最少有10個計劃與業界共同研發，涉及金額逾千萬元。據理大的計劃，短期（5年）規劃將撥出1.7億元作首期運作及研究經費，目標是發展紡織技術，包括機械工程設計、物質管理系統等，以及研究絲綢、棉質及毛冷等布料。研發的產品包括聰明衣、透氣內衣、健康衣服及纖體衣服。

皮草服裝及皮具製造

【概述】 香港缺乏野生動物資源，缺乏製造皮草的原料，但香港憑著縫製皮草的高超技術，遠至歐美及日本等國家都到香港購買皮草。香港皮草製造業始創於上世紀30年代；到了70年代初期，香港一躍成為世界著名的皮草服裝製造中心之一；1978年初，香港皮草成衣的出口總量穩佔世界第一位；到了80年代，環保之聲四起，皮草業走下坡。隨後幾年，香港的皮草皮革服裝生產基地亦隨其他工業轉移至內地，利用內地低廉成本從事生產。香港由生產基地轉變為技術、品質檢定中心，經銷中心，以及資源及聯絡中心。根據政府的統計，2004年香港毛皮衣物縫製及皮革衣服縫製廠只有8家，比上一年減1家，僱員僅132人，比上一年少3人。

皮革製品除鞋靴外，手袋、旅行用品及相關皮革產品的製造業已在香港有數十年歷史，產品主要包括手袋、旅行袋、揹囊、購物袋、化裝箱、雜用袋、皮箱、銀包、公事包及書包等。在上世紀50年代至70年代初期，由於本港入口的手袋產品（如意大利、法國貨）價錢相當高，因此銷量不多。一些廠商便抄襲這些產品的款式，以中等價錢售賣。到了70年代後期，隨著經濟發展，本港女士們對手袋的要求愈來愈高，進口貨和本地貨分庭抗禮，到90年代本港廠家遷往內地設廠，在本港生產的手袋日漸減少，現時以外國貨及內地貨為主。現時此行業的主要生產基地與其他製造業一樣差不多全面北移內地，大部份集中廣東，香港方面只負責行政處理、接洽本土或外國定單等工作。據政府統計處資料顯示，截至2004年9月，本港的手袋製造和皮具廠與僱員人數為39家及191人，比上一年的92家與629人大幅減少。

【產銷情況】 毛皮時裝製品2004年的出口值總額為46億元，絕大部份為轉口，港產品出口只得2.38億元。香港已成為內地毛皮製品的轉口地。

毛皮製品業方面，據香港毛皮業協會主席林滋興表示，香港皮草業面臨出口競爭，轉而積極拓展龐大內銷市場。香港資訊發達，又是商貿中心，加上手工佳，款式新穎，故香港可以保持毛皮時裝中心的優勢。

2004年皮草及皮革服裝轉口統計

（單位：億元）

項目名稱	2004年	2003年	增減率
皮草成衣及附件	27.49	20.58	33.6%
皮革成衣	15.94	17.38	-8.3%
皮革衣服附件及配飾	0.65	28.18	-97.7%

香港出產的皮草仍以美國為主銷市場，2004年美國以至歐洲經濟好轉，相信對毛皮製品的市道有幫助，惟價格因有發展中國家的價廉物美的產品競爭，貨值並不一定向上。

皮草商會表示，由於全球經濟見起色，令皮草服裝需求增加。2004年年初，水貂大衣離岸價為2,500~3,000美元，中衣約1,800美元。由於短暫的求過於供，原皮價在年初一度漲價兩成，其後丹麥、芬蘭以及美加均有人工飼養的原皮供應，價格隨之作出調整。

皮草已不止為保暖，近年皮草多以時裝出現，隨著潮流而推出新設計，因為染色、刺繡等技術為款式帶來變奏，令款式更能配合時裝的走勢。由於名牌時裝採碎皮縫製，影響皮草界的設計，使到近一、兩年也流行碎皮剪裁的皮衣。在名牌效應催合下，不少服裝如晚裝、外衣的衣領及袖口亦以皮草作為配搭，甚至是手袋、靴鞋、飾物均有用皮草配搭，有時裝皮草化的趨勢。

皮草業將繼續以時裝來帶動，皮草和皮革衣飾主打項目除了女裝之外，亦推出不少男裝衣飾，設計師經多年鑽研，善用富彈性的Lycra布料配以柔軟度極高的小牛皮、羊皮、蟒蛇皮等素材，剪裁出貼身設計。又以狐毛、貂毛等配在衣領和手袖，增加保暖。象牙色皮草大衣是大熱，而水貂原色和中、長衣亦是2004年的流行款式。

在進軍內地市場時，香港廠家將皮草時裝化，利用代言人、廣告以及零售專賣店，在內地創建自家品牌王國。

由於全球經濟持續轉好，消費市道復甦，2004年對皮革製品即手袋及旅行用品的需求比上一年有所增加，整體出口值為357.76億元，比上一年的320.70億元增加11.6%。香港的手袋廠越來越少，純港產品出口很少，只得3,390萬元，幾乎所有都是轉口。

近年香港的出口數量和貨值每年遞減，是因為受到內地和發展中國家的低價產品競爭。香港廠商受到內地生產商搶單情況很嚴重，訂單價格受壓，使港商生意額減少和利潤被削。面對內地製造商的低價競爭，港商採取主動，在質量及設計上多加把勁，提高競爭力，故港商投放大量資源在產品設計方面。香港的手袋商在內地沿海一帶生產的質量不斷提升，由代工生產（OEM）被動方式改為設計生產（ODM），以此拓展市場。現時很多產品是香港設計，內地生產商生產的合作模式。

手袋皮箱主要物料為真皮、仿皮（PU）、高纖維物料（PVC）等，中高檔次的產品仍以真皮為主。真皮手袋以牛皮為主要材料，其次是羊皮及豬皮，高檔次的會用上蛇、鱷魚、蜥蜴、駝鳥、袋鼠、馬和魚皮。

手袋方面，款式多變，名牌以及中、低檔產品近年除了生產真皮素材的產品外，多以多種材料混合使用來增加設計多變，最常見者是皮配布料，或是PVC料配以真皮。2004年受歡迎的顏色多樣化，金、銀二色甚時興。色彩豐富的設計亦受歡迎。

近年，復古是潮流，美國買家鍾情古典及大型的手袋箱包，歐洲客亦喜歡較小型的產品。

【新動向】　俄羅斯買家近年成為最積極的買家，2005年3月的皮草展中，俄羅斯的買家帶動定單增長，他們最願意以200~300美元一件的皮草為入貨選擇，這與美元下跌，貨價較便宜有關，亦有一些俄羅斯買家選購1,600美元的高檔貨。此外，韓國亦成為在港皮草展的新買家，近年該國流行短毛及時款式的皮草，鐳射挑花成為最新款式。

2005年經濟持續向好，因此手袋等配襯物件的銷量預計會增加，2005年新款以有些誇張的大包袋為主流，同時富民族色彩的設計也受歡迎，這些女裝大包袋不再以斜挎和單肩背設計為時尚，而是以手拎的款式最為時髦。此外，強調舒適感和個性品位的帶有流蘇、亮片等等裝飾的小巧包袋，也成為流行新寵。男裝手袋的設計講究經典，以立、圓、扁形狀的造型為主，結構上又有硬殼和軟體之分，但都講究包體柔軟、舒適，整體風格強調簡潔、個性。材質方面以柔軟皮革及印花、電子雕刻等裝飾皮革被大量選用，此外還有多種紡織面料相混搭。

2004年手袋、旅行用品出口及轉口統計（單位：億元）

類別	2004年出口	2003年出口	增減率(%)	2004年轉口	2003年轉口	增減率(%)
手袋	0.150	0.168	-10.7%	149.82	118.37	26.6%
錢包	0.090	0.078	15.4%	46.15	41.68	10.7%
公文包、旅行用衣箱及小提箱	0.010	0.004	150.0%	14.26	13.77	3.6%
其它各類旅行袋及購物袋	0.075	0.104	100.0%	143.26	141.99	0.9%
其它旅行用品	0.014	0.011	27.3%	3.93	4.19	-6.2%

製 鞋

【概況】 製鞋業是本港歷史最悠久的製造業之一，遠在上世紀40年代便已有工廠設立。在80年代之前，香港製鞋業有過一段光輝的日子，全盛時期約500個工場，工人達5,000人。80年代以來，不少鞋商紛紛將生產線遷移至內地，與內地南方鞋業融合，致使本地的廠商越來越少。不過，香港鞋業仍然活躍。有賴於香港的創作人才及商業網絡，香港近年更致力發展成為鞋款設計中心和建立鞋款資料庫。

根據統計，2004年全港鞋廠共21家，比上一年20家增加1家。過去10年本港鞋廠北遷情況越來越嚴重，到近一兩年已穩定下來，但鞋廠僱員人數每年遞減，2004年只得100人，上一年是126人，在港的員工很少從事生產，只是設計及後勤支援，而近年設計工序亦北遷，故在港從業員一年比一年少。

【產銷情況】 香港鞋製品世界聞名，僅次於意大利及中國內地，成為大型出口地之一，2004年香港鞋類的整體出口總值為443.9億元，比2003年的447.5億元微跌0.8%。而全年轉口貨值為442.97億元，亦比2003年微跌0.8%。純在港生產的鞋製品出口萎縮，只得930萬元。

2004年鞋類產品整體出口統計

類別	出口（億元）
橡膠及塑膠鞋	126.53
皮鞋	256.88
布鞋	19.62
鞋履附件	25.26

CEPA對鞋業的影響不大，並未因為有零關稅的安排而吸引鞋商回流設廠。香港皮鞋業商會會長鄧耀表示，香港原有製鞋的技術人員早已退休，如在港增設生產線，必須引入內地技術人員，這方面一定要得到政府的配合才行。CEPA的實施吸引外國鞋商，他們看好香港是開拓中國市場的一個展銷場。全球第七大輕便鞋製造商ECCO和被形容為鞋子中的法拉利——意大利牌子GEXO 2004年進駐香港，設立專門店，大舉發展業務。外國鞋商視香港為銷售產品的櫥窗，但不會視為鞋履生產地。

2004年鞋類轉口統計

類別	2004年（億元）	2003年（億元）	增減比率（%）
防水鞋	0.42	0.17	147.00
拖鞋及便鞋	0.56	0.79	-29.10
運動鞋	11.46	12.20	-6.06
橡膠及塑膠鞋	126.18	124.80	1.10
皮鞋	256.33	264.12	-2.95
布鞋	19.61	18.44	6.35
其它鞋類	1.00	0.87	14.94
鞋履配件	25.24	23.03	9.60

為配合鞋業的長遠發展，鞋業商會及同業都希望結合香港的優勢，推動香港成為亞洲最大的鞋款設計中心，認為鞋業應成為香港政府推動的創意工業之一，因此應如香港時裝一樣成為世界聞名的設計中心。近年鞋業商會致力推進香港鞋履設計比賽和培訓，希望建立香港鞋款設計中心的地位，但至今並未成事，因為香港沒有專門的培訓機構，所以一些在內地設廠的港商出資在內地發掘人才，把設計工序北移。但是香港還有資訊發達和國際網絡的優勢，鞋商希望鞋款設計中心儘快成事。在面對環球鞋業競爭日益激烈的環境，港商加強與內地合作，謀求共同發展機會，不少港商與內地生產商合作經年，共同開發外國市場及內地沿海以外新興市場。值得一提的是，因為中國已成為全球鞋製品的出口第一大國，成為其他鞋業出口國的打擊對象。

鞋業競爭越演越烈，鞋履產品的銷量及價格同受下降威脅，高檔產品固然要質優，但價格受壓，而平價貨的消費者也對產品的質量有要求。整體而言，鞋價比前便宜。而港鞋商的出路是生產高檔鞋。

2004年的鞋履款式變化不太大，跟前一年相若，但顏色多以金銀及閃鑠配料，女裝鞋仍以尖頭鞋為主調，但圓頭低跟鞋（即類似跳舞鞋）亦流行。長筒鞋仍然成為秋冬大熱，配合時裝的發展，即使春夏季也有較短的長筒鞋，以淺色如白色來配搭服裝。休閒舒適鞋和涼鞋的設計越來越多，針對腳患的設計日多，軟墊、護墊、氣墊又或配合新科技去除腳汗"銀離子鞋"等新產品面世。

【新動向】 歐盟計劃就中國鞋類進口進行反傾銷調查，由於大部份本港鞋商的生產線均設於內地，如果歐盟限制中國鞋進口，將影響香港鞋業的發展。不過，工業總會鞋類分會主席林廣德表示，今年首6個月，港商接單按年增長10~15%，歐盟調查需時多月，故不會打擊港商今年接單情況，預計全年可維持上述增長幅度。他預料調查的影響最快要在2006年初才會浮現，屆時最壞的情況是中國將損失歐盟的龐大出口市場，港商生意亦可能會減少一半。港商在調查期間，可在東南亞國家尋找策略夥伴合作，避開歐盟可能徵收的反傾銷稅。

印刷

【概述】 香港印刷業歷史悠久，它不單在工業界扮演重要角色，而且與各行各業都關係密切。目前，印刷業已晉身為香港五大工業之一，並已發展成為世界排行第四的印刷商品供應中心，僅次於美國、德國和日本。印刷品出口亦成了香港十大出口產品之一。

在上世紀60年代以至70年代，香港的印刷企業多是前店後廠的小規模企業，一般只有10數名員工。上百人的已算大中型企業。80年代初期，大量工廠北遷，香港經濟轉型，但印刷業仍然具有舉足輕重的地位。90年代，香港印刷業發展更迅速，在國際上佔有一定的地位。近年隨著內地工業提升，搶去本港廠商不少生意，印刷業的情況日走下坡，裁員結業消息紛至沓來。

【產銷情況】 據香港統計處統計，2004年全港有印刷廠及印刷業有關的公司共4,183家，比2003年的4,296家，減少了113家；受僱人員37,576人，比2003年的37,939人，減少了363人。各項印刷品的出口總值為33.43億元，比2003年的37.07億元，減少了3.64億元，減幅9.82%。在出口市場方面，香港三大出口市場依次為美國、中國內地、英國。

印刷品十大出口國家／地區（單位：百萬港元）

國家／地區	2003年	2004年	增減(%)
美國	1,104.6	801.0	-27.49
中國	775.5	743.5	-4.13
英國	262.7	234.2	-10.85
台灣省	186.2	146.9	-21.11
菲律賓	131.4	124.2	-5.48
澳大利亞	105.8	106.4	0.57
日本	78.1	104.2	33.42
印尼	72.2	95.7	32.55
泰國	76.9	89.3	16.12
越南	59.9	66.9	11.69

從事印刷行業近20多年的黎先生直言，現時印刷業已走向末路。他指出，以前廣告招牌多數由香港做，現在全外發到大陸，又如麥當勞的袋、杯等，也改由內地工廠印製。約兩成生意已陸續被國內廠家搶去。

他說，以往國內品牌大多"幫襯"香港廠，貪其印刷質優，但隨著國內技術提升，這優勢早已失去，本地廠更連提升技術的能力也欠奉。一台靚印刷機動輒幾千萬，中小型廠買不起，反而國內融資容易，成本又低廉，本地廠根本無法競爭，加上國內廠家可藉自由行來港，或透過互聯網向外國廠家"兜生意"，價錢是香港的三至四成。香港人連這中介角色也失去，更加難搵食。

黎先生又說，隨著行業電腦化，業界亦不斷減省人手。以前一間印刷廠要拼版校對曬菲林，人手多達10人，現在一部電腦已做得到，兩名人手已足夠，除了接單、市場推廣、設計及包裝等工序仍留在香港，其他全部北移。很多印刷廠香港的辦公室甚至關門，一間廠200多人，只剩下20多人。

【新動向】　據印刷業內人士估計，香港印刷業正步向夕陽，未來兩年將再有兩至三成公司結業，印刷機聲將成絕響。

業內人士指出，本地印刷業看不到前景，願意入行的人自然更少。他預期5~10年內中小型廠會陸續萎縮結業。

唯美國際印刷公司的負責人梁先生說，國內設廠競爭大，到國內設廠的效益不高，不少中小型廠寧願留在觀塘、新蒲崗等舊區，靠印製批量極少的包裝生存下去。他說，近年同廈廠家幾乎每天都有人搬機上大陸，一向講求群體合作模式的本地印刷廠自然大受影響，他亦流失二至三成客量，印刷種類亦大大縮減，只能靠印製數量不大的宣傳單張、書版及彩盒等維生。

另一位業內人士張先生說，現時香港只淪為印製對色彩管理要求不高的教科書或消閒雜誌，一些質素要求較高的印刷品，如攝影書、畫冊、藝術書籍，外國公司都不放心給港商做。香港不是沒機器，如價值三四百萬的CTP電腦製版系統，香港買入超過二百台，但還要拿給別人做後期加工，其實該部機都可以做到，這全因欠缺印刷技術人才。

他認為全因香港投資者不願人才投資，導致本港技術停滯不前。馬來西亞、越南的印刷已發展到六色，但香港仍是四色。泰國十多年前已派師傅到外國學師，並規定學成要回國培訓人才，如泰國人勤力些，香港人一早無優勢。

他又慨歎，現時學生學了理論，也無從實踐。他認為香港現存優勢不會維持很久。很多人以為香港好過大陸，真相是外國將不要求質素的定單拿來，我們甚至已見到反面商機，如美國將無法通過環保法例的印製品拿來香港製作，當中使用了大量污染環境的化工物料，香港"食了"這空間，但這絕非一盤長久生意。長遠而言，他認為香港仍需靠投入人才，提升技術，方能將行業頹勢扭轉。2005年4月政府成立諮詢委員會，詢問業界所需人才、工種、職位，以便大專院校回應市場要求，但他指最快也要3~4年後才可實施，港廠在過渡期內仍要自強不息，方能避過遭扼殺的命運。

製　藥

【概述】　上世紀五六十年代之前，香港的西醫診所收費高昂，普通市民難以負擔，大多數人服用方便價廉的中成藥。抗日戰爭以前，香港主要從廣東進口中成藥，但戰後一些設於廣東的中藥廠相繼遷至香港，也有來自東南亞的藥號。

至1970年代，已幾乎沒有中藥廠造藥。近年中藥港的呼聲日高，一些中藥廠也加大投資，按現代醫藥的要求改造工廠。多年來，本港的製藥廠多屬小型工廠，但現在情況有了變化。在香港政府提出將香港發展成為中醫藥研製中心之後，已有不少外國及中國內地的醫藥機構登陸香港，在香港建立廠房，設立研究基地，發展中醫中藥。

2004年，香港的藥物製造商有229家，比上年增加了8家，總就業人數達2830人，卻比上年的增加了322人。就業職員中女性有1,507人，較男性多了184人。

【產銷情況】　本港的藥品主要出口及轉口到澳門及內地。單看內地，2004年，出口及轉口到內地的含維生素藥劑貨值分別為4.1萬元及1,900.3萬元；含抗生素的藥劑出口及轉口貨值分別為2.36億元及1.89億元；含荷爾蒙藥劑的出口及轉口貨值為741.9萬元及4,177.5萬元；含生物鹼藥劑的出口及轉口貨值為540.3萬元及970.8萬元。

在一些製藥業建設較完善的市場，由於成本壓力不斷增加、產品的生命周期縮短，以及管理審批制度較為繁複，不少製藥公司逐漸將其研發基地轉移到印度和中國等市場建設有待完善的國家去。而香港的製藥廠亦透過CEPA進軍內地，甚至在內地設立生產線及研發基地。據內地海關統計，港產的中成藥已成為香港以"零關稅"輸入內地的主要貨品，單是今年上半年由廣東口岸進口的港產中成藥總值已達5,233.08萬美元，佔進口港貨總值的65%。

本港藥商培力藥業集團於去年底獲得國家中醫藥管理管發出批文，成為6家可於內地提供即沖顆粒中藥的企業之一。公司預期未來5年，內地即沖顆粒中藥的商機可高達200億港元，因此，計劃於期內投資3億港元擴充在內地的生產線，並會在內地建立物流配送中心。

龍發製藥亦計劃透過策略性併購及研發，以引入新產品及提升在內地市場的滲透率。繼去年，成功收購雲南龍發製藥後，集團表示會繼續物色收購對象。

本地的製藥廠看準內地市場的潛力，紛紛到內地發展，同時也有內地的百年老字號來港設廠。去年10月，北京同仁堂以首期投資1.5億港元，向香港科技園租賃一幅面積約1.17萬平方米的工業用地，興建首家境外的中藥廠，作為出口產品的研發基地，以擴大集團的海外市場。

【新動向】 在本港醫藥業發展的過程中，中醫藥越來越受到重視，加上政府及業界的推動，本港的中醫藥業得到了迅速的發展。2001年，香港浸會大學首辦中醫藥課程，這15名大學生於今年7月正畢業，成了本港製藥業的招攬對象。據悉這批畢業生的就業率達100%，大部份到跨國藥廠及政府部門工作，有的平均月薪為1.2萬港元，為本港中醫藥發展的新動力。

在中醫藥的教學、科技研究、人才培養及國際教育等方面，中港兩地亦展開了更緊密的合作。今年7月，兩地多間中醫學院的負責人便共同簽訂了《泛珠三角區域（9+2）高等中醫孳院校合作發展框架協議》。

本港的長江生命科技公司近年除了跟內地醫院研發愛滋病藥物，亦與中文大學研發抗肝癌藥物，去年11月更發表與科技大學共同合作研究以天然植物提煉抗乳癌藥品的中期報告。該公司指出，研發中的抗癌產品可有效阻止列腺癌細胞及乳癌細胞分裂，有助抑制癌細胞的生長。

隨著科技的發達，以及中醫藥業在港的興起，不少廠商亦加大在藥物研發上的投資，同時推動了本港醫藥業的長足發展。

藥類產品出口及轉口值

	2003年出口值(百萬元)	2004年出口值(百萬元)	出口值年變化率(%)	2003年轉口值(百萬元)	2004年轉口值(百萬元)	轉口值年變化率(%)
醫療及藥用產品	1,299.00	1,131.00	-12.93	3,825.00	3,874.00	1.28
含抗生素藥劑	309.11	239.07	-22.66	494.55	573.64	15.99
含荷爾蒙藥劑	5.25	7.86	49.71	50.96	67.08	31.63
含生物鹼藥劑	0.14	5.67	3950.00	8.58	9.92	15.62
含維生素藥劑	2.52	1.81	-28.17	108.51	56.49	-47.94

塑　膠

【概述】　香港的塑膠業是戰後才開始發展的一門輕工業，上世紀50年代香港的塑膠花廠如雨後春筍般湧現，成千上萬的外發家庭嵌砌膠花成為香港的特色。上世紀80年代初，是香港塑膠業的全盛期，當時全港約有一萬家塑膠廠。從20世紀80年代開始，本港塑膠廠紛紛北移內遷，現在絕大部份塑膠廠都已在內地設廠。

本港的塑膠業已由過去一個獨立的支柱行業，變為一個與玩具業、鐘錶業、家庭電器業、電子業、禮品業等結合的輔助性行業了。本港的塑膠及橡膠原料製造商的數目正不斷下降，由2003年的72家下降至2004年的59家，就業人數由658下跌至539人。至於塑膠製品廠有657間，與2003年相比下降了12.9%，總就業人數亦下降了22.8%，只有3,176人。

【產銷情況】　油價持續高企，曾一度上升至逾70美元一桶，令塑膠業生產成本大幅上升，有業內人士指出，去年塑膠原料約上漲了七成，因此今年的升幅若為1~2%，令一些塑膠成本比較重的廠家根本無利可圖。由於每年年初，是廠家與客戶訂定產品全年價格的時期，若油價於明年初後大幅上漲，在面對市場競爭劇烈的環境下，廠家都不敢將加幅轉嫁到客戶身上，令其利潤受壓，部份廠商已減少接單。

為尋求出路，有些廠商已由薄利多銷的策略轉向開發及設計等高增值生產，透過不斷推出新產品或以限量生產來推高其邊際利潤。有的廠家更向多元化發展，除了生產塑膠製品外，還轉型從事與塑膠相關的禮物及家電等產品的生產。

另外，歐盟已通過禁止含六種鄰苯二甲酸鹽的玩具及兒童用品進口，有相關的生產商表示，公司為了達標，已更改所用的膠料，令其成本最少上升了20~30%。據悉，一件已達標的硬膠玩具較未達標的玩具出口價高五成，至於軟膠玩具的出口差價甚至高達一倍。

油價上升令塑膠原料大幅上漲，影響了塑膠業的生產同時，亦帶動了塑膠回收行業。環保署曾表示，廢膠回收率由2003年的24%上升至去年的30%，並預料今年會進一步上升。過往撿拾廢膠可説是無利可圖，但到目前，每公斤的廢膠已由0.2~0.5港元上升至0.5~1港元。有塑膠回收公司指出，去年流浮山一帶突然多了三至四間專收廢膠的工場。

在澳大利亞，有科學家指出，塑膠廢料含足夠的碳，可用於煉鋼，更研發出一種技術，令塑膠廢料亦可作煉鋼用途。韓國亦正研究將廢膠還原為石油，而本港的上市公司高寶綠色更於本年8月公佈，以兩億多元拓展環保能源事業，欲將廢膠、輪胎及廢機油等轉化為可用燃油。

【新動向】　去年，財政司司長唐英年在財

2004年主要塑膠出口、轉口值及按年變化率

	出口值(百萬元)	出口值年變化率(%)	轉口值(百萬元)	轉口值年變化率(%)
初級形狀的塑膠	3,109.0	28.95	49,255.0	27.53
非初級形狀的塑膠	524.0	28.12	8,136.0	21.63
初級形狀的乙烯聚合物	0	0	4,892.3	33.91
初級形狀的苯乙烯聚合物	2,455.3	25.85	16,368.2	22.05
初級形狀的氯乙烯聚合物	149.0	-3.31	2,469.2	14.05
塑膠管、筒、喉	92.0	18.25	246.1	11.71
塑膠板、片、膜、箔及帶	431.4	30.77	7,815.3	21.56

政預算案中提出徵收車胎稅，在今年的預算案中則提到徵收膠袋稅。據悉，這項研究多時的車胎稅最快可於2006~2007年度推行，有膠輪商會則表示業界無能力承擔這額外的開支。至於膠袋稅，按民主黨的調查表示，有逾五成的市民支援徵收膠袋稅，亦有塑膠袋業商會表示反對，然而該稅項仍屬研究當中，明年將作公眾諮詢。

玩具製造

【概述】　香港生產的玩具分四類：一、塑膠玩具。超過三分之二的商家以生產這類玩具為主，由洋娃娃及配件到公仔、積木、槍和其他小玩意。二、電子產品。各類聲控、無線電搖控玩具；自動式的船及汽車、音樂通訊玩具及遊戲。三、金屬玩具。包括玩具車及由摩擦力驅動的玩具和機械人、洋娃娃及各類動物。四、木製玩具。這類產品為數甚少，大部分是按買家的訂單生產或取得特許權製造。

香港的玩具製造商主要分兩類：一類是原廠委託製造商（OEM）按訂單規格生產；另一類是製造商設計生產銷售自己牌子的玩具。據政府統計，2004年，香港玩具製造商有133家、從業人員681人（其中木製玩具製造商2家、3人；橡膠玩具製造商2家、4人；塑膠玩具製造商82家、445人；金屬玩具製造商33家、190人；電子玩具製造商7家、16人；其他玩具製造商7家、23人。）較上年減28家、40人。玩具進出口商4,613家、員工29,536人。玩具零售店704家、1,806人，分別較上年增200家、2,256人和減61家、33人。

【產銷情況】　香港是全球玩具的主要供應和分銷中心。香港玩具製造商每年直接出口和轉口的玩具值七、八百億元，名列世界首位，可稱玩具王國。由於港商能在區內建立成本效益較高的生產基地，並不斷提高管理、生產設計、品質控制和國際營銷策略，因而令香港在國際市場中爭到一席之位。特別二十世紀90年代，香港玩具廠紛紛遷到珠江三角洲等地，香港的玩具生產及出口量亦大幅增加。以玩具出口計，香港是全球最大的出口基地，其中近50%的產品輸往美國、日本及歐盟。

玩具是香港六大傳統製造業之一。玩具出口量自80年代以來一直是全球第一（生產與輸出佔全球60%以上），但出口市場過分依賴歐美，特別是美國市場，而買家又集中在少數的大型公司，在市場競爭嚴重不足，加上近年港商在珠江三角洲的玩具生產量擴充了近20倍，出現嚴重供過於求，令港商幾乎每年都被買家壓價，幅度一般為10%，部分甚至超過10%。

2004年，香港玩具業是平穩的一年，塑膠價格自年初開始，升幅由四成至一倍不等，對玩具商毛利構成壓力。同時隨著出生率低、油價高企，不少電子公司又加入這行，再加上科技產品的衝擊，傳統玩具表現較以往遜色。2004年，本港產品嬰兒車、玩具遊戲及運動用品出口額為224.9億元。玩具與洋娃娃整體出口689.85億元。

近年，玩具業大吹電子風，加上受到電腦革命衝擊，傳統毛公仔市場有收縮趨勢，特別是美國市場，反而歐洲市場仍會對一些顏色鮮艷的熊仔有興趣，形狀則以10吋較受歡迎。而本港2004年出口阿拉伯聯合酋長國、南非、巴西、俄羅斯及中國等該類傳統產品錄得20~40%的增幅，反映這些市場仍具有潛力。一些生產毛公仔的廠商近年開始轉型，不再造傳統公仔，改開發具電子、發聲及動作功能公仔系列，同時加入人性化設計概念，每年推出多達10款。新系列用動物及寵物肖像為主題，內置發聲晶片，懂得作人性化表情扮相，造型維妙維肖。此外，也會按不同節日推出客戶喜愛的造型，如配合聖誕節，開發一款懂得唱歌的聖誕樹，雖然報價達7美元，但反應不俗，加入發聲及動作的公仔，頗受歐美客戶歡迎，而產品年齡群也較闊，可由3~11歲，報價3~4美元。

隨著玩具類型愈來愈多，傳統的魔術玩具雖不算主流，惟銷售亦有穩定增長。據生產商表示，旗下品牌魔術產品以套裝及散件裝為主，針對不同年齡人士。小童玩具以簡單設計為主，如三杯奇術等；成年玩具較複雜，如煙仔、啤牌類等。為擴大客源，保持全年銷量，產品亦以主題分類，如聖誕節、萬聖節、酒吧系列等。魔術玩具屬長青產品，不是潮流玩具，故市場相當穩定，增長平穩。2004年該類產品錄得四成增長，產品主銷美國，佔七成市場，原因當地盛產世界級魔術師，加上大型玩具公司替魔術玩具作電視宣傳，故接受程度甚高。歐洲、日本亦有市場。產品訂價範圍亦大，由10美仙至10多美元不等。小童玩具（甚至無包裝，只有軟件）多屬平價，高價品為職業玩具，如魔術鐵圈等金屬製品，要求精確度高。而八成玩具以塑膠為材料，成本低，價格容易接受，適合大眾市場。

近年科學實驗玩具也頗暢銷，年增兩成，科學實驗玩具以不同主題如水、空氣及聲音等，配合相關實驗，讓小朋友在玩樂中學習科學原理。例如把尿片弄濕，研究如何吸水（尿片內藏吸水珠，吸力高達600倍）；把眼罩帶上，別人用哨子發聲，分辨聲源（人類利用耳朵，辨別聲音）；兩個吹氣長型塑袋，互相拍打（可發聲，證明聲音可經過撞擊發出）；把腦部不同部分還原，砌成原整腦部（說明書具腦部不同部分解說）。配備的書本或影音資料，會講解實驗做法及當中的科學原理。據說影音資料成本高，每張影碟製作成本約50萬元。該類科學實驗玩具以教育性為基本，趣味性為次。不過，教育玩具也強調操作的重要性，也增加學習過程的樂趣。產品客路頗平均，美國、歐洲及東南亞各佔三成多，更使用日文說明書，成功打入日本市場，由當地玩具反斗城銷售。產品在本港售價由40~300元不等，較外國同類產品低近四成，故甚具競爭力。2004年該類產品銷量有25%的增長。此系列玩具主攻教師及家長，當中家長佔八成，教師可用作教學。由於教育玩具可讓家長參與其中，增進家庭關係，故甚受歡迎，發展空間大。

【新動向】 踏入2005年，全球第二大、今年首個大型玩具展“香港玩具展2005”入場人數超過2.9萬，較去年升近14%，破歷屆紀錄，外國買家升19%，海外及本地買家各佔一半。據展商形容，買家現場落單積極，新興市場如俄羅斯及東歐等買家表現令人滿意，整體成績較去年理想。據香港貿易發展局現場調查所得，業界普遍認為2005年市道較去年好。他們預期，歐洲及美國市場的零售增長迅速，而內地、俄羅斯、中歐及東歐、東南亞等新興市場亦有良好表現。其中買家特別看好電腦遊戲及玩具的銷情，市場需求較參展商預期為大，尤其在日本、歐洲及北美市場。今年最具潛力產品：電池操作/電子玩具及遊戲前景最佳，其次為教育玩具及遊戲、電腦遊戲及嬰兒玩具。

貿易發展局2005年1月中發表研究報告指出，內地玩具市場近年發展迅速，業界預期將以每年40%的速度增長，到2010年，整個市場的消費額將超過1千億元人民幣。貿發局認為，內地市場一般認同香港玩具設計佳、檔次高、安全性也高，港商可憑藉這些優勢，進軍內地市場。事實上，近年內地玩具市場的銷售情況理想，無論高、中、低各檔次玩具的銷量均迅速增長。年銷售額500萬元人民幣或以上的玩具零售企業2003年的銷售總額便達28.7億元人民幣，按年增加13.4%。據調查，目前北京、上海、廣州及成都的父母，每月平均花費100元人民幣購買玩具，佔每月家庭總收入約2.5%。76%家長重視玩具的安全性；71%家長注重玩具的教育意義；45%家長考慮兒童的愛好，而玩具的價格、質量和品牌卻非家長購買玩具時考慮的重點。由於目前內地玩具的平均消費水平在100元以內，為增強本港玩具的競爭力，港商可因應內地市場的價格承受能力，修訂玩具的結構及功能，在保存產品獨特的功能以外，省去一些不必要的功能，以降低生產成本。

根據美國的《消費品安全法》，所有出口至美國的玩具產品必須符合劃一的安全標準。踏入2005年，美國海關有附加規定，所有外國玩具商除向當地呈交相關貿易文件及現行的玩具標準規定外，須繳交2~10%不等的銷售稅（稅率視乎不同城市、不同州份而異）。由於美國有八成玩具都由中國進口，新的附加規定必對中國內地廠家及在內地設廠的本港玩具廠商的成本控制構成一定程度的影響。不過，不少香港玩具廠商表示，香港向來都遵守《消費品安全法》，故對於新增規定不太擔心。此外，由於新規定是向全球所有玩具進口商增收銷售稅，而非只針對中港兩地，故不會因此削弱港商的競爭力。

金屬製品

【概述】　香港金屬製品業的規模不大，但歷史悠久，並不斷隨時代演變而進步。金屬製品業範圍非常廣闊，小如螺絲、大如重型機械以及建築材料，林林種種，數不勝數。具體而言，可以分為三大類：一、建築用的大五金，包括鋼筋、鋼架、金屬門窗；二、五金製成品，如鐵皮、銅片、銅枝等；三、小五金製品，如工具、配件及螺絲釘等。

金屬製品業的存在與發展直接或間接推動及支援其他行業，提供了優質原料和素材。就工業界而言，金屬製品業提供先進的機械設備，精密的模具配件，優質的原料及素材等等。就建築業而言，從各國進口之建築鋼材以應付蓬勃之房地產及大型基礎建設等。因此，金屬製品業乃是工業和建築業的重要後勤補給線。

【產銷情況】　據統計資料顯示，截至2004年12月止，香港共有金屬製品廠家1,517家，比2003年的1,540家，減少23家，僱員6,330人，較2003年的6,02人，減少了72人。

2004年金屬製品出口總值8.08億元，較2003的7.09億元，增加了0.99億元，增幅達13.96%。各類金屬製品出口中，以金屬傢具及裝置的製造升幅最大，由2003年的360萬元，升至2004年的920萬元，升幅高達155.56%。次位是金屬罐及金屬家庭用具的製造，由2003年的2,010萬元升至2004年

2004年金屬製品出口統計（單位：百萬港元）

金屬製品名稱	2003年	2004年	增減幅度(%)
其他金屬製品（機械及設備除外）	358.9	338.2	-5.77
金屬錶帶	187.1	205.1	9.62
鋁質製品（其他金屬製品除外）	16.2	11.5	-29.01
電筒、燈及其零件（電筒燈泡除外）	26.5	11.9	-55.09
手工具及一般金屬配件	50.6	44.3	-12.45
釘、螺絲及金屬絞	64.8	101.1	56.02
金屬罐及金屬家庭用具（鋁質製品除外）	20.1	34.6	72.14
建築用金屬製品	33.0	18.2	-44.85
金屬玩具（橡膠、塑膠、木製、電子及其他質料玩具除外）	16.6	25.8	55.42
刀具	8.6	6.6	-23.26
金屬傢具及裝置（籐製、木製及塑膠除外）	3.6	9.2	155.56
氣爐、火水爐、氣燈及其配件	3.4	2.1	-38.24
熱水瓶（熱水瓶內膽除外）	0.1	0.1	0.00

金屬製品主要出口國家/地區統計

（單位：百萬港元）

國家/地區	2003年	2004年	增減幅度(%)
中國內地	308.9	287.0	-7.09
美國	33.6	42.1	25.30
泰國	20.6	30.5	48.06
英國	12.6	16.2	28.57
菲律賓	18.1	14.2	-21.55
新加坡	8.4	13.8	64.29
印尼	13.5	10.3	-23.70
馬來西亞	11.3	8.6	-23.90
德國	9.7	8.6	-11.34
澳門	4.4	8.1	84.09

的3,460萬元，升幅達72.14%。第三位是釘、螺絲及金屬絞的製造，由2003年的6,480萬元跳升至2004年的1.01億元，升幅達56.02%。至於10個主要出口國家/地區方面，有5個上升，5個下跌，上升最大的是澳門、新加坡及泰國。而跌幅最大的是馬來西亞、印尼及菲律賓。

2004年金屬製造業的景況有好轉。香港金屬製造業協會會長余立明表示，在更緊密經貿關係安排下，金屬製品業受益。另外，受歐美經濟復甦所帶動，2004市況明顯好轉。

有業者說，2004年金屬製品業雖然市況稍佳，但因部份原料如不銹鋼和鐵出現缺貨，對部份業界，如電腦零配件製造商影響嚴重。

【新動向】 香港金屬製造業協會會長余立明預測，2005年金屬製品業表現理想。雖然市場全球化，競爭激烈，原材料價格不斷上升，但業界如能提升競爭力、技術及人才便能創造佳績。在提升競爭力方面，有兩點非常重要，第一，技術的全面提升；第二，培養人才。在技術全面提升方面，他提供了兩個做法，一、控制市場；二、利用高技術及高品質來保護市場持續技術改善能力。

他說，行業可做自己品牌產品，這發展空間是不錯的，可有自己客路。在培養人才方面，協會會繼續舉辦適合的講座及培訓班，包括人才資源、工程管理、財務管理等等，也會舉辦不同技術考察團。由於新事物較難為人接受，比一般傳統培訓班招攬會員參與困難，所以他希望籌款成立一個技術培訓基金，令新活動及培訓可以利用基金來運作，將培訓班的價錢降低，藉以令更多員工參與。

余先生指出，內地汽車工業迅速發展，汽車內部的零部件搬到內地製造是大勢所趨，這趨勢將帶起金屬製造業的訂單。努力推廣內地業務，我們便可以受惠。同時，協會鼓勵行業轉型，這亦提供了一個轉型機會，令業界可由金屬加工製造業轉型至專業零部件廠。

嘉瑞集團有限公司副主席兼營運總裁姜永正說，內地、香港、台灣兩岸三地的業界都各具競爭優勢。內地企業的優勢是廉價勞工、製作成本低、地大物博，科研亦慢慢進步；香港則是熟悉海外市場，企業具有大量海外網絡，故常引入海外技術。加上香港在壓鑄技術上的掌握較好，正如最近香港開發了鑄鍛工藝，這工藝是將壓鑄及鍛鑄合併在同一機器完成，使鑄件密度提高；台灣在科研上很強。如三地業界能加強溝通，互相結合、互補不足，攜手合作開拓市場，必能打開一片天。

機器製造

【概述】 香港的機器製造業雖説歷史不短，但在上世紀70年代以前，港產機器或有關設備的構造十分簡單，主要客戶多是本地的塑膠、印刷、紡織和五金等行業的中小型廠家。70年代以來，機器製造業從初級的水平逐漸升至中級水平，產品種類趨向多元化，而營銷市場也擴展到海外各地。

香港機器製造廠可分為三大類：一、生產各種零件及配件的機器零件廠；二、生產成套設備的工廠；三、以修理為主的機器修配廠。香港機器廠絕大多數是中小企業，平均每家廠號的僱員不足6人。震雄集團則可稱為本港機器製造業的中流砥柱，自1965年開始專注於注塑機製造業務，現已成為全球最大的注塑機生產廠，亞洲唯一的一家有能力生產瓶坯注塑系統的廠家，其主要廠房亦設在內地。勁力集團早年已與重慶大學合作開設科研基地，推動鎂合金的應用，並研製成功亞洲首台處理鎂合金的壓鑄機，2001年更開發了全球第一部全鎂合金摩托車。現在，勁力集團在內地的廠房已成為全球最大的鎂合金壓鑄機生產廠之一。

2004年12月全港從事機械、設備、儀器及零件製造業的機構有1,648家，比2003年下降17.4%；就業人數8,179人，比2003年下降了16.5%。

【產銷情況】 目前香港機器製造業已具備一定的技術力量，廠房多設在內地，產品種類多，包括針織和梭織布機、整染機、打磨機、注塑機、小型電機、印刷機、五金機械、鑽探設備、電鍍設備、農業機械、過濾及淨化設備、模具、氣動機械、玻璃製品機械、飲品包裝機械、醫療器材、衡量器以及辦公室設備等。其產品除了供應香港的廠家、香港企業在內地的廠家外，亦為外國的廠家提供產品。比如為日本公司富士通、理光、佳能、東芝供應機械零部件。各類精密性較高的光學、機械、電子、電磁、化學等技術的組合產品，如液晶體顯示器、集成電路、電路板、磁頭、硬碟零部件、微型馬達、供電器、電腦接頭、光學鏡片，因其技術含量較高，所以生產的自動化程度要求較高，其增值能力也較高。

近年香港廠商逐漸把香港的生產線遷往內地，單是港商在內地設立的工業模具廠多達3,000家。2004年從統計所得的數據分析，在港的機械製造廠和從業員在過去 年減少超過一成，往內地發展趨勢持續。相信目前從事關鍵性零部份生產的香港廠商及其在珠江三角洲的工廠已不止1,000多家，僱用的員工超過50多萬名。

相當部份香港在內地開設的機械製造廠已取得

2004年 機械製造業的出口及轉口數據

	出口(億元)	出口年變化率(%)	轉口(億元)	轉口年變化率(%)
土木工程及建用設備	780	-61.39	39.852	-28.50
紡織及皮革用機械及零件	4,170	-26.84	64.480	1.07
紙廠及紙漿廠機械	80	-57.89	3.487	5.03
印刷及書本訂製機械	7,170	-13.72	31.195	33.08
食品加工機械	230	109.09	0.723	0.42
特種工業專用設備	27,250	-24.33	121.997	24.09
切削金屬或其他材料的加工母機	780	-70.68	27.787	20.76
加工金屬等的工作母機	12,660	67.02	8.788	28.29
金工機械及零件	119,760	43.53	23.170	45.63

了ISO9001品質認證，在國際市場上亦有一定的聲譽。本港在高檔次模具的製造上比起內地同行仍有優勢。香港塑膠機械協會成功推動成立"香港塑膠機械性能測試中心"，為業內的廠商提供國際認證，協助廠商改善產品質素及獲取安全證，增強注塑機海外能力及競爭力。

由於外資企業紛紛進入內地市場，所涉及的產品十分廣泛，包括攝影機、家居用品、手提電話等，其中手機的比例更大。因而市場對模具的需求一直沒有減少，近5年來香港包括在內地的模具廠的接單數量每年均有兩位數字的增長。

以往包裝機械是日本的天下，但近年香港的機械廠商著力發展，現時包裝機械除了出口至海外30多個國家之外，近年內地成為新的市場，生產適應內地製造業發展所需的包裝機械。

【新動向】　由於2005年中國政府新一輪宏觀調控措施，令港商在內地的機械製造廠的生產和銷售增長放緩。此外，2005年的油價及鋼材價高企，對該行業的打擊也不少，以震雄為例，油價高企令下游部分生產塑膠產品的客戶成本大幅上漲，連鎖反應之下，影響了該集團的生意。因鋼材是生產注塑機的主要原料，佔成本數十個百分點，令該行業毛利率下跌。

電　子

【概況】　香港電子業始於上世紀50年代末期，向來以靈活多變見稱，對於消費者日新月異的需求，均能夠迅速適，生產出精緻質優、種類繁多的產品和零件，例如磁頭、900兆赫電話、DVD播放機、電子玩具等。

2004年，從事電子零件製造業的機構共有130家，較2003年增加了6家，就業人數共9,364人，增加了918人。

【產銷情況】　據貿發局提供的數字，2004年，香港電子產品出口總值達到1,163億美元，比2003年上升了24%。其中輸往美國的電子產品錄得11%的增長，輸往歐盟的增加了28%，輸往日本的增加了23%，輸往內地的則以零部件為主，增幅達28%。

今年的電子產品業的表現理想，按貿發局發表的香港出口中期展望顯示，本港上半年整體的出口增長率達12%，較預期為佳，該局的首席經濟師梁海國表示，增長主要受惠於全球電子產品需求的周期性回升及內地對工業物料的需求增加。今年上半年，本港有近68%的出口增幅是來自電子產品。梁海國預期，此類產品下半年仍會是本港出口上升的主要動力。

《香港春季電子產品展及國際資訊科技博覽2005》在今年4月舉行，據該博覽會公佈的一項調顯示，逾七成受訪的參展商及參觀人士認為，今年整體電子產品市場的增長將較2004年好。另

2004年香港電子產品的出口及轉口數據

	出口值(億元)	出口值年變化率(%)	轉口值(億元)	轉口值年變化率(%)
電訊及聲像收錄重播設備	2.76	-53.92	2,865.84	30.69
電視接收機(包括電視監視器)	0	0	78.04	47.77
收音機	20萬元	100	202.99	9.66
聲音或影像重播機	120萬元	33.33	632.39	44.46
熱離子管、陰極管、二極管、晶體管等	88.64	42.13	1,958.33	32.12

外，有51%受訪的參展商認為，2005年電子產品零售市場增長最大的地區將以新興的零售市場為主，包括內地、東南亞、印度、俄羅斯、中歐及東歐，預期這些地區的平均增長率達21%，其次是西歐及美國地區。有75%受訪的參觀人士認為，今年的落單次數將較去年增加，而64%認為今年每張訂單的訂貨量將較去年增加。有三成受訪的參展商及參觀人士表示，香港或華南地區會被優先考慮為新銷售渠道或貨品來源的地區。

在2005年的商業發展計劃中，有逾三成受訪的參展商表示，會擴大在成熟市場的銷售額或發展新興市場。可是有56%的參展商認為，2005年電子產品或資訊科技及電訊市場面對最大的困難是成本增加及利潤減少，其次是被競爭對手抄襲註冊設計及缺乏有技術及經驗的技術人員。逾五成的受訪參展商及參觀人士更預期今年環保電子產品的交易會增加。

談到環保電子產品，2003年歐盟委員會通過兩項新的指導性法例，分別為《關於報廢電器及電子設備指令》（WEEE）及《關於在電器電子設備中限制使用某些有害物質指令》（ROHS），這兩項指令規定所有進口的電子產品，包括電器內的電路板、家電、手錶和電子玩具等所含的有毒物質例如水銀及鉛等，均不可超過新訂立的標準，否則將被沒收所有貨物或罰款。

其中一項指令（WEEE），已於今年8月13日實施，另一項指令（ROHS）亦將於明年執行。不過生產力促進局的調查發現，受訪的企業中只有一半企業知道該兩項指令的存在。為提高業界符合相關指令的能力，該局已設立"綠色製造幹線"計劃，就相關指令提供差距審核及培訓服務，而業界亦已成立"香港綠色製造聯盟"，並與貿發局合作促進綠色生產。

為符合新指令，有港商已經開始改用較昂貴的合格原材料，並增設化驗設施以檢測自己的產品有否違規，導致生產成本增加近15%或以上。那邊廂，港府於去年12月發表一項諮詢文件，建議提高化學廢物處理中心收集及處置海洋污染廢物的收費，新的收費計劃建議提高中心的使用費，期望於2007~2008年度或之前收回100%的變動經營成本，分4期進行，每年的增幅約為23%。該諮詢於今年1月14日結束，據悉共收集了約20封建議書，待行政會議通過後，新收費最快於2004~2005年度完結前實施。有本港的電路生產商表示，於本港生產的銅等物料亦需要經過化廢處理，新收費一旦實行，廠商實難以負擔。

【新動向】 本港年青人喜愛追逐潮流，對於新款的電子產品更為渴求，頓成為各電子生產商主要銷售對像之一。本港一家資訊有限公司發表一項有關亞洲表少年消費的調查，一共訪問了900名來自香港、台灣地區、新加坡等八個亞太地區和國家的青年人，發現家庭電腦、MP3機、數碼相機及DVD機此等主流的數碼消費產品，以香港青少年的擁有率最高。

另外，香港中文大學電子工程學系在得到本港創新科技署330萬元的撥款及其他公司的工業贊助下，成功研發一個全球最小的藍芽通訊模塊。該學系花了接近一年的時間，運用了低溫共燒陶瓷技術，將超微型天線及平衡濾波器，集成於一塊十二乘十二乘一立方毫米的基板上，該通訊模塊的體積比市面上的同類產品差不多少一半，其成本及通訊功能相對也比較好。

據悉，現時已有5~6間生產商表示有意將此技術應用於產品上，預期有關產品可於今年底相繼推出市場，包括超小型的手提電話免提耳機。

電　腦

【概況】　香港電腦製造業主要是指從事個人電腦的裝嵌、電腦底板或電腦硬體卡的製作，電腦零部件的製作，以及軟件的開發與生產的行業。1980年代以前，香港的電腦廠家不多。1980年代中期，有裝配電子產品經驗的廠家紛紛北移，也開始從事電腦底板或電腦輔助功能卡的製作，由於電腦的使用日益普及，市場上對電腦及電腦產品的要求不斷增加，吸引了不少電腦零件貿易商的參與。美國、台灣的品牌電腦在香港亦頗有市場。至1990年代，電腦商戶自行裝嵌個人電腦進行銷售已成風氣。但隨著個人電腦的日漸普及，以及電腦硬體價格的不斷下降，裝嵌個人電腦這種並非高科技的、半製作半貿易性質的商業活動利潤就更微薄了。但因有市場需要，故仍有其生存空間。

據2003年的統計，香港家庭的電腦和互聯網普及率分別達68%和60%，顯示香港在電腦、寬頻及互聯網三方面的普及率，整體位列全球第三，超越日本，僅次於韓國及美國。

軟件方面，由於本港服務業興旺，如金融、零售、批發等行業，都紛紛採用電腦提高生產力及服務質量，從而成為本地軟件業的客戶來源。本港亦有相當的軟件公司為香港的企業度身訂做適合客戶需要的管理軟件、財務軟件等，成為了不可缺少的軟件支援力量。隨著香港與內地的聯繫日益密切，本港不少軟件公司均與內地的軟件開發人才合作，一同開發軟件，取得較好的效果。過去，如“訊易達”報關軟件等，已獲用戶肯定，香港生產力促進局及貿易通對此軟件已頒發軟件品質保證書。

香港政府提出發展創新及科技，以提高本港競爭力。數碼港、科學園等項目，以及政府引導企業採用現代化管理手段等，都會令香港各業對電腦業有新的需求。一些外國的大電腦公司如英特爾、微軟、雅虎、IBM等均甚為樂意以香港作為其拓展中國或亞洲市場業務的基地，這都使香港在電腦業的發展中也起到一定的作用。

【營業情況】　香港電腦及相關產品2004年表現尚屬理想，在本地電腦及零部件出口方面增長近13%，而轉口方面亦增加近7%。

在軟件方面，近年的一個趨勢是發展數碼遊戲產品，因為數碼遊戲是現今全球最具盈利前景的行業業之一。不過，數碼遊戲一向是香港的弱項，主要歸咎於香港一直未能吸引海外大型遊戲公司在港設立開發中心，在缺少與世界級遊戲公司交流的情況下，令本地數碼遊戲開發技術難以提升，未能把創意轉化為一個成功的遊戲軟件。現時本港數碼娛樂行業（包括遊戲及動畫電影）一年的產值為70多億元，而美國2003年的數碼遊戲產值為2,000億美元。為扶持本地數碼遊戲業發展，香港數碼港設置了數碼媒體中心，為業界提供立體掃描及動態擷取製作等硬體設備。此外，港府與微軟Xbox在去年合作成立了孵化中心，以培植本地近成立的數碼遊戲公司，為Xbox製作遊戲軟件。這樣不但有利於

2004年電腦硬體業的出口、轉口情況

	2004年出口值 (萬元)	出口值年變化率 (%)	2004年轉口值 (億元)	轉口值年變化率 (%)
電腦	1.50	-46.43	14.74	37.92
電腦部件	1,104.8	-93.28	67.35	26.56
儲存設備	22.90	-4.98	163.93	-6.02
其他資料處理裝備	303,124	19.76	88.56	18.75
合計	304,277.2	12.86	334.58	6.92

新創業公司的成長，更重要的是可以引入微軟遊戲軟件製作技術和相關人才，對數碼遊戲產業有所裨益。為促進行業發展，理工大學已設有相關類型的課程，同時香港工業學院也推出了四年制的專業課程培訓相關人才。。

【新趨勢】 香港的電腦底板、電腦卡的製作廠，已全部遷至內地。電腦裝嵌亦全部為本地市場服務。但香港市場對資訊的反應快速，一直令香港的電腦用家能緊貼世界電腦技術發展的趨勢，此外這裡發達的銷售網絡和自由的商業環境，都仍然吸引一些電腦製造商及軟件發展商來港發展。

另一方面，香港的軟件發展商近年更注重與內地合作，拓展出發展空間。不少軟件公司以到內地聘請軟件公司“外包”自己的軟件設計。如擁有100多個會員的香港軟件行業內地合作協會，便利用香港“接單”的優勢，發揮“前(香港)店後(內地)廠”的角色，與內地的軟件公司合作，拓展軟件“外包”市場。

除拓展“外包”外，香港軟件企業還可以採取不同方式拓展商機，如與內地企業以合併及收購的模式，形成規模較大，而又有質量及人力資源的企業，一起到國外招商，爭取訂單。

家用電器製造

【概述】 自1920年代開始，香港便有專業製造手電筒、電泡等小家電的工廠，可以說家用電器是本港一門歷史頗為悠久的工業之一。本港家電業產品，包括電筒（燈飾、照明或訊號用的手電筒、手提電池燈等）、電泡（手電筒小電泡、各種用途的燈泡等）和電視機等各種家用電器。現在，大多數廠家已將生產基地設在內地，本港的總廠成為了管理、貿易、新產品資訊的中心。

2004年全港家庭電器用具製造業工廠有40家，比2003年減少了2家；總就業人數405人，比2003年的403人，多了2人。

【產銷情況】 本港從事家庭電器用具製造業的廠家正逐漸減少，主要出口及轉口至美國、內地、日本、印度尼西亞、新加坡、德國及意大利等地。去年，本港出口及轉口量比較多的電器家具以白熾燈為首，出口量達571.5萬盞，轉口量達到12.3億盞，主要出口及轉口到內地，其次出口到日本，轉口到美國。至於家用型電熱器具（未列明編號）的數量也不少，出口量為15,617個，主要出口到內地。轉口量為6,200萬個，主要轉口到美國。

今年有一名市民在使用真空煲煮食時被燙傷。據消費者委員會數字顯示，今年首7個月便接獲10宗有關真空煲的投訴，例如煲柄跌出及炭粒脱落等，較2004年全年的7宗投訴大幅增加了43%。此外，本港的家用電器不少進口自內地，或再轉口到其他國家。由今年5月開始，內地實施了強制性《家用洗衣機能效限值》標準，而自8月1日起，洗衣機必須符合國家在洗淨比、用電量、用水量及噪音4個規定的指標要求才能上市銷售。

【新動向】 現今科技日新月異，新的發明及設計令家電用具更能切合人類的需求，並提高了人類的生活質素。繼無火煮食的電磁爐後，人類或能享受具3D立體影像及氣味的電視機。

據外國媒體報道，日本主管通訊的總務省，正率領該國一班頂尖的研究專家，與科技公司合作研製以360度視野，把高解析度的3D影像呈現於居室地板上的虛擬電視機。原理是利用放在地板上的投影機，投射出可從不同角度觀看的3D影像。另外，該總務省亦正研究一種稱為“重塑觸感”(Recreation of tactile sensations)的技術，主要利用超聲波、氣壓及電流刺激手指。構思中，這種技術能讓觀眾用手“感覺”到所見的物事，比立體影像更為逼真。目前，這種3D電視機尚屬研究階段，部份需用的技術仍未開發，總務省將爭取向日本國會提出，於下年度撥出約7,000萬港元作研究經費。

其實除了國外，本港也有不少先進的發明，香港城市大學今年研發了全球首創的無線電充電平台，只要把電子產品放置於在接駁了電源的充電平台上，產品便能在毋須接駁電線的情況下完成充電，更可同時替多個電子產品充電，例如手提電話、數碼相機及電子手賬等。

該平台的原理是在電子產品內裝上一塊約0.7毫米厚的“能量接收器”，把充電平台釋放出來的“低頻電磁場”轉變成電壓，再傳入電子產品的電池中。據悉，該發明共花了四年的時間作研發，耗資約60萬元，並已申請專利。城市大學亦計劃與生產商合作，把“能量接收器”植入電池內，將充電平台推到市場去，初步估計售價約為200~300港元。然而，充電平台仍要經過半年的安全及品質檢測期才可推到市面出售。

2004年主要家用電器的出口、轉口值及按年變化率

	2003年轉口值(億元)	2004年轉口值(億元)	轉口值年變化率(%)
電視接收機	52.81	78.04	47.77
收音機	185.11	202.99	9.66
錄音錄影機	437.77	632.39	44.46
洗衣機	0.30	0.28	-8.46
空氣調節機	8.95	13.31	48.74
乾衣機	0.02	0.016	-21.36
家用型冷藏箱	0.64	0.80	25.58
家用型洗碗碟機	28萬元	348萬元	1,142.86
家用型吸塵機及地板打蠟器	23.93	15.56	-34.97
電熨斗	9.47	6.81	-28.11
微波爐及烘爐	21.73	19.49	-10.31
白熾燈	5.53	4.82	-12.85

攝影與光學產品製造

【概述】 攝影與光學製品行業的關係十分密切，這是由於生產技術具相關性使之然，使得兩者之間可以產生相互支援的效果。

上世紀五十年代末是香港的攝影器材製造業的發展初期。開始是引進日本、西德、美國的技術生產攝影機部件。隨著生產經驗的累積，逐步衍生出攝影機閃光燈、電影攝影器材和設備、幻燈機鏡頭和設備等相關產品的生產製作，在產品的製造技術、工藝層次和產品質素上也大為提升。香港在上世紀七十年代已開始製造35毫米單鏡頭反光機，踏入八十年代後則已經能生產碟型照相機，顯示出香港攝影工業的水準不斷提高。在光學製品業方面，香港主要以生產眼鏡框、眼鏡片、鏡頭、太陽鏡、望遠鏡等產品為主，其中尤以眼鏡製造的地位為最為重要。

本港的眼鏡業自上世紀七十年代開始出現，其中多為設備簡陋的家庭山寨式工業，產品出口則以經濟發展較遲緩的東南亞地區為主。在歷經

廿多年的經營後，現時香港眼鏡業已躋身於世界市場，穩佔世界中級眼鏡產品市場一席之位，近年已開始向高級產品市場進軍。香港現時已是亞洲區最大的眼鏡框出口地，佔全球第二位，僅排在意大利之後。由於香港的生產技術精湛，甚至吸引不少意大利的眼鏡名牌向港商落訂單。

香港眼鏡業廠家將生產線北移，善於利用華南地區低廉的勞工成本，不斷擴充生產規模，同時又能靈活捕捉國際市場訊息，調整生產策略，引進先進科技，開發中、高檔次產品，因而可以提供質優價宜、款式多樣的眼鏡產品，並能做到交貨準時快捷。香港眼鏡產品的國際市場佔有率正在不斷上升。

2004年12月香港在專業科學、量度、控制用設備、攝影及光學用品製造業上企業共有242家，比2003年的278家減少了12.95%；總就業人數為2,354人，比2003年下降10.36%。

【產銷情況】 2004年，光學製品、光學儀器、攝影器材、攝影及電影物品的出口值有升有跌，如光學儀器較上年增加了13.59%；不過攝影器材的跌幅則超過六成。轉口方面，2004年除攝影器材一項跌幅13.41%外，其餘產品均告上揚，當中又以光學製品表現較理想，升幅為43%。

2004年香港眼鏡製品的出口表現與上年比有所下跌，除眼鏡框架及裝架零部件一項產品升幅逾1.2倍外，其餘產品均呈跌幅(具體項目表現見下表)。

【新動向】 現時香港眼鏡業正朝著品牌及分銷方向進發，務求業務有更大的發展。如全球五大眼鏡生產商之的一的泰興光學集團，便自設分銷渠道，並建立了30個品牌，其中有些是特許經營的牌子。倘若香港不走品牌路線，只是利用內地的廉價成本，只講量而不講質，就算生產愈來愈多，也未必是很穩妥的辦法，很容易就會被後人追上。除了品牌之外，也要發展新的技術與新的產品，如泰興集團近期開發的由鎂和鈦合金製成的眼鏡框，當中有記憶金屬的特性，成為全球四間鎂、鈦合金眼鏡框生產商之一。可見，只有掌握先進的科技，也才能立於不敗之地。

在攝影產品方面，本港廠商也有自己的定位。近年，全球數碼相機市場競爭激烈，價格也不斷下調，要成功吸引市場垂青並不容易。香港就有本地電子商開發出獨特的運動型防水數碼相機，以針對喜愛戶外活動的人士，由於產品定位於有特色的市場，除能避開大路市場競爭外，也有助消費者辨別品牌優勢。這一具特色的產品透過加強機殼膠厚度及鋼硬度，並反覆多次測試，終於獲得成功。研發該產品的廠家稱，產品推出後反應理想，現已接洽來自美加、澳洲及東南亞等國買家的問盤。

2004年光學製品的出口與轉口情況（價值:億元）

	2004年出口值(億元)	2003年出口值(億元)	增減(%)	2004年轉口值(億元)	2003年轉口值(億元)	增減(%)
光學製品	2.90	2.87	1.39	174.86	122.29	43.00
光學儀器	9.32	8.21	13.59	111.79	102.33	9.24
攝影器材	1.30	3.34	-61.08	139.81	161.45	-13.41
攝影及電影物品	0.086	0.081	6.17	39.05	37.72	3.50

眼鏡製品的出口情況（價值:萬元）

	2004年出口價值(萬元)	2003年出口價值(萬元)	增減(%)
玻璃製含色素鏡片	582.4	806.1	-27.75
非玻璃製含色素鏡片	7,636.7	9,591.1	-20.38
光學纖維類及磁性電鍍材料尚未鑲嵌之鏡片	2,581.2	2,773.2	-6.92
眼鏡框架及裝架	4,933.6	6,561.0	-24.8
眼鏡框架及裝架零部件	11,433.7	5,189.9	120.31
保護用途眼鏡	1,702.0	1,800.9	-5.49

鐘錶製造

【概述】　香港鐘錶製造業始於上世紀50年代。70年代中期電子錶崛起，這是香港鐘錶工業發展的重大轉捩點，其後鐘錶業步入一個新境界。當時，香港鐘錶廠商爭相製造電子數字錶蔚成風氣，產品種類不斷推陳出新，加上售價廉宜，於是在國際市場上的銷量與日俱增，從而逐漸在世界鐘錶市場上具有舉足輕重的地位。從1978年開始，中國推行開放政策，香港鐘錶業遷往內地，聘用廉價勞工，但為了競銷海外市場，同業間出現降價競爭，而且愈演愈烈。70年代末期至80年代初期的幾年間，香港電子錶業削價大混戰局面持續了一段時期，淘汰了不少實力較弱的廠商。

目前，以出口數量而言，香港是全球最大的鐘錶出口地，而出口價值則排在全球第二位。鐘錶製造業僅次於成衣和電子業，成為香港賺取外匯數量排行第三的工業。

【產銷情況】　據統計資料顯示，2004年香港有鐘錶製造廠家158家，比2003年的203家，減少45家，僱員1,374人，比2003年的1,663人，減少289人。

2004年鐘錶整體出口456.65億元，比2003年的419.03億元，增加37.62億元，增幅達8.98%。出口繼續萎縮，由2003年的8.5億元，下跌至7.63億元，跌幅達10.2%，轉口則由2003年的410.52億元，大幅上升至449.02億元，升幅達9.38%。

鐘表業總會主席陳志光表示， 2004年整體出口都有增長，本地銷售市場亦因放寬內地自由行遊客可攜帶2萬元人民幣來港而受惠。

他說，若中港兩地在CEPA的鐘錶業條款中能達成協議，由原來三成的附加值比率，改為以工序去計算產地來源，那將會吸引更多港廠轉型，以創新設計品牌進軍大陸市場。

錶廠商會會長劉健華亦認同，整體出口比預期為好，品質亦穩步提升，這正迎合內地消費者對高質產品需求。他預計今年會吸引更多業界投放更多資源作相關投資。

2004年鐘錶出口市場統計

（單位：億港元）

國家 / 地區	2003年	2004年	增減 (%)
中國內地	3.58	2.71	-24.3
瑞士	1.23	2.36	91.87
日本	1.06	0.77	-27.36
法國	0.20	0.28	40.00
美國	0.45	0.26	-42.22
泰國	0.11	0.18	63.64
德國	0.33	0.15	-54.55
菲律賓	0.21	0.08	-61.90
韓國	0.23	0.08	-65.22
英國	0.07	0.08	14.29
所有國家 / 地區	8.50	7.63	-10.24

2003年香港鐘錶商因SARS被禁止參加瑞士巴塞爾鐘錶珠寶展，損失很大。幸好，2004年可名正言順以OEM（原設備製造）、ODM（原設計製造）及OBM（原品牌製造）業務重返巴塞爾正館（2003年大會當局要OEM港廠遷往另一城市蘇黎世參展）。2004年香港和這項展覽的主辦單位簽約，保證在未來6年的展覽中，港商攤位設在展場中理想地點。這是鐘錶及珠寶界的喜訊，因港商今後可直接接觸歐洲買家。

另外，鐘錶業界在香港購物節期間舉辦了首次"Bring Basel to HK"（把巴塞爾引進香港）鐘錶展，將飲譽國際的巴塞爾鐘錶展"縮影"帶到本港，展出歐洲貴價新款手錶，令香港成為最新款名錶集散地，吸引東南亞豪客來港選購。

【新動向】　對於2005年展望，劉健華表示樂觀，因為歐洲市場有平穩增長，尤其對運動型手錶有需求，故預期發給港商的OEM定單（尤其對方是二至四線牌子）會有增長；據客戶反映，美國很多大型百貨公司，都預期2005年銷售會有一定升幅。整體而言，他預期2005年上半年約有10%出口升幅。

他認為，若將CEPA鐘錶產地來源改以工序來計算，會吸引一些外國品牌於未來兩三年來港投資，進軍內地；反過來，放寬規限亦令港廠更積極開發品牌內銷，增幅會有三分之一至一半。

陳志光説，由於東南亞新興市場並非出口主流，故2004年底南亞海嘯不會對香港鐘錶出口構成影響。反之，今年東歐、俄國等地是極具潛力的市場。劉健華希望貿易發展局或其他辦展機構，在當地舉辦一些中小型展覽、考察交流團，讓港商可以物色合作夥伴。但港商必需有團隊精神及組織能力，方能事半功倍。

對於香港手錶廠商來説，2006年將是極具考驗的一年，因為屆時瑞士或會限制機械錶芯出口，令到倚賴瑞士供應錶芯的港商陷入經營困境。為此，創新科技署計劃協助商界，在港引入錶芯生產線。假若計劃得到落實，香港第一隻錶芯最快在2005年底面世。

珠寶首飾製造

【概述】　珠寶首飾製造主要包括金飾、玉器、珍珠、寶石及鑲作和人造首飾等行業。

本港較具規模的珠寶首飾行大都自設工場，從事加工鑲作首飾，但也有不少珠寶首飾廠只代零售商加工或大量生產首飾出口，而不從事銷售。據統計，2004年12月止，本港有首飾廠（人造珠及仿製首飾除外）331家、僱員3,403人；珠寶首飾及有關物品製造業493家、4,086人，分別較上年減46家、105人和增14家、126人；仿製首飾廠和人造珠首飾廠分別為65家、員工163人和68家、173人，分別較上年減12家、52人和減11家、52人。

珠寶首飾製造是勞工密集的行業，熔金、鑄模、珠寶鑲嵌及雕刻都以手工為主。但鑄造、初步磨光、雕刻及電鍍等工序現已自動化，並開始使用電腦輔助設計，以縮短產品開發時間。現時本港較大的珠寶首飾廠已擁有尖蠟鑄造機大量生產首飾。大部分需要精巧手藝的工序仍在港進行。不過愈來愈多的工序已逐漸轉移往內地。

【產銷情況】　香港是東南亞珠寶集散地，鑽石、玉器、寶石、黃金等俱以香港為貿易中心。香港是全球第四大黃金珠寶出口地，人造首飾的出口總額更是全球第一。

2004年上半年，香港珠寶出口增長逾20%，但踏入8、9月，珠寶商接單開始放緩。愈臨近美國總統大選，珠寶消費更見保守，這可能是美國國民為選擇總統及美國經濟復甦反覆而擔心。這情緒對珠寶的消費有一定影響。但全年香港珠寶出口總值仍錄得19%的強勁增長，達207億港元。其中，美國升10%、英國升52%、日本升25%、德國升10%、法國升36%、意大利升73%、印度升272%、東盟升11%。不過，業界人士指出，出口大升除了因為銷量增加外，亦因為鑽石坯及黃金原料上升逾10%有關。據稱，2004年珠寶業的原料價共調升了3次。

現時美國是香港珠寶首飾最大的出口市場，佔出口總額的一半以上。十年前，日本雄踞本港珠寶首飾出口市場的首位，約佔整體出口的四成，如今則下降到6%左右。

以產品類計，本港出口首飾以鑽飾為主，包括用鑽石和寶石，或鑽石和珍珠鑲嵌而成的首飾製品。現時意大利、法國、德國和英國的珠寶設計水平甚高，而本港珠寶設計的水平已相當國際化，能切合不同市場的需要和要求。本港珠寶首飾製造業經過多年發展，在世界市場已穩佔重要席位。在首飾設計方面，配合時裝和商業兩項元素，既趕上潮流，又不會過分誇張，實用性強。此外，由於製作流程暢順，確保了良好的成本效益，產品手工精巧而價錢合理，加上生產靈活，交貨期準，注重售後服務，故深受買家歡迎。

2000至2004的五年間，全球鑽石產值由75億美元上升至85億美元，升幅約15%；然而同期消費者對鑽石的需求大幅上升25~30%，令鑽石漲價10~15%。香港是東南亞的鑽石分銷中心。為提升消費者購買鑽石的信心，De Beers（戴比爾斯集團）旗下的國際鑽石商貿公司（DTC），選擇香港為全球第一個分銷地區，推出For ever mark印記鑽石。該標誌代表純天然及不經人工處理。

近年，香港又取代日本成為世界主要的珍珠交易中心。珍珠主要分淡水珍珠、海水養珠及南洋珠三種，其中以產於東南亞國家的南洋珍珠價錢最高，每顆售價最少100美元以上，而淡水珍珠每顆只值數美元。由於價格差異大，所以珍珠能普遍用於不同的首飾。日本海水珠因近年火山爆發，影響水質而產量減少，導致價格不斷上升，加上面對淡水珠的競爭，現時市況大不如前。正當盛產珍珠的日本7年沒有珍珠出產之時，一直被指為污染嚴重的香港，卻在2003年收獲到12,000顆珍珠，其中60顆更被有關國家珍珠研究所評為頂級水平。以往，港商一般往日本挑選優質海水珠回港批發，但現在卻相反，日本批發及零售商來港選購淡水珠。目前本港市場約有5%的海水珠由中國內地供應。據澳洲珍珠養殖集團透露，現時中國的淡水珠業務已發展不錯，未來10內，中國將會是全球最重要的珍珠市場。南洋珠主要產自澳洲、印尼（中、南部為主）及菲律賓，產量受水溫、水質、大氣等影響。近期南亞海嘯雖未造成影響，惟鄰近國家如泰國（布吉）、緬甸等地產量減少，使整體供應量較上年少一成。款式方面，各類顏色珍珠，如金珠、白珠等均受歡迎；體積方面，細珠（9毫米）及大珠（18毫米）受歡迎程度相若，不同檔次的珍珠銷售也佳。黑珍珠產量供應近年開始減少，因大溪地政府近年較少支援，令產珠公司未獲政府及銀行借貸。加上欠缺珠蚌，產量不足，珠農入不敷支，導致結業，珠產跟高峰期（3、4年前）相比，跌約四成。黑珍珠價格，近兩年上升近兩成。

香港亦是玉器首飾的主要生產基地。上一世紀70年代更是玉器市場的黃金時期。雖然翡翠玉器的設計現正力求創新，但在技術上仍然保留不少傳統的特色。香港玉器現時每年營業額高達30億元，當中出口佔大多數，台灣地區為最大市場。而香港玉器原料近九成都從緬甸入口，因為當地玉石硬度高，色澤光鮮，而且資源豐富，所以是本港玉石商輸入材料的首選地。

黃金首飾也是香港珠寶重點產品之一，由於香港的金飾成色足，設計精巧，業界信用昭著，加上有政府和商會的嚴格監管，做到價廉物美，因此深受消費者，尤其歐美國家消費者的歡迎。

香港的人造首飾製品出口亦相當多，種類包括項鏈、耳環、手鍊、吊墜、戒指及頭飾等，每一種首飾最大分別在用料上，價格差異也相當大。

過去一年，珠寶首飾產品延續上年流行長耳環的主流，其他如紅、藍寶亦受歡迎。市場潮流要求多種物料如鈦金屬、亞加力膠，甚至用皮及木等的接單及銷售成績不俗，反映有一批固定客源。

【新動向】 2005年初，有多個珠寶展覽會分別在意大利、美國及倫敦舉行，業界視之為新一年後市的重要指標，但三大展會表現未如理想，加之美國市況去年下半年開始走慢，估計今年本港珠寶出口增長會收窄至一成左右。由於歐元仍處強勢，短期歐洲生意仍會好景，如歐元長期高企會對歐盟出口造成壓力，長遠經濟也會受拖累，繼而影響珠寶這等高價品消供的銷路。

業界人士表示，從各地展覽反應來看，美國客較審慎，歐洲及日本客則相對樂觀，現時訂辦情況不俗，整體客戶情緒仍較保守，部分更開始轉換供應商，尋求另類款式。業界認為，今年出口增長收窄可能與市場無明顯主流帶出有關。不過，以港商品質及可靠信譽，香港珠寶展仍是買家主要落單的地方。據稱，現時主要有兩個因素影響珠寶市場，一是原料漲價，二是美元波動，特別是美元貶值令產品報價提升，業界需加強運作及提高效益和生產力，反而美國加息對珠寶業影響不大。在各市場中，今年最看好東南亞市場，因當地經濟復甦速度快，對低價及高價首飾均具有一定承價能力，反而歐美市場表現將較為平穩。原料方面，現時鑽石及寶石等主要原料供應充裕，只是年初受美國經濟數據波動及原油價持續高企影響，致使消費者在心理上出現障礙，尤其在美元弱勢下，議價時會相當吃力。固有市場就這麼多，業界可能要推出更多花款設計，從同行手中爭搶更多訂單。另外，泰國及印度的同業威脅將呈白熱化，愈來愈多泰國和印度對手到中國大陸開廠，他們會經香港出口再轉運到美國銷售，由於內地生產成本低，加上美國給這兩個特惠關稅，這對港商構成很大威脅。

未來珠寶設計趨向時裝化，強調顏色運用，惟潮流則百花齊放，變化甚大。金飾方面，黃金將再度流行，另玫瑰金、紅金、紫金及綠金亦為趨勢，黃金的 K 數亦不同，美國大型品牌開始推出 19K 金；鑽石方面，流行顏色如朱古力、香檳色等。橙色色石將在今年春、夏季在美國流行。珠寶的顏色和時裝一樣，流行粉紅色，另藍色更可能成為今年的主流色，色調如寶藍、深藍、淺藍等勢受歡迎。圖案方面，自然圖案如昆蟲、動物、花卉等較佳。市場方面，最大仍是結婚首飾。不過，消費者對品質要求漸高，希望永遠擁有。這市場未有跟隨潮流，著重個人化，其中以鑽石首飾為最好銷，男性對白金結婚介指反應理想。另鈦金屬雖市場較細，惟上年錄得 3 倍增幅。論款式，長條形耳環仍流行，趨向更垂直；設計具層次感的頸鏈亦受歡迎。銀首飾則配合特別設計，主攻年輕市場。另外，男性首飾市場近年冒起，現時美國已有品牌主攻男性市場。一般男性會佩戴皮質、鋼、鈦、色石、黃金及白金。值得留意的是珠寶市場對品牌愈漸重視，尤其各時裝品牌，均推出珠寶系列，另設計師品牌推廣漸多，漸成趨勢。

長久以來，鑽石的保守形象牢不可破，但是面對科技革新，這個論調也面臨著嚴峻的挑戰。最近已有美國公司推出售價便宜多達 70% 的人造鑽石，其仿真程度連專家也不易分辨。人造鑽石雖然不是新鮮事物，但過去由於設備昂貴，加上製造方式繁複，故一直未有威脅到天然鑽石的行業。可是隨著科技進步，已出現突破，目前已有兩種技術可造出真假難辨的鑽石。據報導，這些新一代的人造鑽石已準備投入市場。一家波士頓公司Apoilo Diamond 便打算在今年夏天銷售這種人造鑽石，售價比天然鑽石便宜10~30%。另一家公司更已開始以低於真鑽 75% 的價錢售賣一些品種稀有的人造鑽。人造鑽對鑽石市場的影響，目前仍有待觀察，短期來說，這些新公司也不願採用低價策略來打開市場。可是，隨著技術改良及設備的普及，鑽石價格高企的局面將很難維持。

香港五成珠寶產自廣東番禺，番禺醞釀成為世界珠寶原材料採購博覽中心，花都則籌建全國規模最大的金銀珠寶批發中心。種種跡象表明，廣東珠寶業正從來料加工中心向原材料採購、產品交易中心轉型，穗港兩地正利用交通物流上的優勢，以圖共同做大珠寶業“蛋糕”。

珠寶設計師的成功，需結合不同元素。業者認為，設計師需具備對生活、科技、市場及美學的修養及配合才能成功。香港珠寶設計師出現斷層，雖然部分設計師水準超越歐美，惟缺乏接班人。粗略估計，這行現缺約 2,000 至 3,000 人，因公司怕培養設計師成名後離開，浪費資源；另因訓練人才需時，至少十年八載，才能成大師級水平，加上珠寶業不斷膨脹，約 5 年增長 1 倍，使人才供不應求。

2004 年香港珠寶出口前五位國家統計

國家	出口值（億港元）	比上年增加 %	佔本港珠寶出口 %
美國	102.024	10	50.7
英國	18.174	52	9.0
日本	12.636	25	6.3
德國	9.672	10	4.8
瑞士	8.424	9	4.2

電影製片

【概述】 電影製片業已有90多年歷史。第一齣本地電影是1913年拍製的《莊子試妻》。隨著經濟和科技的不斷發展，香港拍製的電影也發生很大的變化。上世紀50年代是粵語片的全盛期，但是製造比較粗糙，水準參差。60年代國語片取代粵語片，製造漸趨認真講究，影片也由黑白演進為彩色，由小銀幕演進為寬銀幕。不過，當時有相當大量的片源來自台灣地區。到了70年代，粵語片重新抬頭，取代了國語片。功夫武俠片和文藝愛情片是當時最受觀眾觀迎的片種。進入80、90年代，電影題材的層面慢慢廣闊，觀眾也有更多的選擇，功夫武俠片開始讓位給現代背景的警匪打鬥片，文藝愛情片也讓位給胡鬧喜劇片。此外，還流行以黑社會為題材的英雄片、賭騙術片以及女性題材的影片。千禧年代是電影製作業百花齊放的年代，不論是功夫武打片、喜劇片、寫實片、文藝片、倫理片、恐怖片、悲劇片等，都有一定的市場。

香港電影1988年11月開始實行分級制。所有影片分為三級：第一級影片適合任何人士觀看；第二級影片不適合兒童觀看；第三級影片只准年滿18歲或以上人士觀看。及後，電影檢查（修訂）條例1995年11月17日實施。修訂條例將第二級影片再細分兩個級別：第二級A（兒童不宜）及第二級B（青少年及兒童不宜），這兩個級別仍屬勸喻性質。審查標準是以定期調查所得的民意為依歸。另有一個法定的顧問小組，由大約300名選自社會各階層的人士組成，協助電影分級工作。

【產銷情況】 根據2004年香港年報資料顯示，年內送檢的分級的影片有1,295部，較2003年的1,555部，減少了260部，其中469部列為第I級影片（3部經刪剪）；361部列為IIA級影片（全部未經刪剪）；352部列為IIB級影片（12部經刪剪）；113部列為第III級影片（4部經刪剪）。

電影業界人士表示，2004年產量再創新低，電影業陷入了谷底。在香港電影業全盛時期，年產300部電影，1997年也有150部港產電影在本地上映。但到了2004年，在本地公映的港產電影只有63部，比2003年的77部還少。雖然2004年港產片票房收入達3.8億港元，較2003年上升了4.6％，但仍未能吸引更多電影製作和投資。

香港電影業相當依賴海外市場，來自本地的票房收入只佔二至四成，其餘主要是來自東南亞、日本及歐美等地。雖然大多數港產片均在本地和海外

2004年十大最賣座香港影片

影片名稱	上映日期	票房收入(HK$)
功夫	23/12/2004 - 06/02/2005	60,739,487
鬼馬狂想曲	15/01/2004 - 25/02/2004	25,244,771
新警察故事	24/09/2004 - 03/11/2004	21,109,502
魔幻廚房	15/01/2004 - 25/02/2004	20,228,159
花好月圓	05/02/2004 - 17/03/2004	15,809,152
龍鳳鬥	14/10/2004 - 24/11/2004	15,477,157
千機變II花都大戰	12/08/2004 - 15/09/2004	14,961,970
煎釀三寶	27/07/2004 - 25/08/2004	14,790,180
十面埋伏	15/07/2004 - 08/09/2004	14,296,602
我要做MODEL	17/07/2004 - 28/07/2004	13,176,478

放映，但也有一些影片專門為海外市場製作。本地電影公司大多直接與戲院院線交易，以分賬方式在香港公映。然後，影片的版權會賣給發行商，以影帶或影碟形式租售，或在電視播放。大電影公司一般都有發行部，但小型獨立製片商則依靠發行公司在海外市場銷售。國際發行的主要渠道是在洛杉磯、康城及米蘭舉行的三大影展。自 1997 年起，香港每年均舉行影視展，推廣香港電影。雖然本港的影片和電影業人才曾在多項國際電影展中得獎，例如 2004 年康城國際電影節，香港女星張曼玉獲得最佳女演員獎，但是海外的電影買家對港產片的興趣正在減弱。貿易發展局根據過去三年對電影業進行的調查發現，海外的電影買家普遍認為港產片多以動作片和明星作為賣點，缺乏有文化深度的主題，未能迎合近年在亞洲興起的 1.5 億中產人士的需求。這一批中產人士普遍要面對急劇的城市發展而帶來的人生衝擊，對電影的要求不再停留在純娛樂方面，而是要反映他們生活中遇到的問題。這群新興觀眾1億集中在內地，其餘的在台灣地區、新加坡、馬來西亞及泰國等地。他們都是現時電影及創意文化最重要的消費群。

造成香港電影業低迷的主因大致有三個：（一）盜版電影和侵權活動猖獗，使投資者卻步。根據中大調查顯示，在約 1,500 名有觀看電影習慣的被訪者中，八成認同非法上載屬侵權，但是有近六成一的受訪者表示認識他人曾在網上下載電影。除了網上侵權活動外，盜版和販買盜版電影的問題嚴重，而租碟公司又令很多人租碟而減少買碟。（二）缺乏創意。由於資金問題，本港一直以製作商業片為主，未能拍攝多些高質素的電影。部分人士認為本地電影業缺乏創意及內涵是業界萎縮的重要原因之一。（三）競爭劇烈。鄰近地區的競爭日趨激烈，尤其是韓國電影近年就分薄了國際市場。

【新動向】 業界預期，2005 年新開戲數目在五、六十部以下，再創新低。而已落實拍攝的大多是製作費達 2,000~5,000 萬元的大型製作，主要供應復活節、聖誕節和農曆新年等檔期。業內近半數電影人已北上拍戲或轉當電視人，仍留在香港的也面臨開工不足，情況令人憂慮。

業內人士說，香港電影業並非沒得救，只要政府加把勁，業界自強不息便可以起死回生。

其實近年港府積極扶助本港的電影業，措施包括有：（一）設立電影發展基金及電影貸款保證基金。政府於 1999 年設立“電影發展基金”，以資助有利香港電影業發展項目。2003 年 1 月由電影發展基金調撥 5,000 萬元設立“電影貸款保證基金”，目的是協助本地電影製作公司向貸款機構融資及促成電影業發展新融資架構。截至2005年2月 28 日，電影貸款保證基金為貸款保證項目提供的總承擔額達 1,300 萬元。（二）支持電影專業培訓計劃。“電影專業培訓計劃”是在影視及娛樂事務管理處轄下的電影服務統籌機構協助下，由香港電影工作者總會和職業訓練局合辦，計劃在6個範疇提供專業培訓，包括製片、副導演、美術、剪接、機燈及後期製作。每年可提供 240名訓練學額，計劃為期三年。（三）推廣香港作為亞洲主要電影製作中心。例如，自 1997 年起，香港每年均舉行影視展。（四）CEPA 使香港電影可以更優厚的條件進軍內地市場。

電影業內人士強調，香港要發展電影業，必須同時振興不同的創意工業。港府亦應在打擊盜版及侵權活動的工作上加大力度，也可考慮修改法規以保障香港電影業的收入。

除了港府要加把勁外，業界亦當自強，在創作時多加創意，也可考慮融匯亞洲不同地區的電影人，使製作更能迎合亞洲中產人士的口味。業界要與港府共同努力，才能使香港發展成為亞洲或世界的夢工場。

服務•商業

服務業

【概述】　香港經濟在過去20年經歷顯著蛻變，服務業迅速擴展，特別是近10年，服務業在香港經濟體系的地位變得更為重要。這轉變明顯地反映在服務業在本地生產總值中所佔的比重。服務業對本地生產總值的貢獻由1994年的83.3%上升至2003年的88.5%。

在商界帶領及市場力量的推動下，製造業逐漸轉型，越來越多本港公司把低增值工序遷離香港，而集中開拓高增值及以科技為本的市場。這個經濟調整過程令本港與其他地區，特別是中國內地的貿易活動大幅增加，亦為本港提供了動力和資源，使香港能繼續擔當世界一流服務中心的角色。

服務業包括批發、零售進出口貿易、飲食及酒店業；運輸、倉庫及通訊業；金融、保險、地產及商用服務業以及社區、社會及個人服務業。

【服務業的發展】　服務業發展蓬勃，東亞地區可謂數一數二。1990~2003年間，香港服務業平均每年增長7.3%，達1,338億元，而同期的名義本地生產總值平均每年增長5.7%。服務業佔本地生產總值的比率由1990年的74%增至2003年的88.5%。各主要服務行業中，以金融、保險、地產及商用服務業和社區、社會及個人服務業增長最快，平均每年增長6.9%和9.5%，分別佔本地生產總值的23.1%和22.4%。以絕對值計算，批發、零售、進出口貿易、飲食及酒店業是整個服務業中最大的行業，佔2003年本地生產總值的27.3%。

按國際標準衡量，香港的服務輸出總值，在本地生產總值所佔的比率甚高。2004年，香港的服務輸出總值達4,172.67億元，佔本地生產總值的比率為32.9%。在區內，香港與新加坡持續成為服務輸出淨額盈餘地。

香港輸出的服務主要包括商貿服務及其他貿易相關服務、運輸服務及旅遊服務，分別佔2004年服務輸出總值的35.1%、32.0%及16.8%，而金融服務輸出則佔6%，保險服務及其他服務輸出佔10%。

整體來說，本港是服務輸出淨額盈餘地，2004年的總盈餘達1,860.4億元。按主要服務組別分析，商貿服務及其他與貿易相關的服務盈餘最多，達1,282.98億元，佔總盈餘69%；其次是運輸服務，盈餘為710.60億元，佔38%；金融服務排第三，盈餘為195億元，佔11%。

服務業亦提供了香港的主要就業機會。服務業就業人數在總就業人數中所佔的比率在過去10年顯著上升，由1994年的75.8%增至2004年的85.6%。在2004年整體就業人數共有329萬人，而整體服務業僱用了282萬人。在就業人數增加的同時，服務業的機構單位數目亦由1994年的27萬間增至2004年的27.34萬間。

【服務業表現】　2004年各服務行業的表現各有不同。進出口貿易業的業務收益2001年及2002年連續兩年收縮後，2003年及2004年分別錄得6.5%及12.4%的升幅。這與貿易總額在2003年及2004年分別增加11.6%及16.4%吻合。自個人遊計劃實施後，零售業持續增長，帶動批發/零售的業務收益在2004年錄得9.4%的升幅。

2000~2003年，運輸業的業務收益大致保持不變，其增幅變動少於3%。但2004年該行業卻迅速發展，與2003年比較大幅增加22.8%，主要受惠於貨物貿易的增長及航空客運業務的復甦。航空客運業務的發展曾於2003年因SARS的爆發而受阻。在運輸業內，空運及海運組別的表現較陸上運輸組別為佳。在2004年，空運、海運及陸上運輸分別錄得27.2%、24.1%及7.7%的升幅。

銀行業2000年至2004年的業務收益維持在一個頗穩定的水平，按年波幅不超過5%。2004年，該行業的業務收益較上年增長4.4%，原因是非利息收入的增長，足以抵銷同一期間利息收入的下跌有餘。

金融業（銀行業除外）的表現頗受本地股票市場的影響。受到2000年科技股泡沫爆破後的熊市影響，該行業的業務收益在2000年至2003年上半年，大致呈下跌趨勢。2003年下半年股市回升，該行業的業務收益亦有顯著增長。2004年該行業的業務收益較上年上升33.2%，而同一時間，股票市場的每日平均成交金額上升54%。

旅遊、會議及展覽服務界別（或簡稱旅遊界別）的業務收益，包括來自酒店、旅遊社及票務代理業的所有收益，及食肆、零售、與運輸服務營辦商有關行業從訪港旅客獲得的業務收益。由於SARS的爆發，旅遊界別的業務收益2003年第二季較上年同期急速下跌57.2%。受惠於2003年7月實施的"個人遊"計劃，2004年該界別的業務收益較上年顯著增長27.1%，與同期錄得的訪港旅客總人次增加40.4%及來自中國內地訪港旅客人次增加44.6%相若。

電腦及有關服務界別的業務收益自2001年起大致呈上升趨勢。2004年該服務界別的業務收益較上年上升20.5%。

【香港的服務業商機】 自2003年6月簽署並由2004年1月起實施的《內地與香港更緊密經貿關係安排》（CEPA），香港服務業可進入內地市場，香港的專業人士和居民亦有機會在內地開設業務和工作。CEPA為香港服務業帶來了商機。2004年8月，內地與香港就CEPA第二階段開放措施達成協議，進一步放寬內地服務市場的准入條件，涵蓋範圍包括法律、醫療、視聽、建築、分銷、銀行、證券期貨、運輸及個體工商戶等。

根據CEPA第二階段，內地同意由2005年1月1日起，把開放措施擴展至8個新增服務領域，包括機場服務、文化娛樂、資訊技術、職業介紹所、人才仲介機構、專利代理、商標代理及專業技術人員資格考試。換言之，在CEPA第一及第二階段下，內地承諾對香港服務行業及服務提供者開放共26個服務領域。

在CEPA下，香港服務企業可享有超越內地入世承諾的市場准入待遇。在物流、貨代、運輸服務、管理諮詢、廣告及會議展覽行業，香港公司可以較其他外國公司提早在內地設立獨資企業。

在CEPA下，多項有關資產、資本、營業額或營運的要求均有所降低，有利香港中小型服務公司進入內地市場，受惠行業包括銀行及法律服務。根據中國的入世承諾，內地服務業的市場准入門檻甚高，而CEPA則將香港公司進入內地市場的門檻降低。

雖然放寬措施因應個別行業而有所有同，但由於內地考慮到香港的獨特條件，因此CEPA覆蓋的範圍超越了其入世承諾，對香港公司開放視聽即屬其中一例。根據CEPA第一階段的放寬措施，香港拍攝的華語片不再受內地每年進口20部外國影片以分賬方式在內地電影院放映的全球配額限制，而香港與內地合拍影片的規定亦有所放寬。

在CEPA第二階段下，內地對香港視聽業者進一步開放電影及電視市場。香港服務提供者經國家廣電總局批准後，可在內地試點設立獨資公司，發行國產影片（包括合拍影片）。內地與香港的合拍影片經國家廣電總局批准後，可在內地以外的地方沖印。

此外，內地與香港合拍的電視劇經內地主管部門審查通過，可視為國產電視劇播出和發行。另一方面，在CEPA第二階段下，香港服務提供者可在內地以獨資形式新建或改建電影院，經營電影放映業務，這點較CEPA第一階段的規定更為寬鬆。

CEPA除為香港中型銀行打開內地大門，以及讓他們將經營範圍擴展至內地的保險市場外，亦有助增強香港作為中國內地及區內國際金融中心的地位。CEPA的金融合作條款顯示內地決心利用香港的國際金融中心地位，推動其金融現代化。

CEPA鼓勵內地金融機構在香港積極發展，吸取國際最佳典範經驗；鼓勵中資銀行將其國際財資及外匯交易中心移駐香港，並以收購方式在香港發展網絡。同時，又支援內地金融機構到香港上市。最近內地保險公司及國家社會保障基金獲准在海外金融市場投資，香港作為國際金融中心的地位勢將從中獲益。

香港銀行由2004年初開始獲准試點經營個人人民幣業務，包括存款、匯款、外幣兑換及信用卡業務。隨著CEPA等各項安排的實施以及內地企業來香港投資和設立辦事處的程式簡化，市場對各項人民幣金融服務的需求將不斷增加。香港銀行獲准正式經營人民幣業務，將推使數以十億計的人民幣現金流入銀行體系。下一步，香港銀行希望可以將人民幣業務擴展至企業客戶。容許香港發展各項人民幣產品，不但可更有效地服務內地與香港之間日益頻繁的經濟活動，長遠來説，更可促進人民幣順利發展成為全面自由兑換貨幣。

旅遊服務方面，中央政府自2003年7月起准許多個省市的居民以個人身份來港旅遊。現時，內地32個城市的居民（估計人數達1.5億人）可申請以個人身份來港旅遊。

豬牛羊雞鴨鵝

【概述】　豬、牛、雞肉是香港居民主要的日常肉類食品，羊肉消費則主要在秋未和冬季，謂之“進補”。過去，向香港提供鮮活家禽的地區很多，如美國、台灣地區、菲律賓、泰國、馬來西亞、荷蘭、法國、以色列、日本、新加坡、澳門、越南、澳洲等，但由於中國貨在質量和價格上具競爭力，因此經過多番較量下，中國依然穩居香港鮮活牲畜與家禽最大供應地區榜首。

華潤集團轄下的五豐行與粵海集團轄下的廣南行是經營從內地入口香港活家畜與家禽的最大進口供應商。雖然這兩家公司競爭激烈，但其食品經銷業務重點有所不同。廣南集團是從廣東省的供應商採購鮮活食品，而五豐行則是從廣東以外的全國各省市供應商採購；產品則以家禽為主。此外，廣南集團只代理活家禽，而五豐行則同時經營凍肉及凍家禽。

在各類牲畜家禽中，以活豬進口量最大，因為豬肉是中國人的傳統肉食，逢年過節的祭祀，更少不了以豬隻做供品。豬隻進口以中國為主。內地銷港豬隻來自16個省、市、區。近幾年多由外貿部門下屬的農場或有關農業部門合辦的豬場提供。另外，為防上被餵食哮喘藥的豬隻進入本港，1998年8月8日漁農處實施了新的生豬管理及追查制度，凡輸港豬隻，須於7天前報關，在豬場接受駐場獸醫檢疫，並須預備一份藥物使用紀錄審核，當準備出口的豬隻檢疫後，會在豬身打5個印送往報關，並發出衛生證明書供關員查核。

香港經營活豬牛羊雞鴨鵝的商號分為進口商、批發商及零售商三類。此業歷史悠久，經營情況亦較為穩定。據政府統計，2004年的進口商號有48家、員工233人，較上年增3家、減61人；批發商117家、員工450人，較上年減12家、減36人；零售商3,853家、員工10,203人，較上年減251家、1,143人。本港除了街市肉檯、肉食公司從事鮮肉業務外，尚有部分流動小販及街頭零售梹檔經營，數字難以統計。近幾年，幾大超級市場亦在超級廣場和較大的超級市場設置肉檯，售賣新鮮肉類。

【營業情況】　據政府統計，2004年進口供食用的活家禽、家畜總值25.8億元，較上年下跌6.2%。

香港人喜歡吃豬肉。據統計，市民每年人均吃豬肉38.4公斤。但豬肉漲價備受市民關注。2004年4月初，獨家進口內地活豬的五豐行突然以內地飼料及採購價上升為由，將活豬每担（100斤）批發價加價70元，引發零售價上升逾一成，令業界大為不滿。進入下半年，豬隻供不應求的情況仍相

2004年牲畜家禽進口統計

項目	2004年數量	2003年數量	增減比率	2004年價值	2003年價值	增減比率
活豬	187.48萬隻	176.7萬隻	+6.1%	17.00億元	15.94億元	+6.6%
活羊	6,702隻	4,460隻	+50.3%	270.4萬元	178.4萬元	+51.6%
活牛	4.76萬隻	4.53萬隻	+5.0%	1.10億元	1.06億元	+0.38%
雞鵝鴨	1,361.7萬隻	32.7萬公噸		2.25億元	4.66億元	-51.7%

當嚴重，來港豬隻最少時每日不足3,000隻，部分豬隻買手甚至買不到豬。在供不應求的情況下，肉價自然提高。

五豐行為內地輸港活牛的唯一供應商。活牛在內地指定牧場送抵本港後，由五豐行開始拍賣，主責批發的買手以暗標方式競投，每日投得的活牛一般交由上水屠房翌日淩晨屠宰。除掌控拍賣權外，五豐行於1999年獨標投得上水屠房的經營權，對屠宰服務亦有極大影響力。過去兩年內地輸港活牛數目穩定。據統計，2003年輸入45,333頭，平均每日24頭。2004年輸入47,561頭，平均每日30頭。2004年9月起牛隻供應經常短缺，平均每日供應較業界所需少5~10%，一度令牛價飆升近五成。

2004年初，東南亞和內地多個省市爆發禽流感，香港政府果斷採取措施暫停輸入內地一切活家禽，令不少活家禽經營人士受損。3月下旬，立法會批准撥款4,200萬元，向活家禽業者發放一次過的特惠金，食環署屬下街市每個租戶每檔3萬元補助。私人樓宇內的新鮮糧食店牌照持牌人獲發5萬元。為免本港日後受禽流感侵襲，政府於4月時建議實施中央屠宰，並提出中央屠宰或分區屠宰兩個方案。此外，政府又提出先收回三分之一至一半的零售雞檔牌，以改善擠迫惡劣的街市環境。方案經廣泛諮詢。在收回的1萬份意見書中，有7,000份來自禽業界及政黨的意見書均反對中央或分區屠宰，但來自市民的2,500多份意見書則大部分贊成。雖然獲市民支援，但當局尚未作最後決定，但傾向實施分區屠宰。

本港每日供應6萬隻活雞，其中一半由內地進口。而食環署資料顯示，冰鮮雞的銷量有明顯增加的趨勢，每日達5萬至6萬隻。近年本港亦推介“嘉美雞”的品牌。“嘉美雞”由香港大學嘉道理農場研究所、漁農自然護理署及雞農合作，將不同優良品種的雞，利用人工授精培育出來的新品種。其特色是體型細、皮薄、皮下脂肪少及肉紋纖細，含有豐富的骨膠原及蛋白質。此外，“嘉美雞”抵抗力強，即使當年香港爆發禽流感，仍能奇蹟地不受影響。不過，一隻重2.5斤的“嘉美雞”零售價為70~80元，較普通雞售價略高，但業內人士希望“嘉美雞”迎合現代人日趨健康的生活習慣而受到市場歡迎。現時本港有3個本地雞場培育“嘉美雞”，每天可供應700隻，短期內可增加至4,000隻，估計可佔本地活雞市場3~4%份額。

本港雞農為確保活雞供應不受影響，正積極輸入授精蛋自行孵化雞苗。截至2004年12月下旬已有18個雞場開設雞苗孵化場，每日可生產27,000隻應市活雞。當局認為，鼓勵本地雞農自行孵化雞苗，可以在暫停入口內地活雞和雞苗時，仍有一定數量本地活雞應市。當局會繼續推行貸款計劃，向有意設立孵雞場的雞農提供經濟援助。

【新動向】 由於越南的禽流感可能變種人傳人，如傳染開來會危及本港市民生命，衛生福利及食物局決定，一旦發生即採取斷然應變措施，計劃當本港在幾天或短時間內，連續有兩個農場各有一隻活雞感染禽流感時，則全港活雞都會被銷毀，甚至強制全港活家禽農場、批發及零售商永久結業。根據防範禽流感的措施，政府計劃於現有禽畜飼養牌照內加入其他條件，授權當局以公共衛生理由，停止簽發新牌照，目的是將現有的370萬隻活雞數量減少一半至180萬隻，萬一本港爆發禽流感時，能在一周內殺掉所有雞隻，屆時每隻雞可獲賠35元。衛福局還將向立法會財委會申請撥款2.64億元，向養雞業提出收牌的特惠金方案，按雞場規模給予30萬至300萬元賠償。至於早前提出的雞檔交還牌照計劃，到2005年3月已有226名活禽零售商退還牌照。

政府計劃設立的家禽分區屠宰中心共有5個，港島一個設於西區，九龍及新界各設兩個。目前政府正進行分區屠宰中心以私營方式運作的研究，預計年底可完成。政府還將在適當地方設屠宰中心，向市民提供冰鮮雞、冷藏雞、甚至活雞。業界憂慮政府取締家禽業會令大批雞檔工人失業。

進入2005年，活牛供應短缺情況仍未改善，2、3月份更少10~20%，最少的一天進口只有十多隻。業界每日以暗標競投牛隻，供應少令牛價大幅搶高，活牛價格由上年同期每担（100斤）1,150~1,400元，上升至1,400~1,700元，成本上升，但並未轉嫁到消費者身上，嚴重影響了業界的生計。3月中旬，50名牛肉買手不滿供應商五豐行，實行罷買抗議，引至市場上沒有新鮮牛肉供應。其後五豐行承諾增加進口牛隻，買手亦決定第二天復工，使事件暫時得到解決。業界希望 政府可以開放牛肉市場，結束五豐行的壟斷。但衛生福利及食物局局長周一嶽表示，牛肉必須由指定出產地運送來港，以保障市民健康，因此市場不能太開放。

凍 肉

【概述】 隨著香港生活節拍緊湊，為求方便快捷，本地消費者也漸漸少食新鮮肉食，改為購買方便、冷凍及雪藏的肉類食品。過去的凍肉公司多是供應未經包裝的豬扒、肉腸等。其後，凍肉的處理方法得到改良，不單有包裝凍肉出售，更有部分凍肉是經煮熟及消毒後才出售。近年進口的冷凍肉類食品中，已不再限於豬、牛、羊、家禽類等凍肉，更進口了不少急凍的海產類食品，如三文魚、多春魚、青口、鮑魚、銀雪魚等。可以說，凍肉進口商的進口貨品更為多元化。

香港凍肉行業經營的商品包括四大類:一是冷藏、急凍的牛肉類；二是供人食用的冷藏、急凍的其他肉類和具食用價值的內臟；三是醃製、曬乾或煙過的肉類及內臟；四是經處理的肉類和內臟。其中以第一、二類最多，約佔香港進口肉類的六成左右，主要為冷藏及急凍的豬、牛、羊、雞、鴨、鵝、兔、家禽碎件、豬及牛的內臟、野味等。

目前香港凍肉的銷售有兩種層次:一是分銷商如凍肉公司；二是菜館、茶樓、速食店、茶餐廳、大牌檔、食品市場等。

冷凍肉類食品愈來愈受歡迎，以超級市場形式經營凍肉食品的店舖不但愈開愈多，其銷售的品種亦愈來愈豐富，既有各種禽畜類的凍肉食品，亦有各種冰鮮的海產食品，而且超級市場內的凍肉食品包裝份量適中，處理衛生，回家稍解凍後就可烹調，簡單方便，非常受小家庭及職業婦女的歡迎。

凍肉的來源地包括全球各地。牛肉以美國、中國、澳洲及新西蘭佔多；豬肉以中國內地及巴西最多。家禽肉方面，全雞入口最多的是美國、巴西、中國及丹麥；家禽翼是美國及荷蘭；家禽腳是美國、日本及巴西；全鴨則是中國內地一枝獨秀。

價錢方面，凍肉平均較新鮮肉便宜三成，有些更多達五成。

由於香港走私冰鮮肉活動猖獗，政府在2000年宣佈了新條例，將現時進口簽證管制的商用範圍擴大至包括冷凍禽畜，規定這些肉類必須獲得食物環境衛生署署長簽發的進口許可證，才能准予入境，否則罰款50萬元及入獄兩年。

【營業情況】 據香港統計處統計，2004年，香港經營新鮮或急凍肉類的進出口商有336家、員工2,033人，較上年增加59家、463人；批發商379家、員工1,974人，較上年增46家、增13人；零售商（包括凍肉公司、食品公司、肉檯、攤檔及海產攤檔等）共3,853家、員工10,203人、較上年減251家、1,143人。

2004年香港進口凍肉及其製品總值115.55億元，較上年減少5.2%。經香港轉口到外地的總值30.45億元，較上年大幅減少。而進口後在本地留用的凍肉製品總值85.1億元。

現時本港冰鮮豬肉和冷藏豬肉的市場佔有率逐漸增加。據統計數字顯示，新鮮豬肉的食用量過去20年間減少三成，反觀冰鮮和冷藏豬肉食用量大增近1.5倍。據業內人士稱，現時乳豬及叉燒等燒臘食品都用冰鮮豬肉，尤其是近年經濟不景，市民消費力大減，不少食肆為求節省成本，都改用冰鮮豬肉取代新鮮豬肉，而近年更有不少超市也大量出售冰鮮豬肉。

自從禽流感在本港爆發後，不少市民轉食冰鮮雞，從而令冰鮮雞銷量大增，每日售出5萬至6萬隻。2004年因亞洲多個國家和內地爆發禽流感，本港自1月30日暫停進口內地冰鮮和活家禽，直到3月22日才開始恢復輸入冰鮮雞，首日來貨約2萬隻，批發價每斤約11元，較暫停入口前上升一成。而本港正常需求量為每天10萬隻。冰鮮雞一般會供應超級市場和酒樓食肆，也有部份供應街市攤檔。冰鮮鴨鵝則遲在6月22日才恢復輸港，以致四、五月本港成為一個食無鵝、鴨的城市，傳統的燒鵝、燒鴨均無供應。首批輸入冰鮮鴨鵝共1,800隻，因供應量太少，故來貨價每隻較以往貴70多元，升幅達30%。其後供應慢慢恢復正常，價格亦相對平穩。冰鮮雞進口亦由初期的每日不足1萬隻，上升至平均每日4~5萬隻。本地優質名牌雞隻“嘉美雞”由香港大學嘉道理農業研究所長及動物學系講座教授陳鏞安所開發。陳從華南的純種雞中挑選優良品種培養交配成“嘉美雞”，2003年開始推廣至全港30多個雞檔，以“健康”與“美味”掛帥。其特點包括皮薄低脂、肉質纖細，雖然價格比一般雞略貴，但在禽流感陰霾下，仍相當搶手。正當香港雞隻供應不足的時候，“嘉美雞”的代理商2004年3月擬在港設廠生產急凍雞，但一直未獲食物環境衛生署發牌，結果急凍雞的獨家分銷商以遲遲未有牌照為由，決定打退堂鼓，並入稟高等法院，索償480多萬元。

2004年，本港食環署及海關共檢獲569公噸走私肉類，較2003年的121公噸上升2.7倍，當中有512公噸是禽肉，較上年的31公噸上升15.5倍，也有不少走私豬肉。走私肉類大幅增加，可能因2004年本港有幾個月停止輸入內地雞隻及冰鮮鵝鴨，市場供應短缺有關。

【新動向】 現時泰國每年約有1萬公噸冰鮮豬來港。為增加本港豬肉來源，食環署擬2005年3月輸入內地冰鮮豬肉，派員前往廣東省巡視豬場及有關檢驗檢疫措施，並指定內地兩家加工場進行加工。但由於加工的配套如肉類的包裝和保溫的程式未完全符合要求，所以至今仍未能決定輸入冰鮮豬肉的時間表。對於冰鮮豬進口，本港新鮮肉商販認為，冰鮮豬肉來貨每斤價較新鮮豬肉低5元，若以冰鮮豬肉冒充新鮮豬肉出售，盈利至少是新鮮豬肉的1.5倍，故預計冰鮮肉檔將在街市“成行成市”，甚至會取代新鮮肉檔。本地豬農則警告政府，若一意孤行，不排除作出激烈抗議行動。

食環署表示，將沿用泰國冰鮮豬進口的管理措施處理內地冰鮮豬肉進口。日後輸港的豬肉在屠宰後立即冷藏至攝氏四度，並有特定包裝以識別是冰鮮豬肉，避免與新鮮豬肉混淆，包括必須附有標籤，列明生產地、屠宰場及食用日期等；至於豬隻以整隻或分件包裝輸港，則視乎業界需要。至於業界要求實施“一店一牌”政策，避免一間店舖同時售賣兩類豬肉，把冰鮮豬混入新鮮豬肉中出售。食環署表示，由於有關政策必須修例，但修例存在困難，暫時不會考慮。法律意見認為，須涉及公眾衛生安全問題才可修改現時發牌規定，現署方仍與法律專家商討中。

凍肉食品進口統計（單位：億元）

項目	2004年	2003年	增減比率(%)
牛肉、新鮮、急凍或冷藏	10.32	12.65	-18.4
其他肉類及內臟	88.09	94.15	-6.4
醃製肉類及內臟	1.25	1.34	-6.7
經處理的肉類及內臟	15.87	13.74	-15.5

水海產品

【概述】　據2004年統計，本港的漁業產品產量為16.75萬公噸，養殖產量為3,720公噸，合共總值17億元。本港的漁船主要在南海的大陸架附近的水域作業，以家庭式操作為主，也會僱漁工協助。捕魚方法包括各類拖網、延繩釣、刺網及圍網等，其中以拖網捕漁為主，佔2004年漁獲量的85%，達14.18萬公噸。

香港的水產養殖主要分為三大類：塘魚養殖、海魚養殖及蠔隻養殖。2004年，水產養殖產量共3,720公噸，價值約1.2億元，佔漁業總生產量的2.2%，佔總生產值的7.2%。

本港經營新鮮或急凍魚類及其他海產品的批發商有451家、從業人員2,626人，較上年增加27家、537人；經營新鮮或急凍魚類、其他海產食品及禽畜肉類的零售商有3,853家，從業人員10,203人，較上年減少251家、1,143人。

2004年，本地市民每天約消耗109公噸淡水魚及323公噸海魚。

【營業情況】　2004年，本港獲漁農自然護理署發牌的26個指定海魚養殖區，可供應1,540公噸活魚，較2003年增加了50公噸，總值約7,900萬元，供應本地活海魚市場約9.1%。普遍養殖的品種包括青斑、芝麻斑、龍躉、火點、紅鮪、紅魚等。

本港的塘魚養殖分淡水魚和鹹水魚兩種，2004年的總產量為1,980公噸，約值3,300萬元，佔本地食用淡水魚的5%。這些魚塘中，約96%從事混養（即大頭魚、鯉魚及烏頭等品種一併養殖），其餘的都是單養肉食性魚類（例如淡水的生魚及在沿海半鹹淡魚塘養殖的金鼓等）。而位於本港西北部后海灣沿岸的養蠔場2004年產量（淨肉計）約210公噸，價值900萬元。

除了本地養殖，也會從其他地方進口海產。據港府統計，2004年進口香港的活魚總值約11.87億元，主要來自中國內地、澳大利亞及菲律賓，而港產出口的活魚約值3,654萬元，主要出口到美國、日本及荷蘭等地；冷藏的小蝦及大蝦主要進口自內地，還有來自印尼、泰國及越南等地，總值6.77億元，港產出口的總值約為483萬元，主要出口到日本、美國及中國內地；甲殼動物，經處理或保藏（未列明在其他編號）的進口總值約1.12億元，主要來自中國內地，其次為泰國及日本等地，港產出口總值逾175萬元，主要出口到加拿大、美國及澳門等地。2004年12月底，南亞海嘯令該區海鮮受到污染，來自該區的海鮮例如星斑、青斑等一度出現供應緊張，促使來貨價上漲。

深得港人喜愛的蘇州陽澄湖大閘蟹，2004年大豐收，產量為1,100噸，接近600萬隻，指導價約為每112元/500克，比2003年貴7元。繼2003年的鐳射刺青，陽澄湖大閘蟹協會再出奇招以防假冒，就是替大閘蟹“戴戒指”，該指環的戒面除了刻有經銷企業的圖案，外圈上亦有“蘇州市陽澄湖蟹協監製”的字樣，再加上內圈18個字位的編碼，多重保障，然而亦有不法之徒仿製指環，魚目混珠。

【新動向】　南海的休漁期實施已有7年之久，本港的漁船深受影響，需要透過政府提供低息貸款及支援服務等協助。2004年休漁期間，漁護署共批出446個貸款申請，貸款額近2,600萬元，較2003年的296宗申請多出150宗。2005年政府特別增加漁民的貸款額，由去年最高的6萬增至8萬元，不過漁民權益委員會仍覺得貸款額不足以應付停業期間的支出及周轉，建議政府將貸款額增至16萬元。

去年雪卡毒肆虐，全年共錄得65宗中毒個案，影響258人，較2003年的6宗個案大幅上升。根據漁護署資料，曾有雪卡毒紀錄的香港活海鮮包括老虎斑、老鼠斑、蘇眉、油鯛、東星斑及杉班等。今年7月中，城市大學抽取本港養魚區生長的青口化驗，發現馬灣的青口樣本含有最多有機氯持久性物質，包括可致癌的二噁英。1克濕青口中便含0.04納克的二噁英，較美國環保署的標準超出約40倍，唯馬灣的漁戶稱甚少將青口送到市面出售。

今年8月，引起了一陣“毒鰻慌”。國家質檢總局發現，福建、江西及安徽等省份出口的烤鰻魚等鰻魚產品經驗後發現含致癌化學物“孔雀石綠”(Malachite green)，並首次下令全面回收從各出口、在赴運途中，或滯留國內外通關口的烤鰻等鰻魚製品。而本港食環署在抽查市面活鰻(白鱔)和烤鰻等鰻魚製品樣本中，亦發現有18個樣本含有該類致癌物質，大部份報稱來自內地。事件令部份超市暫時停售鰻魚製品，更有鰻魚養殖場的港商表示，估計損失高達80多萬元。其後，政府從抽查的淡水魚樣本中，亦發現從內地進口的大魚、鯇魚、鯽魚、桂花魚、鯉魚、生魚、塘虱及加州鱸等含有“孔雀石綠”，大大打擊淡水魚檔的生意，由於來貨短缺，導致部份魚價急升近兩、三成。為表達對政府未能採取有效監控機制的不滿，有淡水魚批發商發起了一連三日的罷市行動。政府除即時加強與內地溝通和實施對進口魚類的監控外，據悉還計劃設立標籤制度，以識別本地與內地水產。同時，政府正構思成立食物監控中心，集中人手和資源，以便更有效率地做好食物監控工作，具體的架構及人手安排將於今年底提交立法會討論，可望於2006/2007年實施。

政府於2004年底建議修訂《漁業保護條例》擬設立捕魚發牌制度、漁業保護區及就未來在港水域實施休漁期定下機制，有漁民認為條例將影響生計，近300名漁民代表曾一度上街遊行，以表不滿。漁護署官員則指出，本港水域遭長期濫捕，漁業資源持續減少，有必要透過立法規管以保護資源的持續發展。假如諮詢及立法的過程順利，新的機制可望於2007年推行。

海味

【概述】 香港的海味業歷史悠久，以舊式獨立舖位居多，主要集中於港島德輔道西，東起皇后街一帶，有接近200間參茸海味店，有部份是兩家以上合股經營的，而位於上環的老字號更有近百家。近幾年，旺角彌敦道兩旁也出現了集團式經營的店舖，分店林立。

據2004年統計，本港經營乾製或醃製的魚類及其他海產食品的進出口商有246家，員工914人，比上年增加了15家及24人；批發商260家，員工1,037人，比上年減少了3家，員工則多了7人；零售商289家、員工703人，分別減少了19家及233人。

【營業情況】 每逢過時過節，中國人都喜歡以參茸海味來款待客人或作送禮之用，今年的農曆新年也不例外，有海味店主表示，今年整體的生意額較去年增加兩成，辦年貨顧客的人均消費雖然維持在2,000~5,000元之間，但購物的人數有顯著的增加。

農曆新年期間，海味的平均價格上升了，據市場分析，原因有三：其一，是內地顧客的購買力強，尤其是商務客，對高檔次的海味更是情有獨鍾。有海味店主表示，內地商人較為闊綽，以十萬元購入海味亦屬平常事，又坦言該公司的高消費客戶中，有近三成是內地客。

其二，出現貨源短缺，求過於供的情況，受去年底南亞發生海嘯，一般海味例如蝦米及魷魚乾等來貨均受影響。此外，本港大部份進口的燕窩均來自印尼，去年自印尼進口的燕窩達16萬斤，總值10.8億元，佔本港燕窩進口量的九成。然而有行內人士預計，印尼沿岸的洞燕是這次海嘯中損失最大的，由於洞燕膽小，當海嘯沖擊崖岸便會將這裡築巢的洞燕沖走或嚇走。至於鮑魚，本港的頂級鮑魚主要來自日本，有市場消息指，日本鮑魚的產量減少，令價格上升近3成。

其三，今年年初，美元仍處於弱勢，令進口價格受匯率影響，變相上升。澳洲罐頭鮑每罐的價格為210~235元，上升了8~10%；魚翅的整體價格上升了近10%；元貝上升了近8%，由每斤300~880元不等；花菇上升了5%，來自日本的花菇每斤約225~420元，來自內地的花菇每斤50~200元不等；蠔豉與髮菜的價格則較為穩定。

經濟漸見復蘇，海味店的生意亦頷見增加，然而仍有不少不法的商人以假亂真，影響本港海味行業的商譽。單是2004年1~11月，消費者委員會已接獲307宗有關海味乾貨及參茸的投訴，較2003年的159宗上升近一倍。今年2月，有14間海味店負責人報稱被自稱海味買手的人騙取合共300萬元的貴價海味，以案件中涉及的店舖及金額來看為近年來較嚴重的騙案。

今年6月中，本港遇上30年來最強的暴雨，本港多處地方錄得水浸報告。港島上環及西環一帶出現嚴重水浸的情況，低窪地區更錄得一米水深，位於該區的海味店首當其衝為受害者。大水湧至，多間參茸海品店來不及阻擋，眼睜睜地看著店內的鮑魚海味紛紛隨水流出街外，雖然有海味店立刻總動員外出將貨物拾回，但仍難免有所損失，有海味店主表示，保守估計損失高達十萬元，而售買較高檔次海味的店主損失更高達百萬元。

【新動向】 去年港府與中央簽訂CEPA第二輪協定，有行內人事估計，零關稅一旦實行，生意額將跳升近6成。現時大部份即食海味都在新加坡及馬來西亞加工，香港的廠房亦已北移內地，業內估計往後將有更多海味加工廠回流香港。

西營盤區向來被視為本港的鹹魚及其他海味買賣中心，區內有不少規模較小的海味加工工場。然而，西營盤乃本港的老區之一，已納入港府規劃發展的範圍之內，目前該區的第一及第二街已完成招標，將重建為商業及住宅樓宇，受影響的業權達293個，當中包括部份海味及鹹魚店舖。

此外，據英國媒體報道，有英國魚商與本港及內地食肆計劃每月捕捉300條鯊魚，並將其魚翅直接供應予中港的食肆，有當地環保團體表示反對，認為此舉會影響英國的海洋生態。本港的飲食業人士更質疑其可行性，指出魚翅於捕獲後加工需時，且要有一定的技術，故食肆較難直接從魚商進口，加上香港是全球最大的魚翅集散地，主要入口自非洲、印尼及日本等，而鯊魚多棲身於溫帶海域，甚少於英國海域出現。

米、麵粉

【概述】 香港居民一向以大米為主要食糧，麵粉則為輔助食糧。由於本港全無稻米及小麥生產，所有的米和麵粉均需依賴進口供應。中國、澳洲與泰國均是香港食米的主要供應地，而麵粉則主要從中國內地、日本、加拿大及澳洲等地進口。

1951年以前港府沒有穀米專營機構，對市民實施配給供應；1951年起，改由米商經辦進口；1954年取消配給制度，並於1955年1月實行進口米商儲糧及配額進口白米新制度，其進口與出口均須領有許可證。管制食米進口是由香港貿易署負責，制度內容主要有三點：1.規定入口商的數目；2.規定每季基本入口數額；3.規定購糧數量。為貫徹有關貿易自由化的承諾，1999年貿易署與食米業諮詢委員會進行多次磋商，定出了2003年食米業經營全面自由化的時間表。到了2003年1月1日正式實施自由貿易，在新政策下，有36家新公司成為食米進口商，不少批發及零售商轉為進口商，在僧多粥少的情況下，生意更難做。經營食米入口生意多年的老行家認為，食米進口生意毛利不高，新加入的競爭者加入市場，入口價即被扯高了一些，但售價因競爭增大而下調。開放政策下，現時的食米市場達到自由開放、公平競爭，消費者得益的目的，對提升香港自由貿易形象的國際地位產生一定積極作用。

【營業情況】 據政府統計處資料顯示：截至2004年底，本港食米進出口商有43家，同上一年比少26家，員工約548人，較上一年的611人減近一成；2004年6月食米批發商則有44家，員工322人，較上一年的30家和188人再度大幅增加；食米零售商由16家激增至56家，員工由28人增至99人。

而粉麵製品、米粉製品的進出口商由2003年的67家增至2004年底的78家，員工由417人增至429人；2004年6月粉麵批發商有33家和員工142人；同期粉麵零售商有233家，比上一年的207家有所增加，員工由417人增至439人。

2004年食米進口量為3.23億公斤，比上一年的3.28億公斤稍減1.5%，2004年進口值為12.04億元，比上一年的11.24億元增加了7.1%，食米的進口量每年遞減，但價錢連續幾年上調。去年大米進口來源地的排位次序與前兩年一樣，泰國第一、澳洲第二、中國內地第三。泰國進口量增加，而澳洲的跌幅持續。

2004年底麵粉進口量1.7億公斤，比2003年增加5.6%；進口值4.657億元，比上一年增加約7.1%。其中中國內地和日本的進口量增幅約7%，貨值增幅分別為8.9%和8.0%。因為麵粉價格上調，令有關製品如麵包等單價亦提高。

2004年2月，白米入口價攀升問題再引起關注。佔本港白米市場逾八成的泰國米入口價，在2004年急升七成，農曆年後米行開盤首日，頂級泰國香米每公噸更一度升至630美元，折合每公斤4.9港元，較2003年升幅逾七成，為10年來新高。但在入口商內部激烈競爭，以及入口商與大零售商之間互扭六壬下，入口價飆升尚未全面在零售市場反映。米商無法長時間承受入口價高企，兩個月後白米價格便持續上漲，首次加幅低於5%，其後穩步上揚至20%。

麵粉價格在2004年初上漲，港九粉麵製造業總商會聯同19個供應商在4月發表聲明，指由於原材料如小麥價在過去半年累積急升五成，決定提高各種乾、濕粉麵製品的批發及零售價一至兩成。此舉連帶港人喜歡的麵包也隨之漲價。

【新動向】 本港自2003年起逐步開放食米貿易，任何人皆可申請成為食米進口商，百佳超級市場亦加入進口商行列，2005年6月在泰國東北部的Nakonpanom直接進口百分百甲級香米“金御膳”，並成立香米測試系統，以物理及化學測試保證香米品質。在這之前，其他在港出售的品牌平均只有92%為泰國香米，即一百粒米中夾雜八粒其他白米，但該公司聲稱從泰國直接進口的“金御膳”，為本港唯一沒有“溝米”的百分

2004年食米進口統計（單位 數量：億公斤 價值：億元）

國家	04年進口量	03年進口量	增減率	04年進口值	03年進口值	增減率
總計	3.23	3.28	-1.5%	12.04	11.24	7.1%
泰國	2.86	2.83	1.0%	10.44	9.65	8.2%
澳洲	0.16	0.20	-20.0%	0.63	0.72	-12.5%
中國內地	0.15	0.21	-28.6%	0.52	0.63	-17.5%

2004年麵粉進口統計（單位 數量：億公斤 價值：億元）

國家	04年進口量	03年進口量	增減率	04年進口值	03年進口值	增減率
總計	1.71	1.62	5.6%	4.65	4.34	7.1%
中國內地	1.01	0.94	7.4%	2.58	2.37	8.9%
日本	0.44	0.41	7.3%	1.21	1.12	8.0%
加拿大	0.11	0.16	-31.3%	0.35	0.39	-10.3%

百甲級香米，八公斤裝售53.8元，售價跟其他品牌相若。近年港人食米日減，而且越來越講究，故此出現進口高檔米和一些營養價值更高的健康米如紅米、糙米等，以供一些講求飲食人士之需。

食用油及食用糖

【概述】 食用油分為植物油與動物油兩大類。香港市場消費的植物油主要是花生油、菜油、豆油、粟米油、芝麻油、棕櫚油及椰油。酒樓食肆的消費則以花生油、菜油及豬油為主。居民的消費七成為花生油、三成為粟米油。本港食油主要依賴進口，但有食油加工精煉業。截至2004年底止，經營食油進出口的商號有34家，員工249人，較2003年減少22家商號，員工減22人；而食油批發商號共有24家，員工188人，較上年減少商號9家，員工減28人；食油零售業務方面，市民現今的食油消費基本由超級市場壟斷，而酒樓食肆的供應，往往由米商兼營，截至2004年底止，經營糧油食品零售的商號有1,057家，員工2,540人，較上年減27家，但員工則增261人。

現時香港的食油生產商大都已將廠房北移至內地，一來可以降低生產成本，二來也可擴展產品的發展空間，如香港最大的食油生產商之一——合興集團，近年已在內地建立了生產基地，這意味著供應本港八成以上的食油，最終將在國內生產之後再運入本港。

食糖業的狀況與食油業相近，原料依賴進口，本港亦有部分食糖加工業務。本港消費的糖類有砂糖、蜂蜜、香口膠及其它糖果、蜜餞等。根據政府的統計分類，食糖進口與麵粉進口的商號列為一類，本港2004年共有89家這類食品的進口商，員工364人，較2003年增加26家商號及108名員工；年內批發商增至54家，員工304人，分別增37家和97人；糖果及餅乾的零售商共241家，員工728人，較上年減少117家及314人。

【營業情況】 據港府統計，2004年進口的動、植物油與脂肪為21億元，較2003年減少0.25%，其中，植物油進口價值為19.94億元，較上年減1.23%，而動物油則進口1.06億元，較上年增加22.83%。同期內進口的各類糖類、蜂蜜及糖果製品為16.12億元，較上年增加11.49%。

2004年轉口的動、植物油與脂肪為4.32億元，較上年減10.74%；留港自用的該類商品為16.68億元，較上年增22.7%。同期轉口的糖及糖果類商品共值8.34億元，較上年增加14.4%；留港自用的食用糖為7.78億元，較上年增8.7%。

2004的食用油銷售表現算是平穩，除棕櫚油與花生油有減少外，其它均有所增長，不過，因棕櫚油的進口價值是最高的，故拖低了食用油產品的總體表現。

2004年本港主要食用油進口情況（億元）

項目	04年進口價值	03年進口價值	增減比率
粟米油	1.55	1.44	7.25%
花生油	1.14	1.20	-4.57%
菜油及芥子油	1.70	1.40	21.83%
芝麻油	0.49	0.39	26.23%
豆油	5.05	4.37	15.65%
棕櫚油	9.16	10.71	-14.44%
橄欖油	0.58	0.37	56.28%

食用糖方面的總體狀況可說是較為理想，增幅逾一成左右。

年內令香港市民最關注的是食物安全問題。雖然我們現在所食用的油大都從海外進口，再由本港或內地加工，但亦有相當部份是內地所製造的產品。據中國國家工商總局在今年9月份所公佈的對食用油的測試，已發現所抽查的產品中，有三成是不合格的。

食用糖也是如此，據廣州市食品安全委員會7月份公佈食品抽檢結果顯示，廣東地區市面銷售的60%食用糖中發現二氧化硫超標。二氧化硫是廣東傳統食品加工環節常用的防腐劑中的一種，可用於蜜餞、乾果、乾菜、食糖、冰糖、糖果、液體葡萄糖等方面。專家指出，若長期食用二氧化硫超標食品可引發多種急慢性疾病，甚至致癌。而香港食環署發言人則表示，現時內地工商局主要是抽查內銷食品，但所有銷往香港的食品均有嚴格監管，故相信廣東所發現的問題食物應沒有供應本港。

但連番發現的不合格食品已使本港市民十分憂慮，擔心會引致更多的問題。故現在選購食品時，都儘量挑選外國或本港廠商所製造的產品，減少購買內地的食物。而本港的食用油製品在珠三角一帶也甚受歡迎。

【新動向】　今年第二季南美及北美受天氣影響，大豆收成受損，導致大豆價格急漲，因此，今年食用油的價格將會有所上升。不過本港市民對食用油及食用糖的需求正在逐年下降，故總體價格也會受到抑制。

鑑於內地的問題食品愈揭愈多，本港市民都期望政府應訂立一套食品安全的監管制度，對來自世界各地的食品進行嚴格監管，不合格的就不准進口，這樣才能更有效地保障市民的健康，也才能重建市民對本港食品安全的信心。

果　菜

【概述】　香港果菜的銷營方式分兩種：一是由香港代理商（如五豐行、廣南行）向內地及海外採購，交與批發商，批發商則按來價扣取佣金，批售給士多辦館及零售商；另一種是由香港的超級市場自己進口銷售。由於香港果菜行業經營渠道較多，批發商除了透過代理商入貨外，還會選擇自行到內地採購，然後委託內地外貿公司代理出口香港，深圳布吉水果批發市場已成為內地水果對港出口的集散地。以往，果欄商販只做批發生意，現時也接受市民以零售方式購買一、兩箱果品自用。

現時本港約有2,260個農場，直接僱用了近5,010個農民及工人。2004年底，生產蔬菜及果樹的耕地面積分別為330公頃、300公頃，每日平均生產蔬菜71公噸，佔全港所需蔬菜供應的4%。據統計，去年港府轄下的批發市場共銷售蔬菜29.6萬公噸及鮮果10.2萬公噸，而經蔬菜統營處銷售的蔬菜23.7萬公噸，總值7.84億元。

2004年本港有鮮果蔬菜進出口商276家，員工1,390人，比上年減少76家、200人；批發商645家、從業員2,579人，比上年減93家、229人，零售商3,268家，比上年減少287家、從業人員則增加了25人，至7,004人。

2004年，本港居民每天約消耗鮮果1,498公噸、蔬菜1.40公噸。

【營業情況】　據統計，2004年香港進口蔬菜及水果共103.73億元，較上年減少5.3%；轉口23.86億元，港產品出口0.77億元，分別較上年增加了2.62%和32.8%。

香港人愛吃鮮果，對於新奇有趣的鮮果更不惜千金一擲。近幾年，香港興起日本高級水果熱，繼來自關西善通寺的四方形西瓜及福島的水蜜桃後，再有零售價近千元的金字塔西瓜上市。據兼營日本高級水果生意的東主表示，今年夏季已售出數十個價值1,500元的四方形西瓜，而一個零售價達110元、來自日本岡山的白桃，亦需備貨千個以應市。雖然這些水果的零售價比較高，但毛利卻不及普通水果，只有約15~20%。

橙、蘋果及葡萄都是港人常吃的水果，2004年分別進口17.19萬公噸、9.12萬公噸及8.69萬公噸，它們主要來自美國。進口的西柚約1.09萬噸，主要來自中國內地；香蕉及菠蘿分別為6.65萬噸及5,097公噸，主要來自菲律賓；木瓜約8.42萬公噸，主要來自馬來西亞；其他未有列明編號的新鮮水果約23.91萬公噸，主要來自泰國。

香港蔬菜絕大部分依賴進口，主要來自內地。2004年進口自內地的新鮮或急凍蔬菜（未列明編號）約37.7萬公噸；捲心菜及類似可食的芥菜類蔬菜11.6萬公噸；青瓜及小黃瓜1.14萬公噸；豆類蔬菜2,305公噸，蘑菇及黑菌6,412公噸；蕃茄約6,114公噸；蒜頭、大蒜及其他蔥屬蔬菜1.29萬公噸。至於其他蔬菜類別，洋蔥及冬蔥主要進口自新西蘭、中國內地和美國，分別約4,172公噸、3,420公噸和2,890公噸；馬鈴薯主要來自澳大利亞、中國內地和美國，分別約3,549公噸、2,839公噸和2,642公噸；甜粟米主要來自美國，經處理或保藏的類別達6,946公噸，而冷藏、未經蒸煮的約有2,904公噸。

繼2005年年初受持續寒冷天氣及雨水影響，蔬菜收成縮減，令整體菜價急升兩成，部份火鍋用的葉菜升幅近四成後，6月，本港及華南地區連場大雨，廣東及湖南等多個地區水浸，蔬菜壞死，以致輸港的蔬菜量曾一度急跌兩成，整體批發價較平日上升超過五成。以往每逢廣東蔬菜供應匱乏，便會由北京的菜場空運蔬菜來港，然而北京也受乾旱影響，令6月份輸港的蔬菜更為緊張，菜價約至7月中始見回落。

輸港的蔬菜逾八成來自內地，當中有不少來自珠三角地區。國家環境保護總局2002年展開的“典型區域土壤環境質量狀況探查研究”發現，珠三角地區有近四成的農地含重金屬量超標，當中一成嚴重超標，其出產的蔬菜殘留大量的重金屬，長期食用或會致癌。據了解，珠三角地區輸港的蔬菜大部份來自港人投資的農場，過往主要集中在惠州及東莞，由於近幾年東莞的水質污染較為嚴重，因此，這些農場大部份已遷往粵北，例如韶關及清遠等地區。而蔬菜統營處每日也會抽驗200~300個樣本進行農藥化驗，唯不包括重金屬含量的測試。去年，食環署曾抽取300個食物樣本進行重金屬測試，其中蔬菜類並沒有超標記錄。

有議員認為食環署抽驗的樣本較少，不足以保障市民健康。此外，有業界人士指出，愈來愈多內地的直銷蔬菜，毋須經過批發市場而來港出售，加上抽查數量有限，形成監管上的漏洞。2005年5月，一個家庭的四名成員因進食自行到佛山購買、含有殘餘農藥（甲胺磷）的豆角葉而中毒。據本港衛生防護中心統計，2005年上半年共有兩宗由農藥引致的食物中毒個案，影響人數達7人。

【新動向】 基於市民愈來愈注重個人健康，對飲食的質素提高，加上內地“毒菜”等問題，因此講求優質及健康的有機農產品便應運而生。

本港的有機農業歷史很短。1988年，綠田園環保教育組織開設了一個透過有機耕作概念來推廣綠色生活的教育農場；1999年，“香港有機農業協會”正式成立，並制定生產有機蔬菜的操作手則，讓會員遵守。本港的有機農業獲得漁護署的支援及協助，提供技術支援及配套設施，更與商界合作。自2004年夏季開始，長江生命科技以優惠的價格向本地有機農戶供應一種名為Nutri Smart的生態肥，除可減低種植成本外，農作物的產量亦有所增加。現時全港約39戶有機農戶中，有八成採用該生態肥。長江生命科技企業發言人預計，本港有機蔬菜的消費市場每年增長可達三成。據了解，本地的有機蔬菜較外國進口的至少便宜五成。

今年7月，本港首批有機西瓜正式面世，大種紅肉西瓜每個約重3公斤以上，迷你黃肉西瓜每個約重2公斤，每公斤的批發價分別為35~40元和30~35元。有機蜜瓜有5個品種：包括台灣地區的鳳仙、銀輝及天香，韓國的高山及意大利的Charentais，並已於今年6月推出市面。本港的有機蔬菜最早在黃埔、杏花邨及青衣城的超級市場內試售，目前，在這三間超市內售賣的有機蔬菜已逾40種。

茶 葉

【概述】 飲茶是香港人生活習慣的一個重要部份，也因此帶動香港茶葉行的發展，其經營的茶葉逾百種。

香港的茶葉行全行商號大致分為六大類。據2004年統計：1.頭盤商（即進口商）有161家、員工693人，較上年減少34家、減57人。這類商號有專營一、兩個品種，也有兼營多個茶種，甚至同時經營咖啡及可可的進口貿易；2.二盤商即批發商（同時也包括茶葉、咖啡及可可）有83家、從業人員441人，較上年增7家、減107人。批發商以銷貨為主，推銷的對象一般是食肆；3.零售商（門市舖），多為兼營茶葉買賣，包括設有茶葉零售的國貨公司及辦館共125家、從業人員278人，較上年減55家，減111人；4.兼營茶葉店舖有幾家，主要進口外國茶葉；5.洋莊約有10多家，專營加工，把青茶製成六堡茶出口東南亞及歐美等地；6.加工舊茶的商戶也有好幾家，多由頭盤商及二盤商經營。

一般頭、二盤商都有多年歷史。他們在選茶、加工工藝以及經營方式和方法，基本上都沿用中國的傳統做法。因為茶葉是特種商品，專業性較強，因此很少外行人經營茶葉生意。

【營業情況】 香港有“茶港”之譽，每人每年平均消耗茶葉2.35公斤，居全球人均消耗茶葉第五位。

中國茶葉大概有五百多個品種。較普遍的分類方法是以製造過程，結合茶葉的特性來分為六大類：1.紅茶，屬全發酵茶，佳品是產於安徽祁門的祁門功夫紅茶；2.綠茶，屬不發酵茶，味道清新甘鮮，最著名的品種當推明前龍井，其他品種包括碧螺春、黃山毛峰等；3.青茶，屬半發酵茶，味道香而甘醇，如鐵觀音、福建烏龍、大紅袍、武夷水仙、台灣烏龍等；4.白茶，屬輕發酵茶，味溫性涼，品質最佳的是“大白茶”，其他品種包括白牡丹與壽眉；5.黃茶，屬輕發酵茶，最佳品種是君山銀針；6.黑茶，屬後發酵茶，著名品種有六安及雲南普洱。此外，還有雲霧茶（苦丁茶）。花茶是再加工茶類，俗稱香片，是中國特有的茶。因為這種茶在製作時薰入香花，故命名為花茶。花茶中以茉莉花茶（即香片）最流行，還有玫瑰紅茶等。花茶是以採用的茶胚屬於何種類茶，而歸入那一類。如茉莉毛峰茶，毛峰茶是綠茶，則茉莉毛峰屬綠茶類，其他花茶也是如此類推。

據統計，2004年本港進口茶及馬黛茶2.72億元，較上年增5%。其中進口綠茶2,156公噸、總值5,348萬元；紅茶9,839公噸、總值1.85億元；加工茶1,159公噸，總值3,336萬元。

進口茶葉主要來自中國，以普洱、壽眉和烏龍茶為主。2004年從中國進口綠茶184.66萬公噸、總值390.28萬元；紅茶451.83萬公噸、總值774.1萬元。此外，斯里蘭卡、新加坡、越南、韓國、日本、台灣省等地區以及歐美、非洲亦有來貨。中國內地出口的茶葉，多屬未經加工的原茶，加工後出口的茶葉屬中低檔次，因此港商可以在品質以及包裝方面下功夫。進口香港的茶葉，除供本地消費外，有相當大的一部分轉口。據政府統計，2004年，綠茶的轉口量為1,083.8公噸，主銷台灣、美國、日本、澳大利亞和加拿大。紅茶的轉口量為1,533萬公噸、貨值5,243.8萬元。

茶已逐漸成為港人日常生活的必需品，經濟蕭條並未對茶葉的銷售造成重大打擊，生意額保持穩定，茶葉價格亦保持平穩。本港銷售的各類茶葉中，以每斤約100~150元的中價普洱最受歡迎，約佔茶葉總銷量的30~40%。普洱茶之中，以產自雲南六大茶山之大葉種為上品，因其茶氣沈長，越陳越香，適合一年四季飲用。普洱茶又分生茶及熟茶兩種製作方法，而極品以生茶為主。普洱熟茶之所以能立足，乃價格上差異，同為十年之普洱，生茶及熟茶其價格可能相差數倍以上。而以幼嫩葉製成的上等普洱茶餅售價每斤100~800元不等。南方人

(包括香港人)喜歡普洱，上海人及外國人喜歡香片，台灣人及日本人則喜歡鐵觀音。據説到酒樓飲茶的茶客，有七成以上選用普洱，故普洱茶在港銷售最多，香片及鐵觀音約佔一成左右。

由於茶有安神、醒腦、止渴、醒酒、利尿、益壽、清熱消暑、減肥消脹等功效。所以飲中國茶已不再是上了年紀人士的專利。近幾年香港多了年輕人和外國人喜歡飲茶。

為了擴大年輕一族的新客源和進一步開拓市場，近年來傳統的老派茶莊及新一代茶室、茶藝館，都積極推廣茶藝，提倡"以茶會友"，普遍提供免費試茶服務，讓客人可瞭解茶葉的特性，從而挑選適合自己口味的茶葉。一些舊式茶莊堅持茶葉的品質是最重要的留客之道，而新派茶莊則手法靈活，形式多樣化。有的設立會員制度，有的定期舉行免費茶藝示範，每次均有不同主題，有的開設茶藝課程，教授茶藝知識、沖泡及茗茶技巧。中文大學校外進修學院亦開辦茶藝文化知識課程，普及茗茶文化。1989年創立的第一家茶藝商業機構"雅博茶坊"，至2001年已招收了逾3,000多名會員。該茶坊除了開辦茶藝示範講座和茶藝基礎課外，還以"秩序、禮節的修養，視覺、嗅覺、味覺美感訓練，從小做起效果更佳"為口號，開設6~14歲兒童參加的"兒童茶藝班"。新派茶莊普遍重視形象，注重裝潢。有的茶莊更鋭意創新，把各類不同包裝的茶葉與各式茶具放置開放的貨架上，方便顧客挑選，吸引20~40歲的年輕人和外國遊客入內參觀消費。有的更開展網上銷售服務。在推銷茶葉方面，新派茶莊更注重現代感，追上潮流，他們摒棄傳統的紙筒或鐵罐包裝，改用顏色柔和輕巧的紙盒裝。有的設計成獨立包裝，每盒內有12泡獨立包裝之名茶，有別於一般的茶包，每包均含一泡茶葉的份量，對上班一族而言甚為方便。有的設計具有濃厚中國特色的禮品系列，禮品內選用一級或以上級數的多款茶葉，價錢由數十至千多元不等，以滿足不同品茗者的需要。面對激烈的競爭，一些業商致力宣傳高品味及高質素的名茶，努力開拓追求高尚品茗一族的市場。御品貢茶在連串的宣傳攻勢下，建立起自己的品牌，從而成功打開高檔市場。

據一位茶莊負責人表示，他發現一個現象，就是不同類別的人士會喜歡喝不同種類的茶。愛美的女士們喜歡喝玫瑰花茶或桂花茶，愛它有美容功效；年青的小夥子則多喝烏龍茶，貪其香氣撲鼻；而上了年紀的人士則喜歡普洱，取其茶味濃鬱。該負責人稱，過往年輕人少喝，是由於香港茶莊一般都走年長一輩路線，以致年輕人乏接觸"茶"的機會，而並非年輕人不愛喝茶。隨著茶莊走輕年人路線，相信更多人會愛上茶。

【新動向】 茶葉是一門傳統的生意，但隨著時代變遷，茶葉經營的模式亦開始轉變，如門市生意越來越好，相反，批發生意有所下降。據業內人士稱，門市生意增多，部份原因是以往茶葉出口控制在各省市國營進出口總公司手上，價錢由這些公司操控。現時情況有所改變，經營者可直接到內地茶葉種植場入貨，在價格、成本及質量上都更能保持水準。只要入貨的品質及價格掌握好，就容易建立自己的品牌，吸引更多顧客選購。2006年中國茶葉出口將全面開放，有業界人士認為，茶葉市場競爭將更加激烈。

根據政府統計，2005年上半年，從內地入口的普洱茶葉達938公噸，總值1,465.7萬元，佔整體從內地入口的茶葉(2,550公噸)的36.8%。雖然有小部分會供轉口，但相信港人飲用的普洱茶葉仍逾900公噸，數目驚人。基於被譽為"伯父茶"的普洱有"越陳越香"的特點，近年在珠三角地區颳起一股收藏普洱茶的投資熱。據統計，珠三角普洱茶的銷量五年翻了三番。初步估計，2004年廣東省普洱年銷近3萬噸，而全省茶葉總銷量僅5.5萬噸。而珠三角共有近20萬收藏者，具收藏價值的普洱茶價格，從2004年下半年至今已增加1倍。如這股收藏投資熱浪持續其至蔓延至香港，則普洱茶的價格將會繼續升高。

香 煙

【概述】 自19世紀開始，香港人便開始了吸煙的歷史。當時吸煙者用吸管吸食俗稱為“水煙”或“皮絲煙”的一種煙絲。至第二次世界大戰後，被稱為“煙仔”的捲煙才廣為流行。

香港香煙業在上世紀60年代為最旺盛時期。當時，香港共有5家捲煙廠。1970年兩家捲煙廠先後宣佈停業。1998年8月底英美煙草公司結束了位於香港仔有25年歷史的本港唯一生產線，停止捲煙生產。南洋煙草廠1998年年底遷往香港屯門地區。香港上市公司雲南實業的最大股東雲南玉溪紅塔集團在港收購了香港雄偉（國際）煙草，並將其改名為香港紅塔山。2003年初，紅塔集團把雲南紅塔進出口有限公司和香港紅塔、香港玉成、紅塔瑞士等經營實體整合為紅塔國際公司，成為紅塔集團開拓海外市場的前沿與窗口。至今，香港的煙草公司只剩下3家。香港沒有雪茄的生產，沒有雪茄製造業。

現時港產煙的六七成供香港本地市場，其餘供出口。香港市面上常見的80多個牌子的香煙中，以菲利普莫里斯公司“萬寶路”、雷諾士公司的“雲絲頓”、英美煙草公司的“三個五”和“希爾頓”，以及南洋兄弟煙草公司的“紅雙喜”最為普遍。

1982年本港香煙銷量達到高峰時，共銷售89億枝，其後銷量不斷下降。1990年，即政府將煙草稅增加一倍之前一年，香港的香煙銷量為69億支。到1991年，煙草稅增加一倍，香煙銷量只有49.1億枝，1999年下降至31億支。私煙大量湧入是造成完稅煙銷量下降的重要原因之一。2000年政府再將煙草稅增加5%，使得各類香煙售價大幅提高，走私香煙的活動變得十分猖獗。2001年政府決定凍結煙草稅。

香港對香煙的管制越來越嚴格。1990年12月1日起，香煙廣告不能再以直接或間接形式在電視媒介中播放。1992年8月開始在公共場所及公共運輸工具全面禁煙，1998年7月1日開始不得在公共場所用香煙銷售機出售香煙。現時在香港超過200個座位的餐廳必須設立非吸煙區。2000年7月，香港新法例規定煙草產品的封包上須載有其焦油和尼古丁含量，並規定健康忠告必須以黑字白底印於香煙封包的頂部。歐盟15國已在2002年10月起實施相當嚴厲的反吸煙法。香港的煙民人數正在減少。

【產銷情況】 近年來本港香煙出口數量和數值有上升趨勢。1998年和1999年的出口量分別比上年下降了42.04%和45.9%。但2000年卻止跌回升，升幅達41.6%，出口94.9億支，2004年更上升至168.46億支。出口值方面，2002年升幅14.82%，2003年上升27.9%，2004年上升34.5%，達16.11億元。

2004年香煙轉口126.22億支，貨值32.43億元；雪茄煙轉口1.35億支，貨值1.83億元。

2004年香煙進口18.5億支，貨值0.6億元；雪茄煙進口1.95億支，貨值2.2億元。

本港仍有三家捲煙廠，多年來數目沒有變化，但就業人數在近三年均有增長，增幅為6~14%不等。2004年9月的就業人數為528人，其中男性387人，女性141人。2003年12月的就業人數為497人。

煙草、香煙及雪茄煙進出口貿易公司2004年

香煙出口及轉口統計

（單位：億元）

2004年出口值	2003年出口值	出口值變化率	2004年轉口值	2003年轉口值	轉口值變化率
16.11	11.98	34.5%	32.43	30.65	5.8%

12月有149家，從業員829人。

【新動向】 香港反吸煙運動進行多年，煙民比前減少。本港煙商2005年8月初調低部分香煙售價2元，以吸引更多市民吸煙。

2005年4月29日，政府在憲報刊登食肆全面禁煙的修訂條例草案，建議禁止在室內（即有上蓋及大部分密封）的地方吸煙。反吸煙運動仍然在推進，對煙草業發展的影響很大。

政府自2001/02年度增加煙草稅5%後，至今從未加稅，故反吸煙組織建議政府應增加煙草稅以抵消煙商減價所帶來的負面影響，並將有關徵費成立基金，專責研究及治療與吸煙有關的疾病。

因為市場對香煙仍有一定的需求，煙稅相當高，使得販賣私煙的活動十分活躍，對煙商影響最大的仍要算是私煙販子。香煙業仍要面對來自經濟上以及道德上的壓力。

酒業

【概述】 香港市場銷售的酒類大致分為三類，即洋酒、中式酒和啤酒。洋酒主要分為烈酒及葡萄酒。近年烈酒銷量一落千丈，下跌幾近六、七成，而在內地市場更被形容為“突然死亡”。葡萄酒較遲進入香港市場，但發展走勢淩厲，近年本地及內地洋酒市場幾乎都是葡萄酒的天下。葡萄酒主要有紅葡萄酒(紅酒)及白葡萄酒(白酒)，此外還有香檳酒及玫瑰酒等，已成為宴會甚至日常的餐飲。以往宴會上多用拔蘭地，現在已多改用紅酒。中式酒又稱亞洲式酒，主要來自中國內地，少量來自日本、韓國、台灣、澳門等地。香港本地也有酒廠釀製中式酒，但銷量只佔總銷量一成左右。啤酒銷量近年一直上升，理由是普通果汁飲料價格與啤酒相差不遠，而很多年青人覺得飲啤酒有成年人感覺，還有部份人士相信啤酒是“鬼佬涼茶”。

【營業情況】 據統計資料顯示，2004年，香港酒類飲品批發商有102家，比2003年的107家，減少了5家，僱員750人，較2003年的817人，減少了67人。酒類飲品零售商有86家，比2003年的110家，減少了24家，僱員225人，比2003年的360人，減少135人。2004年本港進口酒類飲品28.91億元，較2003年的24.66億元，增加了4.25億元，增幅達17.23%。

洋酒業人士表示，2004年香港經濟好轉，港人消費力增加，洋酒生意理想，酒市場也得益。而自由行帶來大批內地旅客，他們來港時，也會品嚐一下好的餐酒，餐酒的銷售有雙位數字的升幅。

政府統計處資料顯示，2004年全港市民合共消耗超過400萬公升威士忌和1,000萬公升紅酒，較2003年分別增加36%及22%。

2004年的香港酒業市場，繼續是酒餐（以紅、白酒及香檳為主）的天下。進口的逾1,000萬公升紅酒中，42%來自法國，澳洲、美國和智利各佔一至二成，這個比例與過去數年大致相若。但同屬劉伶至愛的白蘭地則繼續“失寵”，進口僅375萬公升，雖然已比2003年微升，但尚未能恢復到2002年417萬公升的水平。

不過，威士忌酒市場因有一批捧場客，銷售量仍理想。2004年威士忌酒的銷售量達4,087,712公升。

啤酒方面，港人豪飲啤酒的程度雖不及歐美人士，但在東南亞地區也算是表表者，本港的啤酒市場因有不少品牌加入競爭而出現競爭白熱化情況。另一方面，飲品市場日趨多元化，間接搶走了不少啤酒顧客。

中國酒市場方面，近年內地酒商大力拓展本港市場，中國酒已廣被接受，好像茅台、五糧液、竹葉青等，都是港人所熟悉的。另外，由於中國已加入世貿，與外國的商貿合作交流與日俱增，不少外商開始接觸中國酒，品嚐中國酒，發現中國酒比起很多西方餐酒更香醇、更可口。因此，品嚐中國酒

2004年各類酒進口統計

酒類名稱	進口量(公升)	進口值(萬元)
苦艾酒	33,650	7.9
鮮葡萄釀造的酒（汽酒除外）	12,741,320	54,044.7
啤酒	128,660,762	59,072.9
威士忌酒	4,087,712	28,606.6
烈酒（蒸餾葡萄酒或葡萄渣而得的）	3,756,789	78,123.9
烈酒（蒸餾酒精而得的）	130,299,284	52,919.8
冧酒及他菲亞酒	218,433	547.9
氈酒及杜松子酒	274,354	720.0
汽酒	698,774	7,632.3

成了新趨勢。

酒業內人士表示，整體而言，中國內地酒業市場的銷售比香港更理想。

【新動向】　業內人士估計，2005年洋酒銷情理想，料比去年同期增加一至兩成。紅酒、白酒的銷售仍然會是最好的，不過，售價仍然平穩，以免市民嫌貴不買。

酒樓負責人也指出，市民近期多會自備紅酒、白蘭地、威士忌等佳釀去吃晚飯和擺酒，酒席的"派頭"成為經濟寒暑表。

啤酒及中國酒市場方面，預計2005年啤酒市況仍然向好，但競爭依然激烈。中國經濟進一步開放，加上北京2008年舉辦奧運會，將帶動餐酒市場進一步發展。另一方面，國內的餐酒生產技術也漸入佳境，如長城、乾紅等已廣被市場接受。

飲　食

【概述】　香港飲食業包括酒樓、餐廳、快餐店、酒吧，其他中式食品如粥麵店以及其他飲食場所，大致可分三類型：（一）集團式酒樓經營如美心、稻香、聯邦、新光、漢寶等。（二）快餐式經營如大家樂、大快活、麥當勞、美心、家鄉雞、必勝客等。（三）口碑地方菜式經營如粵、滬、京、川、潮、素菜以及日、韓、泰、印度、印尼、越南等高、中檔酒樓、菜館、料理。其中以酒樓、餐廳、快餐店為主。據統計，2004年飲食業各式餐館共有10,849家、員工184,445人，較上年增585家、16,483人。其中，中式餐館及酒樓4,535家、員工91,953人，較上年增155家、8,108人；非中式餐館3,664家、48,939人，較上年增275家、5,470人；快餐店1,535家、35,063人，較上年增89家、2,243人；酒吧526家、5,226人，較上年增18家、89人；其他飲食場所589家、從業人員3,264人，較上年增48家。

香港有美食天堂之稱，自上世紀70年代以來，飲食業在人事、組織、管理制度、資源運用、業務推廣等方面已趨向嚴格和完善。該行業不斷有新的投資者加入，又有一些規模較大的酒樓、餐廳、快餐店開業或增設分店，集團經營表現更為出色，亦有不少因生意不景而結業。

【營業情況】　經濟復甦，零售服務業普遍經營改善，加上自由行的帶動，飲食業亦見蓬勃，惟不少酒樓、食肆加租一至三成，原材料亦加價，飲食業經營仍然困難。2004年全年的食肆總收益為530億元，比2003年上升10.1%，以數量計上升10%。食肆購貨總值為180億元，較上年增10.8%。按食肆分析，2004年中式餐廳的總收益增長最大，以價值及數量計均上升11.8%。同時，非中式餐廳的總收益以價值計上升8.8%，以數量計則上升9%。而雜類飲食場所的總收益以價值計上升8.5%，以數量計則上升9.2%。至於快餐店的總收益以價值計上升8%，以數量計則上升6.8%。酒吧的總收益亦上升，以價值及數量計均上升6.7%。

復甦勢頭雖見，但面對租金、人工成本上調，加上業內競爭激烈，酒樓經營仍十分困難，尤其新開的酒樓。一般新酒樓佔地萬多平方呎，只有300~400個座位。而且中式酒樓已積弱多年，不少婚宴酒席已轉移到酒店舉行，酒樓只靠晚市或火鍋生意支撐。酒樓如非位處旅遊區，只靠街坊生意根本無法經營，估計仍有半數酒樓是在虧本中經營，又或是“吊鹽水”，沒有盈利。1997年前好景時，中式酒樓只做午、晚兩時段，97之後，優惠時段越來越多，先是加入早市，然後就把劃一平價點心的下午茶時段，提前至下午2時，再來是通宵茶市。由於優惠時段多，令正價時段的客量減少。酒樓在“割喉式”競爭下，根本無法加價，有業界將點心加價5角，即趕走不少客人。酒樓毛利已大幅減少，即使內地放寬自由行限制，仍有逾八成酒樓指對營業額沒有多大幫助。據稱酒樓普遍營業額只有1997年的60~70%，業主紛紛加租，更拖慢復甦步伐，以前毛利有50%，現在40%也未必有。據業內人士稱，現時午市人均消費40~60元，與1997年相差10%，但晚市人均消費約100元，相差20~30%，以往顧客多不計較價錢，常點海鮮、鮑參翅肚，如今，客人多點數百元的套餐、特價小菜等。

快餐佔香港飲食消費比例約20%，大家樂、麥當勞、美心和大快活是最受歡迎的連鎖快餐店。各連鎖快餐店市場佔有率（以店鋪數量計）：大家樂（包括利華三文治及意粉屋）佔22%、麥當勞20%、美心14%、大快活13%，其他快餐店31%。食品方面，西式選擇最受歡迎，其次是中式、漢堡飽和三文治。港人光顧快餐店的次數為亞洲之冠。以往快餐店的常客以小孩、年輕人為主，但隨著中式食品愈來愈多，吸引了許多中、老年人士，更有不少長者懶得在家裡開夥，一天幾餐都光顧快餐店。

香港近年興起一股新咖啡文化，美式咖啡店不斷增加。最近有美式咖啡連鎖店易手，作價高達2億元。有分析家認為，這個交易代表了新消費模式依然方興未艾。據統計資計顯示，2001年港人消耗約5,300噸咖啡豆及咖啡製成品，在10年間平均每年上升7.4%，可見香港人愈來愈愛咖啡香。早在十多年前，香港咖啡交化以日式咖啡店為主。但近年快餐集團亦開始注重咖啡品質，使用較高質素的咖啡機及咖啡豆。咖啡店鋪策略主要針對年輕人市場。有些咖啡店更搞一些文化活動，一方面給年輕表演者建立網絡，另方面可招徠顧客。

自從20多年前本港出現“私房菜”後，發展至今，私房菜已被公認為香港一種有代表性的飲食文化。近年經過傳媒宣傳，很多私房菜更如雨後春筍迅速冒起。據著名食家薛國興表示，私房菜概念最早始於清末光緒年間。他指出，要成為真正的私房菜必須符合三大條件：一、沒有招牌，多數在住宅樓宇上經營；二、廚師有自已的獨門手藝，非外人能輕易抄襲；三、小本經營。近年大受市民歡迎的私房菜館越來越多，令一些酒樓餐廳不滿，認為私房菜不用納稅，又不需領牌，也不必依足食肆的消防條例去做，對飲食業和市民不公平。目前食環署正著手擬訂“私房菜館牌照”規管私房菜。根據條例，私房菜館屆時須符合4項基本條件：不得在住宅樓宇內經營、顧客人數最多為24人、只能在晚上營業不超過3.5小時以及不能提供外賣食品。政府數字顯示，目前本港約有85家私房菜館，其中55間已領有食肆牌照或會所牌，其餘的約30家無牌經營。但有業界人士估計，其實現時本港共有100多家私房菜，其中六成未領有牌照。薛國興表示，若日後政府規定私房菜一定要申請牌照，那私房菜就不是正宗的私房菜，只能是私人會所了。一些無牌私房菜東主也表示，要取得牌照才能經營，即把私房菜變成為“公房菜”，失去了傳統精神，而且在牌照限制下，要賺錢也不容易，索性結業。

【新動向】 踏入2005年，本港樓市、股市都出現反彈，經濟氣氛明顯好轉。新春佳節，到酒樓吃團年飯的人大幅增加，不少酒樓團年飯及春茗酒席訂座爆滿，生意比去年增加逾一成。飲食界人士透露，2005年盛況直迫1997年，估計1月至農曆新年間，生意額達到60億元。此外，不少市民比上年食得更“豪”，貴價菜式大受歡迎，而近年流行的“盆菜”繼續受到食客追捧，有酒樓今年售出的盆菜比去年多一倍。不過，由於物價上升，令飲食業的利潤較上年遜色。

食肆生意雖然日見興旺，但卻接二連三發生酒樓倒閉，有多家分店的海鮮酒家也突然宣佈結業。有飲食界人士表示，2005年以來有多家酒樓倒閉，主要原因是商鋪踏入續租期，業主大幅加租，成為經營不善、瀕臨破產的食肆結業的導火線。事實上，2003年春季，一場“沙士”令食肆生意大跌，期間共有2,000家食肆結業。“沙士”後，特區政府推出多項措施扶助受“沙士”影響的四大重災區，其中包括飲食業。當時由於經濟不景，商鋪租金大跌，吸引不少有意創業的人士動用積蓄或申請港府的創業基金開設食肆。“沙士”過後，食肆如雨後春筍般高速增長。商鋪的基本租約為期兩年，至今年初不少當年投入市場的食肆踏入續租期。由於今年初地產市道好轉，業主紛紛加租納入續租條件，特別是大型食肆，一般酒樓商鋪加幅五成至一倍不等，令本已經營困難的酒樓無法負擔而結業。一般來說，酒樓業最大支出是食物原料，佔總營業額約四成；其次是員工工資及商鋪租金，分別佔二成和一成半，而近期食物原料加價，亦加重了酒樓食肆的負擔。不過，也有一些不良僱主“假結業”濫用破產欠薪基金，然後以換名、換持牌人手法“借屍還魂”，在同一地點或另租地方繼續經營。為打擊飲食業將破產保障欠薪基金作“自動提款機”，政府正研究強制所有食肆在開業前，要提交一筆保證金。但業界對此大都持保留態度。

教統局期望，2005年內在飲食界推行資歷架構，但飲食工會擔心該計劃一旦推行，將會影響全港18萬從業人員的生計。工會表示，政府如希望透過資歷架構將飲食業納入軌道，必須用鼓勵方式進行。

酒　吧

【概述】　香港是一個消費能力較高的商業城市，在世人眼中是一個夜夜笙歌、燈紅酒綠的花花世界。酒吧似乎成了一個不可或缺的符號。的確，香港酒吧業頗蓬勃。香港的酒吧業始於英國殖民管治初期，當時的酒吧是英國人消閒之所，其昂貴的收費自然不是一般中國人所能承擔。然而，隨著社會的進步，現在的酒吧已是普通市民，尤其是青少年常去的消閒場所。據統計處統計，2004年本港有酒吧526家、從業人員5,226人，較上年增18家、89人。

傳統的酒吧，是指主要出售酒精飲料的飲食場所，經營者必須領有香港酒牌局發出的許可證(俗稱酒牌）方能營業。其酒牌申請須在香港政府憲報上公佈，沒有人反對後才有可能獲得批准。

香港酒吧主要集中在尖沙咀、旺角、灣仔洛克道、中環蘭桂坊一帶。除了這些最為活躍的地區外，一些新的酒吧街也相繼出現，如中環半山的荷李活道以南（俗稱蘇豪區）、銅鑼灣的耀華街、鰂o魚涌的海灣街、旺角的運動場道等不斷開設頗有特色的酒吧。

香港的酒吧，讓客人下班後喝點酒鬆弛神經，或與友人“摸杯底”談心，有葡萄酒吧、雞尾酒吧，甚至專門的馬天尼（雞尾酒）吧等，各適其式。一些酒吧有樂隊即場演奏，或有少女與客人猜枚，甚至有色情陪酒，以吸引不同的客人，又或在不同時段推出不同的服務。自2003年8月香港實施足球博彩合法化之後，酒吧業的發展更為蓬勃。每有激烈的足球賽事，不少酒吧均會以大型螢幕轉播實況，提供上網下載賠率消息，甚至有分析員現場分析，方便客人下注。

自日本的“卡拉OK”視唱傳入香港後，俗稱K房的卡拉OK酒吧應運而生。但香港的版權條例實施後，K房的經營者往往要為歌曲版權付出昂貴的版權費。互聯網出現之後，網吧亦相繼出現。現時香港的家庭使用互聯網已相當普遍，因而大多數網吧已轉而經營電腦遊戲吧，或網上遊戲吧，頗能吸引年輕人的參與。但網吧的低價惡性循環令香港的網吧業不斷走下坡。

香港租金昂貴舉世知名，於是不少酒吧便遷至樓上經營，取其租金便宜，俗稱樓上吧。

【營業情況】 隨著香港經濟好轉，零售業經營有所改善，飲食業亦見蓬勃，2004年本港酒吧的總收益亦有所上升，較上年上升6.7%。

香港的酒吧，除了傳統的酒吧以及卡拉OK吧、網吧外，近年在咖啡店興起的同時，也出現了所謂啡吧的模式。啡吧既賣咖啡，又賣酒精飲品，在飯餐時間亦出售簡便食品如三文治、芝士蛋糕，甚至意大利粉等，以吸引不同經營時段的不同客人。

內地客在香港消費，近年成了旅遊及零售業的重要支柱。不少內地人對香港五光十色的夜生活十分向往。"要感受香港的夜生活，莫過於感受香港的酒吧文化！"一名內地人道出在香港蒲吧的體驗。在內地人眼中，酒吧是構成香港夜生活的主要內涵，於是體驗性的酒吧消費也逐漸成了內地遊客的必備節目，甚至一些在內地從來不到酒吧消遣的人士，來到香港也要專誠到酒吧"遊覽"一番。為此，昔日香江蘭桂坊以外藉人士及本港中產階層為主要客源的情況，如今已然改變。每晚入夜，三五成群的內地遊客湧到蘭桂坊，而其他地方的酒吧也吸引了不少內地客。他們多數是5-6人結伴，喝酒的也不多，絕大多數是到酒吧感受香港夜生活而象徵性消費的顧客。

這些消費生力軍自然受到酒吧經營者的重視。一些酒吧門口就掛著"歡迎自由行旅客入內參觀"的海報，有的酒吧為了更容易讓內地人看明白，把英文改為中文。灣仔有一間別具一格的酒吧，酒吧內裝飾佈置風格完全是中國的傳統。據該酒吧負責人稱，這裡地處銅鑼灣時代廣場附近，是內地遊客的主要居住和購物區域，內地遊客來到酒吧感到親切。

由於蘭桂坊聚集的多屬高層次的外國人、香港名人、白領等人群，故在很多初次來港的內地人士心目中是必不可少的造訪之地。有內地遊客說，本以為蘭桂坊只是外國人享樂的地方，到這裡才發現同樣是內地人消費娛樂的天堂。他說："雖然這裡小支啤酒也要50元左右，消費是貴了些，但感到是值得的"。很多遊客表示，本來到蘭桂坊只打算看一看，感受一下氣氛，拍兩張照片做個紀念，但既然來了，多少也會消費，享受一下這裡的時尚生活。蘭桂坊吸引許多時尚新潮的男女前去飲酒娛樂，其中不乏香港娛樂界名人。為此，慕名尋訪"名人酒吧"也成了內地人的心態。基於內地人光臨蘭桂坊的數量不斷增多，根據內地人喜食套餐習慣，很多場所都推出不同搭配的套餐，很多酒吧還推出了贈送小食品的優惠，以迎合內地客人。

【新動向】 一般內地客只知道中環的蘭桂坊，對尖沙咀及灣仔等港人熟悉的著名酒吧區都不大認識，香港酒吧的宣傳推廣力度不如夜總會。很多內地客只會去較貴的夜總會消費而不知道哪些地方有酒吧。於是不少酒吧業界人士都期望當局加強宣傳推廣，讓他們可以在個人遊消費市場上分一杯羹。更有酒吧負責人希望當局可在小冊子及消費指南內列明尖沙咀、灣仔等地區有很多特色酒吧，吸引內地旅客前往消費。但香港旅遊發展局對酒吧業界的訴求反應未見熱烈。旅發局發言人回應香港《文匯報》記者查詢時表示，當局不會特地為某一種行業展開宣傳計劃。當局只會為整個地方的美食作包裝，故不會特地為酒吧業推廣，如遊客想查詢香港各區酒吧的情況，可到旅發局網頁瀏覽。

藥　材

【概述】　香港的藥材行原來所經營的藥材可分為南北藥、西土藥、南藥和參茸幼藥等幾大類。南北藥指中國廣東和廣西以外的其他省份出產的藥材，西土藥則指廣東和廣西所出產的藥材，南藥是指印尼、馬來西亞等東南亞國家出產的藥材。而參茸幼藥中重要部分人參類，則以美國花旗參為最大宗，其次為中國東北的野山抄參、紅參、石柱參、韓國的高麗參、日本的紅參和加拿大、美國的西洋參等。香港進口的藥材和參茸幼藥，大部分在本港銷售，其餘為轉口，轉口市場以台灣地區、歐美、日本為主。

具有悠久歷史的藥材入口商差不多都集中港島西區文咸西街。但近幾年，許多藥材行已陸續遷移，向高陞街及附近皇后街等處發展。過去經營零售業務的傳統藥材鋪，都以“堂”字命名，一般只售賣藥材。現在很多新開業的藥材鋪大都稱“藥材公司”，而且改變過往守舊的經營方式，將業務推向多元化。有的更趨向集團化企業管理，分區開設門市部，集進口、批發和零售於一身，以減輕成本，提高競爭力。

香港回歸後，特區政府肯定了中醫中藥的地位，有利於本港中藥批發和零售業的發展。據統計，到2004年12月底，本港有藥材進出口商600家、從業人員1,695人；批發商400家、1,388人；零售商1,515家、4,747人。

【營業情況】　香港特區政府重視中醫中藥的發展，提出要將香港發展為國際中醫中藥中心，中醫中藥的應有地位得到恢復，發展前景良好。中醫院和中醫診所不斷增多，浸會大學的中醫診所很受市民歡迎，香港醫管局轄下的醫院亦開設中醫門診。在此帶動下，市場對中藥材的需求不斷上升。

近年經營中藥生意越來越興旺。部分原因是消費者擔心西藥會有局限性及副作用，令中藥再受關注。隨著全球人口老化問題日益嚴重，加上傳統中藥防治疾病的功效越來越受認同，中藥產品在國際市場有很大發展空間。本港中藥名牌余仁生於2004年底以港幣3,500萬元向香港科技園購置元朗工業園面積達5.2萬平方呎的用地連廠房，改建中藥製造廠全面投產後，產能將比現時增加1倍。屆時公司會把所有原藥材送來香港進行品質檢定。中藥產品遲遲未能進入歐美市場，最大的障礙是中藥成分複雜，很難做到質量統一及穩定，余仁生為解決此問題，近年開始建立中藥指紋圖譜標準，盼逐步將標準中藥產品推向國際市場。目前，已有超過300種產品完成了指紋圖譜標準，當中超過250種是中藥材，其餘是中成藥。在中成藥生產全過程中，都會使用指紋圖譜技術進行質控，確保產品質量穩定。現時只有余仁生採用指紋圖譜技術於質控，該公司考慮未來會向業界提供指紋圖譜質控服務。此外，余仁生正計劃在港開設中藥質控的培訓課程，現正與浸會大學及其他大學的中醫學院商討合作模式，為學生設立長期研究與實習計劃，擴展與學界的持續合作。

近年內地企業興起南下香港設廠。同仁堂科技

部分藥材的進口數據

名稱	2003年進口量（噸）	2003年進口值（萬元）	2004年進口量（噸）	2004年進口值（萬元）	進口量年變化率（%）	進口值年變化率（%）
甘草	58.35	189.3	35.63	66.4	-38.94	-64.92
人參	3,579.13	95,913.7	3,638.50	104,707.0	1.66	9.17
其他	35,337.70	33,095.8	41,432.00	35,411.9	17.25	7.00
合計	38,975.18	129,198.8	45,106.13	140,185.3	15.73	8.50

與同系於A股上市的北京同仁堂，達成合營公司，斥資1.5億元，向香港科技園購入大埔工業園1.7萬平方米用地建廠，生產同仁堂所有出口產品，並預計於3~5年內將海外市場的營業額由現時的2億元提升至3~4億元。

余仁生進駐工業園和同仁堂在港設廠，顯示中醫藥在香港有發展潛力，香港的藥材業亦將有很大的發展。

【新動向】 為了幫助市民掌握分辨不同中藥材的要點，和瞭解有關中藥材的安全使用方法，衛生署2004年11月印刷了《曾於香港發生不良反應中藥材參考資料》14,000份，給予中醫藥業界參考。為了改善中藥材混淆使用的情況，衛生署正制訂一套本港中藥材標準。中長期目標是全港200種常用中藥材的正式名稱、成分、外觀、來源等資料訂出標準，首階段會先完成60種。2005年中首先公佈了8種中藥材標準，包括常用的當歸、人參、澤瀉、黃柏等，而明年公佈的24種，包括川木通、桔梗和何首烏。衛生署稱："制訂這個標準，是為中藥材定性定量，提供一個客觀的參考標準，讓業界不論是要購買一些正確品種的藥材，或是選擇優質的藥材，已經有一個客觀的標準。"衛生署希望，有關中藥材標準，能助本港中醫藥推展至國際。

內地隨著人口老化，保健市場愈來愈成熟，對品質良好的中成藥需求日增。內地居民對港產中成藥質量較有信心，即使價格較貴也會選購。對本港製藥業來說，內地是一個龐大市場。而隨著全球各地愈來愈多人認同傳統中藥有助強身健體及改善生活，傳統中藥產品在國際市場的發展也持續強勁。《內地與香港更緊密經貿關係安排》實施後，港產品可以零關稅進入內地，將有助本港製藥業開拓內場市場，加速本港製藥業的發展，香港因而會逐漸發展成為中成藥中心。目前的趨勢是，不少國內製藥公司選址香港建立品牌，作為拓展全球市場的第一步。而外資公司不但以香港設施拓展國際市場，亦藉此在中國這個最大的傳統中藥市場拓展業務。儘管如此，製藥業仍有隱憂。香港科研製藥聯會認為，目前政府在藥物的政策和執法方面仍有缺陷，不利業界發展。如果當局未能盡快改善營商環境，製藥業或會考慮撤走在本港的投資。

中國成功加入世貿組織後，對香港中藥轉口業是喜憂參半，既有正面影響，也有負面作用。業界認為，中國入世貿組織後，大幅削減關稅，消除各種貿易壁壘，可以肯定的是中國出口的機會增多，亦意味著中國對外開放更多的市場，以短期來看，香港中藥轉口業，將會扮演更重要的中介角色。由於鼓勵外商來華投資，而香港作為跨國公司和台資企業進軍中國內地市場的中轉站作用，也可望進一步增強，從而為香港中藥業發展帶來新動力。但以長遠的角度來看，香港未來的中介地位將會受到大挑戰，亦由於關税削減，相信未來會越來越多的外資直接進入中國內地。香港中藥業目前面對的問題是如何把握機遇，加快提升自身的質素，鞏固作為中國與外國的長遠橋樑角色，否則長遠而言，將會失去中介的地位。

燃　料

【概述】 香港的燃料市場非常龐大。飛機、汽車、船舶，以及一般工商家庭都要使用燃料。

世界各地供應香港的燃料可分為兩大類，即液體燃料和氣體燃料，液體燃料又可分為柴油、燃油和汽車用油；氣體燃料分為煤氣和石油氣。

本港共有5家石油代理商：蜆殼、加德士、無比埃索、華潤、埃克森美孚，供應全港的液體燃料和石油氣的需求。其中，埃克森美孚約佔本地石油產品供應市場的三成。另外煤氣公司則主要供應煤氣。

表面上看，本港的油公司之間沒有競爭，因為油站的售油價格基本一樣，但各油公司的折扣優惠及派送贈品等，其實鬥得頗為激烈。例如華潤的汽油長期有折扣，售價比其他公司略低。其他公司對於積分卡持有人，亦有折扣或贈送油券，等於變相減價。以暗標形式競投的生意，如供油與巴士公司，競爭更大。

香港共有170多個油站。遍佈港九和新界，而其中蜆殼與加德士兩公司的油站佔有率超過半數，達六成之多。

有報導指出，本地油公司在原油以外的其他成本和利潤，高出日本七成多，更高出美國三倍。這七成多至三倍的差距，多少是和經營成本有關，多少是和利潤有關，外人不得而知。

本地油公司多屬跨國企業，在世界各地以“一條龍”方式運作，同系公司從事開採、提煉、運送、儲存、批發、零售及推廣等活動，透過內部價格轉移，很容易隱藏各生產環節的實際成本和利潤。油公司說本地經營環境困難，利潤微薄，但卻沒有計算它們在開採、提煉和運送石油方面的利潤，故此實在很難判斷油公司的利潤水平是否合理。

本港的氣體燃料用戶約有200萬戶。煤氣約佔氣體燃料總銷量的三分之二，石油氣則約佔三分之一。

香港使用的石油氣從海路輸入，先儲存於青衣的5個石油庫，之後再輸送給約77萬名用戶和石油氣加氣站。在銷售的石油氣中，約34%以石油氣瓶盛載，由約300家認可分銷商，以石油氣瓶車運送給用戶。另外，約23%輸送至大型儲存裝置，然後經管道系統輸送給住宅及商業樓宇。其餘的43%則輸送至石油氣加氣站，作為燃料，供應超過14,000部石油氣的士使用。現時，全港住戶當中，使用瓶裝石油氣的比例，已降至不足26%。

現時香港40多個石油氣加氣站中，有12個加氣站的石油氣價格特別低，這些都是“專用石油氣加氣站”。這些油站每半年才可以調整價格一次，故近期油價飆升，這些油站的價格便遠低於市價。

事緣政府1997年回歸時推出新環保政策，推出石油氣車輛計劃，並提供更多石油氣加氣設施。政府於2000至2001年以公開招標方式，讓承辦商建造和營運12間免地價承建的石油氣加氣站。正因為這些加氣站免地價，政府在合約中訂明石油氣價格的定價程式以釐定上限，並規定於每年2月1日和8月1日作出調整。

政府發言人表示，定價程式包括國際石油價格和本地石油氣營運價格兩大因素，而投得7間“專用石油氣加氣站”的華潤油站有限公司的定價程式是沙特國際價格（過去6個月平均價），加上經營費用。

龍鼓灘及青山發電廠亦有用天然氣發電。天然氣通過一條長780公里的海底高壓管道，直接由海南島附近的崖城13-1氣田輸入。政府已表明支援多使用天然氣供發電甚至家居用途。

【供求情況】 香港每年消耗的燃料全部依賴進口。2004年香港進口的燃料總值486.29億元，比2003年的353.95億元增加37.4%；轉口的燃料總值36.9億元，比2003年的20.17億元增加82.9%。

進口燃料中絕大部分為石油、石油產品及有關物質，2004年進口392.05億元，比2003年激增47%，主要是因為石油進口價格上漲。

2004年進口天然氣30.3億元，比2003年增加25.6%；進口煤、焦煤及煤磚29.07億元，比2003年增加30%。

香港進口的燃料主要來自新加坡、中國內地、韓國和科威特。2004年自新加坡進口190億元，比2003年大幅增加46.3%；自中國進口94.38億元，增加4.7%；自韓國進口73.92億元，增加39.4%；自科威特進口26.04億元，激增12.9倍。

以石油產品進口留用量計算，2004年香港進口航空汽油及煤油49.37億升，比2003年增加23.8%；進口車用汽油(不含鉛)4.59億升，減少0.1%；進口輕質柴油、重質柴油及石腦油69.9億升，減少1.5%；進口燃油46.27億升，增加43.8%；進口石油及天然氣230萬噸，增加30.1%。

2004年，香港的蒸餾煤及其他煤產品的進口留用量為1,069.11萬公噸，比2003年增加0.1%；進口木炭8,052公噸，減少3.1%。

2004年，香港的煤氣耗量共為27,137兆焦耳，比2003年上升5%。其中，住宅用量15,237兆焦耳，減少1.4%；商業用量10,945兆焦耳，增加3.8%；工業用量955兆焦耳，減少6%。

【油價波動情況】　國際油價在2004年大幅波動。受到國際需求增加、中東地區頻遭恐怖襲擊、美國原油庫存緊張等因素的影響，促使油價節節上升。年初時升勢較為緩慢，紐約油價徘徊在每桶33~36美元之間。其後升勢加劇，5月中紐約油價突破40美元。在石油輸出國組織6月3日會議前夕，紐約油價升至42.33美元，創出期油合約買賣以來歷史高價，原因是市場擔心全球最大產油國沙特阿拉伯之產油設施遭受恐怖襲擊，觸發大量買盤追捧推高油價。石油輸出國組織其後宣佈傾全力增產雖然令油價從歷史高位回落，但到了7月底，受到俄羅斯最大石油出口商尤科斯因負債而被禁付運原油及伊拉克原油供應問題的影響，紐約油價攀升至每桶43.34美元的歷史新高。9月下旬，油價在尼日利亞政局動盪、石油存貨緊絀及冬季需求增加下，紐約期油升穿50美元一桶。美國能源訊息管理局10月3日公佈最新的原油庫存報告，餾分油庫存量大幅減少240萬桶，總庫存減至1.166億桶，跌幅遠多於市場預期的90萬桶。數據公佈後，油價急升43美仙至55.6美元，直逼歷史高位。10月下旬，油價徐徐回落，年底時報43.45美元，比2003年底上升了33.6%。

踏入2005年，國際油價加風再起，屢創新高。2月22日，紐約油價每桶重上50美元，3月18日油價一度升至56.72美元新高。其後油價回順，5月中旬曾一度跌至接近46美元。但未幾，油價便如脫韁的野馬，不斷飆升。5月25日紐約油價再破50美元關口報50.98美元，6月27日又突破60美元大關報60.54美元。8月底，受到超級颶風“卡特里娜”吹襲美洲，加上美國存油下降的不利因素影響，紐約油價暴漲至68.04美元的歷史高位，比2004年底大幅上升45.4%。其後更一度突破70美元，再創歷史新高。

【油價上升引起加風】　受到國際油價波動的影響，香港的油價在2004年也出現波動。在1月、4月、5月、8月和10月，本港的氣油零售價格6度上升，8月和10月的無鉛電油每公升的售價曾一度升至12.78元。年內出現減價只有3次，分別在6月、9月和12月，2004年底時的無鉛電油每公升的售價為12.63元，比2003年底上升5.9%。踏入2005年，本港油價加風更烈，至4月中，油公司已5次加價，加德士的白金無鉛汽油每公升加至13.35元。

燃油價格的多次波動，直接影響需要使用燃油的其他有關行業。香港民航處批准多家航空公司徵收燃油附加費。其中國泰、港龍和另一家航空公司除申請徵收燃油附加費外，亦要求調升金額。國泰現時向乘客收取的附加費，短程每程7美元，長程19美元；港龍則每程54港元。

本港多個運輸行業亦醞釀加價，其中，專線小巴（俗稱綠巴）作出兩手準備——超過40條綠色專線小巴已向運輸署申請加價，加幅5%至25%不等；商會亦同時向運輸署申請，10月起徵收每程最高5角的燃油附加費。

不受政府監管價格的中華煤氣表示，若油價保持上升勢頭，一、兩個月後可能會提高燃料調整費。生產煤氣的原料是石腦油，屬於石油產品，中華煤氣向客戶收取的燃料費，今年至今已調整多次。政府統計處今年5月發表的報告顯示，煤氣過去11年加價55%，當中22.8%屬基本收費，餘下的增幅是因應燃料價格波動而調整。

【油價上升的影響】　經濟發展及勞工局局長葉樹堃表示，整體而言，油價上升對香港經濟的直接影響輕微，因為香港經濟以服務行業為主，對石油依賴程度不高，燃料費佔非工資整體營運成本不足5%。

葉樹堃説，政府經濟顧問估計，每桶原油價格若在一年內持續上升10美元，香港的綜合消費物價指數將被推高0.2%，而本地生產總值將被推低0.6%。

他説，油價上升對個別行業的影響，須視乎其對石油的依賴程度，用油量較高的行業包括航空業、運輸業、漁業、飲食業和建造業影響較大。不過，油價上升將影響本港的對外貿易，對香港經濟構成深遠影響。他説，油價上漲將打擊香港貿易夥伴的經濟增長，從而削弱本港出口表現，而外貿收益下降亦影響消費和投資。不過，由於近期油價上漲對全球產生的影響並不如上世紀70年代般嚴重，對香港的間接影響亦較為溫和。

葉樹堃指出，政府認為目前毋須成立類似石油政策委員會或石油分配委員會，研究有關管制本港石油供應、分配和消耗的措施。

他舉例，現在本港電力公司已採用多元化的燃料發電，包括煤、核能和天然氣。

財經事務及庫務局長馬時亨宣佈，超低硫柴油每公升1.11元的優惠税率有效期將延長至2005年12月31日。期限屆滿後，2006年1月1日起税率將回復至每公升2.89元水平。他説，延長優惠税率有效期一年，將令政府2005年收入減少約11億元。

據政府統計處發表的數字，2004年本港綜合消費物價指數中，電力價格上升6.6%，石油氣價格上升2.8%、煤氣價格上升8.3%。

【政府計劃開放燃油供應市場】　政府計劃開放燃油供應市場，引入競爭，包括更改投標油站用地安排，及特別註明容許油公司在境外設置儲油設施，鼓勵新經營者。

有學者指出，現時香港的主要油公司，均是由新加坡煉油廠入口燃油，可説是壟斷市場，令香港油價難有下調空間。若中國石油是從內地輸入燃油，加上要爭取市場佔有率，相信會以低價去吸引消費者，石油產品的價格應有下調的壓力。

以前，香港的零售油市場主要是由幾家國際油公司佔領，不是加德士，就是蜆殼、埃克森等，華潤是唯一一家中資背景公司參與油站業務。

近一年這情況有變化，中資集團已成為市場生力軍，多次投得油站，兼且出價高得驚人。中石化去年初以5億元投得5幅加油站用地，平均每個1億元。2005年中再下一城，以3.5億元投得另外4幅油站用地，令中石化在港的油站一下子增至9個。至於另一家中資巨賈中石油亦旗鼓相當，早於去年中以5億元投得5個油站，兩家公司加起來共投得港九新界14個油站經營權。

政府推出一整批油站公開競投，公開的理由是有助新加入者爭取相當數量的油站用地及規模效益，方便他們早日與現有4大油公司競爭。不過業界人士質疑這只是表面理由，真正的原因是可帶來巨大地價收益，油站地價貴過豪宅地也無妨。

目前本港大小油站不下數百個，油公司數目由4家增至6家，或者增加一、二十個油站，對改變整個市場結構作用不大，燃油市場寡頭壟斷未改，分別只是多了一兩個寡頭而已。

身兼競爭政策諮詢委員會主席的財政司司長唐英年表示，政府關注油公司是否“加快減慢”，競爭政策諮詢委員會將調查這情況以及油公司是否違反競爭行為，假如屬實，政府不排除仿傚規管電訊及廣播市場般，立法規管燃油市場。

政府於年初發信邀請近一百間本港及海外顧問公司參加投標，稍後挑選合適的顧問公司，參考外國經驗對本港燃料市場是否有反競爭行為進行全面的獨立研究，預計研究會在今年下半年完成，若證明本港燃油市場確有反競爭行為，政府將針對有關情況立法。

經濟發展及勞工局局長葉樹堃説，若本港通過一條針對燃油市場的競爭法，監管機構最起碼可索閱油公司的數據，屆時便知道油公司有否聯手定價及一起“加快減慢”，如果油公司真有反競爭行為，便可依法提出檢控。

市場普遍預期國際油價升勢持續，今年內仍將保持較高的水平。但投資銀行摩根士丹利亞洲首席經濟師謝國忠認為，面對區內各國對原油需求逐步減少，加上投機泡沫即將爆破，國際油價大幅下挫指日可待。謝國忠指出，泰國對石油的依賴程度是美國的3倍，韓國和台灣分別是1.8倍和1.6倍。油價高企已明顯削弱這些亞洲地區的經濟，令區內的原油需求下降。

根據該行的數據，中國內地今年上半年原油進口量只增長3.9%，比去年同期34.8%的增幅大幅下降；韓國今年頭5個月的石油進口量按年倒退3.6%；台灣今年頭5個月的石油進口量按年減少1.8%；泰國期內的進口量也減少0.7%。

謝國忠説，雖然以上地區的政府為免油價上漲的壓力轉嫁消費者而作大量的補貼，但油價飆升幅度驚人，發展中的亞洲國家每天消耗1,730萬桶原油，假設每桶增加25美元，政府每年津貼將高達1,580億美元，幾乎相等於區內生產總值的4%，各國政府難以無止境地補貼。

化工原料

【概述】 化工原料是工業基本原料。由於缺乏資源，本港較為重要的製造行業，如塑膠、紡織、漂染、食品化工、印刷、化學工業及電子等所需要的化工原料，大多由國外進口，因此經營化工原料的商號頗多。中國實施開放政策以來，不少港商將工廠轉移國內生產，所以進口香港留用的化工原料大大減少。據港府統計，截至2004年12月止，從事化工原料及有關產品批發的商號有294家，較2003年的321家，減少了27家，減幅8.41%，從業員1,204人，比2003年的921人，增加了283人，增幅30.72%。

香港經營的化工原料品種繁多。從大類來看，包括有機化合物、無機化合物、染料、鞣料、顏料、原始塑膠及非原始塑膠。由於玩具及電子等行業比較大量地使用塑膠，所以又以原始塑膠及非原始塑膠的營業額最大。

【營業情況】 據統計資料顯示，2004年化工原料的進口總值為1,276.54億元，較2003年的1,051.09億元，增加了225.45億元，增幅為21.44%。

在各類化工原料進口中，以初級形狀塑膠最多，進口590.05億元，比2003年增加30.13%。非初級形狀的塑膠排第二，進口119.47億元，比2003年增加21.23%。排第三的是有機化學品，進口118.73億元，比2003年增加14.03%。

化工原料進口統計

（單位：億元）

種類	2003年	2004年	增減幅度(%)
有機化學品	104.12	118.73	14.03
無機化學品	31.11	49.17	58.05
染料、鞣料及著色料	97.65	102.37	4.83
醫療及藥用產品	67.03	70.94	5.83
精油、香膏、芳香料、梳洗磨光及清潔製品	93.20	107.52	15.36
肥料	0.33	0.32	-3.03
初級形狀的塑膠	453.44	590.05	30.13
非初級形狀的塑膠	98.55	119.47	21.23
化學材料及產品	105.62	117.93	11.65

由於香港工業大部份北移，故此近20年來，香港使用的化工原料不斷減少，大部份進口貨是轉口到內地，供應包括港商在內地的工廠及內地中小企業。在這種情況下，現時香港化工原料商實際上是做轉口生意。

2004年化工原料轉口949.02億元，較2003年的786.92億元，增加了162.1億元，增幅20.60%。

化工原料轉口統計

（單位：億元）

種類	2003年	2004年	增減幅度(%)
有機化學品	69.30	83.45	20.42
無機化學品	18.32	25.71	40.34
染料、鞣料及著色料	71.66	75.87	5.87
醫療及藥用產品	38.24	38.74	1.31
精油、香膏、芳香料、梳洗磨光及清潔製品	44.11	50.09	13.56
肥料	0.14	0.16	14.29
初級形狀的塑膠	386.21	492.55	27.53
非初級形狀的塑膠	66.89	81.35	21.62
化學材料及產品	92.01	101.06	9.84

在各類化工原料轉口中，仍然是初級形狀的塑膠轉口最多，轉口492.55億元，比2003年增加27.53%。第二位是化學材料及產品，轉口101.06億元，比2003年增加9.84%。第三位是有機化學品，轉口83.45億元，比2003年增加20.42%。

業內人士表示，2004年化工原料業成績不錯，原因是在2004年1月1日開始正式實行CEPA，各行各業都得以有所發展，從而促進化工原料業有所增長。

中國早已超過美國成為世界第一大引資國，外商投資的質量和水平在顯著提高，世界最大的500家跨國公司中，已有約400家在中國投資。外商投資對象主要集中在製造業上，尤以高新技術項目為主的電子及通訊設備製造業，這些行業採用化工原料數量很大，有些更會直接投資於化工原料及化學製品製造業，這有利於香港化工原料商的發展。

【新動向】 業內人士預計，2005年化工原料業的前景不明朗，最主要原因是油價波動大。自2004年5月份以來，世界原油期貨價格持續飆升，近期更是突破70美元大關。由於香港及中國都是原油淨進口地區，大部份化工原料都與油有關，高油價造成化工原料價格急升，影響生產成本。

西 藥

【概述】 香港有兩類商店經營西藥的銷售，一類是藥行，銷售一般的西藥，並兼售各種丸散膏丹的中式成藥；另一類則是藥房，專營西藥及各種醫療設備，除可銷售一般西式成藥之外，還銷售受管制的藥品。根據有關規定，藥房需有藥劑師長駐。在法律上，藥行是不能掛上"藥房"的招牌。本港部分百貨公司與超級市場亦設有西藥部，而一般藥行也會兼售化妝用品、清潔用品和嬰兒用品等。

根據香港政府統計，2004年本港經營西藥的進出口商有455家，比2003年的530家，減少了75家，員工3631人，較2003年的4,478人，減少了847人；經營醫療及衛生設備與用品的進出口貿易商有699家，較2003年的728家，減少了29家，員工4,430人，比2003年的4,391人，增加了39人；經營西藥批發的商號有89家，較2003年107家，減少了18家，員工545人，比2003年的761人，減少了216人；醫療及衛生設備與用品批發商有170家，較2003年的139家，增加了31家，員工765人，較2003年的615人，增加了150人；零售方面，港府一向是將西藥與化妝品店歸為一類作統計的，該類商號共有2,419家，員工14,637人。

【經營情況】 2004年香港進口的藥品與藥劑總值為70.94億元，較2003年的67.02億元，增加了3.92億元，增幅達5.84%；而經本港轉口的藥物藥劑總值38 .74億元，較2003年的38.24億元，增加了5,000萬元，增幅1.31%；自留本銷的藥物總值為32.2億元，較2003年的28.78億元，增加了3.42億元，增幅11.88%。

2004年西藥行最流行賣的是減肥藥、中草藥、維他命、保健藥等，這是因為香港人對保健及完美體態日漸重視，不惜花費大筆金錢來購買保健、減肥、豐胸等藥物。

有醫學界人士說，服用減肥藥、中草藥及維他命等補助品的風氣愈趨普遍，而該等藥物產生不良反應的機會亦以倍數上升。對心臟病、糖尿病等長期病患者來說，另類藥物更是陷阱處處。他警告，現時坊間有關中西藥相互作用的資訊極不足夠，市民本意進補或減肥，卻分分鐘因服用不當而傷身。

CEPA在2004年1月1日起正式實施，香港製造的藥品可以零關稅進入國內，這對香港醫藥界有莫大的益處。而首批成功獲發原產地證書的貨品是價值36萬元的枇杷膏，證書在2003年12月31日由工業總會簽發，貨品在2004年1月14日經文錦渡口岸運往深圳，每年可節省關稅200~300萬元。

2004年12月，廣播事務管理局業務守則委員會建議，放寬電台電視播出受限制葯物的廣告規限。現行的《藥劑業及毒藥條例》限制不僅過於嚴格，令社會上的醫藥信息太少，而且還存在不公平現象，很多藥物廣告已可以在巴士、報紙、雜誌上刊登，卻不能在電台電視播出。在必要的監管條件下，適當放寬電台電視播出受限制藥物的廣告規限，既是一種公平的做法，更有利於市民有效獲取藥物信息，方便醫病及保持健康。

【新動向】 醫藥界人士表示，2005年西藥行熱賣的藥都是減肥藥、保健藥等。但消委會卻表示，2005年頭七個月已接72宗有關保健、減肥藥物的投訴，相當於2004年全年115宗投訴的六成三。消委會鑒于投訴情況日益嚴重，要求政府將聲稱能排毒、纖體或提高免疫力的產品，列入“不良醫藥產品廣告”受監管范圍，保障消費者的權益。另外，香港衛生署在今年上半年抽驗超過100種健康產品，其中2個產品含有西藥成分。

2005年頭八個月，已有多隻減肥藥被發現有“西布曲明”而要回收，“西布曲明”會令血壓上升，而且懷疑有人服減肥藥後死亡。香港藥物教育資源中心總監崔俊明表示，“西布曲明”在本港可經醫生處方獲取，該藥能壓抑服用者食慾，因此可用於減肥，倘若醫生發現服用者在三個月內未能減去5 %體重，會勸喻服用者停用，因不是任何人都適用此藥。

香港衛生署副署長梁挺雄表示，衛生署將會每年抽查2,000個中成藥產品，以及200個減肥纖體的產品，作為樣本化驗。根據過去兩三年的測試發現，不合格樣本的比例比較穩定，無上升趨勢。在200個纖體產品當中，平均有10個產品不及格或發現含有西藥成分。他強調，若社會認為有必要，署方會考慮將纖體、排毒及提高免疫力的健康食品納入規範管理範圍。

建築材料

【概述】 香港建築材料業經營的業務包括買賣鋼鐵、水泥、碎石、瀝青、木材（原木和夾板）等建築前期的建材，以及紙皮石、地板、鋁窗、玻璃、釉面瓷磚、潔具和牆紙等建築後期的建材。近年來，雖然香港樓價已大幅下挫，但因有迪士尼樂園、西鐵工程、數碼港等項目，在一定程度上支撐了建材業的生存。

據港府2004年統計，從事建築材料進出口業務的商戶有2,059家，比2003年的2,015家，增加了44家，僱員9,738人，比2003年的9,448人，增加了290人；2004年建築材料批發商有1,040家，較2003年的1,072家 ，減少了32家，僱員5,501人，比2003年的4,234人，增加了1,267人。

【營業狀況】 2004年進口香港的建材大部份下跌，除鋼材及粘土、耐火材料有上升外，其他如建築用原木、夾板及裝飾用木材、水泥、磚、玻璃、砂石都呈下跌。轉口方面，有三項是上升的，分別是鋼材、砂石及水泥、磚，跌幅最大的是建築用原木。

2004年香港建築材料業仍然是乏善可限，雖然

2004年建材進口數據（單位：億港元）

項 目	2004年進口	2003年進口	增減比率(%)	2004年轉口	2003年轉口	增減比率(%)
建築用原木	30.66	36.63	-16.29	25.25	32.01	-21.11
夾板、裝飾用木材	37.09	38.87	-4.57	30.43	35.64	-14.61
鋼材	328.61	279.84	+17.42	211.83	175.25	+20.87
砂石	5.13	6.33	-18.95	2.08	1.81	+14.91
粘土、耐火材料等	9.41	8.16	+15.31	0.69	0.77	-10.38
玻璃	19.83	25.63	-22.62	17.95	20.95	-14.31
水泥、磚等	15.74	16.49	-4.54	2.38	2.20	+8.18

比2003年好一些，但仍是一潭死水。2004年樓市復甦，未有帶旺建築業，建築材料業跟建築業一樣疲弱不振。業界為了生存，便爭相以低價來競爭，實行汰弱留強。

香港的建築材料業走淡，令多家上市公司也放棄有關業務，瑞安建業（983）以9,500萬元出售香港建材業務，另外以1,500萬元出讓在珠海桂山的採石權。嘉華建材也變身賭業股。

另外，因為CEPA的關係，有不少業界將眼光放在中國內地，大舉進軍中國內地建材市場。他們說，由於CEPA等利好因素，成為了建材業的發展商機。

【新趨勢】　業內人士預計，2005年的香港的建築材料業表現一般，其主要原因是香港房地產市況雖然好轉，但建築業仍陷於困境，所以建築材料業也好不到那裡去。業內人士說，幸好2005年室內裝修業比較好，所以令建材市況不致太差，但是業內競爭持續，價格競爭、質素競爭、服務競爭等，鬥個你死我活。

業內人士又指出，2005年香港建材業界仍然以進軍內地建材市場為最大的出路。他更提出進軍內地建築材料五大投資熱點：一、裝飾木材：當前，中國森林覆蓋率只有14%，遠遠低於世界25%的平均水平。為了保護森林資源、維護生態環境，國家已經規定禁止在一些地區砍伐森林，因此，開發節約木材的裝飾材料已成為發展方向。

二、外牆材料：近年來，內地裝飾中使用硬面材料蔚然成風，佔外牆裝飾材料85%以上，而軟性材料僅佔15%左右，這種用料上的比例不協調成為必須調整的重點。

三、門窗材料：塑鋼門窗具有防潮、防腐、保溫、隔音等特性，並且在生產能耗和使用功能方面，比其他材料的門窗節能效果更顯著，是較理想的推廣應用產品。

四、管道材料：複合管是傳統鍍鋅管的升級換代產品，也是當今世界上流行的新一代管道材料，具有不易生銹、不易結垢、對人體無害的特點。目前，中國鋼塑、鋁塑複合管使用率較低，應是推廣應用產品。

五、填縫材料：由國外引進的聚氨酯發泡填充劑是一種高科技化學建材，適用於多種建築物在結構部位做保溫、填充、粘接、固定、絕緣材料，還可做防水、防火材料，也是無毒、無污染、不含氟里昂的綠色環保建材，今後它將取代傳統的水泥、砂漿、礦棉等填縫材料。

五　金

【概述】　五金業是香港重要的支援性行業。傳統上，五金業分為大五金與小五金，前者經營建築和機械所用的五金材料，後者從事其他商業和家庭用的金屬工具、細件零件、金屬器材等業務。

按照香港五金商業總會的分類法，業內商號的營業可分為七類：1.新鋼鐵材料，包括各類型全新之軟硬鋼鐵材料；2.舊鋼鐵材料，即第一類的舊料；3.新非鐵金屬材料，包括全新的銅、鉛、錫、鋁、銻、鋅等各類材料；4.舊非鐵金屬材料，即第三類的舊料；5.新五金用品（俗稱新士多），包括各種全新家庭小五金及輪船用品；6.舊五金用品（俗稱舊士多），即第五類的舊料；7.機械五金工具，包括金工、木工、機械工具及工業器材等。

2004年香港從事五金器具及金屬配件零售及批發的商號共1,382家，比2003年的2,596家減少46.8%；從業人數4,817人，比前一年減少近一半，其中男性3,443人，女性1,374人。

【營業情況】　香港市場的五金工具主要依靠進口。目前，中國內地產品約佔香港五金工具市場的40%，日本佔20%，德國佔7%，台灣地區佔

2004 年香港五金進口、轉口統計　(單位：億元)

	2004 年 進口	2003 年 進口	進口年 變化率 (%)	2004 年 轉口	2003 年 轉口	轉口年 變化率 (%)
鋼及鐵	303.342	253.948	19.45	207.875	171.800	21.0
非鐵金屬	356.389	286.885	24.23	220.707	166.434	32.6
金屬製品及其他	249.800	244.513	2.16	254.525	244.077	4.28

1%。上世紀70年代以歐洲產品最為暢銷，80年代初期日本產品開始打入香港市場，至80年代中期，中國大陸產品質量有很大進步，雖不及歐美和日本，但價格相當便宜，品質尚可接受，故市場佔有率不斷上升。

資料顯示，1998 年本港進口及轉口的數據全部比 1997 年下降，1999 年有所回升，顯示本港經濟開始出現復甦的形勢，但步伐緩慢。2000 年則出現較全面的上升。美國9.11事件之後，全球經濟再度萎縮，香港的五金貿易全線告跌，進口值更大幅下跌兩成半。進入 2002 年，鋼鐵及其他金屬製品的進口、轉口貿易有了較可觀的回升，2003 年升勢持續。2004 年內地經濟持續向好，而且進行大量基建項目和樓市暢旺，令鋼材原料供不應求，當中鐵片價格上升兩成，不　鋼及銅片價格急升四成；同時，香港經濟復甦，地產市場逐漸回升，對五金材料的需求有所增加；加上全球經濟復甦，香港的五金貿易業亦隨而興旺。2004 年五金進口值和轉口值均有上升，幅度甚至有三成之上。

【新動向】　國際鋼材價格持續波動、本港建築材料需求亦逐年下降，不少從事五金批發和零售的公司減少，當中尚在行內的會尋求轉型，由過往單純的貿易業務，拓展至加工、採購等全線五金材料供應鏈。在行內慣用的長期固定價格銷售合約亦隨經濟變化而調整策略，不再訂立超過兩年的合約，若付貨期超過一年時，亦可調整價格，令供應商與客戶可共同承擔風險。

中國2005年頭四個月出口到韓國的鋼材達197萬噸，比去年同期增加255%；出口到美國則有80萬噸，比去年同期增加215%。中國出口到美、韓的鋼材比去年同期增長超過兩倍已引起關注，美國鋼材生產商現已著手蒐集證據，有可能提議政府對中國鋼材採取反傾銷措施。內地鋼材出口日漸增多，對香港五金貿易業所產生的變化值得關注。

香港正朝著亞洲五金建材精品集中地和交易會的方向發展。

傢俬

【概述】　香港的傢俬市場，有一半貨品來自中國內地，北歐傢俬的比重近年開始增加，尤其是來自瑞典的品牌“宜家傢俬”在本港市場上就穩佔一席，因其製造的傢俬款式新、品種齊、尺碼與組合變化多樣化，較適合本港中小型家庭使用。此外，東南亞生產的傢俬亦較適合普羅大眾家庭使用，尤其是泰國、馬來西亞、韓國及台灣地區的傢俬，由於價廉耐用，也大受港人歡迎，在本地市場上佔有一定位置。而因為成本原因，即使是來自瑞典的品牌宜家傢俬，不難發現其售賣的產品很多來自中國內地。

至於香港本產傢俬，大多數是為專門室內設計而製造，由於本地店舖租金昂貴，所以部分傢俬零售店也附設室內裝修設計，配合住宅單位的實際情況去設計合適的傢俬，以減輕經營成本。

由於內地改革開放的政策，由上世紀80年代起，本港有100多家傢具生產企業北遷在內地設廠，20年來發展迅速，產值以數倍的增長，大大促進內地尤其是廣東及深圳的傢俬產業發展。據深圳傢具協會表示，20年間，深圳傢俬業的生產總值從原來的2,000多萬元人民幣發展至今超過100億元人民幣，當中港商的貢獻良多。

本地出產及港資在內地廠房產品除了供本港市場之外，還遠銷至歐美等世界各地。2003年中國成為全球第二大傢俬出口地，港資企業是其中的貢獻者和受惠者。

【營業情況】 自2000年開始，連續幾年香港傢俬進出口貨值均下降。2004年整體出口貨值65.33億元，比2003年的76.98億元下跌15.1%，而純港產品出口貨值只得0.42億元。進口貨值83.27億元，比2003年的90.12億元下跌7.6%。2003年因香港整體經濟處於低潮，地產市道基本沉寂，對傢俬的需求也大幅下降。2004年雖然經濟復蘇，但對傢俬的需求卻沒有大增，進口貨值仍在下跌。

2004年傢俬進出口統計（單位：億元）

商品類別	進口貨值	整體出口貨值
籐椅	0.63	0.89
可調校轉椅	1.19	0.43
兩用床椅	0.11	0.01
未分類木椅	8.46	5.89
未分類金屬椅	5.24	6.05
其它未分類椅	1.20	0.93
乳膠或塑膠床墊	1.29	0.65
其它未分類床墊	1.67	0.12
其它種類床墊	5.83	4.05
未分類金屬辦公室傢俬	2.64	0.91
其它未分類金屬傢俬	4.42	4.77
未分類木製辦公室傢俬	2.87	0.75
未分類木製廚房傢俬	1.66	0.63
未分類木製睡房傢俬	6.94	2.30
其它未分類木製傢俬	28.10	25.72
塑膠傢俬	0.37	0.31
其它質料傢俬	2.77	4.57

貨值的減少反映該行業的經營情況沒有好轉，從業員繼續減少，分店收縮。截至2004年9月，傢俬零售店共1,244家，比上一年的1,345家減少101家，2004年從業員5,391人。傢俬批發商2004年有120家，比2003年的172家減少52家，從業員從2003年的681人減至569人。這一行業在過去數年不斷調節，以最低成本來面對逆市。

當消費者留意傢俬廣告，不難發現傢俬的價錢不斷向下調，但耐用程度卻不如前。“一分錢一分貨”，在新一代的消費模式，市民只計較貨價，耐用度不會是第一考慮。而且潮流轉變快，消費者較多考慮廉價新穎貨式，傢俬使用了兩三年後便棄掉再買新穎款式。

近年香港人買傢俬流行深圳落單，香港提貨，這對香港傢具零售商造成很大的競爭壓力。雖然顧客要交手續費和運輸費，但由於深圳傢俬較香港便宜，總費用仍低於在港添置。以一些深圳傢具店為例，港人佔他們的生意額可以高達五至六成。深圳傢俬店大減價時，除本地人外，還有大批港人和外省人前往選購。

由於生意難做，傢俬零售商要想更多的辦法佔有市場。現在更有傢具店在售賣傢俬之餘，也兼做出租生意。出租傢俬可分短期（3～11個月）和長期（超逾一年），價錢則根據不同類型傢俬而訂。

在香港傢俬市場被深圳、順德、東莞攻陷一角的情況下，相信在香港從事批發和零售者會日漸減少，一些香港傢俬零售商已到內地開拓零售業務，望能以港貨品牌及商譽爭取客源。此外，廣東省內的傢具店氾濫，一些外國名牌企業如宜家表示暫緩攻勢。

2003年7月美國挑起對中國傢俬反傾銷，令中國出口傢具到美國受到影響，內地和港、台同業齊齊商議對策，激勵業界以打造品牌和開發多元化市場以實現產業升級。港商已北上與內地同業共同發展，即使是國際買家也已習慣到內地展銷會買貨，港商想拓展生意，自然會與內地同行合作，做大個餅。

中國已成為全球第二大傢俬出口國，在內地舉行的展銷會上，國際買家成主力購買者。內地傢俬產業在快速發展的同時存在一些問題，如低水平競爭加劇，知名品牌少，中低檔產品多，開發能力差，受國際形勢影響如遭反傾銷等。近一年香港同行積極幫忙提升內地傢俬業。而實際上，香港的傢俬製造和銷售都正在與內地實為廣東融合中。廣東傢具產品佔全國的三分之一，出口額佔全國的15%。

【新動向】 香港傢俬批發業和零售業的主力市場並非本港，而是紮根於內地攻內地市場，同時放眼海外市場，尤其瞄準歐洲市場。香港業界到內地市場紮根20年，現時內地各大城市的大型傢具廣場，成為香港傢俬品牌與消費者直接連結的渠道，有助推展品牌形象。香港與內地同業融合程度越來越大，利用內地的生產力和香港傢具企業成熟管理、高水準設計和國際營銷技巧，以"強強合作"方式齊齊攻佔歐美市場。不過，2005年因競爭白熱化，偶有傳出內地與香港同業搶客，有報道指深圳傢俬業抗拒與香港同業合作，想獨力攻打海外市場，港商因此尋找其他合作夥伴，如東莞或廣東省其他新晉的同業合作。

陶　瓷

【概述】 根據1884年法人布羅尼爾的陶瓷器簡易分類法，可分為瓦器、陶器、炻器及瓷器四個類別。現時，若按使用目的來分類，可分為衛生瓷、日用瓷、藝術瓷、建築瓷及工業瓷五種。

香港曾有陶瓷工業，而且早在明代便已有陶瓷製品遠銷華南及東南亞一帶，直至1932年才停產，這個瓷坊便是大埔碗窯。港府文康廣播科已在1983年引用古物古跡條例，將上述碗窯部份範圍列為法定古跡，並加以保護。目前，本港雖仍有陶瓷製造商，但已移往內地設廠生產。本港出售的陶瓷以日用瓷及藝術瓷較受歡迎。近年隨著港人對陶藝的興趣增加，本港出現不少工作室式的陶藝店，在售賣手工製的陶瓷工藝品及家居用品的同時，還開課教授用戶自製陶瓷用具及飾物等。

2004年香港從事陶器、瓷器及瓦器的製造商有9家，共33人；從事陶瓷及玻璃製品進出口貿易的有667家，較上年增加了79家，人數增加了1,297人，達2,800人；從事陶瓷及玻璃製品零售業的有107家，較上年增加了6家，人數增加了165人，達398人。

【營業情況】 目前，本港出售的陶瓷器皿，絕大部份從中國內地進口。2004年，從內地進口陶瓷製品4,370萬元；瓷食具及廚房器具2.83億元。實驗室、化學或工業陶瓷器具日本進口佔九成，達7,126萬元。瓷製的小雕像及其他裝飾品進

2004年各類陶瓷產品進口、轉口統計（單位：億元）

類別	2003年進口	2004年進口	進口年變化率(%)	2003年轉口	2004年轉口	轉口年變化率(%)
陶瓷器具	18.08	14.78	-18.25	20.93	15.82	-24.41
粘土或耐火建築材料	8.17	9.41	15.18	0.78	0.70	-10.26
耐火陶瓷建築物品（用矽質化石粗粉製除外）	0.07	0.14	100.00	0.04	0.05	25.00
實驗室、化學或工業陶瓷器具	0.79	0.78	-1.27	0.05	0.04	-20.00
其他陶瓷製品	0.90	0.72	-20.00	0.60	0.57	-5.00

口4.94億元，當中4.62億元來自內地，558萬來自美國，50.2萬元來自台灣地區，以及25.5萬元來自泰國等不同地區。

【新動向】 近幾年，內地建築裝飾行業總產值的平均增長率約為20%。根據中國建材工業經濟研究會的一項報告指出，未來10年甚至更長的一段時期，建材工業發展的速度將高於國民經濟發展速度的3~4%，到2010年，建材工業的產值預計將達到一萬多億元，其中高檔衛生陶瓷和節水型衛生陶瓷將成為市場需求量大幅增長的建材品種之一，穩守於木材及石材以外的內地三大主流建材之列。單單去年，香港從內地進口的耐火陶瓷建築物品（用矽質化石粗粉製除外）總值達299萬元。

有業內人士表示，陶瓷長期以來都有一定的市場，因為外國家庭多擁有一套以上的食具，以配合不同的家居環境設計，同時還會作為節日禮品送客。由於需求量比較大，且相對其他產品較容易破碎，因此被視為長青產業。

近年俄羅斯市場崛起，吸引了不少港商投資生產高質陶瓷。隨著政策的開放，加上歐洲陶瓷業的衰退，不少具經驗的俄羅斯買家，過往從英國入貨，目前也改從內地及香港直接入貨。這批俄羅斯買家比較喜歡強調色彩層次、顏色及浮雕效果的高質陶瓷產品，尤其是顏色鮮艷、具大花圖案、一式六件的套裝茶具，令陶瓷產品的生意額有明顯的增加。據業內人士透露，旺季期間，每月訂單可達7~30多萬元。不過，港商仍要面對內地低廉陶瓷產品的競爭。據內地建材資訊網的資料，近年，經綏芬河出口到俄羅斯的陶瓷產品大增，產品主要包括建築陶瓷、衛生陶瓷及日用陶瓷等，單看瓷磚，2004年經綏芬河出口的內地瓷磚共927批，總值92.8萬美元，數量比2003年增加了18.1%。

辦公室設備

【概述】 香港的辦公室設備市場可分為辦公室機械、自動數據處理機設備、部件及附件三類。據統計資料顯示，2004年辦公室器材的批發商有464家，比2003年的434家，增加了30家，僱用人數3,574人，較2003年的3,387人，增加了187人；辦公室器材零售商1,196家，比2003年的1,096家，增加了100家，僱員4,642人，較2003年的3,848人，增加了794人。

【銷售情況】 業內人士指出，2004年整體辦公室設備業市況比2003年好，這是因為2004年香港經濟較2003年有起色，自由行帶動零售業、飲食業、酒店業等行業的復甦；而CEPA更令香港企業重現生機，間接令不少商戶加速更換商業文儀器材。

一般而言，企業在選擇辦公室設備時，除了要求該機器運行可靠、使用操作方便外，更要求該機器款式新穎，功能多、效率高、環保及省地方。如今企業選購辦公室電腦，不會盲目地到電腦商場胡亂選購一通，皆因企業運作的成本高低，可能有賴於電腦的運作速度及性能，所以，選購辦公室電腦也要顧及零件及技術的可靠性。正因如此，現今市面上一些較大的辦公室設備供應商，也開始特別為中小企業度身訂做購置新一代高效能和高穩定性及低成本的辦公設備方案。

至於每一項辦公室設備的市況都各有不同，電腦業人士說，2004年電腦市況是處於飽和狀態，業界被受嚴峻考驗，業界要向消費者和企業銷售新電腦日益困難。

列印機方面，2004年列印機的走勢，是以彩色鐳射和多功能機種為主導。傳真機及影印機市場，已發展至成熟階段，並且已轉變成為替換市場。在這情況下，2004年影印機市場增長速度較慢。

在2004年，多間辦公室設備公司均推出多用途的辦公室設備，一部機器便集齊影印、列印、傳真及掃描功能，還可以高速影印/列印，並有先進保密功能，能全面提升企業生產力。

【新動向】 業內人士說，2005年辦公室設備業市況良好，這是由於香港經濟向好，商業頻繁。不過業內競爭繼續呈白熱化，各生產商都不斷鬥扭六壬，力圖爭取更好的銷售額。

辦公室技術發展方向逐漸走向高效多功能化，有辦公室設備公司為配合企業需要，推出綜合彈性的系統方案。該方案可為企業提供一個開放平台，建立JAVA軟件應用程式。企業可利用此平台，建立不同軟件，自行提升設備的功能，更可因應工作流程的需要，調整設備的設定。這先進的方案有助設備發揮更多功能，提升業務效率，同時亦可降低運作成本。

另外，近年香港政府積極推廣環保，辦公室設備也走環保路線。辦公室無紙化早已實行。無紙辦公室，一來可以環保，二來可多賣一些電腦，實在是一舉兩得。

辦公室設備商本身也先知先覺地進行回收循環再用，文件管理方案供應商富士施樂推出循環再用的計劃，設立一個完善的國際資源循環再用網絡，跨越亞太區 九大市場。該循環再用系統以泰國廠房為基礎，回收各類使用過的辦公室設備，包括影印機、列印機和各類耗材（如炭粉盒），然後在富士施樂的工廠中拆件，還原為可再用的原料。新系統共設定多達64個原料類別，包括鋼、鋁、玻璃和樹脂等。至於一些經品質檢定可用作新部件的機件，則再用來製造新產品和耗材。預計新系統每年能夠把 2～3萬項使用過的產品和約50萬項耗材循環再用。

書籍文具

【概述】 香港的書籍文具零售商一般可分為三類：（1）以售賣教科書為主；（2）以售賣各類圖書為主；（3）以售賣各種文具為主兼賣教科書及工具書。

香港流行書籍市場經常出現不同的熱潮。例如，早年流行鬼怪故事書熱潮，以後流行武打歷史小說，近幾年一些電子產品如電子字典及錄音帶教材風行一時，近期又時興名人、紅星文化，幾位當紅的藝人寫書的潮流。

香港讀者對實用性的書籍如應用財經、商業管理、電子電腦科技等書籍的需求日益殷切。例如，香港股市興旺，各大書店推出多種股票投資書籍，十分暢銷，部份更在一年內重印至第三、四版。

【營業情況】 據香港政府統計資料顯示，2004年本港書報及刊物批發商有201家，比2003年的192家，增加了9家，僱用人員1,800人，較2003年的1,965人，減少了305人。文具批發商有484家，較2003年的435家，增加了49家，僱員1,963人，較2003年的1,933人，減少30人。至於書報及文具零售商有2,174家，比2003年的2,401家，減少了227家，僱員6,662人，較2003年的6,409人，增加了253人。

業內人士表示，2004年香港的書市十分熱鬧。一直以來，香港人的閱讀風氣皆比不上中國內地及台灣省，情況近年縱然已有所改善，但由於市場份額細小，致令香港本地的出版讀物種類過於單一。一些較為專業及冷門的題材，便只能引進台灣省或外國原裝版本，可惜由於價錢高昂，一本書動輒上百港元，令不少有心人望而卻步，與書無緣。不過，近年來香港與內地的交往日益頻繁，內地簡體字書籍借機入侵香港市場，憑著其價錢低、印刷佳及種類多而深受香港書友的歡迎。另一方面，內地個人遊旅客來港，亦不忘到書店搜尋一些內地找不到的政治類或外國原版書籍。一下子令香港書市熱鬧起來，不少“二樓書店”借機擴展業務，同時更吸引到內地與台灣地區連鎖書店進軍香港，為香港帶來更多閱讀選擇，對推動本港閱讀文化起積極作用。此外，不少大型連鎖書店亦看重簡體字書市場，大大加強內地版圖書的供應，為求競爭，更紛紛以 1：1 港元兑人民幣的兑換率銷售內地版圖書，無疑對推動閱讀文化起到良性作用。

由內地進駐香港的新華書城，主要售賣簡體字書籍，包羅的簡體字書種類達5萬種。內地書城登陸香港，相信會為港人的閱讀文化帶來新的衝擊。新華書城行政總裁尹建文指出，簡體著書籍並未有令香港人卻步，除了近期熱賣的大長今外，最受港人歡迎是關於生活保健及中醫的書籍，而烹飪書也大有捧場客。他續稱，一些藝術畫冊、歷史及哲學書籍亦是不少港人的心頭好。他表示，在內地流行的書籍來到香港仍然是一貫受歡迎，這反映香港人的閱讀風氣已逐步跟貼內地的步伐，就如早前的街頭書節引來人頭湧湧便可見一斑。他續稱，內地個人遊旅客所選購的書籍大部分是內地比較冷門或者不會出版的類型，例如是一些內容較敏感的政治及歷史書籍等。

台灣的城邦出版集團也進駐香港，這亦是城邦於台灣以外的第一家書店分店。該書店容納多元書種，並且是香港首家使用國際網路作為資源管理的書店。城邦（香港）出版集團有限公司副總經理吳紫琴表示：城邦於香港設置新店的目的就是要提供多元化類型的書籍予港人選擇。各種書籍如醫療保健及各類工具書的銷路也很平均，這反映香港的閱讀層面非常廣泛，例如一些向來在香港較冷門的偵探推理小說，依然有不少捧場客。

2004年較受歡迎的圖書，有圖解心理學及圖解哲學這類圖文並茂的文學書籍。另外，醫療保健的書籍也較受歡迎。

專營簡體字書籍的樓上書店尚書房負責人李先生說，初時引入簡體書時有不少港人也很抗拒，但隨著兩地的經貿關繫越趨緊密，越來越多港人購買簡體字書，就如普通話已經成為了港人必學的語言一樣。他謂國內的書籍一向也很全面，所以令港人的選擇也增多了，尤其以實用性高的語言教學及烹飪書籍等都很受港人歡迎。

文具業方面，業內人士 2004 年文具市場有起色。學生文具，如筆、筆袋、書包等銷售量，於年內能夠保持。包裝文具在大批工廠繼續內遷後，內地均已有生產供應，不需外求。寫字樓文具，隨著近一兩年商業衰退，銷量減少，加上競爭激烈，價格下降，利潤鋭減，即使營業數字有所增加，實質利潤卻未見提升。

【新動向】　業內人士說，2005 年香港書市估計發展一般。雖然單純從香港的圖書公司數量來說，相信看不出香港圖書行業是一個艱難行業；而單純從香港人的閱讀習慣來看，相信也看不出香港圖書行業是一個艱難行業。但是，香港圖書行業的確是一個令人卻步的行業，它隱藏著的危機，只要稍稍深入瞭解，便不難發現。

香港書市目前面對的最大問題，是內地版圖書大舉殺入香港，內地簡體版圖書對香港的大規模“入侵”，無論其氣勢、其氣魄、其雄心，大有必欲令香港人接受的聲勢，尤其是推出一比一的售書價格，更希望以最直接的號召力和吸引力，攻入香港的書市。無可否認，內地版圖書與香港版圖書的最明顯分別，就在於價格相差幾達數倍之巨，內地版圖書以一比一的價格殺入市場，其影響力顯然是不可低估的，但內地版圖書是否會如內地書商想像一樣，在香港回歸 8 年之後獲得市民的普遍接受，是決定內地版圖書能否在香港長期支撐下去的主要原因。

租金昂貴亦是香港書市的一隻攔路虎。洪葉書店倒閉，樂文書店被業主瘋狂加租，而被迫上三樓，就是其中的典型案例。

香港出版行業之中，教科書一直很吃香，因為其吃香，爭奪也就十分激烈。但是，最近香港電台出爐的關於電子教科書在本港試行的專輯，已為教科書出版行業敲響了警鐘。回顧一下電腦在香港急速發展的短短歷史，便不難估計，如果出版教科書的機構不重視這樣的資訊，當電子教科書為學校所接受的大趨勢出現之時，以出版教科書賴以生存的出版社，將面臨嚴重的衝擊。

文具業方面，2005 年包裝文具業表現較 2004 年好，這是因為香港經濟比較好，另外，迪士尼在 2005 年 9 月 12 日開幕，這將會刺激學生文具的銷售有所上升。

電 器

【概述】 香港大部份家庭都擁有電器及音響器材，因此電器和音響市場很龐大。香港的電器及音響市場的銷售分多種途徑，可由進口商直接零售，亦可由進口商批給批發商再發給零售商。

【經營情況】 香港電器市場仍然是日本貨天下，原因是日本貨品牌有保證，產品款式多，加上近年在中國內地設廠，售價沒有大變化。因此部份市民寧願多付金錢都會選購日本產品，特別是購買較耐用的電器，如電視機、冷氣機等較貴重的產品。不過，近年中國內地生產的電器產品大量輸港。在質量不斷提高、價廉物美的攻勢下，內地電器在香港市場所佔份額不斷擴大。一些國內品牌如“康佳”、“海爾”、“創維”等，日漸得到港人認同，港人購買國產貨比率，現已上升至逾一成。

據香港統計處統計，2004年香港進口的家庭電器總值192.21億元，比2003年減少6.6%。但另一項與電器產品有關的分類統計則顯示，2004年香港進口的電訊及聲音收錄及重播器具及設備總值2,645.96億元，比2003年增加26.1%。其中，中國進口1,576.76億元，佔總值的59.6%；日本進口417.98億元，佔15.8%；韓國進口149.62億元，佔5.7%。以上數字均顯示，2004年香港進口的電器產品比一年前有較大幅度的增長。

2004年電器市場市況比疲弱的2003年大為改善。尤其是7月份起“自由行”的大幅擴展，私人消費逐步走出谷底。據統計，2004年，電器及攝影器材的零售銷量價值指數上升了16.2%，數量指數上升了23.8%。踏入2005年後，電器市場更為興旺，頭5個月的零售銷量價值指數比上年同期大幅上升21.3%，數量指數更上升34.7%。據業內人士表示，等離子電視、數碼相機、手提電話及手提電腦等，都是特別受歡迎的電器產品。

【內地電器連鎖店進軍香港市場】 內地的國美電器於1987年創立，從一間小型電器店發展至今，成為擁有超過200間分店的大型電器連鎖店。中國商務部公佈，2005年上半年國內連鎖企業的銷售榜中，國美電器以195.7億元人民幣的營業額，排名全國第二位，僅次於上海百聯，可見國美電器在國內的“江湖地位”。2003年底，國美電器進軍香港市場，現時擁有4家店舖，打響了名堂。集團主席黃光裕透露，國美計劃2005年在香港開設10至20家分店。

據黃光裕透露，國美正悄悄部署一場“革命”，為香港家電銷售引入新的經營模式——打正旗號銷售“水貨”。他說，“什麼叫原產貨（香港稱行貨），什麼叫水貨，其實兩者產地一樣，相差在原產貨有代理商，加上銷售商就賺了你很多錢，但水貨肯定對消費者更有利，我們正在這方面做研究。”國美現時正與數家廠商提出，不經代理由國美直接銷售其電器產品。然而，他又表示，“我們不是跟代理商脱離關係”。

在黃光裕眼中，香港市場現有的遊戲規則，銷售商在某程度上的聯手訂價做法，“令大家在一定範圍內競爭，沒有太多不同，經營模式沒有太多的變化，但是市場不是你説了算的。”他認為，以香港資訊的發達程度，加上入貨方便，以及低税環境，香港電器商之間的競爭可以更大、更精彩。看來他有意憑國美的力量，改變香港電器市場的競爭模式，並藉此突圍而出。

2004年11月，慶祝在港開業1周年的國美一連兩天在旺角分店推出一折大特賣，包括99元一部MP3機、6,000元一台LCD電視機、19元一個電飯煲、9元一個熨斗等，吸引數以千計顧客到場搶購，估計兩天減價的生意額超過1,000萬元。

【本地電器連鎖店經營新策略】 面對新競爭對手的來勢洶洶，本地各大家電器零售商都各出奇謀應戰。現時共有超過60間門市遍佈港九、僱員超過1,000名的豐澤電器又怎樣迎戰？

豐澤電器董事總經理杜秉達表示：“2004年豐澤已推出了‘生活新啟發’這個嶄新的品牌形象。

通過品牌基礎研究，為品牌的未來進展建立穩固的基礎。"這次品牌改革更成為了日後豐澤在品牌發展及營運模式的藍本，通過60多家門市，將時尚的理想生活在今天實現。2005年五一黃金假期前，豐澤更制訂了夏季策略，5月至6月內舉辦"數碼Mix & Match"活動，推出夏季最"潮"的數碼產品。

杜秉達表示，攜帶方便、設計輕巧的數碼產品越來越受大眾歡迎，更逐漸成為用家在日常生活中不可缺少的高科技時尚配件。現在各大國際數碼品牌都非常注重其產品設計，使現今的數碼產品比以往更具型格，更緊貼時裝潮流。這個趨勢對數碼產品的零售市場有著重大的影響，而豐澤特別投資超過200萬元，為市場演繹數碼產品與時裝潮流的時尚元素。

"Mix & Match數碼潮流騷"舉辦了大型匯演，集合數碼電子科技、時裝潮流和不同的時尚生活元素，將最新款的數碼產品，與7大時裝品牌的夏季新裝，於"數碼潮著Catwalk"來一次匯集。

2005年3月2日起一連5天，豐澤在尖沙咀海港城新世界中心3樓舉行特價展銷會，貨品低至4折發售。展銷會以舊款產品為主，共逾1,000款，約2萬件，包括電子產品及家庭電器，針對講求實際及不追求最新款的客群，例如一套連電腦主機、熒幕及列印機的電腦組合售價僅5,000餘元。今次是豐澤第三次舉辦大型展銷會，其發言人表示，年內將再舉辦同類型展銷會。

【新動向】　家電市場競爭激烈，要爭取市場垂青便要加強產品設計及功能。從趨勢看，近年很多廠家推出新穎設計及概念產品系列，甚至把科技融入產品中，務求走高增值路線。

匯多利國際銷售行政員馬學禮説，該公司開發小家電系列，便以組合形式推出，無論在外觀及顏色配搭上務求和諧一致，旨在配襯及粉飾家居。他直言，買家會要求功能要有突破，例如咖啡機，便加入電子預設程式功能，能自動關閉，此外又用現時流行的簡約設計。整體來説，今年不鏽鋼等金屬外殼家電較受歡迎。

他透露，公司最近與科技大學合作，推出融入納米科技的吸塵機，產品內置納米過濾網，能釋放臭氧清潔空氣，至今反應不俗，有不少買家查詢。

美亞電器助理市場經理葉曦如認同，現時家電開始與科技融合，該公司開發的充電式無線電動掃地機，除打入歐美市場外，最近也成功進入東南亞市場。該產品的特點除採用流行的無線概念外，更有充電功能，可以手提應用25至30分鐘。隨著家居自動化日漸盛行，相信同類產品將日益流行。

從事電子產品製造的思維集團董事總經理溫佩文説："傳統電子產品要生存，未來需要加入創新功能，如無線電遙控便是一個好概念。"他指出，現時不少家居電子產品，如電源開關、吸塵機等均會加入無線操控功能，並以此作賣點，取得不少買家垂青。

匯多利與美國通用電氣旗下GE消費及工業產品集團亞洲家用電器部於年初簽訂代理商協議，成為通用電氣品牌在香港及澳門的代理商。匯多利將透過其港澳超過150個銷售網點，分銷逾10種通用電氣家電產品，包括電冰箱、洗衣機、冷氣機及煮食用具等。匯多利預計未來24個月的生意額可增加1億元。匯多利主席楊渠旺還透露，稍後會與通用電氣有其他合作，或會在內地代理煮食爐。雙方合約為期一年，限期屆滿後將再重訂合約。

和黃旗下的豐澤電器計劃今年踏足中東國家阿拉伯聯合酋長國的城市迪拜。豐澤看準當地未有大型電器及電子產品連鎖店，部署跟一家外資公司組成合資公司，一同開拓當地市場，預計今年內開設首家連鎖店。豐澤電器商品總監吳宗禧説，當地是產油區，有很多富豪，消費力絕對不低，故毋須特別挑選一些低價的產品在當地銷售。豐澤合作夥伴是一家從事玩具及時裝銷售的外資公司，並無銷售電器，與豐澤合作，可令該公司拓展新業務。豐澤現時大約有60家香港分店、7至8家台灣分店，去年又剛在澳門開了首家專賣數碼產品的店舖。

環境運輸及工務局將效法歐盟以舊換新"減廢措施"，明年立法實施產品責任制。首先強制大型電器，包括電冰箱、電視、冷氣機、電腦及車胎的入口商或製造商等，每售出一個產品便要回收一個廢棄產品，否則要罰款及罰3倍廢物處理費；促使入口或批發商，向市民回收舊產品，若新措施有成效便陸續推展至其他產品。

汽　車

【概述】　香港的汽車銷售是一個大行業，與汽車有關的公司相當多，有些兼營汽車入口生意，有些則屬代銷性質，也有一些是汽車保養中心及裝配廠。從業人員數目亦頗為驚人。據統計，2004年該行業（包括汽車、電單車、腳踏車及其他配件及零件）有進出口商1,198家、員工5,307人，較上年減76家、增45人；批發商150家、員工748人，較上年減3家、增230人；零售商1,198家、員工5,582人，較上年增42家、137人。

各車行因具體條件不同，規模也大小各異，資本雄厚的車行規模較大，不但設有營業部、陳列室，而且還有修理廠。這些車行多由外資經營，華資行只有數家。香港出售汽車屬集團性經營，其中有大昌貿易行、萊龍集團、森那美、仁孚行、捷成集團、英之傑集團、合誠等。獨資公司經營的有大發行、昆和、瑞典汽車和寶樹車行等。

香港銷售的各種汽車牌子和型號很多，流行的約有30多種，分別來自日本、歐洲及美國等。

【營業情況】　隨著經濟復甦，股市、樓市興旺，汽車銷量增加。2004年初，本港汽車銷量仍未見暢旺，下半年以後才開始好轉，特別第三季以後，各車行抓緊銷量回升的趨勢，提早展開年尾清貨，汽車減價戰揭開序幕，其中奧迪汽車最多減4萬、福特汽車減3萬、平治最高優惠7萬，鈴木更提供現金回贈，最高優惠1萬元，使一直落後於高檔貴價車的平治小型車及家庭房車的銷量迅速回升。而經濟好轉、銀行存款利息低，加上大量新車引入香港，均是年底汽車銷量轉好的主要原因。

據政府統計處統計，本港的私家車總數量2003年出現下跌，共38.28多萬輛，比2002年減少近2,000輛，是十年來的首次下跌，但到2004年底，私家車總數已止跌回升至38.5萬輛，比2002年多近200輛，而每年新登記的私家車亦大幅回升。2003年新登記的私家車只有2.12萬輛，比2002年跌三成，而2004年新登記私家車共2.5萬輛，比2002年上升了兩成。

2004年，本港汽車銷售22,898輛，較上年的18,412輛上升24%（不包括水貨車）。最令業界高興的是，無論是家庭房車、行政座駕、小型車，還是多用途車及四驅車，全部都銷情理想。寶馬是貴價品，買家以金融、財經界為主。2004年，包括寶馬車系及Mini Cooper的總銷量與寶馬叮噹馬頭的平治總銷量為2,852輛，連同9輛Maybach和133輛Smart，總銷量也接近1997年的3,000輛。此外，如保時捷、勞斯萊斯等貴價車都有市場。據右軚汽車總會稱，2004年汽車整體銷量達不到1997年水平，但50萬元以上的貴價車就可以。過往幾年，貴價車銷量只佔整體7%，但2004年比重增至10%。日本車中，仍以豐田、本田、日產和萬事得銷量最多。其中日產銷量比2003年大幅上升30%，當中大部分增長來自多用途七人車，售價由10多萬至40萬元不等。韓國車種近年走勢淩厲。2004年全年共賣出681輛，較上年的399輛激增71%。韓國車價較大眾化，同CC、匹數類似款式的車種，最少較日、歐車種便宜一成，一般6~7萬元一輛。隨著韓國車款日漸改良以及維修保養的後期工作變得完善，相信“韓”風將會持續。

香港的汽車買賣六成來自二手市場，三成來自一手市場，一成來自水貨市場。換句話說，二手汽車構成了汽車市場的主要部分。近幾年，平均每年銷售二手車6萬部，較一手車高出逾兩倍。二手車市場暢旺的原因：一是香港人換車較為頻密，約2~3年便換座駕，造成大量二手車流入市場；二是新持牌人士一般選購二手車，一方面因其價錢吸引，折舊率不高；另方面，新持牌人士的駕駛技術未夠熟練，故用二手車作練習，二手車一旦損壞，也不會太心痛。二手車的折舊率視乎不同車款和情況而定，知名品牌每年約10~20%；二線汽車（即較冷門的品牌）約20~30%。每部汽車的折舊率，亦視乎保養、外型、顏色及行使里數決定。

雖然二手汽車市場一向交投旺盛，但本港並不以汽車作為投資用途，因為汽車並無大幅升值能力，仍以自用居多。現時新車車價較以往低，因而令二手車車價亦相應調低。對愛車人士來説，買新車固然便宜，但買二手車更為化算。因此，香港汽車聯合交易所亦計劃將業務擴充。2004年，水貨車生意額較上年增長三成，當中8~9月更錄得每月3,000多萬元的銷售額，約為80~100輛，是1997年時單月賣得120~130輛以來的第二高。

一項調查顯示，美國人汽車擁有率達92%，高踞全球之首，而亞太區中，只有澳洲及新西蘭躋身十大之列，分佔第三（90%）及第四位（89%），而香港則以20%列榜末，中國亦以31%列尾二。調查又發現，因亞太區汽車擁有率偏低，所以該區消費者在未來12個月的購車慾相對最高。有意買車者中，逾40%是首次買車，比例是全球最高，以中國(80%)最多，香港也有近60%準車主是首次買車。整體來説，價錢是考慮的最主要因素。

粗略估計，本港約有51個不同行業涉及汽車製造業。生產力促進局聯同汽車零部件工業協會、電子業商會、光電協會及關鍵性零部件製造業協會於2004年初組成香港汽車光電工業聯盟，凝聚業界力量，開拓龐大的內地汽車業市場，盼在2010年時爭取1,000億美元（約7,795億港元）的生意額。

【新動向】 進入2005年，汽車銷售一片好景，首季剛完結，已有車行高呼銷量直迫1997年，更相信今年第四季的銷量可超越1997年高峰。業界稱，只要本港經濟基調不變，無壞消息傳出，整體銷量應有10%升幅。

經濟好轉，企業有錢賺，不少高層都買樓、買車，加上迪士尼效應，吸引海外企業來港，又將有許多國際性活動在港舉行，對商用車需求增加。過去幾年，企業節流為上，今年業績好轉，也會更換較好的車，種種因素，導致貴價車生意轉旺。寶馬汽車（香港）年初在港舉辦車展，成為亞洲首個展出全新3系的市場，兩款型號（325i和330i）車價近50萬元，訂單不斷湧至，顧客不計較價錢，只要求新車早日到港，而且隨時準備奉上現金取車。據該車行稱，新3系原先預計全年可售出600~700輛，但車展後已收過200輛訂單，遂把預測上調至1,000輛。生產期要3~4個月，首批訂單最快5月才可交貨，供不應求的情況令車行頭痛，而銷量與寶馬並駕齊驅的平治，估計今年亦有10%的升幅。貴價車有市，平價車也不執輸，20萬以下的車市也被看好。業內人士稱，該類型車主多是20來歲的年輕人，無家庭負擔，加上歐洲車行也引入細車，20多萬有架歐洲車，很吸引。至於豐田、淩志等日本車，2004年銷量雖有回升，但仍未回到1997年的高峰，但對今年銷量審慎樂觀。

水貨車3月份銷量最少100輛，比1997年月均可120輛銷量只相差20%。業界稱，暑假前都是淡季，8月開始踏入旺季，只要社會環境繼續好轉，沒有政治爭拗，相信每月銷量可升到130~140輛。尤其對第4季走勢更樂觀，因迪士尼樂園9月開幕，市面會很興旺，每月銷量應可在140~150輛。據稱，現時的私家車愈貴愈有人買，以3月份銷量為例，100部車中，佔60%都是50萬元以上的七人車、四驅車或豪華房車，最平那輛也要30多萬元。

政府公佈創新及科技發展策略，將在2005年下半年設立汽車零部件研發中心。生產力促進局3月底提交承辦該中心的建議書，建議主要是包括汽車零部件科研中心的管理、技術發展方向，如何運作科研項目和進行技術轉讓等。現時本港有238家汽車零部件廠家，直接或間接與這行業有關的公司及其內地公司總數逾2.4萬家，迄今本地和內地都有企業願意參與汽車零部件研發計劃，但生產力促進局希望引入外地相關企業參與計劃，一切尚在洽商中。

2004年香港五大暢銷歐洲和日本私家車統計（單位：輛）

歐洲車	銷量	比上年增加	日本車	銷量	比上年增加
平治	2,852	246	豐田	5,699	1,089
寶馬	2,386	435	本田	2,715	416
奧迪	561	154	日產	1,493	218
富豪	532	357	萬事得	1,138	568
福士	513	143	三菱	351	70

資料來源：業內數字

布疋絲綢

【概述】　成衣出口是本港主要的出口商品之一，香港自1997年7月1日回歸祖國後，其基本經濟政策與基石並沒有改變，例如公平競爭自由貿易和開放市場，成衣及時裝仍然佔香港貿易的頗大比重，而作為成衣原料的布疋絲綢業當然仍有相當的生存空間。

布疋可分為胚布與花布兩大類。胚布即各類布疋之原胚，花布是已加工布疋，供製衣或直接在市場售賣，花布業務較胚布為少。以原料分，布疋分為純棉織品與人造纖維製品兩大類，而一般流行的是混紡布；以織造種類分，可分為梭織布、針織布及鉤織布等。

絲綢一向以國產絲綢為最大宗，雖其質量稍遜於日本和西歐，但貨源充足，價錢平，在香港市場很受歡迎。

【營業情況】　據政府統計，2004年布疋絲綢業進口商有3,325家，員工14,904人，較2003年分別減少145家及237人；批發商行有472家，員工1,593人，分別增16家及291人；零售商行245家，員工592人，增8家和116人。

2004年布疋絲綢業的進口總值為1,099.18億元，較上年增加9.15%；轉口總值1,060.39億元，較上年增10.43%；本銷總值38.79億元，較上年減17.2%。

去年布疋絲綢業的進口與轉口增幅基本上達一成，只是本銷方面跌勢又再擴大。一來是不少港人更願意到內地去“度身訂做”衣服，從而令自己的穿著打扮更具個人特色，且價格亦相對廉宜，從而令本港布疋零售舖頭生意大減。二來是現時不少成衣製造商在內地設廠生產，加上內地布料價低款多，不少都改為在內地購買布疋原料，令本港的布疋銷售大為減少。

年內最大的問題是歐美的貿易保護主義與配額爭拗。雖然今年取消了全球紡織品配額，照理說，自由貿易的程度在擴大，但歐盟國家及美國的紡織業製造業為保自身利益，紛紛要求政府對中國紡織品設限，因此，出現頗多的爭議，影響香港廠商的接單數量，一般下挫二至三成。而生意減少，連帶要裁減內地廠房的工人，以節約成本開支。故業界對今年的貿易糾紛均感到困擾。

【新動向】　香港理工大學已成功研發出全球首創的“形狀記憶紡織產品”，這種經加工過的物料有別於普通布料，它不但可以在指定溫度熱水洗滌後回復原狀，且備有保留衣服摺痕、表面平滑度以及回復凹凸位原狀特性。研究人員指出實驗證明洗過30次仍然具有記憶功能，手感及吸水力與一般棉料無大差別，價錢也不會較傳統布料貴。這種具記憶功能的物料特性，不單可用於一般的成衣及高檔次時裝，更可應用於其他行業和產品，例如醫療用品、玩具等。這項技術現在中國和美國取得8項註冊專利權，預期在一至兩年後，將向市場推出。

另外，在布料的圖案方面，年內民族主題的圖案依然大熱，花卉、動物及甚它各類圖案同樣流行，而亞洲和南美風情會是布料設計師的靈感所在。色調則會流行朱古力棕色、水鴨藍和深淺不一的綠色、黃色和橙色。

工藝品

【概述】 工藝品是香港古老行業之一。不少商號已經營了兩三代，新開的商戶則不多。據統計，2004年香港有古玩及工藝品進出口商戶392家、員工1,093人，較上年減267家、減109人；批發商39家、從業人員56人，較上年減21家、減70人；零售商640家、從業人員1,182人，較上年增93家、增206人。

工藝品種類繁多，大致分四大類：一、特別工藝品類，如新舊陶瓷、景泰藍、玉刻、象牙刻、雕漆、刺繡等；二、雜項工藝品類，如仿古玉件、新舊煙壺、木刻等；三、工藝傢俬類、屏封、草藤竹柳編織品等；四、珠寶首飾類，如金銀飾品、珠石玉器等。貨源主要來自北京、天津、上海、福州、廣州；部份來自日本、泰國、台灣地區。本港亦有加工繪製成各類陶瓷、製造木傢俬等。不過，比例不大。

刺繡、抽紗品手工精細，用料上乘，是名貴手工藝品，深受各地人士歡迎。刺繡成品有檯布、手帕、枕套、窗簾及大型繡畫，工藝技術主要來自廣東的汕頭和北京、天津、上海、江蘇、山東、青島等地，以轉口美國、意大利、澳洲、日本、南美洲、希臘等國家為主。香港有刺繡及抽紗製品進口商188家，和上年相若，從業人員476人，較上年增27人；零售商28家、48人，較上年增9家、增1人。

【營業情況】 工藝品品種繁多，加上很難明確分出工藝品還是實用品，因此，要準確計算工藝品的營業情況很不容易。據統計處統計，2004年香港進口藝術品、珍品（油畫）、雕刻、版畫、石刻、雕塑、郵票、標本及古董共15.62億元、出口9.73億元，分別較上年增17%和16.1%。其中進口油畫、國畫及彩畫5.42億元，以中國內地、美國、瑞士最多；拼貼畫及類似裝飾品進口936萬元，以中國內地為主；雕版畫、印製畫品及石印畫的原本進口293萬元，以法國最多；各種材料製的雕刻品及塑像元件進口4,457.8萬元，以英國、法國、新加坡最多；郵票或印花稅票類似物，已使用或未使用過的，不在本地流通或新發行的進口171.1萬元，以澳大利亞、美國、法國、瑞士為主；具有動物學、植物學、礦物學興趣的收集品及珍藏品進口2.17億元，以中國內地、瑞士、澳洲和比利時最多；超過100年的古董進口7.55億元，以中國內地、英國、美國和新加坡最多。

上面提到的僅是工藝品中的一部分，其他如傢俬、陶瓷、珠寶首飾等另有專文介紹。

2004年香港工藝品拍賣市場活躍，競投氣氛熱烈，中港台及東南亞的買家逐漸成為市場的基本支柱，中國的買家開始崛起。11月份在港舉辦的秋季拍賣會中，不少拍賣品都以遠超於估價的高額成交。兩大拍賣行年內均錄得多個新紀錄，其中，佳士得的亞洲藝術品拍賣活動中，總成交額約4.8億元，創出亞洲藝術品拍賣成交額的世界紀錄。蘇富比的中國近現代書畫拍賣，亦錄得1.08億元總成交額，比預期3,700萬元超出逾3倍，更打破該拍賣行24年來的成交紀錄。中國藝術精品拍賣刷新了多個紀錄，其中最高價的是罕有的“明永樂青花龍鳳呈祥梭口洗”，以2,638.38萬元成交。另一件珍品、十五世紀的“大威明德王鎏金銅像”，以1,798.38萬元的高價賣出，創下中國鎏金銅像的拍賣世界紀錄；又刷新了兩項瓷器拍賣的世界紀錄。另一方面，蘇富比的秋季近現代中國書畫拍賣共推出189件拍賣品，當中一些藝術品以大幅高出估價的成交價成交。其中傅抱石的四十年代作品《入眼荒寒一灑然》，以902.24萬元成交，比估價高出約700萬元；林風眠七十年代末作品《四美圖》以510.24萬元成交，比估價高出7倍多。

中國經濟起飛，全球又掀起中國熱，中國畫身價近兩年隨之升值，平均貴了兩倍；個別畫作更升值10倍，連連破紀錄。據本港拍賣行及畫廊表示，過去一年，港人及海外客來港買中國畫多了五成；2004年炒得最熱的是吳冠中作品；要數最高價者，則屬陸儼少，其中一幅畫作價近7,000萬元，破了中國書畫拍賣史紀錄。由2003年末開始，中國書畫的需求在市場不斷急升，過往只賣數千或數萬元的書畫，兩年間升至數萬元至近百萬元。吳冠中糅合西方手法的水墨畫，外國及國內人士大肆搶購。2004年"熱炒"的畫家還包括傅抱石、張大千、黃賓虹等。去年在北京以6,930萬元人民幣成交的陸儼少作品《杜甫詩意百開圖冊》，把中國書畫炒風推到另一高峰。據香港藝術館館長稱，約十年前該館搬到尖沙咀新館後，她四出買藏畫放在館內，當時中國畫尚未受收藏者注意，她以數千元或數萬元出價搜畫。例如林風眠的《秋色》以30萬元購入，現已升值10倍達300萬元。

隨著近年"中國熱"興起，曾經被忽視的中式傢俬再次成為潮流新寵，不少人喜歡在家中擺放一些中式傢俬，具價值的古董傢俬更是可遇而不可求。現時古董傢俬貨源仍以內地為主。現時內地古董傢俬市場已發展頗為成熟，尤其是廣東一帶，有不少古董傢俬仲介公司，令收藏者不用如過往般要全國"東奔西跑"，才能收購到適合的傢俬。

內地經濟起飛，本港中小型藝術拍賣行亦受惠。近年不少內地客到港"掃平貨"，加上自由行帶動，內地買家近年增加兩至三成，本港中、小型拍賣行數目亦增到5~6家。部份內地著名畫家的作品會在本港拍賣，因港人不熟悉而拍賣價不高，故不少識貨的內地客來港"掃貨"，例如一些在本港只值數千元的書畫藝術品，在內地可賣數萬元。現時本港中小型拍賣行亦以拍賣形式拍賣紙幣、錢幣及郵票等物品，以擴充市場。中小型拍賣行拍賣物品多以10萬元以下的物品為主，亦多以無底價形式拍賣，成交價可低至100多元，不少市民都可以負擔。

【新動向】 高質國畫如藍籌股受到不少人追捧，部分銀行基金亦購買中國書畫作保值。有畫廊表示，買畫作投資者亦上升五成，內地人士和東南亞買家來港買畫人數大增。佳士得於2005年5月底首次把拍賣場由酒店移至較大的灣仔會議展覽中心，拍賣的中國畫數量亦增加1倍。中國書畫專家估計，未來五年，中國書畫熱不會冷卻下來，仍是富裕人士投資的目標之一。

根據報道，內地一些農民把文物從地下挖出來，賣給中間商，通過香港、澳門等地走私，倒手以後，最終賣給美國收藏家和顧客。去年春天，安徽省偵破"建國以來最大的文物走私案"，後來當局從港澳市場追回這批文物。為了遏制愈演愈烈的文物偷盜、走私之風，美國政府已接納中國政府的建議，任命了11人的委員會，考慮頒佈一項禁令，限制進口一部份中國文物，並協助追查已入境的被盜中國文物。根據這一禁令，如果中方提供明確證據，美方有義務協助追回已入境的被盜中國文物。中方向美國提供一份保護清單，範圍涵蓋從舊石器時代至清朝的文物，包括青銅器、銀器、石器、陶器、字畫、紡織品等。業內人士指出，由於不少內地文物透過港澳等地流往美國市場，不排除部份香港古董店將因此關門停業。

鐘 錶

【概述】 隨著近年來的教育及生活水平不斷改善，香港人對於鐘錶的選擇較以往多元化。鐘錶已由單純計時而演變為時尚飾物。

【營業情況】 據最新統計數字顯示，2004年香港鐘錶批發商有64家，比2003年的131家，減少了67家，僱用員工490人，比2003年的365人，增加125人。香港鐘錶零售店有482家，比2003年的547家，減少65家，僱用員工有1792人，比2003年的2,324人，減少532人。

據資料顯示，2004年香港鐘錶入口總值355.20

億元，比2003年的319.76億元，增加35.44億元，增幅11.08%。

鐘錶業表現與經濟興衰分不開。2004年本港零售業興旺，扭轉了過往3年的跌幅，回升10.8%至1,915.99億元，為1994年以來最大升幅，其中以珠寶首飾、鐘錶及名貴禮物增幅最淩厲，升幅達23%。興旺原因，主要受惠於經濟復蘇、旅遊業暢旺。

香港零售管理協會主席關百豪表示，2004年零售市場表現理想，除因訪港旅客上升及聖誕刺激消費外，地產、股票、外匯均有升幅，創造財富效應，經濟好轉增加了高收入人士消費意欲；加上歐元及日圓升值等匯率因素，亦令貨品價格提升。

據一鐘錶零售商說，由於內地市民較喜歡中高檔的名錶，他們對勞力士、帝陀、浪琴、雷達，以至伯爵等高檔牌子情有獨鍾，故從事這類名牌腕錶商人，生意都很好。

九龍表行董事總經理黃錦成説，九龍表行把握時機，迎接各方客源。現時個人遊的內地顧客佔整體顧客的25%。在售賣的產品中，貴價名錶佔三分之二，而其他則為充滿創意、高科技及限量版貨品。公司擺脫了舊式手錶零售商以量取勝的經營模式，集中開拓求過於供的市場，例如銷售貴價錶如勞力士、OMEGA錶等。

隨著內地人民生活水平和消費水平的不斷提高，國際知名鐘錶集團逐漸將目光聚焦於中國高檔手錶市場，高檔名錶進口飛速攀升。除勞力士、歐米茄、帝舵、雷達、浪琴等外，江詩丹頓、愛彼、積家等頂級品牌也紛紛進入中國市場，瑞士愛彼錶就全力開發內地市場。愛彼錶香港總代理達昌洋行有限公司總裁孟憲庭表示，愛彼錶自1999年開始進軍內地市場，經過多年的努力，已在上海、杭州、大連、北京等主要大城市建立起20個銷售點。他形容，內地銷售率增長快，但投資也巨大，且市場轉變速度驚人，例如某品牌應邀到某新商場投資開舖，但不到一年，商場可能換了管理層，如果新管理層跟市政府有爭拗，又或許有其他競爭品牌想進入商場，因此那品牌便可能要搬離商場，因而之前的投資也泡湯了。因此，在中國做生意，要嚴謹中帶靈活。

【新動向】　2005年的經濟上升勢頭仍然強勁，市民消費增加，預測2005年鐘錶業的表現理想。

在內地開放個人遊政策的帶動下，旅遊業成為香港經濟復甦最快的行業。開放個人遊等於減少內地人來港購買服務產品的交易成本，變相將內地服務市場向香港開放。個人遊對帶動香港鐘錶零售業的發展，產生了立竿見影的效果，為該行業帶來豐厚的收益。

隨著中國加入WTO，關稅不斷下調和進口配額的逐步取消，為國外名錶湧入中國市場創造了有利的條件，中國正逐步從高檔手錶消費的潛在市場向現實市場轉化，如世界十大名表排名第二的“江詩丹頓”每年在中國的銷售數字以30%的速度增長，銷售額已佔了其全球銷售額的7%。同時，根據不同場合、季節、服裝等佩戴不同款式的手錶已成為流行時尚，市場需求更趨多層次、多品種。2005年仍然有大批世界頂級名錶湧入中國市場，“江詩丹頓”分別在北京、大連及上海開設專賣店；售價約幾十萬元一隻的頂級“寶璣”錶亦正式進入中國市場銷售；“積家”也在北京開設了中國內地的第一家旗艦店。越來越多的世界知名品牌手錶在中國展開了激烈角逐。

儘管中國手錶出口量佔世界的七成以上，但內地製造的手錶產品附加值較低，缺乏有個性、有拓展前景和有實力的品牌，在國際市場上仍處於低檔產品地位。業內人士認為，國內鐘錶企業要發展，必須提高無形資產價值和在國際市場上的競爭地位，培育名牌，運用高科技手段提高產品品質和研發能力，加強市場推廣能力，把握潮流時尚，讓消費者選擇到更能表現自我、體現個人品位並與世界同步的鐘錶產品，迎合手錶貿易國際化和多元化的趨勢。

珠石玉器金銀首飾

【概述】 香港珠寶、玉器、金銀首飾業的製造和商業經營基本一致，較大的店舖都有自設工場。這個行業主要包括金飾、鑽石及鑲作，還包括人造首飾。

據統計，2004年珠寶進出口商有2,838家、員工213,355人，較上年增263家、1,388人；批發商（包括仿製首飾）634家、從業人員2,337人，較上年減11家、增534人；零售商（包括仿製首飾）2,224家、從業人員10,517人，較上年減17家、增1人。

這個行業經營品種有別，故業內有許多商會組織，如香港珠石玉器金銀首飾業商會、香港珠寶玉器廠商會、香港珠寶製造業廠商會、香港鑽石商會等。

【營業情況】 香港的珠寶製品除出口外，還有相當大數量供本銷，滿足本地居民及遊客的需要。在本銷市場的珠寶金飾中，約30%為外國遊客所選購，內地遊客購買的也不少。

2004年，本港受惠於《內地與香港更緊密經貿關係安排》和自由行，零售市場活躍，珠寶業更是得天獨厚。據貿發局一項有關內地城市珠寶調查顯示，在94.3%未到過香港或未曾在港購物的內地二線城市受訪者當中，有43%受訪者想到香港購買珠寶首飾。其原因是香港有很多潮流款式及品牌可供選擇、品質保證及價格合理。

香港的珠寶首飾，主要集中於中價貨，最流行的款式是24K和18K金鑲鑽石或紅、藍、綠寶石。足金首飾銷量亦相當大，利用半寶石如瑪瑙、紫晶和琥珀製造的珠寶及利用南珠製造的首飾仍受歡迎。內地客以項鏈和戒指最為喜愛，質料則鍾情於白金、鑽石和黃金。女性傾向即興消費，男性則為取悅別人和送禮。購買珠寶首飾的消費中位金額是人民幣1,950元，購買項鏈、戒指和手鐲的消費金額介乎人民幣500~1,000元之間。

內地不少旅客來港選購金飾，金舖幾乎是必到之地，反映了香港金飾在內地旅客中有很高的聲譽。香港一直是亞太區主要黃金集散地，是世界主要金飾市場，平均個人金飾擁有量居世界之首。香港金飾業得以迅速發展的主要原因:一是金飾進口免稅，成本較低，價格具競爭力；二是金的成色夠標準、信譽好，吸引了各方買家；三是金飾製作技術精湛、款式設計新穎，在國際市場上享有聲譽。不過，由於連續多年經濟不景，加上不少市民在年尾買金過年的傳統思想有所改變，嫁娶買金飾生意有所回落。

香港是全球平均每人擁有最多鑽石的地方，相比歐美國家的主要城市，本港市場除了夠集中，消費者及零售商亦較肯接受新產品。以往，內地遊客喜歡足金首飾，但現時卻偏重寶石、珍珠、鑽石等首飾，尤其是上海、北京等城市的顧客，對鑽石更是“買慣買熟”，部份人更會買散石，然後要求特別設計。本港鑽飾手工細，而鑽飾較金更難辨別真假，在本港購買較有保障，故本港鑽飾較受內地人垂青。近期不少內地自由行旅客捨棄買入金飾，轉而選購鑽石。業界人士稱，選購鑽石的內地遊客，人均消費介乎7,000~20,000元的2卡鑽石，大部份旅客喜歡購入一粒附有證書的主石，重量約30~50份。本港市面上出售的鑽石款式近年轉趨較簡單的設計。由於一般碎石成本低廉，所以平價鑽飾多以鑽石鑲嵌。市面上所謂碎石是指大小介乎10份細小的鑽石粒。由於10份或以上碎石不能有較佳賣相，所以用作拼砌成花圖形，若碎石達15份以上，則多被鑲成單粒戒指出售，而售價多介乎2,000元左右。在鑽飾市場上，若鑽石份數未及50份或以上，多被視為碎石，售價不高，但亦由於不同鑽石本身有不同質素，例如折射度、清澈度、硬度等有所不同，售價亦有很大差別。

至於寶石、玉器方面，完全視乎個人喜愛，例如現時流行的密蠟首飾，市場上價格參差不定，但很難找到上好的密蠟手珠。由於玉器品種繁多，品質型格各異，價錢差距很大。因為B玉充斥市場，A玉生意大受影響，以假亂真的情況不時出現。

除鑽石外，如美神萊（Moissanite）等新款寶石亦獲一定顧客垂青。復古及天然款式均有市場，流行幾何圖案，客戶喜愛具線條及加入動感設計，首飾配上黃白或紅白金設計均受青睞；晶石方面，多顏色及水滴型設計較受歡迎。

淡水珍珠銷售不俗，顧客多喜愛圓珠，顏色以銀白及粉白為主。9毫米至10毫米的白色及紫色珍珠最為暢銷。海水珠則以6至8毫米最受歡迎，貨價每件約100~300美元。

人造首飾因為容易配襯衣服，可以追上潮流，使佩戴者非常出眾，而且價格便宜，因而銷量很大。人造首飾當中，鈦金屬飾物最受歡迎，而意大利人造琉璃珠在本港零售市場亦頗有銷路，粉色系列更受少女鍾愛。另外，膠鏈產品亦甚受歡迎，因可配合牛仔衫等衣著，被視為“有型珠寶”，為傳統金鏈以外另一潮流選擇。

個人遊雖然帶旺珠寶業，但業內競爭也相當激烈。為了提升競爭力，不少珠寶公司增設分店並經常推陳出新，致力設計新款珠寶首飾，以迎合顧客的要求。有些金行根據內地客覓“潮”的特點，以鑽石、K金和足金等幾種較受歡迎的物料，每種多做逾10個新款吸引他們。同時又裝修店舖轉換新標誌，給顧客予耳目一新之感，使顧客知道店內有新款貨品，用新形象把他們吸引進來。另外還邀請內地有名氣的藝人出任品牌代言人，又擔任廣告模特兒，在內地廣為宣傳，起到有效的作用。

【新動向】　隨著內地人士來港日趨便捷，而且來港次數增多，購買力相對減弱。旅遊發展局早前曾表示，內地遊客人均消費下調屬預料之內，雖然如此，一向深受內地客歡迎的珠寶業界對前景仍充滿信心，認為人均消費下降亦無損盈利。事實上，旅客人均消費由“五・一”黃金周時的4,000~5,000元輕微下調至3,000~4,000元，加上豪客不復多見，但由於旅客人數上升，營業額大致相約。特別是開放自由行城市會愈來愈多，來過的人也可能會再來，拉上補下，營業額仍有增長。

現時全港約有千多間金行，單是周生生、周大福及六福等龍頭金行，分行數目便逾百間。自2003年中內地推出自由行政策，三大金行更迅速擴張，其中周生生集團旗下的分行便多達45家，是龍頭中的龍頭。當中4家分店於2005年初兩個月內先後開業，加上9月迪士尼的分店開幕，氣勢如虹。連鎖老字號在市場佔盡優勢，中小型金行難以招架。2004年底一項調查顯示，在內地旅客心目中，周生生、周大福和謝瑞麟3家珠寶店，穩奪本港十大品牌其中3席，盡見品牌效應。同樣是龍頭有37分店的周大福，近年除了推出應節折扣金飾招徠外，也與其他金行一樣，開設專走年輕人路線的姊妹店，又積極開拓內地市場，全方位吸納有潛質的顧客。連鎖金行老字號迅速擴張，成為自由行贏家，逼令部份急進同行以提供回佣方式確保客源，將成本轉嫁顧客，將本地金行競爭推向白熱化。謝瑞麟父子更涉嫌提供非法回佣被捕，事件震動本港珠寶界。面對大型及中型金行埋身肉搏，小型金行就只有看的份兒。香港珠寶金飾零售商會主席、本身也是金行老闆的卓啟燦不諱言，單打獨鬥的小型金行想在市場分一杯羹並不容易，希望在年底前推出細行結盟優惠計劃，每區以1~2間小金行作龍頭，連結區內細行推出集體折扣優惠，如回收金飾免手工收費等，希望殺出一條血路。

由於內地對鑽石的需求不斷增加，鑽石價格因而被搶高約15~20%，特別是介乎3~10萬元的11級中價鑽石，令這類鑽石最為缺貨，業界經常要與內地同業競爭。

樂器

【概述】 香港樂器行已有數十年歷史，不少是老字號。

近二、三十年，隨著市民教育水平的提高，樂器愛好者的不斷增加，管弦樂團的成立以及政府文康部門、文化藝術團體、學校經常舉辦各種中西樂器訓練班、公開比賽和演奏會等，促進了音樂活動的發展。因此，對各種中西樂器的需求不斷增加。

香港經營樂器的商號稱琴行。據統計，2004年，本港經營樂器的進出口商有56家、從業人員160人；零售商有234家、從業人員有1,333人，分別較上年增21家、增42人和減14家、增90人。經營西洋樂器為主的琴行中，以通利琴行、五洲琴行和曾福琴行的規模最大。

成立於1953年的通利琴行目前在世界上擁有上百家代理行，服務網絡遍及香港、中國及加拿大，而位於香港尖沙咀金馬倫里之總店更是全東南亞最大的樂器專門店。今日的通利琴行已成為全東南亞最大的音樂器材經銷商。

創建於1916年的曾福琴行，1995年開始，從手工生產十八、十九世紀的傳統式鋼琴轉為代理世界各國100多間公司的三、四百種樂器和音樂器材，包括鋼琴、電子琴、豎琴、數碼鋼琴；流行組合包括鼓、揚聲器等。

成立於1981年的亞洲琴行是由琴室做起的，現代理歐美名牌鋼琴—琴王波雲、歐洲富慧牌、荷蘭伯納牌等。該行在港澳共有10間分行，並在國內多個城市設有分店，學生人數數以千計。

經營中國民族樂器的有粵華樂器行。該行兼營內地生產的西洋樂器。

香港銷售的樂器，大部分由中國內地以及外國進口，其中以日本、韓國來貨最多，近年中國內地樂器銷量持續增長。有些商店除經營進口及零售外，亦兼營轉口業務，如粵華樂器行經銷的中國民族樂器也轉銷世界各地。

香港銷售的樂器品種繁多，除西洋樂器外，電子樂器近年也有銷售。這些樂器大致分為鋼琴、弦樂器、敲擊樂器及電子琴等。

【營業情況】 樂器在本港有一定市場。即使在零售業不景的情況下，樂器銷售似乎不受影響。據政府統計，2004年本港進口樂器及其零件、附件、唱片、磁帶及其他聲音或類似錄音器總值61.21億元；出口85.25億元，分別較上年跌5.7%和0.4%。其中進口鋼琴、撥弦古鋼琴及其他鍵盤弦樂器11,856座，總值2.05億元；其他弦樂器222,526座、總值4,928.8萬元；鍵盤管風琴、簧風琴及類似帶不固定金屬簧片的鍵盤樂器36個、總值346.2萬元；手風琴及類似樂器、口琴共432,610個、總值467萬元；其他管樂器182,971件、總值5,237.6萬元；敲擊樂器633,450件，總值2,199.3萬元。

鋼琴價格差異很大，由數千元到數十萬元不等。歐洲進口的鋼琴中，弦線以德國生產的最著名，音色一流。2004年從德國進口鋼琴770座。而歐洲琴頗為傳統化、觸鍵感重，宜彈古典樂曲，價錢約3萬元。日本及韓國產品以中檔為主，售價約1.5~3萬元。

近年，古箏、二胡、琵琶等中國傳統樂器漸受歡迎，進入香港的也相當多。

電子琴有不少鋼琴沒有的優點，例如不需調音、容易保養、音色多，而最重要的還是電子琴可彈奏出有如大樂隊氣勢的音韻，故亦相當受歡迎。本港最流行的電子琴屬於FE電子琴，多在音樂廳採用，有“餐廳電琴”之稱。本港便攜座檯式電子琴銷量較多，而座地電子琴較少，各類吉他也有一定銷量。

香港出售的二手鋼琴，主要是中國、印尼、日本等國家製造的鋼琴。因港人多喜歡購買原裝鋼琴，故二手鋼琴市場發展未見蓬勃。

香港樂器市場競爭激烈，一些大型琴行出售的產品都非常齊全，如：鋼琴、電子琴、吉他、敲擊樂器、管樂器、弦樂器、電腦音樂、專業音響及錄音器材、視聽器材、音樂書籍及軟件、教育音樂、輔助配件、音樂精品及服裝等，集設計、安裝、銷售於一身。除零售外，亦多兼作批發銷售，因而構成偌大的市場網絡。一些大型琴行還擁有卓越的音樂器材維修及保養隊伍，成員眾多，能精通特別指派樂器之設計及構造，並受過較嚴格廣泛的在職培訓，且定期到海外接受各大廠家提供的知識和技術提升課程，確保服務維持於最高水準。另方面，大型琴行還有系統地貯存林林總總的產品及組件，再配合電腦化的存貨系統，可迅速而穩定地為各門市部及分銷商供應貨品。

為了吸引顧客，琴行各出奇謀，如舉辦展覽會，以超低價推出，提供不同付款辦法，包括免息、免首期或分12期、16期供款及讓顧客選擇先租後買的方式等。除減價外，不少琴行還給顧客送大禮，如送名廠拍子機、琴布、名貴琴椅、金筆、調音服務，甚至免費學習一個月。另外，一些琴行更為學生舉辦各種音樂課程。有些琴行除了提供教琴服務外，更與多個機構合辦課程供小朋友參加。有些琴行課程初期主要是指導小朋友靈活使用電腦，包括電腦、滑鼠操作。整個課程分五個部分：鍵盤彈奏、樂理、視唱練耳、樂器認識和音樂欣賞。課程突出之處在於讓小朋友在不知不覺中學音樂。也有琴行維修部定期舉辦樂器構造和保養講座，令用家對樂器有更深入的瞭解，使產品本身和音樂人的技術從而有最佳的發揮。

【新動向】 中國加入世貿後，有更多來自世界各國的樂器進入中國市場。同樣，亦有更多國產樂器參與世界競爭。一家美國鋼琴雜誌說，“中國鋼琴在世界有最好的價格，而全世界的鋼琴製造商都看到中國鋼琴質量在上升。”隨著國內人民生活水準的提高，購買鋼琴的家庭不斷增加，特別一些富裕家庭更傾慕外國的名牌樂器，而選購外國鋼琴。為此，本港不少琴行紛紛到國內開設分行或門市部，把外國產品打入中國市場。

香港人對音樂興趣濃厚，特別一些家長，把子女會彈鋼琴作為一種身份的象徵，一種賺錢的本領，因而不少家庭都盡量讓子女學習鋼琴，以至學習鋼琴的人不斷增加。加上使用者在一定時間之後會更換鋼琴，從而使鋼琴有一定市場。同時，因琴行提供各項優惠，如低息分期付款服務，對買家有一定吸引力。另外，由於樂器並非經常購買的物品，故社會經濟的好壞對樂器市場影響不大。

攝影器材及沖印

【概述】 香港經濟迅速發展，居民收入不斷提高，攝影已成為人們日常生活不可缺少的一項活動。香港市場上售賣的照相機，主要為：單鏡反光機，全自動的輕便機（俗稱傻瓜機），採用先進攝影系統（APS）的相機及數碼相機。

在這4類照相機中，單鏡反光機在上世紀70至80年代盡領風騷。但到80年代末期，由於電腦科技的進步，照相機採用了微型的集成電路設計，加強了輕便相機的功能和實用性。這種照相機具有價格便宜和操作簡易的特性，大受消費者的歡迎。進入90年代，市場上出現了既可自動化操作，又可人手控制的可更換鏡頭單鏡反光機，一時間在市場上大行其道。近年，攝影器材商為了拓闊銷售空間，推出兩種新產品，分別是數碼相機及先進攝影系統(APS)相機。數碼相機可配備變焦鏡頭，並可以硬碟存儲影像，免卻沖印的麻煩。先進攝影系統(APS)相機是由富士、柯達、佳能、美能達和藝康五間公司研製而成的採用特別規格底片的相機，APS底片的片幅較135底片為小，但操作更為方便，其相機可提供一般、廣角及超廣角相片規格選擇，只要在機身調校即可。

至於相片沖印行業，以往屬於一門專門的行

業，一般沖印店只負責收集顧客需要沖印的軟片，然後集中送往專業沖印中心進行沖印及加工，沖印店只從中收取服務費。但是，自從快速沖印機器出現後，由於投資金額不大，吸引不少有興趣的人士投身沖印業，導致快速沖印店林立，沖印費用大為降低，這亦刺激起市民的攝影興趣。

【營業情況】　截至2004年12月，攝影器材及用品進出口貿易機構有289家，較2003年的387家，減少了98家；從業人員1,988人，較2003年的2,756人，減少了768人；攝影器材及用品零售公司有91家，較2003年的92家，減少了1家。從業人員1,124人，比2003年的1,045人，增加了79人。

業內人士表示，2004年攝影器材的市況仍然以數碼攝影器材為主導，而傳統攝影器材的生意只會平穩發展。其原因，一是數碼相機普及，攝影門外漢甚至是小孩子也可輕易拍攝到效果不俗的照片，所以數碼相機已成為每個家庭必備之物。二是各大相機生產商都致力發展數碼化，現時每個月都有數以十部新款的數碼相機推出，使用數碼相機的人數不斷增加。三是數碼相機進入了鬥機身細、鬥外型靚、鬥解像度高的階段，不斷更新換代，吸引消費者換機。2004年香港經濟復甦，自由行帶來大批內地遊客，他們都喜搶購數碼相機，這令香港數碼相機產品銷量大增。

據香港旅遊發展局資料顯示，2004年是香港旅遊業的一個重要里程碑，訪港旅客人次高達2,136萬，刷新歷史紀錄。旅遊發展局發現，內地放寬部份城市居民可以個人遊來港後，即日來回的個人遊旅客已形成新消費群，主要來港購物或參與大型活動，消費較一般即日離港的旅客高出一倍多，平均每人消費1,600多元。他們到香港來，都是喜愛買數碼相機。

佳能（Canon）助理總監張立基說，香港市場每月售出8-10萬部數碼相機，以平均價3,000元計，一年的數碼相機市場的總值便高達30餘億元，這麼大的市場，是不容有失。據佳能的調查，香港的數碼相機滲透率，已接近64%，即每100個家庭之中，64%已擁有數碼相機，因香港不少家庭的每月收入少於1萬元，64%的滲透率已接近飽和，目前的市場主要是一個“換替市場”，另外兩成多買家是遊客，尤其是以自由行遊客為主。他估計每10位第一次來港的自由行遊客，便有兩人購買數碼相機。

他又說，無論是港人或內地的買家都愛好新款式、新功能、更大的像素，不斷捨棄舊機，換入新機。他強調，傳統菲林相機已面臨末路，前景黯淡，德國某些名廠因轉型不及，距停業之路不遠了，科技的進步竟可把整個工業淘汰出局。

至於沖印業務，截至2004年12月，共有704家沖印服務店，比2003年的884家，減少了180家，服務人員2,002人，較2003年的2,507人，減少了505人。

沖印服務業亦與攝影器材業一樣，2004年的生意比2003年好。業內人士說，沖印服務業的市況也是分兩部份發展。傳統沖印市場因已近飽和，業務增長甚微，但仍有生存空間。至於數碼沖印方面，因數碼相機越來越普及，數碼沖印也大行其道，生意增長很大。

【新動向】　業內人士表示，隨著2005年9月12日迪士尼主題公園開幕，旅客人次將穩步上揚，加上旅發局將會加強宣傳及推廣，鼓勵內地家庭及商務旅客來港消費，這將會刺激香港的零售業發展，對攝影器材業有一定的促進作用。

攝影器材業2005年仍然以本地消費及內地遊客為主要對象。有些數碼攝影機的生產商針對自由行客的大幅增加，加強售後服務，使內地客在港購買相機後，可繼續在內地享有售後保養維修服務。另外，幾家大型的家電零售商如豐澤、百老匯等，都在國內大做廣告，以吸引內地遊客來港購買攝影產品。

至於本地客市場方面，佳能（Canon）助理總監張立基說，面對未來挑戰，佳能將力谷換機市場，以及推廣“一人一機”消費概念。他強調，以細機市場來說，2004年除了聖誕期間銷量大增之外，餘下大部份時間都在同一水平上徘徊。估計2005年市場增長一定放緩，但細機仍然是超過100萬部的龐大市場，佳能不會放棄。佳能要開發接近飽和的細機生意，主力發展換機市場，發展方向是由“一家庭一機”，推展至“一人一機”，配合用家對相機的需求逐步朝個人化發展。

至於沖印服務方面，傳統的沖印店已大部份轉型，兼營數碼沖印。數碼沖印業競爭十分激烈，但仍有市場空間。

眼　鏡

【概述】　香港接近700萬人口中，約有四成經常佩戴眼鏡，當中超過40%需要佩戴老花眼鏡、50萬人戴隱形眼鏡。不少人均備有兩副眼鏡以上，眼鏡幾乎成為人們生活的必需品。

據香港政府統計，2004年，本港共有眼鏡及光學用品批發商82家、從業人員258人，較上年減15家、19人；眼鏡及光學用品進口貿易商473家、從業人員3,356人，較上年減36家、增499人；眼鏡店786家、員工2,598人，較上年減26家，增173人。有眼鏡製造廠26家、員工398人，較上年減11家、37人。

【營業情況】　香港是全球第二大的眼鏡及眼鏡配件出口地，僅次於意大利。本港的眼鏡工業已漸由OEM（原件生產）轉向ODM（原設計生產）為主。本港的眼鏡設計師水準頗高，能追上國際水平，許多國際知名的眼鏡品牌都是出自本港設計師之手，不少世界著名的眼鏡商在本港設有生產或銷售基地。不少廠商更為自己的產品設立設計隊伍，設計一系列的產品，以高質素及具創意的款式來迎戰內地日益發展的廉價眼鏡產品。可是有業內人士認為，本港在眼鏡設計人才培訓方面仍未足夠。

眼鏡一般分為普通眼鏡、太陽眼鏡及隱形眼鏡，以前者的營業額最大，但近年經濟好轉，吹起一股太陽眼鏡熱。據統計，2004年本港的眼鏡、護目鏡或類似物的框架及裝架出口約137.7萬副、總值4,934萬元；眼鏡、護目鏡或類似物的框架及裝架零件出口約207萬公斤、總值1,143萬元；而玻璃鏡片出口22.8萬片、總值582萬元，出口到中國內地、厄瓜多爾、泰國、德國等地。出口的鏡片（除玻璃製）逾646.9萬片、總值7,637萬元，主要出口到中國內地、德國、菲律賓和新加坡等地。

港製眼鏡有10-12%供應本港市場，其中絕大部分靠外地進口。進口的鏡片以名牌產品為主。2004年本港進口的隱形眼鏡眼鏡片3,354萬片、總值2.665億元，主要來自美國、愛爾蘭、德國；玻璃鏡片2,402萬片、總值8,247萬元，主要進口自中國內地、意大利、日本；鏡片（除玻璃製）逾8,890萬片、總值3.59億元，主要來自中國內地和泰國。進口的眼鏡、護目鏡或類似物的框架及裝架共8,569萬副、總值12.67億元。主要來自意大利、日本。

2004年11月的“香港眼鏡展2004”，人流及具誠意買家比上年增加兩成至一倍。可是，港商出口市場卻縮窄至歐美地區，因為那些新興市場，如東南亞、中東、東歐、南美等陣地，都失手於溫州的平價競爭。產品方面：太陽鏡——歐美買家大都鍾情離岸報價7~10美元的產品，流行酸性膠架及金屬與膠混合的架，顏色以鮮色熒光色為主；配光鏡——買家多來自美國和日本，離岸報價膠的5~6美元、金屬的約5美元、鈦11~12美元；兒童鏡——買家分佈較平均，大致接受4~5美元的離岸報價，買家來自中國內地、台灣地區、日本、美國、韓國、澳洲、新加坡、馬來西亞、印度和德國。

香港眼鏡零售市場一向分為兩大類，一是連鎖式經營，其餘是小本經營。自1999年“夢想成真眼鏡城”設立，開始打破連鎖壟斷，成為香港首家“巨無霸”式眼鏡店（店舖面積逾4,000方呎）。至於首家以“均一價自動眼鏡舖”自居的A-Look，則於2001年開業，眼鏡價錢經濟且售價劃一，成功吸引不少年輕顧客。為提高競爭力，A-Look除標榜有註冊視光師駐店為客人驗眼外，亦打破一貫傳統眼鏡店的經營模式，以“開放式”作招徠，客人可自助任意試戴眼鏡，且店內所有眼鏡是“均一價”的268元及380元，太陽鏡則全部售128元，售賣的眼鏡主要是自家品牌。而A & M眼鏡特賣場亦是一家開放式及自助式的眼鏡店，由於樓上鋪租較便宜，故店內眼鏡價低於市價二、三成。

眼鏡跟時裝一樣，近年講究時款及潮流，開發新產品的次數遠較以往頻密，產品生命周期平均只有一年。為此有眼鏡公司將首飾與眼鏡揉合於一身，選用施華洛世奇（Swarovski）水晶，鑲在太陽鏡片及鏡臂上，將其變成配襯時裝的產品。這類太陽鏡，其價值貴在鑲水晶手工，一般離岸價為6.5~15美元（約50.7~117港元）。款式多用酸性膠。

據註冊視光師表示，本港有70萬年齡介乎40~44歲的中年人士佩戴老花眼鏡。以往有不少人戴上老花漸進眼鏡後感到不舒服，容易疲倦、頭痛，而且視像不時起波浪，甚至有出現干擾情況。本港首次引入全新的日本高價鏡漸進鏡片Super P-1，可以解決以上問題。Super P-1一大特色是將非球面設計融合於老花眼鏡的鏡片之中。非球面設計鏡片特薄，影像還原率高，不但比一般漸進鏡片減少五成視覺錯誤，而且視野更有三成擴展。該款鏡片價格由2,000~8,000元不等。

【新動向】 據業內人士稱，太陽及配光鏡款式主流是酸性膠，但可能在不久的將來，金屬架會捲土重來。也許早前的記憶金屬、鈦等太花巧了，未來將回復自然，流行一些普通金屬架。太陽鏡的設計將繼續以“懷舊、復古”為主題，趨向採用大鏡框，並加入不同裝飾，如水晶、鑽石等。顏色方面，對比色、混合色以及民族色彩濃厚的花紋將是大熱，並會以膠框為主。

近期，本港亦有不少眼鏡平價促銷店，除有溫州貨外，更有本港廠家散貨，都為本地市場帶來一些衝擊。

眼鏡物料愈新穎愈複雜，如何焊接多種物料，是業界面對的技術難題。為此，香港中華眼鏡製造廠商會成功向創新及科技基金申請資助，並交生產力促進局負責“為眼鏡業開發適用於鏡架製造的各種新款物料的先進接合技術”之開發。據生產力局稱，新穎物料如鈦金屬、鋁合金、鎂合金、記憶金屬和各種塑膠物料，現已應用在眼鏡框架製造上，達到輕巧、隨意折合、新潮和舒適的效果，以迎合用家需求。但新穎物料的應用也帶來眼鏡組件接合的問題，如差劣的介面種類包括多孔、內含物、內陷、穿透、裂開、倒扣等，以及由內應力所產生的歪曲和金屬分子變形等現象。這次研究主要找出各種新穎物料的接合應用標準，如摩擦焊接、阻力焊接及鐳射焊接，特別是鈦金屬和塑膠材料。各種物料的特性、微結構、加熱狀況、受熱影響的範圍、介面的設計和接合劑的應用，均會用電腦輔助系統加以分析，以識別特殊的焊接參數和條件。該項研究已於2004年4月展開，預計在2005年11月完成。

進出口業

【概述】 進出口貿易是香港經濟的生命線，從開埠起，香港就是一個商業貿易城市，因此，進出口業稱得上是香港歷史最悠久的行業之一。

在相當長的時間內，香港都是作為一個轉口的商埠，但到了六十年代中後期，香港製造業蓬勃發展，港產品的出口貿易帶動了香港經濟的成長，成為香港經濟的重要環節。不過，進入八十年代，由於香港土地與勞工成本日漸高漲，恰逢此際中國實施對外開放政策，吸引了大批香港廠商前去中國投資設廠，在內地生產製造產品，再經香港轉運到其他國家。這樣一來，本港的經濟結構漸漸轉型，而轉口貿易也取代了港貨出口成為貿易形態中的主流。事實上，目前香港公司進行的貿易活動範圍已遠遠超出傳統的中轉貿易，一般出口商行的經營模式日趨多樣化了。與貿易活動同時發展的還有多種與生產有關的服務，如品質控制、包裝、運輸、倉儲、產品設計、研究與發展、樣品製作等，因為向在國內和其他國家及地區經營的香港廠商提供支援，更具有增值的作用。而香港廠商很多都有出口業務，與出口貿易商的分界也越來越模糊。

另一可留意的趨勢是：香港離岸貿易近年的發展越來越快，所謂離岸貿易，是指港商把香港境外生產基地所製造的產品毋須經過香港而轉運或直接付運到海外市場。離岸貿易所以發展得如此迅速，主要是因為內地的生產能力不斷提高，已毋須再將產品運抵香港作最後加工即可出口；而近年內地的基建設施不斷完善，遠洋航運能力不斷提高，相關的貿易服務項目日益豐富；日益開放的服務業又使原先需在香港完成的各種輔助服務，包括安排國際認可文件、貨物保險、質檢、集裝、安排海外班輪營運以及發出提單等均可在內地完成，從而使部分轉口變為轉運，再加上從事轉口及離岸貿易盈利可觀，也是離岸貿易快速增長的原因之一。有人擔心，離岸貿易的增長會影響本港作為轉口港的地位，但從宏觀一點的角度來看，離岸貿易的發展表明港商在海外投資地的經濟加速增長，是中國內地與整個亞太區經濟繁榮發展的表現，因此並沒有分薄香港的利益，相反，因離岸貿易的增加，香港廠商和出口商對其衍生出的貿易支援服務如安排貿易融資、保險及法律仲裁等需求不降反升，可進一步強化香港作為高增值貿易服務的提供地，鞏固香港商貿樞紐的角色。

在香港從事貿易的商行以小型為主，這些小商行運轉靈活，能迅速順應國際市場需要，並可利用先進的技術條件和方便的服務條件去開展業務。

據香港政府統計處統計，2004年港九經營進出口貿易的商號共有96,523家，較2003年的96,834家減少311家；從業人數為503,287人，較2003年的490,700人增加12,587人。上述數字表明，過去的一年本港貿易表現甚佳，但有的公司依然無法因應競爭而倒閉，反而做得較好的企業則有向外招聘人手，令從業人數有所增加。

經營各種不同類別貨品的進出口商號和從業人數的具體情況如下：經營食品的商號有3,792家，就業人數18,344人；經營酒類飲品及煙草的商號有462家，就業2,691人；經營燃料的商號221家，就業2,048人；經營衣物及鞋類的商號19,976家，就業116,863人；經營一般消費品的商號31,038家，就業152,045人；經營機械、配件及零部件的商號4,806家，就業22,569人；經營運輸設備的商號1,198家，就業5,307人；經營耐用消費品的商號11,852家，就業80,934人；經營製造業原料的商號17,385家，就業81,066人；經營一般商品的商號5,793家，就業21,420人。

【營業情況】 2004年，香港整體貿易總額為41,302.37億元，較2003年增加16.4%。其中進口總額為21,111.23億元，較上年增16.9%；整體出口額為20,191.14億元，增15.9%，其中：港產品的出口額為1,259.82億元，比上年增3.5%，轉口額為18,931.32億元，比上年增16.8%。這些數字表明，香港進出口貿易表現強勁，也是連續兩年的難得好景。

各貿易線進出口表現如下：

進口方面，北美線2004年的進口貨值為1,213.47億元，較2003年增13.3%；西歐線為1,978.49億元，增11.8%；獨聯體及東歐為64.21億元，跌12%；中南美線為157.08億元，增7.2%；中東線為260.54億元，增29.5%；亞洲線為17,191.42億元，增17.9%；非洲線為81.26億元，增21.1%；澳大利亞及大洋洲為164.30億元，增8.3%。

港產品出口，2004年輸往北美線的港產品貨值為406.13億元，較2003年跌1.8%；西歐線為228.56億元，增5%；獨聯體及東歐為2.03億元，增11.6%；中南美線為13.15億元，跌22%；中東線為6.24億元，增11.2%；亞洲線為582.44億元，增7.7%；非洲線為4.94億元，跌12.8%；澳大利亞及大洋洲為13.57億元，增14.1%。

轉口方面，北美線2004年的轉口貨值為3,254.11億元，較2003年增6.5%；西歐線為2,650.65億元，增18%；獨聯體及東歐為152.17億元，大增53.3%；中南美線為285.49億元，增21.8%；中東線為270.61億元，增13.4%；亞洲線為11,904.93億元，增19.3%；非洲線為12.82億元，增17.6%；澳大利亞及大洋洲為285.18億元，增14.9%。

從統計數字來看，去年香港的進出口貿易表現十分理想，顯示香港的貿易港優勢依然屹立不倒。當然，這與全球經濟好轉的大環境有極密切的關係，但當中香港進出口業者所付出的艱辛也不可忽視。去年成績雖好，但背後也存在著不少隱憂，尤其是去年油價屢創新高對本港出口商及廠家都造成沈重打擊，因為油價高企引發原材料價格持續上漲，對塑膠、玩具等行業打擊最大，在塑膠原材料急漲，成本大增的情況下，由於看不清前景，廠商接單和落單的意慾都比較弱。而另外，油價上升也引致船公司及空運公司由去年6月份起徵收額外的運送附加費一成左右，同樣增添了貿易商的成本壓力。故有業者形容油價問題對出口所帶來的影響較2003年的沙士更嚴重。

另外，內地因素也是一個隱憂所在。目前香港大部份中小企業都有在中國內地設廠，從事加工生產業務。面對內地，特別是廣東省經濟近年的高速發展，港商面對供電不足及非技術勞工短缺的情況日趨嚴重，為此，港商要自行籌謀確保穩定的電力供應，還要提高工酬和改善環境以吸引勞工，從而增加成本，直接影響香中小企在內地營商成本及出口競爭力。

2004年全球經濟發展中，以亞洲區的增長最強勁，而區內則以中國最突出。香港作為中國內地的第三大貿易夥伴，對中國的倚重愈來愈大。去年初CEPA正式實施落實，香港與內地在貨物貿易及服務貿易方面的合作空間進一步擴大，並加速了兩地經濟的融合。在CEPA的帶動下，貨物貿易藉著零關稅優惠，香港產品進入內地的數量將會有更大增幅，從而為港商帶來港貨內銷的契機。

【新趨勢】 新的一年，香港出口貿易的表現是穩中趨升，但整體增幅會較2004年遜色。年內的最突出問題是中國與歐美貿易糾紛愈來愈多，香港也被殃及，不少廠家都受到波及，尤其是本港小型紡織業廠商，因為規模較大型的廠商除在內地及香港設廠外，在南亞或非洲、拉美等國家亦有生產線，故可避免受配額限制影響，但小型廠商要轉回香港生產卻困難重重，須面對成本上升的壓力。其次，今年油價續創新高及匯率波動也令歐美買家審慎，減少落單。今年以來，油價已多次創新高，原材料價格也高踞不下，與此同時，美元今年呈強勢，連帶與之掛鉤的港元兌換其他國家與地區貨幣也偏強，因此，不少海外買家落單也特別審慎，減少購買量。

不過，在CEPA效應下，相信輸往內地的香港貨品會增加。從去年開始，香港工展會就到內地展出並大受歡迎，今年接到的各個城市邀請不斷增加，除港產品品質有保證、包裝設計新穎外，也和可以以零關稅進入內地，從而降低了零售價格也大有關係，獲益最大的相信是在內地已具品牌效應的香港本地消費品及輕工業產品。

花 店

【概述】 香港人對鮮花的需求也頗大，不論是農曆新年、情人節、母親節、清明節等大時大節會購入大量鮮花，就是生活中的婚禮、畢業禮、生日會等場合，港人都喜以鮮花作裝飾或賀禮。

於香港出售的鮮花品種很多，銷量最多的則是全年都有供應的菊花、劍蘭、玫瑰和康乃馨等。據香港政府統計，2004年，本港用作生產花卉的耕地為200公頃，較2003年減少40公頃，所生產的鮮花佔本地銷售市場的40%。目前，香港約有不多於200家的花農，除部分種植新春桃花及盆桔外，多有種植劍蘭、菊花和百合等。近幾年，已有花農改到鄰近地區如東莞、深圳等地種植蘭花，花農的數目出現持續下降的趨勢。

香港是鮮花銷量最大的一個地區，每年銷售額達數億港元，絕大多數靠進口。以往多從外國進口，近年則以內地為主。現時市面上看到的多種名牌花卉多已被“國產化”，主要來自雲南省的昆明市，那裡擁有全國最大的花卉交易市場。雲南省主要引入來自海外的名種，然後憑藉其四季如春的氣候、廉價的人手作大量生產，因此，作價往往比原產地低。

2003年，本港有花卉、植物及觀賞鮮魚類進出口商635家、員工3,230人，較上年增加51家及386人；花卉及植物零售商（包括種子、化肥及園藝用品）844家、從業人員2,017人，較上年減少147家及169人。

【營業情況】　香港花店經營一般分切花和盆花兩種。經營切花的有較大規模的花店。這類花店在旺角花墟較集中，但亦有不少散見於港九、新界街道，屬傳統式的花店。此外，還有路邊出售散枝鮮花的花檔。這些花檔還接受訂造花籃、花牌和花圈等。

據2004年統計，進口本港草本植物的種子(主要為花卉而種植)，總貨值約350萬元，主要進口自美國，達8.5公噸，貨值為232.4萬港元，進口自內地的，約有5.9公噸，貨值為28.4萬元，日本的進口量雖然只有10公斤，但其貨值則與內地相若，為28.2萬元。至於適合製花束或裝飾用的花枝及花蕾的進口總貨值為1.34億元，主要由內地進口，貨量為5.1公噸，較上年增加了642公斤；貨值則較上年下降了687.7萬元，為4,945.1萬元。

由於華南地區及昆明去年持續乾旱，導致花卉失收，增加了內地對年花的需求，同時令今年供港的年花數量減少，價格也較去年上升。除了氣候的影響，今年的年花也籠罩著一股紅火蟻的陰霾。受內地紅火蟻事件影響，今年1月15日，深圳當局突然加強執行對有泥植物的檢疫程式，令年桔及年花供應變得緊張。一般來說，農曆新年前的十餘日為年花輸港的高峰期，有業界代表指出，過往，該時段每日運載輸港年花的車輛約有200架次，一周可達千多架次，可是今年則出現嚴重下跌的情況。有報道更指出，受有關部門加強檢疫的影響，有超過100萬盆輸往港澳的年花及年桔曾於內地滯留。

檢疫的程式多了，導致年花年桔的運輸成本價上升了一至兩成，年花年桔的來貨價亦隨之上升，有的升幅達三成多。可是在紅火蟻事件的影響之下，許多店主都不敢把零售價調高，一盤四季桔的售價為48~100元，四呎高的也只售300元左右。主要售買帶泥植物的店舖生意下滑了近三成，反觀本地的花農則生意大增。有本地花農表示，本港種植的桃花今年收成理想，一棵逾十三呎高的桃花可售12,000元；一般桃花的價格亦較去年高，約售500~600元；去年一些較小型的四季桔每盆只售60元，今年則增加了約十元；較大型的四季桔也由去年每盆2,000元急漲至2,500元。有主要售買本地產品的花店店主表示，今年的生意額比往年增五到六成。另外，一些切買或不帶泥的年花例如水仙、百合等，也因紅火蟻事件令需求增加，導致價格上漲逾一成。

【新動向】　雖然紅火蟻事件令市民對帶泥的花種望而生畏，但對於蘭花的愛好者來說，卻無懼可言。據悉，今年年初內地掀起一股四季蘭的搜購潮，有不少蘭花商人來港買蘭花，令蘭花的價格於半年內上升近倍，一些比較稀有珍貴的升幅高達逾十倍。有業內人士透露，例如巴西原種加多利亞蘭，其售價可高達7,800元。

隨著CEPA的實施，不少港人已經北上開拓其零售業務，今年更有港人看準內地的年宵市場，分別於廣州及深圳投得年宵工藝攤位及花檔攤位，務求在內地這個龐大的年宵市場上分得一杯羹。據統計，去年單是廣州全市10個地區的花市，其總客流量已達300萬人次，總成交額達3,570萬元人民幣。

洗 衣

【概述】 香港洗衣業始於1902年，至二十世紀80年代中期越來越普及化，90年代更是洗衣業的高峰時期，受1997年的金融風暴影響，洗衣業生意亦曾一度走下坡。近年隨著經濟復甦，失業率降低，市民薪金有上調跡象，洗衣業的營業額亦有上升。據政府統計處統計，2004年本港共有洗熨、乾洗、衣物修補及有關服務的機構1,678家、從業人員5,828人，較上年減42家、增33人。

目前，本港洗衣店大致分三類：第一類是傳統的洗衣店。這種洗衣店多為家族式經營，除老闆外，再聘用幾名夥計，實行"一腳踢"。但由於租金急升，勞工短缺，營業成本亦高，清洗衣物的數量受到舖面、工場狹窄的限制或因舊樓拆卸改建，數量不斷減少。第二類是自助洗衣店。這種洗衣店面積較大，擁有多台洗衣機。開始時是名符其實的自助，顧客洗衣以重量計算，依指示入錢按鈕，進行混洗程式。現時已是由工作人員代為清洗弄乾，實際上是代洗乾衣。第三類是集團式經營的、設備齊全的洗衣場，服務多元化，顧客對象主要飲食業、會所、浴室、酒店等，現時亦為家庭散戶提供專車專人上門交收衣物、檯布等服務。

【營業情況】 本港以第二類洗衣店為最多，收費視乎地區而定。大部分洗衣店提供磅洗服務，每磅3~5元，8磅25~40元，一般從7磅或8磅起計。本港洗衣業有淡旺季之分，旺季是3~5月；淡季是7~10月，但由於氣候改變或受經濟環境影響，淡季周期變得越來越長。3~5月是人們換季收衣時間，洗衣店生意最好。價錢方面，以乾洗為例，較大型的連鎖洗衣店，乾洗一套男士西裝(兩件)約50~80元；大、中褸約65~75元；晚禮服衣裙65~270元不等。而濕洗服務，恤衫、西褲約20~30元，床笠為65~90元不等。

洗衣業除受了經濟環境影響外，還受環保概念影響。本港及海外洗衣店常用一種名為四氯乙烯的乾洗劑，為減少乾洗操作時排放的四氯乙烯，以減輕其於大氣中的濃度，降低對鄰近市民的影響，政府於2001年11月正式實施《空氣污染管制（乾洗機）（氣體回收）規例》，規定在本港銷售的新乾洗機須全為密封式，且殘餘於機內的四氯乙烯最高濃度不得超過百萬分之三百。對於不符合法例要求的非密封式及密封式乾衣機將給予由法例生效日期開始的5年及7年寬限期，以完成合法的改裝或以新機取代，不然即屬違法。此外，環保署亦會定期更新符合法例要求的認可乾洗機型號的小冊子。根據小冊子的資料，現時的"核准型號"多以電腦控制乾洗程式。因此，在操作機器人手方面，將會持續減少，而洗衣店的店主若要維持經營，亦需投入大量的資金以改裝或購買合格的機器。面對如此境況，一些傳統式"一店一僱主"的小型洗衣店將更難維持。相反，一些連鎖式洗衣企業則紛紛開設分店，以擴大市場佔有率，與競爭對手一爭長短。近幾年，洗衣業又興起以特許經營權方式，招攬商戶加盟。如成立於1993年6月的陽光洗衣店，初期只是一間洗衣收發店，1995年開設洗衣工場，2002年開始實行特許經營權計劃，現時已有35間分店。根據陽光洗衣便利店加盟店投資計劃，一間面積400呎的標準店創業總投資資金約30萬元。這正好為一些面臨經營困難的小店開出一條生路，同時亦為該集團以較低的成本拓展其品牌。業內人士表示，未來幾年，企業化的洗衣店將越做越大，直至壟斷整個市場，形成幾家鼎立的局面。經營洗衣店不但要有計劃地步署市場策略，還要懂得選址。洗衣業乃服務行業，其客源主要集中於人口密度高的地方，為此本港有洗衣企業於地鐵沿線開設分店，亦有主攻屋苑及新市鎮，亦有的與酒店掛鉤。

為方便客人，多間集團式洗衣店設有特快乾洗服務，設有專門車隊提供免費或優惠的上門收送服務，吸引一群沒有時間回家洗衣服的上班一族。

為爭取更多客源，現時的洗衣店除了為顧客提供九折或以上的優惠外，更推出積分計劃，例如有大型的連鎖店與航空公司合作推行旅遊獎勵計劃，只要惠顧該集團的洗衣分店，即可賺取飛行里數，儲存足夠的里數即可獲免費機票及獎品等多種優惠。

【新動向】 近幾年本港經濟不景，但對洗衣業影響不大。原因是香港居住環境狹窄，好些家庭不僅缺乏曬衣服的地方，甚至連放洗衣機的地方都沒有。況且港人生活節奏快，事事追求效率和速度，騰不出時間料理家務。因此，洗衣業仍有一定的市場。同時，隨著衣服物料不斷更新，新式洗衣店會投入更多的科技，如一些含有草酸纖維、塑膠物料的衣物，往往要用一些特殊的藥水和洗滌方法。有些衣服若在家清洗，容易損壞，所以專業的洗衣店仍有需求，特別是乾洗店，每逢季節交替，乾洗需求更殷切，加上香港天氣潮濕，要清洗衣物只有求助洗衣店。

現時本港雖有千多間洗衣店，但業內人士認為洗衣市場遠未飽和。他們認為，從酒店入住率可預測未來洗衣業前景。預期隨著迪士尼樂園的落成，旅遊業的發展，來自海外和中國旅遊人士的增加，酒店入住率的提高將會帶動洗衣業的發展。

港衣業是一門歷久不衰，不會受市場波動影響太大的行業。不過，洗衣服務業的市場正在不斷轉變：普遍衣物護理可以濕洗處理；衣物用料變化大，更需專業洗衣常識處理；衣物價格普遍下調，相對洗衣服收費受壓，光顧洗衣店，尤其是乾洗的數量可能減少。顧客對衣物護理常識提高，對洗衣服務的要求也高。所以洗衣業市場空間雖仍在擴張，但競爭激烈，經營會相當困難。為了搶到顧客，洗衣店各出奇謀。以台灣來說，目前當地的電子化洗衣服務已成趨勢，服務包括引入ERP概念，使顧客可隨時追蹤衣服送洗的進度及處理過程，亦可透過洗衣網站提供衣物清潔保養的資訊，甚至以手機進行下單查詢帳目等。另外，美國亦有洗衣店提供上網及咖啡服務，此等新穎的經營方式，將會成為本港洗衣業的新浪潮。

理 髮

【概述】 理髮是一個傳統行業，隨著時代的進展，過去傳統的髮廳、上海理髮店等雖然還有經營，並有一定的顧客群，但正逐漸被新型的髮型屋所代替。新型髮型屋趨向集團化，實行連鎖式經營，有的更兼營美容業。

據香港政府統計，2004年，本港有理髮及美容服務機構7,069家、從業人員28,588人，較上年增加199家、1,580人。

【營業情況】 據2004年統計，進口香港的護髮用品總值逾6.95億元，比上年增加約7.9%，主要來自內地，貨值達2.42億元，其次來自日本，貨值為1.4億元，兩者佔總貨值的55%，還有進口自美國、台灣地區、德國、英國及意大利等。

本港理髮店洗剪吹的收費一般為58~100元不等；電髮約為150~200元，較為高檔次的由數百元至千元不等；染髮約為88~200元，較高檔次的則需要500元以上；焗油一般收費為70~150元，也有數百元以上的。今年繼續流行直髮和曲髮，例如負離子直髮及陶瓷曲髮，不過其價格與剛推出時已顯著下調。目前，負離子直髮一般收費約為280~500元不等，而陶瓷曲髮的收費則較負離子直髮為高，約380~600元不等，有部份髮廊未懼減價的壓力，兩種收費仍維持於千元或以上。

去年，本港網站發表的一項調查結果顯示，有六成的受訪成人有脫髮問題，薪酬較高的專業人士其脫髮的情況相對嚴重。此外，面對脫髮問題的男女比例更趨接近，顯示女性出現脫髮的情況有上升的趨勢。

脫髮問題不但影響儀容，甚至影響個人生活及工作。今年，再有機構公佈有關脫髮的調查，發現超過四成受訪的顧主在聘請需要外出見客的前線服務員時，會選擇不脫髮的人士。同時，逾七成的男士表示介意女朋友脫髮，認為理想情人的髮型應是長而濃密的健康秀髮。

據皮膚科專科醫生表示，有九成半的脫髮現象乃屬遺傳，其他成因包括營養不良、壓力大、患病或藥物副作用等等。致使不少機構均推出生髮或有助改善脫髮的產品，然而最快、最直接的方法莫過於駁髮及殖髮，故此該行業確實有一定的商機。

【新動向】 2005年初，本港引入了一種新式的理髮店，最大的賣點是“十分鐘極速剪髮”服務，理髮師會於10分鐘內，按照顧客原來的髮型或顧客自行預備的造型圖片來修剪，收費劃一為港幣50元，以單剪形式經營，不設任何染髮、電髮及洗髮等服務。顧客要享用該店的服務，必須先到售票機購票，然後按紅、黃、綠代表不同時間的三色燈號等候入座理髮。

這種“十分鐘剪髮”概念來自新加坡。因此，該店的理髮師需要被派往新加坡受訓兩個月。該店更準備與僱員再培訓局等合作，聘請已在該局受訓的學員為學徒。該理髮連鎖店在新加坡及馬來西亞擁有接近30間分店，今年上半年在香港已經開了5間分店，並打算繼續擴充業務，將分店增至60間，下一步會考慮進軍內地市場。

美容

【概述】 隨著經濟復蘇及自由行的帶動，近兩年本港的美容業務表現不俗。此外，由於傳統觀念的漸次改變，美容纖體不再是女性的專利，男性也愛美，並成為美容市場的新興對象。

據香港政府統計，2004年，本港有理髮及美容服務機構7,069家、從業人員28,588人，較上年增加199家、1,580人；從事化妝品、梳洗用品及清劑進出口貿易的單位有1,123家，6,486名從業員；從事化妝品、梳洗用品及清潔劑的批發單位有543家，員工2,129人，較上年增加75家、47人；從事藥物及化妝品零售業務的機構有2,419家，員工14,637人，較上年增加了188家、1,952人。

【營業情況】 去年，本港進口的香水及花露水總值13.1億元，較上年增加3.83億元，入口仍以法國及美國等地為主，不過，今年從新加坡入口的貨量雖然不及意大利多，但貨值則較意大利高出3,579萬元，達到1.92億元。去年進口的護膚用的美容品或化妝品及修指甲或修腳甲用品總值逾45.6億元，較上年增加約10.9億元，進口值雖然仍以日本佔多數，達7.97億元，其次為內地，達7.11億元，較上年增加1.78億元。

除了時裝要講求潮流以外，其實美容業也講求新意，需要引入不同的纖體美容產品及技術。於瑞士有近20年歷史的護膚品牌“Karin Herzog”今年開始以首創含氧氣的護膚產品打進本港市場。繼去年，本港引入以注射肉毒桿菌“瘦面”的美容技術後，美容界又引入韓式針刺美容技術。據悉這種技術早於1837年由法國醫生所創，過往主要用作治療血液系統及運動創傷等疾病，後被美容界所採用，作局部瘦身、減少脂肪團等用途。有世界大型化妝品公司更推出以納米技術研製的產品，讓化妝品內的微小粒子滲入皮膚深層的地方，以達防皺效果。

新興的美容產品及技術五花八門，難免良莠不齊，即使見效也可能產生副作用。據消費者委員會的數字，去年美容院服務的投訴個案達562宗，今年1~7月則達574宗；去年有關化妝品的投訴達165宗，今年首上半年已達103宗。

今年6月，一名53歲的女子在服用含有本港列為禁藥的減肥產品後，出現呼吸急促、無力及虛弱等徵狀，於送院救治後數日死亡。今年8月，消委會公佈一項調查發現，在市面上某些聲稱全中藥成分的排毒美容產品內，含有西藥西布曲明成份，服用後或會產生血壓上升和心跳加快等副作用，已被衛生署要求回收。衛生署已於去年正式提交建議修改《不良醫藥廣告條例》，禁止保健食品宣稱可預防或治療乳房腫塊、調節生殖泌尿系統機能、調節血壓等六種療效。另外，本港將於2010年全面實施營養資料標籤制度。

在美容界，不僅纖體及臉部美容受女性歡迎，美甲也成為女性的新興潮流，同時揭示了部份美容業正逐漸走向專門化。全港最大的美甲專門店Nail Nail自2000年中開業以來，已設有11家分店，今年更進駐到中環地鐵站，為該區的白領儷人提供速食式的美甲服務。據悉，該公司位於旺區的舖位人均消費可高達一千元。隨著這股美甲熱，具經驗的修甲師月薪可高達2~3萬元，只有1~2年經驗的，月入亦有逾一萬元。

【新動向】　這幾年有不少美容纖體公司在香港擴展業務之餘，也到內地拓展業務。例如香港美容公司變靚D自開業以來，在香港已開設7家分店，於內地5個城市亦設有分店，今年8月繼續拓展澳門及內地的市場，於廣州設立一家面績近1,000多平方米的旗艦店；卓悅於短短3個月內在本港增設3家美容中心，並提供腳底按摩服務；修身堂繼去年在上海開設兩間纖體中心後，位於深圳及廣州的分店亦將於本年度開幕。除了大公司，美容團體紫荊社更與內地共青團所發起的“彩虹工程”簽訂合作協議，不僅為內地大學畢業生提供美容課程，同時為中港兩地有意創業的美容人才作“配對”，尋找合適的生意夥伴。

美容生意擴大當然需要管理，有智慧軟件商開發了一套專為美容業而設的管理軟件，以助增強美容公司的營運及客戶管理效能。不過，美容始終是服務性行業，人手是最重要的，由於美容市道向好，公司求才若渴，不少人也有意投身美容行業，令美容學院的生意額大增。有關辦美容學校的負責人表示，該校由2001年開業至今，生意額按年增長幅度達30%，預計今年生意額可增加70%，營業額將高達3,000萬港元。由於本地的化妝師“吃香”，北上工作的化妝師月薪達2.5萬元至5萬元不等，比香港約高三成。

在僧多粥少的情況下，比例不足5%的男性美容從業員更為渴市。有見及此，皇家國際美容學士學院率先於今年2月開辦全港首個供男性修讀的SPA美容美體文憑課程。亦有美容學校藉著美容走向高科技的趨勢，大搞高科技美容培訓課程。

美容業的就業前景雖然不俗，可是仍有從事美容業的青年向有關工會表示被僱主剝削。

家務助理

【概述】　今時今日，二、三十歲的後生女，多以事業為重，即使嫁作他人婦，亦無暇打理家頭細務。相反，一班四、五十歲的待業師奶，則希望替人洗衫、煮飯，以維持家計。這批想找人幫手，和想幫人手做家務的人，締造出一個龐大的家務助理市場。

【行業情況】　根據政府的數字顯示，本港的外地傭工已逾24萬。近年在政府積極推動下，香港市民開始聘用已受訓的本地家務助理。根據統計處資料，2004年清潔及同類服務的機構單位有1,502間，比2003年的1,504間，減少了2間，就業人數55,735人，比2003年的53,987人，增加了1,748人。

一般家務助理的時薪約在20元至60元之間，主要視乎本港整體經濟情況、工作性質和模式、上班地點和僱主要求等多項因素而定。

香港對家務助理的需求很大，而中年婦女因為經濟轉型而失業，家務助理這行業正好為這群婦女再開新路，不過，家務助理的收入也很微薄，好像幾年前在工廠工作的阿萍，失業後一直做家務助理，收入最少的時候，每月只得數百元，曾經連車也不敢乘搭，要由觀塘的家步行到黃大仙工作。她說，行很遠，有時我都會行，行個多小時都會行，曾經想過做其他工作，但怎樣做？做小販也怕被警察捉，到時要罰款數百元，沒有那麼多錢。

2004年家務助理業有走下坡之勢，其原因並非需求減少，而是供應增多。

政府每年培訓不少家務助理，並持續了數年，越來越多人受過培訓，工作機會卻沒有明顯增加，而且更不斷有外地女傭輸入本港，搶走不少本地家務助理的工作機會。本港失業率隨著2003年SARS爆發一直高企，2004年經濟好轉才逐漸擺脱失業陰霾，男性失業率有顯著改善，相反女性失業率竟見回升，低學歷、低技術人士失業率仍偏高。按統計處2004年失業率數據，2004年底失業率為6.8%，跌至三年來新低，男性失業率由年初8.4%跌至年底7.8%，但女性失業率不跌反升，由年初5.5%升至年底5.6%。

勞工界人士表示，單靠培訓人才而不增加工作機會不能解決問題。政府應減少甚至停止輸入外地傭工，讓本地人有更多工作機會，不只是家務助理，其他行業也應如此。

除了培訓太多，導致供過於求之外，亦有不少透過中介公司就業的家務助理，遭中介公司拖欠薪金。有工會指近期更發現，有不良的中介公司向家庭推銷家務服務的預售套票後結業，令僱主及家務助理同遭損失。

【新動向】　勞工界人士預計，2005年家務助理的需求仍然強勁，不過，由於供應量大，令家務助理的收入仍處於低水平。

2005年5月1日參加遊行的李英説，家務助理經常無工開，再加上僱主不斷壓價，每個月的收入都不穩定。雖然每個星期5天有工開，但每天只工作1個小時，1個小時只有20元，故不敢坐車，行路返工來回3個小時，工資極低。她希望政府設立最低工資。

帶同女兒遊行的陳女士則指出，由於家務助理多數由私人家庭聘請，沒有劃一的薪酬指標，僱主不斷議價，薪酬一減再減，她希望政府能訂定家務助理的薪酬標準，避免工人一再受欺壓。

勞工界人士説，政府現時為外傭設立最低工資，又要求僱主必須購買勞工保險，但家務助理就得不到任何保障，情況十分諷刺。另外，政府應考慮擴闊培訓計劃的項目，令到更多元化貼近市場，亦應鼓勵私人企業參與培訓計劃。

正因為這樣，有社會福利機構覷準市場需求，將家務助理工作擴大以適合中產家庭要求，提供專業保母服務，無論中醫食療、家居安全以至功課、心理輔導一一奉上。

循道衛理觀塘社會服務處統籌主任鄧彩紅表示，主力照顧初生嬰兒的陪月員近年大受歡迎，愈見成行成市。兩年來該中心共70名陪月員受訓及接生意，口碑大好，單是上門提供照顧服務便共賺得390萬元，收入可觀。

她說，愈來愈多的父母超時工作，家務助理或女傭已不能滿足貼身照顧及託管孩子的要求，很多摩登父母四出尋覓專人照顧孩子功課、家庭湯水、課餘活動及教子技巧。針對這一狀況，該處將訓練一批專業“摩登保母”，主攻這些中產家庭市場。

電影院

【概述】　香港電影院業從20世紀初出現第一家電影院——高陞戲院，迄今已有90多年歷史。當時高陞戲院的銀幕只是一幅白布，放映動畫片。其後有影照畫院和香港影畫院相繼開業，放映電影。到30年代末期，電影院已增至數十家。60年代末是香港電影院業的全盛時期，當時共有電影院180家，每年觀眾近1億人次，平均每人每年看電影25次。

70年代後期，香港地產市道興旺，地價高漲，在旺市地區的多間電影院被拆卸改建為商業大廈，而新建電影院甚少，因此電影院大幅減少至100家以下。直至80年代，香港政府修訂公眾娛樂場所條例，取消了戲院必須擁有獨立地盤的規定，准許戲院建於商業大廈或其他用途的多層大廈之內，電影院才逐步增多。同時，小型電影院（迷你戲院）也應運而生，不少座位過千的大中型電影院分拆成2、3間僅有200至400座位的小型電影院。從1985年起，香港已沒有新的大型電影院落成。

90年代末，大戲院已幾乎被淘汰殆盡，只剩下幾家。目前迷你戲院已經增至約百家，佔戲院總數的絕大部份 。

【營業情況】　到電影院看電影，仍是香港市民喜愛的一種消遣，觀眾可以選擇林林總總的外國及本地電影。根據香港政府年報資料顯示，2004年，本港有電影院57間，與2003年相同；放映室197間，比2003年的188間多9間。

年內最賣座的電影包括明日之後（票房收入4,163萬元）、功夫（票房收入4,133萬元）、哈利波特阿茲卡班的逃犯（票房收入3,392萬元）、蜘蛛俠2（票房收入3,191萬元）及鬼馬狂想曲（票房收入2,524萬元）。

有戲院商表示，隨著香港經濟復甦，及個人遊熱潮的帶動，市面人流和消費數字都大幅攀升，2004年電影院生意不錯。

雖然生意有起色，但也要搞一些促銷來刺激一下，電影票價優惠是萬試萬靈。以播放藝術電影為主的百老匯電影中心就嘗試將票價優惠低至28元，而嘉禾院線旗下的紐約，亦夥拍銅鑼灣廣場送15元戲票優惠。

年內有多家戲院開幕，百老匯在數碼港和觀塘各增添一間戲院。而UA亦投資3,000萬元，在旺角朗豪坊開設有6個大銀幕的新戲院。嘉禾亦耗資過千萬元，分三階段翻新嘉禾旺角戲院，並以“潮流、年青”形象示人。另外，嘉禾港威及嘉禾荷里活亦轉變成“豪華”及“家庭”的形象。

【進軍內地電影業】　隨著CEPA的實施，《外商投資電影院暫行規定》在2004年初出台，正式開放內地戲院的投資市場。規定指出，外資在內地興建戲院的投資比例可高達七成半，門檻亦由註冊資本1,000萬元人民幣減為不少於600萬元人民幣，使本港各大電影公司磨拳擦掌，進軍國內，他們所選的主要試點城市，包括北京、上海、廣州、南京、成都、西安及武漢。

其中一家會到內地開設戲院的是洲立集團，其業務發展董事翁棟良指出，經已鎖定開拓中國市場的策略，首先要有良好的硬件配備，然後才作軟件發展，即第一步要興建具規模的高質素戲院，形成網絡，喚起內地的電影文化及風氣，另一方面就是發展影片發行業務。

該集團經過調查及研究後，認為北京、上海等大城市的競爭極大，甚至已達飽和程度，因此計劃在泛珠三角二線城市如廈門、福州等兩至三個地點開設高檔戲院，合作夥伴則有待落實。他估計，由於現時二線城市內的影院普遍已較為殘舊，相信高檔戲院落成後會令該地區的票房收入提升，幅度可達一倍。

目前在內地開設一家可提供800~1,000個座位，總面積約為20,000平方呎，集合6個影院的電影廳，投資額約為1,000~1,500萬元，粗略估計，洲立若落實內地開設戲院的計劃，投資額將超過3,000萬元。翁楝良強調，電影業是極長線的投資，預期投資時間長達8~10年。

【新動向】 業內人士估計，2005年電影院生意會比2004年好，這是由於香地經濟向好，個人遊熱潮繼續帶動市面人流和消費數字大幅攀升，加上迪士尼樂園9月12日開幕，將會帶來大批旅客。

2005年年初上映的《功夫》，在香港票房收入超過6,000萬元，創下港產片最賣座紀錄。不過，香港電影院業並非沒有問題。最要命的是，影片數目年年減少，淡季時往往無好片上映，戲院商要增加收入，便要努力尋找好質素的片源，以及跟片商爭取較長影期。此外，還想方設法擴展收入來源，如太古城中心UA戲院內的私人影院“Director's Club”，要新增“包場打機”服務招引生意。

超級市場

【概述】 香港的超級市場始於二十世紀80年代初，當時，香港兩大財團——和黃和怡和屬下的百佳和惠康先發展以洋人為主要對象的超級市場，繼而在各住宅區開設以本地中產階級為主的地區性超市，其後逐漸向新市鎮發展，面向普羅大眾。20多年來，本港的超級市場發展很快，遍佈各區。

超級市場按其營業規模，大致可分三類：一線的有惠康（241家分店）和百佳（210多家分店）；二線的有華潤超級市場和裕記、吉之島、CITY Super和Weed 8；三線是規模較小的小型超級市場。

超級市場、士多、辦館同屬港九罐頭洋酒伙食行。據政府統計處統計，2004年香港共有大小超級市場1,393家、員工22,637人，比上年增44家、減275人。士多及辦館有1,700家，從業人員2,992人。

除超級市場外，還有便利店和廉價市場。便利店的特色為24小時通宵營業，一年365日不休息。它把小型士多、藥房、速食店和超級市場集於一身，給消費者帶來很大方便，迎合各階層人士的需求。它與超級市場讓顧客大量購物的經營方針不同，因此兩者並非競爭對手。便利店主要有7-Eleven和Circle K。此外，還有廉價貨場和越來越多的“日本城”、“十元店”、“八元店”。廉價貨場基本上以會員制度經營，產品以大量及廉價出售為主，但貨品種類和牌子一般不太多。

【營業情況】 百佳和惠康兩大超級市場在香港市場的佔有率越來越大，目前已佔有七成市場，店舖數目在近10年間增加了29%，分店總數達450多間，但小型超級市場在5年內大幅減少35%，結業的屋邨街市攤檔亦不計其數。據消費者委員會一項調查顯示，三大超級市場的180種貨品價格。2004年較上年下跌0.2%，較同期綜合消費物價指數的0.4%跌幅為低；但一些沒有競爭對手的主要糧食類別貨品不跌反升，錄得高達2.8%的升幅，其中食油價格升幅達3.7%，相反競爭較大的女性護理用品及家居清潔用品的價格則大幅下跌，特別下半年較上半年跌幅更為明顯。

2004年，受惠於經濟好轉和自由行，本港超級市場的生意額有所上升，百佳全年生意額升近10%。

2004年，本港兩大超級市場減價戰持續，百佳首先掛起“長期至低價”戰牌，推出500多款貨品“長期勁減”，聲言若減價品不及其他超市便宜，會5倍奉還差價；又設價格舉報熱線，提供情報的市民可獲50元百佳禮券。百佳的對手惠康馬上應戰，推出類似的減價措施。而第三大超級市場華潤眼見近年訪港內地客急劇增長，從4月起在78家分店接受人民幣付款，而惠康超級市場早在3月已在內地團下榻的酒店區作“戰略部署”，在該類地區附近的30間分店接受人民幣。

大型超級市場都有一套營銷方法，主要靠特價貨吸引市民購買。近年來，百佳、惠康、華潤除輪流推出特價貨品外，百佳、惠康兩大超級市場再次推出“憑印花換購禮物”計劃。惠康年底時先推出顧客凡購物滿50元即可獲得印花一個，儲滿指定印花數目，即可免費換領或以優惠價換購英國高級品牌ROYAL DOULTON白金廚房電器，包括電飯煲、燒烤微波爐、電焗爐、咖啡機、電磁爐、萬用食鍋、多士爐、電水煲及搾汁機，原價由300~3,000元不等。而百佳亦推出類似計劃，在指定時間內，市民購物滿50元即可獲贈印花一個，集齊40個印花，可以超值價換購美國Anchor品牌的玻璃廚具，包括量杯、萬用盤，有蓋雙耳鍋等。

為了吸引顧客，百佳投資2,000萬元於又一城推出中產超市，把百佳變成TASTE，面積由2萬平方呎增至4萬平方呎。TASTE也設麵包部門，設開放式廚房，提供歐陸及日式麵包、法式長條麵包、有機麵包等。即場烘焙，感覺新鮮。另一焦點是美食亭的西式三文治，餡餅等。該店也售賣各類芝士、火腿、入口蔬果、海鮮、刺身等，並提供500種有機食品，包括冷藏食品、雜貨、小食、乳製品等。百佳又於2004年底在大埔中心超級廣場注入新一代概念。其特色是將每個部份，包括麵包、熟食、壽司，甚至個人護理等，都佈置如一間小型商店，兼具分拆作獨立發展的潛力。

零售業競爭加劇，消費者的要求愈來愈高，超市要提高利潤，持續生存，積極發展低成本、高利潤的“自有品牌產品”已成為趨勢。惠康15年前已創立自有品牌，目前擁有以價格導向的特惠牌(No Fring)和強調品質的首選牌(First Choice)。惠康自有品牌新加入的產品種類，由1999年的24種增至2003年逾百種，熱賣如雞蛋、廁紙等，以低價迅速滲入普羅消費群的生活。惠康更夥同八達通，以“消費拍卡”，再把優惠券印在收據上，催谷自家品牌“首選牌”。是項名為“用八達通一嘟，隨時獎上獎”優惠，是在規定時間內，顧客在惠康購物滿30元，以八達通“嘟”一“嘟”(不扣錢)，便有機會取得印有優惠券的收據，優惠券將印有“首選牌”貨品的折扣優惠。

吉之島則以大減價反擊兩大超級市場的禮品換購計劃。其中聖誕玩具低至5折、食品低至8折。經營惠康超級市場、7-11便利店及萬寧的牛奶公司，2004年9月以1.05億元收購SCMP集團旗下的地利店業務，將原本三分天下的便利店市場，進一步轉為兩強對峙局面。被收購的87間地利店轉由牛奶公司經營，並全線改為“7-11”便利店。牛奶公司在本港經營的7-11共逾510間，收購後，7-11店舖數目將增至近600間。現時本港便利店市場只剩下7-11及OK(193間)便利店兩強對峙。雖然兩者過去一直鬥個不亦樂乎，但今後的競爭才算得上真正激烈和直接。目前7-11的店舖總數將較OK高出兩倍，OK便利店每賺一元，7-11便賺1.7元。不過OK表示不急於在店舖數目上追趕7-11，其策略是先建立OK便利店的品牌形象，然後按每年20~30間的數目開店。據稱OK每日銷售額較7-11高出30%，未來將透過提供有特色的食品及服務，例如即烘麵包、自製奶茶及與UPS合作，讓顧客在全線OK便利店寄貨等，繼續提升店舖的銷售額。業界稱，全港可容納1,200間便利店，與現時約800間的數目相比，還有不少增長空間。

【新動向】 本港經濟欠佳時，商戶持續減價招徠，養成港人只購買減價貨的習慣，鮮選購正價貨品。消費者委員會的調查發現，近六成受訪市民到超級市場購物時，通常會購買減價優惠貨；不足半成人會較多選購正價貨；近六半人更會因減價，就算沒有即時需要也預早入貨。於是有超級市場為迎合顧客需要，每周最少供應4,000~5,000件減價貨品。為此超市的減價戰會長期存在。

首間TASTE把又一城百佳超市“改頭換面”，該店算是百佳“龍頭店”之一，每周交易量達8萬宗，客源廣泛，包括家庭客、學生，甚至遊客，營業額較原來的百佳增20%。據稱市場可容納8~12間TASTE。至於新一代超級廣場將陸續出現。估計市場可容納10~15間新一代超級廣場。據説百佳有意在2005年增添10~15新店，包括3~4間超級廣場。同時將有3~4間超級廣場轉換新一代概念。

連鎖超市的生意額有不少是由新鮮食品帶動。其中百佳2004年全年生意額升近10%，跑贏大市，新鮮食品佔了整體生意的35~40%。為此，超級市場紛紛搶攻新鮮食品市場。華潤集團也積極加強此業務。進入2005年更把旗下華潤超級市場重定品牌，改名華潤萬家，以生活超市及便利超市為定位，冀吸納年輕新顧客。

香港商戶面對加租問題越來越嚴重，不少商戶因之而結業。全有215間分店、本港最大個人護理專門店萬寧，2004年有3家分店因業主加租而結業，進入2005年，亦有2家在西環和銅鑼灣的分店，因續租約時業主要求加租60%以上而被迫結業。據該公司估計，今年租約到期的70~80家分店中，最少有5~7家會因加租而結業。不過萬寧仍會保持一年開20家新店的目標，但因為貴租，公司除了考慮旺區，亦會在人流多但租金廉宜的新市鎮和新商場找尋合適舖位，據稱現時租金約佔公司營運成本逾10%。2004年萬寧生意額增加超過10%，今年經濟持續向好，相信仍會維持相若升幅。

百　貨

【概述】　在有“購物天堂”之稱的香港，百貨業是數一數二的大行業。現時本港經營大型百貨公司的財團包括華資、日資、英資及美資。

本港零售百貨的公司主要分三大類：第一類是老牌百貨公司如永安、先施、裕華、華潤；第二類以名牌招徠顧客如連卡佛、馬莎、迪生及JOYOE；第三類以連鎖店形式經營，主要有Espirit、Theme及佐丹奴等。規模較大的有：永安、先施、裕華、華潤、中藝、連卡佛、馬莎、三越、崇光、吉之島、西武及免税店等。

據香港政府統計（按國際標準分類），2004年全港共有百貨公司130家、從業人員9,427人，較上年減46家、減1,242人。百貨零售314家、608人，較上年增39家、減138人。

【營業情況】　經濟復甦加上“自由行”刺激，本港消費增長持續。2004年本港零售業銷貨額上升10.8%，銷貨量則升9.1%，其中電器及攝影器材銷量升幅為各類貨品之冠，接近24%，珠寶、鐘錶銷貨量上升12%。其中，12月份零售銷貨價值按年升8.7%、約180億元、按月升1.3%，優於市場預期。政府發言人表示，12月份零售數字增長加快，主要由於經濟復甦愈來愈穩固，勞動市場持續改善，以及遊客消費保持強勁。

中、高檔次的消費品最受內地旅客歡迎，因此從事中、高檔次消費品的零售商均錄得可觀的營業額增長。銅鑼灣崇光百貨2004年純利勁升60.7%至4.41億元。雖然崇光的內地客平均消費金額暫時未能提供，但平均每宗交易的金額達363元，較2003年上升12%，而內地旅客佔整體客戶的比例，亦由2003年的20%，上升至25-30%。而崇光平均每日的人流量亦較2003年同期高8.3%，達到90,835人次。先施由於2004年營業額錄得27%的升幅，300多名員工獲得逾100萬元的獎金。一些從事服裝時裝及金飾的零售商其營業額亦錄得可觀的升幅。不過零售管理協會指出，行業仍未全面復甦。與1997年金融風暴前比較，零售業銷售額仍下跌兩成，從業員在銷售技能、產品知識及服務水平三方面仍較遜色。一項調查顯示，受訪旅客大致對店員服務態度滿意，但售後服務質素未如理想。

為了適應市民消費模式和百貨業經營模式的轉變，以及迎接強勁的經濟復甦帶來的新一輪消費增長，百貨公司和零售商普遍調整經營策略，或重新定位，或打做名牌，或轉型創新，力爭競爭優勢。其中國貨公司華潤百貨轉型較為突出。

二十世紀六十至八十年代，是國貨公司的全盛時期，有84家公司經營124家國貨公司。但隨著各類綜合購物商場和五花百門的品牌專門店興起，以及市民特別是年輕一代購物習慣的改變，令國貨公司難以因循守舊，必須另覓生存出路。近年國貨公司銳減至65家。為了適應環境和市場的轉變，不少國貨公司轉變經營方式，改變形象，重新定位。裕華國貨現時21家分店中，只有5家是大型百貨，其餘是面積約2,000方呎、專售國產食品、中式衣服的小型專賣店，現計劃增加9家小店。中國國貨和大華國貨1993年合併為華潤百貨，全盛時有5家大型百貨店，但至2005年4月全部結業，2000年起全力發展小型店鋪華潤堂。2002年12月，華潤堂的店鋪形象，市場定位，商品定位，經營方式等作更大的調整，重新包裝整合，將英文名字由"CRC MEDICHALL"改名為"CRCare"，由起步時的提供中成藥產品轉移關注於健康生活主題，企業口號為"愛生活，愛健康"，以健康品類店的形式拓展香港市場，銳意把華潤堂打造成為針對年輕一族的個人保健及護理品的連鎖店。店鋪形式採用模組組合，分為三種：標準店、中型店和超級店，根據所開單店的周圍環境、大小等，調整商品組合。2003年1月，以全新形象包裝的華潤堂超級店首先面世，為顧客提供半自助式購物環境，並以關切顧客的健康生活為最終目標。服務更專業化、品種更齊全，貨品種類由以往的3,000多種增至9,200多種，配合現代折扣店的售賣元素。華潤堂現有店鋪30家，主客群平均年齡已由50歲以上降至35歲。為配合年輕新定位，新的店鋪將設在包括屯門、將軍澳等較多年輕人的地區。另外，據業內人士反映，雖然國貨公司予人一般老套感覺，客戶群亦較窄，但仍有存在價值。近年國貨公司的目標顧客已改變，由過往的本地客改為以遊客為主。國貨公司因有信譽，貨真價實，因而不少遊客特別是內地客專程到國貨公司購物。目前國貨公司顧客中，遊客佔四成，而內地客則佔約一成。在轉型的國貨小店中，可集中推廣強項國貨，進一步開拓遊客市場，同時減低經營成本。

日資百貨公司經營策略亦有調整。例如多年來穩守沙田的西田百貨，以往以大眾化、實用性高的商品為主，現時改以追求生活品味為入貨標準。該公司表示，在通縮時期，其他店鋪以平價促銷，百貨公司要強調貨品的特徵才可突圍。所以該公司在2004年6月開始，要求每名買手向顧客推介一種最自信的貨品，加以宣傳；又搜羅各式獨家貨品。據稱改變經營方針後，營業額增加約一成。

鑑於本港市民和"自由行"旅客消費模式的轉變，加上名牌店及一眾中高檔消費品的銷情理想，一些大型零售商如莎莎國際、卓越等積極開發品牌，塑造"品牌效應"，藉"自由行"機會把產品提升。莎莎國際經過一輪廣告宣傳及推廣，其自行開發的名牌產品已為消費者受落。目前大約30%的營業額皆來自自有品牌產品，反映品牌管理策略已取得一定成效。集團更把多間旗艦店重新裝修，以配合新一輪的品牌宣傳。

【新動向】 經濟復蘇帶動本地消費，加上旅遊業蓬勃，2005年零售市道將進一步興旺，前景樂觀。面對強勁消費形勢，各大中高檔次、名店零售商早已作出擴張步署，有國際名店亦趁機進軍香港，把握"自由行"及迪士尼主題公園開幕帶來的商機。

全亞洲最大的連卡佛百貨公司2004年底在中環國際金融中心開設分店，投資約2億元，料兩至三年內回本，而在試業期間，業務亦比預期佳。目前該公司在本港有4間分店。據稱新開設的分店佔地達82,000呎，僱用200人，網羅世界各地的高級名牌時裝、配飾以至由專業唱片騎師在世界各地搜羅的精選唱片以及書藉等。來自台灣、年銷額達2億元的品牌夏姿（SHIATZY CHEN）亦於2004年11月在尖沙咀半島酒店開業。據稱，夏姿品牌是台灣高級宴會服飾熱選。夏姿以中國元素融入西方剪裁中，定位高檔，女裝售7,000~1.4萬元，男裝則6,000~1.2萬元。在日本大受歡迎的休閒服裝店UNIQLO2005年9月30日登陸香港，斥資1,000萬港元在尖沙咀開設本港首間UNIQLO旗艦店，開拓香港市場。該公司期望在2006年增設4~5間門市，在4年內開設20間分店，最終目標是躋身香港前列休閒服裝品牌，成為香港第一的休閒服裝連鎖店。

今日的大型百貨商場已開始式微。市民漸趨喜歡光顧有特色的時尚小店，市場不再依賴單一大型商場吸引顧客。目前的趨勢是，大型商場的業主逐漸傾向把商場分拆為小型商鋪，化整為零，既增加租金，又令整個商場增添特色，進一步增加商場人流。如毗鄰旺角火車站樓齡逾10年的始創中心，商場業主投資5,000萬全面裝修，把商場拆細分租，200個“潮流商戶”進駐，使商場變身為區內新蒲點。這種趨勢正使一些大型百貨公司被迫遷離，甚至結業。位於銅鑼灣皇室堡的西武百貨，因業主華人置業有意將該商場拆細出租，2006年7月租約期滿後不獲續約，而被迫遷出。無獨有偶，在銅鑼灣興利中心商場已經營達22年的三越百貨，也因業主希慎興業計劃於2007年起把商場翻新分拆出租，改裝成中高檔商場及配合地下購物街發展，2006年8月租約屆滿也被迫遷出。有員工擔心，三越被迫遷後會結業。業界預料，興利中心改裝為商場後，每月租金收入可勁升三倍至1,500萬元。

房地產•建築

房地產

【概述】 二次世界大戰後幾十年來，香港政治局勢相對穩定、經濟不斷增長，促使房地產業也有較大發展。

70年代，由於香港人口不斷增加，加上製造業及商業蓬勃，社會對住宅樓宇、商業樓宇、廠房、貨倉等需求增加，房地產商的經營逐步擴大，房地產業的規模也不斷膨脹。

80年代以來，香港房地產業波動較大，在1981至1982年出現了罕見房地產熱潮，地價、樓價屢創高峰。但1982年第四季開始出現調整，地產業陷於低潮，不少地產公司停業。至1984年9月，中英簽訂聯合聲明，房地產業才恢復起色，並由1985年起漸入佳境。雖然1987年10月股災及1989年的“六四”風波，對地產業產生不良的影響，但為時短暫，地產業又再進入高潮。

踏入90年代，房地產業已成為香港經濟重要支柱之一。1993年整體地產市道十分興旺，各類樓宇市場均有良好的表現，其中以住宅價格的升幅最大。多年表現欠佳的工業樓宇價格亦有反彈。1994年樓價更創高峰，1995年進入調整期，1996年樓市表現良好，扭轉1995年的弱勢，回復至1994年高峰期的價格水平。1997年樓市反覆不定，大起大落。1998年首10個月，本港樓市出現了插水式的下跌，踏入10月之後，疲弱不堪的樓市才反彈回升。1999年及2000年樓市反覆不定，時好時壞。

2001年樓市比2000年暢旺，年內兩度出現小陽春，惟樓市仍未見底。2002年及2003年仍隨香港經濟起伏波動。

【營業情況】 2004年樓市正式進入復甦的軌道。一年來利好地產消息浪接浪，賣地成績理想，一、二手樓盤交投暢旺，豪宅造價屢創新高，成為樓市看俏的強心針。

政府土地註冊處發表的數字顯示，2004年樓市升勢淩厲，全年買賣宗數共錄得逾12.348萬宗，較2003年上升約41%，而金額方面，全年就錄得3,517億元，較2003年上升約86%，兩者均創1997年後的新高。

根據仲量聯行資料顯示，2004年全年中小型住宅樓價上升了35.3%，豪宅價格升幅更達62.2%，而個別豪宅造價更重越97年高峰水平。

美聯物業首席分析師劉嘉輝表示，2004年樓市全面復蘇，令宗數得以創1997年後新高，其中二手物業交投尤為突出，平均每月6,389宗，反映二手市場全面復甦。

2004年香港樓市氣氛向好，交投暢旺，導致貨尾存量在年內不斷減少，影響樓市多年的貨尾問題從而得到紓緩。貨尾回落的另一個原因，是2004年發展商的售樓策略已改為惜售，因此2004年全年推售單位量為17,028個，較2003年全年22,265個減少23.5%，在全新盤源減少下，部份買家轉購新盤貨尾。

數據顯示，以地區劃分，年內累積貨尾跌幅最多的地區是新界區，由2003年底8,720個大幅下降至2004年底3,872個，跌幅55.6%，主因是2004年該區推盤量大減。新界區2004年推盤量錄得8,501個，雖然仍屬各區之冠，但較2003年15,201個已大幅減少44.1%，令該區成為貨尾量回落幅度最大的地區。

市區方面，2004年新盤焦點集中在港島區，如薄扶林貝沙灣及西灣河嘉亨灣等，因此港島區推盤量不跌反升，較2003年增加33%。而九龍區推盤量亦見上升12.7%，主要項目為九龍站君臨天下、長沙灣宇晴軒及碧海藍天等。由於該批新盤銷情理想，大量單位已被市場消化，因此不但未有令市區累積貨尾有上升壓力，相反更令數字進一步回落。據資料顯示，九龍區累積貨尾由2003年底5,397個減至2004年底2,788個，下跌48.3%。港島區跌幅最小，約10.3%，由2,545個回落至2,284個。

戴德量行研究顧問部董事陶汝鴻説，在賣地等利好因素刺激下，2004年一二手住宅交投丁財兩旺。年內港府先後進行了三次土地拍賣，並成功以高價售出5幅地皮，發展商投地態度積極，為庫房帶來逾180億港元收入，較原先所定的120億元賣地收益目標，可謂超額完成。其中天光道地皮拍賣反應最為熱烈及矚目，最終以94.2億港元的歷來第二高價由長實投得，平均每平方呎樓面地價5,477港元，較底價高出近九成，較當時同區樓價更出現溢價，被認為"麵粉貴過麵包"，反映發展商看好未來樓市。此外，長實亦於5月份以20.9億港元投得馬鞍山地皮。新地在10月以47億港元奪新蒲崗地皮，嘉華國際在5月底以8.65億港元投得銅鑼灣山路地皮，華懋則於6月中以10.1億投得九龍城地皮。

【新動向】 仲量聯行預期，2005年本港樓市將承接2004年向好的勢頭，中小型住宅及豪宅價格上升15~20%；寫字樓租金升幅約30~35%，價格升幅為20~25%；商舖租金升幅10~15%，價格升幅為15~20%。

其他測量師行亦看好明年樓市，戴德梁行認為，2005年樓市仍有上升空間，樓價有望再升30~35%。世邦魏理仕則指，鑑於整體物業市場的租金及售價已經上漲，預期2005年整體物業市場將平穩健康，估計中小型住宅及豪宅價格將上升10%，甲級寫字樓租金及售價升20%，商舖售價及租金分別升20~25%及10~15%。

一眾發展商巨擘均維持對2005年樓市樂觀的看法，新地主席郭炳湘、恒地主席李兆基及新世界發展主席鄭裕彤在不同場合曾表示，市場信心好轉，預料樓市可繼續向好，且有合理溫和升幅，當中鄭裕彤估計明年樓價可升一成。

香港金管局在2005年第一期季報指出，儘管自2003年夏季開始樓價大幅回升，香港樓市形成泡沫的風險仍然偏低，但近期確認人交易數目增加，而且市場環境可能會迅速變化，所以須密切注視市場發展。金管局又指出，確認人交易是指有關物業在原有買賣的交易完成前，已被轉售給二手買家，所以確認人可能是刻意圖短利的炒家。

又據資料顯示，截至2005年9月15日，香港二手私人住宅買賣合約登記總值合共1,607億元，剛好衝破2004年全年錄得的1,603.5億元水平，並刷出自1997年之後近8年的另一高峰。2005年二手住宅於9個月之內突破2004年全年數字，顯示2005年住宅呎價進一步攀升，加上2005年多個豪宅新盤開售帶動整體二手豪宅市場，令總值數字升勢顯著。

除此之外，2005年首9個月的二手私人住宅登記總值，較2003年全年僅610.7億元的低位大幅增長1.6倍，但仍較1997年全年的5,280.1億元相差接近70%，反映現時住宅市道距離泡沫化仍然很遠。

建築

【概述】 香港建築業的盛衰是與房地產業的發展分不開的。第二次世界大戰的破壞，戰後人口的增加，以及工商業的發達，使香港建築業取得巨大的發展。建築業在香港經濟中所佔的地位也日益重要。

上世紀70年代初期，香港的建築業並非太興旺，但自踏入70年代中後期，隨著地下鐵路的建造及新市鎮的出現，再加上因此而帶動的私人物業發展，令建築業踏入了興旺發展的階段。

80年代前期，由於受中英香港問題談判爭拗的影響，人們對投資物業缺乏信心，物業價格普遍下跌三成，間接打擊建築業的發展，可算得上為建築業的低潮。80年代後期，建築業開始再度步入好景。原因是在1985年後，中英簽訂了關於香港問題的聯合聲明，中國的改革開放政策亦初見成效，加上香港經濟轉趨蓬勃，本地及外國投資者開始恢復信心，各類工程紛紛上馬，其中包括貨櫃碼頭、發電廠、新界環迴公路等，市民對自置物業的需求大增，從而帶動了建築業的興旺。

1991年開始，建築業增長放緩，1992及1993年放緩之勢更甚，當時建築業面臨的巨大壓力，首先是外資建築力量劇增，造成激烈競爭；其次是香港建築業天地並不像一些人意料中那麼廣闊，新機場計劃自公佈以來，波折重重；第三是大型屋邨樓宇的建築量減少；第四是建築成本上升，經營利潤下降。1994年，建築業進入調整期，1995年全面復甦，1996年及1997年建築業均表現良好。1998年至2003年均呈現滑波之勢。

【營業情況】 據政府統計署資料顯示，截至2004年12月，全港開工的建築地盤有964個，建築工人64,189人。在上述開工地盤及建築工人人數中，依批出合約機構區分，公營部門有321個地盤，建築工人25,525人。私人機構有643個地盤，建築工人33,426人。如以工程種類來區分，土木工程有341個地盤，建築工人19,854人，樓宇建造地盤623個，建築工人39,097人。

又據政府統計處資料顯示，2004年主要承建商完成工程總值為925億元，較2003年下跌6.6%。若按工程類別分析，私人地盤完成的工程總值為278億元，較2003年下跌21.1%。下跌主要是由於一些大型住宅樓宇地盤完成工程所致。

公營地盤完成工程總值為282億元,，較2003年跌13%。下跌主要是由於一些作服務用途的公營樓宇項目工程完成所致。

雖然2004年樓市已步出谷底，但建築工程量未因樓市復甦而顯著增加，建築工人就業情況也未如想像般獲得改善，縱使中港簽署CEPA，兩地實行互認資格後，建築業人士仍未見受惠，需要向政府爭取增加基建及公共設施等工程，才能解窘。

香港建築業承建商聯會會長吳國勝認為，樓市雖然復甦，然而，政府基建工程減少，加上私人發展項目未見大幅增加，建築業的就業率未見顯著改善，目前建築業的就業情況與2002至2003年樓市低位時相若。

他表示，近年註冊承建商約有1,100至1,200間，數量保持平穩，但已較2000年的約1,800間大減約四成。

建築公司負責人表示，近數年以來，政府減建公營房屋、圖書館、市政大廈，甚至公營設施也減少興建；兩鐵的發展項目也伙拍大型發展商興建，地產市場幾乎被數家大型發展商壟斷，建築成本過去數年均未見調整，也未見發展商積極勾地，因此，建築界未有受惠於樓市復甦。

香港建造業總工會理事長蔡鎮華表示，2004年建築工人失業情況仍然很嚴重，而有工開無糧出的情況亦時有發生。

【新動向】 據政府統計處資料顯示，本港主要承建商2005年第一季所完成的工程總值為231億元，較2004年同季微升0.1%。按工程類別分析，私人地盤完成工程總值為67億元，較上年同期下跌3.3%，下跌主要是由於一些大型住宅樓宇地盤完成工程所致。公營地盤完成的工程總值為69億元，較上年同期下跌8.7%。按建築物落成後用途類別分析，住宅樓宇工程佔地盤完成工程總值的最大比例，為48億元，較上年同期下跌13.2%；商業樓宇工程總值為24億元，較上年同期上升42.3%。

香港建築業承建商聯會會長吳國勝對建築業的就業前景並不樂觀，憂慮日後建築工程不多，僧多粥少的情況會加劇，承建商要以低價或不合理的價格爭奪承建合約，建築質素欠保證，以及引起勞資爭拗問題。因此，建築業承建商聯會及建造商會早前已向政府反映，建議政府多進行基建工程，增加建築業的就業機會。

新創建集團成員之一的協興建築有限公司培訓主任徐永興表示，近年建築業不景氣，不但沒有再聘請建造業培訓局畢業生，更“年年炒人”。建造業訓練局學員招募經理姚梁敏莊亦表示，因近年建造業人才需求減少，建造業訓練局自2004年起已將原本240個學位減至160個。不過，徐永興指出，很快便有多項大型工程動工，如港珠澳大橋、東南九龍發展、西九龍文娛藝術區等，將有助改善建築業就業情況。現職為助理工料測量員的黃智偉亦指出，將有大批公屋維修工程及重建項目，相信對屋宇建造技術人員需求將會增加。

建造業總工會理事長蔡鎮華指出，由於2005年政府公共工程大幅減少，他擔心迪士尼工程完成後，會有更多人加入失業大軍。

他說，縱使澳門基建及物業的建築工程增加，增聘本港建築工人，但幫助不大，而且建造業工人薪酬不升反降，每況愈下。本港建築工人的失業率仍高達12%至13%，顯著較其他行業失業率僅4%至5%為高，失業率能否獲得改善仍要視乎本港經濟發展。

他呼籲政府應維持每年投入290億元作基建投資，並希望政府新總部、社區設施等建築工程能盡快上馬，令勞工密集的建築業能受惠。

建築師

【概述】 香港經過多年來的發展，已由過去一個寂寂無名的小漁村，搖身成為了一個具有“東方之珠”稱號的現代化大都市。這個現代化城市的景觀少不了無數不同型狀、不同設計、不同用途的建築物。一幢建築物的造型風格，決定於建築設計師的創作意念。建築師在設計時，不但要投業主所好，盡量使建築物能配合到業主的實際用途和需要，同時也要顧及周圍環境、當地文化歷史及都市背景，使建築物能與所在地環境產生和諧協調的美感。

建築師在城市現代化過程中具有十分重要的地位，因此有很多年青人都渴望成為專業建築師。晉身該行業的途徑主要是：進入本港大學或往外國修讀建築學系；畢業後，進入建築事務所工作兩年吸取實務經驗；然後考取建築師牌，成為香港註冊建築師；及後可以考取政府的“第一名冊建築師”，這時便可以全權負責設計一幢建築物，及開設建築師事務所。

目前香港有幾十間大大小小的建築師事務所，千多名建築師。建築師的工作是擔負各類建築物的設計、施工監管等職責。建築物建造前，建築師須按建築條例及業主的要求設計建築物；在建築物興建時可代表發展商對工程的全部興建過程進行現場監管，每項工序都要經過建築師事務所駐工地人員檢查，關鍵工序更要經建築師檢查合格後才能繼續施工。在工程管理上，建築師可成為整個工作小組的聯絡人，須與其他專業人士，如結構工程師、屋宇設備工程師和物料測量師密切合作。

建築師可否獲得建築設計工程，聲譽極為重要。因為建築師不能刊登廣告自我宣傳，他們必須藉自己出色的工作贏取客戶賞識，在業內建立聲譽。所以建築師必須要竭盡所能，以好的設計、好的工程去爭取客戶，或參加建築設計比賽來擴大自己的影響。

目前的建築設計收費有兩種：第一種是簽合約時已與業主訂定設計費；第二種是按建築費的百分率收取，由3%至6%不等。

【2004年建築設計情況】 香港經濟復甦，本港建築工程未見因樓市復甦而顯著增加，建築設計行業未如想像般獲得改善；縱使中港簽署CEPA，兩地實行互認資格後，建築師仍未見受惠，需要向政府爭取增加基建及公共設施等工程。

香港建築師學會會長林雲峰表示，樓市雖然復甦，然而政府基建工程減少，加上私人發展項目未見大幅增加，建築工程量未見顯著改善。他強調，原以為近年本港建築工程減少，將令部份會員轉移往內地工作，不過學會早前曾進行問卷調查，顯示長期往內地工作的建築師不多。該調查共接獲120名會員回覆，佔會員總數逾一成，回覆的會員有98%在港執業，縱使承接內地的工作，也會有超過10月的時間留在本港。

香港大學專業進修學院講師吳啟聰指出，本港建築業人才若要到內地發展，必先對內地業界的運作、法規有深入了解，否則，除了有可能令工程受到不必要的延誤，嚴重時更會觸犯法例。他更指出，雖然內地有全國性的建築法規，但各省市對法規的詮釋或有差異，有可能令本港從業員未能一時間適應得到。他舉例說，香港在建築審批方面有明確的指定部門和時限，如建築圖則先交予屋宇署審批，首次入則為期約兩個月。但內地則沒有明確規定，而且參與審批的部門比香港多，從業員要主動尋找多個合適部門作申請，還要顧及先後次序，過程中若有出錯，便會延誤工程進度；此外，各省市的法規各有不同，香港從業員若到另一個地方工作時，又要重新了解其審批法規，相當費時。因此他們先要對內地建築業法規有相當認識，否則便要花很長時間累積經驗。

為了鼓勵建築設計的香港建築師學會2004年獎，已經名花有主，香港建築師學會優異獎：施勳道21號，建築師是巴馬丹拿建築及工程有限公司。香港建築師學會全年建築大獎：拔萃男書院小學部，建築師是周德年建築設計有限公司/ 何弢建築設計有限公司。香港建築師學會優異獎：機電工程署總部大樓，建築師是香港特別行政區建築署。會員香港境外作品獎：SK電訊公司總部，建築師是RAD Limited。會員香港境外作品獎：汕頭大學學生活動中心一期，建築師是雅砌建築設計有限公司聯同胡恩威先生。會長獎狀：粉嶺聯和墟公園，建築師是香港特別行政區建築署。主題建築獎——無障礙設計：瑪嘉烈戴麟趾紅十字會學校，建築師是香港特別行政區建築署。主題建築獎——建築學研究：暢道通行，建築師是香港特別行政區建築署。主題建築獎——文物建築：道風山基督教叢林，建築師是陳丙驊建築師有限公司。主題建築獎——室內設計：恩福小聖堂，建築師是建盟建築師事務所。至於香港建築師學會青年建築師獎2004的冠軍是陳建國建築師，作品是帶狀活動空間 。

【新動向】 預計2005年香港建築設計業表現一般，雖然2005年香港經濟復甦，但私人發展項目增加不是太多，而過去幾年建築界多依靠政府的項目維持，但是2005年政府建築工程已有很多完工。

至於進軍內地市場方面，有一位在國內發展建築設計業的老行尊表示前景不樂觀，他稱，香港建築師現在的優勢是暫時的，隨著內地建築師水準的提升，不久將來，龐大的內地市場，本港建築師將“無得爭”。

他說，香港建築設計師目前還有一定優勢，內地建築設計師現時的原創性還不足，喜歡東抄西抄。內地建築設計人才只是欠缺實踐，但他們的吸收力令人刮目相看，有如一塊海綿，不斷地吸收！因此，當內地建築設計師擁有開闊眼界，提高創新能力後，其水準超越香港，只不過是時間問題。

他建議，有心進入內地建築設計的人士要認真，更加倍用功在自己的基本功上，有水平及口碑自然會吸引到客戶。內地除了沿海城市之外，一些位於西北部的省市也發展得很快，而且設計項目的規模也相當大。但在不同城市承接項目時，也應入鄉隨俗，多了解當地的風土人情，作品才能融入當地的文化中。

建築師學會會長林雲峰呼籲政府要多支持香港建築設計業，要落實更多社區建設，推動可持續城市設計藍圖的遠見。他指出，很多嶄新的建築設計，都是政府帶領開始，例如早年華富邨的獨立社區設計，就成為日後其他私人發展商的發展藍本。房屋署近年引進的一些環保建築及管理模式等，都是值得深入了解的課題。

屋宇署即將推出全港五星級環保樓宇表現評級計劃，林雲峰擔心市民未必明白有關評級的分別，恐怕將來會引起爭拗。他認為，倘若社會接受有關計劃，市民便能夠對樓宇建設的環保狀況有一個指標及概念。

測量師及物業代理

【概述】　隨著地產、建築業的興盛，各種不同規模、不同形式的測量師及物業代理商應運而生，並在過往十多廿年間日益壯大。

香港現有測量師行約30多家，按測量師工作的性質，可分為：一、專攻測量地形和編製地圖的土地測量師。二、專長物業保養維修的建築測量師。三、擅長計算建築工程的工料及成本的建築測量師。四、產業測量師，是測量專業人數最多的一類，產業測量師在地產界的服務角色是多方面的，其業務範圍廣泛，包括房地產估值、遺產稅和印花稅的上訴、收樓賠償談判、租值釐訂、修改土地用途及規劃申請、可行性研究、工程策劃、物業代理及物業管理等。

至於物業代理方面，物業代理的工作是為客戶提供諮詢、介紹樓宇資料及市場行情、解答貸款與法律問題等。香港的物業代理商大致可分為：大型房地產公司設立的房地產代理公司，專業代理房地產交易的中、小型公司，上文提及的測量師行附屬代理部，以及無固定工作場所的獨立經紀人等。從事物業代理的經紀把合適的樓盤介紹給租客或買家，雙方透過經紀討價還價，達成交易，而經紀則收取雙方或其中一方的佣金作為報酬。

【營業情況】　根據政府統計處資料顯示，2004年全港物業代理公司有2,845家，比2003年的3,072家，減少了227家，受僱人員15,331人，比2003年15,966人，減少了635人。

地產代理監管局報告指出，2004年個人牌照數目為18,675宗，較2003年15,453宗上升兩成；而2004年參加地產代理考試人數高達7,397人，較2003年大幅上升58%，反映樓市好轉吸引更多人從事地產代理行業。

地產代理監管局行政總裁陳佩珊指出，監管局在2004年投放了大量資源來巡查一手樓盤。主席潘國濂指出，2004年新盤巡查達490次，較2003年350次上升四成。而2004年給予代理的口頭勸喻達1,367次，給予他們的書面指導信則達167封。另外，2004年共有16個牌照被吊銷。

陳佩珊說，由於2004年新盤暢銷，隨之而來的是代理在新盤不守規則的事亦經常發生。以堅尼地城泓都為例，監管局共給予代理高達378次口頭警告，主要是代理們不守交通規則，並在馬路中心兜客等。

潘國濂認為，代理犯規的原因主要是基於賺錢理由，而他們的決定大多是由他們的管理層發出的，因此若犯規情況持續下去，他們會考慮在法例上處分地產代理的管理層。然而，地產代理界普遍不認同監管局的做法。

物業代理兩大巨頭中原及美聯於2004年的業績都十分理想，中原2004年的佣金收入達29.65億元，較2003年急升74.1%。美聯2004年的營業額及純利分別為19.87億元及3.57億元，較2003年增加68%及1.91倍，並分別較1997年上升12%及60%，超出市場預期。

美聯主席黃建業說，2004年初地產發展商調低經紀佣金，嚴重打擊集團收入，因此美聯2004年第二季曾錄得虧損。2004年第二季一手樓佣金平均只有樓價的1%，但由於二手市場蓬勃，發展商為與二手樓爭客源而漸漸調高經紀佣金至1.5%至2%，最高更可達2.5%。

以佣金收入計算，來自二手成交收入比例由2003年的37%上升至2004年的62%，由於二手市場進一步做好，2004年以來二手成交收入更佔集團整體85%。黃建業稱，由於二手市場佣金較一手市場穩定，二手樓市復蘇對集團盈利有正面影響。長遠而言，一手與二手的成交比例在3比7較為健康。

黃建業又指出，2004年的營商環境更勝97年，有利因素包括細行被淘汰令生意逐漸歸邊，以及用家主導令佣金壞帳比率低。美聯2004年買賣成交達36,914宗，上升41%，升幅較市場上升的39%為高，跑赢大市。

中原集團主席施永青也表示，中原2004年促成的物業交易宗數，由2003年的94,808宗，急增至130,201宗，升幅亦達37.3%。

至於測量師收入方面，亦因樓市向好而表現理想。另外，隨著CEPA落實及中港測量師簽訂互認資格協議，本港測量師往內地發展成必然趨勢。

【新動向】 預計2005年本港樓市持續向好，測量師及物業代理業也會看俏。物業代理預計，2005年地產代理業能重過昔日的光輝歲月。現時從事住宅生意的地產代理，可分為主攻一手樓或二手樓兩類，主攻一手的代理，大部份時間要到新盤的售樓處"撈客"，除了底薪外，公司的成本開支相對較低，所以若促成交易，拆佣比例可達30%以上，部分細行為吸引人才，拆佣比例更高達70%。最近某大行已開始聘請不連底薪的一手樓員工，若能促成交易，拆佣亦達70%，但說穿了，其實代理行只須"付出"公司的名字（大部分新盤只委託數家大型代理行），成本不算高。至於二手樓代理，則在代理行工作，由於舖租等成本較高，所以促成二手樓交易的拆佣比例亦較新樓為低，一般約由20%起。

發展商於2004年起放慢推盤，令2005年起樓市成交集中在二手市場，二手成交佔住宅總成交比例高逾80%。亦即是說，2005年代理的生計能否維持，就要看二手樓市能否能維持興旺。幸好，普遍認為二手樓市暢旺。

兩大物業代理行中原地產和美聯物業均於2005年計劃增添人手。美聯預期，2005年可吸納1,000人加入該公司，以補充一些不合適行業發展的員工流失而出現的空缺。美聯分行數目超過360間，員工總數近6,000人。

中原表示，2005年有意增設50間分行，為配合擴充計劃，預料招聘550名員工，包括500名營業員，以及50名後勤同事。

金融•法律

銀　行

【概述】　受惠於經濟全面復甦及在《更緊密經貿關係安排》下與中國內地發展更緊密的聯繫，銀行業2004年表現良好。

經濟改善使本地貸款扭轉2003年的跌勢，並在2004年錄得7.2%的增長。這有助促進銀行盈利的強勁增長（零售及私人銀行的情況尤其明顯）及增進資金管理業務的收益。由於失業率下降和物業價格上升，銀行資產質素持續改善。

然而，銀行利潤幅度繼續受到壓力。美國在2004年調高利率，但由於香港銀行體系流動資金充裕，利率仍處於低水平，加上銀行互相競逐新業務，尤其住宅按揭，致使利潤幅度收窄。

【利率走勢】　由於銀行體系流動資金充裕及有大量資金流入，儘管美國利率在2004年中開始連番以0.25厘調高，但香港最高優惠利率仍維持於5厘不變。在此情況下，1個月銀行同業平均拆息跌至0.25厘，2003年則為0.92厘；一個月定期存款利率亦由0.07厘下降至0.03厘，跌幅超過一半。平均最優惠利率與1個月銀行同業平均拆息的差距由2003年的4.08厘擴闊至4.77厘，最優惠利率與1個月定期存款利率的差距則幾乎沒有變動。

【整體零售銀行除税前經營溢利上升20.3%】由於香港經濟回升及對外貿易顯著增加帶來支援，零售銀行2004年大致錄得強勁的盈利增長。零售銀行香港辦事處的整體除税前經營溢利上升20.3%，而2003年僅5.7%；除税後平均資產回報率由2003年的1.18%上升至1.38%。

盈利改善主要是由於呆壞賬準備金大幅減少，資金管理業務錄得穩健收益，以及收費與佣金收入增加。整體資產質素持續改善，零售銀行的整體呆壞賬準備金較2003年顯著減少，其佔平均總資產的比率由2003年的0.29%下降至負0.02%，原因是部份銀行有準備金回撥，抵銷了新撥的呆壞賬準備金。零售銀行非利率收入佔總收入的比率由2003年的33.8%上升至39.3%；資金管理業務收入所佔的比重則維持平穩，約為20%。

零售銀行淨息差由2003年的1.91%降至1.65%，原因是市場競爭導致貸款息差持續受壓及自由資金收益下降。由於附息資產增加，淨利息收入減少的情況在第四季被局部扭轉。

港元利率走勢（年息率，厘）

	定期存款			香港銀行同業拆息			儲蓄存款	最優惠利率
	1個月	3個月	12個月	1個月	3個月	12個月		
2003年第4季	0.02	0.02	0.05	0.12	0.24	0.92	0.02	5.00
2004年第1季	0.004	0.01	0.03	0.07	0.08	0.44	0.004	5.00
2004年第2季	0.01	0.02	0.15	0.10	0.30	1.17	0.003	5.00
2004年第3季	0.03	0.06	0.43	0.42	0.69	1.53	0.02	5.01
2004年第4季	0.07	0.09	0.44	0.41	0.48	1.09	0.07	5.06
2003年	0.07	0.07	0.12	0.92	0.96	1.24	0.03	5.00
2004年	0.03	0.04	0.26	0.25	0.39	1.06	0.02	5.02

銀行經營成本亦增加。零售銀行成本與收入比率由2003年的38.6%上升至41.6%，反映整體經營成本及擴充業務，尤其在中國內地，與更新系統涉及的其他支出增加。

基於經濟回升及有大量資金流入，整體銀行業總資產增加10%，零售銀行總資產則增加9.1%，其中大部份增長來自本地貸款、銀行同業貸款及持有債務證券，零售銀行存款增加7.4%，增幅與2003年相同，而增長情況在第四季尤其明顯，反映資金流入。

【本地貸款需求增長7.2%】 受到經濟改善及對外貿易強勁增長刺激，零售銀行總貸款2004年上升8.3%。本地貸款上升7.2%，而2003年則減少1%。大部份本地貸款的增長屬於物業有關貸款及貿易融資貸款。在經濟復甦層面廣泛形勢下，所有主要經濟行業的貸款均增長。

在物業市道回升帶動下，物業貸款上升5.7%，而2003年則錄得2%的跌幅。物業貸款中，用作物業投資的貸款增長較明顯，錄得16%升幅，而2003年則保持平穩。住宅按揭貸款增加2.9%，扭轉上一年減少1.4%的跌勢。物業發展貸款以全年計下跌3.8%，跌幅不但小於2003年的11%，更在第四季有所增加。由於當局繼續凍結出售“居者有其屋計劃”、“私人機構參建居屋計劃”及“租者置其屋計劃”的單位，用作購買這些計劃單位的貸款減少11.3%。

由於對外貿易增長強勁，貿易融資承接2003年11.7%的增幅再增長17.6%。對製造業及運輸與運輸設備行業的貸款分別上升29.6%及11.1%，兩者在2003年的升幅分別為12%及9.6%。受內地遊客訪港及私人消費增加刺激，對批發及零售業的貸款上升11.6%，扭轉2003年7.7%的跌幅。儘管股市交投活躍，但提供予股票經紀業務的公司及個人用作購買股票的貸款上升11.9%，2003年則減少9.5%。對電訊業的貸款持續下跌，承接2003年下跌35.6%，2004年再下跌20.8%。

受到消費者信心回升帶動，消費貸款尤其是信用卡業務2004年上升，大部份升幅在第四季錄得。根據金管局活躍於信用卡業務的認可機構所作的調查顯示，信用卡應收賬款總額上升5.2%，扭轉2003年5%的跌勢。

對非銀行中資企業的貸款總額在2004年增加，主要是對紅籌股公司及其附屬機構的貸款增加。2004年底，零售銀行對非銀行中資企業的貸款增加24.3%至1,284億元，佔其總資產的2.7%。整體銀行對非銀行中資企業的貸款亦增至1,785億元，佔總資產2.4%。

在已公佈2004年業績的銀行當中，東亞銀行的客戶貸款增加13.9%，表現較佳；星展香港和香港匯豐銀行分別增加12.2%和12%，亦屬不俗；渣打香港只增3.5%，與東亞相差10個百分點；恒生銀行和永隆銀行分別增9%和6.4%；中銀香港增幅最少僅1.5%。

【可轉讓債務工具增加】 零售銀行持有的可轉讓債務工具（不包括可轉讓存款證）持續增加，但增長步伐較前緩慢，由2002年及2003年錄得雙位數字增幅減慢至6.7%。有關升幅主要來自外匯基金票據及債券與私營機構發行的港元債務工具。港元可轉讓債務工具增加14%，外幣可轉讓債務工具亦增加3.1%。按發債體分析，55.3%可轉讓債務工具由私營機構發行，23.5%由政府發行，21.2%由銀行發行。2004年底，零售銀行持有的可轉讓債務工具佔其總資產的百分比保持平穩，為21.3%，2003年底則為21.8%。

由於香港仍處於低息環境，個人客戶對可轉讓存款證的需求在2004年持續。因此，已發行可轉讓存款證繼在2003年上升17.3%後，2004年上升10.4%。由於個人客戶持有的可轉讓存款證增加，零售銀行持有已發行可轉讓存款證所佔的比例2004年底降至31%，2003年底則為35.0%。

【外幣存款遠超港元存款】 2004年零售銀行客戶存款總額增加7.4%，增幅與2003年相同。外幣存款增加11.36%，遠遠超過港元存款增加的4.9%，因此港元存款佔總存款的比例由2003年底的61%微跌至59.6%。定期存款連續三年下跌後，2004年微升1.1%，2003年則下跌12.3%。儲蓄及活期存款分別持續上升11.8%及22.9%。2004年底，儲蓄及活期存款佔總存款的53.3%，較上年的50.4%上升，儲蓄及活期存款的增長主要在第四季出現。2004年香港匯豐銀行的客戶存款增加11%，其餘已公佈業績的銀行的增幅均不超過10%，其中渣打香港增9.2%，星展增7.4%，東亞、恒生和永隆分別增3.5~5.4%；中銀香港增5.11%。

外幣存款大幅增加，主因是美元利率從2004年6月下旬逐步回升，與此同時，由於有資金來港炒賣人民幣升值，導致本地資金過多，港元利率處極低水平，因而港元存款的吸引力減弱。至於非美元外幣存款的增幅不大，可能是不少客戶因所持的外幣兑美元升值，紛紛獲利回吐，結果使存款結餘增幅不大。

【人民幣存款】 從2004年2月25日開始，香港銀行可以經營四項人民幣業務。至2004年4月，人民幣存款餘額為55.46億元，10月增至84.33億元。2004年10月下旬內地提升人民幣存款利率，再次引起市場對人民幣升值的憧憬，因而人民幣存款增長較快，至年底增至121.27億元。至今人民幣存款餘額佔整體銀行業存款仍然很少，但有關業務的發展空間很大。

【負資產個案降至不足2萬個】 2004年香港經濟好轉，失業率下降，各類物業價格大幅回升，負資產個案至2004年底降至不足2萬個，比2003年中高峰時大為減少，影響之下，破產個案大幅下跌，對提升銀行資產質素有利。

資料顯示，本地零售銀行的特定分類貸款比率以總額計從2003年底的3.94%下降至2004年底的2.25%；同期間信用卡撇賬率從8.19%下降至0.44%；按揭貸款拖欠比率則從0.86%下降至0.38%。各項比率均明顯改進，並達安全水平。另外，2004年本地零售銀行呆壞賬準備金佔平均總資產的比率為負0.02%，即有呆壞賬回撥，2003年的比率為0.29%，是盈利表現較佳的其中一個重要原因。

【新動向】 2005年首季港元最優惠利率維持在5厘水平，其後隨美息逐步提升，至6月底止，中小銀行的港元最優惠利率為6厘，大銀行則為5.75厘， 仍處相對較低水平。今年上半年整體香港經濟平穩發展，外貿保持雙位數增長，失業率和破產個案持續下降，房地產價格穩步上升，為銀行經營提供較佳環境。

2005年港元利率已告回升，到6月底止，零售銀行客戶存款總額為38,555億元，比上年同期增加8%，其中外幣存款增9%，仍比港元存款7.1%增幅為高，定期存款由2004年只增1.1%，大幅增至21.1%，但活期及儲蓄存款則分別減少5.5%和8%。

踏入2005年以來港元拆息大幅回升，其中三個月的銀行同業拆息由0.82厘升至6月份3.39厘，存款利率隨之也逐步回升。定期存款息率與拆息關係較為密切，現時儲蓄存款利率並不吸引，因而客戶逐步把港元的支票及儲蓄存款轉為定期存款。2004年底時，零售銀行的港元定期存款佔整體港元存款的35%，至2005年6月已上升到47.4%，使銀行整體的資金成本逐步上升。

貸款方面，2005年上半年零售銀行總貸款和墊款比上年同期增加8.7%，總貸款額為22,563億元。在香港使用的貸款增長達雙位數，為10%，其中給香港境外商品貿易融資的貸款增長竟達47.5%。這

部份本地銀行經營表現（億港元）

	客戶存款			客戶貸款			股東應佔盈利		
	2004年	2003年	增長%	2004年	2003年	增長%	2004年	2003年	增長%
香港匯豐	17,305	15,594	11.0	9,273	8,283	12.0	335.65	257.97	30.1
恒生銀行	4,473	4,320	3.6	2,529	2,320	9.0	113.95	95.39	19.5
渣打銀行	2,389	2,188	9.2	1,667	1,611	3.5	37.4	28.59	30.9
星展銀行	1,306	1,216	7.4	1,052	938	12.2	25.43	20.07	26.7
東亞銀行	1,637	1,554	5.4	1,173	1,029	13.9	24.24	19.22	26.1
永隆銀行	532	514	3.5	311	293	6.4	10.32	8.59	20.1
中銀香港	6,313	6,006	5.1	3,132	3,085	1.5	119.63	79.63	50.2

資料來源：各銀行財務披露

與香港經濟全面復甦，及在《更緊密經貿關係安排》下，香港與中國內地經濟發展更趨緊密有極大的關係。至於在香港境外使用的貸款則比2004年上半年減少，減幅為2%。至2005年6月底為止，香港境外貸款佔整體總貸款不足10%，與1997年底佔45.9%相比已大跌，對香港金融中心地位構成負面影響。

由於本地貸款需求不振，各銀行繼續進行減息戰以搶佔業務，具體表現為以最優惠利率減息批出住宅按揭貸款，和推行轉按業務變相減息。如在2005年頭四個月，新批住宅按揭貸款中轉按業務便佔了20.2%。

同時，利率風險有所下降。在金管局推出三項優化聯繫匯率制度的措施後，港元拆息自5月下旬以來已緊貼同期檔的美元拆息，故未來港元拆息的波幅將告收窄，對銀行加強控制利率風險有正面作用。

2005年下半年香港經濟將保持穩定，失業率有進一步下降的空間。近月市場炒賣人民幣升值的情況已告緩和，銀行體系結餘波動不大，港美利率回復至較正常關係，預計美元利率將進一步上升，年底時聯邦基金利率有較大機會升至四厘水平，港元最優惠利率預計亦將升上7.25厘，對客戶貸款可能構成一定負面影響。近期不少銀行在調升最優惠利率的同時，亦調升按揭利率，對置業人士相對不利，近期銀行的樓按業務已告轉弱。另一方面，利率上升有利銀行吸引存款業務，進而向客戶推銷各項投資產品，有助增加非利息收入。由於整體經濟表現仍佳，下半年整體貸款質素將持續改善，不良貸款依然受到控制，對銀行盈利不致產生負面影響。綜合而言，下半年銀行業發展將保持穩定。

【人民幣升值的影響】 中國人民銀行宣佈，從7月21日晚7時起，人民幣匯率不再盯住單一美元，同時美元對人民幣交易價格調整為1美元兑8.11元人民幣。香港與內地經濟聯繫日益緊密，人民幣匯率制度的改革，對香港的經濟會帶來什麼影響？港元兑人民幣的價格有何變化？這些問題受到香港各界的關注。

【香港聯繫匯率制度不變】 香港金融管理局總裁任志剛表示，人民幣升值後，預期港元仍可保持穩定。他重申保持香港聯繫匯率制度。中銀香港副總裁林炎南表示，人民幣升值對香港人民幣市場有正面作用，目前香港有關人民幣的業務發展穩定，第二階段業務也即將推出。他指出，金管局已重申本港聯匯不會改變，目前香港人民幣存款比例仍很少，相信熱錢如欲炒作人民幣而流入本港，並不會使拆息市場出現大幅波動。香港匯豐銀行行政總裁邵銘高表示，人民幣匯率措施和人民幣的升值，相信不會對港元聯繫匯率有任何長遠影響。他表示支援金管局確認港元聯繫匯率保持不變，同時他也預期聯繫匯率只會出現短期的溫和波動。

【有利香港出口競爭】 香港總商會總裁翁以登表示，人民幣小幅升值，並採用更有彈性的匯率機制，對香港總體經濟情況的實質影響尚不可知，但總的説來，香港物價可能有上升壓力，港商在內地的投資成本將會增加，但香港對內地的出口更有競爭力，CEPA的零關税效應可以得到更好發揮。

金管局總裁任志剛表示，人民幣升值對香港經濟帶來好處，也有利香港出口競爭，內地旅客來港消費力也將會提高。

香港貿易發展局首席經濟師梁海國表示，人民幣匯率機制改革對香港外貿影響不大，但可能會讓港商面臨的匯率風險比以往增大。在香港出口業方面，人民幣升值對勞工密集型加工企業的港商有較大影響。

保 險

【概述】 香港保險業源於十九世紀，可以説還早於香港銀行的設立，因為香港開埠成為經營轉口貿易的自由港之後，貨運保險就應運而生了。伴隨著貿易、貨運的擴展，社會經濟的增長，保險業也不斷發展。不過，不論香港銀行業還是保險業發展和走向國際化，都是第二次世界大戰後香港經濟起飛之後的事。保險業務越來越多樣化，險種大大增加。2004年，在香港經營業務的獲授權保險公司共有180家，比2003年減少了8家；而獲委任保險代理人（包括其負責人和營業代表）有31,207人，比2003年減少428人；獲授權的保險經紀（包括其行政總裁和營業代表）476人，比2003年增加了12人。在180家獲授權保險公司中，116家經營一般保險業務，45家經營長期保險業務，19家則經營一般及長期保險業務。這些保險機構一半以上是在世界各地註冊的，其中以美國最多。這充分説明香港保險業的高度國際化，全世界保險業者都矚目香港市場。

香港是國際再保險中心。全球最大20家專業再保險公司中有19家已在香港設立辦事處。再保險已是香港保險業不可或缺的一環，在分散保險公司風險方面發揮重要作用，有助維持保險業市場的穩健和承保能力。由於再保險如此重要，法例規定保險公司必須有足夠的再保險安排，才可以經營。為加強對投保人的保障，保險業監理處（保監處）不時向保險公司發出指引。保監處現正計劃向保險公司與關連公司安排再保險提供指引，並考慮就評估保險公司的再保險安排及再保險公司的穩健性發出另一指引。

【2004年保險業務】 2004年，香港保險業的一般業務的毛保費與2003年比較錄得7.2%的跌幅，由247.66億元降至229.92億元。淨保費與上年比較，亦錄得4.5%的跌幅，由170.45億元跌至162.73億元。

整體承保業績較2003年有所改善，承保利潤由13.43億元升至21.54億元。船舶業務及貨運業務均明顯好轉：船舶業務由虧損1.29億元轉為盈利1.1億元，貨運業務的利潤由1.76億元增至3.88億元，但財產損壞業務的承保利潤則由7.32億元下降至5.26億元。

至於主要法定保險業務的承保業績，汽車業務的利潤由5,200萬元激增至5.32億元，很大程度是由於有些保險公司減低其早前過剩撥備的未決申索準備金。而一般法律責任業務，其中包括僱員補償業務，則由於其保費率在去年普遍減低，承保利潤由1.24億元收窄至3,300萬元（其中僱員補償業務虧損由1.08億元增至2.66億元）。

統計數字顯示，長期保險業務在2004年表現突出。受惠於經濟復甦及低息環境，長期有效業務（不包括退休計劃業務）保單保費與2003年比較，錄得28.4%的增長，達1,000.88億元。長期業務的一項主要分類是個人人壽及年金（非投資相連）業務，保單保費錄得23%的增長，達566.66億元；而另一項主要分類為個人人壽及年金（投資相連）業務，保單保費也增長了72.4%，增至250.16億元。至於其他個人業務和退休計劃團體業務則分別增長7.8%和6.3%，金額分別增至9.71億元和162.05億元。非退休計劃團體業務則減少1%，金額減至12.3億元。

2004年，銀行在人壽保險方面的發展可謂勢如破竹，傳統保險代理銷售的情況令人憂慮。一直以來，傳統保險代理佔市場九成以上的生意，但過去幾年，銀行正逐步侵佔市場。2004年，以傳統保險代理年度新增保費計算，匯恒以30.6億元遠遠拋離友邦的10.8億元，市場佔有率急升至32%；而被奪去“一哥”地位的友邦下降至11%。第三位宏利佔9.5%。銀行保險有幾家是突飛猛進，當中以富邦花旗的增長最快，保費由1.9億元增至3億元；藍十字（即東亞銀行附屬保險）由0.9億元增至1.3億元，中銀人壽、大新、香港人壽則保持平穩。

中小型保險公司的保費收入全線下跌，跌幅較明顯有紐約人壽，其保費由2.6億元跌至1.3億元；蘇黎世由1.3億元跌至0.6億元，安泰也由4.2億元跌至3億元。

【醫生專業責任保險】　香港西醫工會與亞洲保險有限公司合作，2004年年底推出比較廉價的專業責任保險（即診治令病人蒙受傷害或損失而衍生的責任及賠償問題）計劃。新計劃保費一律9,800元一年，賠償上限750萬元，相信可吸納普通科、家庭醫學、皮膚科、腦神經科、兒科等較少進行高風險醫療程式的基層醫生，有助提高病人權益。不過，高風險的婦產科和泌尿科等未被包括新計劃內，工會指將再跟亞洲保險公司商討，要求擴大保障範圍。

西醫工會會長楊超發指出，按現時的法例，醫生就專業責任投保只屬自願性質，"近年有醫生因無法負擔保費而不投保，一旦出現事故被索償，只能自費賠償，曾有人破產收場，病人亦無法得到全數賠償。"

全港目前有5,000名註冊中醫，對保險業來說，是極有潛力的市場，不過多年來雙方對保費的看法仍有距離。代表3,000多會員的香港註冊中醫師工會副會長馮玖稱，中醫投保意欲低，而市面選擇不多，很多會員仍持觀望態度。

最近，澳洲昆士蘭（上海）聯保透過宏利保險做中介人，接受中醫專責投保，保費調低了5~10%，只把脈的中醫可以買低至2,500元年費的保險，如把脈加處方，保費約3,500元一年。全科中醫投保費仍需8,900元，骨科和針灸分別是7,000元和8,400元，萬一病人索償，賠償可高至500萬元。不過，中醫師亦需負責1萬元的墊底費。

註冊中醫師工會認為，長遠來說，保險是邁向專業化必經之路，但希望集結業界力量，爭取更好保價。

【出口信用保險局業績】　香港出口信用保險局公佈截至2005年3月底止的年度業績，儘管油價飆升和息口向上，增加生產成本以及抑制消費意欲，但無礙世界經濟復甦的強勁勢頭，出口商普遍受惠於海外買家的積極採購活動，整體接

2004年保險業業績

（單位：億元）

一般業務	2003年	2004年
毛保費	247.66	229.92
淨保費	170.45	162.73
承保利潤/(虧損)	13.43	21.54
長期業務有效業務保費收入	779.51	1,000.88
新造業務　保單保費（不包括退休計劃）	250.97	385.95

2004年按業務劃分的保費

（單位：億元）

一般業務的毛保費		長期業務(有效業務)的保單保費	
意外及健康	45.23	個人人壽及年金(非投資相連)	566.66
汽車	30.64	個人人壽及年金(投資相連)	250.16
貨運	12.46	其他個人業務	9.71
財產損壞	54.74	退休計劃團體業務	162.05
一般法律責任	59.74	非退休計劃團體業務	12.30
其他	27.11		
總額	229.92	總額(不包括退休計劃)	1,000.88

單情況理想。在此背景下，信保局全年受投保總值為323.87億元，比上年度上升9.9%。期內保費收入上升4.1%，達1.48億元。

【保險投訴上升】　保險索償投訴局2004年共接獲292宗投訴個案，較2003年上升14%。投訴最多是因保單條款詮釋及沒有披露事實所引起的紛爭，範圍多涉及個人意外、住院安排及醫療保障。其中63宗須交投訴委員會審理，索償總額高達589萬元，最後只有6宗個案被裁定投訴人得直。

【新動向】　據香港保險業監理處公佈，2005年首季，香港的一般保險(即產險)毛保費收入為69.44億元，比2004年同期微升1%；淨保費按年增幅為1.1%，至49.99億元；利潤則大幅下跌84%，跌至6,270萬元。

保監處指出，首季整體承保業績較上年同期遜色，主要是由於船舶業務的承保表現轉差，虧損由9,900萬元增至5.33億元。財產損壞業務的承保業績則有所改善，利潤由1.5億元升至2.59億元。兩項主要法定業務，即汽車保險及一般法律責任業務（其中包括僱員補償業務）的承保業績向下調整。汽車保險業務利潤由6,050萬元下調至3,180萬元，主要是由於已承付申索淨額比率上升。而一般法律責任業務的承保利潤則由9,550萬元下降至7,070萬元（其中僱員補償業務虧損由70萬元擴大至2,390萬元），主要是由於保費率普遍調低。

2005年首季，個人人壽及年金（非投資相連）及個人人壽及年金（投資相連）業務的保費收入分別增加8.3%至143.86億元及增加15%至61.64億元。退休計劃的保費收入亦上升4.7%至40.43億元。保險利益方面，此期間給付予個人的保險利益下跌17.5%至73.92億元。

此外，2005年首季新造業務統計數字顯示，整體新造保單保費（不包括退休計劃業務）與2004年同期比較，下跌4.8%至91.09億元。個人人壽及年金（非投資相連）業務的新造保費錄得15%的跌幅至48.14億元；而個人人壽及年金（投資相連）業務的新造保單保費則上升10.7%至42.09億元。

加拿大第二大保險集團永明金融宣佈以現金5.6億加元（約35億港元）收購澳洲聯邦銀行在港的保險、退休金及強積金業務，包括康聯亞洲及恆富金融服務，預期交易將在2005年第三季完成。收購後，以新生意保費計，永明金融（香港）在本港市場的排名將由第19位飆升至第7位，保險從業員增至1,700人，客戶達35萬。所有康聯亞洲客戶保單條款將不受是次交易影響，康聯亞洲將於10月改名。永明金融行政總裁施俊輝表示，面對本港保險市場競爭熾熱，收購是最佳及最快的壯大方法。收購仍然需要經香港和百慕達監管機構，以及加拿大金融機構監理署批准。

有學者指出，本地保險公司一直存在若干隱憂，包括價格競爭以及銀行參與保險業務的威脅。為了與銀行旗下保險公司爭一日長短，保險公司除了以收購合併壯大經營規模外，亦逐步轉型。相信保險公司兼營基金售賣以及財富管理業務，將成為未來一項主要增長動力。以宏利金融為例，2005年首季的財富管理產品，銷售總額便達到85億加元，同比大升74%。

隨著中國根據入世承諾逐步開放內地保險市場，外資在內地的“保險大戰”亦一觸即發。作為首間在內地成立中外合資壽險公司中宏人壽的宏利金融，其亞洲區高級行政總裁兼總經理榮禕預期，中宏人壽明年將把業務由目前的8個內地城市擴展至15個。他透露，中宏目前正申請在中山成立分行，下一個目標將是青島，至年底時，中宏的業務將擴展至10個城市。

瑞士裕利保險集團香港分公司與內地保險業三大巨頭之一的太平洋保險合作，推出內地首創的綜合旅遊保險，為內地旅客提供包括醫療、法律、第三者責任險等的保障。具體營銷由太平洋保險本身的銷售人員負責，瑞士裕利只提供培訓，因此保費收入歸太平洋保險，瑞士裕利則收取象徵性的顧問費。瑞士裕利行政總裁高錫富坦言：“我們在這次合作上並無多大的利潤，但關係是看長遠的，與內地保險公司建立的合作基礎，會帶來長遠的利益。”高錫富解釋，一個成熟市場，例如香港，綜合旅遊保險的滲透率約50%，而內地卻沒有保險公司提供類似的險種。若能成功開拓，市場潛力不少。他估計，以廣東一省為例，業務開展後的首年將有60萬人次購買，總保費大約是6,000萬元。而不久之將來，市場規模可達5億元。

亞洲金融4月宣稱，該公司入股中國人保壽險公司一事，已獲中國保監會批准。亞洲金融與泰國盤谷銀行，聯袂入股人保壽險兩成股份，並各佔一席董事席位。人保壽險的總投資額為10億元人民幣，按此推算，亞洲金融與盤谷銀行需合共支付2億元人民幣。

特技人、爆破工人、潛水工人及吊機操作員等高風險行業難以買保險的問題可望得到解決。在勞工界的爭取下，香港保險業聯會計劃於明年首季提供保險機制，暫定出22個高風險行業的工人確保可以得到保險保障。

會計師

【概述】 香港的會計專業人士大致可分為4個級別：即普通會計員、高級會計員、經理及最高專業地位的會計師。香港的會計師分執業和非執業兩種，按規定只有執業會計師（又稱核數師）才能開設會計師事務所。非執業會計師要有4年的核數經驗（其中1年必須在香港積累），並通過有關香港的公司法和稅法的考試，才能成為一個正式的執業會計師。非執業會計師主要是為其任職機構服務，包括工商界，教育界及政府部門等。

執業會計師可以為公司提供秘書服務，保存法定文件及紀錄，又可在公司清盤時擔任清盤及財產接管人。一旦公司宣佈破產，執業會計師亦可擔當破產管理人的角色。執業會計師的業務還包括：為客戶提供有關稅務的諮詢服務、協助新公司成立編製財政預算及籌備業務計劃。而最新的發展趨勢是，執業會計師事務所向客戶提供全面的商業顧問服務。

非執業會計師只能提供簿記，一般會計事務，年終財務報告，稅務歸檔和公司秘書工作。

香港的公司法規定，所有在香港註冊的有限公司，不論華資還是外資，每年都要把公司賬目交由執業會計師審核，以確保能真實而公正地反映出該公司財務狀況。此外，一些非有限公司或機構，也因法律規定或就銀行及團體的要求，須呈報執業會計師審核的賬目。上市公司的業績報告，也須由會計師事務所去完成。

香港最早的會計師公會是香港華人會計師公會，成立於1913年，是由一群會計界的前輩，以核數員的身份創立的。

香港會計師公會則成立於1973年。該會是根據《專業會計條例》規定成立的自行規管組織，職責包括維持會計行業的會計、核數和職業道德標準，以及舉辦考試以評審專業會計師資格。公會於1999年1月推出新的專業會計師資格評審制度。該制度以大學學位為學生註冊資格，同時採用專業資格課程，以培訓及檢定會計專業勝任能力。自從聯合考試計劃於2001年12月31日結束後，專業資格課程成為公會唯一的專業考試，也是晉身執業會計師最快捷的途徑，並可豁免所有執業證書考試。

香港會計師公會於2000年5月，分別與澳洲會計師公會及英國特許公認會計師公會簽訂相互認可協議。根據協議，透過香港會計師公會專業資格課程成為會員的人士，亦可申請成為該兩個公會的會員。協議的達成，標誌公會首次獲得國際會計團體認可其舉辦之專業資格課程，反映公會已向前跨進重要的一步，及享有優越的國際地位。

香港會計師公會已與多個國際會計師團體互認專業資格，這些團體包括：特許公認會計師公會、澳洲會計師公會、澳洲特許會計師公會、英格蘭及威爾斯特許會計師公會、愛爾蘭特許會計師公會、新西蘭特許會計師公會、蘇格蘭特許會計師公會、津巴布韋特許會計師公會及南非特許會計師公會。

【行業近況】 根據香港政府統計處資料顯示，截至2004年10月，本港有22,836名註冊專業會計師，2003年有21,835名。會計師在過去10年不斷增加，十年間倍增。至2004年底，本港有會計、核數公司1,900家，簿記公司1,800家，該等公司共僱用20,822人，空缺373人；2003年則有1,099家執業會計師事務所及139家註冊執業法團。

2001年年底美國"安然事件"引發的會計醜聞令安達信會計師樓四分五裂地瓦解，全球會計行業由"五大"(畢馬威、安永、安達信、羅兵咸永道及德勤）合併為"四大"(畢馬威、普華安道、永安及德勤）。香港會計市場亦以"四大"為主。

香港經歷金融風暴後的低潮，整體經濟由2003年底開始復甦，之前經濟疲弱，經濟活動減少，會計師行生意受打擊，會計師收入下降。會計師行面對客戶拖數、減價，以及推遲上市等等原因，經營十分困難，只有通過裁員、減薪來減低成本，提高競爭力。該行業減薪和裁員的低潮已過，2004年復甦情況明顯。特許公認會計師公會（ACCA）香港分會與一家人力資源公司2005年7月所做的"會計及財務薪酬與技能調查"，以問卷形式訪問了約1,500名會計及財務企業僱主和僱員。調查顯示，66%的受訪僱員2004年薪酬增長約10%左右，70%受訪者預計2005年將持續加薪。ACCA香港分會會長鍾維國表示，會計界薪酬已度過低潮期，去年薪酬遞增率屬全亞洲最高，估計未來還會有增幅，並會出現人手緊張情況。此外，受惠於內地企業來港上市，該行業一些僱員加薪40%之多。

政府統計處資料顯示，2004年該行業的業務收益與上年比較上升4.6%。據行內人預計，2005年業務發展勢頭更好。

【北上發展】 1993年起，內地容許外國會計師行成立合資企業，為會計行業提供了很大的發展機會。中國加入世貿後，在關税、税務政策、外商投資條例、上市集資等方面作出調整，會計行業發展機會更廣闊，有很大發展空間。外國投資者投資內地需要會計師的專業知識和建議，而內地企業向外擴充發展，走向世界，更需要會計師的專業知識和協助，這兩者無疑為集合中西文化、語言，以及商業習慣的香港會計師，提供一個巨大的商機。

目前已有多家會計師事務所積極在內地發展，安永會計師事務所與內地最大的會計師事務所——大華會計師事務所簽訂合併協議，雙方以合夥形式，在內地成立安永大華會計師事務所，並無外資和內資之分，成為國際四大會計師事務所進軍內地的首例。又如畢馬威國際投入更多資源開拓中國市場，畢馬威早在1992年與華振在內地組成合營機構，至2002年初已發展到中國員工總數達900人之多了。執業會計師北上尋找商機愈來愈普遍，內地企業對本港會計服務的需求很大，除了大行外，一些較小型的會計師行亦打進內地市場。

根據CEPA所公佈的服務貿易內容，會計界將得到的新待遇有2項：對已持有內地執業資格並在內地執業的香港會計師(包括合夥人)每年在內地的工作時間要求比照內地註冊會計師處理；香港會計師事務所在內地申請的《臨時審計業務許可証》有效期由原來的6個月延長為1年。香港會計師公會會長孫德基表示，CEPA對會計界的放寬並不算太大，業界未來仍致力爭取在內地設立獨資會計事務所或獲非常駐合夥人資格，以及要求放寬對境外會計師設立獨資諮詢公司之限制。

香港會計師公會中國大陸事務委員會主席鄭樹成表示，雖然CEPA為香港會計專業帶來的直接得益並不大，但CEPA開放了多個服務行業，亦容許數百種港產貨品享受零關稅，直接帶動了本港整體工商業發展，其所衍生的商機，會計界可以把握。公會為本地會計師爭取更快進入內地的准許，如包括降低執業門檻、放寬對外商設立獨資諮詢公司的要求、容許本港執業會計師加入內地會計事務所成為非常駐合夥人等。公會已向財政部及中國註冊會計師協會游說，希望能豁免公會會員考取全國統一考試的部分試卷。

【新動向】 四大會計師樓畢馬威、普華永道、安永及德勤目前在內地共聘用約7,000名專業人士，相當於德勤在倫敦總部的僱員人數。作為"四大"之一的德勤，2004年6月表示，計劃未來五年在內地審計市場投放1.5億美元，其中七成用於人力資源，希望把內地員工總數由現時1,300~1,400人增至5,000人以上。

信永中和會計師事務所2005年8月宣佈，與香港的何錫麟會計師行合併，成為首家在CEPA之下，由內地與香港兩地會計師行合併而成的合資會計師行。信永中和董事葉汝澤承認，促成這次合併，因發現除了四大會計師行外，其他會計師行難以在中國市場發展，故何錫麟會計師行最終決定併入信永中和，冀擴大內地的發展空間。香港中小型行以此作為進入內地市場是一個好方法。

租 賃

【概述】 租賃業在西方已有頗長的歷史，並已發展至日常用品甚至藝術品的租賃，但在香港的歷史卻不算長。上世紀70年代之前，香港並未出現任何正式的租賃公司，直到1971年日資東方利市（香港）有限公司成立，才開始有正式的租賃業務。70年代可說是租賃業的萌芽階段。80年代，租賃業逐步發展。到90年代，租賃業得到進一步的發展，租賃的概念與優點得到發揮。

租賃業的概念是把資產的擁有權和使用權分開。這種業務既有商品貿易特點，又具信貸性質。香港租賃的方式大都採用租購形式。這種方式的特點是，設備之物權屬租賃公司所有，直至承租人行使及完成購物權之權利，租約期滿後，承租人以象徵式之費用購回所租用之設備。另一種方式是營業性租賃，這種方式是承租人將不能獲得所租賃之物權，但可在租約期滿後，以象徵式之年租向租賃公司續租該設備，或租賃公司將設備售予第三者。由於營業性租賃涉及設備的維修保養以及估值等，需要大量的技術工作，因而租賃公司所承擔的風險較大，故此本港很少營業性租賃業務。

租賃是財務機構提供的一種服務。它所提供的租賃設備包括：工業設備，如塑膠模機、紡織機、印刷機；辦公室設備，如電腦、文字處理機；運輸設備，如貨車、汽車及其他重型設備。租賃公司的客戶對象一般以中、小型廠商為主。

【營業情況】 據政府統計資料顯示，2004年12月從事租賃業的商號共有202家，比2003年的192家，增加了10家；僱員有878人，比2003年的919人，減少了41人。

據統計資料顯示，2004年機器設備及運輸設備的進口值10,727.22億元，比2003年的8,751.06億元，增加了1,976.16億元；轉口值為9,901.21億元，比2003年的8,023.92億元，增加了1,877.29億元；留銷值為826.01億元，比2003年的727.14億元，增加了98.87億元。

2004年租賃業比2003年好，是因為香港經濟有起色。舊有的租賃業表現仍然是一般，如建築機械、工業設備租賃、辦公室設備租賃、汽車租賃業務等，只能保持平穩。而曾經很受歡迎的影視租賃店，就因影碟零售價越來越便宜，收費電視陸續出現，以及內地水貨影碟充斥，部份更低至10元、15元一張，年青人寧願買碟而不願租碟，令影視店紛紛倒閉。

近年一些新興的租賃店誕生，如優質傢俬租賃店，數碼相機租賃服務等。有些人租房子住，又不想花一大筆錢去添置全屋傢俬，租賃傢俬店便應運而生。租傢俬的租約分短期及長期，短約為一年或以下，連續12個月以上的就是長約。租滿二年的傢俬，補多一個月租金便可據為己有。

數碼相機租賃方面，很多人已經有一個傳統的菲林相機，出外旅遊時，又想帶多一個數碼相機去，但又不想購買，租來用是最化算。

香港的租賃業表現平穩，但中國的租賃市場就很蓬勃。國內租賃業人士表示，隨著國內經濟日趨繁榮，“以租代購”逐漸成為企業間盛行的理財和管理新觀念，直接帶動了國內租賃市場的蓬勃發展。

【新動向】 預計2005年香港租賃業仍然是平穩發展，原因是香港經濟沒有很大波動，各行各業的業務擴展機會雖然有，但不是太大。

傳統的建築機械租賃業務方面，只算是平穩而已，這是由於香港私人建築工程不算太多，而香港特區政府的工程也大部份完工。工業設備租賃和辦公室設備租賃的業務有放緩的跡象，是因為企業發展停滯不前所致。

不過，汽車租賃業就蓬勃。業內人士表示，由於購買車隊的開支龐大，動輒幾百萬元，甚至上千萬元，因此不少公司便轉買為租，使資金調動更加靈活。另外，不少假日司機認為租車比買車好，所以令租車市場日漸蓬勃。

香港租賃業雖然欠佳，但中國租賃市場仍然看好。國內的租賃業人士表示，由於市場的激烈競爭，企業為了提高市場佔有率，必須要靠技術裝備水平取勝，使用的設備可通過購買或租賃方式實現。而一般而言，大多數企業往往無力採購大型化、高科技、專用性高、資金量大的設備。即使有能力購入，也會造成大量資金佔用，增加生產成本，給企業帶來很大的經濟壓力，從而使其失去競爭優勢。所以機械設備、辦公室設備租賃，尤其是高科技、資金佔用大的設備租賃，與購買方式相比具有極強的低成本優勢，這亦做就租賃市場潛力巨大的主要原因。

在中國，近年另類產品租賃也大行其道。國內近年盛行將新產品進行租賃，例如等離子彩電，儘管廠家將等離子彩電說得很好，市民們卻不敢大膽去買。如果以租賃形式讓市民在使用過程中發現等離子彩電的好處，對產品銷售會帶來很大的促進作用。

中國的租賃業發展火速，但其法律及體制都未能完善，有關方面計劃在2005年10月21~22日召開第三屆中國租賃業論壇。北京市租賃行業協會副秘書長余小梅說，中國融資租賃業在法律、會計準則、稅收政策和監管等制度規範方面不和諧，這種不和諧導致了租賃業的某些稅收政策缺乏公允性，對此業內外普遍感到困惑。基於此，業界可藉此論壇全面瞭解行業動態、結識業內精英；透視行業政策、完善市場機制；加強政企交流、促進內外溝通。

律 師

【行業概述】 香港早期的律師全部來自英國，律師制度也完全照搬英國制度。到了十九世紀末，這種狀況開始轉變。1877年出生於新加坡的華人伍才，學成於倫敦林肯律師學院，成為第一個加入英國大律師行列的中國人。同年5月他由英國抵達香港，註冊成為在香港執業第一個華人大律師。其後，香港本地的大律師公會和律師會相繼成立，它對改變香港律師受英國律師學院和律師公會管理的狀況和律師職業本地化產生了重大影響。從此，無論是英國或其他英聯邦國家律師和大律師，在香港執業就必須受香港兩大律師管理機構的管轄。1969年，香港大學成立法律系，隨後有了第一批香港本地的法學大學生，本地培育的法律人才不斷湧現。1987年城市理工學院（現為城市大學）開設法律學士課程，增加了對法律人員的培訓，以適應社會對律師人才的需求。本地培育的法律人才加入大律師和律師行列，從而改變了英國律師佔優勢的局面。中文大學計劃開辦法律學院，準備2006年招生，為香港法律行業培訓人才。

香港的法律服務主要由兩個部分組成，即律師（事務律師）和大律師。律師主要從事一般法律業務，而大律師專門從事辯護和訴訟。律師提供的服務範圍如：公司／商務、銀行和財務業務、證券、產權轉讓業務、知識產權、訴訟和仲裁、與中國內地有關業務等。至於大律師主要負責出庭和辯護工作，大律師需要由律師代聘向客戶提供服務。目前，大律師大部分工作是與知識產權、航運、刑事、業主與承租人之糾紛以及人身傷害等有關的業務。

由於現時"法律執業者條例"規定，所有欲在本港執業的事務律師或大律師，均必須符合法例的要求，方能獲得最高法院的接納，准予成為本地法律執業者。目前有為數不少的外國律師行在香港設立辦事處，尤其是美國律師行，雖然這些律師行均有向香港律師會登記，但是由於他們並非本地執業律師，故此只能就本身國家的法律，向香港客戶提供意見，絕不能涉及任何香港法律，以免間接變成在港執業，違反法例的規定。

至於外國的大律師在港執業，更受香港大律師公會嚴格限制，所有外國大律師一定要在大律師公會不提出反對情況下，方可獲高院接納，容許在港執業。除非有特別理由，例如案件情況特別，本地未必有類似相關經驗的大律師擅長打這類官司，法院會在顧及和衡量當事人利益情況下，批准該名外國大律師來港替當事人打官司，但官司結束後，仍不得在港執業。

香港律師會是本地律師、在港執業的外地律師及外地律師行的規管組織。香港律師會肩負廣泛責任，包括維持律師的專業水平和業內道德標準，以及處理對律師的投訴等。而大律師公會則是大律師的規管組織，大律師的操守和業內成規受公會專業守則所約束。

【經營狀況】 特區政府的資料顯示：截至2004年年底，香港有超過5,400名執業律師和675家本地律師行，另有約33家外地律師行、701名外地註冊律師，以及由外地律師行與本地律師行組成的七個註冊聯營團體。此外，香港約有380名律師同時亦是公證人，他們都是香港國際公證人協會的會員，為社會各行各業提供公證服務。律師行和律師人數比上一年有4%和2%的增長。

香港律師會2004年5月的資料顯示：5,233名律師持有有效之執業證書，其中1,857名為合夥人或獨營執業者，2,606名為受僱律師或擔任顧問工作，770名受僱於私人公司或政府，4,463名私人執業律師於667家律師行工作；該等律師行中，275家或41%為獨營執業者。全數獨營執業者中，60%並無聘用其他律師。全數5,233名執業律師中，60%為男性，40%為女性，81%執業律師為中國人。667家律師行中，200家律師行共聘用566名實習律師；35家外國律師行共聘用236名外國律師。364名外國律師受聘於本地律師行。

大律師方面，據特區政府的資料顯示：截至2004年底，香港有840名執業大律師。

自1997年撤除定額收費後，律師行業出現過"割喉式"減價戰。昔日被喻為天之驕子的律師，受到金融風暴的沖擊，生計受到影響，不論是律師行、律師或見習律師的收入均全告下降。一名執業律師從前在地產好景時每月可賺3~4萬元，下降至只有約1.5~2萬元，實習律師只得約1萬元。金融風暴令一直以來過份依賴地產業務的律師受到的影響巨大，律師行倒閉及轉型時有見聞，更有律師破產。經濟不景亦對大律師的生計構成嚴重影響，大律師公會在2002年初推出8點救亡措施，並提高收費透明度來吸引客戶。

2004年香港經濟復甦，而且與香港簽訂CEPA，律師生意有所好轉，香港與內地經濟交往增加，而且不少外資公司找香港公司合作，直接帶動法律服務的增加，一些過往專注樓宇買賣的律師需要轉型。

【朝北尋找發展機會】 中國正式加入世界貿易組織，相信香港律師可肩負重要的中介人角色，一方面協助外來投資者在內地展開商貿活動，另方面亦能夠把與外商交往的經驗帶給內地的律師。CEPA給本港法律人才提供了發展空間。在CEPA之下，除了容許香港律師行與內地律師事務所共用辦公室（即所謂"一所兩法"的運作模式）；允許內地律師事務所聘請香港律師；也准許香港律師再次參與全國律師考試（早在1995年內地曾容許香港律師參與考試，其後取消）。

CEPA協議中，第一階段允許在內地設立代表機構的香港律師事務所與內地律師事務所聯營，聯營方式較利於一些大的律師行進入內地開展業務，但至2005年7月只有3家兩地聯營行，這方式不太利於中、小型行。

現時本港律師仍未能在內地執業，只可以為內地客戶提供有關香港的法律服務，本港律師事務所在內地開設辦事處的只有65家。

按照內地執業條文規定，本港執業律師在內地考取內地執照後，需要放棄本港執業機會，這條規定會令香港律師卻步，因此在目前香港律師仍可在涉及企業融資、併購、公司重組、知識產權和專利授權等方面為客戶提供香港的法律服務，同時與內地律師合作，由內地律師提供內地有關法規方面的法律服務，這種合作方式繼續有效的話，相信香港律師並不急於考取內地執業資格。

香港大律師公會在2003年亦加強了與內地律師組織的聯繫，CEPA提供了動力，使該會與內地的關係更形密切，但相比律師，大律師往內地發展的機會暫時仍處於落後地位。

特區政府律政司司長亦多次往內地幫助香港的法律人才作"推銷員"角色，大力推介香港的健全法制和經驗豐富的法律專業服務，期望香港可成法律服務中心和"仲裁中心"。

【新動向】　大律師收費問題再度成為討論話題，這個問題原定2004年9月新一屆立法會的議題，但2004年並沒有進一步發展。大律師對是否公開收費意見不一，商界人士則贊成，認為有助他們衡量成本才決定是否進行訴訟。

香港貿易發展局與香港律師會合作進行的研究報告在2005年7月發表時指出，海外企業進入中國內地，或內地企業"走出去"的數目均持續上升，帶動市場對專業律師事務所的跨境服務需求增加，未來3~5年，跨境法律服務將成為法律專業服務最重要的業務來源，在受訪的律師事務所中，約79%預期未來3~5年來自內地各類客戶的業務前景良好穩定，29%認為CEPA可增加現在的生意，49%認為CEPA可增加未來3~5年的生意。

香港律師會希望日後再落實CEPA第三階段內容時，可以在現有的開放框架上再釐清細節，以清除香港律師事務所在內地拓展業務的障礙，如執業問題等。

倉儲•運輸

海　運

【概述】　香港是南中國海岸最大的深水港，與美國的三藩市和巴西的里約熱內盧同被稱為世界三個最優良的天然港。香港又是一個自由貿易港，港口設施不斷發展，由最初散貨船運，發展成為現代化的集裝箱運輸，享譽世界。

集裝箱運輸發展方面，早在1969年，港府就聘請顧問公司，研究興建葵涌貨櫃碼頭。1970年9月，英資的現代貨櫃碼頭和美國海陸聯運分別奪得一號及三號貨櫃碼頭的經營和發展權。1974年7月，政府批准國際貨櫃碼頭公司經營四號貨櫃碼頭。1975年日本小山海運株式會社出現財務困難，將該公司經營的第二號貨櫃碼頭公開拍賣，由國際貨櫃碼頭奪得。同年，現代貨櫃碼頭亦奪得五號貨櫃碼頭的經營權。1976年港府正式批准黃埔碼頭公司購入二號貨櫃碼頭的發展及經營權。

葵涌可供發展碼頭用地出現緊張，政府開始展開研究貨櫃碼頭發展方向。1982年10月，港府公佈葵涌貨櫃碼頭第二期擴展計劃，邀請三間碼頭公司，分別是國際貨櫃碼頭公司、現代貨櫃碼頭公司和美國海陸聯運發展參與。1985年，現代貨櫃碼頭斥資20億元收購葵涌六號碼頭。1988年和黃以近億元奪得七號碼頭經營權。1990年，港府決定於昂船洲興建第八號貨櫃碼頭，1991年計劃興建九號貨櫃碼頭，已於2004年落成。至於第十號及第十一號貨櫃碼頭的可行性研究已在1996年擬就，正在計劃當中。

香港海上貨櫃運輸一直執世界貨櫃港之牛耳，儘管1990年和1991年，新加坡曾二度超越香港躍居世界第一，但1992年至1997年，香港貨櫃吞吐量再度上升，並連續六年居世界第一，1994年更首次突破1,000萬個標準箱，達1,105萬個標準箱，令世界各大貨櫃港為之側目。但1998年，由於本港的航運業面對香港經濟不景，運作成本高昂，人力缺乏及其他內外因素，令本港貨櫃吞吐量增長略有減慢，給新加坡超前，屈居第二。1999年，香港港口全年總吞吐量達1,620萬個標準箱，比1998年增長11.2%，使香港再度成為世界上最繁忙的貨櫃箱港口。2000年是大豐收的一年，該年本港總體貨櫃吞吐量為1,780萬個標準箱，較1999年增長1成，總貨物吞吐量達到1.82億噸，香港繼續蟬聯全球貨櫃吞吐量最高港口美譽。2001、2002及2003年繼續蟬聯冠軍。

【貨運情況】 香港港口2004年全年吞吐量為2,193.2萬箱，較2003年增加148萬箱，升7.3%，再創新高。但香港的單位數字增長已持續多年，與內地尤其是鄰近地區港口過去接連平均約三成增幅比較，實在相形見絀。同時，與內地及東南亞各大港口的擴張型發展相比，香港港口發展前路懸而未決，再加上珠三角港口愈能自行處理出口，更令人憂心忡忡。

在所有統計數字中，最重要的葵涌貨櫃碼頭的處理量達1,342.5萬個標準箱，較2003年升11.2%，為三年來首個雙位數增長；葵涌碼頭以外（包括內河碼頭、中流作業、公眾貨物起卸區等）處理量850.07個標準箱，微升1.5%，破紀錄之低。

香港貨櫃碼頭商會主席李耀光認為，雖然葵涌貨櫃碼頭2004年有11.2%的增長，但直運貨量只增加了0.5%，由駁船接到葵涌轉口的貨量增加約二成，國際中轉貨量增長約三成。而深圳鹽田港的增長中約有九成是直運。他一再表示，關鍵應在於降低跨境拖運成本，應盡快解決“四上四落”問題，以及取消“一車一司機”的規定，以降低百多美元的成本。

有碼頭經營者表示，香港2004年全年148萬個標準箱的增長數字中，內裡牽涉了不少重覆計算，也未有細分出口、進口、重箱、空箱等的比重，否則更能顯出本港港口地位下跌走勢。

他又表示，一個值得注意的趨勢是，香港2004年處理的中轉貨物中，以珠三角一帶以外的國際中轉為多，珠三角的中轉貨物絕大部分已被當地港口吸納，香港在珠三角的地位似有被邊緣化之勢。

有中流作業人士更指出，中流作業去年貨量其實有約11%的增長，只是在下半年有明顯下跌，即是說珠三角經內河運輸到港中轉的貨量在2004年下半年大幅下跌，比“葵涌碼頭以外”同期的整體下跌數字遠為厲害。

更有航運業界人士指出，香港港口年吞吐量的增幅，是東南亞一帶大港口中最低的。一直緊守次名的新加坡，2004年吞吐量達2,131萬個標準箱，升11.7%。香港僅勝新加坡不足70萬個標準箱，即稍高於3%，新加坡的勢頭比香港強。

上海港2004年貨櫃吞吐量1,455萬個標準箱，比上年增300多萬個，增長28%，排名世界第三。與香港貨源最接近的深圳港，2004年總處理量1,365萬個標準箱，升28.2%，仍佔全球第四，但已超過上海2003年的貨量。據了解，深圳港2004年新增的五個泊位，貢獻了約120萬個標準箱的處理量。

有長期觀察香港港口發展的人士曾批評，香港的態度似是在“等”、“靠”貨物上門，難怪多年後仍未需建新碼頭。他說，周邊港口碼頭經營者、政府部門、代理是“三位一體”地在與香港的共同經濟腹地主動出擊“搶”貨，此消彼長，勝負立見。未來南沙、深圳、香港三港鼎立，前景更令人憂慮。

【新動向】 香港2005年海運業面對一個極大的衝擊。香港及新加坡於同日(7月28日)公佈集裝箱吞吐量統計數字，上半年兩地集裝箱吞吐量分別為1,074萬及1,137萬個標準箱，與2004年同期相比增幅分別為1.3%和11.57%。新加坡以63萬個標準箱的優勢超越香港，為近十年來首次。此外，最近公佈的深圳港口集裝箱吞吐量保持近年強勢，為744萬個標準箱，與2004年同期相比，增幅為22.75%。

有研究報告指出，高昂的跨境陸路運費及碼頭處理費（THC，由船公司向付貨人收取）是蠶食香港競爭力的致命傷。一個40呎貨櫃從東莞運到美國西岸，經香港出口較經鹽田貴300美元，當中三分二是跨境陸路運費所致，其餘則來自THC，令經香港出口的總成本貴鹽田約7%至13%。此外，深圳於2004年加強與內地聯繫，積極開通"蓉深海鐵聯運"，進一步延伸深圳港的貨源腹地，就令深圳港的吞吐量得以大幅增長。

香港一家船公司的負責人王先生說，香港海運業真是內憂外患，大量投資轉向內地令人擔心。鹽田港集團簽約建設鹽田港普洛斯國際物流園後，令和黃的鹽田港於2007年的吞吐量可達到1,000萬標準箱的水平，較2005年增長25%。而九倉旗下的現代貨箱深圳大鏟灣首期項目已獲批准，則令深圳港口的競爭更白熱化，事關大鏟灣項目的遠景規劃，將共建造約20個泊位，吞吐能力亦達1,000萬個標準箱。現在香港的那些集裝箱巨頭都把巨資投向了珠三角或內地其他地區，使得鄰近地區港口比如上海及深圳等，集裝箱吞吐量發展非常快，而香港卻面臨被拋棄的地位。

另一位船公司負責人林先生則說，我們公司2005年上半年的貨櫃吞吐量約為100多萬箱，較2004年同期下跌5%，預料2005下半年跌幅將進一步擴大。其實今年前5個月累計集裝箱吞吐量，新加坡已遠超香港10萬個標準箱，加上下半年是出入口旺季，看來新加坡將會奪回失落七年的全球第一集裝箱港口的桂冠了。

一位在國內設廠的老闆說，香港集裝箱收費比內地高300美元，貨物如果經由深圳直接出口，每個貨櫃的費用比從由香港出口便宜300美元。現在之所以尚有不少貨物繼續經由香港出口，原因之一是香港處理貨物的速度及質素相對較高；第二是深圳港的硬配件及配套設施尚不足以應付。

他更認為，隨著香港的貨櫃碼頭發展商進入深圳參與當地貨櫃碼頭的發展，深圳完全可望在兩年之內趕上甚至超過香港而居於亞洲貨櫃吞吐量的第二位甚至第一位。

一位從事中港運輸的貨櫃車司機說，這300美元收費差距是由船公司碼頭收費100美元和工廠到港口的貨櫃車運輸費200美元組成。碼頭公司實收的碼頭處理費已一直下調至鄰近地區港口的水平，但船公司及貨櫃車公司等堅持收取上述的300美元，致使貨主選用深圳等港口。然而，貨櫃車公司每三年需向內地交通部門支付每車10萬元"入線"費，迫不得已將成本轉嫁給貨主也是其中一個原因。

另一位運輸業人士表示，最主要的原因是深圳西部港口與香港葵涌碼頭處於同一水域，費用低廉，而且通關更加順暢。

空　運

【概述】　香港擁有一個享譽全球的國際機場，2004年共處理309萬公噸貨物和3,630萬名旅客。據國際機場協會(Airports Council International)統計，2004年香港處理的國際貨物數量和接待的國際旅客數目分別名列全球第一及第五位。2004年，香港國際機場連續第4年獲得Skytrax Research選為"最傑出機場"。

香港國際機場1998年7月啟用，可以24小時運作。初時只有一條跑道及相關設施，第二條跑道及相關設施1999年5月啟用。兩條跑道每年可處理3,500萬名旅客和300萬公噸空運貨物。機場全面發展後，最終處理能力可達每年8,700萬名旅客和900萬公噸貨物。

從香港起飛，5個小時內可到達東南亞大部分地區，覆蓋20億人口。香港是中國內地的門戶，有定期和不定期的航班聯系超過40個內地城市。香港與東亞其他城市之間的總距離最短，位置優越，因而成為地區樞紐。

近年香港的客貨運量

	2000年	2001年	2002年	2003年	2004年
航空客運量(百萬人次)	33.4	32.0	33.5	26.8	36.3
航空貨運量(百萬公噸)	2.24	2.07	2.48	2.64	3.09

資料來源：民航處

航空運輸業可分為貨運及客運兩部分。由於香港的空運貨物超過50%是由客機而非貨機運送，因此這個行業有部分重疊。不論貨運及客運，均有航空公司經營定期及不定期航班。

採用空運的主要有兩大類貨物，即速遞貨物和重型貨物，重型貨物佔空運貨量約95%，總值則佔85%。

過去10多年，香港空運出口的10大產品的比重方面，珠寶所佔的比重相當穩定，服裝及鐘錶的比重下降，電子產品則顯著上升。這個結構並非主要由產品傾向使用空運出口所致。事實上，這4類產品對空運的依存度並沒有顯著改變，香港的珠寶出口約90%以空運運送，鐘錶是60%，電子產品40%，服裝則是25%。

香港機場的兩個空運貨站均屬私營，其中較大者為超級一號貨站，它是全球最先進及最大的空運設施，由1座6層高的主樓及1座兩層高的速遞中心組成，其設計能力是每年處理260萬公噸貨物，包括速遞中心的20萬公噸。亞洲空運中心是另一空運貨運站，其設計能力是每年處理42萬公噸貨物，佔機場處理量的15%。據報道，亞洲空運中心已展開一項耗資17.5億元的擴建計劃，預計到2006年底竣工時，中心的設計處理量將升至91萬公噸。

香港機場設有機場空運中心，設施包括倉庫、裝卸平台、貨車停車場及辦公室等。

2004年底，經營空運業務的機構共有139家，僱員26,056人。

提供服務的航空公司為數甚多。2003/2004年度，共有75家定期及17家不定期的航空公司在香港提供客運及貨運服務，每星期共有4,500多班航機來往全球約140個航點。專門運送貨物的航空公司較少，有華民航空、聯邦快遞及UPS等。

有8家航空公司以香港為基地，分別是國泰航空、港龍航空、華民航空（國泰航空全資附屬公司）、Jet Aviation Business Jets (HKG) Ltd、Hong Kong Express Airways、中富航空、甘泉航空及港聯航空。

截至2005年2月，香港已與54個國家和地區簽訂民用航空運輸協定。

【客貨運情況】 2004年來往香港至世界各地的航班班次共有237,197班，比2003年的187,508班增加26.5%；乘客3,630萬人次，比2003年的2,680萬人次增加35.4%。

2004年空運貨量達310.3萬公噸，比2003年增長17.4%。其中，卸貨量佔116.6萬公噸，增長12.7%；裝貨量193.7萬公噸，增長20.5%。

2004年港產品出口約有三分之一以空運運送，

各地空運進出口香港的貨物佔香港空運進出口總額的百分比

	2003年			2004年		
	卸貨量(%)	裝貨量(%)	合計(%)	卸貨量(%)	裝貨量(%)	合計(%)
中國內地	7.9	7.2	7.5	9.7	7.4	8.3
台灣省	17.5	13.3	15.0	16.6	12.9	14.3
日本	11.7	12.2	12.0	12.3	11.3	11.7
東南亞	22.6	13.5	17.1	20.7	12.6	15.6
北美洲	7.8	19.2	14.7	8.3	18.5	14.7
歐洲	18.2	20.1	19.4	17.5	21.4	19.9
其他	14.3	14.5	14.4	14.9	15.9	15.6

資料來源：《Analysis of Civil International Passengers and Commercial Cargo》、民航處

而1980年則是四分之一。空運的工業產品主要有電子產品、高價時裝、半導體元件、珠寶、手錶及光學儀器等價值高而體積小的貨品。

空運在轉口中所佔的比重1996年下跌至15.4%，2004年則回升至28%。鑒於海外運費市場變化迅速，進口商必須降低存貨量，加快貨物的周轉時間，因此，空運在供應鏈管理及快速回應方面發揮的作用日趨重要。

2004年，香港進口有36.4%以空運運送，比2003年的34.5%上升，其中大部分是高檔產品如半導體元件、電訊設備、珠寶、電腦、手錶及藥物等。

進出口佔空運貨值的比重 (%)

	1980年	1990年	2004年
港產品出口	25.1	29.9	31.7
轉口	27.4	16.0	28.0
進口	18.7	19.6	36.4
總計	22.0	20.3	32.4

資料來源：《香港對外貿易》2004年12月，政府統計處

【市場分佈】　在客運市場，中國內地佔客流量約六分之一，而在貨運市場，內地的重要性相對較低，其中一個主要原因是香港與華南地區之間的貨流，大部分採用陸路（公路及鐵路）和內河運輸。

中國內地以外的其他亞洲地區佔香港空運出口約五成，其中日本和台灣地區是較重要的市場。

北美洲是一個重要的出口市場，多於是一個重要的進口市場。2004年，空運進口香港的貨物不到10%來自北美洲，而香港空運出口的貨物則有接近20%運往當地。在歐洲市場，與中國不同，貨運較客運更重要。

除貨物空運外，香港輸出的另一種空運相關服務是機場管理服務，尤其是空運貨站的營運。服務輸出的方式是投資外地的空運貨站，也可以是提供顧問服務。隨著世界各地（包括中國內地）的機場日趨私營化，或按商業原則營運，香港在這個市場將大有可為。

【新動向】　經濟發達國家主要進口商的採購模式出現轉變，對空運市場的發展有正面影響。現時海外買家均傾向維持低存貨水平，因此，他們變為較頻密地發出訂單，但訂貨量較少，又要求在短時間內交貨，這個趨勢為空運業帶來不少需求。

據國際航空運輸協會的貨運預測，2003~2007年空運量可平均每年增長4.3%。歐洲與亞太區之間的增長率最高，期內可達6.4%。

據波音公司2004/2005年度全球貨運預測，未來20年全球空運量將年均增長6.2%，最終可達現時空運量的3倍。亞洲空運市場的平均增長率將繼續領先全球業界，其中亞洲區內及中國國內市場將分別年均增長8.5%和10.6%。

空運的地域分佈

	2003年				2004年			
	卸貨量(萬公噸)	增減(%)	裝貨量(萬公噸)	增減(%)	卸貨量(萬公噸)	增減(%)	裝貨量(萬公噸)	增減(%)
中國內地	8.21	27.4	11.34	24.2	11.34	38.2	14.22	23.5
台灣省	18.12	10.0	19.30	19.3	19.30	6.5	24.86	16.2
日本	12.06	-1.8	14.27	-0.6	14.27	18.3	21.91	11.6
東南亞	23.38	-1.2	24.08	5.7	24.08	3.0	24.35	12.0
北美洲	8.12	-1.0	9.70	-3.5	9.70	19.4	35.66	15.7
歐洲	18.86	2.4	20.34	19.0	20.34	7.9	41.25	27.6
其他	14.77	-1.6	17.40	9.3	17.40	17.8	30.77	32.3
合計	103.52	3.0	116.43	8.6	116.43	12.5	193.02	20.1

資料來源：《Analysis of Civil International Passengers and Commercial Cargo》、民航處

2005年3月，甘泉航空公司在香港成立，提供往返香港及歐美的廉價航空客運服務。

2005年3月，在國際機場協會與國際航空運輸協會共同進行的AETRA機場旅客滿意程度調查中，香港國際機場獲推許為2004年全球最佳機場。

2005年1月，香港機場管理局與杭州蕭山國際機場簽署意向書，結成戰略合作夥伴。同年3月，機場管理局簽署協議購入杭州蕭山國際機場部分股權。

2004年9月8日，中國內地與香港簽訂新的航空服務協議，訂明增加來往兩地航班開放航空時間表。根據協議，每周來往兩地的客運航班總數約增加30%，達1,600班，而貨運航班數目則增加一倍，每周達42班。經營來往兩地服務的航空公司總數上限即時取消，個別航線經營權也逐步開放，到2006年冬季，每條航線每方可指定兩家航空公司經營。

在CEPA第二階段下，由2005年1月1日起內地允許香港服務提供者以獨資形式，提供中小機場委託管理服務，以及機場管理培訓及諮詢服務。此外，還允許港商以獨資形式，提供7項地面服務。不過，機場管理服務的合同有限期不得超過20年，較2002年8月公佈的《外商投資民用航空業規定》訂明外商投資的合資企業經營期限不超過30年為短。

據資深機場經營業者表示，內地機場服務最有利可圖的部分是客運站、地面運輸及航空食品服務。

至於判斷“業務性質和範圍”及“實質性經營年限”的標準方面，香港服務提供者必須獲得香港從事航空運輸地面服務業務的專門牌照，並從事實質性商業經營5年或以上。預料香港國際機場大多數的專營服務提供者均可達到上述標準。

本港第四家航空公司港聯航空8月3日宣佈成立，該公司將於9月起陸續開辦往返廣州、杭州、南京、重慶及寧波航線，吸引歐洲、美洲及澳洲的長途商務旅客經香港轉機進入內地二線城市。港聯航空行政總裁謝天賜表示，隨著內地經濟急速增長，加上中港實施CEPA，預期未來內地的航空交通將更加頻繁。他指出，港聯無意與傳統航空公司直接競爭。傳統航空公司囿於機隊以大型飛機為主，拓展支線市場未必有利可圖，而港聯正好填補了這個空間，進一步鞏固香港的航空樞紐角色，為本港航空業締造雙贏局面。謝天賜解釋，港聯將採用巴西航空工業公司生產的全新EMBRAER雙引擎噴射客機，由於客機只有76個座位，可開辦更頻密的航班，招徠不同時段的轉機客。

陸　運

【概述】　香港地處中國的南大門，陸路有鐵路和公路緊密相連，交通運輸方便快捷。

九廣鐵路全長約34公里，於1910年建成，當年全部建造費約2,000萬元。

1979年4月4日港穗直通車正式通車。1993年1月廣九直通車增開了佛山至九龍線，其後又陸續開設香港到肇慶、北京、上海、東莞的直通車服務。1992年前，九龍至羅湖鐵路由政府直接經營，其後改為公營機構九廣鐵路公司專業化營運。香港西部鐵路於2002年通車，原來的九港鐵路便改稱東鐵。

隨著香港工業大量北移，以及內地與香港貿易不斷發展，旅運業日趨興旺，中港兩地陸上貨櫃車和巴士客運都非常繁忙。一些急需的物資由外國運到本港後，原貨櫃裝上貨櫃車當天即可運到廣州等地。中港兩地的貨運業務成了兩地物流鏈的重要支柱。

根據香港政府統計，2004年底，本港經營陸路客運業的企業有10家，僱員31,496人；經營陸路運輸輔助服務業的企業有458家，僱員6,656人。在客運業中，經營公共專利巴士服務的企業有5家，僱員18,368人；經營電車及鐵路運輸服務的企業也有5家，僱員13,128人。

【跨境客貨運】 隨著港粵經濟融合的深化，港深經濟一體化的加速，加上兩地跨境交通條件的改善，通關能力的提高，跨境客貨運近年不斷發展。據深圳出入境邊防檢查總站提供的資料，2004年經深圳羅湖、皇崗、蛇口、文錦渡、機場、沙頭角等口岸出入境人數達1.5億人次，即平均每日約41萬人次，比2003年增長18.1%，繼續穩居全世界最大口岸的一哥地位。其中經羅湖口岸出入境旅客共8,963.9萬人次，增長5.5%；經皇崗口岸出入境旅客4,882.5萬人次，增長42.8%。

根據香港政府統計，鐵路運輸方面，2004年跨境火車的客運往返共9,068班，比2003年增加29.4%；貨運15,901班，減少31%。在車輛運輸方面，2004年跨境客運車輛往返共431.51萬輛，比2003年增加33%；貨運車輛974.83萬輛，減少1.4%。

導致跨境陸路貨運下降的一個重要原因是深圳鹽田港的運力大幅度提高，部分貨主把貨物直接經鹽田港出口，因而對香港的陸路跨境貨運造成打擊。隨著鹽田港的吞吐能力不斷上升，內地貨物通過鹽田港出口的趨勢是不能逆轉的，這必然令香港的公路貨運量下降。

2005年1月，港深口岸跨境三橋工程竣工，包括落馬洲——皇崗公路二橋、羅湖人行通道橋和沙頭角公路新橋，其建設分別歷時數月至一年不等，總耗資2.7億元。三橋工程完成投入使用，有助提高各個口岸的通關能力，令車輛和旅客過境更加快速暢順。

【本地客運】 2004年香港本地的公共交通工具中，除了紅色小巴和的士外，乘客人數都有不同程度的增長。其中，5家專利巴士公司——九巴、新巴、城巴、龍運和新大嶼山巴士的乘客合共14.94億人次，比2003年微升1.1%；地鐵乘客9.14億人次，增長11.8%；東鐵乘客2.94億人次，增長5.5%；輕鐵乘客1.32億人次，增長23.8%；綠色小巴乘客4.52億人次，增長8.4%。另一方面，紅色小巴乘客1.72億人次，減少2.4%；的士乘客3.77億人次，減少21%。

【跨境運輸基建工程】 港珠澳大橋預計可在2005年底或2006年動工，環境運輸及工務局局長廖秀冬稱，按計劃工程將會交由內地統一負責，以"建造・營運・移交"(B.O.T.)模式招標批出合約，由私人公司用私人資金籌建及管理大橋。她表示，港珠澳大橋通車將會進一步刺激車輛過境需求，亦是適當時間改革過境車發牌制度，到時港府會把過境車牌分類，部分過境車只可進入指定地區，例如車輛要去迪士尼，留在大嶼山已足夠，不必再進入市區。

港珠澳大橋預期2010年落成，屆時從本港磡石灣到澳門珠海的時間可望縮短至30分鐘。立法會內務委員會主席劉健儀預期，2010年大橋全年旅客人次為3,300萬至4,100萬，往來的標準貨櫃單位為170萬至260萬個，亦會有運載110萬至190萬公噸散裝貨物。此外，往來珠海及本港之間一個標準集裝箱的運費會由現時的4,000~4,500元減至2,000元，這將刺激更多貨物透過本港轉口，提升本港作為物流中心的地位。另據政府資料，預計港珠澳大橋2020年可達到2.4億人次交流量，及2.2億噸貨物交流量。

跨境貨運量

（單位：萬公噸）

	公路			鐵路		
	2003年	2004年	增減(%)	2003年	2004年	增減(%)
卸貨量	2,060.6	2,118.3	2.8	25.3	20.8	-17.8
裝貨量	1,884.6	1,901.9	0.9	7.6	6.4	-15.8
總計	3,945.2	4,020.2	1.9	33.0	27.2	-17.6

深港西部通道工程正加緊進行，預計2005年底雙方可完成深圳灣大橋主體工程；2006年7月底，整個深港西部通道工程包括主橋、接線、口岸聯檢大樓等工程將竣工。屆時，從香港藍地到蛇口的時間可望縮短至15分鐘，將可加強新界西北部跟內地的聯繫。

當局預測，2020年跨境車輛每日總流量將達到14.1萬架次，66%來往廣州、東莞、惠州、河源、汕尾、潮州、珠三角東部及粵東地區，其餘34%來自西岸；及至2030年，每日車流量飆升至18.1萬架次，當中62%來自東岸。而目前東岸的經濟生產總值亦較西岸高。

雖然現時興建的深港西部通道和港珠澳大橋接連廣東西部地區，中短期有足夠跨境道路設施，但政府規劃署在《香港2030》研究中，針對未來的基建和道路進行長遠規劃，考慮到前往珠三角東部跨境道路的長遠需求，研究建議在新界東北禁區香園圍興建"東部通道"，連接深圳蓮塘。"東部通道"向北可與計劃中的鹽排高速公路及博深高速公路連接，通往東莞；或與現有的深汕高速公路連接，直抵汕頭或遠至福建。

國家鐵道部副部長王兆成在2005年7月舉行的泛珠三角區域合作與發展論壇上表明，根據國務院2004年批准的《中長期鐵路網規劃》，廣深港客運專線將於2008年"開通營運"。

參加論壇的特首曾蔭權指出，這是粵港合作中一個很重要的基建項目，香港一定會做一切的配合，並有信心能夠做到。

不過，來自九鐵高層的消息透露，按照以往興建鐵路的經驗，興建一條鐵路需時7年，其中前3年是滿足法定的要求，如收地、進行環境評估、規劃申請等，工程則要另外4年。換言之，即使馬上動工，也要2012年才能竣工。

貨　倉

【概述】　依營業性質來分，香港貨倉業大致可分為兩類：一類是企業附設的貨倉，只儲存自已的貨物，稱為私倉；另一類是對外招攬儲貨的，稱為營業倉或公倉。按擺放貨物種類分的話，可分為乾貨倉、稅品倉、危險品倉及凍倉四種。

香港的貨倉主要集中在九龍灣、觀塘、長沙灣、荃灣、沙田、西環及筲箕灣。

【營業情況】　據香港政府統計，2004年全年的乾倉、稅品倉、危險品倉及凍倉有378家，比2003年的373家，增加了5家；僱員4,983人，比2003年的5,067人，減少了84人。

據差餉物業估價署資料顯示，2004年沒有新的貨倉物業落成，貨倉總存量為339.03萬平方米，比2003年的338.12萬平方米，增加0.91萬平方米。空置量僅為15.8萬平方米，空置率為4.7%，是各類型物業之中，空置率最低的物業，跑贏住宅(6.2%)、商鋪(10.8%)、寫字樓(12.7%)、工廈(8.7%)及工貿物業(11.1%)。

2004年貨倉業表現良佳，這是由於香港經濟復甦加上CEPA效應，令沈寂多年的貨倉物業重出生天，租金及呎價齊齊大幅反彈。其中受物流業急速發展帶動的新型貨倉物業的租金及成交價上升幅度最高。

租金方面，中原(工商舖)工商部助理區域營業董事楊龍指出，近年物流業發展蓬勃，為貨倉物業帶來強勁的需求。尤其隨著連接屯門、元朗至深圳的港深西部通道快將通車，令新界西以至西九龍一帶的貨倉更見搶手，租金大幅上升。如屯門的福田大廈一期，呎租已升了一倍。

成交方面，正因為租務成交活躍，貨倉物業的買賣成交亦趨熾熱。甚至連多家外資基金近年見貨倉租金回報遠勝商廈、舖位及住宅，都相繼大手購入貨倉收租。其中以澳洲基金麥格里最為進取，於2004年底一擲7.5億元，向南聯地產（1036）購入荃灣國際訊通中心低層半幢貨倉。

第一太平戴維斯工業投資部資深董事蕭兆新表示，在需求強勁及供應短缺的情況下，貨倉物業備受投資者的追捧。他表示，雖然隨著成交價上升，貨倉物業的回報率已由年前的10厘回落至目前的6厘左右，但回報仍屬各類物業之冠，預計未來仍是基金掃貨的目標。

【新動向】 業內人士預計，2005年貨倉業會十分興旺。CEPA允許以香港為基地的物流公司可先於世貿協議限定之其他外國公司，先涉足於中國物流市場，這將會促使一大批外國物流公司在香港建立總部，令倉庫物業的租賃或購買暢旺。

根據田土廳資料顯示，2005年將有18萬平方呎的新貨倉落成，2006年則約有14萬平方呎貨倉樓面應市，全部均位元於屯門區。

中原（工商舖）工商部助理區域營業董事楊龍說，西部通道將打通深港兩地的經脈，大大拉近新界西與深圳的距離。自2005年初開始，不少物流公司已搶先進駐新界西一帶的貨倉，令區內租金上升兩至三成。其中部份貨倉物業如屯門田氏廣場，空置率已由2004年的73.6%，大幅下跌至目前的只有11.2%；平均呎租更由2004年年中時的2元，升至現時的3元，升幅足足有5成之多。

他說，雖然未來貨倉供應集中在屯門區，但未能解貨倉需求的“燃眉之急”。位處交通便利的荃灣及葵涌等地的貨倉需求仍見強勁，而個別質素理想的貨倉，如車場具充足的車位、物業內的貨輊位可容納到大型貨櫃等，更成為“搶手貨”，預料貨倉的租售價將會被全面抬高，其中葵涌貨櫃碼頭APL，現時呎租約9元，預料2005年底會升至超過10元，但仍遠低於1997年的13元。

鐵路運輸

【概述】 鐵路是香港運輸的重要一環。本港鐵路每日的載客量約佔30%，鐵路是高速集體運輸工具，可以為市民提供快捷、可靠和舒適且不污染環境的服務，又可紓緩道路網絡的壓力，政府的政策是優先發展鐵路。

現有鐵路系統包括使用量極高的地下鐵路、兼備境內和跨境服務的九廣鐵路東鐵（2004年由紅磡擴展至尖沙咀東部，並由大圍擴展至烏溪沙）、連接市區與機場的快速客運專線（機場快線）、行走西九龍至新界西部的西鐵以及新界西部的輕便鐵路。鐵路系統目前全長約190公里，共有3條過海鐵路線。其他靠固定軌道行走的運輸系統有電車和山頂纜車，電車行走港島北岸，纜車則連接港島中區花園道與山頂。

鑑於本港對運輸服務的需求日增，政府制定《鐵路發展策略2000》，以持續發展的方式，應付未來20年的服務需求。這份策略以第二次鐵路發展的結果為基礎，勾劃出下一階段鐵路發展的藍圖。

2003~2005年間有4條新鐵路投入服務，分別是西鐵、馬鞍山至大圍鐵路線、九廣鐵路尖沙咀支線和竹篙灣鐵路線。另一條上水至落馬洲支線正在興建。這5條鐵路的總投資約750億元。

除了上述鐵路，其他鐵路計劃包括：九龍南線和沙田至中環線，預計於2008~2011年間通車。正在考慮進行的工程包括西港島線、南港島鐵路、北環線及區域快線。

上述鐵路計劃完成後，現有的鐵路網絡會擴展至少70%，全長達到250公里以上。屆時在鐵路車站步行距離範圍內居住的人口會佔全港總人口70%以上，80%的工作地點亦會在這範圍內。鐵路在公共運輸系統中所佔的比例會增至大約45%。這有助減輕乘客對路面交通的倚賴，同時亦可減少從車輛排出的污染物和粒子，目前這些排放物的數量約達600公噸。此外，香港作為亞洲商業中心和珠江三角洲整體經濟樞紐的地位，亦會更形鞏固。

【九廣鐵路】 九廣鐵路東鐵（前稱九廣鐵路）始建於1910年，是香港第一條鐵路。九廣鐵路以往一直由政府營運，直至1982年才成立九廣鐵路公司，取代政府成為營運者，但九廣鐵路公司由政府全資擁有。東鐵行走九龍紅磡至邊界羅湖，2004年10月24日由紅磡延伸至尖沙咀東部的新車站，現全程35公里，沿途設有14個車站。多年來，九鐵作了不少改善，以滿足不斷改變的運輸需求和市民對鐵路運輸質素的期望。東鐵在1910年投入服務時是一個單軌系統，但到1983年，已改善成為一個全電氣化的雙軌鐵路系統。除了東鐵，九廣鐵路公司還營運西鐵、輕鐵。

東鐵全線的客運服務均使用電動列車。目前全組車隊共有444個電動列車車廂。近年，東鐵的多項基本工程均有長足進展，其中包括列車翻新工程、噪音消減工程和通訊改善工程。東鐵每日的乘客量約80萬，服務時間為19.5小時。

東鐵亦包括馬鞍山鐵路，該條鐵路於2004年12月21日通車，來往馬鞍山及沙田區，長11.4公里，沿途設有九個車站，每日載客約8.9萬人次。

東鐵並營辦往來香港與內地多個城市的直通車服務，目的地包括廣東省的廣州、東莞、佛山和中山，以及上海和北京。除客運服務外，九鐵公司也為內地約60個城市提供貨運和聯運服務。

在2003年12月20日通車的西鐵是一條雙軌客運鐵路，全長30.5公里，設有9個車站，由西九龍的深水埗起，經葵青、荃灣，連接新界西北的元朗及屯門。西鐵為新界西北至九龍市區提供安全便捷、舒適可靠的交通服務，有助改善新界西北的交通網絡，令本鐵路系統更臻完善。乘坐西鐵由屯門至南昌，全程只需30分鐘。每日平均載客量逾13萬人次。

輕鐵系統於1988年建造完成，在新界西北區內提供客運服務。由於該區人口持續增長，系統曾於過去多年分階段拓展。隨著天水圍新支線在2003年12月7日通車，輕鐵網絡已經拓展至36.15公里，平均每日載客量近36萬人次。為確保輕鐵可與西鐵互相配合，九鐵公司改建三個輕鐵車站和加建一個新車站，方便乘客轉乘西鐵。為提升輕鐵的運作效率及安全水平，九鐵公司於2004年內完成了屯門青麟路輕鐵架空路軌工程。工程涉及興建一條長300米的輕鐵高架橋，橫跨青麟路輕鐵及路面交匯處，以及在輕鐵橋的西面興建一條設有升降機的行人天橋。架空路軌除可紓緩繁忙時段的路面交通外，亦能提升輕鐵的安全水平，並把車程縮減兩至三分鐘。為了向鐵路乘客提供更佳的接駁交通服務，九鐵公司共營辦22條巴士線，為東鐵、西鐵和輕鐵乘客提供接駁服務。

九鐵2004年除稅後盈利為4.29億元，下跌69%，主要是折舊費用上升及新線路所帶來的營運成本。年內的總運輸收入達42.8億元，上升12.1%，非運輸收益為6.95億元，上升14.5%。2003年純利13.81億元比2002年急跌37.5%，主要是由於整體乘客量下跌6%，其中特別是最賺錢的過境羅湖線，受SARS和落馬洲過境巴士搶客的競爭，乘客量減少10.8%。九鐵2004年每日乘客量為135萬人次，較前年上升19.5%，主要是西鐵、尖沙咀支線及馬鐵開始營運。

【地下鐵路】 地下鐵路有限公司於2000年6月開始經營本港的地下鐵路，其前身為創立於1975年的地下鐵路公司。地鐵觀塘線在1979年投入服務，其後，荃灣線、港島線、東區過海鐵路隧道（連接觀塘與鰂魚涌）、東涌線及將軍澳線先後在1982、1985、1989、1998和2002年通車。該公司在2001年9月27日完成鰂魚涌紓緩擠迫工程，把觀塘線伸延至北角站為終點，紓緩鰂魚涌站的擠迫情況。北角站因而成為觀塘線與港島線之間的新設轉車站。

地鐵系統網絡全長87.7公里，共有50個車站，每日乘客量超過230萬人次，是世界上最繁忙的鐵路系統之一。每日提供19小時的列車服務，由上午6時至午夜1時，而所有軌道及軌旁維修工程則於每日非行車時間內進行。

地鐵公司2004年純利近45億元，全年乘客錄得破紀錄的8.34億人次，年內無論在車站商務、物業投資及管理業務收入，均取得雙位數字增長，純利錄得44.96億元。內年馬鐵通車和九鐵尖東站落成，卻未有對地鐵構成影響。地鐵市場佔有率進一步攀升至24%以上，比2003年微升0.5%，全年乘客較2003年增加8.2%，人均車資每程6.5元。受旅遊業復甦帶動，機場快線客量亦錄得17%升幅，達到800萬人次。乘客大增下，地鐵車務虧損大幅收窄，由2003年的蝕9.8億減至3.1億元。雖然業績理想，但地鐵無意減票價。地鐵在2004/2005年度的上蓋物業數目減少。

除經營地鐵網絡外，該公司興建由欣澳至香港迪士尼樂園的迪士尼線，於2005年8月1日投入服務，配合迪士尼樂園同年9月開幕。

【電車】 由香港電車有限公司經營的電車，1904年投入服務，在港島北岸行走，提供6條行車路線。由堅尼地城至筲箕灣的一段為雙程路軌，長13公里；環繞跑馬地的一段則為單程路軌，長約3公里。

電車公司共有電車164輛，包括兩輛供遊客和私人租用的開蓬古典電車，以及1輛特別維修電車，是世界上最大的雙層電車車隊。2004年電車平均每天載客23.2萬人次。成人車費為2元，12歲以下小童以及65歲或以上長者收費1元，是本港最廉宜的公共交通工具。

【纜車】 香港另一種“電車”服務是由山頂纜車有限公司經營的登山纜車。纜車線全長1.4公里，從中區花園道直達山頂。登山纜車主要供遊客和本港市民觀光遊覽，在1888年投入服務，曾在1989年進行現代化工程。由於旅遊業復甦，2004年纜車載客量平均每日有1.1萬人次，比上一年8,700人次增加不少，成人、12歲以下小童以及65歲或以上長者的單程車費分別為20元、6元和7元。

山頂纜車有限公司的服務既穩定又令人滿意，而且有計劃進一步改善纜車的運作及載客設施，因此政府已把該公司的經營權由2004年1月起延長10年。

【新動向】 雖然政府研究兩家鐵路公司（地鐵和九廣鐵路）合併問題經年，有了合併意向，但至今仍未能定出時間表推行有關計劃。

巴士服務

【概述】 香港的巴士服務是鐵路以外的交通服務最大提供者。全港6個擁有巴士專營權公司提供的服務遍佈港島、九龍、新界及離島，此外還有非專利巴士、公共小型巴士。連同的士在內，載客量佔公共交通總載客量66%，其中以專營巴士載客量最大，約佔所有公共交通工具每日總載客量的37%。

為更有效地運用巴士資源和有限的路面空間，並讓乘客有更多路線選擇，有關方面推行了巴士轉乘計劃，搭乘指定路線巴士的乘客在轉車時，可享有票價優惠。2004年年底時，共有150項涉及385條路線的巴士轉乘計劃。

【九巴】 九龍巴士（1933）有限公司是本港規模最大的巴士公司，主要為九龍和新界區提供服務。截至2004年年底，九巴共有4,141輛巴士，包括3,614輛空調巴士，可接載坐輪椅乘客的有1,651輛，九巴經營387條行走九龍和新界的巴士線和11條過海巴士線，另與城巴有限公司和新世界第一巴士服務有限公司分別聯營23及29條過海巴士線。該公司專營權的有效期，由1997年9月1日起至2007年7月31日止。

九巴在2004年共載客10.6億人次（平均每日291萬人次），與2003年相若，行車達3.428億公里。九巴的車費由1.6~38元不等。12歲以下小童和長者乘搭九巴所有路線，均享有票價優惠。

九巴2004年純利7.3億元，增長22.5%。專利巴士業務，車費收入為58.1億元，下降了1.2%，主要是西鐵於2003年底通車分薄了客源，以及九巴本身提供車費優惠所致。2003年全年營業額65.4億元，車費收入約58.8億元。不過，專利巴士業務的稅後盈利貢獻，卻由2003年的6億元增至6.8億元，大升13%，主要是稅務支出減少所致。為了應付新鐵路支線的挑戰，九巴積極節流，奈何受到高油價打擊，九巴去年的燃料成本，大增34%，由4.4億元增至6億元，抵消了節省成本措施的效力。另外，保險費、隧道費以及員工薪酬均有上升壓力。

九巴非專利巴士業務，2004年稅前盈利為2,940萬元，增長近28%。

【新巴】 港島區的巴士服務現由新巴和城巴提供。截至2004年年底，新巴共經營55條行走港島區的巴士線、10條往來將軍澳的路線和33條過海巴士線，其中與九巴聯營的過海巴士線有29條。新巴有695輛巴士，其中空調巴士有694輛，可接載坐輪椅乘客的有524輛。新巴的車費由3~34.20元不等。12歲以下小童和長者乘搭新巴所有路線均享有票價優惠。

2004年內，新巴共載客1.846億人次（平均每日50.44萬人次），比上一年上升2.3%，行車稍有下降至5,640萬公里。

新巴由1998年取得專營權，取替有65年歷史的中華巴士公司。新巴取得5年專營權後表示，在專營期內投資20億元，除改善車隊外，還改善廠房設備、積極提升員工服務質素及環保計劃。新巴最近積極開拓新市鎮巴士服務。

【城巴】 城巴根據兩項專營權分別經營兩個網絡的巴士服務。第一項專營權包括65條港島區巴士線和31條過海巴士線，其中23條過海巴士線與九巴聯營。另一項專營權包括連接港島、九龍、新界主要地區與東涌以及新機場的16條巴士路線。

城巴截至2004年年底共有911輛巴士，全部為空調巴士，其中可接載坐輪椅乘客的有129輛。城巴在2004年共載客2.108億人次（平均每日57.6萬人次），比上一年的2.073億人次（平均每日56.8萬人次）稍見回升，行車達8,420萬公里。城巴的車費由2.50~45元不等，12歲以下小童和長者乘搭城巴港島區路線（旅遊線除外）、過海路線和東涌／機場路線均有票價優惠。

【嶼巴】 新大嶼山巴士（1973）有限公司在大嶼山經營24條巴士線，有86輛巴士，為大嶼山居民及遊客提供交通服務，每逢夏季及假期，遊客眾多，島內交通特別繁忙，需以非專利巴士提供輔助客運服務。

新大嶼山巴士在2004年受惠旅遊業復甦，共載客1,210萬人次（平均每日3.2945萬次），比2003年的970萬人次（平均每日2.65萬人次）稍有提高，行車達540萬公里。嶼巴的車費由2.5~40元不等，12歲以下小童和長者搭乘該公司所有路線，均享有票價優惠。

【龍巴】 龍運巴士有限公司為東涌和新機場提供巴士服務。截至2004年年底，該公司共有144輛巴士，全部是空調巴士，136輛可接載坐輪椅的乘客。龍運經營的巴士線共有15條，主要往來新界與東涌及新機場。

龍運巴士在2004年內載客2,230萬人次（平均每日6.0942萬人次），比2003年的1,930萬人次（平均每日5.27萬人次）為多，主要是旅遊業復甦所致。2004年內的總行車里數達2,230公里，較前一年稍減。龍巴的車費由3.5~28元不等，所有路線均為12歲以下小童和長者提供票價優惠。

龍運巴士自1997年投入服務，2002年10月獲得港府給予為期9年11個月的新專營權，新專營權於2003年6月1日起生效。龍運獲得續發專營權，反映其提供的服務一直符合顧客和政府的期望。由於東涌新市鎮持續發展，尤其是逸東邨的人口不斷上升，因此北大嶼山及機場地區的巴士服務前景保持正面。

【非專利巴士】 除了專利巴士外，香港還有非專利巴士服務。非專利巴士主要為屋邨居民、僱員、遊客和學生提供團體租用巴士服務。非專利巴士在公共交通系統中發揮輔助作用，主要在繁忙時間提供服務，紓緩市民在該時段對公共服務的需求。截至2004年年底，持牌的非專利巴士共有7,212輛，當中投入服務的共有6,888輛，比前一年的7,296輛略減。經營非專利巴士服務的公司開拓業務，政府有意加強規管。

九巴集團自1998年起提供非專營巴士服務。其屬下的陽光巴士集團現擁有6個業務單位，並以陽光巴士有限公司為旗艦，為大型住宅屋苑、購物中心、大型僱主及學校提供巴士服務。截至2004年年底，陽光巴士集團擁有230部巴士。

【公共小巴】 香港這個現代化城市，交通繁忙，有巴士服務之同時還有身型較小、較為靈活的小型巴士，根據牌照規定，小型巴士最多可載客16人。截至2004年底，本港共有4,328輛公共小巴，當中有2,660輛綠色專線小巴，行走352條路線，平均每日載客約123.6萬人次。而2003年底則有2,625輛、行走349條路線，平均每日載客約114.1萬人次。綠色專線小巴的路線、車資、車輛分配及行車時間均由運輸署規定。2004年內，本港共有1,668輛紅色小巴，平均每日載客46.85萬人次，而前一年則有1,718輛，平均每日載客48.2萬人次。紅色小巴沒有規定的路線或行車時間表，並且可自行釐定車費，但服務範圍卻受到某些限制。私家小巴只可為團體提供租用服務，不得向個別乘客收取車資。

政府於2002年8月起接受柴油公共小巴車主申請參加轉換石油氣或電動公共小巴資助計劃。合資格的柴油公共小巴車主如把小巴更換為石油氣或電動公共小巴，可分別申請一筆過6萬元或8萬元的資助金。此外，柴油私家小巴車主若轉為使用石油氣小巴，可獲豁免首次登記稅。申請資助限期至2005年底。2004年底時，本港共有1,321輛石油氣公共小巴。

為加強公共小巴乘客安全，有關在公共小巴上必須裝置高靠背坐椅及安全帶的法例已在2004年8月1日生效。

【過境巴士】 內地與香港的交往日益頻繁，2004年內平均每日經落馬洲通道過境的旅客有10.44萬人次，經文錦渡和沙頭角通道的則分別有8,100及5,700人次。有約90家公司提供的2,600班經批准的過境旅遊巴士班次。

行走深圳皇崗與新田公共運輸交匯處之間的穿梭巴士，在1997年3月投入服務，2004年內平均每日載客3.99萬人次。2003年1月27日落馬洲管制站實施24小時運作之後，過境穿梭巴士已提供24小時服務。為配合落馬洲管制站24小時運作，准許的士及專線小巴在延長時段內（午夜至上午6時30分）在落馬洲管制站營運的試驗計劃，由2003年3月起實施。乘客現可乘坐的士及指定的專線小巴路線，在延長時段內直接前往落馬洲管制站。

6條定班過境巴士路線由2004年8月16日起投入服務，來往皇崗與香港六個地區（旺角、油尖、觀塘、灣仔、荃灣及錦上路西鐵站），有關服務平均每日乘客達3.74萬人次。

【新動向】 自去年至今，油價飛漲，由每桶50美元狂漲至70美元，升幅高達四成，令公共交通運輸業經營成本上升，百上加斤。各有關行業紛紛計劃加價或仿效航空業徵收燃油附加費。運輸署正處理超過全港多個地區40多條專線小巴加費申請，包括中西區、油尖旺、元朗、沙田及將軍澳等，加幅由5~25%。綠色專線小巴總商會8月底去信運輸署，希望在10月1日起向每位乘客每程徵收最多0.5元的燃油附加費，直至柴油價格回落到2003年1月每公斤6.3元的水平才會取消徵收附加費。

三間巴士公司雖然強調目前無意申請加價，但8月底也要求政府讓巴士引入燃油附加費機制。九巴強調，油價佔整體成本的支出，已達去年的兩倍，另隧道費亦上升八成，員工薪酬也增加2%，故加價壓力極大。新巴及城巴指出，現時油價每上升1美元，兩間公司的全年額外開支將增加600萬元，有加價壓力。新渡輪則表示考慮加價9.6%及減少班次。新渡輪強調已累積虧損500萬元，如果不加價，前面只有死路一條。對於巴士公司的要求，政府強調，當局已豁免巴士公司的燃油稅，而巴士乃市民經常使用的公共交通工具，向無燃油附加費，亦不適宜有此安排，希望巴士公司繼續嚴格控制其他成本開支。

香港的巴士公司困於香港地方狹小，發展有限，紛紛往內地城市拓展巴士業務。

內地與香港各方面融合進程加快，兩地交通網絡將會日漸加大，待基建工程完成，跨境巴士服務定必日益增多。

郵政服務

【概況】 香港郵政以合理的價格，提供可靠而效率卓越的本地和國際郵政服務，務求滿足市民的需要並履行國際郵政義務。

自1995年8月1日起，香港郵政轉以營運基金方式運作，資源管理得以更加靈活，對市場和需求的轉變亦能作出更有效的回應。這項安排不但提高了生產力和效率，改善了顧客服務的質素，更能為顧客發展新服務。

2004年內，香港郵政處理的郵件達12.7億件，與2003年相若，平均每日派發350萬件郵件予超過200萬個家庭和商業機構。在這些郵件中，本地郵件約佔85%，送往香港以外地方的空郵信件約有11,593公噸，包裹有1,752公噸，較2003年增加3%。香港郵政海外信件的主要收發地是中國內地、美國、英國、日本和澳洲，包裹則為日本、美國、英國、加拿大和澳洲。

【服務承諾】 香港郵政為郵件派遞、集郵、櫃位和公共核證機關訂定服務承諾，2004年服務表現出色。1月，香港郵政大規模重組派遞工作，在不影響本地郵件翌日派達收件人的情況下，把全港各區的派遞次數改為每日一次。這次因應市場轉變和全球趨勢適時推出的重大節流措施，確保本身的資源得以更靈活有效地調動。在資源有效運用的同時，香港郵政在翌日派遞本地郵件到各區方面，錄得了接近滿分的99.7%，比服務承諾中訂的全球最高標準98%還要高。

2004年3月，香港郵政第八次進行一年一度的公眾觀感調查。受訪者對郵政服務的整體滿意程度仍然很高，有約97%的市民、94%的商界人士和98%的集郵人士感到滿意或非常滿意。香港郵政自2000年以來連續五年名列最佳服務機構排名榜的三甲位置。香港郵政在全面優質管理方面的成就亦得到各界認同，獲得香港管理專業協會頒發“2004優質管理卓越獎”，地位等同美國鮑德理奇國家優質管理獎，成為首個奪得這項殊榮的政府機構。

【營運】 香港郵政2002年4月1日增加郵費，這是自1996年9月凍結主要郵費長達6年之後的調整。

自1995年開始實行營運基金，在1996/97年度和1997/98年度兩年出現超過10億的盈利，員工可享花紅；但之後的幾年，集郵熱潮減退，加上經濟不景，電郵風行，郵件減少，郵費又凍結了6年，出現虧蝕。2002~2003年度除税後虧損3,200萬元。到2003~2004年度節流成功，全年收入35.35億元，支出35.18億元，除税後溢利4,300萬元。

【服務發展】 香港郵政為適應社會的變化，服務越來越多元化。為進一步滿足顧客的需求並提高盈利，香港郵政採取零售策略，安排櫃位增設代辦服務，郵繳通服務自2000年4月推出後，分別在2001年4月及10月擴展至代收電話和政府帳單以至部份公共事業機構的帳單，市民可前往任何一間郵政局，使用一站式繳款服務。

特快專遞服務繼續為商戶及個人提供國際速遞服務。2004年5月特快專遞的派遞網絡增加120個目的地，總數達216個，當中除中國內地、日本、美國、台灣地區和澳洲等主要貿易夥伴外，更進一步深入到南美、東歐和非洲多國，覆蓋範圍幾乎遍及全球每個角落。

2004年香港郵政全面採用全港首套綜合收派管理系統，利用分組無線電訊服務網絡及個人數碼助理靈活調配資源，藉此提升速遞服務的整體效率。現時已有300多名郵差配備個人數碼助理，令香港郵政成為採用創新科技提升速遞服務質素的先鋒。

2004年1月，本地郵政速遞推出郵資已付文件袋，方便顧客投放入街道郵箱。收件點亦因此大增10倍，除原有133所郵政局外，更多了全港900個街道郵箱，為顧客帶來更大方便。

隨著馬鞍山錦泰郵政局和將軍澳彩明郵政局分別在2月及12月啟用，2004年全港郵政局數目增至133間。

11月，雙方匯款服務的目的地由6個擴展至全球各地，惠及更多的顧客及其外地親友，讓他們於匯款時可以選用香港郵政這項可靠快捷的收寄服務。

直銷函件一直是商戶推廣產品和服務最常用且有效的工具。為協助商戶更有效確認目標顧客以加強直銷函件的效能，香港郵政在7月推出採用先進群集分析技巧界定目標顧客的服務，供特選通函郵寄服務的用戶在投寄直銷函件時選用。通過這項服務，用戶可選出最符合他們目標顧客條件的住戶地址寄上直銷函件。

近年，香港郵政在發行郵票方面不斷創新。2004年內發行的特別郵票題材包羅萬有，包括文化歷史、社會今昔等等，不一而足，計有：歲次甲申（猴年）；七人欖球（中國香港——新西蘭聯合發行）；兒童郵票——我最喜愛的玩具和遊戲；香港電車百周年紀念；中國人民解放軍駐香港部隊；香港體育活動；鄧小平誕生一百周年；香港貨幣；珠江三角洲區域的發展，以及香港菌類等十套。8月，香港郵政特別發行一款郵票小型張，慶祝2004年奧林匹克運動會的舉行，更於10月發行一款紀念小版張，祝賀香港奧運代表隊勇奪乒乓球男子雙打銀牌。

【電子核證及網上購物】　為促進香港的電子商貿發展，香港郵政於2000年1月31日成立全港首個認可公共核證機關，推出香港郵政電子核證服務，為本港電子商貿奠定里程碑。香港郵政核證機關服務提供安全的電子交易環境，確保網上認證、完整、機密和不可推翻等基本要求都達到。核證機關向個人和商業機構發出數碼證書並負責管理工作，利便在公開網絡進行穩妥的電子交易。用戶使用數碼證書，就可以利用電子方式證明身份。根據《電子交易條例》所定的法律架構，資訊以數碼方式簽署，效力與在紙上簽署無異。

為配合2003年8月展開的全港智能身分證換領計劃，香港郵政鼓勵換證者選擇在身分證內植入首年免費的香港郵政電子證書。這項措施可讓電子證書持有人享用更為安全的網上服務，並大大增加本港電子證書使用者人數。目前電子證書數目有50萬張。

香港郵政國際物流專遞服務緊貼市場脈搏，積極拓展新服務，每年為顧客帶來新意。2004年1月與中國郵政攜手推出“中港禮品專遞服務”，讓顧客可更方便地向內地2,000多個城市的親朋致送賀年花束、糕餅、果籃等多款精選禮品套裝。8月又新增月餅禮盒套裝，方便顧客於中秋佳節向內地親友和業務夥伴表達心意。

1月，香港郵政與一家資訊科技服務公司合作推出紙張轉電子和電子報關服務。這項嶄新服務讓商戶可以選擇利用香港郵政方便可靠的龐大郵政局網絡，遞交報關表格；又或通過香港郵政電子證書，經網上遞交報關表格到有關部門。

12月，香港郵政與一家入口網站和網上購物服務平台供應商合作，由香港郵政物流服務為網上商戶提供收款和派遞解決方案。這項服務為本港中小型企業提供經營網上商店所需的一站式解決方案。

同月，香港郵政推出“樂滿郵”網上購物平台，為顧客提供方便易用的介面，讓他們可以輕鬆訂購香港的郵票、郵趣廊精品，以至一系列由本地或外地供應商提供的精選優質產品。

【公共事務】　香港郵政以中國代表團成員的身份，參與萬國郵政聯盟和亞太郵政聯盟的會議和活動。2004年內參與的國際會議包括：1~2月的瑞士伯爾尼萬國郵政聯盟經營理事會及行政理事會會議、5月的新西蘭皇后鎮亞洲及太平洋郵政執行理事會會議，以及9~10月的羅馬尼亞布加勒斯特第23屆萬國郵政聯盟大會。同時，香港郵政亦繼續參與萬國郵政聯盟特快專遞服務合作組，以及亞洲及太平洋郵務合作組管理委員會的工作。一直以來，香港郵政積極參與地區和國際會議，謀求加強與各地郵政機關的合作，共同開發新的服務，以期最終能為香港市民提供物超所值的優質國際郵政服務。

為推動社會各界互相關懷的文化，香港郵政在2004年9月舉辦“愛與關懷日”，讓職員與顧客互相表達心意。當日，市民可到4間指定郵政局免費投寄一封重量50克或以下的本地信件，藉此鼓動市民以親筆書信表達愛與關懷。這項活動深受顧客歡迎。2005年9月，香港郵政再次舉辦這一活動，並把指定郵局的數目從4間增至10間。

速遞

【概述】　速遞業可説是近年發展得最快的行業之一，在十多年前，速遞公司只是一個陌生的行業，但近年多間在外國極具規模的速遞公司爭相來港加入市場，速遞行業變得非常熱鬧，加上香港工商貿易活動一日千里，更促使該業發展蓬勃。

速遞業開創於1969年9月，三位年青的美國商界精英首先在美國創立了敦豪速遞公司。他們的構思是利用郵遞中樞，即設立一個收集和發出所有郵件的私人郵站，經營傳遞郵件的服務，並以此挑戰政府郵政系統服務。敦豪第一條速遞航線來往夏威夷與三藩市之間。他們利用特別的航班，而不依賴通常的國際客機傳遞郵件。由於其郵遞服務快捷安全，因此招攬得大量客源。

1972年，美國民航局與敦豪發生爭議，令敦豪無法獲准在美國境外經營郵遞業務。而當時香港商人鍾普洋認為這項服務大有可為，於是向美國敦豪取得經營權，創立敦豪國際有限公司，在東南亞開展業務，並於創辦後一年將服務網絡伸展至歐洲、中東及非洲。此後，其他速遞公司亦應運而生。

開始時，世界各國郵政部門並沒意識到速遞公司對其業務的威脅，對國際性郵遞不感興趣。然而，當國際速遞業務以30～40%的增幅發展時，他們才由無動於衷而變為恐慌，擔心如此下去，終有一天速遞公司會把各國的郵局“蠶食”掉，或最多只留下一些骨頭給他們啃。於是歐洲首先作出反應，阻止私營速遞業務的發展，如法國對它們徵收重税，只限它們在巴黎活動；比利時在1985年還禁止它們入境；荷蘭嚴禁它們提供折扣服務。

後來，英國與荷蘭兩國政府合作設立一條由鹿特丹至倫敦的國際郵遞專線，隨後法國與比利時也相繼加入。1986年，他們在布魯塞爾設立一個“快遞中心”。1987年11月，11個國家的郵政部門共同組成一個稱為（國際郵遞企業）的快遞公司，目前參加的國家，已達21個。

雖然一些國家的郵政部門採取種種手法去遏制私營速遞服務的發展，但這種服務仍然受到工商界歡迎，其原因在於：一、隨著經濟的發展以及世界市場的不斷增長，各國出入口貨品大為增加，廠商需寄付的文件和貨辦自然亦大大增加，加上時代不斷進步，事事講求效率，故不少公司都願意採用航空速遞服務去送遞文件包裹，以節省更多時間。二、私營速遞公司所採用的設備先進，服務質素佳，效率相當高。

除了國際速遞業務發展蓬勃外，香港本地的速遞業也有很蓬勃的發展。隨著社會不斷進步，工商界對時間、速度的要求日高，許多公司越來越多地使用本地速遞服務，使本地速遞服務的市場需求日益擴大。

【營業情況】　速遞公司指出，香港的速遞業在2004年備受考驗，由於廣州新白雲機場在2004年8月5日啟用，香港機場在珠三角空運市場的佔有率下跌，不過香港仍能維持在效率、人才、班次密度和航點網絡等方面的優勢，所以還可繼續享有一個不俗的增長率，有20%的增幅。

DHL Express委託中文大學網絡物流研究中心進行研究，結果顯示本港的轉運成本明顯較珠三角地區高，這對香港繼續成為區內物流中心帶來挑戰，建議港府考慮在機場或鄰近地區如青衣興建新物流中心。

DHL Express香港區總經理余錫昌指出，目前香港作為區內的貨運物流樞紐，仍具有不少優勢，即使成本較珠三角高，仍然吸引貨主使用。他說，香港的優勢包括擁有覆蓋點多、航班頻密的國際交通網絡，以及具有高效率及高透明度的清關程式。不過，隨著珠三角的對外航班增加，加上清關程式持續改善，將來香港必須調整收費才能繼續成為物流樞紐。

此外，香港有需要興建專門的物流中心。余錫昌認為，尤其是可以處理物料可分發零件的設備。專門的物流中心發展重點首要在零件貯存、維修與退貨等服務，其次是利用高效率的快速轉流系統，處理經香港轉口往其他地方的貨物。

本地速遞業方面，其發展只是平穩。據業內人士表示，隨著時代不斷進步，事事講求效率，每一個行業的運作都要快捷，更有效率，將繼續使本地速遞業得以發展，但業內的競爭十分激烈，有汰弱留強的情況出現。

【新動向】 速遞業人士預計，2005年香港速遞業發展仍有兩成增長。雖然不少大型速遞企業近年都加大在中國內地的投資，但香港作為該些企業的國際速遞樞紐地位並沒有受動搖。

美國聯合包裹（UPS）於8月2日公佈，該公司在香港處理的出口貨量，在2005年第二季錄得按年超過兩成增長。UPS營運總監貝斯特拿表示，香港空運市場發展已經十分成熟，公司仍然有信心將這市場視為環球的營運樞紐。他稱，UPS目前在香港經營每周60多個航班，連繫亞洲、歐洲和美國，未來仍會繼續作出投資，進一步拓展業務以配合客戶需要。

又根據香港機管局早年完成的“2020發展藍圖”，該局已預料香港國際機場在未來20年，貨運量的增長平均每年約有6%，而速遞貨運的增長更可能是整體增長率的兩倍，可見香港的國際速遞市場仍有很大發展空間。

美國聯邦快遞（FedEx）於2005年7月宣佈，將亞洲轉運中心由蘇碧灣搬到廣州而非香港，有特區政府消息人士透露，該公司在未作出決定前，確曾與政府磋商條件，但強調，最終FedEx放棄了香港純粹是其商業決定，與香港是否開放航權無直接關係。FedEx在廣州設轉運中心後，只會經營亞洲區內航線，以廣州作為區內的集散基地，並不涉及中國內陸或長途跨洲航線，因此與香港不會出現爭奪貨源的惡性競爭。

本地速遞業方面，2005年香港本地速遞業亦是平穩發展。很多公司為了要節省開支，便將辦公室助理的工作，外判給服務多元化及收費低廉的本地速遞公司，本地速遞服務公司將會越開越多，競爭將日益激烈，汰弱留強的情況仍然會持續。而且經營者的競爭，不單在設備方面、服務層面上競爭，連收費也不增反減，導至合併成趨勢，一些規模較小的本地速遞公司數目正在遞減。

旅　遊

旅　遊

【概述】 旅遊業是香港經濟的主要支柱，是賺取外匯最多的行業之一。旅遊業涵蓋多個重要經濟環節，包括酒店、購物、餐飲以至商貿會議和展覽。

2004年，本港多個主要客源市場，包括中國內地、美國、加拿大、澳洲、韓國、新加坡、馬來西亞、印度，以及較小的市場如新西蘭、荷蘭及南非，均創出歷史最佳成績。此外，來自英國的旅客是自1996年以來的最高紀錄，當年正值香港主權回歸前夕，是英國旅客來港旅遊意欲的高峰期。

旅遊發展局總幹事臧明華表示，2004年的旅遊業績比預期中更佳，充分證明即使面對日益加劇的競爭，香港仍保持強勁的旅遊吸引力。

【主要市場的遊客分析】 根據旅發局的統

計，2004年全年訪港旅客的總數為2,181萬，比2003年增加了40.4%。

中國內地繼續成為本港的主要客源市場，來自內地的旅客首次突破1,000萬大關，達1,224.6萬人次，較2003年顯著增長44.6%。推動內地旅客顯著增長的主要因素之一，是“個人遊”計劃在上半年大幅擴展。自7月1日起，華南及華東32個城市約1.58億居民可申請“個人訪問”簽證來港。2004年以個人身份來港的內地旅客共有426萬人次，佔總數34.81%。

來自南亞及東南亞的旅客人次首次超越200萬，達207.8萬人次，比2003年增長52.8%，亦令這個地區躍升為香港第二大客源市場。其中12月的旅客錄得該區單月最高紀錄，達24.8萬人次，期間“香港繽紛冬日節”的推廣活動深受家庭旅客歡迎。市場推出極具吸引力的機票價格及行程，亦刺激旅客人次上升，特別是來自新加坡及菲律賓。2004年多個市場均創歷史佳績，包括新加坡（46.4萬人次，增長74.6%）、馬來西亞（34萬人次，增長62.8%）及印度（24.4萬人次，增長37.2%）。

台灣地區旅客的增長相對較緩慢，因而微跌一級成為本港第三大客源市場，旅客207.5萬人次，增長12%。

來自北亞的旅客較2003年增加34.8%，達166.5萬人次。韓國市場表現突出，旅客53.9萬人次，增長46.4%，打破1996年所創的紀錄，帶動北亞的業績上升。日本旅客112.6萬人次，增長29.9%。

長途市場方面，美洲重新成為最大客源市場區域。2004年訪港的北美遊客140萬人次，比2003年增長51.2%，打破2002年創下135萬人次的紀錄。美國（105.2萬人次，增長53.8%）及加拿大（27.4萬，增長46.6%），均超越2002年的紀錄。

緊隨美洲之後的是歐洲、非洲及中東，2004年旅客138萬人次，增長45.8%。區內市場以英國的表現最突出，旅客41.1萬人次，增長46.2%，也是自1996年以來的新高。中東（9.1萬，增長36.6%）及南非（5.4萬，增長85.7%）亦創佳績。

澳洲、新西蘭及南太平洋是旅發局7大市場區域中最小的一個，但在2004年卻錄得最高的增長率，達57.8%，旅客增至48.3萬人次，打破1996年創下42.5萬人次的舊紀錄。澳洲（40.9萬人次，增長60.8%）及新西蘭（7.2萬人次，增長48%），均打破它們分別在2000年和1996年的舊紀錄。

2004年本港五大主要遊客來源

來源地	遊客(萬人次)	佔總額(%)	增長率(%)
中國內地	1,224.6	56.1	44.6
台灣省	207.5	9.5	12.0
日本	112.6	5.2	29.9
美國	105.2	4.8	53.8
韓國	53.9	2.5	46.4

【遊客特徵】 2004年，62.6%的旅客在香港逗留一晚或以上，較2003年的62.3%輕微增長。其餘37.4%為“入境不過夜”旅客，在抵港後同一天前往其他目的地，反映香港作為區內交通樞紐的地位日趨重要。

2004年，大部分長途市場的旅客均在港逗留一晚或以上，澳洲、新西蘭及南太平洋旅客的比率為79.2%；美洲為78%；歐洲、非洲及中東則有75%，以上數據均比2003年的成績為佳。令人振奮的是，來自南亞及東南亞的過夜旅客比率亦增至74.5%，來自北亞的則增至64.2%。另一方面，來自內地的過夜旅客比率由2003年的67.2%微降至2004年的63.6%，因為“個人遊”計劃實施後，廣東省旅客可更便捷地在同日往返香港購物或探親。

同日離港旅客一向以台灣最多。因為台灣地區旅客許多均是過境香港來往內地及區內其他旅遊點。然而，台灣省過夜旅客的比率由2003年的21.8%增至2004年的26.4%，反映很多以往的同日離港旅客現在利用“海天客運碼頭”的設施，沒有經過香港入境事務處。

2004年的遊客平均在港逗留時間由2003年的4.06晚，下跌至3.73晚。內地旅客留港時間比其他旅客為長，平均4.26晚。東亞及東南亞旅客平均逗留3.2晚，北亞旅客2.2晚，美洲旅客3.4晚，歐洲、非洲及中東旅客3.4晚，台灣地區旅客2.5

晚，澳洲、新西蘭及南太平洋旅客3.5晚，澳門旅客2.5晚。

【遊客消費】 據香港旅遊發展局統計，2004年訪港旅客的消費開支總額為667.54億元，比2003年的561.25億元上升18.9%。以國家和地區分，中國內地旅客的消費開支385.83億元，增長15.6%；東亞及東南亞旅客68.55億元，增長44.7%；美洲旅客58.25億元，增長45.4%；歐洲、非洲及中東旅客54.13億元，增長51.6%；北亞旅客44.94億元，增長27.1%；台灣地區旅客28.58億元，增長9.2%；澳洲、新西蘭及南太平洋旅客19.86億元，增長73%；澳門旅客7.42億元，增長39.7%。

在來港旅客中，過夜旅客的消費遠比不過夜旅客為高。2004年，來港旅客中不過夜旅客的人均消費為689元，比2003年的811元減少15%；過夜旅客的人均消費是4,478元，比2003年的5,041元也減少11.2%。過夜旅客中，人均消費最高的是美洲旅客，為5,250元。其餘依次為：歐洲、非洲及中東旅客5,122元，澳洲、新西蘭及南太平洋旅客5,072元，台灣地區旅客4,789元，中國內地旅客4,355元，東亞及東南亞旅客4,350元，北亞旅客4,112元，澳門旅客2,554元。

【酒店表現】 2004年，香港共有酒店及旅客賓館541間，比2003年增加31間；共有客房39,128間，增加2.6%。其中，高價甲級酒店17間，客房9,473間；高價乙級酒店33間，客房16,073間；中價酒店42間，客房11,038間；旅客賓館404間，客房5,234間。

2004年，所有類別的酒店及旅客賓館的平均入住率為88%，是1996年以來的最高數字，這比2003年酒店受SARS嚴重影響的業績大大改善。

所有類別的酒店均受惠於旅遊業強勁回升。其中，甲級高價酒店的平均入住率達84%（2003年為67%）；乙級高價酒店和中價酒店入住率均為89%。位於港島中區至銅鑼灣主要旅遊區的酒店平均入住率為87~89%；位於香港東區和香港島其他地區的酒店平均入住率高達90%；油麻地及旺角區酒店平均入住率亦相同。

2004年，所有類別和地區的酒店實際平均房租為803元，比2003年的674元增加19%，較2002年則增加近13%。

【旅遊基建、設施和產品】 政府計劃發展境內5個主要旅遊景點區，藉以增強香港作為首選旅遊勝地的吸引力。這5個旅遊景點區涵蓋一系列在不同發展階段的計劃。當局正於熱門旅遊點，包括中西區、西貢海濱和鯉魚門，進行多項改善計劃，務求令這些地點煥然一新。即將進行改善計劃的其他地點包括尖沙咀海濱長廊、赤柱海濱和山頂。而全港18區正在設置旅客指示標誌和資料系統，會令旅客在港觀光更感方便。

多個重大工程項目均在進行中。香港迪士尼樂園第一期、東涌吊車系統和香港濕地公園將於2005年落成。為了豐富本港的文物旅遊產品，政府已邀請私營機構就尖沙咀前水警總部的保存、修復及發展提交具創意的建議。此項計劃的目的是把香港獨特文化傳統展現於中外遊客及本地市民眼前。當局正著手進行以下發展項目的規劃工作：東南九龍旅遊樞紐、西九龍填海區文娛藝術區，以及中區警署、域多利監獄和前中央裁判司署改作以文物旅遊為主題的計劃。當局正協助海洋公園訂定其策略性發展計劃，作為發展香港仔港灣旅遊區的基礎。旅遊事務署亦正推行一項“維港照明計劃”，利用具能源效益的先進照明科技，豐富維多利亞港的夜景觀景。

推動旅遊業之道，並非只在於興建新設施。政府並沒有忽略本地傳統古蹟文物（當中一些已有6,000年歷史）在促進遊客瞭解本港歷史風貌的價值。為了進一步拓展文物旅遊，旅遊發展局分別在港島、九龍和新界推出“今古建築導賞遊”觀賞路線，向遊客介紹饒有趣味的歷史文物；另外又透過不同途徑，例如書刊、互聯網等，推廣這些路線及其他文物景點。此外，旅遊發展局亦為遊客提供一項名為“文化萬花筒”的文化生活體驗計劃，讓遊客習耍太極和功夫、欣賞粵劇、鑑賞古董、學習中國茶藝和風水概念等。

【新動向】 2005年上半年的訪港旅客創歷年同期的最高紀錄，超過1,097萬人次，較2004年同期增加9.6%，每月的旅客人次均刷新紀錄。

長途及亞洲市場繼續帶動旅客人次增長，

2005年上半年來自澳洲、新西蘭及南太平洋的旅客上升31.1%；歐洲、非洲及中東的旅客上升25.3%；北亞旅客上升23.9%；南亞及東南亞的旅客上升22.7%；美洲旅客上升16.4%。

2005年上半年，內地旅客累計超過588萬人次，較2004年同期上升3.8%，佔同期訪港旅客總數的53.6%。其中"個人遊"旅客254萬人次，佔總數的43.2%。

2005年上半年本港酒店平均入住率為83%，較2004年同期下調2個百分點；實際平均房租為900港元，較2004年同期增加18.2%。

中國外匯管理局8月4日宣佈，放寬內地居民出境攜帶外匯的限額，出境時間在半年以下者，上限由3,000美元提高至5,000美元。本港旅遊界對這措施表示歡迎，認為有助刺激內地旅客在港消費。不過，有零售業界擔心，新政策與內地7月1日出台的航空口岸徵稅措施，兩者之間存在矛盾，未必能大幅度帶動銷售。

旅遊業議會總幹事董耀中指出，人民幣升值，放寬出境攜帶外匯的上限，進一步刺激香港零售業。他認為措施不會被"七一"的徵稅效應抵消："帶得錢來的多屬有錢人，若他們一心意欲在香港購買奢侈品，就算要打稅，埋單計算都平過在內地買。"

不過，香港導遊協會會長王維永卻擔心，航空口岸徵稅實施後，旅客的消費意欲變得謹慎，故即使准許旅客帶多些錢來港，他們亦可能未必大肆購物，但可能在餐飲或住宿上，更捨得花費。

泛珠三角區域是內地旅遊業比較發達的地區，除江西和湖南外，旅遊業已成為支柱產業。業界認為，香港作為國際馳名的旅遊城市，可憑本身旅遊業的經驗、技術和市場網絡，全面配合泛珠旅遊業的發展，積極參與泛珠地區旅遊資源的開發與整合，把新的旅遊項目迅速推向海外市場。

旅遊業議會總幹事董耀中表示，《泛珠三角區域合作框架協議》的簽訂的確對本港旅遊業有很大幫助。他認為，外遊服務是香港旅行社的專長和優勢，希望能參與組織泛珠區內4.5億內地居民出外旅遊的龐大業務。他希望兩地政府盡快洽談香港企業在內地成立的旅行社能主辦出境遊。他稱，在CEPA下，個人遊的確給香港經濟帶來好處。目前，泛珠區內江西的南昌、湖南的長沙和廣西的南寧已向中央提出要求開放個人遊。

然而，有調查顯示，香港對個人遊旅客的吸引力較去年下降。是項調查由獨立市場調查機構Market Insights Group進行，在本年4至5月成功訪問600名來自廣東和其他省市的內地個人遊旅客中，89%旅客對香港整體滿意，較去年輕微下跌1%；65%認為香港較其他地區具吸引力，比去年大幅度下跌27%。而56%則表示將來會考慮香港以外的地區旅遊。

該調查機構董事梁泰表示，香港吸引力下降主要是因為內地開放旅遊政策，旅客去其他國家或地區旅遊較以往容易，香港不再是內地旅客的唯一目的地，因此影響他們來港的意欲。他建議政府應增設多些具殖民地色彩及本土特色的旅遊設施，以吸引內地旅客重臨香港。

梁泰又指出，迪士尼樂園開幕及昂平吊車相繼落成後，會為香港旅遊收益帶來短至中期的幫助，但長遠幫助不大。他表示，自由行旅客可能會為迪士尼而逗留一至兩日，但因樂園而重遊香港的機會不大，即使再來，他們整體逗留時間和花費也不會比現在的長及多。

不過也有業內人士抱樂觀的看法，認為迪士尼樂園是香港有史以來最大的旅遊投資項目，也將是香港效益最好的旅遊投資項目。據有關方面提供的情況和數據，迪士尼開業首年可吸引560萬遊客，其中本地旅客、內地旅客和海外旅客各佔三分之一。樂園在施工期間已創造了11,400個職位，估計開業後更可創造18,400個職位。財政司司長唐英年用一句話概括迪士尼對香港旅遊業的貢獻："多一個迪士尼就會吸引旅客多留一天，因為迪士尼需要一天的遊覽時間。"據估計，隨著迪士尼9月開幕，2005年香港可吸引空前的2,340萬旅客，並創空前的旅遊收入978億元。

其它

傳媒

【概述】 香港是通訊及資訊發達的城市，傳播界發展蓬勃，市民很容易便能掌握最新的消息和資訊。

截至2004年年底，本港傳播媒介除有46份日報、多份電子報章和799份期刊外，還有兩家提供免費電視服務的私營公司、3家收費電視服務持牌機構、13家非本地電視節目服務持牌機構、1家兼備廣播和電視的政府電台，以及兩家商營電台。

香港擁有最先進的電訊科技，加上國際間對香港事務關注，所以不少國際通訊社、分銷全球的報章和海外廣播公司紛紛在香港設立亞太區總部，或設辦事處，或派駐記者。又因為香港市場充滿競爭，有大量由本地及國際出版的中、英及其他外文報章，雜誌及期刊，不少國際出版社以香港為基地，負責其刊物的本地化、印刷、廣告銷售及訂閱等部分或全部工作。該等報章、雜誌、期刊針對不同的讀者群，而有優勢的報章則可吸納穩定的讀者群。

2004年年底，本港有21份中文日報、13份英文日報（包括一份以失明人士點字印製的報章及其網上版）、7份中英文雙語日報和5份其他語言報章。中文報章中，有14份以報導本港和世界新聞為主、4份集中報導財經新聞、其餘專門報導賽馬消息。規模較大的報刊，分銷範圍遠至海外華人社會，有些更在香港以外地區如美國、加拿大、英國和澳洲等地印行外地版。

本港一家英文報社與香港盲人輔導會合作，每日出版一份以失明人士點字印製的報章，並發行網上版。2004年內，有3份中文日報和4份中英文雙語日報通過互聯網出版。香港是一些亞太區刊物的業務基地，如《遠東經濟評論》及多份財經雜誌。《金融時報》、《亞洲華爾街日報》、《今日美國》、《國際先驅論壇報》和《日本經濟新聞》也在香港刊印。

除了印刷媒體，傳媒還包括電子媒體。香港有13條電台頻道，其中香港電台佔7條，香港商業廣播有限公司和新城廣播有限公司各佔3條。電台廣播節目均可免費收聽。香港電台是公營電台，但編輯方針獨立，使命是為香港市民提供高質素的資訊、教育及娛樂節目；而另外兩個商營電台亦提供資訊、娛樂及教育節目。電台廣播受到市民歡迎，其中資訊節目近年更受歡迎，這些節目以聽眾致電電台發表意見，或邀請名人發表個人意見或評論，以作招徠。這些節目成為一種熱潮，3家電台均有這些節目，並且將節目的時間延長以應聽眾之所需。

香港電台網上廣播站全日24小時直播港台6條電台頻道的節目，並提供港台製作的電視節目和過去12個月內播放的節目。港台網上廣播站平均每日登入次數達1,600萬，其中約45%來自外地。2003年港台慶祝在本港廣播75周年。

香港的電視發展始於上世紀60年代，到現在香港觀眾可收看超過159條本地和非本地電視節目頻道以多種語言廣播的節目。這些節目包括4條免費地面電視頻道、130條收費電視頻道，以及多條免費衛星頻道。

香港現有兩家免費電視節目服務持牌機構，即電視廣播有限公司和亞洲電視有限公司，各獲牌照廣播一條粵語和一條英語頻道。兩個電視台須播放公營機構香港電台製作的節目。

2004年，本港有3家廣播機構提供收費電視節目服務。香港也是亞太區的廣播樞紐，13個持牌機構通過衛星為亞太區的觀眾提供逾100條電視頻道。隨著電視廣播機構逐步採用數碼廣播，政府正著手更新現行的規管制度，以配合市場引進嶄新科技。

【營銷情況】　一般而言，報章及雜誌的主要收入來源為廣告收入及銷售收入。因此，廣告及銷量（或讀者人數）為量度香港報業市場佔有率的最適當指標。

據中文大學亞太研究所在2003年8~12月進行的調查顯示，最多人看的本地報紙依次是《東方日報》、《蘋果日報》、《明報》、《太陽報》、《星島日報》、《經濟日報》。2004年經香港出版銷數公證會審核銷量的部分報章銷數（平均淨銷量）如下：《經濟日報》(8.0798萬份)，《明報》(9.5808萬份)，《蘋果日報》(34.5340萬份)，《南華早報》(10.0893萬份)，《亞洲華爾街日報》(8.0512萬份)。

本港經濟經過金融風暴和"沙士"打擊後，2003年年中開始復甦，帶動部份印刷傳媒之廣告收益錄得大幅增長，2004年廣告支出較2003年明顯增加。根據尼爾森媒介研究廣告開支報告所載2004年的數字顯示，按未折扣廣告價格計算，商業廣告總開支超過400億港元，較2003年增長逾13%。其中，報章及雜誌的廣告支出佔市場52.4%，達212.7億港元。

各媒體的廣告總支出（根據正式廣告價目表）
（單位：百萬港元）

	2004年	所佔百分比(%)	較2003年增長(%)
無線廣播電視	14,030	34.5	3
有線電視	2,692	6.6	63
報章	15,055	37.1	12
雜誌	6,215	15.3	28
電台	1,041	2.6	6
戶外及其他	1,581	3.9	28
總計	40,614	100.0	

（資料來源：尼爾森媒介研究）

上市的傳媒公司2004年的業績各有不同，有虧有盈。以兩家銷量最多的報章為例：《蘋果日報》因集團進軍台灣地區市場失利而拖累本港業績；東方報業則受惠於經濟好轉而廣告成績超出預期，截至2004年9月底的半年經營溢利達2.57億元。

雖然經濟復甦，帶動傳媒業的境況有所改善，但因為競爭激烈令經營難度增大。不同的媒體都需要隨著經濟、科技及社會環境的轉變而改變經營之道。在香港有58年歷史的雜誌《遠東經濟評論》(Far Eastern Economic Review) 2004年12月中由周刊改為月刊，並裁減80名員工。

大機構如無線廣播電視的新聞部亦宣佈裁員，2004年底裁減包括編採、攝影等28人。

內地與香港融合對香港報業以至傳媒業的發展有利。東方報業集團2004年5月與中國圖書進出口公司合作，令《東方日報》和《太陽報》可以直銷內地，每天早上送到內地訂戶手中，而內地訂戶可向中圖公司在北京、上海、廣州、深圳、大連及西安六個地方的辦事處直接訂閱。這是除了《文匯報》、《大公報》等部份本地報紙可在內地發行以外，港報在內地發行的新動向。此外，越來越多本地傳媒公司在內地派駐員工，加強對內地的新聞採訪能力，內地傳媒亦進駐香港，聘請香港人為員工。在CEPA的推動下，兩地傳媒合作的機會日漸增多，如合作辦報、出版刊物及網站等。

【政策】　港府民政事務局局長負責制定資訊和有關事務的整體政策；政府新聞處處長就政府發佈政策的方式，以及本港和海外的公共關係等事宜向政府提供意見，目標是確保社會人士能夠公開交流資訊，使傳播界充分瞭解政府的計劃、政策和工作，以及在外地宣傳香港形象。

廣播政策的目標，是促進業內競爭以提供更多元化的節目，協助引進嶄新的廣播服務，以及提升香港作為區域廣播樞紐的地位。

隨著《廣播條例》在2000年年中開始實施，政府已開放電視市場，並訂立科技中立和鼓勵業界競爭的規管架構。在科技中立的制度下，政府已分開"傳送"與"提供"電視節目服務兩者的發牌和規管制度。電視節目服務營辦商可租用其他營辦商的傳送網絡傳送其電視節目服務，而無須在傳送基建設施上投資。這個架構有利新的營辦商加入電視節目服務市場，並能靈活涵蓋隨新科技和科技匯流而來的各類嶄新服務。

根據《廣播條例》，電視節目服務按照服務性質和普及程度而非傳送方式作出規管。電視節目服務共分4類，即本地免費電視節目服務、本地收費電視節目服務、非本地電視節目服務和其他須領牌電視節目服務。前兩類服務的牌照由行政長官會同行政會議發出，後兩類則由廣播事務管理局發出。

政府鼓勵在本港採用數碼地面廣播技術，以便更有效率地使用頻譜，並提供嶄新服務，例如模擬式電視廣播不能提供的高解像電視廣播。政府在2004年7月公佈了數碼地面電視的推行框架，亞洲電視和無線電視必須在2007年或之前推行數碼地面電視廣播，並且在2008年或之前達至75%的數碼廣播覆蓋率。

由於廣播、電訊及資訊科技正在匯流融合，政府已著手檢討規管制度，使能繼續有利於科技和商業發展。2004年10月，政府提出把廣管局和電訊管理局合併為規管整個電子通訊業的單一機構的建議。這種安排已成為國際趨勢，2005年將就上述建議諮詢公眾。

【人力資源】 根據職業訓練局大眾傳播業訓練委員會在2003年12月進行的人力調查，新聞業共有僱員5,793人，而2001年12月的同類調查是6,948人，2000年是10,463人，可見該行業雖然不斷發展，外國來港設點的傳媒也增多，但人數卻減少。該行業僱主對從業員的學歷要求提高，普遍要求新聞工作者擁有大學學士學位，只有一些支援性質的工種才接受工專程度。

【新動向】 香港是國際金融中心、國際資訊中心，又是中國的特別行政區，外國駐港傳媒機構的數目一向偏高，最高峰期是在1997年，時值香港回歸。1997年有多達173家外國媒體在港派駐人手，但回歸後香港政治穩定，至2003年跌至92家，2004年10月回升至94家。因為中國經濟發展迅速，日漸開放，外國傳媒派駐內地的人手加強，如日本的傳媒機構。也有外國傳媒如彭博資訊及路透社在港增聘人手，卡塔爾的半島電視台亦決定在香港開設地區辦事處，為2005年底啟播的全球24小時英文頻道做準備。

2005年年中出現爭相出版免費報紙的熱潮。《都市日報》在港經營不足3年就有盈利引起本港報業仿傚。《頭條日報》、《am730》等免費報紙相繼出版。免費報紙的廣告市場會否影響到傳統收費報紙的經營需時驗證。

廣 告

【概述】 廣告業是指在報章、期刊、戶外路牌、燈箱、櫥窗、互聯網、通訊設備及廣播電台、電影、電視等媒介上，為客戶策劃製作宣傳的行業，當中包括廣告策劃、公關、市場調查；廣告設計及製作；廣告發佈、宣傳展示活動；廣告代理；汽車流動廣告及廣告宣傳品的發送活動等。據不完全統計，目前香港經營廣告業務的公司超過1,100家，其中約半數從事廣告策劃代理及顧問服務，其他包括廣告招牌製作以及廣告贈品製作公司分別約200家，宣傳展覽公司約50家，廣告噴畫製作公司40多家，電視廣告製作公司20多家，戶外廣告製作公司約20家，直銷市場服務、報紙及期刊廣告製作公司，以及網上廣告製作公司各10餘家等。

廣告公司可分為三類，第一類為香港廣告商會會員，即內行稱"4AS"公司，其中部份是跨國廣告集團，擁有大量的人力資源和優秀的製作設備，基本客戶多為本港大型工商機構，以合約包辦客戶的各類廣告。它們所推廣的產品或服務非常廣泛。

第二類是非"4AS"廣告製作及代理公司，主要客戶為較小型的商業機構，每個項目以合約形式製作，廣告公司以提供電視、報章、雜誌的廣告服務為主，亦會提供展銷會籌備服務，如海外和國內房地產廣告及展銷會。

第三類是另類廣告公司，其成立是由於很多廣告客戶要把大部分資源放在中國內地，其製作成本較低，這類公司在逐步增加。

本港大型商業機構一般都設有市場推廣部門，制訂產品推廣計劃、訂定整個推廣計劃所需的廣告費用、廣告概念及內容、使用媒介、廣告時段及位置，然後再交由廣告公司創作、製作廣告及購買廣告空間。一般中小型廣告公司只負責廣告製作及廣告代理。

【營業情況】 2004年廣告市場受到經濟復甦、通縮緩和、失業率下降、CEPA及自由行等正面因素影響，加上股市、樓市在第四季有不俗表現，作為經濟探熱針的廣告市場，呈現一片好景象，2003年因SARS影響，令2004年的表現更為突出。估計2005年經濟持續向好，加上9月迪士尼樂園開幕後，有助廣告業發展。

根據AC尼爾森媒體研究調查公司的調查，2004年全港各行業在各種媒體的廣告總開支超過406億元（未計折扣），比2003年上升13%，經歷2003年SARS，加上經濟復甦，2004年廣告開支的增幅和金額都是該公司有統計以來最高的。

另一家廣告開支調查公司admanGo的資料則顯示，2004年香港各行業的整體廣告總開支剔除折扣後為164億元，比2003年上升14.8%。

資料指出，2004年各大廣告媒體中，電視廣告上升10.3%，收入65.88億元；報章雜誌廣告上升18.8%，收入84.37億元；戶外媒體廣告上升16.6%，收入增至9億元；電台廣告也上升7.6%，收入增至4.9億元。

【十大行業廣告開支分析】 家居用品、銀行及投資、化妝及護膚品成為2004年行業廣告支出三甲。

家居用品之中，以洗頭水產品的廣告開支最高，約佔25%，其次是口腔護理及沐浴用品，分別佔14%及13.8%。

銀行及投資業的廣告升幅高達35.8%，僅次於美容及瘦身業。以信用卡及個人貸款業務廣告為主，兩者分別佔整體開支29.3%及26.4%。由於利率低企，個人貸款業務的全年廣告升幅約達43%，相反，信用卡的升幅只有6%。

化妝及護膚品的廣告開支高達10.34億元，升幅達28%，升幅是10大行業中位列第三。

美容及瘦身的廣告開支升幅最大，高達48.7%，由於2003年SARS期間對這行業的廣告造成嚴重打擊，故2004年的升幅便較為顯著。

地產廣告的跌幅為10大行業之首，由2003年第1位下降至2004年第8位，廣告開支下跌逾18.3%。

2004年廣告開支最高行業

2004年排名	2003年排名	行業	總開支(億元)	比上年增減(%)
1	2	家居用品	12.32	16.3%
2	6	銀行及投資	11.21	35.8%
3	7	化妝及護膚品	10.34	28.0%
4	5	醫藥	10.30	7.4%
5	9	美容及瘦身	10.16	48.7%
6	3	食品	9.68	-3.1%
7	4	娛樂	9.24	-5.1%
8	1	地產	8.8	-18.3%
9	8	零售	7.82	9.9%
10	10	食肆	6.98	27.8%

資料來源：admanGo

【十大行業廣告客戶分析】 麥當勞、匯豐

2005年頭7個月的廣告開支統計

（單位：億元）

	1月	2月	3月	4月	5月	6月	7月	合計
2005年	14.56	11.98	14.20	14.79	15.38	14.78	15.83	101.51
2004年	12.67	10.62	13.29	13.05	13.55	13.54	14.15	90.87
增長%	14.9	12.8	6.8	13.3	13.5	9.2	11.9	11.7

銀行及電訊盈科成為2004年廣告開支最高企業。

麥當勞以1.61億元廣告開支，成為2004年10大廣告客戶之首，比2003年上升18.21%。

銀行業在2004年廣告開支大升。為首的匯豐銀行開支1.23億元，上升23.04%，升幅是10大之首。其中用於信用卡業務的開支最高，佔整體廣告35%，數額達4,258萬元。其次是投資服務，約佔整體廣告11%，數額達1,376萬元。

電訊盈科2004年的廣告開支比2003年略低，微跌1.52%，數目達1.18億元。其中支出最多是NOW寬頻電視，佔總支出37%，其後是固網服務及網上行寬頻，分別佔開支18%及15%。

同屬P&G旗下的Olay及SK-II，排名都在10大以內，其中排名第4的Olay，廣告開支達1.15億元，上升逾10.16%，主要用於宣傳"淨白保濕精華面膜"及"新生活采精華素"，兩者各佔Olay廣告開支16%及14%。

排名第10的SK-II廣告開支達9,785萬元，升幅高達20.21%，僅次於匯豐銀行。開支主要用於宣傳旗下"重點去斑水凝膜"及"深層淨透潔顏露"，兩者分別佔開支16%及12%。

2004年十大廣告客戶

2004年排名	2003年排名	廣告客戶	總開支(億元)	比上年增減(%)
1	2	麥當勞	1.620	18.21%
2	7	匯豐銀行	1.230	23.04%
3	3	電訊盈科	1.180	-1.52%
4	6	P&G-Olay	1.150	10.16%
5	4	新鴻基地產	1.090	-2.45%
6	8	胡禮	1.000	5.35%
7	5	百佳	0.997	-8.96%
8	10	優之良品	0.994	13.22%
9	11	康泰旅行社	0.984	19.95%
10	13	P&G - SK-II	0.979	20.21%

資料來源：admanGo

【新動向】 踏入2005年，廣告市場一直保持平穩發展。根據admanGo公司的統計，2005年頭7個月，本地廣告每月均比一年前同期上升，總開支錄得101.51億元，比2004年同期增長11.7%。

業內人士指出，"自由行"、CEPA及"9+2泛珠三角計劃"等一系列振興經濟措施，協助本地經濟復甦，進一步令廣告業受惠。

銀行、美容及瘦身、地產、家居用品、化妝及護膚品、醫藥、娛樂、食品、通訊器材、手機及流動電話服務等行業一直是廣告業的大客戶。以2005年7月為例，銀行及投資業的廣告開支達1.23億元，比一年前同期增20%；美容及瘦身業的廣告開支也有1.21億元，增長14%；地產業的開支為1.16億元，激增86%。

香港廣告客戶協會在年初時公佈的"2005年廣告宣傳預算"調查顯示，計劃增加廣告開支的受訪公司，由2004年的41%上升至45%，廣告費預算增幅平均逾6.8%。接受調查的廣告客戶共有213家，而當中約一半客戶其廣告開支在千萬元以上。由於調查是在去年底進行，預計實質的增幅會更大。

調查又顯示，電視廣告市場佔有率有持續下調的趨勢，因為其他新興媒體如寬頻電視和無線電視增加了同行競爭力，加上政府對電視廣告管制甚嚴，令廣告客戶向其他媒體如雜誌及報紙招手。

調查又發現，報紙（86%）、雜誌（78%）和電視（69%）是最多客戶考慮使用的媒體，但有關開支分配比率卻有下降趨勢。舉例說，報紙就由2003年的28.3%跌至2005年的22.8%，同期電視由24.2%跌至22.6%。另一方面，戶外媒體由7.1%增至8.7%；當中又以地鐵最受歡迎，77%客戶表

本地廣告開支預算比重

（單位：%）

媒　體	2004年	2005年
報紙	26.7	22.8
雜誌	11.8	12.9
電視	25.1	22.6
戶外媒體	7.6	8.7
電台	3.5	3.3
互聯網	1.9	2.0
手機短訊	-	0.3
媒體宣傳製作	4.9	7.1
非媒體宣傳活動	18.5	19.9

示計劃透過地鐵作推廣，而戶外廣告板（57%）則次之。

傳立香港行政總裁曾錦強認為，零售、銀行、電訊等行業，將成為今年廣告開支增長動力所在，加上下半年迪士尼樂園開幕、經濟持續向好等因素，預料本港整體廣告開支全年將增長8%。

廣告客戶協會主席何卓惠則指出，去年廣告開支自SARS後復甦，比較基數較大，故預料今年不會高增長，但在客戶講求創意推廣需求下，新媒體或傳統媒體倘若帶出新意，均有跑出機會。

時至今日廣告已發展到無孔不入，就連人們上班必經的電梯大堂，也變成香港新崛起的宣傳媒體。面世短短一年的電梯大堂廣告現已覆蓋全港超過200幢商業大廈，讓人們可以在電梯大堂欣賞廣告片（播放廣告的電視播放機，設置在電梯按鈕上方）。但為什麼要在電梯大堂播廣告呢？這跟都市人生活越來越忙有關。開創電梯媒體業務的Focus Media Hong Kong，其母公司Media House Asia Limited的合辦人、主席兼行政總裁黃維基說："他們（都市人）在家時間少，看廣告的時間就更少，電梯大堂廣告的誕生，就是希望'帶電視給人'。"

據報現時長實、希慎、恆隆等大地產商，都是Focus Media Hong Kong的合作夥伴。地產商願意合作是因為：（1）地產商毋須支付任何費用，還可以分賬10~20%；（2）地產商可以藉此向租戶提供娛樂；（3）地產商可免費賣廣告。

目前，電梯大堂廣告已羅致了一些名牌，如Motorola、馬爹利等。根據Focus Media Hong Kong的價目表（未計折扣優惠），廣告由早上8時播放到晚上10時（共14小時），每日共84次，每10分鐘播1次，每個廣告1個月廣告費超過20萬元。至於播放模式，是廣告夾雜其他電視頻道提供的娛樂和消閒等宣傳介紹，例如電影宣傳片。Focus Media Hong Kong已計劃至今年底，將服務擴展至400幢甲級商廈，較現時增加約1倍。

香港一家主要媒體策劃公司的負責人認為，電梯媒體長遠有發展潛力，寫字樓客群亦頗吸引，因為他們有很高的購買力，但暫時選擇此媒體的客戶未算多。

網上短片廣告發展趨勢大熱。6年前，網站廣告收益僅2億元，至2004年已急增至7億元。本地第二大入門網站新浪網2004年廣告收益按年增長高達50%，預計2005年再有20~30%升幅。

公 關

【概述】 公關工作主要是溝通人物或機構與公眾之間的關係，使之能互相瞭解，達至協調和諧。公關的工作範圍包括協助機構或公司建立形象、聯絡客戶或公眾、發佈消息，以至遇事故時作出應變統籌等等，公關工作範圍相當廣泛。美國公關研究及教育基金會對公關工作有以下的定義："公共關係是一種獨特的管理功能，可協助建立及維持一個機構與其大眾間的相互傳播、了解、接受，與合作的管道……並以研究工作，及健全與合乎道德的傳播技能作為其主要工具。"

香港早在1950年出現公關，但到70年代中期以後才開始蓬勃發展起來，尤其是80年代後期至今，公關公司越開越多，所扮演的角色也越來越重要。約近10年，公關專業在香港發展很快，不單成為很多年輕人希望投身的行業，更是許多記者傳媒人轉職的熱門之選。無論機構內的幕後公關大員或是公關顧問，甚至一些高官和大機構掌舵人本身就是公關高手。

公關是一門靈活和應變之學問。公關專業，對日新月異的社會日趨重要。隨著市場競爭日益激烈和科技日漸發達，人與人或一門生意與其客戶之溝通越來越緊密，以前的一套因循守舊的市場學已不敷應用，而且現時的消費者在購買產品或服務時的要求日高，產品或服務均需要包裝，因此要成功地推廣一種產品或一項服務，推廣宣傳策劃當中必須包括一個點題的公共關係策略。

【經營方式】 現時的公關公司大部分都能為客戶提供多元化的服務，當中包括制訂整體策略及定位；定期檢討進度及傳訊方向；策劃各類型活動及宴會：企業、市務推廣；上市公司之股東及投資者會議；建立媒體關係：財經、生活版；策劃及安排新聞發佈會及其他新聞界活動；為公司主要發言人設計度身訂造的傳媒應對訓練；向各媒體及投資機構發佈新聞稿及有關公佈；統籌及安排企業及財經推介會；撰寫中、英文新聞、推介及推廣資料；製作服務：視象、廣告、網頁、電腦幻燈、資料冊等；企業形象推廣：企業、產品及服務；市務傳訊：市務推廣、廣告、促銷、活動及媒體企劃。

至於收費方面，公關公司一般會按照客戶要求舉辦的活動類型，從而計算該活動所涉及的人手，困難度及其它一切所需的行政費用，實際的收費很大程度須視乎客戶的要求及預算而定。

在過去經濟暢旺時，不少企業均不惜斥巨資作電視或報章廣告，但自金融風暴後，企業用於推廣公司形象及其產品的經費均大幅減少。在量入為出的原則下，不少企業屬意由公關公司籌辦其他類型及特別的宣傳活動代替廣告，以期達到推廣宣傳之效。近年，公關公司針對不同性別、年齡及不同階層人士，為企業及其產品度身訂造不同類型的宣傳活動，包括舉辦比賽、抽獎、展覽會、連環優惠或派發紀念品，舉辦或合辦公益活動等各種宣傳活動，花費比電視廣告為低，對消費者而言較為新鮮及有參與機會，從而加深印象，宣傳效果較為持久。例如舉辦一個抽獎活動，由推出、進行以至揭曉往往需要1~3個月，再配以其他宣傳活動，消費者有參與的機會，使消費者對產品的印象增加，同時可能多購買有關產品以期增加得獎機會，促進了有關產品的銷路。

公關活動與廣告有別，前者著重建立公司形象，後者以銷售為主要目的，但又相輔相成。公關公司亦要在不斷增加的商業競爭環境下想方設法去推出新的公關活動形式及方法。

公關業務並非只靠經濟好壞而有正負方向的發展，經濟好，企業固然有多些資金去宣傳，經濟差，公關服務也有發展空間。香港公共關係專業人員協會會長崔綺雲表示，經濟下滑，公關工作仍有生存空間，部份公關工作更能發揮，如經濟不景下如何協助企業處理裁員的工作，以至協助企業做好危機管理及應變工作，甚或政治公關工作。2003年香港遭受SARS打擊，公關工作更形重要，不少商業機構開展公關活動，挽救消費者的信心，就連香港旅遊發展局等機構也為香港舉行多項公關宣傳活動。

【經營情況】 2004年香港經濟復甦，令企業願意花錢宣傳，有利公關業的發展。

據政府統計處的數字顯示，2004年3月全港共有公共關係服務公司341家，比2003年3月333家稍有增加；從業員2,195人，空缺110個，比上一年同期2,049人和17個空缺均有增加。該行業的僱用人員中女性較多，男、女比例為一比二，以2004年3月的統計為例，男性651人，女性則多達1,544人。公關公司數目及從業員均有增長，反映行業復甦不錯。

近年，政治公關工作甚受重視，大財團大機構向個別傳媒高層吹風的風氣越來越盛，飯局也多，公關公司在政治公關方面的業務有所增加。

由於內地經濟發展持續向好，不少公關公司同時發展內地業務。據香港貿易發展局2004年7月發表的報告表示，擅長籌辦活動贊助、媒體培訓、上市活動等的公關顧問服務的公司將是內地民企、台資企業及剛進入內地的外資公司尋找的目標，而香港的公關公司具有這方面的優勢。

【進軍中國】 中國入世後，香港與內地經濟日益融合，不少公司想進軍內地，或與內地公司合作，提供公關推廣服務。

近年本港公關公司紛紛往內地發展，除北京、上海、廣州等原有市場外，一些發達的省會市場和二、三級城市公關市場趨於活躍。本港公關公司為適應內地市場特點，大大加強了市場綜合服務能力，致力業務整合、市場整合，積極倡導整合營銷傳播手段。

2002年全中國專業公關公司總數達到1,000

家，從業人數可能超過10,000人。具有三個以上長期客戶、員工人數超過20人的專業公關公司估計超過100家。北京、上海、廣州仍是市場重心，估計佔據市場份額的60%以上。在2002年5月公佈的《中國公關業2002年度行業調查報告》顯示，80%的跨國公關公司看好中國公關市場，2002年中國公關市場（不包括港澳地區）繼續保持增長勢頭。對北京、上海、廣州三地市場的抽樣統計顯示，整個行業年營業總額估計達到25億元人民幣，比2001年的20億元人民幣增長了25%。報告顯示，前10位公關公司年營業額總和達到8億元人民幣，與2001年度持平，市場份額下降；大批本地中小型公關公司如雨後春筍般出現，據推測，北京、上海、廣州三地中小公關公司數量超過500家。前10位的國際公關公司年營業收入平均增長率15%，凱旋先驅、羅德公關、普樂普等公司增長較快；前10位的本地公關公司年營業收入平均增長率達到30%，其中海天網聯、宣亞智傑、藍色遊標、上海哲基等公司繼續表現突出。

在爭奪中國公關市場上，國際公關公司和香港公關公司在業務上的較量是：國際性公關公司主要以企業品牌、專業技術和管理團隊方面吸引客戶，服務手段是戰略諮詢、企業傳播和日常公關服務；而本港公關公司則以執行力量、服務品質和創新能力方面較優勝，主要服務手段是日常公關服務、產品市場傳播和企業傳播。

香港公司進入內地以主要城市為據點，但沒有忽視二線城市。國際奧美公關公司近來已進軍中等城市，該公司計劃收購福州奧華廣告公司的51%股份，以便進軍該市市場。

【新動向】 內地經濟持續高速發展，以及CEPA的實施，香港的公關公司視內地為振翅高飛的地方，而且越來越多的內地企業聘用香港的公關公司，為其作定期推介，負責組織會議，與投資者溝通、建立並維持良好關係等，同時亦協助組織策劃新聞發佈會及收集資訊等。香港的公關公司未必要北上為客戶服務，內地客戶期望香港的公關公司為他們提供境外服務，香港的公關公司為企業在加強與境外投資者乃至傳媒關係上，起到重要的作用，內地企業想“走出去”，到海外投資或上市，香港是一個好的平台，因此聘請香港公關公司對企業本身來說十分有必要。

私營醫療

【概述】 香港醫療服務一向是公私營並行，公營醫療機構為普羅大眾提供一個醫療保障網；而私營醫療機構則照顧病人各項較個人化的需要，例如：選擇醫生、病房等級及時間安排等則較為靈活和具彈性，環境也會較為舒適且能保留較多私穩，但收費相對公營醫療機構則昂貴得多。

這個雙軌的健康醫護體系行之已久，較諸英美各地的單一公營或私營體制普遍被認為更富彈性和切合香港的社會經濟環境。由於公營醫療服務質素日漸提升，又基於“沒有人會因經濟困難而得不到醫治”的原則，越來越多市民傾向使用公營服務，相對令私營醫療服務供求失衡。特別是醫院管理局成立以來，失衡的情況更趨嚴重。現時，公立醫院的住院病人日數，佔了全港病人日數約95%。這種失衡情況，非但對公共財政構成壓力，對公立醫療的前線人員亦同樣帶來壓力。哈佛大學專家小組1999年已指出，公私醫療系統失衡源於整體醫療架構“分裂隔離”，公私營服務缺乏統籌和連貫性。2001年《醫療改革諮詢文件》進一步指出，公私營服務之間存在三大障礙：專業意見上的分野、資訊交流不足及收費上的差距。

正因如此，醫院管理局近年不斷研究改善和提高醫療服務的辦法，其中包括如何調節公私營醫療服務平衡的措施，目標是採取一套多管齊下的方案，以循序漸進的方式，分別在融資、收費及公私營醫療機構合作等範圍作出建議和努力。一方面維持良好的醫療制度和公立醫院服務；另一方面希望私營醫療提高服務質量，促使有經濟能力的病者轉用私營服務。推動公私營醫療合作，解決使用量分佈不均的情況及提高整體醫療資源的效益。

【私營醫療機構對醫改回應】 政府的醫療改革報告主調針對公私營合作，但具體合作模式欠奉，私營醫療業內人士估計，主要有四大合作方向：一是錢跟病人走，病人用醫療代用券到私家診所求診，診所醫生再憑券向政府收錢；二是將門診服務通過公開投標外判給私營醫療集團；三是以類似現時的醫療卡做法，將服務外判給某醫療中介公司，讓該公司負責建立醫療網及訂定合作細則；四是將政府不夠資源的檢查項目外判給私家醫院。現時部分檢查已實行這種合作模式，例如磁力共振掃描檢查，病人若持醫管局轉介信，可以折扣價在私院檢查。

大型私家醫療集團康健國際在報告出籠前，已窺準目前公立醫院的專科檢查服務輪候時間長，未來有機會“外判”予私營市場的商機，主力發展專科儀器檢查服務。集團主席曹貴子說：“目前專科只佔集團醫療服務約一成，未來我們將投資五、六千萬元，開設全面的驗身服務，提供如磁力共振、同位素等專科檢查。”他透露，今年內康健計劃大幅度增加15間日間診所。

另一私家醫療集團卓健亦看好市場，計劃擴充專科服務。其傳訊總監周智莉指出，集團極有興趣與公營醫療合作。她說：“目前卓健有24小時醫生熱線，若病人有急診，醫生可以陪同或轉介病人入院。現在政府鼓勵公立醫院跟24小時診所有更多分流或聯繫，我們會考慮開設這項服務。”她透露，集團亦打算擴展專科服務，增加目前只有5間可進行日間手術的診所數目，並擴大現有手術室規模。

私家醫院聯會發言人劉國霖估計，政府把病人推向私營醫療市場後，私營醫療服務的市場佔有率將會由現時的僅佔5%增至15%，但要進一步提升至20%，則要增加投資和擴建醫院。他表示，政府建議私家醫院發展正規的急症室和日間手術室治療兩大範疇服務，分擔公立醫院的工作。私家醫院“接波無困難”，但一些複雜手術可能涉及龐大醫療費用，未必受市民歡迎。

【公私營醫療合作】 醫院管理局7月透露，未來一年將分階段透過傳真和互聯網推行三個病歷共用計劃，以促進公私營醫療機構對病者的共同護理，其中將聯同兩間私家醫院及100多名私家醫生試行單向式病人病歷電子紀錄計劃，私家醫生可透過互聯網查看病人在公立醫院接受的所有治療。

醫管局專業事務及運作總監張偉麟表示，長遠最理想是發展全港性雙向式的病歷互通平台，公私營醫療機構能查看病人接受的公私營醫療服務，惟當中涉及技術及資源問題，需由政府來推動。目前只能在新界東醫院聯網的產科及糖尿病患者進行。

三個病歷共用計劃包括局方將與香港醫學會發展病歷資料電腦化，參加計劃的醫生獲發一個身份號碼，需要轉介病人到公立醫院專科門診時，要在轉介信中註明身份號碼，醫院便會透過電腦將病人的排期時間、經分流後的類別及首次診斷結果，傳真給參與計劃的醫生；若病人需要住院，公立醫院亦會在病人出院後，將其住院期間的診斷、曾經接受的治療和檢驗結果，以傳真通知私家醫生跟進，預計今年10月可在廣華醫院試行。

局方又計劃在2006年初利用互聯網發展單向式的病歷共用。初步構思在港島區老人院和較早前展開的共同治療項目如泌尿科、糖尿病科試行，並與兩家私家醫院及100名私家醫生合作。公立醫院會將願意參與計劃的病人病歷透過互聯網放在資料共用平台，參與的醫生每次登入系統前要從病人取得電子安全認證密碼，以便查閱病人在公院接受的治療，不過公院不能查閱病人接受私營醫療服務的情況。

現時有公立醫院為了減輕醫療負擔，實行轉介長期病患者往私家醫生診治的計劃。由於醫生直接由醫院轉介，有類似“Q嘜”醫生保證，市民能更放心求診，增加市民對私家醫生的認受性。

據報港島聯網醫院已開始這類公私營醫療合作模式，糖尿病人由公立醫院直接轉介予私家醫生跟進。病人每年只需回醫院覆診1~2次，其他時間由其私家醫生照顧。獲轉介的病人需自行繳付私家醫生診金，但藥費則由政府承擔。

新界東聯網醫院去年中亦開始類似公私營醫療合作計劃，將糖尿病人轉介予私家醫生跟進。威爾斯親王醫院糖尿及內分泌科主管周振中說，醫院會向病人提供合資格醫生名單以供選擇，並附上有關醫生的收費等資料。這些合資格的私家醫生目前約有 100 人，全獲醫專內科院士或家庭醫學院士資格，以及曾修讀中大與威院合辦的糖尿病護理深造課程。

【私營醫療服務的經營情況】 私營醫院收費欠透明，導致公私營醫療失衡是原因之一。事實上，由於公營醫療提供的優質服務和廉價服務收費，對私營醫療構成很大的威脅。現在到公營醫院求診不只是普羅大眾，即使有負擔能力的中產人士，也有投買保險的人士都希望在生病時，能享受政府提供的廉價和優質醫療服務。

不過，除了急症外，患傷風感冒、發燒咳嗽、胃痛等小毛病，是較少病人直接往醫院求診，八成病人都是向私家醫生求診的。因此私人診所遍佈港九新界。一般來説，這類診所由一名或兩、三名醫生共同經營，收費比較大眾化，特別是設在屋邨、舊區的街坊醫生，連醫生費和兩天的藥費約為200元左右；但如設在中環、尖沙咀、銅鑼灣等地的醫生收費則較貴，一般都要300元以上。專科醫生，如眼科、婦科、骨科、神經科、收費也不便宜，一般都要500元以上。這些遍佈港九新界的診所，也有競爭，因此也要想方設法求存，如舊區老人較多，診所會提供半價服務，從而希望爭取將來全家人來就診。也有提供專項服務，如減肥、專醫灰甲、暗瘡等等。

近幾年私營診所有擴大趨勢，首先是私人醫療機構上市，如卓健亞洲，以集團式經營，實力較雄厚，能提供較優質服務，例如提供夜診甚至 24 小時服務，方便病人求診。

私營醫院近年也急急求變，宣傳各出奇謀。荃灣港安醫院去年適逢建院 40 周年，醫院近年剛好又招徠一批公立醫院出身的手術及婦科醫生，宣傳一浪接一浪。該院市場部副主管楊楝名説，公立醫院醫生加盟時，雖然不可宣傳醫生，但卻可宣傳這些醫生的服務，結果去年第二季，該院的入住率上升一成多。

有部分醫院強調“酒店式”住院服務，替人接生後，又要把BB的照片上網，成立BB會，更宣傳院方設施完善及人手齊備。

有的醫院推出“分娩套餐”，順產收費8,000至10,000元，住院三天；需要剖腹產子的，住院一個星期，收費也只是 14,000 至 16,000 元，不少父母亦樂於生育時“豪”一次。

【私家醫院出現逼爆潮】 近年由於公立醫院服務嚴重超負，加上市民購買醫療保險意識增加，令本港私家醫院出現逼爆潮，入住率平均達到八至九成。

有保險界人士指出，現時部分市民每月只要供款百多二百元，已可住進收費高昂的私家醫院，結果大受高學歷的中產一族歡迎。

向來是醫保熱門選擇的養和醫院，是其中一個“受害者”。醫院副院長鄺國熙指出，醫療保險市場仍未成熟，濫用情況普遍，私家醫院存在隱憂。他舉例説：“有病人購買了保險，要來醫院接受腸檢查，手術在日間手術室進行，本來手術後休息一小時已可以，但病人要求早一日入院，希望舒服一點，就是因為有保險公司付錢。”他直言，醫院雖是“有錢照收”，但真正需要接受治療的病人，卻可能因為沒有床位而無法即時入院，變相收窄了私院“接收”公院病人的空間。

仁安醫院院長李繼堯不諱言，SARS一役是醫院的轉捩點，入住率由之前的不足一半，攀升至近一年來長期維持在九成。他説，病人如在周末周日的高峰期入院，往往要提早數日預約。他承認，隨著醫療保險漸趨普及，除了婦產科外，現時該院六至七成中產病人均已購買保險，由於涉及不同保障範圍，爭拗不少。他認為，未來的融資計劃中，醫療保險勢將扮演重要角色，私院、政府及保險界實有需要議定對策，杜絕濫用情況，否則只會令未來醫保收費過高。

隨著服務需求增加，多間私家醫院開展擴建計劃。例如養和醫院加建、聖德肋撒醫院重建、聖保祿醫院加建一幢、仁安醫院亦擴建。預期私家醫院的病床兩年內將增加700張，由現時總數的不足3,000張，增至將來逾3,600張，升幅達兩成半。

【港醫內地應診】 按CEPA協議，內地醫療市場對香港醫療從業員有限度開放。最近廣州中醫藥大學祁福醫院分別與中港醫療衛生學會、香港大學中醫藥學院、香港專業進修學院、香港浸會大學中醫學院簽署了《中港醫療合作協議》。根據協議，將有14名港醫加盟祁福醫院，成為首批到內地行醫的香港醫生。

祁福醫院副總經理魯新華表示，在CEPA框架下，廣東省衛生廳對14名港醫進入內地給予了很大的支援，14名港醫皆順利辦理了內地行醫執業資格證。這批港醫中包括曾任醫管局專業及人力資源總監、名骨科醫生高永文、心臟科醫生黃品立、婦產科醫生鄧遠釗，其餘分別來自外科、眼科、骨科、兒科等專科的資深專家。港醫的聘期為三年，合約簽訂後，將於8月開始以"假日醫生"的身份正式在祁福醫院坐診。

漁 農

【概述】 香港漁農業的規模較小。2004年漁農業生產總值為27.96億元，各類產品佔本地銷售量如下：蔬菜4%、鮮花40%、生豬22%、活家禽41%、淡水魚5%、海鮮28%。行內直接僱用約18,010人。過去數年，本地漁農業的整體產量大致穩定。

【農業概況】 香港的土地大多是陡峭不毛的山坡，只有64平方公里的土地用來耕種，佔土地面積2%，集中在新界區，現有農場2,260個，直接僱用農民和工人5,010人。香港農業主要採用精細耕作方式，生產優質的新鮮副食品，常見的農作物是蔬菜和鮮花。全年可生產的蔬菜有：白菜、菜心、芥蘭、蘿蔔、芥菜、蔥和韭菜等；在較涼季節生產的蔬菜有：菠菜、西洋菜和枸杞；夏天則生產豆角、通菜、青瓜及其他瓜類；冬天生產種類繁多的溫室蔬菜，如番茄、甜椒、椰菜花、甘筍及芹菜。

近年花卉備受重視，其中劍蘭、百合和菊花是冬季生產的花卉；夏天則出產薑花和蓮花；而桃花是特為農曆新年而培植的。各類水果多種植於山麓，主要種類有荔枝、黃皮、本地檸檬、橙、橘、番石榴、木瓜和香蕉。

2004年香港農作物的生產總值約為2.96億元，比上年的2.72億元增加8.8%，其中蔬菜及花卉約佔97%。

豬隻和家禽是本地農民主要飼養的食用禽畜。2004年畜養豬隻的產值為5.41億元，家禽（包括雞和鴿子）則為2.87億元。

香港共有278個豬場及194個家禽農場。豬場養殖的豬隻屬杜洛克豬、蘭爾士豬和大白豬的混種。雞場養殖的雞隻則以石歧雞為主。近年亦有本地企業投資在品牌雞隻上，如嘉美雞及泰安雞等推出市場。

本港仍有兩所乳牛房在運作，成年牛隻總數在50頭以下。

由於香港的農地和人手不足，以及進口食品帶來的競爭、環保標準的提高，加上市民對農場衛生和農產品安全的要求提高，本地農民必須適應轉變，才能長遠持續發展。

【香港農業拓展初建成效】 香港的漁農自然護理署及與該署有密切關係的蔬菜統營處，專向各原產品業提供基礎設施及技術服務。該署的農作物專家在上水的實驗農場進行實驗，專責研究病蟲害防治、作物護理及土壤護理等問題，同時亦專題探討作物生產技術，以提高農業的生產力及經濟效益。農民可透過該署的輔導服務，取得上述研究成果。

漁護署提供的農業輔導，目的是希望透過推介全新及較佳的農產品種及生產技術，輔以足夠信貸支援及高效率、有秩序的銷售服務，協助農民改善生產力。現時漁護署正在研究為本地農場引進和開發溫室及有機耕作科技。

現時已有4個本地菜區的農民參與有機耕作轉型計劃。此外，該署亦推廣採用溫室密集式生產技術，以生產高價值作物。年內，兩個適合本地生產的改良蔬菜品種黃金甜粟和西蘭花，已介紹給農民生產。而過去研究的新品種，如：超甜粟米、生菜、彩色甜椒、魚翅瓜、草莓及白玉瓜等，已廣為市場接受。

漁護署與蔬菜統營處合辦的信譽農場計劃，宗旨是為市場供應清潔安全的蔬菜。該計劃自1994年推出，現繼續擴展，年內共有7家農場加入。蔬菜統營處繼續以“好農夫”的卡通形象，推廣信譽農場的產品。所有信譽農場的農藥使用情況均受嚴密監察，產品須通過殘餘農藥的測試，才可經由信譽零售點出售。截至2003年年底，已有224個香港及內地農場被確認為信譽農場資格，每日供應信譽蔬菜逾70公噸。

【漁業概況】　本港的捕撈及養殖漁業，對維持供應鮮魚予本地消費者有重要貢獻。按卸魚量計算，最主要的幾種具商業價值的海魚是木棉魚、紅衫、鱙芫翩B馬頭及鱠帋翩C捕撈及海魚養殖的總產量約相等於全港海產消耗量的31%，估計分別為167,540公噸、總值16億元；海魚養殖3,720公噸、價值1億元。至於魚塘出產的淡水魚約1,980公噸，約佔淡水魚消耗量的6%。

本港漁船的捕魚活動，主要在中國東海及南海一帶，亦即由東京灣至東海之間闊達160公里的海域。香港現有大小漁船約4,630艘，大部份為機動漁船。船身長度超過15米的漁船約佔38%，主要是從事遠海捕魚的拖網漁船、釣艇及刺網艇。餘下62%的漁船，主要為在本港沿岸水域作業的刺網船、釣艇及圍網船及浸籠船。約有9,500名漁民在漁船上工作。

本港有1,125名海魚養殖人士獲漁護署簽發牌照，在26個指定海魚養殖區作業，年內供應1,540公噸活海魚，總值約7,900萬元。

養殖淡水魚和鹹淡水魚的魚塘佔地約1,030公頃，大部份在新界西北部，形成具存護價值的濕地系統的一部份。隨著新界地區日漸都市化，供銷售的塘魚產量逐漸縮減。年內塘魚養殖的總量約為1,980公噸，佔本地食用淡水魚的5%。

【漁業發展】　勞工短缺一直影響著香港漁業的發展。漁護署自1995年起與入境事務處合作實施“內地過港漁工計劃”，藉以紓緩捕魚業人手短缺的問題。這些內地漁工均須在香港以外簽訂合約，工作亦主要在香港以外進行。這計劃令最多不超過7, 200名漁工獲准專為在魚類批發市場卸下漁獲而進入香港。

鑑於香港水域範圍內和鄰近一帶的傳統漁場的漁業資源下降，為了擴大漁民的作業範圍，漁農署完成了一項有關發展遠洋漁業的可行性的顧問研究。結果指出，香港漁民發展遠洋漁業在技術上和財政上均屬可行。研究結果可供有意從事遠洋漁業的漁民參考。漁護署繼續透過技術支援，培訓、聯絡服務及信貸安排，協助發展遠洋漁業。

漁護署進行水產養殖研究，並提供技術支援服務，以發展更具效率的養魚方法和經改良的飼養技術。為改善魚類健康和減少污染，漁護署推廣合適的人工飼料配方，取代海魚養殖業傳統所用的雜魚。為提供更多養殖魚類品種的選擇，該署對有市場潛力的新品種進行試驗，並透過研討會和培訓將可行的養殖技術介紹給養魚戶。與養魚戶合作進行的寶石魚及丁桂魚養殖試驗計劃已於2004年完成。寶石魚的試驗結果較理想，漁護署已向業界推介。

【漁業資源護理】　為促進本港漁業持續發展和存護本港海域的漁業資源，漁護署推行多項漁業存護及管理措施。除了針對破壞性捕魚活動加強執法行動外，該署於2003年完成敷設人工魚礁計劃，分別在海下灣和印洲塘海岸公園、牛尾海和大灘海敷設529座人工魚礁，合計15.83萬立方米。由1998年至2003年進行水底監察結果顯示，在人工魚礁棲息的魚類品種和數目，都比天然環境為多。現時有超過220種魚類在人工礁內覓食、棲息產卵和育苗，當中包括多種高價品種的魚類如石斑、鱲魚、鯛魚和細鱗等。

另外，漁護署在香港合適的水域進行魚苗及蝦苗放養試驗，以評估該項措施對增加漁業資源的成效。

【新動向】 為解決豬場、雞場及白鴿場衛生問題，漁護署已擬定農場扣分制，農場被累積扣滿30分將吊銷牌照，一年內重犯同一事項，將被扣雙倍分數。擬定中的扣分制是根據現時規管農場的《公眾衛生（動物及禽鳥）條例》及《廢物處置條例》等法例制訂，主要針對農場非法排放污水，以不當方法處置動物屍體、農場內有鼠患及蚊患，以及沒有呈報動物死亡及染病等近50項。農場扣滿30分被吊銷牌照，釘牌豬場最多可獲半年出售豬隻，其他農場可獲3個月時間處置飼養的家禽。

近九成養豬業人士認為扣分制太嚴苛。一旦實施，豬農將難以生存。豬農擔心違例被扣分，加上政府有意輸入內地廉價冰鮮豬肉趕絕他們，因此香港養豬業發展協會的270個會員中，已有240個願意讓政府收回他們的牌照，不再經營，並開出最低每頭豬賠償2,500元的條件。該會主席指出，農場經營成本極高，尤其在污水處理系統上的投資，故賠款一定要能夠補償到他們的成本和生計。

衛生福利及食物局長周一嶽表示，會考慮豬農的自願退牌建議，並會研究豬農的營運成本，不繼續經營的損失等，初步仍未考慮金額問題，但有需要時會向他們發放特惠補助金或其他形式的援助。

漁民經營也十分困難，如年內油價大幅上漲五成，導致需要使用燃油出海捕魚的本港漁船成本上升。以雙拖船為例，燃油開支佔整體成本的五成，油價上升影響甚大，以往一般每天約有1萬元就可以保本，但現時油價漲得厲害，沒有1.3萬元的收入，就不能維持生計。因此，若油價持續高企，不排除有漁民提早停止出海捕魚。

另外，政府計劃修訂《漁業保護條例》，當中涉及設立漁業保護區和實施休漁期，引來漁民的不滿，批評相關措施只會剝奪漁民生計。

不過，政府正與內地商討讓香港漁民轉型作遠洋捕魚，並探討在休漁期，讓漁民經營休閒垂釣的業務。

第四篇

CEPA 商機

CEPA第二階段：香港服務業商機

內地與香港更緊密經貿關係安排概要

根據內地與香港於2003年6月簽署並由2004年1月1日起實施的《更緊密經貿關係安排》(CEPA)，香港服務提供者可更容易進入內地市場，而香港的專業人士和居民亦有更多機會在內地開設業務和工作。概括來說，CEPA可為香港服務業帶來莫大裨益。

在CEPA下，香港多個服務行業的公司將享有市場准入措施所帶來的優惠，範圍超越內地的入世框架和承諾。

中國入世推行的開放市場措施適用於所有世貿成員，包括香港。而根據CEPA實行的措施更超越內地的入世承諾，所有被界定為"香港公司"的企業均可享有優惠。

CEPA是一項靈活及具前瞻性的安排。中央政府及香港特區政府同意，通過協商推行進一步開放貿易措施。2004年8月，內地與香港就第二階段開放措施(CEPA第二階段)達成協議，進一步放寬內地服務市場的准入條件。

預期內地與香港的合作措施將有助加強香港作為國際商業樞紐的地位。

香港服務企業的市場准入

中央與香港政府於2003年簽署的CEPA協議(CEPA第一階段)涉及18個服務行業[1]的市場准入。雙方又於2004年8月27日在CEPA第二階段下達成協議，對香港服務行業及服務提供者進一步放寬市場准入條件，涵蓋範圍包括法律、會計、醫療、視聽、建築、分銷、銀行、證券期貨、運輸、貨代及個體工商戶等。

根據CEPA第二階段，內地同意由2005年1月1日起，把開放措施擴展至8個新增服務領域，包括機場服務、文化娛樂、資訊技術、職業介紹所、人才仲介機構、專利代理、商標代理及專業技術人員資格考試。換言之，在CEPA第一及第二階段下，內地承諾對香港服務行業及服務提供者開放共26個服務業領域。

CEPA第一及第二階段開放的行業

會計*	貨代*	醫療及牙醫*
廣告	資訊技術服務	專利代理
機場服務	個體工商戶**	專業技術人員資格考試
視聽*	保險	證券*
銀行服務*	職業介紹所	倉儲
建築房地產及相關專業服務*	人才仲介機構	增值電訊服務
會議展覽	法律*	旅遊
文化娛樂	物流	商標代理
分銷*	管理諮詢	運輸*

*CEPA第一階段涵蓋及CEPA第二階段進一步開放的行業
** 在CEPA第一階段下，「個體工商戶」屬於「分銷服務」類別

在CEPA下，香港服務企業可享有超越內地入世承諾的市場准入待遇。在物流、貨代、運輸服務、管理諮詢、廣告及會議展覽行業，香港公司可以較其他外國公司提早在內地設立獨資企業。

鑑於在CEPA下，多項有關資產、資本、營業額或營運的要求均有所降低，有利香港中小型服務公司進入內地市場，受惠行業包括銀行及法律服務。根據中國的入世承諾，內地服務業的市場准入門檻甚高，而CEPA則將香港公司進入內地市場的

門檻降低，讓他們更容易進入內地服務市場。

雖然放寬措施因應個別行業而有所不同，但由於內地考慮到香港的獨特條件，因此CEPA覆蓋的範圍超越了其入世承諾，對香港公司開放視聽即屬其中一例。根據CEPA第一階段的放寬措施，香港拍攝的華語影片不再受內地每年進口20部外國影片以分賬方式在內地電影院放映的全球配額限制，而香港與內地合拍影片的規定亦有所放寬。

在CEPA第二階段下，內地對香港視聽業者進一步開放電影及電視市場。香港服務提供者經國家廣電總局批准後，可在內地試點設立獨資公司，發行國產影片（包括合拍影片）。內地與香港的合拍影片經國家廣電總局批准後，可在內地以外的地方沖印。

此外，內地與香港合拍的電視劇經內地主管部門審查通過，可視為國產電視劇播出和發行。另一方面，在CEPA第二階段下，香港服務提供者可在內地以獨資形式新建或改建電影院，經營電影放映業務，這點較CEPA第一階段的規定（允許香港服務提供者擁有高達75%的多數股權）更為寬鬆。

受惠條件

香港的服務企業，不論其投資者或股東屬何國籍，若要享受CEPA下的優惠待遇，必須符合以下條件：

公司必須根據香港有關條例註冊成立，並從事實質性商業經營一定年期以上。

公司必須在香港從事實質性商業經營：

——擬在內地提供的服務，其性質和範圍必須與在香港提供的服務性質和範圍相同；

——必須繳納香港利得税；

——在香港擁有或租用業務場所從事實質性商業經營。

香港專業人士及居民的機會

除了香港服務企業外，本港的專業人員和居民亦可同樣受惠於CEPA。舉例來說，在CEPA第一階段下，香港的證券業及保險業人員可申請在內地執業，香港的律師和醫生則可參加內地的專業資格考試。在CEPA第二階段下，香港居民獲准參加內地共30項專業及技術資格考試，其中以工程及會計業佔大部分。[2]

內地與香港當局及專業團體將會繼續進行磋商，考慮以特定方法互認專業資格。

CEPA又為香港居民提供更多在內地工作及營商的機會。舉例來說，根據CEPA第二階段的條文，香港律師可以按個別案件接受內地律師事務所的委託提供業務協助，毋須申請香港法律顧問證，這項安排為香港律師提供更多業務機會。

根據CEPA第一階段，香港永久性居民中的中國公民正式獲准在廣東省境內設立個體工商戶，經營零售業務。在CEPA第二階段下，地域範疇將擴展至全國各地，營業範圍亦由零售業伸延至餐飲業、理髮業及其他個別行業。

香港作為金融中心及旅遊點

CEPA除為香港中型銀行打開內地的大門，以及讓他們將經營範圍擴展至內地發展迅速的保險市場外，亦有助增強香港作為中國內地及區內國際金融中心的地位。CEPA的“金融合作”條款顯示內地決心利用香港的環球金融地位，推動其金融業現代化。

其他有助加強香港作為國際金融中心地位的措施包括在香港發展離岸人民幣業務以及推行認可境內機構投資者計劃，促進內地投資者在海外進行投資（兩項措施均在考慮之中）。

CEPA鼓勵內地金融機構在香港積極發展，吸取國際最佳典範經驗；鼓勵中資銀行將其國際財資及外匯交易中心移駐香港，並以收購方式在香港發展網絡。同時，又支援內地金融機構(如保險公司)到香港上市。

最近內地保險公司及國家社會保障基金獲准在海外金融市場投資，香港作為國際金融中心的地位勢將從中獲益。

香港銀行由2004年初開始獲准試點經營個人人民幣業務，包括存款、匯款、外幣兑換及信用卡業務。隨著CEPA等各項安排的實施以及內地企業來香港投資和設立辦事處的程式有所簡化，市場對各種人民幣金融服務的需求將不斷增加。香港銀行獲准正式經營人民幣業務，將推使數以十億計的人民幣現金流入銀行體系。下一步，香港銀行希望可以將人民幣業務擴展至企業客戶。容許香港發展各類人民幣產品不但可更有效地服務內地與香港之間日益頻繁的經濟活動，長遠來說，更可促進人民幣順利發展成為全面自由兑換貨幣。

在旅遊服務方面，中央政府自2003年7月起准許多個省市的居民以個人身份來港旅遊。現時，廣東省以及另外11個內地城市的居民（估計人數達1.5億人）可申請以個人身份來港旅遊。

“個人遊”計劃

2003年7月	中山、東莞、江門及佛山
2003年9月	廣州、珠海、深圳、惠州、北京及上海
2004年1月	汕頭、潮州、梅州、肇慶、清遠及雲浮等6個廣東城市
2004年5月	廣東省
2004年7月	南京、蘇州、無錫、杭州、寧波、台州、福州、廈門及泉州等9個在江蘇、浙江及福建的城市

CEPA對內地的影響

CEPA透過取消市場准入限制及推行合作措施，加強內地與香港的經濟夥伴關係，彼此合作的範疇廣闊。舉例來說，珠江三角洲等多個內地地區已成功發展為生產基地，在生產及裝配方面的國際競爭力有目共睹，但相比之下，內地的生產支援服務發展甚為落後，其中包括運輸及物流、分銷、金融和商貿服務等。

CEPA透過放寬香港服務企業進入內地市場，讓內地企業可與香港企業合作提供完善有效的生產支援服務，從而增強內地製造業的全球競爭力。

此外，不少內地企業在本土市場取得成功後，鋭意拓展海外市場，這些企業包括大量朝氣勃勃的民營企業。在這情況下，香港正是內地企業設立業務基地藉以擴展全球市場的最佳據點。

香港與珠江三角洲

鑑於香港與珠江三角洲毗鄰，加上兩個經濟體系互相依存，CEPA對兩地的進一步合作可謂別具意義。隨著CEPA生效，珠三角在香港公司提供的商貿服務支援下，勢將繼續壯大發展成為全球的生產中心。CEPA提供特殊優惠以促進大珠三角夥伴合作關係的例子，包括取消香港律師事務所廣州和深圳代表處代表的最少居留時間要求；准許香港居民在廣東省設立個體工商戶從事零售業務；以及允許香港有線電視網絡經營者在廣東省試點提供相關專業技術服務。

此外，興建大橋連接香港與珠三角西部較落後地區的計劃，以及香港與廣東省的新一輪政策合作，也同樣極具意義。

CEPA對海外公司的影響

香港是國際聞名的自由開放經濟體系，又是區內最具優勢的商貿平台。跨國企業在香港設立的地區總部及辦事處，比在亞太區其他城市要多。此外，香港又提供一個無可比擬的優良商業環境，讓業者可輕易進入內地市場。隨著CEPA實施，業者進入內地市場的機會更將會大增。

對於以香港為基地的海外公司來説，他們與其他香港公司一樣，利用香港作為據點發展中國內地及亞洲業務，並且受惠不淺。這些以香港為基地的海外公司及有意透過香港發展內地業務的海外公司，可憑著CEPA為香港帶來的強大優勢，從香港這個商貿平台進一步獲益。有意進軍發展蓬勃的內地服務市場的海外服務公司，可考慮夥拍、投資或收購符合CEPA資格的香港服務供應商，借助他們對內地市場的認識及經驗，拓展商機。

注[1]：該18個服務行業包括：管理諮詢、會議展覽、廣告、會計、建築房地產及相關專業服務、醫療及牙醫、分銷、物流、貨代、倉儲、運輸、旅遊、視聽服務、法律、銀行、證券、保險及增值電訊服務。

注[2]：包括註冊建築師、註冊結構工程師、註冊土木工程師（岩土）、監理工程師、造價工程師、註冊城市規劃師、房地產經紀人、註冊安全工程師、註冊核安全工程師、建造師、註冊公用設備工程師、註冊化工工程師、註冊土木工程師（港口與航道）、註冊設備監理師、環境影響評價工程師、房地產估價師、註冊電氣工程師、會計員、助理會計師、會計師專業技術資格（職稱）、註冊税務師、註冊資產評估師、假肢與矯形器製作師、礦業權評估師、註冊諮詢工程師(投資)、國際商務、土地登記代理人、珠寶玉石質量檢驗師、翻譯、計算機技術與軟件等資格考試。

CEPA成效待彰顯

內地視為佔便宜　推行有阻滯

全國人大代表、理工大學會計及金融學院副教授劉佩瓊表示，目前CEPA的進展是未如預期，最大問題是香港與內地溝通出了問題。她承認，過往每次到北京洽談《更緊密經貿關係安排》(CEPA)的問題，都感覺到內地官員以為"港商又來拿利益"，明明這是一個雙贏的合作方案，但因為香港勢弱，所以被視為到內地佔便宜。

她認為，CEPA實施了一段日子，但成效仍有待擴大。她強調，CEPA本身無問題，服務業、零關稅、內外溝通平台，都是很好的概念。香港企業要打入內地市場，主要困難在於營商環境受制肘，其中各省市的地區保護主義，尤其不利於CEPA實施。她建議港府加強與中央政府接觸，討論CEPA實施的細節；還表示政府應當充分利用民間組織，加強與內地業界的溝通。

中國營商環境複雜
雖有CEPA幫助仍步步為艱

CEPA商機發展聯合會副會長、環球商機（集團）有限公司董事總經理葉智輝表示，隨著香港的經營環境日益困難，加上租金甚高，導致不少中小企業及零售業難以經營，他們當中有很多人看見內地經濟發展迅速，都希望進入這個市場，但貿然踏進大陸好像一個人處身汪洋，不知如何開始。而CEPA就可以幫助他們進入內地，不過他強調，很多人利用CEPA入了屋，卻看見裡面的房間仍有另一把鎖。要打開這把鎖，仍要很多功夫。

中國營商環境很複雜，港商要利用CEPA真正做內地人的生意，其實很困難。港人過去總是利用內地賺取外國人錢，因為當時中國人手上的錢不多，要賺中國人錢很困難，而且中國的投資環境複雜，不易發展。然而，CEPA實施後，就有了一個渠道給港商北上，例如可以獨資創業、零關稅，以及大大降低投資門檻等，對港商尤其吸引。

香港與內地市場模式及法規不同
需要時間磨合

葉先生強調，雖然港商可藉CEPA進入內地的門檻降低，香港企業又有人才和國際視野，但是要在國內大展拳腳卻非常吃力。這是由於香港市場模式及法規都與內地不同，本身就需要磨合。因此，他建議港商進入大陸發展，要摸清楚當地營商形勢，針對市場需求尋找合適的定位。

他更以國際品牌哈根達斯位於深圳的加工廠因無證經營遭到當地有關部門查封為例，說明連國際企業都因為不瞭解國內法規而出事。另外，香港的速食企業大家樂及大快活，也因為定位的不對，很多分店都生意不好。

政策不協調　求助無門

立法會議員黃定光表示，在CEPA第一階段打響頭炮的，是香港產品零關税優惠。截至2004年底，香港批出3,008宗原產地證書申請，涉及貨物總值約11.5億港元，其中2,577批貨品已進口內地，總值約9.9億港元，關税優惠總額逾6,600萬元人民幣，引證在CEPA框架下，貨物貿易已取得初步成效。但是，期間亦有不少港商反映在內地遇到地方政府政策不協調的問題，卻求助無門。

他指出，面對內地區域性保護主義，港府必須向中央如實反映，尋求解決方法；並要加強兩地海關的溝通，統一各省市對港貨原產地證書的要求，方便港貨進入內地市場。同時，應加快改善各項通關設施，包括在香港與深圳實施一地兩檢，爭取放寬"一車一司機"規定等，打通兩地陸路物流的脈絡。此外，港府必須有一套完善機制，有系統地收集及處理商界的訴求，協助中小企業向內地有關部門反映日常運作上的問題。

此外，港府必須有一套完善機制，有系統地

收集及處理商界的訴求，協助中小企業向內地有關部門反映日常運作上的問題。

個體工商戶北上創業 要面對資金流及貨物流困難

至於深化CEPA各項安排上，黃定光說，CEPA容許港人以“個體工商戶” 形式在內地開業，亦為港人提供了另一條出路。香港的失業人口之中，有不少是低技術或中年人士，他們在本港就業困難，手上的積蓄又不足以養老，港府應鼓勵他們以“個體戶”形式在內地創

黃先生更指出，港人以“個體工商戶”形式北上創業，首先面對的是資金流動的問題，雖然近年內地放寬了人民幣和外幣的進出口，仍未有確實政策，隨時會觸犯走私貨幣的罪行。此外，對“個體工商戶”貨物進出境未能規範地發展，迫使經營者以“紅白藍袋”的方式以水客攜貨，亦隨時會觸犯走私貨物的罪行。其次，由於對內地法制及商業環境認知貧乏，令港人對以“個體工商戶”形式在內地創業存在憂慮，但是政府卻欠缺宣傳教育。

專業服務開展緩慢　建議降低門檻

在促成服務貿易方面，去年香港政府發出668張“香港服務供應者證書”，但是，成功獲取內地審批的個案，只得一百多宗，即是只有約四分之一專業服務可成功在內地開業，有關進展顯然相當緩慢。

劉佩瓊說，國內的專業範圍較窄，而香港專業多元化、多層次，兩地合作有助國內建立更規範的專業架構，與國際接軌。

黃定光說，在CEPA框架下，香港專業服務要在內地開所執業的困難，主要是因為兩地在制度上的不同。以建築師為例，內地要求香港建築師必須在內地註冊後，還要具有一定經驗，才可開設建築師事務所。但香港建築師在未獲註冊前不能獨自執業，根本無法累積一定經驗，令他們在內地開所執業的機會變得微乎其微。

他希望港府向中央爭取調整政策，推動互相，允許對方設立專業服務機構及加強業務交流。此外，他又建議，降低香港專業服務在內地開業的門檻。

民企自由行成效未彰

民企自由行是CEPA第二階段的重點項目，理應配合內地推動民營企業走出去政策，讓香港發揮作為服務平台的角色。但因種種原因，令民企來港投資造成阻礙，成效未彰。

劉佩瓊說，今年是中國加入世界貿易組織的第四年，大部份過渡性保護期已結束。外資已由內地一線城市滲入至二、三線城市，面對競爭，不少內地企業銳意提升經營能力，而香港是內企解決拓展業務困難的首選之地。根據貿發局研究報告，約有60%受訪內地民企表示，會在兩年內在港設辦公室或委託業務代理，希望藉港引入資金、人才及開拓國際市場和銷售空間。不過，按目前情況，民企來港投資數目不太多，其原因是因為民企赴港投資時遇到很多障礙，主要有行政審批程式繁複、外匯管理規定嚴格、缺乏對香港營商環境的瞭解、香港經營成本太高、香港對內地人員的入境及工作限制、企業本身缺乏資源等。

黃定光也說，政府應該清楚知道要吸引更多內地民營企業來港，必須加緊在內地的推廣工作。然而，民企自由行實施的頭四個月，只有68家合資格內地企業來港投資，顯見香港政府投放在推動工作的資源並未足夠，結果是有關進展未如理想，港府應重整其推廣的部署及策略。

葉智輝就有不同意見，他說，內地有不少具潛質的企業，知道有民企自由行，以及眼見不少民企及國企等，紛紛經由香港的途徑去上市集資，部份甚至成為跨國企業，令很多民企羨慕不已，自己亦想一試，所以他公司近期接到很多這類的生意。

然葉先生與其餘兩位被訪者對民企自由行的成效有不同意見，不過他們卻一致認為，政府應加把勁進行推廣。除了投資推廣署及貿發局之外，政府駐穗、駐滬及駐京等辦事處，其實也可以擔當宣傳角色，以積極向內地民企灌輸拓展國際市場的概念來香港設立公司，以拓展國際市場；港府官員亦要主動爭取出席內地不同的訪問或經貿活動，藉此機會宣傳利用香港作為“走出去”平台的優勢；

並應協助香港的工商界團體籌組各類推廣活動。

充分落實民企自由行，還需要其他政策配合，外匯管理措施配套更是其中的關鍵。雖然民企自由行政策放寬了民企來港的若干限制，外匯管制方面，現時的做法是由中國商務部按不同行業，彈性處理及審批內地企業來港投資的金額。沒有明確的外匯管理政策，使內地民企對來港設公司，缺乏信心和決心。

香港擁有大量的財金管理專業經驗及人才，港府應該利用香港在財金方面的優勢，加緊與中央政府研究，解決相關資金進出與國家金融安全的平衡問題、向中央爭取放寬資金管制。爭取盡快落實QDII(合格境內機構投資者)，令香港成為人民幣離岸中心，既可為內地居民對外投資，提供特殊而合法的通道，亦有利人民幣逐步開放，加快內地經濟與世界接軌。

另外，民企調派人手來港的安排亦是很重要。有內地商家反映，在香港設立公司並購置所需設備後，卻因內地員工來港工作的申請遲遲未批，新公司已投放資源卻未能營業的問題，嚴重打擊其來港投資意慾。港府應考慮制訂特別的工作簽證安排，配合簡單的申請及審批程式，方便民營企業人士因業務所需在兩地穿梭工作，配合人才及技術的流動，盡量減低對民企人員來港造成的阻礙。（何潔霞）

CEPA益旅遊　業界獲利少

“CEPA對香港整體經濟起了一定的作用，唯獨旅遊業界則看不到很大的改變。”這是香港旅遊業議會總幹事董耀中對CEPA的看法。

進內地仍不能獨資

他指出，對香港旅遊業界來說，目前業界到內地發展的關卡仍是比較大，雖然中央政府容許香港旅行社於內地設立辦事處或合資經營，但業務主要都是境內旅遊或接待外國遊客到中國境內旅遊等項目，仍未能讓香港人到內地開設旅行社、或開辦出境旅遊業務。他形容，業界均希望日後CEPA能突破這個框框。

至於“個人遊”政策，董耀中則期望中央能開放更多省市，加上本港許多的旅遊設施將陸續開放，對個人遊旅客及其他訪港旅客都有一定的吸引力。他坦言，有一些業界的朋友會認為由於“個人遊”的實施，使內地旅客來得太方便，以致不太需要本港的旅遊服務。在這個問題上，他認為業界仍有一定的商機，可是需要業界自行去發掘，例如在整體安排上如何做得更好，在景點串連上如何使其更具吸引力等。

七一後恢復徵稅無損“個人遊”

如此看來，CEPA對本地旅遊業界所帶來的好處不是太明顯，不過，董耀中相信“個人遊”能為香港帶來更好的景象，不只是整體旅遊業，就是對零售、飲食及酒店業都有一定的幫助。他形容，整體來說，“個人遊”始終為本港經濟注下了一支強心針。

根據當局遞交立法會有關CEPA對本港經濟影響的報告文件指出，2004年以“個人遊”身份的訪港旅客達426萬人次，為本港帶來65億元的額外旅客消費。然而，根據旅發局公佈的數字，2004年內地“過夜旅客”的整體境內人均消費下調至4,355港元，旅發局解釋，主要是因為“個人遊”旅客的旅遊及消費模式轉變了。加上最近，內地海關部門公佈由七月一日起，所有內地機場入境的人士都必須申報他們於境外購入的物品，內地旅客的物品若超出5,000元人民幣便要就超出的部份繳納關稅。

有評論認為，這將減低內地訪港旅客的購物意慾，可是董耀中卻有另類的看法。他認為，目前內地旅客來港比以前方便，他們可以多來幾次，所以每一次訪港都不用買太多的東西，就算他們的花費不多，然而人流多了，對香港整體來說也有一定的幫助。

至於關稅問題，他說："根據我瞭解（關稅）向來都有，現在只是嚴格地執行，我相信這會激起更多自由行旅客來港。"他指出，現時內地訪港旅客在香港的花費也是5,000元左右，貼近中央政府所訂的金額。對於有一定消費能力的旅客，視乎他們會否多來幾次購物，不然，高消費的旅客也應該有能力承擔這筆稅項。他始終認為關稅所產生的影響不會太大。（暮雲）

內地民間企盼何以落空

於CEPA啟動之前，內地市民對其有企盼，但結果卻出現了差距，使人感到失望。

因不瞭解而產生誤解

有一部份的內地市民表示，原本期望中那種低價購買香港商品的情況並沒有出現。而轟轟烈烈開辦的香港城也是在各地折戟沈沙，或是冷落經營，或是慘淡收場。

對此，香港貿發局華東、華中地區首席代表鄧正威接受本報記者採訪時說，其實在CEPA實施之前，兩地的經貿往來已經非常熱絡，經濟的依存度很高。而且對於商品而言，CEPA針對的是擁有原產地資格的港貨。但多年前，港商就開始將生產過程轉移至內地，也就是說，這一部份產品是無法享受CEPA待遇的。而內地居民，其實早就開始享受香港的產品，例如周大福、周生生等品牌金飾很早就已經進入內地市場。隨著兩地經貿往來的不斷加強，人們在購買商品時就更難以感覺出港貨與否，這其實是兩地發展依存度提高的表現，而並非CEPA作用不明

鄧正威還指出，CEPA促使香港服務業大舉進入內地，但是其中許多行業是普通百姓平時接觸較少的，例如律師、諮詢和建築設計行業等等。人們關注的主要還是餐飲、娛樂這些方面的服務，這些又都是很多年前就已經在內地市場開始打拼的行業。

其實，人們產生這樣普遍的誤解，主要是對於CEPA本身不瞭解。這種問題，不僅僅存在於普通市民身上，同樣也存在於香港以及內地商人身上。他們渴望走出去，但由於對外部環境不瞭解，有的是貽誤了時機，有的卻是承擔了更大的風險。

低估風險盲目湧進

安永會計師事務所的合夥人何兆烽告訴記者，在他們提供諮詢的內地客戶中，有相當一部份人對於企業進入香港的情況瞭解甚少，經常會認為在香港創辦企業如同在內地一樣，門檻很高，手續繁瑣，所以畏首畏尾。但當得知操作過程非常簡便之後，又會低估風險，在不瞭解香港有關的法律法規的情況下盲目申請。

"在香港做人是非常自由的，但是做事卻要受到法律嚴格的控制；但如果按照法律，企業自由發展的空間卻要比在內地大得多。"這是何兆烽在接受採訪時反覆強調的一點。事實也證明，近些年，在香港上市的內地企業中，存在許多不規範的操作，因而在香港方面嚴格的監管制度下悲慘落馬，創維集團就是最好的例證。（蔡嵩婷）

回歸八載：CEPA為香港和內地經濟譜出新篇章

香港回歸八年以來，香港和內地經濟越趨緊密，隨關CEPA、泛珠三角協定等措施出台，香港近年經濟亦在低谷中反彈，使香港作為中國南海這顆明珠繼續發放光芒。

CEPA自2003年6月簽署，這是中央為復甦香港經濟，促進內地與香港經貿關係進一步融合的重要措施。在2004年1月正式實施以來，目前共有1,108種香港產品可以享受零關税優惠進口內地。在服務貿易方面，亦有26個行業的港服務提供者可取得內地的優惠待遇，其中包括不少專業服務。

到2004年為止，CEPA第一階段簽發的原產地證書逾3,000份，可以零關税優惠進口內地的貨物總值為11.5億港元，預計2005年香港根據CEPA第二階段輸往內地的產品總值會增加12億港元，較去年增加一倍。

根據香港工貿署資料顯示，今年首四個月進口至內地的零關税港貨總貨值為5.56億港元，而截至5月為止，申請首階段及次階段CEPA累計的總貨值則為17.36億港元。

香港工商及科技局局長曾俊華較早時指出，在CEPA框架下推出的“個人遊”計劃，在去年已經為香港帶來多達426萬人次的額外內地旅客，以及65億港元的額外旅客消費。CEPA對香港經濟發揮了積極的推動作用，單是CEPA實施的頭兩年，估計為香港創造了大約29,000個新增職位。

隨著去年6月《泛珠三角區域合作框架協定》簽署，香港和泛珠三角之間的經貿活動亦越來越趨活躍。海南、雲南、湖南、福建和江西省等先後在香港進行貿易洽談、專案推介等活動，這些活動不但帶來商機，也為日後香港和泛珠加強區域合作和深化經貿合作打下了基礎。

此外，香港也可作為區內企業“走出來”的平台。而在CEPA下的貿易投資便利化措施，正在產生很強的催化作用：中央政府於去年8月底實施新措施，大大簡化了內地企業來港開業的申請程式。

根據國家商務部的資料，新措施實施之後，截至去年12月底，獲審批來港投資的內地企業一共有68家，單是由8至12月四個月的數位已佔全年總數的42.5%，而投資額達4.7億美元，差不多是一年總額的一半。

但業界亦指出，CEPA框架下，香港專業服務要在內地開所執業的困難，主要是因為兩地在制度上的不同。以建築師為例，內地要求香港建築師必須在內地註冊後，還要具有一定經驗，才可開設建築師事務所。

業界期望，在CEPA第三階段，港府應向中央爭取調整政策，推動互相允許對方設立專業服務機構及加強業務交流。此外，業界亦希望降低香港專業服務在內地開業的門檻。

目前香港經濟正值復甦勢頭，但亦面臨各種挑戰和機遇，而香港的產業結構仍在努力調整以及尋找新的增長動力，CEPA作為一個框架性協定，其內容亦不斷擴充和與時並進，相信CEPA未來會繼續為香港和內地經濟發展譜出新篇章。

（文青　中國新聞網　2005年6月30日）

《內地與香港關於建立更緊密經貿關係的安排》對香港經濟的影響

目的

本文告知委員有關當局就《內地與香港關於建立更緊密經貿關係的安排》《安排》第一階段對香港經濟的影響所進行的研究的主要結果。

詳情

在2004年5月10日的立法會工商事務委員會(委員會)會議上，當局承諾在《安排》第一階段實施的9~12個月後，就其對經濟的影響進行量化分析。這項研究由工商及科技局，聯同工業貿易署、經濟分析及方便營商處和政府統計處，合作進行。香港旅遊發展局亦提供了有用的資料。數據收集和分析工作在2004年第四季和2005年第一季度進行。研究主要涵蓋《安排》第一階段的三個範疇，分別是貨物貿易、服務貿易和“個人遊”計劃(在2004年實施)。在2005年2月15日的委員會會議上，我們曾向委員簡介這項研究的初步結果。

研究工作現已完成。研究範圍主要涵蓋《安排》第一階段實施一年對經濟的影響，並預測在2005年對香港經濟的影響。上述三個範疇的主要研究結果，以及研究所採用的方法記述如下。

一、貨物貿易

概況

《安排》為香港創造新的商貿平台，確定香港在內地下一階段的經濟發展和開放所擔當的角色。《安排》所帶來的效益從經濟和社會發展的各個環節中顯示，對於內地與香港的長遠社會經濟關係亦有重要影響。然而，這些效益往往與整體的宏觀環境有密切的關係，並且須等到最後才能確定結果。因此，我們難以把這些效益加以分類和量化。

儘管上文所述，我們嘗試從宏觀和微觀兩個層面，評估《安排》措施對香港經濟的直接影響。然而，有關影響評估結果的詮釋或會受到下述因素影響：

*《安排》實施時間尚短，而製造、投資和其他經濟活動的規劃需時。因此，有關的評估結果只屬初步，並且主要限於直接影響。

* 進一步開放措施會陸續推行。目前的研究範圍主要涵蓋《安排》第一階段自2004年1月起實施後的9至12個月的期間。在2005年1月起生效的《安排》第二階段的開放措施並不包括在內。因此，隨著《安排》帶來的影響繼續深化，

有關的經濟效益亦會逐步顯現。

《安排》下的貨物貿易

在貨物貿易方面，397種內地給予零關稅優惠進口的香港產品在《安排》第一階段公佈並於2004年1月1日起實施（另外729種在《安排》第二階段公佈並於2005年1月1日起或在產品投產後實施）。

截至2004年12月31日，工業貿易署及政府認可的五間來源證簽發機構共接獲3,211份《安排》第一階段原產地證書的申請，其中3,008份獲批准，涉及貨物總值為港幣11.5億元（參閱右表）。2005年3月31日的最新數字顯示，共接獲4,682份申請涵蓋《安排》第一階段及第二階段的項目，其中4,393份已獲得批准，總值為港幣15.7億元。根據中國海關總署的數據，在2004年，2,577批貨品在《安排》第一階段下已進口內地，總值為港幣9.9億元。節省的關稅總額達人民幣6,600萬元。

2004年《安排》原產地證書申請的統計數字

貨物類別	接獲的《安排》原產地證書申請	獲准的《安排》原產地證書申請	貨物離岸價值
	（數目）	（數目）	（百萬港元）
紡織及成衣製品	1,300	1,193	122.4
電機及電子產品	186	183	40.0
塑膠及塑膠製品	317	308	112.3
化學製品及著色劑	380	351	90.9
紙品及印刷品	178	157	10.3
金屬及五金產品	66	62	21.7
藥用及護理用品	702	681	737.0
鐘錶	29	27	1.7
首飾	33	32	3.6
化妝品	1	-	0.0
其他	19	14	10.3
總計：	3,211	3,008	1,150.3

調查受訪的製造商及貿易商對《安排》第一階段的評價均非常正面（參閱下表）。93%的受訪企業認為《安排》第一階段對香港整體經劑有利；89%認為《安排》第一階段對香港的製造業有利；53%認為《安排》第一階段對公司在內地市場方面的業務有利。諮詢訪問的受訪者對《安排》第一階段的觀感大致相同。

貨物貿易的評估：評估方法及主要結果

本附件旨在評估《安排》有關貨物貿易的措施對香港經濟的影響。評估是根據統計調查的結果，以及參考諮詢訪問一些製造企業和相關行業協會/商會的主要代表及高級行政人員後所收集的意見。

2004年10月至11月期間，我們向接近280家企業發出問卷（30%製造商/貿易商有從事在本地生產《安排》第一階段下的項目貨品往內地的，但他們並無申請《安排》原產地證書。）並派出工作人員上門訪問部分企業，以作跟進。調查的整體回應率達75%。

對《安排》第一階段所帶來的影響的整體觀感

（佔受訪企業的百分率）

對下列各方面的影響：	有利	負面	未能提供
香港整體經濟	93%	7%	-
製造業	89%	10%	1%
受訪企業在內地市場方面的業務	53%	28%	19%

製造業往往涉及延伸的供應鏈，包括上游和下游環節兩方面。因此，《安排》第一階段所帶來的大部分好處，是通過聯繫工業/行業間接所得的效益顯示出來，從而令相關行業信心加強，經濟前景更為明確。

具體而言，《安排》第一階段有下列好處：

- 加強香港產品在價格方面的競爭力，以及提高有關製造商/貿易商的利潤，令輸往內地的港產品出口增加。

•鼓勵本地製造業通過擴充現有生產線或開設新生產線，擴大生產規模。這點可從工商業樓宇、機器及設備的投資額或使用率的升幅得到印證。

•雖然香港的製造業相對是以資本密集型為主，擴充生產對就業的影響可能有限，但《安排》仍能創造新的就業機會。

諮詢訪問和調查結果均顯示，屬於內地關税率高、資本密集、高增值、著重知識產權、生產周期短和已確立商譽的品牌的產品應較受惠於《安排》。這些產品包括藥用及護理用品、塑膠製品、化學製品及著色劑、時裝及食品等。

按價值計算，在2004年簽發的《安排》第一階段原產地證書涉及的貨品中，藥用及護理用品、紡織及成衣製品，以及塑膠製品合共佔近85%，與上述情況一致。至於《安排》原產地證書相對於輸往內地的《安排》第一階段項目貨品的比率，佔最高的是藥用及護理用品（88%），其次是化學製品及著色劑（14%）。最近幾季，在輸往內地的港產品出口中，這些產品大多錄得最大增幅或最顯著的反彈。

根據調查結果，在2004年，9%的受訪公司增聘了員工，4%的公司增加了樓宇使用面積，6%的公司增加了自置機器和設備。在未來一年，各方面的百分率會分別進一步增至11%、5%和7%。大致上，上述數字可粗略轉化為下列量化估計（參閱下表）。

調查受訪的企業表示，從事把《安排》第一階段項目貨品輸往內地的製造商/貿易商的公司，基於《安排》第一階段的實施，在2004年額外聘用約1,000名僱員，並會在2005年進一步增加1,280個職位。2004年，《安排》每一階段也帶動了樓宇、機器及設備的使用，預期《安排》第一階段的影響在2005年仍會持續。

此外，多項宏觀經濟指標顯示一些大體相同的趨勢。舉例來説，香港輸往內地的港產品出口在連續3年下跌後，在2004年回復4%的升幅。留用進口的製造業用工業機器按價值計算錄得19%的增長，與持續3年的跌勢相比，明顯好轉。而工廠登記數目的整體跌幅收窄，各行業(紡織及成衣業除外)的工廠登記數目更見回升。與此同時，工業樓宇買賣合約的數目也大幅上升。

出口表現回升和固定資產投資再度活躍，部份原因可能是受到《安排》第一階段的正面影響，但上升的背後動力應是全球經濟環境好轉。

展望未來，13%的調查受訪企業表示在制定業務計劃時會以《安排》第一階段為考慮因素之一，其中63%表示會把在內地的業務由生產擴展至批發和零售，28%表示會與外地投資者合作在香港開設生產線，28%表示會增加受惠於《安排》每一階段零關税的產品的生產/貿易。

在2005年，預計《安排》會為香港的港產品出口和製造業帶來更多效益。調查顯示，預計2005年本港根據《安排》輸往內地的產品總值會增加12億元，較2004年增加一倍。

《安排》每一階段對運作規模的影響

表示會擴大運作規模的受訪企業的百分率	2004年			2005年*		
	(a)	(b)	淨影響	(a)	(b)	淨影響
增加人手(僱用員工數目)	9%	3%	+1,004人 (4.2%)(i)	11%	4%	+1,280人 (5.4%)(i)
樓宇面積	4%	2%	+39,555平方米# (79.8%)(ii)	5%	1%	+16,568平方米# (33.4%)(ii)
機器及設備	6%	4%	未能提供	7%	5%	未能提供

注：(a)(甲)類受訪企業（從事把《安排》每一階段項目貨品輸往內地的製造商/貿易商）
(b)(乙)類受訪企業（從事把《安排》第一階段項目貨品輸往內地，但沒有申請《安排》原產地證書的貿易商）。
(*) 預期2005年的影響。
(i) 相對於從事製造/出售輸往內地的《安排》第一階段項目貨品的估計僱員人數百分率。
(ii) 相對於用作製造/出售《安排》原產地證書所涉及的貨品的估計樓宇面積百分率。
(#) 對（甲）類受訪企業的淨影響。

與設廠生產規模有關的統計數字

年份	香港的港產品出口	留用進口的製造業用工業機器	工廠登記數目			分層工廠大廈的交易	
	與一年前同期比較以價值計算的增減百分率	與一年前同期比較以名義價計算的增減百分率	總計	紡織及成衣業所佔數目	其他	交易數目	價值
			年終數字				（百萬港元）
2001年	-15.2%	-17.6%	2,865	1,892	973	-	-
2002年	-14.7%	-11.4%	2,556	1,681	875	2,756	4,028
2003年	-7.1%	-9.2%	2,414	1,628	786	2,813	3,160
2004年	3.5%	19.0%	2,373	1,550	823	5, 722*# <+50%>	6,308*# <+100%>

注：(*)根據2004年頭11個月的數據估計的數字
(#)臨時數字
<>增長百分率

影響《安排》在貨物貿易方面的效益因素

一些基本因素。政府當局注意到，多年來，隨著香港經濟的結構性轉型，轉為服務型經濟，港產品出口和製造業的重要性已有所下降。目前港產品出口只佔香港出口總值的6%，製造業只佔本地生產總值的4%和總就業人數的5.4%。在港產品出口中，30%是輸往內地，其中約有三分之二是與外發加工有關，因此在任何情況下亦無須繳付關稅。基於這些發展，《安排》對貨物貿易方面的直接影響不會很大。

正如受訪者所指出，香港的一些固有限制亦會影響，其中包括欠缺土地集約的製造業所需的工業用地，以及香港製造業缺乏具備合適技能的人手。這兩個因素均會影響香港進一步發展製造業的能力，除非香港把製造業的發展局限於著重資本密集的工序，以及集中從事產品設計、市場推廣和分銷、貿易和物流，以及與研究和發展有關的工作。

一些假以時日可解決的短期因素。與其他政策措施相同，有關當局和業界需要時間適應轉變。

儘管按價值計算，在輸往內地的港產品出口中，《安排》每一階段的貨品已佔64%，但有一些重點產品仍未包括在內。經常引述的例子是食品和飲品。在《安排》每二階段的磋商時，我們已應有關市場參與者的要求向內地提出。《安排》屬於持續進行的計劃，日後會按這形式發展，並會根據實施後所得的智慧和經驗而不斷發展。

在內地營商的一些相關問題。某些貨品如化工產品和藥用及護理用品等分銷仍然存在很大的限制。內地不同省市所定的限制亦有差異，令到進入市場和日後遵守方面構成問題。此外，就取得《安排》原產地證書而言，受訪者認為有某些產品如化工產品及鐘錶的從價百分比規定仍然偏高，而核查從價百分比的程式十分繁複，涉及的費用亦不少。

二、服務貿易

概況

《安排》對香港日後的經濟發展有重要的影響。長遠來說，香港與內地的社會經濟關係可藉《安排》邁向新的發展。

內地經過逾20年的經濟開放和工業生產自由化，論規模及成熟程度，第二產業已發展至一個地步，須由第三產業的服務業以相若的程度擴展和深化，以作配合，務使內地經濟得到均衡的發展。在這趨勢下，內地進一步開放服務業市場，吸引世界各地的投資者參與其中。各地的投資者對內地市場的興趣有增無已，對其增長潛力更是信心十足。過去數年間，內地吸納的外來直接投資迅速增長，就是明證[1]。

內地市場日趨國際化，無疑帶來更多商機，但競爭也更激烈。內地企業鋭意求進，採用現代化管理技巧和最新的技術，以提升效率，迎接全球化的挑戰。外國投資者近年大批湧至，所構成的威脅也與日俱增。這些投資者不少為大型跨國企業，競爭力強，動作管理先進。

由於香港的服務基礎設施、金融制度和國際網路均發展完善，因此，香港往往是資本投資流入內地的主要渠道[2]。雖然香港將繼續扮演這角色，但其實內地現今已不乏資金[3]。外資對內地甚為重要主要因為外資能帶來知識、技術和管理技巧。香港作為內地的主要工商業夥伴，必須擴大其角色，重新定位，以配合內地不斷轉變的需要。

過去20年，香港一直是內地工業生產的資本來源。時至今日，香港不能再滿足於純粹扮演角色。隨著內地經濟進一步開放以吸納外來投資，香港必須轉化為提供“優質”資本的渠道，以便與外國投資者競爭。

同時，由於香港已掌握現代化管理概念和技巧，並且熟悉國際商業守則，香港應善用這兩方面的知識，引入優質資本以提升內地產業的質素、協助有關產業作多元化發展和擴闊內地經濟的產業基礎，從而配合內地新一階段的經濟發展及結構改革，鞏固香港在其中所擔當的角色。

根據《安排》，多個服務行業優先開放接受香港投資，某些選定行業也可更自由地交流人才和專業知識，為香港與內地商業關係的新發展奠定基礎。

兩地的商業關係不再是單向發展，不再只屬香港與內地製造業之間的交流，或由海外經香港到內地投資的活動；而是涉及多個方面，橫跨各類經濟活動，人才和資本的流通也會是雙向的：由海外到內地，以及由內地到海外。在這兩種情況下，香港所擔當的角色，可以是人才和資本的來源地、吸納人才和資本的地方，又或是仲介的角色。因此，《安排》對香港對內地均有裨益，並可大大擴闊香港服務提供者的業務範圍。

《安排》第一階段的經濟影響評估所受到的限制

我們嘗試從宏觀和微觀兩個層面，評估《安排》第一階段的措施對香港經濟的直接影響。然而，有關影響評估結果的詮釋或會受到下述因素影響：

• 《安排》實施時間尚短，而投資和其他經濟活動的規劃需時。因此，有關的評估結果只屬初步，並且主要限於直接影響。

• 進一步開放措施會陸續推行。目前的研究範圍主要涵蓋《安排》第一階段自2004年1月起實施後的9~12個月的期間，要在2005年1月起生效的《安排》第二階段的開放措施並不包括在內。因此，隨著《安排》帶來的影響繼續深化，有關的經

---

(1) 過去5年，流入內地的實際利用外來直接投資每年平均增長9%。2004年的增幅為13%。

(2) 過去5年，在流入內地的外來直接投資總額中，香港平均佔34%。

(3) 在2004年年底，內地的外匯儲備達5萬億人民幣（6,099億美元），而銀行體系的存款總額則達241,000億人民幣（29,000億美元）。

濟效益亦會逐步顯現。

• 《安排》第一階段的影響從經濟和社會發展的各個環節中顯示。這些影響往往與整體的宏觀環境有密切的關係，並且須等到最後才能確定結果。因此，我們難以把這些影響加以分類和量化。

評估《安排》第一階段有關服務貿易的措施對經濟的影響：評估方法

參考在《安排》第一階段下優先開放給香港投資者的18個服務行業的統計調查結果[4]，並諮詢訪問12個選定行業的商會/機構的主要代表及高級行政人員，以所得結果和意見為依據，評估《安排》有關服務貿易措施對香港經濟的影響。

有關調查從該18個服務行業中抽樣選出一些機構，收集其對於《安排》對香港的經濟、有關服務行業及相關機構帶來的影響的整體觀感。此外，在《安排》第一階段對從事有關服務行業的公司的影響方面，調查也收集了相關的跨境服務出口、投資及就業資料。

《安排》第一階段涵蓋下列18個行業：

1. 會計
2. 廣告
3. 建築設計及工程
4. 視聽
5. 銀行
6. 建造及相關工程
7. 會議及展覽
8. 分銷
9. 貨運及物流
10. 酒店及旅行社
11. 保險
12. 法律
13. 管理諮詢
14. 醫療
15. 房地產
16. 公路客運
17. 證券
18. 電訊

有關調查的參考期包括2004及2005年兩個歷年。共有1673間選定機構獲發問卷，其中1,502間交回問卷（188間持有《香港服務提供者證明書》，1,314間則並非該證明書的持有人），171間並無回覆（36間持有《香港服務提供者證明書》，135間則並非該證明書的持有人）。整體回應率達90%（有84%的《香港服務提供者證明書》持有人回應，有91%的非持有人回應）。持有《香港服務提供者證明書》的機構主要以面對面的方式接受調查訪問，而並未持有該證明書的機構則主要透過電話接受訪問。

評估《安排》第一階段有關服務貿易的措施對經濟的影響：主要評估結果

《安排》第一階段的效益大致可根據其對下列幾方面的影響予以分析，即增加香港在內地的投資（包括在內地開設業務的計劃）、促進香港把服務輸往內地、推動在香港的投資，以及為香港人和內地居民開創就業機會。主要的意見於下文概述。

(a)整體觀感

受訪公司及商會普遍認為《安排》第一階段對香港經濟有利，但對業界及個別公司的業務裨益較少（表一）。

1、78%的受該機構認為《安排》第一階段對香港經濟有利。按行業分析，銀行及醫療服務業的比率最高（同為100%），其次是電訊業和建築設計及工程服務業（同為97%）。從事其他服務行業的公司所作回應也非常正面（比率都超過70%）。儘管分銷服務業持這意見的比率最低，但仍佔72%。

2、46%的受該機構認為《安排》第一階段對其行業有利。同樣地，銀行服務業的比率最高（91%），其次是醫療服務業（83%）。其他持較為樂觀意見的行業為保險業（72%）和飯店及旅行社（70%）。比率最低的是建造及相關工程

---

[4] 統計調查並無涵蓋《安排》第一階段對自然人的效益。

服務業（34%）。

3、36%的受訪機構認為《安排》第一階段對其公司有利。比率最高的依然是銀行服務業（96%）及醫療服務業（100%）。從事客運服務（84%）及電訊服務（72%）的公司，給予的評價也非常正面。

整體來說，認為《安排》第一階段對整體經濟及其行業有利的受訪機構中，持有《香港服務提供者證明書》的公司所佔比例，高於並未持有該證明書的公司。

(b)在內地開設業務的計劃

在上述18個服務行業中，共有668間公司於2004年年底取得《香港服務提供者證明書》[5]，而從事物流和分銷業務的佔大多數，分別有308間和204 間（表二）。

受訪的《香港服務提供者證明書》持有人中，有27%已根據《安排》于內地開設業務，另有44%計劃在2005年或之後進軍內地市場。持有該證明書並已經/計劃在內地開設業務的機構佔其所屬行業的機構總數百分比，以法律（100%）、房地產（100%）、銀行（100%）、廣告（89%）、管理諮詢（89%）和建造及相關工程（76%）等行業的比率最高。

表一：對《安排》第一階段的效益的整體觀感

	認為《安排》第一階段對下列各方面有利的公司佔其所屬行業公司總數的比例		
服務行業	香港經濟	有關行業	受訪公司*
	%	%	%
會計服務	96	62	48
廣告服務	91	58	52
建築設計及工程服務	97	56	18
視聽服務	89	46	44
銀行服務	100	91	96
建造及相關工程服務	81	34	3
會議及展覽服務	87	62	62
分銷服務	72	45	38
物流服務	79	40	41
酒店及旅行社	84	70	62
保險服務	87	72	59
法律服務	74	56	60
管理諮詢服務	84	60	54
醫療服務	100	83	100
客運服務	81	51	84
房地產服務	85	54	40
證券服務	93	55	44
電訊服務	97	66	72
上述18個行業合計	78	46	36

注：（*）只反映從事與內地有關業務的公司的意見

（c）《安排》第一階段引動輸往內地的服務

2004年，《安排》第一階段為18個服務行業中從事把服務輸往內地的公司，帶來約值16億港元的服務收益，相當於這些公司自內地市場獲取的整體服務收益的2.6%。2005年，預期有關數額會增加逾倍，達至38億港元或佔5.5%。

在18個服務行業中，《安排》第一階段所引動的輸往內地的服務，按價值計算，以分銷服務佔最大比例，約為11億港元。其次順序為飯店及旅行社服務，以及物流服務。就酒店及旅行社服務而言，《安排》第一階段所引動的輸往內地的服務，預期會增加124.7%，由2004年的2.85億港元增至2005年的6.4億港元。物流服務方面，《安排》第一階段所引動的輸往內地的服務，預期會增加527.6%，由2004年的1.29億港元增至2005年的8.07億港元。

[5] 截至2005年3月31日有747間公司取得《香港服務提供者證明書》。

事實上，在《安排》第一階段的引動下，香港與內地之間的整體商務往來增加，對各式各樣先進完善的支援服務的需求也有所增加。因此，今後其他不少服務行業如會計、法律、物流、運輸、銀行、保險業等，也不難發現可藉此間接受惠。

(d)《安排》第一階段引動在內地投資

在《安排》第一階段的引動下，從事18個服務行業的香港公司在2004年在內地的投資額合共接近29億港元。預期投資額在2005年會增至38億港元，增幅為32.5%。

2004年，從事分銷服務、銀行服務及物流服務的公司在內地的商業投資額最高，分別為8.62億港元、8.09億港元及7.26億港元。其次是電訊公司（2.24億港元）及廣告服務公司（1.42億港元）。

2005年，分銷服務業及物流服務業在內地由《安排》第一階段所引動的投資額預計會進一步上升，前者會上升14.0%，達至9.83億港元，後者則上升85.5%,，達至13億港元。這兩上行業擁有龐

表二：持有《香港服務提供者證明書》的機構及這些機構根據《安排》第一階段在內地投資的計劃

服務行業	2004年年底簽發的《香港服務提供者證明書》數目	持有《香港服務提供者證明書》的機構佔其所屬行業機構總數的比例：已於2004年根據《安排》在內地開設業務	計劃2005年根據《安排》在內地開設業務
		%	%
會計服務	0	不適用	不適用
廣告服務	48	23	66
建築設計及工程服務	15	33	33
視聽服務	6	29	29
銀行服務	5	80	20
建造及相關工程服務	16	32	44
會議及展覽服務	7	38	25
分銷服務	204	14	48
物流服務	308	33	42
酒店及旅行社	1	#	#
保險服務	3	#	#
法律服務	6	67	33
管理諮詢服務	19	56	33
醫療服務	1	#	#
客運服務	2	#	#
房地產服務	7	43	57
證券服務	0	不適用	不適用
電訊服務	20	20	30
上述18個行業合計	668	27	44

注：(#) 由於有關行業中持有《香港服務提供者證明書》的機構為數甚少，為把資料保密，有關數字不予披露。
不適用 持有《香港服務提供者證明書》的機構並沒有從事會計、審計和簿記服務及證券服務業。

大的市場潛力，產業界進軍內地市場提供了強大的誘因。一些物流公司認為《安排》第一階段有利他們在內地提供更全面的優質服務，令他們的競爭力得以提升。

(e)《安排》第一階段引動在香港的投資

《安排》實施後，該18個服務行業的公司在2004年的資本投資額因而增加了10億港元，2005年，預期有關投資額會激增多三倍至45億港元。

按服務行業分析，《安排》第一階段所引動在香港的資本投資增幅中，物流、分銷和客運服務業的比率最高。就物流和分銷服務而言，預期這兩個行業的資本投資額會進一步上升，依然會佔2005年資本投資額的最主要部分，情況與這兩個行業在2004年服務出口實際增幅和2005年的預計增幅一致。至於公路客運方面，則需要鉅額的初期資本支出來建立客運車隊，以配合激增的跨境交通。

預期稍後會有更多公司對業績增長抱有信心，並且相信業績會持續實質增長，因而增加資本投資。現時，《安排》第一階段在2004年引動的公路客運資本投資額，約相當於過去十年平均資本投資額的86%；廣告服務的資本投資額則約相當於20%。至於分銷及物流業方面，2004年的相關比率不高，但預計會在2005年分別增至大約14%及9%。

(f)《安排》第一階段引動業務增長從而創造更多就業機會

《安排》第一階段實施後，在2004年已就上述18個服務行業為香港居民創造了1,959個職位，其中1,415個新職位設于香港，其餘544個在內地。預計因實施《安排》第一階段而創造的職位數目，在2005年會激升至8,194個，其中7,493個設於香港，701個在內地。這兩年為香港居民創造的職位數目合共10,153個。

大批新增職位很可能主要集中在分銷業和物流服務業，為香港與內地因《安排》第一階段的實施而增加的貨物和服務流動提供支援。在2004年及2005年間新增的職位中，2,545個或25%是為在香港的香港人而設的專業職們，而751個或7%是為在內地的香港專業人士而設的。

同時，在2004年及2005年，《安排》第一階段在內地為內地居民提供了合共17,204個新職位。按服務行業分析，分銷、物流和建築設計及工程服務行業提供的新職位最多。所有新職位當中，4,524或26%個為專業職業。

(g)影響《安排》第一階段在服務貿易方面的效益的因素

接受諮詢訪問的商會和選定的公司提出了多項他們認為影響《安排》在服務貿易方面的效益的因素。下文載列主要重點。

(I) 規管環境。不少接受諮詢訪問的公司認為，內地大多數服務行業的法規複雜，既不方便營商，透明度變不足。在部份行業，例如某些專業服務，有關法規在不同省份往往各異。

(II) 進入市場的障礙。在部份行業，受諮詢者認為，即使《安排》第一階段已降低了在內地經營業務所需的最低資產、註冊資本及營運資本的要求，但進入市場的要求依然甚高。

(III) 開放的範疇。部分行業的商會及選定公司認為《安排》第一階段仍未開放一些較為有商業發展潛力的項目。

(IV) 支援服務。據一些受訪者表示，就部分行業而言，內地市場提供的支援服務(例如基礎設施)不足，限制了香港營辦商提供優質服務的能力。

(V) 競爭。許多受訪的中小型公司表示，內地的市場普遍不重視優質服務，反而較重視價格水平。這些公司往往要與當地的內地企業進行激烈競爭。

三、"個人遊"計劃

背景

"個人遊"計劃，在《安排》的框架引入，在2003年7月28日開始推出。在計劃初期，內地東莞、中山、江門及佛山的居民獲准在3個月內來港旅遊兩次，每次最多可逗留7天。計劃的適用範圍其後多次擴展，現時已涵蓋廣東全省、北京、上海、天津、重慶，以及江蘇省、浙江省和福建省的9個城市（計劃涵蓋的省市見附錄）。

自計劃實施以來，按計劃來港的內地旅客達490萬人次，帶動香港的零售業復甦，亦為旅遊業帶來額外收益。本附件按增值額及就業人數兩方面，評估計劃對香港各個旅遊相關行業的影響，以及對香港經濟的整體宏觀影響。

表1：訪港內地旅客

	非"個人遊"旅客	"個人遊"旅客	總計
	(萬人次)	(萬人次)	(萬人次)
2003年	780	67	847
2004年	799	426	1,225
2003年 第一季	213	0	213
第二季	110	0	110
第三季	228	13	240
第四季	229	54	283
2004年 第一季	212	80	292
第二季	195	80	275
第三季	196	136	331
第四季	197	130	327

"個人遊"計劃的經濟效益評估：評估方法

2004年，香港旅遊發展局以抽樣形式訪問"個人遊"計劃的旅客，以評估因推行計劃而增多的旅客數目，以及他們在不同項目方面的開支。我們根據計劃為旅遊業帶來的額外消費淨額，以及預測本地生產總值的計量經濟模式結果，估計"個人遊"計劃對香港經濟的影響。此外，把"個人遊"旅客在個別項目的開支與相關行業一並相應考慮，並參考相關行業的業務收益和增值額，以及與就業關係，我們可估計"個人遊"計劃對各主要旅遊相關行業的影響。

"個人遊"旅客的額外消費

在2004年，根據"個人遊"計劃訪港的內地旅客有426萬人次，佔內地旅客總數的34.8%。在"個人遊"旅客中，308萬人次或72.4%為過夜旅客，其餘118萬人次或27.6%為入境不過夜旅客。他們平均在港逗留2.7天，遠較非"個人遊"旅客平均在港逗留5.1天為短。"個人遊"計劃提供越來越多的方便，令內地旅客訪港的次數增加，但部分內地旅客則縮短了在港逗留的時間。

反之，入境不過夜的"個人遊"旅客的每次旅程消費，一般較入境不過夜的非"個人遊"旅客為多，因為後者大多只是過境性質。根據旅遊發展局的資料，在2004年，這兩類旅客的人均消費分別為港幣1,644元和820元。兩者差距主要是由於在購物方面的開支不同所致。

有一點須注意的是，即使沒有"個人遊"計劃，部份旅客亦會來港旅遊（即轉移效應），因此"個人遊"計劃的收益淨額，應少於按所有"個人遊"旅客總消費所推算的效益。

根據旅遊發展局的資料，在2004年，"個人遊"旅客中有182萬人次或43%是從其他訪港模式轉為以"個人遊"模式訪港的旅遊，只有244萬人次或57%是"個人遊"計劃促成的額外增加的訪港旅遊（即創造效應）。在2004年，"個人遊"計劃促成的額外增加的訪港旅客的消費估計為港幣62.38億元。

表2：2004年"個人遊"旅客的額外消費

（億港元）

訪港人次(萬)	總消費	住宿	購物	飲食	其他
其中：					
總計					
426	121.23	9.78	86.69	15.28	8.48
扣除：轉移					
182	58.85	5.89	41.02	6.54	5.39
淨額					
244	62.38	3.88	45.67	8.73	4.09

除在香港消費外，"個人遊"旅客在跨境運輸服務方面亦有開支。參考海外旅客在跨境運輸服務方面的平均開支，估計"個人遊"旅客中的額外旅遊在2004年令香港的航空、陸路和海上運輸服務出口增加港幣2.48億元的收入[1]。

對香港經濟的影響

（a）增值額

若按預測本地生產總值的計量經濟模式結果推算，旅遊服務輸出對本地生產總值的增值因數約為0.7。在2004年，"個人遊"旅客的額外消費淨收入額（包括跨境運輸服務開支）為港幣64.86億元，因此估計會令本地生產總值增加港幣45.4億元或1.36%增長（包括直接及其後的影響）。2002年，訪港旅遊業佔本地生產總值的直接比率估計為2.2%，相對而言，2004年的影響較為顯著。這方面的影響主要由於有大量"個人遊"旅客來港，有關人數佔2004年的內地旅客總數的35%，或旅客總數的20%。

"個人遊"計劃對不同行業的影響各異。與旅遊業息息相關的行業，如零售、飲食及酒店業，較其他行業得益較大。若把個別項目的額外開支與相關行業一並相應考慮，並參照相關行業的增值額，在2004年，"個人遊"計劃對相關行業的直接淨增值額[2]計算如下：

表3："個人遊"計劃在2004年對選定行業的直接淨增值額

行業	增值額（億港元）
酒店及旅舍業	2.25
零售業	7.02
飲食業	3.35
其他個人服[3]	2.65
跨境運輸服務	1.00

（b）就業人數

假設整體經濟不同行業的人均增值維持不變，在2004年，估計"個人遊"計劃對香港就業人數的淨影響如下：

表4："個人遊"計劃在2004年對香港就業人數的淨影響

整體經濟	16,588
對以下行業的直接影響：	
酒店及旅舍業	700
零售業	5,034
飲食業	2,450
其他個人服	919
跨境運輸服務	91

（c）間接影響

"個人遊"計劃對香港經濟亦有間接影響，有助加強信心，但這方面的影響難以量化。受到"沙士"疫症衝擊，香港經濟大受影響，"個人遊"計劃推行不久，香港經濟在2003年下半年度便顯著回升。在2003年第二季，本地生產總值實質下跌0.6%，第三季則回升4.0%，到了2004年第二季錄得最高的12.1%增長。本地生產總值組成項目中，私人消費開支在2003年第二季被實質下跌4.1%，但2003年第三季則錄得0.1%的增長，並在2004年第二季取得11.2%的增長。

[1] 循陸路和海上運輸訪港的"個人遊"旅客在跨境運輸服務方面的人均消費，假設是與(從不同來源地訪港)對等一般旅客的人均消費相同。然而，考慮到由內地來港旅遊一般較為短途，所以循航空運輸訪港的"個人遊"旅客在跨境運輸服務方面的人均消費，只假設是(從不同來源地訪港)對等一般旅客的人均消費的三分之一。

[2] 由於有關數字並未涵蓋其後的影響，對不同行業的直接影響的總和較第9段所計算對本地生產總值的整體影響為少。

[3] 在本附件中，其他個人服務的定義包括旅遊代理及票務服務，以及本地運輸和雜項個人服務。

“個人遊”計劃涵蓋的省市

生效日期	新增省市	登記人口	2002年按人口平均計算的國內生產總值
2003年7月28日	東莞、中山、江門及佛山	1,010	28,893
2003年8月20日	廣州、深圳、珠海及惠州	1,220	50,665
2003年9月1日	北京及上海	2,470	34,897
2004年1月1日	汕頭、潮州、梅州、肇慶、清遠及雲浮	2,260	7,611
2004年5月1日	廣東省所有其他城市	3,160	7,040
2004年7月1日	江蘇的南京、蘇州及無錫、浙江省的杭州、寧波及台州、福建省的福州、廈門及泉州	4,710	24,515
2005年3月1日	天津、重慶	4,030	9,974
	所有涵蓋的省市	18,860	19,746

四、《安排》下貿易投資便利化措施

根據《安排》的貿易投資便利化框架，內地與香港同意加強雙方在7個範疇方面的合作，包括：貿易投資促進，通關便利化，法律法規透明度，商品檢驗檢疫、質量標準和食品安全，電子商務，中小企業合作，以及中醫藥產業合作。有關合作由雙方對口單位利用現有機制或按需要成立的新設機制以持續方式進行。

《安排》的貿易及投資便利化措施對吸引內地及外來投資有正面的幫助。根據統計處在2004年所作的調查結果顯示，在2004年6月1日，在香港以外註冊公司駐港的地區總部和地區辦事處分別有1,098間和2,511間，較2003年同類調查時分別增加了13.7%和12%，亦是自2001年錄得最大的增幅。其中，單是內地企業駐港的地區總部已由2003年的84間增加至2004年的106間，增幅達26%。當然，這不能說完全是《安排》的功勞，但有45間或22%獲投資推廣署協助的外地公司表示，《安排》是他們決定來港投資的原因之一。部份公司更表示他們是由於《安排》的實施才決定到香港投資。在2004年，這45間公司在香港創造了超過400個職位[1]，而在隨後的2年，將會計劃增加額外的850個職位。

此外，內地2004年8月底實施了簡化內地企業投資港澳規定的政策——《關於內地企業赴香港、澳門特別行政區投資開辦企業核准事項的規定》（以下簡稱《規定》）。

根據國家商務部數字，上述《規定》於2004年8月底實施以來，截至2004年12月底，獲審批來港投資的內地企業共有68家，佔全年總數的42.5%，而它們計劃投資的總額達4.7億美元，佔全年總額的48.9%。涉及的行業主要包括貿易、顧問服務、研究和開發、旅遊及娛樂、交通運輸及承包工程。

為配合《規定》的實施，政府的有關部門及香港貿易發展局，均已加強吸引內地企業來港投資的推廣工作，為內地企業來香港開業提供更全面方便營商的服務和協助。其中包括：

1.投資推廣署在2004年9月推出《投資香港一站通服務》，內容包括：

• 在內地設立免費熱線（800 988 1000），解

[1] 並非所有受投資推廣署協助的公司都有提供僱用人員數目的資料。

答內地投資者查詢投資香港的事宜；

• 開設投資服務中心，除提供有關投資香港事宜的資料外，亦便利內地投資者向投資推廣署的專才諮詢有關投資香港的問題；

• 為內地投資者度身訂造的《投資香港錦囊》，重點介紹投資香港須知的資料，包括開業的程式、資助計劃、簽證要求、稅制等；及

• 投資推廣署與國家商務部更首次合作聯合編制《手把手助內地企業投資香港》手冊，向內地企業解釋在國內申請赴港投資的程式，和在國內及香港的有關審批須知與所需文件。

2.駐京辦和特區政府的有關部門，在內地各省市定期舉辦大型“香港周”活動，旨在推廣香港在各方面的優勢，加強香港和內地的聯繫和合作，以及吸引內地企業投資香港。“香港投資環境介紹會”亦是“香港周”活動內一個重要部分。駐粵經貿辦事處也同時加強《安排》的宣傳及推廣工作。

3.貿發局亦透過研究內地企業對香港商貿服務的需要，向內地企業提供來港營的資訊及加強推廣活動三方面，推動內地企業赴港營商。

工商科技局　(2005 年 4 月)

附錄:

《內地與香港關於建立更緊密經貿關係的安排》補充協議

為進一步提高內地[1]與香港特別行政區（以下簡稱“香港”）經貿交流與合作的水平，根據於2003年6月29日簽署的《內地與香港關於建立更緊密經貿關係的安排》（以下簡稱“《安排》”）和2003年9月29日簽署的《安排》附件的規定，雙方決定，就內地在貨物貿易領域和服務貿易領域對香港擴大開放簽署本協議。

一、貨物貿易

（一）自2005年1月1日起，內地對本協議附件1中列明的原產香港的進口貨物實行零關稅。本協議附件1是《安排》附件1表1《內地對原產香港的進口貨物實行零關稅的產品清單》的補充。

（二）根據《安排》附件2《關於貨物貿易的原產地規則》制定的本協議附件1中原產香港的進口貨物的原產地標準載於本協議附件2。本協議附件2是《安排》附件2表1《享受貨物貿易優惠措施的香港貨物原產地標準表》的補充。

二、服務貿易

（一）自2005年1月1日起，內地在《安排》附件4《關於開放服務貿易領域的具體承諾》的基礎上，在法律、會計、醫療、視聽、建築、分銷、銀行、證券、運輸、貨運代理等領域對香港服務及服務提供者進一步放寬市場准入的條件，擴大香港永久性居民中的中國公民在內地設立個體工商戶的地域和營業範圍。具體內容載於本協議附件3。

（二）自2005年1月1日起，內地在專利代理、商標代理、機場服務、文化娛樂、資訊技術、職業介紹、人才仲介和專業資格考試等領域對香港服務及服務提供者開放和放寬市場准入的條件。具體內容載於本協議附件3。

（三）本協議附件3中的建築領域的承諾和分銷領域的部分承諾已自2004年8月28日起實施。具體見本協議附件3建築及相關工程服務和分銷服務的具體承諾。本協議附件3中香港銀行內地分行從事代理保險業務的承諾自2004年11月1日起實施。

（四）本協議附件3是《安排》附件4表1《內地向香港開放服務貿易的具體承諾》的補充和修正。兩者條款產生牴觸時，以本協議附件3為準。

（五）本協議附件3中的“服務提供者”，應符合《安排》附件5《關於“服務提供者”定義及相關規定》的有關規定。

三、對《安排》附件的補充和修正

（一）將《安排》附件1《關於貨物貿易零關稅的實施》第五條第（三）款第2項修改為：對擬生產的貨物，根據雙方達成的一致意見，內地將有關貨物清單補充列入《安排》附件1表1，將有關貨物的原產地標準補充列入《安排》附件2表1。申請企業正式投產後，經香港工業貿易署和香港海關核查，由香港工業貿易署通知商務部，經雙方共同確認後，內地即根據香港發證機構簽發的原產地證書，准予有關貨物按照《安排》零關稅進口。

[1]《安排》中，內地係指中華人民共和國的全部關稅領土。

（二）在《安排》附件5《關於“服務提供者”定義及相關規定》第三條第（一）2款第（2）項下增加以下內容：提供航空運輸地面服務的香港服務提供者應已獲得香港從事航空運輸地面服務業務的專門牌照，從事實質性商業經營5年以上（含5年）。

四、附件

本協議的附件構成本協議的組成部分。

五、生效

本協議自雙方代表正式簽署之日起生效。

本協議以中文書就，一式兩份。

本協議於2004年10月27日在香港簽署。

《內地與香港關於建立更緊密經貿關係的安排》

簽署有關擴大開放的法律文本及公佈原產地規則

前言

《安排》採取了“循序漸進”的方式，並為加入更多開放市場的措施設下機制。就此，中央人民政府和香港特別行政區政府（特區政府）於二零零四年五月就《安排》的擴大開放進行磋商，並於八月二十七日在北京商定及公佈了一系列的擴大開放措施（一般稱為“《安排》第二階段”）。其後，雙方就《安排》第二階段的法律文本，以及713項可豁免關稅輸入內地的新增產品的原產地規則，進行深入討論。雙方於十月二十七日在香港簽署《安排》第二階段的法律文本（主體文件；附件1[現有生產產品，擬生產產品；附件2；附件3），並隨即公佈這階段開放措施所包括的香港製造產品的原產地規則。

詳情

（A）簽訂《安排》第二階段的法律文本

2、《安排》第二階段的法律文本體現了今年八月公佈的擴大開放措施，並以《安排》第一階段主體部分及附件的補充協議形式制定。該法律文本包括三份附件：（a）可享有零關稅的新增產品清單；（b）相關產品的原產地規則；以及（c）進一步開放的服務貿易內容。法律文本的措辭，與《安排》第一階段的文本一致，並符合世界貿易組織規定的形式。

（B）商定的原產地規則

3、《安排》第二階段包括713個內地二零零四年稅則號列的產品，而其中528個（74%）的產品，會採用現行香港以工序界定的原產地規則，作為《安排》的原產地規則。這些產品包括紡織及成衣製品、食物及飲品、藥物，以及部分塑膠和金屬製品。有80項產品（11%）會採用“稅號改變”作為《安排》的原產地規則；而採取30%從價百分比規定的產品有50項（7%）。此外，雙方商定餘下55（8%）個稅號（包括魚類和水產養殖產品）的原產地規則時，亦已顧及有關產品的特性。

（C）對擬在香港生產的產品實施零關稅的日期

4、雙方在《安排》第一階段下同意，擬生產的產品經雙方確認後，會自確認後第二年一月一日起享有零關稅。換句話說，假如擬生產的產品在二零零五年投產，製造商在二零零六年才可享有零關稅優惠。根據《安排》第二階段協議，雙方同意縮短產品獲確認投產與可享零關稅優惠的相距時間。即在雙方確認擬生產的產品投產後，製造商便可享有零關稅優惠。這個靈活的做法，讓製造商可以盡早享有《安排》所帶來的好處，並鼓勵他們加快落實新的投資計劃。

進一步的開放措施

5、《安排》是一個開放及不斷發展的平台。特區政府會繼續與內地磋商，要求進一步開放內地的貨物貿易和服務貿易市場。

實施後的影響

6、正如今年八月時所公佈，《安排》第二階段會為香港製造的產品及服務提供者在內地市場開拓更多商機，也可增加香港對海外投資者的吸引力。零關税優惠可吸引一些品牌產品在本港生產，或吸引高增值或重知識產權的製造工序在本港進行。在服務貿易方面，由於內地給予比世貿承諾為佳的開放措施，《安排》第二階段讓本港企業享有"早著先機"的優勢。不過，這視乎香港及世界各地的商家會否及如何運用《安排》第二階段所帶來的機會，由此也會決定《安排》所引動的商業活動的規模，以及為香港直接和間接衍生的經濟利益。特區政府已宣佈，會於《安排》今年年初實施後的9至12個月，就《安排》的經濟影響(包括對本港就業情況的影響)進行評估。有關的籌備工作現正進行。

諮詢

7、特區政府在制訂《安排》第二階段的策略，特別是涉及原產地規則的問題時，一直與相關行業保持緊密聯繫。特區政府在擬訂香港的建議清單與內地磋商前，已考慮業界的意見和要求。特區政府在落實進一步開放措施，以及與內地磋商下階段的《安排》時，會繼續與各界人士保持緊密聯繫。

查詢

8、《安排》的詳情（包括第二階段擴大開放措施）已於工業貿易署網頁（www.tid.gov.hk/tc_chi/cepa/）發放。有關查詢，請利用以下聯絡方法。

事項	聯絡方法
*一般查詢	電話 2398 5667 傳真 3525 0988 電郵 cepa@tid.gov.hk
*查詢原產地規則、原產地證書及工廠登記	電話 3403 6432/2398 5525 傳真 2787 6048 電郵 cepaco@tid.gov.hk
*查詢有關對原產香港的進口貨物實施零關稅事宜	電話 2398 5676 傳真 2398 9973 電郵 ma_registry@tid.gov.hk
*查詢香港服務提供者證明書	電話 3403 6428 傳真 3525 0988 電郵 hkss@tid.gov.hk

香港特別行政區政府 工業貿易署

（2004年10月27日）

內地對特區貨物貿易提供的第二階段零關稅承諾摘要

貨品類別	現有生產的貨品注1例子	擬生產的貨品注2例子	類別內主要貨品的關稅率範圍		
			現行實際關稅率(%)	中國入世承諾內的約束關稅率(%)	
				2006年	最終
水產品	部份活、鮮、急凍或冷藏的魚、蝦、蟹、墨魚、魷魚、其他甲殼或軟件類水產等等。	部份冷藏魚類；新鮮、急凍或冷藏魚柳及魚肉等等。	5-17	5-17	5-17
食品及飲品	部份乳類製品；部份咖啡及茶；部份經配製的肉類及水產類食品；部份糖及可可製品；部份麵粉製品(如麵條、麵包、餅乾、糕點、月餅)；部份蔬果製品；部份果汁；醬油味精及部份其他調味品；湯料；礦泉水、蒸餾水、汽水及部份其他不含酒精飲料等等。	部分乳類製品；部份人參製品；雞精等等。	3-51.4	3-49.1	3-40
化工產品	石灰石助熔劑；部份水泥及礦灰；部份化學氣體；部份化學合成物糅料；神香；部份表面活性劑、清潔劑、物料處理劑、光潔劑、黏合劑；打火機燃料；已曝光及顯影的電影軟片；部份攝影用化學製劑；人造石墨；殺蟲劑；消毒劑；部份工業用化學劑等等。	硝酸銀；部份染料。	4-16	4-16	4-16
藥物	含頭孢菌素及部份其他抗菌素的藥物；部份含荷爾	丙種不球蛋白；藥棉、紗布、繃帶及醫用軟填料等。	3-6	3-6	3-6

注[1]：共有540個內地稅號。將於2005年1月1日起獲豁免關稅。

注[2]：共有189個內地稅號。申請企業正式投產後，經香港工業貿易署和香港海關核查，由香港工業貿易署通知商務部，經雙方共同確認後，內地即根據香港發證機構簽發的原產地證書，准予有關貨物按照《安排》零關稅進口。

貨品類	現有生產的貨品	擬生產的貨品注	類別內主要貨品的關稅率範圍		
			現行實際關稅率	中國入世承諾內的約束關稅率（%）	
				2006年	最終
藥物	蒙的藥物；部份含生物鹼的藥物等等。				
塑膠及橡膠產品	部份初級形狀塑膠；部份塑膠製板、片、膜、箔、扁條、管等；部份塑膠袋、壇、瓶、蓋、塞、建築用料、衣著附件等；丁苯橡膠；再生橡膠；部份橡膠廢碎料；部份翻新輪胎；部份硫化橡膠製品等等。	部份初級形狀塑膠；部份聚氨酯製品等等。	6.5-2.5	6.5-2.5	6.5-25
皮革及毛皮產品	部份皮革製品；毛皮衣服及衣著附件；毛皮製帽等等。	部份羊皮革及豬皮革；皮革或再生皮革製手提包、衣服及衣著附件；各類毛皮；人造毛皮及其製品等等。	8-23	8-23	8-23
紡織品	部份紗線及布料；部份大衣、防風衣、上衣、裙、褲、西服套裝、睡衣、游泳衣、內衣等等。	部份紗線及布料；部份大衣、上衣、防風衣、裙、運動服等等。	5-25	5-25	5-25
金屬產品	部份半製成鉑、鈀；部份鋼材；部份鋼鐵製品；部份銅、鋁及其他非貴重金屬製品等等。	特定鋼材、不銹鋼製品、鋁製品等等。	3-18	3-18	3-18
機械、電機及電子產品	混凝土泵；液體泵用零件；部份壓縮機、過濾機器及零件；部份包裝機器；部份升降機及起重裝置；部份鑽探機器及零件；部份蓄電池；部份光盤及磁條卡；部份電路裝置；部份電纜及電線；其他特定機器、電器及零件等等。	部份製氧機器；部份過濾、淨化、除塵機器；部份電動工具；部份信號裝置；部份加熱器；不間斷供電電源等等。	4-30	4-30	4-30
其他	部份眼鏡片；部份光學元件；部份攝影裝置；部份建築材料；部份體藝用品；保溫瓶等。	部份醫療設備；部份檢測儀器；部份玻璃製品；部份褥墊及寢具等。	0-25	0-25	0-25

《安排》下的原產地證書概況

(截至2005年6月30日)

按貨品類別劃分的原產地證書統計數字

		接獲的原產地證書累積申請數目	獲批准的原產地證書累積數目		
			《安排》第一階段產品	《安排》第二階段產品	合計 (註1)
1	食品及飲品	287	10	265	275
2	食品殘渣及動物飼料	1	-	1	1
3	化工產品	360	307	24	331
4	藥用及護理用品	1,196	1,125	45	1.170
5	著色劑	299	278	11	288
6	化妝品	9	8	-	8
7	塑膠及塑膠製品	694	648	32	680
8	皮革及毛皮製品	6	4	1	5
9	紙品及印刷品	522	486	-	486
10	紡織及成衣製品	2,308	2,068	129	2,142
11	首飾及貴金屬	48	47	-	47
12	金屬及五金產品	191	95	89	184
13	機器及機器用具	2	-	2	2
14	電機及電子產品	217	211	3	214
15	光學、照相及電影儀器及零件	9	9	-	9
16	鐘錶及其零件	42	39	-	39
17	玩具及遊戲或運動用品	1	1	-	1
18	其他	1	-	1	1
	總計 (註2)	6,184	5,336	601	5,875

註[1]：由於一份原產地證書可同時包括《安排》下兩階段的產品，合計數字可能會與《安排》第一階段及《安排》第二階段原產地證書數字的總和不同。
註[2]：由於一份原產地證書可同時包括多於一個類別的產品，合計數字可能會與所有類別的原產地證書數字的總和不同。

《安排》下的《香港服務提供者證明書》申請書統計

(截至2005年6月30日)

	服務行業	申請書數目	申請獲批
1.	法律服務	6	6
2.	建築專業服務及建築及相關工程服務	46	42
3.	醫療及牙醫服務	1	1
4.	房地產服務	13	12
5.	廣告服務	63	57
6.	管理諮詢服務及會議服務和展覽服務	39	30
7.	增值電信服務	26	22
8.	視聽服務	9	9
9.	分銷服務	239	231
10.	所有保險及其相關服務	3	3
11.	銀行及其他金融服務(不包括保險和證券)	5	5
12.	證券期貨服務	2	1
13	旅遊和與旅遊相關的服務	2	2
14.	運輸服務及物流服務	388	376
15.	資訊技術服務	3	3
16.	職業介紹機構服務及人才仲介機構服務	5	4
17.	航空運輸服務	1	1
18.	商標代理服務	1	1
	總數	852	806

首批受惠於CEPA制度
獲得內地資格認可的香港醫生名單

受惠於CEPA制度，首批香港醫生已獲得資格認可，在廣州番禺祈福醫院執業，提供內、外、婦、兒、眼、骨及全科服務。這是“中國香港醫療衛生學會”與“祈福醫院”合作的一個項目，並於今年7月20日簽約。有關合作受到兩地各方的深切關注，香港特別行政區衛生福利及食物局局長周一嶽醫生和廣州中醫藥大學副校長李建軍女士在簽約儀式上，均表示大力支持這次內地與香港兩地在醫療方面的合作。

除此以外，雙方更會積極拓展中國內地及香港之醫療衛生服務合作機會，藉以提昇兩地業界水平，實現人才、設備、技術和服務的資源分享、互補共贏，提供更高品質的醫療服務，造福市民。

高永文醫生	骨科專科	Dr. Ko Wing Man
王裕民醫生	內外全科	Dr. Wong Yu Man, James
梁根培醫生	內外全科	Dr. Leung Kan Pui
陳語堂醫生	內外全科	Dr. Chan Yu Tong
葉文浩醫生	耳鼻喉專科	Dr. Ip Man HO
潘啟明醫生	骨科專科	Dr. Poon Kai Ming
何維新醫生	整形外科專科	Dr. Ho Wai Sun
江金富醫生	骨科專科	Dr. Kong Kam Fu, James
黃品立醫生	心臟科專科	Dr. Wong Bun Lap, Bernard
梁展聰醫生	眼科專科	Dr. Liang C.C. Benedict
卜國成醫生	外科全科	Dr. Book Kwok Shing
鄧遠釗醫生	婦女科專科	Dr. Tang Yuen Chiu
趙　永醫生	兒科專科	Dr. Chiu W. Richard
何成枝醫生	泌尿外科專科	Dr. Ho Shing Chee, Sammy

第五篇

統計

1 國民收入及國際收支平衡

1.1 本地生產總值

年／季	以當年市價計算			以固定 2000 年價格計算			本地生產總值內含平減物價指數	
	總產值(億港元)	增長率(增減 %)	每人平均*(港元)	總產值(億港元)	增長率(增減 %)	每人平均*(港元)	指數(2000=100)	增長率(增減 %)
2003 年	12,079.03	-3.2	177,552	13,609.15	3.1	200,043	88.8	-6.1
2004 年	12,694.81	5.1	184,448	14,717.65	8.1	213,839	86.3	-2.8
第 1 季	3,020.86	3.0		3,458.17	7.3		87.4	-4.0
第 2 季	3,054.49	8.8		3,519.73	12.0		86.8	-2.8
第 3 季	3,230.12	3.9		3,789.09	6.6		85.2	-2.6
第 4 季	3,389.34	4.9		3,950.66	7.1		85.8	-2.1

註：* 一個國家或地區的“按人口平均計算的本地生產總值”是指把該國家或地區在某統計年的“本地生產總值”除以該國家或地區在該年的人口總數而得的數字。

1.2 按開支組成部分劃分的本地生產總值

(以當時市價計算)(單位：億港元)

組成部份	2003 年	2004 年	2004 年			
			第一季	第二季	第三季	第四季
本地生產總值	**12,079.03**	**12,694.81**	**3,020.86**	**3,054.49**	**3,230.12**	**3,389.34**
私人消費開支	**6,988.86**	**7,452.56**	**1,792.19**	**1,871.73**	**1,834.09**	**1,954.55**
本地市場內貨品及服務的消費開支	6,846.11	7,337.20	1,774.51	1,835.50	1,780.17	1,947.02
食品	867.27	894.48	193.32	240.76	218.95	241.45
消費品	2,119.38	2,440.26	590.37	591.21	587.96	670.72
耐用品	818.58	936.03	246.04	210.14	251.10	261.11
非耐用品	1,300.80	1,504.23	344.33	381.07	359.21	419.62
服務	3,859.46	4,002.46	990.82	1,003.53	973.26	1,034.85
本地居民在外地的開支	702.80	821.20	184.24	201.84	231.25	203.87
減非本地居民在本地市場的開支	560.05	705.84	166.56	165.61	177.33	196.34
政府消費開支	**1,301.38**	**1,272.06**	**344.05**	**296.45**	**312.00**	**319.56**
本地固定資本形成總額	**2,613.69**	**2,789.46**	**685.72**	**703.68**	**702.63**	**697.43**
樓宇及建設	1,164.19	1,092.78	280.48	260.23	268.67	283.40
私營部門	741.97	691.24	168.44	171.47	176.71	174.62
公營部門	422.22	401.54	112.04	88.76	91.96	108.78
擁有權轉讓費用	84.11	167.97	39.51	44.82	35.61	48.03
機器設備及電腦軟件	1,365.39	1,528.71	365.73	398.63	398.35	366.00
私營部門	1,273.05	1,442.75	333.48	381.19	382.51	345.57
公營部門	92.34	85.96	32.25	17.44	15.84	20.43
存貨增減	**91.11**	**55.48**	**94.89**	**85.01**	**-22.14**	**-102.28**
貨品出口與服務輸出	**21,042.64**	**24,442.98**	**5,303.52**	**5,926.30**	**6,581.31**	**6,631.85**
整體貨物出口(離岸價)	17,490.89	20,270.31	4,344.33	4,978.94	5,467.32	5,479.72
港產品出口	1,221.26	1,263.86	259.00	299.97	355.06	349.82
轉口	16,269.64	19,006.45	4,085.33	4,678.96	5,112.25	5,129.90
服務輸出	3,551.75	4,172.67	959.19	947.36	1,113.99	1,152.13
運輸	1,076.88	1,337.30	310.37	322.65	360.03	344.25
旅遊	555.75	701.45	165.46	164.51	176.24	195.24
商貿服務及其他與貿易相關的服務	1,301.83	1,463.56	312.42	303.00	408.59	439.55
其他服務	617.30	670.36	170.94	157.20	169.13	173.09
減:貨品進口與服務輸入	19,958.65	23,317.73	5,199.51	5,828.68	6,177.77	6,111.77
貨物進口	17,940.59	20,995.45	4,672.47	5,273.26	5,552.43	5,497.29
服務輸入	2,018.06	2,322.28	527.04	555.42	625.34	614.48
運輸	523.05	626.70	141.19	151.89	167.35	166.27
旅遊	891.33	1,033.47	234.83	256.50	284.34	257.80
商貿服務及其他與貿易相關的服務	160.08	180.58	37.16	36.96	50.49	55.97
其他服務	443.60	481.53	113.86	110.07	123.16	134.44

註：貨品出口包括以離岸價計算的本地產品出口和貨品轉口總值。貨品進口是指以離岸價計算的貨品進口總值。
非貨幣黃金的對外貿易亦包括在內。

1.3 按開支組成部分劃分的本地生產總值

(以固定2000年市價計算)(單位：億港元)

組成部份	2003年	2004年	2004年			
			第一季	第二季	第三季	第四季
本地生產總值	13,609.15	14,717.65	3,458.17	3,519.73	3,789.09	3,950.66
私人消費開支	7,584.93	8,107.84	1,946.07	2,304.20	2,006.20	2,121.37
政府消費開支	1,330.36	1,339.38	361.61	313.27	328.45	336.05
本地固定資本形成總額	3,434.18	3,574.57	869.81	892.66	925.88	886.22
存貨增減	103.54	51.27	96.27	86.44	-28.14	-103.30
整體貨物出口(離岸價)	22,738.05	26,209.07	5,727.99	6,364.25	7,028.80	7,088.03
貨物進口(離岸價)	21,581.91	24,564.48	5,543.58	6,171.09	6,472.10	6,377.71
服務輸出	3,870.43	4,452.22	1,028.35	1,008.17	1,190.13	1,225.57
服務輸入	1,985.88	2,198.06	510.71	528.38	588.06	570.91

註：貨品出口包括以離岸價計算的本地產品出口和貨品轉口總值。貨品進口是指以離岸價計算的貨品進口總值。
非貨幣黃金的對外貿易亦包括在內。

1.4 按主要組成部分劃分的本地生產總值實質變動率中所佔比率

(單位：%)

組成部份	2003年	2004年	2004年			
			第一季	第二季	第三季	第4季
私人消費開支	-1.1	6.9	5.7	10.9	5.3	5.9
政府消費開支	1.9	0.7	5.6	*	-1.3	-1.7
本地固定資本形成總額	0.9	4.1	5.1	11.5	2.1	-1.4
貨物出口(離岸價)	14.2	14.3	15.0	18.7	15.3	12.6
服務輸出 *	8.1	15.0	13.8	33.0	11.7	7.2
貨物進口(離岸價)	13.1	14.1	16.3	20.3	14.2	7.0
服務輸入	-2.1	10.7	3.5	30.1	7.2	6.2
本地生產總值	3.1	8.1	7.3	12.0	6.6	7.1

註：貨品出口包括以離岸價計算的本地產品出口和貨品轉口總值。貨品進口是指以離岸價計算的貨品進口總值。
非貨幣黃金的對外貿易亦包括在內。
* 所佔比率在 +/-0.05% 之內。

1.5 按經濟活動劃分的本地生產總值

(以當時市價計算)(單位：億港元)

	2003年	2004年	2004年			
			第一季	第二季	第三季	第四季
農業及漁業	8.98	9.04	2.34	2.37	1.97	2.37
採礦及採石業	1.88	1.56	0.38	0.39	0.37	0.43
製造業	537.02	552.48	124.71	132.35	149.93	145.50
電力、燃氣及水務業	417.51	423.83	90.73	104.22	126.90	101.98
建造業	589.31	539.08	131.75	127.70	134.02	145.61
服務業	11,530.71	12,548.12	2,930.75	2,995.51	3,224.41	3,397.45
批發、零售、進出口貿易及飲食及酒店業	3,699.26	4,189.50	932.06	950.84	1,124.25	1,182.35
批發及零售業	437.53	468.38	109.30	110.45	116.80	131.83
進出口貿易業	2,982.55	3,400.76	739.77	765.98	929.13	965.87
飲食及酒店業	279.17	320.36	82.99	74.41	78.31	84.65
運輸、倉庫及通訊業	1,378.50	1,612.98	373.04	382.44	422.01	435.49
運輸及倉庫業	1,023.84	1,209.94	277.17	285.95	318.21	328.60
通訊業	354.65	403.04	95.87	96.48	103.79	106.89
金融、保險、地產及商用服務業	3,113.07	3,362.17	822.45	828.06	825.62	886.03
金融及保險業	1,739.53	1,995.33	482.97	501.96	482.28	528.12
地產業	796.23	775.07	195.67	184.51	194.44	200.44
商用服務業	577.31	591.77	143.80	141.60	148.89	157.47
社區、社會及個人服務業	2,622.33	2,724.07	647.19	675.52	678.56	722.80
樓宇業權	1,687.77	1,728.43	422.23	423.35	438.91	443.95
減：非直接計算的金融中介服務調整	970.22	1,069.02	266.22	264.70	264.95	273.17
生產及入口稅	588.90	661.82	175.33	170.18	142.60	173.71
統計差額	-0.5	-0.1	0.1	-0.4	0.2	-0.4
以固定2000年市價計算的本地生產總值	13,609.15	14,717.65	3,458.17	3,519.73	3,789.09	3,950.66

1.6 按經濟活動劃分的本地生產總值的按年實質變動百分率

(以固定 2000 年市價計算)(單位：億港元)

	2003 年	2004 年	2004 年			
			第一季	第二季	第三季	第四季
農業及漁業	-5.6	0.7	*	-0.4	-1.5	4.4
採礦及採石業	2.2	-17.0	-17.4	-29.1	-19.6	4.9
製造業	9.1	2.9	1.8	1.1	3.4	5.0
電力、燃氣及水務業	1.8	1.5	2.8	1.2	1.2	1.1
建造業	-4.6	-8.5	-9.2	-10.7	-12.0	-2.3
服務業	4.5	8.8	8.3	12.7	7.4	7.4
批發、零售、進出口貿易及飲食及酒店業	9.2	13.3	12.1	20.0	12.4	9.9
批發及零售業	-0.4	7.1	6.3	13.5	4.7	4.7
進出口貿易業	19.4	14.0	13.6	19.2	13.8	10.7
飲食及酒店業	-7.6	14.8	7.3	42.3	8.4	9.5
運輸、倉庫及通訊業	1.1	17.0	13.3	25.3	15.5	15.0
運輸及倉庫業	3.8	18.2	12.0	29.0	16.6	16.6
通訊業	-10.0	13.6	17.3	15.3	12.2	10.5
金融、保險、地產及商用服務業	5.7	8.0	12.5	9.2	4.2	6.6
金融及保險業	5.3	14.7	24.5	16.2	9.7	10.0
地產業	1.6	-2.7	-1.9	-3.1	-5.8	0.3
商用服務業	0.4	2.5	-0.1	4.4	1.8	3.9
社區、社會及個人服務業	0.6	3.9	2.7	7.3	3.0	2.7
樓宇業權	2.2	2.4	1.1	2.8	2.5	3.2
非直接計算的金融中介服務調整	5	10.2	13.9	11.1	9.1	7.0
生產及入口稅	2.9	12.4	19.7	16.7	8.1	5.5
以固定 2002 年市價計算的本地生產總值	3.1	8.1	7.3	12.0	6.6	7.1

1.7 本地居民生產總值及對外要素收益流動

(以當時市價計算)(單位：億港元)

收益組成部分	2003年	2004年	2004年			
			第一季	第二季	第三季	第四季
直接投資收益						
流入總額	1,957.83	2,182.28	570.83	503.23	539.34	568.87
流出總額	2,545.94	2,954.96	737.66	703.71	661.50	852.09
流動淨值總計	-588.11	-772.68	-166.83	-200.48	-122.16	-283.21
有價證券投資收益						
流入總額	1,057.89	1,219.81	279.86	307.62	319.99	312.34
流出總額	280.16	311.05	41.65	134.14	78.67	56.58
流動淨值總計	777.74	908.76	238.2	173.48	241.31	255.76
其他投資收益						
流入總額	449.41	532.05	95.92	124.62	139.55	171.96
流出總額	282.25	358.94	65.96	80.40	97.72	114.86
流動淨值總計	167.17	173.11	29.97	44.21	41.83	57.10
僱員報酬						
流入總額	9.32	18.69	4.67	4.67	4.67	4.67
流出總額	24.70	24.82	6.18	6.19	6.26	6.19
流動淨值總計	-15.38	-6.13	-1.51	-1.52	-1.58	-1.52
對外要素收益流動總額						
流入總額	3,474.47	3,952.83	951.29	940.14	1,003.55	1,057.85
流出總額	3,133.05	3,649.77	851.45	924.45	844.15	1,029.72
流動淨值總額	341.42	303.06	99.83	15.70	159.40	28.13
本地生產總值	12,079.03	12,694.81	3,020.86	3,054.49	3,230.12	3,389.34
按人口平均計算的						
本地生產總值(港元)	177,552	184,448	-	-	-	-
本地居民生產總值	12,420.45	12,997.87	3,120.69	3,070.19	3,389.52	3,417.47
按人口平均計算的						
本地居民生產總值*(港元)	182,570	188,851	-	-	-	-
本地居民可支配總收入**	12,277.44	12,843.58	3,083.13	3,034.80	3,349.17	3,376.47

註：* 一個國家或地區的“按人口平均計算的本地生產總值”是指把該國家或地區在某統計年的“本地居民生產總值”除以該國家或地區在該年的人口總數而得的數字。

** 本地居民可支配總收入是將本地居民生產總值加上經常轉移淨值計算而得。這指標反映本地居民可用於最終消費和儲蓄總額的收入。

1.8 實質本地總收入及居民總收入

(以 2000 年價格計算的，單位：億港元)

	本地生產總值(以 2000 年價格計算)(1)	貿易價格比率變動的調整(A)(2)	實質本地總收入(B)(3)=(1)+(2)	實質對外要素收益流動淨值(C)(4)	實質本地居民總收入(D)(5)=(3)+(4)	本地居民生產總值(以 2000 年價格計算)(6)=(1)+(4)
2003 年	13,609.15	16.84	13,625.99	383.72	14,009.71	13,992.87
第一季	3,222.79	31.21	3,254.00	242.15	3,496.15	3,464.94
第二季	3,142.48	19.79	3,162.27	11.74	3,174.01	3,154.22
第三季	3,553.70	9.65	3,563.35	75.45	3,638.80	3,629.15
第四季	3,690.18	-43.81	3,646.37	54.38	3,700.75	3,744.56
2004 年	14,717.65	-464.87	14,252.78	343.76	14,596.54	15,061.41
第一季	3,458.17	-73.52	3,384.65	112.05	3,496.70	3,570.22
第二季	3,519.73	-89.81	3,429.92	17.66	3,447.58	3,537.39
第三季	3,789.09	-133.93	3,655.16	182.28	3,837.44	3,971.37
第四季	3,950.66	-167.61	3,783.05	31.77	3,814.82	3,982.43

註：(A)貿易價格比率變動的調整

$$= \frac{\text{以當時價格計算的出口總額}}{\text{進口的價格指數}} - \frac{\text{以當時價格計算的出口總額}}{\text{出口的價格指數}}$$

這裏的“貿易”包括貨物貿易及服務貿易。

(B)實質本地總收入是將本地生產總值加上貿易價格比率變動的調整計算而得。這指標所量度的實質本地總收入，能反映實質生產額的對外購買力。

(C)實質對外要素收益流動淨值的數字是將名義對外要素收益流動淨值用本地內部需求內含平減物價指數予以平減。

本地內部需求 = 私人消費開支 + 政府消費開支 + 本地固定資本形成 + 存貨增減

(D)實質本地居民總收入是將實質對外要素收益流動淨值加進實質本地總收入。它是量度一經濟體系的居民所賺取的總收入所帶來的實質購買力。

1.9 香港國際收支平衡表

(單位：億港元)

標準組成部分	2003年	2004年	2004年			
			第一季	第二季	第三季	第四季
經常賬(1)	1,282.40	1,274.01	166.29	77.93	522.58	507.21
貨物	-449.70	-725.14	-328.14	-294.32	-85.11	-17.57
服務	1,533.69	1,850.39	432.15	391.94	488.65	537.65
收益	341.42	303.06	99.83	15.70	159.40	28.13
經常轉移	-143.01	-154.29	-37.56	-35.39	-40.35	-41.00
資本及金融賬(1)	-1,790.86	-1,363.38	-334.34	-312.41	-374.82	-341.81
非儲備性質的資本及金融資產(變動淨值)(2)	-1,632.05	-1,087.07	19.20	-390.68	-565.97	-149.63
資本轉移	-82.92	-21.45	1.66	-1.42	-13.76	-7.93
非儲備性質的金融資產(變動淨值)(2)	-1,632.05	-1,087.07	19.20	-390.68	-565.97	-149.63
直接投資	633.72	-444.06	-1,038.80	273.26	-55.43	376.91
有價證券投資	-2,646.19	-2,513.46	-1,563.55	-1,065.59	-414.54	530.22
金融衍生工具	782.88	488.27	121.30	111.91	64.47	190.59
其他投資	-402.47	1,382.18	2,500.25	289.74	-160.46	-1,247.35
儲備資產(變動淨值)(2)	-75.89	-254.86	-355.20	79.69	204.92	-184.26
淨誤差及遺漏(3)	508.46	89.37	168.05	234.48	-147.77	-165.40
整體的國際收支	75.89	254.86	355.20	-79.69	-204.92	184.26
	(盈餘)	(盈餘)	(盈餘)	(赤字)	(赤字)	(盈餘)

註：(1) 根據國際收支平衡表的會計常規，經常賬差額的正數顯示盈餘而負數顯示赤字。在資本及金融賬方面，正數顯示淨資金流入而負數顯示淨資金流出。由於對外資產的增加是屬於借方賬目而減少則屬貸方賬目，因此負數的儲備資產變動淨值顯示儲備資產的增加，而正數則顯示減少。

(2) 在國際收支平衡架構下儲備及非儲備資產變動淨值的估計是指交易數字。因計價方式改變(包括價格變動及匯率變動)及分類重組所導致的影響並不包括在內。

(3) 原則上，貸方和借方各項賬目的淨總和應相等於零。但實際上，貸方和借方賬目的資料是透過不同的來源搜集，基於各種原因會有差異。為了令貸方和借方賬目的總和相等，便須加進一個餘額項目，以反映平衡表的淨誤差及遺漏。

1.10 香港國際收支平衡表分項：經常賬

(單位：億港元)

標準組成部分	2003年	2004年	2004年			
			第一季	第二季	第三季	第四季
經常賬(1)	**1,282.40**	**1,274.01**	**166.29**	**77.93**	**522.58**	**507.21**
貸方(2)	24,558.28	28,441.71	6,267.84	6,875.85	7,595.86	7,702.16
借方(2)	-23,275.88	-27,167.69	-6,101.55	-6,797.92	-7,073.28	-7194.95
貨物	**-449.70**	**-725.14**	**-328.14**	**-294.32**	**-85.11**	**-17.57**
貸方	17,490.89	20,270.31	4,344.33	4,978.94	5,467.32	5,479.72
借方	-17,940.59	-20,995.45	-4,672.47	-5,273.26	-5,552.43	-5,497.29
服務	**1,533.69**	**1,850.39**	**432.15**	**391.94**	**488.65**	**537.65**
貸方	3,551.75	4,172.67	959.19	947.36	1,113.99	1,152.13
借方	-2,018.06	-2,322.28	-527.04	-555.42	-625.34	-614.48
運輸服務，貸方	1,076.88	1,337.30	310.37	322.65	360.03	344.25
運輸服務，借方	-523.05	-626.70	-141.19	-151.89	-167.35	-166.27
旅遊，貸方	555.75	701.45	165.46	164.51	176.24	195.24
旅遊，借方	-891.33	-1,033.47	-234.83	-256.50	-284.34	-257.8
保險服務，貸方	30.65	32.95	7.62	8.46	7.81	9.06
保險服務，借方	-48.40	-54.71	-11.56	-13.46	-13.32	-16.37
金融服務，貸方	220.56	254.76	66.56	61.72	62.29	64.19
金融服務，借方	-52.41	-58.79	-14.71	-14.15	-14.23	-15.70
其他服務，貸方	1,667.92	1,846.21	409.18	390.02	507.62	539.39
其他服務，借方	-502.87	-548.61	-124.75	-119.42	-146.10	-158.34
收益	**341.42**	**303.06**	**99.83**	**15.70**	**159.40**	**28.13**
貸方	3,474.47	3,952.83	951.29	940.14	1,003.55	1,057.85
借方	-3,133.05	-3,649.77	-851.45	-924.45	-844.15	-1,029.72
投資收益，貸方	3,465.14	3,934.14	946.61	935.47	998.88	1,053.18
直接投資收益	1,957.83	2,182.28	570.83	503.23	539.34	568.87
股息及已分發的分行利潤	1,226.75	1,342.52	178.17	305.29	427.95	431.11
再投資收益及未分發的分行利潤	696.16	786.69	381.78	186.08	99.60	119.23
債務收益(利息)	34.93	53.07	10.88	11.86	11.79	18.53
有價證券投資收益	1,057.89	1,219.81	279.86	307.62	319.99	312.34
股本收益	365.24	473.03	98.11	124.91	133.80	116.20
中長期債券收益	648.58	696.55	170.47	170.64	172.86	182.58
貨幣市場工具收益	44.07	50.23	11.28	12.07	13.33	13.56
其他投資收益	449.41	532.05	95.92	124.62	139.55	171.96
投資收益，借方	-3,108.35	-3,624.96	-845.27	-918.25	-837.90	-1,023.53
直接投資收益	-2,545.94	-2,954.96	-737.66	-703.71	-661.50	-852.09
股息及已分發的分行利潤	-1,244.19	-1,182.82	-264.75	-342.89	-319.94	-255.25
再投資收益及未分發的分行利潤	-1,247.91	-1,722.82	-461.32	-349.27	-328.29	-583.94
債務收益(利息)	-53.85	-49.31	-11.60	-11.55	-13.27	-12.89
有價證券投資收益	-280.16	-311.05	-41.65	-134.14	-78.67	-56.58
股本收益	-247.04	-284.21	-35.92	-128.51	-71.14	-48.64
中長期債券收益	-31.46	-26.33	-5.60	-5.47	-7.42	-7.85

標準組成部分	2003年	2004年	2004年			
			第一季	第二季	第三季	第四季
貨幣市場工具收益	-1.65	-0.52	-0.14	-0.17	-0.11	-0.10
其他投資收益	-282.25	-358.94	-65.96	-80.40	-97.72	-114.86
僱員報酬，貸方	9.32	18.69	4.67	4.67	4.67	4.67
僱員報酬，借方	-24.70	-24.82	-6.18	-6.19	-6.26	-6.19
經常轉移	**-143.01**	**-154.29**	**-37.56**	**-35.39**	**-40.35**	**-41.00**
貸方	41.17	45.90	13.03	9.41	11.01	12.46
政府機構	0	0	0	0	0	0
其他界別	41.17	45.90	13.03	9.41	11.01	12.46
借方	-184.18	-200.19	-50.59	-44.79	-51.36	-53.45
政府機構	-13.34	-13.30	-3.61	3.38	3.18	3.13
其他界別	-170.84	-186.90	-46.98	-41.42	-48.18	-50.32

註：(1)根據國際收支平衡表的會計常規，經常賬差額的正數顯示盈餘而負數則顯示赤字。
(2)在國際收支平衡表內，每項對外交易均由兩項賬目(貸方和借方)作記錄。在經常賬中，貨物及服務的輸出、從外地流入的收益及轉移均屬貸方賬目，而借方賬目是指貨物及服務的輸入、收益流出以及往外地的轉移的輸出、從外地流入的收益及轉移均屬貸方賬目，而借方賬目是指貨物及服務的輸入、收益流出以及往外地的轉移。

1.11 香港國際收支平衡表分項：資本及金融賬

(單位：億港元)

標準組成部分	2003年	2004年	2004年			
			第一季	第二季	第三季	第四季
資本及金融賬(1)	**-1,790.86**	**-1,363.38**	**-334.34**	**-312.41**	**-374.82**	**-341.81**
資本賬	**-82.92**	**-21.45**	**1.66**	**-1.42**	**-13.76**	**-7.93**
資本轉移	-82.92	-21.45	1.66	-1.42	-13.88	-7.93
非生產及非金融資產	*	*	*	*	*	*
金融賬	**-1,707.94**	**-1,341.93**	**-336.00**	**-311.00**	**-361.05**	**-333.88**
非儲備性質的資本及金融資產(變動淨值)	**-1,632.05**	**-1,087.07**	**19.20**	**-390.68**	**-565.97**	**-149.63**
直接投資	**633.72**	**-444.06**	**-1,038.80**	**273.26**	**-55.43**	**376.91**
在外地的直接投資	-429.37	-3,094.99	-1,555.74	-286.16	-910.02	-343.07
股本資本	-240.86	-807.70	-62.35	-118.59	-526.40	-100.38
再投資收益	-696.16	-786.69	-381.78	-186.06	-99.60	-119.23
其他資本	507.64	-1,500.60	-1,111.62	18.51	-284.03	-123.46
在香港的直接投資	1,063.10	2,650.93	516.94	559.42	854.59	719.98
股本資本	46.48	252.26	36.28	3.45	165.78	46.74
再投資收益	1,247.91	1,722.82	461.32	349.27	328.29	583.94
其他資本	-231.29	675.84	19.34	206.70	360.52	89.29
有價證券投資	**-2,646.19**	**-2,513.46**	**-1,563.55**	**-1,065.59**	**-411.54**	**530.22**
資產	-2,753.41	-2,874.69	-1,661.88	-782.58	-586.17	155.93
股本證券	-774.61	-2,161.02	-1,148.53	-718.67	-516.11	222.28

標準組成部分	2003年	2004年	2004年			
			第一季	第二季	第三季	第四季
債務證券	-1,978.80	-713.67	-513.34	-63.91	-70.06	-66.36
中長期債券	-1,852.00	-577.06	-354.65	-33.49	-80.88	-108.04
貨幣市場工具	-126.80	-136.61	-158.69	-30.42	10.82	41.68
負債	107.21	361.23	98.33	-283.01	171.63	374.29
股本證券	448.79	236.05	76.71	-274.26	29.02	404.58
債務證券	-341.57	125.18	21.62	-8.75	142.61	-30.30
中長期債券	-297.97	115.66	7.72	26.27	126.99	-45.32
貨幣市場工具	-43.61	9.52	13.90	-35.02	15.62	15.03
金融衍生工具	**782.88**	**488.27**	**121.30**	**111.91**	**64.47**	**190.59**
資產	2,336.82	1,412.99	328.42	403.65	247.31	433.61
負債	-1,553.94	-924.72	-207.11	-291.74	-182.85	-243.02
其他投資	**-402.47**	**1,382.18**	**2,500.25**	**289.74**	**-160.46**	**-1,247.35**
資產	2,224.73	-3,223.38	-174.48	-1,371.51	153.87	-1,831.26
貿易信貸	-549.07	-221.15	-43.76	-113.38	-73.13	9.12
貸款	307.65	-329.51	350.31	155.91	-114.59	-721.14
貨幣和存款	-1,959.68	-2,778.98	-486.29	-1,374.08	215.84	-1,134.45
其他資產	-23.63	106.25	5.25	-39.96	125.76	15.21
負債	1,822.26	4,605.56	2,674.73	1,661.24	-314.33	583.92
貿易信貸	143.86	89.85	-13.06	27.69	35.23	39.98
貸款	61.10	134.98	72.65	-97.84	38.19	121.98
貨幣和存款	1,617.79	4,379.99	2,545.39	1,743.19	-335.65	427.06
其他負債	-0.49	0.74	69.75	-11.80	-52.10	-5.10
儲備資產(變動淨值)(2)	**-75.89**	**-254.86**	**-355.20**	**79.69**	**204.92**	**-184.26**

註：(1)根據國際收支平衡表的會計常規，經常賬差額的正數顯示盈餘而負數顯示赤字。在資本及金融賬方面，正數顯示淨資金流入而負數顯示淨資金流出。由於對外資產的增加是屬於借方賬目而減少則屬貸方賬目，因此負數的儲備資產變動淨值顯示儲備資產的增加，而正數則顯示減少。
(2)在國際收支平衡架構下儲備資產變動淨值的估計是指交易數字。因計價方式改變(包括價格變動及匯率變動)及分類重組所導致的影響並不包括在內。
* 交易數據不顯著(少於1,000萬元)。

1.12 香港對外債務統計(年末頭寸)

(單位：億港元)

對外債務頭寸總額	2003年	2004年	2004年			
			第一季	第二季	第三季	第四季
政府機構	0	124.67	0	11.64	125.95	124.67
短期	0	1.49	0	1.48	1.48	1.49
貨款市場工具	0	1.49	0	1.48	1.48	1.49
貸款	0	0	0	0	0	0
貿易信貸	0	0	0	0	0	0

對外債務頭寸總額	2003年	2004年	2004年			
			第一季	第二季	第三季	第四季
其他債務負債	0	0	0	0	0	0
長期	0	123.18	0	10.16	124.47	123.18
中長期債券	0	123.18	0	10.16	124.47	123.18
貸款	0	0	0	0	0	0
貿易信貸	0	0	0	0	0	0
其他債務負債	0	0	0	0	0	0
金融當局	10.68	3.00	9.67	23.23	37.77	3.00
短期	10.39	1.60	9.28	22.91	36.83	1.60
貨款市場工具	*	*	*	*	*	*
貸款	8.93	0	7.65	21.38	35.41	0
貨幣和存款	0	0	0	0	0	0
其他債務負債	1.46	1.60	1.63	1.53	1.42	1.60
長期	0.29	1.40	0.39	0.32	0.93	1.40
中長期債券	0.29	1.40	0.39	0.32	0.93	1.40
貸款	0	0	0	0	0	0
其他債務負債	0	0	0	0	0	0
銀行	18,821.66	23,210.68	21,013.22	22,989.22	22,678.28	23,210.68
短期	18,484.39	22,762.13	20,663.93	22,630.77	22,262.59	22,762.13
貨款市場工具	223.92	232.85	235.82	205.32	214.68	282.85
貸款	341.16	364.85	321.05	340.82	312.10	364.85
貨款和存款	17,889.35	22,097.78	19,955.00	21,934.25	21,615.84	22,097.78
其他債務負債	29.96	66.65	152.06	150.38	119.98	66.65
長期	337.27	448.55	349.29	358.45	415.69	448.55
中長期債券	201.88	284.27	202.06	220.40	266.11	284.27
貸款	94.63	125.17	100.28	103.41	110.67	125.17
其他債務負債	40.76	39.10	46.95	34.64	38.91	39.10
其他界別	2,486.65	2,370.76	3,257.37	2,146.66	2,267.66	2,370.76
短期	955.17	907.44	911.52	790.48	824.60	907.44
貨款市場工具	23.32	17.72	26.85	20.57	19.74	17.72
貸款	263.47	237.67	369.25	266.94	240.51	237.67
貨款和存款	8.13	12.29	17.52	9.04	8.97	12.29
貿易信貸	435.58	480.38	259.91	330.22	392.81	480.38
其他債務負債	224.67	159.37	237.99	163.71	162.57	159.37
長期	1,531.48	1,463.32	1,445.85	1,356.17	1,443.06	1,463.32
中長期債券	297.46	223.64	320.45	300.31	291.05	223.64
貸款	987.00	974.19	930.40	856.43	925.33	974.19
貿易信貸	16.32	12.73	8.29	9.66	10.57	12.73
其他債務負債	230.70	252.77	186.72	189.77	216.11	252.77
直接投資：公司間借貸	7,614.35	7,951.50	6,799.63	7,402.79	7,762.53	7,951.50
對有聯繫企業的債務負債	2,497.81	1,756.10	1,592.91	1,767.54	1,775.30	1,756.10
對直接投資者的債務負債	5,116.54	6,195.40	5,206.72	5,635.26	5,987.23	6,195.40

註：少於1,000萬元。

2 人口與家庭

2.1 人口總數及構成

	2003年	2004年
人口總數(萬人)(截至2004年年中)	680.3	688.0
港島	126.0	126.0
九龍	202.0	204.0
新界	352.0	358.0
整體人口密度(人)		
每平方公里	6,300	6,380
人口密度最高的區議會分區是觀塘區		
每平方公里	50,820	50,910
面積(平方公里)	1,103.0	1,104.0
港島和鄰近島嶼	81.0	81.0
九龍	47.0	47.0
新界 ---- 大陸	747.0	748.0
新界 ---- 離島	228.0	228.0
大嶼山	146.5	146.5
其他	81.5	81.6
自1887年以來填海所得土地	67.0	67.0
年齡結構(歲)		
中位數	38.0	38.6
15歲以下(%)	15.7	15.1
65歲以上(%)	11.7	11.9
性別比率(每百名男性相對女性的比率)	93.9	92.9
15歲以下(%)	106.5	106.6
65歲以上(%)	86.3	86.5
粗出生率(每百人計算)	0.68	0.72#
粗死亡率 (每百人計算)	0.54	0.53#
出生時平均預期壽命(年)		
男性	78.6	78.6#
女性	84.3	84.6#
國籍		
華裔佔大多數(%)	95.0	95.0
持外國護照總人數(個人)(2004年年底)	523,880	524,200
菲律賓	132,770	129,760
印尼	95,460	105,710
美國	31,130	29,900
泰國	28,820	28,550
加拿大	29,260	26,650
印度	21,760	21,880
澳洲	19,600	18,670
尼泊爾	17,650	17,960
英國	19,900	17,780
馬來西亞	14,180	14,280

註：# 臨時數字。

2.2 按性別及年齡劃分的人口數目

年齡組別	2003年底		2004年年中		2004年底	
	人數	百分率	人數	百分率	人數	百分率
男性						
15歲以下	541,100	16.4	536,500	7.8	529,400	7.7
15-24	449,300	13.7	453,700	6.6	452,200	6.6
25-34	474,600	14.4	474,100	6.9	470,400	6.8
35-44	609,600	18.5	607,600	8.8	599,300	8.7
45-54	548,700	16.7	559,500	8.1	563,200	8.2
55-64	293,600	8.9	304,200	4.4	314,700	4.6
65歲及以上	374,900	11.4	379,900	5.5	385,300	5.6
總計	3,291,800	100.0	3,315,500	48.2	3,314,500	48.1
女性						
15歲以下	508,100	14.4	503,200	7.3	495,800	7.2
15-24	439,200	12.5	446,800	6.5	448,000	6.5
25-34	585,500	16.6	587,700	8.5	581,700	8.4
35-44	727,600	20.7	737,600	10.7	737,400	10.7
45-54	557,600	15.9	573,100	8.3	581,700	8.4
55-64	266,800	7.6	279,800	4.1	292,400	4.2
65歲及以上	433,500	12.3	438,900	6.4	444,000	6.4
總計	3,518,300	100.0	3,567,100	51.8	3,581,000	51.9
合計						
15歲以下	1,049,200	15.4	1,039,700	15.1	1,025,200	14.9
15-24	888,500	13.1	900,500	13.1	900,200	13.1
24-34	1,060,100	15.6	1,061,800	15.4	1,052,100	15.3
35-44	1,337,200	19.6	1,345,200	19.5	1,336,700	19.4
45-54	1,106,300	16.2	1,132,600	16.5	1,144,900	16.6
55-64	560,400	8.3	584,000	8.5	607,100	8.8
65歲及以上	808,400	11.9	818,800	11.9	829,300	12.0
總計	6,810,100	100.0	6,882,600	100.0	6,895,500	100.0

2.3 按住戶人數劃分的家庭住戶數目

住戶人數	2003年		2004年							
	第四季		第一季		第二季		第三季		第四季	
	萬戶	佔%	萬戶	佔%	萬戶	佔%	萬戶	佔%	萬戶	佔%
1	30.95	14.2	30.48	13.9	30.37	13.7	31.65	14.2	32.98	14.7
2	49.22	22.5	50.46	23.0	51.16	23.1	52.38	23.5	52.36	23.4
3	48.81	22.3	49.93	22.8	51.34	23.2	50.44	22.6	50.19	22.4
4	54.04	24.7	53.41	24.3	53.54	24.2	53.35	23.9	53.74	24.0
5	24.32	11.1	24.22	11.0	25.12	11.3	25.14	11.3	24.42	10.9
>6	11.19	5.1	10.86	4.9	9.98	4.5	10.04	4.5	10.34	4.6
總計	218.53	100.0	219.36	100.0	221.51	100.0	223.00	100.0	224.04	100.0
家庭住戶平均人數	3.2		3.2		3.1		3.1		3.1	

2.4 按房屋類型及居處租住權劃分的家庭住戶數目

	2003年		2004年							
	第四季		第一季		第二季		第三季		第四季	
	萬人	佔%	萬人	佔%	萬人	佔%	萬人	佔%	萬人	佔%
房屋類型										
公營租住房屋	68.54	31.4	67.73	30.9	67.67	30.5	69.40	31.1	69.46	31.0
資助出售單位*	36.96	16.9	37.08	16.9	37.30	16.8	37.09	16.6	36.62	16.3
私人永久性房屋**	110.91	50.8	112.11	51.1	114.07	51.5	114.61	51.4	115.10	51.4
臨時房屋	2.12	1.0	2.44	1.1	2.48	1.1	1.90	0.9	2.86	1.3
總計	218.53	100.0	219.36	100.0	221.51	100.0	223.00	100.0	224.04	100.0
居所租住權										
自置居所住戶	116.07	53.1	118.26	53.9	119.70	54.0	119.75	53.7	119.48	53.3
全租戶	87.73	40.1	87.17	39.7	87.60	39.5	89.35	40.1	90.66	40.5
合租戶	4.33	2.0	4.23	1.9	4.30	1.9	4.21	1.9	3.88	1.7
居處由僱主提供	5.02	2.3	4.62	2.1	4.82	2.2	4.75	2.1	5.19	2.3
其他***	4.38	2.5	5.08	2.3	5.08	2.3	4.92	2.2	4.83	2.2
總計	218.53	100.0	219.36	100.0	221.51	100.0	223	100.0	224.04	100.0

註：* 包括香港房屋委員會的居者有其屋計劃、中等入息家庭房屋計劃、私人機構參建居屋計劃、可租可買計劃及重建置業計劃下興建的屋宇單位，以及租者置其屋計劃下出售的屋宇單位。亦包括香港房屋協會的住宅發售計劃及夾心階層住屋計劃下興建的屋宇單位。自2002年第1季起，可在公開市場買賣的資助出售單位，則不包括在內。

** 包括私人房屋、香港房屋協會的市區改善計劃下興建的屋宇單位、別墅／平房／新型村屋、簡單磚石蓋搭建築物及其他永久性房屋。自2002年第1季起，可在公開市場買賣的資助出售單位亦包括在內。

*** 包括二房東、三房客及免租戶。

2.5 按住戶每月入息劃分的家庭住戶數目

住戶每月入息（港元）	2003年 第四季		2004年 第一季		2004年 第二季		2004年 第三季		2004年 第四季	
	萬戶	佔%	萬戶	佔%	萬戶	佔%	萬戶	佔%	萬戶	佔%
< 4,000	19.92	9.1	20.02	9.1	18.47	8.3	19.38	8.7	19.67	8.8
4,000-5,999	14.24	6.5	14.40	6.6	14.57	6.6	15.60	7.0	15.13	6.8
6,000-7,999	16.40	7.5	16.13	7.4	16.50	7.4	16.39	7.3	17.39	7.8
8,000-9,999	17.10	7.8	16.70	7.6	17.95	8.1	17.78	8.0	17.66	7.9
10,000-14,999	36.73	16.8	35.56	16.2	38.11	17.2	36.42	16.3	36.76	16.4
15,000-19,999	27.00	12.4	26.21	12.0	27.62	12.5	27.88	12.5	27.92	12.5
20,000-24,999	21.62	9.9	20.56	9.4	22.03	9.9	22.08	9.9	22.56	10.1
25,000-29,999	14.59	6.7	14.10	6.4	15.54	7.0	15.24	6.8	15.16	6.8
30,000-39,999	19.78	9.1	20.35	9.3	20.17	9.1	21.14	9.5	20.76	9.3
40,000-49,999	10.68	4.9	11.59	5.3	11.13	5.0	11.55	5.2	10.94	4.9
> 50,000	20.47	9.4	23.72	10.8	19.42	8.8	19.54	8.8	20.07	9.0
總計	218.53	100.0	219.36	100.0	221.51	100.0	223.00	100.0	224.04	100.0
中位數(港元)	15,000		15,700		15,200		15,300		15,300	

註：* 收入包括農曆年花紅 / 雙糧。

2.6 按區議會分區劃分的年中人口

(單位：萬人)

區議會分區	2003 年	2004 年
香港島	126.29	126.11
中西區	23.64	23.99
灣仔	14.99	14.99
東區	59.53	59.19
南區	28.14	27.93
九龍	201.96	204.17
油尖旺	27.89	29.64
深水埗	35.56	36.45
九龍城	36.62	36.58
黃大仙	44.62	44.14
觀塘	57.27	57.36
新界	351.60	357.57
葵青	50.17	50.45
荃灣	27.15	27.43
屯門	50.65	50.00
元朗	52.63	53.85
北區	29.64	29.66
大埔	30.27	30.29
沙田	62.90	62.67
西貢	37.09	40.88
離島	11.10	12.34
陸上總計	679.84	687.85
加：水上人口	0.46	0.41
總人口	680.31	688.26

2.7 2004年年中按區議會分區及性別劃分的陸上住戶人口數目

(單位：萬人)

區議會分區	性別			性別比率(1)
	男	女	總計	
香港島	57.14	67.98	125.12	84.1
中西區	10.71	13.21	23.92	81.1
灣仔	6.48	8.46	14.94	76.6
東區	27.07	31.97	59.04	84.7
南區	12.88	14.34	27.22	89.8
九龍	97.96	105.35	203.31	93.0
油尖旺	13.78	15.86	29.64	86.9
深水埗	17.46	18.66	36.12	93.5
九龍城	17.55	18.99	36.54	92.4
黃大仙	21.67	22.19	43.86	97.6
觀塘	27.51	29.64	57.14	92.8
新界	174.03	181.11	355.14	96.1
葵青	25.06	25.11	50.17	99.8
荃灣	13.24	14.14	27.38	93.7
屯門	24.72	24.88	49.6	99.3
元朗	26.35	27.33	53.68	96.4
北區	14.56	14.87	29.44	97.9
大埔	14.53	15.62	30.15	93.0
沙田	30.48	31.84	62.32	95.7
西貢	19.43	21.12	40.55	92.0
離島	5.65	6.19	11.84	91.3
合計	329.13	354.43	683.56	92.9

註：性別比率是指在人口中相對每 100 名女性的男性數目。

2.8 2004年年中按區議會分區及年齡劃分的陸上住戶人口數目

區議會分區	年齡組別						年齡中位數
	0-14	15-24	25-44	45-64	≧ 65	總計	
香港島	17.07	14.84	44.87	32.3	16.04	125.12	39
中西區	3.13	2.86	8.93	6.03	2.97	23.92	39
灣仔	1.77	1.54	5.30	4.23	2.09	14.94	40
東區	8.19	6.94	20.76	15.30	7.85	59.04	40
南區	3.97	3.50	9.88	6.74	3.12	27.22	38
九龍	27.69	24.73	68.11	50.66	32.13	203.31	40
油尖旺	4.00	3.55	10.98	7.52	3.59	29.64	38
深水埗	4.55	4.96	11.18	9.53	5.90	36.12	40
九龍城	5.14	3.89	12.67	9.25	5.58	36.54	40
黃大仙	6.04	5.34	14.45	10.30	7.73	43.86	40
觀塘	7.95	6.98	18.82	14.06	9.33	57.14	40
新界	59.00	50.05	126.28	88.16	31.65	355.14	36
葵青	7.73	6.75	17.16	12.45	6.08	50.17	37
荃灣	4.31	2.91	10.47	7.02	2.67	27.38	38
屯門	7.86	7.34	17.60	13.44	3.35	49.60	36
元朗	10.84	7.27	19.58	11.71	4.28	53.68	34
北區	4.78	4.80	9.75	7.22	2.89	29.44	37
大埔	4.73	4.96	10.08	8.10	2.28	30.15	37
沙田	9.01	9.29	21.59	16.48	5.96	62.32	37
西貢	7.33	5.39	15.34	9.40	3.09	40.55	35
離島	2.40	1.35	4.70	2.34	1.06	11.84	36
合計	103.75	89.62	239.25	171.12	79.82	683.56	38

3 勞動人口及就業人數

3.1 勞動人口及就業人數統計

	2003年	2004年			
	第四季末	第一季末	第二季末	第三季末	第四季末
勞動人口(萬人)					
勞動人口	350.45	350.64	352.27	353.15	355.54
男	196.36	195.79	196.46	196.35	196.50
女	154.10	154.85	155.81	156.80	159.04
勞動人口參與率(%)	61.1	61.3	61.3	61.3	61.3
男	71.8	71.8	71.9	71.8	71.4
女	51.4	51.8	51.7	51.8	52.3
失業(萬人)					
失業人數	25.42	24.95	24.02	24.89	22.69
男	16.38	16.43	15.44	15.67	13.77
女	8.94	8.52	8.58	9.22	8.92
失業率(%)					
不經季節性調整	7.3	7.1	6.8	7.0	6.4
就業					
就業人數(萬人)	325.04	325.69	328.24	328.26	332.85
男	179.27	179.36	180.02	180.68	182.73
女	144.26	146.33	147.22	147.59	150.12
統計前七天內工作時數中位數(時數)	48	48	48	48	48
每月就業收入中位數(港元)	9,500	10,000* 9,500**	9,500	9,500	9,500
男	11,000	11,000	11,000	11,000	11,000
女	7,900	8,000	8,000	8,000	7,800
就業不足					
就業不足人數(萬人)	11.61	11.87	12.24	11.29	11.08
就業不足率(%)	3.3	3.4	3.5	3.2	3.1
家庭住戶					
家庭住戶數目	219.29	219.36	221.51	223.00	224.04
家庭住戶平均人數	3.1	3.1	3.1	3.1	3.1
家庭住戶每月入息中位數(港元)	15,000	15,800* 15,000**	15,400	15,500	15,500

註：* 包括農曆年花紅 / 雙糧。
** 不包括農曆花紅 / 雙糧。

3.2 按經濟活動身份、教育程度、職業、工作時數劃分的就業人數

	2003年		2004年							
	第四季末		第一季末		第二季末		第三季末		第四季末	
	萬人	比率	萬人	比率	萬人	比率	萬人	比率	萬人	比率
經濟活動身份										
僱員	284.68	87.6	284.67	87.4	286.29	87.2	288.00	87.7	292.50	87.9
僱主	15.45	4.8	15.73	4.8	16.27	5.0	15.33	4.7	14.77	4.4
自營作業者	22.42	6.9	22.75	7.0	23.26	7.1	22.57	6.9	23.03	6.9
無報酬的家庭僱員	2.49	0.8	2.54	0.8	2.42	0.7	2.37	0.7	2.55	0.8
合計	325.04	100.0	325.69	100.0	328.24	100.0	328.26	100.0	332.85	100.0
教育程度										
幼稚園或以下	3.97	1.2	3.81	1.2	4.05	1.3	3.59	1.1	3.51	1.1
小學	45.22	13.9	43.59	13.4	43.44	13.2	43.80	13.3	44.82	13.5
中學	184.85	56.9	186.67	57.3	189.04	57.6	187.75	57.2	189.22	56.8
專上教育										
非學位	31.34	9.6	31.01	9.5	30.57	9.3	31.48	9.6	31.08	9.3
學位	59.66	18.4	60.61	18.6	61.15	18.6	61.64	18.8	64.23	19.3
合計	325.04	100.0	325.69	100.0	328.24	100.0	328.26	100.0	332.85	100.0
職業類別										
經理及行政級人員	27.06	8.3	27.55	8.6	28.09	8.6	26.63	8.1	29.13	8.8
專業人員	20.11	6.2	19.82	6.1	20.41	6.2	21.30	6.5	21.90	6.6
助理專業人員	58.30	17.9	59.72	18.3	60.61	18.5	60.35	18.4	61.49	18.5
文員	53.48	16.5	54.29	16.7	54.61	16.6	55.25	16.8	53.17	16.0
服務工作及商店銷售人員	50.20	15.4	51.33	15.8	52.52	16.0	50.90	15.5	52.49	15.8
工藝及有關工人	27.37	8.4	26.10	8.0	27.19	8.3	27.64	8.4	27.49	8.3
機台及機器操作員及裝配員	23.72	7.3	23.82	7.3	23.74	7.2	23.87	7.3	23.93	7.2
非技術工人	63.95	19.7	61.55	18.9	61.82	18.8	61.60	18.8	62.47	18.8
其他	0.83	0.3	0.96	0.3	0.84	0.3	0.71	0.2	0.79	0.2
合計	325.04	100.0	325.69	100.0	328.24	100.0	328.26	100.0	332.85	100.0
工作時數*										
20小時以下	14.51	4.5	19.66	6.0	18.09	5.5	16.83	5.1	16.45	4.9
20 - 29	10.16	3.1	13.90	4.3	17.38	5.3	10.36	3.2	14.87	4.5
30 - 34	9.98	3.1	10.03	3.1	10.52	3.2	7.07	2.2	10.03	3.0
35 - 39	22.2	6.8	22.59	6.9	22.22	6.8	21.12	6.4	21.19	6.4
40 - 44	69.62	21.4	67.51	20.7	66.86	20.4	68.4	20.8	66.16	19.9
45 - 49	66.19	20.4	66.79	20.5	64.76	19.7	69.18	21.1	67.95	20.4
50 - 54	42.21	13.0	41.20	12.6	43.38	13.2	45.74	13.9	48.05	14.4
55 - 59	10.52	3.2	10.16	3.1	9.84	3.0	11.14	3.4	11.27	3.4
60小時或以上	79.65	24.5	73.85	22.7	75.21	22.9	78.42	23.9	76.91	23.1
合計	325.04	100.0	325.69	100.0	328.24	100.0	328.26	100.0	332.85	100.0
中位數*	48		48		45		48		48	

註：*指統計前七天內的工作時數。

3.3 按行業劃分的就業人數

	2003年		2004年							
	第四季末		第一季末		第二季末		第三季末		第四季末	
	萬人	佔就業人口%	萬人	佔就業人口%	萬人	佔就業人口%	萬人	佔就業人口%	萬人	佔就業人口%
製造業	25.33	7.8	23.45	7.2	24.17	7.4	22.47	6.8	22.56	6.8
建築業(只包括地盤工人)	26.47	8.1	25.74	7.9	26.70	8.1	26.79	8.2	27.59	8.3
批發、零售、進出口貿易、飲食、酒店業	102.37	31.5	105.34	32.3	105.71	32.2	107.81	32.8	107.89	32.4
交通、倉儲、通訊	35.14	10.8	34.99	10.7	35.96	11.0	35.91	10.9	36.40	10.9
金融、保險、地產、商用服務	48.34	14.9	48.53	14.9	47.31	14.4	47.80	14.6	48.31	14.5
社區、社會及個人服務	84.83	26.1	85.10	26.1	86.09	26.2	85.26	26	87.76	26.4
其他	2.55	0.8	2.55	0.8	2.30	0.7	2.23	0.7	2.34	0.7
合計	**325.04**	**100.0**	**325.69**	**100.0**	**328.24**	**100.0**	**328.26**	**100.0**	**332.85**	**100.0**

3.4 製造業機構及就業人數 (政府部門及公務員除外)

製造業類別	2003年底		2004年底	
	機構單位	就業人數	機構單位	就業人數
製造業	16,272	168,348	15,748	165,268
食品	755	19,406	728	19,434
飲品	23	3,171	24	3,282
煙草	3	498	3	529
服裝 (鞋類除外)	1,157	22,479	1,285	22,478
外衣及幼兒衣物縫製業	974	19,033	1,114	19,224
內衣及睡衣縫製業	82	2,574	74	2,380
皮革及皮革製品	42	192	40	153
鞋類製造(橡膠、塑膠、木製鞋除外)	21	112	18	87
紡織製品	1,468	20,324	1,435	20,005
梭織棉布業	78	2,317	73	2,447
針織外衣業	438	8,792	485	8,896
梭織布料漂染業	52	1,099	49	1,274
木材及水松製品 (傢具除外)	170	442	141	392
傢俬及固定裝置製造	159	373	135	296
紙張及紙品製造	475	2,379	434	2,166
紙盒及其他紙製容器製造業	302	965	271	833
印刷、出版及有關行業承印刷	4,236	37,945	4,228	36,831
承印業	2,802	18,919	2,707	17,915
化學品及化學產品製造業	501	5,134	490	5,541
石油及煤產品	4	90	3	123
橡膠製品	46	349	41	270
塑膠製品	598	3,802	635	3,250
塑膠玩具製造業	82	406	69	371
非金屬礦產製品 (石油、煤除外)	182	1,481	193	1,195
基金屬工業	113	1,321	75	1,127
金屬製造 (機械設備除外)	1,419	6,104	1,330	5,594
辦公室、會計及計算器材製造業	431	2,645	382	2,160
收音機、電視機及通訊設備與器材製造業	111	1,960	115	1,940
電子零件製造業	141	9,218	126	9,824
家庭電器用具及電子玩具製造業	42	314	37	214
其他機械、設備、儀器及零件製造業	1,872	9,726	1,648	8,179
乾電池製造業	6	702	6	661
其他電器製品及配件製造業	74	679	50	612
其他電子製品業	24	539	24	379
運輸設備製造業	564	8,567	521	8,764
船塢	158	2,030	163	1,806
艇廠	151	369	143	355
其他專業、科學、量度及控制用的設備，與攝影及光學用品製造業	254	2,352	232	2,293
電子鐘錶製造業	82	993	75	1,023
鐘錶殼及其他鐘錶零件製造業	105	366	83	351
其他產品製造	1,485	7,964	1,449	9,141
珠寶首飾及有關物品製造業	413	3,553	469	4,139

3.5 建築地盤數量及就業人數

(公務員除外)

種類	2003年底		2004年底	
	動工地盤	就業人數*	動工地盤	就業人數*
公營地盤				
樓宇建築地盤	114	12,223	94	8,526
土木工程地盤	261	16,930	227	16,999
私人地盤				
樓宇建築地盤	503	33,745	529	30,571
土木工程地盤	96	2,065	114	2,855
合計	**974**	**66,081**	**964**	**58,951**

註：*只包括地盤工人。

3.6 批發、零售、進出口貿易、飲食和酒店業機構及就業人數

(公務員除外)

	2003年底		2004年底	
	機構單位	就業人數	機構單位	就業人數
批發、零售、進出口貿易、飲食及酒店	**177,747**	**973,860**	**177,566**	**1,003,468**
批發	14,529	64,693	14,897	70,818
零售	55,114	217,102	54,736	218,443
進出口	96,834	490,700	96,523	503,287
飲食業	10,574	177,164	10,720	185,449
中式餐館及酒樓	4,453	89,139	4,429	92,961
非中式餐館	3,283	44,457	3,625	48,906
快餐店	1,705	35,423	1,537	34,743
酒店及旅舍業	696	24,201	690	25,471
酒店	99	22,564	99	23,875

3.7 交通、倉庫及通訊業機構及就業人數

(公務員除外)

	2003年底		2004年底	
	機構單位	就業人數	機構單位	就業人數
運輸、倉庫、通訊	**10,547**	**174,305**	**10,230**	**181,268**
陸路客運業	10	32,070	10	31,496
公共巴士服務	5	18,840	5	18,368
電車服務及鐵路運輸服務	5	13,230	5	13,128
陸路運輸輔助服務業	500	6,738	458	6,656
遠洋及沿岸海上運輸業	333	7,680	271	7,570
港內海上運輸業	5	1,195	4	1,205
港海渡輪服務	5	1,195	4	1,205
海上運輸輔助服務	3,185	18,570	2,966	19,266
貨櫃碼頭、貨櫃裝卸及貨櫃租賃服務	3,185	18,570	2,966	19,266
空運業	142	24,797	139	26,056
航空公司	110	16,478	111	17,382
空運輔助服務	32	8,319	28	8,674
其他有關運輸服務業	4,847	46,743	5,000	52,870
旅行社及票務代理	2,099	16,993	2,127	19,263
航空貨運代理	618	10,132	703	10,917
海上貨運代理	1,974	18,681	2,035	21,673
倉庫業	386	5,061	347	5,503
貨倉及其他倉庫服務	374	4,537	335	4,954
電訊業	489	19,763	430	19,561
固定電訊網絡服務	24	9,523	22	9,677
其他通訊服務	650	11,688	605	11,085

3.8 金融、保險、地產及其他商用服務業機構及就業人數

(公務員除外)

	2003年底		2004年底	
	機構單位	就業人數	機構單位	就業人數
金融、保險、地產及商用服務	**50,675**	**423,833**	**51,712**	**447,446**
銀行業	1,464	68,991	1,443	72,162
銀行	1,401	68,746	1,379	71,872
金融及投資公司	3,089	24,244	3,136	22,775
投資及控股公司	2,654	20,072	2,674	18,582
證券、期貨及金銀經紀、交易與服務業	814	12,995	766	12,495
證券公司	729	11,519	679	11,178
其他金融機構	1,743	14,485	1,728	14,927
保險業	7,593	27,014	7,512	29,095
地產業	8,645	85,946	8,882	87,460
地產發展	174	2,027	248	2,452
地產保養管理服務	1,676	55,411	1,668	54,821
地產經紀及代理	2,664	14,033	2,822	15,954
機械及設備租賃業	203	879	164	764
商用服務業	27,124	189,279	28,081	207,768
法律服務	1,510	15,309	1,543	15,769
會計、核數及簿記服務	3,638	18,115	3,542	20,822
資訊科技相關服務	4,270	24,275	4,459	24,376
與建造及地產活動有關的建築、測量及工程策劃服務	1,501	17,617	1,437	17,809
社團、社會及個人服務	**32,734**	**416,508**	**33,609**	**435,151**
清潔及同類服務業	1,534	57,772	1,379	57,364
教育服務業	4,509	128,768	5,012	131,857
研究及科學機構	33	482	34	595
醫療、牙科和其他保健服務	5,132	73,088	5,232	75,806
福利機構	2,755	54,578	2,866	53,907
商會	350	3,474	315	3,453
其他社會及有關社區服務業	614	5,640	561	6,375
電影及其他娛樂服務	2,737	20,154	2,672	20,201
圖書館、博物館及文化服務業	79	391	79	453
其他娛樂及康樂服務業	1,159	20,514	1,176	32,837
修理服務	3,933	13,343	4,076	13,581
汽車及電單車維修服務	2,462	9,784	2,481	10,002
洗熨、乾洗、衣物修補及有關服務業	1,613	5,716	1,707	5,877
其他個人服務	8,286	32,588	8,500	32,845
理髮及美容服務	6,870	27,912	7,174	28,866

4 工資、薪金

4.1 2004年按行業劃分的工資和薪金指數

選定行業類別	選定行業類別的名義工資指數(1992年9月=100)					增減%
	2003年	2004年				2004年12月與
	12月	3月	6月	9月	12月	上年同期比較
所有行業類別	147.0	145.6	146.5	144.7	145.1	-1.3
製造業	143.2	141.2	142.5	140.3	140.8	-1.7
批發、零售、進出口貿易、飲食及酒店業	146.0	144.0	144.6	142.4	143.5	-1.7
運輸服務業	146.7	146.1	147.1	146.5	145.1	-1.1
金融、保險、地產及商用服務業	156.1	155.6	156.5	154.2	153.9	-1.4
個人服務業	147.7	146.6	151.0	150.9	150.3	+1.8

行業類別	選定行業類別的實質工資指數(1992年9月=100)*					增減%
	2003年	2004年				2004年12月與
	12月	3月	6月	9月	12月	上年同期比較
所有行業類別	117.7	116.9	117.2	115.6	115.7	1.7
製造業	114.7	113.3	114.0	112.1	112.2	-2.2
批發、零售、進出口貿易、飲食及酒店業	116.9	115.6	115.6	113.8	114.4	-2.2
運輸服務業	117.5	117.3	117.7	117.1	115.6	-1.6
金融、保險、地產及商用服務業	125.0	124.9	125.2	123.3	122.6	-1.9
個人服務業	118.2	117.6	120.8	120.7	119.7	+1.3

行業類別	選定行業類別就業人士名義平均薪金指數(1999年第1季=100)					增減%
	2003年	2004年				2004年第四季與
	第四季	第一季	第二季	第三季	第四季	上年同期比較
所有行業類別	93.1	98.5	86.9	86.5	92.5	-0.6
製造業	89.6	97.1	85.8	82.8	89.9	+0.3
批發、零售、進出口貿易、飲食及酒店業	86.3	98.8	80.7	80.8	86.8	+0.7
運輸、倉庫及通訊服務業	100.2	96.8	86.1	84.3	97.7	-2.5
金融、保險、地產及商用服務業	92.5	98.2	86.2	81.7	91.3	-1.3
社區、社會及個人服務業	90.8	89.8	87.9	93.2	89.7	-1.1

行業類別	選定行業類別就業人士實質平均薪金指數(1999年第1季=100)**					增減%
	2003年	2004年				2004年第四季與
	第四季	第一季	第二季	第三季	第四季	上年同期比較
所有行業類別	106.8	112.8	99.5	99.2	105.8	-0.9
製造業	102.7	111.3	98.3	94.9	102.8	+0.1
批發、零售、進出口貿易、飲食及酒店業	98.9	113.2	92.5	92.6	99.4	+0.5
運輸、倉庫及通訊服務業	114.9	110.8	98.6	96.7	111.8	-2.7
金融、保險、地產及商用服務業	106.1	112.5	98.8	93.6	104.5	-1.5
社區、社會及個人服務業	104.1	112.8	100.7	106.9	102.7	-1.3

註：⑴工資率通常視作勞工"價格"。因此，工資率一般以時間比率計算，即正常工作時數所支付款額，並以時間作為計算單位，例如1小時、1日、1星期或1個月。

⑵薪金總額則是僱員收入的指標。"收入"涉及實際工作時數，而非正常工作時數，因此，如果僱員超時工作，其收入便會超過工資率。

⑶由於工資率和薪金總額概念有所不同，部分為薪金總額涵蓋的員工薪酬組別並不包括在工資率內(如超時工作津貼及非固定發放的花紅)。因此工資與薪金兩項統計數列的趨勢不能直接比較。

* 實質工資指數是根據名義工資指數扣除甲類消費物價指數變動的影響計算出來。

** 就業人士實質平均薪金指數是根據就業人士名義平均薪金指數扣除綜合消費物價指數變動的影響計算出來的。

4.2 2004年按行業及主要職業組別劃分的名義工資及實質工資指數

	名義工資指數(1992年=100)			實質工資指數(1992年=100)		
	2003年	2004年		2003年	2004年	
	12月	6月	12月	12月	6月	12月
製造業	**143.2**	**142.5**	**140.8**	**114.7**	**114.0**	**112.2**
技工及操作工	136.3	133.4	136.6	109.2	106.7	108.9
督導級、技術員級、文員級及其他非生產級工人	154.2	156.3	149.1	123.4	125.1	118.8
批發、零售、進出口貿易、飲食及酒店	**146.0**	**144.6**	**143.5**	**116.9**	**115.6**	**114.4**
技工及操作工	-	-	-	-	-	-
督導級、技術員級、文員級及其他非生產級工人	146.0	144.6	143.5	116.9	115.6	114.4
運輸服務業	**146.7**	**147.1**	**145.1**	**117.5**	**117.7**	**115.6**
技工及操作工	142.6	142.6	141.7	114.2	114.0	112.9
督導級、技術員級、文員級及其他非生產級工人	151.1	151.9	149.1	121.0	121.5	118.8
金融、保險、地產及商用服務業	**156.1**	**156.5**	**153.9**	**125.0**	**125.2**	**122.6**
技工及操作工	141.6	140.6	139.4	113.3	112.5	111.1
督導級、技術員級、文員級及其他非生產級工人	156.2	156.7	154.0	125.1	125.4	122.7
個人服務業	**147.7**	**151.0**	**150.3**	**118.2**	**120.8**	**119.7**
技工及操作工	148.2	149.8	148.2	118.6	119.8	118.1
督導級、技術員級、文員級及其他非生產級工人	147.6	151.1	150.4	118.2	120.9	119.8
所有選定行業 *	**147.0**	**146.5**	**145.1**	**117.7**	**117.2**	**115.7**
技工及操作工	138.2	137.0	138.0	110.6	109.6	109.9
督導級、技術員級、文員級及其他非生產級工人	149.3	148.9	147.2	119.5	119.1	117.3

註：* 指工資統計調查涵蓋的所有行業，包括並沒有列出其統計數字的電力及燃氣業。

** 實質工資指數是以名義工資指數扣除以1999至2000年為基期的甲類消費物價指數而計算出來。

4.3 2004年12月按行業、主要職業組別及性別劃分的平均工資

行業/行業別類	技工及操作工(1)			督導、技術員級、文員級及其他非生產級工人(2)+			所有選定職業		
	每日平均工資（元）			每月平均薪金（元）			每月平均薪金（元）		
	男	女	總計	男	女	總計	男	女	總計
製造業	377	291	327	11,886	11,067	11,483	10,602	8,637	9,537
批發、零售、進出口貿易、飲食及酒店業	-	-	-	12,303	10,943	11,549	12,303	10,943	11,549
運輸服務業	491	*	491	13,466	11,393	12,568	13,051	11,470	12,611
金融、保險、地產及商用服務業	413	*	413	9,058	11,319	9,786	9,114	11,319	9,808
個人服務業	523	-	523	6,578	5,783	6,071	6,953	5,783	6,226
所有選定行業(3)	440	298	385	10,931	10,208	10,569	10,962	9,953	10,470

註：* 為使個別公司所提供的資料得以保密，數據不予公佈。
- 無統計調查期內並沒有數據。
(1)技工及操作工的平均工資是以日薪為計算基準的。按其他時計方式支薪的工人的工資，亦會轉換為以日計算及包括在本表的平均日薪工資內。
(2)督導級、技術員級、文員級及其他非生產級工人的平均工資是以月為計算基準的。按其他時計方式支薪的工人的工資，亦會轉換為以月計算及包括在本表的平均月薪工資內。
(3)指工資統計調查涵蓋的所有行業，包括有並沒有列出其統計數字的電力及燃氣業。

4.4 按主要經濟行業類別劃分的經理級與專業僱員薪金指數

選定的主要經濟行業類別	名義工資指數		實質工資指數	
	2003年	2004年	2003年	2004年
薪金指數(甲)(1995年6月=100)				
製造業、電力及燃氣業	117.1	109.9	118.6	111.7
樓宇建築、建造及有關行業	106.0	100.2	107.4	101.8
批發、零售及進出口貿易業	118.2	120.0	119.8	122.0
運輸、倉庫及通訊業	117.8	117.5	119.3	119.4
金融及保險業	122.7	123.5	124.4	125.5
以上全部業類別	117.3	116.9	118.8	118.8
薪金指數(乙)(1995年6月=100)				
製造業、電力及燃氣業	139.7	133.8	141.5	135.9
樓宇建築、建造及有關行業	126.9	127.5	128.6	129.6
批發、零售及進出口貿易業	135.1	138.8	136.9	141.1
運輸、倉庫及通訊業	142.4	144.6	144.3	147.0
金融及保險業	141.0	142.9	142.9	145.2
以上全部業類別	136.3	138.4	138.1	140.6

註：(1)薪金率的定義包括基本薪金、生活津貼、固定發放的年終花紅、佣金及小費、及其他固定及定期發放的花紅和津貼。名義薪金指數(甲)可量度經理級與專業僱員平均薪金率的總體變動情況。名義薪金指數(乙)則是用來反映連續兩年均留任同一職業 及同一公司的經理級與專業僱員薪金率變動情況，因此只反映因一般薪金遞增、工作表現和年資累積而增薪的薪金率變動。實質薪金指數 (甲)及實質薪金指數(乙)是從有關名義指數中，按丙類消費物價指數變幅，扣除通脹的影響而得出，可量度薪金購買力的轉變。

5 製造業

5.1 製造業生產者價格指數

(2000=100)

工業組別	2003年	2004年	2004年 第一季	第二季	第三季	第四季
所有製造業	**95.4**	**97.6**	**97.3**	**97.5**	**97.4**	**98.0**
服裝製品業	96.1	94.2	95.8	95.9	92.5	92.6
紡織製品業(包括針織)	97.4	97.7	98.5	98.0	97.4	96.8
紙品及印刷業	95.7	95.4	95.5	95.5	95.1	95.6
塑膠製品業	99.5	105.1	102.6	102.7	107.3	107.6
金屬製品業(機械及設備除外)	92.9	93.5	93.5	93.6	93.4	93.5
電器及電子製品業	91.9	95.9	89.4	87.1	82.8	84.4
機械、設備、儀器及零件製造業	91.2	92.9	92.8	93.6	93.1	92.1
其他製造行業*	97.0	102.9	101.3	101.7	103.4	105.0

註：*由於"其他製造行業"包括生產不同性質產品的製造行業，這工業組別的生產者價格指數或會有較大的波動。

5.2 工業生產指數*

(2000=100)

工業組別	2003年	2004年	2004年 第一季	第二季	第三季	第四季
所有製造業	**78.3**	**80.6**	**71.8**	**78.9**	**86.6**	**85**
食品、飲品及煙草製品業	94.1	99.4	94.6	91.9	108.8	102.3
服裝製品業	95.1	94.7	68.9	89.5	124.3	96.2
紡織製品業(包括針織)	82.6	79.1	57.1	76.8	96.8	85.8
紙品及印刷業	98.2	95.9	87.6	99.9	88.8	107.2
化學產品、橡膠製品、塑膠製品及非金屬礦產製品業	77.3	76.0	69.5	80.1	82.3	71.9
塑膠製品業(1)	69.6	68.1	59.7	80.7	67.0	65.1
基本金屬及金屬製品業	60.3	65.4	54.3	56.9	71.2	79.2
金屬製品業(機械及設備除外)(2)	48.3	49.9	40.9	51.0	55.4	52.1
電器及電子製品、機械、專業設備及光學用品製造業	56.4	63.0	59.3	61.5	65.3	65.8
電器及電子製品製造業(3)	65.9	61.2	57.0	53.3	80.9	53.3
機械、設備、儀器及零件製造業(4)	58.9	68.4	65.7	66.9	68.7	72.4
其他產品製造業	91.8	95.9	90.3	92.1	104.8	96.4

註：*工業生產指數量度本地製造業生產的實質變動，即扣除價格調整因素後本地生產量變動。

上表除工業組別外，亦包括(1)(2)(3)(4)四個選定工業。該四個選定工業俱佔有關組別內較大的比重，並為組別內主要成分。

5.3 紡織業生產

	機構數目*			就業人數*			紡織業生產指數（2000=100）		
	紡織業	紡紗及梭織業	針織業	紡織業	紡紗及梭織業	針織業	紡織業	紡紗及梭織業	針織業
2003年	1,468	285	551	20,324	6,101	9,892	82.6	79.9	87.5
第四季	1,468	285	551	20,324	6,101	9,892	84.7	73.5	95.9
2004年	1,435	267	593	20,005	6,097	9,952	79.1	72.8	91.5
第一季	1,541	291	618	20,223	6,358	9,664	57.1	73.3	39.7
第二季	1,500	285	590	19,361	6,021	9,127	76.8	78.9	92.8
第三季	1,453	273	552	19,618	5,655	9,698	96.8	62.2	130.7
第四季	1,435	267	593	20,005	6,097	9,952	85.8	76.7	102.8

註：*期末數字。

5.4 水泥及石礦生產

	水泥產量(公噸)	石礦產量(公噸)
2003年	1,188,516	8,220,884
2004年	1,039,391	9,271,684
1月	86,163	650,653
2月	82,583	764,833
3月	109,949	847,812
4月	76,004	780,644
5月	92,763	894,751
6月	75,917	668,220
7月	74,332	638,579
8月	77,897	659,685
9月	65,502	796,548
10月	94,393	721,618
11月	98,716	916,492
12月	105,172	931,849

5.5 2003年製造業公司及從事製造業相關的進出口貿易公司

	年份	機構單位數目 (家)	就業人數 (萬人)	增加價值 (億港元)	銷貨收益 (億港元)
(1)製造業公司	2001	17,258	19.79	618	2,248
	2002	16,460	18.64	534	1,890
	2003	15,156	17.24	467	1,579
(2)從事分判製造工序予中國內地及提供與製造業相關的技術支援的進出口貿易公司	2001	15,647	10.82	602	4,360
	2002	16,378	11.28	682	4,616
	2003	15,231	10.91	654	4,288
以往曾經為製造業公司	2001	4,463	4.09	217	1,633
	2002	4,261	3.73	248	1,655
	2003	3,944	3.60	237	1,588
成立時為進出口易貿易公司法界	2001	11,183	6.73	385	2,727
	2002	12,117	7.55	435	2,961
	2003	11,288	7.31	416	2,700
(1)+(2)	2001	32,905	30.61	1,220	6,608
	2002	32,838	29.92	1,217	6,506
	2003	30,387	28.15	1,121	5,867
(2)在(1)+(2)中的百分比	2001	47.6	35.3	49.3	66.0
	2002	49.9	37.7	56.1	70.9
	2003	50.1	38.8	58.3	73.1
(3)其他進出口貿易公司	2001	73,792	35.84	1,670	13,097
	2002	69,551	33.92	1,633	12,710
	2003	67,811	34.56	1,758	14,699

註：(1)有關製造業公司的統計數字從工業生產按年統計調查所得。至於有關進出口貿易公司的統計數字則從 批發、零售 、進口與出口貿易、食肆及酒店按年統計調查所後得。

(2)銷貨收益包括自行生產的貨物和轉售從外購售買的貨物所得的收益。此外，有關貨物包括本地生產貨品及透過分判製造工序予中國內地生產的產品。

(3)就業人數是指在職東主、在職合夥人、無酬家屬幫工及僱員數字。

5.6 2003年從事製造業相關活動的進出口貿易公司就“分判製造工序予中國內地的活動”所提供的服務

“分判製造工序予中國內地的活動”所提供的服務類別	提供該類服務的機構單位百分比(%)	
	2002年	2003年
提供生產物料	92	90
產品設計	65	71
品質控制	65	58
製造樣本及工模	65	54
生產籌劃、管理及控制	53	42
包裝及後勤服務	35	37
提供專業及技術服務	47	29

6 對外貿易

6.1 進出口貿易值

(單位：億港元)

年/月	進口總額	港產品出口	轉口	出口總值	貿易總值	貿易差額
2003年	18,057.70	1,216.87	16,207.49	17,424.36	35,482.06	-633.34
2004年	21,111.23	1,259.82	18,931.32	20,191.14	41,302.37	-920.09
1月	1,344.72	82.56	1,270.56	1,353.12	2,697.84	8.39
2月	1,546.46	78.50	1,269.45	1,347.94	2,894.40	-198.51
3月	1,779.87	97.03	1,532.15	1,629.18	3,409.05	-150.69
4月	1,759.93	89.69	1,510.10	1,599.79	3,359.72	-160.14
5月	1,747.87	99.19	1,555.13	1,654.31	3,402.18	-93.55
6月	1,778.10	110.83	1,571.89	1,682.72	3,460.82	-95.38
7月	1,892.61	117.46	1,718.79	1,836.26	3,728.87	-56.35
8月	1,859.60	120.92	1,706.53	1,827.45	3,687.05	-32.15
9月	1,861.59	115.50	1,681.13	1,796.64	3,658.23	-64.95
10月	1,914.78	123.01	1,789.31	1,912.32	3,827.10	-2.46
11月	1,799.06	111.34	1,685.25	1,796.59	3,595.65	-2.47
12月	1,858.44	114.50	1,654.74	1,769.23	3,627.67	-89.20

6.2 對外貿易地區

(單位：億港元)

國家或地區	進口		轉口		港產品出口	
	2003年	2004年	2003年	2004年	2003年	2004年
北美洲	**1,070.94**	**1,213.47**	**3,056.28**	**3,254.11**	**413.68**	**406.13**
美國	987.30	1,119.94	2,850.84	3,029.64	391.30	386.36
加拿大	83.64	93.54	205.41	224.43	22.37	19.76
西歐	**1,769.69**	**1,978.49**	**2,245.81**	**2,650.65**	**217.65**	**228.56**
芬蘭	34.54	30.72	39.35	68.63	1.71	2.08
瑞典	33.09	39.55	45.22	52.42	7.68	7.42
挪威	10.79	13.89	24.17	25.68	0.69	0.69
丹麥	36.85	43.94	47.27	57.23	5.57	5.67
瑞士	230.89	271.08	75.33	85.45	6.53	8.01
葡萄牙	4.01	5.00	8.95	11.08	0.46	0.61

國家或地區	進口		轉口		港產品出口	
	2003 年	2004 年	2003 年	2004 年	2003 年	2004 年
奧地利	37.22	39.29	33.19	43.54	1.47	1.90
德國	412.22	399.99	513.69	579.15	48.53	49.85
荷蘭	105.72	120.87	254.98	305.24	24.73	26.16
比利時	120.90	139.95	105.59	122.27	3.98	3.16
法國	162.77	186.53	206.76	249.64	13.67	16.24
意大利	218.09	260.22	183.44	221.58	9.41	12.32
西班牙	32.34	36.61	120.89	138.82	10.27	7.69
希臘	2.51	3.65	16.33	19.29	1.82	1.13
土耳其	10.32	12.06	29.31	38.74	1.06	1.28
愛爾蘭	63.52	76.65	25.89	30.75	2.16	1.90
英國	242.10	288.37	496.25	576.63	77.62	81.90
獨聯體及東歐	**73.00**	**64.21**	**99.29**	**152.17**	**2.72**	**3.03**
捷克	9.93	10.84	13.73	20.68	0.44	0.67
匈牙利	14.51	7.85	33.10	59.90	0.63	0.48
波蘭	1.79	3.03	18.29	21.76	0.37	0.85
俄羅斯聯邦	38.81	37.62	21.18	32.62	0.77	0.72
中南美洲	**146.52**	**157.08**	**234.47**	**285.49**	**16.86**	**13.15**
阿根廷	14.03	17.22	6.61	12.78	0.45	0.79
巴西	58.75	68.35	44.12	63.95	0.31	0.98
智利	13.31	14.87	21.18	24.00	0.36	0.37
墨西哥	13.83	13.01	58.68	65.39	13.04	7.74
巴拿馬	1.36	1.20	40.50	44.64	0.64	0.75
秘魯	2.93	2.89	4.26	4.51	0.11	0.28
烏拉圭	2.44	2.31	1.61	1.87	0.02	0.05
中東	**201.14**	**260.54**	**238.54**	**270.61**	**5.64**	**6.24**
以色列	74.96	87.65	61.62	66.94	0.84	1.09
科威特	6.56	32.17	3.68	3.58	0.23	0.46
沙特阿拉伯	20.33	28.87	20.22	22.48	0.45	0.58
阿拉伯聯合酋長國	73.17	102.09	100.39	146.84	2.05	2.63
亞洲	**14,577.27**	**17,191.42**	**9,975.82**	**11,904.93**	**540.96**	**582.44**
柬埔寨	0.53	0.64	25.48	32.54	3.59	2.67
印尼	121.29	136.03	72.49	81.29	5.36	4.93
澳門	15.66	22.02	81.90	91.73	5.28	5.46
菲律賓	292.27	337.35	154.22	175.07	18.94	21.32
韓國	873.40	1,004.67	343.36	426.73	11.90	13.96
泰國	331.94	377.82	170.03	194.11	9.19	11.82
日本	2,139.95	2,561.41	911.54	1,047.33	28.48	28.12
緬甸	2.21	3.15	3.22	3.31	0.20	0.17
中國	7,856.25	9,182.75	7,057.87	8,506.45	367.57	378.98
台灣	1,252.03	1,538.12	386.16	444.47	36.53	46.64
朝鮮	0.52	0.45	0.93	0.85	0.02	0.01
越南	26.89	34.90	68.73	85.52	7.43	9.60
巴基斯坦	38.89	46.86	7.90	9.12	0.58	0.73

國家或地區	進口		轉口		港產品出口	
	2003 年	2004 年	2003 年	2004 年	2003 年	2004 年
伊朗	12.43	9.83	2.85	3.79	0.07	0.09
斯里蘭卡	6.34	4.72	29.23	31.27	2.23	2.21
印度	247.51	293.68	144.24	158.89	4.01	4.55
馬來西亞	446.37	519.41	142.26	163.64	11.80	14.95
新加坡	905.70	1,109.86	334.68	404.28	22.37	31.49
孟加拉	6.62	6.82	30.77	35.27	4.84	4.28
非洲	**67.11**	**81.26**	**109.04**	**128.19**	**5.66**	**4.94**
埃及	3.08	5.00	9.31	9.58	0.72	0.64
馬達加斯加	0.64	0.63	6.05	7.57	0.66	0.49
南非	45.54	51.33	39.01	57.06	0.80	1.08
肯尼亞	3.08	3.78	3.09	4.86	0.59	0.39
毛里求斯	0.88	0.66	5.74	4.57	1.07	0.41
尼日利亞	0.49	1.50	11.11	9.14	0.42	0.27
澳大利西亞大洋洲	**151.64**	**164.30**	**248.24**	**285.18**	**11.90**	**13.57**
澳大利亞	125.33	134.75	202.94	237.54	9.59	11.28
新西蘭	22.01	24.72	26.48	31.17	1.11	1.13
郵寄包裹	0.37	0.46	-	-	1.80	1.76
貨物總計	**18,057.70**	**21,111.23**	**16,207.49**	**18,931.32**	**1,216.87**	**1,259.82**
歐洲聯盟	1,544.69	1,704.05	2,182.51	2,604.17	210.85	220.59
歐洲自由貿易聯盟	241.88	285.20	99.94	111.64	7.23	8.72
石油輸出國家組織	256.77	313.67	244.15	275.82	9.08	9.18
經濟合作及發展組織	6,034.61	6,944.80	6,896.66	7,800.26	696.66	698.44
東南亞國家聯盟	2,127.38	2,519.37	975.65	1,144.55	79.11	97.10
北美貿易協議	1,084.77	1,226.48	3,114.93	3,319.46	426.72	413.86
亞太區經濟合作組織／會議	15,534.00	18,244.48	13,036.79	15,182.91	958.46	989.62

註：自 2004 年五月一日起，歐洲聯盟增加了 10 個成員國，包括塞浦路斯、愛沙尼亞、匈牙利、拉脫維亞、立陶宛、馬耳他、波蘭、捷克共和國、斯洛伐克和斯洛文尼亞。連同原有 15 個成員國包括芬蘭、瑞典、丹麥、葡萄牙、奧地利、德國、荷蘭、比利時及盧森堡、法國、意大利、西班牙、希臘、愛爾蘭、英國，歐洲聯盟共有 25 個成員國。

歐洲自由貿易聯盟成員包括:挪威、瑞士、列支敦士登及冰島。

石油輸出國家組織成員包括:委內瑞拉、伊拉克、科威特、卡塔爾、沙特阿拉伯、阿拉伯聯合酋長國、印尼、伊朗、阿爾及利亞、利比亞和尼日利亞。經濟合作及發展組織成員包括:美國、加拿大、芬蘭、瑞典、挪威、丹麥、瑞士、葡萄牙、奧利地、德國、荷蘭、比利時及盧森堡、法國、意大利、西班牙、希臘、土耳其、冰島、愛爾蘭、英國、捷克、匈牙利、波蘭、 墨西哥、韓國、日本、澳洲、新西蘭。

東南亞國家聯盟成員包括：柬埔寨、印尼、老撾、菲律賓、泰國、緬甸、越南、文萊、馬來西亞、新加坡。

北美貿易協議成員包括:美國、加拿大和墨西哥。

亞太區經濟合作組織／會議成員包括:美國、加拿大、俄羅斯聯邦、智利、墨西哥、秘魯、台灣省、印尼、菲律賓、韓國、泰國、日本、中國內地、越南、文萊、馬來西亞、新加坡、澳洲、新西蘭、巴布亞新畿內亞。

\- 無統計

6.3 對外貿易貨別

(單位：億港元)

貨品	進口		轉口		港產品出口	
	2003年	2004年	2003年	2004年	2003年	2004年
食物及活動物	**538.01**	**549.93**	**140.31**	**115.84**	**13.73**	**13.68**
供食用的牲口	27.51	25.80	0.07	0.02	@	-
肉類及肉類配製品	121.88	115.54	57.77	30.45	0.16	0.04
乳製品及蛋類	26.34	29.95	4.76	5.49	0.19	0.28
魚類、甲殼類、軟體動物及水生無脊椎動物、及其配製品	136.25	148.18	28.27	28.79	0.69	0.62
穀類及穀配製品	35.05	37.33	4.39	4.40	1.68	1.94
水果和蔬菜	109.54	103.73	23.25	23.86	0.58	0.77
糖及糖製品、蜂蜜	14.45	16.11	7.29	8.34	0.54	0.57
咖啡、茶葉、可可、香料及製品	11.73	12.81	4.43	5.15	0.04	0.05
動物飼料(未磨穀物除外)	5.67	5.90	1.17	1.04	0.01	0.06
其他食品	49.58	54.58	8.91	8.30	9.84	9.37
飲料及煙草	**92.95**	**107.07**	**47.00**	**51.13**	**14.10**	**18.34**
飲料	57.48	65.07	16.36	18.70	2.12	2.23
煙草及其製品	35.47	42.00	30.65	32.43	11.98	16.11
除燃料外的非食用未加工材料	**215.14**	**221.41**	**161.06**	**167.88**	**23.93**	**31.50**
未經處理的獸皮及毛皮	66.35	79.23	58.64	69.44	@	0.02
油籽及含油果實	1.55	1.75	0.65	0.68	-	-
未加工的橡膠（包括合成及再生）	20.52	20.66	14.66	16.72	0.05	0.11
軟木及木	36.96	31.26	32.16	25.68	0.24	0.22
漿及紙廢料	1.05	1.25	0.15	0.16	5.53	6.91
紡織纖維及廢纖維	34.98	28.59	22.82	19.55	0.35	0.30
未加工的肥料及未加工的礦物（原煤、石油及寶石除外）	9.90	9.16	5.05	5.13	0.15	0.22
含金屬的礦砂及金屬碎料	16.48	20.34	10.88	14.16	17.57	23.68
未列明的動物及植物材料	27.35	29.17	16.05	16.37	0.03	0.04
礦物燃料、滑機油及有關原料	**364.43**	**499.99**	**26.18**	**34.41**	**13.68**	**15.45**
煤、焦煤及煤球	22.37	29.07	0.04	0.01	-	-
石油、石油產品及有關物質	266.66	392.05	26.07	34.34	0.45	1.12
天然氣及製造氣體	24.13	30.30	0.06	0.06	-	-
電流	51.27	48.58	-	-	13.23	14.33
動物及植物油、脂肪及蠟	**22.52**	**22.24**	**5.72**	**5.08**	**0.73**	**0.68**
動物油及脂肪	0.86	1.06	0.10	0.08	0.42	0.39
定性植物脂肪及油，未提煉、經精製或分餾	20.19	19.94	4.74	4.24	0.20	0.20
加工動植物油脂及蠟	1.47	1.23	0.88	0.76	0.11	0.09
化學品及有關產品	**1,051.09**	**1,276.55**	**786.92**	**949.02**	**58.03**	**66.61**
有機化合物	104.12	118.74	69.31	83.46	0.17	0.14
無機化合物	31.12	49.18	18.32	25.72	3.17	4.15
染物鞣料及著色料	97.66	102.38	71.66	75.87	3.99	3.58

貨品	進口		轉口		港產品出口	
	2003年	2004年	2003年	2004年	2003年	2004年
醫藥及藥用產品	67.03	70.94	38.25	38.74	12.99	11.31
精油、香膏及芳香料；梳洗、磨光及清潔製品	93.21	107.53	44.12	44.02	3.88	4.35
肥料	0.33	0.33	0.15	0.16	-	-
初級形狀的塑膠	453.44	590.06	386.21	492.55	24.11	31.09
非初級形狀的塑膠	98.56	119.47	66.89	81.36	4.09	5.24
未列明的化學品及其有關產品	105.63	117.93	92.01	101.06	5.64	6.76
按原料分類的製成品	**2,883.00**	**3,268.88**	**2,238.38**	**2,534.94**	**91.58**	**86.48**
皮革、皮製品(未列名)及經處理的毛皮	254.24	302.40	202.03	242.11	0.31	0.22
橡膠製品	50.98	56.04	25.34	27.95	0.10	0.14
軟木及木製品(傢俬除外)	39.42	37.56	36.16	30.87	0.16	0.20
紙、紙板及紙漿、紙或紙皮製品	167.19	177.09	115.57	119.21	13.81	11.94
紡織紗、織物、製成品和有關製品	1,007.07	1,099.18	960.25	1,060.39	58.98	53.25
非金屬礦產品	578.75	687.08	316.72	371.31	3.47	4.10
鋼鐵	253.95	303.34	171.80	207.87	0.75	1.00
非鐵金屬	286.89	356.39	166.43	220.71	8.58	10.46
金屬製品	244.51	249.80	244.08	254.52	5.42	5.16
機械及運輸設備	**8,751.06**	**10,727.22**	**8,023.93**	**9,901.21**	**179.81**	**209.99**
動力機械和設備	300.37	337.59	242.54	272.01	0.94	0.76
特種工業用機械	311.74	327.51	246.26	263.20	5.24	3.97
金工機械	66.65	79.40	52.83	67.78	9.43	13.37
通用工業機械和設備、機器零件	306.30	349.08	239.00	284.66	6.45	5.14
辦公室機器及自動資料處理機	1,844.18	2,091.70	1,842.33	2,150.76	49.25	52.79
電訊、聲音收錄及重播器具及設備	2,096.97	2,645.96	2,191.82	2,865.84	5.99	2.76
電動機械、儀器用具及零件	3,511.39	4,597.62	3,037.28	3,838.22	102.35	131.15
車輛(包括有氣墊推進裝置)	240.68	224.51	155.10	135.19	0.01	0.04
其他運輸設備	72.78	73.86	16.76	23.56	0.15	@
雜項製成品	**4,129.99**	**4,425.29**	**4,767.12**	**5,156.42**	**815.65**	**810.79**
預製裝配式建築物；衛生、管道和照明設備及裝配	76.97	72.49	100.99	97.07	0.35	0.29
傢具及其零件；床上用品、褥墊、軟墊及類似填料	90.12	83.27	76.77	64.91	0.21	0.42
旅行用品手袋及同類製品	253.45	283.09	320.33	357.84	0.36	0.34
服裝及衣服配件	1,242.17	1,334.36	1,164.77	1,321.15	638.80	633.92
鞋類	390.06	386.36	446.67	442.97	0.88	0.93
專業、科學及控制用儀器及設備	279.28	329.84	301.92	352.13	13.77	14.35
攝影器材、光學製品、鐘錶	587.77	631.99	732.16	802.80	15.06	12.20
其他分類的雜項製品	1,210.18	1,303.89	1,623.50	1,717.55	146.21	148.34
未分類的貨物及交易	9.50	12.65	10.86	15.38	5.62	6.29
貨品合計	18,057.70	21,111.23	16,207.49	18,931.32	1,216.87	1,259.82
黃金及硬幣	109.58	149.84	79.50	199.99	308.95	296.47
總計	**18,167.28**	**21,261.07**	**16,286.99**	**19,131.31**	**1,525.83**	**1,556.29**

註：- 無統計
@ 少於100萬元

6.4 按主要供應地（十大）劃分的進口貨值

(單位：億港元)

	2003年	2004年
中國內地	**7,856.25**	**9,182.75**
電訊及聲音收錄及重播器具及設備	1,158.12	1,576.76
電動機械、器具及用具	1,036.97	1,368.03
服裝及衣服配件	1,135.81	1,208.54
辦公室機器及自動資料處理機	738.31	927.31
雜項製品	876.24	912.68
紡織紗、織物，製成品	564.73	617.55
鞋履	364.18	356.69
攝影器具、設備及用品及光學貨品；鐘錶	249.73	262.42
旅行用品、手袋及類似容器	215.69	233.20
金屬製品	170.86	172.82
日本	**2,139.95**	**2,561.41**
電動機械、器具及用具	576.33	704.06
電訊及聲音收錄及重播器具及設備	334.09	417.98
辦公室機器及自動資料處理機	186.16	229.13
特種工業用機械	138.15	140.15
攝影器具、設備及用品及光學貨品；鐘錶	129.94	138.16
雜項製品	69.85	123.36
初級形狀的塑膠	74.11	91.11
鋼鐵	66.03	83.68
陸路車輛	68.16	70.41
台灣省	**1,252.03**	**1,538.12**
電動機械、器具及用具	464.57	653.93
辦公室機器及自動資料處理機	163.46	199.44
紡織紗、織物，製成品	128.14	133.10
初級形狀的塑膠	96.60	125.66
電訊及聲音收錄及重播器具及設備	94.32	108.95
鋼鐵	44.87	48.25
雜項製品	29.09	29.64
非鐵金屬	16.07	23.46
非初級形狀的塑膠	17.74	19.17
攝影器具、設備及用品及光學貨品；鐘錶	15.46	16.03
美國	**987.30**	**1,119.94**
電動機械、器具及用具	258.85	348.96
辦公室機器及自動資料處理機	116.35	117.92
雜項製品	60.27	65.30
電訊及聲音收錄及重播器具及設備	42.99	59.49
非金屬礦物製品	40.94	54.62
專業、科學及控制用儀器及器具	44.78	47.92
初級形狀的塑膠	39.28	47.89
蔬菜水果	29.16	28.11

	2003年	2004年
通用工業機械及設備、機器零件	19.47	20.53
新加坡	**905.70**	**1,109.86**
電動機械、器具及用具	350.52	459.65
石油、石油產品及有關物質	128.76	190.29
辦公室機器及自動資料處理機	169.59	165.01
電訊及聲音收錄及重播器具及設備	61.38	72.44
初級形狀的塑膠	26.18	37.74
韓國	**873.40**	**1,004.67**
電動機械、器具及用具	226.26	298.30
電訊及聲音收錄及重播器具及設備	158.48	149.62
辦公室機器及自動資料處理機	74.69	88.61
初級形狀的塑膠	55.23	74.91
石油、石油產品及有關物質	52.42	74.53
馬來西亞	**446.37**	**519.41**
電動機械、器具及用具	131.36	185.87
辦公室機器及自動資料處理機	147.46	138.77
電訊及聲音收錄及重播器具及設備	45.53	47.61
初級形狀的塑膠	19.98	25.48
石油、石油產品及有關物質	5.86	22.70
德國	**412.22**	**399.99**
陸路車輛	94.98	72.16
電動機械、器具及用具	60.23	64.03
特種工業用機械	36.52	43.90
電訊及聲音收錄及重播器具及設備	23.05	23.30
通用工業機械及設備、機器零件	21.01	22.34
泰國	**331.94**	**377.82**
電動機械、器具及用具	81.50	96.69
初級形狀的塑膠	40.26	57.70
辦公室機器及自動資料處理機	37.77	39.35
電訊及聲音收錄及重播器具及設備	13.16	22.79
攝影器材及光學貨品	12.21	11.92
菲律賓	**292.27**	**337.35**
動力發動機械及設備	134.05	189.38
辦公室機器及自動資料處理機	96.96	68.10
電訊及聲音收錄及重播器具及設備	24.47	31.06
服裝及衣服配件	3.38	6.39
攝影器材及光學貨品	2.93	5.70

6.5 按主要目的地（十大）劃分的轉口貨值

(單位：億港元)

	2003年	2004年
中國內地	**7,057.87**	**8,506.45**
電動機械、器具及用具	1,712.93	2,275.90
辦公室機器及自動資料處理機	956.85	1,157.33
電訊及聲音收錄及重播器具及設備	877.21	1,148.12
紡織紗、織物，製成品	667.25	730.41
初級形狀的塑膠	377.43	481.74
攝影器具、設備及用品及光學貨品；鐘錶	209.53	226.79
皮革、皮革製品及經處理的毛皮	187.60	223.73
特種工業用機械	208.54	223.17
非鐵金屬	152.04	198.01
鋼鐵	167.13	195.10
美國	**2,850.84**	**3,029.64**
雜項製品	684.27	706.52
服裝及衣服配件	380.93	424.98
電訊及聲音收錄及重播器具及設備	331.53	399.98
電動機械、器具及用具	333.94	349.43
鞋履	225.67	218.62
辦公室機器及自動資料處理機	184.79	187.97
攝影器具、設備及用品及光學貨品；鐘錶	137.16	146.07
旅行用品、手袋及類似容器	118.65	138.15
金屬製品	80.35	77.48
非金屬礦物製品	57.71	67.40
日本	**911.54**	**1,047.33**
電動機械、器具及用具	151.40	176.47
雜項製品	144.25	165.57
電訊及聲音收錄及重播器具及設備	121.32	165.48
服裝及衣服配件	128.85	136.86
辦公室機器及自動資料處理機	95.41	103.81
攝影器具、設備及用品及光學貨品；鐘錶	68.18	74.59
鞋履	55.78	53.16
旅行用品、手袋及類似容器	32.75	35.63
非金屬礦物製品	17.55	20.56
專業、科學及控制用儀器及器具	12.61	17.13
德國	**513.69**	**579.15**
電訊及聲音收錄及重播器具及設備	106.19	136.68
雜項製品	90.19	90.95
服裝及衣服配件	74.43	89.60
電動機械、器具及用具	67.69	74.87
辦公室機器及自動資料處理機	45.53	52.44
攝影器具、設備及用品及光學貨品；鐘錶	39.65	36.50
旅行用品、手袋及類似容器	16.03	17.00

	2003年	2004年
金屬製品	14.14	15.33
英國	**496.25**	**576.63**
服裝及衣服配件	117.90	139.77
雜項製品	107.62	117.31
電訊及聲音收錄及重播器具及設備	63.66	89.89
電動機械、器具及用具	50.48	57.48
攝影器具、設備及用品及光學貨品；鐘錶	27.58	29.19
辦公室機器及自動資料處理機	24.64	26.86
旅行用品、手袋及類似容器	23.90	25.60
鞋履	16.43	16.49
台灣省	**386.16**	**444.47**
電動機械、器具及用具	182.40	209.99
電訊及聲音收錄及重播器具及設備	43.02	51.49
辦公室機器及自動資料處理機	47.46	46.68
攝影器具、設備及用品及光學貨品；鐘錶	15.49	21.59
雜項製品	17.24	17.05
韓國	**343.36**	**426.73**
電動機械、器具及用具	130.60	162.32
電訊及聲音收錄及重播器具及設備	61.08	90.50
辦公室機器及自動資料處理機	56.07	66.68
雜項製品	17.42	18.60
攝影器具、設備及用品及光學貨品；鐘錶	13.19	13.22
新加坡	**334.68**	**404.28**
電動機械、器具及用具	67.09	99.68
辦公室機器及自動資料處理機	89.41	96.94
電訊及聲音收錄及重播器具及設備	65.23	69.67
服裝及衣服配件	23.06	29.00
雜項製品	19.32	20.73
荷蘭	**254.98**	**305.24**
電訊及聲音收錄及重播器具及設備	47.98	76.59
辦公室機器及自動資料處理機	60.62	75.51
電動機械、器具及用具	31.73	45.01
服裝及衣服配件	30.56	35.39
雜項製品	36.66	23.59
法國	**206.76**	**249.64**
電訊及聲音收錄及重播器具及設備	33.45	47.98
雜項製品	42.98	47.71
服裝及衣服配件	31.25	36.84
電動機械、器具及用具	22.50	29.19
攝影器具、設備及用品及光學貨品；鐘錶	16.27	18.96

6.6 按主要目的地（十大）劃分的港產品出口貨值

(單位：億港元)

	2003年	2004年
美國	**391.30**	**386.36**
服裝及衣服配件	286.72	285.92
雜項製品	52.82	50.61
電動機械、器具及用具	17.17	17.77
辦公室機器及自動資料處理機	16.21	14.82
紡織紗、織物，製成品	5.30	4.10
雜項食品及配製食品	2.51	2.14
非金屬礦物製品	1.56	1.71
含金屬的礦砂及金屬碎料	1.24	1.67
非鐵金屬	0.44	0.84
專業、科學及控制用儀器及器具	1.61	0.79
中國內地	**367.57**	**378.98**
服裝及衣服配件	146.30	143.97
電動機械、器具及用具	32.47	39.79
初級形狀的塑膠	23.00	29.55
雜項製品	23.58	24.91
紡織紗、織物，製成品	25.39	24.12
含金屬的礦砂及金屬碎料	12.18	15.33
電流	13.23	14.33
紙、紙板及紙漿、紙或紙板製品	11.57	10.34
醫療及藥用產品	10.37	8.63
辦公室機器及自動資料處理機	7.85	7.68
英國	**77.62**	**81.90**
服裝及衣服配件	62.66	63.66
雜項製品	7.37	8.13
辦公室機器及自動資料處理機	2.53	3.20
電動機械、器具及用具	1.81	3.20
雜項食品及配製食品	0.99	1.14
德國	**48.53**	**49.85**
服裝及衣服配件	36.96	37.87
雜項製品	2.72	3.12
電動機械、器具及用具	3.06	2.97
辦公室機器及自動資料處理機	2.35	2.61
專業、科學及控制用儀器及器具	1.80	1.79
台灣省	**36.53**	**46.64**
服裝及衣服配件	15.00	18.11
電動機械、器具及用具	7.87	12.20
雜項製品	5.30	5.37
含金屬的礦砂及金屬碎料	2.26	2.96
金工機械	1.23	2.34
新加坡	**22.37**	**31.49**

	2003年	2004年
電動機械、器具及用具	10.11	16.92
雜項製品	3.33	4.14
辦公室機器及自動資料處理機	3.23	2.90
無機化學品	2.01	2.51
煙草及煙草製品	0.21	0.75
日本	**28.48**	**28.12**
雜項製品	10.63	9.77
辦公室機器及自動資料處理機	5.49	5.09
電動機械、器具及用具	3.06	3.92
服裝及衣服配件	2.67	2.77
紡織紗、織物，製成品	1.09	1.40
荷蘭	**24.73**	**26.16**
服裝及衣服配件	13.45	11.99
電動機械、器具及用具	4.49	5.90
辦公室機器及自動資料處理機	2.33	4.97
雜項製品	2.18	1.52
雜項食品及配製食品	0.69	0.56
菲律賓	**18.94**	**21.32**
煙草及煙草製品	3.77	6.22
電動機械、器具及用具	4.97	5.50
雜項製品	3.42	3.00
紡織紗、織物，製成品	3.07	2.25
金工機械	0.61	1.18
加拿大	**22.37**	**19.76**
服裝及衣服配件	16.58	15.23
雜項製品	2.15	1.48
辦公室機器及自動資料處理機	0.31	0.44
電動機械、器具及用具	0.58	0.43
雜項食品及配製食品	0.37	0.40

6.7 進出口貿易運輸形式

(單位：億港元)

運輸形式	2003年	2004年
海運		
出口總值	6,791.05	7,299.95
港產品出口	543.01	529.30
轉口	6,248.04	6,770.65
進口總值	5,037.37	5,746.24
海運貿易總值	11,828.42	13,046.19
河運		
出口總值	886.97	930.28
港產品出口	33.13	38.86
轉口	853.83	891.43
進口總值	531.77	602.75
河運貿易總值	1,418.74	1,533.03
空運		
出口總值	3,885.87	5,707.05
港產品出口	337.32	399.06
轉口	4,181.70	5,307.99
進口總值	6,225.64	7,693.09
空運貿易總值	10,111.51	13,400.14
陸運		
出口總值	5,163.17	6,175.02
港產品出口	286.03	274.21
轉口	4,877.14	5,900.81
進口總值	6,001.52	6,801.68
陸運貿易總值	11,164.69	12,976.70
其他		
出口總值	64.15	78.84
港產品出口	17.37	18.39
轉口	46.78	60.45
進口總值	261.41	267.48
其他運輸貿易總值	325.56	346.32
所有運輸形式		
出口總值	17,424.36	20,191.14
港產品出口	1,216.87	1,259.82
轉口	16,207.49	18,931.32
進口總值	18,057.70	21,111.23
所有運輸貿易總值	35,482.06	41,302.37

6.8 主要港產品出口貨值

(單位：億港元)

主要港產品	2003年	2004年
服裝及衣服配件	**638.80**	**633.92**
織物服裝，無論是否針織或鈎織	202.40	198.01
女裝或女童外衣、內衣、睡衣及類似織物製成品，非針織或鈎織	193.35	191.75
男裝或男童外衣、內衣、睡衣及類似織物製成品，非針織或鈎織	107.77	105.59
女裝或女童外衣、內衣、睡衣及類似織物製成品，針織或鈎織	85.61	86.43
織物製的衣服配件、無論是否針織或鈎織	23.89	29.89
雜項製品	**146.21**	**148.34**
首飾、金器及銀器，其他寶石或半寶石製成品	53.79	58.80
樂器及其零件及附件；唱片、磁帶及其他聲音或類似錄音器	32.40	34.90
印刷品	37.07	33.44
雜項製品	10.21	10.29
塑膠製成品	9.47	8.05
電動機械器具及用具	**102.35**	**131.15**
熱離子管、冷陰極管；二極管、晶體管；光敏半導體器件、發光二極管等；及其零件	62.36	68.64
電力器具，作開關電路用；電阻器；印刷電路；電盤操縱台及其他基座等，作電控制用	25.32	30.21
電動機械及器具	8.57	7.92
電力機械及器具	4.27	2.84
家用型，電動及非電動設備	0.75	0.97
紡織紗、織物製成品及其有關製品	**58.98**	**53.25**
棉織物、梭織物	36.95	32.78
網眼薄紗、花邊、刺繡品、絲帶、邊條料及其他細物品	7.37	8.05
紡織紗	4.45	4.52
針織或鈎織物	5.23	4.16
辦公室機器及自動資料處理機	**49.25**	**52.79**
自動資料處理機及其部件；磁性或光學閱讀器、將資料以代碼形式轉錄到資料媒體及處理這些資料的機器	27.81	31.51
辦公室機器及自動資料處理機之零配件	21.33	21.27
辦公室機器	0.10	0.10
初級形狀的塑膠	**24.11**	**31.09**
初級形狀的苯聚合物	19.51	24.55
塑料的廢料及碎料	3.06	4.98
初級形狀的氯乙烯或其他鹵化烴聚合物	1.54	1.49
含金屬的礦砂及金屬碎料	**17.57**	**23.68**
鐵廢料及碎料	12.67	15.70
非亞鐵賤金屬廢料及碎料	3.17	5.63
貴金屬礦砂及廢料、碎料	1.73	2.37
煙草及煙草製品	**11.98**	**16.11**
製成的煙草	11.97	16.09
未製成的煙草	0.02	0.02
專業、科學及控制用儀器及器具	**13.77**	**14.35**
光學儀器及器具	8.21	9.32
儀器及用具、供內科、外科、牙 科或獸醫用	3.54	2.97
量度、檢驗、分析及控制的儀器及器具	1.35	1.63
計量器及計數器	0.68	0.44
電流	**13.23**	**14.33**
電流	13.23	14.33

6.9 按主要貨品及主要目的地劃分的港產品出口貨值

(單位：億港元)

主要貨品及主要目的地	2003年	2004年
服裝及衣服配件	**638.80**	**633.92**
美國	286.72	285.92
中國內地	146.30	143.97
台灣	15.00	18.11
英國	62.6	63.66
德國	36.96	37.87
加拿大	16.58	15.23
電動機械、儀器、用具及零件	**102.35**	**131.15**
中國內地	32.47	39.79
台灣	7.87	12.20
美國	17.17	17.77
新加坡	10.11	16.92
馬來西亞	5.32	7.12
荷蘭	4.49	5.90
珠寶、金飾及銀器	**53.79**	**58.80**
美國	28.81	30.56
日本	4.30	4.63
瑞士	3.75	3.88
台灣省	2.32	2.90
英國	2.34	2.84
新加坡	1.95	2.76
紡紗、布料、其製成品及有關製品	**58.98**	**53.25**
中國內地	25.39	24.12
美國	5.30	2.55
孟加拉	2.79	2.55
菲律賓	3.07	2.25
印尼	2.12	1.82
印刷品	**37.07**	**33.44**
美國	11.05	8.01
中國內地	7.75	7.43
台灣	1.86	1.47
英國	2.63	2.34
菲律賓	1.31	1.24
辦公室儀器或資料處理儀器零件及附件	**21.33**	**21.27**
中國內地	7.02	6.60
台灣	0.47	0.88
德國	2.14	2.47
日本	3.24	1.96
美國	1.07	1.74
新加坡	1.72	1.43

主要貨品及主要目的地	2003年	2004年
塑膠製成品	**9.47**	**8.05**
中國內地	4.16	3.46
美國	0.80	0.79
泰國	0.30	0.35
孟加拉	0.40	0.34
澳洲	0.29	0.27
鐘錶	**8.50**	**7.63**
中國內地	3.59	2.71
瑞士	1.24	2.36
日本	1.06	0.78
法國	0.20	0.28
美國	0.46	0.27
電訊設備	**5.97**	**2.74**
中國內地	4.83	1.68
台灣	0.05	0.01
澳洲	0.80	0.68
南非	0.02	0.06
新加坡	0.01	0.05
美國	0.08	0.04
嬰兒車、玩具、遊戲及運動貨品	**2.57**	**2.25**
中國內地	1.33	1.07
台灣	0.09	0.04
澳門	0.09	0.08
美國	0.41	0.39
日本	0.11	0.09
英國	0.07	0.08

6.10 按用途類別及選出貨品劃分的進口及轉口貨值

(單位：億港元)

用途類別及選出貨品	2003年		2004年	
	進口	轉口	進口	轉口
消費品	**5,758.11**	**6,173.17**	**6,318.41**	**6,790.70**
成衣	1,242.17	1,164.77	1,334.36	1,321.15
收音機、電視機、唱片、錄音機及擴音機	764.24	810.78	982.10	1,068.91
鞋履	390.06	446.67	386.36	442.97
錶	201.18	309.89	225.31	334.50
家庭電器	205.80	264.39	192.21	238.37
煙草製品	33.32	30.52	37.63	32.25
照相機、閃燈及其他攝影器材	151.35	187.48	133.00	168.14
汽車	165.43	118.48	149.25	99.91
雜項紡織製成品	32.04	30.47	30.10	32.45
含酒精飲料	24.66	15.55	28.91	17.71
原料、半製成品	**6,543.89**	**5,332.07**	**8,051.88**	**6,622.56**
電子原件	2,225.06	1,572.90	3,019.99	2,067.01
人造纖維製的梭織物	262.87	227.01	269.72	235.76
塑膠原料	551.93	452.99	709.46	573.82
鐘錶芯、殼及零件	107.92	75.65	118.37	86.44
鋼鐵	255.04	172.12	304.41	208.11
棉梭織物	343.66	347.98	384.00	388.57
紙及紙板	110.88	62.26	116.27	60.71
化學元素及化合物	135.75	87.99	168.45	109.54
有色金屬	287.14	166.67	356.72	220.92
皮革及經處理的毛皮	252.22	199.18	299.28	238.23
資本物	**4,818.37**	**4,535.15**	**5,653.69**	**5,367.25**
工業機器	478.47	359.49	542.02	425.55
電動機器	1,095.47	1,202.34	1,403.68	1,521.07
電訊設備	581.10	481.37	714.32	529.27
運輸工具	264.87	119.15	275.31	135.70
建築機器	69.57	59.04	54.29	44.08
辦公室設備	1,845.26	1,844.41	2,092.61	2,152.67
科學、醫學、光學、量度及控制儀器和器具	232.17	240.82	278.86	287.86
食品	**583.39**	**146.93**	**600.97**	**123.92**
魚及製品	136.25	28.27	148.18	28.79
水果	85.94	19.99	79.53	20.93
肉及肉製品	121.89	57.77	115.55	30.45
蔬菜	23.81	3.28	24.46	2.99
牛奶、牛油、芝士和蛋	25.11	4.68	28.43	5.41
生豬	15.94	-	17.00	-
除米、小麥和幼粉外的穀及穀類製品	26.28	4.70	27.94	4.40
大米	11.32	0.22	12.09	0.43
活家禽	4.66	@	2.25	@
茶咖啡	5.99	2.08	6.70	2.23
燃料	**353.95**	**20.17**	**486.29**	**26.90**
液體燃料	280.10	20.08	408.45	26.87
固體燃料	22.58	0.09	29.26	0.03
電力	51.27	-	48.58	-

註：@ 少於 100 萬元。
- 無統計。

6.11 按用途類別及主要來源地劃分的進口及轉口貨值

(單位：億港元)

用途類別及主要來源地	2003年		2004年	
	進口	轉口	進口	轉口
原料及半製成品	**6,543.89**	**5,332.07**	**8,051.88**	**6,622.56**
中國內地	1,742.80	1,899.71	2,152.46	2,423.71
台灣	584.52	732.99	1,126.19	929.51
日本	1,071.73	780.15	1,311.17	991.86
韓國	584.52	407.89	754.76	496.33
美國	381.91	277.68	399.03	290.06
新加坡	257.45	211.59	339.17	149.67
馬來西亞	271.22	118.53	322.83	275.93
泰國	175.56	133.95	216.52	163.57
消費品	**5,758.11**	**6,173.17**	**6,318.41**	**6,790.70**
中國內地	3,706.12	5,072.54	4,022.75	5,614.49
日本	406.68	283.25	492.21	313.60
印度	235.20	101.48	282.25	120.78
美國	150.70	76.99	154.80	71.37
瑞士	108.78	95.73	134.58	62.47
德國	128.34	55.25	117.38	81.85
意大利	90.53	31.28	111.31	36.52
資本貨品	**4,818.37**	**4,535.15**	**5,653.69**	**5,367.25**
中國內地	1,870.02	2,676.85	2,471.32	3,293.14
台灣	310.62	284.16	342.09	355.08
日本	738.14	545.42	855.69	634.02
美國	325.96	243.71	362.17	240.90
韓國	307.09	140.58	325.85	123.35
馬來西亞	197.54	109.60	193.26	134.20
新加坡	192.85	81.17	185.47	62.80
英國	169.15	94.53	179.80	107.40
食品	**583.39**	**146.93**	**600.97**	**123.92**
中國內地	153.28	21.85	160.10	22.30
美國	83.93	33.19	67.27	15.37
巴西	31.11	10.31	36.79	8.33
澳洲	34.90	3.27	36.65	2.95
泰國	31.11	14.63	36.12	11.15
日本	28.69	2.99	30.57	2.90
印尼	21.82	4.86	24.09	5.20
加拿大	17.64	5.28	19.22	5.64
燃料	**353.95**	**20.17**	**486.29**	**26.90**
新加坡	129.87	17.34	190.00	25.14
中國內地	90.14	0.09	94.38	1.06
台灣	12.78	0.73	17.49	0.22
韓國	53.04	0.47	73.92	0.33
科威特	1.88	0.86	26.04	-
印尼	12.75	0.02	25.14	0.02
馬來西亞	6.47	@	22.25	-
澳洲	5.20	0.11	8.47	@

註：@ 少於 100 萬元。
- 無統計。

6.12 按主要來源地劃分的進口及轉口貨值

(單位：億港元)

主要來源地	2003年		2004年	
	進口	轉口	進口	轉口
中國內地	7,562.36	9,671.04	8,901.01	11,354.69
台灣	1,232.03	1,071.44	1,559.93	1,338.74
日本	2,248.68	1,612.31	2,692.50	1,942.47
韓國	1,028.14	570.00	1,232.44	643.58
美國	947.90	631.58	988.48	617.71
新加坡	615.11	234.79	752.34	253.79
馬來西亞	522.64	339.33	583.52	425.71
德國	424.91	265.83	433.28	273.69
泰國	339.69	213.68	399.13	247.37
印度	286.53	136.04	347.95	162.31
菲律賓	294.82	198.73	333.53	211.02
英國	305.06	169.96	327.31	183.09
意大利	234.91	123.51	293.60	147.25
瑞士	172.40	87.91	211.17	104.28
法國	174.08	92.89	205.64	100.81
印尼	131.45	74.91	149.97	79.25
澳洲	131.66	68.91	146.76	74.04
比利時及盧森堡	93.98	57.16	110.99	63.96
以色列	81.41	39.32	97.19	48.01
加拿大	74.03	38.43	91.49	51.64
荷蘭	71.86	24.61	73.00	29.43
南非	67.77	19.13	71.64	25.39
巴西	60.26	36.54	70.67	34.52
俄羅斯	71.99	19.19	62.03	23.24
愛爾蘭	64.11	19.49	57.04	49.25

6.13 主要轉口貨品貨值

(單位：億港元)

	2003年	2004年
電動機械	**3,037.28**	**3,838.22**
熱離子管、冷陰極管；二極管、晶體管；光敏半導體器件、發光二極管等；及其零件	1,482.20	1,958.33
電力器具，作開關電路用；電阻器；印刷電路；電盤、操縱台及其他基座，作電力控制用	447.26	608.77
電動機械及器具	431.68	539.41
電力機械	313.80	381.33
家用型，電動及非電動設備	231.03	201.17
分布電力設備	118.75	136.69
供內科、外科、牙科或獸醫科學用的電診斷器及輻射線器具	12.58	12.52
電訊及聲音收錄及重播器具及設備	**2,191.82**	**2,865.84**
電訊設備及零件	1,517.17	1,952.41
聲音收錄及重播機；電視圖像及聲音收錄或重播機；經處理未錄製媒體	436.73	632.39
無線電廣播接收機	185.11	202.99
電視接收機(包括電視監視器及電視投影機)	52.81	78.04
辦公室機器及自動資料處理機	**1,842.33**	**2,150.76**
辦公室機器、自動資料處理機等的零件附件	1,296.08	1,588.70
自動資料處理機及其部件；磁性或光學閱讀器、將資料以代碼形式轉錄到資料媒體及處理這些資料的機器	476.65	503.82
辦公室機器	69.60	58.24
雜項製品	**1,623.50**	**1,717.55**
嬰兒車、玩具、遊戲及運動貨品	870.17	895.88
塑膠製成品	229.26	227.24
首飾、金器及銀器，其他寶石或半寶石製成品	168.51	209.97
雜項製品	177.20	178.47
印刷品	77.64	103.95
樂器及其零件及附件；唱片、磁帶及其他聲音或類似錄音器	53.21	50.36
辦公室及文具用品	39.45	42.20
藝術品、珍藏及古董	8.01	9.41
武器及彈藥	0.05	0.08
服裝及衣服配件	**1,164.77**	**1,321.15**
織物服裝，無論是否針織或鈎織	453.97	525.87
女裝或女童外衣、內衣、睡衣及類似織物製成品，非針織或鈎織	265.63	298.60
女裝或女童外衣、內衣、睡衣及類似織物製成品，針織或鈎織	129.31	149.61
服裝及衣服配件，織物製的除外	109.38	126.11
男裝或男童外衣、內衣、睡衣及類似織物製成品，非針織或鈎織	101.42	111.37
織物製的衣服配件，無論是否針織或鈎織(嬰兒的除外)	56.49	59.62

	2003年	2004年
男裝或男童外衣、內衣、睡衣及類似織物製成品，針織或鈎織	48.58	49.98
紡織紗、織物製成品及其有關製品	**960.25**	**1,060.39**
紡織紗	275.68	295.43
紡織物，梭織	202.97	236.84
針織或鉤織織物	193.25	221.50
人造紡織原料的梭織物	116.39	120.29
特種紗、特種紡織物及有關產品	56.95	57.67
其他紡織物，梭織	40.57	46.55
網眼、薄紗、花邊、刺繡品、絲帶、邊條料及其他細物品	40.90	46.31
攝影器具、設備及用光學貨品，鐘錶	**732.16**	**802.80**
鐘錶	410.53	449.02
光學貨品	122.29	174.86
攝影器具設備	161.45	139.81
攝影或電影攝影用品	37.72	39.05
電影軟片，經曝光及顯影，無論是否附有聲帶或只具聲帶	0.18	0.06
初級形狀的塑膠	**386.21**	**492.55**
初級型狀的苯乙烯聚合物	134.11	163.68
其他初級型狀的塑膠	102.11	130.99
初級型狀的聚縮醛、其他聚醚及環氧樹脂；初級形狀的聚碳酸鹽、醇酸樹脂及其他聚酯	59.93	81.46
初級形狀的乙烯聚合物	36.54	48.92
塑膠的廢料、削皮及碎料	31.88	42.80
初級形狀的氯乙烯或其他烯烴聚合物	21.65	24.69
鞋履	**446.67**	**442.97**
鞋履	446.67	442.97
非金屬礦物製品	**316.72**	**371.31**
珍珠、寶石及半寶石	250.74	305.82
玻璃製品	13.60	19.34
玻璃	20.95	17.96
陶瓷器	20.93	15.83
礦物製成品	7.52	9.28
石灰、水泥、及裝配式建築材料	2.20	2.39
黏土建築材料及耐火建築材料	0.78	0.70

6.14 按主要貨品及主要目的地劃分的轉口貨值

(單位：億港元)

主要貨品及主要目的地	2003年	2004年
電動機械、器具及用具，及其電動部件	**3,037.28**	**3,838.22**
中國內地	1,712.93	2,275.90
台灣	182.40	209.99
美國	333.94	349.43
日本	151.40	176.47
韓國	130.60	162.32
新加坡	67.09	99.68
電訊設備	**1,517.17**	**1,952.41**
中國內地	809.25	1,060.88
台灣	28.37	34.89
美國	145.09	176.03
日本	67.36	77.80
韓國	46.92	64.59
新加坡	51.06	50.83
辦公室儀器或資料處理儀器的零件及附件	**1,296.08**	**1,588.70**
中國內地	698.29	884.57
台灣	31.95	33.80
美國	110.51	121.73
新加坡	73.69	78.91
日本	58.11	68.97
韓國	44.57	56.07
服裝及衣服配件	**1,164.77**	**1,321.15**
美國	380.93	424.98
英國	117.90	139.77
日本	128.85	136.86
德國	74.43	89.60
中國內地	57.36	61.37
紡紗、布料、其製成品及有關產品	**960.25**	**1,060.39**
中國內地	667.25	730.41
美國	20.88	25.51
越南	21.73	24.92
孟加拉	20.04	23.47
柬埔寨	18.48	22.07
嬰兒車、玩具、遊戲及運動貨品	**870.17**	**895.88**
美國	397.14	402.00
日本	87.41	105.29
英國	57.42	57.87
德國	58.30	56.60
中國內地	28.99	35.25
鐘錶	**410.53**	**449.02**
美國	92.69	102.12

主要貨品及主要目的地	2003年	2004年
中國內地	55.84	57.54
日本	38.29	42.80
瑞士	25.15	29.53
德國	26.35	24.45
鞋履	**446.67**	**442.97**
美國	225.67	218.62
日本	55.78	53.16
加拿大	16.73	18.18
中國內地	12.94	16.82
英國	16.43	16.49
旅行用品、手袋及類似物品	**320.33**	**357.84**
美國	118.65	138.15
日本	32.75	35.63
英國	23.90	25.60
德國	16.03	17.00
意大利	11.83	15.20
無線電廣播接收機	**185.11**	**202.99**
美國	56.56	58.30
德國	16.89	14.76
日本	11.04	14.41
英國	12.97	14.10
巴西	5.25	8.79

6.15 按主要目的地及主要來源地劃分的轉口貨值

(單位：億港元)

主要目的地及主要來源地	2003年	2004年
中國	**7,057.87**	**8,506.45**
中國內地	2,054.23	2,714.11
台灣	919.57	1,151.43
日本	1,321.34	1,607.37
韓國	463.36	524.30
美國	485.77	450.69
馬來西亞	249.96	324.81
德國	226.11	227.75
新加坡	176.83	192.56
泰國	165.27	190.70
菲律賓	149.31	146.37
美國	**2,850.84**	**3,029.64**
中國內地	2,601.05	2,766.11
日本	60.18	70.68
美國	30.43	28.46
印度	16.33	18.12
澳洲	16.74	17.19
日本	**911.54**	**1,047.33**
中國內地	815.42	933.24
台灣	7.69	8.60
日本	29.62	33.44
瑞士	11.69	14.79
美國	7.68	7.72
德國	**513.69**	**579.15**
中國內地	475.53	538.04
日本	8.23	10.16
泰國	7.50	5.29
德國	3.83	4.34
馬來西亞	3.32	4.21
英國	**496.25**	**576.63**
中國內地	460.05	533.65
台灣	3.84	5.85
英國	10.26	12.18
日本	9.79	9.85
泰國	1.93	2.36
台灣省	**386.16**	**444.47**
中國內地	168.56	193.86
台灣	68.40	72.87
韓國	27.41	31.52
美國	19.85	28.31
日本	26.78	27.68

主要目的地及主要來源地	2003年	2004年
韓國	**343.36**	**426.73**
中國內地	172.01	220.70
台灣	17.48	27.30
日本	37.30	41.21
美國	25.96	31.30
韓國	24.73	21.66
新加坡	**334.68**	**404.28**
中國內地	235.31	269.32
台灣	9.93	14.39
日本	13.96	19.38
美國	13.77	17.79
新加坡	8.71	12.54
荷蘭	**254.98**	**305.24**
中國內地	234.48	277.00
台灣	3.74	5.70
馬來西亞	5.40	7.33
日本	2.33	2.77
菲律賓	1.40	2.22
法國	**206.76**	**249.64**
中國內地	193.75	232.33
日本	3.77	4.39
法國	3.08	2.54
瑞士	0.78	1.98
美國	0.49	1.86
澳洲	**202.94**	**237.54**
中國內地	162.33	194.30
愛爾蘭	7.35	6.90
日本	3.69	6.54
波多黎各	2.69	4.42
澳洲	1.88	3.15
加拿大	**205.41**	**224.43**
中國內地	196.62	215.20
台灣	0.63	1.02
日本	1.92	2.26
加拿大	1.14	1.05
韓國	0.89	0.94
意大利	**183.44**	**221.58**
中國內地	168.41	206.81
日本	5.66	5.76
意大利	2.34	1.87
韓國	1.02	1.45
瑞士	0.96	0.96

6.16 按主要來源地及主要目的地劃分的轉口貨值

(單位：億港元)

主要來源地及主要目的地	2003年	2004年
中國	**9,671.04**	**11,354.69**
美國	2,601.05	2,766.11
中國內地	1,436.89	2,714.11
日本	815.42	933.24
德國	475.53	538.04
英國	460.05	533.65
荷蘭	234.48	277.00
新加坡	235.31	269.32
法國	193.75	232.33
韓國	172.01	220.70
加拿大	196.62	215.20
日本	**1,612.31**	**1,942.47**
中國內地	1,321.34	1,607.37
台灣	26.78	27.68
美國	60.18	70.68
韓國	37.30	41.21
日本	29.62	33.44
新加坡	13.96	19.38
台灣省	**1,071.44**	**1,338.74**
中國內地	919.57	1,151.43
台灣	68.40	72.87
韓國	17.48	27.30
美國	12.48	15.70
新加坡	9.93	14.39
日本	7.69	8.60
韓國	**570.00**	**643.58**
中國內地	463.36	524.30
台灣	27.41	31.52
韓國	24.73	21.66
美國	10.71	11.01
新加坡	7.32	10.09
美國	**631.58**	**617.71**
中國內地	485.77	450.69
台灣	19.85	28.31
韓國	25.96	31.30
美國	30.43	28.46
新加坡	13.77	17.79
馬來西亞	**339.33**	**425.71**
中國內地	249.96	324.81
台灣	11.37	7.38
韓國	16.08	14.68

主要來源地及主要目的地	2003年	2004年
美國	17.67	12.76
新加坡	4.60	7.38
德國	**265.83**	**273.69**
中國內地	226.11	227.75
台灣	6.94	8.90
澳門	4.79	5.22
韓國	3.64	5.01
德國	3.83	4.34
新加坡	**234.79**	**253.79**
中國內地	176.83	192.56
澳門	6.05	11.34
台灣	8.70	7.77
新加坡	8.71	12.54
美國	8.70	11.34
泰國	**213.68**	**247.37**
中國內地	165.27	190.70
新加坡	5.42	6.26
美國	5.28	6.19
韓國	3.94	5.83
日本	3.24	5.42
菲律賓	**198.73**	**211.02**
中國內地	149.31	146.37
台灣	9.38	8.45
韓國	7.74	14.56
美國	6.48	7.61
新加坡	4.51	6.20

6.17 香港進出口貿易貨值、貨量指數

(2000年=100)

年/月	進口			港產品出口			轉口			整體出口			貿易價格比率
	貨值	單位價格	貨量	貨值	單位價格	貨量	貨值	單位價格	貨量	貨值	單位價格	貨量	
2003年	108.9	92.8	119.1	67.2	92.4	73.8	116.5	94.0	125.6	110.8	93.7	119.6	101.0
12月	103.2	93.0	111.9	73.8	92.2	80.7	107.1	94.5	114.0	103.3	94.2	110.1	101.4
2004年	127.3	95.5	135.9	69.6	93.8	75.6	136.0	95.0	146.1	128.4	94.8	138.0	99.3
1月	97.3	93.5	105.8	54.7	91.5	61.0	109.6	93.7	119.1	103.2	93.5	112.4	99.9
2月	111.9	94.1	120.7	52.1	92.0	57.6	109.5	94.5	117.5	102.9	94.2	110.6	100.1
3月	128.8	94.3	138.9	64.3	92.1	71.2	132.1	94.5	143.0	124.3	94.2	134.7	99.9
4月	127.4	94.5	136.8	59.5	92.5	65.5	130.2	94.3	140.6	122.1	94.1	132.0	99.5
5月	126.5	94.7	135.9	65.8	92.6	72.5	134.1	94.5	145.1	126.2	94.2	136.7	99.5
6月	128.7	95.1	137.4	73.5	92.3	80.6	135.5	94.8	144.8	128.4	94.5	137.4	99.4
7月	137.0	95.7	145.5	77.9	93.7	84.2	148.2	95.3	158.3	140.1	95.1	149.7	99.3
8月	134.6	96.2	142.3	80.2	94.5	86.3	147.1	95.4	156.8	139.4	95.2	148.7	99.0
9月	134.7	96.5	142.2	76.6	95.5	81.9	145.0	95.6	154.8	137.1	95.4	146.4	98.9
10月	138.6	96.7	145.9	81.6	96.0	86.5	154.3	95.7	164.5	145.9	95.6	155.5	98.9
11月	130.2	97.0	137.3	73.8	95.4	78.8	145.3	95.7	155.7	137.1	95.6	146.8	98.5
12月	134.5	96.7	142.3	75.9	95.6	80.7	142.7	95.8	152.7	135.0	95.7	144.5	98.9

6.18 香港對內地貿易的外發加工價值

(單位：億港元)

年份	輸往中國內地的整體出口貨品	輸往中國內地的港產出口貨品	輸往中國內地的轉口貨品	由中國內地進口的貨品	原產地為中國內地經香港輸往其他地方的轉口貨品(輸往中國內地除外)
	涉及外發加工貿易的估計貨值(億元)				
2003年	3,261.47	249.24	3,012.23	5,649.33	6,034.60
2004年	3,864.35	248.25	3,616.10	6,615.43	6,840.07
第1季	713.59	46.13	667.45	1,305.33	1,484.60
第2季	1,014.15	64.59	949.56	1,610.30	1,652.77
第3季	1,058.51	69.29	989.23	1,811.96	1,832.80
第4季	1,078.10	68.25	1,009.86	1,887.84	1,869.90
	涉及外發加工貿易的估計比率(%)				
2003年	43.9	68.0	42.7	71.7	79.4
2004年	43.5	65.7	42.5	72.0	79.2
第1季	38.1	63.6	37.1	67.9	79.9
第2季	45.6	68.7	44.6	71.9	79.5
第3季	44.0	65.8	43.0	71.5	78.1
第4季	45.2	64.4	44.3	75.7	79.4

6.19 2004年世界主要商品貿易地區

	排名(2004年)			金額(億美元)			2004年比2003年增減 %		
	出口	進口	貿易總額	出口	進口	貿易總額	出口	進口	貿易總額
全世界				91,240	94,580	185,820	+21	+21	
德國	1	2	2	9,150	7,170	16,320	+22	+19	+20
美國	2	1	1	8,190	15,260	23,450*	+13	+17	+16
中國	3	3	3	5,930	5,610	11,550*	+35	+36	+36
日本	4	6	4	5,650	4,550	10,200	+20	+19	+19
法國	5	4	5	4,510	4,640	9,150	+15	+16	+16
荷蘭	6	8	8	3,590	3,200	6,790	+21	+21	+21
意大利	7	7	7	3,460	3,490	6,950	+16	+17	+16
英國	8	5	6	3,460	4,620	8,080	+13	+18	+16
加拿大	9	10	9	3,220	2,760	5,980	+18	+13	+15
比利時	10	9	10	3,090	2,870	5,960	+21	+22	+22
香港	11	11	11	2,660	2,730	5,390	+16	+17	+17
韓國	12	13	12	2,540	2,240	4,780	+31	+26	+28
墨西哥	13	14	14	1,890	2,060	3,950	+14	+16	+15
俄羅斯	14	25	17	1,830	950	2,780	+35	+28	+32
台灣地區	15	15	15	1,810	1,680	3,490	+21	+32	+26

註：* 已修正小數位誤差。

6.20 2004年世界主要服務貿易地區

	排名(2004年)			金額(億美元)			2004年比2003年增減 %		
	出口	進口	貿易總額	出口	進口	貿易總額	出口	進口	貿易總額
全世界				21,000	20,800	41,800	+16	+16	
美國	1	1	1	3,190	2,590	5,780	+11	+13	+12
英國	2	3	3	1,690	1,350	3,040	+16	+13	+15
德國	3	2	2	1,260	1,910	3,170	+9	+11	+10
法國	4	5	5	1,080	950	2,030	+10	+13	+11
日本	5	4	4	940	1,340	2,270*	+23	+21	+22
意大利	6	6	6	850	800	1,640*	+21	+9	+15
西班牙	7	11	8	840	530	1,370	+10	+17	+13
荷蘭	8	7	7	720	720	1,450*	+15	+11	+13
中國內地	9	8	9	590	700	1,290	+27	+27	+27
香港	10	21	15	540	290	830	+20	+16	+18
比利時	11	13	12	500	480	980	+15	+15	+15
奧地利	12	14	13	470	480	950	+12	+16	+14
加拿大	13	10	11	47	56	103	+12	+12	+12
愛爾蘭	14	9	10	460	580	1,040	+22	+11	+16
韓國	15	12	14	400	500	890*	+26	+24	+25

註：* 已修正小數位誤差。

6.21 香港出口佔主要目的地進口總值的百分比

(單位：億美元)

	2003年			2004年		
	進口總值	自香港進口	香港所佔總值的%	進口總值	自香港進口	香港所佔總值的%
北美洲						
美國	13,053.12	92.87	0.7	13,926.71	90.45	0.6(1)
加拿大	2,408.53	8.15	0.3	566.29	1.09	0.2(2)
歐洲						
德國	6,024.04	21.55	0.4	2,255.70	7.48	0.3(3)
法國	3,905.15	3.91	0.1	1,496.12	1.31	0.1(3)
英國	3,903.95	37.71	1.0	1,490.98	10.13	0.7(3)
意大利	2,911.56	5.54	0.2	1,092.78	2.07	0.2(3)
荷蘭	2,631.28	16.02	0.6	996.50	6.62	0.7(3)
比利時及盧森堡	2,356.49	5.67	0.2	914.06	2.05	0.2(3)
西班牙	2,012.34	2.58	0.1	772.76	0.87	0.1(3)
瑞士	1,148.96	11.57	1.0	304.79	2.84	0.9(2)
亞洲						
中國內地	4,128.36	111.19	2.7	5,614.23	118.00	2.1
台灣	1,272.49	17.25	1.4	1,077.17	13.84	1.3(4)
澳門	27.57	3.49	12.7	34.79	3.68	10.6
日本	3,824.84	13.45	0.4	4,549.21	16.26	0.4
韓國	1,788.27	27.35	1.5	2,034.53	30.89	1.5(1)
新加坡	1,278.91	30.88	2.4	1,349.04	30.05	2.2(5)
馬來西亞	1,018.73	21.79	2.1	253.62	6.05	2.4(2)
泰國	758.09	10.75	1.4	219.86	3.09	1.4(2)
印度	807.19	20.96	2.6	219.70	5.53	2.5(2)
菲律賓	463.14	22.70	4.9	117.36	6.31	5.4(2)
越南	256.80	10.77	4.2	61.03	2.92	4.8(2)
其他地區						
墨西哥	1,544.33	9.21	0.6	410.09	1.96	0.5(2)
澳洲	843.32	10.37	1.2	213.74	2.06	1.0(2)
阿拉伯聯合酋長國	485.01	18.39	3.8	129.25	4.60	3.6(2)
印尼	413.92	11.01	2.7	104.68	2.93	2.8(2)

註：(1)首11個月數字。
(2)首3個月數字。
(3)首4個月數字。
(4)首8個月數字。
(5)首10個月數字。

6.22 香港進口佔主要供應地出口總值的百分比

(單位：億美元)

	2003年			2004年		
	出口總值	輸往香港出口	香港所佔總值的%	出口總值	輸往香港出口	香港所佔總值的%
北美洲						
美國	7,237.43	135.42	1.9	7,448.64	143.65	1.9(1)
加拿大	2,697.20	8.16	0.3	740.00	2.61	0.4(2)
歐洲						
德國	7,492.06	44.94	0.6	2,954.99	17.09	0.6(3)
法國	3,867.26	25.12	0.6	1,473.68	8.74	0.6(3)
荷蘭	2,943.99	10.30	0.3	1,124.02	3.74	0.3(3)
英國	3,045.17	40.39	1.3	1,102.64	13.97	1.3(3)
意大利	2,923.98	30.61	1.0	1,061.77	11.08	1.0(3)
比利時及盧森堡	2,556.23	17.72	0.7	991.28	6.43	0.6(3)
西班牙	1,518.62	4.39	0.3	579.78	1.54	0.3(3)
瑞士	1,001.85	26.97	2.7	279.46	7.19	2.6(2)
亞洲						
中國內地	4,383.71	762.89	17.4	5,933.69	1,008.78	17.0
台灣	1,441.80	283.54	19.7	1,133.47	198.14	17.5(4)
澳門	25.82	1.70	6.6	28.13	2.12	7.5
日本	4,708.51	298.29	6.3	5,659.76	354.47	6.3
韓國	1,938.17	146.54	7.6	2,306.39	168.96	7.3(1)
新加坡	1,441.26	144.16	10.0	1,474.61	144.33	9.8(5)
馬來西亞	1,206.98	52.19	4.3	325.17	13.97	4.3(2)
泰國	805.18	43.32	5.4	223.30	11.69	5.2(2)
印度	615.62	28.93	4.7	182.39	9.31	5.1(2)
菲律賓	429.26	33.29	7.8	100.32	8.89	8.9(2)
越南	210.43	3.15	1.5	56.70	0.93	1.6(2)
其他地區						
墨西哥	1,554.41	1.62	0.1	411.37	0.37	0.1(2)
澳洲	702.97	17.84	2.5	194.58	5.23	2.7(2)
印尼	723.61	14.20	2.0	178.70	3.65	2.0(2)
阿拉伯聯合酋長國	482.49	10.85	2.2	127.33	2.66	2.1(2)

註：(1)首11個月數字。
(2)首3個月數字。
(3)首4個月數字。
(4)首8個月數字。
(5)首10個月數字。

6.23 高科技產品貿易統計

(單位：億港元)

	2000年	2001年	2002年	2003年	2004年
港產高科技產品出口	404	290	210	144	167
	(18.4)	(-28.2)	(-27.5)	(-31.5)	(15.9)
高科技產品轉品	3,164	3,370	3,880	4,929	6,136
	(34.7)	(6.5)	(15.1)	(27.1)	(24.5)
高科技產品整體出口	3,568	3,660	4,090	5,073	6,303
	(32.6)	(2.6)	(11.8)	(24.0)	(24.2)
高科技產品進品	4,444	4,512	4,750	5,715	7,232
	(35.6)	(1.5)	(5.3)	(20.3)	(26.5)
高科技產品貿易逆差	876	853	660	641	928
高科技產品貿易逆差比對 高科技產品進口貨值的百分比	19.7	18.9	13.9	11.2	12.8

註：( )數字表示與上年比較的變動百分率。

6.24 按產品類別劃分的高科技產品進口貨值

(單位：億港元)

產品類別	2000年	2001年	2002年	2003年	2004年
電訊及聲音收錄及重播器具及設備	2,512.84	2,479.75	2,814.20	3,335.19	4,494.22
	(57)	(55)	(59)	(58)	(62)
辦公室機器及自動資料處理機	1,244.55	1,258.78	1,352.32	1,639.20	1,859.42
	(28)	(28)	(28)	(29)	(26)
科學儀器	320.65	354.43	250.77	282.15	311.33
	(7)	(8)	(5)	(5)	(4)
電動機械設備	172.65	139.65	159.08	200.45	296.83
	(4)	(3)	(3)	(4)	(4)
航天設備	96.98	197.56	91.74	170.55	175.04
	(2)	(4)	(2)	(3)	(2)
化學材料及產品	40.81	33.99	37.25	38.67	39.78
	(1)	(1)	(1)	(1)	(1)
非電動機械設備	32.72	29.74	26.03	29.79	36.33
	(1)	(1)	(1)	(1)	(1)
醫療及藥用產品	22.65	18.38	18.69	18.84	18.80
	(1)	(+)	(+)	(+)	(+)
總計	4,443.84	4,512.27	4,750.07	5,714.84	7,231.76
	〔0.34〕	〔0.36〕	〔0.38〕	〔0.47〕	〔0.57〕
進口總貨值	16,579.62	15,681.94	16,194.19	18,057.70	21,111.23

註：( ) 數字代表佔高科技產品進口總值的百分比。
〔〕數字代表相對於本地生產總值的比率。
+ 數值少於 0.5%。

6.25 按產品類別劃分的港產高科技產品出口貨值

(單位：億港元)

產品類別	2000 年	2001 年	2002 年	2003 年	2004 年
電訊及聲音收錄及重播器具及設備	254.96	197.55	155.48	99.14	118.91
	(63)	(68)	(74)	(69)	(71)
辦公室機器及自動資料處理機	54.49	37.57	28.53	21.18	19.95
	(13)	(13)	(14)	(15)	(12)
科學儀器	73.91	41.04	13.37	9.51	10.85
	(18)	(14)	(6)	(7)	(7)
非電動機械設備	10.43	5.74	5.72	6.47	9.46
	(3)	(23)	(3)	(4)	(4)
電動機械設備	6.66	3.61	3.98	3.92	4.58
	(3)	(1)	(2)	(3)	(3)
醫療及藥用產品	1.60	2.50	2.33	3.18	2.66
	(+)	(1)	(1)	(2)	(2)
化學材料及產品	1.78	1.84	0.82	0.64	0.50
	(+)	(1)	(+)	(+)	(+)
航天設備	0.04	0.02	0.02	0.04	0.03
	(+)	(+)	(+)	(+)	(+)
總計	403.86	289.87	210.25	144.08	166.95
	〔0.03〕	〔0.02〕	〔0.02〕	〔0.01〕	〔0.01〕
港產品出口總貨值	16,579.62	15,681.94	16,194.19	18,057.70	21,111.23

註：( ) 數字代表佔高科技產品出口總值的百分比。
〔 〕數字代表相對於本地生產總值的比率。
+ 數值少於 0.5%。

6.26 按產品類別劃分的高科技產品轉口貨值

(單位：億港元)

產品類別	2000年	2001年	2002年	2003年	2004年
電訊及聲音收錄及重播器具及設備	1,639.03	1,718.94	2,076.38	2,660.77	3,459.88
	(52)	(51)	(54)	(54)	(56)
辦公室機器及自動資料處理機	1,013.52	1,092.44	1,246.90	1,591.78	1,852.33
	(32)	(32)	(32)	(32)	(30)
科學儀器	286.25	338.47	268.40	306.83	346.49
	(9)	(10)	(7)	(6)	(6)
電動機械設備	134.41	122.34	163.89	213.59	300.25
	(4)	(4)	(4)	(4)	(5)
航天設備	17.35	29.14	51.53	85.18	95.28
	(1)	(1)	(1)	(2)	(2)
化學材料及產品	34.37	31.14	30.71	31.87	35.03
	(1)	(1)	(1)	(1)	(1)
非電動機械設備	19.79	19.77	24.75	24.61	31.52
	(1)	(1)	(1)	(1)	(1)
醫療及藥用產品	19.29	17.52	17.10	14.77	15.52
	(1)	(1)	(+)	(+)	(+)
總計	3,164.02	3,369.76	3,879.67	4,929.40	6,136.31
	〔0.25〕	〔0.27〕	〔0.31〕	〔0.41〕	〔0.48〕
轉口總貨值	13,917.22	13,274.67	14,295.90	16,207.49	18,931.32

註：( )數字代表佔高科技產品轉口總值的百分比。
〔〕數字代表相對於本地生產總值的比率。
+數值少於0.5%。

7 財政收支、外匯基金、外匯儲備

7.1 政府綜合資產負債表

(單位：億港元)

	註釋	2002-2003 年度	2003-2004 年度	2004-2005 年度
資產	1			
在外匯基金的投資		3,221.28	2,830.09	3,034.69
銀行存款		3.25	2.86	3.15
現金及銀行結餘		20.51	21.13	29.87
暫支款項		29.22	27.03	23.56
暫記賬		0.67	0.38	0.40
		3,274.93	2,881.49	3,091.67
負債	2,3			
暫收款項		(119.06)	(126.72)	(130.56)
暫記賬		(1.16)	(1.34)	(1.29)
		(120.22)	(128.06)	(131.85)
		3,154.71	2,753.43	2,959.81
上列項目代表				
綜合結餘				
該年度開始的 4 月 1 日結餘	5	3,766.32	3,154.71	2,753.42
午內盈餘(赤字)		(617.47)	(401.28)	213.56
在外匯基金的投資的虧損	4	5.87	-	(7.18)
該年度結束的 3 月 31 日結餘		3,154.71	2,753.43	2,959.81

註：(1)綜合賬目是以現金記賬式方式編製。在 2004-2005 年度中不包括在資本投資基金中列出為數共 4,951.97 億元的投資和貸款，以及在貸款基金中列出為數共 145.5 億元的貸款。在 2003-2004 年度則分別為 4,955.06 億元及 135.68 億元。

(2)負債不包括在 2004 年 5 月發行而未償還的 56.11 億元隧橋費數入債券和在 2004 年 7 月發行而未償還為數共 199.99 億元政府券及票據，以及發給亞洲開發銀行而未兌現的 0.77 億元承付票據。

(3)政府將以其擁有的隧橋及橋樑所收取的隧橋費收入淨額，償還隧橋費收入債券。在 2004-2005 年度還已償還 3.89 億元的本金及支付 0.98 億元的利息。

(4)這是在外匯基金的投資在 2003 年 1 月 1 日至 2005 年 3 月 31 日期間減了的市值。

批准才可發行政府債券。

(5)2003 年 4 月 1 日的結餘包括獎券基金的 40.69 億元結餘。

7.2 政府綜合收支表

(單位：億港元)

	註釋	2002-2003 年度	2003-2004 年度	2004-2005 年度
該年度開始4月1日現金及銀行結餘	4	23.28	20.51	21.13
發行債券及票據前的收入	1,2	1,783.59	2,073.37	2,381.97
開支	1	(2,401.67)	(2,474.66)	(2,422.35)
赤字		(617.47)	(401.28)	(40.38)
發行債券及票據收益淨額	2	-	-	253.94
發行債券及票據後的盈餘(赤字)		(617.47)	(401.28)	213.56
其他現金轉動	3	614.69	401.91	(204.82)
該年度結束時3月31日現金及銀行結餘		20.51	21.13	29.87

註：(1)2004-2005 年度的收入和開支不包括政府一般收入賬目及各基金之間為數 445.20 億元的轉撥款項。2003-2004 年度則為 1,680.14 億元。

(2)年內收入包括：

發行債券及票據前的收入	2,381.97 億元
發行債券及票據收益淨額	253.94 億元
	2,635.91 億元

(3)這些影響現金及銀行結餘的項目是因其他資產及負債有所改變而引致。

(4)2003 年 4 月 1 日的結餘包括獎券基金的 21 萬元結餘。

7.3 政府一般收入賬目收支表

(單位：億元)

	2002-2003 年度	2003-2004 年度	2004-2005 年度
該年度開始的 4 月 1 日結餘	22.80	19.98	20.69
收入	1,475.18	2,947.73	2,296.37
開支	(2,152.33)	(2,390.34)	(1,984.71)
年內盈餘(赤字)	(677.15)	557.39	311.65
其他現金轉動	674.34	(556.69)	(302.94)
該年度結束的 3 月 31 日現金及銀行結餘	19.98	20.69	29.41

7.4 政府一般收入賬目資產負債表

(單位：億港元)

	註釋	2002-2003 年度	2003-2004 年度	2004-2005 年度
資產				
在外匯基金的投資		253.91	821.02	1,130.33
銀行存款		3.25	2.86	3.15
現金及銀行結餘		19.98	20.69	29.41
暫支款項		28.41	26.21	22.55
暫記賬		0.67	0.38	0.40
	4	306.23	871.16	1,185.85
負債	1,2			
暫收款項		(104.56)	(111.91)	(117.55)
暫記賬		(1.16)	(1.34)	(1.29)
	5	(105.72)	(123.25)	(118.84)
		200.51	757.91	1,067.00
上列項目代表				
綜合結餘				
該年度開始的 4 月 1 日結餘		872.44	200.51	757.91
年內盈餘(赤字)		(677.15)	557.39	311.65
在外匯基金的投資的虧損	3	5.22	-	(2.56)
該年度結束的 3 月 31 日結餘		200.51	757.91	1,067.00

註：(1)負債不包括在 2004 年 5 月發行而未償還的 56.11 億元隧橋費數入債券，以及發給亞洲開發銀行而未兑現的 0.77 億元承付票據。

(2)政府將以其擁有的隧橋及橋樑所收取的隧橋費收入淨額，償還隧橋費收入債券。在 2004-2005 年度還已償還 3.89 億元的本金及支付 0.98 億元的利息。

(3)這是在外匯基金的投資在 2003 年 1 月 1 日至 2005 年 3 月 31 日期間減了的市值。
批准才可發行政府債券。

(4)2003-2004 年度的資產不包括給予獲培訓獎學金的政府人員而未償還的 0.09 億元貸款。

(5)2003-2004 年度負債不包括資助亞洲開發基金而向亞洲開發銀行發出但仍未兑現的 0.85 億元承付票據。

7.5 政府經常及非經常綜合收支表

(單位：億港元)

	2002-2003 年度	2003-2004 年度	2004-2005 年度
經常開支			
經常開支			
個人薪酬	509.66	495.85	477.60
與員工有關連的開支	169.37	187.42	205.23
部門開支	155.63	162.91	169.87
其他費用	336.55	352.09	369.69
資助金	808.83	802.01	796.92
額外承擔	-	-	15.38
經常開支總額	1,980.04	2,000.28	2,034.69
非經常開支	23.06	56.92	40.17
額外承額	-	10.14	47.14
非經常開支總額	23.06	67.06	87.31
經營開支總額	2,003.10	2,067.34	2,122.00
非經常開支			
機器、設備及工程	9.52	8.96	8.36
資助金	9.53	10.88	8.26
額外承擔	-	-	1.43
非經營開支總額	19.05	19.84	18.05
開支總額	2,022.15	2,087.18	2,140.05
轉撥各基金的款項	130.19	340.14	309.43
總額(包括轉撥各基金的款項)	2,152.34	2,427.32	2,449.48
經常收入			
內部税收	924.92	1,006.75	1,074.83
入息及利得税	730.28	780.80	822.90
博彩及彩票税	109.21	117.70	125.50
酒店房租税	2.01	1.55	2.00
印花税	74.58	99.00	110.40
飛機乘客離境税	8.84	7.70	14.03
海底隧道使用税	-	-	-
應課税品税項	66.20	65.39	67.51
一般差餉	89.23	111.31	123.45
車輛税	25.10	27.12	28.96
專利税及特權税	17.26	16.54	6.25
其他收入	277.84	308.47	284.71
經常收入總額	1,400.55	1,535.58	1,585.71
非經常收入			
內部税收：遺產税			
遺產税	14.03	15.00	15.00
的士專營權税	-	-	0.10
其他收入 #	27.60	28.66	6.02
非經常收入總額	41.63	43.66	21.12
收入總額	1,442.18	1,579.24	1,606.83
從各基金撥回的款項	33.00	1,340.00	525.00
總額(包括從各基金撥回的款項)	1,475.18	2,919.24	2,131.83

註：# 這個數額包括地下鐵路公司在 2000 年至 2001 年第一次公開招股所得的 100.61 億元特殊收入，以及在 2003 年至 2004 年出售資產預計所得 60 億元收入。

* 已計及預算案建議的收入措施。

7.6 政府一般收入賬目——收入附表

(單位：億港元)

收入總目	2002-2003 年度 實際數額	2003-2004 年度 實際數額	2004-2005 年度 實際數額
應課税品税項	66.20	64.22	66.03
一般差餉	8.92	111.67	126.40
內部税收	938.94	1,057.20	1,276.83
車輛税	25.10	27.24	34.17
罰款、沒收及罰金	8.42	8.46	9.49
專利税及特權税	17.26	16.76	7.75
物業及投資	129.93	141.20	136.64
貸款、償款、供款及其他收入	825.33	1,386.73	497.11
公用事業	20.68	28.77	34.01
各項收費	96.87	105.48	107.93
總收入	**1,475.18**	**2,947.73**	**2,296.37**

7.7 政府一般收入賬目——開支附表

(單位：億港元)

開支總目	2002-2003 年度 實際數額	2003-2004 年度 實際數額	2004-2005 年度 實際數額
行政長官辦公室	0.53	0.55	0.60
漁農自然護理署	7.70	7.84	7.61
建築署	14.73	14.90	14.01
審計署	1.30	1.25	1.17
醫療輔助隊	0.65	0.63	0.61
屋宇署	7.17	6.90	7.36
政府統計處	5.25	5.01	4.62
民眾安全服務處	0.80	0.76	0.74
民航處	6.09	5.81	6.00
土木工程拓展署	-	-	8.29
土木工程署 **	8.91	9.00	2.04
懲教署	26.47	25.68	24.41
香港海關	19.20	19.16	18.53
衞生署	34.36	31.14	28.32

開支總目	2002-2003 年度 實際數額	2003-2004 年度 實際數額	2004-2005 年度 實際數額
律政司	8.54	8.47	8.38
渠務署	15.90	15.39	16.07
機電工程署	2.72	2.45	2.29
環境保護署	23.19	22.82	21.37
消防處	21.67	31.02	30.38
食物環境衛生署	42.59	42.14	38.18
公務員一般開支	46.71	47.02	45.00
政府飛行服務隊	2.58	2.00	1.89
政府化驗所	2.58	2.58	2.40
政府物流服務署	-	3.54	4.43
政府產業署	17.47	16.52	15.61
政府總部：駐京辦事處	0.50	0.40	0.38
公務員事務局	2.01	2.70	3.85
工商及科技局(工商科)	1.00	0.92	4.74
工商及科技局(資訊及科技科)	1.30	1.16	0.75
政制事務局	0.37	0.36	0.37
經濟發展及勞工局(經濟發展科)	1.13	1.95	7.23
教育統籌局	-	308.96	324.60
環境運輸及工務局(環境及運輸科)	-	0.89	0.94
環境運輸及工務局(工務科)	-	1.98	1.85
財經事務及庫務局(財經事務科)	1.47	1.32	1.06
財經事務及庫務局(庫務科)	1.15	1.19	1.60
衛生福利及食物局	0.96	8.83	286.71
民政事務局	2.13	1.97	6.62
香港經濟貿易辦事處	2.51	2.35	2.40
房屋及規劃地政局(規劃地政科)	-	0.79	0.85
創新科技署	1.30	1.27	4.17
政府資訊科技總監辦公室	5.98	5.41	5.04
政務司司長辦公室及財政司司長辦公室	4.04	3.80	4.82
保安局	1.27	1.24	1.13
路政署	19.49	18.73	19.34
民政事務總署	13.45	12.92	11.98
香港天文台	2.19	2.15	1.94
香港警務處	120.20	116.21	111.27
房屋署	3.85	3.68	3.33
入境事務處	22.35	22.44	23.31
廉政公署	7.02	7.03	6.78
投訴警方獨立監察委員會	0.14	0.14	0.13
政府新聞處	3.70	3.54	3.12
稅務局	12.49	11.84	10.79
知識產權署	1.01	0.99	0.84
投資推廣署	0.77	6.38	2.07

開支總目	2002-2003 年度 實際數額	2003-2004 年度 實際數額	2004-2005 年度 實際數額
公務及司法人員薪俸及服務條件			
諮詢委員會聯合秘書處	0.18	0.11	0.10
司法機構	10.08	9.44	8.81
勞工處	9.32	11.39	9.80
地政總署	16.15	15.35	14.17
法律援助署	7.18	6.69	6.27
立法會行政管理委員會	3.84	3.68	3.51
康樂及文化事務署	49.21	48.43	48.68
海事處	9.22	9.20	8.83
雜項服務	2.98	1.78	1.57
申訴專員公署	1.10	0.93	0.87
破產管理署	1.31	1.28	1.17
退休金	127.14	140.23	157.01
規劃署	4.43	4.29	4.19
公務員敍用委員會	0.20	0.17	0.18
香港電台	4.84	4.74	4.49
差餉物業估價署	4.07	3.98	3.76
選舉事務處	0.58	1.68	2.69
社會福利署	313.48	327.64	325.27
學生資助辦事處	25.00	27.10	28.81
影視及娛樂事務管理處	0.92	0.93	0.83
拓展署 **	2.23	2.11	0.51
工業貿易署	3.60	5.35	5.97
運輸署	8.86	8.37	8.13
庫務署	3.03	3.08	3.02
大學教育資助委員會	132.81	139.12	120.44
水務署	53.68	53.40	52.12
公務培訓處	1.39	1.14	-
教育署	302.11	0.34	-
政府車輛管理處 *	1.46	0.34	-
政府總部：經濟發展及勞工局(勞工)*	5.94	0.02	-
政府物料供應處 *	1.57	0.38	-
法定語文事務署 *	1.22	0.29	-
政府印務局 *	1.88	0.47	-
資助金：雜項	2.92	2.53	-
非政府部門的公只機構	342.84	338.43	-
總開支	**2,022.14**	**2,050.20**	**1,984.51**
轉撥各基金的款項	130.19	340.14	0.20
撥款總額	**2,152.33**	**2,390.34**	**1,984.71**

註：* 在 2003 年 7 月 1 日解散。
** 在 2004 年 7 月 1 日解散。

7.8 外匯基金——收支賬目

(單位：億港元)

	集團		基金	
	2003年	2004年	2003年	2004年
收入				
利息收入				
來自債務證券的利息收入	232.53	215.34	231.03	213.80
其他利息收入	30.64	30.64	24.10	21.94
總利息收入	265.24	245.98	255.13	235.74
來自上市股票的股息收入	37.51	45.56	37.51	45.56
來自附屬公司的股票收入	-	-	1.40	0.17
其他證券投資的淨實現及重估收益	293.84	195.38	293.84	195.38
其他淨實現及重估收益	79.77	5.82	79.60	5.82
淨外匯收益	228.86	84.69	229.00	84.74
銀行牌照費	1.30	1.29	1.30	1.29
其他	2.38	3.53	0.49	0.70
總收入	908.90	582.25	898.27	569.40
開支				
利息開支	(302.33)	(180.66)	(298.47)	(178.56)
營運開支	(15.08)	(15.23)	(11.79)	(12.51)
紙幣及硬幣開支	(2.29)	(1.82)	(2.29)	(1.82)
總開支	(319.70)	(197.71)	(312.55)	(192.89)
未計物業重估及聯營公司的盈餘	589.20	384.54	585.72	376.51
物業重估盈餘/(虧損)	(8.76)	8.76	(8.76)	8.76
應佔聯營公司溢利	0.10	0.04	-	-
除税前盈餘	580.54	393.34	576.96	385.27
附屬公司税項及應佔聯營公司税項	(0.58)	(1.10)	-	-
除税後盈餘	579.96	392.24	576.96	385.27
少數股東權益	(0.24)	(0.21)	-	-
本年度盈餘	579.72	392.03	576.96	385.27

7.9 外匯基金——資產負債表

(單位：億港元)

	集團		基金	
	2003年	2004年	2003年	2004年
資產				
庫存現金及通知存款	191.68	207.59	191.43	207.38
在銀行及其他金融機構的存款	438.23	481.78	415.49	427.47
投資證券	3.00	3.00	3.00	3.00
其他證券投資	9,317.37	9,777.46	9,317.37	9,777.46
持至期滿的證券	35.74	41.30	-	-
按揭貸款	345.82	349.38	-	-
黃金	2.17	2.28	2.17	2.28
其他資產	140.95	145.10	135.03	139.14
附屬公司投資	-	-	21.45	214.50
聯營公司投資	0.20	0.23	-	-
固定資產	33.09	42.86	30.51	40.36
資產總額	10,508.25	11,050.98	10,116.45	10,618.54
負債				
負債證明書	1,342.15	1,467.75	1,342.15	1,467.75
政府發行的流通紙幣及硬幣	62.97	63.51	62.97	63.51
銀行體系結餘	282.77	157.89	282.77	157.89
外匯基金票據及債券	1,235.20	1,258.60	1,235.20	1,258.60
其他債務證券	366.20	354.95	-	-
銀行及其他金融機構存款	445.42	390.87	445.42	390.87
其他香港特區政府基金存款	2,522.96	2,800.91	2,522.96	2,800.91
香港法定機構存款	1.64	-	1.64	-
其他負債	382.84	296.45	374.55	243.10
負債總額	6,642.15	6,790.93	6,267.66	6,382.63
少數股東權益	1.60	1.67	-	-
累計盈餘	3,864.41	4,256.44	3,848.70	4,233.97
物業重估儲備	0.09	1.94	0.09	1.94
權益總額	3,864.50	4,258.38	3,848.79	4,235.91
負債及權益總額	10,508.25	11,050.98	10,116.45	10,618.54

7.10 外匯基金分析賬目

(單位：億港元)

年 / 月 期末	貨幣 基礎	對香港特別行政區 政府的債權	對香港私營部門 的債權	境外資產 (1)	對外債務 (2)
2003 年					
1 月	2,652.61	0	513.91	8,516.07	91.52
2 月	2,518.73	0	433.88	8,457.43	124.55
3 月	2,508.43	0	452.08	8,457.24	124.71
4 月	2,517.73	0	548.40	8,382.31	55.72
5 月	2,526.93	0	519.78	8,574.77	47.33
6 月	2,539.60	0	555.40	8,417.67	49.34
7 月	2,531.18	0	552.41	8,246.62	129.69
8 月	2,550.06	0	534.09	8,192.45	157.12
9 月	2,578.95	0	442.01	8,246.06	96.36
10 月	2,602.81	0	475.12	8,259.07	74.32
11 月	2,688.24	0	595.79	8,329.74	73.23
12 月	2,926.72	0	508.41	8,686.36	10.37
2004 年					
1 月	3,300.55	0	633.77	9,095.76	11.28
2 月	3,231.39	0	510.60	9,126.20	10.95
3 月	3,222.72	0	534.21	9,133.34	9.26
4 月	3,235.03	0	573.11	8,991.29	4.95
5 月	3,035.82	0	508.54	8,898.63	29.21
6 月	3,053.10	0	524.71	8,934.82	22.90
7 月	2,809.90	0	525.58	8,706.85	72.74
8 月	2,777.38	0	676.13	8,567.49	58.80
9 月	2,787.11	0	645.34	8,592.33	36.81
10 月	2,826.28	0	487.90	8,821.76	8.66
11 月	2,883.62	0	766.94	8,683.26	1.37
12 月	2,948.71	0	558.58	9,049.04	1.57

註：(1)境外資產即外匯基金存放境外的資產，並不包括存放在香港銀行的外幣存款。
(2)對外負債包括在回購協議下的承擔，現金抵押的證券借貨安排，以及須支付予 外匯基金外聘基金經理的費用。

7.11 貨幣發行局賬目

(單位：億港元)

期末	2003年	2004年			
	12月	3月	6月	9月	12月
貨幣基礎					
負債證明書	1,342.15	1,364.65	1,397.35	1,443.85	1,467.75
政府發行的流通紙幣及硬幣	62.97	65.74	63.44	63.03	63.51
已發行外匯基金票據及債券(1)(2)(3)	1,235.20	1,242.76	1,233.31	1,245.30	1,258.60
外匯基金債券應付利息	5.48	5.91	5.05	5.74	4.76
銀行體系結餘	282.77	546.82	355.44	32.54	157.89
(應收)/ 應付賬項淨額(1)(2)(4)	(1.85)	(3.16)	(1.49)	(3.35)	(3.80)
總額	**2,926.72**	**3,222.72**	**3,053.10**	**2,787.11**	**2,948.71**
支持資產					
指定美元資產的投資	3,214.67	3,572.20	3,451.76	3,113.01	3,268.23
指定美元應收利息	6.20	7.90	5.68	6.05	4.53
(應收)/ 應付賬項淨額(5)	0	(42.79)	(77.57)	0	0
總額	**3,220.87**	**3,537.31**	**3,379.87**	**3,119.06**	**3,272.76**
支持比率(%)(6)	**110.05**	**109.76**	**110.70**	**111.91**	**110.99**

註：(1) “貼現窗運作”是指由金融管理局通過對銀行交來的外匯基金票據及債券，以及其他合資格證券進行貼現，向銀行提供隔夜港元貸款。在這過程中，有關貸款會記入銀行在金融管理局開設的戶口內(這是銀行體系結餘的一部)。根據公認會計常規，由金融管理局貼現的外匯基金票據及債券不會以金融管理局負債減少的 形式入賬，而是列作就貸款持有的抵押品處理。在本賬目在計算貨幣基礎時，向銀行提供以外匯基金票據及債券為抵押品的貸款是以負債減少方式處理。

(2) 在招標日獲認購但未結算的外匯基金票據及債券已包括在“已發行外匯基金票據及債券”內。本賬目在計算貨幣基礎時，與此等未結算交易有關的應收項是以負債減少方式處理。

(3) 1999年4月1日起，未償還外匯基金票據 / 債券的數量可隨這些票據 / 債券所付的利息數額相應地增加。

(4) 由2001年6月起，港元利率掉期協議被用作管理發行外匯基金債券的成本。在本賬目內，利率掉期協議的利息應付 /(應收)賬項及重估虧損 /(收益)是以貨幣基礎組成項目的方式列示。

(5) 支持比率是指“支持組合”的市值與“貨幣基礎”的市值比率。

7.12 2004年各國 / 地區官方儲備排名

	以億美元計	截至
日本	8,410	2005年1月底
中國內地	6,099	2004年12月底
台灣	2,417	2004年12月底
韓國	1,991	2004年12月底
印度	1,310	2004年12月底
香港	1,236	2004年12月底
俄羅斯	1,207	2004年12月底
新加坡	1,128	2004年12月底
德國	972	2004年12月底
美國	854	2004年12月底

7.13 外幣儲備資產

(單位：億美元)

年／月 (期末)	外幣儲備資產			未交收遠期合約			包括未交收遠期合約		
	外匯基金	土地基金	總計	外匯基金	土地基金	總計	外匯基金	土地基金	總計
2003年									
1月	1,155.66	-	1,155.66	0	-	0	1,155.66	-	1,155.66
2月	1,137.49	-	1,137.49	0	-	0	1,137.49	-	1,137.49
3月	1,135.65	-	1,135.65	0	-	0	1,135.65	-	1,135.65
4月	1,142.38	-	1,142.38	0	-	0	1,142.38	-	1,142.38
5月	1,161.45	-	1,161.45	0	-	0	1,161.45	-	1,161.45
6月	1,143.99	-	1,143.99	(2.00)	-	(2.00)	1,141.99	-	1,141.99
7月	1,125.90	-	1,125.90	0	-	0	1,125.90	-	1,125.90
8月	1,118.24	-	1,118.24	(4.00)	-	(4.00)	1,114.24	-	1,114.24
9月	1,121.32	-	1,121.32	0	-	0	1,121.32	-	1,121.32
10月	1,123.77	-	1,123.77	0	-	0	1,123.77	-	1,123.77
11月	1,140.52	-	1,140.52	0	-	0	1,140.52	-	1,140.52
12月	1,183.88	-	1,183.88	5	-	5	1,189.21	-	1,189.21
2004年									
1月	1,236.34	-	1,236.34	0	-	0	1,236.34	-	1,236.34
2月	1,235.28	-	1,235.28	0	-	0	1,235.28	-	1,235.28
3月	1,237.52	-	1,237.52	0	-	0	1,237.52	-	1,237.52
4月	1,221.17	-	1,221.17	(0.20)	-	(0.20)	1,220.97	-	1,220.97
5月	1,200.71	-	1,200.71	0	-	0	1,200.71	-	1,200.71
6月	1,207.70	-	1,207.70	0	-	0	1,207.70	-	1,207.70
7月	1,182.59	-	1,182.59	0	-	0	1,182.59	-	1,182.59
8月	1,184.65	-	1,184.65	0	-	0	1,184.65	-	1,184.65
9月	1,183.98	-	1,183.98	0	-	0	1,183.98	-	1,183.98
10月	1,195.38	-	1,195.38	5.00	-	5.00	1,200.38	-	1,200.38
11月	1,214.67	-	1,214.67	0	-	0	1,214.67	-	1,214.67
12月	1,235.69	-	1,235.69	0	-	0	1,235.69	-	1,235.69

7.14 外匯儲備資產分析

期末	外幣儲備資產(億美元)			人均外匯儲備資產	按留用入口貨物計算	外幣儲備資產對
	外匯基金	土地基金	總計	(1)(美元)	的外幣儲備資產(2)(月數)	流通貨幣的比率
2003年						
1月	1,155.66	-	1,155.66	17,023	24.3	6.3
2月	1,137.49	-	1,137.49	16,748	23.5	6.8
3月	1,135.65	-	1,135.65	16,714	23.3	6.9
4月	1,142.38	-	1,142.38	16,806	23.4	6.9
5月	1,161.45	-	1,161.45	17,079	23.9	7.0
6月	1,143.99	-	1,143.99	16,816	23.5	6.8
7月	1,125.90	-	1,125.90	16,533	23.3	6.7
8月	1,118.24	-	1,118.24	16,403	23.1	6.6
9月	1,121.32	-	1,121.32	16,431	22.9	6.5
10月	1,123.77	-	1,123.77	16,450	22.8	6.6
11月	1,140.52	-	1,140.52	16,678	22.8	6.6
12月	1,183.88	-	1,183.88	17,295	23.2	6.5
2004年						
1月	1,236.34	-	1,236.34	18,045	24.3	6.3
2月	1,235.28	-	1,235.28	18,013	23.5	6.7
3月	1,237.52	-	1,237.52	18,029	23.3	6.7
4月	1,221.17	-	1,221.17	17,775	22.3	6.5
5月	1,200.71	-	1,200.71	17,461	21.5	6.5
6月	1,207.70	-	1,207.70	17,547	21.2	6.4
7月	1,182.59	-	1,182.59	17,177	20.5	6.3
8月	1,184.65	-	1,184.65	17,201	20.2	6.3
9月	1,183.98	-	1,183.98	17,186	20.0	6.1
10月	1,195.38	-	1,195.38	17,346	20.0	6.3
11月	1,214.67	-	1,214.67	17,621	20.4	6.3
12月	1,235.69	-	1,235.69	17,920	20.7	6.3

註：(1)人均外匯儲備資產數字按2004年底人口臨時數字計算(因此該數字在最新人口統計數字公佈後作出修訂)。
(2)數字根據過去12個月的留用進口貨物平均數計算。

8 貨幣、銀行、貨幣市場、債務、外匯基金票據、匯率及利率

8.1 流通貨幣

(單位：億港元)

期末數字	法定紙幣及硬幣的流通量			由認可機構持有的法定紙幣及硬幣	由公眾持有的法定紙幣及硬幣
	由商業銀行發行	由政府發行	總計		
2003年	1,342.15	65.50	1,407.65	128.98	1,278.67(1,285.68)
2004年第一季	1,364.65	68.27	1,432.92	99.64	1,333.28(1,318.39)
第二季	1,397.35	65.97	1,463.32	109.86	1,353.46(1,361.38)
第三季	1,443.85	65.56	1,509.41	122.00	1,387.41(1,401.22)
第四季	1,467.75	66.04	1,533.79	125.76	1,408.03(1,416.21)

註：括號內的數字是經季節性調整。

8.2 貨幣供應

(單位：億港元)

期末	末就外幣掉期存款作出調整								
	貨幣供應量M1			貨幣供應量M2			貨幣供應量M3		
	港幣	外幣	總計	港幣	外幣	總計	港幣	外幣	總計
2003年	3,547.52	586.71	4,134.23	21,058.60	17,075.82	38,134.42	21,214.52	17,365.92	38,580.44
2004年第一季	3,762.67	600.78	4,363.45	20,681.10	17,439.31	38,120.41	20,836.28	17,748.76	38,585.04
第二季	3,851.00	625.38	4,476.38	20,667.81	17,605.33	38,273.14	20,819.47	17,938.03	38,757.50
第三季	3,711.63	738.37	4,450.01	20,690.67	18,390.89	39,081.56	20,828.88	18,659.12	39,488.01
第四季	4,126.37	718.65	4,844.94	22,075.17	19,591.89	41,667.06	22,184.49	19,710.61	41,895.11

期末	就外幣掉期存款作出調整						
	外幣掉期存期(1)	貨幣供應量M2			貨幣供應量M3		
		港幣(2)	外幣(3)	總計	港幣(2)	外幣(3)	總計
2003年	14.09	21,072.69	17,061.73	38,134.42	21,228.61	17,351.83	38,580.44
2004年第一季	13.02	20,694.12	17,426.29	38,120.41	20,849.30	17,735.74	38,585.04
第二季	11.98	20,679.79	17,593.35	38,273.14	20,831.44	17,926.06	38,757.50
第三季	11.24	20,701.91	18,379.66	39,081.56	20,841.12	18,647.88	39,488.01
第四季	10.74	22,085.91	19,581.16	41,667.06	22,195.23	19,699.87	41,895.11

註：(1)外幣掉期存款是指顧客在現貨市場購買外幣，然後存入認可機構，但同時立下遠期合約，將該筆外幣"本金加利息"在存款到期時售予認可機構。作為大多數分析用途，這類掉期存款應當作港元存款。
(2)包括外幣掉期存款。
(3)已扣除外幣掉期存款。

8.3 所有認可機構及本港代表辦事處的數目

期末	2003年	2004年
持牌銀行		
在香港註冊	23	24
在境外註冊	111	109
總計	134	133
持牌銀行的附屬機構		
持牌銀行的附屬機構		
在香港註冊	1	1
在境外註冊	11	10
並非在本港獲發牌的境外銀行的附屬機構或分行	24	23
與銀行有關連	3	3
其他	3	3
總計	42	40
接受存款公司		
持牌銀行的附屬機構		
在香港註冊	9	7
在境外註冊	3	2
並非在本港獲發牌的境外銀行的附屬機構或分行	15	14
與銀行有關連	2	2
其他	10	10
總計	39	35
所有認可機構	215	208
本港代表辦事處	87	85

8.4 按港元及外幣劃分的客戶存款分析(1)

(單位：億港元)

期末 年／季	2003年	2004年	2004年 第一季	第二季	第三季	第四季
持牌銀行						
活期存款						
港幣	2,268.85	2,718.26	2,429.39	2,497.54	2,324.22	2,718.26
	(2,137.97)	(2,555.96)	(2,401.31)	(2,543.15)	(2,386.09)	(2,555.96)
外幣	586.71	718.65	600.78	625.38	738.37	718.65
總計	2,855.56	3,436.91	3,030.17	3,122.92	3,062.59	3,436.91
儲蓄存款						
港幣	9,363.45	10,333.74	9,681.58	9,516.60	9,241.98	10,333.74
外幣	3,411.83	3,986.37	3,550.20	3,702.01	3,787.42	3,986.37
總計	12,775.27	14,320.11	13,231.78	13,218.61	13,029.41	14,320.11
定期存款						
港幣	7,511.83	7,007.43	6,597.23	6,664.43	7,098.87	7,007.43
外幣	12,096.56	13,700.35	12,258.61	12,229.51	12,757.03	13,700.35
總計	19,608.39	20,707.78	18,855.84	18,893.94	19,855.91	20,707.78
各類存款總計						
港幣	19,144.13	20,059.51	18,708.19	18,678.57	18,665.08	20,059.51
外幣	16,095.09	18,405.37	16,409.60	16,556.90	17,282.83	18,405.37
總計	35,239.23	38,464.88	35,117.80	35,235.47	35,947.91	38,464.88

期末 年／季	2003年	2004年	2004年 第一季	第二季	第三季	第四季
有限制牌照銀行						
港幣	116.44	78.40	118.61	114.75	101.07	78.40
外幣	265.43	69.36	277.30	298.70	222.76	69.36
總計	381.87	147.76	395.91	413.45	323.83	147.76
接受存款公司						
港幣	33.24	30.22	31.90	30.95	33.01	30.22
外幣	15.84	17.46	15.71	15.73	17.90	17.46
總計	49.08	47.67	47.60	46.68	50.91	47.67
所有認可機構						
港幣	19,293.81	20,168.12	18,858.70	18,824.28	18,799.15	20,168.12
外幣	16,376.36	18,492.19	16,702.61	16,871.33	17,523.50	18,492.19
總計	35,670.18	38,660.31	35,561.31	35,695.60	36,322.65	38,660.31

註：(1)所列數字並未就外幣掉期存款作出調整。
(2)括號內數字是經季節性調整。

8.5 按人民幣劃分的客戶存款分析

(單位：億元人民幣)

期末	儲蓄存款	定期存款	總計	經營人民幣業務的持牌銀行數目
2004 年				
2 月	7.04	1.91	8.95	32
3 月	20.95	22.98	43.94	36
4 月	25.06	30.40	55.46	36
5 月	27.48	35.51	62.98	37
6 月	28.53	39.50	68.03	39
7 月	29.33	42.43	71.77	39
8 月	30.25	44.30	74.55	38
9 月	31.36	45.33	76.69	38
10 月	36.04	48.29	84.33	38
11 月	48.05	57.77	105.82	38
12 月	54.17	67.10	121.27	38

註：持牌銀行於 2004 年 2 月 25 日開始提供人民幣存款、兌換及匯款服務。

8.6 按貸款及墊款用途分類

（單位：億港元）

期末數字 年 / 季	2003 年	2004 年	2004 年 第一季	第二季	第三季	第四季
香港貨物的出入口及轉口融資						
港幣	406.25	561.27	445.65	498.51	535.04	561.27
外幣	484.45	609.19	514.43	605.60	629.59	609.19
總計	890.64	1,170.48	960.08	1,104.11	1,164.63	1,170.48
香港境外的商品貿易融資						
港幣	20.70	21.76	19.67	21.82	20.77	21.76
外幣	89.84	108.89	85.47	96.13	103.28	108.89
總計	110.54	130.65	105.13	117.95	124.05	130.65
在香港使用的貸款墊款						
港幣	14,994.40	15,727.63	14,927.32	15,171.68	15,175.86	15,727.63
外幣	2,093.82	2,196.55	2,152.45	2,103.22	2,171.80	2,196.55
總計	17,085.21	17,924.18	17,079.77	17,274.90	17,347.66	17,924.18

期末數字 年 / 季	2003 年	2004 年	2004 年 第一季	第二季	第三季	第四季
其他在本港以外使用的貸款						
港幣	255.56	294.29	263.74	314.84	267.59	294.29
外幣	1,808.66	1,837.53	1,790.51	1,717.94	1,677.80	1,837.53
總計	2,064.22	2,131.83	2,054.25	2,032.79	1,945.39	2,131.83
其他使用地區不明確的貸款						
港幣	56.95	62.70	54.81	57.17	59.32	62.70
外幣	143.22	137.47	159.69	164.89	146.64	137.47
總計	200.17	200.17	214.50	222.07	205.96	200.17
貸款及墊款總額						
港幣	15,730.79	16,667.66	15,711.19	16,064.03	16,058.58	16,667.66
外幣	4,620.00	4,889.65	4,702.55	4,687.79	4,729.11	4,889.65
總計	20,350.79	21,557.30	20,413.74	20,751.82	20,787.69	21,557.30

8.7 認可機構在本港使用的貸款及墊款按經濟行業分類(1)

(單位：億港元)

經濟行業	2003年末	2004年末	2004年			
			第一季末	第二季末	第三季末	第四季末
製造業	801.49	993.38	845.12	919.53	937.19	993.38
運輸及運輸設備	1,102.76	1,209.65	1,065.40	1,129.19	1,207.36	1,209.65
電力及氣體燃料及電訊	463.43	230.72	225.09	260.44	239.27	230.72
康樂活動	-	10.41	13.19	16.57	13.26	10.41
資訊科技	-	159.93	192.91	170.45	173.25	159.93
建造業、物業發展及投資	3,604.12	3,864.89	3,553.69	3,608.24	3,594.24	3,864.89
物業發展與投資	3,410.19	3,688.30	3,383.69	3,440.42	3,430.93	3,688.30
工業	60.12	58.11	56.57	55.37	55.31	58.11
住宅	1,526.24	1,638.30	1,491.86	1,506.80	1,521.24	1,638.30
商業	1,141.64	1,244.87	1,171.81	1,216.06	1,203.83	1,244.87
其他物業	682.19	747.02	663.45	662.19	650.55	747.02
其他	193.93	176.60	170.00	167.82	163.31	176.60
批發及零售業	936.26	991.94	979.67	984.50	988.06	991.94
其他經濟行業	10,172.34	10,463.25	10,204.70	10,185.99	10,194.80	10,463.25
酒店、旅舍及飲食業	360.23	322.38	336.68	334.98	336.22	322.38
與財務及金融有關公司(認可機構除外)(2)	1,469.78	1,677.97	1,533.41	1,561.84	1,573.70	1,677.97
證券經紀	101.72	97.83	107.79	101.42	92.53	97.83
專業人士及個別人士	7,528.28	7,602.02	7,528.84	7,465.44	7,458.70	7,602.02
購買居者有其屋、私人機構參與計劃單位及租者置其屋計劃單位	868.49	765.48	839.40	813.63	789.77	765.48
購買其他住宅樓宇	5,293.89	5,341.88	5,326.23	5,311.15	5,303.16	5,341.88
信用卡執款	494.63	519.13	470.74	471.19	473.54	519.13
其他商業用途	99.77	92.33	92.60	87.96	89.19	92.33
其他私人用途	771.51	883.19	799.86	781.52	803.03	883.19
其他	713.32	763.06	697.98	722.31	733.65	763.06
所有經濟行業	17,085.21	17,924.19	17,079.77	17,274.90	17,347.66	17,924.19

註：由2004年3月起，增加"康樂活動"的數字。"農業及漁業"及"採礦及採石業"的數字已包括在"其他經濟行業"項下的"其他"內。而"電力、氣體燃料及電訊"的數字亦經過重新分類，分別包括在"製造業"及兩個新增的項"電力及氣體燃料"和"資訊科技"內。

(1)不包括貿易融資的貸款和墊款。

(2)不括買股票的貸款及墊款，此項貸款及墊款列入其他經濟行業內的其他項目。

- 數字不詳

8.8 零售銀行資產質素(1)(2)

佔貸款總額的比率(%)

期末	合格貸款	需要關注貸款	特定分類貸款(總額)			特定分類貸款(淨額)(3)	逾期3個月以上的貸款	經重組貸款	不履行貸款(4)
			次級	呆滯	虧損				
2003年									
3月	88.49	6.47	1.83	2.02	1.18	3.52	2.79	0.85	4.03
6月	88.55	6.63	1.65	2.07	1.10	3.31	2.64	0.98	3.92
9月	88.39	7.01	1.67	1.95	0.96	3.17	2.71	0.86	3.61
12月	89.53	6.53	1.42	1.74	0.77	2.78	2.04	0.83	3.17
2004年									
3月	90.07	6.26	1.36	1.56	0.74	2.62	1.83	0.78	2.92
6月	91.41	5.59	1.19	1.26	0.55	2.16	1.43	0.66	2.28
9月	92.35	4.98	1.08	1.12	0.47	1.95	1.27	0.63	2.02
12月	93.76	3.99	0.98	0.88	0.40	1.59	1.05	0.44	1.63

註：(1)零售銀行包括所有本地註冊銀行及幾家大型境外銀行；這些大型境外銀行的業務與本地註冊銀行近似，同樣設有分行網絡，亦活躍於零售銀行業。
(2)數字反映香港辦事處及境外分行的狀況。
(3)扣除特殊準備金。
(4)利息已記入暫記賬或已停止累計利息的貸款。

8.9 住宅按揭貸款統計調查(1)

	期末			期內					
	未償還貸款總額 (億港元)	拖欠比率(2) %	經重組貸款比率%	新批出貸款總額		新批核貸款 (已取用及尚未取用)		新批核貸款 (未提取)	
				數目	億港元	數目	億港元	數目	億港元
2003年									
1月	533,806	1.07	0.46	5,897	72.34	52.35	62.19	27.72	32.34
2月	531,593	1.09	0.46	3,506	39.66	36.37	41.59	23.33	27.28
3月	528,567	1.11	0.46	4,034	51.17	51.91	68.65	34.39	43.90
4月	528,191	1.14	0.46	5,228	64.67	48.59	58.51	26.59	31.49
5月	526,128	1.16	0.48	4,491	51.41	47.48	53.85	30.72	35.61
6月	523,500	1.12	0.53	4,615	52.82	56.52	67.76	35.97	43.90
7月	522,166	1.10	0.55	5,725	67.22	74.84	88.05	51.65	61.42
8月	522,429	1.09	0.55	6,534	76.35	53.27	59.63	33.92	37.15
9月	520,698	1.05	0.55	5,181	58.49	59.56	75.30	41.91	55.60
10月	521,206	0.99	0.56	6,613	85.03	78.49	105.18	52.69	70.83
11月	522,300	0.97	0.54	6,852	89.35	59.89	81.21	38.06	52.27
12月	522,237	0.86	0.52	6,427	86.31	62.27	86.02	37.12	50.46
2004年									
1月	521,512	0.83	0.51	5,389	71.88	68.04	95.90	46.48	66.90
2月	523,221	0.79	0.51	6,467	94.55	80.41	126.26	54.95	87.10
3月	525,313	0.70	0.49	8,530	131.40	103.77	160.39	66.11	101.52
4月	525,793	0.66	0.50	7,857	115.26	81.61	123.99	52.35	80.46
5月	524,893	0.63	0.49	7,047	104.40	76.42	116.18	50.69	78.64
6月	524,218	0.57	0.49	7,095	104.82	78.80	117.85	50.65	79.09
7月	524,271	0.54	0.50	7,524	108.02	80.18	117.44	46.80	72.98
8月	523,317	0.50	0.50	6,253	92.32	74.77	116.83	50.62	82.12
9月	523,626	0.47	0.50	7,190	113.33	77.14	125.44	48.72	78.26
10月	524,961	0.43	0.50	7,307	122.88	89.69	156.76	58.37	100.99
11月	527,034	0.40	0.48	8,535	138.81	92.49	148.81	59.22	96.65
12月	527,868	0.38	0.47	8,919	137.81	81.52	131.35	57.31	96.39

註：(1)在本統計中，住宅按揭貸款指借予個人以作購買住宅物業的貸款(包括加按及轉按)，這些物業包括未完成單位，但不包括居者有其屋計劃、私人機構參建居屋計劃及租者置其屋計劃的單位。本統計調查並不包括借予公司客戶的按揭貸款。參與統計調查的認可機構的住宅按揭貸款業務佔有關業務總額95%以上。

(2)拖欠比率是指逾期超過3個月以上的按揭貸款總額佔未償還按揭貸款總額的比率。

8.10 信用卡貸款調查統計

	期末(億港元)		期內(億港元)		
	賬戶總數(萬戶)	拖欠賬款(>90)	撇賬額	轉期賬款	平均應收賬款總額(1)
2002 年	886.5	7.56	22.37	320.76	592.15
第四季	921.7	7.96	12.68	330.09	592.77
2003 年					
第一季	880.4	6.85	17.57	303.91	569.07
第二季	873.2	6.88	15.74	290.19	542.76
第三季	974.7	6.62	13.29	287.64	539.80
第四季	878.4	5.19	11.29	277.59	551.40
2004 年					
第一季	880.5	4.21	8.71	269.96	549.72
第二季	893.3	3.43	7.21	260.27	536.73
第三季	911.9	3.00	6.08	249.80	539.78
第四季	927.6	2.59	5.34	243.85	567.53

註：(1)期內平均數(計算方法為【期初數額】+【期末數額】/2
(2)由於受訪機構數目有所增加，因此有關序列在第 4 季出現中斷情況。

8.11 所有認可機構的外匯頭寸

(單位：億港元)

期末數字	2003 年	2004 年	2004 年			
			第一季	第二季	第三季	第四季
現貨資產	40,216.56	45,530.57	40,395.45	42,392.96	41,409.87	45,530.57
遠期買入額	72,524.47	77,710.00	79,466.04	82,102.64	79,461.83	77,710.00
現貨負債	38,978.30	43,332.98	39,708.72	41,474.61	40,176.00	43,332.98
遠期沽出額	73,024.39	79,617.41	79,578.10	82,537.09	80,155.79	79,617.41
現貨未平倉淨額	+1,238.26	2197.59	+686.73	+918.35	+1,233.87	+2,197.59
遠期未平倉淨額	-499.92	-1907.41	-112.06	-434.45	-693.96	-1,907.41
未平倉淨額	+738.34	+290.18	+574.67	+483.9	+539.91	+290.18

註：(+)代表淨資產
(-)代表淨負債

8.12 所有認可機構資產負債表

(單位：億港元)

	2003年底			2004年底		
	港幣	外幣	總計	港幣	外幣	總計
負債						
香港銀行同業借款	2,852.33	1,849.70	4,702.03	2,938.62	2,030.40	4,969.02
境外銀行同業借款	1,429.93	13,045.27	14,475.20	1,432.36	15,078.60	16,510.97
客戶存款	19,293.81	16,376.36	35,670.18	20,168.12	18,492.19	38,660.31
未償還可轉讓存款證	1,323.00	1,099.92	2,422.92	1,244.01	1,318.34	2,562.35
其他負債	4,952.14	2,684.73	7,636.88	6,105.05	2,563.21	8,668.26
負債總額	29,851.22	35,055.99	64,907.21	31,888.17	39,482.74	71,370.91
資產						
紙幣及硬幣	128.98	24.81	153.79	125.76	28.57	154.23
香港銀行同業貸款	2,945.61	1,769.51	4,715.12	2,909.87	1,843.24	4,753.11
境外銀行同業貸款	1,439.22	19,985.54	21,424.76	1,562.08	23,922.75	25,484.83
客戶貸款及墊款	15,730.79	4,620.00	20,350.79	16,666.10	4,889.97	21,556.07
可轉讓存款證:	861.14	582.63	1,443.77	736.59	475.79	1,212.37
其他可轉讓債務工具	3,965.97	8,001.56	11,967.53	4,587.20	8,697.75	13,284.95
政府票據及債券	2,206.60	1,018.93	3,225.53	2,725.34	851.43	3,576.77
其他債務工具	1,759.37	6,982.64	8,742.01	1,861.87	7,846.32	9,708.18
其他資產	2,915.18	2,088.56	5,003.74	2,832.10	2,093.15	4,925.25
資產總總	27,831.93	37,075.27	64,907.21	29,419.71	41,951.21	71,370.91
已運作的認可機構數目			213			207
本地分行數目			1,308			-

8.13 對其他認可機構的負債

(單位：億港元)

年／季	即期及通知存款			三個月內償還或提取的存款		
	港元	外幣	總計	港元	外幣	總計
2003年						
第一季	203.83	110.95	314.79	2,062.68	1,191.34	3,254.02
第二季	148.21	109.38	257.58	2,273.73	1,329.18	3,602.91
第三季	111.93	87.00	198.93	2,274.11	1,344.79	3,618.90
第四季	104.69	60.33	165.02	2,481.82	1,600.32	4,082.14
2004年						
第一季	234.72	114.20	348.92	2,308.19	1,512.49	3,820.68
第二季	214.31	163.78	378.09	2,263.37	1,430.99	3,694.35
第三季	121.09	156.28	277.37	1,979.32	1,550.55	3,529.87
第四季	234.52	132.61	367.13	2,365.07	1,707.84	4,072.91

年／季	年／季超過三個月償還或提取的存款			總計		
	港元	外幣	總計	港元	外幣	總計
2003年						
第一季	239.97	149.56	389.53	2,506.48	1,451.85	3,958.34
第二季	218.67	174.41	393.08	2,640.61	1,612.96	4,253.57
第三季	255.71	167.66	423.37	2,852.33	1,599.45	4,241.20
第四季	265.82	189.06	454.88	2,641.76	1,849.70	4,702.03
2004年						
第一季	361.80	173.13	534.93	2,904.71	1,799.82	4,704.53
第二季	468.48	242.87	711.34	2,946.16	1,837.63	4,783.79
第三季	370.45	240.08	610.53	2,470.86	1,946.90	4,417.77
第四季	339.02	189.95	528.98	2,938.62	2,030.40	4,969.02

8.14 認可機構對外負債和債權*

(單位：億港元)

期末	對本港境外銀行所負債務		對本港境外銀行所持債權		對本港境外非銀行客戶所負債務		對本港境外非銀行客戶所持債權	
	港幣	外幣	港幣	外幣	港幣	外幣	港幣	外幣
對所有國家的結存								
2003年								
1月	1,551.39	12,675.94	1,927.11	22,025.18	789.70	4,041.56	938.31	5,906.43
2月	1,467.70	12,337.66	1,948.06	21,876.47	836.88	4,134.97	906.47	5,941.67
3月	1,498.16	12,413.01	2,023.61	21,778.87	819.85	4,065.89	888.28	5,805.63
4月	1,357.12	12,561.25	1,999.98	21,809.11	814.38	4,000.38	859.00	6,125.71
5月	1,363.34	12,277.54	2,224.65	21,886.26	851.91	4,114.72	856.91	6,139.59
6月	1,403.41	12,188.85	2,284.10	21,699.33	868.52	4,054.30	849.81	6,080.53
7月	1,288.00	12,079.69	2,529.20	21,860.32	860.96	4,220.50	834.95	6,071.37
8月	1,261.66	11,703.16	2,488.05	21,815.42	898.42	4,169.30	842.09	6,036.23
9月	1,384.06	11,946.72	2,593.71	22,180.36	933.50	4,235.45	880.02	6,037.50
10月	1,490.84	12,761.95	2,754.71	23,408.10	924.52	4,301.43	926.31	6,081.83
11月	1,641.59	13,210.80	2,670.33	24,039.73	940.73	4,395.47	859.94	6,186.38
12月	1,576.58	13,484.18	2,669.56	24,463.35	1,307.61	4,360.92	849.40	6,196.95
2004年								
1月	1,705.11	14,157.03	2,776.04	25,440.76	1,163.47	4,775.86	906.59	6,286.98
2月	1,546.17	14,675.40	2,845.80	25,899.16	1,192.85	4,828.79	970.88	6,353.11
3月	1,635.63	14,778.19	2,983.38	26,119.38	1,247.92	4,594.23	773.65	5,752.30
4月	1,729.88	15,520.89	2,889.66	26,604.66	1,224.03	4,865.77	757.27	5,667.28
5月	1,760.33	14,814.38	2,778.26	25,673.20	1,282.51	4,720.19	753.10	5,819.55
6月	1,722.53	15,943.37	2,899.70	27,391.77	1,316.01	4,827.61	786.18	5,670.21
7月	1,703.13	15,595.03	3,032.73	26,872.90	1,262.23	5,012.18	746.98	5,861.00
8月	1,677.07	14,705.93	3,051.08	26,441.32	1,229.46	5,011.78	759.59	5,677.81
9月	1,653.68	15,539.66	3,014.06	27,517.44	1,203.11	4,963.66	722.53	5,741.85
10月	1,591.17	14,393.12	2,745.52	26,783.56	1,309.89	5,577.84	777.74	6,070.86
11月	1,522.67	14,854.64	3,180.63	27,921.64	1,283.46	5,595.53	785.30	6,146.08
12月	1,537.42	15,816.85	2,888.83	29,854.56	1,401.95	5,228.52	781.33	5,970.32

註：*對外負債及債權是以交易對手的地址來分析，即是說，如交易對手屬擁有分行的公司，則為產生對外負債及債權的辦事處的營業地址，如屬個人，則為其住宅地。

8.15 結算所成交量(1)

年 / 月	支票		結算所自動轉賬系統			電子結算		總計		
	億港元	億美元(2)	萬億港元	億美元(2)	億歐元(3)	億港元	億美元(2)	萬億港元	億美元(2)	億歐元(3)
2003 年										
1 月	4,207.83	13.12	6.63	977.40	-	4,470.29	0.01	7.49	990.53	
2 月	2,693.53	10.00	5.89	848.39	-	4,020.20	0.01	6.56	858.39	
3 月	3,441.25	12.70	6.64	1,000.02		4,728.60	0.01	7.45	1,012.72	
4 月	3,165.83	11.92	6.60	984.52	26.90	5,017.76	0.00	7.42	996.43	26.90
5 月	3,344.61	13.99	6.75	1,099.07	172.23	5,743.40	3.10	7.66	1,116.16	172.23
6 月	3,541.79	14.63	7.21	1,009.50	158.06	5,641.58	0.00	8.12	1,024.13	158.06
7 月	3,741.60	17.12	7.45	1,090.61	200.95	5,889.85	0.01	8.41	1,107.74	200.95
8 月	3,480.00	14.79	7.26	1,056.84	166.23	6,713.97	0.05	8.28	1,071.67	166.23
9 月	4,243.89	17.63	8.16	996.27	162.54	8,370.05	0.08	9.42	1,013.98	162.54
10 月	5,274.18	23.27	8.76	1,092.27	136.26	11,230.53	1.61	10.41	1,117.14	136.26
11 月	4,696.12	20.37	7.06	986.35	150.10	8,394.57	0.01	8.31	1,006.72	150.10
12 月	10,385.12	23.94	8.66	1,214.17	179.79	17,654.26	0.04	11.47	1,238.15	179.79
2004 年										
1 月	5,144.22	20.09	6.84	870.20	160.97	126,446.34	0.66	8.62	890.96	160.97
2 月	5,561.03	22.01	6.74	938.73	158.52	12,526.99	0.01	8.55	960.75	158.52
3 月	8,894.25	23.41	8.88	118.93	159.07	21,941.00	0.01	11.97	1,142.35	159.07
4 月	4,035.51	22.04	7.08	848.59	126.99	8,970.91	0	8.38	870.63	126.99
5 月	4,047.27	21.61	7.75	891.11	142.39	9,052.67	2.29	9.06	915.02	142.39
6 月	5,567.84	24.35	8.05	995.10	130.08	12,458.41	0	9.86	1,019.46	130.08
7 月	4,190.25	23.24	8.31	1,334.79	187.13	7,093.58	0.62	9.44	1,358.64	187.13
8 月	3,878.36	25.03	9.26	1,401.39	204.25	7,396.08	0	10.39	1,426.42	204.25
9 月	3,996.43	25.63	9.07	1,224.14	203.52	8,196.26	0.44	10.29	1,250.21	203.52
10 月	4,601.62	27.07	9.07	1,361.08	243.54	10,131.58	0.78	10.54	1,388.93	243.54
11 月	5,086.08	30.89	9.80	1,248.76	291.21	11,415.97	0	11.45	1,279.65	291.21
12 月	9,291.33	31.72	11.52	1,325.16	296.71	25,001.49	0	14.95	1,356.88	296.71

註：(1)數字由香港銀行同業結算有限公司提供。
(2)美元結算系統於 2000 年 8 月 21 日推出。
(3)歐元結算系統於 2003 年 4 月 28 日推出。

8.16 港元銀行同業拆借成交量

(平均每日成交量，億港元)

期內數字	與香港認可機構的交易			與香港境外銀行的交易			所有交易		
	拆放／借入	掉期	總計	拆放／借入	掉期	總計	拆放／借入	掉期	總計
2003年									
1月	415.60	389.57	705.17	314.85	620.55	935.40	730.45	910.12	1,640.57
2月	385.13	292.22	677.35	242.04	625.67	867.71	627.17	917.89	1,545.06
3月	408.23	320.95	729.18	245.54	616.10	861.64	653.77	937.05	1,590.82
4月	364.12	343.93	708.05	279.71	680.52	960.23	643.83	1,024.45	1,668.28
5月	508.75	279.36	788.11	263.74	549.33	813.07	772.49	828.69	1,601.18
6月	466.31	331.27	797.58	318.22	595.85	914.07	784.53	927.12	1,711.65
7月	417.77	310.79	728.56	318.04	521.82	839.86	735.81	832.61	1,568.42
8月	438.56	296.84	735.40	334.36	630.07	964.43	772.92	926.91	1,699.83
9月	476.24	345.96	822.20	385.08	635.97	1,021.05	861.32	981.93	1,843.25
10月	468.59	310.28	778.87	354.05	631.55	985.60	822.64	941.83	1,764.47
11月	396.30	274.44	670.74	354.76	569.41	924.17	751.06	843.85	1,594.91
12月	525.82	338.58	864.40	412.36	621.49	1,033.85	938.18	960.07	1,898.25
2004年									
1月	327.09	213.67	540.76	315.30	552.80	868.10	642.39	766.47	1,408.86
2月	290.53	216.05	506.58	279.53	442.32	721.85	570.06	658.37	1,228.43
3月	372.94	284.60	657.54	312.25	536.90	849.15	685.19	821.50	1,506.69
4月	288.77	271.74	560.51	328.19	512.78	840.97	616.96	784.52	1,401.48
5月	273.59	250.49	524.08	301.10	733.11	1,034.21	574.69	983.60	1,558.29
6月	374.72	222.88	597.60	288.47	697.31	985.78	663.19	920.19	1,583.38
7月	398.83	236.03	634.86	281.80	663.88	945.68	680.63	899.91	1,580.54
8月	389.87	289.71	679.58	280.83	718.36	999.19	670.70	1,008.07	1,678.77
9月	431.90	270.78	702.68	335.41	614.57	949.98	767.31	885.35	1,652.26
10月	470.24	376.33	846.57	362.83	537.29	900.12	833.07	913.62	1,746.69
11月	541.83	276.68	818.51	402.51	633.51	1,036.02	944.34	910.19	1,854.53
12月	668.47	368.76	1,037.50	514.40	1,039.62	1,554.02	1,183.14	1,408.38	2,591.52

8.17 在港發行的可轉讓存款證分析

(單位：億港元)

期末	未償還的可轉讓存款證			由認可機構持有			由公眾持有			由公眾持有的可轉讓存款證比例(%)		
	港元	外幣	總計	港元	外幣	總計	港元	外幣	總計	港元	外幣	總計
2003年												
1月	1,361.30	782.11	2,143.41	703.52	83.12	786.64	657.78	698.99	1,356.77	48.3	89.4	63.3
2月	1,385.88	882.44	2,268.32	727.08	84.33	811.41	658.80	798.11	1,456.91	47.5	90.4	64.2
3月	1,406.14	889.12	2,295.26	740.42	90.45	830.87	665.73	798.67	1,464.40	47.3	89.8	63.8
4月	1,379.35	927.64	2,306.99	689.69	77.88	767.57	689.66	849.76	1,539.42	50.0	91.6	66.7
5月	1,392.98	946.88	2,339.86	703.70	88.07	791.77	689.29	858.81	1,548.10	49.5	90.7	66.2
6月	1,395.40	951.39	2,346.79	705.78	85.80	791.58	689.62	865.59	1,555.21	49.4	91.0	66.3
7月	1,351.20	987.95	2,339.15	657.31	90.27	747.58	693.89	897.68	1,591.57	51.4	90.9	68.0
8月	1,349.41	1,033.95	2,383.36	654.37	94.24	748.61	695.04	939.71	1,634.75	51.5	90.9	68.6
9月	1,300.85	1,027.13	2,327.98	666.96	100.31	767.27	633.90	926.82	1,560.72	48.7	90.2	67.0
10月	1,310.45	1,067.59	2,378.04	687.04	106.21	793.25	623.42	961.38	1,584.80	47.6	90.1	66.6
11月	1,336.23	1,067.22	2,403.45	684.13	104.57	788.70	652.10	962.64	1,614.74	48.8	90.2	67.2
12月	1,323.00	1,099.92	2,422.92	680.97	110.37	791.34	642.04	989.55	1,631.59	48.5	90.0	67.3
2004年												
1月	1,303.52	1,151.45	2,454.97	669.77	119.91	789.68	633.75	1,031.54	1,665.29	48.6	89.6	67.8
2月	1,304.64	1,179.72	2,484.36	663.96	132.93	796.89	640.68	1,046.78	1,687.46	49.1	88.7	67.9
3月	1,286.80	1,078.07	2,364.87	642.49	31.92	674.41	644.30	1,046.15	1,690.45	50.1	97.0	71.5
4月	1,270.06	1,113.49	2,383.55	634.71	39.23	673.94	635.35	1,074.26	1,709.61	50.0	96.5	71.7
5月	1,285.72	1,132.43	2,418.15	629.65	39.96	669.61	656.70	1,092.47	1,749.17	51.0	96.5	72.3
6月	1,281.20	1,122.79	2,403.99	639.47	56.09	695.56	641.73	1,066.71	1,708.44	50.1	95.0	71.1
7月	1,252.38	1,175.83	2,428.21	623.58	72.62	696.20	628.80	1,103.20	1,732.00	50.2	93.8	71.3
8月	1,286.56	1,190.89	2,477.45	629.71	85.60	715.31	656.85	1,105.29	1,762.14	51.1	92.8	71.1
9月	1,282.92	1,227.89	2,510.81	640.60	92.27	732.87	642.32	1,135.63	1,777.95	50.1	92.5	70.8
10月	1,286.83	1,240.82	2,527.65	654.27	91.56	745.83	632.56	1,149.26	1,781.82	49.2	92.6	70.5
11月	1,278.56	1,265.63	2,544.19	656.33	100.48	756.81	622.22	1,165.15	1,787.37	48.7	92.1	70.3
12月	1,244.01	1,318.34	2,562.35	635.58	99.92	735.50	608.43	1,218.42	1,826.85	48.9	92.4	71.3

8.18 認可機構在香港可轉讓存款證二手市場成交量

(單位：億港元)

期內	買入可轉讓存款證			賣出可轉讓存款證		
	港元	外幣	總計	港元	外幣	總計
2003年						
1月	13.95	10.82	24.77	14.30	3.63	17.93
2月	29.47	9.05	38.52	20.20	1.61	21.81
3月	25.18	16.33	41.51	31.47	4.53	36.00
4月	20.49	4.78	25.27	22.12	3.23	25.35
5月	24.58	8.45	33.03	11.87	0.89	12.76
6月	30.50	7.80	38.30	18.12	8.07	26.19
7月	21.24	3.12	24.36	15.46	5.02	20.48
8月	18.16	1.58	19.74	18.49	2.01	20.50
9月	12.93	1.63	14.56	10.42	2.75	13.17
10月	31.17	5.26	36.43	28.09	0.08	28.17
11月	26.72	21.06	47.78	23.92	5.69	29.61
12月	17.81	21.33	39.14	14.98	5.39	20.37
2004年						
1月	7.40	11.19	18.59	13.98	5.59	19.57
2月	4.11	11.33	15.44	24.25	0.37	24.62
3月	11.47	24.54	36.01	18.21	6.69	24.90
4月	28.47	15.62	44.09	16.33	2.18	18.51
5月	26.86	18.23	45.09	25.56	0	25.56
6月	16.13	25.42	41.55	23.14	0	23.14
7月	26.93	19.09	46.02	19.07	0	19.07
8月	24.81	26.39	51.20	13.18	1.33	14.51
9月	26.38	16.48	42.86	11.47	4.55	16.02
10月	12.70	8.69	21.39	17.04	2.17	19.21
11月	30.44	10.82	41.26	40.79	0.54	41.33
12月	28.25	9.45	37.70	24.59	2.58	27.17

8.19 外匯基金票據及債券以外的港元債務工具(1)

(單位：億港元)

	定息債務工具(原本年期) (2)			浮息債務工具(原本年期) (3)			總計
	3 年以下	3-5 年	5 年以上	3 年期	3-5 年	5 年期	
未償還總額							
2003 年 3 月	749.49	1,476.51	432.65	459.56	1,008.64	133.68	4,260.52
6 月	755.75	1,513.52	488.69	399.85	1,042.03	138.98	4,338.82
9 月	740.04	1,562.46	519.79	352.27	1,048.70	138.35	4,362.61
12 月	784.49	1,573.88	551.96	265.65	1,033.65	136.49	4,376.12
2004 年 3 月	817.02	1,672.56	579.94	233.28	1,047.50	133.10	4,483.40
6 月	809.48	1,746.18	645.29	179.40	1,059.14	168.15	4,607.64
9 月	839.07	1,830.96	682.31	152.70	1,061.88	170.15	4,737.06
12 月	762.37	1,909.68	746.31	160.20	1,073.86	200.83	4,853.25
新發行							
2003 年 3 月	120.89	133.00	25.09	19.15	121.44	0.60	420.17
6 月	138.72	127.70	59.77	65.44	89.59	6.29	487.51
9 月	122.49	118.78	40.73	24.85	71.77	1.00	379.61
12 月	175.26	100.07	36.17	34.75	40.93	30.25	417.43
2004 年 3 月	136.36	197.77	39.13	9.71	44.09	0	427.06
6 月	107.76	146.56	77.35	20.20	45.92	35.05	432.83
9 月	121.17	164.20	37.84	38.29	46.00	2.00	409.49
12 月	117.06	122.72	68.80	32.80	66.93	30.68	438.99

註：(1)有關統計來自金融管理局在香港資本市場公會協助下，對本港債務市場活動進行的調查。
(2)定息債務工具包括定息存款證、商業票據及定息債券。
(3)浮息債務工具包括浮息存款證、浮息票據及具資產保證的浮息證券。

8.20 外匯基金票據及債券在第二市場成交量（原定期限）

(期內平均每日成交量，億港元)

期內	外匯基金票據				外匯基金債券	全部總計
	91日	182日	364日	總計		
2003年						
1月	164.98	28.06	8.65	201.69	20.71	222.40
2月	219.05	36.62	17.29	272.96	35.43	308.39
3月	218.64	37.98	13.83	270.45	32.97	303.42
4月	191.40	23.55	14.41	229.36	20.60	249.96
5月	164.92	18.40	21.13	204.45	37.41	241.86
6月	155.43	16.68	17.52	189.63	32.17	221.80
7月	124.04	11.11	6.01	141.16	16.17	157.33
8月	120.75	10.72	9.42	140.89	12.88	153.77
9月	147.57	15.48	9.61	172.66	18.39	191.05
10月	133.52	16.28	19.17	168.97	23.71	192.68
11月	106.59	16.25	18.22	141.06	15.89	156.95
12月	68.64	9.10	10.13	87.87	7.27	95.14
2004年						
1月	86.04	6.13	16.12	108.29	30.03	138.32
2月	93.58	11.28	14.95	119.81	27.47	147.28
3月	101.55	10.78	11.63	123.96	21.36	145.32
4月	109.51	11.33	12.85	133.69	18.01	151.70
5月	134.18	18.54	19.67	172.39	12.90	185.29
6月	144.79	14.80	19.73	179.32	8.91	188.23
7月	111.74	13.02	18.18	142.94	12.58	155.52
8月	135.56	14.21	17.49	167.26	15.25	182.51
9月	151.33	28.69	20.24	200.26	9.95	210.21
10月	133.56	23.03	21.66	178.25	11.00	189.25
11月	119.08	16.46	22.24	157.78	12.18	169.96
12月	107.87	19.61	8.71	136.18	7.27	143.31

8.21 外匯基金票據及債券未償還總額（原定期限）

(單位：億港元)

期末	外匯基金票據				外匯基金債券	全部總計
	91日	182日	364日	總計		
2003年						
1月	360.08	169.00	169.00	698.08	478.00	1,176.08
2月	362.85	169.00	169.00	700.85	478.00	1,178.85
3月	366.03	169.00	169.00	704.03	478.00	1,182.03
4月	361.06	169.00	169.00	699.06	484.00	1,183.06
5月	363.62	169.00	169.00	701.62	484.00	1,185.62
6月	363.27	169.00	169.00	701.27	489.00	1,190.27
7月	358.57	169.00	169.00	696.57	495.00	1,191.57
8月	361.10	169.00	169.00	699.10	495.00	1,194.10
9月	357.84	169.00	169.00	695.84	501.00	1,196.84
10月	351.78	169.00	169.00	689.78	507.00	1,196.78
11月	352.94	169.00	169.00	690.94	507.00	1,197.94
12月	345.52	169.00	169.00	683.52	518.00	1,201.52
2004年						
1月	345.42	169.00	169.00	683.42	518.00	1,201.42
2月	346.80	169.00	169.00	684.80	518.00	1,202.80
3月	343.81	169.00	169.00	681.81	524.00	1,205.81
4月	344.65	169.00	169.00	682.65	524.00	1,206.65
5月	345.39	169.00	169.00	683.39	524.00	1,207.39
6月	339.39	169.00	169.00	677.39	535.00	1,212.39
7月	340.67	169.00	169.00	678.67	535.00	1,213.67
8月	342.16	169.00	169.00	680.16	535.00	1,215.16
9月	345.87	169.00	169.00	683.87	535.00	1,218.87
10月	346.52	169.00	169.00	684.52	535.00	1,219.52
11月	347.43	169.00	169.00	685.43	535.00	1,220.43
12月	347.79	169.00	169.00	685.79	540.00	1,225.78

8.22 外匯基金票據及債券收益率(1)(2)

(單位：年率%)

期末	外匯基金票據						外匯基金債券					
	7日	30日	91日	182日	364日	總計	2年	3年	4年	5年	7年	10年
2003年												
1月	1.27	1.23	1.23	1.26	1.29	1.35	1.77	2.51	2.90	3.10	3.93	4.53
2月	1.15	1.17	1.18	1.22	1.26	1.31	1.71	2.23	2.57	3.00	3.73	4.31
3月	1.08	1.07	1.07	1.07	1.08	1.09	1.43	2.06	2.61	3.09	3.80	4.39
4月	1.30	1.24	1.23	1.23	1.24	1.25	1.55	2.27	2.67	3.12	3.74	4.30
5月	1.14	1.09	1.06	1.04	1.04	1.04	1.29	1.72	2.04	2.44	3.14	3.68
6月	0.82	0.81	0.81	0.84	0.88	0.93	1.30	1.78	2.26	2.69	3.29	3.93
7月	0.83	0.90	0.91	0.94	1.00	1.07	1.49	2.35	2.80	3.33	4.02	4.65
8月	0.75	0.80	0.85	0.95	1.03	1.15	1.87	2.57	2.97	3.47	4.16	4.68
9月	0.43	0.45	0.53	0.64	0.74	0.85	1.40	2.08	2.61	3.07	3.68	4.24
10月	0.01	0.05	0.15	0.38	0.60	0.80	1.36	2.31	2.73	3.21	3.79	4.38
11月	0	0.01	0.06	0.26	0.49	0.70	1.57	2.38	2.76	3.26	3.93	4.40
12月	-0.09	-0.08	-0.08	-0.02	0.01	0.26	1.13	2.03	2.65	3.16	3.73	4.37
2004年												
1月	0	0.01	0.03	0.10	0.26	0.39	1.00	1.94	2.36	2.84	3.48	4.10
2月	0	0	0.02	0.08	0.17	0.30	0.99	1.72	2.12	2.62	3.35	3.93
3月	0	0.01	0.04	0.14	0.24	0.35	0.97	1.68	2.20	2.62	3.25	3.78
4月	0	0.09	0.29	0.57	0.81	1.03	1.82	2.71	3.09	3.52	4.06	4.51
5月	0	0.03	0.23	0.54	0.76	1.02	1.98	2.79	3.18	3.61	4.21	4.57
6月	-0.03	-0.01	0.25	0.61	1.06	1.37	2.17	2.90	3.37	3.72	4.16	4.59
7月	-0.02	0.15	0.64	0.96	1.33	1.63	2.32	3.13	3.45	3.77	4.18	4.59
8月	0.05	0.26	0.53	0.81	1.11	1.34	1.98	2.55	2.89	3.21	3.68	4.06
9月	0.55	0.70	0.84	1.03	1.20	1.34	1.79	2.33	2.78	3.05	3.42	3.80
10月	-0.10	-0.03	0.03	0.24	0.46	0.65	1.11	1.91	2.32	2.65	3.11	3.53
11月	-0.07	0.05	0.12	0.39	0.65	0.89	1.51	2.13	2.48	2.81	3.28	3.60
12月	0.07	0.06	0.07	0.25	0.42	0.58	0.99	1.63	2.21	2.66	3.19	3.63

註：(1)在2002年12月16日以前，收益率是根據4間指定銀行所提供的報價計算的平均值。隨著外匯基金票據及債券定價於2002年12月16日推出，收益率計算方法是用12間指定銀行所提供的報價，除去最高的兩個報價及最低的兩個報價，然後算中間8個報價的平均值。

(2)收益率由路透社提供。

8.23 外幣兑換率及港幣匯率指數

(每單位外幣兑換的港元)

年/期末	美元	英鎊	日圓	加拿大元	澳洲元	新加坡元	新台幣	瑞士法郎	人民幣
2003年	7.787	12.73	0.0673	5.58	5.08	4.47	0.227	5.79	105.86
2004年	7.788	14.27	0.0720	6.00	5.73	4.61	0.233	6.28	106.21
1月	7.765	14.12	0.0730	6.00	5.97	4.57	0.229	6.25	106.66
2月	7.774	14.51	0.0729	5.85	6.05	4.61	0.229	6.25	106.38
3月	7.792	14.24	0.0718	5.86	5.84	4.58	0.233	6.10	106.16
4月	7.796	14.04	0.0725	5.81	5.79	4.63	0.237	6.01	106.09
5月	7.796	13.93	0.0696	5.66	5.50	4.56	0.234	6.08	106.10
6月	7.796	14.25	0.0712	5.74	5.41	4.55	0.233	6.23	106.09
7月	7.800	14.38	0.0000	5.90	5.59	4.56	0.233	6.27	106.04
8月	7.799	14.20	0.0707	5.94	5.54	4.55	0.231	6.18	106.06
9月	7.799	13.98	0.0709	6.04	5.47	4.60	0.232	6.17	106.06
10月	7.788	14.07	0.0715	6.24	5.71	4.65	0.231	6.31	106.02
11月	7.775	14.46	0.0742	6.50	5.99	4.71	0.235	6.64	10.637
12月	7.776	15.01	0.0749	6.40	5.97	4.74	0.241	6.78	106.36

	南韓圜	泰國銖	馬來西亞元	菲律賓披索	歐元	特別提款權	港幣匯率指數(2000年=100)		
							貿易總值加權	進口貨值加權	整體出口貨值加權
2003年	0.0065	0.188	2.04	0.146	8.81	10.90920	104.0	101.6	99.8
2004年	0.0068	0.193	2.04	0.140	9.69	11.53777	100.7	99.2	97.3
1月	0.0066	0.198	2.04	0.142	9.78	11.57831	98.5	99.5	97.5
2月	0.0066	0.198	2.04	0.140	9.83	11.63364	98.2	99.2	97.1
3月	0.0067	0.197	2.04	0.140	9.56	11.47770	98.5	99.5	97.5
4月	0.0068	0.198	2.04	0.140	9.34	11.38941	98.5	99.3	97.7
5月	0.0066	0.192	2.04	0.140	9.36	11.31363	99.2	100.2	98.2
6月	0.0067	0.191	2.04	0.140	9.46	11.42621	98.8	99.7	97.8
7月	0.0067	0.191	2.04	0.140	9.57	11.48745	98.5	99.5	97.5
8月	0.0067	0.188	2.04	0.140	9.51	11.42530	98.8	99.8	97.7
9月	0.0068	0.188	2.05	0.140	9.52	11.42164	98.7	99.7	97.7
10月	0.0068	0.189	2.05	0.140	9.73	11.52297	98.4	99.3	97.3
11月	0.0072	0.193	2.05	0.140	10.10	11.76995	97.2	98.1	96.3
12月	0.0074	0.198	2.05	0.140	10.41	11.97792	96.4	97.2	95.6

註：數字是指期內收市中間價的平均值。除新台幣、菲律賓披索及印尼盧比的數字是現鈔價外，其餘都是電匯價。

8.24 港元遠期匯率(1)

(美元兑港元)

期末	現匯	1 星期	1 個月	3 個月	6 個月	9 個月	12 個月
2003 年							
1 月	7.7996	2	7	26	69	126	195
2 月	7.7992	1	6	24	68	131	205
3 月	7.7993	1	4	15	44	86	136
4 月	7.7991	4	17	52	111	180	260
5 月	7.7985	0	1	13	38	80	138
6 月	7.7981	-1	-1	6	28	67	120
7 月	7.7993	0	3	14	47	98	165
8 月	7.7994	-1	0	3	18	41	77
9 月	7.7430	-7	-30	-69	-87	-84	-79
10 月	7.7640	-16	-54	-126	-143	-135	-115
11 月	7.7672	-15	-64	-165	-260	-305	-322
12 月	7.7633	-15	-69	-193	-363	-493	-595
2004 年							
1 月	7.7729	-15	-62	-185	-351	-475	-570
2 月	7.7816	-15	-64	-185	-349	-483	-588
3 月	7.7931	-24	-68	-187	-344	-455	-560
4 月	7.7998	-14	-53	-138	-240	-300	-350
5 月	7.7938	-15	-61	-176	-327	-465	-583
6 月	7.7995	-18	-80	-219	-405	-540	-643
7 月	7.7998	-18	-73	-170	-295	-365	-400
8 月	7.7999	-19	-82	-188	-324	-405	-460
9 月	7.7983	-12	-57	-173	-335	-470	-590
10 月	7.7788	-26	-117	-346	-640	-883	-1,085
11 月	7.7762	-23	-107	-354	-693	-990	-1,273
12 月	7.7758	-31	-141	-422	-843	-1,235	-1,625

註:(1)港元遠期匯率是指由路透社提供的遠期美電與同業市場的美電現匯收市中間價比較的升水或幅度。自 1997 年 5 月起,遠期電匯報價由恒生提供。

8.25 港元利息結算率(1)

(年率 %)

期末	1 個月	3 個月	6 個月	9 個 月	12 個月
2003 年					
1 月	1.44	1.45	1.50	1.60	1.71
2 月	1.42	1.44	1.49	1.56	1.65
3 月	1.38	1.38	1.38	1.43	1.50
4 月	1.56	1.56	1.56	1.62	1.69
5 月	1.33	1.32	1.32	1.34	1.38
6 月	1.11	1.11	1.16	1.23	1.31
7 月	1.17	1.19	1.25	1.33	1.45
8 月	1.13	1.16	1.25	1.35	1.51
9 月	0.66	0.81	0.98	1.09	1.21
10 月	0.22	0.51	0.85	1.10	1.31
11 月	0.13	0.31	0.58	0.86	1.14
12 月	0.09	0.15	0.27	0.48	0.71
2004 年					
1 月	0.08	0.15	0.30	0.50	0.74
2 月	0.10	0.17	0.28	0.44	0.61
3 月	0.08	0.17	0.31	0.48	0.65
4 月	0.16	0.37	0.71	1.02	1.32
5 月	0.15	0.43	0.75	1.04	1.33
6 月	0.15	0.46	0.87	1.25	1.61
7 月	0.41	0.80	1.19	1.53	1.87
8 月	0.44	0.83	1.15	1.44	1.72
9 月	1.00	1.12	1.34	1.53	1.73
10 月	0.16	0.35	0.62	0.85	1.07
11 月	0.76	0.62	0.85	1.12	1.34
12 月	0.28	0.35	0.58	0.78	0.97

註：* 港元利息結算率由香港銀行公會提供及擁有。每日港元利息結算率是根據香港銀行公會港元利率套戥協議（FRA）條款，按香港銀行同業市場港元存款的市場利率來釐定。釐定時間是每個營業日（星期六除外）早上 11 時，並以香港銀行公會指定的 20 間參考銀行所提供 的報價資料作為釐定基礎。計算方法是從參考銀行的報價中抽出 14 個中位數值，然後取其平均數。

8.26 港元利率

(單位：年率 %)

期內數字	少於港幣10萬元的定期存款利率					儲蓄存款利率	最優惠貸款利率
	1周	1個月	3個月	6個月	12個月		
2003年	0.062	0.066	0.070	0.093	0.119	0.030	5.000
2004年	0.019	0.026	0.044	0.094	0.268	0.023	5.017
1月	0.003	0.005	0.007	0.017	0.031	0.006	5.000
2月	0.002	0.004	0.005	0.013	0.035	0.003	5.000
3月	0.002	0.004	0.007	0.015	0.037	0.003	5.000
4月	0.002	0.004	0.009	0.018	0.045	0.003	5.000
5月	0.002	0.005	0.020	0.039	0.181	0.003	5.000
6月	0.002	0.011	0.031	0.053	0.232	0.003	5.000
7月	0.002	0.005	0.031	0.055	0.248	0.003	5.000
8月	0.007	0.012	0.045	0.165	0.507	0.008	5.000
9月	0.038	0.059	0.108	0.207	0.527	0.040	5.033
10月	0.124	0.147	0.195	0.261	0.510	0.128	5.125
11月	0.015	0.030	0.043	0.139	0.407	0.059	5.046
12月	0.029	0.028	0.026	0.135	0.406	0.013	5.000

8.27 人民幣存款利率(1)

(期內平均數字)(單位：年率 %)

期內數字	少於港幣10萬元的定期存款利率				儲蓄存款利率
	1星期	1個月	3個月	6個月	
2004年					
3月	0.51	0.57	0.57	-	0.51
4月	0.51	0.57	0.58	-	0.51
5月	0.51	0.57	0.58	-	0.51
6月	0.52	0.59	0.59	-	0.48
7月	0.51	0.59	0.59	0.68	0.48
8月	0.51	0.61	0.61	0.70	0.48
9月	0.51	0.61	0.61	0.70	0.48
10月	0.51	0.60	0.60	0.69	0.46
11月	0.51	0.60	0.60	0.69	0.46
12月	0.51	0.60	0.60	0.69	0.46

註：(1)持牌銀行於2004年2月25日開始提供存款服務。

9 股市、期貨、基金、黃金

9.1 股市（主板）概況

	2003 年	2004 年
上市證券	852	892
本地公司（1）	842	882
外地公司（2）	10	10
上市證券數目	1,598	1,971
新上市公司數目	46	49
總發行股本（億元）	4,003.65	4,319.27
市價總值（億元）	54,776.70	66,291.76
集資總額（億元）	2,090.41	2,762.03
交投情況		
總交易日數	248	249
總成交金額（億元）(3)		
全年	25,456.76	39,483.51
平均每日	102.65	158.57
總成交股數（億股）		
全年	23,593.46	39,847.06
平均每日	95.13	160.03
股價指數		
標普香港大型股指數（2003 年 2 月 28 日 1=10000）		
最高	13645.19	15796.84
最低	9155.30	11911.16
年底指數	13645.19	13645.19
恒生指數（1964 年 7 月 31 日 =100）		
最高	12594.42	14266.38
最低	8409.01	10967.65
年底指數	12575.94	14230.14
市場比率（4）		
平均週息率（%）	2.94	2.85
平均市盈率（倍）	18.96	18.73
平均賬面值比率（倍）	1.67	1.89
流通比率（%）	41.38	51.25
會員數目	499	490

註：⑴ 包括所有其 H 股在交易所上市的中國企業。
⑵ 上市公司如在海外註冊及在香港和中國以外經營主要業務，均被視為外國公司，其餘則視為本地公司。
⑶ 市場成交金額已就遲報及反駁交易作出調整。
⑷ 根據所有普通股指數成份股之年底數字計算。

9.2 股票價格指數、主板成交額及上市公司總市值

年／月底	恒生指數 (31.7.1964=100)	恒生指數——分類指數 (31.7.1964=100) 金融	公用	地產	工商
2003年	12,575.94	26,263.59	24,878.76	14,778.70	5,271.72
2004年	14,230.14	28,237.74	30,773.43	18,177.59	6,076.78
1月	13,289.37	26,207.84	25,803.32	17,236.09	5,779.60
2月	13,907.03	27,668.69	27,378.71	17,434.96	6,042.13
3月	12,681.67	25,390.89	28,460.01	16,060.22	5,344.47
4月	11,942.96	24,527.31	27,941.44	15,033.95	4,862.12
5月	12,198.24	25,164.67	27,003.65	14,719.89	5,054.89
6月	12,285.75	25,129.01	27,437.96	14,442.03	5,174.81
7月	12,238.03	24,708.12	28,450.62	14,815.91	5,150.14
8月	12,850.28	25,920.25	29,447.17	16,494.04	5,328.50
9月	13,120.03	26,472.68	29,580.68	16,524.36	5,486.62
10月	13,054.66	26,785.65	29,940.74	16,144.76	5,370.47
11月	14,060.05	28,204.81	30,629.32	17,991.15	5,922.69
12月	14,230.14	28,237.74	30,773.43	18,177.59	6,076.78

年／月底	恒生綜合指數 (3.1.2000=2000)	恒生香港綜合指數 (3.1.2000=2000)	恒生香港綜合指數 恒生香港大型股指數 (3.1.2000=1000)	恒生香港中型股指數 (3.1.2000=1000)	恒生香港小型股指數 (3.1.2000=1000)
2003年	1,621.61	1,688.90	1,636.45	2,024.93	1,543.27
2004年	1,831.99	1,954.11	1,981.79	2,461.93	1,913.76
1月	1,709.62	1,785.16	1,709.20	2,232.54	1,686.37
2月	1,791.41	1,857.47	1,786.45	2,265.07	1,783.19
3月	1,649.20	1,729.81	1,653.92	2,136.49	1,727.21
4月	1,534.23	1,649.33	1,581.31	2,038.89	1,588.48
5月	1,566.08	1,657.07	1,595.69	2,015.31	1,585.96
6月	1,569.91	1,658.94	1,598.19	2,005.62	1,606.70
7月	1,570.01	1,660.15	1,591.34	2,041.78	1,627.27
8月	1,636.72	1,756.51	1,698.07	2,113.26	1,653.20
9月	1,683.31	1,786.94	1,717.79	2,191.86	1,701.62
10月	1,677.24	1,793.75	1,721.82	2,216.14	1,770.96
11月	1,816.33	1,927.71	1,843.37	2,408.67	1,851.19
12月	1,831.99	1,954.11	1,861.79	2,461.93	1,913.76

年／月底	恒生綜合指數系列 恒生中國內地綜合指數 恒生中國內地綜合指數 (3.1.2000=2000)	恒生中國企業指數 (3.1.2000=2000)	恒生中國中資企業指數 (3.1.2000=2000)	成交金額（億港元）（期內數字）	市值總值（億港元）
2003年	1,503.34	5,020.18	1,427.71	25,456.16	54,776.70
2004年	1,592.09	4,741.32	1,556.88	39,483.18	66,291.77
1月	1,573.63	4,597.72	1,550.40	4,426.12	57,800.35
2月	1,681.02	5,102.14	1,631.41	3,779.88	60,916.06
3月	1,502.63	4,778.13	1,419.35	3,890.90	56,905.05
4月	1,304.33	4,061.18	1,239.76	2,889.23	52,992.73
5月	1,393.21	4,301.93	1,339.93	2,740.80	54,098.49
6月	1,401.44	4,291.02	1,358.37	2,632.33	54,825.74
7月	1,398.96	4,335.34	1,347.73	2,247.61	54,967.80
8月	1,398.69	4,292.02	1,356.75	2,499.27	57,203.72
9月	1,481.62	4,649.66	1,429.67	3,072.13	58,983.87
10月	1,447.31	4,504.78	1,380.97	2,885.97	59,349.61
11月	1,599.69	4,967.44	1,525.85	4,379.25	65,122.24
12月	1,592.09	4,741.32	1,556.88	4,039.71	66,291.77

9.3 2004年底恒生指數成交額、市價總值及市盈率

公司名稱	成交額 (億港元)	佔股份總值 (%)	市價總值 (億港元)	佔股份總值 (%)	收市價 (港元)	變幅* (%)	市盈率 (倍)
匯豐控股	3,795.77	11.17	14,857.59	22.41	133.000	8.57	20.34
中國移動	1,275.53	3.75	5,183.92	7.82	26.350	10.48	15.48
和記黃埔	1,528.31	4.50	3,101.60	4.68	72.750	27.07	21.57
恒生銀行	497.37	1.46	2,064.79	3.11	108.000	5.88	21.65
新鴻基地產	1,108.30	3.26	1,866.75	2.82	77.750	21.01	26.96
長江實業	984.83	2.90	1,795.02	2.71	77.500	25.51	18.29
中國海洋石油	525.22	1.55	1,713.94	2.59	4.175	37.34	15.78
中銀香港	913.49	2.69	1,570.06	2.37	14.850	1.71	19.72
中電控股	348.68	1.03	1,076.49	1.62	44.700	20.81	14.00
中華煤氣	222.11	0.65	901.17	1.36	16.050	35.44	29.76
中國聯通	379.73	1.12	772.62	1.17	6.150	-15.17	19.44
香港電燈	235.53	0.69	757.66	1.14	35.500	15.64	12.51
恒基兆業地產	383.23	1.13	733.09	1.11	40.400	17.76	23.59
地鐵	102.75	0.30	671.02	1.01	12.450	21.46	14.59
九龍倉集團	241.52	0.71	665.71	1.00	27.200	26.51	21.88
太古公司‘A’	409.80	1.21	604.74	0.91	65.000	35.70	20.22
思捷環球	274.44	0.81	562.61	0.85	47.000	81.82	27.96
長江基建	59.11	0.17	506.07	0.76	22.450	29.02	15.11
國泰航空	221.67	0.65	495.35	0.75	14.700	-0.34	37.65
中信泰富	166.24	0.49	484.43	0.73	22.100	11.62	37.06
恒隆地產	265.51	0.78	396.00	0.60	12.000	20.60	17.51
利豐	211.83	0.62	382.05	0.58	13.100	-1.50	30.98
東亞銀行	217.35	0.64	359.78	0.54	24.150	1.26	18.27
中遠太平洋	143.01	0.42	350.59	0.53	16.100	55.56	28.71
裕元集團	115.90	0.34	346.62	0.52	21.400	0.23	13.92
恒基發展	28.86	0.06	319.77	0.48	11.350	26.62	17.52
招商局國際	186.58	0.55	313.77	0.47	14.650	42.93	20.97
德昌電機	168.08	0.49	277.37	0.42	7.550	-23.74	30.53
電訊盈科	378.56	1.11	264.58	0.40	4.925	-2.48	-
會德豐	41.38	0.12	260.08	0.39	12.800	36.90	11.29
華潤創業	101.21	0.30	257.13	0.39	12.150	38.07	17.38
駿威汽車	396.07	1.17	204.97	0.31	2.775	-32.73	11.35
聯想集團	167.38	0.49	173.77	0.26	2.325	-30.08	16.65
總值	16,094.37	47.38	44,291.13	66.81			
股份總值	33,971.68	100.00	66,291.77	100.00			

註：*與上年收市價比較。

9.4 2004年底恒生綜合指數成交額、市價總值及市盈率

公司名稱	成交額(億港元)	佔股份總值(%)	市價總值(億港元)	佔股份總值(%)	收市價(港元)	變幅*(%)	市盈率(倍)
匯豐控股	3,795.77	11.17	14,857.59	22.41	133.000	8.57	20.34
中國移動	1,275.53	3.75	5,183.92	7.82	26.350	10.48	15.48
和記黃埔	1,528.31	4.50	3,101.60	4.68	72.750	27.07	21.57
恒生銀行	497.37	1.46	2,064.79	3.11	108.000	5.88	21.65
新鴻基地產	1,108.30	3.26	1,866.75	2.82	77.750	21.01	26.96
長江實業	984.83	2.90	1,795.02	2.71	77.500	25.51	18.29
中國海洋石油	525.22	1.55	1,713.94	2.59	4.175	37.34	15.78
中銀香港	913.49	2.69	1,570.06	2.37	14.850	1.71	19.72
中電控股	348.68	1.03	1,076.49	1.62	44.700	20.81	14.00
中華煤氣	222.11	0.65	901.17	1.36	16.050	35.44	29.76
中國聯通	379.73	1.12	772.62	1.17	6.150	-15.17	19.44
香港電燈	235.53	0.69	757.66	1.14	35.500	15.64	12.51
恒基兆業地產	383.23	1.13	733.09	1.11	40.400	17.76	23.59
中國石油股份	1,416.02	4.17	729.67	1.10	4.150	-6.74	11.13
地鐵	102.75	0.30	671.02	1.01	12.450	21.46	14.59
九龍倉集團	241.52	0.71	665.71	1.00	27.200	26.51	21.88
太古公司‘A’	409.80	1.21	604.74	0.91	65.000	35.70	20.22
思捷環球	274.44	0.81	562.61	0.85	47.000	81.82	27.96
中 國石油化工股份	807.79	2.38	536.98	0.81	3.200	-7.91	13.64
長江基建	59.11	0.17	506.07	0.76	22.450	29.02	15.11
國泰航空	221.67	0.65	495.35	0.75	14.700	-0.34	37.65
中信泰富	166.24	0.49	484.43	0.73	22.100	11.62	37.06
恒隆地產	265.51	0.78	396.00	0.60	12.000	20.60	17.51
中國電信	686.90	2.02	395.51	0.60	2.850	-10.94	9.27
中國人壽	992.05	2.92	386.94	0.58	5.200	-18.11	-
利豐	211.83	0.62	382.05	0.58	13.100	-1.50	30.98
東亞銀行	217.35	0.64	359.78	0.54	24.150	1.26	18.27
中遠太平洋	143.01	0.42	350.59	0.53	16.100	55.56	28.71
太古公司‘B’	28.25	0.08	346.90	0.52	11.550	40.85	17.97
裕元集團	115.90	0.34	346.62	0.52	21.400	0.23	13.92
中國平安	252.94	0.74	337.74	0.51	13.200	-	-
信和置業	165.43	0.49	329.41	0.50	7.650	72.88	21.66
恒基發展	28.86	0.06	319.77	0.48	11.350	26.62	17.52
招商局國際	186.58	0.55	313.77	0.47	14.650	42.93	20.97
中芯國際	270.04	0.79	308.17	0.46	16.900	-	-
新世界發展	358.13	1.05	300.79	0.45	8.700	44.83	-
德昌電機	168.08	0.49	277.37	0.42	7.550	-23.74	30.53
香格里拉(亞洲)	48.28	0.14	265.45	0.40	11.150	52.74	42.93
電訊盈科	378.56	1.11	264.58	0.40	4.930	-2.48	-
會德豐	41.38	0.12	260.08	0.39	12.800	36.90	11.29
華潤創業	101.21	0.30	257.13	0.39	12.150	38.07	17.38

公司名稱	成交額(億港元)	佔股份總值(%)	市價總值(億港元)	佔股份總值(%)	收市價(港元)	變幅*(%)	市盈率(倍)
國浩集團	41.00	0.12	250.08	0.38	76.000	33.33	10.23
創科實業	109.61	0.32	229.15	0.35	16.950	57.31	32.87
香港交易所	227.41	0.67	219.78	0.33	20.800	23.44	31.47
新創建集團	18.67	0.05	207.72	0.31	11.500	61.97	13.34
駿威汽車	396.07	1.17	204.97	0.31	2.780	-32.73	11.35
恒隆集團	54.45	0.16	203.19	0.31	15.300	57.73	20.57
嘉里建設	64.58	0.19	201.04	0.30	16.600	63.55	49.64
合和公路基建	35.72	0.11	184.58	0.28	6.400	45.45	24.47
合和實業	41.87	0.12	179.24	0.27	19.950	66.95	12.06
信德集團	123.60	0.36	177.84	0.27	8.550	194.83	50.77
華能國際電力	461.57	1.36	177.21	0.27	5.800	-13.75	13.65
聯想集團	167.38	0.49	173.77	0.26	2.330	-30.08	16.65
希慎興業	59.59	0.18	171.59	0.26	16.350	36.25	31.13
東方海外國際	126.65	0.37	167.54	0.25	29.450	35.83	6.37
華潤電力	85.67	0.25	160.89	0.24	4.225	16.55	20.69
永亨銀行	68.44	0.20	160.18	0.24	54.500	17.97	18.52
上海實業控股	86.90	0.26	159.03	0.24	16.600	-6.48	12.40
電視廣播	71.25	0.21	158.12	0.24	36.100	-7.91	35.86
九龍巴士控股	8.08	0.02	154.59	0.23	38.300	-1.29	25.90
中國鋁業	620.19	1.83	151.79	0.23	4.600	-22.03	14.43
大新金融	68.63	0.20	149.79	0.23	60.250	4.33	14.97
大新銀行	25.05	0.07	148.09	0.22	16.100	-	-
永隆銀行	25.98	0.08	146.28	0.22	63.000	24.14	17.09
粵海投資	69.54	0.20	142.79	0.22	2.600	66.67	12.91
兗州煤業-H股	289.00	0.85	135.66	0.20	11.100	41.40	24.37
中國海外發展	107.53	0.32	122.29	0.18	1.920	35.21	15.07
GREAT EAGLE H	49.06	0.14	118.53	0.18	20.100	116.13	35.24
KINGBOARD CHEM	52.21	0.15	118.35	0.18	16.450	37.66	20.33
工銀亞洲	77.32	0.23	116.32	0.18	11.100	3.26	15.56
大成生化科技	100.89	0.30	114.19	0.17	5.100	6.25	19.22
中信國際金融	77.05	0.23	110.19	0.17	3.450	-17.86	16.43
香港中旅	57.84	0.17	108.83	0.16	2.500	70.07	-
ASM PACIFIC	92.49	0.27	107.37	0.16	28.000	-17.65	20.03
華人置業	43.91	0.13	106.77	0.16	5.250	87.50	10.08
大酒店	18.24	0.05	97.46	0.15	6.950	53.59	23.92
德永佳集團	38.39	0.11	97.44	0.15	7.350	30.09	23.07
康師傅控股	13.20	0.04	93.89	0.14	1.680	-7.69	33.67
中國財險	210.49	0.62	93.31	0.14	2.700	-22.30	16.76
中海發展股份	183.23	0.54	89.42	0.13	6.900	20.00	23.80
利福國際	35.90	0.11	86.28	0.13	11.550	-	-
大唐發電	189.24	0.56	83.69	0.13	5.850	5.41	17.70
騰訊控股	73.40	0.22	81.88	0.12	4.650	-	-
會德豐地產	5.54	0.02	77.09	0.12	3.725	19.20	7.32
浙江灣杭甬	114.60	0.34	76.71	0.12	5.350	-1.83	24.45

公司名稱	成交額（億港元）	佔股份總值（%）	市價總值（億港元）	佔股份總值（%）	收市價（港元）	變幅*（%）	市盈率（倍）
中海集團	129.51	0.38	75.63	0.11	3.125	-	-
中信21世紀	65.67	0.19	74.82	0.11	2.750	127.50	-
北京控股	17.54	0.05	71.90	0.11	11.550	26.92	15.86
佐丹奴國際	70.59	0.21	70.70	0.11	4.875	35.42	26.41
香港飛機工程	6.57	0.02	69.69	0.11	41.900	-8.90	20.20
銀建國際	171.52	0.50	67.81	0.10	3.900	174.65	28.00
上海石油化工	217.45	0.64	67.57	0.10	2.900	-15.94	15.81
超大現代	55.03	0.16	67.37	0.10	2.875	11.65	6.64
第一太平	47.36	0.14	66.10	0.10	2.075	22.78	10.39
中信資源	26.32	0.08	65.62	0.10	1.520	21.60	-
冠捷科技	58.11	0.17	65.25	0.10	4.650	14.11	11.54
東方報業集團	32.36	0.10	64.74	0.10	2.700	-4.42	14.75
嘉華國際	60.33	0.18	62.97	0.09	3.125	136.74	50.48
中國光大控股	81.57	0.24	61.76	0.09	3.950	-22.55	27.60
創維數碼	49.04	0.14	61.36	0.09	2.725	39.74	17.25
理文造紙	19.36	0.06	61.11	0.09	6.350	3.25	15.60
蒙牛乳業	75.82	0.22	61.00	0.09	6.100	-	-
I-CABLE COMM	10.49	0.03	58.56	0.09	2.900	45.73	26.56
中國糧油國際	31.60	0.09	58.42	0.09	3.250	-33.50	13.23
鎮海煉油化工股份	86.06	0.25	58.26	0.09	8.050	18.38	19.82
ASIA SATELLITE	4.77	0.01	57.76	0.09	14.800	0.34	13.61
CNPC(HONG KONG)	41.43	0.12	57.76	0.09	1.220	-8.27	11.36
香港興業國際	49.05	0.14	57.58	0.09	4.975	103.06	21.50
壹傳媒	8.80	0.03	57.39	0.09	3.875	5.44	-
BRILLIANCE CHI	195.22	0.57	55.76	0.08	1.520	-64.44	6.31
TCL國際	58.27	0.17	55.16	0.08	2.000	-41.61	8.25
恒安國際	13.90	0.04	55.12	0.08	5.100	22.16	20.47
莎莎國際	22.02	0.06	54.86	0.08	4.175	91.95	35.23
中航興業	15.44	0.05	53.67	0.08	1.620	15.71	-
馬鞍山鋼鐵股份	333.76	0.98	51.99	0.08	3.000	16.50	7.73
江西銅業股份	278.55	0.82	51.17	0.08	4.425	3.51	24.78
廖創興銀行	7.13	0.02	50.90	0.08	11.700	-2.50	16.34
數碼通電訊	26.67	0.08	50.70	0.08	8.700	9.43	10.90
SCMP集團	12.25	0.04	50.34	0.08	3.225	-5.84	2,931.82
GUANGZHOU INV	40.51	0.12	49.52	0.07	0.780	-8.24	15.95
JCG HOLDINGS	8.46	0.02	49.19	0.07	6.950	13.93	21.19
九龍建業	19.13	0.06	48.46	0.07	8.550	40.16	20.53
和記港陸	27.45	0.08	48.28	0.07	0.720	-6.49	35.82
大家樂集團	12.28	0.04	48.21	0.07	9.000	29.50	18.51
SOLOMON SYSTECH	44.99	0.13	48.09	0.07	1.920	-	-
新世界中國	14.92	0.04	48.78	0.07	3.125	67.11	36.46
廣深鐵路股份	35.20	0.10	45.44	0.07	3.175	44.32	28.55
中國東方集團	65.81	0.19	44.45	0.07	1.530	-	3.17
北京首都機場股份	30.72	0.09	44.42	0.07	3.300	24.53	34.27

公司名稱	成交額(億港元)	佔股份總值(%)	市價總值(億港元)	佔股份總值(%)	收市價(港元)	變幅*(%)	市盈率(倍)
中保國際	22.56	0.07	42.61	0.06	3.200	-18.99	30.16
魏橋紡織	77.97	0.23	42.22	0.06	12.250	25.00	14.63
江蘇寧滬高速公路	73.21	0.22	41.85	0.06	3.425	-16.97	18.21
中國外運	79.87	0.24	40.66	0.06	2.275	-35.00	14.20
泰山石化	80.94	0.24	40.66	0.06	0.890	21.92	33.46
福田實業	44.65	0.13	40.09	0.06	5.050	-4.72	22.20
立信工業	15.83	0.05	38.92	0.06	6.950	3.73	14.13
新農燃氣	19.69	0.06	38.59	0.06	4.450	2.89	19.00
北京燕化石油化工股份	160.84	0.47	37.19	0.06	3.675	21.49	20.77
安徽海螺水泥股份	129.50	0.38	36.61	0.06	8.450	-15.50	14.40
中海油田服務	59.80	0.18	36.45	0.05	2.375	-13.64	21.63
信利國際	6.07	0.02	36.36	0.05	8.050	1.90	18.57
港基國際銀行	12.97	0.04	36.33	0.05	3.100	-15.65	26.32
中國南方航空股份	82.94	0.24	36.10	0.05	3.075	-7.52	-
鞍鋼新軋鋼股份	158.60	0.47	35.15	0.05	3.950	-5.95	8.66
中國數碼信息	4.99	0.01	34.92	0.05	0.177	-7.33	24.93
深圳國際	33.27	0.10	34.29	0.05	0.300	-6.25	9.93
鴻興印刷集團	2.67	0.01	33.18	0.05	5.800	-6.45	12.53
華電國際電力股份	62.55	0.18	32.91	@	2.300	-29.23	12.47
青島啤酒股份	24.97	0.07	31.94	0.05	7.850	-13.74	35.03
金威啤酒	13.17	0.04	31.75	0.05	2.275	30.75	27.08
ROAD KING INFRA	5.60	0.02	31.65	0.05	5.400	-10.00	9.79
CHINA PHARMA	30.10	0.09	31.53	0.05	2.050	-17.17	6.16
IDT INT'L	13.92	0.04	31.48	0.05	1.510	21.77	12.51
香港小輪(集團)	2.89	0.01	30.82	0.05	8.650	5.49	11.65
比亞迪股份	39.47	0.12	30.80	0.05	20.600	0.73	13.70
海爾中建	19.04	0.06	30.39	0.05	0.305	3.39	-
震雄集團	8.31	0.02	29.80	0.04	4.825	-20.90	13.80
瑞安建築	10.93	0.03	29.54	0.04	11.000	27.17	19.83
深圳控股	30.07	0.09	29.29	0.04	1.180	3.51	12.18
京信通訊	10.04	0.03	28.72	0.04	3.450	-9.21	11.53
旭日企業	3.25	0.01	28.52	0.04	2.850	4.59	17.28
紫金礦業	69.95	0.21	28.24	0.04	3.525	14.63	22.85
中國東方航空股份	60.78	0.18	26.79	0.04	1.710	29.55	-
百仕達控股	14.45	0.04	26.57	0.04	1.140	50.40	3.28
泰興光學集團	11.08	0.03	26.46	0.04	5.300	2.91	12.53
SINGMAS CONT	12.55	0.04	26.13	0.04	4.275	4.27	13.46
越秀交通	5.04	0.01	25.64	0.04	2.300	-4.17	11.11
盈科保險	14.91	0.04	26.42	0.04	3.100	-	11.79
亞洲鋁業	39.65	0.12	25.40	0.04	0.800	-48.05	10.28
新鴻基公司	0.81	0.00	25.23	0.04	2.025	16.38	10.82
VTECH HONDINGS	15.15	0.04	24.71	0.04	10.950	-0.90	6.84
味丹國際	6.49	0.02	24.67	0.04	1.620	3.18	12.69
華潤勵致	20.75	0.06	24.08	0.04	0.910	12.35	23.17

公司名稱	成交額（億港元）	佔股份總值（%）	市價總值（億港元）	佔股份總值（%）	收市價（港元）	變幅*（%）	市盈率（倍）
廖創興企業	4.11	0.01	24.04	0.04	6.350	18.69	10.93
天津發展	11.79	0.03	23.66	0.04	3.425	-6.16	15.70
E & E INT'L	4.75	0.01	23.27	0.04	1.900	25.00	14.88
精電	17.82	0.06	23.24	0.03	7.350	-4.55	27.05
儀征化纖股份	74.21	0.22	23.10	0.03	1.660	-15.82	20.97
香港華人	16.50	0.06	22.22	0.03	1.660	60.19	7.60
深圳高速公路股份	22.85	0.07	22.05	0.03	2.950	6.31	-
華潤萬眾電話	2.84	0.01	21.57	0.03	2.900	-	18.45
VITASOY INT'L	4.69	0.01	21.54	0.03	2.175	12.69	5.34
聯合集團	2.23	0.01	21.27	0.03	8.150	50.93	130.91
恒基中國	2.16	0.01	20.66	0.03	4.150	7.10	6.37
聯合地產(香港)	1.33	0.00	19.92	0.03	4.050	39.66	25.14
華潤置地	14.44	0.04	19.84	0.03	1.320	21.10	13.20
EGANAGOLDPFEL	19.83	0.06	19.62	0.03	1.630	-8.43	24.50
中國民航信息網絡	25.36	0.07	19.58	0.03	6.300	-24.55	15.95
林麥集團	4.24	0.01	18.33	0.03	2.800	-11.81	53.80
神州數碼	7.45	0.02	18.29	0.03	2.125	-18.27	8.14
北泰	13.09	0.04	17.26	0.03	1.770	-29.20	16.75
天安	9.78	0.03	16.53	0.02	2.075	15.28	6.34
NGAI LIK IND	8.88	0.03	15.54	0.02	1.960	-38.75	22.81
吉利汽車	38.69	0.11	15.04	0.02	0.365	-54.38	19.90
慶鈴汽車股份	22.56	0.07	14.74	0.02	1.190	-22.22	7.46
嘉新水泥中國	7.13	0.02	13.82	0.02	1.210	-38.89	-
茂盛控股	9.00	0.03	13.76	0.02	1.050	-59.62	5.79
中航科工	42.28	0.12	12.26	0.02	0.730	-55.49	-
國中控股	19.30	0.06	10.30	0.02	0.220	-57.68	98.08
OPL INT'L	17.42	0.05	9.78	0.01	1.530	-46.78	5.02
長城汽車	30.69	0.09	9.37	0.01	3.580	-56.80	12.08
總值	30,191.02	88.70	48,932.39	88.41			
股份總值	33,971.68	100.00	54,776.79	100.00			

註：* 與上年收市價比較。
@ 無數字

9.5 2004年底恒生香港綜合指數成交額、市價總值及市盈率

公司名稱	成交額 (億港元)	佔股份總值 (%)	市價總值 (億港元)	佔股份總值 (%)	收市價 (港元)	變幅* (%)	市盈率 (倍)
匯豐控股	3,795.77	11.17	14,857.59	22.41	133.000	8.57	20.34
和記黃埔	1,528.31	4.50	3,101.60	4.68	72.750	27.07	21.57
恒生銀行	497.37	1.46	2,064.79	3.11	108.000	5.88	21.65
新鴻基地產	1,108.30	3.26	1,866.75	2.82	77.750	21.01	26.96
長江實業	984.83	2.90	1,795.02	2.71	77.500	25.51	18.29
中銀香港	913.49	2.69	1,570.06	2.37	14.850	1.71	19.72
中電控股	348.68	1.03	1,076.49	1.62	44.700	20.81	14.00
中華煤氣	222.11	0.65	901.17	1.36	16.050	35.44	29.76
香港電燈	235.53	0.69	757.66	1.14	35.500	15.64	12.51
恒基兆業地產	383.23	1.13	733.09	1.11	40.400	17.76	23.59
地鐵	102.75	0.30	671.02	1.01	12.450	21.46	14.59
九龍倉集團	241.52	0.71	665.71	1.00	27.200	26.51	21.88
太古公司‘A’	409.80	1.21	604.74	0.91	65.000	35.70	20.22
思捷環球	274.44	0.81	562.61	0.85	47.000	81.82	27.96
長江基建	59.11	0.17	506.07	0.76	22.450	29.02	15.11
國泰航空	221.67	0.65	495.35	0.75	14.700	-0.34	37.65
中信泰富	166.24	0.49	484.43	0.73	22.100	11.62	37.06
恒隆地產	265.51	0.78	396.00	0.60	12.000	20.60	17.51
利豐	211.83	0.62	382.05	0.58	13.100	-1.50	30.98
東亞銀行	217.35	0.64	359.78	0.54	24.150	1.26	18.27
太古公司‘B’	28.25	0.08	346.90	0.52	11.550	40.85	17.97
裕元集團	115.90	0.34	346.62	0.52	21.400	0.23	13.92
信和置業	165.43	0.49	329.41	0.50	7.650	72.88	21.66
恒基發展	28.86	0.06	319.77	0.48	11.350	26.62	17.52
新世界發展	358.13	1.05	300.79	0.45	8.700	44.83	-
德昌電機	168.08	0.49	277.37	0.42	7.550	-23.74	30.53
香格里拉(亞洲)	48.28	0.14	265.45	0.40	11.150	52.74	42.93
電訊盈科	378.56	1.11	264.58	0.40	4.930	-2.48	-
會德豐	41.38	0.12	260.08	0.39	12.800	36.90	11.29
華潤創業	101.21	0.30	257.13	0.39	12.150	38.07	17.38
國浩集團	41.00	0.12	250.08	0.38	76.000	33.33	10.23
創科實業	109.61	0.32	229.15	0.35	16.950	57.31	32.87
香港交易所	227.41	0.67	219.78	0.33	20.800	23.44	31.47
新創建集團	18.67	0.05	207.72	0.31	11.500	61.97	13.34
恒隆集團	54.45	0.16	203.19	0.31	15.300	57.73	20.57
嘉里建設	64.58	0.19	201.04	0.30	16.600	63.55	49.64
合和實業	41.87	0.12	179.24	0.27	19.950	66.95	12.06
信德集團	123.60	0.36	177.84	0.27	8.550	194.83	50.77
希慎興業	59.59	0.18	171.59	0.26	16.350	36.25	31.13
東方海外國際	126.65	0.37	167.54	0.25	29.450	35.83	6.37

公司名稱	成交額(億港元)	佔股份總值(%)	市價總值(億港元)	佔股份總值(%)	收市價(港元)	變幅*(%)	市盈率(倍)
永亨銀行	68.44	0.20	160.18	0.24	54.500	17.97	18.52
電視廣播	71.25	0.21	158.12	0.24	36.100	-7.91	35.86
九龍巴士控股	8.08	0.02	154.59	0.23	38.300	-1.29	25.90
大新金融	68.63	0.20	149.79	0.23	60.250	4.33	14.97
大新銀行	25.05	0.07	148.09	0.22	16.100	-	-
永隆銀行	25.98	0.08	146.28	0.22	63.000	24.14	17.09
中國海外發展	107.53	0.32	122.29	0.18	1.920	35.21	15.07
GREAT EAGLE H	49.06	0.14	118.53	0.18	20.100	116.13	35.24
工銀亞洲	77.32	0.23	116.32	0.18	11.100	3.26	15.56
中信國際金融	77.05	0.23	110.19	0.17	3.450	-17.86	16.43
ASM PACIFIC	92.49	0.27	107.37	0.16	28.000	-17.65	20.03
華人置業	43.91	0.13	106.77	0.16	5.250	87.50	10.08
大酒店	18.24	0.05	97.46	0.15	6.950	53.59	23.92
德永佳集團	38.39	0.11	97.44	0.15	7.350	30.09	23.07
利福國際	35.90	0.11	86.28	0.13	11.550	-	-
會德豐地產	5.54	0.02	77.09	0.12	3.725	19.20	7.32
佐丹奴國際	70.59	0.21	70.70	0.11	4.875	35.42	26.41
香港飛機工程	6.57	0.02	69.69	0.11	41.900	-8.90	20.20
第一太平	47.36	0.14	66.10	0.10	2.075	22.78	10.39
冠捷科技	58.11	0.17	65.25	0.10	4.650	14.11	11.54
東方報業集團	32.36	0.10	64.74	0.10	2.700	-4.42	14.75
嘉華國際	60.33	0.18	62.97	0.09	3.125	136.74	50.48
中國光大控股	81.57	0.24	61.76	0.09	3.950	-22.55	27.60
I-CABLE COMM	10.49	0.03	58.56	0.09	2.900	45.73	26.56
ASIA SATELLITE	4.77	0.01	57.76	0.09	14.800	0.34	13.61
香港興業國際	49.05	0.14	57.58	0.09	4.975	103.06	21.50
壹傳媒	8.80	0.03	57.39	0.09	3.875	5.44	-
莎莎國際	22.02	0.06	54.86	0.08	4.175	91.95	35.23
中航興業	15.44	0.05	53.67	0.08	1.620	15.71	-
廖創興銀行	7.13	0.02	50.90	0.08	11.700	-2.50	16.34
數碼通電訊	26.67	0.08	50.70	0.08	8.700	9.43	10.90
SCMP集團	12.25	0.04	50.34	0.08	3.225	-5.84	2,931.82
JCG HOLDINGS	8.46	0.02	49.19	0.07	6.950	13.93	21.19
九龍建業	19.13	0.06	48.46	0.07	8.550	40.16	20.53
和記港陸	27.45	0.08	48.28	0.07	0.720	-6.49	35.82
大家樂集團	12.28	0.04	48.21	0.07	9.000	29.50	18.51
SOLOMON SYSTECH	44.99	0.13	48.09	0.07	1.920	-	-
福田實業	44.65	0.13	40.09	0.06	5.050	-4.72	22.20
立信工業	15.83	0.05	38.92	0.06	6.950	3.73	14.13
信利國際	6.07	0.02	36.36	0.05	8.050	1.90	18.57
港基國際銀行	12.97	0.04	36.33	0.05	3.100	-15.65	26.32
鴻興印刷集團	2.67	0.01	33.18	0.05	5.800	-6.45	12.53
IDT INT'L	13.92	0.04	31.48	0.05	1.510	21.77	12.51
香港小輪(集團)	2.89	0.01	30.82	0.05	8.650	5.49	11.65

公司名稱	成交額 (億港元)	佔股份總值 (%)	市價總值 (億港元)	佔股份總值 (%)	收市價 (港元)	變幅* (%)	市盈率 (倍)
震雄集團	8.31	0.02	29.80	0.04	4.825	-20.90	13.80
瑞安建築	10.93	0.03	29.54	0.04	11.000	27.17	19.83
旭日企業	3.25	0.01	28.52	0.04	2.850	4.59	17.28
泰興光學集團	11.08	0.03	26.46	0.04	5.300	2.91	12.53
SINGMAS CONT	12.55	0.04	26.13	0.04	4.275	4.27	13.46
盈科保險	14.91	0.04	26.42	0.04	3.100	-	11.79
新鴻基公司	0.81	0.00	25.23	0.04	2.025	16.38	10.82
VTECH HONDINGS	15.15	0.04	24.71	0.04	10.950	-0.90	6.84
味丹國際	6.49	0.02	24.67	0.04	1.620	3.18	12.69
廖創興企業	4.11	0.01	24.04	0.04	6.350	18.69	10.93
E & E INT'L	4.75	0.01	23.27	0.04	1.900	25.00	14.88
精電	17.82	0.06	23.24	0.03	7.350	-4.55	27.05
香港華人	16.50	0.06	22.22	0.03	1.660	60.19	7.60
華潤萬眾電話	2.84	0.01	21.57	0.03	2.900	-	18.45
VITASOY INT'L	4.69	0.01	21.54	0.03	2.175	12.69	5.34
聯合集團	2.23	0.01	21.27	0.03	8.150	50.93	130.91
聯合地產(香港)	1.33	0.00	19.92	0.03	4.050	39.66	25.14
EGANAGOLDPFEL	19.83	0.06	19.62	0.03	1.630	-8.43	24.50
林麥集團	4.24	0.01	18.33	0.03	2.800	-11.81	53.80
NGAI LIK IND	8.88	0.03	15.54	0.02	1.960	-38.75	22.81
茂盛控股	9.00	0.03	13.76	0.02	1.050	-59.62	5.79
國中控股	19.30	0.06	10.30	0.02	0.220	-57.68	98.08
OPL INT'L	17.42	0.05	9.78	0.01	1.530	-46.78	5.02
總值	16,242.51	47.81	42,731.35	64.46			
股份總值	33,971.68	100.00	66,291.77	100.00			

註：*與上年收市價比較。

9.6 2004年底恒生中國內地綜合指數成交額、市價總值及市盈率

公司名稱	成交額 (億港元)	佔股份總值 (%)	市價總值 (億港元)	佔股份總值 (%)	收市價 (港元)	變幅* (%)	市盈率 (倍)
中國移動	1,275.53	3.75	5,183.92	7.82	26.350	10.48	15.48
中國海洋石油	525.22	1.55	1,713.94	2.59	4.175	37.34	15.78
中國聯通	379.73	1.12	772.62	1.17	6.150	-15.17	19.44
中國石油股份	1,416.02	4.17	729.67	1.10	4.150	-6.74	11.13
中國石油化工-H股	807.79	2.38	536.98	0.81	3.200	-7.91	13.64
中國電信	686.90	2.02	395.51	0.60	2.850	-10.94	9.27
中國人壽	992.05	2.92	386.94	0.58	5.200	-18.11	-
中遠太平洋	143.01	0.42	350.59	0.53	16.100	55.56	28.71
中國平安	252.94	0.74	337.74	0.51	13.200	-	-
招商局國際	186.58	0.55	313.77	0.47	14.650	42.93	20.97
中芯國際	270.04	0.79	308.17	0.46	16.900	-	-
駿威汽車	396.07	1.17	204.97	0.31	2.780	-32.73	11.35
合和公路基建	35.72	0.11	184.58	0.28	6.400	45.45	24.47
華能國際電力	461.57	1.36	177.21	0.27	5.800	-13.75	13.65
聯想集團	167.38	0.49	173.77	0.26	2.330	-30.08	16.65
華潤電力	85.67	0.25	160.89	0.24	4.225	16.55	20.69
上海實業控股	86.90	0.26	159.03	0.24	16.600	-6.48	12.40
中國鋁業	620.19	1.83	151.79	0.23	4.600	-22.03	14.43
粵海投資	69.54	0.20	142.79	0.22	2.600	66.67	12.91
兗州煤業-H股	289.00	0.85	135.66	0.20	11.100	41.40	24.37
KINGBOARD CHEM	52.21	0.15	118.35	0.18	16.450	37.66	20.33
大成生化科技	100.89	0.30	114.19	0.17	5.100	6.25	19.22
香港中旅	57.84	0.17	108.83	0.16	2.500	70.07	-
康師傅控股	13.20	0.04	93.89	0.14	1.680	-7.69	33.67
中國財險	210.49	0.62	93.31	0.14	2.700	-22.30	16.76
中海發展股份	183.23	0.54	89.42	0.13	6.900	20.00	23.80
大唐發電	189.24	0.56	83.69	0.13	5.850	5.41	17.70
騰訊控股	73.40	0.22	81.88	0.12	4.650	-	-
浙江滬杭甬	114.60	0.34	76.71	0.12	5.350	-1.83	24.45
中海集團	129.51	0.38	75.63	0.11	3.125	-	-
中信21世紀	65.67	0.19	74.82	0.11	2.750	127.50	-
北京控股	17.54	0.05	71.90	0.11	11.550	26.92	15.86
銀建國際	171.52	0.50	67.81	0.10	3.900	174.65	28.00
上海石油化工	217.45	0.64	67.57	0.10	2.900	-15.94	15.81
超大現代	55.03	0.16	67.37	0.10	2.875	11.65	6.64
中信資源	26.32	0.08	65.62	0.10	1.520	21.60	-
創維數碼	49.04	0.14	61.36	0.09	2.725	39.74	17.25
理文造紙	19.36	0.06	61.11	0.09	6.350	3.25	15.60
蒙牛乳業	75.82	0.22	61.00	0.09	6.100	-	-
中國糧油國際	31.60	0.09	58.42	0.09	3.250	-33.50	13.23
鎮海煉油化工股份	86.06	0.25	58.26	0.09	8.050	18.38	19.82

公司名稱	成交額(億港元)	佔股份總值(%)	市價總值(億港元)	佔股份總值(%)	收市價(港元)	變幅*(%)	市盈率(倍)
CNPC(HONG KONG)	41.43	0.12	57.76	0.09	1.220	-8.27	11.36
BRILLIANCE CHI	195.22	0.57	55.76	0.08	1.520	-64.44	6.31
TCL 國際	58.27	0.17	55.16	0.08	2.000	-41.61	8.25
恒安國際	13.90	0.04	55.12	0.08	5.100	22.16	20.47
馬鞍山鋼鐵股份	333.76	0.98	51.99	0.08	3.000	16.50	7.73
江西銅業股份	278.55	0.82	51.17	0.08	4.425	3.51	24.78
GUANGZHOU INV	40.51	0.12	49.52	0.07	0.780	-8.24	15.95
新世界中國	14.92	0.04	48.78	0.07	3.125	67.11	36.46
廣深鐵路 -H 股	35.20	0.10	45.44	0.07	3.175	44.32	28.55
中國東方集團	65.81	0.19	44.45	0.07	1.530	-	3.17
北京首都機場 -H 股	30.72	0.09	44.42	0.07	3.300	24.53	34.27
中保國際	22.56	0.07	42.61	0.06	3.200	-18.99	30.16
魏橋紡織	77.97	0.23	42.22	0.06	12.250	25.00	14.63
江蘇寧滬高速公路	73.21	0.22	41.85	0.06	3.425	-16.97	18.21
中國外運	79.87	0.24	40.66	0.06	2.275	-35.00	14.20
泰山石化	80.94	0.24	40.66	0.06	0.890	21.92	33.46
新農燃氣	19.69	0.06	38.59	0.06	4.450	2.89	19.00
北京燕化石油化工 -H 股	160.84	0.47	37.19	0.06	3.675	21.49	20.77
安徽海螺水泥 -H 股	129.50	0.38	36.61	0.06	8.450	-15.50	14.40
中海油田服務	59.80	0.18	36.45	0.05	2.375	-13.64	21.63
中國南方航空 -H 股	82.94	0.24	36.10	0.05	3.075	-7.52	-
鞍鋼新軋鋼股份	158.60	0.47	35.15	0.05	3.950	-5.95	8.66
中國數碼信息	4.99	0.01	34.92	0.05	0.177	-7.33	24.93
深圳國際	33.27	0.10	34.29	0.05	0.300	-6.25	9.93
華電國際電力股份	62.55	0.18	32.91	@	2.300	-29.23	12.47
青島啤酒股份	24.97	0.07	31.94	0.05	7.850	-13.74	35.03
金威啤酒	13.17	0.04	31.75	0.05	2.275	30.75	27.08
ROAD KING INFRA	5.60	0.02	31.65	0.05	5.400	-10.00	9.79
CHINA PHARMA	30.10	0.09	31.53	0.05	2.050	-17.17	6.16
比亞迪股份	39.47	0.12	30.80	0.05	20.600	0.73	13.70
海爾中建	19.04	0.06	30.39	0.05	0.305	3.39	-
深圳控股	30.07	0.09	29.29	0.04	1.180	3.51	12.18
京信通訊	10.04	0.03	28.72	0.04	3.450	-9.21	11.53
紫金礦業	69.95	0.21	28.24	0.04	3.525	14.63	22.85
中國東方航空股份	60.78	0.18	26.79	0.04	1.710	29.55	-
百仕達控股	14.45	0.04	26.57	0.04	1.140	50.40	3.28
越秀交通	5.04	0.01	25.64	0.04	2.300	-4.17	11.11
亞洲鋁業	39.65	0.12	25.40	0.04	0.800	-48.05	10.28
華潤勵致	20.75	0.06	24.08	0.04	0.910	12.35	23.17
天津發展	11.79	0.03	23.66	0.04	3.425	-6.16	15.70
儀征化纖股份	74.21	0.22	23.10	0.03	1.660	-15.82	20.97
深圳高速公路股份	22.85	0.07	22.05	0.03	2.950	6.31	-
恆基中國	2.16	0.01	20.66	0.03	4.150	7.10	6.37
華潤置地	14.44	0.04	19.84	0.03	1.320	21.10	13.20

公司名稱	成交額（億港元）	佔股份總值（%）	市價總值（億港元）	佔股份總值（%）	收市價（港元）	變幅*（%）	市盈率（倍）
中國民航信息網絡	25.36	0.07	19.58	0.03	6.300	-24.55	15.95
神州數碼	7.45	0.02	18.29	0.03	2.125	-18.27	8.14
北泰	13.09	0.04	17.26	0.03	1.770	-29.20	16.75
天安	9.78	0.03	16.53	0.02	2.075	15.28	6.34
吉利汽車	38.69	0.11	15.04	0.02	0.365	-54.38	19.90
慶鈴汽車股份	22.56	0.07	14.74	0.02	1.190	-22.22	7.46
嘉新水泥中國	7.13	0.02	13.82	0.02	1.210	-38.89	-
中航科工	42.28	0.12	12.26	0.02	0.730	-55.49	-
長城汽車	30.69	0.09	9.37	0.01	3.580	-56.80	12.08
總值	13,948.51	41.06	15,908.60	24.00			
股份總值	33,971.68	100.00	66,291.77	100.00			

註：* 與上年收市價比較。

9.7 2004年底恒生中國企業指數成交額、市價總值及市盈率

公司名稱	成交額(億港元)	佔股份總值(%)	市價總值(億港元)	佔股份總值(%)	收市價(港元)	變幅*(%)	市盈率(倍)
中國石油股份	1,416.02	4.17	729.67	1.10	4.150	-6.74	11.13
中國石油化工股份	807.79	2.38	536.98	0.81	3.200	-7.91	13.64
中國電信	686.90	2.02	395.51	0.60	2.850	-10.94	9.27
中國人壽	992.05	2.92	386.94	0.58	5.200	-18.11	-
中國平安	252.94	0.74	337.74	0.51	13.200	-	-
華能國際電力	461.57	1.36	177.21	0.27	5.800	-13.75	13.65
中國鋁業	620.19	1.83	151.79	0.23	4.600	-22.03	14.43
兗州煤業-H股	289.00	0.85	135.66	0.20	11.100	41.40	24.37
中國財險	210.49	0.62	93.31	0.14	2.700	-22.30	16.76
中海發展股份	183.23	0.54	89.42	0.13	6.900	20.00	23.80
大唐發電	189.24	0.56	83.69	0.13	5.850	5.41	17.70
浙江灣杭甬	114.60	0.34	76.71	0.12	5.350	-1.83	24.45
中海集團	129.51	0.38	75.63	0.11	3.125	-	-
上海石油化工	217.45	0.64	67.57	0.10	2.900	-15.94	15.81
鎮海煉油化工股份	86.06	0.25	58.26	0.09	8.050	18.38	19.82
馬鞍山鋼鐵股份	333.76	0.98	51.99	0.08	3.000	16.50	7.73
江西銅業股份	278.55	0.82	51.17	0.08	4.425	3.51	24.78
廣深鐵路份股	35.20	0.10	45.44	0.07	3.175	44.32	28.55
北京首都機場股份	30.72	0.09	44.42	0.07	3.300	24.53	34.27
魏橋紡織	77.97	0.23	42.22	0.06	12.250	25.00	14.63
江蘇寧滬高速公路	73.21	0.22	41.85	0.06	3.425	-16.97	18.21
中國外運	79.87	0.24	40.66	0.06	2.275	-35.00	14.20
北京燕化石油化工股份	160.84	0.47	37.19	0.06	3.675	21.49	20.77
安徽海螺水泥股份	129.50	0.38	36.61	0.06	8.450	-15.50	14.40
中海油田服務	59.80	0.18	36.45	0.05	2.375	-13.64	21.63
中國南方航空股份	82.94	0.24	36.10	0.05	3.075	-7.52	-
鞍鋼新軋鋼股份	158.60	0.47	35.15	0.05	3.950	-5.95	8.66
華電國際電力股份	62.55	0.18	32.91	@	2.300	-29.23	12.47
青島啤酒股份	24.97	0.07	31.94	0.05	7.850	-13.74	35.03
比亞迪股份	39.47	0.12	30.80	0.05	20.600	0.73	13.70
紫金礦業	69.95	0.21	28.24	0.04	3.525	14.63	22.85
中國東方航空股份	60.78	0.18	26.79	0.04	1.710	29.55	-
儀征化纖股份	74.21	0.22	23.10	0.03	1.660	-15.82	20.97
深圳高速公路股份	22.85	0.07	22.05	0.03	2.950	6.31	-
中國民航信息網絡	25.36	0.07	19.58	0.03	6.300	-24.55	15.95
慶鈴汽車股份	22.56	0.07	14.74	0.02	1.190	-22.22	7.46
中航科工	42.28	0.12	12.26	0.02	0.730	-55.49	-
長城汽車	30.69	0.09	9.37	0.01	3.580	-56.80	12.08
總值	8,633.70	25.41	4,147.37	6.26			
股份總值	33,971.68	100.00	66,291.77	100.00			

註：* 與上年收市價比較。

9.8 2004年底恒生香港中資企業指數成交額、市價總值及市盈率

公司名稱	成交額 (億港元)	佔股份總值 (%)	市價總值 (億港元)	佔股份總值 (%)	收市價 (港元)	變幅* (%)	市盈率 (倍)
中國移動	1,275.53	3.75	5,183.92	7.82	26.350	10.48	15.48
中國海洋石油	525.22	1.55	1,713.94	2.59	4.175	37.34	15.78
中國聯通	379.73	1.12	772.62	1.17	6.150	-15.17	19.44
中遠太平洋	143.01	0.42	350.59	0.53	16.100	55.56	28.71
招商局國際	186.58	0.55	313.77	0.47	14.650	42.93	20.97
駿威汽車	396.07	1.17	204.97	0.31	2.780	-32.73	11.35
聯想集團	167.38	0.49	173.77	0.26	2.330	-30.08	16.65
華潤電力	85.67	0.25	160.89	0.24	4.225	16.55	20.69
上海實業控股	86.90	0.26	159.03	0.24	16.600	-6.48	12.40
粵海投資	69.54	0.20	142.79	0.22	2.600	66.67	12.91
香港中旅	57.84	0.17	108.83	0.16	2.500	70.07	-
北京控股	17.54	0.05	71.90	0.11	11.550	26.92	15.86
中信資源	26.32	0.08	65.62	0.10	1.520	21.60	-
中國糧油國際	31.60	0.09	58.42	0.09	3.250	-33.50	13.23
CNPC(HONG KONG)	41.43	0.12	57.76	0.09	1.220	-8.27	11.36
BRILLIANCE CHI	195.22	0.57	55.76	0.08	1.520	-64.44	6.31
TCL國際	58.27	0.17	55.16	0.08	2.000	-41.61	8.25
GUANGZHOU INV	40.51	0.12	49.52	0.07	0.780	-8.24	15.95
中保國際	22.56	0.07	42.61	0.06	3.200	-18.99	30.16
深圳國際	33.27	0.10	34.29	0.05	0.300	-6.25	9.93
金威啤酒	13.17	0.04	31.75	0.05	2.275	30.75	27.08
CHINA PHARMA	30.10	0.09	31.53	0.05	2.050	-17.17	6.16
深圳控股	30.07	0.09	29.29	0.04	1.180	3.51	12.18
越秀交通	5.04	0.01	25.64	0.04	2.300	-4.17	11.11
華潤勵致	20.75	0.06	24.08	0.04	0.910	12.35	23.17
天津發展	11.79	0.03	23.66	0.04	3.425	-6.16	15.70
華潤置地	14.44	0.04	19.84	0.03	1.320	21.10	13.20
神州數碼	7.45	0.02	18.29	0.03	2.125	-18.27	8.14
總值	3,973.01	11.70	9,980.14	15.05			
股份總值	33,971.68	100.00	66,291.77	100.00			

註：*與上年收市價比較。

9.9 中國企業(H股)及紅籌股份成交額及市價總值

年 / 月	數目	成交額				市價總值	
		股數(億股)	佔股份總額 %	金額(億元)	佔股數總額 %	億元	佔股份總額 %
中國企業(H股)							
2003年	64	2,170.82	19.99	5,014.97	22.12	4,031.16	7.36
2004年	72	2,508.88	16.58	9,338.61	27.49	4,551.52	6.87
1月	64	326.99	21.18	1,292.87	33.00	3,731.97	6.46
2月	65	259.28	14.68	958.83	29.75	4,121.74	6.77
3月	66	256.03	17.84	987.67	28.67	3,893.65	6.84
4月	66	206.42	24.82	775.96	30.41	3,275.93	6.18
5月	66	220.34	31.24	677..95	28.20	3,459.24	6.39
6月	68	197.68	29.09	675.55	30.57	3,925.15	7.16
7月	68	156.19	24.95	586.96	30.91	3,981.25	7.24
8月	68	149.37	25.40	524.57	24.34	3,950.23	6.91
9月	68	209.31	23.14	790.84	30.07	4,292.34	7.28
10月	68	182.51	20.88	694.10	28.05	4,176.20	7.04
11月	68	187.27	7.30	716.05	19.05	4,602.39	7.07
12月	72	157.49	6.03	657.25	19.90	4,551.52	6.87
紅籌股份							
2003年	72	1,570.22	14.46	4,939.45	21.79	11,977.71	21.87
2004年	81	1,717.66	11.35	6,147.27	18.10	14,093.57	21.26
1月	72	273.08	17.69	799.64	20.41	12,923.64	22.36
2月	72	226.07	12.80	662.90	20.57	13,717.15	22.52
3月	73	144.86	10.09	605.60	17.58	12,138.60	21.33
4月	74	111.77	13.44	482.56	18.91	10,656.09	20.11
5月	73	100.57	14.26	449.37	18.69	11,327.03	20.94
6月	73	96.67	14.22	398.76	18.04	11,394.20	20.78
7月	73	82.52	13.18	322.80	17.00	11,350.98	20.65
8月	74	85.31	14.51	361.14	16.76	11,531.81	20.16
9月	76	138.50	15.31	478.83	18.21	12,189.33	20.67
10月	78	120.69	13.81	405.85	16.40	12,024.04	20.26
11月	81	219.47	8.56	684.56	18.21	13,772.06	21.15
12月	81	118.14	4.52	495.26	15.00	14,093.57	21.26

9.10 上市股份之平均週息率 (2003 至 2004 年)

(期末)(單位：%)

	所有成份股	金融	公用事業	地產	綜合企業	工業	酒店	其他
2003 年	2.94	3.36	4.13	2.41	2.46	2.76	1.58	1.40
2004 年	2.85	3.74	3.59	2.13	1.98	2.85	1.63	2.03
1 月	2.79	3.36	3.95	2.02	2.25	2.70	1.44	1.44
2 月	2.71	3.30	3.72	2.03	2.13	2.61	1.42	1.19
3 月	3.00	3.85	3.71	2.28	2.29	2.68	1.85	1.82
4 月	3.26	4.02	3.80	2.50	2.51	3.16	1.90	2.98
5 月	3.22	3.99	3.94	2.54	2.43	3.04	1.90	3.01
6 月	3.20	3.99	3.88	2.61	2.36	3.03	1.92	2.91
7 月	3.21	4.04	3.84	2.54	2.40	3.00	2.08	2.50
8 月	3.23	4.01	3.80	2.27	2.52	3.19	2.08	2.70
9 月	3.16	3.95	3.76	2.41	2.38	3.06	2.04	2.24
10 月	3.15	3.90	3.69	2.44	2.39	3.08	1.96	2.17
11 月	2.90	3.73	3.57	2.15	2.08	2.89	1.71	1.89
12 月	2.85	3.74	3.59	2.13	1.98	2.85	1.63	2.03

9.11 上市股份之平均市盈率 (2003 至 2004 年)

(期末)(單位：倍)

	所有成份股	金融	公用事業	地產	綜合企業	工業	酒店	其他
2003 年	18.96	23.75	14.24	20.80	16.28	16.70	23.37	39.44
2004 年	18.73	20.86	16.66	18.40	19.29	15.07	29.60	22.62
1 月	19.93	23.74	14.91	24.81	17.78	16.91	25.56	38.24
2 月	20.68	24.25	15.49	24.98	18.87	17.68	25.42	46.21
3 月	17.32	18.89	15.72	19.29	16.55	15.16	25.43	25.44
4 月	15.70	17.96	15.33	18.30	14.73	12.31	21.66	15.42
5 月	15.99	18.40	14.90	17.98	15.15	12.76	21.63	15.26
6 月	15.77	18.68	15.12	16.90	14.71	12.39	21.23	15.79
7 月	15.90	18.41	15.28	17.00	14.43	13.60	21.19	18.37
8 月	16.62	19.31	15.63	18.67	15.33	13.38	21.15	16.97
9 月	16.73	19.50	15.79	16.20	15.72	14.20	23.27	20.49
10 月	16.83	19.76	16.22	16.05	15.82	14.08	24.13	21.14
11 月	18.44	20.90	16.73	18.12	18.39	15.05	27.71	24.31
12 月	18.73	20.86	16.66	18.40	19.29	15.07	29.60	22.62

9.12 市場集資分類

(單位：億元)

類別	上市方法	2003年	2004年
股份	發售以供認購	147.55	215.46
	發售現有證券	51.68	217.08
	發售以供配售	371.43	512.11
	配售	163.01	456.59
	供股	22.65	70.93
	公開發售	5.12	10.03
	代價發售	1,257.25	1,144.61
	行使認股權證	11.27	12.08
	股份認購權計劃	60.44	123.16
	股份集資總額	2,090.41	2,762.03
債券		434.69	1,054.02
單位信託基金 / 互惠基金		-	-
衍生權證 - 發行價		638.75	1,394.31
股份認股權證 - 發行價		0.77	0.52
股份掛鉤票據 - 發行價		6.98	15.22

9.13 衍生產品市場概要

類別上市方法		2003年	2004年
中國企業(H股)股份集資金額(億元)			
股份	發售以供認購	123.13	95.66
	發售現有證券	45.50	31.91
	發售以供配售	293.89	275.59
	配售	5.92	189.26
	供股	-	-
	公開發售	-	-
	代價發售	-	-
	行使認股權證	-	-
	股份認購權計劃	-	-
	股份集資總額	468.45	589.43
中資紅籌股份集資金額(億元)			
股份	發售以供認購	7.73	39.84
	發售現有證券	-	17.22
	發售以供配售	21.90	88.42
	配售	6.94	61.12
	供股	-	-
	公開發售	6.70	-
	代價發售	1.50	29.65
	行使認股權證	0.12	0.71
	股份認購權計劃	10.08	26.69
	股份集資總額	48.93	263.65

9.14 創業板市場概況

	2003年	2004年
上市證券(年底數字)		
上市公司數目	185	204
上市證券數目	187	205
新上市公司數目	27	21
總發行股本（億元）	87.10	91.30
市價總值（億元）	701.77	667.16
集資總額（億元）	46.44	52.80
交投情況		
總交易日數	248	249
總成交金額（億元）		
全年	381.54	257.61
平均每日	1.54	1.03
總成交股數（億股）		
全年	510.34	388.42
平均每日	2.06	1.56
市場比率*		
平均週息率（%）	0.78	0.66
平均市盈率（倍）	38.79	28.65
平均賬面值比率（倍）	3.00	2.29
流通比率（%）	54.36	38.61

註：* 根據創業板股份之年底數字計算。

9.15 創業板指數、成交金額及市值

	創業板		
	標準普爾／香港交易所創業板* (17.3.2000=1000)	成交總值 (億港元)	市價總值 (億港元)
2003年底	1,186.06	381.54	701.77
2004年底	988.6	257.61	667.16
1月	1289.52	44.25	768.75
2月	1,342.59	47.71	808.97
3月	1,237.08	47.96	789.86
4月	1,117.87	16.68	736.25
5月	1,126.32	12.04	745.29
6月	1,079.34	12.93	726.70
7月	1,054.44	11.56	717.93
8月	1,007.54	10.18	616.28
9月	982.31	8.90	621.64
10月	989.60	10.18	632.61
11月	1,019.76	21.05	675.12
12月	988.60	14.16	667.16

註：* 於2003年3月3日推出。由2003年4月14日起取代創業板指數。
( ) 內數字是指創業板指數

9.16 2004年底50間創業板市價總值最大的上市公司

公司名稱	發行股本 (萬股數)	收市價 (元)	市價總值 (億元)	佔市場總額 (%)
長江生命科技	640,738.16	1.240	79.45	11.91
鳳凰衛視	493,636.60	1.390	68.62	10.28
TOM在線	389,620.00	1.460	56.88	8.53
百江燃氣	94,225.09	3.475	32.74	4.91
新意網	202,619.75	1.400	28.37	4.25
創博數碼科技	20,483.14	11.750	24.07	3.61
金衛醫療科技	119,635.02	1.960	23.45	3.51
香港網	414,418.61	0.490	20.31	3.04
利亞零售	67,144.80	2.850	19.14	2.87
華粲燃氣對	217,700.00	0.640	13.93	2.09
光亞	506,461.54	0.275	13.93	2.09
物美商業--H股	1,054.20	12.500	13.19	1.98
建星環保紙品	400,000.00	0.315	12.60	1.89
北京同仁堂--H股	7,280.00	17.050	12.41	1.86
中國消防	202,000.00	0.600	12.12	1.82
恒基數碼	500,000.00	0.210	10.50	1.57
金碟國際軟件	44,310.64	2.250	9.97	1.49
格林柯爾科技	100,000.00	0.900	9.00	1.35
慧聰國際資訊	45,500.00	1.800	8.19	1.23
問博控股	154,683.14	0.440	6.81	1.02
遠東化聚	41,029.60	1.510	6.20	0.93
速達軟件	40,283.70	1.480	5.96	0.89
安德利果汁--H股	55,850.00	1.020	5.70	0.85
修身堂	65,690.00	0.800	5.26	0.79
中軟國際	69,750.00	0.730	5.09	0.76
華普智通系統	40,000.00	1.200	4.80	0.72
中華數據廣播	31,800.00	1.440	4.58	0.69
英皇娛樂	26,000.00	1.700	4.42	0.66
第一電訊	194,569.66	0.220	4.28	0.64
鄭州燃氣--H股	55,066.00	0.760	4.19	0.63
錦恒汽車安全	38,100.00	1.040	3.96	0.59
衝浪平台軟件	375,847.18	0.102	3.83	0.57
中程科技	108,630.00	0.340	3.69	0.55
金利通	38,623.00	0.940	3.63	0.54
蜂蜂	48,213.00	0.730	3.52	0.53
中裕燃氣	106,280.00	0.330	3.51	0.53
元征科技--H股	19,000.00	1.800	3.42	0.51
媒體伯樂	85,380.00	0.385	3.29	0.49
智庫科技	31,250.00	1.050	3.28	0.49
北大青鳥環宇--H股	48,480.00	0.570	2.76	0.41
A-S China Plumbing Product	15,103.40	1.600	2.42	0.36

公司名稱	發行股本 (萬股數)	收市價 (元)	市價總值 (億元)	佔市場總額 (%)
媒體世紀	180,348.90	0.132	2.38	0.36
安捷利實業	54,000.00	0.430	2.32	0.35
世紀陽光	32,000.00	0.720	2.30	0.35
威高股份--H股	26,450.00	0.860	2.27	0.34
愛達利網絡	61,381.90	0.345	2.12	0.32
Jessica Publication Ltd	50,663.97	0.400	2.03	0.30
環新國際	80,000.00	0.247	1.98	0.30
東大照明	110,560.00	0.177	1.96	0.29
天津天聯公司--H股	33,000.00	0.570	1.88	0.28
總額			582.69	87.34
股份總值			667.16	100.00

9.17 創業板中國企業及中資紅籌股份統計

年 / 月	數目	成交額				市價總值	
		股數(億股)	佔股份總額 %	金額(億元)	佔股數總額 %	億元	佔股份總額 %
中國企業(H 股)							
2003 年	28	497,395	9.77	46.53	12.20	50.63	7.21
2004 年	37	640,437	16.50	71.95	27.93	63.76	9.56
1 月	29	78,623	14.49	8.72	19.72	57.37	7.46
2 月	31	123,713	15.86	15.89	33.30	68.05	8.41
3 月	31	91,200	16.15	10.86	22.65	63.81	8.08
4 月	32	40,636	18.76	4.15	24.88	58.36	7.93
5 月	33	29,215	16.07	2.59	21.47	63.28	8.49
6 月	35	25,427	11.48	3.63	28.05	64.01	8.81
7 月	37	36,802	19.89	3.53	30.54	65.32	9.10
8 月	37	37,014	17.28	3.68	36.11	63.12	10.24
9 月	37	27,887	22.48	3.68	41.32	66.79	10.74
10 月	37	45,941	25.81	4.85	47.67	65.35	10.33
11 月	37	66,514	21.45	6.24	29.64	66.83	9.90
12 月	37	37,464	10.32	4.14	29.27	63.76	9.56
中資紅籌股份							
2003 年	-	20,624	0.41	3.88	1.02	-	-
2004 年	3	12,724	0.33	0.28	0.11	7.28	1.09
1 月	-	-	-	-	-	-	-
2 月	-	-	-	-	-	-	-
3 月	-	-	-	-	-	-	-
4 月	1	3,148	1.45	0.11	0.67	1.42	0.19
5 月	1	547	0.30	0.02	0.15	1.42	0.19
6 月	1	6	-	0.0002	-	1.28	0.18
7 月	1	-	-	-	-	1.20	0.17
8 月	2	459	0.21	0.02	0.17	3.36	0.55
9 月	3	1,677	1.35	0.03	0.33	8.50	1.37
10 月	3	2,895	1.63	0.05	0.47	9.33	1.47
11 月	3	2,080	0.67	0.04	0.17	8.65	1.28
12 月	3	1,911	0.53	0.02	0.16	7.28	1.09

9.18 衍生產品市場概要

	2003年	2004年
所有期貨及期權產品(股票期權除外)		
交易日數	246.5	247.0
合約成交量	10,325,575	14,017,860
股市指數產品	10,256,800	13,939,321
股票產品	18,654	17,274
利率產品	50,121	61,265
外匯產品	-	-
平均每日	41,889	56,752
年底未平倉合約	178,822	245,161
股市指數產品	173,032	236,740
股票產品	1,020	1,821
利率產品	4,770	6,600
外匯產品	-	-
股票期權		
年底股票期權類別數目	33	37
股票期權系列數目(於年底數目)	2,522	2,560
新開辦期權類別數目	1	4
交易日數	246.5	247.0
合約成交量		
全年總數	4,220,638	5,611,832
平均每日	17,122	22,720
合約期權金(億港元)		
全年總數	33.07	55.81
平均每日	0.13	0.23
成交宗數		
全年總數	124,064	150,776
平均每日	503	610
年底未平倉合約	553,896	684,052
已行使合約總數	685,897	898,498
每張合約平均期權金(港元)	784	995
每宗交易平均合約數目(合約數目)	34	37
莊家數目	13	14
認沽數量/認購數量	1.03	1.13
平均每日合約成交量/未平倉合約(%)	3.1	3.3
期權成交量(股數)/正股成交量(%)	2.7	2.3
所有期貨及期權產品		
合約成交量	14,546,213	19,629,692
年底未平倉合約	732,718	929,213

9.19 期貨及期權產品的最高紀錄(2004年12月31日)

產品	單日成交量		未平倉合約	
	合約張數	日期	合約張數	日期
恒生指數期貨	151,000	2004/09/24	172,282	2004/11/26
小型恒生指數期貨	9,799	2004/06/14	5,141	2005/05/10
H股指數期貨	26,741	2004/11/25	40,699	2004/09/27
MSCI中國外資自由指數期貨	198	2001/12/28	263	2001/12/28
道瓊斯工業平均指數期貨	240	2003/06/10	306	2002/11/07
恒生指數期權	20,382	2003/03/31	169,319	2004/03/29
小型恒生指數期權	662	2002/12/19	3,115	2002/12/27
H股指數期權	2,371	2004/07/20	1,990	2004/12/29
股票期貨	1,119	2004/10/04	2,181	2004/11/29
股票期權	112,718	1997/12/23	979,659	2004/12/29
三個月港元利率期貨(1)	10,514	2002/04/04	80,964	2001/11/15
三個月港元利率期貨(2)	800	2001/01/09	3,250	2001/04/12
三年期外匯基金債券期貨	250	2003/12/12	981	2002/02/18

註：(1) 三個月港元利率期貨合約金額自2002年5月27日起提高至原本金額的5倍。
(2) 一個月港元利率期貨合約金額自2002年5月27日起提高至原本金額的5倍。

9.20 2004年恒生指數期貨及期權成交量

年／月		恒生指數期貨(合約張數)			恒生指數期權成交量(合約張數)				
	交易日數	總成交量	平均每日成交量	未平倉合約(年底／月底)	認購	認沽	總成交量	平均每日成交量	未平倉合約(年底／月底)
2002年	245.0	4,802,422	19,602	48,469	570,377	500,054	1,070,431	4,369	66,813
2003年	246.5	6,800,360	27,588	91,941	984,209	1,134,583	2,118,792	8,596	72,469
2004年	247.0	8,601,559	34,824	125,860	913,095	1,115,973	2,029,068	8,215	76,444
1月	18.5	604,098	32,654	100,111	48,785	72,108	120,893	6,535	93,198
2月	20.0	666,243	33,312	104,185	62,478	90,613	153,091	7,655	103,908
3月	23.0	787,932	34,258	93,342	114,708	105,171	219,879	9,560	103,695
4月	19.0	679,051	35,740	91,578	83,297	98,023	181,320	9,543	107,254
5月	20.0	747,300	37,365	86,336	103,982	133,877	237,859	11,893	113,042
6月	21.0	772,596	36,790	83,501	83,889	100,105	183,994	8,762	92,672
7月	20.5	715,734	34,914	88,148	70,488	75,592	146,080	7,126	93,688
8月	22.0	736,344	33,470	101,748	71,750	86,890	158,640	7,211	104,933
9月	21.0	731,444	34,831	109,533	56,642	92,226	148,868	7,089	85,536
10月	19.0	642,501	33,816	107,817	68,062	84,883	152,945	8,050	95,487
11月	22.0	740,064	33,639	128,621	82,793	96,344	179,137	8,143	110,893
12月	21.0	778,252	37,060	125,860	66,221	80,141	146,362	6,970	76,444
2004年最高		151,000		172,282			17,799		169,319
日期		(24/09)		(26/11)			(19/05)		(29/03)

9.21 2004年基金銷售及贖回額數據

(單位：億美元)

基金類別		銷售額 (億美元)	贖回額 (億美元)	淨銷售額／(淨贖回額) (億美元)
股票				
北美洲股票基金		1.43	1.83	-0.40
日本股票基金		8.47	4.95	3.51
歐洲股票基金		4.07	4.30	0.23
香港股票基金		3.50	2.90	0.59
中國股票基金		7.41	6.36	1.05
亞洲單一市場股票基金 (不包括香港及中國)		9.55	8.11	1.44
亞太地區股票基金 (不包括日本，包括香港)		15.12	7.46	7.66
亞太地區股票基金 (不包括日本及香港)		0.64	0.52	0.11
亞太地區股票基金 (包括日本)		4.34	2.19	2.15
新興市場股票基金		2.35	1.69	0.66
行業(股票)基金		5.87	5.81	0.06
	小計	62.72	46.12	-16.60
混合				
國際／其他股票及管理基金		4.07	3.21	0.87
平衡基金		9.65	5.59	4.05
	小計	13.72	8.80	4.92
債券				
環球債券基金		3.93	3.29	0.64
美元債券基金		5.32	6.70	-1.37
其他債券基金		6.88	8.38	-1.50
	小計	16.13	18.37	-2.24
貨幣市場				
貨幣市場基金		70.13	68.33	1.80
其他				
保本／保證基金		30.66	25.80	4.86
認股權證基金		1.13	1.06	0.07
其他基金		8.88	8.49	0.39
	總額	203.37	176.97	26.40

9.22 金銀貿易場買賣報價

年 / 月	99黃金(以每兩港元計)(1)				公斤條黃金(以每克港元計)(2)				銀(以每十安士港元計)			
	開市	收市	最高	最低	開市	收市	最高	最低	開市	收市	最高	最低
2003年	3,218	3,844	3,848	2,969	86.80	104.10	104.10	80.30	372	465	465	339
2004年	3,834	4,053	4,222	3,475	103.85	109.50	114.15	93.90	461	530	643	434
1月	3,834	3,729	3,948	3,708	0.3.85	100.70	106.60	100.10	461	484	512	461
2月	3,728	3,674	3,853	3,651	0.70	99.20	103.90	98.60	488	520	529	472
3月	3,698	3,915	3,918	3,626	99.80	105.95	105.95	97.90	523	608	608	521
4月	3,943	3,594	3,948	3,556	106.65	97.00	106.80	96.10	614	458	643	436
5月	3,612	3,667	3,677	3,475	97.50	99.10	99.25	93.90	474	480	483	434
6月	3,654	3,653	3,734	3,558	98.75	98.70	101.00	96.15	478	456	480	436
7月	3,673	3,636	3,787	3,606	99.25	98.10	102.35	97.35	463	509	521	463
8月	3,651	378	3,823	3,632	98.60	102.30	103.40	98.10	514	525	534	507
9月	3,799	3,827	3,829	3,701	102.70	103.45	103.50	99.95	527	518	529	477
10月	3,883	3,958	3,968	3,832	104.90	107.00	107.25	103.65	538	565	576	522
11月	3,975	4,173	4,201	3,889	107.40	112.85	113.50	105.10	568	602	602	543
12月	4,171	4,053	4,222	4,014	112.75	109.50	114.15	108.50	600	530	621	515

註：(1) 99黃金是成色黃金(重量5兩)
(2) 公斤條黃金是成色999.9黃金(重量1000克)

10 保險

10.1 保險市場結構

	2003年	2004年
獲授權保險公司數目		
長期	46	45
一般	123	116
綜合	19	19
總計	188	180
保險中介人數目		
獲授權保險經紀	464	476
獲登記保險代理人	31,635	31,207
總計	32,099	31,683
獲授權保險經紀的行政總裁及業務代表		4,362
獲登記保險代理人的負責人及業務代表		21,026
總計		25,388
概要		
一般業務(億港元)		
毛保費	247.66	229.92
淨保費	170.45	162.73
承保利潤/(虧損)	13.43	21.54
長期業務(億港元)		
有效業務保費收入	779.51	1,000.88
新造業務*保單保費(不包括退休計劃)	250.97	385.95
按業務類別劃分的保費(億港元)		
一般業務		
毛保險		
意外及健康	43.13	45.23
汽車	31.43	30.64
貨運	10.15	12.46
財產損壞	51.81	54.74
一般法律責任	70.79	59.74
其他	29.53	27.11
總計	236.84	229.92
淨保費		
意外及健康	35.99	39.08
汽車	24.68	24.67
貨運	7.26	9.51
財產損壞	26.53	31.84
一般法律責任	46.68	41.23
其他	19.73	16.40
總計	160.87	162.73

	2003年	2004年
長期業務(有效業務)的保費收入		
保單保費(億港元)		
個人人壽及年金 (非投資相連)	460.58	566.66
個人人壽及年金 (投資相連)	145.08	250.16
其他個人業務	9.01	9.71
退休計劃團體業務	152.42	162.05
非退休計劃團體業務	12.42	12.30
總計(不包括退休計劃)	779.51	1,000.88

註：* 新造業務的數字並不包括退休計劃業務。

10.2 2004年香港一般保險業務——直接及分入再保險業務

(單位：億港元)

業務類別	毛保費		淨保費		承保利潤/(虧損)+	
	2003年	2004年	2003年	2004年	2003年	2004年
意外及健康	43.13	45.23	35.99	39.08	3.20	3.11
汽車 - 損壞及法律責任	31.41	30.64	24.69	24.67	1.42	5.32
飛機 - 損壞及法律責任	0.12	0.08	0.03	61.4*	8.60*	(0.02)
船舶 - 損壞及法律責任	7.28	8.68	4.88	5.62	1.12	1.1
貨運	10.15	12.46	7.26	9.52	2.56	3.85
財產損壞	51.81	54.74	26.53	14.73	7.99	5.26
一般法律責任	70.79	59.74	46.68	41.23	1.37	0.33
金錢損失	11.02	13.55	4.58	6.45	1.02	2.45
非比例協約再保險	3.01	2.24	2.66	1.82	0.89	0.53
比例協約再保險	8.10	2.56	7.57	2.48	(0.37)	(0.40)
總計	236.84	229.92	160.87	162.73	16.97	21.54

註：* 單位為萬元
( ) 括號內為負數。
+ 承保利潤/(虧損)是根據保險人呈報的滿期保費淨額減去須付的佣金淨額，已承付申索淨額及管理開支而計算。

10.3 2004年香港一般保險業務——直接業務

(單位：億港元)

業務類別	毛保費		淨保費		承保利潤/(虧損)	
	2003年	2004年	2003年	2004年	2003年	2004年
意外及健康	40.06	41.39	33.38	35.82	2.76	1.84
醫療	27.77	28.58	25.15	26.63	1.36	0.35
非醫療	12.29	12.81	8.23	9.19	1.40	1.49
汽車-損壞及法律責任	29.05	28.09	22.58	22.44	1.19	3.8
飛機-損壞及法律責任	0.09	0.07	28.00*	33.4*	(0.50*)	(30.2*)
船舶-損壞及法律責任-法定業務	0.19	0.27	0.10	0.14	0.05	0.06
-其他業務	5.78	6.77	3.69	4.38	1.29	0.89
貨運	8.96	9.75	6.37	7.14	2.56	3.04
財產損壞	31.31	30.17	14.87	15.00	4.37	4.08
一般法律責任---法定業務	43.40	32.55	30.24	24.49	(0.90)	(2.66)
建造業	19.84	11.25	12.32	7.75	0.80	(0.07)
飲食食及酒店業	2.01	1.85	1.64	1.55	(0.30)	(0.54)
其他業務	21.88	19.45	16.29	15.19	(1.40)	(2.05)
---非法定業務	18.78	19.55	8.86	10.31	2.11	2.91
金錢損失	7.52	9.84	2.28	3.65	0.40	1.40
總計	185.14	178.47	122.39	123.38	11.26	15.34

註：* 單位為萬元
( ) 括號內為負數。

10.4 2004年香港一般保險業務——分入再保險業務

(單位：億港元)

業務類別	毛保費		淨保費		承保利潤/(虧損)	
	2003年	2004年	2003年	2004年	2003年	2004年
意外及健康	3.07	3.85	2.61	3.26	0.44	1.26
汽車-損壞及法律責任	2.39	2.55	2.11	2.23	0.23	1.52
飛機-損壞及法律責任	0.03	0.06	0.02	0.03	9.10*	(154.1*)
船舶-損壞及法律責任	1.31	1.64	1.09	1.10	0.13	0.15
貨運	1.19	2.70	0.89	2.37	(87.30*)	0.85
財產損壞	20.50	24.57	11.66	16.84	3.62	1.18
一般法律責任	8.60	7.63	7.57	5.44	0.17	0.08
金錢損失	3.50	3.71	2.30	2.80	0.62	1.06
非比例協約再保險	3.01	2.24	2.66	1.82	(0.89)	0.53
比例協約再保險	8.10	2.56	7.57	2.48	(0.37)	(0.40)
總計	51.70	51.45	38.48	39.35	57.22	6.20

註：* 單位為萬元
( ) 括號內為負數。

10.5 2004年香港長期保險業務——有效直接個人人壽業務

類別	業務種類	此期間末的有效業務		此期間收入賬內的可收取的保費(億港元)		
					非整付保費	
		保單數目	承保保額或全年年金(億港元)	整付保費	首年保費	續期保費
A	(I)年金除外的人壽保險					
	基金計劃	5,437,281	16,700.87	99.95	96.44	299.53
	附加合約					
	意外及疾病(醫療)			0	2.10	18.01
	意外及疾病(非醫療)			0.01	3.20	25.45
	非意外及疾病		3,310.35	1.23	2.69	15.23
	(II)年金	3,350	0.25	2.28	1	0.01
	類別A總計	5,440,631	20,011.47	103.47	104.95	358.24
B	婚姻及出生	6,442		0	0.02	0.45
C	相連長期					
	基金計劃	698,405	2,433.83	150.10	31.81	62.63
	附加合約					
	意外及疾病(醫療)			0	0.35	1.02
	意外及疾病(非醫療)			0	0.68	2.54
	非意外及疾病		500.02	0	0.12	0.92
	類別C總計	698,405	2,933.85	150.10	32.95	67.10
D	永久健康	218,802		0	1.80	7.43
E	聯合養老保險	0		0	0	0
F	資本贖回	13		0.01	0	0
	總計	6,364,293	22,945.32	253.59	139.72	433.22

10.6　2004年香港長期保險業務——有效直接團體人壽業務

業務種類	此期間末的有效業務			此期間收入賬內的可收取的保費(萬元)		
			承保保額或		非整付保費	
	保單數目	受保人數	全年年金(億港元)	整付保費	首年保費	續期保費
有效直接團體人壽業務:類別A至F及I						
A (I)年金除外的人壽保險						
基金計劃	1,122	292,058	709.10	234.5	1,850.3	13,923.9
附加合約						
意外及疾病(醫療)				0	385.1	3,736.6
意外及疾病(非醫療)				0	43.8	278.8
非意外及疾病			4.46	0	23.8	202.4
(II)年金	0	0	0	0	0	0
類別A總計	1,122	292,058	713.56	234.5	2,303.0	18,141.7
B 婚姻及出生	0	0		0	0	0
C 相連長期						
基金計劃	0	0	0	0	0	0
附加合約						
意外及疾病(醫療)				0	0	0
意外及疾病(非醫療)				0	0	0
非意外及疾病			0	0	0	0
類別C總計	0	0	0	0	0	0
D 永久健康	187	8,390		0	117.4	1,131.2
E 聯合養老保險	0	0		0	0	0
F 資本贖回	0	0		0	0	0
I 退休計劃管理第III						
基金計劃	13,310	784,095	3,645.08	2.9	8,161.3	47,314.4
附加合約						
意外及疾病(醫療)				285.9	6,824.1	28,799.4
意外及疾病(非醫療)				0	727.5	8,668.0
非意外及疾病			52.23	0	22.8	259.5
類別I總計	13,310	784,095	3,697.31	288.8	15,735.7	85,041.3
總計	14,619	1,084,543	4,410.86	523.3	18,156.1	104,314.2

	此期間末的有效業務(億港元)			此期間收入賬內的可收取的供款(億港元)	
	計劃數目	承保保額或全年年金	期末基金結餘	整付供款(包括轉讓供款)	非整付供款
有效直接團體人壽業務:類別G及H					
G 退休計劃管理第I類					
(a)強制性公積金分類基金		2.47	199.66	19.43	41.41
(b)其他基金		26.64	361.29	8.99	34.86
類別G總額		29.11	560.96	28.42	76.28
H 退休計劃管理第II類					
(a)強制性公積金分類基金		1.77	176.74	7.78	35.43
(b)其他基金		0.24	172.34	3.82	10.32
類別H總額		2.01	349.08	11.60	45.76
總計	282,695	31.12	910.04	40.02	122.03

11 物價

11.1 消費物價指數

(1999年10月至2000年9月=100)

	綜合消費物價指數		甲類消費物價指數		乙類消費物價指數		丙類消費物價指數	
	2003年	2004年	2003年	2004年	2003年	2004年	2003年	2004年
總指數	92.4	92.0	92.7	92.6	92.1	91.7	92.3	91.5
食品	95.4	96.4	94.9	96.2	95.1	96.1	96.7	97.0
外出用膳	96.7	963.9	96.4	96.9	95.8	96.3	99.2	98.4
食品(不包括外出用膳)	93.1	95.4	93.0	95.4	93.6	95.8	92.5	94.8
住屋*	85.7	81.3	87.1	82.5	85.6	80.8	84.4	79.3
私人房屋租金	83.5	78.0	93.7	78.4	83.8	78.3	82.9	77.1
公營房屋租金	97.3	99.7	97.3	99.7	97.3	99.7	-	-
電力、 燃氣及水	93.1	103.8	91.2	103.3	93.7	103.8	96.3	104.6
煙酒	106.0	106.0	106.3	106.3	106.1	106.1	104.7	104.7
衣履	91.6	97.5	93.0	98.0	92.9	98.7	88.2	95.0
耐用物品	80.4	78.6	80.9	79.6	79.5	77.7	81.2	79.0
雜項物品	106.0	109.7	105.9	108.0	105.4	108.9	106.8	112.6
交通	99.6	100.0	99.1	98.9	99.6	100.2	100.2	100.8
雜項服務**	95.0	94.7	93.4	92.8	95.2	95.1	96.0	85.7
選定主要組別								
教育服務	104.2	104.8	103.7	104.2	103.7	104.1	105.5	106.4
電話及其他通訊服務	74.6	67.8	76.3	69.7	73.5	66.1	73.3	67.5
醫療服務	103.1	104.0	104.4	105.4	103.5	105.2	101.5	101.6

註：(1) 消費物價指數量度住戶普遍所購買消費品及服務價格水平隨着時間而變動的情況。
(2) 政府統計處根據在1999年10月至2000年9月間進行住戶開支統計調查所得的住戶開支模式，重訂了消費物價指數的基期及所採用的開支權數。
(3) 重訂了基期的甲類、乙類及丙類消費物價指數，分別繼續反映低、中及較高開支範圍的住戶所面對的價格轉變情況。同樣地，綜合消費物價指數繼續反映消費物價轉變對整體住戶的影響。以1999年至2000年為基期的消費物價指數數列的開支範圍如下：
甲類消費物價指數約佔住戶的50%，其每月平均開支在4,500元至18,499元之間。
乙類消費物價指數約佔住戶的30%，其每月平均開支在18,5000元至32,499元之間。
丙類消費物價指數約佔住戶的10%，其每月平均開支在32,500元至65,999元之間。
綜合類消費物價指數約佔住戶的90%，其每月平均開支在4,500元至65,999元之間。
(4) 在以1999年至2000年為基期的消費物價指數中，"住屋"類別中的"水費及排污費"已重新分類為"電力、燃氣及水"類別的一個組成部分。
* 除"私人房屋租金"及"公營房屋租金"外，"住屋"類別還包括"管理費及其他住屋雜費"和"保養住所工具材料"。
** "雜項服務"類別包括"教育服務"、"電話及其他通訊服務"、"醫療服務"及其他雜項服務。

11.2 消費物價指數按年變動率

年 / 月	綜合消費物價指數	甲類消費物價指數	乙類消費物價指數	丙類消費物價指數
2003 年	-2.6	-2.1	-2.7	-2.9
2004 年	-0.4	-*	-0.5	0.9
2004 年				
1 月	-1.5	-0.7	-1.6	-2.1
2 月	-2.0	-1.1	-2.1	-2.8
3 月	-2.1	-1.8	-2.1	-2.5
4 月	-1.5	-1.5	-1.5	-1.6
5 月	-0.9	-0.7	-0.9	-1.1
6 月	-0.1	0.1	-0.2	-0.3
7 月	0.9	1.5	0.8	0.4
8 月	0.8	1.4	0.7	0.1
9 月	0.7	1.3	0.6	0.3
10 月	0.2	0.4	0.1	-0.1
11 月	0.2	0.6	0.2	-0.2
12 月	0.2	0.5	0.2	-0.1

註：* 少於 0.05%。

11.3 經季節性調整的消費物價指數在最近 3 個月內的平均每月變動率

(單位：%)

年 / 月	綜合消費物價指數	甲類消費物價指數	乙類消費物價指數	丙類消費物價指數
2003 年				
12 月	-1.9	-1.2	-2.1	-2.5
2004 年				
1 月	-1.5	-0.7	-1.6	-2.1
2 月	-2.0	-1.1	-2.1	-2.8
3 月	-2.1	-1.8	-2.1	-2.5
4 月	-1.5	-1.5	-1.5	-1.6
5 月	-0.9	-0.7	-0.9	-1.1
6 月	-0.1	0.1	-0.2	-0.3
7 月	0.9	1.5	0.8	0.4
8 月	0.8	1.4	0.7	0.1
9 月	0.7	1.3	0.6	0.3
10 月	0.2	0.4	0.1	-0.1
11 月	0.2	0.6	0.2	-0.2
12 月	0.2	0.5	0.2	-0.1

12 商業

12.1 零售業銷貨額

零售指數（1999年10月至2000年9月期內每月平均指數 = 100）

項目	2003年	2004年	2004年			
			第一季	第二季	第三季	第四季
零售業總銷貨值(億港元)	1,728.63	1,916.12	480.54	477.15	467.74	490.68
所有零售商						
價值	92.8	102.8	103.2	102.4	100.4	105.3
數量	98.8	107.7	101.8	92.5	99.4	101.3
食品、酒類飲品及煙草(超級市場除外)						
價值	99.7	102.2	103.6	96.0	99.8	109.5
數量	107.8	107.9	110.6	101.6	104.6	114.6
新鮮及急凍魚類和禽畜肉類						
價值	102.1	91.7	111.6	86.6	79.3	89.3
數量	117.1	100.9	124.7	94.2	86.5	98.1
新鮮蔬果						
價值	64.8	75.1	59.4	86.9	83.3	70.5
數量	68.4	76.9	60.0	93.1	83.3	71.2
麵包、糕點、糖果及餅乾						
價值	115.1	123.6	118.7	102.4	139.4	134.0
數量	120.8	129.1	124.3	107.1	145.7	139.3
其他食品						
價值	105.3	111.8	103.6	104.8	104.8	133.8
數量	111.6	116.3	109.0	109.6	109.1	137.5
酒類飲品及煙草						
價值	92.6	107.0	108.0	102.7	103.5	113.8
數量	93.2	109.0	109.8	105.4	105.0	115.8
超級市場*						
價值	102.6	105.7	108.0	102.7	103.5	113.8
數量	101.3	104.1	102.0	102.9	109.9	105.5
燃料						
價值	72.6	73.2	68.9	79.5	75.7	68.6
數量	66.5	63.5	61.4	69.0	65.1	58.4
衣物、鞋類及有關製品						
價值	88.1	102.9	101.5	99.4	97.6	113.1
數量	96.3	104.7	109.2	96.4	103.8	109.5
服裝						
價值	87.1	102.8	99.9	101.3	96.8	113.3
數量	94.7	103.1	106.4	96.7	101.6	107.8
鞋類、有關製品及其他衣物配件						
價值	93.5	103.3	110.9	87.7	102.5	111.9
數量	105.5	114.1	125.7	94.3	116.9	119.6

項目	2003年	2004年	2004年			
			第一季	第二季	第三季	第四季
耐用消費品						
價值	90.4	102.6	102.8	104.6	103.0	100.1
數量	117.8	139.7	139.0	143.5	140.1	136.2
汽車及汽車零件						
價值	81.0	97.5	94.5	99.4	102.3	93.9
數量	95.7	117.9	116.3	121.7	123.4	109.9
電器及攝影器材						
價值	99.9	116.1	120.5	114.9	110.6	118.5
數量	138.0	170.9	175.7	170.4	162.0	175.6
傢俬及固定裝置						
價值	84.3	90.5	98.0	89.9	89.1	84.8
數量	90.8	99.4	107.1	97.9	99.1	97.8
其他未分類耐用消費品						
價值	88.5	88.3	74.4	102.1	98.9	77.7
數量	133.8	139.8	115.7	161.4	157.7	124.4
百貨公司						
價值	97.9	109.9	110.5	99.3	102.3	127.4
數量	103.5	114.2	117.1	101.6	107.6	130.3
珠寶首飾、鐘錶及名貴禮品						
價值	84.9	104.4	104.5	107.8	98.9	106.3
數量	75.4	84.6	85.0	88.5	80.8	84.2
其他消費品						
價值	94.3	103.4	108.3	109.4	99.2	96.7
數量	96.0	104.8	109.9	110.9	100.6	97.7
書報、文具及禮品						
價值	91.1	91.2	88.8	92.2	95.8	87.8
數量	82.5	81.7	79.9	83.0	85.7	78.1
中藥						
價值	96.4	86.7	89.3	89.7	85.3	82.6
數量	102.7	90.6	94.1	94.0	89.2	85.2
眼鏡店						
價值	86.0	89.5	96.0	99.6	90.1	72.3
數量	93.0	96.7	105.1	107.6	97.0	76.9
藥物及化粧品						
價值	108.4	121.3	132.1	126.5	116.6	110.0
數量	110.4	124.0	134.3	128.7	119.8	113.1
其他未分類消費品						
價值	83.1	98.6	101.6	107.8	89.4	95.3
數量	87.5	102.3	105.7	111.8	93.1	98.1
超級市場及百貨公司內的超級市場部門						
價值	104.1	107.6	104.4	104.3	111.5	110.3
數量	103.3	106.5	103.7	103.0	110.3	108.8

註：* 不包括百貨公司內超級市場。

12.2 飲食店總收入價值及數量指數

(1999年10月至2000年9月期內按季平均指數 = 100)

項目	2003年	2004年	2004年			
			第一季	第二季	第三季	第四季
飲食店總收益(億港元)	481.72	530.37	130.18	128.10	134.43	137.65
所有飲食店						
價值	83.3	91.7	90.1	88.6	93.0	95.2
數量	85.8	94.3	92.6	91.1	95.7	97.9
中式餐館或酒樓						
價值	78.1	87.3	85.8	81.9	88.4	93.1
數量	81.7	91.3	89.4	85.6	92.7	97.3
非中式餐館						
價值	84.5	92.0	90.3	93.1	93.6	91.0
數量	86.5	94.4	92.8	95.4	96.0	93.2
快餐店						
價值	92.0	99.4	97.6	97.4	100.8	101.7
數量	92.9	99.2	97.8	97.5	100.4	101.2
酒吧						
價值	89.5	95.5	98.1	93.9	94.4	95.7
數量	83.9	89.6	92.7	88.2	88.4	89.0
其他飲食場所						
價值	145.3	157.6	143.0	154.7	160.4	172.5
數量	149.4	163.2	150.3	158.2	165.8	178.4

12.3 業務收益指數

(1996年按季平均指數 = 100)

項目	2003年	2004年	2004年			
			第一季	第二季	第三季	第四季
甲類：服務行業統計數字						
批發／零售	87.9	96.2	96.3	95.1	94.6	99.0
批發	74.7	78.2	77.4	75.1	78.5	81.7
零售	92.6	102.6	103.0	102.2	100.2	105.1
進出口貿易	89.0	100.1	85.9	98.4	109.6	106.3
食肆	83.2	91.6	90.0	88.5	92.9	95.1
酒店	72.5	101.1	93.3	92.9	92.2	126.0
運輸	100.3	123.3	105.2	117.4	130.8	139.6
航空運輸	96.0	122.1	101.8	112.9	129.5	144.3
陸上運輸	94.6	101.9	98.2	100.0	102.7	106.5
海運	120.5	149.6	124.3	146.2	160.7	167.0
倉庫	65.3	76.4	74.0	75.7	77.6	78.4
通訊	82.5	83.3	80.6	82.2	83.8	86.8
電訊	78.0	76.0	75.0	75.0	76.5	77.7
銀行	101.8	106.3	105.8	102.5	99.9	116.8
金融(銀行除外)	87.8	117.0	123.0	107.5	107.8	129.7
金額市場及基金管理服務	85.8	115.3	128.9	104.8	103.0	124.5
保險	150.1	183.6	172.0	184.7	176.5	201.0
地產	86.0	97.6	96.0	82.1	97.6	114.8
商用服務	85.6	92.7	89.6	92.2	90.2	98.8
專業服務	96.3	101.0	99.3	102.5	97.6	104.5
電影	107.2	111.1	109.2	110.3	116.5	108.6
乙部：服務界別補充統計數字						
旅遊、會議及展覽服務	98.8	125.5*	117.4*	118.0*	125.6*	141.1*
電腦及有關服務	98.7	118.9	107.4	114.4	124.5	129.3

註：* 臨時數字。

12.4 選定服務業生產者價格指數

(2001=100)

項目	2003年	2004年	2004年			
			第一季	第二季	第三季	第四季
酒店及旅舍業	94.0	104.0	99.6	103.3	101.1	112.0
陸路運輸業	96.5	96.4	96.0	96.6	96.5	96.7
陸路運輸業	96.7	97.0	95.8	97.5	97.1	97.5
海上運輸業	104.0	105.3	103.5	104.9	106.6	106.4
貨櫃碼頭、貨櫃裝卸及貨櫃租賃服務	97.8	96.4	98.2	97.6	95.9	93.9
海上貨運代理	105.8	108.9	107.0	108.9	108.7	111.1
航空運輸業	100.7	103.0	101.1	101.1	103.3	106.6
航空貨運代理	107.8	114.0	111.0	110.3	114.2	120.4
倉庫業	90.4	93.0	90.9	93.2	93.6	94.0
電訊業	72.6	65.3	67.5	66.4	64.2	63.1
其他通訊服務(1)	107.9	110.5	110.7	110.4	110.4	110.4
證券、期貨及金融經紀服務	95.4	94.5	96.3	96.2	92.8	92.5
地產保護管理、經紀及代理服務	91.2	93.2	92.7	91.6	93.9	94.5
機器及設備租賃業	85.1	82.0	82.2	81.8	80.5	83.7
法律、會計、核數及簿記服務	98.3	100.2	98.7	99.3	100.5	102.1

註：(1)包括本地及國際速遞服務。

12.5 本地及在本港以外註冊成立的公司

	2003年	2004年	2004年			
			第一季	第二季	第三季	第四季
本港公司						
註冊成立	50,049	65,558	15,535	16,408	16,105	17,510
公眾公司	375	465	94	129	132	110
私人公司	49,674	65,093	15,441	16,279	15,973	17,400
解散總數	55,861	44,108	12,042	10,790	10,730	10,546
登記冊上的公司數目(期末數字)	497,406	518,980	500,919	504,617	511,982	518,980
公眾公司	6,922	7,562	7,241	7,352	7,474	7,562
私人公司	496,189	511,418	493,678	499,211	504,508	511,418
清盤						
自動清盤						
清盤開始						
股東自動清盤	946	825	202	213	207	203
債權人自動清盤	217	256	32	71	71	82
公司解散						
股東自動清盤	1,040	924	275	256	199	194
債權人自動清盤	274	209	60	63	50	36
強制清盤						
遞交的呈請書	1,451	1,306	404	331	313	258
發出的清盤令	1,248	1,147	277	344	306	220
在香港以外註冊成立公司						
註冊總數	724	735	180	183	189	183
停業總數	451	439	106	88	122	123
登記冊上的公司(期末數字)	6,983	7,279	7,057	7,152	7,219	7,279

13 運輸、通訊

13.1 進出香港的各類海陸空交通工具統計

	2003年	2004年	2004年			
			第一季	第二季	第三季	第四季
飛機(班次)	187,508	237,197	55,679	58,464	61,021	62,033
抵港	93,749	118,608	27,843	29,234	30,509	31,022
離港	93,759	118,589	27,839	29,230	30,512	31,011
遠洋輪船						
抵港						
船次	35,790	35,900	8,850	8,810	8,860	9,380
萬淨註冊註噸位	30,051.4	30,771.3	7,715.8	7,691.6	7,630.4	7,733.4
離港						
船次	35,120	35,470	8,640	8,680	8,820	9,320
萬淨註冊註噸位	29.067.1	30,492.0	7,458.2	7,595.4	7,666.1	7,772.4
內河船隻						
內河客輪往/來自珠江口岸						
抵港						
船次	28,190	34,090	8,440	8,540	8,470	8,650
萬淨註冊註噸位	492.2	546.2	135.1	136.6	135.5	139.0
離港						
船次	28,290	33,860	8,490	8,450	8,370	8,550
萬淨註冊註噸位	502.9	542.4	135.8	135.2	133.8	137.5
內河客輪往/來自澳門						
抵港						
船次	34,600	37,890	9,080	9,210	9,920	9,690
萬淨註冊註噸位	511.5	566.4	134.2	135.7	148.6	147.8
離港						
船次	34,510	38,080	9,040	9,260	10,010	9,790
萬淨註冊註噸位	510.1	569.6	133.5	136.7	150.0	149.3
內河貨船						
抵港						
船次	119,480	117,540	28,150	29,860	30,040	29,500
萬淨註冊註噸位	7,567.3	8,019.3	1,885.5	2,036.6	2,066.4	2,030.9
離港						
船次	120,120	117,940	28,390	29,930	30,050	29,580
萬淨註冊註噸位	8,549.1	8,298.4	2,121.8	2,126.3	2,037.1	2,013.1
車輛(萬輛)						
貨運車輛	988.26	974.83	225.45	244.66	262.04	242.67
抵港	494.46	487.18	112.78	122.09	131.09	121.21
離港	493.80	487.65	112.66	122.57	130.95	121.46
客運車輛	324.49	431.51	99.71	106.98	111.15	113.67
抵港	161.84	214.93	49.64	53.29	55.34	56.66

	2003年	2004年	2004年			
			第一季	第二季	第三季	第四季
離港	162.64	216.58	50.06	53.69	55.81	57.02
火車						
貨運火車(載有貨物車卡)	23,025	15,901	4,177	4,104	3,909	3,711
抵港	16,545	11,218	3,091	2,893	2,738	2,496
離港	6,480	4,683	1,086	1,211	1,171	1,215
客運火車(班次)	7,006	9,068	1,998	2,298	2,382	2,390
抵港	3,503	4,534	999	1,149	1,191	1,195
離港	3,503	4,534	999	1,149	1,191	1,195

13.2 進出香港的貨物

(單位：萬公噸)

	2003年	2004年	2004年			
			第一季	第二季	第三季	第四季
空運	264.2	310.3	69.0	74.2	79.0	88.0
卸下	103.5	116.6	27.1	29.3	29.4	30.9
裝上	160.7	193.7	41.8	45.1	49.7	57.1
海運(1)	14,861.8	15,861.7	3,946.2	4,030.9	4,005.2	3,882.5
卸下	9,936.3	10,461.2	2,666.8	2,710.7	2,607.3	2,476.6
裝上	4,925.5	5,400.6	1,276.4	1,320.3	1,397.9	1,405.9
河運(2)	5,899.4	6,226.2	1,607.0	1,501.1	1,506.7	1,611.3
卸下	2,919.1	3,024.2	737.7	747.9	752.6	786.1
裝上	2,980.3	3,201.9	869.3	753.2	754.2	825.2
道路運輸	3,945.2	4,020.2	905.0	1,024.8	1,090.2	1,000.1
卸下	2,060.6	2,118.3	464.9	526.4	591.3	535.6
裝上	1,884.6	1,901.9	439.9	498.4	498.9	464.5
鐵路運輸	33.0	27.2	6.5	7.3	6.9	6.4
卸下(3)	25.3	20.8	5.2	5.7	5.1	4.7
裝上	7.6	6.4	1.2	1.6	1.9	1.7
總計	25,003.6	26,444.2	6,530.6	6,638.4	6,688.1	6,587.2
卸下	15,044.8	15,741.0	3,901.5	4,020.0	3,985.8	3,833.6
裝上	9,958.8	10,703.3	2,628.8	2,618.5	2,702.4	2,753.6

註：(1)海運是指越過內河航限操作的船隻運輸，而河運是指僅於內河航限內操作的船隻運輸。
(2)數字是根據1999年4月開始採用的新估計方法編製得來。
(3)不包括家畜在內。

13.3 按主要貨物裝卸地點劃分的貨櫃吞吐量

(單位：萬標準貨櫃單位)

	2003年	2004年	2004年			
			第一季	第二季	第三季	第四季
貨櫃碼頭						
抵港						
載貨貨櫃	433.5	493.9	111.6	123.6	131.7	127.0
空貨櫃	157.5	161.5	29.5	35.4	49.1	47.4
離港						
載貨貨櫃	579.9	648.9	138.5	159.1	180.0	171.2
空貨櫃	36.1	38.3	9.0	8.9	9.7	10.7
貨櫃碼頭以外						
海運						
抵港						
載貨貨櫃	184.6	217.3	62.3	57.7	51.8	45.5
空貨櫃	14.2	9.5	2.9	2.5	1.8	2.2
離港						
載貨貨櫃	180.8	180.1	56.0	42.5	40.7	40.9
空貨櫃	10.9	13.5	2.7	3.0	3.5	2.1
河運						
抵港						
載貨貨櫃	142.9	137.1	35.1	31.2	35.1	35.9
空貨櫃	85.9	89.7	17.1	26.9	25.3	20.3
離港						
載貨貨櫃	131.4	111	34.7	22.5	23.9	29.8
空貨櫃	87.2	97.7	20.7	26.8	25.7	24.4
總吞吐量						
抵港						
載貨貨櫃	761.0	848.3	208.9	212.5	218.6	208.3
空貨櫃	257.6	260.6	49.6	64.8	76.2	69.9
離港						
載貨貨櫃	892.2	940.0	229.3	224.2	244.7	241.9
空貨櫃	134.1	149.5	32.3	38.8	38.9	39.3
貨櫃總數	2,044.9	2,198.4	520.3	540.3	578.4	559.5

註：標準貨櫃單位是20呎 × 8呎 × 8呎的標準貨櫃為根據。

13.4 2004年全球最高貨櫃吞吐量港

(單位：萬個標準貨櫃單位)

排名	港口	2004年	2003年	1999年
1	香港	2,198	2,045	1,621
2	新加坡	2,133	1,841	1,595
3	上海	1,456	1,128	421
4	深圳	1,363	1,065	298
5	釜山	1,144	1,037	644
6	高雄	971	884	699
7	鹿特丹	828	711	640
8	洛杉磯	732	718	383
9	漢堡	700	614	375
10	杜拜	643	515	284

13.5 領牌及新登記車輛數字

(單位：輛)

	2003年		2004年	
	領牌總數	新登記	領牌總數	新登記
電單車 (1)	30,266	3,955	32,735	3,687
私家車	338,930	21,345	344,713	25,598
的士				
市區	15,246	1,138	15,248	532
新界	2,818	363	2,745	54
大嶼山	50	10	50	1
公共巴士				
新巴	732	0	695	0
九巴	4,284	90	4,141	65
城巴(2)	942	0	911	0
新大嶼山巴士	76	9	86	0
龍運巴士	145	0	144	0
其他	6,823	367	6,888	274
私家巴士	477	30	473	23
公共小型巴士	4,334	470	4,328	872
私家小型巴士	1,925	59	1,889	65
貨車				
輕型貨車	67,977	1,696	67,946	2,351
中型貨車	38,461	327	39,219	556
重型貨車	3,339	8	3,312	3
特別用途車輛	774	30	851	52
政府車輛 (不包括軍用車輛)				
電單車	1,204	6	1,152	175
其他車輛	5,450	403	5,346	409
總計	524,253	30,306	532,872	34,717
已登記總數				
所有車輛	591,501		595,544	
私家車	382,880		385,028	

註：(1) 包括機動三輪車。
(2) 包括城巴(二)公司的公司巴士。

13.6 公共交通：按營辦商劃分的乘客人數

(單位：萬人)

	2003年	2004年
九巴	106,050.8	106,385.0
新大嶼山巴士	968.1	1,205.8
城巴	20,733.6	21,080.3
龍運巴士(1)	1,926.0	2,230.5
新巴(2)	18,053.8	18,462.9
地下鐵路		
本地線	77,041.9	83,355.0
機場快線	684.9	801.5
九廣鐵路		
東鐵	27,864.6	29,407.5
西鐵(3)	126.9	4,779.3
輕鐵	10,637.7	13,170.0
巴士(4)	2,592.0	2,006.2
香港電車	8,166.7	8,492.3
山頂纜車	309.2	410.7
專線小巴	41,636.2	45,256.5
屋邨巴士服務	6,087.7	6,520.2
新世界第一渡輪	1,413.3	1,454.1
天星小輪	2,728.7	2,952.9
持牌小輪	1,196.1	1,264.7
紅色小巴(5)	17,607.7	17,184.4
的士(6)	47,721.2	37,715.2
總計	393,547.1	404,135.0

註：(1) 龍運巴士有限公司巴士業務在1997年6月1日開辦。
(2) 新巴在1998年9月1日開辦。
(3) 西鐵在2003年12月20日開辦。
(4) 九廣鐵路東鐵接駁巴士在1999年5月3日由九巴接辦。
(5) 紅色小巴的修訂數字，是根據1997年調查使用公共小巴服務的資料計算。
(6) 估計數字是按的士業務統計調查資料計算。

13.7 郵遞服務

	2003年	2004年
信件郵件（萬件）		
本地物品	106,520	108,160
寄往香港以外地方的物品	11,220	10,840
本地派遞的從外地寄出物品	7,910	7,780
轉運物品	70	80
包裹（萬件）		
本地包裹	3.2	2.8
寄往香港以外地方的物品	58.5	60.3
本地派遞的從外地寄出物品	30.1	28.0
轉運包裹	2.9	2.6

13.8 電訊服務

	2003年	2004年
交換機有效負載量(以萬條線路計)(2)	480.20	463.70
圖文傳真(以萬條線路計)(2)	49.10	45.60
公共無線電傳呼接收器(萬個)(2)	17.79	15.77
公共流動無線電話用戶系統(萬戶)(2)	420.75	457.51
包括儲值智能咭公共流動無線電話用戶系統(萬戶)(2)	719.43	815.80
電話線路(以萬線路計)(1)(2)		
商用		
電鍵	27.20	25.20
專用自動電話交換	13.60	12.60
其他	129.30	128.40
住宅	211.90	211.80
總計	382.00	378.00
主要電訊服務		
電報(以萬件計)		
發出	0.48	-
收到	0.25	-
本港電報	69	-
專用電報機用戶(2)	1,520	1,324
對外專用電報機電訊(以萬分鐘計)		
發出	92.90	62.80
收到	162.90	102.40
轉接	142.40	87.10
本港電報機電訊(以萬分鐘計)	206.90	178.80
香港撥出對外電話通訊量(以億分鐘計)(3)	42.33	49.37

註：(1)包括圖文傳真。
(2)年底數字。
(3)估計數字

13.9 互聯網服務

	2003年	2004年
持牌互聯網服務供應商	201	188
持牌互聯網服務供應商客戶數目(1)		
以撥號接駁的已登記客戶戶口(不包括互聯網儲值卡)	1,084,368	1,003,604
作撥號接駁用途的互聯網儲值卡	20,411	9,800
以私人租用線路接駁的已登記客戶戶口(2)	2,739	2,259
寬頻互聯網接駁客戶戶口(2)(3)	1,230,607	1,484,486
互聯網使用量		
客戶透過公共電話網絡接駁(萬分鐘)	3,563,943	1,896,983
客戶透過寬頻網絡接駁(4)(兆兆比特)	933,728	2,949,652

註：(1) 數字為根據互聯網服務供應商申報的估計數字，並不包括不屬於持牌互聯網服務供應商客戶的使用者。

(2) 已登記客戶戶口指互聯網服務供應商的客戶戶口(包括免費的客戶戶口)。擁有超過一個客戶登入識別碼的登記客戶只算作一個已登記的客戶戶口。數字不包括只獲提供電郵地址的客戶戶口。

(3) 寬頻互聯網接駁指利用導線解調器、異步傳輸模式(ATM)、非對稱數碼用戶線路(ADSL)、數碼用戶線路(DSL)或其他技術而下載速度達每秒一兆比特或以上的服務。

(4) 數字不包括透過私人租用路線接駁及使用寬頻服務的客戶。

14 旅遊、酒店

14.1 訪港旅客人數

(按居住地計)

居住國家 / 地區	2003年		2004年	
	人次	增長率(%)	人次	增長率(%)
美洲	**925,907**	**-31.3**	**1,399,572**	**51.2**
美加	870,600	-31.2	1,325,621	52.3
美國	683,791	-31.7	1,051,696	53.8
加拿大	186,809	-29.5	273,925	46.6
中美	23,265	-35.8	30,807	32.4
南美	32,042	-28.5	43,144	34.6
歐洲、非洲及中東	**946,476**	**-25.1**	**1,379,992**	**45.8**
歐洲	780,843	-28.0	1,142,666	46.3
英國	281,318	-26.0	411,287	46.2
荷蘭	47,756	-28.8	72,248	51.3
北歐	54,232	-25.9	69,095	27.4
奧地利	10,219	-37.3	14,234	39.3
德國	116,966	-32.3	169,661	45.1
瑞士	21,676	-34.9	31,614	45.8
法國	95,844	-34.7	148,131	54.6
比利時	15,215	-24.2	19,931	31.0
意大利	50,756	-29.5	79,016	55.7
伊比利亞	40,917	0.4	59,218	44.7
其他歐洲國家	45,944	-25.8	68,231	48.5
南非	29,278	-4.9	54,371	85.7
其他非洲	69,719	14.1	91,925	31.9
中東	66,636	-23.7	91,030	36.6
其他中東	5,349	-23.6	5,433	1.6
澳洲、新西蘭及南太平洋	**306,287**	**-25.3**	**483,247**	**57.8**
澳新	302,744	-25.3	480,682	58.8
澳洲	254,254	-25.9	408,940	60.8
新西蘭	48,490	-21.6	71,742	48.0
其他南太平洋	3,543	-29.4	2,565	-27.6
北亞	**1,235,336**	**-33.3**	**1,665,440**	**34.8**
日本	867,160	-37.8	1,126,250	29.9
韓國	368,176	-19.5	539,190	46.4
南亞及東南亞	**1,359,622**	**-28.6**	**2,077,684**	**52.8**
東南亞	1,088,067	-31.7	1,732,858	59.3
印尼	165,101	-26.2	232,311	40.7
馬來西亞	208,686	-34.6	339,709	62.8
菲律賓	234,260	-28.9	336,673	43.7
新加坡	265,729	-37.6	463,920	74.6
泰國	185,398	-28.5	316,910	70.9
其他東南亞	28,883	-19.4	43,335	50.0
印度	178,230	-8.0	244,364	37.2
其他亞洲及印度次大陸	93,435	-20.9	100,462	7.5
中國內地	**8,467,211**	**24.1**	**12,245,862**	**44.6**
台灣	1,852,378	-23.7	2,074,795	12.0
澳門	443,622	-17.0	484,038	9.1
合計	**15,536,839**	**-6.2**	**21,810,630**	**40.4**

14.2 2004年各大主要市場旅客留港時間

(單位：%) *

特徵	不過夜旅客		過夜旅客(1)	
	2003年	2004年	2003年	2004年
所有國家	37.7	37.4	62.3	62.6
美洲	23.0	22.0	77.0	78.0
歐洲、非洲及中東	26.8	25.0	73.2	75.0
澳洲、新西蘭及南太平洋	23.6	20.8	76.4	79.2
北亞	36.3	35.8	63.7	64.2
南亞及東南亞	27.3	25.5	72.7	74.5
台灣地區	78.2	73.6	21.8	26.4
中國內地	32.8	36.4	67.2	63.6

註：* 佔旅客總數的分率。
(1)旅客逗留一晚或以上。

14.3 過夜旅客及入境不過夜旅客的境內消費開支

	2003年	2004年
過夜旅客總消費(億港元)	**487.78**	**611.42**
中國內地	298.00	339.41
南亞及東南亞	46.31	67.36
北亞	33.84	43.95
美洲	39.07	57.30
歐洲、非洲及中東	34.72	53.02
台灣地區	21.07	26.19
澳洲、新西蘭及南太平洋	11.14	19.42
澳門	3.63	4.78
入境不過夜旅客總消費(億港元)	**47.48**	**56.12**
中國內地	35.78	46.42
南亞及東南亞	1.07	1.19
北亞	1.52	0.99
美洲	0.99	0.95
歐洲、非洲及中東	0.99	1.11
台灣地區	5.11	2.39
澳洲、新西蘭及南太平洋	0.34	0.44
澳門	1.68	2.64
過夜旅客的人均消費(港元)	**5,041**	**4,478**
中國內地	5,235	4,355
南亞及東南亞	4,680	4,350
北亞	4,292	4,112
美洲	5,477	5,250
歐洲、非洲及中東	4,996	5,122
台灣地區	5,176	4,789
澳洲、新西蘭及南太平洋	4,761	5,072
澳門	2,325	2,554
入境不過夜旅客人均消費(港元)	**811**	**689**
中國內地	1,290	1,043
南亞及東南亞	288	224
北亞	340	166
美洲	466	312
歐洲、非洲及中東	397	327
台灣地區	354	156
澳洲、新西蘭及南太平洋	470	437
澳門	585	889
過夜旅客的逗留時間(晚數)	**4.06**	**3.73**
中國內地	4.81	4.26
南亞及東南亞	3.24	3.20
北亞	2.17	2.19
美洲	3.29	3.43
歐洲、非洲及中東	3.50	3.42
台灣地區	2.46	2.52
澳洲、新西蘭及南太平洋	3.62	3.46
澳門	3.04	2.45

14.4 香港居民到中國內地作私人旅行的模式

	年份	中國內地的總體數字	廣東省(包括深圳)	深圳	廣東省其他地方	廣東省以外內地其他地方
總人次(萬人次)	2002年	3,840	3,600	1,740	1850	250
	2003年	3,400	3,200	1,640	1560	200
	2004年	3,860	3,630	1,860	1770	230
按旅行形式分析						
旅行團形式私人旅行比例(%)	2002年	8.5	5.6	1.5	9.5	51.7
	2003年	7.5	5.1	1.0	9.3	46.8
	2004年	8.3	6.0	1.7	10.5	45.1
非旅行團形式私人旅行比例(%)	2002年	91.5	94.4	98.5	90.5	48.3
	2003年	92.5	94.9	99.0	90.7	53.2
	2004年	91.7	94.0	98.3	89.5	54.9
按不過夜及過夜旅行分析						
不過夜旅行的比例(%)	2002年	28.8	30.6	50.9	11.6	1.7*
	2003年	30.2	32.1	53.1	10.0	0.4*
	2004年	32.3	34.4	54.9	12.8	0.1*
過夜旅行的比例(%)	2002年	71.2	69.4	49.1	88.4	98.3
	2003年	69.8	67.9	46.9	90.0	99.6
	2004年	67.7	65.6	45.1	87.2	99.9
過夜旅行的平均逗留時間(晚數)	2002年	3.8	3.4	2.2	4.1	7.7
	2003年	3.9	3.6	2.3	4.3	7.4
	2004年	3.7	3.3	2.2	4.0	7.4

註：* 主要是郵輪旅遊

14.5 香港居民到內地作私人旅行的消費開支

	年份	所有形式的私人旅行		旅行團形式的私人旅行		非旅行團形式的私人旅行	
		消費總開支(億元)	每人次的平均開支(元)	消費總開支(億元)	每人次的平均開支(元)	消費總開支(億元)	每人次的平均開支(元)
中國內地的總體數字	2002年	263	690	56	1,720	207	590
	2003年	204	600	37	1,470	167	530
	第一季	60	700	11	1,610	49	620
	第二季	30	500	3	1,480	27	470
	第三季	55	590	11	1,370	44	510
	第四季	59	590	12	1,450	47	510
	2004年	240	620	47	1,470	192	540
	第一季	53	620	9	1,570	45	550
	第二季	58	590	12	1,280	46	510
	第三季	64	640	14	1,610	51	550
	第四季	64	640	13	1,480	52	560
廣東省	2002年	193	540	18	880	175	520
	2003年	153	480	13	790	141	460
	第一季	44	550	4	910	40	420
	第二季	25	440	1	740	24	430
	第三季	40	450	4	710	36	440
	第四季	45	470	4	770	40	450
	2004年	171	470	15	680	157	460
	第一季	40	490	2	720	37	480
	第二季	44	470	4	650	39	460
	第三季	42	450	4	660	38	430
	第四季	46	480	4	690	42	470
廣東省以外內地其他地方	2002年	71	2,880	39	3,040	32	2,710
	2003年	51	2,590	25	2,680	26	2,500
	第一季	16	2,700	7	2,750	9	2,660
	第二季	5	2,240	2	2,410	2	2,100
	第三季	15	2,480	7	2,510	8	2,450
	第四季	15	2,710	8	2,890	7	2,520
	2004年	68	2,940	33	3,110	36	2,810
	第一季	14	2,620	6	2,930	7	2,400
	第二季	14	2,460	8	2,670	6	2,230
	第三季	22	3,330	10	3,500	13	3,200
	第四季	18	3,280	9	3,330	10	3,230

14.6 非旅行團*形式的私人旅行的消費開支

(香港居民到廣東省)

	年份	消費總開支(億元)	每人次的平均開支(元)
廣東省	2002年	175	520
	2003年	141	460
	第一季	40	520
	第二季	24	430
	第三季	36	440
	第四季	40	450
	2004年	157	460
	第一季	37	480
	第二季	39	460
	第三季	38	430
	第四季	42	470
深圳*	2002年	58	340
	2003年	49	310
	第一季	13	340
	第二季	9	300
	第三季	13	290
	第四季	14	300
	2004年	58	320
	第一季	15	340
	第二季	14	320
	第三季	14	300
	第四季	15	310
廣東省其他地方*	2002年	117	700
	2003年	91	640
	第一季	27	720
	第二季	15	610
	第三季	23	610
	第四季	26	630
	2004年	98	620
	第一季	23	650
	第二季	25	600
	第三季	24	580
	第四季	27	660

註：*由於行程包括深圳和廣東省其他地方，因此就旅行團形式的消費，沒有兩地細分數字。

14.7 按逗留時間劃分的每人次平均消費開支

(香港居民到內地旅遊)

	年份	每人次的平均開支(元)			過夜旅行每人次的的平均開支(元)
		所有私人旅行	不過夜旅行	過夜旅行	
中國內地的總體數字	2002年	690	270	850	220
	2003年	600	250	750	190
	2004年	620	280	780	210
廣東省	2002年	540	270	650	190
	2003年	480	250	590	160
	2004年	470	280	570	170
深圳	2002年	340	250	430	190
	2003年	310	240	390	170
	2004年	320	280	380	170
廣東省其他地方	2002年	720	360	770	190
	2003年	660	350	700	160
	2004年	660	330	680	170
廣東省以外內地其他地方	2002年	2,880	500*	2,920	380
	2003年	2,590	460*	2,590	350
	2004年	2,940	410*	2,950	400

註：* 主要是有關郵輪旅遊的開支。

14.8 按目的地劃分的香港居民離港人數

目的地	2003年		2004年	
	人次	增減(%)	人次	增減(%)
本港居民離港人數	60,936,082	-5.6	68,903,433	13.1
中國內地	52,555,615	-5.6	59,675,547	13.5
澳門	3,952,610	-5.5	4,223,926	6.9
台灣	414,545	-23.0	536,071	29.3
泰國	691,205	21.0	723,876	4.7
日本	479,804	-7.9	586,380	22.2
新加坡	268,519	-14.6	310,208	15.5
菲律賓	240,123	-11.7	246,727	2.8
美國	152,735	-18.4	184,668	20.9
澳洲及新西蘭	207,070	-7.2	222,482	7.4
加拿大	126,335	-20.2	149,114	18.0
英國	192,728	0.8	215,499	11.8
德國	28,623	-30.8	36,786	28.5
其他	1,626,170	-3.9	1,792,149	10.2

14.9 2000年及2003年按主要旅遊產品分析的入境旅遊消費

旅遊產品	訪港旅客消費(億港元)	
	2000年	2003年
客運服務	203.09	181.75
國際客運	181.39	150.39
境內客運	21.71	31.36
住宿(包括酒店/旅舍膳食)	115.98	92.41
零售毛利	83.94	119.41
消費品	40.72	47.12
衣物、鞋類及有關物品	34.82	55.80
耐用品	4.85	10.98
其他零售貨品	3.56	5.51
酒店外膳食	70.65	73.11
其他	10.64	14.87
直接旅遊消費	484.30	481.55
零售商的貨品成本	150.82	216.08
入境旅遊消費*	635.12	697.63

註：*“入境旅遊消費”與香港旅遊發展局發佈的“與入境旅遊相關的總開支”稍有不同，原因是根據世界旅遊組織建議的旅遊附屬賬戶編製架構，上表的“入境旅遊消費”數字並不包括旅客離境稅及非直接由本地服務供應者提供的服務方面的估算開支。

14.10　2000年及2003年與入境旅遊相關行業的增加值

行業	增加價值(億港元)	
	2000年	2003年
零售業	288.39	252.37
飲食業	284.14	202.23
陸路客運業	255.70	231.28
航空及海上客運業	176.43	165.47
酒店／旅舍業	101.83	73.44
其他與旅遊相關的行業*	126.73	135.14
所有與入境旅遊相關的行業	1,233.22	1059.93

註：*其他與旅遊相關的行業包括旅遊社、文化、娛樂及康樂服務業，以及會議籌辦服務業。

14.11　2000年及2003年選定旅遊行業的行業旅遊比率

行業	比率	
	2000年	2003年
酒店／旅舍業	0.67	0.72
航空及海上客運服務業	0.38	0.31
零售業	0.13	0.20
飲食業	0.10	0.13

14.12　2000年及2003年按行業分析的所有類別旅客的旅遊增加價值

行業	旅遊增加值(億港元)	
	2000年	2003年
酒店／旅舍業	68.17	52.88
航空及海上客運業	66.94	51.54
零售業	36.36	51.19
飲食業	27.26	26.88
其他與旅遊相關的行業	18.50	26.24
所有並非與旅遊相關的行業*	0.69	1.33
以上所有行業	217.91	210.05

註：*並非與旅遊相關的行業，包括電訊業。

14.13 酒店房間入住率

	甲級高價酒店		乙級高價酒店		中價酒店		所有酒店類別		旅舍／賓館		所有類別	
	2003年	2004年	2003年	2004年	2003年	2004年	2003年	2004年	2003年	2004年	2003年	2004年
以類別劃分												
1月	79	71	85	80	82	81	82	77	78	76	82	78
2月	76	82	85	82	81	78	82	81	73	76	81	81
3月	70	92	80	95	83	96	79	94	75	85	79	94
4月	14	79	24	88	25	90	22	86	27	84	22	86
5月	14	79	20	86	16	84	17	83	21	78	18	83
6月	36	83	36	87	31	88	34	86	32	81	34	86
7月	68	86	73	95	71	94	71	92	59	87	71	92
8月	78	85	89	93	94	92	88	90	83	86	88	90
9月	81	83	82	86	83	84	82	84	76	79	82	84
10月	86	90	85	90	85	88	85	89	81	86	85	89
11月	89	94	93	97	95	97	93	96	87	91	92	96
12月	81	88	90	92	89	91	88	90	81	85	87	91
全年平均	67	84	72	89	70	89	70	87	65	83	70	88

	中區／金鐘		灣仔／銅鑼灣		香港東區／其他香港區		尖沙咀		油麻地／旺角		其他地區	
	2003年	2004年	2003年	2004年	2003年	2004年	2003年	2004年	2003年	2004年	2003年	2004年
以地區劃分												
1月	76	72	81	79	86	82	86	77	86	82	75	76
2月	73	89	83	88	84	81	84	80	84	79	74	72
3月	71	94	79	96	89	97	79	94	79	94	77	93
4月	16	83	21	86	34	92	15	83	23	90	34	88
5月	15	86	14	83	25	86	12	82	20	86	27	84
6月	34	88	34	88	41	89	32	86	32	91	35	78
7月	65	88	71	92	73	96	73	91	72	96	66	93
8月	77	86	87	91	96	94	88	89	93	95	87	89
9月	82	82	83	83	86	86	84	86	83	86	74	81
10月	91	91	86	89	84	86	85	90	86	91	81	87
11月	93	95	94	97	96	96	91	95	95	98	90	96
12月	84	89	89	90	92	91	87	91	92	93	84	90
全年平均	64	87	70	89	74	90	71	87	71	90	68	86

14.14 香港酒店房間數目

	酒店數目		房間數目		入住率(%)	
	2003年	2004年	2003年	2004年	2003年	2004年
所有酒店	98	101	38,133	39,128	70	87
高價甲級酒店	17	17	9,473	9,473	67	84
高價乙級酒店	30	33	15,786	16,073	72	89
中價酒店	42	42	11,465	11,038	70	89
旅客賓館	414	440	4,803	5,234	65	83
所有類別	510	541	42,936	44,362	70	88

14.15 2004年酒店實際平均房租(以類別劃分)

	甲級高價酒店		乙級高價酒店		中價酒店		所有酒店類別		旅舍／賓館		所有類別	
	港元	增長率%	港元	增長率%	港元	增長率%	港元	增長率%	港元	增長率%	港元	增長率%
2003年	1,171	-6.0	517	-1.8	334	-9.1	674	-5.5	254	-12.4	569	-6.3
2004年	1,356	15.8	638	23.5	414	24.0	803	19.1	285	12.3	673	18.4
1月	1,276	-1.0	565	4.8	370	1.5	737	0.8	267	2.4	619	1.0
2月	1,195	0.7	535	6.6	343	3.1	691	2.5	266	3.8	585	2.7
3月	1,363	7.1	615	18.7	396	19.4	791	11.8	283	8.0	664	11.4
4月	1,513	32.9	760	56.6	482	58.4	918	42.9	305	16.7	765	39.7
5月	1,269	25.3	554	24.9	370	17.0	731	23.7	274	14.8	617	22.7
6月	1,216	19.6	540	21.7	356	26.2	704	21.2	266	14.6	594	20.4
7月	1,198	21.3	543	27.2	371	42.6	704	26.1	275	25.3	597	26.0
8月	1,203	24.1	569	32.9	381	40.2	718	29.0	279	29.2	608	29.0
9月	1,405	20.1	667	23.5	424	23.9	832	21.6	292	15.5	697	20.9
10月	1,710	13.6	913	18.5	573	19.1	1,065	15.9	326	7.2	881	15.1
11月	1,555	18.7	738	28.7	463	28.2	919	22.8	296	9.5	763	21.4
12月	1,365	15.0	647	22.3	440	22.9	817	18.2	294	9.7	687	17.2

15 土地、房屋、樓宇、建造

15.1 按樓宇種類劃分的新落成樓宇

(單位：萬平方米)

年份	總計			住宅樓宇*		商住兩用樓宇		
	幢數	實用樓面面積		幢數	實用樓面面積	幢數	實用樓面	
		住宅	非住宅				住宅	非住宅
2003年	777	99.87	58.83	541	39.60	71	53.12	8.41
2004年	632	95.28	68.57	361	60.08	43	33.31	3.66
1月	82	5.73	1.00	67	5.50	2	0.23	0.05
2月	56	13.05	5.24	37	11.80	0	0	0
3月	21	3.30	4.02	8	0.52	3	2.78	0.08
4月	30	6.51	2.66	17	6.49	1	0.02	0.01
5月	38	0.96	13.37	18	0.36	1	0.43	0.05
6月	51	12.07	1.29	26	9.63	5	2.44	0.17
7月	40	5.81	11.74	1	0.02	6	5.78	0.61
8月	35	0.67	15.23	5	0.26	1	0.04	0.01
9月	74	19.56	6.03	36	5.59	14	13.88	2.04
10月	26	6.08	3.07	14	5.50	2	0.58	0.28
11月	31	6.12	3.21	10	6.12	0	0	0
12月	148	15.42	1.72	122	8.27	8	7.15	0.37

年份	商業樓宇		工業樓宇		其他用途樓宇		
	幢數	實用樓面面積	幢數	實用樓面面積	幢數	實用樓面	
						住宅	非住宅
2003年	18	32.86	6	4.36	141	7.15	13.20
2004年	19	43.27	3	3.59	206	1.88	18.05
1月	0	0	0	0	13	0	0.95
2月	2	1.87	0	0	17	1.25	3.37
3月	0	0	2	3.51	8	0	0.42
4月	0	0	0	0	12	0.00	2.65
5月	3	12.63	0	0	16	0.17	0.70
6月	2	0.58	0	0.08	18	0	0.54
7月	3	9.28	1	0	29	0	1.78
8月	4	13.14	0	0	25	0.38	2.08
9月	1	1.36	0	0	23	0.09	2.63
10月	1	1.17	0	0	9	0	1.63
11月	1	2.74	0	0	20	0	0.46
12月	2	0.51	0	0	16	0	0.84

註：統計數字只包括私營機構的建築活動

* 包括住宅樓宇內用作非住宅用途的實用樓面面積，例如:會所／康樂設施、管理員辦事處／宿舍、電機房等。

15.2 私人住宅樓宇供應情況

(單位：單位數)

	落成量	入住量	空置量	年底空置量 佔總存量的 %
所有單位				
2002 年	31,050	18,240	65,270	6.6
2003 年	26,400	22,490	68,780	6.8
2004 年	26040*	31,400*	64,250	6.2
2005 年	(21,400)			
2006 年	(17,400)			
中小型單位(實用面積少於 100 平方米)				
2002 年	29,030	17,780	58,390	6.6
2003 年	25,000	20,080	62,980	6.7
2004 年	23,460	30,890	56,400	
2005 年	(19,900)			
2006 年	(16,100)			
大型單位(實用面積大於 100 平方米)				
2002 年	2020	460	6,880	9.6
2003 年	1,400	2,410	5,800	8.0
2004 年	2,580	510	7,850	10.4
2005 年	(1,300)			
2006 年	(1,300)			

註：( )預測數字。

* 包括在年內由資助出售房屋轉為私人住宅單位。

15.3 私人住宅——各類單位平均租金及售價

類別	區域	每平方米月租(港元)		每平方米售價(港元)	
		2003年	2004年*	2003年	2004年*
	港島	152	167	25,746	32,530
A	九龍	122	125	20,867	25,201
40平方米以下	新界	93	100	20,843	26,542
	港島	147	168	30,497	41,677
B	九龍	120	134	22,020	32,998
40-69.9平方米	新界	88	95	21,317	28,031
	港島	191	213	40,375	56,781
C	九龍	157	172	28,143	46,857
70-99.9平方米	新界	103	115	26,743	35,686
	港島	216	234	48,352	66,387
D	九龍	172	188	34,204	62,204
100-159.9平方米	新界	133	152	30,500	41,868
	港島	261	275	66,281	94,312
E	九龍	182	157	55,400	74,993
159.9平方米以上	新界	146	164	34,461	44,316

註：*臨時數字。

15.4 私人住宅——各類單位租金及售價指數

(1999=100)

年份 / 季度	租金					
	A	B	C	D	E	所有類別
2003 年	72.8	72.7	72.5	77.2	81.1	73.6
第四季	71.5	71.7	70.9	74.9	78.5	72.2
2004 年 *	75.4	76.5	79.0	84.0	86.0	77.7
第一季	73.5	73.9	75.4	79.4	80.0	74.8
第二季	75.3	76.5	78.5	83.5	84.2	77.4
第三季	75.9	77.1	79.7	85.3	89.0	78.6
第四季 *	77.1	78.5	82.5	88.0	90.8	80.1

年份 / 季度	售價					
	A	B	C	D	E	所有類別
2003 年	59.7	61.1	65.3	70.2	76.2	61.6
第四季	62.2	63.5	69.4	75.7	82.6	64.4
2004 年 *	72.6	77.2	87.8	96.5	106.3	77.9
第一季	69.5	72.8	82.0	88.0	97.1	73.6
第二季	72.0	76.5	86.6	95.4	103.7	77.2
第三季	72.6	77.0	87.6	95.7	107.1	77.8
第四季 *	76.3	82.4	95.0	106.8	117.2	83.2

註：'A' 面積為 40 平方米以下
'B' 面積為 40-69.9 平方米以下
'C' 面積為 70-99.9 平方米以下
'D' 面積為 10-159.9 平方米以下
'E' 面積為 160-279.9 平方米以下
* 臨時數字

15.5 私人住宅——較受歡迎屋苑每月售價指數

(1999=100)

年份 / 月份	中小型單位(A,B 及 C)			大型單位(D,E)			所有單位		
	市區	新界	合計	市區	新界	合計	市區	新界	合計
2003 年									
1 月	63.5	61.0	62.3	77.2	72.2	74.8	64.7	61.9	63.3
2 月	62.3	60.4	61.4	72.9	71.0	72.0	63.2	61.2	62.3
3 月	60.6	58.6	59.6	70.1	69.5	69.8	61.4	59.5	60.4
4 月	59.3	55.5	57.4	69.3	67.6	68.5	60.2	56.3	58.2
5 月	57.6	54.9	56.3	68.0	68.6	68.6	58.4	55.8	57.1
6 月	57.6	54.1	55.9	66.9	68.4	68.0	58.4	55.0	56.7
7 月	58.3	53.8	56.0	68.0	66.8	67.5	59.1	54.6	56.8
8 月	59.0	54.7	56.8	68.1	67.1	67.8	59.7	55.5	57.6
9 月	61.1	56.4	58.7	73.6	69.0	71.3	62.0	57.2	59.5
10 月	64.7	58.8	61.7	75.7	72.7	74.2	65.6	59.8	62.6
11 月	66.4	61.6	64.0	78.9	77.3	78.3	67.4	62.7	64.9
12 月	68.1	62.4	65.2	80.7	79.1	80.1	69.1	63.5	66.2
2004 年									
1 月	72.1	64.7	68.3	83.6	82.9	83.6	73.1	65.8	69.3
2 月	77.8	68.2	72.9	94.5	89.8	92.3	79.0	69.6	74.1
3 月	83.6	72.3	77.8	102.6	96.1	99.4	84.9	73.8	79.1
4 月	86.5	74.4	80.4	103.4	100.8	102.2	87.8	76.1	81.8
5 月	85.9	74.2	80.0	104.3	98.7	101.5	87.2	75.8	81.3
6 月	83.9	72.2	77.9	102.2	98.7	100.5	85.2	73.8	79.3
7 月	82.7	71.8	77.2	102.9	97.3	100.1	84.2	73.3	78.6
8 月	83.4	72.6	77.9	101.5	97.6	99.7	84.7	74.2	79.2
9 月	85.7	73.5	79.4	105.0	104.4	104.9	87.0	75.5	81.1
10 月	88.2	75.9	81.9	109.3	108.6	109.2	89.7	77.9	83.6
11 月 *	89.3	76.7	82.9	111.4	111.0	111.5	90.8	78.9	84.6
12 月 *	91.3	77.8	84.4	117.4	114.2	116.0	93.1	80.1	86.4

註：選擇成為分析的樓宇包括：碧瑤灣、比華利山、賽西湖大廈、嘉雲台、置富花園、城市花園、帝景園、嘉苑、杏花邨、曉峰閣、陽明山莊、康怡花園、寶馬山花園、浪琴園、寶威閣、紅山半島、雍景台、海怡半島、太古城、嘉兆台、樂陶苑、樂翠園、畢架山花園、碧華花園、麗港城、美孚新邨、又一居、匯景花園、德福花園、又一邨花園、黃埔花園、海濱花園、華景山莊、麗城花園、綠楊新邨、浪翠園、慧豐園、新屯門中心、沙田第一城、駿景園、新港城、康樂園、太湖花園、新達廣場、錦繡花園、嘉湖山莊、碧湖花園、粉嶺中心、上水中心及愉景灣。

中小型單位：面積由 20-99.9 平方米。

大型單位：面積由 100-279.9 平方米。

* 臨時數字。

15.6 私人寫字樓供應情況 *

(單位：萬平方米)

	落成量	使用量 #	空置量	年底空置量佔總存量的 %
所有單位				
2002 年	16.6	0.02	117.5	12.6
2003 年	29.9	11.8**	133.4	14.0
2004 年	27.9	37.3	124.0	12.7
2005 年	(6.2)			
2006 年	(10.5)			
甲級				
2002 年	11.7	0.2	56.6	10.8
2003 年	26.5	6.2**	75.2	13.7
2004 年	23.5	25.0**	75.6	13.1
2005 年	(5.7)			
2006 年	(6.6)			
乙級				
2002 年	3.7	-1.4	35.5	14.6
2003 年	3.4	4.6	33.8	13.8
2004 年	3.9	6.1**	29.7	12.1
2005 年	(0)			
2006 年	(2.8)			
丙級				
2002 年	1.2	1.2	25.4	15.8
2003 年	0.03	1.0	24.4	15.2
2004 年	0.5	6.2	18.7	11.7
2005 年	(0.5)			
2006 年	(1.1)			

註：* 私人寫字樓包括商用樓宇內的物業，但不包括綜合用途樓宇內的非住宅用途單位。寫字樓分為甲級、乙級、丙級。
** 年內因樓宇改建關係而修訂使用量數字以反映此項改變。
( ) 預測數字。

15.7 私人寫字樓——各區不同級別的平均租金及售價

級別	地區	每平方米月租(港元) 2003年	2004年*	級別	地區	每平方米售價(港元) 2003年	2004年*
	上環	233	229		上環	17,670	17,670
	中區	266	287		中區	57,698	94,440
甲級	灣仔 / 銅鑼灣	192	194	甲級	灣仔 / 銅鑼灣	35,696	63,369
〔229平方米〕	北角 / 鰂魚涌	162	154	〔214平方米〕	北角 / 鰂魚涌	25,581	36,624
	尖沙咀	198	213		尖沙咀	38,025	72,374
	油麻地 / 旺角	211	-		油麻地 / 旺角	-	-
	上環	131	133		上環	19,405	22,351
	中區	219	224		中區	40,723	54,905
乙級	灣仔 / 銅鑼灣	163	172	乙級	灣仔 / 銅鑼灣	26,150	42,379
〔83平方米〕	北角 / 鰂魚涌	135	128	〔69平方米〕	北角 / 鰂魚涌	18,475	25,014
	尖沙咀	204	203		尖沙咀	30,486	46,468
	油麻地 / 旺角	179	190		油麻地 / 旺角	23,266	30,280
	上環	128	132		上環	16,683	19,812
	中區	188	195		中區	22,039	37,336
丙級	灣仔 / 銅鑼灣	169	179	丙級	灣仔 / 銅鑼灣	20,966	31,714
〔45平方米〕	北角 / 鰂魚涌	161	167	〔47平方米〕	北角 / 鰂魚涌	20,883	24,795
	尖沙咀	182	195		尖沙咀	21,357	26,999
	油麻地 / 旺角	169	167		油麻地 / 旺角	19,034	21,368

註：甲級：新型及裝修上乘；間隔具彈性；整層樓面面積廣闊；大堂與通道寬敞；中央空氣調系統完善；設有良好的載客及載貨升降機設備；管理妥善；普遍有泊車設施。

乙級：設計屬一般水平但裝修質素良好；間隔彈性較少；整層樓面面積中等；大堂面積適中；設有中央或獨立空氣調節系統；升降機服務足夠；管理服務屬一般水平或高於一般水平；不一定有泊車設施。

丙級：設計簡單及有基本裝修；間隔頗受限制；整層樓面面積狹小，大堂只有基本設施；一般並無中央空氣調節系統；升降機僅足使用或不敷應用；管理服務屬最低至一般水平；並無泊車設施。

* 臨時數字。

〔〕表示年內所分析單位的平均面積。

15.8 私人寫字樓租金及售價指數

(1999 = 100)

年份 / 季度	租金				售價			
	甲	乙	丙	所有級別	甲	乙	丙	所有級別
2003 年	73.4	76.3	75.8	74.6	64.8	63.4	58.4	62.5
第 1 季	78.5	81.0	79.3	79.4	62.9	63.1	59.7	62.1
第 2 季	73.3	76.0	74.8	74.3	60.9	59.0	56.5	59.0
第 3 季	69.8	73.5	74.3	71.7	63.7	61.6	58.8	61.6
第 4 季	71.8	74.7	74.7	73.1	71.8	69.8	58.4	67.5
2004 年 *	77.1	79.7	78.5	78.0	112.0	94.4	75.5	98.2
第 1 季	73.2	76.0	75.8	74.3	99.0	87.2	68.9	88.6
第 2 季	75.3	78.8	78.7	76.8	111.1	92.2	75.0	97.2
第 3 季 *	78.8	80.3	78.2	79.1	113.5	94.2	75.4	98.6
第 4 季 *	81.1	83.8	81.4	81.9	124.5	103.8	82.5	108.4

註：上述指數並非限於主要地區。
由 2000 年 4 月起 ，租金和售價指數均就新界定級別的寫字樓編製。
* 臨時數字

15.9 私人寫字樓——核心地區甲級寫字樓的租金及售價指數

(1999 = 100)

年份 / 季度	租金			售價
	上環 / 中環	灣仔 / 銅鑼灣	尖沙咀	核心地區 *
2003 年	67.3	67.0	74.5	63.8
2004 年 **	71.8	68.2	78.9	116.4
2003 年				
第 1 季	75.9	73.7	77.9	60.7
第 2 季	67.2	67.7	74.4	59.9
第 3 季	62.9	61.9	73.0	63.1
第 4 季	63.0	64.6	72.7	71.4
2004 年 **				
第 1 季	67.3	66.1	74.7	103.9
第 2 季	67.8	67.7	77.6	116.4
第 3 季 **	75.7	67.3	80.2	115.7
第 4 季 **	76.4	71.6	82.9	129.6

註：* 核心地區：上環 / 中環、灣仔 / 銅鑼灣及尖沙咀。
** 臨時數字

15.10 私人商業樓宇供應情況

(單位：萬平方米)

年份	落成量	使用量	空置量	年底空置量佔總存量的 %
2002 年	13.8	-11.0	99.1	10.7
2003 年	11.8	5.4*	100.2	10.8
2004 年	91	6.6	101.9	10.8
2005 年	(109)			
2006 年	(131)			

註：( ) 預測數字。
* 年內因樓宇改建關係而修訂使用量數字以反映此項改變。

15.11 私人零售業樓宇的平均租金及售價

年份 / 月	每平方米租金（港元）			每平方米售價（港元）		
	港島 (62 平方米)	九龍 (50 米平方米)	新界 (51 平方米)	港島 (61 平方米)	九龍 (49 平方米)	新界 (40 平方米)
2003 年	750	826	668	120,041	127,944	97,068
2004 年 *	843	890	700	166,348	207,337	107,244
1 月	703	807	713	187,412	200,152	119,304
2 月	893	838	630	209,776	244,403	113,606
3 月	821	888	744	184,265	257,271	109,909
4 月	689	798	679	128,784	169,056	121,709
5 月	944	908	747	145,532	193,909	102,805
6 月	933	896	662	102,939	174,195	86,848
7 月	907	1,017	638	115,308	144,230	74,037
8 月 *	824	803	688	168,143	157,692	106,988
9 月 *	857	862	678	171,497	184,522	98,582
10 月 *	843	965	705	184,059	183,993	111,289
11 月 *	866	966	847	205,062	231,659	134,222
12 月 *	884	1,015	669	153,836	269,987	92,897

註：* 臨時數字。

15.12 私人零售業樓宇租金及售價指數

(1999=100)

年份 / 季度	私人零售業樓宇	
	租金	售價
2003 年	86.4	85.5
2004 年 *	92.6	118.8
1 月	87.9	101.6
2 月	89.8	111.3
3 月	89.1	115.1
4 月	91.5	115.7
5 月	92.4	116.3
6 月	92.1	113.7
7 月	93.2	116.0
8 月 *	93.4	113.8
9 月 *	95.9	122.1
10 月 *	95.6	123.3
11 月 *	95.1	137.1
12 月 *	95.4	140.1

註：* 臨時數字

15.13 私人分層工廠大廈及工貿大廈供應情況

(單位：萬平方米)

	落成量	入住量	空置量	年底空置量佔總存量的 %
私人分層工廠大廈				
2002 年	0.3	8.2	184.0	10.5
2003 年	0	-10.7	184.4	10.6
2004 年	0.1	32.9	151.2	8.7
2005 年	(0.1)			
2006 年	(0)			
私人工貿大廈				
2002 年	0	1.5	7.5	12.5
2003 年	1.5	-0.2	9.1	14.8
2004 年	0	2.3	6.8	11.1
2005 年	(0.4)			
2006 年	(0)			

註：( ) 預測數字。

15.14 私人分層工廠大廈的平均租金及售價

年份 / 月	每平方米租金（港元）			每平方米售價（港元）		
	港島 (200平方米)	九龍 (209米平方米)	新界 (195平方米)	港島 (155平方米)	九龍 (143平方米)	新界 (129平方米)
2003年	72	79	53	7,345	7,994	4,710
2004年*	72	82	54	8,018	10,039	5,459
1月	72	86	53	8,177	8,571	5,102
2月	71	79	51	8,296	9,690	5,070
3月	76	85	54	7,717	8,772	5,428
4月	74	79	53	6,987	8,426	5,091
5月	68	79	52	6,649	8,723	4,929
6月	74	81	55	6,841	9,106	5,131
7月	67	80	55	7,705	9,563	5,520
8月*	72	83	54	9,147	9,968	5,441
9月*	72	89	58	8,700	10,820	5,790
10月*	74	84	56	9,020	11,438	5,733
11月*	69	80	59	8,380	11,003	5,889
12月*	73	86	57	8,881	12,202	5,923

註：*臨時數字。

15.15 私人分層工廠大廈的平均租金及售價指數

(1999=100)

年份 / 月	租金	售價
2003年	74.9	71.7
2004年*	77.5	87.7
1月	77.5	77.2
2月	74.0	80.9
3月	75.5	83.1
4月	78.5	83.4
5月	75.7	82.4
6月	76.3	84.7
7月	77.1	86.8
8月*	77.4	90.3
9月*	78.4	93.3
10月*	79.9	92.4
11月*	78.4	97.7
12月*	80.9	100.7

註：*臨時數字

15.16 私人物業的市場回報率

(單位：%)

年份 / 季度	住宅					寫字樓		分層工廠大廈 **	零售業樓宇
	A	B	C	D	E	甲級	乙級		
2003 年	6.2	5.2	4.8	4.6	4.3	6.3	7.8	13.1	7.0
2004 年 *	5.2	4.3	4.0	3.7	3.3	3.8	5.4	11.0	5.6
2003 年									
第一季	6.4	5.3	5.0	5.0	4.6	7.2	8.6	13.9	7.8
第二季	6.4	5.3	5.1	4.9	4.7	6.8	8.5	13.4	7.4
第三季	6.3	5.3	4.9	4.7	4.3	6.2	7.9	12.9	7.2
第四季	5.9	4.9	4.5	4.2	3.9	5.6	7.0	12.6	5.6
2004 年									
第一季	5.4	4.4	4.0	3.8	3.3	4.1	5.6	11.8	5.8
第二季	5.3	4.4	4.0	3.8	3.3	3.8	5.6	11.7	5.7
第三季	5.3	4.4	4.0	3.8	3.3	3.9	5.5	10.9	5.7
第四季	5.1	4.2	3.8	3.6	3.1	3.6	5.2	10.3	5.1

註：* 臨時數字。
** 此欄數字只就樓上單位計算。
'A' 面積為 40 平方米以下
'B' 面積為 40-69.9 平方米以下
'C' 面積為 70-99.9 平方米以下
'D' 面積為 10-159.9 平方米以下
'E' 面積為 160-279.9 平方米以下

15.17 各類物業買賣宗數及總值

	所有類別	住宅	寫字樓	商業樓宇	分層工廠大廈
各類物業賣宗數					
2003 年	81,348	71,576	1,817	4,142	3,813
第一季	16,384	14,386	417	748	833
第二季	16,281	14,336	349	786	810
第三季	21,332	18,716	478	1,127	1,011
第四季	27,351	24,138	573	1,481	1,159
2004 年	117,154	100,630	3,175	7,386	5,963
第一季	32,618	28,624	821	1,875	1,298
第二季	27,560	23,736	655	1,794	1,375
第三季	20,012	20,012	688*	1586*	1,504*
第四季	28,258	28,258	1011*	2131*	1,686*
各類物業買賣總值(億元)					
2003 年	1,819.05	1,535.78	56.81	194.86	31.60
第一季	345.07	299.22	10.77	28.17	6.91
第二季	315.81	269.77	8.52	31.30	6.22
第三季	439.07	359.43	14.60	56.63	8.41
第四季	719.09	607.36	22.92	78.75	10.06
2004 年	3,519.02	2,767.35	190.74	494.76	66.17
第一季	984.13	773.33	51.81	146.34	12.65
第二季	793.14	643.13	35.84	99.80	14.37
第三季	496.44	496.44	35.18*	102.36*	18.77*
第四季	854.45	854.45	67.92*	146.25*	20.38*

註：* 臨時數字
住宅數字不包括首次出售的政府資助房屋單位。
其他類別包括工業 / 寫字樓綜合樓宇、貨倉、車位、整座物業。
多種類別指包括超過一種物業類別的樓宇買賣。

15.18 住宅買賣——按成交金額分類的買賣宗數

(單位：買賣宗數)

	2003年	2003年			
		第一季	第二季	第三季	第四季
總買賣宗數	71,576	14,386	14,336	18,716	24,138
成交金額					
少於100萬元	22,838	4,696	4,784	6,003	7,355
100至200萬元	27,800	5,272	6,163	7,833	8,532
200至300萬元	10,386	2,369	1,624	2,498	3,895
300至500萬元	5,156	989	865	1,334	1,968
500至1,000萬元	4,087	767	717	799	1,804
1,000萬元以上	1,309	293	183	249	584
	2004年	2004年			
		第一季	第二季	第三季	第四季
總買賣宗數	100,630	28,624	23,736	20,012	28,258
成交金額					
少於100萬元	25,782	7,184	6,587	5,545	6,466
100至200萬元	31,424	9,317	7,853	5,947	8,307
200至300萬元	20,489	5,969	4,500	4,119	5,901
300至500萬元	12,516	3,003	2,413	2,783	4,317
500至1,000萬元	6,978	2,159	1,521	1,136	2,162
1,000萬元以上	3,441	992	862	482	1,105

15.19 私人住宅(一手及二手市場)——買賣合約數目及總值

年／月	一手買賣			二手買賣			總數
	數目	佔百分率	總值(億元)	買賣	佔百分率(%)	總值(億元)	
2003年	26,498	37	730.48	45,078	63	805.31	71,576
2004年	25,694	26	977.63	74,936	74	1,789.73	100,630
1月	2,894	37	86.98	4,832	63	93.3	7,726
2月	3,734	40	128.48	5,715	60	134.63	9,449
3月	3,705	32	140.89	7,744	68	189.06	11,449
4月	1,379	15	68.84	7,615	85	198.4	8,994
5月	961	13	44.76	6,419	87	153.88	7,380
6月	2,100	29	61.99	5,262	71	115.27	7,362
7月	2,421	35	65.87	4,490	65	94.39	6,911
8月	1,099	19	49.41	4,617	81	92.01	5,716
9月	1,558	21	65.44	5,827	79	129.32	7,385
10月	1,801	20	79.23	7,010	80	186.62	8,811
11月	2,576	23	116.07	8,705	77	233.68	11,281
12月	1,466	18	69.67	6,700	82	169.17	8,166

註：一手買賣一般指由發展商出售的單位，二手買賣指非由發展商出售的單位。

15.20 屋宇建造及土木工程機構單位所完成工程名義總值

年／季	主要承建商所完成工程名義總值					
	於建築地盤			於非地盤	總值	經季節性調整總值
	樓宇	其他建築物及設施	小計			
2003年	468.55	207.10	675.64	314.68	990.32	-
2004年	375.10	190.44	565.53	366.18	931.71	-
第一季	96.48	48.12	144.61	86.07	230.68	233.17
第二季	93.02	48.66	141.68	87.44	229.12	229.74
第三季	91.14	46.16	137.30	94.32	231.62	232.99
第四季	94.45	47.49	141.95	98.35	240.30	236.02

註：主要承建商所完成工程名義總值是指該等建築機構作為主要承建商時所完成的工程總值，而不包括其作為分判承建商時所完成的工程總值。

15.21 政府土地拍賣及批租

	2003年	2004年	2004年			
			第一季	第二季	第三季	第四季
公開拍賣						
市區總計:						
面積(平方米)	17,274	38,134	2,497	5,180	0	30,457
已徵收的地價(億港元)	4.63	159.35	3.04	15.11	0	141.20
工業/貨倉						
面積(平方米)	0	0	0	0	0	0
已徵收的地價(億港元)	0	0	0	0	0	0
商業						
面積(平方米)	12,289	0	0	0	0	0
已徵收的地價(億港元)	3.53	0	0	0	0	0
商業/住宅						
面積(平方米)	0	0	0	0	0	0
已徵收的地價(億港元)	0	0	0	0	0	0
住宅						
面積(平方米)	0	33,978	0	3,521	0	30,457
已徵收的地價(億港元)	0	151.30	0	10.10	0	141.20
其他用途						
面積(平方米)	4,985	4,156	2,497	1,659	0	0
已徵收的地價(億港元)	1.1	8.05	3.04	5.01	1.10	0
新界總計						
面積(平方米)	3,059	34,344	4,405	29,939	0	0
已徵收的地價(億港元)	1.25	29.55	0	29.55	0	0
工業/貨倉						
面積(平方米)	0	0	0	0	0	0
已徵收的地價(億港元)	0	0	0	0	0	0
商業						
面積(平方米)	0	0	0	0	0	0
已徵收的地價(億港元)	0	0	0	0	0	0
商業/住宅						
面積(平方米)	0	0	0	0	0	0
已徵收的地價(億港元)	0	0	0	0	0	0
住宅						
面積(平方米)	0	24,632	0	24632	0	0
已徵收的地價(億港元)	0	29.55	0	29.55	0	0
其他用途						
面積(平方米)	3,059	9,712	4,405	5,307	0	0
已徵收的地價(億港元)	1.25	0	0	0	0	0
私人協約方式批地(面積:平方米)						
市區總計	42,283	158,732	16,122	0	2,150	140,460
工業/貨倉	0	0	0	0	0	0
住宅	728	115,640	0	0	0	115,640
公用事業/團體用途	0	34,644	7,674	0	2,150	24,820
其他用途	41,555	8,448	0	0	0	0
新界總計	175,848	150,197	0	12,710	137,487	0
工業/貨倉	83,021	0	0	0	0	0
住宅	0	130,330	0	7,230	123,100	0
公用事業/團體用途	76,927	14,387	0	0	14,387	0
其他用途	15,900	5,480	5,480	0	0	0

15.22 2004年年中的屋宇單位數目和估計居住人數

房屋類型(屋宇單位數目 *)	港島	九龍	新界	總計
公營租住房屋	75,100	243,000	378,400	696,500
資助出售單位(1)	42,500	102,000	247,600	392,100
私人永久房屋(2)	343,900	372,100	596,300	1,312,400
各類永久房屋總計	461,500	717,100	1,222,400	2,401,000

房屋類型(估計居住人數)	港島	九龍	新界	總計
公營租住房屋	233,600	715,400	1,189,600	2,138,500
資助出售單位(1)	133,600	297,000	820,800	1,251,500
私人永久房屋(2)	888,700	1,015,200	1,504,700	3,408,600
各類永久房屋總計	1,255,900	2,027,600	3,515,100	6,798,500
水上居民	-	-	-	4,100
其他 **	5,200	14,100	60,700	80,000
總人口				6,882,600

註：* 屋宇單位的涵蓋範圍，不包括酒店及院舍內的單位。

** 包括在公營臨時房屋，私人臨時房屋，天台建築物，不在屋宇單位內的地方等居住的人士。

15.23 土地註冊處登記的契約

	2003 年	2004 年	2004 年			
			第一季	第二季	第三季	第四季
樓宇買賣合約						
數目	87,309	123,480	34,359	29,454	24,541	35,126
價值(億港元)	1,894.18	3,517.87	940.43	832.80	622.34	1,122.30
地段買賣合約						
數目	959	1,627	420	409	314	484
價值(億港元)	72.54	193.60	43.17	61.97	24.47	63.99
樓宇轉讓契約						
數目	110,052	135,106	31,060	38,801	27,802	37,443
價值(億港元)	2,072.85	3,057.00	619.13	896.18	697.23	844.46
地段轉讓契約						
數目	2,433	3,247	656	886	820	885
價值(億港元)	98.79	183.33	24.99	62.00	42.69	53.65
建築按揭 / 抵押						
數目	103	70	16	25	20	9
樓宇按揭 / 抵押						
數目	102,210	124,183	25,712	34,646	28,606	35,219
撤銷按揭 / 抵押						
數目	88,312	128,762	24,795	34,557	34,076	35,334
租約	5,959	5,888	1,459	1,572	1,523	1,334
戰前樓宇重建豁免管制令	0	0	0	0	0	0
其他	100,198	108,432	28,324	25,120	27,221	27,767
總計數目	**497,141**	**630,795**	**146,801**	**165,470**	**144,923**	**173,601**

16 能源

16.1 石油產品進口留用量

(單位：萬升，另有註明除外)

年 / 月	航空汽油及煤油*	車用汽油(不含鉛)	輕質柴油、重質柴油及石瑙油	燃油	石油氣及天然氣(萬公噸)
2003年	398,692	45,899	709,427	321,628	168.94
2004年	493,731	45,880	698,964	462,648	229.98
1月	38,416	4,023	82,660	35,673	10.21
2月	33,546	3,505	55,403	11,153	15.93
3月	40,612	4,193	74,044	24,150	13.40
4月	37,143	3,544	71,494	49,611	15.41
5月	40,433	3,332	46,862	39,438	21.62
6月	43,059	4,240	46,963	65,790	20.73
7月	48,143	4,112	49,815	34,084	22.18
8月	36,611	3,670	77,077	22,179	23.23
9月	37,462	3,781	47,025	37,352	22.00
10月	54,347	4,227	58,167	46,633	22.87
11月	44,874	3,990	42,831	43,482	20.66
12月	39,084	3,262	46,624	53,103	21.75

註：* 主要是航空煤油

16.2 電力消耗量

(單位：兆焦耳)

年／月	住宅	商業	工業	街燈	出口往中國	總計
2003 年	34,365	88,834	14,851	384	10,827	149,262
2004 年	34,134	91,255	15,430	383	11,112	152,313
1 月	1,822	6,247	1,111	34	953	10,168
2 月	2,199	5,780	1,026	33	583	9,621
3 月	1,941	6,423	1,239	32	361	9,997
4 月	2,081	7,218	1,150	33	567	11,049
5 月	2,347	7,684	1,405	31	393	11,860
6 月	3,475	8,543	1,383	29	1,048	14,477
7 月	4,576	9,138	1,421	29	996	16,160
8 月	4,541	8,861	1,412	31	1,255	16,100
9 月	4,039	8,895	1,437	31	1,048	15,450
10 月	3,178	7,931	1,283	32	756	13,179
11 月	2,063	7,469	1,290	34	1,398	12,254
12 月	1,870	7,066	1,274	34	1,754	11,998

16.3 煤氣消耗量

(單位：兆焦耳)

年／月	住宅	商業	工業	總計
2003 年	15,446	10,542	1,015	27,002
2004 年	15,237	10,945	955	27,137
1 月	1,552	957	86	2,595
2 月	1,576	987	88	2,651
3 月	1,636	1,016	98	2,749
4 月	1,541	953	89	2,583
5 月	1,295	884	77	2,256
6 月	1,288	939	81	2,308
7 月	1,082	884	72	2,039
8 月	1,010	884	75	1,969
9 月	957	872	74	1,903
10 月	964	845	70	1,879
11 月	1,121	873	74	2,068
12 月	1,216	852	70	2,138

17 香港對外直接投資

17.1 2003年直接投資統計數字

	以市值計算(億港元)					
	年底頭寸			年間流動		
	2001年	2002年	2003年	2001年	2002年	2003年
外來直接投資	32,697	26,223	29,604	1,854	755	1,063
與本地生產總值比例(%)	257	208	245	15	6	9
向外直接投資	27,492	24,129	26,367	885	1,362	429
與本地生產總值比例(%)	216	192	218	7	11	4

17.2 2003年按主要投資者國家/地區劃分的外來直接投資頭寸及流動

(以市值計算)

主要投資國家/地區	以市值計算的外來直接投資(億港元)			
	年底頭寸		年間流入	
	2002年	2003年	2002年	2003年
總計	26,223	29,604	755	1,063
英屬維爾京群島	7,794	9,352	594	198
中國內地	5,946	7,701	317	380
荷蘭	2,049	2,561	103	247
百慕達	2,732	2,548	21	-136
美國	1,866	1,876	-110	220
日本	1,414	1,422	153	142
新加坡	735	580	64	-99
開曼群島	449	531	-687	29
英國	558	481	86	45
巴拿馬	258	270	-10	16
其他	2,424	2,281	224	22

註:(1)由於進位關係,個別數字之和可能不等於其總數。
(2)國家/地區是指首個目的地經濟體系。此分類未必反映資金最終被使用的所在國家/地區。
(3)負流入不一定撤走資金。負流入可指歸還借款予境外聯營公司。

17.3 2003年按香港企業集團主要經濟活動劃分的外來直接投資頭寸及流動

(以市值計算)

經濟活動	以市值計算的外來直接投資(億港元)			
	年底頭寸		年間流入	
	2002年	2003年	2002年	2003年
總計	26,223	29,604	755	1,063
投資控股、地產及各項商用服務	13,670	16,463	833	416
銀行及接受存款公司	3,254	4,146	-331	176
批發、零售、進出口貿易	3,414	4,088	294	452
銀行及接受存款公司以外的金融機構	907	1,088	-150	32
保險	859	710	142	79
運輸及有關服務	782	693	24	-79
製造業	728	647	100	54
通訊	690	448	-207	-63
食肆及酒店	431	288	10	-44
建造	368	285	-10	16
其他活動	1,120	749	51	24

註:(1)由於進位關係,個別數字之和可能不等於其總數。
(2)一個香港企業集團主要包括一家香港母公司,其香港附屬公司、聯營公司及分行。
(3)經濟活動是指整個香港企業集團的主要活動。一家香港企業集團可能經營多類型經濟活動,該集團的經濟活動是按集團主要業務劃分的。
(4)負流入不一定指撤走資金。負流入可指歸還借予境外聯營公司。

17.4 2003年按主要接受投資國家／地區劃分的香港向外直接投資頭寸及流動

(以市值計算)

經濟活動	以市值計算的外來直接投資（億港元）			
	年底頭寸		年間流入	
	2002年	2003年	2002年	2003年
總計	24,129	26,367	1,362	429
英屬維爾京群島	11,483	12,703	101	248
中國內地	8,430	9,312	1,243	599
百慕達	768	884	-49	-28
英國	205	473	36	46
新加坡	260	300	43	21
馬來西亞	279	242	50	-28
巴拿馬	390	242	22	22
泰國	208	216	26	-7
美國	322	204	72	-94
日本	119	152	-171	10
其他	1,666	1,638	-11	-247

註：(1)由於進位關係，個別數字之和可能不等於其總數。
(2)國家／地區是指直接來源經濟體系。此分類未必反映最初資金流出的國家／地區。
(3)負流入不一定指撤走資金。負流入可指歸還借予境外聯營公司。

17.5 2003年按中國內地地區劃分的向外直接投資頭寸及流動

(以市值計算)

中國內地	向外直接投資（億港元）					
	年底頭寸			年間流動		
	2001年	2002年	2003年	2001年	2002年	2003年
總計	**8,440**	**8,430**	**9,312**	**663**	**1,243**	**599**
廣東省	4,057	3,990	4,425	316	235	372
廣東省以外地區	4,383	4,440	4,887	346	1,008	227

註：由於進位關係，個別數字之和可能不等於其總數。

17.6 2003年按香港企業集團主要經濟活動劃分的向外直接投資頭寸及流動

(以市值計算)

經濟活動	以市值計算的向外直接投資			
	年底頭寸		年間流出	
	2002年	2003年	2002年	2003年
總計	**24,129**	**26,367**	**1,362**	**429**
投資控股、地產及各項商用服務	14,214	16,242	583	408
批發、零售、進出口貿易	2,205	3,042	210	124
製造業	1,361	1,370	104	95
運輸及有關服務	786	896	130	-117
食肆及酒店	500	423	21	4
銀行及接受存款公司	285	418	14	22
銀行及接受存款公司以外的金融機構	600	409	-83	-124
通訊	732	287	24	-188
保險	275	286	-3	64
建造	250	249	-23	2
其他活動	2,921	2,745	386	140

註：(1)由於進位關係，個別數字之和可能不等於其總數。
(2)一個香港企業集團主要包括一家香港母公司，其香港附屬公司、聯營公司及分行。
(3)經濟活動是指整個香港企業集團的主要活動，而不是資金最終投放經濟活動。一家香港企業集團可能經營多型經濟活動，該集團經營活動是按集團主要業務劃分的。
(4)負流出不一定指撤走資金。負流出可指境外聯營公司歸還借款。

17.7 2003年按中國內地直接投資企業集團主要經濟活動劃分的向外直接投資頭寸及流動

(以市值計算)

經濟活動	以市值計算的中國內地的直接投資 (億港元)			
	年底頭寸		年間流出	
	2002年	2003年	2002年	2003年
總計	**8,430**	**9,312**	**1,243**	**599**
通訊	3,392	3,646	888	210
製造業	1,866	2,163	-31	138
投資控股、地產及各項商用服務	1,829	2,283	306	154
食肆及酒店	291	255	24	10
批發、零售、進出口貿易	258	305	31	26
運輸及有關服務	171	126	25	19
建造	60	8	*	1
其他活動	562	527	*	40

註：(1)由於進位關係，個別數字之和可能不等於其總數。
(2)一個直接投資企業是指一間公司直接擁有10%或以上普通股 / 投票權的公司型 / 非公司型的私營或公營企業。直接投資企業集團包括香港企業集團在中國內地的所有直接投資企業。
(3)經濟活動是指在中國內地的直接投資企業集團所經營的主要經濟活動。一個直接投資企業集團可能經營多類型經濟活動，該集團的經濟活動是按集團的主要業務劃分的。
香港企業集團可能經營多型經濟活動，該集團經營活動是按集團主要業務劃分的。
(4)負流出不一定指撤走資金。負流出可指境外聯營公司歸還借款。
*少於5,000萬港元。

17.8 2004年駐港地區代表統計

	公司數目		
	2002年(1)	2003年(2)	2004年(3)
地區總部	948	966	1,098
地區辦事處	2,171	2,241	2,511
小計	3,119	3,207	3,609
當地辦事處	1,748	2,207	2,334

註：(1)2002年6月1日的統計調查。
(2)2003年6月2日的統計調查。
(3)2004年6月1日的統計調查。

17.9 2004年按就業人數劃分的地區總部及辦事處數目

就業人數	地區總部公司		就業人數		地區辦事處公司		就業人數	
	數目	佔小計%	數目	佔小計%	數目	佔小計%	數目	佔小計%
< 20	571	52.0	4,380	4.0	1,787	71.2	10,711	13.0
20-49	242	22.0	7,512	6.8	374	14.9	11,165	13.5
50-99	119	10.7	8,136	7.3	170	6.8	11,698	14.2
100-199	85	7.7	11,190	10.1	95	3.8	12,784	15.5
200-499	51	4.6	15,089	13.6	65	2.6	19,285	23.4
500-999	18	1.6	13,590	12.3	16	0.6	11,692	14.2
1000+	13	1.2	50,861	45.9	4	0.2	5,084	6.2
總計	**1,098**	**100.0**	**110,758**	**100.0**	**2,241**	**100.0**	**82,419**	**100.0**

註：2004年6月1日的統計調查。

17.10 2004年按海外母公司註冊國家 / 地區劃分的地區總部及地區辦事處數目

母公司註冊國家 / 地區	地區總部公司(1)		地區辦事處公司(3)	
	數目	佔總計 % (2)	數目	佔總計 %(4)
美國	256	23.3	557	22.2
日本	198	18.0	515	20.5
中國內地	106	9.7	156	6.2
英國	105	9.6	148	6.6
德國	67	6.1	135	5.4
法國	47	4.3	106	4.2
荷蘭	46	4.2	52	2.1
瑞士	39	3.6	70	2.8
新加坡	35	3.2	97	3.9
台灣省	29	2.6	128	5.1
澳洲	18	1.6	57	2.3
瑞典	16	1.5	33	1.3
加拿大	15	1.4	29	1.2
韓國	15	1.4	67	2.7
丹麥	15	1.4	-	-
意大利	15	1.4	54	2.2

註：2004年6月1日的統計調查。

(1)如駐港的地區總部屬聯營機構，其母公司的註冊國家 / 地區可多於一個。

(2)表中的數字指在地區總部統計中(1,098)所佔的百分比。

(3)如駐港的地區辦事處屬聯營機構，其母公司的註冊國家 / 地區可多於一個。

(4)表中的數字指在地區辦事處統計中(2,511)所佔的百分比。

17.11 2004年按母公司的主要業務範圍劃分的地區總部及地區辦事處數目(1)

主要業務範圍	地區總部		地區辦事處	
	數目	佔總計%(2)	數目	佔總計%(3)
製造業	434	39.5	904	36.0
批發、零售及進出口貿易業	357	32.5	880	35.0
商用服務業	172	15.7	317	12.6
金融及銀行業	102	9.3	275	11.0
運輸及有關服務業	90	8.2	152	6.1
建造業、建築及土木工程業	41	3.7	84	3.3
保險業	20	1.8	65	2.6
電訊業	19	1.7	47	1.9
地產業	12	1.1	19	0.8
食肆及酒店業	11	1.0	25	1.0

註：2004年6月1日的統計調查。
(1)主要業務範圍可多於一項。
(2)表中的數字指在地區總部統計中(1,098)所佔的百分比。
(3)表中的數字指在地區辦事處統計中(2,511)所佔的百分比。

17.12 2004年按區內負責管理的地方(香港以外)劃分的地區總部及辦事處數目

負責國家／地區	地區總部(1)		地區辦事處(2)	
	數目	佔地區總部總計中(1,098家)%	數目	佔地區辦事處總計中(2,511家)%
中國內地	975	88.8	2,081	82.9
台灣	472	43.0	991	39.5
新加坡	402	36.6	741	29.5
泰國	345	31.4	634	25.2
韓國	339	30.9	667	26.6
菲律賓	323	29.4	595	23.7
馬來西亞	320	29.1	605	24.1
日本	304	27.7	614	24.5
印尼	284	25.9	503	20.0
印度	236	21.5	396	15.8
澳洲	229	20.9	447	17.8

註：2004年6月1日的統計調查。
(1)地區總部可能負責管理其母公司在多於一個國家／地區的運作業務。
(2)地區辦事處可能負責管理其母公司在多於一個國家／地區的運作業務。

18 雜項統計

18.1 2003年香港經濟的四大支柱行業情況

	2002年		2003年	
	億元	佔以要素成本計算的本地生產總值比重(%)	億元	佔以要素成本計算的本地生產總值比重(%)
以當時價格計算的增加值				
金融服務	1,467	12.2	1,540	13.1
銀行	1,008	8.4	1,017	8.6
保險	160	1.3	181	1.5
其他金融服務	299	2.5	343	2.9
就業人數		佔總就業人數比重(%)		佔總就業人數比重(%)
金融服務	179,000	5.5	173,000	5.4
銀行	78,100	2.4	77,000	2.4
保險	42,900	1.3	41,500	1.3
其他金融服務	58,000	1.8	54,500	1.7
以當時價格計算的增加值				
貿易及物流	3,197	26.5	3,280	27.9
貿易	2,621	21.7	2,666	22.6
批發貿易	131	1.1	117	1.0
出入口貿易	2,490	20.7	2,549	21.6
物流	576	4.8	614	5.2
貨運及倉庫服務	527	4.4	564	4.8
郵遞及速遞服務	49	0.4	49	0.4
就業人數		佔總就業人數比重(%)		佔總就業人數比重(%)
貿易及物流	778,100	24.1	785,500	24.4
貿易	582,800	18.0	582,100	18.1
批發貿易	71,100	2.2	68,100	2.1
出入口貿易	511,700	15.8	514,000	16.0
物流	195,300	6.0	203,400	6.3
貨運及倉庫服務	173,400	5.4	178,300	5.5
郵遞及速遞服務	22,000	0.7	25,100	0.8
以當時價格計算的增加值				
入境旅遊	266	2.2	210.00	1.8
從各經濟活動攤分而得的貢獻:				
酒店及旅舍業	72	0.6	53	0.4
過境客運服務	75	0.6	52	0.4
零售業	46	0.4	52	0.4
飲食業	36	0.3	27	0.2
其他	36	0.3	26	0.2
就業人數		佔總就業人數比重(%)		佔總就業人數比重(%)
入境旅遊	105,700	3.3	99,200	3.1

	2002年		2003年	
	億元	佔以要素成本計算的本地生產總值比重(%)	億元	佔以要素成本計算的本地生產總值比重(%)
從各經濟活動攤分而得的貢獻:				
酒店及旅舍業	22,000	0.7	18,100	0.6
過境客運服務	6,500	0.2	5,300	0.2
零售業	35,200	1.1	42,000	1.3
飲食業	29,300	0.9	23,900	0.7
其他	12,800	0.4	10,100	0.3
以當時價格計算的增加值				
外訪旅遊	101	0.8	82	0.7
從各經濟活動攤分而得的貢獻:				
旅行社及票務代理	31	0.3	26	0.2
過境客運服務	69	0.6	57	0.5
就業人數		佔總就業人數比重(%)		佔總就業人數比重(%)
外訪旅遊	21,900	0.7	23,600	0.7
從各經濟活動攤分而得的貢獻:				
旅行社及票務代理	15,900	0.5	18,000	0.6
過境客運服務	6,000	0.2	5,700	0.2
以當時價格計算的增加值				
專業服務及其他工商業支援服務	1,382	11.5	1,350	11.5
專業服務	419	3.5	437	3.7
法律、會計及核數服務	144	1.2	125	1.1
建築、測量、工程策劃服務，工程及技術服務，以及商業管理及顧問服務	170	1.4	198	1.7
其他專業服務	105	0.9	114	1.0
其他工商業支援服務	963	8.0	913	7.8
就業人數		佔總就業人數比重(%)		佔總就業人數比重(%)
專業服務及其他工商業支援服務	338,000	10.4	347,100	10.8
專業服務	126,100	3.9	126,400	3.9
法律、會計及核數服務	32,800	1.0	33,800	1.0
建築、測量、工程策劃服務，工程及技術服務，以及商業管理及顧問服務	48,800	1.5	50,200	1.6
其他專業服務	44,500	1.4	42,500	1.3
其他工商業支援服務	311,900	6.5	220,600	6.8

18.2 2003年香港經濟的四個主要行業的增加價值

(單位：億港元)

	1995年	1998年	2002年	2003年	平均每年變動百分率(%) 1995-2003年	1998-2003年
金融服務	1,105	1,263	1,473	1,540	4.2	4.0
	(10.6%)	(10.5%)	(12.2%)	(13.1%)	2.5	2.1
銀行	838	917	1,015	1,017	2.5	2.1
保險其它金融服務	267	346	459	523	8.8	8.6
旅遊服務(入境旅遊及外訪旅遊)	337	267	364	293	-1.8	1.9
	(3.2%)	(2.2%)	(3.0%)	(2.5%)		
入境旅客	263	192	264	210	-2.8	1.8
外訪旅遊	74	74	100	82	1.3	2.1
貿易及物流	2,503	2,854	3,197	3,280	3.4	2.8
	(24.0%)	(23.7%)	(26.5%)	(27.9%)		
貿易	2,061	2,352	2,621	2,666	3.3	2.8
物流	442	503	576	614	4.2	4.1
專業服務及其他工商業支援服務	1,435	1,600	1,382	1,350	-0.8	-3.3
	(13.8%)	(13.3%)	(11.5%)	(11.5%)		
專業服務	355	438	419	437	2.6	-0.1
其他工商業支援服務	1,081	1,162	963	913	-2.1	-4.7
四個主要行業=1+2+3+4	5,380	5,984	6,417	6,463	2.3	1.6
	(51.7%)	(49.6%)	(53.2%)	(54.9%)		
以要素成本計算的本地生產總值#	10,411	12,053	12,062	11,777	1.6	-0.5

註：( ) 數字表示在以要素成本計算的本地生產總值內所佔的百分比。
為比較四個主要行業佔本地生產總值的百分比，使用了要素成本計算的本地生產總值。這與常用的以當時市價計算的本地生產總值有少許不同。

2003年香港經濟的四個主要行業的就業人數

	1995年	1998年	2002年	2003年	平均每年變動百分率(%) 1995-2003年	1998-2003年
金融服務	138,100	175,200	179,000	173,000	2.9	-0.2
	(10.6%)	(10.5%)	(12.2%)	(13.1%)		
銀行	66,700	82,800	78,100	77,000	1.8	-1.5
保險其它金融服務	71,400	92,300	100,900	96,100	3.8	0.8
旅遊服務(入境旅遊及外訪旅遊)	-	95,800	126,800	122,900	-	5.1
入境旅客	-	74,900	104,900	99,200	-	5.8
外訪旅遊	-	20,900	21,800	23,600	-	2.5
貿易及物流	-	781,800	778,100	785,500	-	0.1
	-	(25.0%)	(24.1%)	(24.4%)	-	0.1
貿易	588,200	574,300	582,800	582,100	-0.1	0.3
物流	-	207,500	195,300	203,400	-	-0.4
專業服務及其他工商業支援服務	-	301,400	338,700	347,100	-	2.9
	-	(9.6%)	(10.5%)	(10.8%)		
專業服務	101,300	107,700	126,100	126,400	2.8	3.3
其他工商業支援服務	-	193,800	212,600	220,600	-	2.6
四個主要行業 =1+2+3+4	-	1,354,200	1,422,500	1,428,400	-	1.1
		(43.3%)	(44.0%)	(44.3%)		
以要素成本計算的本地生產總值勤	2,911,600	3,127,200	3,235,200	3,222,300	1.3	0.6

註：( )數字表示總就業人數所佔的百分比。

18.4 1999年至2003年香港研究及發展的統計

	2001年	2002年	2003年
研究及發展人員數目(以相當於全日制計算)			
工商機構	3,294	4,560	7,452
	(30%)	(35%)	(44%)
高等教育機構(1)	7,456	7,969	8,995
	(68%)	(62%)	(53%)
政府機構	291	361	417
	(3%)	(3%)	(3%)
總計	11,041	12,890	16,864
	(100%)	(100%)	(100%)
研究及發展開支(億港元)			
工商機構	20.83	25.06	35.45
	(29%)	(33%)	(41%)
	〔0.16%〕	〔0.20%〕	〔0.29%〕
高等教育機構	48.47	48.01	47.96
	(68%)	(64%)	(56%)
	〔0.38%〕	〔0.38%〕	〔0.39%〕
政府機構	1.58	2.37	2.08
	(2%)	(3%)	(2%)
	〔0.01%〕	〔0.02%〕	〔0.02%〕
總計	70.87	75.44	85.49
	(100%)	(100%)	(100%)
	〔0.56%〕	〔0.60%〕	〔0.70%〕

註：(1)2000年起，研究及發展開支是以進行者的內部研究及發展開支為編製基礎。內部研究及發展開支是指由申報單位的直屬僱員在申報單位內為申報單位或根據合約協議為其他機構進行的研究及發展活動的開支，而不論資金來源。

( ) 數字代表佔總計的百分比。

〔 〕數字代表研究及發展開支相對於本地生產總值的百分比。

18.5 按行業類別劃分的工商機構研究及發展統計

	2001 年	2002 年	2003 年
按行業類別劃分的研究及發展人員數目(以相當於全日制計算)			
製造業	1,153	1,012	1,125
非製造業	2,141	3,548	6,327
總計	3,294	4,560	7,452
按職務類別劃分的工商機構中研究及發展人員數目			
研究員(1)	2,236	3,142	5,004
技術員(2)	678	1,023	1,606
其他輔助人員(3)	380	395	842
總計	3,294	4,560	7,452
按行業類別及開支類別劃分的工商機構研究及發展開支(億港元)			
製造業	4.40	4.82	4.06
研究及發展資本開支	0.66	0.72	0.35
研究及發展經常開支	3.74	4.10	3.71
非製造業	16.43	20.24	31.39
研究及發展資本開支	3.36	3.45	3.73
研究及發展經常開支	13.07	16.79	27.66
所有機構	20.83	25.06	35.45
研究及發展資本開支	4.02	4.18	4.08
研究及發展經常開支	16.81	20.88	31.37

註：(1)研究員是指曾接受任何範疇的科學或技術訓練的專業人員，而該人員有參與研究及發展活動的專業工作；監督研究及發展活動的行政人員及其他高層人員。

(2)技術員是指參與研究及發展活動的技術工作，曾接受任何科技方面的職業或專業訓練，並達到一定專業水平的人員。技術員通常是在研究員督導下工作。

(3)其他輔助人員是指直接參與研究及發展活動的輔助人員，他們通常是研究及發展部門／組別的人員，包括文員、技術、半技術及非技術工人。只參與一般管理活動如保安、看更和維修人員則除外。

18.6 高等教育機構及政府機構的研究及發展統計

	2001年	2002年	2003年
高等教育機構的研究及發展人員數目(以相當於全日制計算)(1)			
研究員(2)	6,766	7,285	8,235
技術員	400	412	434
其他輔助人員	290	272	326
總計	7,456	7,969	8,995
高等教育機構的研究開支(億港元)(3)(4)			
資本開支	2.70	2.69	2.19
經常開支	45.76	45.32	45.77
自然科學	11.15	11.44	11.37
工程及科學	10.31	9.88	9.94
醫科及牙科護理	8.25	8.7	9.68
社會科學	4.24	4.57	3.66
文學及人文學科	4.67	4.56	4.35
商業及管理	4.44	3.75	4.61
教育及持續教育	2.70	2.43	2.16
總計	48.46	48.01	47.96
政府機構的研究及發展人員數目(以相當於全日制計算)			
研究員	147	212	258
技術員	84	97	98
其他輔助人員	60	52	60
總計	291	361	417
政府機構的研究開支(億港元)	1.58	2.37	2.08
資本開支	0.21	0.31	0.24
經常開支	1.37	2.06	1.84

註：(1)數字只包括透過大學教育資助的8間高等教育院校。
(2)高等教育機構研究及發展人員包括與研究有關人員及全時間研究課程研究生，前者是指用了80%或以上的工作時間進行研究有關工作的員工。
(3)高等教育機構的財政年度由每年7月至下一年的6月。
(4)只包括透過大學教育資助委員會資助的8間高等教育院校。

18.7 香港建造業的主要統計

	2000年	2001年	2002年	2003年
建造業的主要統計數字				
機構單位	20,181	19,521	19,878	19,520
直接僱用人數	154,676	141,079	135,870	124,933
建造工程總值(億元)	2,080.26	1,965.64	1,848.01	1,638.83
增加價值(億元)	631.7	581.39	523.03	455.73
生產總值內各成分所佔百分比				
僱員薪酬及付予只供應勞工的分判承建商費用	25	24	24	23
材料物料的消耗，燃料、電力及用水費用及維修保養服務	20	19	19	19
連工包料的分判承建商費用	43	44	45	46
雜項營運開支(利息支付除外)	8	8	8	9
經營盈餘總額	5	5	4	4

2003年按建造工程總值劃分的屋宇建造及土木工程	機構單位數目	直接僱用人數	建造工程總值(億元)	增加價值(億元)
< 1千萬元	17,895	52,552	247.08	101.17
1千萬至9.9千萬元	1,357	30,079	351.34	110.33
1億元或以上	268	42,302	1,040.41	244.24
總計	19,520	124,933	1,638.83	455.73

18.8 教育院校及培訓機構數目

(按院校類別劃分)

院校類別	學生開始的數字	
	2003-2004 年度	2004-2005 年度 #
幼稚園	768	731
小學		
日校	785	761
夜校	-	-
中學		
日校	501	519
夜校	36	51
特殊學校(1)	74	66
職業訓練局	1	1
認可專上學院(2)	2	3
其他學院(3)		
日校	13	13
夜校	4	4
大學教育資助委員會資助的院校	8	8
香港演藝學院	1	1
香港公開大學	1	1
建造業訓練局	1	1
製衣業訓練局	1	1
醫院管理局	1	1
提供成人教育/補習/職業課程的院校		
日校	1,108	1,089
夜校	1,020	943

註:(1)包括特殊學校、實用中學及和技能訓練學校。
(2)認可專上學院指根據《專上學院條例》註冊的專上學院。
(3)珠海學院於2004年7月註冊為認可專上學院。
(4)其他學院指提供專上課程的私立院校,例如:香港三育書院和香港能仁書院等。

18.9 學生人數(按院校及培訓機構類別劃分)(1)(2)

(單位：萬人)

院校／課程類別	學年	
	2003-2003 年度	2003-2005 年度 #
幼稚園	13.61	13.02
小學	46.88	44.66
中學	47.05	47.64
特殊教育(3)	1.02	0.85
職業訓練局(4)(5)	5.97	5.93
認可專上學院(6)(7)	4.00	0.39
其他學院(8)	4.00*	0.35
大學教育資助委員會(教資會)資助的院校(9)	9.04	9.37
香港演藝學院	0.07	0.08
香港公開大學(5)(10)	3.75	3.87
建造業訓練局	0.17	0.12
製衣業訓練局	0.09	0.12
醫院管理局(11)	0.02*	0.03
毅進計劃(12)	0.45	0.66
提供成人教育／補習／職業課程的院校(5)	20.11	22.78
總計	149.02	150

註：(1)學生人數按實際數目計算。
(2)數字只包括就讀為期一年或以上長期課程的全日制及兼讀制的學生人數。"提供成人教育／補習／職業課程的院校"的數字則包括長短期課程。
(3)包括入讀普通學校特殊班以及實用中學和技能訓練學校中已主流化的班級的學生人數 。
(4)職業訓練局的數字指香港專業教育學院。(1999 年以前分為科技學院及工業學院)、訓練及培訓發展中心，以及專業進修中心學生人數，也包括由 2001 年 9 月起開始收生的職業訓練局工商資訊學院的自資全日制專上課程的學生人數。
(5)不包括就讀毅進計劃課的學生人數。
(6)認可專上學院指根據《專上學院條例》註冊的專上學院。
(7)珠海學院於 2004 年 7 月註冊為"認可專上學院"。
(8)其他學院指提供專上課程的私立院校，例如 :香港三育書院和香港能仁書院。
(9)自 2001-02 年度起，數字亦包括就讀自資全日制經評審專上課程的學生人數。
(10)數字亦包括李嘉誠專業進修學院的學生人數。
(11)數字指自 2002 年起提供的護士訓練課程學員人數。
(12)毅進計劃於 2000 年 10 月推出。
條訂數字

18.10 政府在教育方面開支

(單位：億港元)

	財政年度(4月-3月)		
	1999-2000	2003-2004	2004-2005(1)
開支總額	503.07	564.96	557.32
相對政府開支總額的比例(%)	22.4	23.2	22.9
相對本地生產總值的比(%)	4	4.6	4.3
經常開支	428.66	464.2	455.35
用於(%)			
小學教育	21.1	23.3	23.7
中學教育	32.6	34.6	35.6
高等教育	34.5	30	28.7
其他教育項目 *	11.8	12.1	12

註：數字包括政府在幼稚園、特殊教育、教育統籌局(前身為教育署)開辦或資助的成人教育課程、職業訓練局開辦的職業教育課程和部門支援的經常開支。
(1)修訂數字。

18.11 病床及選定醫療專業人員數目

	2003年		2004年#	
	數目	比率(1)	數目	比率(1)
病床	35,526	0.52	34,400	0.50
醫生(2)	11,016	0.16	11,242	0.16
中醫(3)	4,738	0.07	4,986	0.07
牙醫(2)	1,848	0.03	1,896	0.03
藥劑師	1,457	0.02	1,517	0.02
護士(4)	43,782	0.64	44,402	0.64
助產士	4,791	0.07	4,866	0.07
脊醫(5)	67	*	67	*

註：(1) 按每萬人口計算的病床／醫療專業人員數目
(2) 數字包括本地及海外註冊的正式註冊醫生／牙醫。
(3) 數字包括自2002年開始提供，並不包括3,015名表列中醫，表列中醫在香港可合法執業，但需通過註冊審核或執業資格試才可以申請註冊。
(4) 數字包括註冊護士及登記護士
(5) 自2003年2月起，強制規定註冊脊醫必須持有有效執業證書才可執業。
* 少於0.05
# 修訂數字

18.12 綜合社會保障計劃

	2003-2004年度(1)	2004年-2005年度(1)
綜合社會保障援助計劃		
個案數目(宗)(期末)	290,705	296,688
發放款項(億元)	173.06	176.31
申請個案數目(宗)(期末)	86,977	68,600
年老	147,433	150,399
失明	325	320
聽覺受損	352	381
肢體殘疾	4,600	4,845
精神病患(2)	10,665	11,374
健康欠佳	22,251	23,341
單親家庭	37,949	39,821
低失入	14,215	16,902
失業	48,450	44,224
其他	4,465	5,081
公共福利金計劃		
個案數目(宗)(期末)	563,908	567,859
傷殘津貼	107,110	109,959
高齡津貼	456,798	457,900
發放款項(億元)	52.14	52.45
申請個案數目(宗)(期末)	56,550	57,326

註：(1)財政年度由4月1日至3月31日。
(2)包括弱智。

資料來源

除以下另有說明外，本年鑑統計均來自香港統計統計處

1.1-8	本地生產總值(2005 年第一季)
1.9-12	香港統計月刊(2005 年 6 月)
2.1	香港年報(2004 年)
2.2	香港統計月刊(2005 年 1 月)
2.3-5	綜合住戶統計調查按季統計報告書(2004 年 3,6,9,12 月)
2.6-8	香港統計月刊(2005 年 5 月)
3.1-3	綜合住戶統計調查按季統計報告書(2004 年 3,6,9,12 月)
3.4-8	就業及空缺按季統計報告書(2004 年 3,6,9,12 月)
4	工資及薪金總額按季統計告(2004 年 3,6,9,12 月)
5.1-4	香港統計月刊(2005 年 1 月)
5.5-6	香港統計月刊(2005 年 3 月)
6.1-18,21-22	香港對外貿易回顧(2004 年)
6.19-20	香港貿易發展局
6.23-26	香港統計月刊(2005 年 6 月)
7.1-7	政府憲報(2005 年 6 月 9 日第 3272 號公告)
7.8-9	香港金融管理局年報(2004 年)
7.10-14	金融數據月報網上版
8	金融數據月報網上版
9.1-8,10-22	香港交易所股市資料網上版
10.1	保監透視(2005 年 3 月號)
10.2-6	保險業監理處網上統計資料
11	消費物價指數年報(2004 年)
12	香港統計月刊(2005 年 1 月)
13.1-3,9	香港統計月刊(2005 年 1 月)
13.4	香港港口統計數字一覽(2005 年編訂)
14.1-3,14-16	香港旅遊發展局統計(2004 年 12 月)
14.4-9	香港統計月刊(2004 年 12 月)
14.10-13	香港統計月刊(2005 年 4 月)
15.1,20-21,23	香港統計月刊(2005 年 1 月)
15.2-19	香港物業報告(2005 年)
15.22	香港年報(2004 年)
16	香港統計月刊(2005 年 1 月)
17.1-7	香港對外直接投資統計(2003 年)
17.8-12	海外公司駐香港的地區代表按年統計調查報告(2004 年)
18.1-3	香港統計月刊(2005 年 3 月)
18.5-7	香港統計月刊(2005 年 5 月)
18.8-12	香港年報(2004 年)

第六篇

工商服務便覽

政府主要官員、常任秘書長及部門首長名單

主要官員

姓名	職務	部門
許仕仁	政務司司長	政務司司長辦公室
唐英年	財政司司長	財政司司長辦公室
梁愛詩	律政司司長	律政司
曾俊華	工商及科技局局長	工商及科技局
孫明揚	房屋及規劃地政局局長	房屋及規劃地政局
李國章	教育統籌局局長	教育統籌局
周一嶽	衞生福利及食物局局長	衞生福利及食物局
王永平	公務員事務局局長	公務員事務局
何志平	民政事務局局長	民政事務局
李少光	保安局局長	保安局
葉澍堃	經濟發展及勞工局局長	經濟發展及勞工局
廖秀冬	環境運輸及工務局局長	環境運輸及工務局
馬時亨	財經事務及庫務局局長	財經事務及庫務局
林瑞麟	政制事務局局長	政制事務局
李明逵	警務處處長	警務處
黃鴻超	廉政專員	廉政公署
鄧國斌	審計署署長	審計署
湯顯明	海關關長	香港海關
黎棟國	入境事務處處長	入境事務處

常任秘書長

姓名	職務	部門
俞宗怡	工商及科技局常任秘書長(工商)	工商及科技局
何宣威	工商及科技局常任秘書長(通訊及科技科)	工商及科技局
黎高穎怡	公務員事務局常任秘書長	公務員事務局
李麗娟	民政事務局常任秘書長	民政事務局
梁展文	房屋及規劃地政局常任秘書長(房屋)	房屋及規劃地政局
劉吳惠蘭	房屋及規劃地政局常任秘書長(規劃及地政)	房屋及規劃地政局
應耀康	保安局常任秘書長	保安局
麥清雄	政制事務局常任秘書長	政制事務局

何鑄明	財經事務及庫務局常任秘書長(財經事務)	財經事務及庫務局
黎　年	財經事務及庫務局常任秘書長(庫務)	財經事務及庫務局
李淑儀	經濟發展及勞工局常任秘書長(經濟發展)	經濟發展及勞工局
張建宗	經濟發展及勞工局常任秘書長(勞工)/ 勞工處處長	經濟發展及勞工局
羅范椒芬	教育統籌局常任秘書長	教育統籌局
郭家強	環境運輸及工務局常任秘書長(環境)	環境運輸及工務局
羅智光	環境運輸及工務局常任秘書長（運輸）	
盧耀楨	環境運輸及工務局常任秘書長(工務)	環境運輸及工務局
尤曾家麗	衞生福利及食物局常任秘書長	衞生福利及食物局

部門首長

姓名	職務	部門
黃灝玄	行政長官辦公室常任秘書長	行政長官辦公室
梁寶榮	香港特別行政區政府駐北京辦事處主任	香港特別行政區政府駐北京辦事處
劉兆佳	中央政策組首席顧問	中央政策組
曹德江	土木工程拓展署署長	土木工程署
蘇啟龍	土地註冊處處長	土地註冊處
史端仁	秘書長	大學教育資助委員會秘書處
楊立門	工業貿易署署長	工業貿易署
高贊覺	水務署署長	水務署
鍾悟思	公司註冊處處長	公司註冊處
吳永祥	公務員培訓處處長	公務員培訓處
陳甘美華	民政事務總署署長	民政事務總署
羅崇文	民航處處長	民航處
陳明鉅	總參事	民眾安全服務處
劉勵超	地政總署署長	地政總署
張琼瑤	行政署長	行政署
盧維思	投資推廣署署長	投資推廣署
張景文	法律援助署署長	法律援助署
黃鴻堅	拓展署署長	拓展署
鄧國威	社會福利署署長	社會福利署
謝肅方	知識產權署署長	知識產權署
梁展文	房屋署署長	房屋署
鄔滿海	屋宇署署長	屋宇署
梁永立	食物環境衞生署署長	食物環境衞生署
丁大倫博士	政府化驗師	政府化驗所
孔郭惠清	政府物流服務署署長	政府物流服務署
關錫寧	政府產業署署長	政府產業署
馮興宏	政府統計處處長	政府統計處
畢耀明	政府飛行服務隊總監	政府飛行服務隊
蔡瑩璧	政府新聞處處長	政府新聞處
林超英	香港天文台台長	香港天文台

朱培慶	廣播處長	香港電台
郭志舜	輔警總監	香港輔助警察隊
余熾鏗	建築署署長	建築署
鄭汝樺	旅遊事務專員	旅遊事務署
林振敏	消防處處長	消防處
王倩儀	康樂及文化事務署署長	康樂及文化事務署
崔崇堯	海事處處長	海事處
李李嘉麗	庫務署署長	庫務署
區敬樂	破產管理署署長	破產管理署
彭贊榮	差餉物業估價署署長	差餉物業估價署
王錫基	創新科技署署長	創新科技署
蔣任宏	郵政署署長	郵政署
馮志強	規劃署署長	規劃署
劉麥懿明	稅務局局長	稅務局
黎福根	渠務署署長	渠務署
麥齊光	路政署署長	路政署
余呂杏茜	禁毒專員	禁毒處
區文浩	電訊管理局總監	電訊管理局
黃志光	運輸署署長	運輸署
陳鎮源	漁農自然護理署署長	漁農自然護理署
黃浪詩	影視及娛樂事務處處長	影視及娛樂事務處
李　榮	學生資助辦事處監督	學生資助辦事處
林秉恩醫生	衛生署署長	衛生署
黎仕海	機電工程署署長	機電工程署
林文浩	總選舉事務主任	選舉事務處
郭家強	環境保護署署長	環境保護署
陳耀榮	總參事	醫療輔助隊
彭詢元	懲教署署長	懲教署

截止日期：2005年8月10日

政 府 組 織 圖

(2005 年 7 月)

附註 ：

(1) 政務司司長在獲行政長官授權的情況下，統籌以下政策範疇的工作(*見註釋)：

- 公務員事務
- 政制事務
- 教育及人力
- 環境、運輸及工務
- 衞生、福利及食物
- 民政事務
- 房屋、規劃及地政
- 保安
- 其他由行政長官指派的政策範疇

財政司司長在獲行政長官授權的情況下，統籌以下政策範疇的工作(*見註釋)：

- 工商及科技
- 經濟發展及勞工
- 財經事務及庫務
- 其他由行政長官指派的政策範疇

* 註釋 ：個別政策局局長在行政長官的明確指示下， 就著具體政策項目向政務司司長或財政司司長負責

(2) 駐京辦即香港特別行政區政府駐北京辦事處。
就財政管制而言，駐京辦在聯繫工作和香港特區入境事務兩個政策綱領所需撥款，分別由政制事務局局長和保安局局長的開支封套支付。

(3) 建築署署長亦同時向財經事務及庫務局局長負責。

(4) 土木工程拓展署署長亦同時向經濟發展及勞工局局長及房屋及規劃地政局局長負責。

(5) 機電工程署署長亦同時向經濟發展及勞工局局長、保安局局長及房屋及規劃地政局局長負責。

(6) 漁農自然護理署署長亦同時向環境運輸及工務局局長負責。

(7) 房屋及規劃地政局局長也負責制定與房屋事務有關的政策及計劃，以及監察和統籌公營機構在推行這些政策及計劃方面的工作，並監察私人房屋發展。

(8) 海關關長亦同時向工商及科技局局長、財經事務及庫務局局長和經濟發展及勞工局局長負責。

(9) 郵政署署長亦同時向民政事務局局長以及工商及科技局局長負責。

稅 制

收入來源

政府的主要收入來源為利得稅(24%)及薪俸稅(13%)。其他重要收入來源包括投資回報(7%)、公用事業和政府服務的各項收費(6%)、土地交易(3%)、博彩稅(6%)、差餉(5%)、印花稅(5%)及應課稅品稅(3%)的收入。

香港的稅率低，課程制度簡單，執行費用並不高昂。另一方面，政府致力打擊逃稅和減少避稅機會。

稅務局徵收的稅款約佔政府總收入的50%，其中包括利得稅、薪俸稅、物業稅、印花稅，博彩稅、遺產稅和酒店房租稅。利得稅、薪俸稅及物業稅（包括個人入息課稅）根據《稅務條例》徵收，2003~04年度共佔政府總收入約39%。納稅人會按三種不同入息來源接受評稅，即營業利潤、薪俸和物業收入。

1.利得稅：

只有在本港經營的行業、專業或業務所得的純利，才須繳納利得稅。2003~04年度，非有限公司的營業利潤按15.5%的稅率繳納利得稅，而有限公司則繳納17.5%的利得稅。2004~05年度，非有限公司營業利潤的稅率為16%，而有限公司則維持在17.5%。

利得稅款首先按上一課稅年度賺取的利潤暫繳，其後再根據課稅年度實賺利潤予以調整。一般來說，賺取應評稅利潤時所需的一切開支，均可從該利潤中扣除。有限公司支付的股息毋須預扣稅款。利息收入（財務機構的利息收入除外）以及從有限公司收取的股息，也可免徵利得稅。2003~04年度，政府徵收的利得稅總額約為488億元，約佔政府總收入的24%。

2.薪俸稅：

根據在香港獲得或賺取的薪酬徵收。薪俸稅的課稅標準和繳稅辦法（包括暫繳稅款）與利得稅的相若。薪俸稅按遞增稅率計算，2003~04年度的計算辦法是先扣除薪俸稅免稅額，餘下首個、第二和第三個32,500元分別以2%、7.5%和13%的稅率徵收稅款。其餘入息則徵收18.5%的稅款。不過，納稅人所繳納的稅款均不會超過標準稅率，即入息總額的15.5%。2004~05年度的遞增稅率為2%、8%、14%和20%。稅階是3萬元，而標準稅率是16%。夫婦的入息是分開申報和評稅的。不過，若夫婦任何一方的免稅額高於本身的收入，或分開評稅會使夫婦共須繳納的薪俸稅額增加，則他們可選擇合併評稅。2003~04年度，薪俸稅稅收約為280億元，約佔政府總收入的13%。根據香港的稅務法例，薪俸稅納稅人享有可觀的免稅額，因此本港的工作人口中只有37%須繳交薪俸稅。

3.物業稅：

是向本港土地和樓宇業主徵收的稅項。2003~04年度，物業稅稅額按實際所收租金扣除20%作維修保養開支，再以標準稅率15.5%計算。2004~05年度的標準稅率分別是16%。物業稅也採用類似利得稅及薪俸稅所用的暫緩稅制度徵收。在本港營業的有限公司名下物業均獲豁免物業稅，但來自物業業權的利潤則須繳納利得稅。2003~04年度，物業稅的收入約為10億元，約佔政府總收入的0.5%。

4.印花稅：

《印花稅條例》規定，凡與不動產轉讓、租約和股票過戶有關的各類文件，均須繳納定額或從價印花稅。2003~04年度的印花稅收入約112億元，約佔政府總收入的5%。

5.博彩稅：

香港只有香港賽馬會舉辦的賽馬、六合彩及香港賽馬會的足球博彩活動，才是合法的賭博活動。賽馬博彩稅率按投注的類別而定。2003~04年度，普通彩池及特別彩池的稅率分別為投注額的12%及20%。（特別彩池的稅率由2003年8月1日起由19%提高至20%）。由2003年8月1日起實施的足球博彩則按毛利徵收50%的博彩稅。2003~04年度，這方面的稅收總額約達116億元，佔政府總收入約6%。

6.遺產稅：

2003~04年度，遺產稅稅率由5%至最高15%，適用於價值在750萬元以上的遺產。

7.貨品稅：

根據《應課稅品條例》，目前只有四類貨品為應課稅品，分別是碳氫油類、含酒精飲品、其他酒精產品（即甲醇和乙醇）和煙草產品，包括本地製造和進口的產品。這些稅項由香港海關負責徵收。2003~04年度，海關徵收的稅款共達64億元，約佔政府總收入的3%。

8.酒店房租稅：

酒店和賓館必須繳納酒店房租稅，稅率是租客所付租金的3%。

9.差餉：

根據物業的應課差餉租值按指定百分率，由差餉物業估價署徵收。2003~04財政年度的差餉徵收率為5%。

應課差餉租值是物業在某一指定日期估計可取得的全年市值租金。目前，差餉物業估價署每年重估全港物業的應課差餉租值，使估值更能反映最新的租金水平。現行的差餉估價冊在2004年4月1日生效，冊內所載的應課差餉租值反映2003年10月1日的租金水平。截至2004年3月31日，差餉估價冊載有約2,134,000個估價項目。2003~04年度的差餉收入總額為111.67億元，約佔政府總收入的5%。

差餉物業估價署也負責徵收地租。在1985年5月27日或之後批出的土地契約，以及原沒有續期權利而獲得續期的土地契約，均須在1997年7月1日起向政府繳納地租。後者包括在1997年6月28日續期的新界及九龍界限街以北地區的所有土地契約。地租按土地的應課差餉租值3%徵收，並隨應課差餉租值的變動而調整。截至2004年3月31日，地租登記冊載有約158萬個估價項目。2003~04年度的地租收入總額為41億元。

其他收入

政府也從其他來源取得不少收入。2003~04年度，政府部門就公共服務所收取的各項費用，為政府帶來約105億元的收益，約佔政府總收入的5%。政府的政策是，公共服務的收費一般應足以收回提供服務的全部成本。不過，某些必需的服務由政府資助或免費提供。政府經營的公用事業，也為政府帶來約29億元的收入，約佔政府總收入的1%。以收入款額計算，最重要的公用事業是食水供應。自1998年2月以來，為減輕市民在經濟逆轉時的負擔，政府凍結了大部分政府收費。隨著整體經濟表現續漸改善，財政司司長於《2004～2005財政年度政府財政預算案》中表示，政府恢復調整服務的收費水平，首先處理的是不會直接影響民生或一般營商活動的收費。

2003～04年度，政府從財政儲備所賺取的投資和利息收入有259億元，佔總收入約12.5%。

此外，2003～04年度，土地交易收入約為54億元，佔政府總收入約2.6%。土地交易收入全部撥入基本工程儲備基金，用以進行工務計劃。

擴闊稅基的需要

政府明白香港的稅基十分狹窄，有需要擴闊稅基，令公共財政更為穩健。

香港的工作人口約有320萬，但納稅人的數目只有120萬。繳納最多薪俸稅的10萬名納稅人，其稅款約佔薪俸稅收入的57%。利得稅收入有60%來自繳稅最多的500家公司，而這500家公司僅佔賺取利潤的公司總數約1%。此外，與海外已發展經濟體系相比，香港較為倚賴利得稅和與房地產有關的稅項或非稅項收入。由於這些收入易受經濟周期影響，政府必須擴闊稅基，以確保有穩定的收入來源應付公共開支。

引入商品及服務稅是擴闊稅基的一個可行方法。政府已在2003年7月成立內部委員會，研究開徵這稅項的可行性。委員會已向財政司司長提交有關如何在香港開徵商品及服務稅的報告。根據外國的經驗，商品及服務稅對經濟的影響一般都頗為有限，而且為時短暫。長遠來說，這稅項反而可提高經濟競爭力和穩定政府的財政。政府打算與社會各界就這課題進行理性和有建設性的討論，然後才決定是否開徵商品及服務稅。

網頁

稅務局：www.info.gov.hk/ird/

2004年憲報刊登有關經濟法條例、規條、草案

類別	標題	法律公告編號	刊登日期
規條	《〈2003年土地(雜項條文)(修訂)條例〉(2003年第17號) 2004年(生效日期)公告》	1	1月16日
規條	《2004年空運(航空服務牌照)(修訂)規例》	4	1月21日
規條	《銀行業條例(修訂第81(6)條)公告》	10	1月30日
規條	《2004年進出口(一般)規例(修訂附表7)公告》	11	1月30日
規條	《〈2002年僱員補償援助(修訂)條例〉(2002年第16號) 2004年(生效日期)公告》	13	1月30日
規條	《安排指明(比利時王國政府)(避免就收入及資本雙重課稅和防止逃稅)令》	16	2月6日
規條	《2004年僱員再培訓條例(修訂附表2)公告》	17	2月6日
規條	《安排指明(克羅地亞共和國政府關於民用航空服務)(避免雙重課税)令》	32	3月5日
規條	《2004年電訊(修訂)規例》	33	3月5日
規條	《2004年電訊(傳送者牌照)(修訂)規例》	34	3月5日
規條	《2004年證券及期貨(合約限量及須申報的持倉量)(修訂規則)》	35	3月5日
規條	《〈2004年空運(航空服務牌照)(修訂)〉(2004年第4號法律公告) 2004年(生效日期)公告》	36	3月5日
規條	《2004年專利(一般)(修訂)規則》	37	3月12日
規條	《2004年註冊外觀設計(修訂)規則》	38	3月12日
規條	《2004年商標(修訂)規則》	39	3月12日
規條	《〈2001年知識產權(雜項修訂)條例〉(2001年第2號) 2004年(生效日期)公告》	40	3月12日
草案	《2004年專業會計師(修訂)條例草案》		3月19日
草案	《2004年機場管理局(修訂)條例草案》		3月19日
規條	《應課税品條例》---- 立法會決議	50	3月26日
規條	《2001年版權(暫停實施修訂)---- 立法會決議》	51	3月26日
規條	《〈2001年版權(暫停實施修訂)條例〉 2004年(修訂)公告》	52	3月26日
規條	全國人民代表大會常務委員會關於《中華人民共和國香港特別行政區基本法》附件一第七條和附件二第三條的解釋	54	4月7日
規條	全國人民代表大會常務委員會關於香港特別行政區2007年行政長官和2008年立法會產生辦法有關問題的決定	1	4月28日
規條	《2004年進出口(戰略物業)規例(修訂附表1)令》		4月30日
規條	《2004年證券及期貨(合約限量及須申報的持倉量)(修訂)(第2 號)規則》	99	4月30日
規條	《2004年僱員再培訓條例(修訂附表2)(第2號)公告》	67	4月30日
規條	《2004年進出口(一般)規例(修訂附表7)(第2號)公告》	68	4月30日
規條	《〈2003年法律修訂及改革新(雜項修訂)條例〉(2003年第14號) 2004年(生效日期)公告》	72	4月30日

類別	標題	法律公告編號	刊登日期
條例	《渣打銀行(香港)有限公司(合併)條例》----2004 年第 6 號條例	6	5 月 7 日
規條	《2004 年公司條例(修訂附表 8)令》	78	5 月 7 日
規條	《印花稅(指明文書)公告》	81	5 月 7 日
規條	《〈2003 年印花稅(修訂)條例〉(2003 年第 21 號)2004 年(生效日期)公告》	82	5 月 7 日
條例	《存款保障計劃條例》----2004 年第 7 號條例	7	5 月 14 日
規條	《2004 年香港機場(障礙管制)(豁免)(修訂)》令	92	5 月 14 日
規條	《2004 年香港科技園公司條例(修訂附表 1)公告》	95	5 月 14 日
規條	《2004 年進出口條例(根據第 42 條指明終止日期)公告》	96	5 月 14 日
規條	《2004 年進出口(登記)規例(根據第 15 條指明終止日期)公告》	97	5 月 14 日
規條	《〈2003 年電訊(修訂)條例〉(2003 年第 30 號)2004 年(生效日期)公告》	98	5 月 14 日
規條	《〈存款保障計劃條例〉(2004 年第 7 號)2004 年(生效日期)公告》	101	5 月 21 日
規條	《2004 年法定貨幣紙幣發行條例(修訂附表)公告》	105	5 月 28 日
規條	《〈2004 年進出口(戰略物品)規例(修訂附表 1)令〉(2004 年第 65 號法律公告) 2004 年(生效日期)公告》	108	6 月 4 日
規條	《2004 年銀行業(香港公營單位的指明)(修訂)公告》	119	6 月 18 日
規條	《公共財政條例》---- 立法會決議 ---- 土地基金	126	6 月 18 日
規條	《機場管理局條例假日》---- 立法會決議	127	6 月 18 日
條例	《2004 年稅務(修訂)條例》----2004 年第 12 號條例	12	6 月 25 日
條例	《2004 電子交易(修訂)條例》----2004 年第 14 號條例	14	6 月 30 日
條例	《2004 年業主與租客(綜合)(修訂)條例》----2004 年第 16 號條例		7 月 2 日
條例	《結算及交收系統條例》----2004 年第 20 號條例		7 月 2 日
條例	《2004 年業主與租客(綜合)(修訂)條例》----2004 年第 16 號條例	16	7 月 9 日
條例	《結算及交收系統條例》----2004 年第 20 號條例	20	7 月 9 日
條例	《2004 年專業會計師(修訂)條例》----2004 年第 23 號條例	23	7 月 16 日
條例	《永亨銀行有限公司(合併)條例》----2004 年第 24 號條例	24	7 月 16 日
條例	《2004 年城市規劃(修訂)條例》----2004 年第 25 號條例	25	7 月 23 日
條例	《土地業權條例》----2004 年第 26 號條例	26	7 月 23 日
條例	《2004 年公司(修訂)條例》----2004 年第 30 號條例	30	7 月 23 日
規條	《〈結算及交收系統條例〉(2004 年第 20 號)2004 年(生效日期)公告》	145	8 月 27 日
規條	中華人民共和國香港特別行政區政府和克羅地亞共和國政府的民用航空運輸協定	2	8 月 27 日
規條	《〈2004 年銀行業(香港公營單位的指明)(修訂)公告〉(廢除)公告》	148	9 月 24 日
規條	《2004 年銀行業(香港公營單位的指明)(修訂)(第 2 號)公告》	149	9 月 24 日
規條	《〈2004 年專業會計師(修訂)條例〉(2004 年第 23 號)2004 年(生效日期)公告》	152	9 月 30 日
規條	《〈2004 年公司(修訂)條例〉(2004 年第 30 號)2004 年 (生效日期)公告》	154	10 月 8 日
草案	《2004 年職業訓練局(修訂)條例草案》		10 月 8 日
草案	《2004 年破產(修訂)條例草案》		10 月 8 日
草案	《2004 年公司(修訂)條例草案》		10 月 8 日

類別	標題	法律公告編號	刊登日期
規條	《2004年進出口(一般)(修訂)規例》	155	10月15日
規條	《2004年進出口(費用)(修訂)規例》	156	10月15日
規條	《商品説明(製造國)(織片成衣)令》	157	10月15日
規條	《2004年商品説明(製造地方)(織片成衣)(修訂)公告》	158	10月15日
規條	《2004年商品説明(製造地方)(廢除)公告》	159	10月15日
規條	《中華人民共和國香港特別行政區基本法》---- 立法會決議 ----《香港特別行政區立法會議事規則》	161	10月15日
規條	《安排指明(澳門特別行政區政府)(避免對航空器的營運入息雙重課税)令》	162	10月21日
草案	《2004年商品説明(修訂)條例草案》		10月29日
規條	《2004年證券及期貨(穩定價格)(修訂)規則》	180	11月12日
規條	《2004年公司條例(豁免公司及招股章程遵從條文)(修訂)公告》	181	11月12日
規條	《安排指明(德意志聯邦共和國政府)(航運入息避免雙重課税)令》	182	11月19日
規條	《安排指明(挪威王國政府)(避免對船舶的營運入息雙重課税)令》	183	11月19日
規條	《安排指明(新加坡共和國)(避免對船舶或航空器的營運入息雙重課税)令》	184	11月19日
規條	《安排指明(斯里蘭卡民主社會主義共和國政府)(避免對航運及空運入息雙重課税)令》	185	11月19日
規條	《商品説明(製造國)(紡織製成品)令》	186	11月19日
規條	《商品説明(製造地方)(紡織製成品)公告》	187	11月19日
規條	《〈存款保障計劃條例〉(第581章)2004年(生效日期)(第2號)公告》	188	11月19日
規條	《2004年土地註冊費用(修訂)規例》	193	12月3日
規條	《〈2002年土地註冊(修訂)條例〉(2002年第20號)2004年(生效日期)公告》	197	12月3日
規條	《應課税品條例》---- 立法會決議	199	12月3日
規條	《2004年電訊(指定須繳付頻譜使用費的頻帶)(修訂)令》	208	12月10日
規條	《2004年電訊(釐定頻譜使用費的方法)(第三代移動服務)(修訂)規例》	209	12月10日
規條	《電訊(頻譜使用費的水平)(第二代移動服務)規例》	210	12月10日
規條	《2004年僱員補償條例(修訂附表2)令》	213	12月10日
規條	《2004年空運(航空服務牌照)(修訂)(第2號)規例》	215	12月17日
規條	《〈存款保障計劃條例〉 2004年(生效日期)(第3號)公告》	219	12月24日
規條	《〈2004年公司條例(修訂附表8)令〉 2004年(生效日期)公告》	220	12月24日

教 育

教育是香港最重要的長遠社會投資，政府致力實現香港的教育理想，創造有利的學習環境，以培養學生成為自律的終生學習者。為此，政府正推行全面的教育改革，改革的範疇涵蓋幼兒，高等和持續教育。

經過四年的努力，教改工作已初見成效。多項調查的結果顯示，多個範疇已出現正面而令人鼓舞的變化。超過70%的小學校長和超過50%的中學校長報告，在推行改革後，學生在溝通能力、獨立思考能力、學習動機、創造力和承擔精神方面都有進步。超過50%的校長表示，教師、家長及學生等有關人士之間的關係顯著改善，而教師在工作量增加的情況下，士氣仍有所提升。此外，超過70%的小學生比以前更享受學習和喜愛上學。教師的專業水平有所提高，而教師之間和學校之間的協作及經驗分享也有所增加。

政府在2004年10月展開為期三個月的諮詢，就三年高中、四年大學的新學制的設計藍圖、實施時間及財政安排，蒐集各有關人士的意見。建議的改革獲得絕大多數人的支持，社會人士亦提出了許多具建設性的意見。政府將於2005年年中前，決定有關改革的未來路向。

教育方面政府經常開支和總開支分別達492億元和595億元，佔政府經常開支總額的24.2%和政府開支總額的23%。

(一)幼兒教育

幼稚園班級為三至六歲的兒童而設。由2004-05學年開始，在所有幼稚園中，合格幼稚園教師必須佔規定教學人員編制的100%，該編制按1:15的師生比例計算。此外，政府鼓勵幼稚園進行學校自我評估，並會隨機抽選幼稚園進行質素保證視學。

(二)小學、中學教育

政府為6至15歲的兒童提供免費和普及的基礎教育，即6年小學教育和3年基礎中學教育。官立和資助小學一年級的學額經中央統籌分配，所有學生修畢小六課程後，均可獲分配中學學位。大部分中學都提供三年基礎課程和兩年高中課程，學生修業期滿可參加香港中學會考；同時也提供兩年制中六預科課程，修畢課程的學生可參加香港高級程度會考。所有中三學生只要有志升學和具備適當能力，均可接受政府資助的中四教育或職業訓練。約三分之一的中五離校生會獲資助學位，升讀中六及中七。

2004年9月，就讀於官立和資助小學的學童有397,500名，而就讀於官立和資助中學的學生則有414,300名。官立和資助學校的學額約佔全部學額九成。為了使本港的學校體系更多元化，讓家長有更多選擇，政府在1999年推行多項措施，促進直接資助學校和非牟利私立獨立學校的發展。這些措施包括把政府興建的校舍分配給辦學團體開辦直資學校；以及以象徵式地價批地給辦學團體興建直資學校／非牟利私立獨立學校，並發放工程設備津貼。截至9月，本港共有55所直資學校，提供約5%的學額。第一所非牟利私立學校已開始運作，另有8所這類學校定於2008年或之前逐步開始運作。在55所直資學校中，有11所屬高中學校，其中3所於2004-05學年開始運作。高中學校採用直接資助計劃的撥款模式運作，以便學校設計市場主導、多元化和實用的課程，為對另類課程有興趣的中三離校生提供更多選擇。

• 小學推行專科教學

政府初步會由2005-06學年起連續三年，為12班或以上的官立及資助類別小學提供額外資源，改善教師與班級的比例，以減輕教師的工作量和推行專科教學。

• 檢討中學教學語言及中學學位分配辦法

根據現行的教學語言政策，學校須因應學生能力、教師水準，以及學習語言的支援策略和措施，採用合適的語言教學。

在中學學位分配方面，當局現已取消學能測驗，並實施中學學額分配過渡方案。

2003年年中，教育統籌委員會成立工作小組，一併檢討中學教學語言安排及中學學位分配辦法。該委員會將於2005年2月初開始進行公眾諮詢，以期於2005年年底前向政府提出建議方案。

香港在9月共有56所國際學校，其中15所由英基學校協會開辦。這些學校是社會基礎建設的重要一環，有助維持香港作為國際商貿中心和朝氣蓬勃的大都會的地位。這些學校開設各式非本地課程，包括美國、澳洲、英國、加拿大、法國、德瑞、新加坡、日本和韓國的課程，以及國際認可大學預科課程，共有32,600個學額。

(三)專上教育

行政長官在2000年《施政報告》中公布，在2010-11學年之前，屬於17至20歲年齡組成的青年，應有60%可接受專上教育。為加強推動力，政府向專上教育機構提供免息的開辦課程貸款、學術評審津貼及土地，並且為學生提供經濟援助。

2004-05年度，20所專上教育院校以自負盈虧方式開辦逾190項全日制經評審課程，提供約18,300個全日制副學位或以上程度的學額。另外，香港城市大學、香港理工大學、香港教育學院、職業訓練局和香港演藝學院提供約9,400個公帑資助的副學位程度學額。

(四)高等教育

本港有12所頒授學位的高等教育院校，8所由大學教育資助委員會撥付公幣資助，其餘4所並非由教資會資助，分別為公帑營辦的香港演藝學院，以及財政自給的香港公開大學、香港樹仁學院和珠海學院。

教資會成員由行政長官委任，負責就發展本港高等教育及所需經費等事宜提供意見，並處理8所受公幣資助高等教育院校的撥款事宜。此外，推廣質素保證和提高國際競爭力，是教資會的另一重任。

八所由教資會資助的高等教育院校都是獨立的法定組織，受所屬法例規管，並設有本身的管治組織。根據有關高等教育界的全面檢討，教資會正採取較具策略性的手法，建立既互相緊扣又多元化的高等教育體系，使每所院校因應本身的優勢擔當獨特的角色，也使整個高等教育界在區內和國際高等教育領域中被視為一股整體的力量。

目前，教資會資助的高等教育院校每年提供的第一年學士學位課程學額共有14,500個，涵蓋17至20歲的年齡組別人數約18%。此外，在這個年齡組別中，另有39%的學生接受其他本地高等教育（如副學位課程及職業培訓）或到海外升讀大學，使接受專上教育的整體人數，由2000-01學年時佔17至20歲年齡組別人數約30%，增加至2004-05學年的57%。

•相互承認高等教育學位證書

為加強內地和香港在教育領域的合作，並推動兩地學生的交流，雙方於2004年7月11日就相互承認高等教育學位證書簽訂備忘錄。

根據有關備忘錄，已獲得由認可的內地高等學校頒發的學士或以上學位者，可以申請攻讀香港高等學校的更高程度課程；反之亦然。

(五)特殊教育

政府在特殊教育方面的政策目標，是支援非政府機構合力幫助有特殊教育需要的兒童融入社會。2004-05學年，共有117所主流學院採用全校參與模式，支援約800名有特殊教育需要或輕度殘疾的學生。另外，本港共有62所為情況嚴重或有多種殘疾的兒童而設的特殊學校，其中20所設有宿舍，這類學校合共提供8,500個日間學額和超過1,000個宿位。19所特殊學校亦擔當資源中心的角色，為錄取有特殊教育需要學童的普通學校提供專業支援和輔助資源。

此外，政府亦支援資優學生，協助他們發展潛能，例如提供校本支援服務，製作資優課程資源套、進行相關研究及發展計劃、為教師和家長提供訓練，以及為資優學生提供校外增益課程。

(六)職業教育及訓練

職業訓練局於1982年成立，負責提供和推動具成本效益而全面的職業教育和訓練，讓離校生和成年學員掌握終身學習的技巧和知識，並提升受僱機會。

職業訓練局開辦全日制職前教育和訓練課程，並推行整個行業的培訓計劃，以及自願參與的工藝測試和資歷證明測試計劃。此外，該局成立了自負盈虧的專業進修中心，舉辦多項短期課程和專業考試。

年內，職業訓練局為離校生和在職人士合共提供約138,000個全日制及部分時間制訓練名額。

(七)工業教育

建造業訓練局為建造業提供培訓，其下設有三所訓練中心、一所管理培訓中心、一所工藝測試中心和一所安全訓練中心。該局對耗資超過100萬元的工程徵收0.4%的款項，作為經費。2004-05訓練年度，該局共提供3,669個全日制及64,097個部分時間制訓練名額。此外，該局地為建築工人進行工藝測試，檢定他們所達至的技術水平，並為建築機器操作員舉辦資歷證明測試。

製衣業訓練局為製衣和鞋履業提供訓練課程。

該局按照本港製造和出口的成衣和鞋類製品的離岸價格徵收0.03%的款項，作為經費。該局設有兩所訓練中心，開辦多項全日制及部分時間制訓練課程，提供技術員級和技工級培訓。2004-05年度，製衣業訓練局為458名全日制課程學員及4,338名部分時間制課程學員提供培訓。

本港現有5所技能訓練中心，為殘疾人士提供訓練，協助他們日後可在社會就業或修讀一般工業教育和訓練課程。這5所中心，有3所由職業訓練局管理，其餘兩所由非政府機構主理。2004-05訓練年度，這些中心合共提供1,222個全日制訓練名額，其中360個兼具宿位。

(八)成人教育

2004-05學年，政府委託辦學團體為3,066名成人提供小學至高中程度的夜間課程，政府又資助非政府機構開辦各類成人教育課程，合共提供17,486個學額。

毅進計劃

為了向不希望修讀傳統高中課程並參加了香港中學會考的中五學生提供一個進修途徑，教育統籌局於2004-05學年在10所中學試行毅進／中學協作計劃。該計劃採用自2000-01學年起為中學離校生和成年學員提供的毅進計劃課程。圓滿修畢課程的學生可獲頒發全科畢業證書。這張證書已獲香港學術評審局評定為在進修和求職時，可視作相當於香港中學會考五科及格的水平。

(九)資訊科技教育

資訊科技教育旨在裝備學生迎接資訊年代，使其成為終身學習者。首個資訊科技教育五年策略於1998年開始進行。截至2004年年初，平均每所小學已有91台電腦，中學則有247台。所有學校現時均以寬頻連接互聯網。

根據首個五年策略所得的成績，政府在2004年7月開始實施一個以學生為中心的資訊科技教育新策略，加強社區參與資訊科技教育的持續發展。下一個策略的主要目標，是利用資訊科技加強學習者和教師的能力、提升學校的電子領導能力、編製更多數碼學習資源、改善學校的資訊科技基礎設施、進行持續研究及發展，以及推動社區支援。

"香港教育城"於2000年8月成立，負責推廣優質教育及資訊科技，以促進終身和全方位學習。教育城現已成為本港最普及的教育入門網站之一，並會繼續加強其在搜羅和發放數碼教育資源方面的中介角色。

(十)國情教育

為了協助學生認同身為社會及國家一分子的角色和責任，教育統籌局首次在北京舉行國情教育課程，讓一群中六學生對祖國的歷史、文化和當代情況有更深認識。2004年7月及12月舉行的兩屆課程，令340名中六學生受惠。在中國首次載人航天飛行成功後，該局為學生籌辦了一連串活動，藉此加深他們對這項重要事件的認識，並促進他們對社會和國家的承擔。此外，五十五周年國慶活動亦為學生提供各類學習機會，加強他們對國民身分的認同。9月至11月期間，教育統籌局為全港學生舉辦了多項不同的國慶活動。

(十一)師資教育及管理

(1)教育統籌委員會

教育統籌委員會負責就本港整體教育目標和政策，以及推行政策的優先次序，向政府提供意見。該會也就各個教育階段的策劃和發展，統籌其他主要教育諮詢組織的工作。隨著教育統籌局與教育署合併，以精簡諮詢架構。合併後，教育統籌委員會也會就一些對政策有重大影響的課題的實施事宜向政府提供意見，使政策的制定和實施產生更大的協同效應。

(2)香港教師中心

香港教師中心在1989年成立，宗旨是促進教師的專業發展和團結精神。2004年該中心主辦或與其他教育團體合辦共670項有關教師專業或個人發展的活動，推動課程改革和優質的教與學工作，參加人次逾78,000。此外，也通過向教師派發通訊和其他教學資料，發放有關當前教育課題的資訊。中心還採取多項措施，包括舉辦周年教育研討會，以加強教師之間的專業交流和經驗分享。

(3)校本管理

《2002年教育（修訂）條例草案》於2004年7月8日獲得通過，使校本管理管治架構得以在2005年1月1日實施。學校須在五年內成立由所有主要有關人士組成的法團校董會。主要的有關人士參與學校管治，不但有助提高學校運作的透明度和加強問責，亦提供一個公開討論的機會，讓各方加強溝通和交換意見，從而提升學生的學習成果，並促使學校不斷改進。

校本管理讓學校在行政上享有較大靈活性，但學校要在工作表現和運用公帑上提高透明度和加強問責。經修訂的《教育條例》，規定學校的決策過程須讓與學校教育事務有關的主要人士參與，並訂明校董會成立為法團的事宜。

校本管理計劃自推行以來，校內自我評估程序日漸受到重視。教育統籌局進行的質素保證視學正逐漸轉為校外評核這個新模式，以便認證學校的自評結果，並為學校提供訂立改善工作優次的外來推動力。教育統籌局已於2004年7月前，在99所學校推行校外評核。預料該局可在預算的四年之內為所有學校進行校外評核，核實這些學校的自評結果。

(4)高等教育院校的管理組織

每所高等教育院校均按所屬條例的規定，設有本身的管治架構。各院校都設有管理組織（稱為"校董會"）和規管學術事務的組織（稱為"教務委員會"）。

有關修例授權香港特別行政長官以大學監督的身份，委任校董會主席和指定數目的成員，從而確保校董會所包括的工商界和學術界成員組合均衡。

(5)教育人員專業操守議會

教育人員專業操守議會於1994年成立，宗旨是提高教師的專業水平。議會由23名由各學校／教育團體提名的成員和3名由教育統籌局常任秘書長提名的成員組成，負責就教育專業操守事宜向教育統籌局常任秘書長提供意見。該議會亦擬訂一套界定教育工作者應有操守的運作準則，並在有需要時就有關糾紛或違反專業操守的個案提供意見。

(6)設立資歷架構

行政會議於2004年2月通過設立分七級的跨界別資歷架構及相關的質素保證機制，藉此整理和支持學術教育、職業教育和持續教育方面的資歷。

教育統籌局已成立多個行業培訓諮詢委員會，為行業制訂以能力為本的資歷。當局至今已為六個行業成立了培訓諮詢委員會，並會陸續為更多行業成立培訓諮詢委員會。

當局已委託香港學術評審局負責處理資歷架構認可資歷的質素保證工作，但具有自行評審資格的院校及其持續教育部門所頒發的資歷，則不包括在內。學評局現正逐步改革其運作和財政模式，以及評審準則和程序，準備履行其在資歷架構下的新職責。

(7)校長的專業發展

政府已定出為校長而設的專業發展架構。所有在職校長每年須參加持續專業發展活動；新任校長則須取得校長資格認證，才會獲考慮聘用。政府設立了校長支援網絡，以便在職校長分享專業知識和互相學習。此外，政府也為在職校長、新任校長、副校長及有志成為校長的主任級教師舉辦各類專業培訓課程。

(十二)學生資助

(1)須經過入息審查和免入息審查的資助

學生資助辦事處通過須經過入息審查和免入息審查的資助計劃，協助有需要的學生，確保他們不會因經濟困難而喪失接受教育的機會。須經過入息審查的資助包括幼稚園學生的學費減免、為中小學生提供的書簿津貼及交通津貼、為公營學校中四至中七學生而設的學費及考試費減免資助、為大專生提供的學費資助和用以支付生活開銷的低息貸款，以及向毅進計劃學員退還學費等。

免入息審查並須繳付利息的貸款，則為修讀政府資助或自資開辦和頒發學術資格的認可課程，以及專業教育和持續進修課程的人士而設，以協助他們支付學費和生活費。

(2)獎學金及其他資助計劃

學生資助辦事處管理多項由私人捐贈的獎學金及資助計劃，協助學業成績優異的學生。

(3)持續進修基金

為數50億元的持續進修基金於2002年6月成立，目的是為有志進修的成年人提供資助，讓他們在指定界別持續進修和接受培訓。合資格的申請人，在完成可獲發還款項的課程或其中部分單元後，可獲發還八成學費，上限為一萬元。

網頁

教育統籌局：http;//www.emb.gov.hk

高等（專上）教育機構

名　稱	內　　容	地　　址	電　話
香港大學	是香港歷史最悠久的高等教育學校，於1911年創立，前身為創建於1887年的香港西醫書院。港大是一所全面發展的綜合大學，設有十個學院，分別為建築、經濟及工商管理、文、理、醫、牙醫、教育、工程、法律和社會科學。港大非常重視研究工作，該校的研究學院專責協調各學院的研究教學工作，確保研究教育的質素。	香港薄扶林道	2859 2111
香港中文大學	在1963年成立，由新亞(1949年創立)、崇基(1951年創立)和聯合(1956年創立)三所書院組成。第四所成員書院是逸夫書院，於1986年創立。中文大學是一所綜合大學，設有七個學院，計為文學院、工商管理學院、教育學院、工程學院、醫學院、理學院和社會科學院，提供廣泛的本科和研究院課程，包括會計、建築、中醫、酒店管理、新聞與傳播、護理、藥劑、公共衛生和社會工作等專業課程。	新界大學火車站	2609 6000
香港科技大學	是以科技和商管為主的研究型大學，於1991年創立。科大的理學院、工學院和工商管理學院均開辦學士、碩士和博士學位課程，而人文社會科學學院則開設研究生課程，並為各學院的本科生提供通識教育。	新界西貢清水灣	2358 6000
香港理工大學	香港理工大學原為香港理工學院，於 1972 年成立，後於1994年正式名為大學。理大有29個學系和教學中心，分別隸屬六個學院，計為應用科學及紡織學院，商管及資訊系統學院、設計及語文學院、建設及地政學院。工程學院和醫療及社會科學院。理大開辦多項副學位、學士學位和深造學位課程。	九龍紅磡	2766 5111
香港城市大學	前身是香港城市理工學院。學院於1984年成立，後於1994年正式命名為大學。香港城市大學設有百多項副學士學位、學士、碩士、博士課程，分別由商學院、人文及社會科學院、科學及工程學院、法律學院、創意媒體學院、高級專業學院和專業進修學院開辦。	九龍九龍塘達之路80號	2788 7654
香港浸會大學	前身為香港浸會學院，在 1956年由香港浸信會聯會創立。1983年，學院經立法程序成為可頒授大學學位的高等教育院校，經費在該年開始全部由政府撥款資助。學院於1989年成為香港第三所全面頒授學位的高等教育院校，並於1994年正式名為大學。浸會大學轄下有六個學院，即文學院、工商管理學院、中醫藥學院、傳理學院、理學院和社會科學院，開辦多元化的本科及研究院課程。	九龍九龍塘	3411 7400
香港嶺南大學	前身為嶺南學院，於1967年成立，延續前廣州嶺南大學的優良傳統。嶺南學院原為私立院校，1979年轉為政府資助的專上學院，1992年升格為可頒授學位的院校，並於1999年根據新訂條例改名為嶺南大學。嶺南大學目前開辦中文、文化研究、當代英語語言文學、翻譯、工商管理和社會科學六項學士學位課程，以及14項哲學碩士和哲學博士學位課程。	新界屯門	2616 8888

名　稱	內容	地　址	電 話
香港公開大學	原稱香港公開進修學院，於1989年成立，以開放遙距教學方式為成年市民提供接受高等教育的機會。香港公開進修學院自1993-94年度開始財政自給，在1996年獲授自行評審資格，1997年升格為大學。2001-02年度，香港公開大學的學生人數超過26,000名，分別修讀四個學院，即人文社會科學院、商業管理學院、教育及語文學院和科技學院，以及李嘉誠專業進修學院所開辦的65項學位和深造課程，以及38項副學位課程。李嘉誠專業進修學院也為超過15,000名學生開辦合共約400項短期課程和專業課程，提供職業訓練和進修機會。由2001-02年度起，香港公開大學亦提供全日制副學士學位課程。	九龍何文田牧愛街30號	2711 2100
香港教育學院	1994年9月，政府把當時四所教育學院和語文教育學院合併為香港教育學院。教育學院自成立以來，開辦多項副學位程度的職前及在職師資訓練課程，培訓幼稚園及中小學教師。1996年，香港教育學院成為接受教資會資助的院校，並由1998-99學年起開設教育學位和研究院課程。	新界大埔露屏路	2948 8888
香港樹仁學院	屬私營專上學院，於1971年成立。學院於2001年成為頒授學位的院校，共開辦三項學士學位課程，包括會計學、中國語文及文學，以及新聞及傳播學，另有七項榮譽文憑課程，包括工商管理、輔導及心理學、經濟學、英國語文及文學、歷史、社會學和社會工作學。此外，學院亦與非本地大學合辦課程。	香港北角慧翠道11號	2570 7110
香港珠海學院	於1947年廣州創校，校名為珠海大學，1949年遷校香港，改名為珠海書院，現稱珠海學院。2004年10月獲香港特區行政長官會同行政會議批准，可開辦經評審學士學位課程，並可頒授學位，目前已成為擁有學士或學士以上學位授予權的香港高等學府之一。現設有文、商、理三個學院。	九龍荃灣海濱花園	2408 9928
明愛徐誠斌學院	於1985年成立，於2001年8月通過香港學術評審局的評審，升格為認可的專上學院。全日制學生可修讀該院開辦的四項高級文憑課程，包括會計學、公司秘書及行政、電腦學和翻譯及傳譯。	香港中環堅道11號	2521 4693

社會福利

香港政府的使命是造福所有市民，通過社會福利向最缺乏自我照顧能力的人提供多元化的福利服務，為老弱傷殘人士提供資源充足的安全網，並鼓勵一切有條件的人士關懷社會上其他有需要的人，以建立一個互助互愛的社會。

政府在制定社會福利政策方面，會徵詢下列委員會的意見：社會福利諮詢委員會、康復諮詢委員會、安老事務委員會和婦女事務委員會。他們分別就社會福利發展、康復服務和安老服務提供意見，以及就婦女事務向政府提供宏觀策略建議。

2004年政府加強支援有需要的家庭，把所有家庭服務中心和輔導單位轉型為綜合家庭服務中心，進一步加強自力更生支援措施，並設立了攜手扶弱基金。

年內，社會福利署的開支總額為324億元，其中233億元（71.9%）用於提供經濟援助，66億元(20.4%)給予非政府機構的經常資助金，其餘25億元（7.7%）則為已包括5億元僱用服務費的部門開支。

社會保障

香港的社會保障制度以綜合社會保障援助計劃和公共福利金計劃為主，輔以三個意外賠償計劃，分別是暴力及執法傷亡賠償計劃、交通意外傷亡援助計劃和緊急救濟。執行有關計劃的工作，由設於全港各區的37個社會保障辦事處負責。

綜援計劃

綜援計劃為經濟有困難的人士提供現金援助，以協助他們應付基本的生活需要。

申請人無須供款，但須通過經濟狀況審查，而且必須符合居港年期的規定。年底時，綜援個案共有295,694宗，受助人數為542,017人；而2003年則有綜援個案290,206宗，受助人數為522,456人。年內，綜援金總開支為176.7億元，較去年增加2%。

已連續領取綜援金達三年的長者，如選擇到廣東省養老，可根據“綜援長者自願回廣東省養老計劃”提出申請，以繼續領取綜援金。

公共福利金計劃

公共福利金計劃為嚴重殘疾人士和長者提供現金津貼，以應付他們的特別需要，申請人無須供款。計劃包括普通傷殘津貼、高額傷殘津貼、普通高齡津貼和高額高齡津貼。年底時，共有566,446人領取公共福利金，2003年則有563,880人。年內，公共福利金總開支為52.4億元，較去年減少0.6%。

經修訂的社會保障福利居港規定

由2004年1月1日起，申領綜援或公共福利金的人士，必須已成為香港居民最少七年，並且在緊接申請日期前連續居港最少一年。實施居港七年規定的目的，是要確保公共資源得到合理分配。這項規定不適用於2004年1月1日前已成為香港居民的人士，而18歲以下申領綜援或公共福利金計劃下的傷殘津貼的香港居民，可獲豁免須先在港居住的規定。

意外賠償計劃

暴力及執法傷亡賠償計劃為因暴力罪行，或因執法人員使用武器執行職務而無辜受傷的人士或死者遺屬，提供特惠補助金，而受助人無須接受經濟狀況調查。年內，這項計劃共就630宗個案發放1,167萬元補助金，2003年的金額則為968萬元。交通意外傷亡援助計劃為交通意外受傷人士或死者遺屬迅速提供經濟援助，而無須調查受助人的經濟狀況和考慮交通意外是因誰的過失而造成。年內，計劃共就6,190宗個案發放1.5738億元援助金，2003年的援助金額則為1.547億元。

緊急救濟

遇有天災或其他災禍，社署會為災民提供膳食(或提供現金援助以購買膳食)和其他必需的救濟物品，並會從緊急救援基金撥出補助金發放予符合資格的災民（或死者遺屬）。年內，社署曾在九宗事件中，為60名災民提供緊急救濟。

社會保障上訴委員會

社會保障上訴委員會審理與綜援、公共福利金及交通意外傷亡援助有關的上訴個案。年內，委員會共為204宗上訴個案進行聆訊。

安老服務

安老服務的基本原則是要達致“老有所養、老有所屬、老有所為”。政府的目標是提供服務，促進60歲及以上長者的身心健康，使他們繼續成為社會裡積極的一分子；同時，又因應需要提供住宿照顧服務，以滿足長者在生活上的不同需要。社署由1999年起舉辦“老有所為活動計劃”，資助社區團體策劃和推行活動，提倡“老有所為”的理念和加強對長者的社區照顧。年內，社署資助了291項活動，核准撥款270萬元。這些活動均配合政府持續推行的“積極健康樂頤年”措施。

康復服務

政府部門和非政府機構提供多種康復服務以切合殘疾人士的需要，目的是協助殘疾人士融入社會，盡展所能。康復專員會根據康復諮詢委員會的意見，統籌這些康復服務。

青少年服務

青少年福利服務的整體目標，是通過提供一系列預防、支援和補救服務，協助培育6至24歲的兒童和青少年，使他們成為成熟、有責任感和對社會有貢獻的好市民。

年底時，全港共有131所綜合青少年服務中心，在同一管理模式下提供青少年服務、外展社工及學校社工服務，在可能情況下，也提供家庭生活教育，以綜合和全面的方式照顧青少年不斷轉變的需要。同時，18所獲撥額外資源的綜合青少年服務中心也提供深宵外展服務，以照顧夜遊青少年的需要。年內，當局已批准向34所綜合青少年服務中心提供香港賽馬會慈善信託基金及獎券基金的聯合資助，以推行第二階段的現代化計劃，通過改善中心的實際環境和提供富時代感的家具和設備，增加這些中心對時下青少年的吸引力。

年底時，全港484所中學各自設有社工單位，負責識別在學業、社交和情緒上有問題的學生，幫助他們解決本身的問題，使他們善用教育機會和發展潛能，並培養他們長大後成為負責任的人。此外，16支地區青少年外展社會工作隊則負責照顧高危青少年的需要和處理童黨問題。

2004-05學年，社署在292所中學推行“成長的天空”計劃，目的是及早識別學生的成長需要，以便適時提供成長輔助訓練。

社區支援服務計劃旨在協助觸犯法紀或在歧路徘徊的青少年。年內，全港6支社區支援服務隊，包括一支社署營辦和5支非政府機構營辦的服務隊，為服務對象提供服務。

為加強對青少年違法者的支援，社署與警務處正合作檢討自2003年10月起為警司警誡計劃下接受警誡的少年推行的“家庭會議”機制。

為協助青少年藥物濫用者戒除服用藥物的習慣並重投社會，社署採用多管齊下的模式提供藥物治療和康復服務。截至年底，社署共資助15所自願戒毒治療和康復中心／中途宿舍、5所濫用精神藥物者輔導中心，以及兩所為已戒毒者而設的交誼會所。年內，社署根據《藥物倚賴者治療康復中心(發牌)條例》，共向藥物倚賴者治療中心發出或續發38張豁免證明書和6個牌照。

為加強協調各項青少年服務，社署轄下18個由所屬地區福利專員擔任主席的青少年服務地方委員會，負責統籌地區層面的青少年服務。

殘疾兒童服務

年底時，非政府機構為學前殘疾兒童提供1,776個幼兒中心兼收殘疾兒童計劃名額、1,344個特殊幼兒中心名額（包括102個住宿名額），以及1,924個早期教育及訓練中心名額。各所特殊幼兒中心已加強自閉症兒童的訓練課程，由臨床心理學家會為特殊幼兒中心的自閉症兒童提供輔導。此外，目前有66個兒童之家名額，為需要住宿照顧的學齡弱智兒童提供服務。

殘疾成人服務

社會福利署轄下的康復服務市場顧問辦事處負責促進庇護工場和輔助就業服務的市場推廣及業務發展。為鼓勵殘疾人士融入社會，社署在年內提供了1,655個輔助就業服務名額，為那些獲所需輔導和支援後可在公開市場就業的殘疾人士提供援助。對於仍未準備好在公開市場求職的殘疾人士，社署已設有5,154個庇護工場名額，協助他們學習工作技能。此外，綜合職業訓練中心有453個名額，提供一系列職業訓練及康復服務，而綜合職業康復服務中心亦提供約2,889個名額，為殘疾人士提供一站式的綜合職業康復服務。社署又為弱智人士提供3,981個展能中心名額，並為精神病康復者提供230個訓練及活動中心名額，以便協助他們變得更為獨立。本港有5所為精神病康復者而設的交誼中心和17所服務其他殘疾人士的社交及康樂中心，提供各式各樣的康樂活動，鼓勵他們積極融入社會。

住宿服務方面，社署設有5,912個宿舍及院舍名額和279個輔助宿舍名額，為無法獨立生活或家人未能提供足夠照顧的殘疾人士提供住宿服務。至於無法妥善照顧自己或需要高度照顧護理的失明長者，社署為他們提供了899個盲人安老院及護理安老院名額。此外，社署亦設有1,005個長期護理院名額和1,349個中途宿舍名額，以照顧長期精神疾患者和精神病康復者。

專業輔助和支援服務

提供康復服務的日間中心和宿舍均有臨床心理學家、職業治療師和物理治療師，為殘疾人士提供專業輔助服務。社署亦為於學前康復中心接受服務的殘疾兒童提供語言治療。此外，其他支援服務包括為弱智人士及嚴重肢體傷殘人士提供的家居訓練及支援服務、社區精神健康連網、精神病康復者善後輔導服務，以及為器官殘障人士和長期病患者而設的社區復康網絡服務。另外，社署亦為殘疾人士提供短暫住宿服務，又為學前殘疾兒童提供暫託幼兒服務，並設立6個家長資源中心，以照顧殘疾人士家人的特別需要。

設立攜手扶弱基金

為扶助弱勢社群，政府在2004-05年度財政預算案中預留了為數2億元的一筆過撥款，用以推動政府、商界和社會福利界三方合作，發展社會伙伴關係。立法會財務委員會已於12月批出設立攜手扶弱基金的所需款額。設立基金的目的，一方面是鼓勵社會福利界擴展網絡，以爭取商業機構參與扶弱工作；另一方面是鼓勵商界承擔更大的社會責任，合力建立一個團結和諧、充滿愛心的社會。如福利工作得到商界捐助，提供福利服務的非政府機構可獲發放按額資助。社署將於2005年第一季邀請非政府機構提出申請。

網頁

社會福利署：http://www.gov.hk/swd

醫療

香港政府的醫護政策是不容有市民因缺乏金錢而無法獲得適當的醫療服務，為此政府公營醫護服務界提供多種醫療服務及設施，以照顧市民的需要。

組織架構

政府的衞生福利及食物局負責本港醫護服務的政策制定和資源分配工作。該局也監察各項政策的推行情況，以保障和促進市民的健康，為每名市民提供全面的終身醫護服務，並確保市民不會因經濟困難而無法獲得適當的醫療服務。2001年6月，前衞生福利局成立了研究處，加強政府制定醫護政策的研究能力，並協助推行各項促進市民健康的工作。

衞生署是政府的衞生顧問，也是執行政府健康護理政策和法定職責的部門。該署致力推行促進健康、預防疾病、醫療康復等服務，保障市民的健康。

醫院管理局於1990年根據《醫院管理局條例》成立，屬定法機構，負責提供公立醫院及相關的醫療服務。醫院管理局通過轄下多家醫院、專科診所及外展服務，為病人提供醫療和康復服務。

年內，醫院病床數目共有34,221張，即每千人5張，其中醫院管理局轄下公立醫院的病床佔28,231張，私家醫院的病床佔2,794張，護養院的病床佔2,463張，懲教機構的病床則佔733張。

醫院發展計劃

當今的國際趨勢是著重發展日間和社區醫護服務。為配合這個發展趨勢，政府由2001-02年度開始，已把公立醫院撥款的方式，由以往按服務設施為基礎的計算方法，改為按人口計算，藉以鼓勵醫院把資源從住院服務轉移至社區。新撥款機制有助醫院管理局進一步發展日間和外展社區護理服務。

2004年，醫院管理局繼續加強培訓家庭醫生、社區兒科醫生、社區醫生、普通科醫生及社區專職醫療人員，以支持在社區提供醫護服務的模式的發展。該局進行了780,600次家訪，提供康復和緩痛護理服務，又為長者和精神病患者提供581,000次外展護理服務。該局亦推出兩項防止跌倒和控制高血壓的新計劃。在加強日間服務方面，醫院管理局現正將鄧肇堅醫院改建成為一所日間護理中心，有關工程於2005年完成。

醫院發展計劃的各項工程進展良好。進行中的工程包括重建青山醫院（第二期），在瑪嘉烈醫院設立放射治療中心和重建該院急症室、重建屯門醫院職員宿舍為康復大樓，以及改建屯門分科診所大樓為眼科中心。為加強公營醫院對未來可能爆發傳染病的應變能力，政府於2003年展開增設隔離訪施的工程。截至2004年年底，公營醫院合共增設了1,415張隔離病床。此外，在瑪嘉烈醫院興建一幢新的傳染病中心大樓的工程，亦已於2004年3月動工。

嚴重急性呼吸系統綜合症疫情過後，市民對醫院服務的需求仍然殷切。年內，出院病人有844,000次，專科門診就診者有6,048,000人次，普通科門診有5,278,000人次。至於各主要公立醫院急症室治理的病人，則有207萬人次，即平均每日5,656人次。

疾病預防及控制

非傳染病

香港常見的健康問題多與市民的生活方式有關，當中又以慢性疾病居多。在致命疾病中，癌症、心臟病和腦血管病共約佔年內所有死亡個案的56.4%。罹患這些疾病的多是老年人，隨著本港人口逐漸老化，預計這些病症仍會是導致死亡的主因。

2004年，癌症是本港頭號致命疾病，奪去超過一萬人的生命。當局已成立癌症事務統籌委員會，為本港有效預防和控制癌症制訂全面的策略計劃及建議。

為減少患上和死於子宮頸癌婦女的數目，衞生署與其他醫療服務提供者合作，在2004年推行子宮頸普查計劃，為25至64歲的的婦女提供檢查服務。此外，該署亦著手建立一個子宮頸普查資訊系統，以蒐集和分析子宮頸細胞檢驗的數據。

傳染病

香港目前共有30種法定傳染病須向當局呈報，包括三種須檢疫的疾病，分別是霍亂、鼠疫和黃熱病。年內呈報的傳染病個案有20,036宗，其中31.4%是結核病。

本港兒童均接受防疫注射，預防結核病、乙型肝炎、脊髓灰質炎（小兒麻痺症）、白喉、破傷風、百日咳、麻疹、流行性腮腺炎和德國麻疹。由於兒童接受防疫注射的比率很高，因此，白喉和脊髓灰質等疾病已絕蹟，兒童患上其他疫苗可預防的傳染病的個案也不多。

目前，本港估計有約3,000名愛滋病帶菌著／患者，而每年新呈報的感染愛滋病個案約為250宗。雖然近年社會日益關注注射毒品者感染愛滋病病毒的情況，但性接觸仍是最普遍的傳染途徑。

衞生防護中心

因應嚴重急性呼吸系統綜合症專家委員會作出的相關建議，政府於2004年6月1日在衞生署內成立衞生防護中心。該中心的使命，是與本港及國際的衞生機構合作，務求在香港有效地預防和控制疾病。為了履行實時監測、迅速反應和通報風險這三項承諾，該中心重點發展流行病學培訓、疾病監測、風險通報、研究、協調、應急準備及應變策劃方面的工作。衞生防護中心由一名總監領導，下設六個分處，合力實踐上述使命。這六個分處分別為監測及流行病學處、感污控制處、緊急應變及資訊處、公共衞生服務處、公共衞生化驗服務處，以及項目管理及專業發展處。

衞生防護中心獲得各個關注衞生防護系統的相關機構及伙伴的全力支持，並已邀請不同專科及機構的專家組成中央科學顧問委員會及七個科學委員會，以匯集各方的專業知識和經驗來對抗傳染病和保障市民的健康。

診所服務

衞生署開辦20家美沙酮診所，19家胸肺科診所、8家社會衞生科診所、4家皮膚科診所、3家遺傳科診所、1所綜合治療中心、7所兒童體能智力測驗中心及其他診所服務。年內，各診所就診人次約有790萬。醫院管理局管理74家普通科門診診所及3家中醫門診診所，藉以持續發展家庭醫學，並進一步加強基層與專科護理服務的銜接。

除公營醫療服務外，市民也可使用私營服務，向私家醫生及根據《診療所條例》註冊的175家診所求診。

基層健康服務

家庭健康

衞生署家庭健康服務部通過38所母嬰健康院及3所婦女健康中心，為初生嬰兒至五歲幼童及64歲或以下的婦女提供全面的促進健康和預防疾病服務。健康院為家長及兒童照顧者提供有關育兒知識和親職輔導，協助他們撫育幼兒健康快樂地成長。健康院更為兒童進行免疫注射和健康及發展監察。健康院並為婦女提供產前、產後、家庭計劃及子宮頸檢查服務。2004年，約有44%孕婦及94%的初生嬰兒前往母嬰健康院接受服務。3所婦女健康中心及10所母嬰健康院亦已增設婦女健康服務，為64歲或以下的婦女提供健康教育、輔導和檢查服務。

香港家庭計劃指導會是政府補助機構，設有7家診所、3所青少年保健中心、1家流動診所、1所流動圖書館、1所參考圖書館及7個婦女會。服務範圍包括節育指導、女性保健、婚前檢查、懷孕前驗身、更年期服務、生育指導、青少年輔導和男性保健服務等。該會於2004年的就診人數超過12萬。此外，該會也提供家庭生活教育和性教育，並舉辦外展活動及宣傳運動，為個人、家庭和社會提倡和推廣“計劃生育，克盡親職”以及“性與生殖健康”。

學生健康

衞生署的學生健康服務著重促進健康、預防疾病和持續護理。目前，該署設有12所學生健康服務中心和3所健康評估中心，為中小學生提供健康評估、健康教育和個別健康輔導服務。青少年健康服務計劃於2002-03學年推行，以促進中學生心理社交健康。此外，學校衞生督察又定期到學校視察，就環境衞生問題向校方提供意見。醫生和護士則就如何控制傳染病的問題提供意見，並舉辦防疫注射活動。

長者健康

衞生署提供長者健康服務。該署設有18所長者健康中心和18支長者健康外展隊伍，致力為長者提供更佳的基層健康護理服務，提高長者自我照顧的能力，誘導他們建立良好的生活習慣，鼓勵家人給予更大的支持，從而使長者染病和罹患殘疾的機會降至最低。長者健康中心為年滿65歲的人士提供綜合健康服務，包括健康評估、身體檢查、輔導、治療及健康教育。長者健康外展隊伍，探訪社區及安老院舍，為長者舉辦促進健康的活動，又為護理人員和護老者提供培訓，以增進對長者護理方面的知識及技巧。

中醫藥

香港中醫藥管理委員會於1999年9月成立，負責制定和推行規管中醫藥的措施。

有關中醫註冊的附屬法例於2000年6月制定。香港中醫藥管理委員會分別於8月、9月及10月，舉辦了2004年中醫執業資格試第一及第二部分考試。截至年底，向香港中醫藥管理委員會註冊的中醫有4,986名，表列中醫則有3,013名。

立法會於2003年1月通過規管中藥的附屬法例。當局分別由2003年5月及12月起，開始接受中藥商牌照和中成藥註冊的申請，截至2004年年底，分別收到7,724及16,074宗申請。

醫療收費

本港醫療費用是市民所能負擔的，政府對公營醫療服務的補貼水平高達97%。綜合社會保障援助的受助人一律獲豁免公營醫療收費；此外，政府已推行經加強的醫療收費減免機制，保障綜援受助人以外的弱勢社群（包括低收入人士、長期病患者和貧困的年長病人）免因醫護需要而承受沉重的經濟負擔。

醫護人員的培訓

香港大學和香港中文大學均有開辦醫生基礎訓練課程。2004年，兩大學分別錄取143名及141名醫科學生。年內，共有9名在香港以外地方取得專業資格的醫生，通過香港醫務委員會舉辦的執業資格試。香港醫學專科學院是獨立法定機構，獲授權批核、評估和評審醫科及牙科的專科訓練課程。專科學院通過15間分科學院提供訓練課程和舉辦考試，向合資格考生頒授專科資格。香港大學也開辦牙科訓練課程，年內取得牙醫資格的畢業生共有53名。本地共有3所大學提供全日制中醫藥學位課程。年內，共有48名全日制本地中醫藥學位畢業生通過執業資格試，成為註冊中醫。

在專職醫療人員方面，香港理工大學亦提供物理治療、職業治療、視光學及放射學的學位課程。年內，各課程分別錄取63、40、35及30名學生。

香港大學、香港中文大學、香港理工大學和醫院管理局伊利沙伯醫院護士學校均有開辦註冊護士基礎培訓課程。2004年，3所大學共錄取451名四年制護理學士學位課程護士學生。同時，香港理工大學及伊利沙伯醫院護士學校共錄取220名三年制高級護理文憑課程護士學生。年內，共有43名在香港以外地方取得專業資格的護士，通過香港護士管理局舉辦的註冊護士或登記護士執業考試。

網頁

衞生福利及食物局：http://www.hwfb.gov.hk
衞生署：http://www.gov.hk.dh
醫院管理局：http://www.ha.org.hk
醫療輔助隊：http://www.gov.hk/ams
衞生防護中心：http://www.chp.gov.hk

進出口辦法及手續

(摘自香港工業貿易署香港海關供給的資料及香港政府年報)

一、管制貿易的機構

香港對外貿易的管制，主要由政府工業貿易署、工商科及海關執行。

工業貿易署

工業貿易署負責處理香港特區對外貿易關係，執行各項貿易政策及協議 (包括簽發產地來源證和出入口貨品簽證及香港服務提供者證明書)，並為本港工業和中小型企業提供一般支援服務。

工商科

工商及科技局轄下的工商科，負責制定和協調有關香港對外貿易關係、促進外來投資和保護知識產權的政策和策略。工商科也負責統籌有關工業與貿易 (包括中小型企業) 和推廣服務業的政策和項目。該科的工作由數個部門支援和協助，包括工業貿易署、投資推廣署、香港海關、知識產權署，以及多個駐外的香港經濟貿易辦事處。

海關

香港海關負責貿易管制方面的執法工作，包括產地來源證簽發制度、紡織品進出口管制制度、戰略物品管制制度及進出口報關制度等的執法工作。這些管制制度旨在保障和便利正當工商業的經營。海關又負責執行保護版權和商標的刑事法例，並執行保障消費者的法例，範圍包括一系列商品的安全、度量衡方面的準則以及貴重金屬的標誌。此外，為確保香港居民的主要食糧供應充足，價格穩定合理，海關也監察特區的食米儲存量。內地和香港在2003年6月簽訂《內地與香港關於建立更緊密經貿關係的安排》(《安排》) 後，香港海關亦負責執行有關的管制制度，確保根據《安排》出口的貨品均符合有關的規定。

二、貨品管制

根據進出口條例 (香港法例第60章)、儲備商品條例 (香港法例第296章)、保護臭氧層條例 (香港法例第403章) 及其附屬法例的規定，若干物品的進出口須受到許可證措施之管制。就此三條條例而言，受進出口許可證措施管制的所有物品，均列為“禁運物品”。香港僅維持最低限度的進出口管制，旨在要履行若干國際義務，或基於衛生、安全或保安理由。

下列項目的進口及／或出口管制是由香港特別行政區政府其他部門執行：

部　門	項　目	法律權力	查　詢
(a) 漁農自然護理署	動物（包括貓狗及其部分、哺乳動物、鳥類及爬蟲類動物）的進口及轉運／過境事宜	香港法例第139章《公眾衞生（動物及禽鳥）規例》，香港法例第421章《狂犬病條例》及香港法例第167章《貓狗規例》	九龍長沙灣道303號長沙灣政府合署5字樓 電話：1823
(b) 漁農自然護理署	輸出活生動物往須領有衞生證明的國家	香港當局與進口國家有關當局訂立的認可程序	九龍長沙灣道303號長沙灣政府合署5字樓 電話：2150 7056
(c) 漁農自然護理署	輸入植物、植物病蟲害及土壤	香港法例第207章《植物（進口管制及病蟲害控制）條例》	九龍長沙灣道303號長沙灣政府合署5字樓 電話：2150 7000
(d) 漁農自然護理署	瀕臨絕種植物（無論為活生、死去、其部份或衍生物）及受管制藥物（即含有或聲稱含有高度瀕危動物成分的藥物或其他物質）的進出口	香港法例第187章動《動植物（瀕危物種保護）條例》	九龍長沙灣道303號長沙灣政府合署7字樓 電話：1823 傳真：2376 3749
(e) 漁農自然護理署	輸往澳洲、新西蘭、巴西、歐洲聯盟、美國及加拿大之非加工木製包裝材料	不同國家有不同進口規定，以防止病蟲害隨同非加工木製包裝材料輸入境內	九龍長沙灣道303號長沙灣政府合署5字樓 電話：2150 7000
(f) 漁農自然護理署	輸出任何在香港射殺或捕取的受保護野生動物或受保護野生動物的部份；或輸出在香港取得的任何受保護野生動物的任何巢穴或卵蛋	香港法例第170章《野生動物保護條例》	九龍長沙灣道303號長沙灣政府合署7字樓 電話：1823
(g) 漁農自然護理署	除害劑的進出口	香港法例第60章《進出口（一般）規例》及香港法例第133章《除害劑條例》	九龍長沙灣道303號長沙灣政府合署5字樓植物及除害劑監理科 電話：2150 7000
(h) 香港海關	應課稅品（煙草、酒、甲醇及碳氫油）的進出口	香港法例第109章《應課稅品條例》	香港統一碼頭道38號海港政府大樓2字樓牌照組 電話：2852 3049（許可證） 2852 3260（進出口證）
(i) 香港海關	受管制化學品的進出口	香港法例第145章《化學品管制條例》	香港北角渣華道333號北角政府合署6字樓631室化學物品管制課 電話：2541 4383
(j) 香港海關	用總重量少於250噸的小型船隻輸出電視機，錄影機及錄影卡式放影機	香港法例第60章《進出口（訂明物品）規例》	香港中環統一碼頭道38號海港政府大樓2字樓 應課稅品牌照組 電話：2852 3024
(k) 香港海關	在本港水域內以船隻運載電視機、錄影機、錄影卡式放影機、冷氣機、雪櫃、車輛、車輛部件及超過111.9千瓦特（150匹馬力）的舷外引擎	香港法例第60章《進出口（運載物品）規例》	香港中環統一碼頭道38號海港政府大樓2字樓 應課稅品牌照組 電話：2852 3024

部　門	項　目	法律權力	查　詢
(l) 香港海關	左軚車輛、超過111.9千瓦特(150匹馬力)的舷外引擎、光碟母版及光碟複製製作設備的進出口	香港法例第60章《進出口(一般)規例》	香港中環統一碼頭道38號海港政府大樓2字樓 應課稅品牌照組 電話：2852 3260
(m) 香港海關	輸入供在香港使用的汽車	香港法例第330章《汽車(首次登記稅)條例》	香港北角渣華道333號北角政府合署11字樓1111室 香港海關汽車評值課 電話：2231 4391
環境保護署	符合環保標準	香港法例第311章《空氣污染管制(車輛設計標準)(排放)規例》及香港法例第400章《噪音管制(汽車)規例》	香港灣仔告士打道5號灣仔稅務大樓45樓4518室 電話：2594 6383(車輛廢氣組) 2411 9665(噪音監理及政策組)
運輸署			香港金鐘道95號統一中心3字樓 運輸署港島牌照事務處 電話：2804 2631
(n) 土木工程署	沙粒的進口	香港法例第147章《沙粒條例》	九龍何文田公主道101號土木工程署大樓13樓　填料管理部 電話：2762 5545
海事處	把沙粒輸入香港的內地非公約船舶		九龍油麻地海輝道38號油麻地海事分處　牌照及關務組 電話：2885 8397(海事處簽發的運沙船航線核准證)
(o) 土木工程署	炸藥的進出口	香港法例第295章《危險品(一般)規例》及香港法例第295章《危險品(政府炸藥倉庫)規例》	九龍九龍城啟達道5號啟德政府大樓6字樓　鑛務及石礦部 電話：2716 8666
(p) 電訊管理局	無線電發射器具的進出口	香港法例第106章《電訊條例》	香港灣仔皇后大道東213號胡忠大廈26樓　電訊管理局 電話：2961 6671
(q) 香港警務處	移走及管有槍械彈藥作進出口之用	香港法例第238章《火器及彈藥條例》	香港灣仔軍器廠街1號 牌照課 電話：2866 0300
(r) 衛生署	藥劑產品及藥物的進出口	香港法例第60章《進出口(一般)規例》	九龍南昌街382號公共衛生檢測中心3樓　衛生署藥物註冊及出入口管制組 電話：2319 8460　傳真：2803 4962
(s) 衛生署	危險藥物的進出口	香港法例第134章《危險藥物條例》	九龍南昌街382號公共衛生檢測中心3樓　衛生署藥物註冊及出入口管制組 電話：2319 8460　傳真：2803 4962
(t) 衛生署	輸入放射性物質及輻照儀器	香港法例303章《輻射條例》	香港西灣河太康街28號西灣河健康中心3字樓　放射衛生部 電話：2977 1868(放射性物質) 2977 1887(輻照儀器)

部　門	項　目	法律權力	查　詢
(u) 食物環境衛生署	輸入冷藏、冷凍肉及家禽	香港法例第60章《進出口（一般）規例》	香港金鐘道66號金鐘政府合署43字樓 電話：2867 5582/ 2867 5585-86
(v) 食物環境衛生署	輸入(不論直接或過境)野味、肉類、家禽及禁止進口的肉類	香港法例第132章《進口野味、肉類及家禽規則》	香港金鐘道66號金鐘政府合署43字樓 電話：2867 5577/ 2867 5560
(w) 食物環境衛生署	輸入含有附加染色劑的食物	香港法例132章《食物內染色料規例》	香港金鐘道66號金鐘政府合署43字樓 電話：2867 5577/ 2867 5560
(x) 食物環境衛生署	輸入含有金屬的食物	香港法例132章《食物攙雜（金屬雜質含量）規例》	香港金鐘道66號金鐘政府合署43字樓 電話：2867 5577/ 2867 5560
(y) 食物環境衛生署	輸入人造糖及含有人造糖的食物	香港法例132章《食物攙雜（人造糖）規例》	香港金鐘道66號金鐘政府合署43字樓 電話：2867 5577/ 2867 5560
(z) 食物環境衛生署	輸入含有黃曲霉毒素、芥酸及／或其他違禁物質的食物	香港法例132章《食物內有害物質規例》	香港金鐘道66號金鐘政府合署43字樓 電話：2867 5577/ 2867 5560
(aa) 食物環境衛生署	輸入含有防腐劑及／或防氧化劑的食物	香港法例132章《食物內防腐劑規例》	香港金鐘道66號金鐘政府合署43字樓 電話：2867 5577/ 2867 5560
(ab) 食物環境衛生署	進口冰凍甜點的售賣	香港法例132章《冰凍甜點規例》	香港金鐘道66號金鐘政府合署43字樓 電話：2867 5577/ 2867 5560
(ac) 食物環境衛生署	進口鮮奶及鮮奶飲品的售賣及加熱處理	香港法例132章《奶業規例》	香港金鐘道66號金鐘政府合署43字樓 電話：2867 5577/ 2867 5560
(ad) 食物環境衛生署	輸入無煙煙草產品	香港法例132章《無煙煙草產品(禁止）規例》	香港金鐘道66號金鐘政府合署43字樓 電話：2867 5577/ 2867 5560
(ae) 食物環境衛生署	輸出含動物、家禽或魚類產品食物往歐盟、日本、澳洲及其他須獸醫衛生證書的國家	香港當局與進口國家有關當局所簽訂的認可協議	香港金鐘道66號金鐘政府合署43字樓 禽畜公共衛生組 電話：2867 5428
(af) 食物環境衛生署	輸入活生食用家禽	香港法例第139章《公眾衛生（動物及禽鳥）條例》	香港金鐘道66號金鐘政府合署43字樓 禽畜公共衛生組 電話：2867 5428
(ag) 食物環境衛生署	輸入活生食用牲畜(豬、牛、羊)	香港法例第421章《狂犬病條例》	香港金鐘道66號金鐘政府合署43字樓 禽畜公共衛生組 電話：2867 5428

部　門	項　目	法律權力	詢　問
(ah) 食物環境衛生署	輸入活生食用動物	香港法例第139章《公眾衞生（動物及禽鳥）（化學物殘餘）規例》	香港金鐘道66號金鐘政府合署43樓　禽畜公共衛生組 電話：2867 5428
(ai) 食物環境衛生署	輸出家禽肉殼或家禽產品往若干指定國家	香港法例第139章《家禽（屠宰供出口）規例》	香港金鐘道66號金鐘政府合署43樓　禽畜公共衛生組 電話：2867 5428 （衛生證書）
漁農自然護理署			九龍長沙灣道303號長沙灣政府合署5樓 電話：1823（工場牌照）
(aj) 環境保護署	耗蝕臭氧層物質的進出口	香港法例403章《保護臭氧層條例及其附例》	香港灣仔告士打道5號灣仔稅務大樓33字樓 空氣質素監理組 電話：2594 6242/ 2594 6234
(ak) 環境保護署	廢物的進出口	香港法例354章《廢物處置條例》及其附例	香港灣仔軒尼詩道130號修頓中心25字樓　廢物及水質監理組 電話：2755 5462 傳真：2303 0453

三、進出口證申請

進口證

從任何香港以外地區輸入下列貨品，均須具備有效的進口證：

(a)戰略物品
(b)儲備商品
(c)冷藏、冷凍肉及家禽
(d)除害劑
(e)放射性物質及輻照儀器
(f) 藥劑產品及藥物
(g)紡織品
(h)耗蝕臭氧層物質

紡織品方面，進口貨品可憑由紡織商填妥的進口通知書或轉運貨物通知書進口，代替有效的進口證，惟該紡織商必須已根據紡織商登記方案辦妥登記。

根據《進出口條例》、《儲備商品條例》或《保護臭氧層條例》獲簽發某一「禁運物品」進口證的人士，應於物品進口七日內，向運載該等物品進口的船隻、飛機或車輛的擁有人提交進口證。代替有效進口證的通知書，須於物品進口時以同樣方式提交。

運載任何「禁運物品」進口的船隻、飛機或車輛的擁有人，必須保管有關的「禁運物品」，直至物主向其提交根據《進出口條例》、《儲備商品條例》、《保護臭氧層條例》或其他有關法例就該「禁運物品」簽發的進口證，或向其提交代替有效進口證的通知書。

出口證

自香港輸出下列貨品往任何地區，均須具備有效出口證：

(a)戰略物品
(b)儲備商品
(c)除害劑
(d)藥劑產品及藥物
(e)紡織品
(f) 耗蝕臭氧層物質

紡織品方面，輸往不設限市場、轉口往所有市場、輸往美國的貨辦及轉運往所有市場的貨品，可憑由紡織商填妥的出口通知書I（供出口貨品用）、出口通知書II（供轉口貨品用）、出口通知書III及出口通知書IV（供出口貨辦往美國用）或轉運貨物通知書（供轉運貨品用）輸出，代替有效的出口證，惟該紡織商必須已根據紡織商登記方案辦妥登記。

物主在根據《進出口條例》、《儲備商品條例》或《保護臭氧層條例》獲發某一「禁運物品」的出口證後，應於物品出口前，將出口證交予準備運載物品出口的船隻、飛機或車輛的擁有人。代替有效出口證的通知書，須以同樣方式提交。

船隻、飛機或車輛的擁有人，在接獲根據有關條例發出的有效出口證或代替有效出口證的通知書之前，不得用其船隻、飛機或車輛承運任何「禁運物品」出口。

交回許可證

倘若有關「禁運物品」是以個人隨身行李形式進口或出口，或由持證人攜帶進出香港，則持證人須於「禁運物品」進口或出口後14天內，將進口證或出口證正本或副本交回工業貿易署。

若干以個人隨身行李形式進口或出口供其本人使用的「禁運物品」，可按豁免許可證措施規定，交回許可證正本或副本的詳情如下：

禁運物品	須交回的 許可證正本或副本	許可證正本或副本 須交往的辦事處
紡織品 (不受配額限制而輸往設限市場的本地出口)	表格4的第二副本	九龍彌敦道700號工業貿易署大樓 8樓工業貿易署 紡織品出口簽證存檔及縮微攝影組
紡織品 (進口、轉口或往不設限市場的出口)	表格7或表格4的第二副本	九龍彌敦道700號工業貿易署大樓 12樓工業貿易署 存檔及縮微攝影分組
戰略物品 (進口及出口)	表格可在工業貿易署網上下載	九龍彌敦道700號工業貿易署大樓 5樓516B工業貿易署 戰略貿易管制科
食米 (進口及出口)	表格3或表格6的正本	九龍彌敦道700號工業貿易署大樓 12樓工業貿易署 食米管制分組
耗蝕臭氧層物質 (進口及出口)	進口證表格或出口證表格的第一副本	九龍彌敦道700號工業貿易署大樓 12樓工業貿易署 非紡織品簽證分組
其他非紡織品 (藥劑產品及藥物的進口及出口；以及放射性物質及輻照儀器的進口)	表格3或表格6的正本	九龍彌敦道700號工業貿易署大樓 12樓工業貿易署 非紡織品簽證分組

用以代替紡織品許可證的通知書，種類如下：

(a)進口通知書——進口紡織品

(b)進口通知書I——將屬香港來源的紡織品輸往不設限市場

(c)進口通知書II——轉口紡織品

(d)進口通知書III——輸往美國並加上適當蓋印或標記而離岸價值不超逾800美元的香港來源紡織品貨辦

(e)進口通知書IV——輸往美國經剪割或已蓋印而無商業價值的香港來源紡織品貨辦

(f) 轉運貨物通知書——轉運紡織品

上述進口證及出口證表，在下述地點發售：

(a)香港中環花園道美利大廈4樓402室

政府刊物銷售處 電話：2537 1910

(b)九龍彌敦道700號工業貿易署大樓1字樓104室

工業貿易署收款及表格出售處 電話：2398 5325

通知書表格，只有已根據紡織商登記方案辦妥登記的紡織商方可在工業貿易署購買。至於連續式表格的轉運貨物通知書，每本有500套。

現列出申請表格的售價如下：

	每本（港幣）
表格3	26.00元
表格3(一份)	3.00元
表格4	26.00元
表格4(一份)	4.50元
表格6	16.00元
表格6(一份)	3.00元
表格7	15.00元
表格7(一份)	3.00元
進口證表格	28.00元
出口證表格	28.00元
進口通知書	10.00元
出口通知書I	10.00元
出口通知書II	10.00元
出口通知書III	10.00元
出口通知書IV	10.00元
轉運貨物通知書	20.00元
轉運貨物通知書	500.00元
配額轉讓申請書	22.00元

申請手續

遞交申請書

為免處理受到延誤，進出口證申請書應正確填妥。如有需要，應將申請書先行交往其他有關部門加簽，然後才交往工業貿易署（九龍彌敦道700號）下列收證櫃台（冷藏、冷凍肉及家禽、除害劑、藥劑產品及藥物除外）。

申請書除可獲即時簽發者外，將獲編配參考編號，而申請人亦會獲發一張註有該編號的收據。申請人其後領證時，須在同一辦事處的發證櫃台出示該收據。

在一般情況下，進口證表格7、出口證表格4以及耗臭氧層物質的進出口證申請書，可於遞交表格翌日起計的兩個完整工作日後獲得批簽。而進口證表格三及出口證表格六申請書，則一般在遞交表格翌日起計的一至三個完整工作日後獲得批簽。完整的工作日並不包括遞交申請書當日、星期日及公眾假期。出口證表格五及八應透過電子數據交換申請，而決定信息會於提出申請翌日起計的一個完整工作日後傳送給申請人。申請憑配額使用特別方案出口羊毛、人造纖維、夾絲混紡及非棉質植物纖維的度身訂造套裝往美國的出口證表格5，決定信息會於提出申請的翌日傳送給申請人。書面出口證會在傳送批准信息當日的下一個工作日發出。對透過電子數據交換的申請，完整的工作日亦不包括星期六。

至於冷藏、冷凍肉及家禽的進口證、除害劑、藥劑產品及藥物的進出口證方面，申請書應分別遞往食物環境衛生署、漁農自然護理署及衛生署。

通知書／進出口證的修改

已獲批簽的進／出口證或已遞交的通知書上的任何細節，只可由工業貿易署授權人員作出修改，如為冷藏、冷凍肉及家禽的進口證，則只可由食物

下列物品進出口的許可證	櫃台地點
輸往歐洲聯盟不受配額限制的紡織品	閣樓
輸往美國及加拿大不受配額限制的紡織品	2字樓
輸往不設限市場的紡織品及轉口往所有市場的紡織品	1字樓(第4號櫃台)
紡織品進口	1字樓(第4號櫃台)
憑特別進出口證進口紡織品及將紡織品輸出	2字樓(第1號櫃台)
戰略物品進出口	5樓516B室
其他禁運物的進出口	12字樓

環境衛生署授權的人員修改，或如為除甲基溴以外除害劑的許可證，則只可由漁農自然護理署授權的人員修改。如需作出修改，申請人應以書面通知本署，並隨函附上有關的進出口證／通知書及證明文件。根據法例，任何人士如未經許可而擅自在已獲批簽的進／出口證上作出任何修改，即屬違法。

查詢

如對許可證措施的規定及手續有任何疑問，可向本署下列各組查詢：

(a)	24 小時查詢熱線	2392 2922
(b)	紡織品項目	
	紡織品管制科(歐洲)	
	一般查詢(客戶服務中心)	2398 5148
	貨辦簽證	2398 5370
	輸往歐洲聯盟的非受限制項目	2398 5370
	分類	2398 5386
	收發櫃台	2398 5457
	紡織品管制科(美洲)	
	美國及加拿大，一般查詢(客戶服務中心)	2398 5288
	美國，第一組非成衣類目	2398 5437
	美國，第二組棉質成衣類目	2398 5431/5432
	美國，第二組人造纖維成衣類目	2398 5434/5763
	美國，第二組羊毛成衣類目	2398 5437
	美國，第三組及夾絲混紡及／或非棉質植物纖維毛衣類目	2398 5435
	美國，配額使用特別方案	2398 5434/5437
	美國，私人付運物品及剪破或經蓋印的商業付運貨辦	2398 5441
	美國，配額調用及配額轉讓	2398 5438
	美國，特別進出口簽證	2398 5637/5433
	美國，非受限制項目	2398 5440
	美國及加拿大，分類組	2398 5597/5598
	加拿大，非受限制項目	2398 5428
	加拿大，付運貨辦及個人付運物品	2398 5409
	美國及加拿大，收發櫃台	2398 5521
	非受限制紡織品	
	輸往所有不設限市場的紡織品	2398 5464
	轉口往所有市場的紡織品	2398 5464
	由所有國家進口的紡織品	2398 5464
	紡織商登記方案	
	登記	2398 5512
	填寫及遞交通知書	2398 5472
(c)	紡織品以外項目	
	非紡織品簽證分組	2398 5560
	食米管制分組	2398 5570
	戰略貿易管制科	
	分類	2398 5587
	簽證	2398 5575

亦可瀏覽本署網頁（網址：http://www.tid.gov.hk）

四、產地來源證申請

香港產地來源證通稱為「C.O.」，是用以證明有關貨物的產地為香港。當局簽發來源證前，必須確定有關貨物是香港的天然產品或是在本港經過製造工序的產品，而該等製造工序必須使所有主要原料的形狀、性質、形式或用途有永久性及實質上的改變。如欲得知香港就特定產品所擬訂的產地來源標準，可聯絡工業貿易署來源證科客戶服務中心（電話：2398 5525）索閱有關的通告。只有已在工業貿易署辦理工廠登記以領取有關產品來源證的製造商，方能獲發香港產地來源證。

簽證機構

由下列6個經指定機構簽發的香港產地來源證及產地來源加工證受香港有關法例保障：

(1)工業貿易署
九龍彌敦道700號工業貿易署大樓3樓
（查詢：2398 5525）
(2)香港總商會
九龍旺角彌敦道707至713號銀高國際大廈3樓
（查詢：2395 5515）
(3)香港印度商會
香港雲咸街69號2字樓
（查詢：2525 0138）
(4)香港工業總會
九龍彌敦道664號惠豐中心1701室
（查詢：2396 3318）
(5)香港中華廠商聯合會
香港干諾道中64號廠商會大廈1字樓
（查詢：2545 6166）
(6)香港中華總商會
香港干諾道中24至25號4樓
（查詢：2526 0623）

向工業貿易署申請香港產地來源證或產地來源加工證時，必須填寫指定的申請書及相應的來源證。申請書及來源證在下列辦事處出售：

(1)工業貿易署收費處
九龍彌敦道700號貿易署大樓104室
(2)政府刊物銷售處
香港中環花園道美利大廈4樓402室

遞交申請

申請人輸出每批貨物時，最遲必須於運輸工具離港日期兩個完整工作日前將申請書（TIC表格第185款一份，連同香港產地來源證（TIC表格第16款（修訂））或產地來源加工證（TIC表格第288款）一式3份，遞交至九龍彌敦道700號貿易署大樓3樓來源證科收證櫃台。在正常情況下，證書在遞交申請書兩個完整工作日後即可簽發。

其他機構簽發的來源證

倘向其他6個政府認可的簽證機構（請參閱上文「簽證機構」部分）申領香港產地來源證及產地來源加工證，應將申請書交往有關機構。各機構簽證服務的詳情可向該等機構負責簽證的部門查詢。

電子數據交換產地來源證服務

所有已向貿易通電子貿易有限公司（貿易通）登記的商號，可使用電子數據交換產地來源證服務。商號可方便快捷地經由電子數據交換系統遞交產地來源證申請，而申請結果亦會經電子數據交換系統通知商號。商號可隨意選擇其中一家來源證簽發機構，為其審理產地來源證申請。

商號如尚未能使用電子數據交換服務，亦可前往貿易通電子貿易有限公司（貿易通）營辦的貿易通服務站辦理電子產地來源證申請。現時共11所分別位於工業貿易署大樓及5間政府認可的來源證簽發機構辦事處之貿易通服務站已提供此項服務。商號如欲向貿易通登記使用電子數據交換產地來源證服務，可致電2599 1700與貿易通聯絡。

網址：http://www.tradelink.com.hk

其他有關使用產地來源電子數據交換服務的資料，請致電2398 5550向工業貿易署查詢。另外，亦可參閱工業貿易網頁http://www.info.gov.hk/tid/chinese/c-index.htm由工業貿易署發出之最新通告。

貿易通服務站	查詢電話	傳真
貿易通服務站 九龍旺角彌敦道639號雅蘭中心1期21樓2316	2399 0430	2399 0080
香港中華總商會分站 香港中環干諾道中24-25號4樓	2526 0623	2869 6526
香港中華廠商聯合會旺角分站 九龍旺角彌敦道664號惠豐中心701-703室	2393 2189	2789 1869
香港中華廠商聯合會尖沙咀分站 九龍尖沙咀廣東道5號海洋中心521室	2736 0288	2730 3769
香港中華廠商聯合會觀塘分站 九龍觀塘巧明街115號柏壽中心16樓E室	2344 3380	2790 4850
香港工業總會旺角分站 九龍旺角彌敦道664號惠豐中心1701室	2396 4443	2396 6623
香港工業總會中環分站 香港中環畢打街20號會德豐大廈1006室	2845 4966	2845 4829
香港工業總會尖沙咀分站 九龍尖沙咀廣東道5號海洋中心727室	2302 1621	2736 0211
香港總商會旺角分站 九龍旺角彌敦道707-713號銀高國際大廈3樓	2395 5515	2391 9469
香港印度商會尖沙咀分站 九龍尖沙咀加連威老道2-6號愛賓高商業大廈10字樓1006室 (即加連威老道郵局樓上)	2301 3681	2723 9884
香港印度商會中環分站 香港中環雲咸街69號好時年大廈2樓	2525 0138	2845 0300

五、貨物報關手續

1、辦理進/出口報關手續的法律規定

根據進出口（登記）規例（香港法例第60章）的規定，凡將物品進口或出口的人士，除豁免報關物品外，必須在物品進口或出口14日內向海關關長遞交一份資料正確及齊備的進口或出口報關表。任何人士如未有遞交所需報關表或在報關表上故意虛報或粗心大意填錯任何細節，均有可能被檢控。海關關長亦已授權政府統計處指定人員執行與遞交資料正確及齊備的進口報關表有關的法例。

中華人民共和國香港特別行政區基本法內說明，香港特別行政區為單獨的關稅地區。因此，除豁免報關物品外，由中國內地進口或出口往中國內地物品，仍須遞交進／出口報關單。

即使無須就豁免報關物品遞交進／出口報關單，進出口人士仍須囑咐貨運公司在貨物艙單上清楚註明豁免報關物品所屬的類別，以方便貿易文件處理及審查工作。然而，海關關長仍有權要求進出口人士就所聲稱的豁免報關物品提供證明或證據、或在有需要時按照規例的規定，採取適當的行動。

2、進/出口報關表格種類

進出口報關共分四類：

⑴非食品類的進口報關(表格1)

⑵香港進出口貨物分類表(協調制度)內附錄一所列的食品類的報關(表格1A)

⑶出口／轉口物品(香港製造的成衣及鞋履除外)的出口／轉口報關(表格2)

⑷《工業訓練(製衣業)條例》(第318章)附表所列的香港製造成衣及鞋履類的出口報關(表格2A)

3、填寫報關表格

有關貨物和國家/地區分類和編號、填寫和辦理進/出口報關表及遞交貨物艙單事宜的查詢及資料，你可

• 致電政府統計處報關事宜查詢熱線2877 1818

• 親往香港灣仔港灣道12號灣仔政府大樓17及18樓政府統計處貿易統計科

• 參閱一本名為《如何辦理進/出口報關手續》的小冊子。該小冊子可於上述地址免費索取，亦可於政府統計處的網站瀏覽或下載(網址http://www.info.gov.hk/censtatd)

• 透過電子郵件提出，電郵地址是tradenq@censtatd.gcn.gov.hk。

4、採用電子進／出口報關服務

(1) 電子報關服務

它是由取得政府委聘的服務供應商「貿易通電子貿易有限公司」(簡稱貿易通)和商貿易服務有限公司（簡稱商貿易）提供。透過這些服務，閣下可使用電腦用電子方式將報關單直接傳送到政府的電子報關服務商。現時電子報關服務完善，其服務時間為每星期7日，每日16小時（由上午7時至晚上11時）。貴公司更可節省派員遞交報關單所用的交通及排隊輪候時間。閣下只需一套適合的電腦、軟件、調製解調器及一條電話線便可使用電子報關服務。查詢有關電子報關服務或如何登記成為該服務的用戶，可致電「貿易通」熱線2599 1700或商貿易服務有限公司。查詢熱線：8201 0082

網址：http://www.ge-ts.com.hk

(2)透過電子報關服務站

為協助一些非經常報關的進出口商及一些未作好準備轉用電子服務的商戶，貿易通分別在港九新界各地設立了一些服務站代他們將報關資料轉換成電子信息及轉送至政府。有關這項服務的詳情可致電2599 1624查詢，或以電子郵件mailnet@tradelink.com.hk向貿易通查詢。

(3)紡織商登記方案服務

貿易通推出電子服務，以傳遞及處理紡織商登記方案的各類通知書。

貿易通提供的電子紡織商登記方案服務，利用電子形式處理紡織商登記方案內的所有通知書，包括進口紡織品（進口通知書）、出口香港紡織品至非受限制市場（出口通知書I）、出口非香港生產的紡織品（出口通知書II）、出口紡織品樣品往美國（出口通知書III & IV），以及轉口紡織品（轉口通知書）。

紡織商登記方案的通知書可用電子形式直接傳送到工業貿易署，以簡化處理紡織登記方案通知書的程序，提高營運效率。由於紡織商登記方案的通知書服務與「紡易叻」和「萬利叻」服務系列全面結合，貿易商及承運商處理各類通知書可享受到方便及統一的電子服務，且節省人手並增加數據輸入的準確性。

該項新服務的收費為每份通知書0.5元，與現時購買電子紡織商登記方案表格收費相同。

(4)航空鐵路採用電子艙單

根據政府要求，所有航空及鐵路承運商從2004年7月16日起，全面採用貿易通的電子貨物艙單服務。透過此項服務，承運商可以同時向香港海關、政府統計處及工業貿易署提交貨物艙單，毋須向不同政府部門分別提交，避免因重覆輸入資料或抄寫而出錯。

貿易通的電子貨物艙單服務的基本收費為：遠洋或鐵路艙單每份28.6元；內河艙單每份14.3元，航空艙單每份10元。

5、進出口報關費及製衣業訓練徵款

遞交報關表時，進出口商必須按下列收費繳付進出口貨品報關費及／或製衣業訓練徵款。

進口

(1) 非食品項目

貨值四萬六千元或以下者，繳費五角。

四萬六千元以上者，則以後每一千元或不足一千元者，加繳二角五分，而最後之五分則以一角計算。

(2) 現時使用的香港進出口貨物分類表(協調制度）內附錄一所列的食品項目－不論貨值多少，每份電子資料聯通報關表祇須繳費五角。

出口／轉口

(1)不論來源地是否香港的出口貨品

貨值四萬六千元或以下者，繳費五角。

四萬六千元以上者，則以後每一千元或不足一千元者，加繳二角五分，而最後之五分則以一角計算。

(2)香港法例第318章《工業訓練（製衣業）條

例》附表所列的港製成衣品及配件和鞋履項目，在出口時除繳付上述出口貨品報關費外，每一千元或不足一千元價值的貨物須加繳製衣業訓練徵款三角。

6、逾期報關罰款

未能在貨物進口／出口14日內報關者，必須按照下表繳納罰款：

每張報關表所列貨物的總值	報關時應繳納的罰款		
	貨物進口／出口一個月又14日內報關	貨物進口／出口後兩個月又14日內報關	貨物進口／出口兩個月又14日後報關
2萬元或以下	20元	40元	100元
2萬元以上	40元	80元	200元

7、發還報關費用

申請發還報關費用，須符合下列各項條件：

(1)申請人必須是有關貨物的報關人本人；及

(2)申請人必須由付運日期起計兩年內提出申請。

若多繳的費用是因申請人本身錯誤填報所致，須以書面向香港灣仔港灣道12號灣仔政府大樓18樓政府統計處報關費用事務分組提出申請，說明申請退款的原因及夾附下列各項文件：

(1)有關的進口或出口報關表格及其收據；及

(2)海運提單、空運提單或陸運載貨清單。

若多繳的費用是因多報貨價所致，則請連同下列各項文件一併遞交：

(1)供應商發票

(2)顯示淨重量的裝貨清單或重量清單

(3)顯示保險費的保險證書及保險費通知書

(4)信用證

(5)匯票及

(6)銀行的信貸通知書或付款通知書

8、追討報關費用

貿易商可能因種種原因而在報關時少付報關費用，其中可能是使用錯誤報關種類或提供錯誤貨物編號。香港特別行政區政府會向這些貿易商發出通知書，追討他們少付的報關費用。若閣下收到上述通知書，閣下須由該通知書發出日期起計14日內繳付所欠款項。

若有任何疑問，可致電2582 4894查詢。

9、查詢其他報關資料

政府統計處亦設立了一條報關事宜查詢熱線，以供查詢海關熱線未有提供的以下資料：

(1)國家或地區的分類

(2)貨物或運輸方式的分類

(3)修訂經已遞交的報關資料

(4)轉運貨物或過境貨物的定義

(5)卸貨證書

(6)進出口報關表格的認證副本

(7)貨物清單

該查詢熱線的電話號碼為2877 1818

六、對外貿易關係

香港特區在處理對外貿易關係方面，擁有充分自主權。《基本法》訂明，香港特區為單獨的關稅地區，可以"中國香港"的名義，參加世界貿易組織等國際組織和國際貿易協定。積極參與世貿組織的多邊貿易制度，是香港特區對外貿易政策的基石。

2004年本地生產總值顯著實質增長8.1%，明顯高於2003年3.1%的增長。這是自1987以來錄得的第二快增長，僅次於2000年異常強勁的升幅。

年內，出口和離岸貿易暢旺，訪港旅遊業蓬勃，消費大幅上揚，投資顯著反彈，顯示經濟復甦遍及廣泛層面。

對外貿易

2004年，香港在對外貿易方面再有上佳表現。除全球及地區性的需求殷切外，美元持續疲弱也進一步提高香港的對外競爭力。2004年的整體貨物出口（包括轉口及港產品出口）實質增加15.3%，尤勝2003年的14%強勁增幅。全年四個季度的整體貨物出口皆錄得雙位數增長，而截至2004年第4季度，整體出口已經連續五個季度維持雙位數升幅。經季節性調整與對上季度比較，整體貨物出口於2004年首兩個季度大幅增長，在第三季略為放緩，至第四季則再度強勁反彈。

轉口繼續較整體出口有更為出色的表現，繼

2003年上升16.1%後，於2004年進一步增長16.3%。在2004年全年，本港涉及內地的轉口貿易甚為理想，這是由於內地的貿易往來暢旺，同時亦反映出香港擔當內地與世界各地之間的貿易渠道的重要角色。

本港雖然持續受到出口結構向轉口及離岸貿易轉移所影響，但2004年的港產品出口自2000年以來首次溫和增長2.4%。第四季的增長最為顯著，原因是輸往內地的出口明顯反彈，相信是《內地與香港關於建立更緊密經貿關係的安排》(《安排》) 的正面影響正逐漸顯現。

2004年，內地和美國是香港整體貨物出口（包括港產品出口及轉口）的兩個最大市場，分別佔全年總值的44%和17%。其他主要市場包括日本(5%)、英國（3%）、德國（3%）、台灣（2%）、大韓民國（2%）及新加坡（2%）。

貨物進口的情況同樣蓬勃，2004年實質激增14.1%。這與轉口貿易增長有緊密關係，而供本地使用的貨物進口顯著上升亦是相關因素。來自東亞市場的貨物進口表現特別理想，而來自內地（香港貨物進口的最大來源地）的貨物進口於2004年錄得更為強勁的增長。在整體貨物進口中，留用進口資本貨物，特別是供製造用途的工業機構及電訊設備，在2004年顯著加快增長，這是由於投資氣氛漸趨樂觀，以及經濟復甦更為明顯導致生產能力必須進一步提高以應付增加的需求所致。

進口貨物價格的升幅較出口貨物價格的升幅為大。以本地生產總值為基礎計算的有形貿易赤字有所擴闊，由2003年的450億元（相當於進口貨值的2.5%），增至2004年的725億元（相當於進口貨值的3.5%）。

無形貿易

無形貿易方面，服務輸出現已完全脫離嚴重急性呼吸系統綜合症爆發的陰影，在2004年維持強勁的增長勢頭，全年實質躍升15%，遠快於2003年8.1%的升幅。服務輸出全面加快上升，在2004年四個季度均有非常明顯的增長。撇除在2003年第二季爆發綜合症令數據扭曲的影響，服務輸出的增長速度仍然顯著。

2004年的服務輸出表現強勁，主要是由於與貿易有關的服務（在服務輸出中佔最大比重）進一步躍升。區內貿易蓬勃發展，而更重要的是涉及內地的貿易往來激增，刺激離岸貿易迅速增長。運輸服務輸出亦呈現強勁升勢，除大量訪港旅客令客運服務的需求大為增加外，貨運服務亦隨著對外貿易暢旺而激增。旅遊服務輸出強勁反彈，年內的訪港旅客人次創下新記錄，不但內地旅客人次創出新高，大部分其他來源地的旅客人次亦在年底前早已超越嚴重急性呼吸系統綜合症爆發前的水平。與此同時，由於商業活動增加，金融、商用及其他服務的輸出加快上升，錄得不俗的增長。

服務輸入因綜合症爆發而在2003年下挫2.1%後，在2004年實質顯著回升10.7%。與服務輸出的情況相若，服務輸入的季度情況因2003爆發綜合症而有所扭曲，導致2004年第二季錄得異常顯著的升幅，但其餘三季仍有穩健增長。在服務輸入佔最大比重的旅遊服務輸入，經過在2003年大幅下跌後，在2004年顯著回升。運輸服務輸入亦因本港居民出外旅遊開支的反彈而受惠，而進口貨運大幅增加更進一步助長升勢。在離岸貿易急升的支持下，與貿易有關的服務輸入，再在年內明顯增長。金融、商用及其他服務輸入亦在經濟活動轉趨活躍中有所增加。

由於服務輸出的增長快於服務輸入的增長，以本地生產總值為基礎計算的無形貿易盈餘由2003年的1,534億元（相當於服務輸入總值的76%），進一步擴大至2004年的1,850億元（相當於服務輸入總值的79.7%），足以抵銷劇增的有形貿易赤字有餘。2004年的綜合盈餘達1,125億元，相當於年內貨物進口及服務輸入總值的4.8%，2003年的綜合盈餘則為1,084億元，相當於貨物進口及服務輸入總值的5.4%。

商品貿易

由於內地經濟持續增長和全球經濟明顯改善，2004年香港的對外貿易整體表現錄得顯著增長。商品貿易總額為41,302億元，較去年上升16.4%。港產品出口上升3.5%，貿易總值為1,260億元，而轉口貿易則上升16.8%，貿易總值為18,931億元。進口貿易上升16.9%，貿易總值為21,111億元。年內，本港貿易逆差為920億元，較2003年的634億元為多。

2004年，香港最大的貿易伙伴是內地，隨後是美國和日本。

2004，按商品貿易價值計算，香港在全球貿易列強中排行第十一位。

2004年，原料和半製成品進口共值8,052億元，佔進口總額的大部分，其次是消費品（6,318億元），資本貨品（5,654億元），食品（601億元）和燃料（486 億元）。

內地，日本和台灣是本港進口貨品的主要來源地，年內分別佔進口總額的 43.5%、12.1% 和 7.3%。

紡織品的貿易

多年來，部分香港輸往歐洲聯盟，加拿大和美國的紡織品及成衣的數量一向受到限制。世貿組織《紡織品及成衣協議》訂明，所有世貿成員（包括香港）之間的紡織品及成衣數量限制將於 2005 年 1 月 1 日撤銷。香港的紡織品出口將可自由進入世界市場（包括歐洲和北美的傳統設限市場），不再受到配額限制。因應取消紡織品配額限制，香港的紡織品出入口安排一方面會適當地簡化，利便營商；另一方面則會維持必要的管制，以保障香港紡織品貿易的利益。香港一直密切監察《紡織品及成衣協議》的實施，以及紡織品監督機構（世貿組織就協議實施而設的監管機構）的運作。在國際紡織品及成衣局（香港為該局的成員）的統籌下，香港和一些發展中的紡織品出口國家通力合作，確保上述協議規定的紡織品及成衣貿易自由化工作進展良好，並研究如何進一步開放紡織品及成衣貿易。

商業註冊商標和專利

商業註冊

本地公司在香港公司註冊處辦理註冊。公司註冊處負責實施和執行《公司條例》的大部分條文，辦理本地公司註冊成為法團及海外公司註冊事宜，撤銷不營運但有償債能力私人公司的註冊，登記註冊公司須遞交的文件，並提供服務及設施讓公眾查閱和獲取該處各類法定登記冊、微縮影片及電腦資料庫所保存的資料。此外，該處也實施和執行若干其他條例，包括《受託人條例》中與信託公司有關的部分、《註冊受託人法團條例》和《有限責任合夥條例》。該處又負責處理各種與這些條例及企業管治有關的法律、政策及規管事宜，範圍非常廣闊。

由1993年起，公司註冊處成為以營運基金運作的部門，因而可保留大部分收入，並可因應需要、營業額及客戶需求，更靈活地運用收入。該處在2003-04財政年度獲得4,820萬元盈餘。過去多年累積的盈餘，不但使該處免受經濟不景的衝擊，更使財政儲備穩健，為該處開展各項計劃提供資金。

該處繼續推行“策略性改革計劃”，以期把部門的運作電腦化，並提供文件或資料存檔、處理、儲存及查閱的電子公共服務。實施“策略性改革計劃”會大大縮短處理文件所需的時間、更快捷地更新和披露公司資料、改善資料質素、加強資料保安與完整、提高生產力和降低營運成本。改革計劃的主要措施之一，是設置“公司註冊處綜合資訊系統”。該系統分兩階段開發。第一階段包括更換現有的電腦系統、建立文件影像處理系統、把微型縮影記錄轉換為數碼影像、聯線查閱該處資料庫備存的最新資料及已登記公司文件的數碼影像。該系統的第一階段在2005年2月底開始提供服務。第二階段包括網上辦理文件登記及公司註冊成為法團事宜，開發工作在第一階段完成後即會進行。

2004年，共有65,558家新公司註冊成為法團。年內，註冊新公司的名義股本總額達1,179.5億元，另有6,181家公司增加名義股本，總額達2,132.8億元。年底時，公司登記冊內共有518,980家本地公司，2003年則有497,406家。

海外註冊公司在本港設立營業地點後一個月內，須把某些文件送交公司註冊處登記。年內共有735家海外註冊公司辦理登記手續。年底時，共有7,279家來自80個國家的公司在本港登記。

商標和專利

知識產權

政府致力保護知識產權，不斷更新法例以配合需要，雷厲執法打擊侵權和偽冒商標貨品的活動，並持續推行公眾教育令全港市民更認識和尊重知識產權。香港已建立一個達致國際標準的保護知識產權制度。

知識產權署以外判形式開發新電腦系統以處理商標、專利和外觀設計申請的工作，已於2004年8月完成。該署電子業務模式的主要特點，是設有電子提交服務、電子公告和自動化審查。該署亦通過減低收費，把推出電子提交服務所有節省的成本回饋用戶。

商標註冊

商標註冊的網上電子提交服務(2003年12月31日推出），以及網上電子發表專利和外觀設計的服務2004年5月7日推出），成為知識產權署註冊工作的新重點。該署年內開始推出以電子方式提交專利和外觀設計表格的服務，並在12月完成開展工作。該署的目標是把轉用電子提交提務的用戶比率，由2004-05年度約10%提高至2005-06年度約30%。

商標註冊處負責貨品和服務商標的註冊事宜。2004年，商標註冊處共接獲19,940宗註冊申請，其中13,176宗為單類別申請，6,764宗為多類別申請。年內，獲註冊的商標共有26,440個，較2003年的20,359個增加29.9%。提出申請的國家和地區共有86個，主要包括：

香港	8,173	德國	550
美國	2,820	英國	539

日本	1,732	瑞士	485
內地	1,490	台灣	409
法國	615	意大利	396

截至2004年12月31日，註冊記錄冊上共有189,733個商標。

自2005年1月1日起，香港服務提供者於省級工商行政管理機關登記並取得法定經營主體資格後，可在內地從事商標代理業務。

專利

《專利條例》訂明，以中國國家知識產權局、英國專利局或歐洲專利局(就指定英國的專利而言)批予的專利為基礎而提出的申請，可獲批予標準專利。該條例也就短期專利的批予作出規定。自《2004年專利（一般）（修訂）規則》於2004年5月7日生效後，專利表格可採用電子方式提交，與專利申請有關的事宜也可以電子方式發表。至於按悉數收回成本原則徵收的專利註冊服務費用，則已下調73%。2004年，專利註冊處共接獲10,005宗標準專利申請，批出的標準專利有4,242項。年內，該處另接獲416宗短期專利申請，批出的短期專利共329項。

自2004年起，符合條件的香港居民可以參加以往只開放給內地中國公民的全國專利代理人資格考試，以取得內地專利代理人資格。考生通過有關考試後，須在內地已經批准設立的專利代理機構實習一年，方可取得專利代理人執業資格。在知識產權署的技術及後勤支援下，香港知識產權會於八月舉辦了一項為應試考生及對內地專利法規和慣例有興趣者而設的培訓課程。專利代理人資格考試每兩年舉辦一次，而最近的考試已於10月舉行，約有42名香港居民應考，合格人數為3人。由2005年1月1日起，符合上述規定條件的香港居民可在內地提供專利代理服務。

網頁

公司註冊處：www.info.gov.hk/cr/

工商機構及商會

香港貿易發展局

香港貿易發展局1966年成立，專責推廣和發展香港的對外貨物及服務貿易，誠意為香港製造商、貿易商及出口商服務，特別是中小企業，在全球締造新的市場機會，協助他們把握商機，並推廣香港具備優良商貿環境的國際形象。其使命是：協助香港公司在全球貿易中爭取更大份額；吸引更多國際業者使用香港這個商貿平台。

貿發局理事會是最高決策層，由19位成員組成，負責策劃及監督貿發局的全球業務、服務和拓展活動，監督香港會議展覽中心的運作。貿發局在全球有40多個辦事處，員工900多名。

貿發局在三大平台上舉辦各類推廣活動及提供實用的商業服務：商貿平台——在香港會議展覽中心舉辦亞洲首屈一指的貿易展覽；網上平台——創立"香港企業商貿網"(hkenterprise.com)及電子報刊《香港工商》；創意交流平台——舉辦國際會議讓中小企業聯繫交流、刺激思維。

為配合香港經濟環境的發展，特別是內地與香港《更緊密經貿關係安排》(CEPA)的實施，貿發局調整了過去兩年所訂的目標，提出2004/05年度業務計劃的主題是"一站式商貿平台服務全球企業"，未來工作的6點方針：一、協助香港公司利用CEPA加快進入內地市場；二、推廣香港與珠三角經濟融合的優勢，提高全球對香港的興趣；三、協助港商開發新興市場；四、建設香港成為全球中小企業的一站式商貿平台及展覽之都；五、推廣電子商貿，增強香港中小企業的競爭力；六、致力成為世界最佳的貿易推廣機構，向香港中小企業提供最好的市場推廣服務。

主席：吳光正

總裁：林天福

客户服務中心地址：香港灣仔博覽道1號香港會議展覽中心(新翼)

客户服務專線電話：1830 668

傳真：2824 0249

網址：www.tdctrade.com

電郵：hktdc@tdc.org.hk

香港機場管理局

機場管理局是香港特區政府全資擁有的法定機構，1995年12月1日成立，前身為臨時機場管理局。機場管理局的目標是加強香港國際機場的實力，務求在中國以至亞太區穩守主要樞紐機場的地位，同時積極促進國家航空業及經濟的整體發展。

機管局董事會現有主席、行政總監及11名非執行成員。董事會下設五個常設委員會，全局劃分為業務部門和事務部門兩大部份，員工900多人。機場保安有限公司是機管局的附屬公司，負責香港國際機場的保安工作。機管局主要業務是以審慎的商業方式，在赤鱲角從事與香港國際機場有關的營運、商貿或工業活動，並在香港或香港以外的任何地方，從事或營辦任何與機場有關的活動。機管局致力維持機場運作安全、保安嚴密、效率卓越、服務優良，並堅決履行這些基本信念。

赤鱲角香港國際機場近年來業務不斷發展，正逐步轉化為人流、物流、服務及資訊流的融合及管理中心，進一步支持香港的金融服務、工商支援服務、物流業、旅遊業等四大經濟支柱，同時鞏固香港在區內的物流及航空樞紐地位。在日趨激烈的競爭環境下，為更好地把握內地增長帶來的商機，機管局以珠三角地區為發展重點，繼續與珠三角機場建立策略性合作關係，以發展兩地機場的共同體系，同時與珠三角以外多個主要機場加強連繫，開辦班次頻密的穿梭服務，建立"空中橋樑"，將香港國際機場與經濟蓬勃的長江三角洲地區互相連接。最近，機管局為上海機場和北京機場提供顧問服務，與杭州機場簽訂投資協議，昆明、重慶及武漢機場將是其合作對象。這標誌香港國際機場的業務邁上新的里程。

為強化香港機場的國際航空交通樞鈕地位，繼續發揮競爭優勢，機管局訂定了在未來五年推行的十大發展項目，包括：改善客運大樓設施/服務；增加停機坪停機位及飛機庫；促進人流；促進貨流；與珠三角及其他內地機場融合發展；航天廣場；亞洲國際博覽館；2025年發展藍圖；私營化計劃以及員工事業發展計劃。為順利達成私營化，機管局宣佈擬向政府償還60億港元股本。機管局的整體目標是建立平衡各方利益的規管架構，務求符合公眾利益，也讓香港國際機場業務持續增長。

主席：馮國經

行政總裁：彭定中

地址：香港大嶼山國際機場暢業路1號

電話： 2188 7111

傳真：2824 0717

網址：http://www.hongkongairport.com

電郵：customer@hkairport.com

24小時查詢熱線：2181 8888

香港金融管理局

香港金融管理局於1993年4月1日成立，由外匯基金管理局與銀行業監理處合併而成。金管局的主要職能由《外匯基金條例》和《銀行業條例》規定，並向財政司司長負責。

金管局是香港政府架構中負責維持貨幣及銀行體系穩定的機構，其主要職能是：維持港元匯價穩定；透過穩健投資策略，管理外匯基金（即香港的官方儲備）；促進香港銀行體系穩健；發展香港金融市場基礎設施，使貨幣暢順流通。金管局的首要貨幣政策目標，是在聯繫匯率制度的架構內，通過穩健的外匯基金管理、貨幣操作及其他適當的措施，維持匯率穩定。外匯基金諮詢委員會就外匯基金的運用和金管局的運作，以及金管局的年度預算等事項，向財政司司長提供意見，職能與董事局十分相似。金管局設有9個部門，並設有資訊中心，中心包括展覽館和圖書館兩部分，由2003年12月1日起開放予公眾人士免費參觀及使用。

2004年，金管局在多項計劃中扮演牽頭角色，以促進香港的國際金融中心地位。這些計劃包括在香港推出人民幣銀行業務及進一步發展亞洲債券基金。面對全球金融市場各種新挑戰，金管局會繼續密切監察最新的發展及其對香港的影響，將會與區內經濟體系合作推動現有項目（如亞洲債券基金II），並會繼續支持香港特區政府採取主動策略，加深主要國際信貸評級機構對香港經濟及金融實力的了解。金管局會繼續與內地有關當局保持密切聯繫，以進一步加強香港在引導資金流向及配合內地金融需要方面的角色。

在銀行監管方面，金管局2005年工作重點包括：在部門重組的架構分類下，改進風險為本監管模式；關注非銀行業務風險，如證券及保險業務有關的風險；維持對網上銀行及科技風險管理的監管的高度重視；繼續監察及打擊網上銀行騙案；集中審查主要業務運作，並訂立業內最佳的經營手法；檢討 CAMEL 評級，以助推行存款保障計劃。

總裁：任志剛

地址：香港中環金融街8號國際金融中心2期55樓

電話：2878 8222

傳真：2878 2010

網址：www.hkma.gov.hk

電郵：hkma@hkma.gov.hk

證券及期貨事務監察委員會

證券及期貨事務監察委員會是一個獨立法定組織，成立於1989年5月。証監會負責執行監管香港證券期貨市場的法例，監管香港證券期貨市場的運作，並與各交易所和結算公司緊密合作，鼓勵產品的革新和發展，以確保香港作為國際金融中心能夠繼續取得成功並向前邁進。

根據《證券及期貨條例》，證監會的法定規管目標是：維持和促進證券期貨業的公平性、效率、競爭力、透明度及秩序；提高公眾對證券期貨業的運作及功能的了解；向投資於或持有金融產品的公眾提供保障；盡量減少在證券期貨業內的犯罪行為及失當行為；減低在證券期貨業內的系統風險；採取與證券期貨業有關的適當步驟，以協助財政司司長維持香港在金融方面的穩定性。

證監會董事局負責制定證監會的整體策略。證監會下設4個營運部門和2個支援部門，以及多個諮詢委員會和監管委員會，諮詢委員會就政策事宜向證監會提供意見。證監會作為香港證券期貨市場的法定監管機構，對於機構管治極為重視，不斷致力提高對公眾的問責性及工作的透明度。證監會採納及落實與適用於公共機構的最佳標準相符的機構管治常規。除致力對市場進行有效的監管外，證監會亦會不斷因應市場的發展檢討及更新有關的監管措施。

配合國際金融市場的一體化和全球化的發展，證監會竭盡所能為全球致力提升市場規管的質素和成效的目標作出貢獻。証監會與全球各地的監管機構緊密合作，訂立了34份雙邊或多邊合作安排，並在國際證券及期貨事務監察委員會組織的工作中扮演積極的角色。

主席：沈聯濤

地址：香港中環干諾道中8號遮打大廈8樓

電話：2840 9222 2842 7666

傳真：2521 7836

網址：www.hksfc.org.hk

網上投資者資源中心網址：www.eirc.hk

電郵：enquiry@hksfc.org.hk (一般查詢,意見及建議等)

investor.info@sfc.hk (公眾投訴)

香港交易所

香港交易所是香港聯合交易所有限公司、香港期貨交易所有限公司及香港中央結算有限公司的控股公司，於2000年6月上市，使命是為香港和中國的證券及衍生產品營運一個世界級的市場，協助發行人在國際資本市場集資，並為投資者、發行人及中介機構提供一個開放穩健、公平有序、高效率和高透明度的市場，藉此鞏固香港作為國際金融中心與中國重要資本市場的地位。

港交所擁有高效運作的商業營運架構，其業務按照功能劃分，組成以業務為重點、以商業考慮為主的業務部門，由港交所的管理層和董事局成員直接管理。港交所的董事局是最高的決策機關，就主要的策略性及運作事宜制訂相關政策。港交所提供廣泛的交易前及交易後投資服務。屬下的業務部門均致力為投資者、市場中介人士及上市公司提供增值服務，確保市場公平和有秩序地運作，以及審慎管理風險。港交所出版《交易所》季刊，提供有關交易所政策、產品及服務的有用資訊，使市場人士瞭解業內最新趨勢以及港交所和區內其他交易所的最新發展。

港交所把握亞洲區內以至世界各地湧現的機遇，積極開拓業務。港交所的監管機制已由傳統的以監管機構評審為本逐漸轉向以披露為本，監管靈活而富彈性、反應敏鋭，且能為市場提供多方面的支援，以配合世界發展潮流和各地投資者的需要；並適當地配合創新的金融產品和服務、新興行業與國際金融市場慣例的轉變。

主席：李業廣

行政總裁：周文耀

地址：香港中環港景街一號國際金融中心一期12樓

電話：2522 1122

傳真：2295 3106

網址：www.hkex.com.hk

電郵：info@hkex.com.hk

強制性公積金計劃管理局

強制性公積金計劃管理局於1998年9月成立，負責規管及監督強積金制度的運作。積金局的使命，是建立效益及效率兼備的制度，以審慎的方式規管及監督強積金制度下由私人管理的公積金計劃，確保本港的就業人士得享退休保障。根據《強制性公積金計劃條例》的規定，積金局的職能如下：一、負責確保《強積金條例》獲得遵從；二、將公積金計劃註冊為註冊計劃；三、核准合資格人士擔任註冊計劃的核准受託人；四、規管核准受託人的事務及活動，並確保受託人以審慎方式管理其註冊計劃；五、就支付強制性供款及註冊計劃的管理訂立規則或指引；六、行使《強積金條例》或任何其他條例賦予或委予或根據《強積金條例》或任何其他條例賦予或委予積金局的其他職能；七、研究與職業退休計劃或公積金計劃有關的法律，並作出改革該等法律的建議；八、促進及鼓勵退休計劃行業在香港的發展，包括核准受託人及服務提供者採用高水準的操守準則及良好和穩妥的業務經營方式。積金局設有董事局，以確保積金局能適當執行其職能。積金局行政架構由行政總監領導。

強積金制度在2000年12月開始實施。強積金計劃由私人營辦，以信託基金的形式運作。積金局設有全面和嚴謹的核准及監管機制，以保障強積金計劃的資產。為保障計劃成員，積金局訂立了周詳及嚴格的指引，監管強積金投資。強積金計劃可由一個或多個成分基金組成，而每個成分基金都有其獨立的投資策略。成分基金可直接投資於准許投資項目如證券、債券等，或投資於核准匯集投資基金。截至2005年5月31日，共有47個強積金計劃及328個成分基金。強積金參與率僱主97.9%、僱員96.7%、自僱人士80.4%。

投資者教育是積金局的重點工作之一。積金局透過不同途徑，包括電視、電台、宣傳單張及研討會，提高市民對強積金投資的認識。

主席：李業廣

行政總監：陳唐芷青

地址：香港中環港景街一號國際金融中心一期21-22樓

熱線電話：2918 0102

傳真：2259 8806

網址：www.mpfahk.org

電郵：mpfa@mpfahk.org

香港金銀業貿易場

金銀業貿易場成立於1910年，以發展金銀買賣、促進同業業務為宗旨，在香港黃金市場扮演重要的角色，為本地及國際投資者、金商，提供了一個具有連續性、流動性及深度的黃金市場，充份利用黃金作為投資、投機、對沖和套戥的對象。

金銀業貿易場以行員大會為最高權力機構，每2年由一行員一票選出21行員，組成理監事會，負責制訂各種政策，管理貿易場日常運作。理監事會下設9個常設小組及不定數目的專案小組襄助工作。行員會籍章程限制為192家，目前有會員173家，其中30家是標準金集團成員。行員必須以公司登記。由於行員數目有所限制，要加入為本場行員，只能通過會籍轉讓方式，所有會籍轉讓須向理監事會申請，經過審查批准才能成為行員。

為推動區內黃金的流通，迎接市場新的發展，新的挑戰，金銀業貿易場未來的工作重點是積極開發白金及白銀等新的貴金屬的交易品種，增加交易模式以及改善結算方法。金銀業貿易場與香港機場管理局將會商討在機場建立貴金屬儲存庫，強化香港的黃金物流優勢，還計劃在2005年底試行電子交易系統，並準備延長黃金的交易時間，初步希望將交易時間延長至晚上12時，配合倫敦的黃金市場。長遠來說，希望黃金交易能夠24小時運作。

金銀業貿易場一直注意中國金市和上海黃金交易所的發展。金銀業貿易場與上海黃金交易所合作計劃的洽談已進入最後階段，不久會有公布。兩地的黃金交易所有可能會有交換會籍的安排。

理事長：程文傑

地址：香港上環孖沙街12-18號金銀商業大廈3樓

電話：2544 1945　2543 9158

傳真：2854 0869

網址：www.cgse.com.hk

電郵：cgse@cgse.com.hk

香港生產力促進局

香港生產力促進局1967年依據法例成立，其使命是透過向香港的企業提供橫跨價值鏈的綜合支援來提升卓越生產力，從而更有效地運用資源，提高產品和服務的附加值，以增強香港的國際競爭力。該局的工作由理事會監察，成員包括一名主席及22名委員。

生產力促進局和轄下的5家附屬公司，致力為本港製造業及相關服務行業超過3,000間公司提供範圍廣泛的服務，包括產品開發、顧問、培訓及技術轉移，涵蓋生產科技、環境科技、資訊科技及管理系統四個範疇。該局的收入來源，部份是政府資助，其餘來自服務收費。

為配合香港經濟形勢的變化，以及支持香港特區政府推動香港工業邁進高增值、高科技、高知識產權、高創意的發展方向，生產力促進局2004年制訂了新的五年發展計劃，重新規劃服務策略及方向，在"科技與流程提升"、"CEPA新機遇"、"區域化及全球化"三大策略的帶動下，提供"八大支柱"服務，全力協助業界提升生產科技，並且發展原創設計（ODM）及原創品牌（OBM）的高增值產品，把握CEPA以及泛珠三角合作的機遇，開拓內地市場，以加強香港工業的競爭力，並減少國際貿易保護主義所帶來的業務風險。

為加強支援本港工業發展，生產力促進局全力與業界合作進行各類型的創新科技研發項目，有意就先進製造科技、汽車零部件、物流及供應鏈管理應用技術三個重點科技範疇設立研發中心，並已向政府遞交意向書。此外，為更有效地統籌該局所有人力資源培訓活動，2005年4月成立"生產力培訓學院"。

為了協助香港的工商企業開拓CEPA的商機，生產力促進局在2004年2月設立"CEPA業務發展中心"，之後在重慶、武漢、蘇州及長春四個內地工業重鎮，設立新的"CEPA 業務發展中心"，又於9月成立"CEPA 業務發展及產品知識產權部"，集合"CEPA 業務發展中心"及多個部門的資源，向業界提供更全面、更廣泛的支援服務，加強本港產品和服務在內地市場的競爭力。

主席：梁君彥

總裁：楊國強

地址：九龍達之路78號生產力大樓

電話：2788 5678

傳真：2788 5900

網址：www.hkpc.org

電郵：hkpcenq@hkpc.org

香港科技園公司

香港科技園公司（香港科技園）是香港特區政府支持成立的法定機構，於2001年5月7日成立，目標是帶領香港在重點科技領域上，成為國際首屈一指的創新科技發展中心，以及高增值和技術密集型的製造及服務業的樞紐。其使命包括：一、提供優質基建及支援設施，以促進在包括電子、生物科技、精密工程、資訊科技及電訊等重點科技領域的創新及科技發展，並提升製造及服務業的技術水準；二、為新成立的科技公司提供擁有全面支援服務的"科培計劃"；三、透過舉辦顧問、培訓訓及研究計劃，以加強業界與大學/應用研究機構的合作。香港科技園積極促進各種跨行業、跨國界的商業和技術合作夥伴關係，引領香港轉變為亞洲的創新科技中心。香港科技園公司董事局由16位來自工商界、學術界及專業界人士組成。

香港科學園座落於白石角，毗鄰香港中文大學，佔地22公頃，科學園為配合企業在各個發展階段之不同需要而設計，具備各種國際一流水準設施。香港科技園轄下有3個工業園，分別位於大埔、元朗及將軍澳，總面積共217公頃，為製造業及服務業提供價格優惠的用地，特別適合擁有創新或改良科技，採用技術密集流程的公司。香港科技園除與香港六所大學簽訂合作備忘錄，以加強業界和學術界的交流和合作外，還與園內入駐企業/科培企業緊密合作，開展各種為成員企業量身訂制的專業發展課程、實習計劃和業界培訓，以協助他們面對不斷變化的商業和科技需要。

隨著香港與內地特別是與珠三角地區的經濟融合，香港科技園匯聚各方人才及創見，積極協調推動，令香港在珠三角經濟發展的高科技領域中扮演舉足輕重的角色。2004年，香港科技園加強與內地合作，包括與國內半導體組織結成新知識產權聯盟；提供首個中國開發的知識產權核心特許證；參與國家科學技術部推出的"7+1"合作計劃，共同推動內地與香港的積體電路設計產業發展等。

主席：羅仲榮

行政總裁(署任)：鮑紹雄

地址：香港新界沙田香港科學園科技大道西2號生物資訊中心8樓

電話：2629 1818

傳真：2629 1833

網址：www.hkstp.org

電郵：enquiry@hkstp.org

香港出口信用保險局

香港出口信用保險局是香港特區政府全資擁有的非牟利機構，於1966年根據法例成立。信保局為香港出口商在放賬予海外買家時，提供一系列長達180天的出口信用保險服務，以保障出口商因商業或政治事故，未能收到款項的風險。承保風險包括買家風險及國家風險。信保局的債項全部由香港特區政府保證承擔。現時的法定最高負責額為港幣125億元。

信保局透過提供專業服務，鼓勵並支持出口貿易。“協助保戶做好風險管理，使他們安心放賬”，是信保局的一貫宗旨。信保局的服務除了承保在香港出口和轉口的貨品外，亦承保由供應商國家不經香港而直接付運予買家的貨品，賠償率一般高達90%。信保局2004年受保出口總值323.87億元。保費總收入1億4,782萬元，分別較2003年上升9.9%和4.1%。

除保險服務外，信保局亦提供信貸管理服務，為出口商就設定審慎的放帳額提供參考建議。信保局電腦資料庫內備有全球大約8萬名買家的資料，並會不斷監察所有受保買家，透過各地的信用調查機構、銀行及其他信用保險機構所組成的國際網絡，不斷補充及更新信貸資料。為加強出口商對出口市場的瞭解，該局出版《資訊》季刊。

為協助出口商把握全球經濟復甦以及CEPA帶來的商機，信保局展開一連串市場推廣活動，加強對中小企業和出口商的支持，與各中小企業中心、出口商、有關組織、商會及銀行通力合作，透過專業的信貸管理服務及融資，全力協助中小企業和出口商把握優勢，有效地拓展業務，爭取商機。

總監：張錦基

地址：香港九龍尖沙咀麼地道75號南洋中心第一座二樓

電話：2732 3883

傳真：2722 6277

網址：www.hkecic.com

電郵：info@hkecic.com

香港旅遊發展局

香港旅遊協會於1957年根據法例成立，2001年4月1日正式易名為香港旅遊發展局。旅發局是政府資助機構，成員20人。

旅發局的主要職能，是在世界各地宣傳和推廣香港為旅遊勝地，以及提升旅客在香港的旅遊 體驗。旅發局更會就本港旅遊設施的範疇及質素，向香港特區政府和有關機構提供建議。旅發局的使命，是要盡量提升旅遊業對香港社會及經濟的貢獻，並致力鞏固香港作為別具特色、最令人嚮往的世界級旅遊勝地的地位。為達至這個目標，旅發局進行多方面的工作，包括積極為旅客提供旅遊資料和協助、推動全港社群支持旅遊業、提倡以禮待客文化，並與特區政府及旅遊界攜手合作，為旅客開拓更多元化和高質素的旅遊設施。旅發局積極推廣香港是充滿動感活力的國際都會、“亞洲盛事之都”，也是全球主要的商貿、交通和通訊樞紐。旅發局又根據廣泛的市場研究，以本港4大旅遊強項，即購物、美食、文化古蹟，以及都會、海港及郊野景致，作為其推廣及宣傳活動的主題重點，從而突顯出香港細緻深刻、多元化及活力澎湃的面貌。

旅發局在世界各地設有14個辦事處及8個地區代辦，大部分的市場推廣活動透過全球辦事處進行。為提高香港旅遊服務的質素，旅發局繼續推廣“優質旅遊服務計劃”。2002年5月開始舉辦“旅業英才實習計劃”，積極培育旅遊服務業生力軍。

2003年下半年“沙士”疫情過後，旅發局立即啟動“全球旅遊推廣計劃”，在全球16個主要市場推出“香港－樂在此，愛在此！”全球宣傳活動及連串大型活動，取得美滿的成績，加快了旅遊業的復甦。2004年訪港旅客創2,180萬人次的紀錄，旅客消費激增至918億港元。

2005年3月，財政司司長在預算案中建議額外撥款5億元支持旅遊業發展。旅發局將善用其中4.7億元進行三方面工作，包括：推出"2006年精彩香港旅遊年"、加強開拓家庭及商務客群，以及進一步推廣"優質旅遊服務"計劃。有關推廣工作在2005年中展開。2006年舉辦"精彩香港旅遊年"，主要目的是在短期內令香港成為亞洲和內地行程中"必到"和最熱門的目的地，長遠而言，是要進一步鞏固香港在國際旅遊市場的領導地位，令香港成為一個歷久常新和變化萬千的"必到"旅遊勝地。旅遊局的目標是：2005年吸引2,341萬旅客來港，預計旅遊消費為978億元；2006年來港旅客增至2,714萬，旅遊消費高達1,147億元。

主席：周梁淑怡

總幹事：臧明華

地址：香港北角威非路道18號萬國寶通中心9至11樓

電話：2807 6543

傳真：2806 0303

網頁(消費者)：www.discoverhongkong.com

網頁(旅業界)：partnernet.hktb.com

電郵：info@www.hktb.com

消費者委員會

消費者委員會於1974年4月成立，1977年《消費者委員會條例》實施後正式成為法定團體，按條例獨立運作。委員會成員包括主席，副主席各一人及委員20人。

消委會是藉以下的職權來保障及促進消費者在貨品和服務方面，以及購買人、抵押人及承租人在不動產方面的權益：蒐集、接收及傳播有關貨品、服務及不動產的資料；接受及審查消費者在貨品和服務方面，以及購買人、抵押人及承租人在不動產方面的投訴，並向他們提供意見；根據所得資料採取其認為正確的行動，包括向政府或任何公職人員提供意見；鼓勵商業及專業團體制訂工作守則、規管屬下會員的活動；承擔該會事先獲香港特別行政區行政長官會同行政會議批准然後採納的其他職務。消委會的主要活動及工作目標,包括：調解消費者投訴；試驗、調查並研究產品及服務，為消費者提供正確資訊；研究各行業影響消費者及市場競爭的經營手法；推行消費者教育活動，讓消費者認識其應有的權利；透過出版《選擇》月刊及在網上提供《選擇》內容，讓消費者獲得公正及客觀的消費者資料；"消費者訴訟基金"為重大影響消費者利益的案件提供法律協助；就消費者課題和政策發表意見。

消委會服務網絡遍及各區，設有8個諮詢中心及熱線電話系統，提供諮詢服務，接受消費者有關貨品及服務方面的投訴。當商店採用不當的經營手法，且屢勸不改，消委會將公佈這些商店的名稱和地址公開譴責，呼籲消費者提高警覺。

主席：陳志輝

總幹事：陳黃穗

地址：北角渣華道191號嘉華國際中心22樓

電話：2856 3113

傳真：2856 3611

網址：www.consumer.org.hk

電郵：cc@consumer.org.hk

職業訓練局

職業訓練局成立於1982年，由《職業訓練局條例》監管，目的是提供一套全面和具成本效益的職業教育培訓制度，配合社會經濟需求，並希望發展成為亞太區卓越的專業教育與培訓機構。職訓局的一貫方針，是提供"一條龍"式的專業教育及訓練，為離校生、成年學員提供高效益、具靈活性的專業進修途徑；協助學員終身學習、掌握知識和技能，提高就業機會。

職訓局理事會由22人組成，包括主席1人，副主席2人。理事會之下設有5個功能委員會、20個訓練委員會與5個一般委員會，協助推行專業訓練課程。職業訓練局透過轄下的香港專業教育學院、工商資訊學院、訓練中心，以及中華廚藝學院、旅遊服務業培訓發展中心、塑膠與模具科技發展中心等培訓發展中心，每年為超過12萬人提供高質素兼國際認可的全日制職前教育及培訓課程。該局轄下的殘疾人士職業訓練組為殘疾人士提供職業訓練及輔助服務；專業進修中心推動持續專業學習，以自負盈虧的形式，設辦短期課程，並舉辦各類如保險中介人、強積金中介人等專業考試，並推廣該局為各行業提供的顧問服務。該局定期出版年報、《前程》及其他職訓局通訊，介紹及推廣專業教育及培訓工作。

隨著香港與內地《更緊密經貿關係安排》簽訂，中國市場進一步開放，職訓局與內地有關部門及機構進行積極研究，以期在專業教育及訓練方面合作，2004年初推展有關國家職業技能證書的試驗計劃，學生透過修讀認可的課程，考取相關的職業技能證書，便可在內地謀求事業發展。職訓局成立的職業訓練局企業有限公司以及旗下三間獨立的附屬公司，正深入研究在中國內地具有商業價值的產品及服務，包括舉辦有關技術資格的考核及測試，以及與國內單位合作，為內地青年人提供培訓機會。

為進一步鞏固職訓局在教育界的角色，增強效率及競爭力，職訓局推行了一連串的架構重整，提出"知·專·新人才"的新口號。為了配合2003-2010年"八年策略計劃"的開展，職訓局推行37個工作項目，策略計劃包括改進課程及服務、建立協同關係、開辦新課程及服務、提高生產力及成本效益、保持服務質素、宣傳及企業傳訊等六大工作範疇。

主席：楊敵彥

執行幹事：邱霜梅

地址：香港灣仔活道27號職業訓練局大樓

電話：2836 1000

傳真：2838 0667

網址：www.vtc.edu.hk

電郵：csu@vtc.edu.hk

僱員再培訓局

僱員再培訓局是依據1992年《僱員再培訓條例》成立的獨立法定團體。僱員再培訓計劃的宗旨是"為僱員提供再培訓，為僱主介紹好人才"。僱員再培訓局由一個委員會及行政辦事處組成。委員會是一個由政府、僱主、僱員、培訓機構及人力策劃從業員代表所組成的管理組織。現屆委員會共有15位成員。該局的政策由行政辦事處推行。

僱員再培訓局透過認可的培訓機構提供訓練及就業轉介，協助為受經濟轉型影響的合資格僱員轉業或就業，同時致力為僱主轉介合適學員，以紓緩各行各業在基層人才招聘上的困難。該局所舉辦的培訓課程從僱員再培訓基金撥款資助。基金由政府注資3億元成立，自1992年成立至今，政府先後注資16億元。基金的經常收益來自根據輸入外地勞工計劃下向有關僱主收取的再培訓徵款。僱員再培訓局挑選具備職業技能訓練或成人教育經驗的機構為認可培訓機構，撥款資助舉辦再培訓課程。目前認可的培訓機構超過50間，其轄下的培訓中心共逾130間，開辦160多項課程。培訓機構設有專業的就業輔導組，為學員安排職業選配及轉介。僱員再培訓計劃自推出以來，至2005年2月底，已培訓了835,000個學員。

僱員再培訓局提供的課程和服務一向以市場為主導，以緊貼市場需求為大原則。僱員再培訓局以靈活的方針，推出適合及多元化的再培訓 課程和服務，協助受經濟轉型影響的人士重投勞動市場，在紓緩失業問題上發揮極大作用。僱員再培訓局未來會以新思維開展新課程及服務，並不斷探索其他具發展潛力的就業市場，以配合人力培訓及資源的發展。

主席：田北辰

行政總監：鄺勝仕

地址：尖沙咀彌敦道132號美麗華大廈19樓1907-1912室

電話：2311 6306

傳真：2369 8322

網址：www.erb.org

電郵：erbhk@erb.org

地產代理監管局

地產代理監管局是根據1997年5月頒布的《地產代理條例》，在1997年11月成立的法定機構。

地產代理監管局成員由行政長官委任，設有正、副主席各1名及委員18名，均來自社會上不同的界別，包括地產代理行業及其他專業。監管局下設行政及財務委員會、牌照及執業委員會、紀律委員會、策劃及發展委員會和培訓委員會等5個常設委員會，行政架構由行政總裁領導、負責執行《地產代理條例》及推行監管局制訂的政策。

地產代理監管局成立的目的是藉發牌和規管制度，提高地產代理行業的服務水準和專業質素，使地產代理行業走向專業化，以加強保障消費者，鼓勵公開、公平和誠實的物業交易。地產代理業發牌制度，於1999年1月1日開始實施。凡在香港從事地產代理業務的個人和商號必須持牌執業。

地產代理監管局的使命是保障物業消費者，處理市民對地產代理的投訴是其中一項主要工作。培訓亦是該局主要工作之一，目的為協助地產代理遵守《地產代理條例》及其相關法例，並提高他們的專業技能。為提升從業員的專業水平及令他們掌握行內最新的知識，地產代理監管局於2005年5月推行"持續專業進修計劃"。此外，地產代理監管局將繼續檢討現行法例，在有需要時，向政府提出修訂建議，務求有關法例能夠與時並進。

在內地與香港《更緊密經貿關係安排》落實後，房地產服務行業，包括地產代理業是受惠的服務行業之一。以中國的龐大市場潛力，香港地產代理北上發展的潛力實在不可輕視。為此，地產代理監管局加強了同內地有關部門的聯繫，就兩地房地產行業的規管和發展事宜交流經驗，並與建設部成立工作小組，探討兩地專業資格互認的可行性。

主席：潘國濂

行政總裁：陳佩珊

地址：香港灣仔皇后大道東183號合和中心48樓4801室

電 話：2598 9550

傳 真：2598 9596

網址：www.eaa.org.hk

電郵：eaaenqy@eaa.org.hk

香港總商會

香港總商會始創於1861年，是歷史最悠久、規模最龐大的國際化商界組織，擁有約4,000家會員機構，會員涵蓋跨國企業、香港公司和中資機構，同時海外及內地的附屬會員正在不斷增加。

香港總商會是一家自負盈虧的非牟利機構，使命是"促進、代表及捍衛香港工商界的權益"。作為本港具領導地位的商界組織，該會一直為促進商界利益和完善營商環境，扮演牽頭角色，經常就一些影響香港工商界的事務，訂定立場，向特區政府提呈意見，對政府的決策發揮重大影響力。該會積極推廣香港作為亞洲的國際商業中心，擔當國際橋樑的角色，把本港商界與中國和世界各地接連起來。

香港總商會轄下設20多個專責委員會，日常會務由總裁統領。該會透過進行不同活動、研究及出版刊物，為會員提供最新的經貿資訊和工商導引，協助會員發展業務；合辦工商獎項活動，表揚企業的卓越成就和優良作業；組織商貿考察團往訪中國及世界各地。該會出版《工商月刊》，設立商務支援熱線，處理貿易諮詢和查詢。

該會設有多家附屬公司：總商會服務有限公司專門籌辦區域性國際聚會、展覽、會議和企業活動；香港特許經營權協會專責監察及推廣香港、中國和東南亞的特許經營活動；香港服務業聯盟是總商會轄下的服務業政策智囊團，成員來自50多個服務行業；香港貨品編碼協會是一國際性的獨立非牟利組織，致力推動和促進工商界採用國際貨品編碼標準和技術，配合環球供應鏈管理。

為加強香港與內地工商界的經貿聯繫，香港總商會、香港工業總會、香港中華廠商聯合會及香港中華總商會與中國國際貿易促進委員會於2001年4月5日在北京就建立香港與內地商會聯繫合作機制達成共識並簽署合作協議，正式成立"香港－內地商會聯席會"，為港商提供有關內地經貿、稅務、海關、投資和收費等方面的政策、法規和措施等諮詢服務。

主席：艾爾敦

總裁：翁以登

地址：香港金鐘道95號統一中心22樓

電話：2529 9229
傳真：2527 9843
商務資訊熱線：2121 2211
網址：www.chamber.org.hk
電郵：chamber@chamber.org.hk

香港工業總會

香港工業總會是香港唯一完全獨立的法定工業商會，1960年根據香港法例成立，其宗旨是爭取及保障香港製造業的整體利益，以及代表工商界就影響業界的事務向政府反映意見。

工業總會把會員公司按其業務總類分為25個工業小組，不斷積極拓展會務活動，其中包括代表會員參與立法會、政府高層諮詢機構及委員會等工作；擔當會員與外地工商界之間的橋樑角色；舉辦各類活動，以促進貿易、投資、科技轉移及人力培訓等各方面的發展；向會員闡釋最新的海內外業務拓展機會；提供各項顧問服務及代辦簽證等等。

工業總會就影響香港工商業的重要事項進行調查研究；就可能影響會員福祉的課題，努力向特區政府反映意見；同時透過媒介解釋和宣示立場和看法；對於工業經營與發展的立法議案及重大事項，諮詢並匯集會員意見，提交政府審議。工業總會出版月刊《香港工業家》，使工商界、政府及學術界人士能掌握到本地工商經貿的最新動向。

工業總會面對新的挑戰，將焦點放在珠江三角洲以至範圍更廣的地區，並強調香港與中國內地、亞洲及全球各地同業的溝通與合作。為促進香港公司在珠三角的投資，工業總會理事會轄下設有一個委員會性質的直屬單位珠三角工業協會，在廣州、深圳、東莞、惠州、佛山、肇慶、珠海、江門及中山設有九個附屬地區聯絡處。

主席：梁君彥
地址：九龍尖沙咀漢口道5-15號漢口中心4樓
電話：2732 3188
傳真：2721 3494
網址：www.fhki.org.hk
電郵：fhki@fhki.org.hk

香港中華總商會

香港中華總商會是一個非牟利華商志願團體，成立於1900年，是香港歷史最長以及最具規模的商會之一。會員人數超過6,000名，其中包括團體會員、商號會員及個人會員。會員經營之業務遍及本港工商各業。

該會的宗旨和目標是：促進工商業發展、繁榮香港；維護工商界權益；參與公共事務，表達工商界意見；加強地區和國際間的溝通和聯繫，促進經濟合作。該會設有11個委員會及7個地區辦事處。

該會為會員提供各種工商服務：舉辦或贊助工商業研討會、講座、展覽及考察團；簽發各類國際認可之產地來源證及加簽商業文件；提供電子報關、遞交受限制紡織品出口證、生產通知書及產地來源證申請等電子貿易服務；處理世界各地商事查詢；香港公司註冊資料查詢服務；資料閱覽室提供商業資料查詢以及各類經濟參考書籍、資料查閱；出版刊物《會刊》。該會並為商界提供工商業資訊交流的機會，促進國際工商貿易往來。

中華總商會與世界各地的商會，特別是海外華人工商社團保持密切聯繫，其中與內地商會的關係更為密切，在推動內地對外貿易及促進國際對華投資方面，一直扮演活躍的角色。自1982年起，該會每年舉辦培訓課程，協助內地培訓經濟管理人員，以支持內地的經濟改革發展。

會長：霍震寰
地址：香港干諾道中24-25號4字樓
電話：2525 6385
傳真：2845 2610
網址：http://www.cgcc.org.hk
電郵：cgcc@cgcc.org.hk

香港中華廠商聯合會

香港中華廠商聯合會創立於1934年，有各行各業會員超過3,700家，是本港最具代表性的非牟利工業團體之一。該會主要宗旨為：促進香港工業與貿易之發展；就政府政策之訂定與執行代表工業界發表意見；參與社會發展工作及促進國際間之瞭解與合作。廠商會下設13個常務委員會及11個小組委員會，出版月刊《企業雄才》。

廠商會為國際商會成員，與世界各地工商貿易機構及國際組織保持密切聯繫，經常組織貿易團前赴各地考察或參加國際貿易展覽會宣揚香港工業產品，開拓新市場及尋求經貿及投資機會。廠商會亦處理貿易諮詢、協助調解貿易糾紛，安排各地來港之貿易團與會員企業會面，促成雙方合作。該會獲政府授權按國際簡化關稅手續協定簽發獲海外各國承認的來源證，更是政府核准電子服務中心。該會檢定中心有限公司成立於1979年，提供物料及產品檢定、生產及付貨前檢查與技術顧問服務。

廠商會參與協辦及贊助各類展覽會。1938年創辦工展會推廣香港產品。1989年起負責主辦"香港工業獎"的機器及設備設計比賽。該會還不時舉辦各項講座、研討會及訓練課程，向中小型企業介紹最新工商資訊、現代管理技巧、勞工問題及職業安全衛生知識等。為促進中小型企業成長與發展，該會還與香港城市大學合辦工商企業拓展中心。2004年初，該會整合屬下的培訓服務，成立"廠商會培訓中心"，提供全面、優質和一站式的培訓課程。2005年5月，由廠商會牽頭成立了香港品牌發展局。品牌局是一個非牟利機構，旨在集合社會各方面的力量，共同推動香港品牌的發展。

目前，該會九成以上會員已在內地開展業務，為協助會員掌握CEPA帶來的新機遇，該會在北京、上海及廣州三地設立了聯絡處，又選定在廣東省廣州、深圳、東莞、珠海、中山、佛山、江門、惠州及潮汕（包括：汕頭、潮陽、潮州等）設立地區聯絡處，為會員提供各項支援服務。此外，從2004年開始，工展會衝出香港，先後在上海、青島舉辦"香港工展會"。2005年2月，中國對外貿易中心與廠商會簽訂合作協議，以加強內地與香港的經貿交流。

會長：楊孫西

地址：香港中環干諾道中64-66號廠商會大廈

電話：2545 6166

傳真：2541 4541

網址：http://www.cma.org.hk

電郵：info@cma.org.hk

香港中國企業協會

香港中國企業協會是以中國內地資本在港註冊的獨資企業以及內地資本與香港當地資本或海外資本參股經營的企業為主組成的非牟利性獨立社團組織，成立於1991年，現有近1,000家會員企業，經營業務涉及金融、保險、投資、運輸、倉儲、進出口貿易、旅遊、建築、房地產、製造業、廣告、印刷、出版、諮詢、酒店、飲食服務等行業。協會設有12個行業委員會以及財會專業委員會。

中企協會的宗旨：一、促進內地與香港之間的經貿、技術交流與合作，並在香港建立管道，促進內地與其他國家或地區之間的經貿及技術交流，擴大貿易往來；二、促進內地在香港及其他國家或地區的投資和海外在內地及香港的投資；三、與香港及其他國家或地區的商業團體建立並維持密切聯繫；四、促進本會會員之間的合作及聯繫，鼓勵並協助會員用和解方式處理商業爭議；五、為會員提供多種形式的服務，增進及維護會員利益。協會的一切事務由會董會管理。會董會行使協會擁有的所有權力。

自成立以來，中企協會在促進內外經濟交流和合作、增進與香港社會各界的聯繫、為會員提供服務和維護會員權益等方面做了大量工作，並取得了積極成果。中企協會作為香港六大商會之一，將進一步加強與香港工商界的聯繫，推動相互交流和合作，不遺餘力地為促進香港中資企業的進一步發展，維護香港的繁榮與穩定、促進內地的經濟建設方面作出貢獻。

會長：秦曉

地址：香港灣仔港灣道25號海港中心21樓2104-2106室

電話： 2827 2831

傳真： 2827 2606

網址： www.hkcea.com

電郵： info@hkcea.com

香港工商專業聯會

香港工商專業聯會成立於1990年，會員為工商專業界人士，包括人大代表及政協委員、香港特區行政會議成員、立法會議員、選舉委員會委員及主要政府諮詢組織成員等，現有會員170人。會員包括公司會員、個人會員、團體會員和贊助會員4類。該會會務由執行委員會負責管理，執行委員會成員人數上限為36名。秘書處負責履行執行委員會之決議及行政工作。該會設有顧問議會，資深的工商專業和社會領袖會員可被邀請加入，對該會提供指導。

工商專聯的宗旨是"維持香港繁榮安定，為港人謀福祉"，其使命：一、推動香港自強不息，成為國際金融及商業中心；二、協助香港與內地在全國性及省市級的層面上加強經濟合作；三、發展研究資源，深入探討對香港經濟、社會及政治發展至關重要的問題；四、維護《基本法》的精神。

工商專聯積極鼓勵工商專業界人士向公眾推廣業界的意見，為政府出謀獻策，積極參與社會公益事務。該會就香港的公共政策進行研究，向政府提供建設性的意見，並努力擔當香港、內地和海外商業活動的橋樑作用，促進香港、海外和內地的經濟交流合作。

工商專聯一項主要任務是促進香港與內地的經濟交流合作。工商專聯和上海市政府於1998年4月在上海正式成立"長江開發滬港促進會"。協助推動中國中西部的開發是工商專聯的工作重點。

會長：鍾逸傑

主席：黃匡源

地址：香港銅鑼灣告士打道280號世貿中心1501-1502室

電話：2810 6611

傳真：2810 6661

網址：www.bpf.org.hk

電郵：info@bpf.org.hk

香港地產建設商會

香港地產建設商會成立於1965年，是唯一一個代表本港地產發展商的商會。地產行業一直是香港重要經濟支柱之一，該會宗旨是促進本港房地產業的健康發展，現有會員近800名。

該會經常主動對政府政策、諮詢文件及草擬之法例提交意見，或透過該會所屬功能組別之立法會議員反映業界的意見。曾蔭權出任特區行政長官後，地產建設商會會長何鴻燊表示，希望有地產界人士加入行政會議。

該會反對特區政府有關西九龍文娛藝術區的"單一發展模式"，主張"斬件式"發展。該會反對機管局上市，認為機場現有設施已經過於商業化，無須再透過上市提高營運效率。若機場上市，政府將不再全資擁有機場股份，將會削弱政府在有關機場政策上的決策力，容易引起糾紛，當中包括該會最關心的機場島批地及機場收費等問題。該會亦擔心目前機管局的回報率偏低，將會影響上市估值。若堅持上市，可能又會被指賤賣港府資產，重蹈領匯事件覆轍。

2005年5月，因應近期部分樓盤的內部認購出現不規範的情況，政府要求地產商重新檢討及制定指引，提高樓花內部認購透明度。6月23日，地產建設商會向會員發出新修訂的樓盤內購指引，並提交政府研究。新指引有15項條款，全部即時生效，包括發展商必須在內部認購前最少24小時，提供發售單位的價單及樓盤的售樓書，讓準買家參考。售樓書內應該列明樓盤的位置和單位間格，以及公契和地契條款。指引又規定發展商公布的銷情，需要盡量準確。房屋及規劃地政局表示歡迎，認為新指引加強市民對該會自行監管的機制及發展商操守的信心。期望該會會監察其會員的運作，確保他們恪守新指引行事。該局表示會密切注意新指引的運作情況，務求既保障消費者權益，亦讓業界得以在最少強制干預的情況下運作，達致兩者之間取得平衡。

2005年6月，政府推出八折勾地政策，地產建設商會表示歡迎，認為政府放寬勾地接納價的建議回應了發展商過往不能成功勾地的問題，為改革的第一步。該會認為，政府應該考慮恢復定期賣地，可以令發展商更加了解樓市的最新情況。

會長：何鴻燊

地址：香港中環德輔道中19號環球大廈1403室

電話：2826 0111

傳真：2845 2521

香港船東會

香港船東會成立於1957年，由11位本地船東創立，宗旨是為香港地區的船東提供一個呼籲保障船東利益的論壇。時至今日，該會已發展成為全球最大的船東會之一，在國際航運界發揮舉足輕重的作用。香港船東會擁有或管理船隻約佔全球船隊的7%，數目超過1,100艘，載重約為6,400萬噸。香港船東會的會員除了各類航運公司外還包括香港各類提供航運服務的公司，這種獨特的會員結構提高了該會在香港和國際航運界的代表性和權威性。該會努力維護本地船東和船舶管理者的權益，同時為航運業提供全方位的支援服務。

香港船東會是亞洲船東論壇、國際海事機構和國際勞工組織、國際航運聯盟等多個國際機構的成員，該會通過出席國際航運學術會議及研討會議，積極參與有關航運業前景的討論，提出了大量的建設性意見，多數得到採納。

主席：曹文錦

地址：香港皇后大道東58號皇后商業中心12樓

電話：2520 0206

傳真：2529 8246 2865 1582

網址：www.hksoa.org.hk

電郵：hksoa@hksoa.org.hk

香港付貨人委員會

香港付貨人委員會在1976年6月成立，目的及宗旨是維護及促進香港出入口商在海、陸、空貨物運輸方面的利益，保障付貨人能在公平對等的情況下，與貨運服務經營者如船公司、航空公司等商議運費。委員會是一獨立組織，享有國際聲譽。截至2005年3月，該會之創辦及團體會員共15名，均為與出入口貿易有關的重要商會，另有由個別公司組成的普通會員。執行委員會管轄付貨人委員會的一切事務，並負責制訂政策，下設有7個特別小組委員會為執行委員會提供專業意見。

香港付貨人委員會有兩項重要的工作，一是努力提高香港作為航運、空運及物流方面的競爭力，二是致力協助香港發展成為全球及地區性物流中心。該會密切監察各項貨運費用及附加費的水準，就不合理的收費及增幅向有關團體施壓，致力為會員提供有關貨運及貿易的訊息及最新的航運收費資料及運輸統計報告，使他們可掌握最新的市場供求情況，如空運及海運市場的動向，以便和船公司討價還價。該會舉辦研討會、培訓課程及考察團培訓業內人士；出版《付貨人》中英文雙月刊，出版有關中港貨運業發展的書籍；並設參考圖書館供會員及香港付貨人使用。

在國際層面上，香港付貨人委員會一直與海外付貨人組織保持緊密的接觸及合作，主要目的是加強彼此聯繫，在共同關注的事務上交流意見，及透過集體行動向船公會單方面大幅加費表達不滿。香港付貨人委員會是全球付貨人網絡（Global Shippers' Network）及亞細安配貨人理事員會（FASC）的成員。由香港、日本及韓國付貨人委員會輪流主辦的港日韓三邊週年會議已有多年歷史，會議討論共同關注的事項，包括泛太平洋、亞洲區內及遠東/歐洲地區徵收的運費及附加費，港口發展及其他影響付貨人利益的項目。

主席：林宣武

地址：灣仔皇后大道東183號合和中心2407室

電話：2834 0010

傳真：2891 9787

網址：www.hkshippers.org.hk

電郵：shippers@hkshippers.org.hk

香港投資基金公會

香港投資基金公會是代表香港基金管理業的行

業公會，於 1986 年成立，目標是推廣及促進香港成為亞洲區主要的基金管理中心。

基金公會的主要工作是：一、促進香港作為亞洲區主要的基金管理中心，以維持香港的競爭力；二、促進香港基金管理業的整體發展；三、致力不斷提高業界的專業水準，以達致國際水準。公會積極就監管基金業的法例及守則，代表會員與有關監管機構及業界人士聯絡，反映業界的意見。此外，公會定期舉辦宣傳活動，為投資者提供有關基金投資的教育。

基金公會設有三類會員，一類是基金公司會員及海外會員，公會的會員基金公司有 39 家，所管理的認可基金資產總值達 3,594 億美元（截至 2005 年 4 月底數字），佔香港認可基金的一個 大的比例。第二類是附屬會員，會員公司必須領有香港證監會發出的第9類規管活動牌照，或是在國 內註冊成立的基金公司；第三類是聯席會員，包括信託人、律師、會計師及其他參與基金成立和行政的專業機構。公會有 4 5 家附屬及聯席會員。

主席：區景麟

地址：香港德輔道中 20 號德成大廈 15 樓 1505 室

電話：2537 9912

傳真：2877 2368　2877 8827

網址：www.hkifa.org.hk

電郵：hkifa@hkifa.org.hk

香港中華出入口商會

香港中華出入口商會成立於 1954 年，為歷史最悠久及最大的本地商會之一，是一個集合本地企業及商界領袖的自發及非牟利組織。目前約有 3, 000名會員，近60個界別，主要為中小型企業，來自包括出入口貿易、工業、零售、批發及有關行業的專業人士等。

該會宗旨是團結香港工商界人士，促進出入口貿易，增進各行各業相互聯繫及維護會員利益，關心社會事務，維護香港安定繁榮。該會與東南亞及世界各地，尤其是內地工商界經常組團互訪交流，在溝通和促進中外貿易及投資上發揮積極的作用。該會經常舉行專題講座及聯歡聚餐活動，並每年出版《香港出入口貿易年鑑》，報道有關香港進出口貿易及工商業方面的參考資料，免費提供本港及國內外工商機構參考。

會長：黃定光

地址：香港德輔道中287-291號長達大廈7-8樓

電話：2544 8474

圖文傳真：2581 4979

網址：www.hkciea.org.hk

電郵：info@hkciea.org.hk

香港出口商會

香港出口商會成立於 1955 年，使命是關注香港的出口及轉口商貿環境及商業法規，以服務、保障及拓展本港出口業，宗旨是：一、服務、保障及拓展香港的出口及轉口貿易；二、關注及跟進香港出口、轉口業所遭遇的不公平對待；三、代表出口商及轉口商申訴有礙貿易進展的事宜；四、提供有關海外買家及貿易條例等資訊；五、致力捍衛及提高本港的國際貿易地位及商業形象；六、爭取制訂及支持能提高本港競爭力及生產力的措施；七、倡導自由及公平貿易。

該會由理事會負責管理及統籌。理事會致力推動出口貿易，經常代表出口商與政府高層磋商。專責委員會則為不同的出口界別進行推廣或解決困難，必要時提供適當的協助和支援。該會現有會員650家公司，會員分基本會員及附屬會員。基本會員為香港出口商、轉口商及製造商。附屬會員為與本地出口貿易有緊密聯繫的支援服務行業。

該會緊密聯繫政府各部門以及與本港和海外各商貿機構，保障香港出口貿易之利益，舉辦各類商貿活動，幫助出口商拓展商機，積極提高本港的國際貿易地位及商業形象，爭取自由經濟及公平貿易。該會出版《出口商季刊》及《會員名冊錄》，並以第一時間向會員發放商貿通告，令會員掌握最新貿易資訊。該會設有參考圖書室，收集本地及海外各類出入口書籍、雜誌、政府刊物、統計資料數據等，供會員查閱及外借。

會長：孫啟烈

地址：香港九龍尖沙咀梳士巴利道3號星光行825室

電話：2730 9851

傳真：2730 1869

網址：www.exporters.org.hk

電郵：exporter@exporters.org.hk

九廣鐵路公司

九廣鐵路公司是一家公營機構，成立於1982年，在香港提供優質的集體運輸服務；使命是提供安全可靠並有盈利的綜合鐵路網絡，以配合社會大眾對本地、過境及城際鐵路服務日益殷切的需求；目標是成為世界上最優良的運輸機構之一。九鐵由管理局管治，該局主要負責公司的整體策略及政策。九鐵是全球最成功的鐵路機構之一，每日接載乘客超過150萬人次。

九鐵經營三項本地鐵路客運服務。東鐵提供尖沙咀至羅湖邊界以及馬鞍山至大圍的鐵路服務。西鐵提供新界西北至九龍市區的鐵路服務。輕鐵原是地區性的運輸系統，現已成為接駁西鐵的主要交通工具。以上鐵路網絡皆設有接駁巴士服務。東鐵本身有列車行走九龍與廣州之間，並與內地鐵路機構合辦來往廣州、上海及北京等內地城市的城際客運服務。東鐵也經營貨運業務，主要往返香港與內陸地區。除了經營主要的鐵路服務外，九鐵亦積極從事物業發展及相關商業活動。

九鐵現已發展成為規劃、設計及建造大型新鐵路網絡的機構，並晉身世界金融市場，成為主要的集資機機，為新鐵路項目籌集資金。九鐵現正興建或籌劃興建多條新鐵路，包括落馬洲支線、九龍南線，以及沙田至中環線。此外尚有北環線及區域快線兩個項目在研究階段。

特區政府於2004年2月邀請九鐵及地鐵就擬議合併一事展開商談。兩家公司進行了6個月的詳細磋商，於9月向政府提交了聯合報告。政府將於適當時候公佈是否進行兩鐵合併。

主席：田北辰

署理行政總裁：黎文熹

地址：香港新界火炭樂景街9號九廣鐵路公司大樓

電話：2688 1333

傳真：2688 0394

九鐵熱線：2929 3399

網址：http://www.kcrc.com

電郵：homepage@kcrc.com

地鐵有限公司

地鐵有限公司於2000年6月30日開始運作，其前身為創立於1975年的地下鐵路公司（由政府全資擁有的法定機構）。地鐵公司的目標是透過有效及妥善管理鐵路的規劃、設計、營運、維修及不斷提升服務質素，在安全、可靠性、服務質素及效率各方面均達到國際級的水準，成為植根香港、邁向國際的世界級企業。地鐵已成為香港運輸網絡中不可或缺的一部份。2004年每日平均載客量240萬人次，在專利公共交通工具市場上的佔有率達24.8%。在最近多項國際鐵路系統的標準借鑑表現報告中，香港地鐵被譽為全球最卓越的鐵路系統之一。

特區政府在1999年決定把地鐵公司部份股權私有化，地鐵公司在2000年10月上市。地鐵鋭意擴大在本港的地鐵網絡。除迪士尼鐵路線及東湧吊車項目如期進行外，地鐵正與政府就西港島線及南港島線、觀塘線及將軍澳線等計劃項目進行磋商。除營運集體運輸鐵路系統外，地鐵更積極參與發展沿線上蓋的住宅及商用物業及提供各項設施和服務。

地鐵近年積極向內地拓展，除參與興建深圳地鐵4號線第二期工程以及北京地鐵4號線項目外，還正就北京、深圳、武漢和上海的其他項目與有關各方積極展開磋商。地鐵亦積極拓展歐洲業務，現正競投英國兩個鐵路專營權，並計劃進軍瑞典、德國及意大利的鐵路市場。地鐵也善用本身在鐵路策劃、建造、營運、維修和系統改良方面的專業知識，以及物業發展和非車費收入活動的經驗，自1998年起在世界各地積極發展顧問服務，目前在11個國家共22個城市的工程項目上提供服務。

特區政府於2004年2月邀請地鐵及九鐵就擬議合併一事展開商談。兩家公司進行了6個月的詳細磋商，於9月向政府提交了聯合報告。政府將於適當時候公佈是否進行兩鐵合併。

主席：錢果豐

行政總裁：周松崗

地址：九龍灣偉業街33號德福廣場地鐵大廈

查詢熱線：2881 8888

傳真：2795 9991

網址：www.mtr.com.hk

九巴集團

九龍巴士控股有限公司（"公司"，與其附屬公司統稱“集團”），是香港最大的公共運輸機構。九巴集團業務分由六個部門經營：專營公共巴士業務、非專營運輸業務、國內運輸業務、媒體銷售業務、物業持有，以及內部財政服務，僱用約13,463名員工。

集團的旗艦公司是由集團全資擁有的附屬公司九龍巴士（一九三三）有限公司。九巴是全港首家全面獲得ISO品質證書的公共巴士公司。截至2004年底，九巴擁有4,295部巴士，行走九龍、新界及港島各地約405條路線，每日載客量297萬人次。集團另一全資附屬公司龍運巴士有限公司服務香港國際機場及東涌新市鎮，現有145部巴士，行走15條路線。集團亦於香港經營非專營巴士及渡輪服務：陽光巴士集團擁有六個非專營巴士業務單位，以陽光巴士有限公司為旗艦，為大型住宅屋苑、購物中心、僱主及學校提供巴士服務；新香港巴士有限公司與一間深圳公司合作經營往返落馬洲和皇崗的"皇巴士"跨境穿梭巴士服務；集團持有65%權益的附屬公司珀麗灣客運，為馬灣珀麗灣的居民營辦穿梭巴士及渡輪服務。此外，集團透過合資合營公司，在北京、大連、深圳、天津及無錫提供公共運輸服務。

集團持有73.0%權益的附屬公司路訊通控股有限公司(RoadShow)，是一間創新的多媒體服務供應商，在香港、澳門及中國大陸主要城市的戶外媒體市場享有領導地位。路訊通於2001年6月28日在香港聯合交易所有限公司主板獨立上市。

鑑於本港運輸服務機構之間的激烈競爭，特別是新鐵路通車帶來的競爭，九巴除了調整部分現有路線外，將繼續與特區政府和九廣鐵路公司緊密合作，發展各項巴士鐵路轉乘計劃和接駁巴士服務。九巴的策略是繼續把握能發揮集團核心專長的商機，進行多元化發展。集團將繼續發展在香港的非專營運輸業務，以及在香港和中國內地探索進一步的商機。

董事長：陳祖澤

地址：九龍荔枝角寶輪街一號

電話：2786 8888

傳真：2745 0300

網址：www.kmb.hk

新創建交通服務有限公司

新創建交通服務有限公司是新創建集團與周大福企業有限公司共同持有的一家多元化交通服務公司，成立於2004年3月，前稱Merryhill Group Limited集團有限公司，同年12月4日易名為新創建交通服務有限公司。該公司有下列成員：新世界第一巴士服務有限公司、城巴有限公司、新世界第一巴士服務(中國)有限公司、新世界第一渡輪服務有限公司、新世界第一渡輪服務(澳門)有限公司、新世界第一旅遊有限公司，在香港和中國內地經營多元化交通服務。

新世界第一巴士服務有限公司(新巴)於1998初成立，同年9月1日正式投入服務。新巴是全港最新和發展最快的巴士公司，本著服務優質、乘客第一、保護環境的宗旨和信念，為市民提供優質和安全可靠的巴士服務。目前，新巴在香港經營100條專利巴士路線，車隊約有700部巴士。以2004財政年度計每日平均載客量約為50.5萬人次。

城巴有限公司(城巴)於1979年開始營運，一向致力以"維持以合理的價錢，提供高質素公共巴士服務"為宗旨。城巴在香港島經營97條專利巴士路線，以2004財政年度計每日平均載客53.3萬人次。另外，城巴亦經營6條連接機場和東涌新市鎮的專利巴士服務。與此同時，城巴的業務，亦透過合資經營方式，伸延至中國。

新世界第一巴士服務(中國)有限公司於中國內地經營公共巴士服務，首間合營企業“昆明新世界第一巴士服務有限公司”於2004年初在雲南省昆明市開始營運，目前有670部巴士經營39條路線。

新世界第一渡輪服務有限公司（新渡輪）成立於1999年11月初，並於2000年1月15日正式投入服務，現時共經營10條離島及港內渡輪航線，2004財政年度每日平均載客39,330人次。

新世界第一渡輪服務（澳門）有限公司“新渡輪（澳門）”經營來往澳門至香港（尖沙咀）航線，現時市場佔有率上升至25%。“服務優質 乘客第一”是新渡輪及新渡輪（澳門）的經營理念，銳意為乘客提供安全及舒適的渡輪服務。

新世界第一旅遊有限公司於2003年正式投入服務，提供旅遊服務及旅遊相關產品，包括觀光船暢遊（香港海龍遊）、觀光船租賃、觀光團、遊學團及旅遊保險服務等。

董事總經理：李日新（新巴、城巴）

董事總經理：許招賢（新渡輪、新渡輪（澳門）、新旅遊）

地址：香港柴灣創富道8號（新巴、城巴）
九龍荔枝角興華街西71號（新渡輪）

電話：2136 2140 (新巴)　2963 4888 (城巴)

傳真：2147 3611（新巴）2857 6179（城巴）
2131 8877（新渡輪、新旅遊）

顧客服務熱線：2136 8888（新巴）
2873 0818（城巴）
2131 8181（新渡輪、新旅遊）

網址：www.nwfb.com.hk（新巴）
www.citybus.com.hk（城巴）
www.nwff.com.hk（新渡輪）
www.nwft.com.hk（新旅遊）

電郵：bus_ideas@nwfb.com.hk（新巴）
webmaster@citybus.com.hk（城巴）
ferry_ideas@nwff.com.hk（新渡輪）

與工商業務有關的部份政府機構一覽

機構名稱	地址	電話及網址
政府總部	香港中環下亞厘畢道18號中區政府合署中座	2810 2717 www.info.gov.hk
政府政務司司長辦公室 (財政司司長辦公室)	香港中環雪廠街11號中區政府總部西座 12樓	2810 2589
政府統計處	香港灣仔港灣道12號	2582 4807 www.info.gov.hk/censtatd
政府民航處	香港金鐘道66號政府合署46樓	2867 4332
香港特別行政區創新科技署	香港灣仔胡忠大廈20樓	2737 2208
政府工業貿易署	九龍彌敦道700號貿易署大樓	中文: 2392 2922
證書及執照		www.tid.gov.hk
產地來源證簽證		2398 5525
特惠稅簽證		2398 5524
針織成衣產地來源證		2398 5530
工廠登記事務		2398 5531/2398 5532
非紡織品出入口簽證		2398 5559/2398 5560
外地加工措施		2398 5554
紡織品出口管制		
歐洲，非洲及中東部紡織品管制科		2398 5390
挪威貨辦簽證		2398 5457
奧地利及芬蘭		2398 5458
美國(棉質類目)		2398 5430
美國(人造纖維成衣)		2398 5434
美國(羊毛及非成衣項目)		2398 5437
加拿大		2398 5428
非紡織品進出口管制科		2398 5556/42398 5571
戰備物品進出口簽證		2398 5576/42398 5577
中小企業支援與諮詢中心	九龍彌敦道700號工業貿易署大樓閣樓	2398 5133
香港海關	香港統一碼頭38號海港政府大樓8樓	2815 7711 www.info.gov.hk/customs
應課稅品科		
香港稅務監察及審計組	新界葵涌興芬路166號葵興政府合署8樓	2543 7962 2424 4496/2424 3560 (24小時熱線)
機場貨運部	赤鱲角超級1號貨運站南座428室	2180 2130
勞工處	香港統一碼頭38號	2717 1771 www.labour.gov.hk
拓展署	香港北角渣華道政府合署13樓	2231 4524
土地註冊處	香港金鐘道政府合署19樓	2231 3294
審計署	香港告士打道7號入境事務大樓26/F	2829 4210/2829 4211

機構名稱	地址	電話
差餉物業估價處	九龍長沙灣道303號政府合署13樓	2152 2152
破產管理署	香港金鐘道66號金鐘政府合署10-22樓	2867 2448
庫務署	香港告士打道郵箱28000號	2829 5124
稅務局	香港告士打道5號稅務大樓	187 8088 www.ird.gov.hk
運輸署	香港告士打道7號入境事務大樓41/F	2804 2600
郵政署總部	香港康樂廣場2號	2921 2222 www.hongkongpost.com
公司註冊處	香港金鐘道政府合署12-15樓及17-29樓	2234 9933 www.info.gov.hk/cr
政府資訊科技總監辦公室	香港灣仔政府大樓15字樓	2582 4520
標準及校正實驗所	香港告士打道7號35樓	2829 4830
消防處總部	九龍康莊道1號	2733 7673
港口管制組	香港中環民輝街32號中區碼頭2字樓	2543 1958
港人在外求助熱線（辦公時間外）		2543 1958
人民入境事務處總部	香港告士打道7號	2824 6111
人民入境事務各分處		
港島區回港證及簽發護照辦事處	統一碼頭道38號海港政府大樓二樓	2852 3047
東九龍辦事處	滙景道1-17號滙景花園滙景廣場第2層	2347 3492
西九龍辦事處	油麻地停車場大廈閣樓	2359 4426
火炭辦事處	沙田火炭樂景街2-18號銀禧閣商場4樓	2651 8644
元朗辦事處	新界元朗西菁街23號富達廣場地下	2475 4145
沙田辦事處	沙田上禾輋路沙田政府合署3樓	2158 6419
政府新聞處	香港中環花園道美利大廈3-8字樓	2842 8777
政府海事處	香港統一碼頭道38號	2852 3001
水警總區總部	香港西灣河太康街	2803 6267
港口衛生處	香港灣仔皇后大道東213號胡忠大廈18樓	2961 8852
民政事務處	香港灣仔修頓中心21, 27, 29字樓	2835 1473
天文台	九龍彌敦道134A號	2926 8200
天氣預報詢問(24小時服務)		1878 200

駐外辦事處

政府辦事處

內地

北　京
香港特區政府駐北京辦事處
中國北京東城區建國門內大街18號
恒基中心辦公樓1座21層
郵編：100005
電話：(86)-10-6518-6318
傳真：(86)-10-6518-6321
電郵：bjohksar@bjo-hksarg.org.cn
網址：http://www.bjo.gov.hk

廣　東
香港特區政府駐粵經濟貿易辦事處
中國廣州市天河北路233號
中信廣場71樓7101室
郵編：510613
電話：(86)-20-3891-1220
傳真：(86)-20-3891-1221
電郵：general@gdeto.gov.hk
網址：http://www.gdeto.gov.hk

歐洲

布魯塞爾
Hong Kong Economic and Trade Office,
Rue d Arlon 118
1040 Brussels, Belgium.
電話：(32)-2-775-0088
傳真：(32)-2-770-0980
電郵：general@hongkong-eu.org
網址：http://www.hongkong-eu.org

日內瓦
Hong Kong Economic and Trade Office,
5 Allee David-Morse, 1211 Geneva 20,
Switzerland.
電話：(41)-22-730-1300
傳真：(41)-22-730-1304
(41)-22-730-1305
電郵：hketo@hketogeneva.gov.hk
網址：http://www.gov.hk/cib/chtml/geneva.html

倫　敦
Hong Kong Economic and Trade Office,
6 Grafton Street, London W1S 4EQ, UK.
電話：(44)-207-499-9821
傳真：(44)-207-495-5033
(44)-207-493-1964
(44)-207-629-2199
(44)-207-409-0647
電郵：general@hketolondon.gov.hk
網址：http://www.hketolonden.gov.hk

北美洲

紐　約
Hong Kong Economic and Trade Office,
115 East 54th Street,
New York, NY 10022, U.S.A.
電話：(1)-212-752-3320
傳真：(1)-212-752-3395
電郵：hketony@hketony.gov.hk
網址：http://www.hongkong.org

三藩市
Hong Kong Economic and Trade Office,
130 Montgomery Street,
San Francisco, CA 94104, U.S.A.
電話：(1)-415-835-9300
傳真：(1)-415-421-0646
(1)-415-397-2276
(1)-415-392-2964
電郵：hketosf@hketosf.gov.hk
網址：http://www.hongkong.org

華盛頓
Hong Kong Economic and Trade Office,
1520,18th Street, N.W.,
Washington DC 20036, U.S.A.
電話：(1)-202-331-8947
傳真：(1)-202-331-8958
電郵：hketo@hketowashington.gov.hk
網址：http://www.hongkong.org

多倫多
Hong Kong Economic and Trade Office,
174 St.George Street, Toronto, Ontario,
M5R 2M7, Canada.
電話：(1)-416-924-5544
傳真：(1)-416-924-3599
(1)-416-924-3542
(1)-416-924-6896
電郵：info@hketotoronto.gov.hk
網址：http://www.hketo.ca

溫哥華辦事處
Suite 500, Park Place
666 Burrard Street,
Vancouver, British Columbia,
V6C 3P6, Canada.
電話：(1)-604-331-1300
傳真：(1)-604-331-1368
電郵：catherine_yuen@hketotoronto.gov.hk

亞太區

東　京
Hong Kong Economic and Trade Office,
Hong Kong Economic and Trade Office Building
No. 30-1, Sanban-cho, Chiyoda-ku
Tokyo 102-0075, Japan
電話：(81)-3-3556-8980
傳真：(81)-3-3556-8968
電郵：totyo_enquiry@hketotyo.gov.hk
網址：http://www.hketotyo.or.jp

新加坡
Hong Kong Economic and Trade Office,
34-01, Suntec Tower 2,
9 Temasek Boulevard,
Singapore, 038989.
電話：(65)-6338-1771
傳真：(65)-6339-2112
(65)-6337-7297
電郵：hketo_sin@hketosin.gov.hk
網址：http://www.hketosin.gov.hk

悉　尼
Hong Kong Economic and Trade Office,
Hong Kong House, Level 1,
80 Druitt Street,
Sydney, NSW 2000, Australia.
電話：(61)-2-9283-3222
傳真：(61)-2-9283-3818
(61)-2-9267-3560
電郵：enquiry@hketosydney.gov.hk
網址：http://www.hketosydney.org.au

香港貿易發展局
香港貿易發展局在全球各地設有分處和顧問辦事處。這些辦事處的地址載於該局網站。

總辦事處
香港灣仔港灣道1號
會展廣場辦公大樓38樓
電話：(852)-2584-4333
傳真：(852)-2824-0249
電郵：hktdc@tdc.org.hk
網址：http://www.tdctrade.com

香港旅遊發展局
香港旅遊發展局也在多個國家和地區設有辦事處和代表辦事處。這些辦事處的地址載於該局網站。

總辦事處
香港北角威非路道18號
萬國寶通中心9至11樓
電話：(852)-2807-6543
傳真：(852)-2806-0303
電郵：info@hktb.com
網址：http://www.discoverhongkong.com

各國(地區)駐港領事館一覽表

領事館 offices	地址 Address	電話 Tel.	負責人 Officer in Charge	網址 / 電子郵件地址 Email/ Website
Argentina 阿根廷	Suite 2018-19, Jardine House, 1 Connaught Place, H.K. 香港中環康樂廣場1號怡和大廈2018 - 19室	2523 3208 2523 3251 2523 3274	Ricardo Haroldo Forrster m (Consul General)	consarhk@netvigator.com
Albania 阿爾巴尼亞	23/F, Admiralty Centre, Tower II, 18 Harcourt Rd., H.K. 香港夏慤道18號海富中心II期23樓	2121 0131	Wong Ying-ho, Kennedy BBS, JP m (Honorary Consul)	
Australia 澳大利亞	23-24 Floor, Harbour Centre 25 Harbour Rd, Wan Chai, H.K. 香港灣仔港灣道25號海港中心23-24樓	2827 8881	Murray Cobban m (Consul-General)	www.australia.org.hk
Austria 奧地利	Rm.2201, Chinachem Tower, 34-37 Connaught Road Central, H.K. 香港干諾道中34-37號2201室	2522 8086	Ms. Sieglinde Spanlang (Vice Consul)	hongkong-gk@bmaa.gv.at
Bahrain 巴林	15/F., Chevalier House, 45 Chatham Rd., Tsim Sha Tsui, Kowloon 九龍尖沙咀漆咸道45號其士大廈15樓	2733 9868	Dr. Chow Yei Ching m (Honorary Consul)	info@bahrainconsulate.org.hk
Bangladesh 孟加拉國	Room 3501, China Resources Bldg.26 Harbour Road. H.K. 香港港灣道26號華潤大廈3501室	2827 4278/9	Mrs. Kazi Anarkoly m (Acting Consul General)	bangladt@netvigator.com
Barbados 巴巴多斯	9 floor, Cheung Kong Center, 2Queen's Road, Central, H.K. 香港皇后大道中2號長江集團中心9樓	2128 8888	Victor T.K.Li M(Honorary Consul)	
Belgium 比利時	9 Floor St.John's Bldg. 33 Garden Road, H.K. (G.P.O.Box 135) 香港花園道33號聖約翰大廈9樓	2524 3111	Patrick LPM Nijs m (Consul-General)	hongkong@diplobel.org
Benin 貝寧	Rm. 2007, 20 Floor, Westin Centre, 26 Hung To Rd., Kwun Tong, Kowloon 九龍觀塘鴻圖道26號威登中心20樓2007室	2191 3843	Ms. Li Wing (Honorary Consul)	beninconsulate@yahoo.com.hk
Bhutan 不丹	32/F, New World Tower, 16 Queen's Rd., C., H.K. 香港中環皇后大道中16號新世界大廈1期32字樓	2844 3117	Dr. Cheng Yu-tung m (Honorary Consul)	
Brazil 巴西	Rooms 2014-21, Sun Hung Kai Centre, 30 Harbour Road, H.K. 香港港灣道30號新鴻基中心2014-21室	2525 7004	Armando Sérgio Frazâo m (Consul-General)	www.brazilianconsulate.org.hk
Cambodia 柬埔寨	Unit 616,6/F,Star House No.3 Salisbury Road Tsim Sha Tsui,KLN,H.K. 香港尖沙咀梳士巴利道3號星光行6樓616室	2546 0718	Thay Vanna m (Consul General)	cacghk@netvigator.com
Cameroon 喀麥隆	Suite 503, 5 Floor Cosmos Building, 8-11 Lan Kwai Fond Central, H.K. 香港中環蘭桂芳8-11號昌隆商業大廈5樓501室	2525 2005	Dominique Etienne Vessigault (Honorary Consul)	camerooncchk@gmx.net
Central African Republic 中非共和國	9/F, Tai Somg Commercial Bld., 24-34 Hennessy Rd., H.K. 香港軒尼詩道24-34號大生商業中心9樓	3421 1412	Wilson W. S. Pong m (Honoray Consul)	

領事館 offices	地址 Address	電話 Tel.	負責人 Officer in Charge	網址 / 電子郵件地址 Email/ Website
Canada 加拿大	One Exchange Square, 11-14 Floor, 8 Connaught Plce, H.K. 香港交易廣場第1座11-14字樓	2810 4321	Gerald Campbell m (Consul-General)	www.hongkong.gc.ca
Chile 智利	Suite 1408, Great Eagle Centre, 23 Harbour Road, H.K. 香港港灣道23號鷹君中心1408室	2827 1826 2827 1748	Fernando Pérez (Consul-General)	cgchile@netvigator.com
Colombia 哥倫比亞	Unit 3102, 31/F., Office Towr, Convestion Plaza, 1 Harbour Road, Wanchai, H.K. 香港灣仔港灣道1號會展廣場辦公室大樓31樓3102室	2545 8547	Mrs. Olga Forero de Silva m (Consul-General)	consul@colombia.hk
Congo 剛果	24 Floor, China Merchants Tower, Shun Tak Centre, 168-200 Connaught Road, Central H.K. 香港干諾道中168-200號信德中心招商大廈24字樓	2793 1313	Patrick S.F. To (Honorary Consul)	shufaito@mfth.com.hk
Cota d'lvoire 科特迪瓦	19/F., Seaview Commercial Bld., 21-24 Connaught Rd., West, H.K. 香港干諾道西21-24號海景商業大廈19樓	2815 9988	Andrew CC Ma m (Consul-General)	amdfkcpa@netvigator.com
Croatia 克羅地亞	64 Floor, Hopewell C., 183 Queen's Rd., East Wanchai, H.K. 香港皇后大道東183號合和中心64樓	2528 4975	Sir Gorden Wu Ying-Sheung m (Honorary Consul)	gordonwu@hhlmail.com www.hr
Cuba 古巴	Room 1112, Jardine House, Connaught Place, Central, H.K. 香港中環康樂廣場怡和大廈1112室	2525 6320	David W. C. Tang (Honorarg Consul)	
Cyprus 塞浦路斯	Unit 6A, Regency C., Phase 1, 39 Wong Chuk Hang Rd., H.K. 香港黃竹坑道39號偉晉中心第1期6A室	2873 0606	Ooi Boon Aun m(Honorary Consul)	cyprus@pci.com.hk
Czech Republic 捷克共和國	Room 1204-5, Great Eagle C, 23 Harbour Rood, Wan Chai, H.K. 香港灣仔港灣道23號鷹君中心1204-5室	2802 2212	Jan Füry (Consul-General)	www.mfa.cz/hongkong
Democratic Republic of Congo 剛果民主共和國	24 floor, Yardley Commercial Building, 3 Connaught Road West, H.K. 香港干諾道西3號億利商業大廈24樓	2850 5692	Jonathan K.S. Choi m (Honorary Consul)	
Democratic People's Republic of Korea 朝鮮民主主義人民共和國	Room 3502, 35 Floor China Resources Building, 26 Harbour Road, Wanchai, H.K. 香港灣仔港灣道26號華潤大廈35樓3502室	2803 4447	Hong Ki Chol m (Consul-General)	dprkorea@netvigator.com
Denmark 丹麥	Room 2402B, Great Eagle Centre, 23 Harbour Road, Wan Chai H.K. 香港灣仔港灣道23號鷹君中心2402B室	2827 8101	Seren Kragholm m (Consul-General)	hkggkl@um.dk
Egypt 埃及	Suite No. 1, 22 Floor, Sino Plaza 255-257 Gloucester Road, Causeway Bay, H.K. 香港銅鑼灣告士打道255至257號信和廣場22樓1室	2827 0668	Ms. Somaya Saad (Consul-General)	egytcg@netvigator.com
Equatorial Guinea 赤道幾內亞	37-38 Floor, Vicwood Plaze, 199 Des Voeuxroad, Central, H.K. 香港德輔道中199號維德廣場37-38字樓	2543 1943	Vicwood K.T. Chong, Jp m (Honorary Consul)	

領事館 offices	地址 Address	電話 Tel.	負責人 Officer in Charge	網址 / 電子郵件地址 Email/ Website
Ethiopia 埃塞俄比亞	Unit 24, 3 floor, Block B, Focal Industrial Center, 21 Man Lok Street, Hunghom, Kowloon 九龍紅磡民樂街21號富高工業中心B座3樓24室	2363 0200	Dennis Ng Wang-pun m (Honorary Consul)	ethiopiaconsulate@yahoo.com.hk
Fiji 斐濟	Rm1604, Kowloon Bld., 555 Nathan Rd., Yau Ma Tei, Kowloon 九龍油麻地彌敦道555號九龍行16樓1604室	2375 1618	Desmond Y.T. Lee (Honorary Consul)	info@fiji-wordchallenge.com.hk
Finland 芬蘭	Rm 2405-8, Dah Sing Financial Centre, 108 Gloucester Rd., Wan Chai, H.K. 香港灣仔告士打道108號大新金融中心2405-8室	2525 5385	Pauli Mäkelä m (Consul-General)	sanomat.hng@formin.fi
Frence 法國	Admiralty Centre, Tower II, 26 Floor, 18 Harcourt Road, H.K. 香港夏慤道18號海富中心第2座26樓	3196 6100	Serge Mostua m (Consul-General)	consulfrance-hongkong.org
Gabon 加蓬	3C, 10 Marigold Rd., Yan Yat Chuen, Kowloon 九龍又一村壽菊路10號3C	2380 3880	C.S. Gooljarry m (Honorary Consul)	csgooljarry@yahoo.com
Germany 德國	21 Floor United Centre, 95 Queensway, H.K. 香港金鐘道95號統一中心21樓	2105 8777	Heinrich Wilhel Beuth m (Consul-General)	www.hongkong.diplo.de
Ghana 加納	Room 610, Wing On House, 71 Des Voeux Road Central, H.K 香港德輔道中71號永安集團大廈610室	2530 3448	Jonas Wu Fan Ling (Honorary Consul)	ghana.org.hk
Greece 希臘	Suites 2503, Two Pacifiv Pacific Place, 88 Queensway, H.K. 香港金鐘道88號太古廣場第2座2503室	2774 1682	Panayotis Economou m (Consul-General)	greekcg@hotmail.com
Guinea 幾內亞	Room 2101, CRE Building, 303 Hennessy Road, Wanchai, H.K. 香港灣仔軒尼詩道303號華創大廈2101室	3110 3232	Mr. Wan Sui-kam (Honorary Consul)	guineahk@netvigator.com
Hungary 匈牙利	Suite 3202, Citibank Tower, 3 Garden Road, Central, H.K. 香港中環花園道3號萬國寶通中心3202室	2878 7555	István Darvasi m (Consul-General)	hunconsulate@huconhgk.com.hk
Iceland 冰島	12/F, Warwick House East, Taikoo Place, 979 King's Road, Quarry Bay, H.K. 香港鰂魚涌英皇道979號太古坊和域大廈12樓東翼	2876 8888	Anthony J. Hardy (Hon. Cosul)	
Indian 印度	Unit D, 16 Floor, United Centre, 95 Queensway, H.K. 香港金鐘道95號統一中心16字樓D座	2528 4028	Basant K. Gupta m (Consul-General)	www.indianconsulate.org.hk
Indonesia 印度尼西亞	6-8, Keswick St., Causeway Bay, H.K. 香港銅鑼灣敬誠街6-8號	2890 4421	Paiman Turnipm (Consul-Gerneral)	kjrihkg@netvigator.com
Ireland 愛爾蘭	6 floor,Chung Nam Building 1 Lockhart Road,Wanchai,H.K. 香港駱克道1號中南大廈6字樓	2527 4897	Dr. Lee Chok-hung m (Honorary Consul)	ireconhk@netvigator.com
Iran 伊朗	Rooms 3202-3, Office Tower, Convention Plaza, 1 Harbour Road, Wanchai, H.K. 香港灣仔港灣道1號會展廣場辦公室大樓3202-3室	2845 8002	Reza Agharazi Dormani M (Consul General)	www.iranconsulate.org.hk

領事館 offices	地址 Address	電話 Tel.	負責人 Officer in Charge	網址 / 電子郵件地址 Email/ Website
Israel 以色列	Room 701, Tower 2 Admiralty Centre, 18 Harcourt Road, H.K. 香港夏慤道18號海富中心第2座701室	2821 7500	Eli Avidar m (Consul-General)	info@hongkong.mfa.gov.il
Italy 意大利	Suit 3203-6, 32/F, ICBC Tower, 3 Garden Road, Central, H.K. 香港中環花園道3號中國工商銀行大廈32樓3203-6室	2522 0033/6	Mrs. Gabriella Maneghello m (Consul-General)	consolato.hongkong@esteri.it
Jamaica 牙買加	Penthouse East Ocean Centre, 98 Granville Road, Tsim Sha Tsui East, Kowloon 九龍尖沙咀東部加連威老道98號東海商業中心頂樓	2316 0688	Ms. Evelyn Lu m (Honorary Consul)	Jamconsulate@afasia.com
Japan 日本	46-47 Floor, Tower 1, Exchange Square, 8 Connaught Place, Central, H.K. 香港中環交易廣場8號第一座46至47樓	2522 1184	Takanori Kitamura (Consul General)	www.hk.emb-japan.go.jp/
Jordan 約旦	27/F, Wyndham Place, 44 Wyndham Street C., H.K. 香港中環雲咸街44號雲咸商業中心27樓	2524 0085	David T.C.Liem (Honorary Consul)	www.jordanconsulate.org.hk
Kazakhstan 哈薩克斯坦	Unit 3106, 31/F Shun Tak C., 200 Connaught Rd., C., H.K. 香港干諾道中200號信德中心31樓3106室	2548 3841	Bulat Sarsenbayav m (Consul General)	www.consul-kazakhstan.org.hk
Kenya 肯尼亞	Unite 1903, Far East Finance Centre, 16 Harcourt Road, Admiralty, Hong Kong 香港金鐘夏慤道16號遠東金融中心19樓1903室	2520 5000	Mr. Tam Wing-Kun, BBS, Jp m (Honorary Consul)	wktam@kenyaconsulate.org.hk
Korea 韓國	5-6th Floors, Far East Finance Centre, 16 Harcourt Road, H.K. 香港夏慤道16號遠東金融中心5-6字樓	2529 4141	Cho Whan-bok m (Consul General)	info@korea.org.hk
Kuwait 科威特	Suite 5, 28 floor, Sino Plaza, 255-257 Gloucester Road, Causeway Bay, H.K. 香港銅鑼灣告士打道255至257號信和廣場28樓5室	2832 7866	Ghassan Y. Al-Zawawi m (Consul-General)	kuconshk@netvigator.com
Laos 老撾	1402 Arion Commercial Centre, 2-12 Queen's Road West, H.K. 香港皇后大道西2至12號聯發商業中心1402室	2544 1186	Sisounthone Sithimolada m (Consul-General)	laool-cons@ctimail.com
Latvia 拉脫維亞	33/F, Harbour Centre, 25 Harbour Road, Wanchai, Hong Kong 香港灣仔港灣道25號海港中心33樓	2877 5638	Roger King m (Honorary Consul)	
Lesotho 萊索托	Suite 1213 Prince's Building, 10 Chater Rd., C. H.K. 香港中環遮打道10號太子大廈1213室	2526 3287	Ms. Gloria Ko Lee m (Honorary Consul)	consul@lesotho.org.hk
Lithuania 立陶宛	79 Wyndham Street, 2/F, Hong Kong 香港雲咸街79號2樓	2522 2852	Sital K. Motwani, JP m (Honorary Consul)	exports@styleasia.com.hk
Luxembourg 盧森堡	Suite A, 18/F, 60 Gloucester Rd., Wanchai, H.K. 香港灣仔告士打道60號18樓A室	2877 1018	Dr. James Kung Z.M. GBS m (Honorary Consul)	conluxhk@netvigator.com
Madagascar 馬達加斯加	East Ocean Centre, Penthouse, 98 Granville Road, Tsim Sha Tsui, Kln. 九龍尖沙咀加連威老道98號東海商業中心頂樓	2316 0888	Lu Tseng-yung, Eddie (Honorary Consul)	mdgr@afasia.com

領事館 offices	地址 Address	電話 Tel.	負責人 Officer in Charge	網址 / 電子郵件地址 Email/ Website
Malaysia 馬來西亞	24th Follr, Malaysia Bldg. 50 Gloucester Rd., H.K. 香港告士打道50號馬來西亞大廈25樓	2821 0800	Abd. Aziz Harun m (Consul-General)	mwhkong@netvigator.com
Maldives 馬爾代夫	Room 201-205, Kowloon Centre, 29-43 Ashley Road, Kowloon 九龍亞士厘道29-43號九龍中心大廈201-205室	2376 2114	Bob N. Harilela JP m (Honorary Consul)	
Mali 馬里	Unit 5011, 5 floor United Centre, 95 Queensway 香港金鐘道98號統一中心5樓5011室	2109 8111	Jackie Wong See Sum, JP (Honorary Consul)	mdoffice@hongthai.com
Malta 馬爾他	Room 504, Chinachem Golden Plaza, 77 Mody Road, Tsimshatsui East. 九龍尖沙咀東麼地道77號華懋廣場504室	2739 2611	Mrs. Vivien Chou Chen m (Honorary Consul)	synflex@hkstar.com
Mauritius 毛里求斯	Suite 1006A, Bank of America Tower, 12 Harcourt Road, Central, H.K. 香港中環夏慤道12號美國銀行中心1006A室	2744 4063	Chao Kuang Piu SBS(Hon. Consul)	osman@netvigator.com
Mexica 墨西哥	23 Harhour Road, Great Eagle Centre, Room 1304, Wanchai, H,K. 香港灣仔港灣道23號鷹君中心1304室	2511 3305	Mario Leal Compos m (Consul-General)	consulmex@mexico.com.hk
Monaco 摩納哥	33 floor,Harbour Center,25 Harbour Road, Wan Chai H.K. 香港灣仔港灣道25號海港中心33字樓	2893 0669	Tung Chee chen, JP m (Honorary Consul)	tungcc@oocl.com
Mongolia 蒙古	3/F., Crystal Industrial Bld., 71 How Ming Street Kwun Tong, Kowloon 香港觀塘巧明街71號晶苑工業大廈3樓	2264 6173	Lo Lok-fung, Kenneth m (Honorary Consul)	mongolia_consulate@hotmail.com
Morocco 摩洛哥	34/F, New World Tower, 16-18 Queen's Rd., Central, H.K. 香港中環皇后大道中16-18號新世界大廈34樓	2138 3388	William Doo Wai-hoi, JP m	
Mozambique 莫桑比克	Suite 25, New Henry House, 10 Ice House Street, Central, Hong Kong 香港中環雪廠街10號新顯利大廈25室	2521 1444	Ho Chun-tung, JP m (Honorary Consul)	mozconsulate@alitom.com.hk
Myanmar 緬甸	Rooms 2421-2425, Sun Hung Kai Centre, 30 Harbour Road, H.K. 香港港灣道30號新鴻基中心2421-2425室	2827 7929 2827 9843	U Chan Aye m (Consul-General)	myancghk@biz.netvigator.com
Namibia 納米比亞	Unit 02, 13/F, McDonald's Bld, 46-54 Yee Wo Street, Causway Bay, H.K. 香港銅鑼灣怡和街46-54號麥當奴大廈13樓2室	2586 1339	Dr Henry H.K. Chan (Hon. Consul)	henrychan@e-consulate.org
Nepal 尼泊爾	Unit 715, Seapower Tower Concordia Plaza, 1 Science Museum Road, Tsim Sha Tsui Road East, Kln, H.K. 香港尖東康宏廣場北座715室	2369 7813	Hem Lal Sharma Bhattarai m (Consul)	mcghk@netvigator.com
Netherlands 荷蘭	Suite 5702, 57 floor, Cheung Kong Center, 2 Queen's Road, Central H.K. 香港皇后大道中2號長江集團中心57樓5702室	2522 5127	J.A.F.M.Revis m	www.netherlandscg.org.hk
New Zealand 新西蘭	6501, Central Plaza 18 Harbour Road Wanchai, H.K. 香港灣仔港灣道18號中環廣場6501室	2525 5044	Dr. Frank Wilson m (Consul-General)	nzembassy.com/hongkong

領事館 offices	地址 Address	電話 Tel.	負責人 Officer in Charge	網址 / 電子郵件地址 Email/ Website
Niger 尼日爾	Unit B, 1 floor, Lowloon Centre, 29-39 Ashley Road, Kowloon 九龍亞士厘道29-39號九龍中心1樓B室	2376 2112	Dr. Hari N. Harilela, GBS JP m (Honorary Consul)	
Nigeria 尼日利亞	3309-10, China Resources Building 26 Harbour Road.H.K. 香港港灣道26號華潤大廈3309-10室	2827 8813	R.O. Ezeh m (Acting Consul-General)	ngrconhk@netvigator.com
Oman 阿曼	65 Wong Chuk Hang Road, 19 Floor Gee Chang Hong Centre, H.K. 香港仔黃竹坑道65號志昌行中心19樓	2873 0888	Louis K.C.Wong, JP (Honorary Consul)	fider@netvigator.com
Pakistan 巴基斯坦	Room 3706, 37/F China Resources Building, 26 Harbour Road, H.K. 香港港灣道26號華潤大廈3706室	2827 1966	Tariq Shafi Chak m (Consul-General)	parephk@netvigator.com
Papua New Guinea 巴布亞新幾內亞	Unit 602B, 6 Floor, 1 Hysan Avenue, Causeway Bay, H.K. 香港銅鑼灣希慎道1號6樓602B室	2499 3611	Jim K.C. Or	
Peru 秘魯	Rm 3308, China Resources Bld., 26 Harbour Rd., H.K. 香港灣仔港灣道26號華潤大廈33樓3308室	2868 2622	Jaime Pomareda m (Consul-General)	peruhkmc@netvigator.com
Philippines 菲律賓	14th Floor, United Centre, 95 Queensway, Admiraity 金鐘金鐘道95號統一中心14室	2823 8500	Mrs. Corazon L Belmonte-Jover m (Consul-General)	pcg@philcongen-hk.com
Poland 波蘭	Suite 1006, One Pacific Place, 88 Queensway, H.K. 香港金鐘道88號太古廣場第2座2009室	2840 0779	Ryszard Jacek Potocki m (Consul-General)	kgrphk@netvigator.com
Portugal 葡萄牙	Rua Pedro Nolasco de Silve, No.45, G/F, Macau 澳門白多祿局長街45號地下	(853) 356660	Pedro Moitinho de Almeida m (Consul-General)	mail@cgmac.dgaccp.pt
Romania 羅馬尼亞	Suites 2704-5, 27/F, Citibank Tower, No.3 Garden Road, C. H.K. 香港中環花園道3號萬國寶通銀行大廈27樓2704-5室	2878 1101	Grigorie Lungu m (Consul-General)	hkcogero@biznetvigator.com
Russia 俄羅斯	Room 2106-2123, 21 Floor, Sun Hung Kai Centre, 30 harbour Road.H.K. 香港港灣道30號新鴻基中心2106-2123室	2877 7188	Andrey N. Smorodin (Consul-General)	www.russia.com.hk
Samoa 薩摩亞	Unit 1235-1238, B New Mandarin Plaza, Taimshatsui East, Kowloon 九龍尖沙咀東部科學館道14號新文華中心B座12樓A, 1235-1238室	2523 2103	Ramesh l Mahtani m (Honorary Consul)	loretta@lokumal.com.hk
Saudi Arabia 沙特亞拉伯	Suite 6401, Central Plaza, 18 Harbour Road, Wanchai, H.K. 香港灣仔港灣道18號中環廣場6401室	2520 3200	Alaudeen A Alaskary m (consul-General)	www.mofa.gov.sa
Seychelles 塞舌爾	12B Bowen Road, Hong Kong 香港寶雲道12B	2354 3669	Samuel Chan Wing-sun m (Honorary Consul)	seychelles@ffreefire.com
Singapore 新加坡	Unit 901, 9 Floor, Tower 1, Admiralty Centre, 18 Harcourt Road, H.K. 香港夏慤道18號海富中心1座901室	2527 2212	Toh Hock Ghim m(Consul-General)	sporecon@sg.corp.com.hk
Slovak Republic 斯洛伐克共和國	12 floor, Milo's Industtial Building, 2-10 Tai Yuen Street Kwai Chung, KLN, H.K. 九龍葵涌大圓街2-10號美羅工業大廈12字樓	2484 4568	Willy Lin Sun Mo JP m (Honorary Consul)	slovakconsulatehk@milos.com.hk

領事館 offices	地址 Address	電話 Tel.	負責人 Officer in Charge	網址 / 電子郵件地址 Email/ Website
Slovenia 斯洛文尼亞	9 Floor, Fu Hign Building, 10 Jubilee Street, Central, H.K. 香港中環租庇利街 10 號富興大廈 9 樓	2545 2107	Bemard C.W. lau (Honorary Consul)	phlandpt@netvigator.com
South Africa 南非	27 Floor, Great Eagle Centre,Rooms 2706-2710,23 Harbour Road,Wan Chai,H.K. 香港灣仔港灣道 23 號鷹君中心 27 字樓	2577 3279	Mario George Masher (Consul-General)	sacghgk@netvigator.com
Spain 西班牙	Suite 2017, 20/F, Two Pacific Place, 88 Queensway, H.K. 香港金鐘道88號太古廣場二期20樓2017室	2525 3041/2	Camilo Alonso-Vega m (Consul-General)	espcghk@netvigator.com
Sri lanka 斯里蘭卡	22 Floor, Dominion Centre, 43-59 Queen's Road East, H.K. 香港皇后大道東43-59號東美商業中心22字樓	2876 0828	Dr. Thomas H.C. Cheung m (Honorary Consul)	drthcc@pacificgroup.com.hk
Suriname 蘇里南	17/F, 1 Des Voeux Rd. West 香港德輔道西 1 號 17 樓	2573 3862	Lok Kwing m (Honourary Consul)	surname@netvigator.com
Sweden 瑞典	8 Floor, The Hong kong Club Bldg. 3A Chater Road, H.K. 香港遮打道 3A 號香港會所大廈 8 樓	2521 1212	Mrs. Boel Evander m (Consul-General)	generalkonsulat.hong-kong@forieng.ministry.se
Switzerland 瑞士	Suite 6206-07, Central Plaza, 18 Harbour Road, Wanchai, H.K. 香港灣仔港灣道18號中環廣場6206-07室	2522 7147/8	Francois Lichtenstern m (Consul-General)	www.eda.admin.ch/hongkong
Tanzania 坦桑尼亞聯合共和國	Room 404-405 4/F Metropole Building 57 Peking Road Tsimshatsui Kowloon TST P.O. Box 98951 九龍尖沙咀北京道57號國都大廈4樓404-405 室尖沙咀郵政信箱 98951 號	2311 8828	Clement P.Y, Chan m (Honorary Consul)	www.tanzania.go.tz
Thailand 泰國	Faimont House, 8/F, 8 Cotton Tree Drive, central, H.K. 香港中環紅棉路 8 號東昌大廈 8 字樓	2521 6481/5	Vichai Varasirikul m (Consul-General)	thaicghk@thaiconsulate.org.hk
Togo 多哥	Unit A&E, 7 Floor, Wah Shum Industrial Centre, 4 Cho Yuen Street, Yau Tong Bay, Kowloon,H.K. 九龍油塘灣草園街4號華順工業中心7字樓A及E座	2340 0285	David W. Lee (Honorary Consul)	
Tonga 湯加	Rm 1102, 11 floor Tesbury Centre, 28 Queen's Road East, Wanchai, H.K. 香港灣仔皇后大道東28號金鐘匯中心11樓1102室	2522 1321	George Chen (Honorary Consul)	ttohk@hkstar.com
Trinidad and Tobago 特立尼達和多巴哥	Suite A, 11/F, On Hing Bld., 1-9 On Hing Terrace, Wyndham Street, C., H.K. 香港中環雲咸街安慶台1-9號安慶大廈11樓A室	2834 4988	Dr. Richand S.C. Yapp (Hon. Consul)	
Tunisia 突尼斯	1 Floor, Annex Building, The Wharney, 57-73 Lockhart Road, Wanchai, H.K. 香港灣仔駱克道 57-73 號華美副翼 1 樓	2523 2313	Richard Wong Che-Keung m (Hon. Consul)	www.tunisiaonline.com
Turkey 土耳其	Room 301, 3 Floor, Sino Plaza, 255-257 Gloucester Road, Causeway, Bay H.K. 香港銅鑼灣告士打道255-257號信和中心301室	2572 1331	A. Kasif Eryalsin m (Consul-General)	turkcons@netvigator.com
Ukraine 烏克蘭	Unit 2405, Great Eagle Centre, 23 Harbour Rd., H.K. 香港港灣道 23 號鷹君中心 2405 室	2157 9393	Ms. Kwok Wai-Ming, Ingrid (Honorary Consul)	ingrid@mindagp.com

領事館 offices	地址 Address	電話 Tel.	負責人 Officer in Charge	網址 / 電子郵件地址 Email/ Website
United Arab Emirates 阿拉伯聯合酋長國	Unit 2205-8, MassMutual Tower, 38 Gloucester Road, Wan Chai H.K. 香港灣仔告士打道38號美國萬通大廈2205-6室	2866 1823	Saeed Hamad Ali Al Junaibi (Consul-General)	
Uganda 烏干達	1811 Star House, 3 Salisbury Rd., Kowloon 九龍梳士巴利道3號星光行1811室	2572 2868	Lam Ting-kay m (Honorary Consul)	ugandahk@netvigator.com
United Kingdom 英國	1 Supreme Court Road, H.K. 香港法院道1號	2901 3000	Stephen Bradley m(Consul-General)	www.britishconsulate.org.hk
United States of America 美國	26 Garden Road in Central, Hong Kong 香港花園道26號	2523 9011	Ms. Marlene J. Sakaue m (Deputy Consul General)	www.hongkong.usconsulate.gov
Uruguayan 烏拉圭	30 floor, Entertainment Building, 30 Queen's Road Central 香港皇后大道中30號娛樂行30樓	2168 0832	Dr. Anabella Levin-Freris m (Honorary Consul)	afreris@pacific.net.hk
Venezuela 委內瑞拉	Suite 5405, Centre Plaza, 18 Harbour Road, Wanchai, H.K. 香港灣仔港灣道18號中環廣場5405室	2730 8099	Nelson Mariña-Müller m (Consul-General)	consulve@biznetvigator.com
Vietnam 越南	15 floor Great Smart Tower, 230 Wan Chai Road, Wanchai, H.K. 香港灣仔灣仔道230號佳誠大廈15樓	2591 4510	Ho Xuan Son m (Consul-General)	vnconsul@netvigator.com

中國內地各省、市、自治區、經濟特區、開放城市駐港貿易代表機構

(截至2005年5月1日)

地　區	駐港機構名稱		地　址	電　話	傳　真
北京	京泰實業(集團)有限公司	Beijing Holdings Limited	香港干諾道中200號信德中心西翼34樓	2540 2086	2858 1544
天津	津聯集團有限公司	Tsinlien Group Company Limited	香港干諾道西167號天津大廈26-38樓	2162 8888	2721 0858
河北	燕山發展有限公司	Hebei Enterprises Limited	香港金鐘夏慤道16號遠東金融中心4202室	2866 1566	2866 7662
山西	恒山貿易公司	Hong Kong Heng Shan Trading Co	香港皇后大道東141-145號恒山中心13樓A	2527 4928	2185 7228
內蒙古	內蒙古興源(香港)有限公司	Inner Mongolia Hing Yue (h.k.) Co. Ltd.	香港干諾道西1-6號億利商業大廈15樓B座	2542 1022	2541 1436
吉林	中吉有限公司	Zhong Ji Limited	香港皇后大道西2-12號聯發商業中心16字樓1601-2,1606室	2545 1021	2541 6968
上海	上海實業集團有限公司	Shanghai Industrial Investment (Holdings) Company Limited	香港告士打道39號夏慤大廈26-27樓	2866 3918	2866 3986
江蘇	鍾山有限公司	Zhong Shan Co., Ltd.	香港灣仔道1號會展廣場辦公大樓49樓A，50樓	2527 3600	2861 1045
浙江	富春有限公司	Zhe Jiang Fuchuen Company Ltd.	香港金鐘道95號統一中心35字樓B座	2529 2287	3405 1777
安徽	黃山有限公司	Anhui Company Limited	香港北角渣華道191號嘉華國際中心2007-8室	2856 0786	2960 0061
福建	華閩(集團)有限公司	Fujian Enterprises (Holdings) Co.,Ltd.	香港干諾道200號信德中心33字樓	2546 8068	2858 1669
江西	華贛企業有限公司	Hua Gan Enterprises Co., Ltd.	香港中環干諾道中64號香港中華廠商會大廈12字樓	2543 2662	2543 4124
山東	華魯集團有限公司	China Shan Dong Group Co. Ltd.	香港灣仔港灣道1號會展廣場辦公大樓42樓	2824 1268	2824 3551
河南	豫港(集團)有限公司	Henan Hong Kong (holdinds) Enterprises Limited	香港灣仔謝斐道92號豫港大廈23/F	2527 9278	2520 1787
湖南	三湘集團有限公司	Hunan Trading Co.ltd.	香港灣仔駱克道353號三湘大廈35樓	2892 1168	2803 4318
廣東	粵海企業(集團)有限公司	Guangdong Enterprises (Holdings) Ltd.	香港干諾道中74-77號粵海投資大廈	2852 9288	2544 9996
廣西	桂江企業有限公司	Gui Jiang Enterprises Co. Ltd.	香港干諾道中200號信德中心23樓2310室	2559 4023	2858 1477

地　區	駐港機構名稱		地　址	電　話	傳　真
雲南	雲港有限公司	Yunnan & Hong Kong Co., Ltd.	香港干諾道西118號3006室	2815 2575	2543 9097
西藏	中國西藏珠穆朗瑪旅遊有限公司	China Tibet Qomolang Ma Trade & Travel Ltd.	香港謝菲道393號新時代中心37樓	2838 3391	2834 1535
陝西	驪山有限公司	Lishan Company Limited	香港皇后大道中340號華秦國際大廈2字樓	2815 3085	2854 0035
甘肅	隴港有限公司	Gansu Company Ltd.	香港灣仔駱克道88號22字樓	2528 1622	2527 4776
寧夏	嘉川發展有限公司	Kachant Development Ltd.	香港灣仔港灣道23號鷹君中心19樓	2541 9378	2815 2014
海南	華海有限公司	Hua Hal Company Limited	香港灣仔軒尼詩道288號英皇中心1203室	2311 6166	2722 7868
深圳經濟特區	深業(集團)有限公司	Shum Yip Holdings Co.ltd.	九龍尖沙咀東科學館道9號新東海商業中心8樓	2723 8113	2367 2372
汕頭經濟特區	龍興實業有限公司	Long Xing Development Co., Ltd.	香港中環永和街23-29號俊和商業中心24字樓	2854 0118	2854 1763
大連市	大連國際發展(集團)有限公司	Dallan International (Holdings) Company Limited	香港渣華道191號嘉華國際中心2101室	2811 5818	2516 7570
煙台市	芝興貿易有限公司	China Yantai Company Ltd.	香港中環雲咸街40-44號雲咸商業中心23樓	2543 6627	2869 9016
青島市	華青發展貿易有限公司	China Qing Dao Development Co. Ltd.	香港干諾道西148號成基商業中心4001-2 1205-6	2559 5866	3521 0652
重慶市	渝豐國際有限公司	Y.f.international Ltd.	香港灣仔港灣道25號海港中心1809室	2861 0368	2861 2343
哈爾濱市	國利發展有限公司	Kwok Nea Development Limited	香港灣仔軒尼詩道338號北海中心15樓C	2838 9077	2577 5490
寧波市	寧興開發有限公司	Ning Shing Development Co. Ltd.	香港干諾道中168-200號信德中心西座3005室	2827 6820	2827 7216
溫州市	雁蕩有限公司	Yan Tong Co. Ltd.	香港洛克道401號榮華商業大廈13字樓	2833 5033	2838 1548
福州市	華榕(集團)有限公司	Hua Rong Company Limited	香港銅鑼灣信和廣場1505A	2890 1716	2895 6806
廣州市	越秀企業(集團)有限公司	Yue Xiu Enterprises (Holdings Limited)	香港灣仔洛克道160-174號越秀大廈26/F	2511 6671	2507 5176
湛江市	湛興發展有限公司	Zhon Heng Development Ltd.	香港銅鑼灣百德新街55號華納大廈8字樓B座	2815 1167	2815 1990
北海市	金海岸企業有限公司	Gin Hai An Enterprises Ltd.	香港干諾道西148號成基商業中心2406室	2547 2171	2858 2553
西安市	融迪有限公司	Grown Smark Limited	九龍好兆年行1409室	2566 2700	2510 7475
南京市	香港紫荊聯合發展有限公司	Zenith Co., Ltd.	香港灣仔謝斐道391-403號新時代中心30字樓	2893 0728	2572 5407
武漢市	安鵬有限公司	Ever Eagle Co., Ltd.	香港干諾道西3號億利商業大廈22樓2204-6室	2815 8818	2815 5678

持牌銀行一覽表

(截至 2005 年 3 月 31 日)

名　稱	地　址	電話	間數	網址
ABN AMRO Bank N.V. 荷蘭銀行	38/F, Cheung Kong Center, 2 Queen's Road Central, Hong Kong. 香港皇后大道中28號長江集團38字樓	2700 3000	4	www.abnamro.com/wholesale www.abnamro.com.hk
Agricultural Bank of China (The) 中國農業銀行	23/F, Towerl, Admiralty Center, 18 Harcourt Road, Hong Kong 香港夏愨道18號海富中心第1座23字樓	2861 8000	1	www.abchina.com.hk
American Express Bank Limited 美國運通銀行	36F, One Pacific Place, 88 Queensway, Hong Kong. 香港太古廣場第1座35字樓	2844 0688	4	www.americanexpress.com.hk
Asia Commercial Bank Limited 亞洲商業銀行有限公司	Asia Financial Centre,120-122 Des Voeux Road Central,Hong Kong. 香港德輔道中120-122號亞洲金融中心	2541 9222	12	www.asia-commercial.com
Australia & New Zealand Banking Group Limited 澳洲紐西蘭銀行集團有限公司	31/F., One Exchange Square, 8 Connaught Place,Hong Kong. 香港交易廣場第1座31字樓	2843 7111	1	
Baden wurttem bergische Bank Aktiengesellschaft	20/F., Entertainment Building, 30 Queen's Road Central, Hong Kong. 香港皇后大道中30號娛樂行20字樓	2849 9666	1	www.bw-bank.com
Banca Intesa S.P.A.	3332-34,Edinburgh Tower,Hte Landmark,15 Queen's Road Central, Hong Kong. 香港置地廣場公爵大廈3332-33室	2532 2700	1	
Banca Di Roma, Societa' Per Azioni 羅馬銀行	16/F.,The Hong Kong Club Building, 3A Chater Road,Central,Hong Kong 香港中環遮打道3號A香港會所大廈16樓	2521 2221	1	www.bancaroma.it
Banca Monte Dei Paschi Di Siena S.P.A.	Suite 1501-03 & 1514-16, 15/F, One International Finance Centre, No.1 Harbour View Street, Central, Hong Kong 香港港景街1號國際金融中心15樓1501-3，1514-16室	2295 2800	1	
Banca Nazionale Del Lavoro S. P.A. 意大利國家勞工銀行S.P.A.	Suite 1501, 15/F., Cheung Kong Centre, 2 Queen's Road C., Central, Hong Kong. 香港皇后大道中2號長江集團1501室	2101 0700	1	
Banco Bilbao Vizcaya Argentaria S.A.	33/F, Two International Finance Centre, 8 Finance Street, Central, Hong Kong 香港中環金融街8號國際金融中心二期33樓	2582 3111	1	
Bangkok Bank Public Company Limited 盤谷銀行	Bangkok Bank Building, 28 Des Voeux Road, Central, Hong Kong 香港中環德輔道中28號盤谷銀行大廈	2801 6688	2	www.bangkokbank.com
Bank Melliiran 伊朗國家銀行	Rm 704-706, Wheelock House, 20 Pedder Street, Central, Hong Kong 香港中環畢打街20號會德豐704-06室	2521 1127	1	www.bank-melli-iran.com

名　稱	地　址	電話	間數	網址
Bank Of America (Asia) Limited 美國銀行（亞洲）有限公司	11/F.,Devon House,979 King's Road, Quarry Bay,Hong Kong. 香港英皇道979號11字樓	2597 2888	14	www.bankofamerica.com.hk
Bank of America, National Association 美國銀行	42/F, Two International Finance Centre, 8 Finance Street, Central, Hong Kong. 香港中環金融街8號國際金融中心二期42樓	2847 6111	2	www.bankofamerica.com
Bank Of China 中國銀行	Bank Of China Tower,1 Garden Road, Central,Hong Kong. 香港花園道1號中銀大廈	2826 6888	1	
Bank of China (Hong Kong) Limited 中國銀行（香港）有限公司	14th Floor, Bank of China Tower, 1 Garden Road, Central, Hong Kong 香港中環花園道1號中銀大廈14樓	2826 6888	226	www.bochk.com www.bochkholdings.com www.boci.com.hk
Bank Of Communications 交通銀行	20 Pedder Street,Central,Hong Kong. 香港中環畢打街20號	2841 9611	41	www.bankcomm.com.hk
Bank Of East Asia,Limited(The) 東亞銀行有限公司	Bank Of East Asia Building,10 Des Voeux Road Central,Hong Kong. 香港德輔道中10號	2842 3200	93	www.hkbea.com
Ban Of India 印度銀行	2/F.,Ruttonjee House,Duddell Street, Central,Hong Kong. 香港都爹利街律敦治大廈2樓	2524 0186	2	www.bankofindia.com.hk
Bank Of Montreal 加拿大滿地可銀行	Room 3606, One Exchange Square, 8 Connaught Place, Central, Hong Kong 香港康樂廣場8號交易廣場第1期3606室	2522 4182	1	www.bmo.com.hk
Bank Of New York(The)	7/F.,New Henry House,10 Ice House Street,Central,Hong Kong. 香港雪廠街新顯利大廈7字樓	2840 9888	1	www.bankofny.com
Bank Of Nova Scotia(The) 加拿大豐業銀行	25/F.,United Centre,95 Queensway,Hong Kong. 香港統一中心25字樓	2529 5511	1	www.scotiamocatta.com
Bank Of Taiwan 台灣銀行	4/F.,9 Queen's Road Central,Central District,Hong Kong. 香港皇后大道中9號4字樓	2521 0567	1	
Bank Of Tokyo-Mitsubishi,Ltd. (The) 東京三菱銀行	14/F, Tower 1, Admiralty Centre, 18 Harcourt Road, Hong Kong 香港夏慤道18道海富中心寫字樓1座14樓	2862 7888	3	
Bank Sinopac 建華商業銀行股份有限公司	23/F, Two International Finance Centre, 8 Finance Street, Central, Hong Kong 香港中環金融街8號國際金融中心二期23樓	2801 2801	1	
Barclays Bank Plc 柏克萊銀行	42nd Floor,Citibank Tower,Citibank Plaza,3 Garden Road,Hong Kong. 香港花園道3號萬國寶通銀行大廈12字樓	2903 2000	1	
Bayerische Hypo-Und Vereinsbank Aktiengesellschaft	13/F.,Citic Tower,1 Tim Meiavenue, Central,Hong Kong 香港中環添美道1號中信大廈13字樓	2533 4000	1	www.hvbasia.com
Bayerische Landesban	19/F.,Standard Chartered Bank Building. 4A Des Voeux Road Central,Hong Kong 香港德輔道中4A渣打銀行19樓	2978 8333	1	

名　稱	地　址	電話	間數	網址
Belgian Bank	33/F, ICBC Tower, 3 Garden Road, Central, Hong Kong 香港中環花園道3號中國工商銀行大廈33樓	3510 8228	26	www.belgianbank.com.hk
BNP Paribas	4-14/F & 17-18/F, Central Tower, 28 Queen's Road Central, H.K. 香港中環皇后大道中28號協成行4-14樓及17-18樓	2909 8888	3	www.bnpparibas.com.hk
Bnp Paribas Private Bank	4/F & 17-18/F, Central Tower, 28 Queen's Road Central, Hong Kong 香港中環皇后大道中28號中匯大廈4樓及17-18樓	2909 8888	3	www.privatebank.bnpparibas.com
Calyon	26-27/F & 30/F, Two Pacific Place, 88 Queensway, Hong Kong 香港金鐘道88號太古廣場第2期26-27樓，2912-2918室及30樓	2848 9000	2	
Candian Imperial Bank Of Commerce 加拿大帝國商業銀行	Suite 3602, 36/F., Cheung Kong Centre, 2 Queen's Road C., Central, Hong Kong. 香港皇后大道中2號長江集團36字樓3602室	2841 6111	1	
Cathay United Bank Company, Limited 國泰世華商業銀行股份有限公司	Suite 4704-6, 47th Floor, Central Plaza, 18 Harbour Road, Wanchai, H.K. 香港灣仔港灣道18號中環廣場47樓4704-6室	2877 5488	1	
Chang Hwa Commercial Bank, Ltd. 彰化商業銀行股份有限公司	1401,Tower II,The Gateway,25 Canton Road,Kowloon. 九龍廣東道25號港威大廈1401室	2956 1212	1	
Chiba Bank,Ltd.(The) 千葉銀行	Unit 2510,One Pacific Place,88 Queensway,Central,Hong Kong.1 香港太古廣場第1座2510室	2840 1222	1	ir.chibabank.co.jo/english/
China Construction Bank Corporation 中國建設銀行	44-45/F.,Tower One,Lippo Centre,89 Queensway,Admiralty,Hong Kong. 香港金鐘力寶中心力寶大廈44-45字樓	2868 4438	1	www.ccbhk.com
China Merchants Bank Co., Ltd. 招商銀行股份有限公司	21/F, Bank of America Tower, 12 Harcourt Road, Hong Kong 香港中環夏慤道12號美國銀行中心21樓	3118 8888	1	hk.cmbchina.com
China Trust Commercial Bank, Ltd. 中國信託商業銀行股份有限公司	Room 2801, 28/F, Two International Finance Centre, 8 Finance Street, Central, H.K. 香港中環金融街8號國際金融中心二期28樓2801室	2916 1888	1	
Chiyu Banking Corporation Limited 集友銀行有限公司	74-78 Des Voeux Road Central,Hong Kong. 香港德輔道中74-78號	2843 0111	23	www.chiyubank.com
Chugoku Bank,Ltd.(The)	Rooms 3701 & 3710,Edingburgh Tower, The Landmark,15 Queen's Road C., Hong Kong. 香港皇后大道中15號3701-10室	2523 0312	1	
Citibank (Hong Kong) Limited 花旗銀行（香港）有限公司	8th Floor, Dorest House, Taikoo Place, 979 King's Road, Quarry Bay, Hong Kong 香港鰂魚涌英皇道979號太古坊多盛大廈8樓	2962 7311	1	

名　稱	地　址	電話	間數	網址
Citibank,N.A. 花旗銀行	50th Floor,Citibank Tower,Citibank Plaza, 3 Garden Road,Hong Kong. 香港萬國寶通廣場50字樓	2868 8888	32	www.citibank.com.hk
Citic Ka Wah Bank Limited 中信嘉華銀行有限公司	232 Des Voeux Road Central,Hong Kong. 香港德輔道中232號	2545 7131	34	www.citickawahbank.com
Commerzbank AG 德國商業銀行	21/F.,The Hong Kong Club Building,3A Chater Road,Central,Hong Kong. 香港遮打道3號A香港會所大廈21字樓	2842 9666	1	
Commonwealth Bank of Australia	15/F, Chater House, 8 Connaught Road, Central, Hong Kong 香港中環干諾道8號遮打大廈15樓	2844 7500	1	
Cooperatieve Centrale Raiffeisen - Boerenleenbank B.A.	43/F, Two Exchange Square, 8 Connaught Place, Central, Hong Kon 香港康樂廣場8號交易廣場第2座43樓	2103 2000	1	
Coutts Bank Von Ernst AG	32/F, One Exchange Square, 8 Connaught Place, Central, Hong Kong 香港康樂廣場8號交易廣場第1座32樓	2525 6898	1	
Credit Lyonnais 法國里昂信貸銀行	27th Floor, Two Pacific Place, 88 Queensway, Hong Kong 香港金鐘道88號太古廣場第2座27樓	2826 7333	1	www.creditlyonnais.com.hk
Credit Suisse 瑞士信貸銀行	22nd Floor,Three Exchange Square,8 Connaught Place,Central,Hong Kong. 香港交易廣場第3座22字樓	2841 4888	1	www.cspb.com www.credit-suisse.com
Dah Sing Bank Limited 大新銀行有限公司	36th Floor, Dah Sing Financial Centre, 108 Gloucester Road, H.K. 香港告士打道108號大新金融中心36樓	2507 8866	41	www.dahsing.com
DBS Bank (Hong Kong) Limited 星展銀行（香港）有限公司	11/F.,The Center,99 Queen's Road Central,Hong Kong. 香港皇后大道中99號中環中心11字樓	2218 8822	69	www.dbs.com/hk
DBS Bank Ltd. 星展銀行有限公司	16/th Floor, Man Yee Building, 68 Des Voeux Road Central, H.K. 香港中環德輔中68號萬宜大廈16樓	2868 3386	2	
Deutsche Bank Aktiengesellschaft 德意志銀行	51/F., 56/F., Cheung Kong Center, 2 Queen's Road Central, Hong Kong 香港皇后大道中2號長江集團51-56字樓	2203 8888	1	
Dz Bank Ag Deutsche Zentral-Genossenschaftsbank, Frankfurt Am Main 德國中央合作銀行	9/F.,Admiralty Centre,Tower II 18 Harcourt Road,Hong Kong. 香港海富中心第2座9字樓	2864 3100	1	www.dzbank.de www.hongkong.dzbank.de
E. Sun Commercial Bank, Ltd. 玉山商業銀行股份有限公司	Suite 5208, 52/F, Central Plaza, 18 Harbour Road, Wanchai, H.K. 香港灣仔港灣道18號中環廣場52樓5208室	3405 6168	1	
EFG Private Bank SA	41st Floor, Two Exchange Square, 8 Connaught Place, Central, H.K. 香港康樂廣場8號交易廣場第2座41樓	2298 3000	1	www.efggroup.com www.efgprivatebank.com
Equitable Pci Bank, Inc	7/F.,Silver Fortune Plaza,1 Wellington Street,Hong Kong. 香港威靈頓街1號荊威廣場7字樓	2868 0323	1	www.equitablepcib.com.ph
Erste Bank Der Oesterreichischen Sparkassen AG	11/F.,Citic Tower,1 Tim Mei Avenue, Central,Hong Kong 香港添美道1號中信大廈11字樓	2105 0300	1	www.erstebank.com

名　稱	地　址	電話	間數	網址
First Commercial Bank 第一商業銀行	7/F.,The Hong Kong Club Building,3A Chater Road,Central,Hong Kong. 香港遮打道3A香港會所7字樓	2868 9008	1	www.firstbank.com.tw
Fleet National Bank	9/F, Devon House, 979 King's Road, Quarry Bay, Hong Kong 香港康樂廣場1號怡和大廈33樓	2526 4361	1	www.fleet.com
Fortis Bank	26/F.,Belgian Bank Tower,77-79 Gloucester Road, Hong Kong. 香港告士打道77號華比大廈26字樓	2823 0456	2	www.fortisbank.com.hk
Governor and Company of the Bank of Scotland (The)	15th Floor, Jardine House, 1 Connaught Place, Central, H.K. 香港康樂廣場1號怡和大廈15樓	2521 2155	1	
Hachijuni Bank,Ltd.(The) 八十二銀行	Suite 301-303,Three Exchange Square,8 Connaught Place,Central,Hong Kong. 香港交易廣場第3座301-303室	2845 4188	1	
Hana Bank	Suites 3313-3316, 33rd Floor, Two International Finance Tower, No.8 Finance Street, Central, Hong Kong 香港中環金融街8號國際金融中心二期33樓3314-3316室	2522 3646	1	
Hang Seng Bank Ltd. 恒生銀行有限公司	Hang Seng Bank Bldg.,83 Des Voeux Road C.,Hong Kong. 香港德輔道中83號恒生銀行大廈	2825 5111	136	www.hangseng.com www.hsi.com.hk
Hong Leong Bank Berhad 豐隆銀行有限公司	50th Floor, The Center, 99 Queen's Road Central, Hong Kong 香港皇后大道中99號中環中心50樓	2283 8838	1	
HongKong & Shanghai Banking Corporation Ltd.(The) 香港上海匯豐銀行有限公司	1 Queen's Road Central,Hong Kong. 香港皇后大道中1號	2822 1111	137	www.hsbc.com.hk
HSBC Bank International Limited	Level 5, HSBC Main Building, 1 Queen's Road Central, Hong Kong 香港中環皇后大道中1號5樓	2822 3368	1	
HSBC Bank PLC	Level 16, HSBC Main Building, 1 Queen's Road Central, Hong Kong 香港中環皇后大道中1號16樓	2822 3808	1	
HSBC Bank USA, National Association 美國匯豐銀行	Room 226, 2nd Floor, North Office Block, Super Terminal 1, Hong Kong International Airport, Hong Kong 香港香港國際機場超級一號貨站北翼2樓226室	2524 5869	2	
HSBC Private Bank (Suisse) SA 匯豐私人銀行(瑞士)有限公司	Level 13 & 14, HSBC Main Building, 1 Queen's Road Central, Hong Kong 香港中環皇后大道中1號	2899 8777	1	www.hsbcprivatebank.com
HSH Nordbank AG 德國北方銀行有限公司	26/F, Cheung Kong Center, 2 Queen's Road Central, H.K. 香港皇后大道中2號長江集團中心26樓	2843 2688	1	
Hua Nan Commercial Bank,Ltd. 華南商業銀行股份有限公司	Suite 5601-03,56/F.,Central Plaza,18 Harbour Road,Wanchai,Hong Kong. 香港中環廣場56字樓5601-03室	2824 0288	1	www.hncb.com.hk
Indian Overseas Bank 印度海外銀行	3/F.,Ruttonjee House,11 Duddell Street, Central,Hong Kong. 中環都爹利街11號3字樓	2522 7157	2	

名　稱	地　址	電話	間數	網址
Industrial And Commercial Bank Of China(The) 中國工商銀行	33/F., 9 Queen's Road Central,Hong Kong. 香港皇后大道中9號33字樓	2588 1188	2	
Industrial and Commercial Bank of China (Asia) Limited 中國工商銀行（亞洲）有限公司	ICBC Tower, 122-126 Queen's Road Cental, Central, Hong Kong 香港中環皇后大道中122-126號工銀大廈	2534 3333	23	www.icbcasia.com
Ing Bank N.V.	39/F., One International Finance Centre, 1 Harbour View Street, Central, Hong Kong 香港中環港景街1號國際金融大廈第1座39字樓	2846 3888	1	www.ing.com
International Bank Of Asia Ltd. 港基國際銀行有限公司	International Bank Of Asia Building,34-38 Des Voeux Road Central,Hong Kong. 香港德輔道中34-38號	2842 6222	27	www.iba.com.hk
International Bank of Taipei 台北國際商業銀行股份有限公司	Units 7-10, 38/F., Cosco Tower, 183 Queen's Road Central, H.K. 香港中環皇后大道中183號中遠大廈38樓7-10室	2541 9992	1	
International Commercial Bank of China Co., Ltd. (The) 中國國際商業銀行股份有限公司	Suite 2201, 22/F, Prudential Tower, The Gateway, Harbour City, 21 Canton Road, Tsim Sha Tsui, Kln. 九龍尖沙咀廣東道21號港威大廈第3座（英國保誠保險大樓）22樓2201室	2525 9687	1	
Iyo Bank,Ltd.(The)	Suite 801, The Hong Kong Club Building, 3A Chater Road, Central, Hong Kong 香港中環遮打道3A號香港會所大廈801室	2869 0466	1	
Jian Sing Bank Limited 建新銀行有限公司	41/F., Tower 1, Lippo Centre, 89 Queensway, Hong Kong 香港金鐘道89號力寶中心第1座41樓	2541 0088	4	www.jsb.com.hk
Jpmorgan Chase Bank	20-29th Floors, Chater House, 8 Connaught Road Central, H.K. 香港干諾道中8號遮打大廈20-29樓	2800 1000	1	www.jpmorgan.com
Kbc Bank N.V. 比利時聯合銀行	39/F.,Central Plaza,18 Harbour Road, Hong Kong. 香港中環廣場60字樓	2879 3388	1	www.kbc.com.hk
Korea Exchange Bank 韓國外換銀行	32/F.,Far East Finance Centre,16 Harcourt Road,Central,Hong Kong 香港遠東金融中心32字樓	2520 1221	2	www.keb.co.kr www.ikeb.com
Liu Chong Hing Bank Limited 廖創興銀行有限公司	Ground Floor, New World Tower, 16-18 Queen's Road Central, Hong Kong 香港中環皇后大道中16-18號新世界大廈地下	2841 7417	36	www.lchbank.com
Malayan Banking Berhad 馬來亞銀行	18-19/F.,Entertainment Bldg.,30 Queen's Road Central,Central District,Hong Kong. 香港皇后大道中30號18-19字樓	2522 7141	1	
Mevas Bank Limited 豐明銀行有限公司	32/F., Dah Sing Financial Centre, 108 Gloucester Road, Wanchai, Hong Kong. 香港告士打道108號32字樓	3101 3286	7	www.mevas.com
Mitsubishi Trust And Banking Corp.(The) 三菱信托銀行	38/F.,Gloucester Tower,The Landmark, 11 Pedder Street,Central,Hong Kong. 香港告羅士打大廈38字樓	2844 8000	1	

名　　稱	地　　址	電話	間數	網址
Mizuho Corpoarte Bank, Ltd.	17th Floor, Two Pacific Place, 88 Queensway, Admiralty, Hong Kong 香港金鐘道88號太古廣場第2期17樓	2103 3000	1	
Nanyang Commercial Bank Limited 南洋商業有限公司	Nanyang Commercial Bank Building,151 Des Voeux Road Central,Hong Kong. 香港德輔道中151號南洋商業銀行大廈	2542 1111	42	www.ncb.com.hk
Natexis Banques Populaires 法國外貿銀行	12/F.,Citic Tower,1 Tim Mei Avenue, Central,Hong Kong. 香港添美道1號中信大廈12字樓	2828 0999	1	www.nxbp.fr
National Australia Bank,Limited 澳洲銀行	Level 27,One Pacific Place,88 Queensway, Hong Kong. 香港金鐘道88號太古廣場第1期27字樓	2826 8111	1	www.nabasia.com/hk/
National Bank Of Pakistan 巴基斯坦銀行	Unit No.1801-1805, 18/F., Ing Tower, 308-320 Des Voeux Road Central, Hong Kong 香港德輔道中308-320號1801-05室	2521 7321	2	
Oversea-Chinese Banking Corporation Ltd. 華僑銀行有限公司	9/F.,Nine Queen's Road Central,Hong Kong. 香港皇后大道中9號9字樓	2868 2086	3	
Philippine National Bank	26th Floor, Worldwide House, 19 Des Voeux Road, Central, H.K. 香港中環德輔道19號環球大廈26樓	2543 1066	1	
PT.Bank Negara Indonesia (Persero) Tbk.	G/F.,Far East Finance Centre,16 Harcourt Road,Central,Hong Kong. 香港遠東金融中心地下	2529 9871	1	
Public Bank Berhad	Ground Floor and Room 1101-1103, Wing On House, 71 Des Voeux Road Central, Central, H.K. 香港中環德輔道中71號永安中心1101-1103室及地下	2525 9351	1	
Royal Bank of Canada	17th Floor, Cheung Kong Center, 2 Queen's Road, Central, H.K. 香港中環皇后大道中2號長江中心17樓	2848 1388	1	
Royal Bank of Scotland Public Limited Company 蘇格蘭皇家銀行有限公司	46/F, Natwest Tower, Time Square, Causeway Bay, Hong Kong 香港銅鑼灣時代廣場國民西敏大廈46樓	2966 2800	1	
Sanpaolo Imi S.P.A.	13/F, Two Exchange Square, 8 Connaught Place, Central, Hong Kong. 香港康樂廣場8號交易廣場第2座13樓	2847 9800	1	www.sanpaoloimi.com
Shanghai Commercial Bank Ltd. 上海商業銀行	12 Queen's Road Central,Hong Kong. 香港皇后大道中12號	2841 5415	42	www.shacombank.com.hk
Shiga Bank Limited(The)	Suite 4005-4007,40/F.,Two Exchange Square,8 connaught Place,Central,Hong Kong. 香港交易廣場第2座4005-7室	2845 6548	1	
Shinkin Central Bank	Suites 3010-3012, One Pacific Place, 88 Queensway, Hong Kong 香港金鐘道88號太古廣場第1期3010-3012室	2537 3777	1	

名　稱	地　址	電話	間數	網址
Shizuoka Bank,Ltd.(The) 靜崗銀行	Suite 1010, 10/F, Chater House, 8 Connaught Road, Central, Hong Kong 香港中環干諾道中8號遮打大廈10樓1010室	2521 6547	1	
Societe Generale 法國興業銀行	44/F.,Edinburgh Tower,15Queen's Road Central,Hong Kong. 香港皇后大道中15號44字樓	2166 5388	1	www.sgcib.com www.sgprivasia.com
Standard Bank Asia Limited	36th Floor, Two Pacific Place, 88 Queensway, Hong Kong. 香港金鐘道88號太古廣場第2期36室	2822 7888	1	www.standardbank.com
Standard Chartered Bank 渣打銀行	4-4A Des Voeux Road Central,Hong Kong. 香港中環德輔道中4號至4A號	2820 3333	1	
Standard Chartered Bank (Hong Kong) Limited 渣打銀行(香港) 有限公司	4-4A Des Voeux Road Central,Hong Kong. 香港德輔道中4-4A	2820 3333	73	
State Bank Of India 印度國家銀行	8/F.,Wheelock House,20,Pedder Street, Central,Hong Kong. 香港畢打街20號8字樓	2523 3166	1	
State Street Bank And Trust Company 美國道富銀行	32/F.,Two Exchange Square,8 Connaught Place,Central,Hong Kong. 香港交易廣場第2座32字樓	2840 5388	1	
Sumitomo Mitshi Banking Corporation	8/F., One International Finance Centre, 1 Harbour View Street, Central, Hong Kong 香港中環港景街1號國際金融中第1期8字樓	2206 2000	1	www.smbc.co.jp
Svenska Handelsbanken AB (Publ) 瑞典商業銀行	2008,Hutchison House,10 Harcourt Road, Hong Kong. 香港和記大廈2008室	2868 2131	1	www.handelsbanken.com
Tai Sang Bank Ltd. 大生銀行有限公司	130-132 Des Voeux Road Central,Hong Kong. 香港德輔道中130-132室	2544 5011	2	taisangbank.com.hk
Tai Yau Bank Ltd. 大有銀行有限公司	16/F.,Tak Shing House,20 Des Voeux Road Central,Hong Kong. 香港德輔道中20號16字樓	2522 9002	1	
Taipei Bank Co., Ltd. 台北銀行股份有限公司	34/F, No.9 Queen's Road Central, Hong Kong 香港中環皇后大道中9號34樓	2822 7700	1	
Taishin International Bank Co., Ltd. 台新國際商業銀行股份有限公司	15th Floor, Tower II, Admiralty Centre, 18 Harcourt Road, H.K. 香港夏慤道18號海富中心第2座15樓	2234 9009	1	
Taiwan Business Bank 台灣中小企業銀行	16/F, One Exchange Square, 8 Connaught Place, Central, Hong Kong 香港中環康樂廣場8號交易廣場第1座16樓	2971 0111	1	www.tbb.com.tw
Toronto-Dominion Bank 多倫多道明銀行	Suites 3415,Two Pacific Place,88 Queensway,Hong Kong. 香港太古廣場第2座3415室	2846 4111	1	

名　稱	地　址	電話	間數	網址
Ubs AG 瑞士銀行	45-52/F, Two International Finance Centre, 8 Fiance Street, Central, Hong Kong 香港中環金融街8號國際金融中心二期46-52樓	2971 8888	1	www.ubs.com/asia
Uco Bank 合眾銀行	4102-06,41/F.,Cosco Tower,183 Queen's Road Central,Hong Kong. 香港皇后大道中183號4102-6室	2524 9240	2	
UFJ Bank Limited	Fairmont House, 8 Cotton Tree Drive, Central, Hong Kong 香港中環紅棉路8號東昌大廈	2843 3888	1	
Unicredito Italiano Societa Per Azioni	36/F.,Bank Of China Tower,1 Garden Road,Central,Hong Kong. 香港花園道1號中銀大廈36字樓	2820 7688	1	
United Commercial Bank 聯合銀行	2903, Gloucester Tower, The Landmark, 11 Pedder Street, Central, H.K. 香港中環畢打街11號告羅士打大廈2903室	2218 9000	1	www.ibankunited.com
United Overseas Bank Ltd. 大華銀行	25th Floor, Gloucester Tower, The Landmark, 11 Pedder Street, Central, Hong Kong 香港中環畢打街11號告羅士打大廈25樓	2842 5666	6	www.uobgroup.com/hk
Wells Fargo Bank, National Association	27th Floor, Edinburgh Tower, The Landmark, 15 Queen's Road, Central, Hong Kong. 香港中環皇后大道中15號公爵大廈27樓	2315 9500	1	www.wellsfargo.com
Westlb AG	36/F.,Bank Of America Tower,12 Harcourt Road,Central,Hong Kong 香港美國銀行中心36字樓	2842 0288	1	
Westpac Banking Corporation 西太平洋銀行	Room 3303-5 Two Exchange Square, Central,Hong Kong. 香港交易廣場第2座3303-5室	2842 9888	1	
Wing Hang Bank Ltd. 永亨銀行	161 Queen's Road Central, Hong Kong 香港皇后大道中161號	2852 5111	40	www.whbhk.com
Wing Lung Bank Limited 永隆銀行	43-49 Des Voeux Road Central,Hong Kong. 香港德輔道中43-49號	2826 8333	34	www.winglungbank.com
Woori Bank	Suite 1401, Two Pacific Place, 88 Queensway, H.K. 香港金鐘道88號太古廣場第2期1401室	2521 8016	1	

外地銀行駐港代辦處一覽表

(截至2005年3月31日)

名　稱	地　址	電　話
Aig Private Bank Ltd.	16/F., AIA Building, 1 Strbbs Road, Hong Kong. 香港司徒拔道1號友邦大廈16字樓	2832 1390
Antwerpse Diamantabank N.V.	3509A, Edinburgh Tower, The Landmark, 15 Queen's Road Central, Hong Kong 香港皇后大道中15號公爵大廈3509A室	2899 2687
Arab Bank PLC	Suite 2711, Citibank Tower, 3 Garden Road, Central, Hong Kong 香港花園道3號萬國寶通大廈2711室	2878 7800
Banca Antoniana-Popilare Veneta S.C.A R.L.	1609, 16th Floor, Tower II, Lippo Centre, 89 Queensway, Admiralty, H.K. 香港金鐘金鐘道89號力寶中心第2座16樓1609室	2522 0051
Banca Del Gottardo 瑞士高達銀行	Suite 4011-12, Jardine House, One Connaught Place, Central, Hong Kong 香港中環康樂廣場1號怡和大廈40樓4011-12室	2248 6800
Banca Popolare Di Ancona Societa' Per Azioni	Suite 1108A,Asi Pacific Finance Tower,3 Garden Road,Hong Kong 香港花園道3號亞太金融中心1108A室	2878 7393
Banca Popolare Di Bergamo-Credito Varesino Soc.Coop.ar.l.	Suite 1108A,Asia Pacific Finance Tower,3 Garden Road,Hong Kong 香港花園道3號亞太金融中心1108A室	2878 7393
Banca Popolare Di Novara-Societa Per Azioni	1808 Hutchison House, 10 Harcourt Road, Central, H.K. 香港中環夏慤道10號和記大廈1808室	2522 7608
Banca Popolare Di Sondrio Soc. Coop. AR. L.	1609, 16th floor, Tower II, Lippo Centre, 89 Queensway, Admirality, Hong Kong. 香港金鐘力寶中心第2座1609室	2522 0051
Banca Popolare Di Vicenza Soc. Coop. AR. L. 維琴察人民銀行	Room 1306, 13/F., Nine Queen's Road, Centreal, Hong Kong 香港皇后大道中9號1306室	2147 2955
Banco Do Brasil S.A.	Unit 3601, 36/F., Tower 2, Lippo Centre, 89 Queensway, Admiralty, Hong Kong. 香港金鐘道89號力寶中心第2座3601室	2521 6411
Banco Popolare Di Verona E Novara S.C.R.L.	Room 1808, Hutchison House, 10 Harcourt Road, Central, Hong Kong. 香港中環夏慤道10號和記大廈1808室	2522 7608
Banco Popular Español, S.A.	13/F.,Citic Tower,1 Tim Mei Avenue,Central,Hong Kong. 香港中環添美道1號13字樓	2533 4120
Banco Santander Central Hispano, S.A. 西班牙國際銀行	Room 1501, One Exchange Square, 8 Connaught Place, Central, Hong Kong. 香港中環交易廣場第1座1501室	2101 2101
Bank Für Arbeit Und Wirtschaft Aktiengesellschaft	19/F., Standard Chartered Bank Building, 4A Des Voeux Road Central, Hong Kong 香港德輔道中4A渣打銀行19字樓	2978 8300
Bank Leumi le-israel B.M.	617,Central Building,Pedder Street,Hong Kong. 香港畢打街中建大廈617室	2524 0320

名　稱	地　址	電　話
Bank of Fukuoka, Ltd. (THE) 福岡銀行	Room 3101, Alexandra House, 16-20 Chater Road, Central, Hong Kong. 香港遮打道14-20號歷山大廈3101室	2524 2169
Bank of Kyoto,Ltd.(The)	Suite 3006, Two Exchange Square, 8 Connaught Place, Central, Hong Kong 香港交易廣場第2座3006室	2525 0727
Bank of New York-Inter Maritime Bank, Geneva	Rm 1701,One Exchange Square,Central,Hong Kong. 香港交易廣場第1座1701室	2840 0878
Bank of Yokohama Ltd.(The) 橫濱銀行	Suites 2113-15,Jardine House,1 Connaught Place,Central,H.K. 香港怡和大廈2113-15室	2523 6041
Banque Cantonale Vaudoise	Suite 6303, Central Plaza, 18 Harbour Road, Wanchai, Hong Kong. 香港灣仔港灣道18號中環廣場6303室	2519 8836
Banque Privee Edmond De Rothschild S.A.	Suite 1505,One Exchange Square,8 Connaught Place,Central, Hong Kong. 香港交易廣場1座1505室	2869 1711
Bsi Ltd	3502,Two Exchange Square,8 Connaught Place,Central,H.K. 香港交易廣場第2座3502室	2846 6600
Cariprato-Cassa Di Risparmio Di Prato S.P.A.	Room 1306, 13/F., Nine Queen's Road Central, H.K. 香港中環康樂廣場8號交易廣場第2座3502室	2147 2955
Cathay Bank	Rm 902-3, 9/F., Printing House, 6 Duddell Street, Central, Hong Kong 香港中環都爹利街6號902-3室	2522 0071
China Development Bank 國家開發銀行	Suites 3307-3308, 33/F., One International Finance Centre, 1 Harbour View Street, Central, Hong Kong. 香港中環港景街1號國際金融中心第1期3307-08室	2801 6218
China Everbright Bank Co., Ltd. 中國光大銀行股份有限公司	Room E, 40/F., Far East Finance Centre, 16 Harcourt Road, Hong Kong. 香港夏慤道18號遠東金融中心40字樓E室	2528 9918
CITIC Group 中國中信集團公司	32/F.,Citic Tower,1 Tim Mei Avenue,Central,Hong Kong. 香港添美道1號中信大廈32字樓	2820 2111
China Minsheng Banking Corporation Limited 中國民生銀行股份有限公司	Room 3207-08, Bank of America Tower, 12 Harcourt Road, Central, H.K. 香港中環夏慤道12號美國銀行大廈3307-08室	2899 2525
Chinese Bank (THE) 中華商業銀行	1607, 16/F., Tower Two, Lippo Centre, 89 Queensway, Admiralty, Hong Kong 香港金鐘道89號力寶中心第2座1607室	2810 0358
Clariden Bank	Room 2309, 23rd Floor, Alexandra House, 16-20 Chater Road, Central, Hong Kong 香港中環遮打道16-20號歷山大廈2309字樓	2913 7678
Clearstream Banking	Suits 2606-2607, Two Exchange Square, 8 Connaught Place, Central, Hong Kong 香港中環康樂廣場8號交易廣場第2座2606-2607室	2523 0728
Credit Industriel Et Commercial	2904A, 29/F, One Exhange Square, 8 Connaught Place, Central, Hong Kong 香港中環交易廣場第1座29樓2904A室	2521 6151
Credito Bergamasco S.P.A.	Room 1808, Hutchison House, 10 Harcourt Road, Central, Hong Kong 香港夏慤道10號和記大廈1808室	2522 7608
D.A.H. Hambros Bank (Channelislands) Limited	31th Floor,Dah Sing Financial Centre,108 Gloucester Road, Hong Kong. 香港大新金融中心31字樓	2507 8866

名　稱	地　址	電　話
Depfa Investment Bank Limited	1005 Asia Pacific Finance Tower, 3 Garden Road, Central, Hong Kong 香港中環花園道3號亞太金融大廈1005室	2509 9100
DVB Bank N.V.	Unit B, 14/F, Entainment Building, 30 Queens's Road Central, Hong Kong 香港中環皇后大道中30號娛樂行14樓B室	2121 8436
EFG Private Bank Limited	28/F Tesburt Centre, 28 Queen's Road East, Wanchai, Hong Kong 香港灣仔皇后大道中28號中鐘匯中心28樓	3571 9025
Euroclear Bank	Suites 2301-2304, 23/F, Citic Tower, 1 Tim Mei Avenue, Central, Hong Kong 香港添美道1號中信大廈2301-04室	3141 5555
Far Eastern International Bank 遠東國際商業銀行股份有限公司	Unit A, 11/F., Lippo Leighton Tower, Lippo Leighton Road, Causeway Bay, Hong Kong 香港金鐘力寶中心A座11字樓	2839 3700
Fiduciary Trust Company International	17th Floor, Chater House, 8 Connaught Road Central, Hong Kong 香港干諾道中8號遮打大廈17樓	2877 1931
Fuhwa Commercial Bank Co., Ltd. 復華商業銀行股份有限公司	Unit 3508, 35/F, Tower One, Lippo Centre, 89 Queensway, Admiralty, Hong Kong 香港金鐘金鐘道89號力寶中心第1座35樓3508室	2810 9313
Guangdong Development Bank Co., Ltd. 廣東發展銀行股份有限公司	Room 3202,Nine Queen's Road Central,Hong Kong. 香港皇后大道9號3202室	2851 6369
Habib Bank A.G. Zurich	Room 1701-1705, Wing On House, 71 Des Voeux Road Central, Hong Kong 香港中環德輔道中71號永安大廈1701-1705室	2521 4631
HSBC Bank Australia Limited	Level 8, 1Queen's Road Central,Hong Kong. 香港皇后大道中1號8字樓	2822 3398
HSBC Bank Canada	Level 8, Hongkongbank Headquarter Building, 1 Queen's Road Central,Hong Kong. 香港皇后大道中1號匯豐銀行8字樓	2822 3953
HSBC Guyerzeller Bank AG	Suite 2306, 23/F., 9 Queen's Road Central,Hong Kong. 香港皇后大道中9號2306室	2523 1898
HSBC Trinkaus & Burkhardt (International) S.A.	Office 1402, 14/F., Henley Building, 5 Queen's Road Central, Hong Kong. 香港皇后大中5號恒利中心1402室	2240 2686
Investec Bank Limited	Room 2108, Jardine House,Central,Hong Kong 香港怡和大廈2108室	2525 8200
Japan Bank for International Cooperation	Suite 3706, One Pacific Place, 88 Queensway, Hong Kong 香港金鐘道88號太古廣場第1期3706室	2869 8505
Juroku Bank, Ltd. (The)	Suite 2701, 27/F, One International Finance Centre, 1 Harbour View Road, Central, Hong Kong 香港中環港景街1號國際金融中心一期27樓2701室	2526 5716
Kagoshima Bank Ltd.(The)	3209,Jardine House,1 Connaught Place,Central,Hong Kong. 香港怡和大廈3209室	2521 5419
Korea Development Bank(The)	Suites 2005-2008, 20th Floor, Two International Finance Centre, 8 Finance Street, Central, H.K. 香港中環金融街8號國際金融中心二期20樓2005-2008室	2524 7011
Kredietbank S.A. Luxembourgeoise	39/F.,Central Plaza,18 Harbour Road,Hong Kong. 香港中環廣場39字樓	2879 3388
Land Bank Of Taiwan 台灣土地銀行	Unit 803,8/F.,9 Queen's Road Central,Hong Kong 香港皇后大道中9號803室	2581 0788

名　稱	地　址	電　話
Lgt Bank In Liechtenstein AG	Suite 4203, Two Exchange Square, 8 Connaught Place, Central, Hong Kong 香港中環康樂廣場 8 號交易廣場 2 座 4203 室	2523 6180
Lloyds Tsb Offshore Limited	Suites 3901-04, Two Exchange Square, Central, H.K. 香港中環交易廣場第 2 座 3901-04 室	2810 0356
Merrill Lynch Bank(Suisse)S.A	16/F.,ST.George's Building,2 Ice House Street,Central,Hong Kong. 香港雪廠街 2 號 16 字樓	2844 5678
Merrill Lynch International Bank Limited 美林國際銀行	16/F.,ST.George's Building,2 Ice House Street,Central,Hong Kong. 香港雪廠街 2 號 16 字樓	2844 5839
Metropolitan Bank And Trust Company	Unit D,15/F.,United Centre,95 Queensway,Hong Kong. 香港金鐘統一中心 15 字樓	2527 5019
Nanto Bank,Ltd.(The)	Suite 3008, 30/F., Two Exchange Square 8 Connaught Place, Central, Hong Kong. 香港交易廣場第 2 座 3008 室	2868 9932
National Bank Of Canada	3903, Jardine House, 1 Connaught Place, Central, Hong Kong 香港中環康樂廣場 1 號怡和大廈 3903 室	2801 7555
Nishi-Nippon Bank, Ltd. (The) 西日本銀行	Suite 1006, One Pacific Place, 88 Queensway, Hong Kong 香港金鐘道 88 號太古廣場第 1 期 1006 室	2526 2259
Norinchukin Bank(The)	34/F.,Edinburgh Tower,The Landmark,15 Queen's Road,C., Central,Hong Kong. 香港公爵大廈 34 字樓	2868 2839
Oita Bank,Limited(The)	Suite 2101,Alexandra House,16-20 Chater Road,Central,Hong Kong. 香港歷山大廈 2101 室	2522 8862
Ogaki Kyoritsu Bank, Ltd. (The)	Suite 1005, One Pacific Place, 88 Queensway, Hong Kong 香港金鐘道 88 號太古廣場第 1 期 1005 室	2523 2058
P.T. Bank Central Asia	24/F.,World-Wide House,19 Des Voeux Road Central,Hong Kong. 香港中環環球大廈 24 字樓	2847 4388
P.T. Bank Rakyat Indonesia (Persero)	Room 1701, 17/F, Far East Finance Centre, 16 Harcourt Road, Admiralty, H.K. 香港金鐘夏慤道 16 號遠東金融中心 17 樓 1701 室	2527 1318
Raiffeisen Zentral Bank Osterreich AG	Unit 1401B,14/F.,Tower II,Admiralty Centre,18 Harcourt Road,Hong Kong. 香港海富中心第 2 座 1401B 室	2730 2112
Resona Bank, Limited	Room 1102, 11th Floor, Far East Finance Centre, 16 Harcourt Road, H.K. 香港金鐘夏慤道 16 號遠東金融中心 11 樓 1102 室	2532 0500
Rothschild Bank AG	16/F.,Alexandra House,16-20 Chater Road,Central,Hong Kong. 香港歷山大廈 16 字樓	2525 5333
Schroder & Co Bank AG	19/F., Two Exchange Square, 8 Connaught Place, Central, Hong Kong 香港中環交易廣場第 2 座 19 樓	2521 1633
Shanghai Pudong Development Bank Co., Ltd 上海浦東發展銀行股份有限公司	Unit 5502, 55/F., Central Plaza, 18 Harbour Road, Wanchai, Hong Kong 香港灣仔中環廣場 55 樓 5502 室	2511 9298
Shenzhen Development Bank Limited 深圳發展銀行股份有限公司	Room 3505,Floor 35,Bank Of America Tower,12 Harcourt Road,Central,Hong Kong. 香港美國銀行中心 3505 室	2537 8668

名　稱	地　址	電 話
Shoko Chukin Bank(The)	Suite 4004,Two Exchange Square,8 Connaught Road,Central, Hong Kong. 香港交易廣場第2座4004室	2524 5111
Standard Bank Of South Africa Ltd.(The)	36/F.,Two Pacific Place, 88 Queensay, Hong Kong. 香港金鐘太古廣場第2座36樓	2822 7888
Standard Chartered Bank(C.I.) Ltd.	Room 1401, Henley Building, 5 Queen's Road Central, Hong Kong 香港皇后大道中5號1401室	2820 3585
Taiwan Cooperative Bank	Room 1709, 17/F, Harbour Centre, 25 Harbour Road, Wanchai, Hong Kong 香港灣仔港灣道25號海港中心17樓1709室	2598 1128
UFJ Bank (Schweiz) AG	6/F., The Hong Kong Club Building, 3A Chater Road, Central Hong Kong 香港遮打道3A香港會所大廈6字樓	2971 2100
Union Bank Of Taiwan 聯邦商業銀行	D, 8/F., Entertainment Bild., 30 Queen's Road Central, Hong Kong 香港皇后大道中30號娛樂行8字樓	2521 1678
Veneto Banca S.C.A.R.L	Room 1609, 16/F., Tower Two, Lippo Centre, Admiralty, Hong Kong 香港金鐘力寶中心1609室	2522 0051
Yamaguchi Bank, Ltd. (The)	Room 403-4, 4/F, Far East Finance Centre, 16 Harcourt Road, Central, Hong Kong 香港中環夏慤道16號遠東金融中心4樓403-4室	2521 7194
Yamanashi Chuo Bank,Ltd.	2020,Hutchison House,10 Harcourt Road,Hong Kong. 香港和記大廈2020室	2801 7010

有限制牌照銀行一覽表

(截至2005年3月31日)

名　稱	地　址	電話	間數	網址
Absa Asia Limited 南非聯合亞洲有限公司	13th Floor,Dah Sing Financial Centre,108 Gloucester Road,Wanchai,Hong Kong. 香港告士打道108號大新金融中心13字樓	2531 9388	1	www.absaasia.com
Aig Fiance (Hong Kong) Limited 美國國際信貸(香港)有限公司	23/F., Dorest House, 979 King's Road, Quarry Bay, Hong Kong. 香港英皇道979號23字樓多盛大廈23字樓	2597 3000	1	www.aigfinance.com www.aigfinance.com.hk www.aigcard.com
Allied Capital Resources Limited 新聯銀行（香港）有限公司	1402 World-wide House, 19 Des Voeux Road Central, Hong Kong 香港德輔道中19號1402室	2846 2288	2	
Banc of America Securities Asia Limited 美國銀行証券亞洲有限公司	42/F, Two International Finance Centre, 8 Finance Street, Central, Hong Kong. 香港中環金融街8號國際金融中心二期42樓	2847 6666	1	
Bank Of Ayudhya Public Company Limited 大城銀行	RM.1708-9,17/F.,Jardine House,1 Connaught Place,Central,Hong Kong. 香港怡和大廈1708-9室	2525 7398	1	
Bank Of Baroda (Hong Kong) Limited	3/F, Dina House, Ruttonjee Centre, 11 Duddell Street, Central, Hong Kong 香港中環都爹利街11號帝納大廈3樓	2521 5166	1	
Boci Capital Limited 中銀國際融資有限公司	26/F.,Bank Of China Tower,1 Garden Road,Central,Hong Kong. 香港花園道1號中銀大廈26樓	2230 8888	1	
Bumiputra-commerce Bank Berhad	Suite 3607-3608, Two Exchange Square, 8 Connaught Place, Central District, Hong Kong. 香港中環交易廣場第2期3607-08室	2525 2829	1	
Canadian Eastern Finance Limited 加拿大怡東財務有限公司	Suite 2002,20/[F.,Cheung Kong Center, 2 Queen's Road Central,Central,Hong Kong. 香港皇后大道中2號2002室	2846 3788	1	
Citicorp Commercialfinance(H.K.) Limited 花旗工商財務(香港)有限公司	18/F, Three Exchange Square, 8 Connaught Road, Central, Hong Kong. 香港中環康樂廣場8號交易廣場第3座18樓	2957 7979	1	
Citicorp International Limited 花旗國際有限公司	47th-48th Floors,Citibank tower,Citibank Plaza,3 Garden Road,Hong Kong 香港萬國寶通銀行大廈47-48字樓	2868 6666	1	
Dexia Banque Internationale A Luxembourg	51/F., Central Plaza, 18 Harbour Road, Wanchai, H.K. 香港灣仔港灣道18號中環廣場51樓	2978 5656	1	www.dexia-bil.lu

名　稱	地　址	電話	間數	網址
GE Capital Finance Limited 美國通用金融(香港)有限公司	8th Floor,Devon House,979 King's Road, Quarry Bay,Hong Kong. 香港英皇道979號8字樓	2961 1888	5	www.gecapital.com.hk
Hang Seng Finance Limited 恒生財務有限公司	4th Floor,Hang Seng Building,77 Des Voeux Road,Central,Hong Kong. 香港德輔道77號4字樓	2825 5111	1	www.hangseng.com www.hsi.com.hk
Indover Bank (Asia) Limited	Suites 910-914, 9/F, Two International Finance Centre, 8 Finance Street, Central, Hong Kong. 香港中環金融街8號國際金融中心2期9樓910-914室	2528 5300	1	www.indoverbank.com
Industrial And Commercial International Capital Ltd. 工商國際金融有限公司	18/F.,Fairmont House,8 Cotton Tree Drive,Central,Hong Kong. 香港中環東昌大廈18字樓	2521 5661	1	
Industrial Bank Of Korea	Suite 3113, 31/F, Two Pacific Place, 88 Queensway, Hong Kong. 香港金鐘道88號太古廣場第2期31樓3113室	2521 1398	1	
J.P. Morgan Securities (Asia Pacific) Limited 摩根金通證券(亞太)有限公司	22nd Floor, Chater House, 8 Connaught Road Central, Hong Kong 香港中環干諾道中8號遮打大廈22樓	2800 1000	1	www.jpmorgan.com
Kasikornbank Public Company Limited	Suite 2001, 20th Floor, Two International Finance Centre, No. 8 Finance Street, Central, H.K. 香港中環金融街8號國際金融中心二期20樓2001室	2526 6811	1	
Kookmin Finance Hong Kong Limited 國民銀行香港有限公司	Room 1901, 19/F., Gloucester Tower, 11 Pedder Street, Central, Hong Kong 香港畢打街11號告羅士打大廈1901室	2509 3338	1	
Kdb Asia Limited 產銀亞洲金融有限公司	Suite 2005-8, Two Exchange Square,8 Connaught Place,Central,Hong Kong. 香港交易廣場第2座2005-8室	2524 7011	1	
Lloyds Bank Plc 萊斯銀行有限公司	Suites 3901-04, Two Exchange Square, Central, Hong Kong 香港中環交易廣場第2座39樓01-04室	2847 3000	1	www.lloydstsb-hongkong.com
Mashreq Bank-Public Shareholding Company	Suite 1218, 12/F, Two Pacific Place, 88 Queensway, Hong Kong. 香港金鐘道88號太古廣場第2期12樓1218室	2521 2938	1	www.mashreqbank.com
Mitsubishi Securities (HK), Limited 三菱證券（香港）有限公司	16/F., Tower 1 Admiralty Centre, 18 Harcourt Road, H.K. 香港中環夏慤道16號海富中心第1座16樓	2520 2460	1	
Mizuho Corporate Asia (HK) Limited 瑞穗實業亞洲(香港)有限公司	17th Floor, Two Pacific Place, 88 Queensway, Hong Kong 香港金鐘道88號太古廣場第2座17樓	2103 3040	1	
N.M. Rothschild & Sons (Hong Kong) Limited 洛希爾父子（香港）有限公司	16th Floor,Alexandra House,16-20 Chater Road,Central,Hong Kong. 香港歷山大廈16字樓	2525 5333	1	www.rothschild.com www.nmrothschild.com

名　　稱	地　　址	電話	間數	網址
Nedbank Limited 萊利銀行有限公司	1808-1811, 18th Floor, Great Eagle Centre, 23 Harbour Road, Hong Kong 香港灣仔港灣道23號鷹君中心18樓1808-1811室	2829 9111	1	www.nedcor.com.hk
Orix Asia Limited 歐力士（亞洲）有限公司	30/F.,United Centre,95 Queensway,Hong Kong. 香港統一中心30字樓	2862 9268	1	www.orix.com.hk www.orix.hk
Pacific Finance (Hong Kong) Limited 怡泰富財務（香港）有限公司	16/F., Windsor House, 311 Gloucester Road, Causeway Bay, Hong Kong. 香港銅鑼灣威信大廈16字樓	2881 6189	1	
PT. Bank Mandiri (Persero) 新韓金融有限公司	7/F., Far East Finance Centre, 16 Harcourt Road, Hong Kong 香港夏慤道16號遠東金融中心7字樓	2877 3632	1	
Scotia Bank (Hong Kong) Limited	25th Floor, United Centre, 95 Queensway, Hong Kong 香港金鐘道95號統一中心25樓	2529 5511	1	
Shinhan Finance Limited	Room 3401,Gloucester Tower,The Landmark,11 Pedder Street,Central,Hong Kong. 香港畢打街11號告羅士打大廈3401室	2877 3121	1	
Siam Commercial Bank Public Company Ltd.(The) 匯商銀行	Suite 1609, Jardine House, 1 Connaught Place, Central, Hong Kong 香港中環康樂廣場1號怡和大廈1609室	2524 4085	1	
Societe Generale Asia Limited 法國興業亞洲有限公司	42/F.,Edinburgh Tower,15 Queen's Road Central,Hong Kong. 香港皇后大道中15號公爵大廈42字樓	2583 8600	1	www.sgcib.com
Thai Military Bank Public Company Limited 泰國軍人銀行	Room 1601, 16/F, New World Tower 1, 18 Queen's Road Central, Hong Kong 香港皇后大道中18號新世界大廈1601室	2845 6677	1	
Ubaf (Hong Kong) Limited	18/F.,Far East Finance Centre,16 Harcourt Road,Central,Hong Kong. 香港遠東金融中心18字樓	2520 1361	1	www.ubafhk.com
Union Bank Of California,N.A.	Suites 1507-1510,15/F.,Asia Pacific Finance Tower,Citibank Plaza,3 Garden Road,Central,Hong Kong. 香港花園道3號亞太金融中心1507-10室	2826 0600	1	
Wachovia Bank, National Association	7/F., CITIC Tower, 1 Tim Mei Avenue, Central, Hong Kong 香港中環添美道1號中信大廈7樓	2509 0888	1	www.wachovia.com

註冊接受存款公司一覽表

(截至2005年3月31日)

名稱	地址	電話	間數	網址
Argo Enterprises Co.Ltd.	Room 401,4/F.,Wing On House,71 Des Voeux Road Central,Central,Hong Kong. 香港德輔道中71號永安大廈401室	2521 3369	1	
BCOM Finance (Hong Kong) Limited 交通財務有限公司	1st Floor,Wheelock House,20 Pedder Street,Central,Hong Kong. 香港畢打街20號會德豐大廈1樓	2841 9611	1	
BII Finance Company Limited 印尼國際財務有限公司	Suite 2208,ST.George's building,2 Ice House Street,Central,Hong Kong. 香港雪廠街2號2208室	2810 0318	1	
BPI International Finance Limited	Unit 2308,23rd Floor,Citic Tower,1 Tim Mei Avenue,Central,Hong Kong. 香港添美道1號2308室	2521 1155	1	
C.F. Finance Co. Ltd. 浙一財務有限公司	5/F.,Chekiang First Bank Building,60 Gloucester Road,Hong Kong. 香港浙江第一銀行5樓	2529 9992	1	
Chau's Brothers Finance Co.Ltd 周氏兄弟財務有限公司	6/F., Chau's Commercial Centre, 284 Sha Tsui Road, Tsuen Wan, N.T. 新界荃灣沙咀道284號周氏帝業中心8字樓	2612 4668	1	
Cho Hung Finance Limited 朝興金融有限公司	Suites 3507-3508, 35/F, Two Exchange Square, 8 Connaught Place, Hong Kong 香港中環康樂廣場8號交易廣場第2座35樓3507-3508室	2523 6143	1	
Commonwealth Finance Corporation Limited	11/F.,Wyndham Place,40-44 Wyndham Street,Central,Hong Kong. 香港雲咸道40-44號11字樓	2801 7073	1	
Corporate Finance (D.T.C) Limited 協聯財務有限公司	4/F.,Radio City,505 Hennessy Road, Causeway Bay,Hong Kong. 香港軒尼詩道505號電業城4字樓	2832 0196	1	
Delta Asia Credit Limited 匯業信貸有限公司	36/F., Jardine House, 1 Connaught Place, Central District, Hong Kong 香港怡和大廈36字樓	2533 0800	3	www.exceletrade.com.hk www.delta-asia.com
Edward Wong Crdeit Limited 安泰授信有限公司	2nd Floor,Edward Wong Tower,910 Cheung Sha Wan Road,Shamshuipo, Kowloon. 九龍長沙灣道910號安泰大廈2樓	2370 3111	1	www.edward-wong-group.com
First Metro Int'l Investment Company Limited 首都國際財務投資有限公司	Unit D,15/F.,United Centre,95 Queensway,Hong Kong. 香港統一中心15樓D座	2527 5019	2	
Gunma Finance (Hong Kong) Limited 群馬財務（香港）有限公司	Room 401, Far East Finance Centre, 16 Harcourt Road, Hong Kong 香港夏慤道16號遠東金融中心401室	2523 0236	1	

名　稱	地　址	電話	間數	網址
Habib Finance International Limited	9th Floor,V Huen Building,No.138 Queen's Road Central Central,Hong Kong. 香港皇后大道中138號9字樓	2521 3099	1	
Hachijuni Asia Limited 八十二亞洲有限公司	Suite 301-303,Three Exchange Square,8 Connaught Place,Central,Hong Kong. 香港交易廣場第3座301-3室	2845 4188	1	
HBZ Finance Limited	Room 1701-1705, Wing On House, 71 Des Voeux Road, Central, Hong Kong 香港德輔道中71號永安中心1701-05室	2521 4631	3	www.hbzfinancelimited.com
Henderson International Finance Limited 恆基國際財務有限公司	72-76/F, Two International Finance Centre, 8 Finance Street, Central, Hong Kong 香港中環金融街8號國際金融中心二期72-76樓	2908 8888	1	
HKCB Finance Limited 香港華人財務有限公司	1/F, Kam Sang Building, 255-257 Des Voeux Road Central, H.K. 香港中環德輔道中255-257號錦甡大廈1樓	2844 8833	1	www.hkcbf.com.hk
Hung Kai Finance Co.Ltd. 鴻基財務有限公司	Suite 3703,37th Floor,Sun Hung Kai Centre,30 Harbour Road,Wanchai,Hong Kong. 香港新鴻基中心37樓3703室	2827 8111	1	www.hungkai-fin.com.hk
IBA Credit Limited 港基國際財務有限公司	12th Floor, China Insurance Group Building, 141 Des Voeux Road Central, Hong Kong 香港中環德輔道中141號中保集團大廈12樓	2842 6222	1	
Inchroy Credit Corporation Ltd. 英利信用財務有限公司	Room 3908,Windsor House, 311Gloucester Road,Causeway Bay Hong Kong. 香港告士打道311號3908室	2872 3456	4	www.inchroy.com
Indo Hong Kong International Finance Ltd. 印友香港國際財務有限公司	Room No.904, Aon China Building, 29 Queen's Road, Central, Hong Kong 香港皇后大道中29號怡安華人行904室	2529 1398	1	
JCG Finance Co., Ltd. 日本信用保証財務有限公司	Room 1105-7, Wing On House, 71 Des Vosux Road Central, Hong Kong 香港德輔道中71號永安中心1105-7室	2525 9351	40	www.jcg.com.hk
Kexim Asia Limited	Suites 2511-8, Jardine House, 1 Connaught Place, Central, Hong Kong 香港中環康樂廣場1期怡和大廈2511-8室	2810 0182	1	
Korea First Finance Ltd. 韓國第一金融有限公司	Room 2007, Jardine House, 1 Connaught Place, Central, H.K. 香港中環康樂廣場1號怡和大廈2007室	2526 5025	1	
Liu Chong Hing Finance Ltd. 廖創興財務有限公司	Ground Floor, New World Tower, 16-18 Queen's Road Central, H.K 香港中環皇后大道中16-18號新世界地下	2841 7497	1	
Michinoku Finance (Hong Kong) limited 北日本財務（香港）有限公司	Room 1918,Hutchison House,10 Harcourt Road,Central,Hong Kong. 香港和記大廈1918室	2869 0823	1	
Octopus Cards Limited 八達通卡有限公司	36/F, 148 Electric Road, H.K. 香港北角電氣道148號36樓	2266 2200	1	www.octopuscards.com

名 稱	地 址	電話	間數	網址
Orient First Capital Limited 建銀財務（香港）有限公司	1/F.,Cnac Group Building,No.10 Queen's Road Central,Hong Kong. 香港皇后大道中10號1字樓	2521 1611	1	
Primecredit Limited 安信信貸有限公司	8/F., Euro Trade Centre, 21-23 Des Voeux Road Central, Central, Hong Kong 香港德輔道中21-23號歐陸貿易中心8字樓	2810 0255	19	www.primecredit.com.hk
Shacom Finance Ltd. 上商財務有限公司	Shanghai Commercial Bank Bldg.,12 Queen's Road Central, Central, Hong Kong. 香港皇后大道中12號	2841 5291	2	www.shacombank.com.hk
Sumitomo Trust Finance(H.K.) Limited(The) 住友信托財務(香港)有限公司	Suites 704-706, 7/F., Three Exchange Square, 8 Connaught Place, Hong Kong 香港交易廣場第3座7字樓704-06室	2801 8800	1	
Vietnam FinanceCompany Limited 越南財務有限公司	Room 1601, 16/F., Golden Star Building, 20 Lockhart Road, Hong Kong. 香港駱克道20號金星大廈1601室	2865 3905	1	
Wing Hang Finance Co.Ltd. 永亨財務有限公司	Wing Hang Bank Bldg., 161 Queen's Road Central, Hong Kong. 香港皇后大道161號永亨銀行大廈	2852 5111	2	
Wing Lung Finance Ltd. 永隆財務有限公司	Wing Lung Bank Bldg.,45 Des Voeux Road Central,Hong Kong. 香港德輔道中45號永隆銀行大廈	2826 8333	2	

基金公司一覽表

(截至 2005 年 4 月 15 日)

名　稱	地　址	電　話	網址 / 電子郵件地址
ABN AMRO Asset Management (Asia) Limited 荷銀投資管理(亞洲)有限公司	37/F, Cheung Kong Centre, 2 Queen's Rd., Hong Kong 香港皇后大道中2號長江集團中心37樓	2533 0000	
Access Investment Management (H. K.) Limited 安信投資管理（香港）有限公司	22/F, Standard Chartered Bank Bld., 4 Des Voeux Rd C., Hong Kong 香港德輔道中 4 號渣打銀行大廈 22 樓	2841 7979	www.accessfunds.com
Allianz Dresdner Asset Management Hong Kong Limited 德盛安聯資產管理香港有限公司	21/F, Cheung Kong Center, 2 Quees's Road Central, Hong Kong 香港皇后大道中 2 號長江集團中心 21 樓	2238 8888	www.hk.adamasiapac.com
AXA Rosenberg Investment Management Asia Pacific Limited 安盛羅森堡投資管理亞太有限公司	19/F., Citic Tower, 1 Tim Meiavenue, Central, Hong Kong 香港添美道 1 號中信大廈 19 樓	2285 2000	www.axarosenberg.com
Baring Asset Management 霸菱資產管理（亞洲）有限公司	19/F., Edinburgh Tower, 15 Queen's Rd., Central, Hong Kong 香港皇后大道中 15 號公爵大廈 19 樓	2841 1411	www.baring-asset.com
BNP Paribas Asset Management Asia Limited 法國巴黎資產管理亞洲有限公司	11/F., Central Tower, 28 Queen's Road C., H.K. 香港皇后大道中28號中匯大廈11字樓	2909 8390	www.parvest.com
BOCI-Prudential Asset Management Ltd. 中銀國際英國保誠資產管理有限公司	27/F., Bank of China Bldg., 1 Garden Rd., Hong Kong 香港花園道 1 號中國銀行大廈 27 樓	2280 8888	www.boci-pru.com.hk
Citigroup Asset Management 萬國寶通投資管理(亞洲)有限公司	20/F, Three Exchange Square, Central, Hong Kong 香港中環交易廣場 3 期 20 樓	2868 6289	www.citibank.com
Credit Agricole Asset Management Hong Kong Limited 東方匯理資產管理香港有限公司	26/F., One Exchange Square, Central, Hong Kong 香港中環交易廣場 1 期 26 樓	2521 4231	www.hk.ca-assetmanagement.com
Daiwan SB Investments (HK) Ltd. 大和住銀投信投資顧問(香港)有限公司	26/F, One Pacific Place, 88 Queensway, Hong Kong 香港金鐘道 88 號太古廣場 1 期 26 樓	2523 7032	
Deutsche Asset Management (HK) Ltd. 德意志資產管理(香港)有限公司	55/F., Cheung Kong Centre, 2 Queen's Rd., Hong Kong 香港皇后大道中 2 號長江集團中心 55 樓	2203 8103	
Fidelity Investments Management (HK) Ltd. 富達基金（香港）有限公司	17/F., One International Finance Centre, 1 Harbour View Street, Hong Kong 香港港景街1號國際金融中心1期17樓	2629 2629	www.fidelity.com.hk
First State Investments (Hong Kong) Limited 首域投資（香港）有限公司	6/F., Three Exchange Square, Central, Hong Kong 香港中環交易廣場第 3 期 6 字樓	2846 7555	www.firststateasia.com

名　稱	地　址	電　話	網址 / 電子郵件地址
Franklin Templeton Investments (Asia) Limited 富蘭克林鄧普頓投資(亞洲)有限公司	17/F., Chater House, 8 Connaught Road, Central, Hong Kong 香港中環干諾道中 8 號遮打大廈 17 字樓	2829 0600	www.franklintempleton.com.hk
GAM Hong Kong Ltd. 環球投資(香港)有限公司	1601 Two Exchange Square, Central, Hong Kong 香港中環交易廣場第 2 座 1601 室	2525 0015	www.gam.com
Hang Seng Investment Management Limited 恒生投資管理有限公司	Room 1601-4, 16/F Hang Seng Building, 77 Des Voeux Road Central, Hong Kong 香港德輔道中77號恒生大廈16樓1601-4 室	2822 0228	www.hangsend.com/inv/eng/home/main.html
HSBC Asset Management (Hong Kong) Ltd. 匯豐投資管理（香港）有限公司	22/F, HK & Shanghai Bank Corp, 1 Queen's Rd., Hong Kong 香港皇后大道中 1 號匯豐銀行大廈 22 樓	2288 1111	www.assetmanagement.hsbc.com.hk
ING Investment Management Asia Pacific (Hong Kong) Limited	39/F., One International Finance Centre, 1 Harbour View Street, Hong Kong 香港港景街1號國際金融中心1期39樓	2846 3938	www.ingim.com
INVESCO Asset Management Asia Ltd. 景順投資管理亞洲有限公司	12/F., Three Exchange Square, Central, Hong Kong 香港中環交易廣場第 3 期 12 樓	3191 8282	www.invesco.com.hk
Investec Asset Management Asia Limited 天達資產管理亞洲有限公司	Rm 2106-08, Jardine House, Connaught Place, Central, Hong Kong 香港中環怡和大廈 2106-2108 室	2861 6888	www.investecfunds.com.hk
Janus International (Asia) Ltd 駿利國際（亞洲）有限公司	Rm 4201-03, 42/F., Cheung Kong Centre, 2 Queen's Rd., Hong Kong 香港皇皇大道中 2 號長江集團中心 42 樓 4201-03 室	3121 7000	
JF Asset Management Limited JF 資產管理有限公司	20/F., Chater House, 8 Connaught Road, Central, Hong Kong 香港中環干諾道中 8 號遮打大廈 20 字樓	2800 2800	www.jffunds.com
Kingsway Fund Management Ltd. 匯富環球基金管理有限公司	5/F., Hutchison House, 10 Harcourt Rd., Hong Kong 香港中環夏慤道 10 號和記大廈 5 樓	2877 1830	www.KingswayFM.com
Lloyd George Management(H.K.) Limited 羅祖儒投資管理有限公司	Rm 3901-04, Two Exchange Square, Central, Hong Kong 香港中環交易廣場 2 期 3901-04 室	2845 4433	www.lloydgeorge.com
Lloyds TSB Pacific Limited 萊斯遠東有限公司	21/F., One Pacific Place, 88 Queensway, H.K. 香港金鐘道 88 號太古廣場第 1 座 21 樓	2847 3000	www.llogdstsb-offshore.com
Man Investment Products (HK) Ltd.	Rm 1301, Chater Bld. 8 Connaught Rd C., H.K. 香港干諾道中 8 號遮打大廈 1301 室	2521 2933	www.maninvests.com
Mansion House Asset Management Limited 萬勝證券投資管理有限公司	37A, Bank Of China Tower, 1 Garden Road, Central,Hong Kong 中環花園道 1 號中銀大廈 37 樓 A	2843 1431	www.mansionhse.com
Manulife Asset Management (Hong Kong) Limited 宏利資產管理（香港）有限公司	Suite 4701, 47/F., Manulife Plaza, The Lee Gardens, 33 Hysan Avenue, Causeway Bay, Hong Kong 香港希慎道 33 號禮頓中心 4701 室	2501 9100	www.manulife.com.hk

名　稱	地　址	電　話	網址/電子郵件地址
Merrill Lynch Investment Managers 美林投資管理	22/F., Citibank Tower, 3 Garden Road, Hong Kong 香港花園道3號萬國寶通銀行大廈22字樓	2161 7777	
New-Alliance Asset Management (Asia) Limited 新地寶聯資產管理(亞洲)有限公司	Rm 2608, 26/F,m One International Finance Centre, 1 Harbour View Street, Hong Kong 香港港景街國際金融中心1期26樓2608室	2918 7888	
New Star International Investment Products (Asia) Limited	Rm 3505, Two Exchange Square, Central, Hong Kong 香港中環交易廣場 2 期 35 樓 3505 室	2521 4900	www.newstarint.com
Nomura Asset Management Hong Kong Limited 野村投資管理香港有限公司	30/F, Two International Finance Centre, 1 Harbour View Street, Hong Kong 香港港景街國際金融中心 2 期 30 樓	2524 8061	
Oppenheimer Funds (Asia) Limited 凱萬資產管理（亞洲）有限公司	4/F, Mass Mutual Tower, 38 Gloucester, H.K. 香港灣仔告士打道 38 號美國萬通大廈 4 樓	2919 9333	hkmarketing@oppenheimerfunds.com
Pioneer Global Investments (HK) Ltd.	Rm 2210, Two Pacific Place, 88 Queensway, Hong Kong 香港金鐘道 88 號太古廣場 2 期 2210 室	3472 5000	www.pioneerinvestments.com
Principal Fund Management (Hong Kong) Ltd. 信安基金管理（香港）有限公司	10/F., Central Plaza, 18 Harbour Road, Wan Chai, Hong Kong 香港港灣道 18 號中環廣場 10 樓	2117 8383	
Principal Global Investors (Asia) Limited 信安環球投資（亞洲）有限公司	5/F Shui On Ctr., 6-8 Harbour Rd., Hong Kong 香港港灣道 6-8 號瑞安中心 5 樓	2117 8383	www.principal.com.hk
Schroder Investment Management (Hong Kong) Ltd. 寶源投資管理（香港）有限公司	19/F., Two Exchange Square, Central, Hong Kong 香港中環交易廣場 2 期 19 字樓	2869 6968	www.schroders.com.hk
SHK Fund Management Ltd 新鴻基投資管理有限公司	Level 12, One Pacifie Place, 88 Queensway, Hong Kong. 香港金鐘道88號太古廣場第1期12字樓	2822 5997	
Standard Chartered Investment Services 渣打投資服務	135-142, 1/F., Edinburgh Tower, 15 Queen's Rd., C., Hong Kong 香港中環皇后大道中15號公爵大廈1樓135-142 號	2907 1717	www.standardchartered.com.hk
Standard Life Investments (Asia) Limited 標準人壽投資（亞洲）有限公司	Rm 5301, The Centre, 99 Queen's Road, Central, Hong Kong 香港皇后大道中 99 號中環中心 5301 室	3402 6000	
State Street Global Advisors Asia Limited 道富環球投資管理亞洲有限公司	32/F, Two Exchange Square, Central, Hong Kong 香港中環交易廣場第 2 期 32 樓	2103 0288	www.ssgaasia.com
UBS Asset Management 瑞銀環球資產管理(香港)有限公司	52/F., Two International Finance Centre, Hong Kong 香港中環國際金融中心第 2 期 52 樓	2971 8888	www.ubs.com
Value Partners Ltd 惠理基金管理公司	Suite 3301, Tower Two, Lippo Centre, 89 Queensway, H.K. 香港金鐘力寶中心第 2 期 3301 室	2880 9263	www.valuepartners.com.hk
Worldse Asset Management Limited 和昇投資管理有限公司	16/F., Bank of America Tower, 12 Harcourt Rd., Central, Hong Kong 香港中環夏慤道 12 號美國銀行中心 16 樓	2971 4280	

保險公司一覽表

名　稱	地　址	電話
三井住友海上火災保險（香港）有限公司	香港美國銀行中心23樓	2523 8191
三聯保險有限公司	香港西環干諾道188號香港商業中心1001室	2559 5175
工安保險有限公司	香港干諾道中148號粵海投資大廈22字樓	2544 1888
大西洋保險公司	新界屯門鄉事會路28號1樓	2457 1338
大新人壽保險有限公司	香港英皇道510號港運大廈20字樓	2854 9022
中國人民保險（香港）有限公司	香港干諾道中148號粵海投資大廈15樓	2517 2332
中國保險股份有限公司	香港德輔道141號中保大廈15樓	2545 5077
中銀集團保險有限公司	香港德輔道中71號永安集團大廈9樓	2867 0888
中國人壽保險股份有限公司	香港灣仔軒尼詩道313號22樓	2545 8111
中國保賠服務（香港）有限公司	香港西環干諾道中148號成基商業中心2601室	2548 3722
中國國際再保險（香港）有限公司	香港統一中心29樓A	2865 3838
中國平安保險（香港）有限公司	香港告士打道108號大新金融中心11樓	2827 1883
中國康年人壽保險有限公司	香港跑馬地安美大廈C座	2894 8918
中國交通保險有限公司	香港灣仔告士打道231-235號交通銀行大廈16樓	2591 2938
中信保險代理公司	香港告士打道311號皇室大廈2909室	2891 0689
中華保險顧問有限公司	香港銅鑼灣皇室大廈2211室	2882 7899
王氏公司	香港銅鑼灣友邦廣場17字樓	2881 1051
立鵬保險代理有限公司	九龍漆咸道87號1114室	2317 0288
太平洋保險有限公司	香港灣仔東美中心10字樓	2876 0000
太平人壽保險股份有限公司	香港中國人壽大廈9字樓	2541 0079
日本興亞保險（亞洲）有限公司	香港中環置地廣場告羅士打大廈2704-06室	2524 0036
永安人壽保險有限公司	香港灣仔國衛中心22字樓	2519 1186
永安水火保險有限公司	香港德輔道中71號永安集團大廈2401室	2524 8091
永明金融（香港）有限公司	香港銅鑼灣永明中心1字樓	2103 8888
永泰保險經紀有限公司	香港上環金日集團中心	2366 8180
永隆保險有限公司	香港中環永隆銀行大廈13字樓	2826 8333
招商局保險有限公司	香港上環信德中心招商局大廈18樓	2890 5940
加洲保險有限公司	香港中保集團大廈16樓1607室	2545 5877
加拿大永明人壽保險公司	香港中環交易廣場1期18樓	2918 3888
加拿大帝國人壽保險公司	香港灣仔瑞安中心2字樓	2851 0851
加拿大保險有限公司	香港中環擺花街18-20號嘉寶商業大廈2301室	2537 3808
民威保險公司	香港上環蘇杭街77-81號11字樓	2526 6600
全美人壽保險公司	香港銅鑼灣時代廣場20字樓2006-7室	2506 0311
先施人壽保險有限公司	香港禮頓道77號禮頓中心1505室	2577 7832
宇宙火險有限公司	香港永樂街131號富樂大廈	2545 6828
宇宙保險有限公司	香港英皇道1111號太古城中心1期6樓	2504 1702
合群保險有限公司	香港中環加寶商業大廈22字樓	2543 4893
安田火災海上保險株式會社	香港英皇道979號林肯大廈1901室	2831 9980
安盛保險有限公司	香港英皇道979號電訊盈科中心30樓	2881 8895
安聯保險（香港）有限公司	香港中環國際金融中心1期9字樓	2521 6651
安達保險有限公司	香港港灣道瑞安中心	3191 6800
安信服務保險有限公司	元朗泰恒街11號地下	2617 8867
安泰人壽保險（百慕達）有限公司	香港德輔道308號安泰金融中心1樓	2850 2333
安泰人壽保險公司	香港德輔道中308號安泰金融中心	2850 2333
迅輝有限公司	香港中環中央大廈14字C室	2543 1281
保栢（亞洲）有限公司	香港鰂魚涌華蘭路25號大昌行商業中心	2517 5175

名稱	地址	電話
宏利人壽保險（國際）有限公司	香港北角電器道169號宏利保險中心	2510 5600
星輝保險有限公司	香港銅鑼灣威菲路道18號萬國寶通中心27樓	2790 7800
共榮火災海上保險相互會社	香港金鐘力寶中心2期13字樓	2528 6717
東亞再保險有限公司	香港海富中心801室	2865 7581
東英保險代理有限公司	九龍紅磡鶴翔街1號維港中心1期地下	2356 8839
東京海上火災保險香港有限公司	香港金鐘統一中心27字樓	2529 4401
亞洲保險有限公司	香港中環環球大廈16樓	2867 7988
亞太保險代理有限公司	香港上環招商局大廈	2890 5448
亞洲保險有限公司	香港德輔道中19號環球大廈16字樓	2867 7988
英國保誠保險有限公司	香港太古城中心4期10樓	2977 3888
英傑華保險有限公司	香港英皇道1111號太古城中心1期9樓	2894 0555
英國聯邦公司	香港中環德誠大廈1301室	2523 6626
忠誠保險有限公司	香港中環立輝大廈901室	2522 9037
忠利保險有限公司	香港銅鑼灣時代廣場蜆殼大廈35樓	2521 0707
香港人壽保險有限公司	香港中環永隆銀行大廈19字樓	2290 2888
香港中旅保險顧問有限公司	香港干諾道中78-83號中旅集團大廈17樓	2853 3856
香港民安保險有限公司	香港銅鑼灣民安廣場19字樓	2815 1551
香港保險（代理）有限公司	香港灣仔合和中心56樓5606室	2527 3209
香港中國保險（集團）有限公司	香港銅鑼灣民安廣場22字樓	2854 6100
香港進出信用保險局	九龍尖東麼地道75號南洋中心1期2樓	2732 9988
香港上海聯保保險有限公司	香港告士打道138號鹿島大廈23樓	2838 6196
恒信保險顧問有限公司	香港謝菲道391-407號新時代中心21樓	2891 0298
恒生人壽保險有限公司	九龍大角咀匯豐中心	2288 6699
恆生保險有限公司	香港中環環球大廈20字樓	2198 7800
美亞保險有限公司	香港灣仔友邦大廈5樓	2832 1800
美國友邦保險有限公司	香港司徒拔道1號	2832 1800
美國友邦保險（百慕達）有限公司	香港北角電氣道183號友邦廣場	2232 8888
美國信安保險有限公司	香港港灣道18號中環廣場1001-03室	2827 1234
美商大都會人壽保險香港有限公司	九龍尖沙咀彌敦道132號美麗華大廈2207室	2199 1188
美國家庭保險公司	香港筲箕灣海天廣場706室	2573 3100
美國萬通保險亞洲有限公司	香港告士打道38號美國萬通大廈12字樓	2919 9000
其士保險有限公司	香港尖沙咀漆咸道45號其士大廈15樓	2312 1818
皇冠人壽保險公司	香港灣仔瑞安中心210室	2827 1288
皇家太陽聯合保險有限公司	香港鰂魚涌多盛大廈32字樓	2968 3000
皇冠人壽保險公司	香港灣仔港灣道6-8號瑞安中心2樓	2827 1288
法國再保險（亞洲）有限公司	香港灣仔瑞安中心1107-10室	2864 3535
法國敬邦保險	香港中環中信大廈11字樓1101-3室	2530 0288
怡安保險有限公司	香港灣仔駱克道3號華人行16樓	2861 6555
昆士蘭聯保保險有限公司	香港鰂魚涌華蘭路25號大昌行商業中心6字樓	2877 8488
均益保險公司	香港中環威靈頓街威煌商業大廈12字樓	2541 7669
深業保險事務有限公司	香港灣仔駱克道88號25樓	2520 5803
南洋保險有限公司	香港中環添美道1號添美大廈1001室	2530 0111
信誠保險公司	香港上環華冠大廈2字樓	2542 1519
信孚保險有限公司	香港上環信德中心西翼2701室	2559 4011
信諾國際保險（香港）有限公司	香港銅鑼灣新寧大廈25樓	2539 9288
基利民保險有限公司	香港北角蜆殼街9-23號秀明中心5樓	2866 9311
海達（遠東）保險顧問有限公司	香港上環信德中心招商局大廈東翼18字樓	2890 5302
澄心保險（香港）有限公司	香港灣仔華潤大廈1403室	2519 3100
瑞士再保險有限公司	香港灣仔中環廣場61樓	2827 4345
華富保險事務有限公司	香港皇后大道東228號中華商業中心9字樓	2834 2008
國泰保險有限公司	香港銅鑼灣京都廣場13字樓	2838 0380

名　稱	地　址	電話
匯豐人壽保險（國際）有限公司	九龍旺角匯豐中心1座18樓	2288 6622
匯豐醫療保險有限公司	九龍旺角匯豐中心1座18樓	2288 6611
閩信保險有限公司	香港金鐘東昌大廈17樓	2521 5671
國民保險有限公司	香港上環雲咸街15號	2523 3103
國衛保險有限公司	香港告士打道151號國衛中心	2519 1111
國衛保險（百慕達）有限公司	香港告士打道151號	2519 1111
國際保險公司	香港裕成商業大廈	8209 6519
萬誠保險有限公司	香港銅鑼灣時代廣場36樓	2828 8388
盈科保險有限公司	香港金鐘太古廣場1期14樓	2591 8888
紐約人壽環球保險有限公司	香港銅鑼灣皇室大廈33樓	2881 0688
新印度保險股份有限公司	香港上環雲咸街15號	2522 4195
新信保險事務有限公司	香港灣仔耀基商業大廈	2832 7065
集泰保險代理有限公司	香港軒尼詩道338號北海中心15D	2833 1990
越秀保險事務有限公司	香港皇司大道東213號胡忠大廈2810室	2511 2876
健峰保險（亞洲）有限公司	九龍觀塘偉業街107-109號7樓	2579 8238
康聯亞洲有限公司	九龍尖沙咀康聯亞洲大廈12字樓	2861 4000
康聯人壽亞洲保險有限公司	九龍尖沙咀康聯亞洲大廈13字樓	3183 0000
漢諾威人壽再保險澳亞有限公司	香港灣仔新鴻基中心2008室	2519 3208
蘇黎世保險集團	香港英皇道979號多盛大廈18字樓	2968 2222
標準人壽保險（亞洲）有限公司	香港灣仔中環中心53樓	2169 0300
德高保險有限公司	香港會展廣場44樓	2824 2939
廣安保險有限公司	新界粉嶺禾豐街廣安大廈	2683 1197
錦泰保險代理有限公司	香港華秦國際大廈9字樓	2544 8822
環宇保險有限公司	香港上環文咸街49號慶豐大廈4樓	2525 0116
廖創興保險有限公司	香港干諾道西181號匯港中心8字樓	2975 5111
遠洋保險有限公司	香港中國聯合銀行大廈5字樓	2522 2633
藍十字（亞洲）保險有限公司	香港德輔道中308號中遠大廈	2163 1000
劉福康海運保險代理公司	香港美國銀行中心501室	2521 0373
聯邦保險公司	香港金鐘夏慤大廈24字樓	2861 3668
聯合保險有限公司	香港德輔道中31號5字樓中國聯合銀行大廈	2521 0267
聯益保險有限公司	香港上環文咸東街興隆商業大廈5字樓	2543 9059
寶豐保險（香港）有限公司	香港太古坊多盛大廈31字樓	2968 3888
鷹星人壽保險有限公司	香港太古城中心第3期16-18字樓	2967 8393

主要旅遊點

<table>
<tr><th>名 稱</th><th>簡 介</th><th>地址及電話</th></tr>
<tr><td>香港迪士尼樂園</td><td>耗資141億港元、佔地126公頃、經歷四年建成，於2005年9月15日正式對外開放。它有四大主題樂園、兩間酒店、8間餐廳及快餐店。主題樂園分別是：美國小鎮大街：它以20世紀初美國小鎮為藍本，大街上佈滿各式店舖及餐廳，裏面有各式貨品及食物，可供遊客選購。另外，還有市鎮會堂、巡遊匯演場地和鐵路車站等。遊客可乘觀光蒸氣列車，環繞迪士尼樂園一周。探險世界：有獅子王慶典、泰山樹屋木筏、歷奇噴水池及森林河流之旅等，它與美國加州迪士尼不同的是，加入了非洲原始森林景象。幻想世界：“睡公主城堡”是該園的中心建築，也是其入口，裏面有小飛象旋轉世界，灰姑娘旋轉木馬、夢想花園、小熊維尼歷險之旅、白雪公主許願洞、瘋帽子旋轉杯、The Golden Mickeys音樂劇等。明日世界：“太空山”是樂園的背景與標誌，它包括：太空飛碟、Autopia小型軌道賽車及巴斯光年星際歷險。該歷險與美國、法國迪士尼不同，它由“衝出月球”改為“飛向宇宙”，遊客可展開往返“宇宙”的高速旅程，會有失重感。香港迪士尼樂園與世界其他4個迪士尼樂園別具特色的是，它背山面海，內有中國庭園式設計。迪士尼好萊烏酒店注入了荷里活時期的建築特色和設計風格。香港迪士尼樂園酒店則以維多利亞式建築風格為主，並有巨型花園迷宮和婚禮觀禮台。
<table>
<tr><td>門票</td><td>周一至周五</td><td>周六、日及假期</td><td>交通</td><td></td></tr>
<tr><td>65歲或以上</td><td>170元</td><td>200元</td><td>地鐵</td><td>欣澳站轉乘迪士尼列車</td></tr>
<tr><td>成年人</td><td>290元</td><td>350元</td><td rowspan="3">巴士</td><td rowspan="3">港九新界各區乘前往機場A線或E線巴士，至青嶼幹線收費廣場，再轉乘R8巴士。</td></tr>
<tr><td>4至11歲</td><td>210元</td><td>250元</td></tr>
<tr><td>3歲或以下</td><td>免費</td><td>免費</td></tr>
</table>
</td><td>地址：大嶼山竹篙灣
電話熱線：1830 830
網址：www.hongkongdisneyland.com</td></tr>
<tr><td>太平山</td><td>俗稱扯旗山，是香港最著名的遊覽勝地之一。海拔500多米，上面設有很多專為遊客觀景的設備，從山上俯瞰維多利亞海港及九龍半島，一覽無遺。香港的夜景世界著名，最佳觀賞位置為纜車總站附近的凌霄閣和空曠怡人的山頂公園等，山頂廣場眺望日落景色最為理想。從中區花園道可乘山頂纜車上山，亦可乘巴士上山。</td><td>香港中環</td></tr>
<tr><td>海洋公園</td><td>耗資1億5千萬港元興建，佔地170英畝，是世界最大海洋公園之一。公園建築分佈於南朗山上及黃竹坑谷地。山上以海洋館、海洋劇場、鯊魚館、海濤館、機動遊戲為主。山下則有花園劇場、金魚館及仿照歷代文物所建的集古村，使中國古代街景重現，並有民間藝術表演。兩地往來，可乘架空吊車或世界最長的電動梯級。票價：成人185元，兒童93元，凡65歲以上及3歲以下、持有香港身份證人士免票。</td><td>香港香港仔
2552 0291
2873 8888</td></tr>
<tr><td>香港會議展覽中心
金紫荊廣場</td><td>是該區最新大建築群中的表表者之一。它的新翼由填海擴建而成，內附大禮堂及大展覽廳數個，分佈於三層建築之中。1997年7月1日香港回歸中國大典在該處舉行，而成為國際矚目的焦點。它獨特的狀如飛鳥展翅式的外貌，給美麗的海港增添不少色彩。它外面的金紫荊廣場有鍍金紫荊花雕像和香港回歸祖國紀念碑。另外還可觀賞維多利亞海港對面的九龍海岸美景。</td><td>香港灣仔
2582 8888</td></tr>
</table>

名　稱	簡　介	地址及電話
尖東海濱公園	是觀賞維多利亞海港及港島最佳地方之一。花園傍海築欄而成，行人道寬闊雅潔。富特式的路燈，當為愛好攝影人士喜愛。在明輝中心前，有由舊中央郵局拆下的五條石柱移建該處，仿似希臘的古積。往前有香港唯一的噴水時鐘。附近有前九鐵鐘樓、香港文化中心、香港太空館和香港藝術館。在南洋中心旁之廣場則有巨大噴水池，為全港之冠。	九龍尖沙咀
星光大道	耗資4千萬元興建，全長440米。它以香港藝術館側為起點，沿尖沙咀海濱一直延伸至新世界中心。入口處立有一座巨型電影金像獎雕塑作為標誌，地面舖設了73位巨星手印或紀念牌匾。大道以星、河為主題，配合波浪花紋設計，並鑲有LED小燈；在晚間燈光營造出繁星點點的景象，與天上之星星遙相輝映。在海風吹拂下，欣賞著紅星留下的手印，加上維港兩岸的美景相伴，比美國的僅有手印的星光大道更勝一籌。	九龍尖沙咀
太嶼山寶蓮寺	有南天佛國之稱，為香港四大禪林之首。寶蓮寺始建於1924年，數十年來，刻苦經營，使今天寺宇建築雄偉壯觀，有宮殿式的大雄寶殿和莊嚴威武的天王大殿等。寺內有亭台樓閣和靜室40餘間，可供遊客食齋留宿。禪寺牌坊正對的木魚山頂，新建一座世界最大的銅佛像，稱為天壇大佛。大佛造型祥和，右手上舉平放胸前，喻意普渡眾生不畏險阻。該像由中國航空航天部設計和製作，總高度近34米，工程歷時12年，佔地約6,567平方米，耗資6千多萬港元，單是像身使用了250餘噸銅和4千多斤黃金，為一結合宗教藝術和尖端科技的結晶品。大佛底座3層，設有展覽廳，內有一口大鐘，上雕佛像和經文等。該鐘由電腦控制，每隔7分鐘敲打一次，共108次，以供人"解除108種煩惱"。	大嶼山 2985 5248
青馬大橋	青馬大橋建於青衣（島）和馬灣（島）之間，是新機場龐大工程的一環，造價72億港元。全長2,160米，主橋跨度達1,377米，超越美國金門大橋，大橋的主綱纜綱絲長度可以繞地球四周，成為全球第一的公路和鐵路雙用吊橋。位於青衣的青嶼幹線遊客中心可眺望大橋雄姿，同時可一睹汀九大橋飛渡海峽佳景。而位於汀九的機場核心工程展覽中心，可看到大橋雄姿，且可認識有關機場建設的一切。	新界青衣
香港太空館	是世界上設備最先進的太空科學館之一，內設展覽廳、太陽廳及天象廳，各展出一些與太空科學有關的展品，其中天象廳更定時更換播映全景的天象電影。投放影像的星像投影機，在亞洲還是首部最先進的機器，其所產生的影像，令人深感宇宙之奧秘。開放時間：下午1時至9時；週六及日上午10時至下午9時，逢星期二休息，星期三免費（電影除外）。	九龍尖沙咀 2734 2722
香港藝術館	館內共設有六個展覽廳，另有演講廳、戶外雕塑院、藝術館之友室及藝術品展銷服務。設備先進完善。內有本地及海外名家藝術作品。開放時間上午10時至下午6時，週四休息。週三免費。	九龍尖沙咀 2721 0116

名　稱	簡　介	地址及電話
迪欣湖活動中心	耗資4億港元興建，佔地約30公頃，於2005年8月16日啟用。該中心湖面積達12公頃，是目前全港最大的人工湖，水深約4至5米，湖中設有噴泉，射水高達18米。湖上可供遊人泛舟及踏水上單車。湖的東北面有一條以人工石景和天然大石建造的人工瀑布，整條瀑布由7個水池流下的小瀑布組成，瀑布底部裝有射燈朝不同角度照明，營造了絢麗色彩。該中心種植了4,800棵樹木和43萬株灌木，有一個面積約4公頃的植物園。另外，還設有一個兒童遊樂場、6個觀景台及一個服務中心。開放時間：早上9時至晚上7時。入園免費。交通：可由迪士尼樂園步行約15分鐘抵達，或在青嶼幹線收費廣場乘經迪士尼的R8巴士途經。	大嶼山竹篙灣
淺水灣	是香港最高尚住宅區之一，同時亦是香港最具代表性的沙灘，海灘綿長，灘床寬闊，且水清沙幼，波平浪靜，是遊人必到的著名風景區。沙灘上建有中國古典色彩的鎮海樓公園，內塑有十多米高的天后像及觀音像，旁邊還有長壽橋等景色。附近的深水灣、中灣和南灣，都是海浴勝地。	香港香港仔
香港公園 (茶具文物館)	此園最大特色是除了有一個全東南亞最大、具備雙氣候控制設備的溫室，展出2000多種罕見植物外，還有模擬熱帶雨林環境的觀鳥園，可供百多種包括瀕臨絕種的雀鳥自由飛翔，並設有兩百米長木橋及樹冠，蜿蜒園內供遊人漫步欣賞。而富水景特色的梯級花園、供即興表演的花園廣場及一個雕塑、陶瓷和板畫中心都給遊人耳目一新的感覺。另外，設有茶具文物館，除中國歷代茶具外，還有一批明、清印章。免費參觀。	香港金鐘
香港動植物公園	是香港規模最大的動植物公園。始建於1861年，經過百多年來的經營和擴建，公園內既有珍貴罕見的飛禽走獸，亦有品種奇特的時花異卉，鳥語花香，令人留連忘返。免費參觀。	香港中環
黃大仙祠	原名嗇色園，是香火最盛的廟宇之一，供奉的黃大仙，據説有求必應。祠始建於1921年，經過數十年的悉心經營後，於70年代再耗資400萬港元重建。現呈金壁輝煌，建築雄偉，富宮殿式色彩。求籤者多在殿前膜拜。附近有解籤服務。祠旁設有小公園，設計得宜，精巧玲瓏，頗具園林景色。旁側的九龍壁，是仿北京故宮而製。	九龍黃大仙
香港科學館	館內有取材自世界各地及本地創作的展品約500多件，分佈在5個主要展覽廳，即展館簡介、科學、生命科學、科技及為3至7歲兒童設計的兒童天地。其中百分之六十的展品可讓觀眾觸摸及操作。開放時間：週六、日上午10時至下午9時，週四休息，其餘開放時間：下午1時至9時。週三免費。	九龍尖沙咀科學館道2號 2732 3232
香港電影資料館	座落於西灣河，在2001年1月正式啟用。資料館的總樓面面積約7,200平方米，主要設施包括小型電影院、展覽廳、資源中心和多個可調節溫度的藏品庫。資料館致力蒐集和保存香港電影和相關物品，並把資料編目和存檔。資料館現已蒐集得逾3,800部影片和20萬件相關物品，大部分由市民捐贈或寄存於館內。免費參觀，週四休息。佔地5千平方呎，於2005年9月正式對外開放。	香港西灣河鯉景道50號 2739 2139

名稱	簡介	地址及電話
香港海防博物館	它將中國不同時代的船舶特色，香港海運興起和發展，以及全球航運共冶一爐，重現眼前。透過從各地搜購，捐贈及外借，收集到各種航運有關的歷史文物、仿製模型、油畫及工藝品等，重整成一個浩蕩的關於船舶的故事。展館分為"古代廳"和"現代廳"，前者入口處展出了一艘西漢陶船，屬西漢帝王的陪葬品，估計有2千年歷史，船長2.2米，船內更另有玄機，觀後便知。"現代廳"則以中國第一艘蒸氣船及燈塔作起點，介紹了蒸氣船的演變，香港兩大航運巨人包玉剛及董浩雲貸款造船崛起，及現代集裝箱船和油輪的發展。展廳盡頭，有電腦映像。門票20元，長者，學生及小童半價。	赤柱美利廣場
三棟屋博物館	此客家圍村原建於1786年，經改作民俗博物館後，展出荃灣歷史及早期鄉民生活，並按農家四季不同的生活來佈置，它真實地反映出中國南方舊農村生活。上午9時至下午5時開放，逢週二休息。免費參觀。	九龍荃灣 2411 2001
香港鐵路博物館	是香港唯一以火車展覽博物館。設於1913年築成的大埔墟火車站內，展出有關香港鐵路的歷史、舊蒸汽火車頭及車廂和現代化的電氣火車等。每日上午9時至下午5時開放，逢星期二、聖誕節及春節假期休息。免費參觀。	新界大埔墟崇街13號 2653 3455
李鄭屋漢墓博物館	此漢朝古墓，在1955年因建屋村而發現，經過發掘整理，現為香港博物館李鄭分館。館內陳列古墓出土文物及展示墓室規模形態。每逢星期四休息。開放時間：上午10時至下午6時，周日、公眾假期：下午1時至6時。免費參觀。	九龍深水埗東京街41號 2386 2863
禮賓府	前總督府建築工程1851年展開，歷時4年完成，最初屬英喬治亞時代建築，富有濃厚殖民地色彩。其後曾經歷多次大規模改動，最後一次在1942年日治期間進行，日人將前總督府用作司令部，於兩座建築中間加建一座高塔，又將所有屋頂加上日式瓦頂，除去了歐陸風味。它於1995年被列為法定古蹟。自香港特別行政區政府成立後，前總督府被特區政府及行政長官用作舉行重要官方活動場所。2006年作為特首曾蔭權官邸，除特別情況下並不對外開放。	香港中環 2530 2003
紅樓	曾是孫中山生策動推翻滿清的行營，今建為中山公園。園內有孫中山先生塑像及革命紀念碑。當年革命黨人黃興所植的三棵櫚樹仍屹立於園前，象徵他們手創的三民主義與日月爭輝。	新界屯門
青松觀	是香港著名道觀，園林景色頗為優美。觀內建築仿照中國道教名山大殿而成，其中以壺天勝境牌坊、三清大殿、九龍壁和九曲蓮池最為著名。內觀擺設不少遠年盆栽，形態美妙。這裡供應的上素亦十分有名。	新界屯門
海下灣及印洲塘海岸公園	海下灣、印洲塘、鶴咀、龍鼓洲及沙洲，是最近被政府定為海岸公園及海岸保護區。海下灣及印洲塘，位處西貢北岸，交通較僻，且受多面屏幛保護，故較少污染，水清沙幼，適合珊瑚和無脊椎類海洋生物生長。在海下灣260公頃的水域內，禁止一切活動，但沙灘和岸邊，則不受禁止，也頗值得留連。	新界西貢
蘭桂芳	是中環商業區邊沿的一個小角落，因多外籍人士光顧的酒吧而出名。每屆西式節日如聖誕節和萬聖節（10月31日）的晚上，化了妝的外籍男女雲集狂歡，熱鬧非常。	香港中環

名　稱	簡　介	地址及電話
廟街及榕樹頭	是九龍區的平民夜總會，每當華燈初上之後，小販在此擺賣，吃的用的，包羅萬有。在天后廟前的榕樹頭，則為占卦相命及江湖賣藝者的集中地。附近還有玉器市場，集中在廟前的汽車天橋之下，於日間營業。	九龍油麻地
園圃街雀鳥花園(女人街)	本園面積雖小，但頗有特色，在具有亭台樓閣和牌坊的典型中式公園內有雀鳥店數十家，因此亦引來野鳥聚集，整天互相爭鳴成趣。每天早上七時至晚上八時開放，其側的亞皆老街的通菜街，便是出名的“女人街”，中午啟市後，整條街兩邊擺滿了私人攤檔，售各類服裝、日用品、小電器等，琳瑯滿目。	九龍旺角
摩囉街	摩囉街分為上下兩街，因早期來港的印籍軍人及其家屬多集於此，因而得名。現時，摩囉街已成為古董文物、手工藝品及特色雜貨的集中地。旅客來到這裏除可買到來自不同時期的古玩文物外，更可找到大大小小不同的飾物、擺設品及極富傳統特色的民間工藝。	香港中環

主要酒店及賓館

名稱		地址	電話
柏顏露斯賓館	Annie Black Guest House	九龍何文田文福道5號	2713 9211
宏基國際賓館	Bishop Lei International Hse	香港中環羅便臣道4號	2868 0828
龍堡國際賓館	BP International House	九龍尖沙咀柯士甸道8號	2376 1111
明愛白英奇賓館	Caritas Bianchi Lodge	九龍油麻地石壁道4號	2388 1111
明愛賓館	Caritas Lodge	九龍太子界限街134號	2339 3777
世紀海景酒店	Century Harbour Hotel	香港西環皇后大道西508號	2974 1234
利景酒店	Charterhouse, The	香港灣仔灣仔道209號	2833 5566
中興酒店	Chung Hing Hotel	九龍油麻地西貢街23號	2780 8222
城市花園酒店	City Garden Hotel	香港北角城市花園道9號	2887 2888
港麗酒店	Conrad International	香港金鐘太古廣場上面	2521 3838
中遠酒店	Cosco Hotel	香港西環海旁路20-21號	2816 2878
麗都酒店	Cosmopolitan Hotel	香港皇后大道東387-397號	3552 1111
迪士尼好萊塢酒店	Disney's Hollwood Hotel	大嶼山竹篙灣	1830 830
逸東酒店	Eaton Hotel	九龍彌敦道380號	2782 1818
英皇駿景酒店	Emperor (Happy Valley) Hotel, The	香港跑馬地宏德街1A	2893 3693
皇悦酒店	Empire Hotel Hong Kong, The	香港軒尼詩道33號	2866 9111
九龍皇悦酒店	Empire Hotal Hong Kong	九龍金巴利道62號	2685 3000
萬年青酒店	Evergreen Hotel	九龍油麻地吳松街48號	2780 4222
怡東酒店	Excelsior, The	香港銅鑼灣告士打道281號	2894 8888
花園國際酒店	Garden View Int'l Hse	香港中環麥當勞道1號	2877 3737
黃金海岸酒店	Gold Coast Hotel	新界屯門青山公路1號	2452 8888
豪境酒店	Goodrich Hotel	九龍佐敦吳松街92-94號	2332 2020
康蘭酒店	Grand Plaza Hotel	香港鰂魚涌康山道2號	2886 0011
君悦酒店	Grand Hyatt Hotel	香港港灣道1號	2588 1234
海景嘉福酒店	Grand Stanford Inter-Continental	九龍尖沙咀東麼地道70號	2721 5161
粵海酒店	Guangdong Hotel	九龍尖沙咀寶勒巷18號	2739 3311
海逸酒店	Harbour Plaza	九龍紅磡德豐街20號	2621 3188
北角海逸酒店	Harbour Plaza North Point	香港英皇道665號	2187 8888
嘉湖海逸酒店	Harbour Plaza Resort City	新界天水圍天恩路18號	2180 6688
灣景國際賓館	Harbour View Int'l House	香港灣仔港灣道4號	2802 0111
香港金域假日酒店	Holiday Inn Golden Mile HK	九龍彌敦道50號	2369 3111
香港迪士尼樂園酒店	Hong Kong Disneyland Hotel	大嶼山竹篙灣	1830 830
京港酒店	Hotel Concourse	九龍荔枝角道22號	2397 6683
星港酒店	Hotel New Harbour	香港軒尼詩道41號	2861 1166
香港洲際酒店	Hotel Inter-Continental Hong Kong	九龍尖沙咀梳士巴利道18號	2721 1211
美麗華大酒店	Hotel Miramar	九龍彌敦道130號	2368 1111
香港日航酒店	Hotel Nikko Hong Kong	九龍尖沙咀麼地道72號	2739 1111
香港凱悦酒店	Hyatt Regency Hong Kong	九龍尖沙咀彌敦道67號	2311 1234
帝國酒店	Imperial Hotel, The	九龍彌敦道30號	2366 2201
香港中華基督教Y.M.C.A.青年會國際賓館	International House	九龍油麻地窩打老道23號	2771 9111
港島太平洋	Island Pacific Hotel	香港干諾道西152號	2131 1188
港島香格里拉	Island Shangri-La	香港金鐘太古廣場2座	2877 3838
萬豪酒店	J W Marriott Hotel Hong Kong	香港金鐘道88號太古廣場第1座	2810 8366
君怡酒店	Kimberley Hotel, The	九龍金巴利道28號	2723 3888
星皇酒店	King Star Hotel	九龍油麻地永星里1B	2771 8088
九龍酒店	Kowloon Hotel, The	九龍彌敦道19-21號	2929 2888
九龍香格里拉酒店	Kowloon Shangri-La Hotel	九龍尖沙咀麼地道64號	2721 2111
朗庭酒店	Langham Hotel, HK	九龍尖沙咀北京道8號	2375 1133
朗豪酒店	Langham Hotel International	九龍旺角彌敦道380號	3552 3070

名　稱		地　址	電　話
置地文華東方酒店	Landmark Mandarin Oriental	香港中環置地廣場	2139 2098
艾美酒店	Le Meridien Cyberport	香港數碼港道 100 號	2980 7788
六國酒店	Luk Kwok Hotel	香港灣仔告士打道 72 號	2866 2166
大華酒店	Majestic Hotel	九龍彌敦道 348 號	2781 1333
香港文華東方	Mandarin Oriental, Hong Kong	香港中環干諾道中 5 號	2522 0111
馬哥孛羅太子酒店	Marco Polo Prince, The	九龍佐敦廣東道 23 號	2113 1888
馬哥孛羅香港酒店	Marco Polo HK Hotel, The	九龍尖沙咀廣東道 3 號	2113 0088
馬哥孛羅港威酒店	Marco Polo Gateway, The	九龍廣東道 13 號	2113 0888
京華國際酒店	Metropole Hotel, The	九龍窩打老道 75 號	2761 1711
梅窩酒店	Mui Wo Inn	新界梅窩海灘	2984 7225
彌敦酒店	Nathan Hotel	九龍彌敦道 378 號	2388 5141
新高雅酒店	New King's Hotel	九龍油麻地彌敦道 473 號	2780 1281
新世界萬麗酒店	New World Renaissance Hotel	九龍尖沙咀梳士巴利道 22 號	2369 4111
聖地牙哥酒店新館	New San Diego Hotel	九龍油麻地志和街 1 號	2710 4888
香港麗東酒店	Newton Hotel Hong Kong	香港北角電器道 218 號	2807 2333
九龍麗東酒店	Newton Hotel Kowloon	九龍界限街 58 號	2787 2338
北角麗東軒	Newton Inn North Point	香港北角春秧街 88 號	2130 3388
世紀香港酒店	Novotel Century Hong Kong Hotel	香港灣仔謝菲道 238 號	2598 8888
悅來酒店	Panda Hotel	新界荃灣荃華街 3 號	2409 1111
百樂酒店	Park Hotel	九龍尖沙咀漆咸道 61-65 號	2366 1371
柏寧酒店	Park Lane, The	香港告士打道 310 號	2293 8888
美菲花園酒店	Pearl Garden Hotel	九龍佐敦南京街 30 號	2783 1313
帝豪海景酒店	Pearl Seaview Hotel	九龍油麻地上海街 268 號	2782 0882
半島酒店	Peninsula, The	九龍尖沙咀梳士巴利道	2920 2888
利氏賓館	Portobello Lodge	香港香港仔石牌灣道 100 號	2554 3527
恒豐酒店	Prudential Hotel, The	九龍佐敦彌敦道 222 號	2311 8222
香港華美達酒店	Ramada HK Hotel	香港西環德輔道西 308 號	3410 3333
九龍華美達酒店	Ramada Hotel Kowloon	九龍漆咸道 73-75 號	2311 1100
麗豪酒店	Regal Riverside Hotel	新界沙田大涌橋路	2649 7878
萬麗海景酒店	Renaissance Harbour View Hotel, HK	香港灣仔港灣道 1 號	2802 8888
富豪機場酒店	Regal Airport Hotel	新界赤鱲角	2286 8888
富豪香港酒店	Regal Hong Kong Hotel	香港銅鑼灣怡和街 88 號	2890 6633
富豪東方酒店	Regal Eastern Hotel	九龍九龍城沙埔道 30 號	2718 0333
富豪九龍酒店	Regal Meridien Hotel	九龍尖沙咀東麼地道 71 號	2722 1818
麗嘉酒店	Ritz-Carlton, The	香港中環干諾道中 3 號	2877 6666
帝苑酒店	Royal Garden Hotel, The	九龍尖沙咀麼地道 69 號	2721 5215
皇家太平洋酒店	Royal Pacific Hotel, The	九龍尖沙咀廣東道 33 號中港城	2736 1188
帝都酒店	Royal Park Hotel	新界沙田新城市商業大廈	2601 2111
帝京酒店	Royal Plaza Hotel	九龍太子道 193 號	2928 8822
香港基督教青年會賓館	Salisbury, The (Y.M.C.A.)	九龍尖沙咀梳士巴利道 41 號	2268 7000
救世軍卜維廉賓館	Salvation Army Booth Lodge	九龍油麻地永星里 11 號	2771 9266
聖地牙哥酒店	San Diego Hotel	九龍佐敦吳松街 169-189 號	2737 1111
新樂大酒店	Shamrock Hotel	九龍彌敦道 223 號	2735 2271
香港喜來登酒店	Sheraton Hong Kong Hotel & Towers	九龍尖沙咀彌敦道 20 號	2369 1111
粵華酒店	South China Hotel, The	香港北角渣華道 67 號	2503 1168
南洋酒店	South Pacific Hotel	香港灣仔摩利臣山道 23 號	2572 3838
仕德福山景酒店	Stanford Hillview Hotel	九龍尖沙咀天文台道 13 號	2722 7822
仕德福酒店	Stanford Hotel	九龍旺角豉油街 118 號	2781 1881
新港酒店	Sun Kong Hotel	新界元朗凹頭東城里路 1 號	2473 6622
大埔賓館	Tai Po Hotel	新界大埔墟運頭角里 6 號 2-3 樓	2653 6822
大東酒店	Tai Tung Hotel	九龍太子道 396 號	2382 8666
長洲華威酒店	Warwick Hotel Cheung Chau	新界長洲東灣	2981 0081
華美粵海酒店	Wharney Guang Dong Hotel, The	香港灣仔駱克道 57-73 號	2861 1000

主要航空公司一覽表

名稱		地址	電話
俄羅斯國際航空	Aeroflot Russian Airlines	香港金鐘力寶中心1座2705室	2537 2611
阿根廷航空公司	Aerolineas Argentina	香港德輔道中48-52號裕昌大廈11樓	2868 1870
加拿大航空公司	Air Canada	香港皇后大道中18號新世紀大廈第1期16樓1608室	2867 8111
東方航空公司	Air China Eastern	香港皇后大道中10號中航大廈4樓	2973 3866
法國航空公司	Air France	香港怡和大廈25字樓	2524 8145
印度航空公司	Air India	香港赤鱲角客運大樓	2769 6558
毛里裘斯航空公司	Air Mauritius	香港聖佐治大廈6字樓608室	2523 1114
新西蘭航空公司	Air New Zezland	香港中環怡和大廈1701室	2862 8988
意大利航空公司	Alitalia Airline	九龍尖沙咀海洋中心1316室	2375 4001
全日本空輸株式會	All Nippon Air ways	香港中環國際金融中心1期501室	2810 7100
美國航空公司	American Airline Inc.	九龍尖沙咀半島寫字樓大廈10樓	2826 9269
韓亞航空公司	Asiana Airlines Inc	香港告羅士打大廈34樓	2523 8585
英國航空公司	British Airways	香港歷山大廈30樓	2822 9000
國泰航空公司	Cathay Pacific Airways	九龍尖沙咀半島寫字樓大樓10樓	2747 1234
捷克航空公司	Ceskeslovenske Airlines	香港中環雪廠街10號2樓22-23室	2868 3231
中華航空公司	China Airlines Ltd.	香港聖佐治大廈3樓	2843 9800
中國航空公司（香港）有限公司	CNAC (HK) Ltd.	大嶼山東輝路12號中航大廈5字樓	2861 0288
美國大陸航空公司	Continental Airlines	香港中環中心58樓5801室	3198 5777
達美航空公司	Delta Airlines	香港銅鑼灣嘉蘭中心2503A	2526 5875
嘉魯達印尼航空公司	Garuda Indonesian Airways	香港灣仔告士打道108號大新金融中心15樓	2840 0000
皇家汶萊航空有限公司	Gsa-Scomber Services Ltd.	香港銅鑼灣嘉蘭中心2505室	2926 2030
海灣航空公司	Gulf Air	香港銅鑼灣嘉蘭中心2508室	2882 2892
港龍航空公司	Hong Kong Dragon Airlines Ltd.	香港上環皇后大道中183號中遠大廈46樓	3193 3888
冰島航空公司	Iceland Airlines Ltd.	香港中環德輔道中302號華杰商業大廈6字樓	2866 8826
日本亞細亞航空	Japan Asia Airways	香港尖沙咀海港城海威大廈6座30樓	2521 8102
日本航空公司	Japan Air Lines	九龍尖沙咀海港城海威大廈第6座30樓	2523 0081
肯尼亞航空公司	Kenya Airways Ltd.	香港金鐘遠東金融中心1901室	2523 6053
荷蘭皇家航空公司	KLM Royal Dutch Airlines	香港銅鑼灣世貿中心22樓	2808 2118
大韓航空公司	Korean Air Lines	九龍尖沙咀麼地道75號南洋中心2期11樓	2366 2001
德國航空公司	Lufthansa German Airlines	香港赤鱲角空運大廈	2769 6560
馬來西亞航空公司	Malaysian Airline System	香港中環中匯大廈23字樓	2521 8181
西北航空公司	Northwest Orient Airlines	香港中環中遠大廈1908室	2810 4288
巴基斯坦國際航空公司	Pakistan International Airlines	九龍尖沙咀東海中心1104A室	2366 4770
菲律賓航空公司	Philippine Airlines	九龍尖東加連威老道98號東海中心地下	2769 6263
澳洲航空公司	Qantas Airways Ltd.	香港中環怡和大廈24樓	2842 1438
北歐航空公司	Scandinavian Airlines System	香港灣仔告士打道夏慤大廈1401室	2865 1370
新加坡航空公司	Singapore Airlines	香港統一中心17字樓	2520 2233
南非航空公司	South African Airways	香港歷山大廈30樓	2877 3277
瑞士國際航空公司	Swiss Air	香港海富中心第2座8樓	2861 8888
泰國國際航空公司	Thai Airways International	香港統一中心24樓A	2876 6888
土耳其航空公司	Turkish Airlines	香港灣仔捷利中心1703室	2861 3111
聯合航空公司	United Airlines	香港告羅士打大廈29字樓	2810 4888
巴西航空公司	Varig Brazilian Airlines	香港上環中環中心9樓	2511 1234
維珍航空公司	Virgin Atlantic	香港中環遮打道歷山大廈8樓801室	2532 3030
越南航空公司	Vietnam Airlines	香港中環國際金融中心30字樓	2810 6680

主要輪船公司一覽表

名　稱	地　址	電　話
American President Lines Ltd. 美國總統輪船公司	九龍廣東道 7 號香港新電訊中心 16 樓	2738 7333
Atlantic Forwarding(China) Ltd. 瑞士理運（中國）有限公司	九龍葵芳興芳道 223 號第 2 期 7 樓 713-722 室新都會廣場	2420 0662
Asia Century Shipping Ltd. 亞洲世紀船運服務有限公司	九龍新蒲崗大友街 34 號新科技大廈 2309B	2320 7382
Awards Shipping (H.K.) Ltd. 富裕船務(香港)有限公司	香港銅鑼灣廣場 1 期 15 字樓 1502 室	2877 3928
Anglo-Eastern Ship Management Ltd. 中英船務有限公司	香港皇后大道東 248 號萬誠保險大廈 23 樓	2863 6111
China Merchants Steam Navigation Co., Ltd (Incorporated in China) 招商局輪船股份有限公司(中國注冊)	香港干諾道中 152-153 號招商局大廈 12 字樓	2852 7688
China Express Agency Co., Ltd. 華聯國際（香港）有限公司	香港上環維德廣場 12 樓 02-04 室	2503 3261
China Navigation Co. Ltd.(The) 太古輪船有限公司	香港太古大廈 7 樓	2840 8301
China Yan Tai Shipping Co., Ltd. 芝興船務有限公司	香港上環永樂街 177-183 號永德中心 1509 室	2858 6118
Chu Kong Shipping Co. Ltd. 珠江船務有限公司	香港干諾道中 143 號珠江船務大廈	2547 9947
Cresson Shipping Company Limited 嘉信船務有限公司	香港干諾道中 125 號東寧大廈 8 字	2543 2750
Dai Guan Shipping Ltd. 大源船務有限公司	香港德輔道西 40-50 號西區中心大廈 21 樓	2592 3388
Daya Shipping Co.Ltd. 大亞船務有限公司	香港德輔道中 141 號中保集團大廈 20 字樓	2545 1833
Dong Woo Shipping CO. 東宇海運公司	香港德輔道中 189 號李寶椿大廈 1103-04 室	2534 4800
East Asia Shipping (H.K.) Ltd. 香港東亞航業有限公司	香港皇后大道東 43-59 號東美中心 12 樓 1207 室	2876 0608
Eternity Shipping Agencies Ltd. 益大航業有限公司	香港信德中心西座 1302 室	2545 9861
Evergreen Star (H.K.) Co. Ltd. 長榮(香港)有限公司	香港灣仔夏慤道夏慤大廈 22-23 字樓	2845 3918
Fairmone Shipping (H.K.) Ltd. 東昌航運(香港)有限公司	香港紅棉路 8 號東昌大廈 21 樓	2521 8338
Far East Enterprising Co., (H.K.) Ltd. 華夏企業有限公司	九龍長沙灣元州街 89 號潤發大廈 1 樓	2828 3668
Far East Hydrofoil Co. Ltd. 遠東水翼船務有限公司	香港信德中心 3 樓	2859 3333
Fordpointer Shipping Co., Ltd. 富邦航運有限公司	香港灣仔上海實業大廈 9 字樓	2861 2286
Fujian Shipping Interprises Ltd. 華閩船務企業有限公司	香港干諾道西 141 號保栢中心 10 樓	2544 1868
Great Trans Internatl Co 運豪國際貨運公司	九龍旺角煙廠街 9 號興發商業大廈 1009 室	2797 9927

名　稱	地　址	電　話
Golden Fortune Shipping Co.Ltd. 金發船務有限公司	香港港灣道 1 號會展大樓 1508 室	2824 6428
Golden Star Shipping Ltd. 金星海運有限公司	香港駱克道 20 號 17 字樓	2527 0495
Grand Seatrade Shipping Agencies Ltd. 隆星航業有限公司	香港中環歷山大廈 2607 室	2526 4294
Hiong Cuan Navigation Co., Ltd. 雄源船務有限公司	香港金鐘力寶中心 1 期 1308A	2524 1187
Hong Kong Macao Hydrofoil Co. Ltd. 港澳飛翼船有限公司	香港信德中心 1 字樓	2859 3333
IKE Maritime Co.Ltd. 益記海運有限公司	香港中環德己立街 46 號	2521 4361
International Maritime Carriers ltd. 萬邦航運有限公司	香港中環雪廠街 2 號聖佐治大廈 17 字樓	2820 1100
Interocean Shipping Co. Ltd. 海洋船務有限公司	香港干諾道中 122 號海港商業大廈 4 樓	2541 2634
Jardine Shipping Agencies (H.K.) Ltd. 怡和船務代理(香港)有限公司	香港葵涌貨櫃碼頭路 88 號永德里廣場 2 期 1802-1808 室	2579 3388
Joint Martime Co., Ltd. 聯航船務有限公司	香港干諾道西 21-24 海景商業大廈 3 樓	2548 5144
Kawasaki(H.K.) Limited 川崎(香港)有限公司	香港金鐘統一中心 33 樓	2861 5511 (10Lines)
Kong Hing Shipping Co. 港興船務公司	香港永安中心 1206 室	2542 4954
Kuehne & Nagel (H.K.) Ltd. 德迅海空運有限公司	香港高士打道 38 號美國萬通大廈 23 字樓	2823 7688
Kwai Kong Shipping Co., Ltd. 桂江船務有限公司	香港干諾道西 28 號威勝商業大廈 207 室	2548 0009
Maersk Line (H.K.) Ltd. 馬士基輪船(香港)有限公司	香港銅鑼灣新寧大廈 17 至 19 樓	2837 2222
Ming Sung Ind Co. (H.K.) Ltd. 香港民生實業有限公司	香港干諾道西 144-151 號成基大廈 16 樓	2547 5793
Mitsui O.S.K.Lines (H.K.)Ltd. 大阪商船三井船舶(香港)有限公司	新界葵涌貨櫃碼頭路 88 號永德里廣場 1 期 27 樓	2823 6800
N.Y.K.Line(H.K.)Ltd. 日本郵船(香港)有限公司	香港海富中心第 1 期 31 樓	2864 5100
Nedlloyd (H.K.) Ltd. 渣華(香港)有限公司	香港鰂魚涌太古坊多盛大廈 25 樓	2856 6100
Ocean Union Transp Trdg Ltd. 海聯貨運貿易有限公司	香港油麻地上海街 32-36 號 16 樓 B 座	2730 0313
Orient Overseas Container Line Ltd. 東方海外貨柜航運有限公司	香港港灣道海港中心 31 字樓	2833 3888
Pacific International Lines (H.K.) Ltd. 太平船務(香港)有限公司	香港灣仔華比大廈 19 字	2529 3283
Patt Manfield & CO. Ltd. 新茂豐有限公司	香港中環鑽石會大廈 16 字樓	2524 9863
Phoenix Enterprise Co. Ltd. 鳳凰企業有限公司	香港德輔道中 287-291 號長遠大廈 15 樓	2545 3799
Posidon International Co., Ltd. 歐聯香港有限公司	香港灣仔中國人壽大廈 1901 室	2851 0098
Prosperity Steamship Co. Ltd. 順利輪船有限公司	香港中環高陞街 43 號	2803 2218
Regent Shipping Ltd. 聯成輪船有限公司	香港中環環球大廈 1501 室	2525 4565

名　稱	地　址	電 話
Sea Land Boads Ltd. SL海陸船務有限公司	香港北角渣華道8號威邦商業中心1308室	2525 9701
Seaunion Transportation 海聯運輸有限公司	香港灣仔英皇集團中心9樓	2893 1117
Shin Wa Shipping Ltd. 香港新和海運有限公司	九龍廣東道5號10字樓1002室	2110 1228
Shun Cheong Steam Navigation Co. Ltd. 順昌航業有限公司	香港中建大廈17字樓	2524 9096
Sin Oway Shipping Ltd. 廣運船務有限公司	香港灣仔軒尼詩道338號北海中心30樓	2861 0266
Shougang Concord International Transport Ltd. 首長國際運輸有限公司	香港告士打道56號東亞銀行港灣中心7字樓	2876 4888
Skaarup Shipping (Asia) Ltd. 香港史格拉航運有限公司	香港上環信德中心西座1304室	2805 1482
Smart Point Shipping Ltd. 美達船務有限公司	香港上環信德中心1501室	2542 1676
Sun Hing Shipping Co., Ltd. 新興行船務有限公司	香港金鐘統一中心10樓	2823 5888
Sun Lord Co., Ltd. 信樂有限公司	香港上環威胜商業大廈1905-7室	2548 2661
Swire Shipping (Agencies) Ltd. 太古船務(代理)有限公司	香港英皇道979號太古坊多盛大廈3103室	2968 7111
Tak Wing Shipping Co.(H.K.& Macau) 港澳德榮船務公司	香港西環吉直街98號1A樓	2818 8060
Teh-Hu Cargocean Management Ltd. 德和海運管理有限公司	香港告士打道77-79號華比大廈15樓B	2598 8688
Trmmar Ltd. 田華有限公司	香港中環中建大廈1209室	2523 2952
Treasure Maritime Ltd. 大順航運有限公司	香港干諾道中130-6號誠信大廈22樓	2544 4141
Unique Shipping Agencies Limited 懋德航運有限公司	香港海港中心18字樓1802室	2827 4828
Valles Steamship Company Ltd. 萬利輪船有限公司	香港皇后大道中99號中環中心61字樓6111室	2524 7111
Van Shipping Co. Ltd 萬安輪船有限公司	香港鷹君中心12樓1201室	2827 8307
Venmillion Overseas Management Co. Ltd. 維明有限公司	香港告士打道56號東亞銀行港灣中心1505室	2528 5095
Wah Kwong Shipping Agency CO. Ltd. 華光船務代理有限公司	香港軒尼詩道48號上海實業大廈26樓	2527 9227
Wang Fook Navigation Co. 宏福海運公司	香港永樂街121號13樓	2541 1615
World-Wide Shipping Agency Ltd. 環球輪船代理有限公司	香港德輔道西9號京光商業中心23字樓	2842 3888
Zhang Hai Chang Shipping Co., Ltd. 中海昌船務有限公司	香港干諾道西15-16號9樓	2544 9578
Zhejiang Fuchuen Shipping & Enterprises Co., Ltd. 富春船務企業有限公司	香港皇后大道中305-313號永業中心19樓	2544 8890
Zhong Shan Shipping Co., Ltd. 鍾山船務有限公司	香港港灣道23號鷹君中心1309室	2527 3683

主要貨倉及冷藏貨倉一覽表

貨 倉 名	地 址	電 話
Alecander Industrial Company 歷山迷你倉庫	九龍灣宏冠道8號金漢工業大廈8樓801室	2755 8177
Affordable Mini Warehouse Co. 實惠迷你貨倉	九龍四山街28號安全工業大廈7字樓	2440 4048
Brilliant Cold Storage Management Ltd. 光輝凍藏管理公司	新界葵涌喜街8號	2614 8383
Chance Trading Transport Co. 晉秀中港冷藏運輸公司	新界大埔廣場宜德閣31樓D室	2667 0002
China Merchants Godown, Wharf & Transportation Co., Ltd. 招商局倉碼運輸有限公司	香港堅尼地城西寧街18號	2816 8168
China Resources Transport & Godown Co., Ltd. 華潤運輸倉儲貨倉有限公司	九龍深水埗欽州街西潤發大樓2樓	2828 3668
Chevalies Cold Storage Warehousing Ltd. 其士冷藏倉庫有限公司	新界上葵涌國瑞道124-130號	2425 1461
China Travel Hip Kee Godown Hong Kong Ltd. 香港中旅協記貨倉有限公司	九龍紅磡暢行道1號北面閣樓	2852 1388
Chivas Godown Ltd. 柴灣貨倉有限公司	香港柴灣嘉業街60號	2558 9331
Crown Honor Warehouse & Transp.(H.K.) Co., Ltd. 冠譽倉庫運輸(香港)有限公司	新界葵涌醉酒灣永健路2號1樓A座	2614 3388
Chiao Tung Cold Storage 南洋貨倉有限公司	香港銅鑼灣香港大廈G座17/F	2541 8830
Dah Chong Hong,(Godown) Ltd. 大昌貿易行貨倉有限公司	九龍啟祥道20號8樓	2768 3388
Dah Keung Enterprise Godown Dept.Co.,Ltd. 大強建業貨倉有限公司	九龍觀塘海濱道155號	2341 9285
Fenix Logistic Services Ltd. 威黃物流服務有限公司	九龍葵涌梨木道88號達利中心502A-B室	2487 1968
Fidelity Godown Co.,Ltd. 實用貨倉有限公司	新界葵涌葵德街7-13號	2428 3300
Hing Wai Ice & Cold Storage Co., Ltd. 興偉冰廠凍房有限公司	香港田灣海傍道9號	2553 7476
H.K.& Kowloon Wharf & Godown Co., Ltd. 香港九龍倉碼頭及貨倉有限公司	九龍尖沙咀海洋中心16樓1601室	2118 8118
Hong Kong Mini's 香港迷你倉	新界荃灣沙咀道40-50號榮豐工業大廈23樓	3114 6922
HK Ice & Cold Store 香港製冰及冷藏有限公司	香港香港仔田灣海旁道11號	2554 1105
Hing's Godown & Transportation Co., Ltd. 興發貨倉有限公司	新界元朗錦繡花園	2471 9031
Hoi Tong Trade & Transportation Co. 海棠中港貿易貨運公司	香港筲箕灣亞公岩聯星工業大廈地下	2189 9966
Joinfriends Godown Co., Ltd. 集友利貨倉有限公司	香港新界葵涌南星工業大廈地下全座	2610 9964

貨倉名	地址	電話
Ka Wah Trading Co., Ltd. 嘉華迷你貨倉	九龍觀塘巧明街112號友聯大廈3及9字樓	2343 8273
Kent Godown 健力貨倉	新界粉嶺沙頭角道軍地北村30號	8206 0713
Kerry Logistics Network Limited 嘉里物流聯網有限公司	新界葵涌永基路55號嘉里貨運中心16樓	2211 9898
Kerry Warehouse Ltd. 嘉里貨倉（香港）有限公司	新界葵涌永基路55號	2410 3600
Kwai Chung Cold Storage Co.,Ltd. 葵涌冷房有限公司	新界葵涌青山道葵涌段403-413號	2423 1111
Kwong Sun Hong Godown Ltd. 廣新行貨倉	九龍灣宏光道6號	2755 7232
Lee Man Godown 利民貨倉	新界葵涌德街15-33號葵德工業中心3樓	2428 1388
Man Hing Express & Godown Ltd. 萬興貨倉有限公司	香港永樂街172-176號3樓	2545 7147
Man Sun Godown Ltd. 民生貨倉有限公司	新界荃灣橫龍街72-76號民生貨倉中心	2433 0143
Minico Self-Storage 美利倉	九龍觀塘開源道79號	2342 3042
Mini Storage 恒昌貨倉有限公司	九龍大角咀必發道136-146號恒昌中心	2390 7228
Modern Godown Ltd. 現代貨倉有限公司	新界葵涌葵樂街2-28號A, B座	2406 9812
North Point Terminal Ltd. 北角貨柜碼頭有限公司	香港北角油街17號	2571 6192
Oriental Logistics Co., Ltd. 東方儲運有限公司	香港新界葵涌嘉定路1-11號	2541 3337
Pak Sik Enterprises Ltd. 百適企業有限公司	香港沙田火炭禾穗街15-29號	2541 8823
Quei Chong Godown Ltd. 葵中貨倉有限公司	新界葵涌貨櫃碼頭路43號8字樓	2424 0416
Safety Godown Co.,Ltd. 安全貨倉有限公司	新界葵涌國瑞路132-140號	2425 9453
Shatin Cold Storage Co., Ltd. 沙田冷倉有限公司	沙田火炭禾穗街31-43號	2691 9299
Tai Koo Godown (H.K.) Ltd. 太古貨倉（香港）有限公司	九龍葵涌貨櫃碼頭MPL2期2樓	2422 9316
Tai Sang Cold Storage & Godown Co.,Ltd. 大生凍房倉庫有限公司	新界火炭黃竹洋街6號	2695 4075
Tolam Godown (Holding) Co., Ltd. 東林貨倉（控股）有限公司	新界葵涌葵喜街18-24號樂基大廈12樓	2614 6663
Via-Links Express Int's (HK) Ltd. 輝聯捷運國際（香港）有限公司	九龍葵涌興芳路223號新都會廣場一期37樓3708-11室	2545 8233
Winner Godown Ltd. 永南貨倉有限公司	新界荃灣橫龍街35-41號	2408 7221
Yee Lim Godown & Cold Storage Ltd. 裕林貨倉凍房有限公司	新界下葵涌葵樂街2-28號裕林工業中心C座	2614 5801
Yuen Fat Wharf & Godown Co.,Ltd. 潤發倉碼有限公司	九龍深水埗西九龍填海區潤發碼頭潤發行政大廈	2374 6688
Yue Xiu Cold Storage & Warehousing Ltd. 越秀冷藏倉庫有限公司	九龍東源街16號	2727 0693

速遞公司一覽表

公司名稱	地　址	電　話
ABS 聯運國際服務中心	九龍油塘華順工業大廈 5 樓	2625 0038
ARRIVAL 運速遞服務有限公司	新界葵涌葵義路 15 號葵芳閣第 2 座 H5 號地下	2410 8181
A-One 速遞	九龍旺角煙廠街 9 號興發商業大廈	2780 0328
Alliance 聯盟快遞服務公司	九龍長沙灣道 760-762 號 5 期 1 樓 D1 室	2959 3933
Apex 全一快遞（香港）有限公司	九龍觀塘海濱道 151-153 號	2756 1381
CX 快遞中心有限公司	九龍荔枝角長順街 1-3 號新昌工業大廈 201 室	2782 2616
City line 速遞服務公司	九龍荔枝角青山道 688 號嘉明大廈 4 樓 D2 室	2317 7083
City-link 國際速遞服務公司	九龍觀塘海濱道 151-153 號廣生行中心地下 6 室	2382 3737
CKS 珠江快遞	九龍尖沙咀中港城 2 字樓 201 室	2735 6023
DHL 速遞中心	九龍長沙灣道 681 號貿易廣場 11 字樓	2400 3388
ESI 速遞（香港）有限公司	九龍九龍塘延文禮士道地下 14 號	2336 4111
MPC 速遞有限公司	九龍青山道 666 號奇華工業大廈 6 字樓	2310 1166
NUC 快馬速遞有限公司	九龍尖沙咀柯士甸路 4 號柯士商業中心 2 字樓全層	2723 0998
TNT 環球快遞（香港）服務公司	九龍九龍灣啟興道 2 號太平洋貿易中心 1 字樓 6-17 室	2331 2663
UC 亞洲聯合速遞服務	九龍榮吉工業大廈 1 字樓	2380 1171
UPS 美國包裹服務公司	九龍荔枝角永康街 9 號 36 字樓	2735 3535
八十八快運服務	九龍尖沙咀柯士甸商業中心 2 字樓（全層）	2736 2286
八達速遞服務公司	九龍紅磡置富商業大廈	2334 4678
九如國際快遞（香港）有限公司	九龍油麻地石壁道 11 號	2780 8323
三角洲速遞公司	九龍觀塘觀塘工業中心	2348 1431
天天快遞公司	九龍九龍長沙灣福榮街 226 地下	2708 3783
天恒速遞服務有限公司	香港金鐘道 95 號統一中心 1 樓 1019 室	2893 0886
天峰快遞貨運有限公司	九龍九龍灣工業中心地下	2759 8611
中國快遞服務有限公司	香港鰂魚涌東港中心 10 字樓 4 室	2516 6213
中港澳速遞	九龍觀塘政府工業大廈 1 座地下	2797 8023
中港澳（國際）快遞服務公司	九龍觀塘宏圖道 21 號訊科中心 19 字樓	2797 8346
中國快遞公司	九龍尖沙咀麼地道 14-16 號半島大廈 1 樓 11 室	2753 8863
中廣國際快遞	九龍佐敦文匯街 36 號地下	2771 0802
中國外運（香港）速遞有限公司	九龍土瓜灣宋皇台道 70-78 號好收成空運中心地下	2757 8660
永楠快遞公司	九龍尖沙咀天文台圍 5-9 號 707 室	2311 3306
王一快遞（香港）有限公司	九龍觀塘廣生行中心地下	2756 1299
世界速遞香港有限公司	香港北角宏利保險中心 16 樓 A 室	2833 5775
你的速遞公司	香港皇后大道東 147-151 號威利商業大廈 428 室	2803 4018
利通中港快遞有限公司	九龍長沙灣永康街 61 號	2353 1330
利達中國快遞公司	九龍旺角砵蘭街 385 號	2480 1333
快便利服務公司	香港鰂魚涌南豐新邨	2856 0653
快遞中心有限公司	門龍荔枝角長順街 1-3 號新昌工業大廈 201 室	2782 2616
快利來速遞服務公司	香港西環聯邦廣場 2 樓	2310 8115
快利達速遞	九龍葵通華星街 13-17 號南華冷房	2782 7352
快時美速遞公司	九龍深水埗九江街 135 號	2386 1636
早晨快信	九龍長義街 9 號建業中心 3 樓 AB 座	2370 8222
全一快遞（香港）有限公司	九龍觀塘廣生行中心	2756 1381
全順快遞有限公司	九龍油麻地南京街 25 號	2312 2970
先領航空速遞有限公司	九龍紅磡榮光街 20 號地下	2764 1843

公司名稱	地　址	電　話
先鋒中港速遞公司	九龍新蒲崗四美街23號	2320 9385
先達速遞服務公司	九龍長沙灣昌發工廠大廈3字樓	2728 4351
依時快遞有限公司	九龍葵涌力豐工業大廈11號11字樓	2610 2888
依時利快遞公司	九龍榮吉工業大廈地下	2395 8721
佳達中國快遞集團	九龍葵梨木道57-61號根德工業大廈地下B座	2720 3338
迅達文件速遞公司	九龍廣東道1141號協和工業大廈5樓	2397 6932
迅威速遞有限公司	九龍青山道495號誠信工廠大廈1樓A	2774 9107
速達（中港）快運有限公司	新界沙田火炭坳背灣街45-47號	2690 0800
速達成文件專遞	九龍彌敦道788號6字樓A	2787 5220
成功速遞服務公司	九龍旺角嘉福商業大廈	2332 2518
巡城馬速遞有限公司	九龍高明商業大廈8字樓	2770 2084
巡城速遞有限公司	香港中環大生銀行大廈	2545 9655
城市速遞服務有限公司	九龍觀塘開源道75號業發工業大廈第二期2字樓	2389 1147
城駿速遞服務有限公司	九龍旺角協和工業大廈5字樓	2396 4392
保達速遞公司	九龍葵涌華星街8號華達工業中心B座17樓16室	2429 8056
順達中國快遞公司	九龍長沙灣福榮街340號地下	2682 8228
飛騰快遞公司	九龍九龍灣宏照道11號寶隆中心A座615室	2243 5526
飛捷速遞有限公司	九龍九龍灣貨運中心	2771 4820
飛燕傳遞服務公司	九龍荔枝角長裕街5號宏興大廈4樓全層	2780 7323
飛達快遞	九龍太子恒安大廈地下	2398 3550
飛鴻速遞有限公司	九龍尖沙咀嘉蘭圍1203室	2368 5672
准時達專遞服務有限公司	九龍彌敦道776號恆利商業大廈204室	2391 2832
特快專遞(香港郵政)	香港中環德輔道中308-320號東亞安泰中心21樓	2921 2288
特快專遞有限公司	九龍紅磡鶴園街衛安中心3樓	2529 0711
港迅快遞服務有限公司	九龍荔枝角柏裕工業中心8樓B	2371 0212
港龍快遞	有龍荔枝角榮吉工業大廈103室	2392 0646
盈烽速遞（中港）	九龍旺角塘尾道66-68號福強工業大廈B座1樓2室	3422 3344
榕煒快遞公司	香港北角京華道9-27號富利來商場2樓64室	2807 2201
敦豪城市速遞有限公司	九龍開源道68號觀塘廣場54室	2710 8111
盛立快遞公司	九龍九龍灣宏開道15號	2751 9932
域高速運有限公司	九龍九龍灣宏泰道3-5號合力工業中心A座地下	2410 9993
專業速遞公司	香港軒尼詩道164-166號安寧大廈4樓A室	2838 7550
偉邦國際速遞有限公司	九龍土瓜灣高山道6號、16號及20號	2762 9555
集富服務有限公司	香港軒尼詩道184號建造商會大廈13字樓184室	2574 7068
萬里速遞公司	九龍佐敦文英街33號地下	2710 8902
達興快遞公司	九龍油麻地石壁道9-11號地下	2780 8323
創億速遞運輸有限公司	九龍九龍灣宏光道7號興力工業中心地下3號舖	2770 8670
廣州遞速(香港)有限公司	九龍九龍灣啟興道2號	2707 9431
運轉香港（文件交匯）有限公司	九龍紅磡鶴園街3號衛安中心3樓	2525 2303
遞速國際捷運(香港)有限公司	九龍紅磡鶴園街13號康力大廈708A室	2333 2802
聯和專業速遞公司	九龍青山道495號誠信大廈1樓A室	2786 1393
聯邦快遞有限公司	九龍觀塘宏圖道57號南洋中心26字樓	2730 3333
聯盟快遞服務公司	九龍長沙灣道760號香港紗廠5期1樓B1	2959 3933
興達速遞貿易公司	九龍太子道鵝蘭街2-4號2樓A	2739 6161
龍運國際速遞有限公司	九龍九龍灣工業中心	2309 2810
龍輝中港速遞有限公司	九龍官塘鴻圖道26號威登中心2樓205室	2191 7171
縱橫速遞有限公司	九龍彌敦道525號寶寧大廈A座1505室	2783 8362

郵費表

(2005年1月1日起生效)

本港郵件

信件及郵包(非大量投寄)		
重量不超過	一　級	
	非標准	#標准
30克	$ 1.40	$ 1.40
50克	2.20	2.20
100克	3.00	—
150克	3.70	—
200克	4.00	—
250克	4.40	—
500克	8.20	—
1千克	16.40	—
2千克	28.00	—

重量限制：2千克

附註：

#"標準"郵件必須符合一定規格，香港郵政的機械揀信系統才能加以處理。一般來説，要符合的規格如下：

重量：50克或以下
尺寸：最少：90毫米×140毫米
最大：167毫米×260毫米
厚度：最少：0.25毫米
　　　最大：7.00毫米

信封：用不反光淺色紙
　　　(恕不接納末端開口的包裝)
留空位置：信封底部應留空15毫米闊的位置，以便印上條碼

包　裹			
重量不超過	郵費	重量不超過	郵費
1千克	$27	11千克	$127
2千克	$37	12千克	$137
3千克	$47	13千克	$147
4千克	$57	14千克	$157
5千克	$67	15千克	$167
6千克	$77	16千克	$177
7千克	$87	17千克	$187
8千克	$97	18千克	$197
9千克	$107	19千克	$207
10千克	$117	20千克	$217

重量限制：20千克　　体積限制：請參閱一般事項

寄往中國內地、澳門及台灣郵件

空郵郵件及小郵包(重量少於2千克)

• 澳門不設空郵服務。

• 寄中國內地的空郵郵件，全經由鐵路載運至廣州，然後以空運送往目的地。內地的空郵網絡包括廣東的汕頭、興寧及湛江；廣西的南寧及桂林；海南的海口及其餘各省/自治區的所有目的地。

	信件及明信片#	二等航空郵件#
重量不超過20克	$2.40	$1.90
重量不超過30克	$4.50	$3.10
30克以上每加10克或不足10克	$1.20	$0.80
(書籍▼重量限制: 5千克)		

附註：# 詳情請參閱一般事項

▼出版次數不多於每年一次的期刊或雜誌即可視作書籍。5千克的特別重量限制不適用於商業刊物，如目錄、價目表等。

航空郵簡　各郵政局均有發售。不論寄往中國內地或台灣，郵費一律2.30元。郵簡內不得附有任何物品。

平郵郵件及小郵包(重量少於2千克)

重量不超過	信件及明信片#	印刷品#	小郵包#
20克	$1.80	$1.50	$5.60
50克#	$3.00	$2.40	$5.60
100克	$5.70	$3.30	$5.60
250克	$11.40	$6.90	$11.40
500克	$22.10	$12.90	$20.90
1千克	$38.50	$22.00	$37.40
2千克	$59.40	$33.00	$55.00
每加1千克或不足1千克(書籍▼重量限制: 5千克)	-	$16.50	-

附註：# 詳情請參閱一般事項

▼出版次數不多於每年一次的期刊或雜誌即可視作書籍。5千克的特別重量限制不適用於商業刊物，如目錄、價目表等。

國際郵件

空郵郵件及小郵包(重量不超過2千克)

	信件及明信片		二等航空郵件#	
	一區*	二區*	一區*	二區*
重量不超過20克	$2.40	$3.00	$1.90	$2.50
重量不超過30克	4.50	5.30	3.10	4.10
30克以上每加10克或不足10克 (書籍▼重量限制：5千克)	1.20	1.30	0.80	1.00

重量限制：2千克

附註：# 二等航空郵件　　詳情請參閱一般事項中說明

*有關每區及個別國家的詳情，請參閱一般事項中的“地區分區”部分。

▼出版次數不多於每年一次的期刊或雜誌即可視作書籍。5千克的特別重量限制不適用於商業刊物，如目錄、價目表等。

航空郵簡　各郵政局均有發售。不論寄往任何國家，郵費一律2.30元。郵簡內不得附有任何物品。

平郵郵件及小郵包(重量不超過 2 千克)

重量不超過	信件及明信片		印刷品		小郵包
	一區 *	二區 *	一區 *	二區 *	
20 克	$ 2.30	$ 2.90	$ 1.90	$ 2.50	$ 5.60
50 克	$ 4.40	$ 5.00	$ 4.10	$ 4.40	$ 5.60
100 克	$ 5.80	$ 6.60	$ 5.20	$ 5.60	$ 5.60
250 克	$ 11.60	$ 13.10	$ 10.60	$ 11.40	$ 11.40
500 克	$ 22.60	$ 24.80	$ 19.80	$ 20.90	$ 20.90
1 千克	$ 39.60	$ 42.90	$ 35.20	$ 37.40	$ 37.40
2 千克	$ 66.00	$ 68.20	$ 51.70	$ 55.00	$ 55.00
每加 1 千克或不足 1 千克 (書籍▼重量限制：5 千克)	-	-	$ 25.90	$ 27.50	-

附註：* 有關每區各個國家的詳情，請參閱一般事項。

▼出版次數不多於每年一次的期刊或雜誌即可視作書籍。5千克的特別重量限制不適用於商業刊物，如目錄、價目表等。

本地郵政速遞

標準服務

服務選擇

▶ 賬戶顧客

- 賬戶顧客月內投寄郵件的費用會記入帳單，月底時按下列收費表收取費用。每月最低收費為 $375 。

每月速遞件數	每件特惠收費 (不超過 1 千克)	超重物件每千克額外收費
30 件以下	$24.00	$14.00
30-49 件	$19.50	
50-99 件	$18.50	
100-149 件	$16.50	
150-179 件	$16.00	
180-199 件	$15.50	
200-399 件	$14.50	
400 件或以上	$14.00	

- 標準重量限制 - 一千克
- 重量超過一千克的郵件將按表列價格徵收附加費
- 所有郵件如需雙程送遞，每件回程郵件可獲 $ 4 的郵費折扣優惠。
- 每件郵件最高重量限制 - 在流動郵局投寄者每件二千克，在其他郵局投寄者每件五千克 (但往返新界主要地區乙的郵件最高重量限制則為每件一千克)

▶ 非賬戶顧客

收費

每件重量	每件收費
不超過 500 克	$25.00
不超過 1 千克	$35.00
不超過 2 千克	$45.00

- 每件郵件最高重量限制
- 每件二千克(但往返新界主要地區乙的郵件最高重量限制則為每件一千克)

一般條款

- 服務範圍
  - 香港島
  - 九龍半島 (東至油塘、南至尖沙咀、西至美孚、北至獅子山)
  - 新界主要地區甲 (將軍澳、荃灣、葵涌、青衣、沙田及大埔)
  - 新界主要地區乙 (屯門工業區、元朗工業邨、東涌工業區及粉嶺安樂村)
  - 機場
- 賬戶顧客享有免費專人上門收件服務，還可指令在服務範圍內任何地點收件及把郵件送到指定的交件地址; 賬戶及非賬戶顧客可於全港多間郵局投寄郵件 (秀茂坪郵局除外)。
- 在各指定郵局櫃位的上午截件時間前所收的郵件，或在"上門收件"熱線截件時間前所收的指令，同日下午五時前必定送到 * 。下午在郵局櫃位截件時間前所收的郵件，或在 "上門收件熱線截件時間前所收的指令，保證下一個工作天中午一時前送到 * 。此外往返新界主要地區乙的郵件，保證於下一個工作天下午五時前完成派遞 * 。

*(星期日、公眾假期、黑色暴雨警告，八號或以上颱風訊號懸掛的情況下除外)

- 如未能達到服務標準或遺失郵件，派遞費用將全數退還顧客，遺失或損毀的郵件則不另作賠償。
- 本地郵政速遞郵件並無特定體積限制，惟郵件須按照郵政指南所列要求，妥為包裝或捆紮、方便遞送。

查詢詳情或開立戶口，歡迎致電"本地郵政速遞服務"熱線: 2921 2277

特快服務

<table>
<tr><th>服務選擇</th><th>一般條款</th></tr>
<tr><td>

▶ 賬戶顧客

收費:

每件重量	郵費
不超過 2 千克	每件 $160

●最高重量限制 - 每件二千克

服務類別

服務類別	提供服務時間	截件時間
預約按時上門	週一至週日 *	預先跟客戶協議
按需求上門	週一至週六 *	下午 2: 30 前致電“上門收件”熱線或把指令傳真至收件中心

*(公眾假期、黑色暴雨警告，八號或以上颱風訊號懸掛的情況下除外)

</td><td>

●服務地區 #

香港島: 從西營盤至柴灣;

九龍半島: 東至油塘 (將軍澳除外)、南至尖沙咀、西至長沙灣、北至獅子山;

新界: 包括葵涌、荃灣 (青衣除外)、沙田 (馬鞍山除外)、大圍及火炭。

* 鄉村 / 村屋及偏遠地區除外。

●客戶只須預先開戶，即可使用此服務。

●賬戶顧客享有免費專人上門收件服務。

●從香港郵政收件中心在截件時間前確認收件指令起計算，保證 2.5 小時內 * 完成急件派遞。

*(公眾假期、黑色暴雨警告，八號或以上颱風訊號懸掛的情況下除外)

●如未能達到服務標準或遺失郵件，派遞費用將全數退還顧客，遺失或損毀的郵件則不另作賠償。

●本地郵政速遞郵件並無特定體積限制，惟郵件須按照郵政指南所列要求，妥為包裝或捆紮、方便遞送。

</td></tr>
<tr><td colspan="2">查詢詳情或開立戶口，歡迎致電“本地郵政速遞服務”熱線: 2921 2277</td></tr>
</table>

大量投寄郵件服務

香港郵政通函郵寄服務

<table>
<tr><th>服務選擇</th><th>一般條款</th></tr>
<tr><td>

收費:

每件重量	通函服務	特選通函服務 *
不超過 30 克	$0.90	$1.00
不超過 50 克	$1.30	$1.40
不超過 100 克	$1.80	$1.90
不超過 150 克	$2.00	$2.10

* 特選通函服務顧客可選取最多兩項社會及經濟指標 每件函件只須額外支付一角。
每次投寄的最高額外費用為 $5,000 。
若每次投寄 200,000 份以上，可獲額外折扣優惠，
如欲知有關詳情，請致電 2921 2277 。

</td><td>

• 通函通常會在投寄後四個工作天內完成派遞 (星期日及公眾假期不計算在內) 。
• 每次最少投寄 2,000 份相同的函件。
• 每份通函的形狀、大小、重量均須完全相同。
• 必須事先向有關郵政局提交一份投寄函件的樣本及申請表格以供審核。

</td></tr>
</table>

大量投寄本地郵件

服務選擇	一般條款
• 郵資蓋印、預付郵資及特許郵遞郵件 • 預揀郵件優惠計劃（只適用於郵資蓋印及特許郵遞郵件） 如你將郵件預先分揀，則可獲扣減郵費： • 按派遞區預先分揀，可獲扣減10%的郵費 • 按郵差派遞段預先分揀，可獲扣減20%的郵費 我們會提供有關派遞區及郵差派遞段的資料，以供參考。 收費： 標準郵件（見下表） 非標準郵件（見下表） *所有未經分揀的非標準郵件均不設優惠	• 每次最少投資2,000件（若郵件的付款方法不同，則不可將該等郵件合寄以湊成大量投寄郵件的最低數量）。 • 每件必須大小，形狀及重量相同。 • 每件郵品均須按同一方向疊好，並以100或100倍數的數量放於盒內或捆好。 • 投寄時，不同類別的郵品必須清楚分開。 • 預揀郵件只可送往郵政總局或國際郵件中心投寄。 • 如預揀郵件優惠計劃郵件的錯揀率超逾以下的準則，將不會獲得扣減郵費; (i) 按派遞區預揀：0.1%或 (ii) 按郵差派遞段預揀：0.5% • 一級郵件會於翌日工作天完成派遞。 • 優惠級郵件會於三個工作天內完成派遞。請在信封的左上角註明「優惠級」字樣以茲識別。 • 為使香港郵政的機械揀信系統能準確地識辨郵件上的英文地址，顧客在編印時須留意下列各點: —字體要清晰; —每個字母的高度 須在2.8 - 5.0毫米之間，闊度須在2.0-3.5毫米之間; —理想字距為每吋10 - 14個字母; 以及 —避免使用“比例式相隔”的格式編印地址。

標準郵件

重量不超過	未經預先分揀		預先按派遞區分揀		預先按郵差派遞段分揀	
	一級	優惠級	一級	優惠級	一級	優惠級
30克	$1.30	$1.25	$1.30	$1.25	$1.08	$1.00
50克	$2.00	$1.84	$2.00	$1.84	$1.61	$1.49

非標準郵件

*所有未經分揀的非標準郵件均不設優惠

重量不超過	未經預先分揀		預先按派遞區分揀		預先按郵差派遞段分揀	
	一級	優惠級	一級	優惠級	一級	優惠級
30克	$1.40	$1.29	$1.30	$1.25	$1.08	$1.00
50克	$2.20	$1.94	$2.00	$1.84	$1.61	$1.49
100克	$3.00	$2.52	$2.70	$2.27	$2.40	$2.02
150克	$3.70	$3.07	$3.33	$2.76	$2.96	$2.46
200克	$4.00	$3.32	$3.60	$2.99	$3.20	$2.66
250克	$4.40	$3.61	$3.96	$3.25	$3.52	$2.89
500克	$8.20	$6.90	$7.38	$6.21	$6.56	$5.52
1千克	$16.40	$11.00	$14.76	$9.90	$13.12	$8.80
2千克	$28.00	$22.00	$25.20	$19.80	$22.40	$17.60

使用郵資蓋印及/或特許郵遞服務，須預先向香港郵政署長申請，地址是香港康樂廣場二號香港郵政總部。欲知有關的詳情資料，請致電2921 2222香港郵政電話查詢組。

大量投寄郵件服務往中國內地、澳門及台灣

<table>
<tr><th>服務選擇</th><th>一般條款</th></tr>
<tr><td>
▶ 大量投寄空郵（澳門不設此項服務）
接受投寄郵件：以特許郵遞服務或預付郵資服務投寄的郵件
<u>重量限制：</u>
• 投寄重量最低限制 - 於同一次投寄中，寄往其中一個目的地不可少於 5 千克，而寄往其餘每一個目的地亦不可少於 1 千克
• 每件最高重量限制 - 書籍為 5 千克，其他為 2 千克
收費(信件和印刷品均划一收費)
<table>
<tr><th>每件重量不可超過</th><th colspan="3">中國內地(優惠期內價格)</th><th colspan="3">台灣</th></tr>
<tr><td>20 克</td><td colspan="3">每件 $ 1.30</td><td colspan="3">每件 $1.70</td></tr>
<tr><td>30 克</td><td>每件 $ 1.80</td><td rowspan="3">或</td><td rowspan="3">每千克 $ 57</td><td>每件 $2.40</td><td rowspan="3">或</td><td rowspan="3">每千克 $ 75</td></tr>
<tr><td>40 克</td><td>每件 $ 2.00</td><td>每件 $2.70</td></tr>
<tr><td>50 克</td><td>每件 $ 2.30</td><td>每件 $3.00</td></tr>
<tr><td>100 克</td><td colspan="3">每千克 $ 53</td><td colspan="3">每千克 $70</td></tr>
<tr><td>超過 100 克</td><td colspan="3">每千克 $49</td><td colspan="3">每千克 $ 65</td></tr>
</table>
</td><td>每個郵袋內的郵件必須寄往同一目的地。餘數郵件及寄往其他目的地的少量郵件則應放於剩餘郵件郵袋中。個別郵件的封面上必須清楚寫有或印有收件人的詳細地址，同時不可附有非本港的回郵地址或夾附其他本地寄件人的郵件，並須附有空郵標誌或空郵字樣。詳情請參閱“大量投寄空郵郵件服務”單張。</td></tr>
<tr><td>
▶ 大量投寄郵袋
(平郵)

每千克收費：　30.00
每件郵件另加收費：　0.60
投寄郵件的每件平均郵費不可少於以下有關類別的最低收費，否則將以最低收費計算：

每件郵件最低收費：　1.20
</td><td>在香港印刷及出版的報紙或期刊；在香港或其他地區印刷及出版的書籍、小冊子或地圖(但不接受投寄商業性質的讀物)。每袋的重量不得超過 30 千克。除剩餘郵件郵袋外，每袋的重量不得少於 26 千克。重量少於 26 千克的郵袋除須繳付按每件郵件計算的費用外，亦須繳付 26 千克的最低收費。</td></tr>
<tr><td>
▶ 代寄商郵袋（印刷品專袋）
(平郵)　所有地區
每千克收費：　$21.00
</td><td>在香港印刷及出版的報紙或期刊；在香港或其他地區印刷及出版的書籍、小冊子或地圖；以寄予海外同一收件人或代理。寄給代寄商的郵袋，不得裝載寄給其他人士或商行的郵件。個別郵件的重量毋須依照一般規定限於 2 千克或以下，只要郵袋的總重量不超過 30 千克便可。每袋的最低收費為 $546 ，剩餘郵件郵袋最低收費 $105 。</td></tr>
</table>

使用大量投寄郵件服務，須預先向香港郵政署長申請，地址是香港康樂廣場二號香港郵政總部。欲知有關的詳細資料，請致電 2921 2222 香港郵政電話查詢組。

大量投寄國際郵件

服務選擇 / **一般條款**

▶ 大量投寄空郵

接受投寄郵件：以特許郵遞服務或預付郵資服務投寄的郵件

<u>重量限制：</u>

- 投寄重量最低限制 - 於同一次投寄中，寄往其中一個國家的郵件重量不可少於 5 千克，而寄往其餘每一個國家亦不可少於 1 千克
- 每件最高重量限制 - 書籍為 5 千克，其他為 2 千克

收費(信件和印刷品均划一收費)

<table>
<tr><th>每件重量不可超過</th><th colspan="3">第一區
(亞洲所有地區，中國及日本除外)</th><th colspan="3">第二區
(其餘所有地區，包括日本)</th></tr>
<tr><td>20 克</td><td colspan="3">每件 $ 1.70</td><td colspan="3">每件 $2.30</td></tr>
<tr><td>30 克</td><td>每件 $ 2.40</td><td rowspan="3">或</td><td rowspan="3">每千克 $ 75</td><td>每件 $2.90</td><td rowspan="3">或</td><td rowspan="3">每千克 $ 95</td></tr>
<tr><td>40 克</td><td>每件 $ 2.70</td><td>每件 $3.20</td></tr>
<tr><td>50 克</td><td>每件 $ 3.00</td><td>每件 $3.50</td></tr>
<tr><td>100 克</td><td colspan="3">每千克 $ 70</td><td colspan="3">每千克 $90</td></tr>
<tr><td>超過 100 克</td><td colspan="3">每千克 $65</td><td colspan="3">每千克 $ 85</td></tr>
</table>

每個郵袋內的郵件必須寄往同一目的地。餘數郵件及寄往其他目的地的少量郵件則應放於剩餘郵件郵袋中。個別郵件的封面上必須清楚寫有或印有收件人的詳細地址，同時不可附有非本港的回郵地址或夾附其他本地寄件人的郵件，並須附有空郵標誌或空郵字樣。詳情請參閱"大量投寄空郵郵件服務"單張。

▶ 大量投寄郵袋

(平郵)	<u>一區</u>	<u>二區</u>
	$	$
每千克收費：	30.00	31.00
每件郵件另加收費：	0.60	0.60
投寄郵件的每件平均郵費不可少於以下有關類別的最低收費，否則將以最低收費計算：		
每件郵件最低收費：	1.20	1.30

在香港印刷及出版的報紙或期刊；在香港或其他地區印刷及出版的書籍、小冊子或地圖(但不接受投寄商業性質的讀物)。每袋的重量不得超過 30 千克。除剩餘郵件郵袋外，每袋的重量不得少於 26 千克。重量少於 26 千克的郵袋除須繳付按每件郵件計算的費用外，亦須繳付 26 千克的最低收費。

▶ 代寄商郵袋（印刷品專袋）

(平郵)	<u>所有地區</u>
每千克收費：	$21.00

在香港印刷及出版的報紙或期刊；在香港或其他地區印刷及出版的書籍、小冊子或地圖；以寄予海外同一收件人或代理。寄給代寄商的郵袋，不得裝載寄給其他人士或商行的郵件。個別郵件的重量毋須依照一般規定限於 2 千克或以下，只要郵袋的總重量不超過 30 千克便可。每袋的最低收費為 $546 ，剩餘郵件郵袋最低收費 $105 。

使用大量投寄郵件服務，須預先向香港郵政署長申請，地址是香港康樂廣場二號郵政署總部。欲知有關的詳細資料，請致電 29212222 香港郵政電話查詢組。

其他服務

郵政信箱

租用郵政信箱的費用如下：

	年租	
	小型	大型
郵政總局 / 尖沙咀郵政局	500元	650元
九龍中央郵政局	320元	—
其他郵局	270元	320元

郵用包裝產品

我們提供一系列的优質郵用包裝產品，為各類郵品提供妥善的包裝及保護。

萬用箱

尺寸編號	尺寸(毫米)	價錢(每個)
M1	370 × 250 × 210	$13.50
M2	430 × 350 × 260	$18.50
M3	455 × 425 × 335	$26.00
M4	730 × 550 × 460	$35.00

郵用紙匣

尺寸編號	尺寸(毫米)	價錢(每個)
P1	310 × 225 × 170	$9.00
P2	310 × 225 × 170 (迪士尼設計)	$12.00
P3	225 × 170 × 150	$7.00

郵用軟墊信封

尺寸編號	尺寸(毫米)	價錢(每個)
00	225 × 125	$6.50
CD	184 × 200	$7.00
2	280 × 215	$7.50
5	380 × 265	$9.00
5A	380 × 265 (迪士尼設計)	$12.00
7	480 × 360	$11.50

郵用卷筒

尺寸編號	尺寸(毫米)	價錢(每個)
1	445 × 50	$6.50
2	740 × 50	$12.00

匯款服務

香港郵政與中國郵政、菲律賓郵政、日本郵政*及加拿大郵政合辦雙邊郵匯服務，全港各郵政局均可辦理匯款手續。

<table>
<tr><th colspan="2">收　費</th><th>一般條件</th></tr>
<tr><td>• 發出匯票

• 發出“確定匯款通知書”
• 止付匯票
• 發出匯票副本
• 為無效匯票退款</td><td>40元
(另加匯款的
0.5%)
11元
40元
40元
40元</td><td>• 匯款到中國內地、菲律賓、日本及加拿大，每張匯票款額的上限分別為1,000美元、5,000美元及7,000加元。
• 在本港匯款或兑換匯票，均以港元按不時調整的兑換率結算。
• 在本港郵匯到中國內地、菲律賓或日本，匯款會先由港幣換算成美元。而在本港郵匯到加拿大，匯款會先由港幣換算成加拿大元。
收款人收取的匯款則會兑成以下貨幣：中國內地—美元*或人民幣
菲律賓—比索
日本—日圓
加拿大—加拿大元
(*國內指定的232間郵政局可把匯款兑換成美元)
• 中國郵政、菲律賓郵政、日本郵政及加拿大郵政分別有逾50,000間，1,800間，20,000間及7,500間郵政局可以為收款人提供郵政匯款服務。
• 詳細資料請參閱郵政局派的“郵政匯款服務”單張。</td></tr>
</table>

掛號

• 由收件人(或代領人)簽收，保障更大，亦可方便在郵遞系統中作內部監察。

• 寄往所有本地及海外目的地的郵件，掛號費一律13元。如需發給派遞通知書，投寄時須即時提出另付費用11元。掛號服務適用於信件及郵包，但不適用於包裹，包裹應使用保險服務。掛號郵包如有損坏或遺失，最高可獲得320元的賠償。掛號服務的詳情已載於郵政指南內，各郵政局皆備有該指南以供借閱。

• 投寄本地掛號郵件，須使用郵件地址套(郵政表格650)。投寄人只須於表格上所指定的位置填上收件人的姓名及詳細地址，並撕下背頁，將表格貼於信封正面。各郵局皆備有郵件地址套供市民取用。

保險(只適用於海外郵件)

郵遞系統中的最大保障，賠償額最高。

保險信件及包裹，投寄人亦須遵照載於郵政指南內的有關規則。除本身郵費外，保險包裹及信件每500元或不足500元的保險價值收費2.5元，保險價值最高為46,000元。保險信件另收掛號費13元。郵件的保險價值必須在郵件上加以清楚註明，詳情請參閱郵政局編印的郵政指南。

記錄派遞(只適用於本地信件)

較掛號服務更簡便相宜的選擇，但只適用於投寄本地信件。收費11元。派遞人員成功派遞郵件後會存備記錄。

特快專遞(只適用於國際郵件)

“特快專遞”是由香港郵政提供的國際速遞服務，服務範圍遍及全球96個海外國家及地區。我們讓您以更短時間把文件、包裹及商品送抵海外目的地。盡享更佳成本效益。我們保證能準時把貨件派遞，否則原銀奉還。如欲查詢詳情，請參閱香港郵政“特快專遞”服務指南(Pos 15A)或致電2921 2277 。

快郵(只適用於海外郵件)

投寄快郵郵件，須另付6元費用，並須貼上“快郵”標貼，標貼可向各郵政局免費索取。快郵郵件會循一般郵遞程序運送，直至送抵目的地國家，在該處經人手揀出作優先處理，並且可更快派遞予收件人。

簡便回郵服務（只適用於本地信件）

一個既方便又合符成本效益的方法，可以大大提高您所推廣產品的客戶回應率。您只需申請使用我們的簡便回郵服務，便無須在直銷函件上附上回郵件封。即使您希望在直銷函件上回條/回郵信封，亦沒有任何特別設計或式樣的限制。簡便回郵服務函件數目不設最低使用額。無須繳付牌照費及任何按金。收費會按您實際收回的簡便回郵函件的數量計算，並每月結算一次。每件寄回的簡便回郵郵件均會收取正常郵費及附加港幣6毫的手續費。

申請表格可向任何郵政局索取。詳情查詢，請致電2921 2250或傳真2526 1198與香港郵政財務科聯絡。

商業回郵服務(只適用於本地郵件)

希望客戶回信時毋須支付郵費的商業機構可使用這項服務。利用預先印妥的回郵咭或信封，即毋須在投寄時支付郵費，郵費會於派件時向收件人收取。有關這項服務的詳情，請參閱郵政局編印的郵政指南。每件郵件收費五角。

國際商業回郵服務(只適用於海外郵件)

與上一項服務相同，但為國際郵件而設。郵件經空郵運送，郵件重量必須少於50克，並劃一收費6元。詳情請參閱郵政局編印的郵政指南。

國際回郵券

這些回郵券可於各海外郵政局兌換郵票，讓郵寄信件往海外的寄件人能預付回郵費用。回郵券售價為14元，可換作投寄一重量不超過20克的非掛號空郵信件所需的國際郵資。

郵件轉遞

所有信件、郵包及包裹在某些情況下均可獲轉遞服務。為期三個月的收費，私人性質轉遞為100元，商行性質轉遞為300元，其後收件人亦可繳付一定費用繼續享用此項服務。詳情請參閱郵政局編印的郵政指南。

一般事項

郵票面值：10¢，20¢，50¢，$1，$1.40，$1.80，$1.90，$2，$2.40，$2.50，$3.00，$5，$10，$13，$20，$50。

体積限制—信件、印刷品、小郵包、失明人士刊物。

非捲狀郵件：最大：長寬厚合計以900毫米為限，其中最大的尺度不得超逾600毫米。
最小：90毫米×140毫米

捲軸狀郵件：最大：直徑的兩倍及長度最大為1.04米，最大尺度不得超逾900毫米。
最小：直徑的兩倍及長度最小為170毫米，最大尺度不得小過100毫米。

明信片：最大：120毫米×235毫米。最小：90毫米×140毫米。厚度：不得小過0.25毫米。

包裹：最大：P：長度以1.05米為限，長度及周長合計以2米為限。
XP：長度以1.50米為限，長度及周長合計以3米為限；但美國(包括波多黎各)：
長度以1.50米為限，長度及周長合計以2.75米為限。
最小：與信件同。

郵件的体積限制，圖解如下：

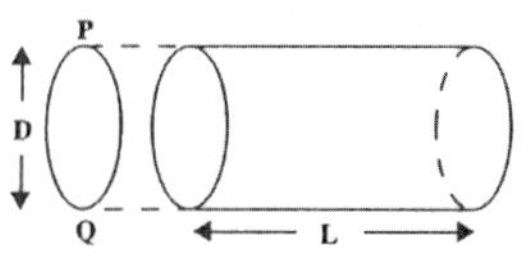

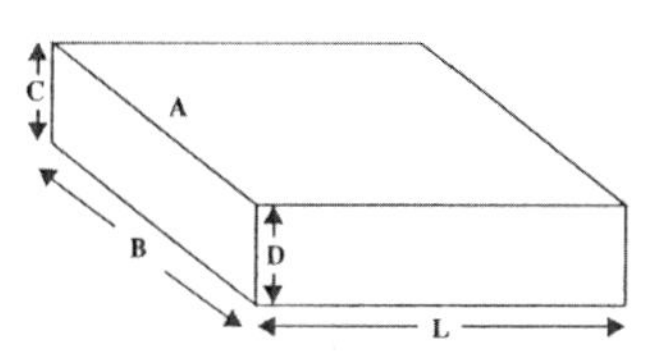

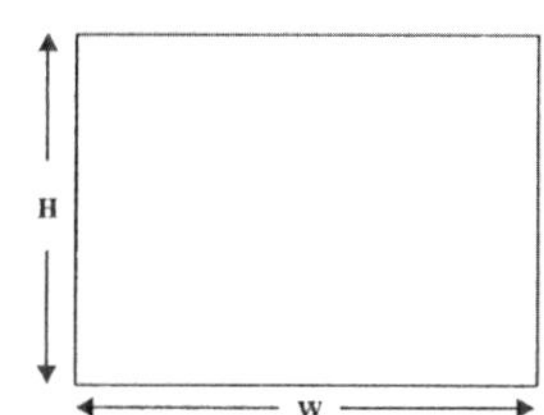

郵件類別	郵件形狀	
	捲軸狀	非捲軸狀
信件／盲人刊物／印刷品／小郵包	最大：L+2D 1040毫米 最大尺度 900毫米	最大：L+B+D 900毫米 最大尺度 600毫米
	最小：L+2D 170毫米 最大尺度 100毫米	最小：L 140毫米 B 90毫米
包裹(PQ= 周長)	最大：L 1.5米(XP) 1.05米(P) PQ+L 3米(XP) 2米(P) 2.75米(美國包括波多黎各)	最大：L 1.5米(XP) 1.05米(P) A+B+C+D+L 3米(XP) 2米(P) 2.75米(美國包括波多黎各)
	最小：與信件同(捲軸狀)	最小：與信件同(非捲軸狀)
明信片		最大：H 120毫米 W 235毫米
		最小：H 90毫米 W 140毫米 厚度 0.25毫米

小郵包　所有海外目的地均設有小郵包服務。重量一般以2千克為限。寄件人必須在地址一面的左上角以粗體標明“小郵包”字樣。而包裝方法以無須拆開封口而易於檢查者為佳。

印刷品　印刷品不得夾有任何類似普通信件的紙張，而在有地址一個的左上角必須以粗體標明“印刷品”字樣；此外，郵件須妥為包裝，使內載印刷品既可獲得充分保護，同時亦可方便接受郵政檢查。

航空標誌　所有空郵郵件均必須注上“BY AIR MAIL”(空郵)字樣。在投寄時須將藍色的航空標誌貼在信封有地址一面的左上角，或在包裹或郵包接近地址的地方(如超過一個，應在接近地址的地方)。這些藍色航空標誌在所有郵政局均有免費供應。另外的做法是用筆將“BY AIR MAIL”以粗壯字体寫於空郵郵件的正面。若郵件是須填寫發遞單的包裹，還須將航空標誌貼在單上。

二等空郵　印刷品及小郵包如以空郵投寄，必須符合投寄此類物品的規例。此外，並須在郵件封面左上角標明欲以“印刷品”或以“小郵包”的形式投寄。

截郵時間　由於時間表變動、飛機誤點等原因，截郵時間可隨時更改。日常遞送詳情，刊載於本港各大報章。

報關表格　所有郵寄往海外的物品，不論是以信件、小郵包或包裹形式投寄，均須填寫報關表格，表格可向各郵政局索取。

地區分區

	平郵	空郵及大量投寄平郵郵袋
一區	包括亞洲所有地區，但中國內地、澳門、台灣及日本除外	包括亞洲所有地區，但日本除外
二區	其餘所有地區包括日本，但中國內地、澳門及台灣除外	其餘所有地區包括日本

颱風/暴雨期間安排　當八號或以上颱風訊號經已懸掛，或當黑色暴雨警告在正常營業時間開始前經已發出，郵政局將會暫停營業。

失明人士刊物　免費重量限制：7千克。

賠償事項

普通及快郵郵件

- 普通及快郵郵件如有延誤、遺失或損壞，不會獲得賠償。

掛號郵件

- 掛號郵件如有延誤，不會獲得賠償。
- 掛號郵件如有遺失或損壞，最高可獲得320元賠償。

包裹郵件

- 包裹郵件如有延誤，不會獲得賠償。
- 包裹郵件如有損壞，賠償款額按包裹重量計算。
- 包裹郵件如有遺失，賠償款額按包裹重量計算及全數退還所付郵費。

本地郵政速遞郵件

- 本地郵政速遞郵件如有延誤、遺失或損壞，可獲全數退還所付郵費。

特快專遞郵件

- 詳情請參閱郵政局派發的香港郵政特快專遞服務指南

查詢熱線

詢問　有關郵政服務的詳細資料，請往任何郵政局查詢或致電29212222香港郵政電話查詢組(傳真機28680094)。你亦可透過以下電子郵遞地址獲取郵費資料：hkpo@hkpo.gov.hk

追查郵件　追查掛號信件及包裹的查詢表格可於任何郵政局索取。有關郵件的查詢須於投寄日期起計六個月內提出。有關查詢的詳細資料，請致電下列號碼:

掛號郵件、本地記錄派遞信件及包裹		2921 2560
		2921 2211
	傳真機:	2543 0469
本地郵政速遞文件及物件		2921 2560
		2921 2211
	傳真機:	2868 4723

集郵事項　如欲索取有關集郵服務的資料，請致電2785 5711或傳真至2191 9296向集郵組查詢。
網址: http://www.hongkongpoststamps.com

		電話	傳真
投訴	櫃位服務	2525 5856	2868 1442
	郵件派遞	2723 3454	2312 1455
	街道郵箱	2356 2516	2765 7363

國際網絡網址　此郵費表所載資料(航空信件的截郵時間除外)可於以下國際網絡網址閱覽：
http://www.hongkongpost.com

國際直通電話(IDD)撥號及標準時差表

(世界主要國家地區)

(2002年5月起生效)

通話地點		撥號	標准時差(小時)
ARGENTINA	**阿根廷**		
Buenos Aries	布宜諾斯艾利斯	001 54 11	-11
La Plata	拉普拉塔	001 54 211	-11
AUSTRALIA	**澳洲**		
Adelaide	阿德萊德	001 61 8	0 to + 2
Brisbane	布里斯班	001 61 7	0 to + 2
Brunswick	布倫瑞克	001 61 3	0 to + 2
Canberra	坎培拉	001 61 2	0 to + 2
Darwin	達爾文	001 61 8	0 to + 2
Gold Coast	黃金海岸	001 61 7	0 to + 2
Hobart	霍巴特	001 61 3	0 to + 2
Melbourne	墨爾本	001 61 3	0 to + 2
Perth	伯斯	001 61 8 or 3	0 to + 2
Sydney	悉尼	001 61 2	0 to + 2
AUSTRIA	**奧地利**		
Graz	格拉茨	001 43 316	-7
Innsbruck	因斯布魯克	001 43 512	-7
Linz	林茨	001 43 70 or 732	-7
Salzburg	薩爾茨堡	001 43 662	-7
Vienna	維也納	001 43 1	-7
BANGLADESH	**孟加拉**		
Bogra	博格拉	001 880 51	-2
Chittagong	吉大港	001 880 31	-2
Dhaka	達卡	001 880 2	-2
Khulna	庫爾納	001 880 41	-2
BELGIUM	**比利時**		
Antwerp	安特衛普	001 32 3	-7
Brussels	布魯塞爾	001 32 2	-7
Gent	根特	001 32 9	-7
Liege	列日	001 32 4	-7
BOTSWANA	**博茨瓦納**	001 267 不設區域字頭	-6
CAMBODIA	**柬埔寨**		
Phnom Penh	金邊	001 855 23	-1
Siem Reap	暹粒	001 855 63	-1
CANADA	**加拿大**		
Calgary	卡爾加里	001 1 403	-11 1/2 to -16
Edmonton	埃德蒙頓	001 1 780	-11 1/2 to -16
London,Ont.	倫敦（安大略省）	001 1 519	-11 1/2 to -16
Montreal	蒙特利爾	001 1 514 or 450	-11 1/2 to -16
Ottawa	渥太華	001 1 613	-11 1/2 to -16
Quabec	魁北克	001 1 418	-11 1/2 to -16
Toronto(Metropolitan)	多倫多（大多市）	001 1 416	-11 1/2 to -16

通 話 地 點		撥 號	標准時差(小時)
Toronto (Outer)	多倫多市外圍	001 1 905	-11 1/2 to -16
Vancouver	溫哥華	001 1 604 or \250	-11 1/2 to -16
Windsor	溫澤爾	001 1 519	-11 1/2 to -16
Winnipeg	溫尼伯	001 1 204	11 1/2 to -16
CHINA	**中國**		
Anhui Province	安徽省		
Hefei	合肥	001 86 551	0
Wuhu	蕪湖	001 86 553	0
Beijing	北京市	001 86 10	0
Fujian Province	福建省		
Fuzhou	福州	001 86 591	0
Quanzhou	泉州	001 86 595	0
Xiamen	廈門	001 86 592	0
Gansu Province	甘肅省		
Jiuquan	酒泉	001 86 937	0
Lanzhou	蘭州	001 86 931	0
Guangdong Province	廣東省		
Shekou	蛇口	001 86 755	0
Shenzhen	深圳	001 86 755	0
Chaoyang	潮陽	001 86 661	0
Chaozhou	潮州	001 86 768	0
Dongguan	東莞	001 86 769	0
Foshan	佛山	001 86 757	0
Guangzhou	廣州	001 86 20	0
Huidong	惠東	001 86 752	0
Huizhou	惠州	001 86 752	0
Jiangmen	江門	001 86 750	0
Nanhai	南海	001 86 757	0
Panyu	番禺	001 86 20	0
Sanshui	三水	001 86 757	0
Shantou	汕頭	001 86 754	0
Shunde	順德	001 86 765	0
Xinhui	新會	001 86 750	0
Zhaoqing	肇慶	001 86 758	0
Zhongshan	中山	001 86 760	0
Zhuhai	珠海	001 86 756	0
Guangxi Province	廣西省		
Guilin	桂林	001 86 773	0
Nanning	南寧	001 86 771	0
Guizhou Province	貴州省		
Guiyang	貴陽	001 86 851	0
Hainan Province	海南省		
Haikou	海口	001 86 898	0
Hebei Province	河北省		
Qinhuangdao	秦皇島	001 86 335	0
Shijiazhuang	石家莊	001 86 311	0
Heilongjiang Province	黑龍江省		
Harbin	哈爾濱	001 86 451	0
Qiqihar	齊齊哈爾	001 86 452	0
Henan Province	河南省		
Kaifeng	開封	001 86 378	0
Zhengzhou	鄭州	001 86 371	0
Hubei Province	湖北省		

通話地點		撥號	標准時差(小時)
Hanyang	漢陽	001 86 27	0
Wuhan	武漢	001 86 27	0
Hunan Province	湖南省		
Changsha	長沙	001 86 731	0
Hengyang	衡陽	001 86 734	0
Jiangsu Province	江蘇省		
Nanjing	南京	001 86 25	0
Suzhou	蘇州	001 86 512	0
Jiangxi Province	江西省		
Jiujiang	九江	001 86 792	0
Nanchang	南昌	001 86 791	0
Jilin Province	吉林省		
Changchun	長春	001 86 431	0
Jilin	吉林市	001 86 432	0
Liaoning Province	遼寧省		
Dalian	大連	001 86 411	0
Shenyang	瀋陽	001 86 24	0
Neimonggol	內蒙古		
Baoton	包頭	001 86 472	0
Huhehaote	呼和浩特	001 86 471	0
Ningxia Province	寧夏省		
Yinchuan	銀川	001 86 951	0
Qinghai Province	青海省		
Xining	西寧	001 86 971	0
Shanxi Province	陝西省		
Baoji	寶雞	001 86 917	0
Xian	西安	001 86 29	0
Shandong Province	山東省		
Jinan	濟南	001 86 531	0
Qingdao	青島	001 86 532	0
Shanghai	上海市		
Shanghai Shi	上海市	001 83 21	0
Shanxi Province	山西省		
Datong	大同	001 83 352	0
Taiyuan	太原	001 86 351	0
Sichuan Province	四川省		
Chengdu	成都	001 86 28	0
Chongqing	重慶	001 86 23	0
Tianjin	天津市		
Tianjin Shi	天津市	001 86 22	0
Xinjiang Province	新疆		
Urumqi	烏魯木齊	001 86 991	0
Xizang Province	西藏		
Lhasa	拉薩	001 86 891	0
Yunnan Province	雲南省		
Kunming	昆明	001 86 871	0
Zhejiang Province	浙江省		
Hangzhou	杭州	001 86 571	0
Ningbo	寧波	001 86 574	0
Taiwan	**台灣**		
Kaohsiung	高雄	001 886 7	0
Keelung	基隆	001 886 2	0
Taichung	台中	001 886 4	0
Taipei	台北	001 886 2	0

通 話 地 點		撥 號	標准時差(小時)
Taoyuan	桃園	001 886 3	0
DENMARK	**丹麥**	001 45 不設區域字頭	-7
FRANCE	**法國**		
Paris Zone	巴黎地區	001 33 1	-7
The Provinces	其他地區	001 33	-7
GERMANY	**德國**		
Berlin	柏林	001 49 30	-7
Bonn	波茵	001 49 228	-7
Cologne (Koln)	科隆	001 49 221	-7
Dusseldorf	杜塞爾多夫	001 49 211	-7
Frankfurt	法蘭克福	001 49 69	-7
Hamburg	漢堡	001 49 40	-7
Munich	慕尼黑	001 49 89	-7
Nuremberg	紐倫堡	001 49 911	-7
Stuttgart	斯圖加特	001 49 711	-7
GUAM	**關島**	001 1 671 不設區域字頭	+2
HAWAII	**夏威夷**		
Honolulu	火奴魯魯	001 1 808	-18
INDIA	**印度**		
Bombay	孟買	001 91 22	-2 1/2
Calcutta	加爾各答	001 91 33	-2 1/2
Madras	馬德拉斯	001 91 44	-2 1/2
New Delhi	新德里	001 91 11	-2 1/2
INDONESIA	**印尼**		-1 to+1
Bandung	萬隆	001 62 22	-1 to+1
Denpasar (Bali)	巴里島	001 62 361	-1 to+1
Jakarla	耶加達	001 62 21	-1 to+1
Semarang	三寶壟	001 62 24	-1 to+1
Surabaya	泗水	001 62 31	-1 to+1
IRELAND	**愛爾蘭**		
Cork	科克	001 353 21	-8
Dublin	都柏林	001 353 1	-8
Galway	戈爾韋	001 353 91	-8
Limerick	利默里克	001 353 61	-8
ISRAEL	**以色列**		
Haifa	海法	001 972 4	-6
Jcrusalern	耶路撒冷	001 972 2	-6
Nazareth	拿撒勒	001 972 4	-6
Tel Aviv	特拉維夫	001 972 3	-6
ITALY	**意大利**		
Florence	佛羅倫斯	001 39 55	-7
Milan (Milano)	米蘭	001 39 2	-7
Rome	羅馬	001 39 6	-7
Turin (Torino)	杜林	001 39 11	-7
Venice (Venezia)	杜林	001 39 41	-7
JAPAN	**日本**		
Fukuoka	福岡	001 81 92	+1
Hiroshima	廣島	001 81 82	+1
Kagoshima	鹿兒島	001 81 99	+1
Kobe	神戶	001 81 78	+1
Kyoto	京都	001 81 75	+1
Nagoya	名古屋	001 81 52	+1

通 話 地 點		撥 號	標准時差(小時)
Osaka	大阪	001 81 6	+1
Sapporo	扎幌	001 81 11	+1
Tokyo	東京	001 81 3	+1
Yokohama	橫濱	001 81 45	+1
KOREA REP (SOUTH)	**南韓**		
Inchon	仁川	001 82 32	+1
Kwangju	光州	001 82 62	+1
Pusan	釜山	001 82 51	+1
Seoul	首爾	001 82 2	+1
Taegu	大邱	001 82 53	+1
MACAU	**澳門**	001 853 不設區域字頭	0
MALAYSIA	**馬來西亞**		
Ipoh	怡保	001 60 5	0
Kuala Lumpur	吉隆坡	001 60 3	0
Kota Kinabalu	哥打基納巴盧	001 60 88	0
Penang	檳城	001 60 4	0
Sandakan	山打根	001 60 89	0
MONACO	摩納哥	001 377	-7
MOROCCO	**摩洛哥**		
Casablanca	卡薩布蘭卡	001 212 2	-8
MYANMAR	**緬甸**		
Akyab	阿哈布	001 95 43	-1 1/2
Lashio	臘戌	001 95 82	
Rangoon (Yangon)	仰光	001 95 1	
NEPAL	**尼泊爾**		
Dharan	塔爾蘭	001 977 25	-2 1/2
Janakpur	賈納克布爾	001 977 41	-2 1/2
Katmandu	加德滿都	001 977 1	-2 1/2
NETHERLANDS	**荷蘭**		
Amsterdam	阿姆斯特丹	001 31 20	-7
Rotterdam	特丹	001 31 10	-7
The Hague	海牙	001 31 70	-7
NEW ZEALAND	**紐西蘭**		
Auckland	奧克蘭	001 64 9	+4
Christchurch	基督城	001 64 3	+4
Hamilton	咸美頓	001 64 7	+4
Wellington	威靈頓	001 64 4	4
NIGERIA	**尼日利亞**		
Benin City	貝寧	001 234 52	-7
Ibadan	伊巴丹	001 234 36	-7
Kano	卡諾	001 234 64	-7
Lagos	拉各斯	001 234 1	-7
Onitsha	奧尼查	001 234 46	-7
Port Harcourt	哈科特港	001 234 84	-7
NORWAY	**挪威**	001 47 不設區域字頭	-7
PAKISTAN	**巴基斯坦**		
Islamabad	伊斯蘭堡	001 92 51	-3
Karachi	喀拉蚩	001 92 21	-3
Lahore	拉合爾	001 92 42	-3
Multan	木爾坦	001 92 61	-3
Sukkur	蘇庫爾	001 92 71	-3
PHILIPPINES	**菲律賓**		

通 話 地 點		撥 號	標准時差(小時)
Angeles	安赫萊斯	001 63 45	0
Bacolod	巴科洛德	001 63 34	0
Baguio	碧瑤	001 63 74	0
Cebu	宿霧	001 63 32	0
Davao	達沃	001 63 82	0
Iloilo	伊洛伊洛	001 63 33	0
Makati	馬卡蒂	001 63 2	0
Manilap	馬尼拉	001 63 2	0
POLAND	**波蘭**		
Lodz	羅茲	001 48 42	-7
Warsaw (Warszawa)	華沙	001 48 22	-7
PORTUGAL	**葡萄牙**		
Lisbon (Lisboa)	里斯本	001 351 21	-8
Porto	波爾圖	001 351 22	-8
SAUDI ARABIA	**沙地阿拉伯**		
Jeddah	吉達	001 966 2	-5
Mecca (Makkah)	麥加	001 966 2	-5
Riyadh	利雅得	001 966 1	-5
SINGAPORE	**新加坡**	001 65	
SOUTH AFRICA	**南非**		
Cape Town	開普敦	001 27 21	-6
Johannesburg	約翰尼斯堡	001 27 11	-6
Port Elizabeth	伊利莎伯港	001 27 41	-6
SPAIN	**西班牙**	001 34	-7
SPANISH NORTH AFRICA	**西屬北非**	001 34	-7
SRI LANKA	**斯里蘭卡**		
Colombo	可倫坡	001 94 1	-2
Kandy	康提	001 94 8	-2
SWEDEN	**瑞典**		
Goteborg (Gothenburg)	哥德堡	001 46 31	-7
Stockholm	斯德哥爾摩	001 46 8	-7
Uppsala	烏普薩拉	001 46 18	-7
SWITZERLAND	**瑞士**		
Bem	伯恩	001 41 31	-7
Geneva	日內瓦	001 41 22	-7
Lausanne	洛桑	001 41 21	-7
St Gallen	聖加侖	001 41 71	-7
Zurich	蘇黎世	001 41 1	-7
THAILAND	**泰國**		
Bangkok	曼谷	001 66 2	-1
Chiang Mai	清邁	001 66 53	-1
Hua Hin	華欣	001 66 32	-1
Pattaya	巴堤雅	001 66 38	-1
Phuket	布吉	001 66 76	-1
TURKEY	**土耳其**		
An Kara	安卡拉	001 90 312	-6
Istanbul	伊斯坦堡	001 90 212/216	-6
UNITED ARAB EMIRATES	**阿拉伯聯合酋長國**		
Abu Dhabi	阿布達比	001 971 2	-4
Ajman	阿治曼	001 971 6	-4
Dubai	杜拜	001 971 4	-4
Fujairah	富查伊拉	001 971 9	0-4

通話地點		撥號	標准時差(小時)
Ras-Al-Khaimah	哈伊馬角	001 971 7	-4
Sharjah	沙迦	001 971 6	-4
Umm-Al-Quwain	烏姆蓋萬	001 971 6	-4
UNITED KINGDOM	**英國**		
Birmingham	伯明翰	001 44 121	-8
Cambridge	劍橋	001 44 1223	-8
Edinburgh	愛丁堡	001 44 131	-8
Gatwick	吉域	001 44 1293	-8
Glasgow	格拉斯哥	001 44 141	-8
Liverpool	利物浦	001 44 151	-8
London	倫敦	001 44 20	-8
Manchester	曼徹斯特	001 44 161	-8
Oxford	牛津	001 44 1865	-8
UNITED STATES OF AMERICA	**美國**		
Atlanta	亞特蘭大	001 1 404	-13 to-18
Boston (MA)	波士頓（麻省）	001 1 617	-13 to-18
Brooklyn (New York)	布魯克林(紐約)	001 1 718	-13 to-18
Chicago	芝加哥	001 1 312	-13 to-18
Hawaii	夏威夷	001 1 808	-13 to-18
Los Angeles	洛杉磯	001 1 213	-13 to-18
New York City (New York)	紐約市(紐約)	001 1 212	-13 to-18
San Francisco	三藩市	001 1 415	-13 to-18
Seattle	西雅圖	001 1 206	-13 to-18
Washington D.C.	華盛頓	001 1 202	-13 to-18
VIETNAM	**越南**		
Hanoi	河內	001 84 4	-1
Hochiminh	胡志明市	001 84 8	-1

註：查詢各地优惠時間，請致電 013 。
查詢所有 IDD 服務的詳情及資料，請致電綜合熱線 1000 。